本书入选
"十三五"国家重点图书出版规划

《沈从文全集》编辑委员会

- 顾 问 -

汪曾祺　王　予

- 主　编 -

张兆和

- 编辑委员 -

（按汉语拼音音序排列）

凌　宇　刘一友　沈虎雏　王继志
王亚蓉　向成国　谢中一　张兆和

《沈从文全集·补遗卷》

- 主　编 -

沈虎雏

- 审稿人 -

（按汉语拼音音序排列）

陈　洋　凌　宇　刘一友　马　峻
沈　红　沈虎雏　王亚蓉　向成国
续小强　张之佩

沈从文全集

补遗卷 1

沈从文 ◎著

SHEN CONGWEN QUANJI
BUYI JUAN

山西出版传媒集团
北岳文艺出版社
·太原

图书在版编目(CIP)数据

沈从文全集.补遗卷.1/沈从文著.—太原：北岳文艺出版社，2020.12
ISBN 978-7-5378-6340-7

Ⅰ.①沈… Ⅱ.①沈… Ⅲ.①沈从文(1902-1988)—全集②中国文学—现代文学—作品综合集 Ⅳ.①C52②I216.2

中国版本图书馆CIP数据核字(2020)第246831号

沈从文全集·补遗卷1

沈从文◎著

策　划
续小强　赵　瑞
马　峻　陈　洋

封面题字
张充和

肖像画
沈　红

责任编辑
马　峻　关志英

书籍设计
张永文

印装监制
郭　勇

出版发行：山西出版传媒集团·北岳文艺出版社
地址：山西省太原市并州南路57号
邮编：030012
电话：0351-5628696(发行部)　0351-5628688(总编室)
传真：0351-5628680
印刷装订：山西新华印业有限公司
开本：880×1230　1/32
总字数：1180千字　总印张：53.375
版次：2020年12月第1版
印次：2020年12月山西第1次印刷
书号：ISBN 978-7-5378-6340-7
总定价：388.00元(全四卷)

本书版权为本社独家所有，未经本社同意不得转载、摘编或复制

1992年11月7日,《沈从文全集》出版签约仪式在人民大会堂广西厅隆重举行

1992年,《沈从文全集》出版签约仪式的媒体报道

这份由沈从文誊写的石印公文，证明他确系1923年夏离开湘西来到北京

2001年—2010年，日本学者出版双语学术期刊《湘西》，作为沈从文研究的专业平台 （沈红/摄）

2004年—2018年，日本学者持之以恒翻译并研究沈从文作品，这是城谷武南、福家道信翻译出版的部分著作

2016年,时任北岳文艺出版社社长、总编辑续小强随沈虎雏拜谒沈从文先生墓 (陈洋/提供)

1998年,国际沈从文研究学术讨论会与会代表合影 (张之佩/提供)

《沈从文全集·补遗卷》出版说明

《沈从文全集·补遗卷》编入沈从文先生哲嗣沈虎雏费近十七时间搜集整理的沈从文散佚文稿。文稿共约一百一十八万字，其中书信二百五十五封、小说两篇、散文八篇、杂文四十二篇、诗歌七篇、文论二十六篇、集外文存八篇、物质文化史六十七篇。在出版社组织下，审稿人召开多次专门会议对这些文稿进行了审订。

《沈从文全集·补遗卷》基本沿用《沈从文全集》的编辑办法。文字、标点等以保持作品原貌为要，装帧也沿续了《沈从文全集》初版的经典风格。

"补遗卷"共分为四卷：第一卷为小说、诗歌、散文、杂文；第二卷为文论、集外文存、物质文化史；第三卷、第四卷为书信。

"补遗卷"即将付梓，惊闻沈虎雏先生遽逝的哀讯。沈虎雏先生十七年如一日，焚膏继晷、殚精竭虑，为《沈从文全集·补遗卷》耗尽了心血。我们无限悲痛。山高水长，日月昭昭，沈虎雏先生的功绩是我们应该永远铭记的。

北岳文艺出版社
二〇二一年元月二日

目 录

小　说

□ 虹桥集

摘星录
　　——绿的梦 ……………………………………………… 3
雪和雾 ……………………………………………………… 28

散　文

□ 遥夜集

废邮存底
　　——辛·第廿九号 ……………………………………… 39

□七色魇集

《七色魇》题记 ·· 42

未印选集拟目 ·· 52

□南北风景

给小莹的信 ·· 54

逛厂甸 ·· 61

□我与新文学和历史文物

我是一个很迷信文物的人

　　——在湖南省博物馆的讲话 ······················ 69

自己来支配自己的命运

　　——在《湘江文艺》座谈会上的讲话 ············ 102

我有机会看到许多朋友没有机会看到的东西

　　——在湖南省文联座谈会上的讲话 ············ 137

杂　文

□甲辰杂谈

男女谈 ·· 167

伏虎图 …………………………………… 175

忠于生活 ………………………………… 176

一九三四年我所爱读的书籍 …………… 177

信　仰 …………………………………… 178

拿笔有感 ………………………………… 180

名　词 …………………………………… 182

读书人 …………………………………… 185

□怎样从抗战中训练自己

莫错过这千载难逢的报国机会

　　——给湘西几个在乡军人 …………… 188

敌与我 …………………………………… 197

谈出路 …………………………………… 202

迎接五四 ………………………………… 208

□见微斋杂文

狂论知识阶级 …………………………… 211

见微斋笔谈

　　——杜甫成仙 ………………………… 216

都市的刺激 ……………………………… 218

明天的"子曰"怎么办 ………………… 223

中庸之道 ………………………………… 226

饭　桶
　　——见微斋笔谈 ················230
统治责任与权力的测验
　　——平价中的小问题 ············238
我们用什么来迎接胜利 ··············243
人的重造
　　——从重庆和昆明看到将来 ········247
鬻字赈灾启事 ······················251
一个理想的美术馆 ··················252
一种建设人才 ······················257

▢霁清轩杂记

两般现象一个问题 ··················260
作　梦 ···························263
[附录]年青人应该有梦想
　　——胡适在政治大学讲词 ·········267
诗人节题词 ························271
纪念诗人节 ························272

▢北平通信

巴鲁爵士北平通讯（第七号）·········274

□ 跑龙套

巴拿马的斗争火炬 ············281
养生之道的蜕变 ············283
为某华侨刊物题词 ············286
为历史科学工作者题词 ············288

□ 艺文题识录

题自己的著作

题《从文小说习作选》扉页（之二） ············289

题他人的著作

题日译《陶雅》译者序言页 ············291
题《汉官仪》扉页 ············293

题书法、绘画、摄影及其他

重摹义卖条幅跋（之二） ············294
书赠臧克家条幅跋 ············297
题《叙书法发展》
　　——关于纸工艺进展前一部分 ············299
题吴昭毅回忆的笔录本 ············300
题宝宁寺水陆画《往古儒流贤士丹青撰文众》 ············302
题明杜堇绘《饮中八仙》图 ············304

诗　歌

□忧郁的欣赏
阙题残诗 …………………………………… 307
旱的来临 …………………………………… 312
文　字 ……………………………………… 313
一种境界 …………………………………… 315

□青岛诗存
忆玉兰花 …………………………………… 317

□云梦杂咏
《大湖景诗草》前言 ………………………… 323

□文化史诗抄
忆老庄 ……………………………………… 325

小说

□虹桥集

摘星录
——绿的梦

　　天气暑热。夜静以后,宅院中围墙过高,天空中虽有点微风,梳理着院中槐树杨柳的枝梢,院中依然有白日余热未尽褪去。廊下玉簪花香而闷人。院北小客厅窗帷是绿色,灯光也是绿色。客厅角有个白色冰箱,上面放一小方白纱巾,绣了三朵小绿花。有一个绿色罐头。(一把崭新的启罐头用白钢器具,把子也是绿的。)近临窗前一个小小桌子,米色桌布上有个小小银色绿漆盘,画有金漆彩画,颜色华丽悦目。桌旁有四把小小靠椅,单纯的靠背,轻俏而美观。椅上米色绢绸垫子绣绿花,一串绿色长管形花,配置得非常雅致。房中绿色,显出主人对于这个颜色的特殊爱好,犹如一个欧洲人对东方黄和紫色的爱好。

　　主人是个长眉弱肩的女子,年龄从灯光下看来,似乎在二十五六岁左右,因为在窗内的风度,显得轻盈快乐中还有一分沉静,出于成熟女子习惯上的矜持。若从野外阳光下看来,便像是只有二十三四岁了。这时节正若有所等待，心不大安定，在这个小客室中小椅上坐下复站起，拉拉窗帘，又看看屋角隅那个冰箱，整理一下椅垫。又用一方小小白手巾抹抹那个金漆盘子。熄了一个浅绿灯光，又开了另外一个带米色罩子的小灯。一切仿佛业已安排就绪后，才忽然记起一件事情，即自己得整理整理，赶忙从客厅左侧走进里间套房去。对墙边长镜把脸上敷了一点黄粉，颊辅间匀了薄薄一点朱。且从一个小小银盒中取出一朵小小银梗翠花钿，斜簪在耳后卷发间。对镜子照了一会，觉得镜中人影秀雅而温柔，艳美而媚，眉毛长，眼睛光，一切都天生布置得那么合式，那么妥帖，便情不自禁的笑了一笑，用手指对自己影子指着像是轻轻的说，"你今天生日？"又把手指拨着下唇，如一个顽皮女孩子神气。复觉得手指长了点，还需要戴个什么方能调和，又从另外一个较大银盒里许多戒指中，挑选出一个翡翠绿戒指，约在中手指上。手白而柔，骨节长，伸齐时关节处便现出有若干微妙之小小窝漩，轻盈而流动。指甲上不涂油，却淡红而有真珠光泽，如一列小小贝壳。腕白略瘦，青筋潜伏于皮下，隐约可见。天气热，房中窗口背风，空气不大流畅，觉微有汗湿。因此将纱衣揿扣解去，将颈部所系的小小白金练缀有个小小翠玉坠子轻轻拉出，再将贴胸纱背心小扣子解去，用小毛巾拭擦着胸部，轻轻的拭擦，好像在某种憧憬中，开了一串百合花，她想笑笑。瞻顾镜中身影，颈白而长，肩部微凹，两个乳房坟起，如削玉刻脂而成，上面两粒小红点子，如两粒香美果子。记起圣经中所说的葡萄园，不禁失笑。又复侧身望着自己肩背，用大粉扑轻轻扑上一点粉。正对镜恋爱着自己身影，作着一些不大端重的痴想，闻前院侧门边铃子响，知道有人来了，匆忙将玉坠子放入。

扣好衣扣，理了理发边那个鬓髻点翠花钿，在嘴上轻微涂了一点红，便匆匆走出去。拉开小客厅帘子时，客人原来已进到前院侧门海棠树下。心中微怯，一切好像不大自然。客人似乎也有相同情形。为的是这种约会前，一时各有一个信，信中多使用了抒情句子，天气或者又太热了点，因此大家都不免有点矜持，在不甚自然中笑笑，微笑中主人和客人轻轻握了一下手，表示欢迎。主人看着手表，去约定时候相差约四分钟。想起昨天客人来信上写的一些话语，脸重新觉得稍稍有点发热。且似乎预感到今天空气不大相同，在这种接待下，一定还有些新鲜事情发生。但主人很自信，以为自己十分镇静，礼貌原是使人安全的东西。她一切完全如平时，以礼自持。与客人互相保持在一种不可言说的敬畏之忱中。这点尊敬处即可使她处境十分平安，不至于有何意外。

　　她觉得这么接待这个客人，正如同把客人和自己放在诗歌和音乐中，温柔而高尚。不过，事实上她还是有点怯场，有点慌张。行为中见得比平时矜持得多。

　　让客人进到客厅后，不即请客人坐下，就去取冰箱中的饮料。客人在灯光下微笑着。互相都说了一句"天气真热"用作自解。因为两人都感觉在信中话说多了一点，对面时，反而有点忸怩。客人年龄还不到三十岁，在经验中只是读了许多书，知道许多恋爱故事，可并不曾如此受一个女人款待过。

　　客人微笑着，瞅着灯光下绿纱裹定的风度幽雅的身子，秀弱的颈肩，略略收束的腰身，线极柔和清雅的双腿，以及一双白足，穿着草鞋式露趾鞋子，只觉得入目无不异常妥帖，恰到好处。头上一望即知为新近收拾过的，发际那朵小翠花，还是特意在今晚上为欢迎客人而戴上的。想起信中所写的话语，转觉文字粗俗，不免有点唐突西子。想找一句话救救自己，苦无聪明得体话可说，因此说：

"不要费事，我口不渴的。"

主人回身时，恰恰如明白客人的意思，也是在自救。因此嫣然一笑。正是客人所期待的一笑。大家都似乎轻松得多了。

主人说，"天气真热，白天这房子简直受不了。一大片冰都融化了！"

"北方的七月，就是这个样子。我不渴，不要忙。我喝点白水就行了。不加什么好——加点葡萄汁也好——"客人同时却又自言自语的说，"花开了。"什么花？他不大知道，也不追问下去，反而问主人。

"你不出门？"

"天气太热，出门也受罪。害你远远的从东城跑来，夜里路上会有点风吧。"

"天安门马缨花开得很好。很香。"

"马缨花叫夜合，夜间开吗？"

"我说白天开得好。"客人似乎有点窘，怕主人知道他等不及天夜就已经过西城，等来等去天夜了，才敢来见她。因此额上略有一点汗。

主人注意到时便说，"要擦擦手罢，天太热了。"

"不要不要，这时好多了。你这里院子真静，好得很。"话说到这里时，其时正听到□□街口的电车声和□□一带市声。声音远远的，虽挟有强烈的街市灯光和热气，和这个院子究竟离得很远。

客人心上拘束得到解除时，游目四瞩，小小房子中无一不绿。主人体会到客人的目光正注意到自己身上，由上而下，停顿在胸部一会儿，以为是自己忘了将衣扣扣好，即忙用手整理了一下衣襟。客人目光向下一点，又停顿到另一处时，主人稍稍有点不大自然，把脚并拢去一点，拉了拉一下衣角。"喝杯水罢，天气热，这两天我就一天只想喝水！"于是为客人倒了一玻璃杯水，自己也倒了半杯。客人不即喝，自己倒很快的把水喝完了。喝过水后，用小手绢拭拭嘴唇，端端整整坐在客人对面，意思像是说，"准备好了，我们谈天罢。"两人当真就开始谈天起来。

　　房中闷热而香。可不是花香。客人以为是百合花①。"你这里花真香，淡淡的，使我想到海边一种小蓝花，不知名称，长在崖石上。"又说："周先生他们一家到北戴河去，什么时候才回来？有信来吗？你不欢喜到海边，怎么不上山去住住？西山好；——其实海边也好。黄昏时，到海边听细浪咬着沙滩，带咸味的风吹到脸上头发上，使人发生幻想。若有座小小白木房子，孤单单的在海边岩石上，一个人日子过下去，一定可以受到一种很好的教育……不过一个人也许比两个人好。"本来意思是说两个人，话有了矛盾，说的不是所要说的，因此举起杯子来也喝了一口水，"好得很。"称赞的是水还是人？主人心里明白。

　　一切素朴而清雅，在灯光下令客人想起一些故事，又荒唐又美丽，只有一个故事或一个神话才会有的情节。可是这不比写信，可以大胆的写去，谨慎的修辞。客人要说的还是海，以及海边那个白木房子，房中简单而清洁，毫无装饰。只近窗口一个扁扁瓶子，插了一把蓝色勿忘我草或是一把淡红色剪秋罗，床上白被单上却撒满了野花，为的是好给一个美丽的肉体躺在上面，一树果子，一片青草，一个梦；一种荒唐到不可想象艳丽温柔的梦！客人有点乱起来了，话说不下去，又喝了一点水，转口来赞美当前事实上的客厅中布置。"你这里收拾得太雅了，人到了这里，会觉得自己的俗气。你看这个窗子就恰到好处，——一切都恰到好处。颜色那么单纯，那么调和，华贵中见出素朴，如一首诗，一首陶诗。然而所咏的倒是春天，草木荣长，水流潺湲，很容易想起阳春二三月，草与花同色……"这诗末了是"攀条折香花，言是欢气息"，说下去，怕唐突主人，所以不再称引。却说："怎么，你这里花真香，是什么花？"希望主人不懂，主人却清清楚楚，因为房中并没有什么花，香的是粉和发上香水被热气所蒸发时味道。主人笑了。

"你倒像在做诗。有什么美？东西都不值钱，一切将就。都是我自己做的，为省钱，不是天生爱朴素！我倒欢喜那个窗纱，是去年故宫买来的。还是乾隆年织造姓曹的进贡的，说不定就是做《红楼梦》那个曹雪芹的父亲，——书上的贾政。真的倒有意思！"

"绿色调子强，本来难配合。你会调度，绿上加点黑，就软多了。"

"周家老太笑我是个蛤蟆投胎，她大小姐是蒸螃蟹投胎，因为我欢喜绿。她欢喜红，螃蟹要蒸熟才红。可惜这里得不到芭蕉，有芭蕉我要在窗下种十棵，荫得房中更绿。过一过蛤蟆精的瘾。"

"那当然好。"

"好就不像陶诗了！"

"管他桃子李子，总之是诗。这绿色倒使人联想起青梅如豆，绿肥红瘦。……记得绿罗裙，处处怜芳草。"

"你倒真像个诗人！联想生着翅膀，到处可飞去。"

"你外边院子不是有一树梅花？我记得到一个地方，看过一大树绿萼梅，总想不起是在什么地方。记忆力真糟。"

"法源寺庙里有大树梅花，你一定看过，不然就是做梦了。"

"不是梦，不是梦。我记得很清楚，又似乎很远，又像很近。"

主人嗤的笑了。怎么想不起来？因为半年前在这个客厅里就看到一盆绿萼梅，还将花比人说了两句不大得体的话。事情远在天边，也就近在眼前，何尝会善忘到这种样子？

主人起身去屋角小楠木柜子里取点糖果。客人于是依然用目光抚着那个优美的后身，只觉得异常舒适。然而同时也有点不安。纱衣极薄，极贴身。糖果到桌上时，是绿银色纸包裹的。各自吃了一粒糖，很好吃，各自喝了点水，水冰凉，各自看了对方一眼，眼中都有笑意。

"读书吗？看什么书？"客人见椅旁长条子花梨琴桌上有两本书，顺手取来一看，温飞卿集子。另外有两本银红色封面杂志，拿来顺手一翻，一九三□摄影年选，一个意大利人摄的一个女子的全身像，光明净洁，如星如虹，肩腰以下柔和如春云，双乳如花，手足如大自然巧匠用玉粉和奶酥所捏塑而成。客人有点惊讶样子。情不自禁自言自语：

"真美丽，美到这种样子，不愧杰作。看起来令人引起崇高感觉。"所赞美的对象是摄影者还是造物主？是那个图像还是另外一个东西？客人自己也像是不大明白。

主人却懂得那个意思，有点存心不良。然而这是男孩子的好处，虽近于冒失，并不十分讨厌。

她觉得不便回答客人，又不便离开，因此拿着那个玻璃杯喝水，用杯子遮掩着自己的脸，好像如此一来就不用理会当前问题。

客人说："你看看，多美！"

不得已装作在艺术家面前凡事毫不在乎神气，来同看那摄影。且装作毫无所谓的说："外国人实在会照相，照人照风景都美得很。这女孩子长得好看，年纪像是很青，不会过二十岁。"玻璃杯又上了口。

"中国人也好看！"

客人望着主人的脸侧面，知道脸有点发烧。望着胸部，知道气紧了一点。话似乎不曾听到，因此客人又赞美那个影子，"太美了。"又说："你看也觉得美吗？"

"怎么不觉得美？"

客人放下了那个，"我还以为自己很美的人，照例不大知道自己的美，且再也不会觉得另外的美。因为'美'对于她已不必外求，便无意义可言。"

"那些自命为美的人，也许是这个样子。"

"你呢？"

"我又不是个美人，所以——不同一点。"

"你不是很美吗？有人称你是……"

"那倒是一种新闻，先前从不听谁说过。"

"不听人说的事情多着，你总以为是有意阿谀，带点防卫情感，不相信。不相信似乎人就安全一点。是不是？我不说你听也好。"

"不。不说我也知道。一定有一半是骂我骄傲和虚浮。"

"恰恰相反。"

"那一定就是说我像个傻子。因为骄傲相反常常是傻子。"

客人不好说下去了,只是笑,等待主人自己接下去。

主人却觉得这么谈下去不成,赶快给倒了一点凉水到杯子里,"口不渴吗?我一天老想喝水,一个人可喝两大瓶。一连那么三个月,我会变成一只水獭!"

客人重新拿起那本摄影杂志,翻了一页,又是一个女子的照相,法国人摄的,身体比前一个略胖,眉目中微有羞怯意思,羞怯中见出妩媚和贞洁的混和。"你瞧,这个,简直……"

不得不装作大方样子再来瞧瞧,且装作一个大方男子的神气,对那人相加以批判,"好看,就是胖了点,是不是?"

"南方春天的雪,很丰满,随时都可融解到一种暖热中,或是在阳光中,或是在热情中。取光真巧妙,好像是灯光下照的。"

"你怎么知道是灯光下照的?我倒看不出。"

"你看,不但是灯光下照的,而且羞怯处还是第一回似的神气也照出来了。你看那神气。羞怯是同生疏有关系的。"

主人不知如何回答下去,因此又起身取水,自己觉得有点轻微的扰乱。但依然很自信。想用话岔开,苦无话可说。一面倒水一面便问,"到公园去坐船吗?你不是欢喜游泳吗?欢喜水吗?"

"我欢喜到海边去,可怕到公园那个游泳池去游泳。上礼拜有一天我陪个朋友去看看,上百人挤在一处打架似的。可是倒看到一种奇迹,有个女人在那里,跳水游水姿势都极优美,像受过很好训练的。穿了件橘红浴衣,离水时,身材和你一个样子,好看得很,我还以为是你,想照个相,又不熟识。"

主人不便说什么,为的是这种阿谀是在每一句话中都看得出所称赞的不是游泳池那个人。因此只是笑笑，不作声。心想："熟识了也不成！"为掩饰自己弱点起见，却把那册摄影杂志拿在手上，翻出另外一幅来。照的是一对小小白色山羊，神情柔驯而生机洋溢，并排站在草地上。"这一对小羊，才真有诗意！"

客人望望却转望着另外一对立在利巴嫩平冈上的小白羊，轻轻的说："的确，真是诗。"眼睛里柔和而忧郁。"多美丽！"且轻轻的叹息，大多数人在称赞某物某事，感觉语言被噤，无可形容时所惯用的叹息。

主人轻轻的说："你欢喜它吗？"

"好得很。"

"这一个本子里我也顶欢喜这一幅。羊本身就讨人欢喜。"

"所以圣经上用羊来形容人身体最美部分。"

主人感觉到却装作不曾听清楚，把杂志合拢了。

轻轻松了一口气，如已经从一个不大安全境地中逃脱而出，"羊实在可爱，柔驯而乖觉，给人印象是稚弱，然而却又富有生命。沉默，然而什么都懂。"

客人笑了，点点头，"是的，因此东方诗人用羊比女子，西方诗人也用羊比女子，为的是世界上女人的好处，美德或美貌，风度都同羊差不多！"而且说到这个的，客人正把那意大利的杰作重新翻出，手指有心无意似的恰恰压在那人像的乳房上。"两只白羊，在草地上放牧，——是诗，诗就是从这个地方来的，不只像诗。"眼睛对主人望着，仿佛目光正爱抚着主人的目光。沉静中微感纷乱。

主人却避开了这种接触，转望着桌上漆盘中的糖果，思量如何脱出这种不大安全的空气。请客人吃颗糖，拈起那个盘子。

"吃颗糖，选那圆的好。味道不太甜，软一点，你不欢喜软一点吗？"

客人把糖衣除去后，糖作淡红色，客人轻轻的把那粒糖投到嘴里去，轻轻吮着啮着，仿佛保存在口中的并不是一粒糖，只是另外一个什么东西。一切感觉中最纤细处，象征与意义，主人似乎都明白，心中有点不大自在。

预备把杯中剩余的水倒去时，手起始被捉住了，有一点儿抖。客人完全无心似的说，"谢谢，不用费事。我自己来。"捏着那只手时，客人的大手也有一点儿抖。又说，"谢谢你。"为感觉主人的手很柔和，很暖，微微有一点汗，似乎不甚挣扎，客人反而把手移开了。

主人因此起身向冰箱边走去，预备取点水果。客人跟着起了身，然而主人却俨然预感到这么办不大妥当，即刻将果子取出，放到桌上，自己就坐下了。"请坐，吃一点，杨梅还好，是燕京送来的。我用药水洗了三次，吃了，不会出毛病。"很显然的，她开始有了点窘迫，想把话岔开到普通问题上去，谈谈故宫的古物或别的事情。可是不成。盘中没有刀，不能切橘子。为找寻刀子第二次到柜边拉开那小门时，客人已站在她身后了，一转身，手即触着了客人宽阔胸部，脸发了烧，还想装作自然神气，好像说"不用开玩笑，还是坐下来谈谈天好，"可办不到。想说话，开口不得。

客人声音很柔和，"我有刀子，不用找了！"

不理会他，想再回身去找刀子时，客人由背后伸出了两只手，把手搁在那个柜子上，围住了主人。"我不要吃橘子，不用找罢。"意思却像是"不用逃脱罢，你看已经捉住了。"

灯光很柔和很静。

主人觉得这变化稍微快了一点。有点粗暴。至少在手续上比预想到的简略了些，事情很陌生。然而她并不如何惊惧，至少在客人面前她还能努力把那点惊惧情绪压抑下去，作成泰然坦然样子，"坐下来谈谈好"。可是不成，客人即同意坐下谈谈，也不知如何坐下了。面已对面，互相都有点窘迫，都知道空气变了，行将有些什么事发生。一切行将发生的事，即或不是命令的，至少也近于人为而必然如此或如彼的。

客人说，"看到我的信了吗？"

"看见了，谢谢你使用的辞藻，诗人的话总是一天花雨。"

"一天花雨，也不常开，也不常落！你以为不是我诚实的感觉吗？"

"不。我应当相信是诚实的。我不惑疑过朋友，只是用到称赞我的地方时，我明白我还不够那么完美。"

"那我应当谢谢你。"

"应当谢谢你，因为写了那么多。"

在客人纤细感觉中，从主人微笑里，似乎看出一点"美言不信"的神气，因此就说。"本来文字是个拙笨工具，要表现一个美丽的印象，以及这美丽印象反映到另一个人心中，所引起的珍贵感觉，保留下来的一个青春不老的影子，这种种情形文字是无用处的。有时节甚至于诗歌也无用。这件事只有音乐办得到。可是，像你今夜那么美丽，把我放到这种空气中，就是音乐，也不成功！"

"我们坐下来说好吗？"

客人听到这个要求，手并不移开，继续说，"今夜你太美了。"嘴唇微抖,"不好赞美,因为语言是多余的。"客人为自己一句话弄软弱了,手下垂了。

主人摇摇头,苦笑了一下,眼睛不即离开客人的眼睛。从客人眼光中她看出了一点风暴的朕兆,风暴前期暂时的平静,以及随同这短期平静继之而来的沸腾。她有点害怕起来。重复摇摇头,意思好像说,"不成,不成,"随即忽然向侧面溜开了身子,走向通后房的甬道去了。稍去又即回身站在甬道门边,轻轻的说,"请坐一坐,喝杯水,我洗个手就来。对不起。"

去了一回。客人先是慢慢的坐下来,自嘲似的做了一个苦笑,拍打着自己两只柔软大手掌,像是一个赌徒下注以后输尽了袋中所有时情形,"完了,什么都完了!"可是脑子似乎倒反而先前一时静了许多,比下注以前安静而简单。而且他知道最后一颗骰子还在碗中旋转,他且不急急于看到这骰子固定后的结果,把温柔乡集子②翻了翻。其实并不久,却已耐不住了。心上翻腾起来了。情绪起了漩涡,脑子很重,喝了一杯水,还是不成,小客厅向后院走去时,还得经过一个小小甬道。客人觉得必需把这一粒旋转不定的骰子固定在碗里,最后一张牌早早翻出,因此整了整衣领,随即向甬道走去。在甬道转角处正见主人带了一个小小包袱走来,迎面时不免显得着了一惊,惶遽将手中物交给客人,且惶遽的说,"这是个画册,有几个明人扇面,还不坏。你请坐坐我就来。"本意是取画册出来看看,转变空气,见客人神色大不对,就即刻回身向后院洗手间走去,砰然一声门已关上了。

客人呆了一会,旋即挟着画册依然走去,好像为一种命定的方式走尽甬道,转入后院。廊下一个方形罩子小电灯,照着院中的瓜棚,几个拳大金瓜下垂着,一排三个房间,只其中一个房间有灯光。客人向有灯光那个洗手间走去,将门轻轻推开,见主人正对墙上那个大圆镜匀粉。镜台边有一个丝质物的堆积。主人回过身来,口微微动着,意思有点嗔恼,却因气促说不出话来。客人的侵入显然出于她意想以外,所以努力作气的说,"请外面坐坐!"

然而客人却沉默的走近了镜台边,放下了画册,拥着了主人,望了约一秒钟后,即开始很猛烈的吻起主人那个颊边,鬓边,以及露出衣领外的颈子。末后,且想要吻那薄薄的嘴唇时,主人却左右闪避,因之复低下头隔着纱衣吻那个起伏剧烈的胸脯。

主人又恼又急,不知如何是好,气息迫促的说,"不成,不成,先生,这是不成的!规矩一点,我不要你这个。我要生气了!……你出去!"

客人还是紧紧的拥着她的身子,从那两座葡萄园中,感觉果子的丰满与成熟。随后即如一个宗教徒在神座前疯狂以后,支撑身心的力量一切解体,便静静的软弱无力的松了手,且蹲在主人脚边了。手抱着那一双脆弱的小腿时,叹了一口气,"唉,上帝,你使我变成一个什么样子的人!"

主人用手抚着她自己额角,觉得全是汗,不知怎样办。

稍静一会儿后,客人脸荡着主人的膝部,于是发抖的嘴唇开始从膝头吻下去,到脚踵边,且举起那个美观的脚来吻着,又随即变更那个方向,逐渐上升,从膝以上而上升,仿佛一个虔诚教徒对于偶像所表示的恐慌与狂热。主人觉得事情陌生,有点害怕起来,极力挣扎脱了身,走到屋角一个白木椅凳上坐下。"你去了吧,离开我吧,你不能留在这里的!我生气了,你使人生气,你真是个疯子。……咦，不成的！"

客人说："生我的气吗？好，不妨事。我怎么不是疯子？你使人接迎你时变疯子，离开你时变傻子，你还是毫不在意。你生气，有你的理由，因为我冒犯了你。你尽管生气，骂我，轻视我，到末了你还是得承认，这只是出于爱。你使人血在心子里燃烧，你却安静得很。"

主人笑笑着。"唉，够了，你可以走了。我不想你再来我这里，我怕你，不愿再见你。"话似乎说得重了点，又改口说："你外面坐坐静一静，喝杯水，冷冷你的脑子罢。我就来的。"

"不想见我，我明天就会离开这个地方，你可自己过清静日子，接待有礼貌的朋友。"

"也是为了你自己，同你的身分相称！"

"我有什么身分？为了自己？我没什么是自己。我只知道我如焚如烧的是为了你，为了你的爱。"

"爱应当使人聪明和体贴，不像你这个卤莽样子。"

"我是疯子。一生中只这一回，我是傻子，有多少事由一个聪明女人看来，都是傻人作的傻事！"

"自以为说是傻子或疯子，就可以这么待朋友不讲礼貌吗？够了，你出去坐坐，我希望你对人温和点。我头痛。"

主人觉得自己并无什么生气理由，客人且明白这事不会使她如何生气，因此当客人重新跪在主人身边，吻着那个净白的圆圆的膝盖时，主人只是很悲悯的望着客人的肩背苦笑，竟不再说什么。好像那么打量着，"你疯罢，让你疯这一次罢。这是你的事，不是我。"

那双秀美的脚，实在长得完整而有式样，脚掌约束在镂空白

17

鞋里,每个脚趾每一细部,都像是由巧匠所精心美意雕琢而成的。足踝以上腿骨匀称,腿圆而脆弱,肌肤细致而润腴。膝以上尤近于一种神迹,刻玉筑脂,弱骨丰肌,文字语言,通通不足形容。因形体虽可规范,寓于形体中一种流动而不凝固的神韵,刻画与表现,恐唯有神妙美妙的音乐,可以作到。因音乐本身,即流动而永远不凝固。

冒犯由暴风狂雨的愤激,转而为淡月微云的鉴赏。迨客人将头抬起时,见主人眼波中如水湿,莹然有光。因此嘴唇与手,都如被这种莹然之光所鼓励,所奖誉,要求更多了一点。

然而不成,有了阻碍,手被另一只手制止着。凝睇摇头,示以限制,绝不许再有所进取。双腿并拢甚紧。惟即在这种争持中,加上时间,主人气息转促起来了。

久之,忽若有所不堪,亟起立想向外屋走去,以为一到客厅,这窘人情形或可望稍稍变更。惟无从由客人身旁走过,只得临镜台边站定,整理发际花钿,长眉微蹙,不知何所自处。客人因此由其身后拥抱着主人,两只暖烘烘的大手轻轻的搁在主人胸前,轻轻的隔着纱衣拢抚着。

"唉,上帝,那么柔和,那么乖,这一对羊!"

主人见镜中情形,愠恼纠缪,默不作声,又似乎十分冷静,还看得很清楚客人大手背上那些毫毛。客人向之微笑,不知不觉也报以微笑。意识中只感觉到这个夜里生命有点变化,变化虽大,亦无所谓。既无哀怨,也不能说是快乐。总之有点糊涂,有点昏,说不定疯狂是可以从催眠方式转移于另外一个人的,面前客人的疯狂,很显然便在慢慢的浸入到主人灵魂里,生命里。

然而她笑不下去,双眉微蹙,如有怨意。

客人因怀着谨慎敬畏之忧，试为理了理鬓角乱发，且试为……镜中长眉益蹙，眼睑③下垂如不能举起。手下行旅行着各处地方，都十分生疏。主人只觉得这只手很大，很热，很软和，主人重复摇头示意，这么下去，事情太生疏了，神经支持不住。可是已无力从客人拥抱中挣扎脱身。当客人把个暖烘烘的脸更靠近鬓边时，主人头已软软的偎着了客人。嘴唇接触着了。这其间，那只暖烘烘的大手，已谨谨慎慎停顿在一个更生疏处所。一切虽生疏却极合适。具体或抽象都柔和得很。

"我不要的！"话虽那么说，意思却已含糊，因不要的还是得到了。而且还有更多的生疏事情，在逐渐中发现。

"天堂！"

"疯子！"

"疯子到了天堂！"

"就变成魔鬼了。"

"一个人到过了天堂时，变成魔鬼，随即向地狱中深处掉下去，也心甘情愿，再不必活在这个庸俗小气势利浅薄乏味的世界上做人。"

事情还在变。

主人觉得头有点昏迷，实在再也支持不下去。

"吱，你出去了吧，我不要这个。这不大好，我不高兴你这么对我……"

"可是人疯了，你知道。这一生不会有两个相同的今天。我心里在燃烧。"

"喝杯冷水脑子就会好的。"

"应当让它燃烧成一片火焰，剩一堆灰烬。生命应分这么样。

吝惜，明天什么也保留不住。不如今天照这么燃烧，烧完死去。"

"吱，上帝。"

"上帝就在我身边！在我手边！"

"吱，天！"

"天在头上，很高，很远。可是天堂就近在我面前，我不仅看见，而且触着。天堂中的树林，果子，一片青草地，一道溪流，这一切……"

"够了，我们不要这样子。你到客厅里去坐坐，等我换件衣服，洗个脸，出去玩玩吹吹风好不好？"话中带着哄求的神情。

"让那些大学生去吹风好了。"

"吱。"

"你自己瞧瞧，你今夜多美丽，多神圣！天气热，一切花都开放了。"

"我渴得很，想喝杯水。"

"我还一身都在燃烧！"

"我不要的。"

"上帝，你告我什么是生命，什么是美，什么是你上帝清心着意安排的杰作？"

主人笑了，"是的，上帝，你也告我什么是杰作，一个活疯子，一个魔鬼。"

"真的，两人都是上帝的杰作，一个神，一个魔鬼，一个从天上掉下，一个从地里钻出，今天恰恰放在一处，便产生人生。七月十二，好个吉利日子！"

"你真缠死人，你这算是什么？"

"算是罪过，由于你的美，扇起另一人的疯狂，真是人生。"

重皱着眉,轻轻的叹息,心想,"天知道!"心实在软软的。"这就是生命?"生命一部分仿佛已浸进到一种无形流质里,沉下又浮起,可是无从自拔。"这是命里注定的?"欲动不大自主然而却又身不由己正在向一个"不可知"的漩涡中流去。"怎么办?"她想,可并不曾想要怎么办。"讨厌,"这意思是指过去,当前,还是未来?她自己也不清楚。女人情感原是那么混乱的?

九点半过了,她无章次的想着,"药水棉花,……婴孩自己药片,……医院……糟。"

客人呢,应当说,已经当真疯了。那么完整,那么柔软,那么香,心跳得那么紧。眉毛头发和别的地方那么一把黑,一线黑,一片黑,……七重天并不太远,天宫中景物已依稀在望。看看主人手脚更柔软了,眼睛湿了,嘴唇冷了,梦呓似的反复说着,"我不要的,我不要!"便同样梦呓似的回答说,"是的,不要离开我,我不会离开你的!"

唱一个歌吧?有节拍无声音之歌曲,正在起始。主人轻轻的低低的叹息,连同津液跌向喉中去了,就是这歌声的节奏。主人在叹息里俨然望到虹霓和春天,繁花压枝的三月,蜂子在花上面营营嗡嗡,有所经营,微显浑浊带牛乳色的流水,在长满青草的小小田沟草际间轻轻流过,草根于无声无息中吸取水分,营养自己。某一个泽地边,是不是青草迷目,正作着无边际的延展?另外一个什么地方,是不是幽谷流泉,正润湿着溪涧边小草,开遍了小小蓝花?

水仙花花心是不是有一点黄?

水仙花神是不是完全裸体?

绿华窈窕,清香宜人,冬天在暖热的房间里才能开放的水仙花，移栽到一个人的生命中，感觉中，也许只是一个梦？

一切自然还在变。

"唉，上帝。"

"吱，不许。我不能的。我不要的。——这一定不成的。"

"什么都成，因为生命背后有庄严和美。我要接近神，从生命中来发现神。"

"我不要发现魔鬼。"

手极温柔，虽生疏却不鲁莽。

向镜中人觑望时，目已微闭。头已毫无气力，倚在客人肩上。

心忡忡跳不止。

灯光下主人美发微乱，翠花钿掉到地上去了。眼睑下垂，秀靥翻红。仿佛有轻微叹息起于喉间，随即又跌下去了。气息迫促，耳后稍微有一片汗湿。

葡萄园的果子已成熟了，不采摘，会干枯。

雅歌说：脐圆如杯，永远不缺少调和的美酒。

波斯诗人说：腹微凸出如精美之瓷器，色白而温润，覆有一层极细茸毛。腹敛下处，小阜平冈间，有秀草丛生，作三角形，整齐而细柔，如云如丝。腿微瘦而长，有极合理想之线，从秀草间展开，一直到脚踝，式样完整。股白而微带青渍，有粒小小黑痣，有若干美妙之漩涡，如小儿脸颊边和手指关节间所有，即诗人所谓藏吻之窝巢。主人颈弱而秀，托着那个美妙头颅，微向后仰，恰如一朵百合花。胸前那个绿玉坠子，正悬垂在中间，举体皓洁，一身只那么一点装饰，更加显得神奇而艳美，不可形容。

客人目中所见，实在极其感动，因此跪到这个奇迹面前，主人不可堪这种爱抚，用两只手把他的头托起，向之苦笑，如哀其人，亦以自哀，心中似乎很觉悲伤，似乎无可奈何，软弱而无望无助，亟有待于一个人的援手。一面又似乎十分冷静，眼看到这个有极好教养的年青绅士，在面前如狂如痴，可悯可笑。

客人从主人眼睛中看到春天和夏天，春天的花和云的笑，夏天草木蒙茸鱼鸟跃飞的生机。且从那莹然欲泪的眼光中，看到爱怨交缚。不可分解。

当主人微曲着身子去捡拾跌落地上那个翠花钿时，发已散乱，客人从她趾吻起，一直吻到那个簪有翠花的鬓边。

主人除了默然的摇摇头，别无一语，只是听其所为。

心亦从狂跳中转趋沉静，只余微怯，混合在一种不习惯的羞耻本能中，然而去掉这种羞与怯，又似乎并不在远离此魔鬼，倒是更其接近这个魔鬼。因之不知如何是好，只有苦笑。

也同时用这种苦笑，表示一切行为并不能完全融解自己的灵魂，一切行为都近于肉体勉强参加，并不十分热心，一切行为都可以当作被迫参加，等于游戏，事一终了，即可当成"过去"，不必保留在印象中。还自以为是个旁观者，始终保持旁观者那分静，静静的注意对面一个人的疯处，傻处，以及夸张处。做作的轻浮，在不甚真实情形中如何勉强保持外表，也看得清清楚楚。还自以为如此控制自己，操纵他人，有点自负。即那点女性自尊心虽在完全裸体中，也并未因当前亵渎冒犯而完全丧失。默然无语即近于这种自尊心的表现。

然而时间在重造一切，变换一切，十分钟后便不同了。

稍过，微有呻吟，且低低叹息起来，仿佛生命中有什么看不见的东西已跌落了，消失了，随同一去不复返的时间，向虚无中跌落消失了。面前一切茫然。落到什么地方为止，消失去是否还有踪迹可寻？完全无法想象。痛苦与快乐，以及加上那一点轻微呜咽，混合在一种崭新情境中。一切应当不是梦，却完全近于一个梦。

先是似乎十分谦虚，随后是一阵子迷胡。眼前转成一片黑色口中似乎想说。

"朋友走路慢一点，太陌生了，你要把我的生命或情爱带到什么地方去呢？告给我，让我知道！我应当知道这件事！"

却只变成一片轻微的呜咽，因为到这时，两人的灵魂全迷了路。好像天上正挂起一条虹，两个灵魂各从一端在这个虹桥上度过，随即混合而为一，共同消失在迷茫云影后。

……

沉静，生命一阵子燃烧烟焰尽后必然的沉静。在默然无语中客人跪在主人的身旁小心而微带敬惧之忧的吻其柔软四肢和全身，在每一部分嘴唇都停顿了一会儿，如一个朝谒圣地游客旅行圣地时情形一样。并为整理衣发，行为略显笨拙。主人回到镜台旁坐下，举起无力而下垂的手，轻轻捶打着自己那个白额。好像得到了什么，但十分抽象。又好像失去了什么，也极抽象。理性在时间中渐渐恢复，心中软弱得很，想哭哭，又似乎不必需。心境只是空空的，空空的看着在身旁整理领袖的客人。

"请你出去！你不能再到这里来。"

"我的神，这是起始，不是终结！"客人只是嘴角微微蠕动着，似乎那么说，可并未说出口。却把主人手抓近嘴边，温柔的吻着，"感谢你。"意思却像在询问：你不高兴吗？以为不该，觉得后悔吗？

主人把两只长眉毛蹙拢，摇摇头，表示这种事决不想追究得失。只此一回，下不为例。这事已成"过去"，同别的一切事差不多，一经过去，就算完了。可是当客人走出这个小房中以后，主人却想起"谢谢你"三个字的意义，头伏到桌上了。心里空虚得很，无可依傍。

……

庭院极静，天空星子极多。客人已走。快要十一点钟。晚风收拾了余热，白日的炎威全都退尽，主人独自站立在院中廊下，痴望天空星子。心仿佛同天空一样，寥阔而无边，不觉得快乐也不觉得悲哀，不得亦无失。然而感觉到生命却变了。回到小客厅时，拿起那本世界摄影年选，翻了一会，大部分都是人体摄影。觉得世界上事似乎都差不多同样有点好笑，许多事都近乎可笑。生命的遇合，友谊情分的取与，知识或美丽，文学或艺术，都只是在习惯下产生意义。不在习惯下去思索，都是一盘砂子，一堆名辞，并无多大意义。什么是美？美有什么用处？真不大懂。但她这时节事实上也并不需懂。她只记起这些名辞，并不思索这些名辞。

她想："什么叫做诗？文字或感觉？幻想或真实？女子或妇人？爱而不能见面那一点烦，得而不能保有那一点怨？……"

她需要休息。客厅中沙发前只剩下一盏小小灯，颜色绿而静。她坐下来轻轻的喊了一声"上帝"，意思像是另外一个地方，当真还有个上帝，在主宰一切。即她所能主宰一个人和自己本身，也还是被这个另外不可知的近于"偶然"的神一双手在调动。她所能作的，还是人的事情。至于人呢，究竟太渺小了。

……

后记：这个作品的读者，应当是一个医生，一个性心理分析专科医生，因为这或许可以作为他要知道的一分报告。可哀的欲念，转成梦境，也正是生命一种形式；且即生命一部分。能严峻而诚实来处理它时，自然可望成为一个艺术品。然而人类更可哀的，却是道德的偏见使艺术品都得先在"道德"的筛孔中一筛，于是多数作品都是虚伪的混合物，多数人都生活在不可思议的平凡脏污关系里，认为十分自然，看到这个作品时，恐不免反要说一声"罪过"。好像生活本身的平常丑陋，不是罪过，这个作品美而有毒，且将教坏了人。唉，人生，多可哀的人生。今天天气实在阴沉得很，房中闷闷的，我从早五点起始，就守在这个桌边，到这时为止，已经将近十一点钟，什么东西都不吃。买了一小束剪春罗红花，来纪念我这个工作，并纪念这一天。现在好了，我要写的已完成了。可是到抄毕时身心都如崩如毁，正同我所写的主人送走客人以后，情形差不多，一切似乎都无什么意义，心境空虚得很。只看到对窗口破瓦沟④中有白了头的狗尾草在风中摇动，知道梦已成为过去了，也许再过五十年，在我笔下还保留一个活鲜的影子，年青读者还可从这个作品中，产生一个崇高优美然而疯狂的印象。但是作者呢，却在完成这个工作时，即俨然已死去了。唉，人生。

时民国三十年五月十五黄昏，李綦周记于云南。

本文1941年6月20日、7月5日、7月20日分3次连载于香港《大风》杂志第92—94期,署名李綮周。现据《大风》文本编入。
　　①百合花《大风》文本均误排为"白合花"。
　　②温柔乡集子疑为"温飞卿集子"误排。
　　③眼睑《大风》文本均误排为"眼脸"。
　　④破瓦沟《大风》文本误排为"破尾瓦沟"。

雪和雾

仍是漫天飞着大雪。我坐着三轮车在两三寸厚的积雪中慢慢前进。路上行人稀少,却都采取了个仿佛练习溜冰的姿态,把上身向前略略俯倾,一步一步提高了脚走路。间或有一二条野狗,撅起它那缀着冰花的白嘴巴,背驮薄薄一层雪,摇摇摆摆从三轮前走了过去。可能也在思索回忆什么,可能有一点儿渺茫的忧郁,在那个四条腿一个简单而富于友情的心中。

车到大街时,就见出了浓重的过年气象。到处有点红,红得你眼睛发亮,心头一跳的,是在风中互相碰击着的大小灯笼。成团排队的炮竹、绒花,那么颤巍巍的,墨渍淋漓的春联,点心包上的招牌纸……还有戴在小姑娘的头上飘摇于白雪中的蝴蝶结。雪花纷纷落在这些东西上面,却又似乎立刻为人们欣喜的热气所融化了。准备过年好像比实际过年还要有趣,还要使人高兴,只因为"快乐"在希望中因了幻想的强调作用,就更加显得鲜明!

三轮车走过了点心铺,又过海味店,花店,香烛店,以及那些点缀过年,生意实在不佳的鞋帽店,终于转弯进了个僻静小胡同。我不但没带着买年货的钱,而且也简直没准备下一个过年的心情。我将去的那个人家,虽也正有一些不为不热闹的事,但这事实热闹中见凄凉,点起了高高白烛,照着个黑沉沉大寿材,上升的是袅袅青烟,而从那挤出眼泪地方,都不免红红的,随时会迸出,又随时会为一阵子乱而抹去……

"吱!"的一声三轮车停住了。大开着的门前是足迹杂沓,最触目的是支在门前那对描金花大鼓。付过车钱,独立在濛濛大雪中,对那张"X宅丧事"的白纸条子呆了一呆,我心里不觉恍惚起来,也就像这满天无主的雪花一样,悠悠迷离,有点不靠实。

因为门户极熟,就没有惊动那群吹鼓手和茶房,悄悄的一直走了进去,敏捷的把蓝布棉帘子掀个小小缝儿,钻进了灵堂。梅姐穿一身重孝,脸面有点浮肿,一见我就一把抓住:"小妹呀!"神气像是号啕大哭即将来临。吓得我赶快说:"得了得了,别太伤心,看糟蹋了自己的身子!"我真怕她要是当真哭起来,我可怎么办?按规矩女人吊丧得陪在灵前用手捂住脸哭那么一会儿,于是方叙事。还算好,她只眹眹眼,也就罢了。想是哭得太多太久,眼泪也枯窘了。灵位左边一溜跪着的是四个小白羊似的孝子,三子一孙,却都不是死了的老太太的嫡系。他们低了头跪在那里,宛然不胜哀痛似的,可又谁猜得到心里究竟为什么跳?也许都觉得十分无聊!因为照年龄说来,正该是倾心于抛雪球放冲天炮仗的时代。

供桌上高烧着一对白蜡烛,灵前还点着一盏清油灯,三个火苗怯生生的有色无光,又被透进白孝帏来的雪光一映,更显得十分惨淡。"火"这样东西若不能用它那点光征服了周围的黑暗而显出温暖和伟大,却相反的被更强的光所侵凌了时,它照例就会变成出奇的卑微。卑微到怯懦,卑微到不安,卑微到毫无希望之可言!不知是什么人聪明到想起在灵柩前白日也要点上那么盏小灯。这那是照亡魂上路的东西?这该是象征着让①人猛一触到"死亡"一时的那点情绪!

　　过不多久,送三的一切场面都准备齐全了,于是排队出发,前面有纸糊的轿马,颤巍巍哭着的女人,呜呜的闷气大号吹了起来,亲戚朋友来送三的都在香烟缭绕鼓乐齐鸣中迈着细碎的步子,作成为悲戚所中神气,把脸拉长,默默的向目的地进发。苍苍胡须拄着根白孝杖的老先生,左右被两个女婿夹持着走在最后,死者是他七十二龄的元配夫人。这不长不短的行列,在白雪中铺就的街道上慢慢蠕动,招惹得沿街闲孩子十分兴奋,住家女人也推开了大门,露一露头,兴致好些就跨出门来,站那么一回儿,结果也许想起了还是包饺子的任务要紧,或者刚端下炉子的一沙锅肉怕猫偷,于是又都呼唤着相继进去了;随手带上门,也就把寒冷凄凉一并关在门外了。送三虽是丧事人家的一项节目,却多少还有点要面子的意味。除夕日送三,却是连个看热闹的群众都落不着的!

　　看热闹的人能不分红白事,一概以"看热闹"的心情去看就好了,其实真会看热闹的人,在什么事情上又见不出热闹性质来呢!但是尽管这行列再长些,花样再多些,我仍然觉得"寂寞"是遣不去的。即使伴着那灵魂的飞扬,生者有多到过分的伤感,又怎么样?似乎不能用官能接触得着的东西,日久势必是会被遗忘的。谁见过一片坚贞的哀痛,亘古常新?!"被遗忘"这件事并没有什么可哀,我所痛心的乃是那似乎必不可移易的真情,究竟并非的确不可移易的。那么无论生存和死去,该都是寂寞而虚飘飘的罢!

忽然这个行列压扁了,挤缩了,在一个广场前停住了,开始焚化那些纸扎东西。熊熊的烈火在雪地里显得分外的红。这回纸灰和雪花黑白飞了满天。一家之长的老先生却昂首望着天际,茫然出神。他也许在想:"你先走罢,我不久会跟来的!"对于老先生这意念应当是个安慰,生命的火快熄了!和死者在另外一处重聚的愿望,比希望太太回到人间的意念还确实。庄子所说:"大块息我以死"到老先生的年龄,已完全明白这个话的意义了。

带着红火的纸灰飞上天去了,天上更显得热闹,下面的火势却渐渐小下去。一群野孩子就从四面偷偷围了过来,各自伸出他们冻红的小手,到火上去烘烤。客人都打躬作揖分了手,各自匆匆忙忙踏着雪上的散乱冥票回了家。陶诗说的"亲戚或余悲,他人亦已歌",应当是不久的事。

随同他们回到这个有丧事的人家,围炉坐定之后,大家都舒了口气。老先生右手端着杯冒热气的茶,用着父执辈温厚口气叫着我说:"小妹,你今天就不必回学堂去了,路太滑,又冷。这里还有事要你帮忙,吃完饭还想请你给填写那些讣文上的地址!"

"小妹,你别走了,在这儿帮帮忙罢!可就是不像个过年!"

"小姨!你跟我睡!"

我只有用一个微笑来代替回答。"小姐,您喝茶!"我向左抬头去接王妈手中的茶时,却从斜刺里看到了穿着肥大孝袍的柏。他虽一声不响,却也正用眼光在挽留我。于是很简单的说了一声"好吧!"就伸手到近边桌子上摸来一叠锡箔,开始参加折元宝的工作了。在一个办丧事的人家,你如果不是十分懒,总可以一天到晚忙不完的。

晚饭吃的是面条,却又乱七八糟摆了满桌子菜,大家想从这个大城中零落炮声提起些过年事情，暖和暖和各个沉闷的心，却被远远近近另外一种炮声喑住了。到饭后，端起一杯清茶看茶叶缓缓下落时，若干年前的年夜饭，一一从回想中重现出来，吃的喝的都在其次，我所难忘的是那喜融融的空气，我的那份童子的欣悦，却为什么那些情绪就此去得辽远又辽远，似乎再也回不来了呢？

"喂！别尽想心事呀！来来，我们开工！"

"这枝笔最好，给你用罢！我们优待你，因为你是个客人。"

这时候，柏和炎已搬出了大叠印得很体面的讣文，又开始倒墨汁试笔。想把全心放在写字上倒也还好。伴着我们的是那架挂钟匀称的摆声，炉中的煤块爆裂声，以及那细小细小的两支烛芯的闪灼嗞嗞声。

电灯又灭了，黑暗突然压来时，我心觉得一紧。我所在的地方是个灵堂！人家都说"死人"可怕，其实我倒觉得"鬼"该是可亲的，因为我挚爱的父亲也已成了古人！不过才是前年的事，那时候我曾整夜守着灵柩。看见那医生，药，他常坐的沙发，他的一切，家中的一切，街上的，甚至于各处无关紧要的东西，我都联想起父亲而禁不住眼泪的倾泻。夜夜有梦，醒来照例一场空！到后来，泪泉像是枯竭了，却更伤心，单纯又单纯的伤着心。然而日子过去了，新的变作了旧的。凡事退到了记忆中之后，就不免随着过去的时日逐渐由浓化淡，曾是听不得"死"字的我，如今还不也居然能镇静的坐在这灵堂里抄写些什么？突然，我觉得"人类感情"的质地松脆，原是一路下劣材料，建筑在感情上的东西，总是不大经用，难求久远的。于是一种不可阻遏的寂寞从四方袭近身来，像黄昏涉水度山遮掩了丛树和茅屋，我心里的人间世界被这个看不见摸不着的"寂寞"染成一片暗淡！

"你在想什么？别这样忧郁好不好？"柏走近来，发愁的看着我，那双凸出的大眼睛因连夜缺乏睡眠，网上了一层红血丝。他的形象在我的眼中由模糊而清晰，又由清晰而模糊，我只继续流着泪，却仍看着他，看得出他着急、难过，又抱歉。烛光昏暗摇曳，见他苍白瘦削的脸上有两片红得怕人的嘴唇，于是我想，会有那么一天躺在那里，再也不声不响的不是别人，而是柏。就怎么样？……会有那么一天，躺在那里再也不声不响的，不是他的尸体，而是他如今的这份感情。又怎样呢？"遗忘"原是为遣却痛苦的，而如今我却从其中见出一切之无常！但是，我想我一定不能再继续流泪了，虽然在这个不忌讳哭泣的场合，却也不能不顾到自己的行为所造成的空气是否会影响了别人的心情。

"告诉我，到底是为什么？这真使做主人的太难过了！"

"说什么呢？为失望？为不满足？为怀念？为……那一件都不对，又都沾一点边。一个人不具体的伤心，最难劝解！"这不是我说的，也不是他们中任何一个说的，却是大家都感到的。钟摆一刻都不停，无论人们是快乐或忧愁，时间总是会过去的。大人们都去睡了。雪仍在黑夜中纷披的下落。

钟敲五下时，四方开始传来断续的鞭炮声渐渐愈来愈繁密。王妈骨碌骨碌的在隔壁房里收拾茶具。厨子老李似乎也在活动起来。茶几上的一杯奶粉缓缓的冒着热气，旁边有一碟棕色蛋糕，心想"除夕"已经过去，现在已是丁亥年的第一天了！炎忽然举起张报纸叫我看，只见墨渍淋漓的八个大字是"元旦发笔万事如意"。"写得真好啊！"我随意的那么夸夸他，他笑了。该不是为这一夸而笑，却是在这新年开始的日子，想到一点什么可高兴的事情了罢！

"怎么样？这个环境里的一切太沉闷，容易引起伤感，我还是送你回去罢！"

柏对我讨好的商量着。讣文既已写完，天又亮了，也没有再留下去的必要。于是过不多久，我就坐在一辆马车中，在大年初一清晨里……

雪片已小，却是密密麻麻。地面积雪保持了天然的浑圆松厚。破坏了这个似乎不敢去破坏的完整与静默，好像该得点什么罪名。车走得极慢极慢，又格登格登的晃着。人既一夜未睡，神志难免迷糊，试着闭一闭眼睛看！晃呀晃，先是前后摇，继而左右，终于变成了缓慢不停的起伏。仿佛夏夜蚊阵在不远的地方嗡嗡作声。想睁开眼，一时又睁不开。心里像是刚刚吃下了什么又粘又稠的东西，情绪却陷入于一堆新棉花中，松松软软，要爬出来却用不上劲。不知什么地方钻来一丝冷风吹到脸上，于是似乎清醒了些，才发现自己睡在舱房里的一个窄窄的高铺上，一切情景都十分熟，是从前有个这样的梦吗？烟气氤氲里，灯光成个晕黄的大圈，那块就在膝旁的四方小玻璃，被内外水汽弄得不再透明，只仿佛见有远近人影朦胧来往。

"买热包子□②？"

"瓷器那个要！"

"开船快了，热饭两角钱一碗！"

又是那里的孩子哭了，雨伞之类的东西又哗哗的磨着舱板走过去了。少顷，似乎船已开动，望出去只见迷蒙乳白的一片，两岸灯火在湿雾里闪烁着点点小红光。玻璃外面有雾凝成的水珠，慢慢慢慢的一滴一滴流下来。江水漱刷船底，继续着那单调的声音，心里发腻，怕是要病了罢！蚊阵又嗡嗡的近来了！猛的一颠，左臂被一个有力的手握住了。却发觉人在车中，车在雪中。我不觉迷惘的望着身旁的柏。那么，适才的情景是个梦？是个印象？还是现在是个梦？是个幻想？

"告诉我，究竟什么是真的？"我突兀的问。

"你就是真的！"他突然握住了我的手。

雪不停的撒下来，车慢慢的走着，前路似乎是无尽的。

本篇1947年4月12日在《益世报·文学周刊》第36期发表，署名"扇陀"。

①此处原文为一空格，缺字可能是"让"，为整理者所加。

②此处原文字迹不清，无法识别。

□遥夜集

废邮存底
——辛·第廿九号

辛·第廿九号、从一个海边寄到另一个海边。一个三十岁的女人，寄给一个十九岁的男子。她不是基督徒，却信仰了一次上帝。

××：

寄来一点石头，放入一个小小碟子里用水泡湿，你就可以来想象它们在海边时躺到水中的情形。这边的海水永远透明，不像你那边昏浊，所以石子也非常干净。它们是晒了无数太阳，过了无数寂寞日子，如今在一种意想不到的命运里，又才休息到你的桌子上来的。中间有种放光的螺蛳，名字叫真珠螺，××妹一个人在海滩上寻找了多久日子才得到。有种黑水晶，不从海边得来，（它们是乡巴佬，）它的生长地方，在有仙人来去的劳山。

这些东西分量徒重，价值很轻，同这个世界上有些人的爱情差不多。不讨厌它时，你不妨放到读书的桌子上，让它仿佛同你很接近，玩厌了时，就扔掉它得了。你想想，我们一天活着，在学校里，在别的地方，一面虽像是匆匆忙忙的在那里拾取知慧，一面不是把日子在一种无可奈何的情形中向身后扔去吗？我们每个日子的生命，差不多就常常是像很任性很随便扔去的，（虽然我们总不大容易忘记那些好的过去，但总不能使那些值得注意的现在不成过去，）我自然不敢希望这些石头或爱情，是你应当特别看重的东西。

丁玲女士你见到了没有？我希望你们成为一个朋友，你们值得互相尊敬。

这里天气忽然变了，近日来冷了许多，上帝意思，派各处树木的叶子全脱尽了，（好像这就可以使许多无衣可穿的人，从自然中看得他同另外一件东西平等一点，）可是另外有一种人却多穿了许多衣服。这里虽在冬天，若出太阳时，太阳是使人身上很暖和的；但能够使我心上暖和，却是你"随随便便"一个信。你是一个男子，你有理由注意到比向一个上了点年纪的女人来敷衍的行为还重要的事情可作。你是不是还高兴把你那个昂起的英雄的头向脚下看看，是不是还能从一种小小惠施中，给人以一点最大感谢的幸福？我自己很显然是无从帮助我自己，使我的信写得稍好一点，使我这爱你的心，表现得稍有条理、稍完美、稍值得你关心值得你顾盼一下。如今我只希望上帝帮助我的忍耐，使我不断的盼望到生活中有一个人事上的春天，事实上，却能始终在冬天的日子里支持。

我知道我老了，若是我聪明一点，就是我在这时能有一种决然的打算。我死了比我活下还好。我可并不想死。我将尽这件事成为一个传奇，一个悲剧，把我这种荒唐的热情，作为对这个新旧不接榫的时代，集揉凑成的文明，投给一种极深的讽刺。让我求你许可把这种信每次送到你身边的日子，由两个月改成一个月的期限。海潮每天来去两次，天上的月是四个礼拜圆一回的，我只求你间或昂头看天上的圆月，并不逼你时时俯首注意脚下的海水。

ＸＸ
二十年十一月

　　本文1933年8月1日曾以《废邮存底》为篇名，发表于杭州《西湖文苑》第1卷第4期，署名甲辰编。"编"字疑为误排。

　　根据作者所附编号，现以《废邮存底——辛·第廿九号》为题，按《西湖文苑》文本编入。

□七色魇集

《七色魇》题记

  这是我一九四四年完成的一个集子。内容说它是小说,实缺少小说所必需的中心故事。说他是散文,又缺少散文叙事论世的一致性。就使用文字范围看来,完全近于抒情诗,一种人生关照,将经验与联想混揉,透过热情的兴奋和理性的爬梳,因而写成的。就调处人事景物场面看来,又不如说是和戏剧摘要相近,尤其是和那个"错综现实与过去,部分与全体"的电影剧本相近。事实上,对于文体的分类我并不发生兴趣。我正企图突过习惯上的拘束,有所试验。这个集子的各个篇章,可说是这种试验的第一次成果。

  我已经将近八个月不使用这支笔。在这个短期沉默中,家住乡下,茅屋三间,破书一堆,日常生活一半消耗于担水烧火磨刀挖土琐琐事务里,一半即消耗到书桌边。生活虽俨若与世隔绝,却有个特别机会,接近好些人,可以听到在朝在野对于国家明日表示的忧虑,同时更容易明白目前正在进行蔓延中的腐烂与分解。这种腐烂与分解,如何因政治上的外戚阉寺作风而形成,并奠基于一个广泛的无知民族性弱点上,是极显明的。面对这个触目惊心的事实,负责者还在为明日得失勾心斗角玩把戏,毫无勇气坦白的承认过失而从一新的观点下企图补救。都市中知识阶级则照样是或就知识所及,作作国际预言,为远方别国事情猜谜,或就见闻所及,从事检讨小范围内贪污与囤积。在"人"之可能如何渺小,与"事"之必然如何泛滥两种情形对照下,自然更增加我一种痛苦感觉。

到我绝对单独时,国家明日种种,目前种种,和近三十年种种,便重新来到我的心上,咬住我这颗衰弱的心。其时常常有二三浅栗色小耗子,从我脚前悄悄的走来走去。望着这小小生物聪明自足神气,敏①,目睛如豆,一生虽无大作为,实长于钻垣窥隙找出路。先还对我带着三分畏惧,一分谄媚,见我对它的存在毫不在意时,就把我的书册乱啃起来了,当我感觉到这种搅扰的厌烦,照房东所说的,试把几个刺栗球塞杜穴边,表示不欢迎后,这精神和身体同是流线型的准绅士,就正合了"小人难养,远之则怨"两句陈言,从墙角僻处发出一种琐碎单调的切齿声音,好像说:

"你轻视我?我要检讨你,从你思想起始。我划定你已落伍!"

"仁兄,你怎么会觉得我轻视你?我想起的问题太远时,自然不大注意到你的行动。可是目前我倒正在研究你健康活泼的原因,有所发现,主要的就是愿望合理而切于实际,手边常常有点小储蓄,不乱做梦恐怖自己。至于任何事不向深处思索,似得力于佛的不痴,有悟于道的不沾滞。你性欢喜热闹,因此热闹场中常有分。当你看明白了人多处的安全性时，于是，你前进了。你自觉有了信仰。你这点信仰的健全性，不待证明我也承认的！"

"你还在讽刺我。"

"嗳，上帝，我就从不想到过对你用得着讽刺。这恐怕是你内有所不足的感觉，正和许多人一样，生存在世界上自己缺少自尊自信时，就容易觉得被讽刺。其实最深刻的讽刺还是你自己。试反省反省看，就明白我说的意思了。你不应当担心一个落了伍的人沉默。他其所以沉默，说不定正是让开路看你和你的同伴在欢乐中前进！"

"你的思想陈腐而空洞。表现在你一切作品中，都只能给人这个印象。"

"你说得真对。我总是思索些永远不会侵入你头脑的问题，荒谬②"

"所以你落了伍，眼前什么事情都不知道。"

在习惯形容词中，或者这就叫做"批评"，也说不定。但过不多久，这个细小诅咒，终于在墙角边消失了。记得一个生物学家曾说过："耗子机会若凑巧，也会长大如猫儿。澳洲的大袋鼠，还庞大如一头驴子！"可惜常见的耗子，照例都只希望从宣传活动方式上变成一只猫儿，结果呢，还是和原来同样大小一只耗子。

人既住乡下，因此如这位仁兄所说，城中发生的许多热闹事情，当真便不大知道。两个月以前，有一次进城时，朋友××就问我说："你兴致真好，家中人饭也吃不饱，还为人拜生做寿！"话说得很奇怪。我做的事怎么连我自己也不知道？虽认真分辩：

"我生平从不想到为人拜生做寿问题,恐怕是名姓弄错了。"可是有物为证,朋友并不错。我的名字和卞之琳先生的名字,果然同时都已上了报,被人派到为某某先生庆祝写作二十年消息上,登载出来了。其时我家中有个亲戚,因病失业,神经不大健全,起初还疑心莫非是这个亲戚作的。再去注意一下当天本市报纸,才知道这次盛会,是由联大国文系主任罗莘田先生主席的。还有一篇演说文章发表,说到有个什么贩卖乡土神话的作家,想打倒他的老朋友,老朋友那么活跃,那里打得倒!这倒真是新鲜事情,因为罗先生治音韵语言,与近二十年文学运动虽渺不相关,可是人在北方极久,一定明白从五四以来,国内所保留的一种写作风气,即拿笔的从不会办党做官口气说准备"打倒"谁或"拥护"谁。作家的义务,是素朴老实低头努力写文章,永远保持对于工作的热忱和忠实,慢慢的求取进步。作家的权利是在一个公平自由竞争制度下,有机会陆续将作品和读者对面,不论他写的是神话或是人话,是革命还是恋爱,总之一定要有像样作品方能得到读者。作家与作家彼此之间,或陌生,或相熟,凡能保持这个素朴写作态度的,必充满尊敬,若相反,照例不算同行。一个作家和社会发生关系,是作品,不是人。很少无作品的作家,能滥用作家名分作政客活动,或用社会方式支持作家地位。这个风气是有目共睹,而且特别值得推荐给准备执笔年青朋友,当成一种工作榜样的。用这种态度从事写作,自然寂寞些,沉闷些,一时之间难投机取巧,成功成名。可是由于作者写作态度的庄严,方能有优秀作品产生,不至于作空头文学家。读者看待一个作品,虽不免有随社会风气转移倾向,一时流行的崇拜电影体育明星签字习惯,也将会能到一个文学作家头上来,走到任何一处,都有签字小本子送到面前的机会。作家照例还是乐意用作品和读者对面。读者对于作家表示的诚恳爱敬，不是虚文，实重在能从作品中接受一个做人所必须的诚实坦白健康热忱的人生态度。社会风气既在变动中，别的作家有因为不能忍受寂寞，发明用宣传方式，为同道联欢，并吸引社会注意，亦即名为推进文学运动，无妨邀集三五十个趣味相同的人，排定秩序每星期轮流举行，轮流主席，人数不足时，即临时随便拉扯几个在野政客军人，或有名人物，凑足数目，总之这是个人的兴趣，并没有什么稀奇。不过风气即使已进步到这个程度，据我想，也应当还容许另外一种人，另外一种态度，即不运用宣传，不参加社交，能低头写作，期望将作品更切实的影响读者的单纯态度，这种人不能逢场作戏，应景凑趣，和"打倒""拥护"全无关系。他贩卖点"乡土神话"，也许只是因为所见到的"身边神话"，实充满了乡愿猥琐油滑气息，同时他又已经学得忠恕待人，不好意思要身边人物在他笔下受难，倒并非不能画虫画鬼的！

近两年来，在任何一种刊物上，都常常可看到要求民主与自由的字样，在官方文件中，也就随时随处不忘记把这个名词加入。因此一来，俨然就是民主自由已在望中。可是我们试仔细看看便会发现社会中若干运用这个名词的人物，精神倾向有时或不免是一条相反的道路，而且能迂回努力达到目的。即以文学运动言，这种伪民主形式也可见出。有形的某种限制，犹可望废除，而无形的用民主自由名分作的成帮伙圈套，则不免与日俱增。对于彰明较著的整齐画一要求，出自统治者一方时，我们尚能找出若干理由作证明，以为与民主自由理想不合。然对于文学思想受近代政治功利主义的影响，使一切作者与作品，附属于一种政策,成为宣传点缀物的趋势,却无人能指出情形也相当可怕。一个作者若承认它,便随时随事都不免见出与官僚政客合流的用心,离开了对工作本身成功最高的要求,不是转而从阿谀当前实力取得信托,即是用颂扬未来权贵换回尊敬,否认它,则除搁笔改业无从否认。承认或否认,都与我从事这个工作本意违反。党派帮伙的包庇性,与文学的求真标准,实两件事情。我得好好思索一番,是爱好真理还是尊重现实?

个人为社会堕落与分解,任何人都得承认,已发展到一个可怕程度,若徒然争夺一下民主自由名词,实丝毫无补于转机的获得。三十年民主政治的失败,问题虽不简单,然而各层统治者对于农民的残忍毫无认识,毫无同情,唯当成一个聚敛剥削的对象,则系一种事实。在这个关系中,执刀弄棒强有力的,即成为军阀,才气纵横善于依附军阀的,即成为政客。以下于是有官僚③,有土匪,有土豪劣绅,有买办经理……这一切虽各有其因缘依存的意义,然而又无不直接间接寄食于二万万沉默无言农民的劳作生产上。

可是近三十年来,这个"多数"的农民,在中国这么一大片土地上,活得如何卑屈,死得如何悲惨,有一个人能注意到没有?除了拢统的承认他们的贫和愚,是一种普遍现象,可是这现象从何而起?由谁负责?是否有人能够详详细细的来解释过?……对于这个多数的重新认识与说明,在当前就是一个切要问题。一个作家一支笔若能忠于土地,忠于人,忠于个人对这两者的真实感印,这支笔如何使用,自不待理论家来指点,也会有以自见的。若不缺少这点对土地人民的忠诚与爱,这个人尽管毫无政治信仰,所有作品也必然有助于将来真正民主政治的实现。若根本就缺少这点忠诚与爱，任何有势力的政治主张，实上无助于作者有何真正成就。国家待改造，待重造的问题，由一个政治家说来，或者只是一些原则。因为原则的认可，他就有机会从一个新的局面下，成为国家负责者。上了台，再从这个原则伸缩中作种种解释，来运用一国人力与财力，施行一些有关生聚教训具体或抽象计划，如此或如彼，能稳定这个政体，得到人民对于政府的信托，即可说第一步已告成功。至于一个作家，若觉得国家忧患所自来，实由于一堆事实为人所忽略，若事实不明白，单凭抽象原则终无从得救。他会觉得必需从这个多数的生命深处，发掘爱和恨，变与不变，即由此出发，坦白痛切来说明他们如何活在这片土地上，又如何自愿或被迫而沉默死去。即以当前情形说，多数拖混的生存，与悲惨的死亡，就决不是他们本身命定如此，还是出于一切负责者的传统态度而形成，态度若稍稍不同，情形也就不会如此无望的。在这种不可抗的广大灾祸下，若容许他们屈于"气运"以外，还追究到"责任"方面，则近三十年的一切上层分子，对于他们的缺少认识和同情，都将成为他们的控诉对象。他们的沉默，只证明这个多数品质优良的另一面，与他们的良善，勤俭，习性，还应当有机会能够在明日活得更像一个人。然而一切不耕而食的人，对之却应当愧悔，一个有良心的作家，更不能不提出这个问题：关心老百姓决不能再是一句空话，任何高尚的政治理论和政治设计，若不奠基于对这个多数沉默者的重新认识，以及对于他们的真爱，都不免成为空泛，只能延长这个民族的苦难，增加这个民族的堕落。这种新的情感的产生，显然不是单凭现代政治标榜的主义所能见功，实有待于重新找寻办法。

在这种情形下,我们自会觉得,一个文学作家所应负的责任,远比目前一般政治理论所要求于作家的责任还更艰巨。一个作家对于工作所需要的持久热忱,和坦白单纯超越功利勇往直前的求真态度,都不是拿一定薪给的"宣传员"可比拟。必发自本人一种对人生深刻的认识,以及对人类的爱,方有希望。而且这若真有所谓运动,最先就得注意,防止作家与官僚合流,并不让官僚或不相干野心者混入作家中,毁坏组织上的健全性。

二十年前由于偶然的机会,在我这个乡下人单纯头脑中,忽然输入一种新的憧憬,为接受一种抽象原则,学做现代人,我来到了新的社会中。于是一面让手中这支笔支持了我十余年的简单生活,一面就用全个生命来学习,来适应,希望有些新的发明,即除普通上层社会的相处礼貌与生活习惯以外,发现做一个人更沉重结实深刻有力的因子。当初总还以为由于知识增多理性增强,这个发现是必然的。但在一切经验综合上,却见出这个社会有思想有知识的分子,有不少还只是活在一种猥琐事实中,与平庸愿望中。"思想"或"信仰",落到这些人头上时,都被小小恩怨得失,弄成为一个毫无内容的名词。情感的贫乏,更见出对国家问题怕负责,怕深思,难于有何健全勇敢的表现。这些人既大多数都出身于中上层阶级,近代教育的熏陶,目的又只是完成一个有充分教养的专业者,教养对于这些人的本身,并不算失败。惟把这个少数优秀公民源源注入到一个二万万之农民低头耕田,三五十大小野心军阀割据争雄新陈代谢局势中时,这些人所学所知,便不免失去了应有意义,成为一种纯粹奢侈品了。学术进步系事实,提起这点值得我们对于若干人特别表示敬重。惟就中一部分和国计民生实际问题有关的专业者,尚可望因社会发展而得到联络，也促进了这部门的进步。至若较抽象部门专业者，谈哲学思想或政治制度的学者的生活理想与生活事实，对于古今中外学术比证用力虽极勤，所得虽极多，对于数万万人民，则因毫无接触，亦无理会，所有见解自然即容易见出与这个多数作无可奈何的游离。社会在分解，在这个过程中，负责者面对事实，固不免望到束手，惟以支吾拖混为计。然而用来重造民族观念的思想家，或重铸民族情感的文学家，有所表现时，与问题实相去一间，且事到头来将依然不免茫然失措，无可为力。

　　在这个小小集子中，正如同在这个题记中一样，检讨历史时，我所有的赞美或诅咒，和并世的价值标准不易符合，将是必然的。我还要保留这个赞美或诅咒形式到一堆新的故事中。这个工作若丝毫无补于当前，或可望稍稍有益于未来。从我这支笔所触及的种种，一个有心的读者，必可看出我根深蒂固的农民的保守性：对于土地的爱好，与自然景物的亲匿。至于现代政治所容许的虚伪性与功利性，以及文学运动受这个政治风气影响，作家中所流行的活动新花样，实不免感到绝望。然而同时或亦可看出一个来自乡下的纯粹农民，充满诚意准备作大社会一员时，尽管生活式样已完全适应，由于基本情绪的相差相左，有多少无可免避的挫折与困难！以小观大，也正说明这个冲突的根本存在，若出于个人，尚不妨事；若出于代表某种多数集团，观念情感的凝固，自然即形成政治上的分张，使国力从这个对立中消耗复消耗，毫无方法可以调处。譬如当前西北情形，即可作例。目前交涉的停顿，而在停顿中只增加国力的耗损，是极显明的。这问题，说不定就得有一些有艺术良心的作家，来从一堆作品中，疏理出个头绪，且希望更多方面负责者，对国家问题重新有个态度来关心，方有真正解决的一天！

卅三年双十节

本篇 1944 年 11 月 1 日发表于昆明《自由论坛》周刊第 3 卷第 3 期，署名沈从文。《七色魇》文集未见出版。

现据《自由论坛》文本编入。该刊目录和正文均把本篇标题误排为《〈七色魇〉题记》。

①原文此处似有漏排。

②原文此处似有漏排。

③有官僚原文误排为"望官僚"。

未印选集拟目

(一)

《七色魇集》(未印)三十八年一月二日北平

《绿魇》

《黑白魇》①(抄稿)

《青色魇》(校过)

《橙魇》

《赤魇》——

一《赤魇》　　二《雪晴》　　三《巧秀和冬生》(校)

四《传奇不奇》(校)

《乡居》(未校)

《主妇》

《摘星录》

《水云》

《笨人》

《王嫂》

（二）

《梓里集》（未印目）三十八年一月一日抄

《湖南的西北角》序言（李震一著作序）

《湘人对于新文学运动的贡献》

《一个传奇的本事》（校妥）

《芷江县的熊公馆》

《新党中一个湖南乡下人和一个湖南人的朋友》

《断虹》引言

《谈苦闷——聂清遗文引言》

《曾景初木刻集》序

（三）

《术艺刍言》（未印目）三十八年一月一日抄

《论特写写人》

《论特写》

《逛厂甸》

《一种建设人才》

《云南的美术教育》

本文据手稿编入。原稿中个别作品题目不准确，已据发表时的标题更正。
① 《黑白魇》应该是《黑魇》与《白魇》两个作品。

□南北风景

给小莹的信

小莹：

真了不起，你的信写得那么好！我和我的黑脸太太看过后，都笑了。(是佩服的笑！)

这个信使我们有机会谈起许多旧事，我本想不回你信，只写个"想象中的小莹"，在你们看得到的刊物上发表。写的一面是黑而俏，一面是健康活泼的在一株花树下做捉间谍的梦，就在这个情形中，你妈妈上街回来了，间谍也乘此逃脱了。怎么妈妈回来间谍反而逃脱，而且很可能是从瓦上逃去的？你想想看，这间谍是什么——一只花猫儿好不好？除了一只猫，简直想不出更像间谍的东西！

你说你不是"摩登女郎"，这个名词，云南四川用法似不大相同。我们这里说的是健康，活泼，聪明而乖，不是指会穿衣敷粉，这个叫"时髦女郎"！你这时尽管不黑而俏，到我下次看见你时，保定是被阳光晒得黑而俏了。

我还记得第一回见你,是在武昌一个什么人家洋楼中(很美观的洋房),文华学校附近,你在摇篮中用橘子水和奶粉当中饭,脸瘦得像个橘子,桃子,李子?——唉,真不好形容,可是眼睛大而黑,实在很动人!

第二回是在北平东城你家中,大热天,徐志摩伯伯还在世界上和金伯伯用手掌相推比本领,你那件小花衫子,我将来写小说时,还得借用到故事中!

第三回在珞珈山,你每天总到小学校车站旁边去找那位警察朋友,天晴落雨,通不在意!吃饭时,和你妈妈相吵,就傍近爸爸,和你爸爸鼓小气,又倚靠近妈妈,唉,这个作风,假如保留到廿五岁时,可就真厉害!

第四回……你想想看,在什么情形下看见你最好?照我希望最好是带点礼物来参加你和什么人××,因为那时如果要来宾演说,我不必预备,也可以说说这个故事,让大家开开心。可是到那时,我也许像电影上的老头子一样,笑话想说说不下去,只感动快乐得流眼泪。因为那时节国家也转好了,你们长大了,一晃廿年,很可能你妈妈看到那个礼物也要流点快乐眼泪!这礼物原来是你一张一岁多点的相片,上面还有我妹妹写的几个字,"眼睛大,名小莹"。这相片有个动人历史,随我到过青岛,住过北平蒙古王府——卅一年昆明轰炸学校时,同我家中几个人的相片放在一处,搁在九妹宿舍小箱子中,约四十磅大小一枚炸弹,正中房子,一切东西都埋在土中了,第二天九妹去找寻行李时,所有东西全已被人捡去,只剩废柱上放了一个小信封,几个相片好好搁在里边。原来别的人已将东西拿尽,看看相片无用处,且知道我们还有用处,就留下来,岂不是比小说还巧！你想想，事情巧不巧？若当真到你××，把相片装个小银架送来，这份礼物真不轻！不过假若真有这么一回事，我估想得到，相片过一会儿还是会搁到什么不打眼地方，因为那时节你一定会被同学们围住作别的玩意儿，我也将带起大近视眼镜看你妈妈收藏的古董去了。

你欢喜吃糖，四川出白糖，空吃一定不什么好，寄来的一包小玩意儿，一次用饭粒大小一点儿，放在糖水中，或放在红茶中，柠檬味儿就香喷喷的到鼻子边了。

还有别的好吃的，如像澳洲来的乳酪，本地出产的乳饼，乳扇（饼是羊乳作的，扇是藏边雪山牦牛奶油作的），不容易捎来，只好说说，引起你想来联大升学的幻想了。

四川可吃的一定也很多，可是我们这里吃过的你们必尝不到。如大雪山下的鹿脯，小说上还只有史湘云吃过一次，我就不止吃一次！暹罗缅甸的象鼻子，虽无福气领略，多少总看过了。熊掌同妖精手掌一样，干干的满是黑毛，如挂在墙上，晚上睡觉真担心它会从墙上蹦下捆我一下。黄桃子如芒果，有饭碗大，是中国最特别的种子。蕈子据说有百多种，佛掌，牛肝，鸡踵，北风……数学家恐怕也数不清楚！有些生长粉红色细枝，真像珊瑚。所有蕈子味道都很好；洋白菜有廿斤一棵的，青菜有十多斤一棵的。桃子可吃四个月，梨子吃半年（有廿来种，木瓜梨极奇怪）。五月能吃石榴，大的一枚有一斤重。

金伯伯（即金岳霖）在北平时玩蟋蟀和蝈蝈，到长沙买了百十方石头章，到了昆明，无可玩的，就各处买大水果，一斤重的梨子和石榴，买来放在桌上，张奚若、杨今甫伯伯的孩子来时，金伯伯照例就和他们打赌，凡找得到更大的拿来比赛，就请客上馆子。你想想看,你如在这里,用捉间谍耐心去找找石榴梨子,还愁无人做东?金伯伯还养过一些大母鸡公鸡,养到我住的北门街,走路慢慢的,如天津警察,十来斤重,同伟人一样,见了它小狗也得让路,好威风!可惜!到后我们要搬下乡时,他送人也无处送,害得他亲自抱下乡去,交给陶伯母,总算有人承受。你若在这里,纵口馋量大,宰一只时,恐怕也得吃个一星期!现在我们作杏子酱,还是七八斤一坛,实在吃不完,不免委屈了它,想捎三五斤来,可不知那一年才有这个方便。我们先约好,总还有些少分量的玩意儿来,并且一定是你不大容易见到的。你等着吧。

你可会不会烧饭做菜?我做的"罗宋汤"是够得上请罗斯福的,因为这里西红柿极好(大的有一斤重一个)!做出的汤似乎比文章还得人赏识,真奇怪!总有一天会请你们尝尝的。很可惜是,廿七年你和妈妈不曾向湘西走,如到我沅陵家中住半个月,才真是口福!我的哥哥作的菜,沅水流域军官全都翘大拇指,——不说了好,再说下去,我倒想回家了。

你可猜想得出我一星期在昆明每天吃些什么?原来只能吃点米线(米粉条)当早晚饭!

这里花生也得两百元一斤。你这时节来,若在乡下,可以请你吃许多东西,若在城中——,保留保留,且俟当真来时看罢。

你看些什么书?看巴金的小说一定有意思,巴金五月八号已结婚,太太也是个相当能吃的很可爱的小姐。

我有个七岁小孩胖胖的,专欢喜吃肥肉,会画画,间或也爬上树去摘摘生桃子吃。

我们住的地方,是出果子的地方,上市时每天有三百石果子进城,满火车是各样水果。大致那么热闹,两个多月方逐渐减少,你试闭眼睛想想是个什么情景。

袁先生的小姐已能写那么好的文章了,你一定也快了,我倒羡慕嗓子好会唱歌,以为比写文章有意思。你可会唱歌?钓不钓过鱼?四川的鱼,一定狡滑得多。

沅水钓鱼只需用线捆个小肉骨,放下去一拉,即可得一斤重一尾的鱼。

听朋友说现在降落伞的设备,有手掌大的蔻蔻糖,可救七天命,有几包香烟,一把刀,一条绳子,另外还有个钓鱼钩,为的是恐怕掉下来在无人处寂寞,钓钓鱼消遣,可是我有个熟人,却掉到印度森林中,坐在树顶上,整整四天,方得救!在那个地方钓鱼钩好像不曾用。

现在去美国,只加尔各达到锡兰一段路,坐船要护航,此外太平洋军船行驶,安全之至,这是一礼拜前小朋友回国经验,如你和妈妈有机会出去,尽管放心坐船去,不会有问题。

你可是个运动员?将来学什么?嘉定的间谍恐怕不多,你真是英雄无用武之地,想捉一个吧,也不容易。我们在这里呢,只想捉蛊,都说极厉害,事实上不过是一种大的怪蝴蝶罢了。本地人叫做"蛊",且传说能吃人心肝,完全荒唐的事!这些蝶蛾有身上起太极图的,有作虎斑的,有全黑却加上红殷殷花纹的,有一色碧绿绒,头是乌黑的。大的约六寸长,贴在壁上,不动时,完全如一幅新派画,实在又美丽又奇怪,碰机会若得到,寄个来让你看看。这种蝶蛾在大理清碧溪,点苍山上面,多悬挂在溪边树上,如小风筝,间或有一尺大的,完全如假造的。我亲眼见过六寸大的很多,就总以为是通草作的!

我最不敢回信，一写就是八张，有一半说的是吃东西。因此我才想起今天还不曾吃晚饭，得下楼到对面小馆子去了。

我这里住的地方，附近约有廿个小馆子，全是联大教师学生照顾。教师中最出色的要数吴宓。这个人生平最崇拜贾宝玉，到处讲演《红楼梦》，照例听众满座，隔壁有个饭馆，名"潇湘馆"，他看到就生气，以为侮辱了林黛玉，提出抗议（当真抗议）！馆子中人算尊重教授，便改名"潇湘"。你想想看这人多有趣！你问问妈妈，她会告诉你这人故事的。

小茶馆全是学生，当做图书馆，和咖啡馆，也读书，也玩扑克牌。间或有一辆小汽车驰过，美国洋人吃得饱饱的，笑迷迷的，和街上小顽童翘大拇指叫"顶好"，表示中美友善。开小铺子的，卖点心的，提茶壶的，凡是女的，手上必有二三金戒指，或一个金手镯，因为他们都发了财。教师和学生，可大多数破破烂烂。鞋子最破的或者数曾昭抡，脚踵□地，一眼看来真够凄怆。可是大家精神都很好，因为总想着到你们长大时，一定可以不必如此困难，活得不但幸福，也可望来尊贵得多了，我们这一代是应分吃点苦的。

刘秉麟先生那个梳大发辫的圆脸小姐，一定也大了。周先生家我记得还有个眼睛如黑人神气的小周先生，在上海施高塔路住时，我每回去看他姐姐，他就要我说故事，想不到这位姐姐从英国戴了副大近视眼镜回来，已做了博士，真如小说上说起的"女博士"。那位小周先生大概也从大学毕业了，周伯母可还敢不敢在嘉陵江游泳，苏伯母可还如在珞珈山时么骑自行车，头发不长不短如女兵？避空袭可还有人藏在方桌下，方桌上放个木盆装上一盆水？

          从文
         六月十五夜

  这是沈从文伯伯给我的一封很有趣味的长信，他信的内容不仅是写个人方面，而且也说了现在昆明文化界朋友们的生活状况，我念时简直没有停过笑。其中讲到云南的出产，也是很有趣味的。我想这一定有不少人会像我这样感觉有趣的，所以特意抄下来，寄与《文化先锋》，从文伯伯一定不会因我没有征求他同意便发表而生气吧?! 因为他一向对小孩子是多么的好脾气！我至今都很清楚的记得他是这么样的一个人。

            陈小莹附志。

  本篇1944年8月11日发表于重庆《文化先锋》杂志第4卷第1期"文艺"栏，署名沈从文。
  收信人陈小莹是凌叔华与陈源的女儿。

逛厂甸

我初到北平时，距蔡孑民先生谈美育已六七年，国立美术专门学校也早成立。但学校圈中多数人对美术爱好，似还和传统习惯相差不多。会玩的玩玩四部板本，金石拓片，或三五件字画，一点小件陶瓷，几方端砚，一二匣墨，即已近于风雅。办美术教育的，也还是用绘画作主体，其余系类都近于点缀。最大毛病即有教师而少设备，直到如今还是这样。记得最初过年，是在一个表亲家中。去到那里时，有两桌麻雀牌正在进行，热闹得真像"过年"。客人既多，自己生活情况正极劣，实在又羞又怕又无聊，所以就只装着微笑，勉强在玩牌的主客身后看了一会儿，便走到客屋佛堂中去观光。描金佛像面前罩有红缎面围桌的供桌上，焚了一炉香，有一点水果供品，还有些点缀主人生活情绪的经文。桌前放有一片小小方地毯，预备主人玩牌厌倦，或因别的什么事兴奋以后，来念念经磕磕头。一切都像是很完备调和。但给我印象最深的却是墙壁上一幅字画，瘿瓢子黄慎画的《琵琶行》，并用草书把"浔阳江头夜送客"一诗全部写上。字体如酒杯大，已写满半纸，却留出一点空间，画了个老妇人把卷读诗，大约用心在"妇孺都解"意思上。瘿瓢画本不甚高,字又有格无笔,惟这一幅墨色淡淡的,设计却相当巧妙,字也特别好。近三十年了,留在我记忆中印象还十分鲜明动人。那亲戚来佛堂上香时,见我在画前发呆,就告我画是逛厂甸六元钱买来的。欢喜看画厂甸画棚里还有些东西可看。过三天,我当真就成为画棚中观光者一员了。

厂甸全盛时代,当在清季乾嘉之际,和灯市相同,前人笔记虽常提到,真实情形已不可知。正如《东京梦华录》《梦粱录》等书记宋代开封临安生活景象,及大相国寺买书访画情形,都已成隔世事,只可想象仿佛,不仅《玄览篇》记明代灯市买小米钱选画已无可望,即晚清庚子以前画棚灯市所见,我们生来太晚,也无福气享受了。

我看画棚既然是民十以后事,所见到的当然可说已不成样子,但是这种画棚从铁道线前起始,却一直延长到路底。看画的一钻进去,跟随个什么不相识老人身后走着曲曲折折路线,一路听他指指说说,有时还停下来接受相熟掌柜的一杯热茶,(那些茶大多数还是从带棉套旧式保温壶中倾出的!)沿路稍稍停顿,就要花费两点钟时间,才到尽头。此外还有路两旁的书画杂物摊,古物杂会,只除了"南京沈万三的聚宝盆",此外似乎什么怪东西都还可发现。琉璃厂每家古玩铺,从掌柜到小伙计,新年中照例都换上了新衣,在门前迎送主顾,或相互串门打千拱手拜年。虽已不如邓叔存先生所说光景,民初元二两银子可买宋元黑片花鸟故事,令人歆羡,然而也还保留一点旧习惯,铺门前触目处,尚可看到些带故事性或象征新年吉祥多福的玩意儿,明清人仿苏汉臣或钱舜举的货郎担,婴戏图,普通苏州人仿仇英仕女游春图，秋千图，龙舟图，廿来元①成交的货，还很看得去。至于清邹一桂的天竹如意，金廷標的八骏马，唐岱拟赵千里的青绿小幅山水，画棚中十元八元作品，货色已极整齐。明清之际名头不大的扇面，二三元随手可得。从乾隆到慈禧，新年赐福的二尺大御笔福字，二三元也可听主顾随意挑选。旧纸贡笺还是整卷出手，色色具备。海王村的货摊上，瓷漆杂器精美丰富，更触目惊人。即出于商人仿制，一切也还保存本来制作材料制度，全不像近日为美国洋兵预备的摹仿品恶劣！火神庙珠玉象牙摊子，且多分类排列。珠玉是达官豪富，老爷阔人，媚悦家中，如夫人或名娼名伶的东西，我这个乡巴老可说不出什么印象。以十来专卖象牙摊子而言，堆积于各层次的器物，其宋明款式的旧器，就触目可见，半立雕尺大件五百罗汉，或群仙献寿，牙色透红，莹洁如玉，呼价二百元，七十元即可成交，全份牙制镂花刻胡人骑猎的双陆图，全份线刻水浒三国人物故事酒令牙牌，全部西厢故事牙牌，百元以下都可到手。……一尺大明永乐刻漆碗，莹如紫玉，二十元钱即可买到。凡有工业艺术，或美术考古价值，尚少商业价值的古器物，几几乎都可以用不易设想的低价收购。

游人中则还可看见不少有发辫的逊清遗老，穿绦缎团花大袍，绵绒背心，带有荷包挂件的大烟管，携儿带女于画棚货摊边徘徊。有着旗装的王公旧族贵妇，长袍小袖，高髻粉面，点缀于珠玉宝货摊子边。海王村公园中部，还搭一临时茶台，许多人一面喝茶一面看热闹，保存庙市旧风。

若到前外或东西四牌楼挂货铺及天桥旧货棚观光，则这个二百年名城大都另外一种储蓄及毁坏，将更加惊人，有关旧朝代服制器用，刺绣……工艺品，都如垃圾堆，随意处理，彩色鲜明花样文巧材质讲究的库缎，湖绉，以及绫锦罗纱，千百匹堆积席上，五色缤纷，无人过问。（直到民国二十五六年，在东华门挂货铺中，乾隆宫纱就还只到二三元一匹，大家买来作窗纱用。）各挂货铺的杂器物，价值之贱，门类之丰富，糟蹋之多，就更不用提了。

至于社会一般艺术兴趣呢，每日报纸戏评栏正为金少梅琴雪芳或什么名花老五捧场，竞选伶国大总统，或花国大总统，许多名流用极讲究四六文写劝进表。三尺大相片，正和黎元洪、徐世昌、张作霖、吴佩孚相片同在照相馆门前可以发现。北京六国饭店外交性的跳舞会，已起始有名媛交际花参加。陶然亭于秋冬之际，照例虽还有遗老看芦花赏雪分韵赋诗，也已有新派少年，在荒冢前学少年维特，吊古伤今，痛哭赋诗，即景抒情。中央公园茶座前，却坐了无数游人，有军人，官僚，议员，部员，教育界中大小书呆子，或一家老幼，或独自一人，坐在那里剥瓜子，吃肉末烧饼冰忌淋，让人看并看人。

一般大学生的艺术嗜好，似集中于马连良、余叔岩、梅兰芳、孟小冬。蔡先生的美育代宗教学说，似因过于伟大，不免显得异常荒谬，所以北大出版部，虽印行过孑民言行录，每个毕业学生回家时，都有机会带了那么一部书回家，事很奇怪，似乎竟没一个人想到在学校来用一小笔款项，找几个好事教授，收集点东西，在本校来实证一下这个美育学说。如果当时居然有那么三五人，又有一笔小小款项，来办这件事，专收集工艺品，和民俗生活有关艺术品，三十年来的聚集，在世界上必然也可称为一个重要宝藏。至于主持美术专门学校的人，如知道绘画，雕刻，戏剧以外还有艺术，且在北平还有些什么不同学校习惯的绘画，雕刻，戏剧，办学校学生需要教育，教员更如何需要教育，能有计划，有魄力，把经费中小部分，用在收藏各部门美术品，则三十年来将更是如何洋洋大观！

但事实上社会眼光和学人眼光都似乎还无人想到这件事有何重要意义。官吏中少数人虽知于做寿办喜事时，买古董送礼，多数则不仅不知好好保持，还在破坏上作了不知道许多坏事蠢事，当时政府一切都若脱了节，财政部靠借外债弄回扣，包税收发薪。内政部靠借开辟马路繁荣市面，撤卖皇城砍伐风景树木发薪。教育部某一时也居然把京师图书馆的善本书抵押给银行，借钱发薪过年。总之，凡典守的都似乎即可自由处分，不以为奇，所以雍和宫一类地方二百年来保存的美术品法物乐器，也就大都在莫名其妙情形中，陆续成为私人收藏或送出国外。驻西苑的部队，把圆明园的剩余建筑石材和铺道石卖给附近大学时，一部分一部分抬去，及把颐和园围墙外一带大柏树砍伐出售给某寿材铺，一大车一大车装进城时，大家看来也都以为十分自然。报纸上虽提过一二次，一切事还是照样进行。

然而更大更重要的毁坏处分，还是故宫开放后那一阵，由于典守主持人之无知而自私，在一种极胡涂草率情形中，毁坏了不知多少有关历史文化工艺品！一个故宫售品所，主持人不知把重要美术品中铜玉瓷漆缂丝锦缎及其他种类有计划分门别类印成专集图录，并把字书中重要作品，分别复印。却一面零零碎碎，一切还不脱办画报形式，印点小东西点缀，另一面更借口有些物品不易保存，或无多意义，作价一律出卖。举例言，一海龙袍子或貂皮大套，当时作价不过二三百元，普通乾隆锦缎仅一元一尺。且照当时规矩，院中办事人作价后，还得先由院长选购，次由院中高级职员选购，次由低级职员，最后方轮到外人。所以东西越讲究难得作价也越贱，处分之滑稽，荒唐，真到不像是真有其事。后来虽因某某事，进而为某要人弹劾戳穿成为故宫盗宝案，然主事者在通缉令下以前，连亲带眷一跑，还是一切无事。这种大毁坏别的不提，即以明清四百年，几几乎代表五个世纪带花着色丝织物数千种，作价一元八毛计尺出售给人作旗袍椅垫，得来的钱却为的是发职员的薪水，这些典守人对中国艺术作的孽，算来就有多大！

二十三到二十六年前后，我又在北平过了四个年，看了四年的厂甸。前后相去已十余年，自然什么都不同了。显著的是字画古器物已日少，但有清二百年名公巨宦学人才子的墨迹，如曾文正、左文襄、刘墉、张照、翁同龢、潘祖荫、伊墨卿、祁隽藻等字幅，四元五元还可带回家中。明代几个书家如邢侗、王宠、王铎、倪元璐、张瑞图字条，一二十元已可得真的好货。四王吴恽作品，较多商业价值，虽不易得，然不著名还看得去的明清之际画幅，一二十元左右还可得小幅精品。金冬心查士标逸品，出至五六十元，已称高价。至于高且园，郑板桥，十元二十元只小军官照顾。晚清赵之谦、任伯年，且远不及当时萧屋泉，汤定之，萧谦中引人注意！画棚中虽已不成样子，冷门中就还随时随处可发现宝物。记得某回美展，北方出品中周养菴一幅明宪、王朱由燉②的诸葛武侯画像，上载《出师表》，当时在画棚曾见过三次，最初即只索价四元。某古玩铺一明永乐款径尺大雕漆碗，只索价二十元，十六元即为人买去。有人抱了尺长牙雕，五十元即出手。至东四弓箭大营看制弓时，还见到一二百雕弓排列架上，老弓手一面叹息一面工作，为的是旧弓劲强无人过问，必需改造才有洋人购买！……经改造的弓还只值四五元一张。

北平沦陷九年和平胜利后，我又回到了这个地方，成为逛厂甸在人丛中挤在书籍货摊边呆的一员了。一切都似乎还"有"，一切其实都已"无"了。去年新正半月都极冷，厂甸中生意不好做，熟人中每去一次，总还是抱一大堆书回来。书籍中尤以近二十年日本人印的有关美术考古图籍，随处可以发现。瓷漆二录索价二万时即不容易找寻售主。南画大成③全套不过数万元。日本精美漆器，及高丽李王朝陶瓷，且随处可得。东单地摊上，这种东西更多精品。设有好事者或公家机构，如北平图书馆，中央博物院，艺术专门学校，以及什么特派员张三李四，知注意到这份器物如何难得，收集在一处，对于中国现代工艺又具有何等意义，用很少一笔费用，二三人到处留留心，即可接收保存多少好东西！但这工作像不是任何一个机构分内的事，就无一个人过问，机会还是在习惯上错过了。到今年逛厂甸，几个公家机构，几个学校，起始想在这问题上花点钱作点事情时，人丛中挤来挤去的故宫博物院长，北平图书馆长，和几个大学校动员收购字画百物的教授，一定将保留一个相似印象，即厂甸中最多的是大串糖葫芦，风筝，玩具，和卖吃食的，此外什么都没有了。虽然卖字画的和摆摊子的，还是有不少字画古董，却只是像为两种人预备的货色，洋兵及休假回国的女传教师。一看到这个人和头发半白的铺掌办交涉讲生意，总令人感到一种凄怆印象。文化，艺术，轮到这些人来赏玩，支持，自然什么都完了。

大家都说厂甸今年格外热闹。别的不提，只要站在和平门里面，数一数进城的三轮车自行车上颤巍巍长串糖葫芦和迎风咯咯的麦秆小风车一共有多少，即可知海王村游人如何拥挤。再过三五年，海王村那一圈古董铺，也许都应当改作糖果铺或玩具店，才够供给游人的需要，因为到那时节，军人或洋人，可能也只为买买糖葫芦和空竹来逛厂甸了。

　　从这个小小地方的兴衰和变迁，也可以看出这个国家的其他方面，是从什么情形下在逐渐毁灭或变质。知识分子都只在等待政治来抢救他，可不知自己也还可以在某一时抢救点别的什么。到目前，说是来抢救，似乎已太迟了。毁的已毁去，拿走的都拿走，剩下的只是一群会买糖葫芦，被日本奴役灵魂八年，又被内战蹂躏情绪二年，在人丛中挤来挤去得乐且乐的小市民，什么努力都太迟了。唯一还可以做的，也许应当是来抢救一下自己的灵魂，倘若他当真还有灵魂！

　　本篇1948年2月24日在南京《世纪评论》第3卷第17期，及3月22日在《天津民国日报·文艺》第119期刊载，均署名上官碧。两种文本仅个别文字不同。现据《世纪评论》文本编入。

　　①廿来元在《天津民国日报·文艺》发表时改为"十来元"。
　　②明宪，王朱由燉疑为"明宪王朱有燉"之误。
　　③南画大成指1935—1936年日本印的《支那南画大成》，全套含大开本珂罗版画册23卷，附"解说"等8卷。

□我与新文学和历史文物

我是一个很迷信文物的人
——在湖南省博物馆的讲话

各位先生,同志,朋友:

我习惯了,我做说明员做久了,我得站起来讲。

我是一个在历史博物馆工作了三十年的,我们同行吧!还是个不及格的说明员,我的目标也就是做个及格的说明员。但事实上东西越来越多,我的底子又很差,实在说做到现在还不及格呢。

我们这次来主要是来向各位学习,特别是湖南省博物馆是全国有名的,又是我的老乡。我是湖南湘西苗族自治州凤凰县的,离开家乡已经六十年了,可是我的情感,我的兴趣,多半还是集中在家乡的一切。

我始终是一个不及格的说明员

我十五岁就离开了家乡,到本地的破烂军队里面当一个小兵，前前后后转了五六年，大概屈原作品中提到的沅水流域，我差不多都来来去去经过不知道多少次，屈原还没有到的地方，大概我也到过了，那就是乡下。所以我对沅水的乡情，感情是很深的。后来有机会到北京去学习的时候呢，能够写的多半也就是家乡的事情。

我对家乡新的事情知道得还是少，比较少，知道的还是过去的。关于比较下层的生活，划船的船夫、纤手，小码头上的人事我比较熟悉。但是我的写作应该说是失败了，前前后后写了三十年。我的思想比较落后，也许是严重落后吧！所以到了解放以后我就离开了写作，又不能做空头作家呀！因为没有生活，思想又比较保守，一下子适应不来了，就转到历史博物馆工作。

当时历史博物馆大约有十三个教授级的，我们在一块。我清清楚楚记得，大家谈到学习时都坐下来学习，我一天就泡在陈列馆，什么原因呢？因为我对文物没有一点知识，有兴趣没知识，我只觉得这个东西应当好好地学。因此有个很好的机会，每一次历史博物馆的展览，我都要参加，从开始展览一直到关门，我都参加。什么辉县的、郑州二里岗的展览，安阳展览，麦积山、炳灵寺的展览，楚文物展览，全国文物展览，我都参加了。特别是敦煌艺术展览，我呆得特别久，差不多前后一年。我的基本常识就这么点儿。所以刚才讲我是专家，绝对不能相信的。我始终是一个不及格的说明员，主要原因就是东西越来越多，来不及了，人也老了，所以到了快八十岁了，又转业了，转到社会科学院历史所。

怎么是历史所呢？我历史又没有底子，我主要是文物的常识，所以到这里很显然也做不出什么东西。但是得到领导和各方面的支持，才起始把六四年着手的，一本通俗性的，关于服装发展同衍进的图录，得到大家的帮忙，特别是在座的大家都知道的王㐨同志的帮忙，才勉强完成。

我们这次来，主要是学习和补充我们没有的知识。到这里以后，得到侯局长、高馆长及各位领导热心的支持，更重要的是得到两位老师，高先生同熊先生十分耐烦地陪着我来看，一件一件来学习，我这里深深表示感谢。

离开文物就没法子说懂历史

我要谈的不是服装，服装大家比我知道得多，我要谈的是一个工作方法。很多工作都是要靠方法，方法对头了，那么说服力就强；方法不对头呢，就不容易解决问题。

服装这个问题，是个最麻烦的问题。因为历史久、时间长、民族多，搞这个东西是很难的。我们做的现在也只是个开端，是个试验性的。这个试验的方法，大概同原田淑人日本的专家相比呢，方法不同一点。

外国学者多是从《舆服志》着手，《舆服志》有它的好处，就是它都写清楚了，但是有它的弱点，都是写上层社会的。而且像《唐六典》、杜佑《通典》提到绸缎，但是绸缎究竟是个什么东西呢，我相信你让一些学历史的具体地谈一下呢，他又不知道了。我记得一个故事，前不久，十多年前一个朋友，是国内的历史专家，写了一部战国史，大家公认写得很好，但是到选插图的时候，他临时到历史博物馆来找几个不太相关的插图，原因是什么呢？学历史的按照习惯呢，是不大看得起文物。

从我们学文物的人来说，要懂历史，离开文物就没法子说懂历史。假定中国有二十五史就够了，那我们知道这些年地下埋的不止二十五史，二百五十个史。很多历史上说不准的，都从地下得到解决，提出新的解释。历史上讲得模糊的，我们都可以得到很新的启发。不管是哪一方面吧，现在越来越多的，把我们文化史的时间提前了，延长了。

以楚国为例，按照金石释家来说呢，好像都是衣衫褴褛，贫穷得一塌糊涂：吴越嘛，就是断发纹身，野蛮的可观。按照现在挖的结果呢，我们可以那么说，商代以后，最能够接受楚文化的可能是湖南。这个提法当然历史学家是不承认的，但是搞文物的呢，一大堆东西摆在那儿，你不能不承认。至少是我们商朝的发展，从文物上看来呢，楚国地下出的东西最能填补空缺。

博物馆的工作者有新的责任

我也可以说是一个很迷信文物的人。因为我学了几十年这个东西，现在有机会得到党的鼓励。周总理提到每次出国访问，都有人请他去参观服装博物馆。他就问王冶秋同志，还有齐燕铭同志，是不是我们也可以搞一个。人家都是十六到十八世纪的，我们是不是也可以搞一套东西，拿去送点礼？王冶秋听到就讲，这个容易办。

据我们估计大概是不容易办。从商朝出土的人俑就有好几十个了，西周的比较少点儿，战国是一大堆。当时秦墓的俑还没有出来，但是楚墓的俑已经可以提出许多许多新问题。加上许多铜器中间，有水陆战争的，采桑的，跳舞的，铜器上刻的不断地出来，提出许多新的问题。我们可以有许多印象，特别是信阳二号楚墓，他们刚刚挖的时候我去参加，同陈大章他们去参加。看乐器的清理，就晓得一些很新的问题。所以说博物馆的工作者有新的责任，有新的工作可以做了。

但是因为这几十年社会变化太大，这个工作远远配不上我们的要求，远远地落后。再一个原因，我是一九二八年就混到大学教我这一行，教散文，那也是骗人了，教散文习作，一直到解放我才离开学校。离开学校以后，我就直接到历史博物馆，名分上是做研究员，实际上我是甘心情愿做说明员。

我深深觉得这几十年生命没有白过，就是做说明员。因为说明员，就具体要知识了。一到上面去，任何陈列室，我就曾一点不知道，什么仰天湖的竹简，二里岗的新的黑色陶器……我也有机会跑北京最著名的琉璃厂，我记得是三反五反的时候，参加三反五反关于古董业的问题清点。当时北京有正式挂牌的一百二十八个古董铺，我大约前四十天就看了八十多个古董铺，就是珠宝、皮毛我没有资格看，其他的关于杂文物类的东西我几乎都看到了。这个时候我长了不少的常识，我就总觉得——我有那么一个偏见吧，就是要理解文物文化史的问题，恐怕要重新来，重新着手。按照旧的方式，以文献为主来研究文化史，恐怕能做的很有限。放下这个东西，从文物制度来搞问题，可搞的恐怕就特别多了。

我们对于锦缎稍微有点儿知识

有个机会凑巧，当时的庙里有大量的大藏经出来。严重到什么程度，多半是织金锦做面子，早的早到永乐三年，晚的晚到雍正十三年，一般多半是万历二十五年。我曾经做过记载，谈到织金锦的年代问题和它的用途。我们知道，元朝大概前后一个世纪中间，大量织"纳石矢"，就是波斯的金锦。但元朝被消灭了以后，这个名词也消灭了，都不知道"纳石矢"是个什么东西。我相信这个东西应该有机会去理一理，特别是近代这个东西是忘不了的。

我们读《马可波罗游记》，他曾经提到一个问题很有趣味，说他们内部打仗的时候，七十万人打仗，用织金做锦缎，延长了好几里路，还没打仗以前，大家弹二弦琴唱歌，到交锋的时候，每一个人射六十只箭，射完了再动手，一天工夫就解决战争。我看这么大的场面，不会是完全虚空的，就是小说家一定也还有些证据可以探索的。

结果我就有机会看了几部明朝大藏经，一般多是五千多本，六千总编号的。恰好北京有个习惯，一些很小的庙里，凡是敕建的，差不多都有大藏经，像潭柘寺、戒台寺这种地方，就更多。所以我就用这些机会，看了几部藏经。最近外面传说我看完了多少藏经，其实我只看了藏经的封面，内容我没有机会看到。也不是没有机会，因为我看不懂。除了写经的故事，像《本生经》啊，《九色鹿经》……这些我看过，其他非故事性的，纯理论性的我看不懂。但是我有机会从大藏经里得到许多有关锦缎的知识，我才初步地理解，我们凡是没有的，从上下四方去求索，可能得到一些东西，做些比较材料。

按照习惯，比如说波斯金锦应当是捻金的。我们知道锦缎上加金的是两个方面：一个是切片、切丝丝，康熙时代切得像头发丝似的；再一个是裹在线外的，叫做捻金。按照织的来说，论捻金的数量来说，清朝它叫纽，切片子织金的叫明金、片金、缕金，花纹不全面的叫间金，中间夹杂金，全名叫浑金。

记载上提到，宋朝关于用金的技术有十八种，《燕翼诒谋录》同宋朝纪史上面一共提到十八种。到了明，胡侍撰《真珠船》，提到中国用金有三十八种。所以我们知道金工的发展是相当广阔。但是金子在首饰方面不易保存，因为它变成了货币价值的。织金织物按照佛教的习惯保存得非常之好，完完整整的。比如定陵发掘的时候，一百七十件衣服，一百七十多匹完完整整的锦缎。这个锦缎太重要了，为什么呢？凡是刘若愚《酌中志》上提到的当时锦缎样子，上面都有。而且是用元朝的制度方法，讲不是多少尺，而是多少派，现在苗乡还在用，就是两手向外拉开。定陵锦缎的名称，用的全名称，什么什么八宝云，很长的名字。上面还有每个织工的名字，多少尺寸，哪一年进贡的，每一个都有一个黄棍棍，给人一个方便可以拿来核对《天水冰山录》严嵩抄家的那批锦缎。现在我们谈到锦缎，总是这两个材料。因此我们向上去推，就知道我们所见到的这几万锦缎，中间有许多花纹不仅有唐宋的，还有更早的，这是我们从大量的实物中间，得到的小小的结论。

尽管得到的很少，但是提给我们一个新的问题，研究方法我们也可以从许多方面去解决。所以这几年的结果，我们对于锦缎稍微有点儿知识，特别是考古工作者在全国范围里新的发现，给我们的帮助更大。比如说，湖南这批锦绣出土了，它不是一个孤立的东西。一般都只晓得美丽、精细，超过我们所想象的以外，其实提到许多另外的问题，这是我们过去不知道的。我们过去只估计到，印染的问题，大概是秦汉之间出现的，这次就帮我们证实了。

一般还不注意的是锦缎的改良

另外一个更深的，一般还不注意的是锦缎的改良。按现在的说法，多半以为是三国时的马钧，多半是根据《扶风马先生传》提到的他改良织机。从实物上看不大可能，因为这是个锦缎衰落期。凡是锦缎生产衰落期的时候，就同经济特别有关。由于战乱、经济关系，这个时候不可能发明，没有需要发明，不可能参与。这个东西在《后汉书》里放到"方术列传"，属于传说，像华佗。

但从另外一个方面说，锦缎改良大概应当是从规矩的花纹，转到不规矩的花纹，从比较有规矩的套色提花方式，转到五彩缤纷的方式。结合文献说，应当是在汉武帝时代。因为现在我们从西北发现最著名的锦缎，它上面有"登高明望四海"，还有"长乐未央""长乐明光"。我们知道长乐未央、明光都是秦汉宫殿的名称，就很容易知道，这个东西上限不会出秦始皇，下限不会过汉武帝，就产生了。

更重要的是"登高明望四海"这个锦，更能够证明我们推测的可能性——不是可靠性，是可能性。为什么呢？他讲"登高明望四海"，很明显就是皇帝做了真命天子，上泰山封禅的结果，登高明望四海嘛。

现在呢，长沙出土的这批锦缎，特别值得注意。花纹还没有自由到刺绣的效果，规矩花占的比较重要，这就可以排除了秦始皇时代改的。汉朝设了"织室"，由东、西织室合并成一个，有一万个官奴婢参加生产，而且每年大量到西北送给匈奴君长，动不动一万多匹。丝绸之路一通，出去的更多了。所以说锦缎很可能是在汉武帝时代改的。

而且锦缎反映的也是这个时代。因为在上面看到花纹有羽人、鸟兽在山林树间奔跑。这个很明显受了两个影响：一个是游猎影响，《长阳赋》《上林赋》的影响；一个是受了《封禅书》"海上三山"的影响。特别是把这个东西，结合西汉汉武帝时代前后的出土博山炉的花纹，比较起来看，大概也可看出织锦改良，大概是汉武帝时代占多数，大概不会太错。

再有一个新问题就出来了，长沙马王堆刺绣超过了锦缎。刺绣活泼的地方超过锦缎。但现在得到西北的刺绣，到东汉反而掉下来了。锦缎上升了，刺绣提高了，它有个联系。因为刺绣历来说齐国衣履天下，锦是出自襄邑。锦缎的提高，使刺绣下降，乍一说来这是有点荒唐，不大可信，可是知道得多了，这是必然的问题。因为刺绣加工非常复杂，到锦缎能够代替复杂的刺绣加工，形成五色斑斓的效果时，刺绣一般地当成商品生产，必然是掉下来了。等于机器工业一起来，印花布一起来，我们的土花布就掉下来一样。现在从比较上看，这个提法大概是可信的。我们就用这一点知识，来试把服装的问题探索一下。

单纯地谈服装不容易

单纯地谈服装不容易，《舆服志》说得太简单。《舆服志》只能解决一半的问题，就是统治者在某种技术上的事，按照图像是看不出来的。

比如说汉石刻，现在我们一切从比较上看，才能知道东汉石刻反映的，确是东汉的。比如梁冠的问题，都是上冲后再下来两收为止，里面有"平巾帻"，没有第二个冠。这个大家都不太注意，有的都写到西汉去了。原来很少人注意这问题，西汉和东汉头上的问题完全是两个样子。最主要的是西汉时没有这个包头，冠就在头上，约发而不裹头。东汉才加巾，巾帻。记载上其实写得很清楚，有的讲汉文帝、汉成帝头发多，壮发，因此用巾先约发再加冠；有的说王莽没有头发，是秃头，因此加巾再加冠产生梁冠。从这个材料上看，大概在王莽时代以后，东汉才有了这种梁冠约发而加巾。

但是，是不是埋坟的问题就都能解决了？我们从大量的石刻上又提出了新的问题。坟里头，以为墓葬应当是很可靠的，但也是相对的。比如说西晋的——到北朝时，挖的俑，奏乐的以为是北朝的，其实北朝没这个东西，从头发看没有这东西。这个时候按政治上的情景，埋坟照例是把前一代的贵族拿来当伎乐使用。从西晋上不大看得出来，所以我们从东晋上看，就看得出来。东晋正史提到加假发越来越多，后来感到头上重量都不能戴了，平时都放在架子上，这个时候叫"解头"，根据《晋书·舆服志》，比较有相对或绝对的可靠性。最近发现南朝的头发，两边大，甚至把耳朵都包着。

最近朱檀墓的出土，一大堆俑，大家说，这可是明朝的了，没有什么问题了。实际上从服饰上稍稍注意一下，才晓得最主要的是那个牵马的，原来是个宋朝的样子，还是平翅幞头，元朝都不用了。

还有辽墓出了许多问题，写报告的大概是愿意发现眼见的情况，中间有许多穿汉人装束的官僚在桌子边服务的样子，说这是民族团结。实际上虽然有些南官的制度，但这些都是当差的，在那儿侍奉统治者。正像《宣和遗事》上提到，把宋朝宗室全部掳到北京以后，平时让他们到民政司烤火，绣花，到了他们喝酒的时候，金朝这些将帅，就叫宋朝宗室的这些妇女呀，来唱歌侍宴。这是从政治上来处理问题。所以我们搞这个东西从这方面来研究，有些头绪就比较清楚。

从制度上提出新的怀疑

特别像唐朝，现在我们在画上，也有许多有问题的。过去我们不清楚，人云亦云，现在我们要从另外一个角度，从制度上提出新的怀疑。有些画可以做些新的肯定，或者提出新的怀疑，可供绘画的专家作参考。最出名的就是《韩熙载夜宴图》，都以为是南唐，韩熙载政治上不满，他就在家庭荒宴，李后主就派顾闳中悄悄地跑到他家里，观察他的情况，画出来了。

都指《夜宴图》是五代的，这好像是众口一词的。特别是我们兴的办法，凡是权威定了的，或是出国了的，或是国家收藏为一等品的，谁都不能否认。等于乾隆写个诗在上面，宋徽宗题个字在上面，那就谁都不敢否了。

这个画我前后看了六个不同的本子，现在故宫这个应该叫做清洁本，就是把那些猥亵的地方都清掉了。而且这个画从制度上看来，画的年代稍微晚一点儿，至早到南朝投降以后，宋太宗时画的。因为淳化二年，元年，有一个命令，《宋大诏临记》正式提到南唐降官，一律服绿。即南唐投降的官一律只准穿绿色，其他颜色不可。淳化时按规矩恢复,这个宋王栐撰《燕翼诒谋录》上也提到。现在我们看看这个画所有的男的都穿绿的。所以从制度上我们做个新解,从制度上来看这个画,可能是北宋初期画的比较合乎实际。

特别是从另外一个资料上看,按照宋朝新立的制度,凡是闲者诸人,即不做事的人,都要"扠手示敬"。《事林广记》中提到,什么叫"扠手示敬"呢?离开胸前三寸,凡是闲着的,晚一辈的,低一级的,没有事做的,都要用这个方式表示恭敬。所有闲着的人都这样,这是宋朝的方式,一直到元朝还流行。这里面还有一个和尚也不忘这个规矩,更增加了这画是宋太祖至宋太宗时期产生的可能性大一些,尽管他们不承认。我们的专家是最怕用另外一个唯物的形式来解决问题,总是把矛盾上交,会以名家留传有序、乾隆作诗等方式不通过,反对这种唯物主义的论证,而把矛盾上交,这是不大妥的。

还有第三个材料也证明这个画是拼凑起来的,甚至于是不大懂这个制度以后拼起来的,就是男人的衣着。我们知道唐朝"马周典仪",还有长孙无忌,他们定服制以后,皇帝及各等级衣服,除朝服以外都穿圆领衫子,无例外,宋朝也还穿圆领衫子。朝服穿大袖宽衫,上下都一样。最低级当差有不同,是开衩,做事方便,把衣服提起来。但谁也没注意到唐、宋的圆领完全不同。不仅是幞头的式样不同,唐初是前倾,五代是方正,慢慢的宋朝才变成平翅幞头,这个过渡期就在五代。另外一个问题就是唐朝圆领即是圆领,没有别的。但是宋朝到元朝都有个衬衫,从大量的壁画上都可以证明这是宋朝制度,这个衣服是宋朝普通的。

再一个东西更重要,证明他这个画是拼来的,就是身上悬一个"帛鱼",这是唐朝初年的制度,同蹀躞七事混在一块的。张鷟《朝野佥载》提到,帛鱼是用手巾结成一个鱼形,象征鲤强,李氏王朝强盛。到了武则天时又取消了。武则天过去了以后又恢复。但开元以后又失踪了。又,这个画上,到了五代虽然讲明是李家也是"唐",但这个方面没提到:凡是元和以后的画,从来没有发现过。特别是敦煌给我们的帮助很大。当然也有例外,那就是兄弟民族,到西夏,到元朝,还用蹀躞七事,打火镰、算袋、算码子等七件。用到了封堂镇所,或者是正统派统治这里。

大概我们搞这个,就是探索、试验,从这些穿的戴的各方面比较探索来看问题的。

按照周总理的要求是编十本

这本书①我们得到社科院支援,各方面朋友,各方面同行来帮助,已初步试印。不能说是成功的,更不宜相信是什么了不得的专著。就是一个常识性的图录,充满试验的、探索的方法,提出些问题,解决些问题,主要是有待各方面的专家帮助我们把这工作搞得更好。

原来计划,按照周总理的要求是编十本。拿到材料呢,编二十本也有条件,有大量的宋、元壁画在山西出来,辽金的壁画在西北、宣化、辽源也很多,秦俑出来,西汉初年俑出来,启发我们太多了,材料是用不胜用啊!

但是我个人快八十岁了,明年即八十岁了。看样子按照文物法令,好像到了八十就不能出国了。我到了八十不是不能出国,工作恐怕时间少了,很希望给以后的朋友抛砖引玉嘛,及时地把这项工作用唯物的方法，做一些新的试探。我相信一定会得到新的进展。

这本书我们最先是试验排材料的材料，解决问题。不按《舆服志》中的提法。

有些材料又证明我们推测的对了

商朝有多少玉人，眼前是最多的，大概有二十多种。新出的妇好墓有五个玉人，是崭新的材料。但有些材料又证明我们推测的对了。它没出土以前，我们发现很多玉人，头上包一个帕子系个纽纽，后头结个小辫子，疑心它这东西恐怕是通用的东西。故宫有两个玉人好像是王子、公主形象，特别的庄严，男女都戴。妇好墓出土的两个小玉人儿，虽然小，但是解决问题，果然是通用的帽子形象。

还有马王堆新出的材料，发现曲裾衣，盘绕而下的，啊，大家都认为是崭新的，是楚国人专用的。其实这个东西我们早就注意到了，说的"绕衿谓之裙"，这个"衿"字总以为是领子，注解上一再讲是衣领的领，我们也想这个领子怎么绕法呢？现在所知道的领子合领，是曲裾衣下来的，像琵琶襟的样子，绕下来就不同了。我早就因为这个问题和王㐨同志比较所有的战国材料，像金村玉人，三个玉人，还有其他的一些；特别像现在新出土的西周的，注意车上人衣服的处理，所有的衣服都是绕襟而下的。有的是不同的从这样绕下来，有的是绕到背后下来，其实绕就是通常现象。就知道：历来文字学家注这个字的时候，是领啊？是襟啊？以为是衣字旁加个命令的令，恐怕还是"衿"字，衣襟的

"衿"。为什么绕呢？有的说是楚国的制度，也打破了。我们从汉朝的材料看，像西安出土的、山西出土的、山东济南出土的杂技俑——因为原物在历史博物馆——看那两个跳舞的女人，也是这么绕法，七个男俑在两旁都不同的直接下来的。也证明比较早介绍楚俑的，蒋玄怡所摹绘的是相当正确的，他两种衣服全画下来了。

因此，我们理解古代另外一个问题"衣作绣，锦为缘"，衣是绣花，织锦作为衣缘。这个问题解释较单纯，现在因为这个材料被发现多了，我们才进一步知道，绣衣底料经常是在轻容绡上，薄纱绣，薄极了。这个衣服旋转下来，如果没有一个厚重的边缘作骨架，它就不能走路，走路就裹起来了。你看印度人走路，不就是裹起来吗？包括鞋子的式样，早先是双歧履，后来是两歧履，最后是兀头履，圆的。到了唐代变成高墙履、重台履，这都是同应用有关系。衣服长了，像永泰公主墓壁画那人，走路才不摔跤，不被衣服套住，都有一定的用处。

从绸缎出发也可以理出些问题

我们从这个方面得到一些新的看法，有待于各位专家同行特别指教。一方面从绸缎出发也可以理出些问题。

总觉得商朝白陶上面纹样，及几个玉石人衣宽带，多半用连锁矩纹。这花纹在商代铜鼎有同样。白陶上有，白陶上还有间条子、栏杆花的。我们怀疑这不是凭空的。这花纹的来源，可能和纺织物有关系。特别是看到春秋战国时候，所有的车器，特别是中原部分的这些车器，多半是这些花纹，我们初步认为这是古代最原始的锦纹。

这后头发展双矩锦，唐朝就像镜子上说的山字镜的花纹，到了宋朝就变成了"青绿靛纹锦"，一直下来到康熙特别欢喜的"青绿靛纹锦"，就出现各式各样的上百种。

看到了各式各样的装裱及坐垫，我们说得夸张一点，也许这种织锦花纹也是从楚国来的，也有这个可能。锦纹是和织席有关哎！它就不能离开竹子编织生产。现在我们知道许多花纹都和竹子的编织有关系，从那里花纹得到启发来的。这个提法可能好像很少同意的，太孤立了，冒险了。凡是衣领，边缘都是这个花纹，这个规矩花纹是织出来的。不规矩花纹往往是刺绣、绘画。但现在我们新的妇好墓上，上面已经发现刺绣，不一定是这个花纹，但是有刺绣的痕迹，附在铜器上面。新的材料帮我们证明了，侯马出土的那五个陶范，就进一步证明。特别发现商白陶上有一条子新花纹出现了，完全证明它是衣服上的纹样。要假定说白陶可靠呢，商朝白陶上已经出现了。这种条子锦的花纹，将来商朝的丝绸上也可能发现，就是相对的云纹——两个三角形的。

再下来更具体了，唐朝花纹尽管是植物性花纹，但是多半是图案的效果。一直到宋朝，花纹多是生色折枝花，出现了仿生的花卉，一朵一朵的。宋朝绸缎这种花多。

又需要我们从文物上来提问题了

特别是帽子的问题，做些探索，很有趣的一些探索，得到一个结论，就是帷帽的问题。过去一直以为是幂䍦，记载相传以为是白狄，或者是东胡，胡人像。这是笼统而言，一直到现在为止。到北齐北周，没有发现全身障蔽这种，发现的并不障蔽眼睛，像戴孝一样，像观音渡戴这么个东西，仅在俑上，在敦煌画上都没发现。

帷帽正式发现是唐初。有的是比较尖的笠子，下垂裙，大家不知是什么东西。原来汉朝以来，裙边我们现在讲团鱼的，那时凡是下垂边缘的都叫裙，裙是个统称。现在新疆正式出个俑，带着斗笠有网。按记载上说就不行了，说流行于开元天宝间，因为杨贵妃欢喜漂亮，她们姊妹靓妆露面才把它取消，其实没有，一直下来元朝还有。

以后我们知道"透额罗"，透是穿透的透，额是额头的额。这个根据元正史上提到：窦彩春漫过常州透额罗。但是透额罗什么样子，谁也不知道。这名词变成一个抽象的了。这就又需要我们从文物上来提问题了。原来敦煌壁画上《乐廷瓌夫人行香图》，开元天宝间的，典型的两夫妇都穿的唐朝一品命官命妇的有皓封的礼服，命妇大抱鬓，花花朵朵，一切同唐代的点批制度相合。这后面几个家属，中间一群家属，中间有三个人头上有网子在额头，恰好就是这三个能说明问题。好像是孤立的，但是不孤立，为什么呢？这个透额罗啊，很快就变了，到宋朝就变成了"渔婆勒子"，这是元朝人戏剧上用的。上头提到打渔婆戴的，等级下降了，渔婆用的，一直用下来。到清朝又提高了，至少是康熙皇帝妃子，乾隆皇后，雍正十二个妃子，一大半都用。可能我的妈妈，可能在座各位同志的妈妈，都戴过，叫"勒子"，老太婆戴的，上面加个寿星，加两片玉佛顶。不追究便罢，一追究就言之话长了，原来如此。有些没有了，有些又存在，各种不同的原因，后来变成了实用的装饰。清朝老太婆将它变成一个实际的装饰品。特别像《金瓶梅》插图,《燕寝怡情图》,很多戴起。不但是普通的戴,现在新看到的雍正的十二个妃子也戴,样子就跟《红楼梦》中十二金钗样子。因此传到我们母亲这一代,现在西南的乡下可能还戴。但是谁也不知道,这是从帷帽变成透额罗发展下来的。主要原因是没有好事的人来从这问题上追究探索。

我们也可以提出异议

帷帽到宋代另外一个发展更有趣味。宋代讲究相生的花。唐代的花冠同宋朝的花冠是根本不同的。同样是花冠,唐代、宋代就大不相同,可帮助我们解决问题。比如《簪花仕女图》大家都说是周昉,没问题,至少是官定啊!专家定的。我们也可以提出异议:不是,这花是假的,稿子可能是《贵妃纳凉图》这类旧图稿画的,头上戴的花是画蛇添足。因为画画的人,很明显是不懂这个制度,是根据唐朝《贵妃纳凉图》这类旧图稿画的。上面这个花是宋朝人的罗帛花,因为他不知道,唐朝没有这种花冠,宋朝才有这种花冠。唐朝根据《宫中图》《听筝图》《纨扇仕女图》《倦绣图》,上头都是元和时代的。《会乐图》都是元和时代的。花冠是崔莺莺时代花冠,都是小花朵套到头上的。到宋朝讲究罗帛花,生色花,男的戴,女的也戴,出行也戴。特别是《东京梦华录》提到戴花的问题,各种的,多半是插一把。看《宋人杂剧图》也好,《大驾卤簿图》也好,看到许多生色花都是一把杂花,戴到头上。按照记载,上有等级,看这花上看不出。

总而言之,这个画②这一点上不是唐的。因为头上的装饰,前面还加一个玉步摇,已经完整,还画着蛾翅眉,是典型的开元天宝装扮是没有问题的。同敦煌出土的绘画，接引菩萨上面有个女孩子，是一个样子。也同《乐廷瓌夫人出行图》中一女人一个样。蛾翅眉，像飞蛾翅膀的样子，加上义髻那么大抵就完整了，上面不应，再不能着花了。着花就画蛇添足了。

上面还有一个，证明更不是唐朝的了。唐朝加上项圈是套在里面贴肉的，很少套到衣服外面。这个图上有一个女人，项圈不但是套到衣服外面，还是个扁项圈，这个项圈到什么地方才能发现？只有到《大清会典》图上，特别是历史博物馆藏一个《皇朝礼器图》，就是皇亲国戚的女性有爵位才戴这个东西，套到衣服外面。所以这个画呢，甚至可说晚一点，提到它加工的地方，甚至是清朝乾隆好事加上去的。

还有一个问题，这个衣服画得非常之好的，看去即如唐朝的"轻容"，轻容纱的。但是衣服画得很好，花纹却都是平铺的。衣服有转折，唐朝人不可能这么画，他们非常懂曲折的。

从这几个问题看，这画稿子也可能是唐朝开元天宝，或稍晚周昉时代画的《贵妃纳凉图》的旧稿。但实际上这个画肯定是不懂唐朝制度的人画的。已经够完整的画，画蛇添足地再加一朵花，而且花画得很写实也是假花，唐朝不常见。所以我们从制度上看来，也可能对当前相传有名的画提出新的问题。

按照专家来看呢，特别是美术史专家，他的习惯，或者一下子不同意。说皇帝有字嘛，有题的诗呀！还有有名的收藏有皇帝的御宝在上面。实际上我在故宫别的不说，在丝绣组看，有许多相传是宋朝的刺绣，都不是。基本上全一个模式。最容易看，看穿衣服不是。所以从衣服上搞问题，有很多的问题。不仅光是画的问题，还有俑上，现在没有人从这方面探索。

我们不但从这里可以知道马镫

像外国人一讲到马镫的问题,我相信中国人许多还是相信他这个话。讲马镫是《世说新语》上提到,谢玄有玉铁镫,还有封氏墓挖的有两个木制的马镫。

马镫产生于晋朝,实际上可能还要早。有三个材料可以把它时间提前。一个是湖南省博物馆藏的西晋的青釉俑,上面有两个马都有马镫,和我们推测的一样。早期的马镫是皮圈圈,皮制的,马踏镫。再者是石寨山,大家一般提到说是王莽时代的,上面一个武士骑匹马,站在一个贮贝器上,一群牛在底下,这个武士脚下分分明明踏的是一个镀金的马镫。再上去点,一个战国的镜子,一个刺虎的镜子,错金银的上面虽然看不太清楚,看到上面有一个圈圈下面飘着三条带子,这个有可能也是马镫。所以马镫提得晚一些也是西汉末就有。比英国专家在科技史上提到东晋才有马镫,早几百年。

而且他的另外一种说法我们也有不同看法,提到马镫是草原民族的发明,这也同事实有距离。马镫这东西一定是为骑马方便,怕摔下来,上马方便才有的。特别是马镫一个变成两个,更是因山地的需要。至于草原民族,到现在为止,蒙古民族小孩子也能抓住马鬃,顺势一爬就上去了。就像玩马技的,一下就上去了。我记得一个外国人画的一个元朝的骑士,在《世界美术全集》上,元代篇上,他画的马镫就是用皮打个疙瘩,这是元朝起始的马镫,这是相合的。所以提到这种问题,我们不但从这里可以知道马镫，也可以知道别的问题。

关心这些小事物

之所以我们研究服装，不是为了好看搞，也不是为了演戏搞。意思是可以探索许多，互相来证它。特别是我们去学习文物工作的同志，对这方面要充满了兴趣。关心这些小事物，可以解决许多一般的或是专家不能解决的问题。我们可轻而易举的解决，因为提的都是证据，一切实事求是，唯物嘛！一方面可以补充历史文献所不够的，一方面可以丰富历史文献的内容。

因为《舆服志》这个东西它是死的；《画论》按照旧的习惯，太旧了。但新的方法——比如，《画论》最大的问题是南北宗，那都是根据窦向光提的，把山水画放到王维、李思训，以至"荆关"——荆浩、关仝这个时代。按照我们现在得到的材料说，最晚把它放到西汉，很有道理。而且博山炉就是个证明。

博山炉一来就晓得，博山炉发展下来，很快变成南北朝青石做的棺材，像宁万寿孝子棺，北齐的孝子棺……博山炉发展下来，变成充分地反映保存在孝子棺上的北派山水，是什么原因呢？山水北派，它是由博山炉的千奇古怪来的。也不是凭空的东西，是从《封禅书》来的，"海上三山"来的。说它是早期反映到砖刻上，石刻上，甚至于绸缎上。现在从金银错上，从博山炉上看。从金银错上还可以增加我们新的理解是，这一派山水就包括我们金碧山水在里面。因为它错金，所以现在提到金碧山水是从这方面来的。专家会摇头笑话我们。但是我们拿材料摊出来，可能慢慢地会相信：还有一点儿道理。

南派的呢，也有的是。我们记得东汉晚期博山炉就简化了，没那么讲究了。历史博物馆存有许多博山炉，其实都是化缘的，做起来方便，画点草儿在上面。所以过去南北宗呢，最需要推翻，其实最容易推翻的。单从《画论》上看，看不出来，你从诗歌上看，早就推翻了。余致山谈到屏风画，讲到渡小桥，骑马……就是山水画的。而且都是描写山水画的。至少比一般窦向光的提法早。

现在还有《明皇幸蜀图》都讲是宋朝人画的，大家也提到这是故宫博物院定的，按照山水来定的，其实也可以提出不同的意见作参考。因为题的这个人，不管他是徽宗也好，乾隆也好，他就不知道这个时候就没有这个帷帽。这个画所有的女人戴的都是帷帽。他可能在开元天宝以前，而且绝对不是《明皇幸蜀图》。我们读白居易的《长恨歌》都知道，"六军不发无奈何，婉转蛾眉马前死"。他一个六军，这个上面都是商人，实际上本来就是《蜀道图》或《蜀道行旅图》，绝对不是《明皇幸蜀图》。是无知的妄人题法，后人题的不管他是皇帝还是无知的大专家，总而言之，它不是《明皇幸蜀图》，是可以肯定的。从这方面看来，我们从文物，从制度出发作一些新的探索研究，不仅是解决服装的问题，还可以解决一系列的文物的制度，古代的绘画的问题。

（这时大家请沈先生休息。）

我这好像是卖膏药了。我这样不三不四的说些空话，很希望大家指教。你们看我做说明员做惯了，有职业病，拉拉杂杂的，一说话就没完。

谈谈我到美国得到的印象

很对不起，我这湘西话呢，我到了北京六十年，湘西话还没改，一句官话都不会说。而且这种事啰啰嗦嗦的太多了，谈不完的。尽管与各位的工作都有一定关系，但是谈得太多也不好。我现在用差不多二十分钟的时间，谈谈我到美国得到的印象。

这次去美国是十月二十七日到的，是二月十七日回来的，前后有一百天。我去呢也不懂外国问题，主要是看人家的博物馆怎么样。因为我们经常搞这个问题，不免要用材料，尽管这些材料都是偷中国的，盗出国外。满清末年重要文物大量流出国外，现在我们堵住了这个缺口。所以有了这个机会，又得到党领导的同意，我出去看一看。本意是看一看他怎样保存这些重要文物，还有处理问题是怎么做的。拿日本来说，重要材料离开中国，研究就说不上了，他没法子，话说尽了，而且也说不透。

我们拿出去展览的新东西，比方马王堆吧，出土一两千件东西，拿五十件去展览，他们就根据这五十件猜谜儿了，做一大堆文章，几十公斤，出个广告把马王堆的一件袍子印那么大，用七百万。更可观的是，我听人说日本那几年是马王堆热，几乎所有的卖品不光是绸缎，其它商品也是马王堆的，他赚了一大笔钱。但是一过就过去了。他做文章也是如此，很快。尽管他印得非常之好，很堂皇的，很快也不行了。为什么呢？掌握不住材料。

美国好像差一点儿，按藏品来说呢，我特别的注意。我先后到了十四个大学，前后做了二十次左右谈话。最先是到耶鲁大学，有一个艺术馆，中国东西不灵，它是新建的。但是有很多罗马镶嵌的东西，意大利的庞贝火山挖的那些东西，还有文艺复兴时的东西就多了，十八世纪很讲究的。甚至于到现代派，谁都看不懂的，一个大红日头，底下一个黑的，或是什么都没有，就是一片黑，也是现代画，看不懂。我问他们，也有中国人，学艺术的，都是在那儿教书的，问他们懂不懂？也不懂。但是他按着习惯又非用不可。

特别是到旧金山，在大学里看到一个雕刻在一个房子角上，不重要的地方，在那儿摆着，那么大的一个石柱子，上面拿着一个铁皮子折两下，画两只大眼睛一百万美金，是毕加索的。我问她，管艺术品的是个女人，这个好到什么程度，能解释解释吗？她的解释是"很有名"。他按着规矩每一个新建筑前，都要花一部分钱做一个雕塑，这个雕塑是整个建筑的一个部分，所以雕塑家知名。

新画家也有，任何地方都有这个东西。所以到华盛顿要去看一个现代派的艺术馆，我就不去了。就有机会看一个新的，真正是新的上月球的航天博物馆。按照习惯每个人都可以摸摸那从月球上带下来的石头，其实并不大，上天回收下来的。看起来很简单，吃的东西就像牙膏一样，挤着吃的。

其中有一个很有趣味的笑话，就是一个上天最出成绩最好的一个人，他看到天地之大，太大了，结果相信宗教，做牧师去了。由极大的科学转到牧师，这就证明他的思想动摇得厉害。最大动摇的一个情况，就是当牧师去了。

打拳用另外一种打法

这个地方——美国,总的来说思想是相当混乱,在学校这些方面迷信钱啊,简直是无以复加了!馆子里到处贴了恭喜发财,到处都画着钱的样子,这就是唯钱是问。但是仅限于钱也不一定,研究还是相当出色的。

我就想知道他们研究的博士论文写什么,本来更详细的了解应当去国会图书馆去看材料。研究中国文化,不一定有中文系,但都有一个东亚文化系,照例有一个中文专业。

他们做的论文照例都有一些很奇怪的,比如前不久到北京开中美史学会的人——我有机会参加啦,就听到副秘书长谈到,他们的论文啊,没法子称赞,没法子对话。比如说"《金瓶梅》同荀子的关系",这个太荒谬了,这题目还是向中国方面提出来的,中国专家没法子对手,就好像打拳用另外一种方法打。还有人问我,他想研究"袁中郎",我说我不懂没办法。

博士论文还是很庄严的,外国人对博士论文还是蛮尊重的,他要有一个博士论文才能当教授,这个学位还是挺重要的。也有人做杜甫《秋行巴蜀》做了多少年。我有个亲戚的学生,文章太多谁也看不下去,也得不到学位,指导他的教授看了以后,还请了好多大学教授分辨,并不是不认真。

我们中国人好几个人都做了《金瓶梅》研究,现在《红楼梦》一起来,又做《红楼梦》研究。这是永远不可能碰头的,都可以说空的,都不太明白这个问题。后来才明白,原来是搞比较近三百年才有出路，所以也有做康熙皇帝的研究的，也有陈独秀研究的，做西南联大的博士论文也有。

他总在那里猜谜子

有些东西我们是不可想象的，认真是认真，搞材料也很方便。读书那儿的条件是太好了，一个不是研究生的在看书，有那么大的一个位子，都有微型的看书的放大镜，灯，还有打字机，要复印什么材料，外面的廊子上有很多复印机，投个五分的镚儿，书摆在上面立刻就印出来了，要多少材料有多少材料。所以我去了，他们把我当一个作家看的，其实我这个落后作家早就没有资格了，承蒙他们的好意，也还有专门研究我的。我的很多文章他们都知道，不但知道，还知道是哪年哪月的，不是他知道，是图书馆知道。图书馆不一定是入了名人录的，不一定是名人。知名人士和比较知名的，按照他的习惯，都很详细把他哪年做什么，哪年做什么。所以他们讲笑话，钱伟长出去，人家知道他哪年写检讨。所以人家要问到我，我也同样不知道，但是他们知道。所以很多外国朋友、中国朋友，充满了好意，一定要我谈写作，我说这个我没有资格说话，只能够说二十年代我怎么初学习用笔，到三十年代这一段的社会背景，和它的文学运动的情况。

尽管谈这个，我还要争取时间，达到我另外一个目标。所以幸好我还带来一些服装的幻灯片，和另外一个专题的幻灯片。谈一谈，他们倒相当有兴趣，完全出于他们的意外，有些问题太新了。他们是按着规矩，因为别人都是用转手材料谈中国问题，所以隔得很远。

也有学考古的，都有考古系。他们的材料太少了，哈佛大学的中国东西算是最多的，我看了一个外国人捐的古玉，那就可观了，恐怕科学院、故宫啦都不及了。单是错金银柄的玉矛头就一大堆。玉人从商朝到汉朝的又是一大堆。玉戈，各种的玉戈不是磨的，敲打出来的，这些真是可观的。

但是也有很多可笑的地方，有一个民俗博物馆，他把最好的长沙出土的那块笭床——国内没有了，放到干了，摆在那里，怪可怜的油漆了，再加上一些不相干的战国坛子罐子。他弄不清楚这个东西，从这个陈列法就看出他没有发言权。特别可笑的是他把商朝的玉鱼——玉雕的鱼可以做切割工具用的，上面有个眼儿，他把它用塑料丝悬挂起了，叮叮当当的，让人又担心又难过，完全不解决问题。证明他们一般情况，特别是民俗部分，东西是应有尽有，那锡蜡台、烘炉、马桶，几乎财神菩萨都有，因为我有机会到他库房去看了。但是不行，谈到研究他们好像也不懂。这些有待于我们中国怎样更大量地把这些材料整理，想法子印出来。

我们这个材料特别同日本比，日本虽然没有材料，但是他翻来覆去，翻来覆去，印的大型东西可多了。别人说笑话，日本就一个富士山，他们转来转去照相，照相总离不开富士山。离开这个东西就是中国东西。中国东西新的他也缺，主要原因就是我们拿的东西很少，他总在那里猜谜子，猜不出所以然。

配合展览一定要有个图录

这让我想到一个问题，近两年，我们经常从经济出发，常常把这些文物送出去。比如前不久听说，美国有五件龙袍展览，是和故宫租的，是次等品。过去我经手买过，当时五十年代也就值四十块钱，拿出五件出去展览三个月，值五万美元。这样好像我们赚钱了，赚小钱，他们赚大钱。

依我个人想呢，我们拿点儿这种零零散散的文物出去不是办法，对他们不能提高，只是提起他们的好奇，更不了解中国。用什么办法呢？比如长沙去些小件，把漆器加以整理，解释。如我们介绍屈原，研究屈原的就非要不可。屈原生活的时代背景写什么，物质文化写什么东西。这样的搞，我们至少印四个图录，左左右右。

但是问题就是怎么个印法，特别是有机会出去展览。配合展览，不必什么东西都是干烧辣椒，什么都有。你就拿关于生活的，比如屈原时代的生活，错金银的棺材板，剑，车——模型的，镜子，这拿出去，从生活出发。他们就从民俗方面、艺术方面来看能够欣赏，能够接受。特别是对学人有用处，读书人。不单是这些，还有很多，甚至台湾的。因为台湾没有材料，台湾报来报去也就是那一堆材料，但是读书的人多，印了不少图录。当然日本人印得更多。图录比较上我们是处于劣势，这个劣势应该挽救它。

要外出搞展览，有两个方面我们保定会成功，一个就是我说的楚时代。要有简要的说明，例如介绍屈原的背景，生活、社会背景，从这个方面出发来解释大家的见解。要出去讲演也不妨采取这个方式。选一百个彩图，效果好极了，非常之有区别的重要的问题，用几个图就可以说明了。这方面李方桂先生年龄同我一样大啦，也是语言学专家，他就提到：假如你再来，最好是多配一点图，最好是有个简要说明，你先翻译好了。你自己不翻，我来帮你翻。这样效果会更好。这就是展览如何单纯从赚钱出发，等于叫人家看三脚猫、三脚蟾、绿毛龟一般，只是好奇嘛！

不单是东欧国家博物馆专家，我记得过去我同他们打交道，多半认为那些奇奇怪怪的东西，就是中国的。其实哪是那回事呀！其实接近人情的，适当地恢复点儿东西，像衣服之类的。其次就是如民族刺绣这些。我们湖南苗族的挑花摆在那里，摆得很大的很重要的，但另外一方面，他又把京剧，最丑的京剧场面摆在上面。希望另外一个国家而且是那么复杂的国家，有多少人对你有了解，只能让他们这么搞。试探让那些有头脑的学人对你有好感，恐怕宣传方面要变一变。普通的，这样拿几件精粹的东西摆一摆不展览，就是谈谈学术；配合展览一定要有个图录。图录不一定多，这个方面国家花钱太多，到处都花钱。这方面国家应有新的看法，赔一点儿钱，所得到的好感啊很多。

按照习惯呢，美国校长没有多大权力，他是行政的；系主任呢，是个办事的也没有多大权力；教授还是占主要位置。教授他要不断地指导博士论文，他照例是勤勤恳恳的。像我有个亲戚是上次跟美国文化代表团来中国，团长是余英时，三十多岁就做香港中文大学校长，现在在耶鲁做特别讲座，搞汉唐文化的。我那个连襟呢是副团长，他是搞中国乐府诗的，每年到处去讲学，懂中国问题。他总感觉我们这方面的宣传，要是真正有效果的宣传，要争取这个阶层的好感，还是值得做的。方法不是这里选一个精品，那里选一个好的，那他没有印象。不如光搞一个湖南的、湖北的楚国文化展。配四个讲演，不同的讲演，介绍文物，从艺术出发，这是我个人想的。

实际上对中国非常关心

　　一个是兄弟民族的。兄弟民族的有个好处，现在他们喜欢波斯地毯，我听到一个管中国地毯出口的讲到这个问题，很难搞，我们中国已经尽力了，每年七十万米地毯出口。但是波斯地毯七百万米，你看伊朗这个水平。我们中国这方面还是吃点力，努力要靠新的设计。别出心裁搞些未来派的画就可以上去，肯定是没前途的，走不通的。是不是在民族文化中找点儿比较好的图案，织成地毯，拿去展出？好的只一件不能拿出去，做点复制品，这样对别人印象深。因为学美术的多，爱好美术的多。特别是中国人，不管他是从台湾去的也好，香港去的也好，实际上对中国非常关心，充满了感情，特别是这部分知识分子。

　　本来我们已经注意到争取作家方面，其实作家方面在美国的台湾作家，像白崇禧的儿子白先勇，还有陈若曦，在台湾很著名的，都有机会见面，人蛮好，蛮老实的，非常老实，也读书，这种人还多。对于学科学的，对中国人充满好感的更多。除了作家以外，博物馆界也有进一步联系的必要，不断地派人拿出去展出，不断派人出去看，特别是值得看他们保护、管的方法，那是相当好的。

　　至于裱中国画不行，他们到台湾去裱，香港来裱和到日本裱。日本裱的不好，一看，小里小气的。至于对中国绘画的理解呢，比日本还差，停留到八大山人、石涛这个阶段。我看过的多了，怎么凭空飞来那么多，尽是假的。我问他们：怎么研究石涛、八大山人的那么多呢？他们说再往上，他们就吃不消了。因为涉及制度各方面，鉴赏能力就不行了。等于日本研究的往前一点的水平，停留在对梁楷等人研究的阶段。

我们哪年哪月能够做到啊

教中国文学的也碰到这个问题，研究明清小说，"三言二拍"，也做博士论文。《红楼梦》有，陈独秀有……再上去的古代的没有。但他有一个好处，图书馆好，这是太值得我们学习了。陈列方面，看书的便利不能够设想，一个人吃饭也可以看书，看书的条件实在太好了。一般的中国人在那里教书，都是四十岁左右，二十多岁就已经是博士了。有好几个最出名的，如钟开莱是我的老朋友，是世界上七个最著名的数学家之一；还有一个叫王浩，也是西南联大的学生，也是权威；还有一个被大家称为神童的叫邱成桐，他在香港中文大学没毕业，转到美国才一年就念了一个数学博士。这方面得到外国人好评、赞美。

美国一面又重视钱财，一面又尊重知识，没有中国人那么多忌讳，当然政治情况不同啦！恰好我们有机会，里根在竞选的时候，人家漫画上把他画出来，让他督促衬衫的情况，画在漫画上。但是也麻烦，美国也有麻烦，他外来人口太多了，太杂。国家生活比较严重，这个英雄主义恐怕将来要吃亏的。目前科技方面有好多成果，生产方面是试点，粮食很多。但情绪方面，某些方面的不安的情绪，是失业。反映到读书人身上更容易见出来，资本家方面不消说。但是他的学校在社会上虽然有充分的自由，但还是在学校的圈里。他特别的现象很奇怪，我们可以说很不如中国。比如说每个人到六十五岁都要退休，退休也惨，没几个钱。现在有的就像杨振宁他们，吴健雄，还有我的一些朋友，都是第一流的科学人才，一年也就五万美金，也是自己开车，自己做饭，生活都是平等化了。

另外关税重重，就像原来的四川情况，到处买东西都加百分之八的税，多得可怕。我那个亲戚一年是五万美金的，平均每个月可以支配的大概也就一千多，因为他的各种的帐，动不动还要请律师来帮他算，我应当纳多少税，怎么样子，复杂到这种程度。

还有一个问题很有趣味，就是为什么博物馆的东西，收藏那么多中国的书啊，整理得真好。你到博物馆的图书室里就感觉到，我们哪年哪月能够做到啊！这不是钱的问题，基本上都把书处理好，任何一个像我们都不大知道的杂志，他都整理研究的。放到那里，你复印东西五分钱一张。

一个大家认为是研究我的专家叫金介甫，他搞了一千多个卡片，连我自己都不知道啦！这是做学问的方面。但是现在我是有点儿幻想，从我们同行这方面出发，我们的文物值得介绍的，影响他们美术界，雕刻方面，我们还有不断的材料。图案在世界上，我们还是占主要位置。有苗族的、各兄弟民族的，刺绣呀，一直到古典的雕刻，还是占第一位。你看到埃及，埃及就是那么一段，只有中国奇怪，是一直下来的，而且文化面积是那么宽。充实文化史的写作，简明文化史的介绍，还是值得写的或值得合作写，特别是楚文物，值得出几大本，怎么样把它印出来，对世界是很大的贡献。

我说的话啊特别乱，占到各位很多宝贵时间，随随便便说这么几句，也没什么准备。很对不起大家。谢谢！

一九八一年四月八日

1981年，作者去广州校对《中国古代服饰研究》，返京时路过长沙，曾应邀访问湖南省博物馆，并发表讲话。

本篇曾以《我是一个很迷信文物的人——在湖南省博物馆的演讲》为题，收入王亚蓉编的《从文口述——晚年的沈从文》一书，2002年11月由商务印书馆（香港）有限公司出版。其后又以相同标题，收入王亚蓉编的《沈从文晚年口述》一书，2003年10月由陕西师范大学出版社出版。

以上两个文本存在部分差异。现据王亚蓉第二次整理的文本为主，存疑处参照前一文本，做局部勘定编入。

① 这本书指《中国古代服饰研究》。
② 这个画指《簪花仕女图》。

自己来支配自己的命运

——在《湘江文艺》座谈会上的讲话

感谢各位同志。我离开家快有六十年了,十五就离开家的。虽然前后我回过家里几次,最近一次应该隔二十年了,就是说,我的家乡一切都变化了,比我所想象的,过去所忧虑的,变得更快更好。

文学方面我没有资格

谈到文学方面,我没有资格说,我只能来学习。这次我有机会出来,是先到广州,再到长沙,主要还是学习。至于文学方面我没有资格,事实上没有发言权,已经隔了三十年。我在解放以后,就转到历史博物馆,离开了学校,离开了创作界、文学界。

我转到历史博物馆做说明员。名分上我是做研究员,实际上我是做说明员。其目标我只想做十年的说明员,是不是能够最后达到做一个及格的说明员。谁知道,可能自己比较笨,学了三十年还始终自己确定不及格。做说明员不及格,所以又把我调开了，调到社会科学院历史所。

我是一个做说明员都不及格的，文学底子、历史底子都相当差，也可说严重的弱点吧。转到历史所来呢，也许说是不大相称的，也肯定是做不出什么特殊的贡献，对于国家和人民做不出什么贡献，这是一定的。

这是一个幸运的地方

不过我到博物馆来做了三十年的工作，就是学到一点常识，关于文物方面的常识。同时机会也很好，尽管在这三十年中，我们各位都共同感受到了变化之大是历史上空前的。

到了北京已经有五十多年了，到现在北京话都不会说，还说我的老凤凰话——凤凰话也不会说！所以平时说话，自己以为绝对不像巴金那么四川腔，要是录音下来一听完全是四川腔。这个原因是我在四川的边缘、贵州边缘住了一年多，正是这个时候，学习的时候，十八岁十九岁左右，到四川，所以总是带点儿四川腔的味子。北京话一句也不会说，人家都听不懂。所以现在我这个职务唯是不让我说话。这是一个幸运的地方。

主要我是学呢，就是学了关于服装方面的，加上这个兄弟民族的艺术这一方面。我在博物馆久了，有些常识，恰好这一门又历来还是一个缺门，我这个常识呢，就有机会用得上了。特别是解放以后我机会比较好，很快转到历史博物馆以后，一天就在陈列室转，每一个特别陈列，我都参加，跟那个专家先学习，学会了，我就打起老脸、厚脸，这就做说明员。包含长沙的文物展览，安阳的文物展览，麦积山炳灵寺的展览，以及全国的文物展览，一大堆、一系列的展览，还有敦煌展览。一系列的展览，我都是从起始参加，到卷摊子为止，我都离不开这个陈列室。所以对于这些陈列呢，多半是同坛坛罐罐有关系，特别是历史博物馆多半是坛坛罐罐、花花朵朵，我因这个机会，对这方面的常识，好像比较……不能说丰富啊，就是常识多一点，比较一般的常识多一点。

写历史绝对要重新写过了

这次我们去广州，主要是把周总理在的时候交办历史博物馆编一本书，就是关于服装的历史。因为我有这点常识，因为我在绸缎上的常识多一点，就让我们来试一试。这样我就完全在一种试探性中间，把这个工作进行下来。

那是一九六四年的事情。六四年就完成了，只有一年多的时间。因为主要当时要求不太多，要求是——因为周总理出国的时候，常常受到人家按照各个国家的习惯，总要看那些博物馆，看服装博物馆，或者是看兵器博物馆。看外国的多是十六世纪到十八世纪的，没有什么看头的。但是礼貌上又非看不可，有的也是搞得很好的。总理就问文物局长王冶秋同志，我们中国也可以搞一点这个东西，拿去送礼，出去送礼，是不是可以？王局长答应说：可以。

按照我们当时的体会，就是我们出土的一大堆东西，简直是不能设想的。就以湖南为例，那就是中国打破文化史的布局情况，写历史绝对要重新写过了，都推翻了以前的想法，丰富了以前缺乏的内容。

最近的这件事更是惊人了，是河北的中山王墓、中山国墓，还加上信阳的二号墓，湖南的马王堆墓、江陵的楚墓，一出呢简直是在世界上都是一个大事情。对我们这些学历史的，那些事就更是大事情了。所以……我在这方面，有点常识吧。当时就把材料……

因为齐燕铭先生，是在做文化部的第一书记，他就插一句嘴，说是……我在做。那么总理就说，那就交把我做吧。我因此就有机会得到历史博物馆的支持，帮我拨了三个人，就开始来做。

这就是我这几十年的工作

我记得是六四年的夏天，是个大热天，每天做几个说明书，就这个题目做说明，不要求太多，要求太多我也做不到，从材料出发来排队，按照次序来。你比如说商朝，有多少人，提出了一个什么问题。因为历来我们知道一个问题，从《舆服志》来说，历代的《舆服志》按说是最多的。中国这三千多年，二十五史中间，每一个时代都有《舆服志》。谈到这个礼服的还有《仪卫志》，谈到音乐的《礼乐志》，谈到军队的《兵志》，谈到兵的组织的，非常的充分。可是这些东西没有用处，你挖出来的不是这个东西，你怎么解释呢？所以我们现在的一个方法，从唯物的出发，先把材料摊出来，就我们所理解的做一个解析，把种种解释再联系起来看问题。一看问题提出来了，不理解的拿文献来证它，文献是这么说的，这个是这样说的，至少是先知道个问题。文献说的多半属于礼仪的，礼节上的，实际上任何一代都是不会受礼仪所拘束的，总是突破了这个。他有各种突破的原因，他钱多一点他可以超过，他吝啬一点他可以不足，他子孙挥霍的多一点他就埋的多一点。他有各种各样的原因，往往就补充了不少的知识，我们从这里头一次就占了相当大的分量。

  我们本来预备是做十年做十本书，使这个问题得到比较明确的解决。可是我的知识有限。我们知道就在六四年年终，差不多一年还不到一年，就把第一本书的样本搞出来了。

  主要的贡献是他们美工人员，他有几十年的经验，我的解释呢，就是这个花纹反映到这上面同文献上有什么矛盾，启发了我们什么，不决定它文献上说什么现在这是什么，那个文献是什么。幸好呢，我有一点杂知识，到博物馆久了好像半瓶醋了，什么都不深入，什么都要懂一点，特别是做说明员的这三十年的考验。因此，这样的常识上的习惯，就引申的比较多。

  这本书刚刚预备印，文化革命来了，当然就搁下来了。它不光是搁下来了，还变成了歌颂帝王将相、才子佳人的毒草。因此，我一生特别抱歉，支持我的齐燕铭先生，特别把他绑起来到我们历史博物馆的小礼堂大骂了一天。那么他呢，晓得我——从红卫兵小将中间有知道我身体的人，晓得我的心脏有病，他就让我陪批斗，绑到隔壁房子里，整整的骂了他一天。骂的人都不知道所以然，因为大多数人都没有看过这本书，大多数人也看不懂这本书，因为它写的专门问题呀，你怎么看得懂。你比如说商朝，我们一块有三十多个人的样子，你摆到那，怎么知道它是毒草呢？它是按照挖出来的，那个是挖出来的。要否定它，你不能否定它的，所以就乱骂了，骂了一整天，上下午，八个钟头，七个多钟头，才把他放走了。所以一直到齐燕铭同志快死以前，到全国政协谈话当中,碰到一起,还问到过我这本书,说你那本书怎么样呀,还没出来呀,怎么样?结果他不幸过去了。

这个时候我有机会见到了刘仰峤先生,他是社会科学院的副院长,他就把我调到社会科学院里来完成这本书,主要完成这本书,帮我配了人力,还有物质条件,中间一个,就是挖马王堆的那个王㐨同志。可惜他今天有事情没有来,这个同志对挖马王堆是非常有贡献的,他亲自把马王堆这个老太太的衣服剥掉,一件一件的剥下来。因为他搞这个工作,在科学院里面修复工作,搞了二十年修复,专修这个,现在再修这个。我们想把他当正式助手,这是不行,科学院很重要了,考古所只能〔同意他〕做我一半的助手。事实上,我的工作呢,因为快到八十岁了,很快要把这个工作交到他的手上,他比我强。其次一个同志,叫王亚蓉,这本书要是出来以后,小图大家看来要还满意,大部分是她的贡献。

我就是只做点说明,说明呢肯定是不能完美,总会有错误的,不是这里就是那里肯定会有错误的。所以大家外面不知道,说我很快就要完成一个什么专书,什么了不得的专书,服装史。那是没有具体知道这个事情,事实上是个很初步的,实际上同我写小说一样,试笔,一个试探性的工作。第一篇创作就是试作、试笔。这样如果我再多活几年,可能呢,还会有第二本、第三本出来。看样子恐怕希望不太大了,因为人呢,表面上看我还很好,各方面还很好,虽然有点心脏病,还算是对付得过去。因为老病了,事实上就像一个零件,尽管是耐磨耐摔,但是零件绝对有毛病了,一不小心吧,就不办事了,这是必然的规律。这就是我这几十年的工作。

还不仅是一个服装史

这次来，我们是先到广东去校正这个图。这本书是香港印的，相当大，很大的一大本书，全是图，说明几乎不是占主要部分。图呢，充满了新鲜的问题，新鲜的问题过去没有碰到过的。其实这个工作，早应该有中国的专家学者耐心来做，一定比我做的好得多啊。或者是从美术方面说，或者是从历史方面说，或者从制度方面说，我的知识都有限得很。这次能够完成，主要是得到各方的，像考古所、故宫、历史博物馆，以及各方面私人朋友帮忙，促成，特别是我近身工作合作的同志啊，帮的忙特别大。

这次我们把这本书初步校完，知道还缺少一些问题，特别到长沙来，再来学习。因为楚墓上的问题特别多，特别是马王堆的墓，出土的东西在世界上是了不得的事情。就是在我们搞服装史上也是了不得的事情。像这个老太婆穿的衣服啊，就是个大事情。这是围绕而上，谁都不知道，过去没人、书上没提到过的，提到也不知道问题在什么地方，在什么具体处。其实我历来搞这个丝绸的印染问题的，什么时候有印花的，这个材料早就知道了，估计是在秦汉之际。我是搞锦缎的，刺绣的，锦缎刺绣我见到不少了，我到故宫曾经有那么一年多吧，在那里做丝绸顾问，它里面有四十多万绸缎，古代绸缎，外头都不知道的，各种各种的绸缎。所以有机会看到一些材料，更知道，现在长沙这份材料是更了不得的材料啦，说明了很多问题，过去都不知道有没有。

再有，长沙不但是出了这个，还出了两把扇子，一把半规形的扇子，这个过去也不大知道。那么一到"报告"的时候，"报告"没提到就只讲大扇子两把，一把小的，一把大的。拿到展览的时候我才问我们的同志，你这个东西怎么说明它？年轻同志不知道怎么说，报告上也没说清楚。我才把它理一理，从汉朝时开始。从二百多种汉朝石刻上一理呀，原来这个扇子并不特殊，它是从西汉到东汉末期，一直到三国，最通用的扇子。原来最通用的扇子只有半规形的，过去不知道。这个出土的，我们觉得从图像上发现印证了。

最近发现更有趣味，就是到嘉峪关外的敦煌去，从兰州博物馆，看到嘉峪关外出了一个魏晋之际的，原来还有拿着扇子跳舞的。这是最新的一个材料。我就把它试理一理，这样就做了一个关于扇子的专题，才晓得扇子是怎么样子来的，中间有什么样的。这就像我们说一个笑话，马连良《空城计》拿的那个扇子太晚了。早期的扇子，假定诸葛亮拿的那个羽扇呢，应当是八个羽毛平列的一种扇子。你看起来现在不过瘾了，不满足的，你拿这个东西就晓得。

再就是这几十年我一面工作，一面又好事，就等于是开了一个修修补补的服务店，义务的服务店。凡是讲到服装的，讲到绸缎的，讲到地毯的，讲到烧瓷的，就来问问我们，我就按照我们博物馆的研究制度，有三个义务：一定要为科研服务，为教学服务，为生产服务。我这三十年来，就在零碎的消耗中间就"服务"掉了。

再就是工作上，现在看来，很得到博物馆方面的负责同志和文化局的侯局长，各方面的支持，也看到了好多东西。但是我本来应当是把这工作完了，我才敢来拜会各方面、在文艺界的朋友，来看看。现在不敢说，希望侯局长、副局长帮我保密。主要是因为一来呀，我也没什么话说，见面的时候，也怕劳动你们。

这些呢，就是我这三十年主要的工作，这工作一下恐怕还摆不脱，恐怕还剩这几年还要用到这个上。因为什么呢，为这一个工作打个底子，还不仅是一个服装史，等于是物质文化史。从物，实物，具体的物中间提出问题，这在方法上面，很可能为物质文化史的研究提供点便利。所以我一下恐怕还摆不脱。

我非要靠着这一只手活下去

现在说到文学了，我就随便谈谈吧。我的书呢，在五三年就烧了，再加上这么多年的变化，我在这个文学方面是绝对没有发言权的，绝对没有发言权。

过去的呢，我当时动笔写作，我只想做一个好像打前哨的，小哨兵样子，来做些试探，探路子。路子通，大家都可以走上去，分头并进，可以共同形成一个效果吧。因为当时我离开家乡时，我的本钱就是小学毕业，资格就是小学毕业。所以大家知道我不能够考进北京大学，我怎么能考进呢，当时没有资格。想考进中学都不行，没有资格的，而且也没考。大家不知道当时情形，那么，我没有别的能力，我非要靠着一只手撑着活下去，愿望尽管好像很伟大，工作能力很低。

觉得文学革命有道理

我之所以离开我家乡，离开军队呢，不是没饭吃，是我那个年龄，正是五四以后，得到一个长沙的工人，这个人叫赵奎五，当时认识到，现在看到他就是八十多岁，恐怕也过去了。我到青岛大学的时候，他到我那里去住了有半个多月，这位先生，这位工人同志对我很有帮助。

我当时那个环境里头，就是在湘西，陈渠珍下头，一天看看《花间集》这些，看看什么"公文程式"、《秋水轩尺牍》《园林诗话》，就是看这些东西。越看越有机会翻小说，主要是办公，当小书记，九块钱一个月。到了我们那个时候，各省军阀讲联合、联省自治的时候，长沙就是赵恒惕当省长的时候，有机会从这个赵同志手下看到许多新书。看了许多新书，引起了我的幻想，觉得文学革命有道理。当时只提文学革命，革命文学是晚了，革命文学快到三十年代才提出。

这个是二十年代初期，我是一九二二年到北京[①]的，我受他这个书本的影响，看到我们湘西的很多事情，很多的人，都是在事变中，莫名其妙地死了。特别一次，军队跟到来凤，湘西边上，暴动的一次，五千多人都那么死了。我想啊，与其看到我们相熟的人都是在事变中，什么参谋长、副官，什么军师长、秘书长，什么都死光了，那么……来凤其实就是民变，人民反抗军阀。我幸好有机会那次不去，不去我就回到家里了。我还记得清清楚楚，要去的人要得到家里许可，"你们这些小伙子，去在这时候是不保险的。"那时张溶川[②]，还有个安徽督军叫蓝天蔚，他要打进川东去。

我回到家里去，家里也没有办法，没法活下去，就仍然叫我参军，到军队里当一个小司书。到了时，军队已经开拔三天了，就到留守处。一天，我记得去帮吃鸦片烟的副官长，很快得到消息，我们那边全军覆灭了，死了。所以不到一个礼拜，我就领了遣散费，大约有十块多钱，又跑回家去。跑回家去也没有办法，我才又跑到芷江。在芷江做了一阵子屠宰收税员，这也没有办法，又亏账了，什么乱七八糟，脑子也糊里糊涂。那个时候因为也不成年吧，就十几岁，就只想跑。又跑到常德，那里有个黄玉书，我们同乡的，我们亲戚黄永玉的父亲，是省二师范毕业的，他把我留下来，这就是我写湘西的《常德的船》的一个资本。因为一天没有事，就去看这个船，所以对湘西的船相当熟悉，大家说你怎么知道那么多的船，我一天就到那里，有半年每天看船。

再后头我又转到陈玉鋆③手下做事，当时贺龙当一个警卫团的团长。也不怕重蹈覆辙嘛，又到这个酉阳、龙潭、川东，住了一阵也不成，又自己离开了，又回到陈玉鋆那。他对我很好啊，他很相信我，就让我管书，我就像个书僮了。我那个时候又有机会看书，看旧书。旧书看了，到现在还得用，为什么呢？那时候年龄是接受最丰富的时候。但是我很快就形成了一种不安现状了，说这样子下去，或者是打死或者是什么都不行，那我与其这样子，不如自己来支配自己的命运吧，于是就到了北京。

很多朋友很值得纪念

到北京是充满幻想，总是以为最不行可以去卖报哇，可以活下来。可又不能卖报，各个地方都有规矩嘛，像这么一个乡巴佬出去，说话人家都搞不懂，搞不清楚的，怎么能卖报呢？再不成去讨饭吧，那更难了，北京讨饭非常之严格，因为大都市有规矩，每个街道都有一个讨饭的头头，手里拿个棒棒。我到历史博物馆后还专门买这么一个收藏。这个有棍子，掌握权的，你也不能讨饭，随便也不能讨饭的。

但是呢，真是奇迹啊，居然能够活下来，靠什么呢，就是在军队里头什么苦都吃过，说一切不在乎。饿还是饿的，没有饭吃就没有饭吃，饥一顿饱一顿是很平常的。当然啦纯粹靠节食恐怕是抵不过消化的东西的。幸好我在清华大学、燕京大学、北京大学、农业大学这四个大学，很快就结识了一些朋友，这些朋友都是在读书的，都是搞文学的，有的搞政治的，知识啊常识啊都比我丰富；大概勇气呢，妄想没有我的多。

他们这些朋友很值得纪念，前前后后都在这几十年中，大多数都是在大革命时在武汉牺牲的；还有几个，是在这十年文化革命中去世。特别是湖南的，一共农学院有十二个。我自己到现在只记得新化有一个姓向的，石门有一个姓詹的，华垣县有个姓汤的，只记得这几个人，其他的不大记得了。一到吃饭困难饿得受不了的时候，我就到那里去解决问题。农业大学在当时也很奇怪，就是好像是个家庭制的，有个农场，学生可以分白菜，每个月每个人可以分得大量的几百斤白菜，学这个园艺的；学家禽畜牧的可以分鸡蛋。所以我一到困难的时候，就到那里去吃饭。

到燕京大学也是这个情况，那时在盔甲厂，现在北京车站附近。很多朋友很值得纪念，大部分朋友在广州革命、武汉革命中都牺牲了。我起初不去那边也有个原因，一方面我人懦弱，身体都发育不全，小个子，打也打不过，骂也骂不过，本钱不够，认识也不够。

他主要是学校大门开放

谈到认识，虽然"三一八"的时候，我也跟他们摇旗呐喊啦，跟在前面走，拿一个小旗子，散传单，我也不懂传单内容，到东交民巷口都不能进去，只能远远的拿着传单向里边撒，就是说那时候没什么结果。也有结果，很快革命就发展了。我很清楚地记得天安门前那些讲演，都是临时从附近的司法部街茶馆里面抬个凳子去，站在上面讲演，讲演完了再把凳子退回去。参加听的人可以说老百姓是很少很少，大部分都是各大学的学生，但是这个意义深长得很，就是为什么武汉革命的时候，打到武汉以后北方就垮了，这就是大学啊文化方面宣传，有一定的贡献。因为当时这些刊物啊，《语丝》《莽原》《京报副刊》……出版也就是千把份，但是它的影响是全国的。

更重要的，大家都谈到这个问题，都称赞蔡元培先生，叫他"开门主义"，就是解放。教员不选资格，有能力就进来，最出名的就是梁漱溟先生的故事，他是考学校，考不取，但是过了三年以后呢，请他正式去当教授。这是我知道的历史上的佳话。实际上，根据我知道的，不是这样。他主要是学校大门开放，什么人都可以去听课。这个影响大了。

那个时候住在北大附近，至少十分之三以上为非北大学生。有些因各种原因，或者他毕业了，要等到他的爱人、朋友同时毕业，他在那里等；或者他读完了这个系又换一个系，各种各种的原因。总的反映的是社会当时毕业即失业的问题。许多同学留在了公寓里头。

公寓有一个奇怪的制度，它可以欠账。北京当时这个制度，是根据前清这个科举制度来的。从前清科举候补的官，留在那里，一候差就是几年，根本就没有办法活下去，而采取一个记账的制度，到了忽然他分发下来，他即刻还账。都是前清科考来的。所以这个事物上的辩证的问题，是十分复杂的。

在《晨报副刊》一个小的角落里面

我慢慢地，大概是在二二年〔开始写作〕。其实我连标点符号都不知道，要做作家？根本不是的，不是这么打算的，不敢这么设想。只是说是万一有一天，我的作品能够在报纸尾巴上发表了，那我就兴奋极了，就是天赐的恩惠了。

所以我头一次发表大概是在一九二四年左右，都两年多了；在什么地方？在《晨报副刊》的一个小的角落里面，是小孩子的作品里面。得到多少钱呢，七毛钱，那是书券，大概是比当时抄稿子还要低一点。因为抄稿子当时是一块钱一千字，我那个大概不值一千字，得了七毛钱的书券。但是它对我一生的影响大，觉得有出路了，实际上隔着出路隔得远。

到后来，因为《京报》的变动……鲁迅先生离开了《京报》，孙伏园去厦门，《晨报》居然空出位子来了，没有作家做文章了。实际《晨报》当时虽然是千八百份，大部分却对中国启蒙有一定贡献。为什么呢，当时啊，罗素著名思想家哲学家，杜威美国的实用主义的教育家，孟禄教育家，泰戈尔是世界有名的诗人，所有的作品同讲演，大部分的都在《晨报副刊》上发表。所以当时我的新文章作品，能在《晨报副刊》上发表，简直是高兴得不能设想了，真是做了王爷了，太高兴了。

但是我晓得我隔得太远，我的作品隔得太远，从任何角度出发看，都是很幼稚的，非常之幼稚的。

我还是看成一个习作

有点好处就是仍然利用我当兵的这个习惯，一切不在乎。你骂我也好，奖励我也好，我都不在乎。我能做的还远得很呢，就有十年八年呢。再就是我一直到三五年，我快写到近三十本书的时候，良友公司选一个作品的时候，我都写"习作选"，还是习作，小说习作选。一直到我四九年，四九年解放了，在五七年我选的，我还是看成一个习作。为什么呢？我这个得到的好处呢，大概就是永远感觉到不满足。

刚才听到什么同志讲，讲严文井写篇文章，谈到我，提到有天我帮他改文章的事。其实我的那个文章，我还觉得最有趣味的，大家经常提到我的一个不成熟的《边城》小说，那是一九三三年秋天，那时候巴金正住在我家里，跟我住在一块，我刚结婚。他一个月就把《雪》那个长篇写出来了。我那时候其实写《边城》都是到院子里面写，他到我书房里面写。我写半年才写完，他一下写十万字，十二万字，我半年中间才写六万字。一方面也可以说我不善于写中篇，另一方面，我总是有那么一个认识，就是说写的好的恐怕不在字数多少。你要达到效果，明白它的效果，你明白文字的效果，又明白它的内容什么样子能够产生效果来，恐怕有几万字还是能够的了。

再就是另外一个原因了，就是我欢喜读旧小说，我历来对一些唐人小说，短篇小说最钦佩。唐人小说这些都是几千字，《李娃传》，几千字，写那么好，《柳毅传书》《列女传》，那也几千字，而且写得是那么荒唐的，也写得那么好。所以我对效果这方面的要求，抓得比较紧。我不怕失败也不怕害羞，失败了就又重新再来。就等于好像你原先是一个小丑嘛，学杂剧嘛，翻筋斗，你这边翻完了又那边翻。两边翻完了，前后又再翻，都翻完了，我觉得还是再玩一个花样，再翻。所以在我这方面，我感觉骄傲？永远不会骄傲的，永远是感觉到不够。越因为这样，越多看书，越感觉到不够。这是初期写作的一种心理过程吧。

一直到好像大家都称我为作家的时候，我实际上惭愧得很，我从来没有想到过当作家，从来没感到过我是作家。我生平也没参加过公开讲演，从来没参加过，公开的集会我也很少参加。只有一次，"一二·九"的这些学生，北京各方面的负责人，他们在清华大学、燕京大学开了一个欢迎我们的会的时候，我是参加了那么一次。所以我写了那么多，好像我熟了那么多的人，实际上我对文坛的问题是完全隔膜的。

到了作家要排队的时候我就不大习惯了

我是关到房门里面来写，读书。到了学校以后就根本不同了，一天到晚谈的小说，写的是，教人家的是，帮人家改的是，整个是成天滚到短篇小说里头了。再呢，就是给我有个机会，能够活下去以后继续学习的机会。

但是当时毛病也看出来了。就是在这个时候，快到三十年代，文学革命转到革命文学。因为转到了实际的问题来了。另外我还知道文学革命是什么。自由写作，自己找出路，各自打天下。还有好处，在当时，可以说不管你李大钊先生也好，陈独秀先生也好，胡适之先生也好，鲁迅先生也好，那么多没有说是哪个第一，先排队的。纵然他是第一，上帝也不指定这个，没有人能指定这个。每个人一起始都是开步走，这个我认为好，能够鼓励年轻人朋友，不作兴哪个在先。这是对我们好。后来的发展，情况不同一点，这也许在我思想上是个包袱，到了作家要排队的时候，我就不大习惯了。我总觉得写嘛，是个职务，是个义务，不是个权力。这个写得好么，是必然的。写得好，写十年八年二十年，写几篇像样的文章，那是应当的。写得不好是你活该不中用，你努力不够的。这是我的想法。我总是有这么一个还是乡巴佬的想法，没有近代化的这种。

至于我在我的自传提到的湘西人呢，讲我们凤凰人啊，又讲到湘西，各自为战到外面打仗都相当能干，合力同功是顶差的。这个不是湖南了，这个限于湘西我所熟悉的一个范围。就当时做学问的，像向达先生，苏先生，都是湘西溆浦人。湘西出了那么多的大军官，一大堆，但是那么多人都是不合作。湘西出了一个宋教仁，一个熊希龄，两个人又不合作。就是独自为战时，都能够打仗，又能够吃苦，但是一到合力同功呢，用近代化的各种组织搞的东西，就不行了。这是我个人的看法了。但是有时恰好是看得正确了，我就是这个样的。我自己要做这个服装问题相当困难，我不在乎，我慢慢地摸，摸，慢慢地就搞出个东西。

我们的利用率太差了

另外一个最大的工作,是总理派我们编一个对苏联,编辑出一个"中国历史文化图录"。这二十万份的书都准备好了,结果编不成功。为什么这还是三个和尚没水吃。这个书到现在还没有编,还在历史所停下来,由科学院拿去编。什么原因呢?那个事我知道是一个苏联的专家来看,我当时都……

大家都奇怪了,你怎么能够做说明员,还那么久的做了三十年,还那么做得高兴呢?也是受到鼓励的关系。虽然一般是非常之辛苦啊,因为当时的一个制度,苏联、东欧国家还没有分裂的时候,他们呢是来学中国的。他按照习惯就是来看历史博物馆,因为博物馆陈列得比较有条理。来看我就陪着他看,经常来看,看二十天是很平常的。再一个就是谢洛夫这个教授,是人民大学的一个教授,陪了他看四十天。当时也不知道为什么原因,他要看我就陪着他看了。他问到我这个是什么?要不够就马上到库房调一点来看。我们陈列室是混杂的了,属于综合陈列,也有曹植的诗,也有小说,什么都有。恰好我这个材料,就是个混杂材料,都还能对付。他看了一看还很满意,他就向总理建议,就是按照我说的编一个图录,专为俄国的中学教员,教中国史的,或者是为俄国学中国史的大学生来看。目的就是这个样的,不要什么更深了,更深我们就吃不消了,就这样。

结果啊,就是因为〔指定的〕这三个人,一个是只想把马列主义的句子加进去,那个行不通。为什么呢?因为那个人是教这行的,是人大教这行的。他是讲这个问题的,你说引错了,他就偏要加。结果最后是吵下来了，就没有法子。实际是我们的疏忽，为什么呢，这个朋友也还是很有学问的，但是他肝病严重，我们不知道。谁也不知道他肝病严重，那么容易生气，本来不容易生气的，有他就生气，结果很快就死掉了。这个很可惜的，一个姓王的。

说的这个书呢，现在就转到社会科学院历史所，六个研究员专门编，但是没编完。是什么原因呢，就是这一行，就是像我这种杂家呢，看起来好像容易，实际上一具体，它这个就是糖，这个是鸡蛋糕。这样子也就麻烦了，它很多事情不成。我历来就欢喜漆器呀，陶瓷呀，绘画啊，这些丝绸啊，这方面比较容易说，容易有话说。因为缺少这个东西临时学是学不上的。这个是我们详细研究长沙这部分东西出来的。向文联建议嘛，有些朋友，学美术的，很值得学。

我们不出去就不晓得，你一出去就晓得，世界上谈工艺图案哪，还是中国。尽管埃及，罗马，还有希腊，说的是了不得，一到工艺图案来比，我们中国恐怕水平始终是占第一的。但是我们的利用率太差了，太差了。还是需要很多人哪，需要这个古代的工艺图案，以及民族的工艺图案。

美国现在恐怕是世界上研究中国问题最多的一个

我这次到美国去就有一个感想，看到很多地方都设有民俗的一个文化部门，中国的也有。但是它杂七杂八的，一方面谈到彩陶，一方面里头还有个京戏场面，那个做得很丑的，因为他不懂了。这个里面，盗出我们东西很多的，他不知道，因为这个东西包含着很多相关的问题。

搞这一行,我们现在缺少的是相关的知识,搞这一行的太缺少了,在全国都有这个问题。我有机会在全国跑一跑,得到一笔预算,公家得到一笔预算,专让我们搞,主要就是到处宣传宣传嘛,就是各个地方看看这个问题,这方面太缺少了,太缺少了。

这次到美国去,按照我自己的想法,我主要是看一看人家的博物馆。因为,我们来讲笑话,按照中国的法律制度呢,八十年的文物就不能出国了。我呢,要是按照文物工作者来说呢,也快八十年了,很快就不能出国了,所以一定要争取出来,来学习学习,看看人家怎么研究中国。

现在得到印象,简单地说说这方面的印象。美国现在恐怕是世界上研究中国问题最多的一个。人最多,占多数的,这是好处,很多地方都把中国看得很重。比如说吧,一个胡佛的图书馆,原来一个总统的图书馆,它有一个特别的陈列室,它所有文化革命的材料都有。还有一个国会图书馆,那就更多了,我们想不到的材料都有。讲到学习问题也是这样的,一直有把西南联大当作博士学位来念的,念"五四"的那就更多了。现在研究革命历史的,研究艾青、丁玲的,研究鲁迅的,研究萧军、萧红的,也有专家。这有两个原因,一个好处就是他们关心这个问题;另外一个,他们从实利出发,有学位同没有学位的完全不同,对学位这个东西是当作一个资格考取了,是考秀才考状元这个样子的。有学位才能在正式的大学正式教书,一般的都是当教员不是当教授。

他要应用了,他要找出路,但是一般的没有出路。比如说他学习龟甲文,你给他更多的也有人,但是绝对不会多十个以上。

为什么呢？没有出路，他学习没用处。学近代文学他方便，比较方便一点。

但是我们值得知道的，值得向同志们谈一谈的，现在大部分就是我接触的这些作家，或者不是作家，教中国文学的，教中国文化的，除了老的像赵元任、李方桂这些老先生外，其他年轻的大部分是台湾的，大部分是香港大学或者香港中文大学，这是我们值得注意的。讲中美文化关系要把它搞好，这点很值得注意。那就是说我们一定要争取一些人啊，到那边去的这个位置要占住。因为美国有个习惯，我也不太理解，这次亲戚到那边是耶鲁大学一个专家，而且是搞中文的，很多学生的博士学位都是他定的。他提到这个问题，就是太高，没有人学。太新的，比如说陈独秀有人研究，为什么呢？同他的出路有关系。很多毕业的，没有出路。现在有新的出路，去帮商人当翻译。他作的论文你要是看到，有的也是很可笑。前不久北京开了个史学会，中美交流史学会，就有他们的专家提出了"《金瓶梅》同荀子的关系"这样的题目。

是不是能先做记者

……实际上我真正没有发言权的。因为什么呢，隔了几十年啦。社会是明显变化了，整个变化了。所以他们出国的到外面去提了，有人提了这个问题，新的呀，总是有的地方看不习惯，他们也不晓得要怎么样写。台湾也提这个问题，台湾提出情况不同。我们听到有朋友这样说了——知道内幕的人说，它有关于台湾独立的问题，不相宜的——这是另外一个问题。再一方面我们想想过去呢，我写这一方面比较多，因为我比较熟悉。外面大社会呀，我呀比较隔膜，没有发言权，没有资格。这个我也不霸道。

这几十年，始终有朋友说我只想混到社会上层去，实际上我永远混不上去。我不是想那么混上去的，也没有能力。我只是想把这文字的实验，加点文学革命这个问题，包含一个文字本身的革命。要来代替旧的作品呢，它文字本身就是一个工具。一定要形成工具，对文字工具要让它发出效力。慢慢地我认为，对文字应当、值得革命。

其实恐怕我是受契诃夫、屠格涅夫的影响，我总觉得写什么东西，写人或写什么东西，把这个地方风景或者插进去写。人是在这里活动呢，容易出影响出效果。所以这并不是我的长处，我只是从那方面得到点启发。我就尽我所知道的写，所以我的作品范围很窄。实在说，不值得学习。都是过时得很，都隔了三十年、五十年了嘛。而且这五十年我们新的文学要求不同。

我有个看法，要求不同，同样是这么一个东西，特别是短篇小说，都限定在三千字到五千字，你任何跳圈子都跳不到管人事的纠纷上的问题。你要使它写得生动活泼呢，文字还是一个要紧的。其实能够驱遣文字，还是不能放松的。但是一个事情呢，是它不容易产生雷同的问题。写一个雷同问题，不一定产生雷同的印象，还是要文字。文字在写法上适当要加上不同地区的背景呢，效果就出来了。所以我不一定是对这一方面内行，但是我这写法，是当时学习写作的过程中，始终是从契诃夫，从屠格涅夫的《猎人日记》上得到启发。我说的这个东西还是有道理的。再就是一个涉及主席说的一个生活问题了，要是依我这么想，这个我也是没有实际经验。让我要为这个东西去写下去呢，恐怕效果不太大。先深入地生活到里面去熟悉这个问题，你再来写，效果容易点。

我曾赞成年轻一代的同乡作家，能够去跑，能够挨饿能够不怕冷，是不是能先做记者，把笔下弄活它。记者呢，一方面反映现实，一方面他又能够熟悉冬暖夏凉这个四季的变化，一方面看到现实社会的种种。这个底子呢，比到学校去学文学有用处。

大家好像万舸争流

我们现在同乡有个萧离同志，古丈人，写点东西大家还是很认可的。特别最近写篇《追悼向达先生》，这篇文章大家认为对向达先生是写得好的；他写得好的原因就是他熟悉向达，同他非常的要好。向达先生同我很熟，甚至政协多年都在一块，而且又是同行。但是我没有他写得好，就是有些问题，关于生活情况各方面的。

萧离先生写过好多文章，特别是过去写过关于楚国文物的介绍文章，人家都认为是我写的，实际上不是我写的，是他听到我说的以后他写的。他有记者的观察力，我记得我们到联大开课，教一年级学生，当时有个好办法，不管你是一级教授也好，二级教授也好，特级教授也好，都要参加教一年级的国文。指定二十本必读的书，这中间包含范长江、徐盈的报纸的通讯，很多同学得到启发。所以呢，以我个人看来吧，这些主席提了的，还是对的。但是哪，你不要指望他下去一个月就写一篇文章，这个没有用处。是不是有机会，大家好像万舸争流嘛。这样让他有机会放到那个环境去住一年。特别是写得不大好，也不要感到失望，写得好点也不特别急着去印它几十万本。这个比较危险。根据个人的浅薄经验来说呢，要是一个作家写到十本书以上、左右，他就统一上达到一个平衡，就站得住，而且在这个基础上他就可以更发展。

好像是一切不离开人情吧

在这方面，就有两个问题：一个现在同志们都好像愿意写长篇，一方面是因为有生活嘛，一方面还是容易成功，容易成名嘛！

写短篇是个费力不讨好的，在外国也是这样。你写短篇，那个畅销书很少是短篇的。但是根据我个人的经验，我觉得呢，乡土文学也好，要探讨一下乡土文学，用短篇来练手让它长一点，让它有一个试验时间啊，出到十本书以后再来考虑这个问题，让它生活比较安定了。

其次还是要读书，读书不必是受影响，是做启发。因为人家他写短篇这个东西就像跳舞，他各种都要跳啊，他各种跳法。相反的也可以成立，一句对话没有也是可以成为小说，单纯是对话也是能成为小说，就是看在手法的处理。

处理问题，从看莎士比亚的戏一样，还是一个重要的问题。处理问题，他也不一定都是现实生活写生啊，不一定。我们看《聊斋志异》，许多问题上说鬼说狐。我们到现在还受感动，什么原因呢？他有个问题在里面，他处理的好像是一切不离开人情吧，他总是很接近人情的，他效果就出来了。

绘画也是这个问题，过分夸张同过分简略都不能达到目的的。所以能达到目的的，好像诗歌这些，总是恰到好处。所以对于我过去，就是文字上，这也是受批评的一个原因吧。

我总赞成这样文学革命，就是先把文字当成工具，先能够控制这个工具，自由运用这个工具。再一方面来写小说呢，话也就多了，而且也不会犯这个所谓抄袭呀。因为读书多了，他就不会抄袭了，他就晓得的，就好像去到山中，还有好多空山可以让你爬上去，都没有人探险过的地方，你都可以探险，文学可以探险。你说的全是一片胡说，假话，不是真的，不是所有的，他也能够适应。我看《西游记》就是这样的，哪会是真的？那鲁智深倒拔垂杨柳，那是不是真的呀，仿佛是真的。大家现在看到《红楼梦》的时候，就会想到，研究《红楼梦》的人真多，但是实际上《红楼梦》真正感人的呢，倒是看到刘姥姥什么的。尽管你在序言上包含一系列的很长的论文，结果人家看的，还是不是完全让你这个批判来调动，还是让他作品本身来受感动，这个现在只能说是外行的想法。

改来改去我文字就通顺了

让我们年轻的朋友啊，在这个方面上发生兴趣，也得到些便利，就是我们领导上，不要因为他一篇写的好像碰巧好了，就觉得不得了。这个很危险。我们这几十年经验也是这些，所以有很多昙花一现的问题。另外一个写得不好，写错了的，也不必加重责备批评，因为这个事，要是全部好的那倒是奇怪了。要是偶然写得不好，或者是甚至居多不好，那倒是本来的。因为他总要经过训练嘛。一切都要经过训练嘛，我更相信这个。

大家讲我有天才啊，那是天知道，绝对没有。我是相当蠢笨的一个人，我就是有耐烦，耐烦改。特别是改，这改大家不能想象一下，有朋友写道：巴金什么的说我"最耐烦改了"，因为我改来改去，改来改去我文字就通顺了。我是标点符号现在还不通顺，还要我的老伴来帮我改。因为她到人民文学做编辑做久了，专门挑字眼儿，哪个文法不对了，哪个文法又不对了。因为我根本就不懂文法，我怎么对了？不能对的。

我记得主席也提到他不懂文法，不学文法，这是有道理的。事实上他的文字上有风格。其实我一点也没有，其实我很多是我们家乡的语言。现在我们知道一个问题是这样的，你太搞方言化了不行，受不了，走不通的。像我们凤凰那个"给个毛恰恰"也不行，但是有一个印象，好像是地方性的，不光是沙汀同志谈——也是个老朋友了——太方言化了走不通。你要是广东人，你要是去纯粹写广东话就吃亏，这方面也是个学习过程。你学要学得大家都感到这是个"技术"了，也不容易学的。我不会说北京话，但是我懂得北京这个语法的习惯，什么什么的这个。所以方言文学我们主要是指地方这个东西嘛。

他自己是最细微的批评家

其实乡土文学，写地方当然应该轻车熟路，亲切感人。甚至于下去这个问题，我听到很多朋友谈到了，而且我两个孩子都是工厂的，到工厂做工，都是学工的。他们一看到下放来采访的这种，哪个作家来实践的，他就感觉到可笑。他学十年了，那些名词都还学不到，都根本是没法子学的，因为这些有些是你不混到生活里面根本没法子学的。而且矛盾呀，消遣细微的动作呀，细腻的问题，这些不是能够刚派你下去就能够写的。

组织先行这问题比较难的，是不是？组织方面对这个年轻的小姑娘，让她稍微松一点，放宽一点，要求不那么太严，反而效果会出来了。要求过严了，特别明显是稍微好点的，就了不得，这就不行，这个最容易毁人。差一点的呢，要正面告诉他这篇不太行。

其实呢，那个时候我最抵抗这个批评家，我总觉得一个作家到某种程度，他自己是最细微的批评家，少少的一句话，一个标点，都非常之拈斤播两的在那里考虑。一个细心的作者，前后几万字，观察上哎，这个地方同前头有点矛盾，性格上或者他都考虑到。但这是从我们这些比较低能的学习者而言吧。有些聪明朋友那不是这样，聪明朋友像老舍、巴金他们，稿子烧掉以后他都能够复写一篇。我要假定被烧掉以后，人家问我，没目录我都不知道了。为什么呢，我是慢慢地凑拢来的，慢慢地凑呀！凑拢来的看起来好像很舒服，实际上很费功夫。所以这是两个方法。不一定是我这个对。

有的看看他的才气了，因为我编了一二十年副刊的稿子，所以这方面有些经验，或者可以作参考的地方。我就是按照他的长处来发掘他，而且改文章也是这样，总不让他丧气。总是应该永远让他有希望。而且稍微好点的，总该让他好的充分发挥。这个好像对一个工作——长久来看呢，还是一个比较好的经验。

这就不是乡土文学的问题啦，就是纯粹的乡土文学它也不行。像我们现在再回头去写，不行的。我最熟悉的也不行了，社会变了。社会永远在变，但是有些地方又不变，能够掌握到这个问题了，大概写小说就不会碰到问题了。

我原来是想学五十年

刚才讲我想混到社会上层，讲的不是裴文中，是冯文炳。冯文炳可惜了，那也是我一个很好的朋友，死掉了。他们都很好，许钦文老了，在家乡八十多岁，在浙江，我前年才见到过他。我并不比他们高明，我就是比他们持久一点，他们很快又转了别的了，我就比他们久一点吧。

他们讲到我是多产作家，这在当时是批评多于褒奖，都是开玩笑的说法。你没有别的嘛，就是大量生产。他们不知道那个时候，我是完全当作学习来写的，学习过程总觉得是写来写去。这多呢，不是因为要露面的，那么这样子试完再这样子试，完全是个学习过程。但是这个社会变化太快，我原来是想学五十年，我也许有机会拿这个作品面对社会。但这个社会变化的太快了，不到三十年就变了，我是真正没有发言权啦。所以就不能不改业了。

现在我们湖南这几位还是条件好，有好多地方，特别是理论方面内行，知道这个问题。给年轻朋友各方面的便利，而且依我那么想呢，湖南还容易，你看出了那么多。之所以有些都是……像张天翼，他身体不好，立波同志也故去了。这个是不是我们想想法子，将来出书的时候不一定多出。与其印几万本，它不太稳定啊，这个要求与变化太快，可能还要有变化。可能每次出两三千本，做试点本。假如效果好，把它再扩大。这也是提倡鼓励年轻朋友写作，看你肯学。实际上还是编辑要负责了。编辑要多费点耐烦，工作上就像一个家长一样，充满了热情来帮助，把年轻人扶起来。

我相信，这个我有点地方主义呀，那就是我们湖南一定有大量的好作品贡献给国家。特别是湖南有好多地方同北方不同，我到北方各省都走走，有些太枯燥，太枯燥。有些他没什么。就好像我们家乡那个叫戴升云②，尽管两边相骂，轻轻的相骂都知道了，唱歌那更好了。但是一走要两三个钟头，那么下来上来。唉，这个你要写小说，会写到就好了。

致命的就是纯粹用方言

提问：我向沈老请教一个问题。我非常喜欢沈老的作品，二十多年了，在沈老的作品的影响下开始创作。从沈老的作品中我感觉到一种很强烈的湘西味儿。我是湘西人，现在还没有离开过湘西。但是我是从沈老的作品当中来了解湘西的。刘绍棠到湖南来也说，从沈老的作品中了解湖南，了解湘西。我觉得沈老的作品，仔细看好像又没有方言土语，没有湘西人的那个土话。不是靠这个来取胜。刚才沈老讲了不主张用太多的方言土语，又讲了文字革命。您的语言搞得这样好，想请您介绍一下。

……其实也不太好，因为已经过时了。在美国我讲个笑话，谈到几个笑话也有这个问题。他们也要我谈，非要我谈谈这个，也是谈这个乡土文学。我就讲到大家都知道的屈原诗歌中提到的沅水，但是我比他不同的一点是，他没到过的地方我都到过，这个我比他占点便宜。

另外一方面我大概是还占了一个便宜，我能够看懂骈体文，就是最复杂的，麻烦的，没有趣味的骈体文，一直到现代文我都看。我欢喜看杂书。有一段时期又教过小说史前一部分，是讲语言的。又欢喜看这些杂七杂八的书，这个也占便宜。

对古文的应用啊，打个比方，像《世说新语》，几句话就解决个问题，给人个印象。这个地方我恐怕也受影响，不是光是方言。特别是我对绘画这些更是也不会画，但是我对绘画的理解有感情。所以我在绘画上，可以举个例，这位王同志画得是很好的，但是她要在我下头，我教她，大概是用这种方式画，效果会更好，她接受。结果效果是不同了，可见我懂。写小说恐怕也要这样的，语言上措辞呀，说话最忌讳、最致命的就是纯粹用方言。我们看《海上繁华录》，没法子看下去，它方言太多，上海话太多。

插话：鲁迅也反对这个。

现在我们不是缺少语言的问题，而是缺少用它的问题。用它，我们另外也有个经验，这还是很少的经验，我写的《一个戴水獭皮帽子的朋友》，这是个真人，在常德开一个旅馆，我是他的小朋友。这个人不得了。他收了大量的字画，这是一个很有趣味的朋友。什么野话都会说，而且双关语说得头头是道，都是双关的。野话也是双关的。这些地方，大概我小小的就感兴趣，记得不知道有多少，有的我还不敢用，不好用这些。我觉得，要是懂得这个东西呢，有好多看起来写得很粗野的事情，也许使人感到真实的，诚实，没感到猥琐。

大概看书看得杂一点是很必要的

这就看到，暂时说个书呆子的话吧，看书多还是有好处的。一般时间来看书不免浪费了，同写作不免浪费一样的，同样必然会浪费了，有好多书看嘛。但是看坏书，你知道它坏，也有好处的。我写坏了我知道这个办法走不通，我换一个方法，不断地换。不是天生啊，我这句话就是我天生说出来的？不是。至于天生的那个，我太熟悉底层的那种人。特别是我们凤凰的，原来有这个绿营制度，养下许多吃闲饭的。但是对于生活的丰富，多了，经验多极了。这种人，是讲爷，老讲爷，这种人了不得。得到他的好处太多了。

风景画要懂美术了，懂绘画，比较懂得多懂得高。等于我们绘画，有的画半天，画的不得效果。有的稍稍勾一下，它就出来了，这个还是注意的问题。我最不相信有天才，但是事实上有天才，但不是我。我就是学习，就是耐烦，唯一好处就是耐烦。

现在学这个东西，新的这一套，对我说真的难了。纯粹客观的东西一定靠记忆力，就是看。大家都觉得可笑了，因为什么呢，你一天花花朵朵坛坛罐罐的有什么意思呢？学进去了就不同了，原来花花朵朵不同。原来我们看外国人，外国人看中国人，都是一个样子。我看洋人鼻子高高的都是一个样子。我们中国人看我们自己家里的人，哎，这是老大，那是老幺，一看就晓得。这个你要懂了，你写人性一下子就写出来了，性格就出来了。按照年龄上来，性格都不同。这个说得好像玄妙，实质上不是。

大概我另外占一个便宜，我的一个亲戚是燕京大学学心理学的，也死了。也是在美国教书的，姓夏叫夏云。他给了我一些书看呢，给我启发了。这个东西是心理学上的问题。大概看书看得杂一点是很必要的。

看杂的，有些书上仿佛迷信，就像是"佛经"，你看起来它有些都是迷信，好像是没用。但它好些都是小说，好多小说。里边的小说巧极了，印度人设想小说妙不可言。"道藏"里面更深奥了，真是有思想性。就是我们讲，比如说我现在也可以说有职业病吧，一谈话一天就不晓得什么累了。大概看书太多啊，这个里边，他平时好像不大用脑子，一到看书就钻进去了。看书多了，也不知道累了，也理解一些问题，它是这么个说法。一个是刘祖春，是我们凤凰人，在北京市委当书记，第二把手。他有个儿子，小小的，是在文化大革命时长大的，十几岁就能看旧书，看《庄子》，看《汉魏百家丛书》。他提了几个新问题，为什么历代谈政治的建议什么的，内容都差不多呢？这个提法很好了，证明他能看懂了。为什么？因为它封建社会嘛，要向皇帝进谏总是差不多了，就是好坏的问题：甲就说得好，乙就说得坏一点。其实它这社会就有一个共同的。

让我自己脑子里的命令来写

我从来欢喜看书，诗歌我也看。我不能记，我不像我这老伴她都能背的，我总是似是而非的。但是我有用处的时候就来了，为什么？我可以用它的意思。说这个我赞成啊，写小说是个综合的。

现在大家讲到写戏剧是个综合的，其实写小说比戏剧好像还要复杂一点。为什么呢？你又要懂场懂演，又要帮助他穿衣服啊，又要布置他喜怒哀乐，最重要是恰到好处，这是最主要的。

有好多朋友，大概李健吾就用刘西渭的笔名批评我，批评得比较深刻，他就提到这些问题。他有两篇文章写得很好的，到现在为止还没有超过他的。还有这个金介甫，他对我的评论有些地方也是很中肯的。他说我的生命总的来说分三段，这段做了，做的时候就拼命做，一放下就绝对不做。大概还是说得对。搞文学的时候是拼命地做，在军队里头按照当时的习惯呢，我本来应该是混到军队里头，因为慢慢得到陈某某的信任，他对我的印象很好。按照我的命运，要是按照他的这样混下去，一定是做小绅士，做几年知县，讨几个姨太太，结果吃吃鸦片烟了事。这是按照规律说来是。但是我一摆脱他，那么穷困的时候，我一个钱都不要他们的。他本来想是我跟他，要多少钱他都会给我的。特别是我，他晓得我的性格，我不要就什么都不要。我有机会到熊希龄身边去做事情，那是我们中国的一位总理了，又是我的亲戚，他对我好的。我自己偷偷又跑了，又离开了。

我就是，我自己只想写小说，而且只想独立写小说。再就是也有它弱点的地方，就是难以为继的地方。我只想写小说呢，我还有一个重要的，是不能够让命令来写。你得让我自己脑子里的命令来写，才能写出来。你当命令来写，就变成一道命令啦，恐怕假了。这个假是另外一种假，也许写得好，也许不怎么样。总是要归我自己来处理吧，总是觉得这个东西也有弱点啦，很显然的弱点。

晓得生命这个东西的表现方式

大概你大量地看书，没有事情就看书，它就是给你一个印象，小说这个东西呀，你以各种方法都可以写。你都可以写得很逼真的。哪怕你没有死亡的经验，你写死亡，写得是非常俨然。因为什么？因为人他有一个共通性，痛苦有一个共通性。其实现在大家写得不满意，一写死亡就大哭大喊，没用。我看到的死亡，就我身边我看到杀了五千人。我看到在旧社会最严重的一次，是在沅州这个地方，这是滇军、黔军有一营人叛变被发现了，全部枪毙到沅州的一个河滩上。看到一营人过去，后头一团人压下来，许多年轻军官站得整整齐齐。当时不知道什么原因，我也好奇跟去看。原来他把这一营人放在一块，这一团人就做预备姿势，就宣布他们的罪责，没有一个人作声说话。结果不是开枪，而是吹一声哨子就拿刺刀捅死。我亲自看见的，结果给我一辈子影响很深。我就了解痛苦这个东西，不一定是大喊大叫。它可以以各种方式使你写得很真实的。在这个地方，写小说的恐怕懂得这个也是很有好处的，等于好像我最高兴的也不一定。我看到了有几个人要死的时候，你问问他，他笑一笑，你好像比他大哭大喊使你还更加难过。

这个东西又说玄了，可意会不可言传。实际上也简单，是人就是这样的。只要你生活经验一多了，你就晓得生命这个东西的表现方式，你要写它，很多很多方法来写。不是我们所想象像吵架一样互相骂去吧，不是这个问题。这个就是学问。你像托尔斯泰写《战争与和平》的时候，真正写打仗的只写几章啦，那么大规模的问题烧莫斯科,结果几章就完了。但是写得永远使你感觉到生动。你也不参加,他也不参加。结果写得很生动。

他呢,生命一个共通性,一个差别,你懂了,共通性你也懂了,你写小说就顺利了,你想写什么就是什么。比如说骂娘话,我真正到了按照骂娘话写,那我也写不成了。一开口就骂娘,那,哈哈哈,我们跑船工还真是这么样的,一开口就骂娘。

一九八一年四月十日

本篇曾以《自己来支配自己的命运——在〈湘江文艺〉座谈会上的讲话》为题,收入王亚蓉编的《从文口述——晚年的沈从文》一书,2002年11月由商务印书馆(香港)有限公司出版。其后又以相同标题,收入王亚蓉编的《沈从文晚年口述》一书,2003年10月由陕西师范大学出版社出版。

以上两个文本存在部分差异。现据王亚蓉第二次整理的文本为主,存疑处参照前一文本,做局部勘定编入。

①1922年到北京,作者事实上是1923年到北京。
②张溶川即张学济。
③陈玉鋆即陈渠珍。
④戴升云疑为地名"得胜营"之误。

我有机会看到许多朋友没有机会看到的东西
——在湖南省文联座谈会上的讲话

朋友们，同志们：

我站起来，我站着才有力量，因为这是我养成的一个职业病。我到历史博物馆做了三十年，前十年整个是做说明员，因为我要了解业务，所以呢，就非常乐意做说明员。但是，我是一个糟糕的说明员。第一个是我北京话不会说，我前后到了北京大约有六十年，快六十年了，可是到现在为止，北京人听不懂我说的话，可能是长沙的同志，都还不大听得懂。还是老湘西话，这是根本上的弱点。其次，我不会说话，就像说笑话是拿不上台盘的。人一多了，我就不会说话，这是天生的弱点，只能坐着谈谈。原来是我们这边同志说好了，我们打算团团坐到一块谈谈话，那么我还好像有话说，到这样子来吧，我就不会说话了。除了谢谢各位以外还有先请原谅。

我是早退后的了

  我说的话糊里糊涂的,没有条理,同我做文章一样没有文法。我大约是……要是现在说呢,我不能说是文学。为什么呢,我是早退后的了,我虽然从一九二二〔实为1923年〕就到了北京,现在快六十年了,再过两年就六十年了。当时受点"五四"的影响,从一个湘西的部队到了北京。从一个录事,上士录事呀就是文书嘛,就转到北京去。当时到北京去是受了"五四"的影响,对于"文学革命"这个词,充满了感情与幻想。其实我除了幻想以外任何条件都没有。起码的知识……就是标点符号当时很流行的,我都就不大懂。不是当时不懂,直到现在我标点符号还都用得不很正确。为什么呢?我不懂文法,因为我不懂文法,文字不通啦,说是我文字有风格,那是笑话。没有什么风格,实际上是我不懂,不懂正规的文法。当然,我自传上写的或者其他的一篇文章上写的,必然的灾难性的冲击是不可免的。第一个就不能活下去,当时打算呢,我卖卖报纸,也许可能吧?当时到处宣传"卖报童控诉记"什么的,但是也没有机会。最后一个呢,我想讨饭,讨讨饭吃啊,我也不在乎,那么到军队久了就是这样的。但是北京的规矩呀,讨饭也不能随便,大都会有大都会的规矩。当时讨饭都有一个头头,都有一个头头拿一个棒子,专管这一个街坊这一方面的。

很快就认识了一批朋友

但是幸好啊,我很快就认识了一批朋友,特别值得纪念的就是湘西、湖南的这批朋友。

在农学院读书的,大概有十二个人。燕京大学认识了十几个人。后面像大家都比较知道的,像韦素园、焦菊隐,这些都是搞文学的。另外在北京大学认识了许多人,因为住在北京大学附近,还有清华大学认识了一些。最值得纪念,就是对我大有帮助的,是湖南同乡在农业学院读书的这些。大部分回来了,都是做农会主席的,后来又全部牺牲了。我现在只依稀记着新化有一个姓向的,石门有个姓詹的,花垣县有个姓唐的,三个都是我最知道,最同我熟的,都是在大革命中牺牲的。因为他是农会主席,都是领导农民革命嘛,是先后在"马日事变"时牺牲的。

除了清华、燕京大学这一批朋友,给我很多帮助,但是最后一个也完了。最后一个叫董秋斯,就是翻译托尔斯泰的。这是在我工作上,帮助我最大的一个朋友。他是参加过武汉革命,参加过广东事变,回头又到上海地下工作,同我熟得最久的一个,也死啦。就是在文化大革命中间死的。

我大约是在那个环境中间,精神上同物质上都得到他们的帮助同赞许鼓励吧,开始在写。

在没有写作以前就先看

其实我写也是没有条件的,为什么呢?脑子里好像有东西,而实际上不知道从什么地方写，我根本没有基础。但是后来好在还有一个机会，我住的地方对我有帮助。

住的地方，最先是在杨梅竹斜街，在北京前门附近一个地方，是个会馆，酉西会馆。是原来科举时代，在那儿候补或候补知县的这类人，或候补点翰林这种，到那住的。照例有几间空房，专为我们这些穷学生住的。像我们这个年龄的湖南同乡，大概都还知道，像湖南会馆、酉西会馆。酉西会馆是上湘西的十三个县的会馆，所以我有机会住在里面，住了一阵。一面是最著名的琉璃厂，一面是最著名的前门大街。前门大街是代表明朝以来的一个最热闹的街道。

这时候正是军阀时代最混乱的时候，一方面讲的是联省自治，一方面是打得一塌糊涂。那么在这个时候，中山先生还没有到北京以前，我就有机会看到许多北京的二十年代到三十年代的变迁的社会背景，我就看得比较多一点，知道得多一点。在没有写作以前就先看，看这个社会呢，从那个很小的凤凰县，那个小圈子里面跑到这个大都会里面，就亲自看到这个宣统被赶跑，两个总统被关，曹锟同黎元洪，几个大帅倒了又扶上，扶上又倒下。像吴佩孚、段祺瑞，像冯玉祥、张宗昌、褚玉璞、张作霖，前前后后起起伏伏，都有机会见到。

所有政府做官的都拼命在卖国

当时文学运动正是个衰落期。因为"五四运动"过后啊，资本家把这些"五四运动"的活动人物，像傅斯年、罗家伦这些，都利用官费的制度把他送到国外了，这是资本家一个不好的打算，这是同军阀默契的打算。把他们……你要自由吧，好，把你送出国外去，官费送出去。所以大部分都送出去了。

  在北京的那个时代，像是一个新世纪，有个总统。实际上什么都没有，就是一堆穷官儿，而且是个奇怪的现象，这是历史上少有的，一般记载不大提的。这个当时的穷官穷到不能设想，但是他有个自由。凡是他所管理的呢，都可以处理。你像庙堂管理所，北京市的，他就可以把北京天坛的松柏树啊，几百年前的松柏树砍下来卖，做棺材。财政部同外交部最喜欢借外债，他最高兴的，最踊跃的。实际上他有三成回扣。而且这个做军需的，管军备的呢，他最乐意的，他让军阀掏钱来买军火。外国人也乐意这个政府存在，为什么呢？把第一次欧战的剩余军火向中国倾销，让你自己消耗吧。所以最乐意来帮助军阀，不仅是英国和日本，其他的财团好像都欢喜中国继续打下去。在这种情况下，所以北京的文化运动是个衰落期。是衰落期，但也可以说是个酝酿转变期。为什么呢？这就是我们习惯说的盛极必衰，衰极必盛，恢复了。这是我亲眼看到的。包含这个从元朝起，或者再晚一点从明朝起，这几百年的封建王朝，截止到晚清为止呀。所以代表封建王朝，象征他的权威的尊严的一切文物啊，这六百年的，都用一种极端的廉价当废品处理。

  再就是我们现在到国外去看到，很多感慨的，很多重要文物都是当时的传教士啊，或者是商人啊，用最小的价钱，买出去的。也就包含湖南这批重要楚文物了，都是在那里。这我们糊里糊涂都送出去了。那么在这种情况下，不算什么，因为所有政府做官的都拼命在卖国。所以卖来卖去，到革命军到了武汉的时候，实际上军队还没有到北京，还隔得远呢，北京就垮了。再一个也很重要，革命也进行得太快。所以很快影响到文化，因为不是那么经过困难地打而成立的，很快就形成分化状，这是个必然的现象。

当差的都要拿回扣

在这个时候，我的文章其实是没有出路，那是在民国十四年，大概在一九二五年我开始发表文章。得到的稿费我还记得清清楚楚，得到了七毛钱，我还很高兴，为什么呢？啊，我就晓得有了出路了。实际上隔出路隔得远。

这个时候，大概是北京的情况吧，出版物以《晨报》有代表性。因为许多外国的思想家、哲学家，印度的诗人泰戈尔，英国的思想家罗素，美国的教育家孟禄，这个杜威，都来中国讲演了。参观中国，有几位对中国充满了好感了。这些人的讲演多半是北京《晨报》发表的，《晨报副刊》发表的。

慢慢的因为《京报》的分化，鲁迅先生他们，主要是孙伏园做代表的，到《京报》去办《京报副刊》的时候，《晨报》就空出位子来了，没有文章，没有作家了。因此我这个乡下人，就开始有这个作品从那个报屁股，从"小公园"专栏转到他正当的副刊上。

其实每个月希望什么呢？大概有十二块钱就可以活下去。事实上达得到达不到呢？达不到的。因为北京有个规矩，一般是到哪里去做什么事情，那个看门人都是要钱的。这个《晨报》的看门人也不例外。我有时去拿一二十块钱的稿费或是几块钱的稿费，他是要你先送他点钱，他才帮你回复。记得有一次我拿稿费，大概十来块钱吧，他追着要钱，我把支票给了他就跑了。你见什么熟人，都有门房伸手要钱。你买任何东西，当差的都要拿回扣。这就是典型的老北京。所以，是不是真正安心活下去，实在不得已的时候，我还是有动摇。就是遇到奉军招炮灰的时候，有个什么排长，拿一个招兵募员的旗子，在前面那么走，后面跟着几个面黄肌瘦的失业游民，我也跟着走过，我跟着走了好几次的。走到骡马市大街，那个要发伙食的时候，就是按手印儿的那个时候，我临阵脱逃赶快跑回去了，跑了。这不失去了我来北京的意思。

这个国家这样子不行

就是这样混，混到后头，比较有条理点，就有机会，我主要是觉得很快乐。为什么快乐？我觉得解放了，把我自己解放了。因为我到军队的时候，我是真正看到，我们这个湘西小军阀，家乡的小军阀最糟糕的时候。所以我有机会看到许多朋友没机会看到的东西，我差不多亲眼看到前后死了五千人，还不是大战，就是各种各样的残杀。小老百姓残杀。这也养起我一个一生的习惯，就是一个看法，就是说这个国家这样子不行。这也是推我想找新路的一个原因，一个动机，而且巩固下来。

我总觉得，用杀的方法，不是一个聪明的处理国家的方法。除了这个方法以外，另外还有，应当有许多真正的思想家，伟大的政治家来从另外一方面来想办法，这个国家才有希望。要是单是这样的，那个军阀下去了⋯⋯这个当时的军阀呢，我举一个例子就晓得：有一个韩复榘又叫"韩青天"，他只想做包公，到处去审案,各处去审案。有个送信的在那儿看看,也推出去砍了,那个送信的就说"我是送信的",管你!"送信的更应该枪毙",也推出去糊里糊涂地就把他枪毙了。

最出名糟糕的军阀是张宗昌,张宗昌怎么了呢?他第一个不知道有多少军队,第二个不知道有多少姨太太,第三个不知道有多少钱。你看看这种人吧,居然当一省的领袖。我们想想这种社会会好吗?还有个孙传芳,当到五省联帅,才当几年军官,就剩下遗产将近五千万,这真是一个不能想象的可怕时代。

我没跟他们到武汉

是在那个时候革命起来啦,我不去呢,为什么?我熟那么多人,而且那个时候形势还是很好呢,我没有跟他们到武汉。他们到武汉后,一再写信给我,说是有机会工作,你不要在那里相信一支笔吧!新的社会不同了,用不着你那支笔了。我始终不去呢,另外一个原因,大家一般都不知道。一方面是我对革命缺少了解,我的政治水平很低;另一方面有个现实问题,我要救济我的母亲同我的小妹妹。她们要靠我为生。所以,大家革命去了,我转到上海。为什么?靠着上海新的出版业兴起呢,还可以活下去。

再就是后头,当时鲁迅提出了关于乡土文学的问题。当时提乡土文学,也是大多数没有写什么东西,不知道可写什么。文学革命嘛,要来代替这个旧的东西不容易。所谓平江不肖生的《江湖奇侠传》呢,这些势力非常大,鸳鸯蝴蝶派的徐枕亚的一些言情小说,不仅占有普通市场了,甚至于新文学家对他还是有崇拜的。

文学革命更需要的恐怕是更多的人

在这个情况下看来,我总觉得文学革命是个长期的工作,绝对不是三五个团体,办三五个刊物,比较同乡同学同道,有了生活出路,就算成功。文学革命更需要的恐怕是更多的人,更长久的时间,应用更坚决持久的态度来探索。用各自不同的,大家争自由,这个方面首先就应该有自由。从一个比较广泛的自由的要求下出发,针对的就是旧社会。要文学作品起正面作用,只有用这个方法才能代替那个旧的东西,绝对不是三几年时间。所以我在当时,就自己立下一个志愿。

我这个人因为没有底子,没有传统的……看书呢,倒是好像比一般人看得多一点。尽管是在军队的后几年,我曾经有一阵管过书,各方面的常识都还有一点,旧书看得懂,包含这些公文程式什么,当时最流行的秋水骈词,黎元洪打的电报,骈体文的电报,我都能够看。这也对我有好处。为什么呢?这些种下了我以后的一个比较利用文字的时候,文白杂糅的一个机会。

到这时候,我到上海来算是生活比较稳定了,实际还是过不下去,所以我母亲不久就回到我哥哥那里去了,回到家乡去了。我一个人带起我妹妹来,就转到学校里头去教这个东西去了。那时我才二十几岁,在大学里头,其实我也不会教,因为教了我也不会讲什么东西,我只知道这些不够,没有资格去。但是一点好处就是我会改文章,我耐烦改文章。我自己文章改来改去呢,慢慢地转到有机会为别人改文章。

我哪里爬得上去

第一个就是到中国公学。外面也有我的老朋友，不太注意这个现实的问题。总讲我只想做教授，向绅士方面爬。这个是他的误解。我哪里爬得上去！有很多人讲我是现代评论派，或者是新月派，都是不太知道实际情况。我这几个关系都是读书的，他们现代评论派，都是英美留学生，而且在当时是进步的地下国民党，中山先生到北京以前的地下国民党，在当时算是进步的。像我们湖南的朱根生先生，杨丹庐先生，还有一个姓刘，讲经济的，英国的这些留学生。都是因为我到那里当过发报员，我哪里是够"派"啦，不够派。新月呢，也是这个情况。我是个投稿人，后头大概徐志摩先生过去以后，他们没有人了，群龙无首，要我参加一个名义，实际上也没有人了，隔得远。为什么呢？他们是搞政治的，第二期搞政治的。我对政治缺少了解，我也不会做官。当时缺少一批教师呢，就是生活混不下去。大家不知道，以为我是因为胡适之的关系上去的，也不是这个情况。实际上我不认识胡适之。是我写书出了几本习作以后才见过胡适之。主要帮我忙的应当感谢的是郁达夫先生同徐志摩先生，他们对我起鼓励作用。

活了下来还是很可笑的

到了教书以后，情况稍微变变，就是我生活稍微强点。但是我又不会管理生活，这个人，糟糕的人，到现在为止啊，我一个电话号码总是记不到，我甚至于到了博物馆三十年，我的等级是什么东西我都不知道。因为我不考虑这个问题。我的薪水究竟有多少我也不知道，我就知道好像二百过一点，也不知道具体的数目，让我回答我就不懂。因为我脑子里头一天就只想看的是小说，读的是小说，写的是小说，教的是小说，帮人家改的是小说，大家谈天的是小说，我就只晓得是小说。这一方面对我有帮助，就是别的方面吃点亏呀，不可免的。比如说同书店打交道，我是最低等的，最不知道怎么办的。有很多的时候，上海当时每一个杂志几乎都让我写文章，包含《东方杂志》，算是全国最高级的，胡愈之先生编辑的。一个上海四马路，所有新书店都有我的文艺作品在那里。这个杂志社出版的，当我跟他们要钱的时候就不理了。有时我实在没办法，就坐在书店门口的街上，看人家进进出出拿我的书，我也去了解自己呀，还不错，这个样，还是有人看的。

活下来了还是很可笑的，非常之狼狈和可笑的。所以后来幻想，让我自己来办吧，商人靠剥削我们，我们不行，不要剥削，我们就自己来办。因此就同胡也频、丁玲他们三个人，自己来搞《红黑》。其实那怎么能干得过他们呢。两下，几个月垮了，大家欠了一身账，结果就是垮了，这是应得的惩罚。所以到学校来，也谈不出什么什么。因为我不懂，我就只会改文章。好在就应当感谢那些同学啦，就是原谅我这个乡下人呐，既不会说话，也不会什么，谈不出什么，就是耐烦帮人改卷子。这个关系呀，另外建立了一个关系，同一般教员有不同一点，那是我们很好的友谊关系。所以很多学生，一直到现在经过了五十年，现在的感情非常之好。

我的文字就算是通了一点

大概工作比较像样，我的文字比较通顺了，而且知道写小说应当怎么写，效果搞得比较成熟了，还是一直到三十年代结束的时候。

三十年代初期，特别是三六年我从武汉大学转到上海，上海又转到青岛大学。那十五年呢，整个我的文字就算是通了一点，在我看来比较通了一点，比较干净一点。

到现在为止，我也不敢讲我是作家，事实上我也不配做作家。为什么呢？我缺少工作的信心。对工作是有信心，但是对工作成绩一点也没有信心。

所以这次到美国呢，一再被人提出来，你最得意的是哪一个作品？我说都不得意，因为什么呢？还没毕业，我还差几十年才毕业。

结果社会一变呢，要求也就不同了。我就变成一个很落后的。所以赶快转业，转到新的工作上去，做一个新的公民嘛。

他就不晓得我能跑到哪去

再就是外头人不懂，不懂为什么走路刚刚顺手，大家对你印象也相当好，为什么解放以来你更有机会发展长处，怎么你搞到博物馆去做说明员去了。这不是很奇怪的。

外面传说更多一点，说我是受压迫什么。特别是我到哥伦比亚大学头一次讲演，有个台湾记者，把我添盐加醋地写了一个访问记,好像我就是凄凄惨惨地出来,出来是不让我出来,怕我跑。他就不晓得我能跑到哪去,我还能离开中国吗?我绝对不会,我历来是讨厌洋人的,在我作品中从来没对洋人有好感。

我说不是,恐怕出来完全是好意的。为什么呢?我年纪快到八十岁,出来看看朋友,也看看其他的,了解一下问题。我就讲笑话,按照中国法律呢,八十年的文物不能出口,我既然到了博物馆做事了,也近于文物了,过两年就不能出口了。所以我争取时间出来看一看,来学习。完全抱着学习的态度来。

国家正在比较顺利地发展

这次学习呢,倒不太失望,时间比较短了一点,比普通的朋友还多了,有三个月零二十天。大概美国东部的各大学,能够到的都到了。在西部只到十个大学。我本来不预备谈文学的,但是邀请我的学校总希望我谈文学。所以我就自己定下一个题目,《谈二十年代初期到三十年代我的学习和社会背景》。同刚才讲的也差不多。

这次出去,恰好王蒙、艾青同志在另外一个方面正在出国,还有另外几个联大的学生在这里教书。所以一个方便呢,就是碰到许多人,得到许多的待遇,热情的招待。

我认为这不是对我个人的,是对国家的。特别是很多欢迎我的这些教书的,像现在在国内大家比较知道的,像白崇禧的儿子白先勇、陈若曦、郑愁予。他们都算是台湾的有名的作家。还有聂华苓,几十个。还有一两个没见的。大部分作家都见了。实际上让我看来,他是对我们国家的好感。因为这些朋友有机会晤谈,有的多，谈了三四次，四五次的都有。有机会在一块的，各方面来谈了。大部分都是台湾大学毕业的，台湾大学同东海大学，一部分是香港大学，中文大学，多半是校长，都是四十多岁的，一部分是教中文的，一部分是专家。对中国，可以说就我的印象充满了感情，充满了希望，总担心怕中国又要形成"四人帮"这个……是不是又要恢复到这个？大概不会啦！

至于其他的呢，恐怕我们国家总还有困难，但是总的趋向来说呢，你们应当回去看看就晓得了。就晓得国家正在比较顺利的发展。有困难，最大的困难都克服了，现在的困难小了。

他不大有忌讳

我们着急呢，因为同样是机器在转动啊，人家的机器转动得快。就是搞中国文学的问题研究来说，他们没变动，没什么变动。他们图书馆完整，材料呀各方面条件方便。另外一个方面，社会抓得很紧，你不努力就没有出路。到最有名的几个大学，像哈佛、耶鲁教书，两个私立大学教书，三年没有特别著作，就把你刷了，不客气的，就刷掉了。听到传说，一个台湾等于是状元了，一个某要员的女儿会考考第一，到了美国换了两大学，不成功，回去了。这个情形，他学校非常认真。他的校长，按照我们理解，不是个重要的，他是个对外的。系主任也不能支配一切，系主任是帮教授服务的，就是办事的。这主要是有真才实学的教授，他能够决定学位，决定研究生的问题。

有一个大学给我的印象很深，就是他系主任呢，搞现代中国文学史。因此，他把学生介绍给我，这个是研究丁玲的，那个是研究萧军的，那个是什么什么的。

这个大学好像是旧金山一个大学，这是厉害的，这个是很值得注意的。材料呢，就比我们国内方便多了，为什么呢？一个图书馆，他不大有忌讳。特别是看到几个教授家里，教中文系的教授，每一个人家里印象，都有这样子两个一般房间的工具书，两个。系里面的系主任的办公室呢，就会有大半房间的工具书，这是一个比我们不同的情况。因为他能够利用台湾出的，台湾出了不少的书，香港出的，日本出的，南朝鲜出的，和我们中国大陆出的。

这方面很值得我们注意，恐怕要加一把力，在出版方面我们要想法子打进去。特别是旧书，我们要赶上去。这是一个问题，是我个人感受。

另外一个是这些人很多是台湾出身的，或者是台湾大学受教育的，或者是从香港出来的，但是对我们国家来说，可以说是充满了好感。他总希望安定，因为他们在安定的环境下得到了发展，所以他总希望国家安定，对他们也是一种光荣。他们一种现象是，凡是两夫妇是中国的，教书的，按照惯例他们的儿女居多都学英文以外，他另外请人教中文。从这点小处就可以看出来，他们对国家的一种向心力吧。现在我们其实是在交换学生，按照数量那还是隔得远，同需要隔得远。需要加强扩大它。

把这些教中文的想法子陆续请进来

大体上我们初步地说，是对台湾作家起团结作用。实际上呢，将来进一步的主意呢，我个人的看法，应当把这些教中文的想法子陆续请进来。请进来怎么样呢？请他们来教英文，他们要求很少。因为按照收入他不会满足的，但是大部分能够来，外国人或中国人他不会太考虑收入的问题。因为他们收入虽然多哇，但是他们美国苛捐杂税多得可怕了。

一个人是我的亲戚，是耶鲁大学专带研究生的教汉学的，一个美国人，曾经到过中国。他连自己应当纳多少税，他都不知道。结果非要请律师来帮他算，这个律师一算又要一笔钱，请律师，律师两天就算出来，你多交了几千块钱。这个是不应当交的，那个是不应当交的，你看他多到这个程度。所以这个国家呢，完全是国家税，州里的税，市里的税，再加上买东西的税，多半都是在借债，而且是转来转去。

听一个朋友很有趣味的说法，假如你要是会借债，这个银行就很相信你。为什么呢？你可以卖了房子，过几年又换一个房子，你就可以免一笔税。另外还有各种各样的方法。

他不要求你帮他捧场

那里学校的学费贵得可怕，最少的也要七千美元才够，相当平平的了。比较著名的大学来讲，三四个，像是耶鲁、哈佛、夏威夷，都是一万块美金左右才能读书，高点的到一万四。但是有一个好处，他有很多不同的基金，奖学基金。你的学历够了，你总有机会请求这些基金，而且有一个好处，他给你这笔基金，他不问你用处。他只要认为你读书，正当的在读书，你有权利享受这个，他就给你这个。他不要求你帮他捧场，或者要求为他自己研究什么，没有这回事。

所以很多教授呢，他名义上有五万块钱，五万美金一年，实际上生活上满紧张。特别是我们一个老的专家赵元任先生，快九十岁了，都要自己开车。大学校长除了本人自己请了个车夫外，其他都请不起个车夫。最著名的杨振宁先生，吴健雄先生，丁肇中先生，这些都是要自己开车。自己家里要太太自己做饭。但是好在它简单，饮食几乎差不多要统一了，不太费事啊，设备上不占用太多时间了。所以一般说来，就是这样状况。

那图书馆是搞得真好

他有个很好的、值得我们参考的地方，就是图书馆的制度。我看到几个比较大的图书馆，特别是专看这个。图书馆管中国书的总是中国人，就特别欢喜我去看看他的这个布置嘛。

看旧金山一个大学，那图书馆是搞得真好。一个大学生，几乎每一个人都有一个读书的微型放大镜，有个打字机。你要复印什么材料，你拿书到课堂外面，学校照例有几个复印机，你丢五分钱，你要的那个东西一下子就印出来了，五分钱一张，印得很好。这个东西你像是同样打仗了，这个仗我们现在国内打就麻烦一点了，他图书馆的制度我觉得很值得学习。在一个小规模范围内，小问题，小单位上来实行一下，恐怕对于我们这个学习研究，提供了许多方便吧。

像我自己的大部分的书，在五三年就烧掉了，台湾也烧，台湾到现在也不让我出版，禁止出版。这边是书店烧的，通知我说过时了，我也觉得烧掉倒省事。国内我倒没觉得惋惜，国外嘛我也没有寄托希望，因为，我已有新的工作了。但是现在国家又有新的文艺政策，有机会让我把旧作一部分再印出来。现在没有办法了，因为我仅仅剩下一本样本，还有抗战的土纸本，各省印的，书店通知过时了，都烧掉了，连纸型都烧掉了。现在倒是麻烦，就是一下不容易找。

他占有材料

一个美国人就是专门研究我的，叫金介甫，这个人到过湘西。这个人年轻，蛮老实的。他这一次到中国看看，印象特别好，有机会看了我好几回。我到美国住到我亲戚家里，离他开车子有两个多钟头。他来了好几回，都是他爱人驾车子来看我的。他把我搞了一千多个卡片，有大部分是我都不知道的。当然有些也不是我的，是用我的名字出版的，也有这种。特别用我选的名字出版的，用的名字都是新的，什么良友公司出的什么，其实都不是我的，也有这种情况。还有，特别是香港，换一个名字翻来翻去的也有。但是他基本上理解了。为什么呢？他大量地占有资料嘛。特别是他有一个联合目录，就是全国的联合目录，这东西对我们研究工作比较方便。

他这次到中国来，同北京大学一个专门搞我的问题的，也是我们湘西的，叫做凌宇，是北京大学中文系研究生，搞现代文学的。他们谈过，还同一个叫邵华强，是上海师范学院刚刚毕业的，作论文也是关于我的。他们互相交换交换意见啊，交换材料啊，建立了很好的友谊。

在这里呢，我们回来就想，有些事情是不是我们也做得到。我想还是能够做得到的，国家那么大，我们什么困难事都做了，这点事情没有什么,我们一时来不及做就是。但是应当有人去考虑这个,为什么呢?再不然,恐怕很多研究生,研究好多问题都需要到国外去研究了。为什么呢?他占有材料。

我们举一个例,在中国也有些忌讳,或者有些不注意就毁掉了的也有。所以说文化大革命……大概要研究文化大革命前前后后的问题,有些什么问题,这种,现在恐怕离开胡佛博物馆,同华盛顿的国会博物馆,就比较难了。

现在有人研究陈独秀,那都是日本研究材料多,我们想不到的材料都有。还有人研究西南联大做博士论文的,材料也好像比我们要占有得多。

倒来倒去就比我们厉害了

这就晓得特别是近代的社会变化,我们有各种原因。我们一提到研究呢,我们有些地方,一个什么新的制度,至少把解放以来的作品,比较成功的作品,我倒很想建议,解放以来新的作品,比较成功的,很值得向外推荐,有重点地推荐。为什么呢?他们不是抵抗这个东西,很多朋友都是他们没办法,看不到。特别是由于这个变迁,社会动荡,你今天干得很好的,第二天就毁掉了,又没有了。

所以我希望随着我们政治气象的转新,在出版方面也必然会有一个新的发展。看得出来,按照我个人的理解,这个书呢,最先最好不要一下就印几十万。大家好像听说某个杂志有七十万,某个杂志有一百万。当然这个是按照需要来说了。实际上不是持久,持久恐怕中国纸负担不了,常常有很多需要印的书就来不及印了。

我记得科学院这个胡乔木同志提到写了有一个报告，提到科学院印的书，自然科学院、社会科学院的，应该是赔本的。那过几天就一个专门的书，送到出版处去印，那个出版处的就说，你帮我来点儿连环画吧。为什么呢？他赚钱，总该他中间也有利。

现在有好多国家，别的方面我不太清楚，有些像我搞这行文物方面的呢，我们经常同日本人合作，这也是不得已的事情。实际上等于是送他。原因这样的，他最高兴你合作，他印刷了有多的，表面上和你合作，结果送你几千本就完了。他稍微变一个花样，他印各种文字，英文、法文、德文的本子，大量地到世界上推销。我到耶鲁大学关于美术考古的图书馆翻了半天，到处看到日本大本的图书，一套一套的，其实都是抄来抄去的。他现在一离开我们考古报告或者什么的，他就没有话说。可是他倒来倒去就比我们厉害了。为什么？他还有一个分配机构。

就是赔本都应当印出来

我们这方面，现在除了我们所知道的旧金山的一个东风书店吧，卖国内的书比较多一点。其他的还没有这个机会。他西部的大概有两个，一个是在旧金山，一个是到大学里设的分店。这次我到那里看看，我觉得这个方法值得。他里头根据我个人所知道的，里头有好多是中国教员投资的，对中国好的一些教员投资到里头的。

这个书店是在发展之中，将来恐怕可以说是大有希望。我们值得把这些比较肯定的作品，更有计划地向外。就是讲赔点本嘛。

他看到你印得整整齐齐规规矩矩一套一套的,他照例图书馆也收存,照例这种东西是有人做研究题目的。这是我个人所知道的。

还有,同日本人交涉来保养文物这上面呢,我们恐怕要变,不能这样的。我们就是赔本都应当印出来。这种书到世界上都是赔本的。你要说是变成畅销书啊,像什么《星球大战》什么的,香港武侠小说这种,那是不可能的。他美国也是,英国也是,都赶不过那种书。但是这种正当的书呢,它能放到博物馆里的那个善本书里面去的。它的价值是长远的。所以,我们要同日本办交涉的时候,不要看近利,应当远大一点看。要同他起竞争作用。这是我个人从这方面看。

这个消化力只够欣赏这个东西

另外一个,就是我们看到一些画,这是应当原谅的。美国是一个刚刚兴起的国家,他才两百年呢,他所能消化的多半是石涛、八大山人。因此,美国很多学校自己很得意的都是石涛、八大山人。哪有那么多的石涛、八大山人呢?那世界上可能藏石涛、八大山人,是美国最多的了,恐怕很多都是假的。假的,他就怕这个。他问到朋友怎么那么多的研究这个东西?他说这个消化力只够欣赏这个东西,欣赏扬州八怪这些东西,再上去一点,宋元的就吃不消了。等于日本人消化中国山水,要合他那个情调,所以木漆、凉台占优势,再上去就不懂啦。

按照他们的现代派的呢,他们也是有点自己不知道该怎么办了。看到很多这种所谓美国现代派最有名的雕刻、绘画。一个大学建筑上,那里有一个石柱子,有这么高,上头拿一个铁片片折它两下，画两个大眼睛。值多少钱呢？一百万美金！毕加索的。这是世界上一个戏剧性人物，他没有遗嘱，生下了许多的私生子啊，有六七十个，正争他的这个所有权，打官司，可不知道打到哪年哪月为止呢。

一幅画，按照习惯他这样的，每一个新建筑起来，都要有一个雕刻摆到门前。说有的像打败仗，淮海战役那个国民党打败仗，那个炮啊，堆起来的也有。那大概也要几十万美金吧。也有种像管道，好像香肠那么堆来堆去上头流点水，也是几十万吧！甚至最出名的那个"水门事件"，水门饭店前面的一些雕刻，不光是我们看不惯，就是外国人，问到许多朋友，你觉得怎么样？人人都摇头。"我不懂，总有道理吧。"

他说"我怕受影响"

最关心世界艺术，而且收藏虽然新但是非常丰富的耶鲁大学美术系，很多人来看的，他有一些新画，美国人也吃不消。比如说一个大红饼饼，底下画一个大黑饼饼，一幅几十万。或者是一片黑的，乌黑的什么都没有，就像黑板一样的，这样的也是一幅画。或者像那个条子布的，特别我们湘西织的那个条子布，拉那么好多条子，这么大小，也是一幅画，也是他正正式式摆到那个现代派画里面。雕刻就更莫名其妙了，就是一块方的，一块圆的，一块长的，拿个铁丝挂起来，挂到空中，那也是雕刻。我们对这方面希望不要抱太大了，觉得了不得。

他们一个朋友说的很好：他们只想新。他拿到古典的呢，埃及、罗马那个，庞贝那个，意大利的那个火山挖出来的壁画都有，他都看不大清楚。他中国的像天龙山的最著名的雕刻都有。但是走不通了，他总要求新。再就是我知道张仃同志说的话，张仃同志邀那个壁画师说："你到中国看看吧。"他说："我不去。"问他为什么不去呢？对中国没有好感？他说"我怕受影响"。因为中国好东西太多了，受影响把他的风格去掉了，他不来。

要让年轻的知道我们中国传统

就艺术上呢……中国现在最困难的，最费力不讨好的就是雕刻。所以我们绘画，总该走到一条路，虽然这个我不太懂，但是我晓得，这个纯粹写意画，要占一个主要的力量，不是持久之道，还是应该有一点好像现实主义嘛。不要把那个浪漫主义过多，过多了。

特别是我们这个到博物馆工作的同志可是痛苦了，用了很多的钱，请这些有名的人物画家，来画历史画都不过关。我们举个例吧，一个最出名的画家，到日本很有货币价值的，请他画一个曹操，结果画成一个什么呢？画成一个郝寿臣装曹操的样子，一个大白胡子，一个黑眼睛，因为他受京剧影响，画的都是这一类的东西。画一个西楚霸王，就像唐朝一个天王样子。他知道画，他不知道还要学。

我们这个恐怕是一个全国性的，恐怕是不是应当向文化部建议，要把一个中国美术史写出来，这个是很现实的问题。因为这一代也许没有什么希望，要让更年轻的知道我们中国传统啊。

不要说别的，就说图案，图案我们中国在世界上还是第一的。你尽管希腊、埃及好多东西了不得的，印得真讲究，可是一到图案上简单得不行。中国图案来说呢，恐怕还是伟大，花样百出。这方面，我们，特别文艺工作者或者文化工作者，领导方面很值得注意。我们想象中，特别是旅游开放的时候，我们现在很多……

学术界里头给他产生个印象

……我住在普灵斯顿大学一位教授宿舍里面，一个模仿的现代派的画，那里校长都付七八千美金。它是复制品，可他画得很美，画得很好的。这个学校的展览室是个半公开的，是个普通教授都不能参加的俱乐部。它有很多小房子，经常展览比较有名的画。我们的画，我们现代人的画也有机会打进这个单位的门——就是经商战术，那我们的画成功了。因为什么？欣赏都是比较权威性的。也可以到那里卖，它还有很多房子，挂个三五张的。我到那里正看到，很快有一个中国人要在这里办展览。我们在国内也有几个画家，正想法子拿来少量的，拿个三五十幅来展览。要在那里打响了，那是我们国画新的成功。不必要大的，大的问题它是搞钱的。比如说，中国最近拿五件龙袍去展览，到一个比较大的，大都会博物馆吧，五万美金租金，它当然没赚钱了，那个不成功，那个是好奇。等于是现在那个洋人到北京颐和园里的听鹂馆，花一百块钱，他穿个龙袍照个相，他很高兴。那个赚一百万我们也没有用处，那个不是艺术上成功，那是他带钱来好玩的。你要真正在艺术上得一个好印象，恐怕不要看那个顶热闹的卖多少钱的问题。你能够打到这个俱乐部的展览室里面，拿三五十张，每个人。我们一年有那么一个人有机会到那里展览，就成功了。这就是算成功。钱不会多，你卖也许都卖掉，一个博物馆也许把你的作品都买了。花一两百万，那他们花得起，不在乎。但是啊，就是卖不掉，到那里都有很多人去看，人不是太多的，不是那么太热闹的。不是像看那个绿毛龟，什么看三脚蟾，不是那样看的。看是少量的内行。

到香港，这个又是另外问题啦。我没到香港，本来邀我到香港去，是到中文大学或者是来看一看，我们不敢去。那个香港更是钱的世界，最流行的就是武侠小说，拍成电影了这些。但是可怕的庸俗，这个就是金钱的，那是更提不上了。但是要发财的呢，香港是一个最好的发财的地方。什么都是高价，比美国还贵。

要到美国的正当的所谓艺术的展览，占一个位子只有两个办法：一个是把那个图录资料印得好一点，精美一点，赶上人家的水平；另外一个是我们的文物展出呢，也有这个问题，不一定把那个最好的，全国凑拢来，可以弄这个专题性的。虽然是专题性的，像我们湖南就有资格出去展览，得到很深的印象。同时出国文物，比如一个漆器呀，像这些成一个专题性的，拿三五十件去，这个说明不要什么了不得的什么学术性的，一大堆的图表人家吃不消的。我们中国人吃不消他们更是吃不消。你拿个说明，"这是爱国诗人屈原所生存的时代的物质文化。"讲演也不离开这个问题，可能得到的效果，得到的印象可以说完全成功。

还有艺术跳舞这个问题，电影要打进去恐怕比较难。他那个电影是两种，一种他是用各种方法宣传的，他什么东西都有经理。绘画也是这样的，卖画他也有经纪人，他要赚百分之四十，他就帮你推销，美国就是这样的。甚至于这个文学作品也是这样的,你要想成为畅销书哇,也要找经理,找经纪人帮你怎么样来吹。所以艾青同志到那里,我们在一块谈天的时候,有一个中国懂行的说:艾青同志呀,你要你那个书出名啊,我帮你做经理吧,帮你做推销吧。就是这样,都是当商品这个方式。好像玩杂耍,这个不是一个办法。所以畅销书啊很畅销,可是两三年就过去了,并不是个了不得的事情。

现在我们讲到学术界里头给他产生个印象,还是把我们的书印得整齐一点,至少达到香港这个水平。数量不要太多。重点占他这个图书馆比较有分量的位置,卖得慢一点,但是持久。我谈的呢,大概就是,因为看见的都还是围绕这个。

很多的博物馆都是把中国从民俗学来搞

我到西部,到东部,主要是时间:三个月时间到东部,半个月时间到西部。到东部的学校,主要是看这个。我的个人意见主要是看中国文物,特别是湖南文物。我们的文物被盗去的不少。我想看看漆器呀,有些最重要的就是漆器,在什么地方。但是机会不巧,只看到一少部分,只看到一个,很有名,一个犹太人藏的中国玉器。那是中国商朝到今三千三百年左右的一些玉做的戈呀,讲究极了。但是研究的人说,没有人研究。还有一座,很多的博物馆都是把中国从民俗学来搞,所以一方面摆那个很讲究的东西,像长沙出土的那个棺材板子——笭床也很讲究的。但是这么一个大都会博物馆,他另外摆的场面是京剧的场面,他讲这也是中国。这个看起来使我们非常痛苦。那个衣服太丑了,不好看。因为你到台上看,近了看就见到脸打得绯红。这个京剧的装扮，不是我们中国的艺术，但是我们也没办法，就这样的。他这个蜡台、香烛呀，什么痰盂呀，水烟袋呀，什么都收。这个一方面他是从民俗学。

民俗其实我们也有办法把它改造得好一点，比如说我们自己有计划地，比如我们湖南来说，把这个瑶族啊，土家族、苗族这些高级织锦吧，旧的，还有印花布哇，拿去。不是商品性的，就是展览，做个小型展览，到各个有名的大学展览。这个效果就比赚几个钱重要，为什么？可以攻破他的那个对中国的认识。

特别是前些天，我记得我到博物馆，看到他拿大堆捷克国家的博物馆藏的陶器来，都是奇奇怪怪的，他认为凡是怪的都是中国的。所以他就是……这个多数人对一个国家他印象很深，美国人是不可免的。我到一个大学里头，到他的库房里头看他的底货，那就奇奇怪怪的什么东西都有，有的也是蛮好的，但是他没有风格。这方面，我们工作人员将来要打进去，帮他整理出来，恐怕才能更正确的介绍。但是最好是我们自己，这方面也值得我们注意。因为这方面其实我们的成就并不下于埃及、印度，特别是日本！日本却把它搞得很好的，整整齐齐的。他们说笑话，日本就是靠个富士山转来转去，总是印这个图录。但是他印得多，印的大型图录多极了。其他的材料，就是正仓院藏到唐朝的东西。一离开中国，新出的东西他没有话说了。但是他工作做得比较好，我们这方面就差一点。

想法子做些浅薄的建议

将来到我们北京和文化部门见面谈谈，随便那么谈谈印象嘛，也想法子作些浅薄的建议呀。我们中国将来要出去，要到国际上，巩固我们中美文化的友谊嘛。我们文化工作可做的事情，还是相当多的。特别是在我们自己，在招待人家外宾的宾馆上，就值得我们考虑呀。陈列些什么东西，不要模仿洋人，说不定那个宾馆里面放点棕床啊，放点这种东西呀，人家感到兴趣。特别是小地方的宾馆，开放的地方，不要再模仿那个不三不四的。我记得我到井冈山住了一百天，六三年六二年去的。我记得当时刚刚成立那个九层楼的招待所，都是法国十九世纪的家具样子，到上海订的，人家看到就很可笑的。其实就地那个东西，你井冈山有的是好木头，竹木，就这么让它内容丰富点，因为做的家具，做到我们本地老方式做的板凳啊，像那个瑶族的板凳，加上个软的靠垫，那就是非常之成功的。你要同他在物质文化上竞争啊，他的材料丰富太多了。你赶不过他。这方面我附带提提。

我占用各位的宝贵时间太多了，深深地抱歉啊，有些问题还有时间，大家要问一问呢就问，我懂得的就回答一下，懂不到的就不懂啦。谢谢各位。

一九八一年四月十一日

本篇曾以《我有机会看到许多朋友没机会看到的东西——在湖南省文联座谈会上的讲话》为题，收入王亚蓉编的《从文口述——晚年的沈从文》一书，2002年11月由商务印书馆（香港）有限公司出版。其后又以相同标题，收入王亚蓉编的《沈从文晚年口述》一书，2003年10月由陕西师范大学出版社出版。

以上两个文本存在部分差异。现据王亚蓉第二次整理的文本为主，存疑处参照前一文本，做局部勘定编入。

杂文

□甲辰杂谈

男女谈

　　称赞男子的勇敢与女人的纯洁，是我们的义务，我这里将说明那些勇敢与纯洁，那基础，是建设在一些什么上面。

　　因为全是年轻，空气饮食都不缺少，又照例如中国任何地方中产阶级女人一样，在环境中把灵魂培养成胆小知分家畜类的柔驯，所以在大学校读书的女子们，虽然差不多全是平脸肥身材很平凡的样子，也仿佛总是很能使一些年青男子倾心的。同样是年青，男子们，从中学来到大学，已经能利用这名分，使家中不能吝啬这每年五百六百的接济，又知道一个大学生，在明白几何学同社会学各样课目的意义以外，还有在一件白色衬衫上配置一个美丽领结的知慧，再从美利坚那方面制成贩来中国的一些低级趣味的电影片上，又记清楚了男女如何认识的方法，又常常看报，花钱买了小说来，明白了白话文写情书的款式，于是大学生，在上课之外，一些平时有作为的，感到一点不平，不能够做书呆子，天气间或又常常在捉弄人，于是要"恋爱"了。要恋爱，不能不尽自己在一些似乎狂性的行为下,做出一些不大聪明的事情,于是用书做参考,男子有了机会,写了向女人挑战的信。

这是情书!信一定是说到心碎心伤,因为这些是书上常有的名词!把信写完,看一看,年青人,本来对这同学也还并不十分倾心,一到把信写成,自己看看,料想不到竟写得出这样动人的信,于是十分感动,就哭了。

是的,男子是常常容易为这些事而哭的,全很可笑,然而神圣!因为年青,这单纯的天真的热情,受了抑制,哭是一个最好的手段,他们就哭了。他自己本来就从没有想到会写得出这样美丽的信,他自己就从不曾具体梦想到这些事情,如今是不单把信写好,而且信封也在一种微抖的手下,把女人名字也写上了。把这"创作"封好,一个黑影威胁到心上,"这样事,万一为人知道,怎么样?"于是软弱了,把信放下了。"日子不吉利,明天再看吧",这样打算,一夜也就过去了。就到所谓"明天"。新的日子还是一些旧事,照例又上课,又同女子在一个课堂听说谎话的人学故事,让头脑填塞学问知慧,到这时,一定有机会去望望前排女子的背影的,一望这热情又陡增了。因为照例我们看什么,反面总是很好,于是仿佛下了决心,要做一些事情,这年青人若是读过英文的爱神故事,就会仿佛看到一个光身洁白小孩子,一箭射来,逃避不及,下了课,心想何不设法再去同她说说话,于是心跳着,极力模仿一个情人的样子,找女人谈了两句话,分了手,转到房中,觉得不承认这恋爱简直不行,再把所写的信来看看,又感动得发抖,于是封好,在一个冒昧的行为下,把它交给送信人手上了。

男子的行为,真是……

可怜的年青人！心上为这希望所燃烧，口渴心跳，神态失常，在昏乱中，还总免不了要在那幻影上造成了多少犯罪的梦！更可怜的是这些年青人，完（全）是那么天真，那么不知世故，不知从什么新旧故事上记下多少奇怪的例子，以为这信一到女人手上，那些善于流泪的眼，就要为这事感动到如何肆无忌惮的流泪，那些善于抹擦胭脂的小小红唇，又就要为这件事感动到如何愿意推送过来接吻！那些奇怪的信仰，那些妄诞的希望，使年青人对另外一世界的憧憬，煎熬着那强健的心，日子过得非常慢，世界一切皆变了颜色。

第二天，应当有一个感谢的信寄回，谁知没有。仍然到课堂上去，仍然在那些甬道上，长廊上，遇到了自己要的女人，脸上发烧，心中剧跳，耳朵嗡的一声响，是女人毫无领会的走到别处去了。

在奋然而起的愚行上，年青人做了第二回蠢事，到后是仍然毫无消息。

第三次又显然失败。

于是年青人就失恋了。从此看郁达夫的文章，多了解了许多，且间或在方便中，也到茅厕壁上随手写一点口号，纵不去写画，也无论如何是站在那阶级下，对女人感到一种愤怒了。这里有了一种方便，就是这些失恋人欢喜文学，同情诗人，不能勇敢的爱就更其勇敢的恨，以为女子都是无耻，势利，爱虚名，贪小利，凡是罪恶都可以安置到女子身上去，虽然这女子只要一同他说话，他必定又觉得要做一首白话诗来夸奖这个罪恶集身的女子为天上的神仙，诗做不出时，也愿意在一种红脸情形下抄一首所心折的诗寄去。

他们除了心上有一个空洞的"恋爱"字样,以及附于这名称所有的一切行为,譬如接吻,睡觉,等等权利外,是毫没有准备这隐藏在恋爱下面一切义务的。他们以为是权利而不是义务,所以凡是对于他家中所不能有的一切慷慨,他都很容易的希望到一面不识的女人方面去。这些男子的不知羞处,有时比女子更大,就是那不讲事实的贪心。

女人呢?

女人全是纯洁的。这些女人虽并不体面,却毫无情欲的黑影遮掩到这些干净的心上。她们都觉得这是极其纯洁!她们在学校念书只想有钱时缝一两件称身的衣服,或者把工课好好听熟,把笔记本整理清爽,得到教师的一种称赞。她们都谨慎做人,和平静穆,温柔有礼。她们无事时就唱一点歌,作为娱乐。她们记忆力都不坏,都记得家中的爸爸和妈妈,爸爸和妈妈的言语颜色都保存到心上。因为爸爸妈妈舍得给她钱念书,回家去又预备得有好东西吃,她们都很感到满足。她们常常感谢家庭对她的好处,所以许多女人一想到母亲就流泪不止。她们是处女,所以她们也很为这个得意,因为常常看到谁个女子被弃,世人都不理她,男子也不要她,所以这些处女,就同男子一个意思,看某一个女人同人一度发生身体关系时,就对这女人发生一种卑下感想。她自己,也就不让这欲望发生,以为这欲望使灵魂卑污。她懂得到男子对于女人的兴味,就是贞操,所以对这件事小心一点,让男子爱得坚固,看准了男子可靠时,就让了步,把贞操输给这个男子了。

她们说:她们在学校读书时节是不想男子的!她们因为权利的注意,都向纯洁一个目标进行去了。因为她们有爸爸同妈妈,家庭不弃她，她就可以读书生活。她们有依靠，依靠家庭比什么还稳固，所以眼前并不需要男子了。有了男子，爸爸妈妈就生气，不再给钱读书了，男子又是胡乱的多，那么，一被弃，她们就得来社会做独立人了。独立是永远不适宜于女子的事情，因为生活的方便，她们贞节了，稳重了，干净了。因为生活的方便，她们不大要男子，所以二十四岁左右，她们还以缺少对于男子身体的要求，用作可称赞的纯洁。她们的父亲要处女，她们自己也以为处女是可贵的东西，所以到了应当同男子接近的年龄，她们不懂得自动的去接近男子，也不觉得发育不全的可羞。

她们也有烦恼没有？是有的。工课太生，麻烦得很，就烦恼了。分数太低，使所依靠的爸爸妈妈不高兴，也烦恼了。聪明的女人，不一定完全在衣服像貌上同人竞争，但知慧的外表，凡是受人夸奖的一切，女人是都愿意努力进取的。她们需要也仍然是维持到受人奖赏的一种意识上。在一个完全家庭的中间作女儿的人，她特别端庄，就因为这样才能为家庭所爱。她们是不会为男子而烦恼的，因为恋爱是一种冒险，是把原有生活习惯破裂，尽其分解，再来重新拼合的事情，女子直到嫁人为人养出一个孩子以后，还不大懂，也就是她的福气。因为不懂到发于自己要求的去爱人，所以在爸爸妈妈方面才可以取得保护，在丈夫方面，又才取得坚固的信托。

这些女人是纯洁无疵的，因为男子们在发烧的情形中，写下来的信，她们通通非常天真的公开了。她们能够用透明的理知嘲笑热情，她们觉得这事情很好笑，因为料不到一个男子会胡胡涂涂莫明其妙写出这样多要求来。其实她们除了生活，什么都料不到！因为这些男子的愚蠢处，女子们更觉得聪明了，她们互相公开的把来信拿着来读,还当成一个开心的事情。她们只晓得爸爸妈妈,不晓得男女,她们就这样告给别人。她们保守自己,为自己详详细细的打算,都以为是莫同男子接近为有利益。即或她们感到信托男子了,她们也不愿意说出,宁可小心谨慎,安置自己到原有位置上,且延长一些日子再说。她们都不担心自己的老大,对自己这些总非常宽容,她们也不详细去估计自己的所值,只是因为知道女子终究是有人来爱的,就不愁将来无人爱她。她们都不知道爱人,只知道这人若是可靠了,就一切顺到这人意思去做。但是她们若是还能依靠家中,还能每个暑假回到家里去,她们永远无须要去理解男子理解社会了。

她们懂得自己是女人,她们懂得一些义务,因为义务而受人称赞,所以她们读书了,打球了,贞节了。她们并无须要懂男子,正如并不必懂爸爸母亲一样,她们只要人爱她,所以小时活泼如雀鸟,大时规矩如绵羊。父亲要的是依人小鸟,丈夫要得是和顺绵羊,女人按到自然,这样把自己创造成功了。

一个女子,若说是完全由于自己的性欲出发,向男子有所要求,顽固的去爱男子,是将为那些干净洁白灵魂的女子所耻笑的。她们将笑她无耻。因为这些事她们承认只有男子才有权利去做,男子去做,所以男子总是糊涂,把权利滥用,男子也多痛苦,一切不合理的野心,男子皆不缺少,女子则"野心"这字样不大适宜于生活,还是莫提。女子不是要权利的东西。女子是不必有野心也不宜于有野心的。有野心,她就不会再依恋到家庭,也不会再有男子来管束她,一个在温室中长大在温室中结子的女性,空气下她除了枯萎,没有别的可言了。

况且我们也已经承认到了那些写情书的少年男子,不单是缺少她们爸爸妈妈的好处,就是懂事,也像是还得学十年才够资格的,所以我们也得感谢那些知慧,在一些女子脑中滋长,另一时那些中年男子才有机会得到一个贤惠的妻。

让我们来考察一下这一群纯洁女人的将来罢。

就是这一群女子,读了书,很贞静值得尊敬,又天真毫无情欲的自觉,将来怎么样离开爸爸妈妈?是明白了自己有处置自己与一个男子合住的权利,去选择男子,还是仍然让男子看中了自己某一部分的好处,就尽男子来爱她,启发她,使她养一些孩子,慢慢的老去?

依我想,这些女人一定是始终纯洁的。她养了儿子,也还是不会懂到自己有权利去选择自己所要的东西的。她们每一个都知道把自己德容言工打扮得整齐爱人,她们就尽一些机会让在她身边的男子,按照方便去得了她们。她们从不想自己去爱人是权利,也从不想尽人爱是不荣誉。应当知道这些人要得是依靠,是为你们男子在家中养育孩子照料家事的人!你们的争执,你们的改革,都是你们男子做的事,爱人,把你所要的攫到手上,把你所不欢喜的大声吼着赶走,也都是男子的事,男子对女人也一定不缺少原谅了。女子的野心是要一个好丈夫,可以爱她养育她,供给她做一个上等女人,溢出这范围的女人,她就受人家笑骂,到底还是赞美比笑骂为好,所〔以〕纯洁的女人,都是缺乏性的意识的女人,缺乏性的选择意识,女人也就变成纯洁可爱了。

她们是用这个生理的克制,成为生理的缺乏,用为保护自己也用为自夸炫奇于世界,毫不感到羞辱的,我们男子,若是来代替她们感到羞辱,这似乎不很合理。

勇敢与纯洁我们是明白了,用偈作结:

你们这些男子，天真到如此天真，
你们不妨去多吃一点肥肉，就可以成为胖子。
你们永远是女子，要依一个人才能生存，
感谢你的心灵纯洁，一事不知，给了男子许多方便。

五月廿三写

　　本文1930年6月1日发表于中国公学学生文艺社团"旭日社"刊物《旭日》的创刊号，署名沈从文。据《旭日》文本编入。

伏虎图

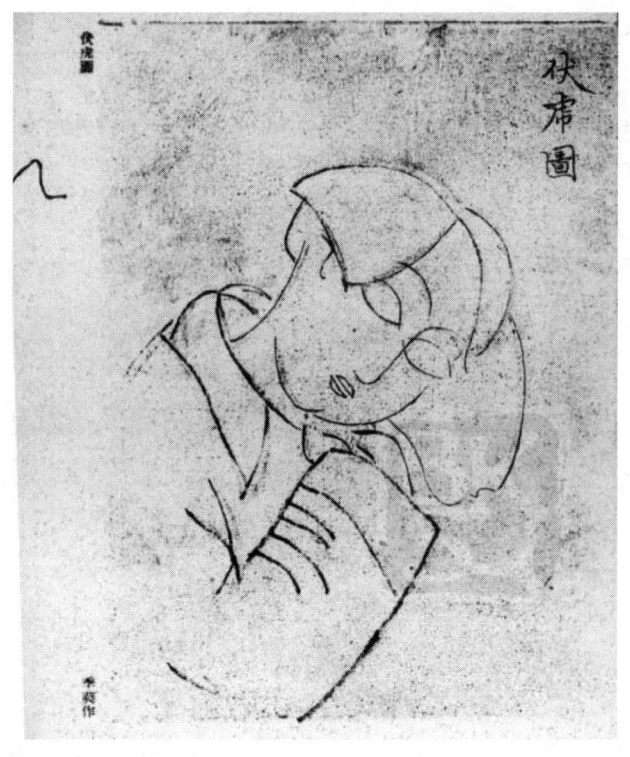

本图1933年6月发表于《西湖文苑》第1卷第2期,署名季蕻。

忠于生活

我们常常有一种错误，就是在自己本份里的事做不好，却以为别的一件事都能做得非常好。因此，当念书的时候，不认真念书，当做事的时候不好好的做事，这项不应当。一只蚱蜢在它跃动时有它自己动作的尊严，一滴雨总是很有力的掷到地面，我们实在不应当过份疏忽"现在"。得把握"现在"，不是必须于现在生活里吃喝放荡过日子。要把握"现在"，不过是忠于现在的生活而已。所谓生命的意义，只是说一个人能在这地面活八十年，每个日子去了的皆永不再来，为了爱惜自己，不能让每个日子轻轻放过也很显然的事。用功，拼命的用功，就为得是因为这不痴处一切方有个结果，只有拼命用功，在另一时回想起自己的过去时，才不觉得惭愧。

本篇发表于1933年7月7日南京《中央日报·中央公园》，署名沈从文。据《中央日报》文本编入。

一九三四年我所爱读的书籍

一、《神巫之爱》

二、《边城》

三、《××××× 》

第一本书我爱它，因为这是我自己写的。文章写得还聪明。作品中有我个人的幻想。四年前写来十分从容，现在要写也写不出了。

第二本书我爱它，也因为这是我自己写的。文章写得还亲切。作品中有我个人的忧愁，就是为那个作品所提及的光景人物空气所浸透的忧愁。这作品是一九三三年写的。这一年很值得我纪念。我死了母亲，结了婚，写了这样一本书。

第三本书我爱它，因为这本书不是用文字写成的。文章写得又聪明又亲切。这作品使我灵魂轻举，人格放光。一部神的杰作。这作品虽不是我写的，但很显然的，我却被写进书里面去了。天知道这是一本什么书！

本篇1935年1月5日发表于《人间世》杂志第19期新年特大号，署名沈从文。同一标题下还有多位其他作者的回答。

信 仰

　　大多数人若不是本能上需要一点什么东西控制，至少在习惯上已养成需要这个控制了。这种控制附于实际生活就是所谓"法律""道德""卫生""娱乐"，"是"或"非"，一堆名辞或事实。附于抽象人生就是"迷信"或"信仰"。平常我们对于迷信，多半指的是对自然力与不可知之某种事物的崇拜，在崇拜中且加上一分蒙恩的侥幸。是混和胡涂恐怖和希望而产生的一种心境。信仰就稍稍不同了一点。指导信仰的似乎感情和理性平分，且毫无可疑，理性成分或许比较多。尤其是如果我们把信仰的意义范围放窄一点时，把它从旧宗教的拘束里解放，以为它指的仅仅是对实现的"政治理想"表示一种态度时，信仰同迷信显然得分开的。迷信无选择，各以生活习惯为依据，空间差别多，时间差别反而少。信仰许可个人的选择，依据的是个人知识或常识，对当前生存制度的取舍，空间差别少，时间差别反而多。你那老祖宗怕鬼，你还是怕鬼，这是迷信。你那爸爸是保皇党，你却是共产党，这就叫作信仰。但迷信和信仰到某种意义上仍不免显得暧昧不分，共同点是承认生存受控制于"不可知"，控制于"过去"

或"未来"。说真话,是逃避"现实",更具体的说,是害怕"自由"。害怕那种不为当前生活一切名辞一切事实发生的意义所拘束,不为肉体精神空间时间所限制的"自由"。

所以信仰彻底说来纵算不得人的"胡涂",也依然是人的"弱点"。一种想凭藉过去或未来而安慰当前的失败,忍受当前丑恶的弱点。一个有信仰的人好像就勇敢得多,强壮得多——到如今甚至于还骄傲得多。其实大多数人的信仰,恐怕还应当称作"迷信",才能名副其实。比较少数人的信仰,不过与奴性为邻用空虚遮掩现实的一种态度罢了。

对信仰惑疑或否认,且具有表现出这种惑疑或否认勇气的,有两种人,表现在生活里就成为疯子,表现在作品里就成为伟大作家。托益托夫斯基①所谓伟大也就在此,许多作家伟大也就在此。

目前作家中自说"有信仰"的人多,作品中表现的自然也就充满了"信仰"。事实上我们需要的大作品,也许倒是那种真正"没有信仰"的人才能够写得出的。可惜这种人社会上并不多。有的又只是呆子,痴头傻脑十分低能的白痴,或有意装疯事实上还是委委琐琐的人物,不是真正能惑疑一切敢否认一切或轻视一切的家伙。

本文1937年4月20日发表于《北平晨报·风雨谈》副刊第16期,署名炯之。现据《风雨谈》发表文本编入。

①托益托夫斯基疑指陀思妥耶夫斯基,俄罗斯作家,其《罪与罚》《白痴》等作品,使他赢得世界最伟大小说家之一的声誉。他的文学风格对20世纪世界文坛产生了深远影响。

拿笔有感

我的朋友多半是"拿笔的",十年来眼看他们各人把那一支笔紧紧的捏在手上,纵横挥洒,且因此判别个人的升沉,真是不禁感慨系之。因为其中固然有人飞黄腾达,不可一世,同时也就有人没没无闻,难以自活。有人赢得读者良好友谊,也有人为世所不齿。从事的是同样工作,用来与那个"多数"对面的工具又相同,并且所有环境机会都差不多,结果云泥异势,事情倒真有点蹊跷。

糊涂人过"小糊涂"处算"命"时,凡事必曰"此命数也"。就这件事情说,小糊涂的命定观似乎还有道理,不可厚非。何谓命数?就是在机会上肯尽人力,且明白如何去尽人力,再老老实实的在较长一分时间上等待收获而已。

作者和社会发生关系,给读者留下印象,最重要的是"作品"本身。有作品,作品又站得住,虽说时代变而又变,当前存在的到明天究竟还是可希望存在。没有作品,或有点不三不四作品,就极力用其他法术政策推销给读者,虽一时间俨然可望"成功",事实上过一会儿后,那个时代,倒□不客气,会刷掉的。

十年来被刷掉的作家，算算数目，真不少了。这种人从各方面看来，都比较小有聪明，知情识趣，且善观察时代兴趣，明白如何下注就可以得到胜利，自见于世，在读者间成为英雄和偶像。但这种人做的是吹尿脬工作，用力太过，会自然炸裂，即不炸裂，只要一枚绣花针轻轻一戳，也就泄气□下。时间就是花针。至于另一种人，看来比较笨，比较老实，低头苦干自强不息是他唯一的信条。他常常好像落后一点，因为他不在宣言上签名，不在纪念会上说话。他好像冷酷一点，因为他把全部热情融解到作品里去了。时间一面清算前者的虚伪，同时一面也就证明后者的坚实。"教育多数得到多数"口号虽出自前者，事实上却只有后者真正能够教育多数，得到多数。

听命不是迷信，只是守分。（守一个作者应有的本分。）一个作者不能诚实工作，希图取巧，为人口齿□给□或因缘际会，转入仕途作一小官或不甚困难。惟如此来做个作家，希望半诈骗半恐吓取得读者的崇拜和信用，当然办不好。

政治与文学稍稍不同，不同处也就在此。玩政治或干政治的，自己即或无迷信，必需善于运用他人的迷信。从事文学，先要的是成绩。惟守分才能产生成绩。守分自然比较寂寞。（成功后说不定还是寂寞。）假若在北京还有所谓"小京派"作家群，我希望他们能耐得住这点寂寞。

本文1937年5月13日发表于《北平晨报·风雨谈》副刊第26期，署名炯之。现据《风雨谈》文本编入。

名　词

在《父与子》上巴扎洛夫临死时说:"人们怎样的信仰字眼,真是奇怪。譬如你说他是傻子,虽然没有打他,他还是难过极了,要是你说他是个聪明人,就是没有钱给他,他也是非常高兴的。"

目前把话说明白了,我当面叫你作"傻子"或"聪明人",自然都无意义。可是我若在无意中说:"仁兄,某某说你是个傻子。"或者说:"那天我见着某某,他对你的聪明处真是五体投地。"你即或记得书上那几句话,还是不免受字眼儿支配。理由易明,正因为我们大多数人,活下来,过去,当前,未来,大部分就是活在一堆名词里——为一堆名词而活!虽然某种名词常常对这种人能引起作用,对那种人未必同样有作用,但是名词还是多数人生命中的重要东西。尤其是一些最抽象最浮泛的名词,魔力且最大,对于人最有影响。

有些人看准了这一点所以活下来时,会用种种方法去给人产生一个印象,"前进","爱国","对一切青年运动都富于同情","嫉恶如仇",如此如彼。其实考察起来,这人鼻子眼睛和多数人差不多,生活也差不多。所不同的仅仅是另一些人尽自己的心,沉默而负责的活下去,这些人却善于取巧,即或和①生活十分堕落,大不足道,却用种种方法给人一个雄赳赳的印象。自己既在愚众间建设了一个"真理爱护者"的印象,与之对面的当然就"落伍"了。落伍的既受愚众的贬谪,真理爱护者于是成为愚众的领袖。

这是人类的弱点,与别的动物相同的弱点。对于一切名词,多数人不能"思索",只有"反应"。兽物的反应也许更简单一点,然而大同小异。

取一个最方便的例:在我这个短文上我用了一个"愚众"的名词,若由所谓"真理爱护者"说来,必是"觉醒的大众"。也就正因为这种名词的运用,便分出"落伍"或"前进"。毫无可疑,你若是个和我相识的大学生,即或不好意思说我"落伍",依然会以为我"顽固"。虽然事实上我作人倒通脱不过,顽固的不过是这时节使用了这样一个名词。那个真理爱护者或许只想利用你,我倒很懂你也爱你。

巴扎洛夫为多数人容易受字眼控制而希奇,我却觉得可悯。因为人之所以为人,与其他动物有别,是在脑力的运用,与对于事物的正确判断。但脑力运用或正确判断,到近来倒像是在朝在野都不大奖励的事。在朝在野的"有心人"不奖励思索,为的是便于统治。但自己有权力去思索,追究,认识,怀疑的青年人,也宁愿意放下这点二十世纪活人的权利,凡事迷迷胡胡,混下去,拖下去,提醒他这些做人的权利时,还以为是有意在害他。这实在可悯。

托尔斯泰说的好,"人怕同真理对面"。人怕同真理对面原因，大约是不习惯。有些小雀子养在笼里稍久，就不能离开笼子求谋生存。人关在一个受鬼神，帝王，医卜星相，五伦八德，以及各种事实条文作成的社会里已有几千年，所以不习惯取得一个人头脑的权利；虽然有个脑子，可是不大愿意使用脑子。正如帽子，旧的那顶迷信帽子完了，还必需换上新的，为的是不至于光着头害头风。②（一个人什么事都去想想，当然容易害头风的。）

唯其如此，所以南京地方"作家"交际夜时，有四五百人跳舞，几个大都会里"作家"开会时，照例是有几百人签名。这些人或自以为是"作家"，或被人称为"作家"，仿佛就够了。至于一个作家其所以成为一个作家的事实，都不大想。若多想想，跳舞会也许就不那么热闹，开会时，列席签名人也不那么多了。

本文1937年6月5日发表于《北平晨报·风雨谈》第36期，署名沈从文。
①此处"和"字疑为发表时误排。
②头风，中医学病名，指头痛经久不愈，时作时止。

读书人

"民主政治"和"自由主义"好像已经成为一个可嘲笑的名词。它可嘲笑处因为全是"读书人"的玩意儿。读书人拈起这两个名词来作题目写文章时,一部分中国人看来,也以为只是聊以解嘲的行为,算不了什么。再加上一句旧话,"误国多是读书人",所以在好些场合中,读书人应得的尊重,没有得到。知识是不为人所重视的。尤其是青年人,自己虽在学校里读书,却很有些人以为读书人算不了什么,书本知识不足道,知识分子对国家问题是够隔膜的。民主政治或自由主义,都是过去了的古董,只有最无用处的读书人还放不下,事实上多数人都厌恶它,再不需要它了。

话可靠不可靠且待以后讨论。

或问:为什么有这种现象?

答曰:中国问题与国际问题不可分,由于世界上现在有个俄国,有个意大利国,并且还有个德国。这几个国家政体的组织特殊,且因这种组织特殊,在世界上发生了些影响。中国是个不知向何处走去的国家,自然无从拒绝这种外来的影响。朝野都有人以为"专制"在当前立国大有占便宜处。不觉油然生向往之心。易言之，就是在朝的有人看准专制便于统治，在野的又有人认定专制便于推翻某种统治局面重新建立另一种统治局面，因此法西斯和苏维埃便成为国人心目中一种幻景。十年来的内战——政治的或文学的胡涂战，也就正是拜受这两种噩梦之赐。真能代表所谓理性发达，常识丰富，热爱和平，又极关心国家出路的知识分子，以为民主政治便于解决中国问题的人，一时间却真像是个只能读书不知其他的人，在社会已"没落"了。青年人有"没落"之惧的，照例也就厌闻民主政治，羞说自由主义。为生活寻出路，就右倾，为情感寻出路，就左倾，为语言文字寻出路，开口拿笔就总离不了轻视嘲笑不左不右的读书人。

不过十年来的内忧外患，因应付这种种内忧外患所取的步骤方法得来的经验，却证明中国到底是中国，由于历史，地理，民族习惯，种种原因，极端的左走不通，极端的右也办不好，要国家渐渐成为一个现代式的国家，最合事实也宜于理想的政治制度，还是比较包涵得宽广（能集中各方面人材合作），富有弹性（可在变动中减少大规模流血），多数专家来分头负责的民主政治。成为民主政治的骨干，实现民主政治理想的，即或不能说完全是读书人，至少可说少不了读书人。

我所谓读书人，指的是在技术上和文化思想上一切的专门家。

专家抬头的机会，就目前情形说来，似乎还早一点，尚待国人的觉悟与努力。假定专家抬头是最近的将来可以实现，从人材数量言是不够用的，待大量补充的。

这就轮到青年人的来选择了。此后爱国作人方式的选择，是依然盲目的凭情感主义和机会主义,从左倾右倾纠纷中,争夺打杀创造自己成一个"名人""要人""死人"?还是低下头来努力学一点真正能够增加国家力量的专门技术知识,创造自己成为一个"对社会国家有用的人"?

  这选择很自由的。不过从选择上我们却可以看出一点消息,野心家,空洞的英雄主义者,病人,照例走前面那一条路,一个身心健全的国民,却必然走后面一条路——结果他做"读书人"。

  本文1937年7月8日发表于《北平晨报·风雨谈》副刊第50期,署名沈从文。据《风雨谈》发表文本编入。

□怎样从抗战中训练自己

莫错过这千载难逢的报国机会
——给湘西几个在乡军人

××同乡：

　　一九一七年秋，我离开家乡后，就在湘西十多县来回转，受本县人所受那种"教育"。老老实实说，就是追随一个军匪不分的游击部队，这里那里流动各县各乡寄食。客店里，破庙里，船上，税关上，无一不住过。有什么吃什么，到必需走路时即刻背包袱上路。有事干不管大小，照例不辞。无事作也拖拖混混，不甚忧虑委屈。有关学习，总是就情况许可，尽力去找些杂书看。这种教育我整整受了六年。现在和别人谈起，近于一种奇迹，但和同乡朋友比较，还是大家一样！（若说过去受苦，一定有许多年轻同乡比我还更苦。若说未来希望，这时节只要大家肯干，希望实在比我大得多。机会也比我好得多。）

　　一九二二年，我忽然发生另外想头，觉得这样混下去不成。世界很宽广，得趁年纪青，气力壮，多见点世界。所以离开家乡，独自跑到北京，忍饥挨冻，生活再困难也不绝望。在北方十多年，离乡太久，太远，极惭愧，对地方什么忙都帮不上。可是总努力作个硬朗的人，保持湘西人的长处，不敢堕落丢地方人的丑。

年来从亲友口中和通信上知道好些同乡已由学校转入军队，成为前途光明的少壮军官。有些又在连年内战中牺牲了，失踪了。有些又发了财，已作了戴铜盆帽的新式员外。更有些持身不大谨慎，沾染了不良嗜好，坐守家中，很艰难困苦无望无助打发日子。正如昔人所说，十年兴败许多人，令人感慨。在事业上成功的，我十分敬重，在生活上失败的，我也非常同情。正因为我知道有许多同乡，本质都好，体力和智慧，全不下于人。吃大亏处只是对生活缺少向上理想，缺少现代人的训练，不肯用新习惯管制自己。且由于地方闭塞，拒他性特别浓厚，对外来有意义思想照例不大瞧得起。为人虽勇敢，用不得当，依旧常常表现在个人私斗和意气争持上，追求知识的勇气并不多，改革旧习惯的意志尤难持久。精神上独立性不发达，因此在谋生方法上，有一领袖，尚可因缘为生，领袖走开，就不能独自为战。加之结婚太早，易为妻室儿女累，到有所图谋力争上流时，又牵牵绊绊脱身不得。失业一久，嗜好上身，更自然而然养成一种极可怕的消极悲观心理，以为天下事不过如此如此，把屯蹇付之"命运"。记住家乡两句老话，"时来运来，门板挡不住，时去运去，绳子缚不住。"一切有命，不可强求。又不屑于作小事，扎扎实实守住本业干下去。更不屑于学习新知识，新技术，惟坐以待时。有时机会已到，因体气衰弱，无决断心，亦不免轻轻放过。少数同乡因饥寒交逼，对人事悲观心理渐转变为行险侥幸，于是闹成地方问题。当事者明知其事,不作理会,激迫生变,终于燎原。然而同乡得些什么?集众千百,龙蛇不一,凡无知之徒所作所为,无不诿为同乡所作所为。同乡得到的,不过"鱼肉地方"一个骂名而已。

去年十二月,我回到长沙,有朋友请我吃饭,就被人称为"湘西土匪"。当时以为只是无意中说的笑话。后来又听几个同乡前辈说起家乡年来种种,我觉得很痛苦。我知道,倘若内政清明,外来地方官吏能不以征服者自居,爱民,恤民,家乡老百姓绝无生事的道理。以身许国的壮士,能得一贤明有威望人作领导,人人有饭吃有事做,更不会啸聚为匪。如今一部分有为青壮,铤而走险,以占山落草为荣,且认为是唯一自存方法,地方负责者,实在应当自疚,忏悔。到后,又听说现政府很明白这问题,行将有一个办法,使爱国者不致向隅,欲抗日者不致无从抗日。当局或将请同乡所爱护信仰之领袖,勉为其难,负责收拾地方局势。听过这消息后,我很高兴。方以为国事迫蹙,在在需人。这次抗战,湖南同乡诸勇士卫国守土精神,使人感奋。嘉善之役,本乡部队血战七日,后来者行将更有所表现,自不待言。个人即不能追随同乡之后,上前杀敌,至少必忠忠实实,就力所能及将同乡所得甘苦经验,写成一本书,给全国人知道,先前他人诬湘西地方为匪区,诬湘西人士为土匪,种种不能辩、不足辩之诬蔑,湘西健儿将用对外流血来说明。湘西人过去有不得已的苦衷,并不乐于作匪。只要领导得人,实在是重造中国不可少的一分子。同时也使我家乡后起之秀,在建国大业上,知所以自爱自重,奋发有为,不落人后,为中国人争一口气!谁知过不久,又听说情形有了变化,理想不可期,详细经过不得而知。只知道问题甚多，各方面都有问题。

　　国家已到这种样子，要把它弄好，绝不是一二人坐而谈起而行就可上轨道。大家既认为湘西问题极复杂，想解决它，不从各方面来认识，如何能解决？我因为生长地方关系，知道问题症结所在，且坦白无私，想就个人所见所信，对于这问题从各方面看，负责者宜如何认识湘西，湘西人——正当士绅，青年学生，在乡军人，应如何共同努力，来重建一湘西。小言之，地方能安定，大家可少受点痛苦。大言之，地方能安定，方可望建设繁荣。可是糟得很，话一说出就有人疑心"这有用意，有作用"，不容再说。"国家有道，庶人不议政"，于是我不再作声。政府倘真正关心湘西，能把湘西治安维持，人民痛苦减轻，为地方积德造福，使国家无后顾之忧，岂不很好。所以见报上说某某部已经点验了，某某人已经表态了，我个人总觉得特别快乐，并不因为个人意见受限制而难受。可是直到现在，有好几个县分还是行旅戒途，不易走动。春耕在即，匪势转炽。这些事当然不是同乡所能负责。主政者对于问题根本，或许还待有更好认识，自不待言。同乡中自为雄长各不相下心理，也不足使一切事难于进行。救国不分大小，不是一个人的私事私利益，大家若都想作"大官"，不想作"大事"，如何抗日？平时作官，官作得越大，就越威武，好处越多。这时是什么时候，现在敌人正在我们中国另外一大片土地上，日夜杀人放火，把妇女不管老幼，捉去轮流奸淫，把小孩子戳在刺刀上玩，任意糟蹋中国，充分发挥兽性。你个人在本地方即或官做得再大，有什么意义？有一百枝枪，一千枝枪，拥众割据一个山寨，就自称为总司令，总指挥，不管地方受得了受不了，对国家是不是个罪人？政府如今需要人民参加抗日，你们若还为官职大小、待遇厚薄斤斤计较，不肯把对国家的责任心理改变过来，岂不是坐失爱国机会？年富力强的，作士兵，官长与士兵，名分虽不同，价值可一样。一个真正爱国者，上战场时只看能不能尽职，不会嫌官大官小。我有个朋友，五年前辞了国立大学校长职务，亲身跑到北京一个小学校去教书，教他自编的课本。要做一个人，这点苦干硬干精神，值得学习。

　　读书人事情且不说，说说同乡容易知道的。这次一二八师全部官兵，在嘉善一带地方，用一些简单轻便武器，奉命参战。某一营官兵，藏在壕沟里，和被炮弹炸成的孔穴里，任敌人飞机大炮拼命轰炸，一天落下六百枚炸弹，还是死守阵地不退。到后一营兵士仅仅剩下十六个人，营长负伤了，连长排长死光了，这十六个同乡，见敌人前进，居然还爬出壕沟，和敌肉搏。另外一次，因为阻敌前进，必须炸毁公路上的桥梁，有三十个同乡，从工事中爬出，带了炸药、手榴弹、轻机关枪，从水田里爬到桥边去。目标被人发现后，七架飞机给三十个勇敢同乡，投下一百多枚炸弹，每人平均约三四个，附近被炸土地同新耕过的田一样。三十个人死伤了二十四人，剩下六个。有两个兵士，居然爬到桥边，抛了五个手榴弹，把桥头敌人机枪阵地消灭后，终于把六十个黄色炸药包绑在桥边撑柱上，用雷信接火把桥炸毁了。这兵士一个姓滕，是黄狗冲乡下的，一个姓宋，城里人，年纪都只有十六岁。

　　另外一次，有一个连长，在掩体内作战，腿上、手上、脸上，带了轻重三次伤，兵士要他退下，他不肯退。一连人大部分已伤亡，只剩余十一个年青兵士。这连长和十一个兵士守在一个最不利敌人同时又最重要的地点，末了工事被炮弹击中，那连长只剩下两只脚,被那唯一生还的忠勇的勤务兵抱回。连长姓陈,廖家桥乡下人。

这类慷慨激昂的事情,实在太多了,说不胜说。只要想想,一师人开到前线去,血战七昼夜,白天敌人三四十架飞机轮流来轰炸,晚上部队又得趁方便夜袭,有些同乡工事和后方隔绝了,七昼夜不吃,不睡。血战的结果,四个团长受伤,四个团附死去三个,伤一个,十二个营长死去七个,伤五个,连排长死去三分之二,负伤三分之一。兵士更难计。看看这个数目,就可知道同乡在前线的牺牲如何大如何壮烈!他们为的是什么?不是爱国家,拥护全面抗战,谁能如此勇敢牺牲?这个部队向来是被人误解轻视的。总以为是土匪,是从土匪窝出来的破烂队伍。由于长官识大体,士兵能服从,为地方争气,为国家争气,一切从远处看,这点委屈上下都始终忍受。苦一点,忍受下去。待遇薄一点,忍受下去。三年来转调各处,上下吃苦,毫不灰心,一直到全师被一列火车,半夜里由杭州载运赴最前线去,从一个破烂不堪的车站下车,无一个参谋部人员指导,无一个向导带路,在湿雾迷蒙中,搜寻派定防守的国防工事。全城人已走空,只剩下一个县长,手提一串编了号码的国防工事地堡钥匙,把钥匙交给了来接防的副师长,便随同那一列军车走了。刚刚得到位置,天一亮,大队敌机即来轰炸。你想想看,被敌人炸了整整七天!直到任务完成后,才奉命调回后方休整。一些兴奋过度,饥疲交攻,面目和衣服全是血污和泥土的剩余官兵,集中在杭州车站旁,听候训话,还是默然忍受!谁不是母亲十月怀胎血肉做成的身体?谁无妻室儿女?谁不对生活有点希望和野心!可是知道国家事大,个人事小,就始终只有忍受。死的死了,早在责任所在土地上烂了。受伤的由于当时战事过于激烈，来不及救护，留在阵地，被敌人刺杀，同样烂掉了。仅有一些未负伤的，至今还在前线作游击战。（前不久报上登载一勇士手杀四敌人，烧汽船七艘，就是我们同乡所做的。）负伤退回后方治疗的，创伤刚好，还不到修养期满，又已经于日前作为荣誉军团，在常德接收了新的补充兵，赶上前线。这些人急急忙忙跑到炮火下去，有什么好处？作官长的何尝不会在家享福？作下级军官的何尝不会在家休息？不顾大局的何尝不可以上山落草？可是战事教育了他们，他们都知道要国家存在，个人方能够存在。国家破亡，个人除了作无心肝的汉奸，狗彘不如，国一亡男的行将成为敌人的牛马，女的不拘老幼都得受污辱。他们知道这种情形清清楚楚，不忍看中国人受苦，所以他们不顾一切，继续上前作战，他们的口号是哪怕剩一兵、一卒、一粒子弹、一只手，还是不屈服，不后退。这才像个湖南人！才像个镇筸人！他们大多数是你们的同学、同乡里街坊，有些一定还是老同事、表兄弟。他们能够这样勇敢，你们岂有不如他们的道理？你们还好意思用任何理由对国事不过问？

　　同乡的性情，本质上有一个共同点，都是不畏强暴，仗义而能济人之急，具英雄本色，且以得人敬重为荣。如今最残暴最丑恶的莫过敌寇，最需要帮助的莫过我们苦难的国家！最近于英雄行为的莫过于齐心协力共同抗敌，最得人敬重的莫过于到前线去收复失地，给敌人以沉重打击。同乡真有眼光，取舍是极容易决定的。一个人充其量能活一百年，活得有意义有生气还仅仅二三十年。过去三十年来的内战，从中升官发财的固不少，但个人虽升官发财，对国家实在毫无好处。这种升官发财的内战，现在已成过去，国人都知道不宜再有，也不应当再有了。千载难逢对强敌的抗战，如今却正在继续发展。同乡报国机会既多，实在不应当自外于中国国民。

我说的话很坦白。我不是要作官（因为作官对我一点不上算），不是袒护谁（因为我不属于任何党派），不是为私人利益（我从无发财打算），只为自己是一个国民，一个镇筸人，眼看国事那么严重，十多年不回家乡，一回来就见到两种现象：一种是大群刚从前线负伤回来的同乡，有些创口尚未全好，因为知道前方需人，又各自不声不响离开了他的家，抛下了年轻的妻室和周岁小孩子，向前走去。另一种是本乡或邻县，听人说有多少房子被焚烧，多少人家被抢劫，多少重要事不能进行。把这两种现象对照起来，心中难受得很。凡稍有人心，总不免堕泪。稍有人性，总知道"捍卫国土"和"糜烂地方"，什么是有价值，什么是被骂名。话即或说来无益，实在不忍不说几句。大家试想一想，若觉得我说得对，一切从好处做，如今并不迟。若觉得不对，过一阵会明白，只图个人出路，忘了国家，得不到多少好处，良心上真说不过去。

爱国方式原有许多种，可以自由选择。同乡若觉得这时出外不相宜，还等待相当机会，未尝不可以。目前前方作战需人，后方安定同样需人。在后方，总得努力设法要地方有秩序，莫堕落在乡军人的令誉①，使身在前方的同乡灰心。安定地方不只是衙门中几个官的责任，也是一般人民的义务。在城在乡办团防，组织地方义勇队，保卫地方，可作的事正多。同乡谭先生在城区所有的工作成绩，就是一个好例。我湖南辛亥以来，为革命献身诸前辈，如黄兴、蔡锷，遗风余烈，相去未远，事在人为，愿各同乡努力。

　　　　　　　　　　　　沈从文
　　　　　　　　　　　　一九三八年冬，在长沙②

　　据1981年12月11日作者《致〈解放日报〉文艺版编辑》废邮可知，本文发表于1938年王鲁彦主编的长沙版《抗战日报》，是应邀为该报写的四五篇文章中最后一篇。上述废邮见初版《沈从文全集》第26卷316页。

　　从内容看，有"去年十二月，我回到长沙"说法，可知本文实完成于作者到沅陵之后。

　　1938年，本文曾被大量翻印，在湖南各地广为散发。

　　本文曾编入花城出版社与生活·读书·新知三联书店香港分店联合编辑出版的《沈从文文集》第12卷，先后于1984年7月、1985年1月在海内外出版。现据《沈从文文集》文本编入《沈从文全集·补遗卷》。

　　①令誉　美好的声誉。

　　②"一九三八年冬，在长沙"所指为农历一九三八年初，冬季。作者是1937年末从武汉到长沙，1938年1月中旬转移到沅陵。

敌与我

今年是民国三十年，若就个体的年龄说来，正是一个人精神与肉体同时发育完成，准备从社会学与生物学两种意义上负责尽职的年龄。古人说"三十而立"，称为"壮年"，就是这个意思。"大有可为"是这个年龄用于个人的赞颂，其实也适于用作国家的赞颂。

中国现在是战时，是集中全个民族人力与财富，智巧与勇气，来与一个横强残忍而又狡诈阴狠的恶邻周旋拼命时。三年半的经验，证明了一件极其重要的事情，即恶邻所加于我们的忧患，分量虽然并不轻，然而近二十年来（从五四运动以来），我们这个民族所产生的一点民族自信心和自尊心，用战争来作试验，实在担当得起这分忧患。战争去结束时期尚远，除了少数精神不健全的份子，向敌人投降，大多数中国人，即在沦陷区内，都无不对这件事认识得极其明白：承认任何牺牲来临，还将继续沉默忍受下去，在忍受中并且相信：胜利属于我。中华民族决不是做奴隶的民族，不特要在恶劣环境中求生存，同时还要在这个环境中求发展！

在前方，目下敌人军事上已感到束手，无可为力了，因此即用一种卑劣战术，与小岛民族性相称的战术，向中国后方不设防城市作普遍轰炸。一面残杀中国平民，一面还用无线电广播，或散荒谬传单，作种种可笑宣传，向中国平民说谎，企图引起一点作用。这种又下流又糊涂的手段，正和在沦陷区残杀中国人后，再送点小糖果给那些无父母中国小孩甜甜口，就以为即可同中国人讲亲善情形一样。一切努力除增加中国民众的切齿，则无意义。使他们这么作，正证明自近卫①以次，敌人的支那通，实在完全不明白现代中国抗战为何事。

一个朋友对于日本的支那通，批评得极有意思，以为这些自命支那通的人物，照例只懂中国唐宋时代的文化，清末民初时代的政治，此外中国较远一点的文学艺术，所表现这个民族的伟大感情伟大思想，照例不大明白。较近一点的文学艺术，如五四以来的白话文运动，由于这个运动所煽起的爱国热情，以及对于民族复兴国家重建的信心，尤其十分隔阂。不懂古代中国，至多还只是附庸风雅时，见出一点小家子相，玩瓷器只知买钧窑，玩字画只知买夏圭牧谿，虽不免寒伧，还不算大失败。至于不明白现代中国，到处理中日事件时，见武力不能征服，就只是用他本国流氓来勾搭中国流氓，流氓和流氓混在一处，这里来个委员会，那里来个伪组织，即以为可由分割而成功。其实这种拙劣方式，在政治上还绝对会失败。失败原因简单，即敌人把现代中国的能力完全估错了。别的不说，即以文学革命而言，将文字当成工具，从各方面运用，在中国读书人方面，近二十年来保有了若干潜力，远在东京派兵百万到中国，用战争赌国运的近卫，就根本不明白的！

这件事即从当前本地情形说来，也可看出一二。敌人总以为在云南方面，虽不宜作军事冒险，却无妨作政治投资。用谣言挑拨离间，可以分化上层分子。用滥施轰炸以及封锁滇越货运，听物价高涨，可以动摇下层分子。至于中层分子，却听其神经受前者影响，生活受后者影响。此等情形挨到一年半载，军事方面纵无结果，政治方面必会有很大收获。其实支那通的白日梦到头来还是毫无作用。挑拨离间的方法，可一不可再，玩久了只成为笑话。滥施轰炸毫不害怕，物价上涨则反而好了有业下层，就中情绪不大安定，生活相当困难的，是中层分子，严格一点说来还只限于薪水阶级的教书先生。然而，在心理上反日与敌人绝无妥协思想的，也就正是这部分中层分子。物价越涨大家生活越加简单，把战争亦看得单纯而自然，"打下去，忍受一切，在任何情形下决不投降！"这只看看在几个大学校服务的同人生活状况，也可明白。一个优秀图书馆员的薪给，不如某某委员会的门役，他忍受。一个学有专长的教授薪给，不如昆明市的理发师和洋车夫，他同样忍受。使这些读书人能忍受的理由，是大家都透彻了解这次战争的意义，对于民族存亡问题实太严重。战争既是争国格，争民族人格，并为世界民主制度争取人类生存一个不可少的名辞，即"正义"。这事从有知识的中层分子看来，当然是要无条件的长期忍受下去的。

忍受不是最终目的。在中层分子中，必更能看出这个民族未来的命运，凡事值得乐观。目前我们正在牺牲中抵抗敌人所加于我们的忧患，明天还得从努力中想法摧毁敌人的武力。我们不仅在焦土抗战，还要从瓦砾中建国！

不过目前抗战要人力和物力，智巧和勇气，我们从各方面取证虽都不缺少。明日建国却似乎更需要作较多的准备。提到准备，使我们想起一件事，即不管幸还是不幸，事实上这点责任已落到当前二十岁到三十岁左右的中国读书人头上！建国不特需要知识，还需要比知识更多的做人做事的勇气。三十岁左右的人不用说了，即目下在大学校念书的二十来岁的大学生，十年二十年后，也就必然是这个民族历史上的悲壮场面负责者。这些人在负责"做事"以前，如何来养成"做人"的气概。这件事在当前实在是值得特别关心的一个问题！

做人问题很多，要紧处应当把生命看得异常庄严，凡事临之以诚与敬，思索向深处走，充满热情与勇敢，来从书本与人事两方面，追究了解人之所以为人，究竟特点何在。就生物学说来，人比较上是个如何复杂的动物。虽复杂依然脱不了受自然的限制，因新陈代谢，只有一个短短的时期活到阳光下。（愿望永生，肉体终不免要死亡。）然而从人类文化史上看来，这生物也就相当古怪，近万年来知识观念的堆积，而且传递不绝，即是一种奇迹。近百年来种种知识因工具便利而运用得法，更产生多少奇迹！我们如能明白人之所以为人，兽性与神性如何同在并存，就一定会承认，如果处理得法，世界会有个较好的明天的。使这个较好明天实现的方式，必需许多正在活着的人，活下来，像个"人"，且肯努力贴近"神"，方有希望可言。做一个中国人尤其任大而责重。想战胜强悍敌人，还先得从征服个人的弱点起始。青年运动若值得再来一回，"重新做人"是这个运动最合理的口号。

在"做人"意见说来虽极浅显，作来倒也相当费事。正因为人与猿猴本来有一点远亲，虽相去已百十万年，这个世界却照例到处可以发现兽性的遗留。即以中国读书人而论，明分际知自重能爱国的固不少，活下来所作、所为、所思、所愿，都显得懒惰而小气、平凡而自私的数量似乎也就相当多！这些人对于举凡一切表示人类向上的理想与事实，照例是不大关心的。举凡一切表示人类伟大处，崇高处，深刻处，也都不怎么需要的。过日子俨然只是吃喝生殖与死亡，然而即属于吃喝生死问题，便依然不能向深处思索，只是在一种极端庸俗打算中浮沉。一生所读的书虽极多，亦不能帮助他把人生看得较深刻。这些人情绪上竟像是与猴子相差并不十分多，都甘心乐意一生在地上爬行，还以为手足能同时贴地，走动时又稳当又便利，并且姿式非常潇洒而美观！但另外自然也尚有一种人，明白人类之所以进步原因，主要的事是在多少万年前，即已能够挺直脊梁骨，抽出两只手来供头脑指挥，充满好奇的兴趣，发明的欲望，更抱着一种战胜一切的雄心与远志，来从事各种工作各种试验，方有今日的成就！我们这个民族今后命运的荣枯，实决定在这两种人生型式的消长。一个现代中国人，如能对于这两种人生型式的美恶，认识得清清楚楚，知道有所取舍，学做人的事就不成问题了。

民国三十年一月七日昆明

本篇1941年1月5日发表于昆明《民族思潮》第1卷第1期，署名沈从文。
①近卫即近卫文麿，日本首相，其任内发动了全面侵华战争。

谈出路

战事初起一二年后，许多人为了个人出路都感到惶恐，倒也近于人类求生存的本能，相当庄严，并非儿戏。这种恐怖感最近于神经过敏的例子，无过于我相熟的一个年青朋友事情。这人经我介绍到上海一个最有名的机关供职，服务还不上半个月，战事一发生，别的问题不担心，却忧虑他个人住在五百万人口的上海，无米可买，吃饭时，发生困难。因此抛下工作，早早的就跑到一个出米省份去了。（吃了将近六年的大米饭，照理说，他应当胖多了。）至于最普通常见的例子，自应数神经衰弱的读书人跑银行。一般人所知道的，只是大学生为出路计争入经济系，准备站柜台，使得国内办大学教育的人，不免有点丧气。即主持法商学院的，在学生注册选课时，虽相当兴奋，也许依然会对他们皱皱眉，想要问问："你们是来做那样的？"真的有询问时，一定有些人将冲口而答："我是来找出路的。"正因为大学习惯，虽侧重在为社会培养应用人材，不尽是每个人都可望成为研究家，可是让学校成为银行下级职员训练班，负责人心中也不无痛苦。其实这个现象是不能怪学生的。学生的老师，敏感而长于求生存知去就的即大有其人。作史地社会研究的，习外国文学的，考古的，……作了专家教授以后，向"生活保险库"跑的人多哩。

有个某君算是得国家供养唯一习南欧文学的一位，回国来不想到如何用十年工夫翻译一部《神曲》，或加入国际宣传部作点事，却入银行作了"秘书"，他最得意处是不必办公，且可用公家便利从越港办点日用货物。还常常充满愉快神情告人说："家中有最好洋酒，并养了几只洋狗。"他和酒，和狗，竟俨如三位一体，唯入银行方能完备。这个例子说来并不使人为其愚而自私好笑，倒令人为国家前途悲哀。础润知雨，从小可以见大处，从这个人生活态度上，即可见一些人若不知自重，不明大体，教育即受得再好，也还是不济事的。如空读了一大堆世界上第一等头脑写成的好书，做人方式却只学意大利三等国家水兵在上海过日子方式，到他成了上等人后，自然就只会如彼如此安排自己。社会上像某君者，一定常可以见到，所以我们就不必分析大学校打出路算盘的青年的是非利害，也不应单单责怪他们把个人生命看得那么小了。

用做生意作譬喻，有些人若只打量就地卖卖烧饼葵花子糊口，除糊口外对生命并无高尚理想或雄心大志，不能冒险去作其他大事业，也想不到脚下即还有个丰富的矿床，只要稍稍使力就可挖掘开发，我们从忠恕处说，还应当称赞他们"知足守分"为合理。因为国家的重造，固然需要许多有作为的年青人，抱定宏愿与坚信，好好努力学习理解一切艰深问题，学成后再来担当重大工作，战胜环境，克服困难，在一堆破碎瓦砾中重造一个比过去更完美的国家。但也不可少另外一种人，即一生最高理想，只是有个安定职业混日子，养家活口。头脑简简单单，衣服干干净净，待人诚诚实实，作事规规矩矩。年终得点例有奖金，即换颗金戒指，买双好鞋子，或储蓄给家中作儿女教育经费，或买张什么储蓄券，一家人就常常做无害于人有益于己的头奖梦。说真话，社会的稳定性，原本就是要这个中层分子的知足守分，方能得到的，社会的繁荣，也不可缺少这种人的！在建国上我们亦不能把这个"知足守分"的好处去掉，为的是他在一切组织机构里，都有其良好普遍的作用。

至于作秘书消化洋酒一流人物，我们当然不必存什么希望，因为根基已定了，就让他那么下去也不妨。这是一种时代的沉渣，过不久会有方法滤去的。可是对于年青人，却又依然还容许我们保留一点希望。即这些人有了"生活"出路以后，一部分也许能学会反省，或生活暇裕时得到机会反省。到那时，他自会打量到"生命"的出路。会怀疑生活虽有着落，生命是否即有意义？很可能将感到一点烦闷。这对个人就是一个转机。因为他如果是个身心健全的年青人，还会有勇气从那个安乐窝中跑出，接受变动时代所应有的压力于教育，重新寻找根据，创造他的事业，发展他的生命。他若还未离开学校，也许还会有勇气重新起始在别一系院再念几年书。与我前面说的社会稳定性也并无矛盾处。因为跑银行只是一种风气，当时出于个人出路的关心，风气一成，多数年青人便不大思索的一齐跑去。然而事实上就中却有一部分年青朋友并不宜从那个单调而沉闷工作中讨生活。到社会上一般事业发展比较平均，国家设计又见出在鼓励有作为年青人从多方面发展时，银行职业生活的单调，就恰好成为一个自然的大筛，必将把不安于单调的年青人筛出。这也正是从去年起始，到处听到朋友从银行跑出的一个现象最合理解释。年来大学校的学生，习理工文史的，多成绩较好学生的原因。这个转机对个人得失虽不可知，对国家社会大有好处，是显而易见的！

这转机据个人私见说来，还可以从一种设计上加强他的作用，并防止在未来一时的社会变动中，产生那个回复现象。年青人的做人良心，是容易激发的。正因为生活与社会还隔一层，不大贴近实际，追求抽象原则的勇气，照例即比"为衣食谋"的糊口打算为强。廿年来这个勇气表现于五四思想解放上，表现于五卅群众兴奋上，表现于北伐与军阀争斗牺牲上，无不见出自尊心的觉醒，用得其当，所能产生的作用如何大。再从北伐统一以后的种种政治思想纠纷上，又可见出自尊心觉醒以后，若用不得当，亦可能产生多大作用。至于这种做人良心激发的方式，可说完全是新出版物安排成功的。然而到现在，新出版业中报纸副刊成为杂志，由杂志成为单行本新书，再由这个关系产生一个新出版业，将出版物当成商品之一种作大量分配，除了它已经能稳定出版业本身，此外"理想"竟完全说不上了。即出于政治设计，从用方法与数量上看来，也见出认识这个问题还不清楚，至多不出于点缀性质。居多从最小处下手，末了正至于点缀作用亦有限。即以若干公家新闻纸运用而言，放弃了"教育"理想，惟重在报告一点大体相同的消息，并吸收广告收入，以收入多表示为成功，这比大学生跑银行找出路，情形却完全相同。虽繁荣了一般商业，支持了新闻纸本身，其实也就堕落了新闻纸庄严作用。

这个堕落的倾向，是事势的必然，还不过是风气的会趋？我将说，这也只是出于一种习惯而已。习惯已成，便不免有点积重难返，用广告维持报纸，是上海申新二报产生存在的原因。唯其是商业报纸，又在租界内有所凭藉，所以即可用社评与论文对于国家大计有所表示，而且将这种文章公诸民众，亦可用副刊娱乐并教育一般读物，增加读者常识与兴趣。则辛亥革命后多了些政党，"机关报"即由此而来，意即在朝在野都可花〔钱〕来办报，各在自办报上发表对于国事主张，并用来批评攻击另一党派。到民八风气一变，国家权势只在一批北洋军阀手中转来转去，一则内战发生时，除了报上有军人相互责难电报外，就是总统府秘书长饶汉祥先生代黎元洪草拟的排难息争四六文电。各党各派的政客，虽亦常常有文电在报上发表，事实上已将精力直接表现到议会会场上，所以报纸上登载他们打架抛墨盒的消息，还比通电有些作用。为的是引人发笑！然而五四前后报纸上却另外来了个新玩意儿，即名流学者来为副刊写文章。小至于短诗，大至于玄学与科学论战，国外第一流学者的演讲……无不从报纸上介绍给读者，煽起年青人对于国家重造的幻想和热情。五四学生的表现，五卅工商的表现，北伐军人的表现，无不反映报纸所产生的作用。这作用到北伐成功新出版业兴起时，即已完全失去，为定期刊物或单行本所代替。然而几个著名报纸社论来论，尚保留一点批评国事检讨社会能力。到战事发生后，就只有将可发表的新闻，各列标题发表，以及推测战事说点国际预言的功用了。因此报纸差不多都少个性，少特性，也逐渐失去了本来的作用。商业报纸有时为广告拥挤，竟将社评地位移作广告用，增加收入。大报纸既只能看看新闻，所以小型报纸有了个试验机会。

  从去年冬天开始，昆明市凭空多了好些周报。不到半年中，并且就见出一点选择淘汰作用，证明在一个较新编排方式下，还可给读者许多有益的影响，取得读者的爱重。只要认清对象，即可教育对象。近来且听说还有好些同类报纸在准备出版，这自然是个好现象。因如果负责方面有各能就一方面长处好好发展，却又有个共同目的，即将报纸和读者关系重造。资本较充实的，还可定期定量为读者印行多种有价值的小册子，属于世界学术或普通常识的性质，一一印出，报纸读者均可用最低廉价格得到。一年后，即以昆明市而言，一切情形会不同多了。所以我想这正好作办报的一种试验，即无从引起大报纸的革命，也可望养成一种新的风气，将小型报纸作用提高。或尽多数找出路的大学生，明白个人出路甚多，从银行跑出还有更宽广的天地可以好好发展，或鼓励公务员与一般从业员，知爱好，肯向上，用一个健康态度去学习一切，就可以将我们个人和国家发展，打成一片，毫无冲突，好好的来接受这一场战争所应有的困难与成功！报纸本身的出路也多，除广告收入另外还有一种意义，足使办报的人对于他的工作重新得到神圣庄严感！这种神圣庄严感本来是固有的，可是却被一个不良习惯差不多毁尽了。代替而来的只是一种无尽期的疲乏，以及受限制说不出的痛苦。谈到这个现象时，我们实值得对一切报业前辈的努力尊敬与同情。因为他们曾经战斗过来，而且个人方面也居多并未放弃将新闻纸重造的理想。只是习惯不容易改正，恰恰如五十岁银行家不能改习地质，这事只好让二十四五岁的年青人来作了。我希望每个新出的小报，都能抱有这个新的态度和社会对面！

本篇1943年3月31日发表于昆明三日刊《大国民报》第1期，署名沈从文。

迎接五四

从五四起中国有个新文学运动，二十余年来不仅仅在白话文试验上，有过极大的贡献，即以思想解放国家重造而言，这个运动所有的成就，也是极可观的！然而到近年来，文学运动却似乎有点萎靡不振的趋势，一切热闹都是表面装点。作家的"天真"和"勇敢"，在二十年新陈代谢中，几几乎全丧失了，代替而来的却是一种适宜商场与官场的油滑与敷衍习气。这种印象虽只是局部的，不足以概全体，但部分的堕落，于文运影响是可以想象的。

试分析这个运动堕落原因，实由于作家被"商业"与"政治"两种势力所分割，所控制，产生的结果。作者的创造力一面既得迎合商人，一面又得敷会政策，目的既集中在商业作用与政治效果两件事情上，文运堕落是必然的，无可避免的。作者由信仰真理爱重正谊的素朴雄强五四精神，逐渐变成为发财升官的功利打算；与商人合作或合股，用一个听候调遣的态度来活动，则可以发财；为某种政策帮忙凑趣，用一个佞幸阿谀的态度来活动，则可以做官。因此在社会表面上尽管花样翻新，玩意儿日多，到处见得活泼而热闹。事实上且可说已无文运足言。

五四精神特点是"天真"和"勇敢"，如就文学运动看来，除大无畏的提出"工具重造工具重用"口号理论外，还能用天真热诚的态度去尝试。作品幼稚，无妨；受攻击，无妨；失败，更不在乎。大家都真有个信心，认为国家重造思想解放为必然。鼓励他们信心的是求真，毫无个人功利思想夹杂其间。要出路，要的是真理抬头；要解放，要的是将社会上若干不合理的迷与愚去掉；改革的对象虽抽象，实具体。热情为物既具有普遍传染性，领导主持这个文学运动的，既多系学校师生，因此对学校影响也就特别大，特别深。文运一与学校脱离，与教育脱离，销沉，变质，萎靡，堕落，都是应有的现象。学校一与文运脱离，自然也难免保守，退化，无生气，无朝气。

所以迎接五四，纪念五四，我们倒值得知道一点点过去情形。想发扬五四精神，得将文学运动重新做起，这是一切有自尊心的作家应有的觉悟，也是一切准备执笔的朋友应有的庄严义务。我们必需努力的第一件事，即从新建设一个观念，一种态度，把文运从商场与官场两者困辱中解放出来，依然由学校奠基，学校培养，学校着手。把文运和"教育""学术"再度携手，好好联系在一处，争取应有的自由与应有的尊重；一面可防止作品过度商品化与作家纯粹清客化，一面且可防止学校中保守退化腐败现象的扩大。能这么办，方可希望它明日有个更大的发展！第二件事是五四怀疑否认的精神，修正改进的愿望，在文运上都得好好保留它，使用它。天真和勇敢，尤其不可缺少。作者能于作品中浸透人生崇高理想，与求真的勇敢批评精神。自可望将真正的时代变动与历史得失，好好加以表现，并在作品中铸造一种博大坚实富于生气的人格。这种坚贞人格，这时节虽只表现到作家的文学作品中，另一时即可望表现到普遍读者行为中！若疏忽了五四之所以为五四，那就不过"行礼如仪"，与一般场面差不多，倒以忘掉这个日子为得计；因为凡属行礼如仪的事已经够多了，年青朋友这么纪念五四是毫无意义的！

本篇1943年5月5日发表于昆明《大国民报》第11期，署名沈从文。

□见微斋杂文

狂论知识阶级

"关于知识阶级,最好少说话。察渊鱼者不祥。"

"是的老师。不过这是我两年前记在一个小本子上的玩意儿,从没对人提起过!现在读书人变了。"

"你意思是他们进步了,还是更加堕落?"

"老师,我从不觉得他们堕落,因此也不希望他们进步。我只觉得他们是有头脑的人,以为不妨时常想一想。"

当我翻到"关于知识阶级"一段小文预备摘抄时,仿佛和骑青牛懂世故的老子,就有过那么一回短短的对话,作新烛虚一。

我想起战争,和别人想的稍有不同。我想战争四年还未结束,各个战区都凝固在原来地面,像有所等待的神气。在这种情形中,前方后方五百万兵卒将士,或可望用战场作教场,学习作战并学习做人,得到不少进步。国家负责方面若和我一样思索到这个问题，想到这五百万壮丁，将来回转他们乡村里的茅屋中时，即以爱清洁有条理的生活习惯而言，对于国家重造所能发生的影响，可能有多大。这样政府就一定要想出许多方法，来教育他们，训练他们，决不至轻轻放过这个好机会了。这自然是我这个书呆子的妄想！规规矩矩的读书人，是不会那么胡思乱想的。

即以"教育"两字而言，目前似乎还是学有专长之读书人的专利。读书人常说"学术救国"，可不相信壮丁复员后，除了耕田还有别的用处更能救国的，这也极平常，因为许多读书人对于自己的问题就不大思索。譬如说，吃教育饭的读书人，在目前战争情形中，是不是在教书以外，还想到如何教育自己？打了四年仗，世界地图都变了颜色，文化经济都有了变化，读书人的我们，有了多少进步？应不应进步？我们且试为注意注意，有些现象就不免使人吃惊。因为许多人表现到生活上与反映到文字上的，都好像俨然别无希望与幻想，只是在承认事实的现状下，等待一件事情，即"胜利和平"。好像天下乱就用不着文人。必待天下太平，可以回老家那时一切照常，再来好好努力做人做事也不迟！战事结束既还早，个人生活日益逼紧，在一种新的不习惯的生活下，忍受不了战争带来的种种事情时，于是自然都不免有点神经衰弱。既神经衰弱便带点自暴自弃的态度，因之"集团自杀"方式的娱乐，竟成为到处可见的情形。这类人耗费生命的态度和习惯，幽默一点说来，简直都相当天真，有点返老还童的意味！正像是对国家负责人表示："你不管我们生活，不尊重学术，好，我也不管！"所以照习惯风气，读书人不自重的行为，好像含有不合作反抗的精神，看不惯社会的不公正，才如此如彼。负军事责任的，常说只要有飞机大炮，即可望有把握打个大胜仗，可料不到一部分知识阶级的行为,恰恰就表示在民族精神上业已打了一个不大不小的败仗。

然而对于这个问题却似乎和目前许多别的问题一样不许人开口。触事多忌讳,不能说。用沉默阿谀事实,究是必要的。或有人看不过意,要提出讨论讨论,或想法改善,结果终亦等于捕风,近于好事。好事过分或热心过分,说不定转而会被这些读书人指为有"神经病"。以为不看大处看小处,而且把小事放大,挑剔自家人。"小子何知,吾人以此自溷耳。"因之一切照常。

这种知识分子事实上对生命既无一较高的理想或目的,不必用刚正牺牲精神去求实现,生活越困难,自然越来越不济事。消极消极,竟如命里注定,他人好事热心,都是多余了。不过我们若想起二十年前,五四前辈痛骂遗老官僚为何事,真不能不为一部分这种"神经衰弱"的知识阶级悲悯!

我于是妄想从病理学上去治疗这种人,由卫生署派出大批医生给这些读书人打打针;从心理学方面对付这种人,即简简单单,当顽童办理,用戒尺打手心。两个办法中也许后面一法还直截简单而且有效,为的是活了三四十岁的读书人,不知尊重自己,耗费生命的方法,还一如顽童。不当顽童处治,是不会有作用的!

细想知识阶级的过去,竟忽有所悟。这类人大多中产家庭出身,或袭先人之荫,或因缘时会,不大费力即有当前地位。这些人环境背景,即等于业已注定为"守常",适宜于在常态社会中过日子。才智聪明,且可望在一有秩序上轨道的国家中作一有用公民。长处是维持现状,并在优良环境中好好发展。然而在人类历史大变故来临时,就自然得由国家来好好安排,不然就会出毛病的!

不凑巧就是他们活在当前的中国，在战前即显得有点不易适应。他们梦想"民治主义"，可是却更适宜于活在一种"专制制度"中，只要这专制者不限制他们的言论并不断绝他们的供给。他们赞同改变一切不良现状的计划，可是到实行时，却又常常为新事实而厌恶，因此这些计划即使可逐渐达到真正的民主政治，他们还会用否定加以反对与怀疑。可是反对与怀疑尽管存在，一面又照例承认事实。在事实上任何形式的政治制度，只要不饿坏他们，总可望安于现状活下去。虽活得有点屈辱，要他们领导革命可办不到。所以过去稍有头脑的军阀，当前稍有手腕的政客官僚都明白，不必担心知识阶级不合作。这些人自然也有好处，即私人公民道德是无可疵议的，研究学问也能循序渐进慢慢见出成绩。虽间或有点自私，所梦想的好社会，好政治，都是不必自己出力即可实现，而且不能将生活标准降低到某种程度。可是更大的好处，也许还是他们的可塑性，无所谓性，即以自我中心为出发点，发展自己稳定自己即满足的人生观。因此比较聪明的政治家，易于运用他们的知识和社会地位，用来点缀政治上的一切建设。不必真正如何重视他们，但不妨作成事事请教的神气，一半客气用在开会上，一半客气用在津贴研究费上，即可以使他们感觉统治的贤明。如运用得法，这些人到某一时无形中且会成为专制独裁的"拥护"者，甚至于"阿谀"者。正因为这些人在某一点上又常常是真正"个人主义"者，对国家"关心"相当抽象，对个人"生活照常"却极其具体。书本知识虽多，人生知识实并无多大兴趣。至于牺牲地位，完成理想，或为实证理想，与社会有势力方面发生冲突，自然是不可能。话说回来，这些人又还可爱,可爱处也就在他那种坦白而明朗的唯实人生哲学,得过且过的人生观,老实性格,单纯生命,在温室中长大而又加以修整过的礼貌仪范。读的书虽常常是世界第一等脑子作的,过日子却是英美普通公民的生活打算。……

我好像重新明白一个问题,即前面所说遇到这种人神经不大健康不自爱与自重时,就打手心的办法了。因为这么一种人活到当前变动社会中,他们的工作和生活的幻想,完全毁了,完全给战争毁了,读书由于分工习惯,除了本行别的书又无多大兴味,他们不这么办,还作什么?我幻想廿年后国家会有个新的制度,每个中国人不必花钱,都有机会由小学读到大学毕业。到那时,所谓"知识阶级"和"政客"一样,已成为一个无多意义的名词,国家一切设计全由专门家负责,新的淘汰制度,却把一切真正优秀分子,从低微处提出来,成为专家的准备人才。到那时,对于知识阶级,将不是少说话却是无话可说,那是太好了。

本篇1943年3月27日在昆明《生活导报》周刊第18期发表,署名沈从文。

见微斋笔谈

——杜甫成仙

  李白入长安，因贺知章第一次见面时，就称呼为"谪仙人"，一定因此增加了些酒量，也增加了几分狂。一生遭遇，未必不受这个称呼影响。世传捉月落水，说不定倒是件真事，虽不淹死，也作了一回落水鸡！因唐朝既以道教为国教，李家子弟非事实上贵族，也许他自以为是另外一种情绪上贵族。李白的仙才和他的惨死，在心理上都可能由这个贵族情感而来的。然而同时的杜甫，给人印象却是个"正牌诗人"，意即有历史家的感慨又不失赤子之心的诗人。两人生前命运不同，死后命运也不同。元朝是另一重道教的时代，李白的事只在剧曲中流传，杜甫却成仙了。元人笔记《钩文》说：

  "秘书郎乔中山云：至元十年，自以东槽掾出使延安，还出鄜州，土人传有杜少陵骨在石中者，因往观之。石在州市，色青质坚，树于道旁，中有人骨一具趺坐，如自生成者，与石俱化。以佩刀削之，真人骨也。"当时不传说是五代神仙家杜光庭的骨头，却说是杜甫的，大约因杜甫和鄜州关系比较深些。若近人作论，说不定牵强附会，说"杜甫成佛"也未可知。正如孔融因曹操为曹丕纳袁家媳妇，说当时妲己归宿一样，"以今会古"，想当然耳。孔子两千年前即担心到弟子见神说鬼，故论语有"子不语怪力乱神"，想不到两千年后读书人，却专有用子不语精神过日子的。

本篇1943年4月7日发表于昆明《大国民报》第3期《艺苑》栏，署名上官碧。

都市的刺激

我说了，你们又不大相信，因为见怪不怪。你们都是城里人！

大都市是个刺激人神经的地方，乡下人进城，照例有点受不了。譬如说，你是个不折不扣的乡下人，从任何一个城门向城中钻吧，第一那个城门口的花花绿绿玩意儿是哪样？你就受不了。到了城中马路上后，一家家店铺里摆的挂的，和悬在什么看不见高处吱吱喳喳发声的是哪样？你也受不了。还有什么铺子门楣上"一乐也"的大匾，字体说不定还是名人写的，门窗上布帘子垂得严严的，你许会想起几句俚谚："人生有三乐，××，搔痒，掏耳朵。"看到男男女女笑迷迷的进出不绝，将疑心"这是搔痒，还是掏耳朵？"若为好奇心的驱使，居然冒险大胆闯进去试试，被人按捺到有机关的椅子上，用一个不知名法宝在脸上谷谷谷谷的只是烫熨，到时虽知道是"电"，你想想，神经当不当得住？

再若走到什么银行大楼前面，会不会担心到万一恰在此时，屋顶一下子压到头上来？汽车来来往往，你想弄清楚坐在这些各式各样机器匣子里的人，一天究竟做些什么事。然而你除了知道他们有钱，此外还可希望明白什么没有？还有邮政局，什么公司，若你路上犯了规，警士会不会把你带进去罚款？……总而言之，说老实话，你受了刺激，三斤六两脑子一定是乱乱的。你一定想"还是家里好"。俗语说"近怕鬼，远怕水"，但即或家里茅房厢房当真有个大头鬼或毛手鬼，一到晚上朦朦月亮下就出来，你也将觉得究竟比在这个陌生而又乱烘烘的大城市住下来好得多，并且也安全得多。远处的水虽不知深浅，你不涉水就不用怕。至于城市中的一切，实在太难测，太可怕了。

我和几个朋友，住在一个离昆明四十里远近的乡下。朋友有个女佣人，长大到二十四岁，还不曾上过昆明府。因为有点"摩登"情绪，那朋友的太太就特意带她进城玩了两天，逛了一天大街，看了一回电影，且还在其旅馆白瓷盆中洗了一个澡，像刘老老进大观园一样，把鸽蛋当成长得俊的小鸡下的蛋，宾主一齐开心后，便回乡下了。回到乡下我问她感想和印象，便觉得人多太可怕，电影戏只是洋人打架，打过后又亲嘴，还不如花灯中的梁山伯祝英台故事好。街两旁开铺子卖东西的，坐在柜台里不动，不吃消食散，也不怕积食，很奇怪。许多大学生在茶馆不读书，只玩牌，怎么对得起国家和父母？……真有趣味的，倒是吊在床边的电灯开关，比吹火媒和擦自来火方便得多。这个真正乡下人的乡巴佬气息，你们可不用笑。因为说"摩登"，她恐怕在另外一方面比住在昆明市的任何人都强得多。原来人物画家司徒乔先生，从新加坡回来时，第一回动手就是在我住处为她画一张水彩相，第二回动手是在巫家坝为美志愿队长画的速写相，这个女人虽不敢再上昆明府，这两张美丽画相，可同时到美国英国旅行去多日了。

自从城乡公共汽车增多后，附城几十里的乡下人，到城里来逛的机会必然较多，所以戴莲花帽兜的山里人，进长城、南屏看影戏，已不算稀奇事情。虽然同样还是受刺激，很可能有些乡下人，竟因为想要受受刺激，还特意上城来花钱的！

我自己常自称"乡下人"，大概指的是精神性情方面而言。事实上却曾在中国最大两个都市里上海和北京住了许久，已能够在上海地方跳下这辆电车，换上那辆汽车，不会把路线弄错。在汽车川流不息的南京路，从从容容穿过马路，也从不出乱子。在北京则逛故宫从不迷路，什么宝物放在那间房子角落也分分明明。可是每礼拜从乡下进昆明时，却依然要受一样东西刺激，弄得怪不舒服。并且走到任何一处都要碰着它，一碰着它时，我就仿佛要不打自招的告饶说："噫，你驾在这里。我只好自认是乡下人了"，因此赶忙走开不敢见面。这不是特别害怕它，只是怪难受。我不说，你们猜想不出这个"你驾"是什么；我说了，你们又会不大相信。为的是见怪不怪，你们都是城里人。

我受的刺激我神经受不了的东西，原来叫做"美术字"。当时取名的用意，大致是美术家专用的。最先见于一般日用工业品的五彩商标上，其次见于照相馆理发馆电影院一类招牌上，抗战以后见于一般宣传标语上，最近却已应用到大衙门前面墙壁的装饰上。货物商标因为字体小而不算打眼，还不怎么成问题。美容娱乐代表工业化，用来点缀都市，也不觉得特别刺眼。用到一般宣传标语，这标语在都市中使用时，还不甚要紧，用到乡村中时，就成了问题。用到军事机关，主管军官看来，发生什么感觉，我不大明白，至于我个人，总觉得这种字体似乎破坏了军中应有的"庄严"。能用"美"代替"庄严"，犹可说失于彼者尚可望得于此。作拿破仑传记的人就常把他称为有艺术天才的伟人。

然而我们却不合把当前的美术字体,来写象征民族精神的格言,到万人瞩目的墙上去。说真话,就是这种字体有些实在写得太丑陋,从办公文出告示眼光来说,很不大好看啊!

这种字体能在政治军事两方面成为应用工具,与"宣传"有点关系。大小机关宣传组织有个绘画演剧的班子,班子中照例又要些美术学校出身的人,这种人,照例又都会写点图案字,一学这种字又照例不懂中国传统的各体字,因此一来,美术字当然就成为到处训练人神经抵抗性的玩意儿了。我特别尊重从事宣传工作者的热忱,因为我知道他们大都很年青,很吃苦能干。然而对于他们使用这个工具时所缺少的综合知识,却以为值得讨论。

在昆明公家方面的美术字,最触目的应数市政府刷印在街头墙上的一行"培养卫生"横字,不大容易认识,然而整整齐齐带点装饰意味,还算不难看。话语系劝告性,也和字体相合。可是用来放在大照墙上,如福照街旁那个大衙门,就完全不济事了,即用来放在小规模公家机关墙壁上,如外交署,我们也就会觉得还是原来那几个虞世南夫子庙堂碑体字,见得温雅而庄重多了。

美术字体用到公众地方,比较富于装饰美的,应数中央宪兵团在滇越车站的工作。然而装饰性一多,城里人就不大能认识,何况卖豆腐青菜的呈贡乡下人?所以工作费力而难期应得效果,倒不如颜体字相宜。美术字用得不大庄严不美观的,就个人所见,似应数××××××门前墙上柱上的一些字,使人一见即起"你驾"感,有点招架不住。若墙上必需写字,重在装饰,似乎用秦刻石或天□谶碑体,方能与房子体积相称。若重在醒目惊心,最好用杨大眼造像,或就近取法,用云南大学至公堂与衡鉴堂字样。若求兼顾并及,最好用泰山经石峪字体,宽博而谨严,

221

又好看，又落实。柱子上可绝对不要字。我希望这点意见能得当事的同意，把墙柱粉刷后重新再来。

口号标语固然要有刺激性，还容许在字体典重庄严上增加一点分量。若处理不合法，很可能给人相反印象，倒近于多此一举了。旧式衙门大堂或私人二门，四扇黑漆门上，常常只贴上一尺见方的"严肃整齐"四个金字，反而从视觉上产生庄严作用。如今却常常见到方桌大的美术字，分量轻飘飘的，与国民性也不大相合。如像××街某衙门照墙上的几个字，就可作例。如用经石峪金刚经字体，或孔庙碑字体，分量就一定沉重多了。那衙门两辕砖柱上的字，最好还是去掉，因为留下来实在不美观。

我们常说"发扬民族精神，表现民族气派"，我希望另一时，在每个机关写标语的地方，都可以看到足以代表国民性的字体，这才真是宣传！我这种乡下人，理想实现应当不甚困难，因为行政与军事机关，还有的是会写字的秘书参谋，这是他们的工作，并不是艺术股的工作！如标语系从国防委员会或军委会制定的，最好把字样也一同发下，还得有个高等美术顾问，特为设计，并有一组受过训练的美术家，各处观察，这一来情形就不同了。

史称蔡邕写经，石置鸿都门，观者车马络绎。为证明我是有资格的现代观众，下次我要谈谈昆明的招牌给我视觉上的刺激。

本篇1943年7月25日在昆明《生活导报》周刊第35期发表，署名上官碧。

明天的"子曰"怎么办

>我们实在需要一点气概,即否认"实际主义"能支配一切。

宋太祖不大看得起读书人,常称之为"子曰",意思以为天下事复杂而变化多,读过几句子曰的人,是不足语天下事的。虽"子曰"中有"治国平天下"语,不过这句话是个潦倒终生的孔子或其门徒说的,当然也只可为后来的"子曰"满足空洞的抱负,从实际家出身的伟人看来,就完全是一句空话,从不认真注意过的。

当前虽是民主国,白话文运动实现也已经有了二十年(从民九教部指定语体文为初级教育工具算起),可是在初中二国文选本上,年青中学生大致都还有机会读一课两千年来"子曰"所必读的短短文章。那文章上有几句话,差不多每个新的"子曰"都熟习。

"天将降大任于斯人也,必先苦其心志,劳其筋骨,饿其体肤,空乏其……"只要读过几句子曰的,对人世事就常常有种理想,且为一些书本上的高尚而尊严的原则所控制,与在实际中受教育实际中讨生活的人物完全不同,历来即不可免要在肉体和精神两方面遭受种种挫折。孟子从过去推测未来，明白此后社会发展终脱不了如此现象，为将来的"子曰"增加一点抵抗力和容忍力，所以特意来哄哄"子曰"，那么说了几句漂亮话。几句话既流传下来，因之到明白"天将降大任"只是一句空话后，依然还不断有"子曰"产生，这倒是孟子所不及料了。

照过去事实说来，真正规矩的"子曰"，在"苦其心志，饿其体肤"之外，还可望得到一种"高尚"的抽象的尊敬，然而已不大济事，所以原宪故事，方特别为人传诵。至于当前的"子曰"，却不免被人谥为"潦倒半生，一事无成"，而事有所成，成王封爵，煊煊赫赫，作威作福，不可一世的，倒多数是无所谓的人物。这种人或袭先人之余荫，不劳而获尊爵厚禄。或攀藤援葛，连亲带眷，一同升天。或貌作志士仁人，始则用名词谄事群众，终则用事实谄事公卿。或且更直接更卑鄙用一种不可想象的方式，取得目前所有特权与财富。

"直如弦，死道边，曲如钩，反封侯。"这个谣谚虽是两千年前人说的，何尝不像是现代报纸的简单警辟的社论？今古不同处或在彼而不在此：即两千年前的社会上的病态，还容许人从谣谚方式上形容讽刺；当前的社会病态，一说即犯忌讳，还是少说为妙。何以故？因为现代政治的特点，即完全抛弃"子曰"的理想，一切唯以能在事实的泥淖中支持，对一切现象加以默许，为最聪明办法。

也就因此，最近相熟人中一位"子曰"，在国内最好大学教了十五年书，却把十五岁的大儿子（刚从初中毕业），送去一个机关作书记，希望能自救外还可每月得点钱贴补家用。事实上这个"子曰"已到了日夜读孟子，相信孟子，也无从活下去的情形。还有更不像样的，是儿子太小，不能作事，即将工作决不能离开手边的一些旧书卖去，勉强对付一时的。这事情竟像既不是国家的耻辱，又不是学校当前能力所可注意的问题。

我倒想问问在同一情况下"子曰"，我们是继续读孟子或其他什么，还是得想想办法。很显然许多"子曰"即期作原宪亦不可能。因为生活逼紧，已不容许在上漏下潮的房中弹琴养气。我们怎么办？若我们连抽象的打算也没有，我们和我们的国家，是不是还有个较好的明天可望？我们实在需要一点气概，即否认"实际主义"能支配一切。我们得从这个原则上重新建立些抽象，给今年还有机会入大学读子曰的知道中国当前子曰是什么，才可望饿死我们自己，救救我们儿子；教人读了十五年子曰的，也还可望将自己十五岁的儿子送入学校里读读书！

本篇1943年8月22日在昆明《生活导报》周刊第39期发表，署名沈从文。

中庸之道

大家空谈中庸,等于将所有问题用一个破旧布袋装起来。

近年来常常有人欢喜谈中庸之道。凡是"进不以道,取不以义,守不以法,行不符其所言",心中有所愧恶,有所恐惧的,似乎都对于这个道德名词兴趣特别浓厚。初初看来,不免令人奇怪,这名词出现不是时候。但详细注意注意,也就会觉得十分自然。原来有些人表面上是在提倡恕人,实则求人恕既不可得,求自恕有时且难成功,因之都想托庇于中庸之道空气下,将日子混下去。中庸之道由这些人来谈,若把它译成俚语,求其与谈它的本意逼真吻合,意即为"包涵包涵"。所有文章内容,都近于一种不负责任,唯诺取容,软弱无能者的呼吁,即"大家包涵包涵,大家可混下去;大家不肯包涵,那就糟糕!"

(被删一百七十三字)①

中庸之道这个名词出自儒家,孔子的"己所不欲勿施于人",正可为这个名词本意作注解。推己及人谓之恕,中庸之道即由恕字出发。可是恕字含义,当时使用是有个限制的,似只适宜于应用到对己律人取得一种平衡,属于私的一方面。即退而省其私的结果。并非对事不问是非不分好坏之谓，更不能用到国家大事问题支吾上。所以支持儒家正宗思想的荀况，在论人事的是非时，对于人的好坏，即分析得十分严肃，决不含混马虎。

"国贼"与"国妖"，可说是两个对人批评得极厉害的名辞。这名词就是由谈礼乐尚仁恕的荀况所定下的。他说："不恤君之荣辱，不恤国之臧否，偷合苟容以持禄养交而已，谓之国贼"。"口言善，身行恶，国妖也。"可见几个人小小过失，或天生愚昧低能，用得上一个恕字。凡对国家有责任，不能尽责，惟知安享尊爵厚禄，固宠取幸，不问国家前途，不辨事情是非，惟以偷合取容混饭吃的人，是不能依赖恕道上开脱，应称为"国贼"的。又或口言善，身行恶，言行不符的人，也不适用恕道，必称之为"国妖"的。国贼与国妖，当然是在老子恕道以外的。这种人从诗人的诅咒上来说，即当"投畀豺虎""投畀有北"。

试用荀况所描写的两种人当作范本，来测验测验目下社会，我们将不免大吃一惊。（以下被删七十一字）《笑林广记》上有个捉贼故事，说某贼被人发现时，人喊捉贼，他穷急智生，也跟随大喊捉贼，因之逃脱，平安无事。如今谈夫子之道的，既有想从夫子之道自脱或自存的人物，因之真正服膺夫子正名的精神，想来检视一下当前场面上的现状，把责任是非弄清楚一些的人，便应了古语"察渊鱼者不祥"，反倒容易被称为矫激褊狭有点神经病的人物了。

近几年来《楚辞》的价值和作者地位，重新被人估得高高的，也可说便反映一种事实，即兰桂萧瑟而蒿艾敷荣。今古情形不同处，即当时屈原带点失恋失宠意味，写来写去，越写越生气，终于被逼而发疯，向汨罗江中一跳，完事大吉。目前的人神经强韧一点，又不许说什么太放肆的话，只在沉默中忍受时代风气所带来的是非不明黑白不分……这一切都若在测验读书人的神经容忍力或适应力，也就是在测验读书人的做人良心。近来有一部分人，或热中于出路，或太不甘寂寞，丧失了个人做人的自尊心和用工作有以自立自见的信心，起始来用阿谀支持"混"的局面，且图从这个局面下得到一点唾余好处，中庸之道于是也就从读书人中得到点微弱的应声。

其实说来，对于这种种，我们或许还用得着一种悲悯心情去看待，只是对于整个国家前途却不免令人怀抱隐忧！因为国家民族的未来，是决定于当前人的打算与安排的，能为将来打算安排的，必先有勇气正视当前弱点所在，困难所在，来有所处理。对责任所在的当前事不敢悠忽，方可望对未来能作远大计划。眼前所有大问题，若各部分负责方面，都只用一个"混"字应付，明日各事，就当真近于听凭"命运"处理了。

《大公报》提倡爱悔恨，意思正是盼望中层负责分子得把一切责任是非弱点长处弄个清清楚楚，能爱其所当爱，恨其所当恨，而对于悠忽拖混罪过能真正有所愧悔，则一切重新起始，并不嫌迟。若大家空谈中庸，等于将所有问题用一个破旧布袋装上，抗这个布袋的虽若有人，抗来抗去，有何意义？是否即可以解决一切的问题？又能抗多久？也值得想想！值得一些脑子还不曾为势利所麻木，而情感又还能关心到明日国家种种的年青朋友想想！我们若真希望明日在这片土地上过日子的下一代的中国人，活得比当前幸福一点，尊贵一点，同时也自由一点，目前还不仅需要负责方面能爱恨悔，还要多数人敢向深处思索，敢将思索及的问题说出来，对人尽管中庸到承认"一切现状存在为必然"，可是问题也应当明白对事拖混敷衍的结果，将产生一种什么堕落现象，且影响到将来民族命运有多大！

本篇1943年9月19日在昆明《生活导报》周刊第41期发表，署名上官碧。

① 括号内文字是《生活导报》编者的附注，下同。

饭 桶
—— 见微斋笔谈

《抱朴子》①引弥衡语云:"孔融荀彧,强可与语,余人酒瓮饭囊。"同一句话也有作"酒囊饭袋"的。装酒用囊,用瓮,用葫芦,扁提,不是我这个小文预备讨论的问题。近人常说"饭桶",多用作在什么情形下什么东西最合式,对于有名位无才能的官僚,近于滥竽充数的公务员,或泛指社会上一般无用家伙称呼。就中的嘲讽意味,似即本于"酒瓮饭囊""酒囊饭袋"而来。大凡一个稍有自尊心的人,总不愿意得到这个称呼。不过"饭桶"本来的意思,和"饭囊""饭袋"似乎不大相同。饭桶的来源与食大量大的福气有关,被人敬重,以为有异常人。事本宋初张齐贤。《归田录》②说:

张齐贤仆射,体质丰大,饮啖过人。尤嗜肥猪肉,每食数斤。天寿院风药黑神丸,常所服不过一弹丸,公常以五七两为大剂,夹胡饼而顿食。淳化间知安陆州,安陆山部,未尝识达官,见公饮啖不类常人,举郡惊骇。尝与宾客会食,厨吏置一金漆大桶于厅前,窥公所食,如其物投桶内。至暮,酒浆浸渍,涨溢满桶,郡人嗟愕,以为享富贵者有异于人也。

正因为这种有真本领的饭桶,在当时不仅为乡下人平生少见,即见多识广的帝王,也常常当作一种新奇人物款待,所以还有机会被帝王请去当面表演。《癸辛杂识》③载赵温叔被皇帝请吃"小点心"事情,正是一个好例。

  赵温叔丞相,形体魁梧,进趋甚伟,阜陵甚喜之。且闻其饮啖数倍常人,会史忠惠进玉海,可容酒三升。一日召对便殿,从容问之曰:"闻卿健啖,朕欲作小点心相请,如何?"赵悚然起谢。遂命进玉海,赐酒至六七,皆饮釂。继以金柈捧笼炊百枚,遂食其半。上笑曰:"卿可尽之。"于是复尽其余,上为之一笑。

不过皇帝请吃小点心事,不是一般人能作到的。即身为宰相,机会也少。所以张齐贤虽说是太祖给太宗特意留下的宰相,大吃大喝的故事,就还是谪至安陆时传下的。因之这种伟人即身为宰相,平时吃喝就相当寂寞,无对手可得,近于孤立。至若小官,就简直只有将腰带束紧一法了。同一笔记说赵温叔事,就提起这一点。

  其后均役南,暇日欲求一客伴食不可得。偶以本县兵马监押某人为荐,随招之宴饮。自朝至暮,宾主各饮酒三斗,猪羊肉各五斤，蒸糊五十事。公已醉饱摩腹，而监押屹不为动。公笑曰："君尚能饮否？"对曰："领钧旨。"于是再饮数杓。复问之，其对如初。凡又饮斗余乃罢。临行，忽闻其人腰腹间砉然有声。公惊曰："是必过饱，肠裂无疑。吾本善意，乃以饮食杀人！"终夕不自安。黎明，亟遣铃下老兵往问，而典客已持谒白："某监押见留客次谢筵。"公愕然。延之，扣以夜来所闻。踟躇对曰："某不幸抱饥疾，小官俸薄，终岁未尝一饱，未免以革带束之。昨蒙赐宴，不觉果然，革条为之迸绝，故有声也。"

这倒真所谓"强中更有强中手！"不过或者因食多量大而做大官，或又因官小俸薄而紧束皮带，从不一饱，照唐宋人说来，就是"命"了。唐兴科举，一生荣辱虽若以考试决定，制度上既不大健全，加上帝王兴趣，权臣意旨，其实偶然机会转多。钟辂《前定录》④说到这件事情时，竟若与学问财知全不相关。本事诗叙王维登第的故事，出于岐王引带到公主面前弹了一曲琵琶《郁轮袍》⑤，还算是有意安排，费了点儿心事方成功的。此外有多少人中状元都可说全出于偶然！宋蔡齐的及第，即见出不是与帝王做梦有关，就是与姓寇的宰相乡土成见有关。《谈苑》⑥称：

真宗临轩策士，夜梦床下一苗甚盛，与殿基相齐。及拆第一卷，乃蔡齐。上见其容貌，曰："得人矣。"特诏执金吾七人清道，自齐始。

又《邻畿杂志》⑦却说：

> 莱公恶南方轻巧，萧贯当作状元，莱公进曰："南方下国，不宜冠多士。"遂用蔡齐。出院顾同列曰："又与中原夺得一状元。"

若我们明白佛道二教在唐代社会所培养成的浪漫空气，上至帝王下至平民，如何浸透了每一个人的心，或每一件事，到宋真宗时，君臣假作天书封禅玩意儿，又玩得如何俨然如真，宋人对人的成见，影响到政治方面且如何大，就不至于觉得唐宋对于富贵荣辱相信命运为可笑，《谈苑》所载为不实了。

自唐有科举，"状头"即成为读书人梦寐不忘之物，同时也就成为未嫁名门闺秀所歆羡之名词。元明戏曲传奇，男主角大部分作状元，正反映这点愿望如何普及人心。唐代状元不尽入相，宋代状元却少不入相。惟状元之所以为状元，则唐宋无异，非尽以才学为准。《涑水纪闻》⑧记王嗣宗作状元，更有趣味，原来这个文状元，是在皇帝面前与人比武取巧得来的。

> 王嗣宗，汾州人，太祖时举进士，与赵昌言争状元于殿前。太祖乃命二人手搏，约胜者与之。昌言发秃，嗣宗殴其，头坠地，趋前谢曰："臣胜之！"太祖大笑，即以嗣宗为状元，昌言次之。

虽《玉照新志》⑨以为《涑水纪闻》有误，与王嗣宗在开宝八年争状元的是陈识齐，并非赵昌言。惟王嗣宗因角力得状元，则大约是事实,"终南处士"种放之不再起用,也就和这个手搏状元一场争吵有关。

饭桶事虽本于张齐贤,惟《归田录》记此事时,却只说"酒浆浸渍,涨溢满桶",似无饭粒发现。吃黑神丸实夹在"胡饼"中,情形和我们现代人用什么鹿茸精维他命或白塔起司夹在面包烧饼中大略相似。赵温叔宴饮被皇帝请去吃小点心,吃的是"笼炊"。兵马监押与赵温叔宴饮,除猪羊肉外,是"蒸糊"五十事。胡饼,笼炊,或蒸糊,顾名思义都使人疑心是面食,必捣烂调和,做法也与米饭不同。实在说,这些"饭桶"吃的都和米饭无关!语谓"巧妇难为无米炊",在宋人引此谚时,却为"巧媳妇做不得没面怀饦"。面食嗜好在南中国成为习惯,或在晋室渡江时代。惟直到北宋时,种麦还是淮河流域以北比较普遍,长江以南大规模种麦,实在南渡以后。庄季裕《鸡肋》[⑩]称:

> 建炎之后,江浙湖湘闽广,西北流寓之人遍满。绍兴初,麦一斛至万二千钱,农获其利,倍于种稻。而佃户输租,只有秋课。而种麦之利,独归客户。于是竞种。春稼极目,不减淮北。

又从《鸡肋》上所载张浚等军所支粮秣数量看来,也可见出当时大兵吃的是米麦间杂。东西出产一多,价值自然下来,不吃他的也只好吃了。帝王请客吃点心,事已极奇,还有平民请帝王吃点心,而且吃一个蒸饼,事亦见于《鸡肋》。

> 楚州卖鱼人孙姓,颇知人灾福,时呼"孙卖鱼"。宣和

间，上皇闻之，召至京师，馆于宝箓宫道院。一日，怀蒸饼一枚，坐一小殿中。已而上皇驾至……即出怀中蒸饼，云"可以点心"。

据记载说当时徽宗虽觉微馁，亦不肯吃。请客的孙卖鱼就说，这时不吃将来想吃恐怕也不成功，到后徽宗为金人掳去，狼狈张皇，果然想吃那么一枚小点心也办不到。

宋人有很多小故事和"饭"发生关系，试举四个不相同的说说：《钱唐遗事》⑪记宁宗元夜事：

宁宗上元夜，尝爇烛清坐。小黄门奏曰："官家何不开宴？"上愀然曰："尔何知？外间百姓无饭吃，朕饮酒何安？"

《鹤林玉露》⑫称：

范文正公云："常调官好做，家常饭好吃。"

又《高斋漫录》⑬，记苏东坡和钱穆父各自作东请客事：

东坡尝谓钱穆父曰："寻常往来止可，称家有无，草草相聚，不必过为供具。"穆父一日折简召坡食"皛饭"。坡至，乃设饭一盂，萝卜一碟，白汤一盏而已，盖以三白为皛也。后数日，坡复召穆父食"毳饭"。穆父意坡必有毛物相若。比至，日宴，并不设食。穆父饥馁甚。坡笑曰："萝卜，汤，饭，俱毛也。"穆父叹曰："子瞻可谓善戏谑者也！"

又《三朝北盟会编》⑭，记范琼当金人入城时向民众宣布关于吃饭意见：

> 上皇以下出郊，人情忧惧。京城四壁都弹压范琼大呼曰："自家懑只是少个主人，东也是吃饭，西也是吃饭。譬如营里长行健儿，姓张的来管著，是张司空，姓李的来管著，是李司空"。军民闻之，骂不绝声。

四个故事正代表四种身分，四种人生态度。第一种是好帝王态度，因为想起百姓无饭吃，自己也无心吃喝。意思正像"推己及人"。第二种是纯粹儒家谨严态度，淡泊以明志，不为物欲所役，所以对于"家常饭"特别赞美。意思正像"要吃饭，只有这种饭好吃"。第三种是艺术家潇洒幽默态度，萝卜白饭，随随便便，亦可美其名曰"晶饭"。再不然，把客请来，什么都不预备，还可解嘲名为"晶饭"。意思正像"吃饭并不是人生中顶重要的事情，客人风雅，相对谈天也成！"第四种是混饭吃的卑鄙态度，北宋末有这种人，任何时代也不缺少这种人，每当国家遭遇困难，社会解体，或外患内乱，改朝易代时，具有这种无所谓态度的人，照例就相当多。不过情形相同，表现有异，读书人喜用知识自饰自文，就变成刘歆谯周，以为天命有归，逆天不祥。或如冯道，则不声不响作五朝元老，成为历史上无耻官僚典型。或如李昊，世修降表，也算是一个专家。北宋末只有一个范琼，脑子单纯，说得出口，所以军民还能骂这种人。其实当时只闻一个李若水尽忠死难，还有多少不声不响的范琼，在那里拖混！并且此外时代，照例也就是人数太多，这些人又只是不声不响的混下去，社会既不许骂，亦无从骂他罢了。若"饭桶"二字的本诂，有"混饭吃"的抽象意思，这位会做官的范琼，所表现的混饭吃态度，倒真是名副其实。因为用这种坦白卑鄙态度去吃饭，做人，过日子，无往不宜，所以骂者自骂，好官我自为之。历史上这种人就不断的产生存在，各以不同面目，不同身分地位，在社会上活动。国运荣枯，从这种人的数目上，以及他们所占据的社会地位上，亦可以推测得出。《曲洧旧闻》记蔡京批评吴伯举曰："既作好官，又要作好人，两者岂可得兼耶？"可见当时作好官者，即并无意作好人，亦必不容易作好人。

今古相似而不同。弥衡可说是被"酒瓮饭囊"压死的，因为话语中伤害了这种人的尊严。所以先在曹公筵席上打了一阵子鼓，到后终不免被黄祖派人缚好沉到大江里喂鱼吃。现在筵席中已不用鼓吏，也不能如刘桢那么被罚去作坊磨石头，倒不是言论宽容。只像是"酒瓮饭囊"已无尊严可伤。若说从历史考察，可见出社会一切进步的痕迹，那么，这也许就是这类人的进步处了。

八月廿呈贡重写

本文1943年9月24日在重庆《大公报·战线》第991号发表，署名上官碧。

统治责任与权力的测验
——平价中的小问题

如今谈平价,不是能不能,
只看为不为了。

本市物价常被人称为中国第一,世界第一。公私各方面钞票过多,无可运用,一齐来在市场争夺商品,物价比其他后方都市变动性来得大,因之有些日用品,也就比别地方高得多,实自然不过的现象。这也可说是一种"锦标",如果它不大影响于一般民生,保持纪录且可增加商场中活动人物少许虚荣,听它下去未尝不好。可是事实上这种锦标已弄得许多人生活过于紧张,需要有个办法来调整调整,早是有识者所共见的!

支持这种"物价第一锦标"原因的,有的说是少数人,有的说是多数钞票,以少数人运用多数钞票,来在市场上掠夺商品,看定一二十样重要商品,作"有赢无输"的赌注投资,结果当然是弄得个市场不成样子。因此对限价抱悲观的负责人便以为一切努力实无可望。因为能运用钞票的在心理上不特乐意保持纪录,还希望打破纪录,平价事自无可望。然而对限价抱乐观的专家,却又说,既是人在运用钞票,一定有办法。只要能想法转移钞票活动的方向,并因之减少钞票活动的数目,全国物价都有办法,何况区区昆明市。近一月以来,我们试向正义路走走,必可得到一个新鲜印象,即大多数铺门窗柱间都贴了些减价八折的红绿字条,吸引过路人注意。再试走进任何一家铺子随便问问,也就会相信这种减价的真实性。一月前多数人的心理,还以为货物比钞票可靠,怎么现在会用大减价来推销货物?未免觉得不可解。原来政府综合悲观与乐观两种观察,已开始执行一个计划,将钞票重新加以处理。处理方法就是用具体的金子收回些钞票,用抽象的国外债券(虽抽象却似乎更稳定可靠),又收回些钞票和金子,再来对那个少数有力者用……大家既需要钞票作别的用途,于是市面上货物自然就多起来了,贱起来了。九折八折招徕主顾的字条到处可见。其实一个足当眼明手快的商店老板,若企图赶紧转移资本,在所有货物上来个七折对折的大减价,也是必然应有的现象!(尤其是开新书店的,不趁此讲求脱手方法,资本呆定在一堆内容恶劣无人过问的新书上,可说是命定了的。)

不过如此一来,我们所谓昆明市物价问题,是不是就得到了解决?若当前平价问题,只限于正义路洋货杂货购买上,可说暂时已得到解决。现有货品不至于继续上涨,至少市民恐慌性就少些。有钱人钞票找出了新的用途,用钞票争取商品的投机性也少些。若四十万市民对于物价问题,不尽在正义路,实在城厢内外各菜市,炭市,米店,油盐杂货店,以及昆明市每一条街每一个巷每一栋房子中,换言之,即问题在薪水阶级作主妇的"开门七件事"应付上,外加那个"房租",我们便可说政府新的计划,还并未在人民生活上发生作用。(解决了大问题,可不曾触着小问题,事情说来物价问题倒又恰恰给贴近这些小小事情上。)这只要问问每个家中的当家人即明白。

近来物价下跌与生活必需日用品无关。正义路的热水瓶和牙粉牙膏尽管大减价，七件事可稳定不动，一部分且在暗中上涨。全市各处房租更多加价，而且增加比例都大得怕人。有些租金一跃到原来五倍二十倍，有些且在加租外还来个大数目押租，（政府两年前虽即有个法令加以限制，可是一遇到闹房租问题时，当事人谁都知道用"不租自住"和"出卖"作理由，即可不受拘束。）住房子的若是个公务编制，还可从预算上添笔账目，实报实销，不甚为难。若系私人，简直是不知如何是好！这些事很显然都不是政府平定物价的新的设计可以有作用的。并且正相反，卖肉卖七件事的，有房子出租的，竟可说这个新经济政策一来，反而刺激了贪欲本性，使他们发生用钞票换金子和美金债券的浓厚兴趣，各照习惯所许可方式，来设法增加手中钞票数量，因此弄得一个靠固定薪水收入过日子的公务员，只是更加招架不住。这种招架不住的情形，直接使许多正当公务员，尤其是大学校教书的，军事机关作幕僚的，每天为吃住发愁，间接且在无形中鼓励社会各部门的贪污营私纳贿制度，国力消耗，实在严重不过。

私意目前这类问题，若不是最高当局所能注意得到，就该是地方当局负点责任来想想办法的时候了。《春渚纪闻》①记宗泽作开封府尹时，因物价上涨，影响人民生计和作战士气，于是把个高抬市价卖面饼的借来杀头示众，并把个监官酒的叫来，给他一种警告，以为暂时寄头到颈上，若不减价，便和卖面饼的照样处治。如此一来，不到几天，所有物价一律稳定。如今昆明一般社会所感到的困难，比南宋时开封府的面饼和酒问题实在严重得多，当局目前可运用的权力，又似乎比当时作府尹的大得多。把卖烧饼的或卖牛肉的提来杀头，不是如今必要的方式，因为杀来杀去，也只会增加站在街头看热闹的闲人一些漠然残忍性，事实上无多意义。可是个人却赞同政府来好好的管理一下这个都市。如果有个什么办法来解决，我相信在专家方面，在舆论方面，在各有机关，以及一切公正薪水阶级人员个人，都必然完全拥护。正因为这个都市的四十万人民，虽只有一部分人直接和军事有关，这个都市的稳定性，却与向外发展的军事有关。市民生活所必需的，日用品价格，能否由政府管理调整，或重新设计用公卖方式定量分配，不仅仅与四十万人民营养安全有关，也与国际友人印象有关。我们感于最高当局说的"军事第一"的真实意义，以及"求军事胜利必严格管制一切"的重要性，如今既有的是需要合理管制的对象，且不缺少管理的机构，等待的实只是一种具体办法，以及执行这个办法时的热忱和决心！若负责方面不缺少这种热忱和决心，即在试验中发生些不可免的困难与麻烦，也会用毅力与勇气来克服，从各方面将这个都会过去弱点加以修正的。

　　提到这问题时，也许有人从商业观点上，会觉得过去这方面的放任，与本市年来繁荣不无关系。自由竞争不仅诱引吸收了大量物资的集中，也扩大了本省钞票的流通量与流通性质。可是从政治观点说来，这种繁荣实包含一点堕落趋势，为有识者所共见，已必需想办法补救。继续的放任，是会使所有住在这个美丽城市中的市民（除商人与阔老之外），或直接遭受生活上更大的艰难，对工作难以为继，或间接在精神上接受"缺少管理计划与能力"的谤议，统治信用或尊严，都必然将发生影响的。过去谈全国性物价，负责方面或有"挟太山超北海"感觉，以为即有心为之,亦力所不逮。如今谈地方性物价,事实上已近于"为长者折枝",不是能不能,而只看为不为了。所作事轻而易举近于折枝,其重要性则不啻一种统治责任与权力的测验。所以问题说来虽小,实值得有远见的负责当局,给予一点新的注意与关心!

本篇1943年10月31日在昆明《生活导报》周刊第47期发表,署名沈从文。

① 《春渚纪闻》,历史笔记集,作者北宋何薳。

我们用什么来迎接胜利

战争急转直下，忽然得到一个结束，但在一片迎接胜利呼声中，我们却似乎隐隐听到一种回音，即尽管是伟人满朝市，志士满天下，不知用什么来迎接胜利？就近三十天见闻所及，到收复区广大面去接收公家机构，人还不够用，接收铁路，接收工厂，人更不够用，甚至去各地接收敌人缴下来的武装军器，机械材料，以及回国盟友所留下的一切，无事不免有人才难得之叹！

我们的伟人，我们的政治家，我们的由知识分子专家转而成入幕之宾点缀政治的高级官僚，近二十年来的纵横捭阖，小团体小组织经营运用，争夺权势，不可谓不处心积虑，精细而周详。然而面对这突然来临的现实，才证明如何少见识，无意义，心力白用！如今事实上，一面是事事待人作，少人作，许多问题逼来，弄得个束手无计，顾此失彼；一面是有关于局面独占转而为势力平分的国是谈判，直到如今却还无从明朗化，具体化。多数国民在不知究竟中等待，而所等待的，戳穿说来，也还是一种势力消长的新的平衡，再由这个新的均势下期待所谓走上民主政治第一步。第一步路尚在期待中，且谁也说不明白第二步将如何走，实不能不使人为胜利二字感到一点茫然，为建国前途抱点杞忧。

近二十年国内混沌不安，以及近八年对外战争所受的挫折，竟像是不仅不能给多数人一种较好教训，反而只作成少数人二种信念：一是武力武器自足自持的王霸观念的扩大，一是填塞于国内一切机构中的职业官僚的敷衍拖混态度的继续。两者结而为一，即支持着当前的局面，也控制着当前局面的发展。任何高尚原则如合理见解，专门智识或有用热情，一和这个现实接触，都不免完全失去作用。整个民族就共同坐在这只有战士，无桨手，有罗盘，不用海图，大而且破的船上，通过无边际的时间大海，向历史的彼岸驶去。我们若不能如某种人一般，为随同"胜利"二字而来的纸面宣传，与争权分割而得的种种实际权利，催眠到陶醉忘我境界，则在茫然和杞忧之外，还将深深感到一种痛苦。

对于过去的内战，我们尚能用超然态度，形成一种游离状态，继续个人的工作，团体的发展。所以在廿年军阀内战中，国内著名大学如北大，清华，燕京，金陵，交大，研究机关如地质调查所，静生生物调查所，协和医学院，居然还能为国内学术研究打个基础，同时为国家在发展中准备了一批有用人才。对于过去的抗日战争，也能发挥民族共同德性，即在遭受挫折受试验时的抵抗性和适应性。尽管是到处见出国家组织上的弱点，弄得个社会乱糟糟，农村则老弱转乎沟壑，壮者散之四方，真是非千言万语所能尽。兵士则万千有用壮士，病饿而死的比战死还多数倍。更由于财富集中到少数有权势者手中，政府无能力调处，使得国内万千正当公务员八年中长久在饥饿线上挣扎。然而尚总以为试向深处远处看，这个国家民族总当有个转机。民族中所保有的理性和热情，可望在战事好转结束后，重新结合而抬头。也因之在任何困难牺牲中，大部分国人——尤其是社会机构各部门负责人和知识分子，始终尚保持一种勇气和信心。

但是这种勇气和信心，八年艰苦生活，虽未摧毁，近数十天"迎接胜利"口号下的耳目见闻，实在已经毁去了一大半，此后超然与游离，既无可望，此后的忍受，亦近于无意义。很可能的将是一种分解：变质的承受一个"现代政治"所鼓励的职业人生观，承认现实，在现实中滚下去，混下去，除职业外，不能看，不敢想，不愿追究，不知另有所为。凝固的则由信念的崩溃，而生命热忱逐渐消沉，由变质者的混和同处，而孤立成一更小单位。民族品德在另一方面既无力作有计划的提高，这方面则将在无可奈何情形中下落。说痛苦，一个有心人不管他是习什么，做什么，明日还将有的是痛苦，实明明白白！这一切，我们若稍加分析，便可知还有个原因，即知识分子在近三十年国家发展中，始终即居于被动地位。就所表现争原则的肯定或否定方式看来，也永远还是从一个被动地位出发。争原则，本来需要的是一种"持久态度""绝对气概"即可成功的，到头来，却不免从所否定的对方"实力"之一种，作无意义妥协，企图利用机会实证原则的合理实现。结果是反为之同化，一切原则的高尚与意义，因之消失而无余。从这点也可看出，明日的国是会议，若只是从局面独占到势力平分的空气下进行，凡所谓无党无派的被派参加，或小党小派的热中竞争参加，点缀两大之间，则这种人的工作，将只能作成一件事：即认可不合理现实，并热心支持，而换来个人一种抽象身份，一点地位。对国家进步，民主运动，实毫无贡献可言。这种人若即依违于两大之间，利用其矛盾而逐渐抬头，所能达到的民主，与真正的民主理想，距离也实在很远很远！

　　因此迎接胜利固多方，我们却希望知识分子对现实能有更多理解，更深刻认识，以及更充分否定勇气：争原则，宁失败，莫协妥！现代政治的包庇性和种种不健康习气，已把国力糟蹋够了。若青年热忱尚可以看作国力一部分，保养它，培育它，不从他在生命发展中所需要的智识加以注意，所谓领导者却只想照目下风气，把他们这种无皈依的热忱，用作政治投机的赌注，这件事，对他个人言也许是成功，对国家言实在是作孽！

卅四年十月十五日

　　本文1945年11月3日发表于《自由导报》第5期，署名沈从文。在刊载本文的版面上方，用花边围绕着如下文字："支持挨渡八年苦难的勇气和信心，是由深远的远景的瞩望中得来的；可是到现在，凡是没有为胜利的装点搞得头眩眼花的人，全觉得坚忍的勇气和信心已超过饱和点而泄了气！"但未注明文字出处。

　　现据《自由导报》文本编入。

人的重造

——从重庆和昆明看到将来

来自重庆方面熟人通信中，似乎有个共通现象，即对国家前途浸透了悲观感情，对个人工作常表现一种渺茫烦忧，而对于昆明一切，却又不免歆羡神往。

这种熟人有高级公务员，大学教授，办社会教育的和作报馆编辑的中层分子，弄小工业和经营出版物的事业家，照例还大都是所谓真正"自由主义"者，也即是真正"民主政治"制度下的好公民。论工作意义，实极贴近国家各部门的荣枯，论爱国热忱，也决不后于任何有明确党派信仰的在朝在野分子，论认识和经验，或许比起别的人来还更深刻，更广泛，更客观！然而正当国是问题的僵局，由协议得到转机，内战可以避免，各党各派都在铺陈为民主而奋斗的事功，以为业已将那个"昨日"完全结束，引导历史转入一个崭新时代，对于在会议中相互预计的明日社会国家作种种好梦，而使多数普通人也信以为真时，这群在政治上无所属的人，却不免对当前和明日感到一点杞忧。这杞忧自然也有个原因，不是毫无意义。

他们寄身在重庆，重庆的特点又以"特务"活动著名。特务世界禁忌多，这对于少数人也许反而还可收宣传效果，对多数人则必然造成一种空气，或时怀戒惧，或见鬼疑神，久而久之，被人侦察或侦察人的，都不免神经异常。"沉默"或为此一部分人求安全的方法，"阿谀"亦即成为另一部分人求发展的政术。多数人在这个势利，污浊，阴晦虚伪，变态环境中，既过了八九年日子，早坐实了"政治是谎骗"一句格言，从最近三个月的局势变动中，什么人用什么上了台，什么人因什么原因吃了亏，什么组织由何背景而产生，什么纲领宣言代表了何等情感与愿望，他们又都清清楚楚。从表面说，一月之中什么都变了，但是试从深处看，他们当然知道"入"并不变。上来的和下去的那个"人"，近于历史传统所保有的不良气质既不容易变，出于现代政治的习惯弱点也不容易变。如今想凭那么一群新旧官僚，政治掮客，职业爱国家，空头的文化人，勉强凑和成功一个上层组织，来支配一切，来控制一切，希望在短期中即克服所有矛盾困难，把那么一个庞大国家导入于常轨中，使专家抬头而材尽其用，自然是无可希望的奇迹。他们的悲观和渺茫感，正说明消极的可代表一部分知识分子对当前现实局面所造成的空洞乐观表示否定与疑惑，积极的也可能形成一种新的势能的团结与发展。这新的势能的团结与发展，一部分期望即寄托于彼等所歆羡神往的昆明。但是昆明方面的一切是否即是寄托这点期望？

若从印刷物上表现的种种看来，对民主争原则的勇敢方式，对国事检讨批评的坦白精神，皆可证明昆明多的是"自由"，若自由思索自由表现即是培养民主的土壤，昆明也的确可说是民主思想的温室。但我们也得明白，阳光能生长一切，臭草与香花即可同样有机会生长于阳光中,寄托于此天然温良气候下,固多奇花珍果,也不乏带刺的仙人掌和栖息于这种植物间的彩色斑斓的有毒蜘蛛。自由在此固可培养激发若干青年人生命中的尊严情感,形成一种争人权争原则的热忱和勇气,然而另一面泛滥到每种人事上,副作用反作用所见出的恶果,也就相当可观!至于因"倘来物"过多而作成的抽气气候,固间接直接支持了民主思想的发展,但事实上也就更支持了社会若干方面腐败堕落的继续与扩大。如果我们能仔细注意一下,即可知这种腐败堕落,不仅仅与民主思想原有同样繁殖机会,且有更多机会形成一种矛盾的结合,或且因为这种结合而将腐败堕落继续与扩大,我们就不能不对于无选择的"自由"感觉到相当痛苦!就个人所接触狭窄范围熟人说来,即见有本分应当杀头反而升官的将军,因赃去职忽成战士的中级官僚,借亏空为名取非其道的艺术家,办小学发洋财的校长,这些人寄生息于这个自由空气中,即丝毫不受社会法律或道德的限制,而且有几位还在社交方式上"民主""自由"不去口,作成十分关心国家爱护青年的姿态,最近向某方面投了点资,即俨然将过去种种一洗而尽,忽然在争自由群中成支持者。由于经济势力与社会地位的特殊,进一步,亦即可望成为明日政权重新分配最有希望分子。活到这个现实中的我们,不能如远方人的徒然歆羡神往,却另抱有一点杞忧,也不为无因由了。

两地情形似异而实同,即见出国家重造的希望,能否实现,重造的结果如何,实在还建立于"人"上面,人的重造将是个根本问题,人的重造如果无望,则重庆协议中所作成的种种,不过一堆好听名词作成的一个历史动人文件而已。昆明的自由,则产生的仙人掌或且行将掩盖那所烈士墓。行将产生的四十个国府委员，和属于这个委员会下的新政府，即使名分上有个各党各派与无党无派贤能参加，事实上只能说到分配上的暂时平衡，与国家的真实进步和人民的真实幸福，相距实在还远得很。

人的重造在明日属于一个纯粹技术问题，在当前则也可成为一个运动，一种政治要求。表现于更新的政治趋势上，必需是跟随军队国防化后，将所谓各党各派纳入普通的人民代表所形成的议会中。各党各派的活动竞争，虽能产生一个政府，属于政府的各部门，却分别由专家负责，政客或政治家决不能插足其间，其宣传工具更不许在政府所属任何机构服务。表现于国家设计上，则将是两组专家——一为心理学大师，神经病专家，音乐作曲家，雕刻，建筑，戏剧，文学，艺术家等等，一为物理，化学，电机，农业，各专家，共同组成一个具有最高权力咨询顾问委员会，一面审查那个普通人民代表会议所表示的意见与愿望，一面且能监督那个政府的一切措施，人的重造才真正有希望可言！

二月十五日

本篇1946年3月8日发表于上海《世界晨报》，署名沈从文。

鬻字赈灾启事

现在湖南正苦于旱灾,这个"浪子在外,心却在家的小苗子",当然着急万分,乃在昆明报上刊登启事,立下心愿,鬻字赈灾,启事全文如下:

湘灾严重,死亡太多,我会写几个草字,想义卖一百件,全部作赈灾之款。我的朋友、同学、读者,凡乐意助成这件事的,在赈筹会请托代收赈款银行或报社捐款万元,函示收据字号,即将所书一件寄奉。

沈从文谨启
(通讯处昆明西南联大)

本文刊载于1946年5月15日昆明《人报》,标题为整理者所拟。

一个理想的美术馆

我们且假想这是五年后的一天，气候依然那么温和，天日云影依然那么美丽，昆明广播电台，正播送云南美术馆正式开幕的节目，向群众报告来到些什么人，某一馆有些什么特别陈列。我是被邀参加特别讲演，坐飞机从北平赶来的。一到地，我就住在翠湖南边一所大房子中。那房子有上百个房间，都已经住满了远道惠临的嘉宾，客人名单中可发现教育部长和社会教育司长，国立博物院长，国立美术馆长，美术专门学校校长和若干教授，专家，名画家，国内第一流的摄影记者，向海外推销中国工艺品的华侨巨擘。房子本是私人的产业，经过种种努力，已转交美术馆保管，有了三年，平时多用作有关全国性文化科学年会的会场，现在又特别重新布置过一番，作为招待专家来宾下榻的住所。从这大房子临湖一面，广阔洋台望出去，可看见许多私人住宅，罗列翠湖周围，云南大学新落成的半透明的科学大厦，与圆通公园山上的一簇玻璃亭子，如俯瞰着城中区的新景象，浴在明朗温和阳光下十分动人，最触目的将是占据翠湖中心，被繁茂花木包围的一列白色建筑物，内中包含廿个陈列室和两个大小会场的美术馆，给外来客人一种温静优美梦魇一般离奇的印象。洋台上一角，大群客人正围着一位年纪已过六十的美术馆馆长谈天。这人个子虽不十分魁伟，却于温和儒雅神气中，正依稀可见出一点军人强直风味。其时正和客人谈起这个美术馆成立的经过。时间虽不过五年，说起它来时，也好像一个故事了。因为几年来国家已有了很大的变化。光是国内拥有武力武器政团自足自恃情绪的扩张，演变而成内战，蔓延至国内每一处。不久之后，因国际特别压力和本身经济危机，战事停止而得到转机。各党各派既不能不从武力以外找寻调整机会，因之会议重开，亏得几位折冲樽俎的负责人，总算从会议中决定了一些民治原则。政党既无从藉武力巩固政权，武力也无从再利用其他名分随便鱼肉人民，宪政从七拼八凑方式中慢慢转入正轨，有用知识与健全理性抬了头，割据内战已成一个历史名词，再不使我们害怕担心。政客于是也成为一个不大尊严名词，因为任何聪敏政客也再不能空头取巧，用空泛原则美丽文词换得何等名分。从地方建设言，则凡知振作，能实事求是，关心多数福利注重教育文化的，都得到很大进步；凡只会粉饰表面社会，把教育当成点缀，私心自用，只图少数特权得以维持的，都吃了极大的亏。这位美术馆长，本来是个军人，抗日战事发生后，曾经为国家很出过力，胜利后退职归来，先还以为受强有力者所挟持感觉失意，郁郁不欢。随后是忽然若有所悟，心境随之明白开朗，因此即完全放弃了原有古怪念头，想切切实实来为地方人民做点事。当和几位常相过从的朋友谈起这件事时，经几位朋友一怂恿，因此从公私两方面筹了一笔钱，在三五位专家计划指导下，又得到十来位年轻工作人员的热忱合作，经过五年的努力，终于克服了一切困难得有今日成就。当这位老军官叙述到这个故事时，从他兴奋神色间，可以看得出一种真诚的愉悦，实比另一时叙述个人的战功还得意。因为战争实近于结束历史的"过去"，八年战争的牺牲，既净化了这个民族，而当前的工作，却在创造一个国家的"未来"，提高这个民族对文化的自信心和自尊心。二十个陈列室中最出色陈列室，应当数美术馆长个人的精美收藏和若干种有鲜明地方性的优秀美术品，还有一个房间，是三迤①边区人民起居食宿住宅的模型。还有五个房间，都是国内最优秀画家，对于云南瑰玮秀丽景物与人民生活的写真。这些特别惊人成就，又差不多是得到美术馆在精神物质多方面的赞助下，方完成的。另外几间工艺品的陈列室，每一种还附设有指导机关，可供外地专家咨询那些美术品生产制作的过程。那个能容一千八百个坐位的会堂，将有三十场充满地方性的歌舞演出，能容二百五十坐席的小会堂，还准备有十五回专门艺术讲演。这种纪念美术馆成立的会期，将延长时候到一个月。所印行的出版物，因为精美而价廉，不仅当时成为本地年青人的一种教科书，此后多年，必然还将成为旅行西南的人选择礼物的对象。

　　凡此种种，我说的都好像一个梦，一个虽然美丽可不大切合实际的荒唐梦。因为事实的昆明，当前不是这个样子，五年后也未必能有这一天。现代政治的特点，一切不外应付现实。应付现实最具体的方法，即将钱堆上去比赛谁的数目最多，一切却又离不了一个市侩人生观的巧妙运用，谈文化建设，终不出宣传装点范围，那能作长远设计？现代商业自更不足道，除了赚钱，什么都说不上！凡事过分重实际效用的结果，不可免会使得这个地方壮年早衰而青年早熟，壮年早衰，则三四十岁的上层人物，凡事都不免只顾目前，对社会国家难作远大的憧憬，青年早熟，因此二十岁上下的知识分子，一切待发扬的优美天赋，无不在一种近于夭命情况中，为世故湮抑摧残殆尽。满街走着是二十岁的老少年，脸上不是罩上一层黯灰，即浮上一层油气，见强有力者即打拱作揖，社交礼貌都超过了需要，而年龄中对国家对生命应有的进步幻想与不可一世气概，反而千中选一，不易寻觅。一入社会即只想兼个差赚点小钱，再无横海扬帆的远志和雄心。这种现象对目前言，虽然可以维持一时社会安定与繁荣，以及个人谋出路的小小便利，对未来言，就未免太可怕了。为地方未来作计，这样一个理想的美术馆的实现，当不为无意义！

这样一个美术馆的实现，说来相当困难，作来其实也并不真正如何困难。云南有的是极合理想的美术馆馆长。家中收藏了许多好字画，平时来共同欣赏的人就不多，长久搁在家中真只会喂蠹鱼吃，若公开陈列，有助于云南青年学习就极多。至于爱好艺术的兴趣，若作一美术馆长，也许比带甲十万对国家还有贡献。云南还有的是最合理想的美术馆地址。翠湖中心那所大房子，环境既良好，地点又适中，公园的房子，正合用来作民众教育的地点，那里是杀气腾腾的军事机关宜于长期占据？只要稍稍费点力，交涉一下，花点钱收拾改造，不是正可象征西南偃武修文新局面的开始？云南还有的是足以接待国内外嘉宾的房子，你们试看看翠湖边上那座最新最讲究的大房子，不是长年都大半空着，让日晒雨淋？这房子既是由三迤人民的劳力积聚而成，房主人若明白事理，明白历史，就会觉得人民生活如此穷困不幸，个人却拥有此不祥的物，不仅无骄傲可言，实应当深觉羞愧。希望这房子到另一时，不至于如其他房子租给洋人作写字间，使他还有点历史价值,历史意义,当然是交还人民为合理。云南还有的是用不尽的钱,有的是另外一种不为世故腐蚀,充满热忱来学习来创造的有用青年,只要善于使用,凡是促进这个社会使之进步的任何工作,都无不可望在三五个领导者,及一群年青人努力下慢慢完成。目下所缺少的只是这样一种理想——与经商作官习惯不大相合的社会重造理想,如何能在一些人的头脑中,占据一个位置,浇灌以相当理智的营养,慢慢发芽生根。这些人若能把文化二字看得深刻一点,明白国家重造社会重造的工作,决不是当前所见如彼如此的表面粉饰宣传所可见功,还得作更多的设计,而艺术所影响到民族情感的丰饶和民族自信心的加强,有助于建国又如何大,如何重要。能在这种健康观念下,将知识,技术,金钱,以及年青人待使用的热忱来重新好好结合,再过五年,我当然就可望有一天重来昆明,参加这个美术馆成立的典礼了。我实希望有那么一天,来证明所谓"理想"二字,倘若对人类进步是合理的,对文化发扬是需要的,对多数人民是有益的,就终会有实现的一天!若有人对于他当前所处环境,所在负责地位上,敢疑其所当疑,而能信其所当信,对"理想"有所认识,这人即为明日地方之主人,青年之先知。

本文1946年7月21日发表于上海《世界晨报》,署名沈从文。
①三迤,清代云南设迤东、迤西、迤南三道,合称三迤。因此三迤也被用于代指云南省。

一种建设人才

　　一个理想的美术馆，它的实现是从长时期准备而产生的。我们得先有几个工作人员。近乎理想的工作人员，应当是——

　　他的年龄大约三十岁左右，曾毕业于国立大学的建筑系或历史系。平时对于考古学和美术史研究就极有兴趣。他还懂一点音乐，一点图画，一点民俗学或人类学。他是个美术鉴赏家，尤其是有关于东方的，代表西南地方性，民族性的工艺美术和造型艺术，具有深刻的爱好和高度的鉴别力。他能写，能画，纵缺乏特别创造天赋，可是到临摹纯艺术品时，却有本领把握得住对象，做到准确逼真的程度。他也可说是个好事者，对一切古典艺术，所表现的华贵庄严情操，能欣赏，能领会，对另外一种违反传统艺术，所表现的热忱幻想，也能欣赏，能领会。他的爱好有时看来可谓杂而不纯，渊博而不精深，然而兴趣的浓厚真挚，却补足了那个缺点。因为兴趣广，认识多，凡各个民族在同一时代，或同一民族在不同环境下，热情与巧思共同形成的种种艺术品，他都能一例给予应有的关心。他能于平凡中发现美，发现价值，因此许多历来被疏忽，被湮抑了的艺术品，由于他的努力，在世界上重新得到应有的重视和注意。

他曾用故宫收藏美术品教育了自己多年，他曾在一个国家博物馆服务。他曾参观过河南山东两省博物馆的精美收藏，一并学会现代处理艺术品的各种方法。

他还抱有一种书呆子的顽固信念，即国家的重造，文化的复兴，民族自尊心自信心的恢复，实有待于各方面的努力。美术可能作的贡献，不比政治经济差多少，而且现代唯武力武器的政治观，市侩主义的经济观，已使得国家毫无办法，言重造，人民情绪实为一种不可忽视的力量，或活泼，或安定，美术可作的事还多。他即由于这种单纯的信念，因此不断的研究，充满活泼生气的学习，去发掘和收集古代或现代艺术品，丝绸布匹上的刺绣扣花挑花，陶瓷器的奇异形制和美丽图案，木石上的浮雕或圆雕，皮革制件的彩画装饰，代表种种习惯与爱好，性格鲜明的服装，代表宗教感情，各不相同的建筑物和纪念物，解释历史的标志和碑碣，代表一民族哀乐有艺术价值的种种象征，他都能用一种极端的谨慎来收集保存，并作精密的分类。

他的好动天性和对于工作的持久狂热，不仅使他常常向边远县份跑去，还常常向边远乡村以及人烟稀少的某地跑去，凡是以充实一个有地方性美术馆的内容，而丰饶观览者知识情感的艺术品，他总会想方设法弄来，集中陈列。

他一面如此勤于工作，一面却明白清楚，所从事的是一种事业，沟通连接地方过去和将来文化教育的理想事业，不是普通职业。正因为是一种事业，而且工作的创始，谈成就五年十年努力也只能作到规模粗具，说不上空前绝后。他更应当知道社会习惯，若干人的成见和偏见，不可免要发生工作上的困难。或属于一地方迷信，或属于经济，都妨碍到工作的进行。他终得用各种努力来克服这些困难。还有一种最大的障碍,即工作所需的经费。这工作虽并不比工业建设费钱,可是所费的钱却不能如商业投资,到时本利收回。从经济观点言来,这简直是一种本利两忘的投资,花的钱近于古话说的"掷诸虚牝"。公家的金钱和个人精力的堆积,只能成一个堆满破铜烂铁杂货罗列的美术馆,到这一点被出钱方面提出异议时,他还得努力来有所解释,用口舌奋斗,争取预算的通过,并扩大其数目。

末了是我们要问,这时节,这个地方,这种理想人才可容易找,容易造就培植?在这个时代中,大部分的青年幻想和热忱,不倾注于"政治"上,即寄托于"出路"上,这种工作人员向什么地方去找寻,用什么方法来培植?这就有待于这个社会"负责者一或好事者"对于"文化"二字能否重作解释而决定了。负责者如果有一点认识,即时代今昔不同。武力能统治人民,并不能教育人民,工业无科学基础,根本谈不上进步,近三十年历史已足证明。建设一个现代国家,凡只知单纯武力的,已不能成功。而市侩主义的经济观,更不能使人民真正得到什么福利。欲建设一个地方,自然更得从其他多方面着手。提高多数的知识,激发多数对于所寄托的一片土地的深厚情感,才有个真正转机!

因此让我们得到一个结论,即新的领导者应当具有一种对文化对人生的新的见解。用这种新的见解作土壤,方能培养新社会各方面的有用人才,来启发来领导一群有感情,有信心,活泼健康的人民,走上真正建设的大路!

本篇1946年6月22日发表于昆明《正义报》副刊《新论衡》,署名沈从文。

□霁清轩杂记

两般现象一个问题

　　大凡政治谣言过多地方，××必加多，禁忌亦必加多。若干人心情状态，经过长时期的"迫害狂"和不健全的情况中折磨着的神经越来越弄得狭窄，若干人表现于行为言语上，亦必时怀戒惧"沉默"，于是成为一般人求安全的方法，"阿谀"亦即成为另一部分在位者求发展的政术。从这么一种变态现实中，希望国家由理解，分析，商讨，计画，导入常轨，自无可盼望！其次即自由过多的地方对于国家明日的憧憬，亦当视人而定。于此天然温良的气候下自然生长奇花珍果，亦能繁殖带刺无益的仙人掌，以及寄身于刺丛间绿色斑驳的有毒蜘蛛，自由民主思想在此气候下虽能滋长繁荣，然稍一注意，即可知另外一种由于财富集中法币过多而来的腐败堕落。其中或且不乏藉自由民主之名，投机取巧，而增加其繁荣性的。我们可以听到若干人对国事表现单纯坦白的"热忱"，然而也将碰到不折不扣的"世故"；其中有终年玩牌的大师，拜师信鬼的先知，无钱不找的专家以及哈哈哼哼的经理：这些人在某一时节又照例即可因其身份地位成为"先驱""同志"。在亲友中也能发现一两位年纪不到二十岁的摩登青年，刚离中学一年半载，一面胡花家中来源不明的造孽钱，购买高价自来水笔，最新式手表，着崭新洋服，吸骆驼牌纸烟，毫不觉得羞耻，然而到表现思想倾向时，却又常常前进得使家中人害怕。更多的还是时时随处可以见到的年龄不大不小地位可轻可重的中层分子，懒散，因循，自私，无能，都早已成定型。平时有责可负，即从不见其肯认真负责，就个人能力所及，来为国家做做事，为自己做做人，为家庭子女做做表率。事实上活下来，就只是"拖混"，从拖混人生观胡乱找钱，又从拖混人生观中把这个钱胡乱花去，生命的空虚，已到不可想象程度。然而时逢其会，活动起来时"民主""自由"不去口，并作成十分关心国家人民的姿态，因而加入这个，组织那个，或称要角，或撑后台，……从深处看，这种现实，当然不免令人反而感到空虚的空虚，问题亦即在此，一面是如彼如此的现实，一面是寄身于此现实中生长于此现实中的一群，热忱信仰无所归寄，无所消耗，单纯坦白的将它倾注于一个抽象原则上，以及有势力的政治主张上，现实与抽象，两者本来完全对立，不相关联，却由于某种特殊原因，作成种种矛盾的结合。社会上若干人即从这个现存关系上，以及关系发展趋势上，寄托明日转机的热望。可是人之所以为人，虽相似而不同，普遍习惯将形成一种相反倾向，大家目前极力学习不思索，且装作有坚固信仰，虽陶醉于一种表面作成的活泼空气中，正若唯恐一检讨事实，则青年人的"热忱"、壮年人的"兴奋"、中年人的"幻梦"，恐即不免失去其依据。幻梦本身若无从作更坚强的粘合，即无希望形成伟大的发展，目前粘合既不牢固，一旦与更多寒暑不同人事气候接触，则游离分解，竟若无可免避的夙命。

所以个人认为国家重造，应从"人"的重造开始。人若不结实中用任何高尚原则到运用时，都无从证实其效用。人若站得起，走得直，活得硬朗扎实，把握生命，庄严而认真，工作做的有效果，有成就，任何困难亦终可望由人来克服。

或问曰："重造从何处起？"曰"君子自重从本身作起，君子固穷，穷则观其所取，从小处作起。"

本篇1947年3月1日在天津《人民世纪》第1卷第9期发表，署名沈从文。据《人民世纪》文本编入。

作　梦

　　半年以前，胡适之先生向人谈起"学术独立"事情时，因为涉及进行程序问题，各人有各人看法，很引起了一阵热烈兴奋的讨论。学术如何独立，虽有彼此不同的意见，至于需要独立，则大家都清楚明白，承认这件事不仅仅和当前学术本身存在发展有关，也和未来的民主政治合理社会有关。正因为凡是能够把"学术"二字看得稍稍具体落实一点的读书人，就必然会承认它实影响到一切。天下一家的理想如实现，想和其他民族分担进步的责任，我们学术不宜落后；天下一家的理想若破灭，想和其他民族各作生存的竞争，我们学术更不宜落后。学术独立呼吁中包含了对留学政策的重新修正，为的是一检讨这政策时即看出有毛病。毛病不在"应学的能不能学来，合不合经济"，实在还考虑到"不必学的恰恰学到"将如何处分。这不必学容易偏巧到得的即"依赖心"，凡事失去自尊自信一切因人成事的依赖心。在学术本身上已见出失败，在政治上起作用就更糟糕。这点依赖心影响到各方面去时，这个民族自〔残〕的悲剧，不仅难望结束，还要扩大到不堪设想地步。所以由书呆子点看，即知远水难救近火，由学术独立的呼吁设计，实行，……到它能恢复民族自信自尊情绪，凡在朝在野经营政治，统治国家，争取人民的行动和理想，都不再依赖他人，不再依赖战事，而能够另外有所安排，还有好一段日子，方能发生作用。可是如此"作"下去，总比如彼"混"下去好得多。即照计画作去已嫌稍迟，学校可望安排得好些，学校外将毫无办法；并且学校以外由于仇恨传染仇恨作成的大火，还是会慢慢到①燃到校内。惟终可望于未烧着未烧尽部分，还留下一点生机；这半年来国内局势的恶化，有目共睹：一面是国际两强对峙〔争〕霸，中国事他人已当前哨战看待，一切都在一个"欲罢不能"情形下发展。一面是江南沿江戒严，而华北炮火威胁更渐入几个大据点近郊。学校复员由南而北的，以北大为例，每遇学校举行什么集会，试稍稍注意，即可见三百同事，十年战争，大半已白了少年头，转入老境，许多人都面容枯槁肩背佝偻，给人留了个异常悲惨印象。这一群毫不明白现实的书呆子，即或生活已如黔娄原宪神气，遇讨论到增加个人生活费用时，小气可怜，十万八万数目还担心会增加国家担负，不好意思启齿。遇某某改造问题，个中人都明知无可希望，各自为谋，狡兔三窟正图个将来终生安顿时，这些书呆子却还诚诚实实等待奇迹发生，以为有一天终会有人能觉悟穷通变异之理，国家于三五伟人愧悟中，凡事能从新着手，大庠中万千学生，到彼时也会仿佛如从噩梦中忽然醒觉，充满勇气和信心，共同来用一崭新方式，健康态度，接受责任，重造国家！适之先生往日常自称是一个"过河卒子"，按象棋规矩，即卒既过河，就自然只能孤立一步一步迈进，到底为止。现在试回头看看：一眼就可看出原来这一盘棋有许多卒子，或已经过河，或绝流渡，或半犹在彼岸，兵卒数量虽多，于将相争夺，火炮交并之际，凡属卒子，其难于互救难以自存则事势显明。这些卒子虽能奋勇而前，目前存在却如点缀，终必于此连续不断永不闭幕悲剧中牺牲，正是一种分定。就在这个趋势上适之先生劝起人来作梦了。他是自己看清楚明白，向这一代负责者呼吁，学术独立，不会有什么作用，还是劝大小书呆子重新作梦，将来才会有转机。这可说正是适之先生一年或十年来一点转变。事实上，全国大小书呆子，还能守住学校，对当前腐而且烂之现实社会，保留一种不妥协否定气概的，也正因为作公民习惯上即如一半生活长如在梦里有所憧憬。华北几个孤立大据点，百十万小市民苦闷的情绪，空洞的肠胃，更必然是靠作梦中和并支持。梦如何做下去，虽每人多有不同的习惯，不同的打算。然而我们实希望适之先生，在体力上和精神上，都还能保存三十年前《新青年》时代对国家未来那点勇敢，那点天真，和那点热忱来为年青一代多画几场梦景。这梦景主题应当是当前事事，都使人悲剧，可还并不完全绝望。这个国家是否能得救，并不在现实政治的悲剧性延续，实在人民需要安定休息愿望的抬头。由此出发，一种保存国家元气减少人民牺牲的努力，目前即毫无意义，明日将必然成为关系重造矛盾平衡主要的势能。这个国家"政治"以及由于政治带来的仇恨行为实在太多了，真正由于人类的爱而出发的"思想""信仰"却太少了。大家作梦不仅绥靖当前，还将重造未来。

本文1948年1月11日发表于上海《益世报》，署名沈从文。

　　胡适1947年9月18日作的《争取学术独立的十年计划》，发表于《中央日报》1947年9月28日。

　　1947年10月17日胡适在政治大学演讲的记录稿，以《年青人应该有梦想》为题，10月22日发表于上海《益世报》。不久即受到左翼作者的严厉批判。

　　同年11月中旬，胡适在燕京大学的演讲中，再次提倡青年人把梦想当做理想，并有毅力把它实现。演讲记录稿以《谈谈作梦》为题，分两次发表于11月24日、25日上海《益世报》。

　　沈从文的《作梦》，与胡适上述文章和演讲有呼应关系。现将其中《年青人应该有梦想》编为附录供参考。

　　①原文此处"到"字疑为误排，应删除。

【附录】

年青人应该有梦想

——胡适在政治大学讲词

十多年前,当我主办《独立评论》的时候,时常收到不少政校学生的稿子,使我很高兴,我觉得这个学校很有前途。现在政校既改为国立大学,又有顾先生这样□工程学者来作校长,所以我对政治大学抱了很大的希望,我希望政大能在顾校长领导下走上正轨,同时还要走上学术的固定目标!

九月廿二日报上登出了我《争取中国学术独立十年计划》的文章,我说大学并不在于学院的多少,我特别提出了大学新的定义,大学不是本科四年的训练,仅能完成四年本科训练的只□叫学院。大学新的定义是应注重学术的研究,向高处,向深处走,先生和学生一块地或单独地走。有研究所研究院才能配称大学,伦敦政治经济学校,一直到现在仍成为英国政治经济研究的中心,虽没有大学的名字,但却是真正的大学,我希望贵校在顾校长领导下,本着二十年的传统精神,向社会科学方面发展,在五年或十年之内成为全国社会科学研究的中心。

诸位都看见报上登载的中央研究院院士候选人一百五十名，这是崇高的荣誉，几个月前请全国□大学、学院、科学学会、研究□□提名，费了数月时间，开了六次会，从五百余提名人中决定了一百五十名院士候选人，其中人文组包括哲学历史考古语言法律政治经济社会学等，决定五十五人，诸位也许感到人数太少了，然为什么会少，中国五万万人的大国，现在没有头等的法理学家，头等的宪法权威，真正的大法官，政治方面第一流的政治哲学家，政治思想理论学者都很少，经济方面真正的权威学者也少的很。所以我希望政治大学能在五年十年内成为全国社会科学的研究中心。学校出路广狭，这是小事，年青人不要放弃梦想：我要成为一个法律权威，经济权威，历史哲学家，政治思想家，诸位都应作此梦想，也许五年十年内会实现。

我讲一个梦的实现的故事。梦想一百年实现的，也许五十年就实现，梦想五十年实现的，也许廿年会作到，我在学生时代的日记，写出我的梦想，朋友们的梦想与我周围的人的梦想，现在看起来，许多已经实现，我梦想改革中国的文字，放弃文言，把活人用的白话作文学的工具，也许卅年五十年才□□教育的工具。我们几个大学生作此梦想，打笔墨官司，想着几十年后会成功，廿六年前的教科书与幼稚园的书都用文言写，现在都已改为白话，白话已成教育工具，可是，廿年前这不过是一个梦啊！

现在我再说一个梦的实现的故事，二个更伟大的人作的梦，九十七年前美国有两个小孩子，一个廿一岁，一个廿二岁，大些的叫怀特，小些的叫葛尔门，他们刚从耶鲁大学毕业，便被美国驻俄公使选□学生随员，先后游历英法德俄等国，三年后回国，都梦想改革美国大学教育，最少要使美国大学比得上欧洲第一流大学，怀特在卅五岁时便作了我的母校康乃尔的首任校长，时在一八六五年，为两个创办人之一，他的梦想算□实现了，这且表过不提。

话说葛尔门回美后，在耶鲁大学服务，当时耶鲁大学神学及文科教授每年拿二千六百美金，当时科学还不配列入耶鲁大学，仅在远远地设了一个谢斐尔科学馆，一个教授每年只能拿到二千美金，廿五岁那年，他作了科学馆图书主任，他梦想着要开发美国富源，非效法欧洲的大学不可，必须有各类科学的研究人才，卅岁时，他居然作了加里佛尼亚大学校长，加州大学当时事实上仍是学院而已，由省议会管着，他作了二年，虽稍有改革，但仍不过瘾。这时华盛顿北边巴尔的摩城有一个大资本家叫约翰霍布金斯的，立遗嘱□他的遗产三百五十万美金办一所大学与一所医院，一八七三年霍布金斯死后，遗产董事会请当时著名的三所大学校长商量办一个什么样的大学，三校长是哈佛大学的爱尔立，康乃尔大学的怀特，密西根大学的贵尼，他们一致认为巴尔的摩是一个商业城市，文化水准低，办学校只应从一年级办起，三位校长又推荐葛尔门作新大学的校长，一八七四年，他四十三岁那年接受邀请到巴尔的摩去，他说办大学应从研究院办起，不收本科生，他主张用重金去聘请世界第一流教授来执教，他认为无数学生都想到外国留学，因为国内无研究院实验室可作研究呀！现在给他们研究费，有成绩的作研究员，次者也作研究生，再提款办数学物理等大杂志，使教授学生研究结果有发表机会，包管可以办一个和好大学，把本科丢给别的学校去办好了，后来霍布金斯大学虽也办本科，但肄业年限只有一两年，一八七五年他四十四岁时，董事会正式请他作霍布金斯大学的首任校长。民族杂志上发表了他的主张，即"大学即研究院，研究院即大学"，这是他给大学下的定义。

269

这时三百五十万基金已变为七百万了，他用重金聘请英美第一流学者，如廿七岁的物理教授Rowland，六十岁的数学家Sylvester，卅岁的名化学家Rensen等。后来又挑选第一批优秀的研究生，这些研究生中出了许多了不得人才。他又创办十一种刊物，Sylvester教授办美国第一个数学杂志，这些刊物在各科中都占着头等地位。

一八七六年，葛尔门先生四十五岁时，霍布金斯大学开学，开学的第一天，便成为全国所公认的第一个好大学。岂不快哉！他主持霍布金斯大学廿五年，一九〇二年他七十五岁时才退休，退休那天的庆祝会上，第一个演说的是代表校友及教授的威尔逊先生，他说："你廿五年来的成就与理想，影响全国，改变了大学的定义，开了大学教育的新纪元"，这位威尔逊先生便是十四年后的威尔逊总统，其他著名的哲学家如杜威、罗以斯，经济学家如伊黎等，都是霍布金斯大学研究院的博士，庆祝会上最后演说的是先前主张办一年级本科的哈佛大学校长爱尔立，他公开宣告："葛尔门先生，你是对的，你的成功使得我们有胆子敢办研究所，也使我们不得不办研究所，我们的成功都是你逼出来的！"

九十七年前的两个小孩子，在欧洲看了点东西所生出来的梦想，终于实现，影响全国，现在哈佛大学一万学生，本科只有几千人，加利福尼亚大学数万学生，本科只有一千人，全国高等教育的学术风气，终于照一个廿一岁的年青人的梦想实现了。

年青人们，梦想不妨高点，远点，将来会实现的！

十月十七日

本文发表于1947年10月22日上海《益世报》，署名王开笔记。

诗人节题词

追求抽象原则，保有一种坚贞的人格，永远不与腐败势力协妥，这才是我们每年纪念①诗人节，举行诗人节的本意。

本篇1946年6月1日在广州《文坛》新5期（总第17期）刊载的《一束题词》中发表，署名沈从文。诗人节在每年农历五月初五。

据《文坛》文本编入，标题为整理者所加。

①纪念，原发表文本误排为"纪的"。

纪念诗人节

每年旧五月五日,为了纪念诗人节,国内文学刊物、文学团体照例有些应景文章和仪式,点缀这个从历史接收下来的节令。这节日本为二千年前一个不甘哺糟啜醨却在众醉醒醒中自沉清流的屈原而设。龙舟竞渡虽已失去本来意义甚远,角黍招魂却尚留些古典悲伤。然而诗人若有知,在这个举国一致文人团体新仪式中,必反而觉得稍稍厌倦。因生者宜自哀处甚多,却像是毫无所知、不以为意。尤其是一个对本身责任似还少自知之明,对下一代又缺少真正爱情的诗人群,若仅仅会在战火扩大作成的情绪状态中,鼓励自残、夸大战果,或在诗句上浪费廉价的"为人民"的空洞同情,这个新的纪念仪式越热闹,恐怕反而只会使那个旧的历史上人物精神光辉减色。所得效果可能也是负的和需要相反的。所以纪念诗人节要不失本意,先还得从认识屈原的真正人格以及历代大诗人传统信念入手。用不失赤子之心来把握工作还不够,必将诗人的"爱与不忍"侵透于人格作品中,变成一种悲悯与博大远见和深思风度,才会有真诗、有好诗,有让下一代还可从作品取得无私热情和纯粹信仰来用爱与合作而活下去的人性的诗。这种作品这种诗人都不是每年纪念即能产生的。在此更让我们对于那些生活仿佛失衡孤独、工作异常严谨、近三十年来因故早世①的诗人，尤其是就中因反对糊涂战争，反对专制强权，而牺牲了生命的一位朋友，值得表示诚实而永久敬意。或于二千年前自杀，或于二十世纪被害，他们的死，实近于对不②公正腐败残忍现实的抗议，都守住一个信念，为了更多数人应当得到合理的生！

本篇1948年6月1日发表于北平《平明日报》，署名从文。据《平明日报》文本编入。

①早世，义同早逝。

②此处"不"字为整理者所加，原报为一空格。

□北平通信

巴鲁爵士北平通讯(第七号)

余之通信于国内刊物仅发表数次,即得各方赐教甚多。且有附寄图表计划至若干种,误以为余于美援分配或能所主张者。有殷勤商讨诸问题,拟约余加入一有力政团学会,许以名誉顾问头衔者。鼓励多于批评,实令余兴奋。余通信所谈多中国文化与现代思想问题,作为一洋人观点谈中国事,其实正像隔山打虎,内行人看来,未免空空洞洞,外行人看来,又莫测高深;然犹有此结果,可见现实苦闷对于中国学人如何深刻;陷泥沉渊,绝望中犹盼援手有人也。近日故都宗教空气忽然特别浓厚,无线电播音,除明星唱歌,伟人讲演,大倭瓜对口相声经常节目外,忽添加福音一项。到时传教师努力作成慈悲腔调,苦口婆心,劝人为善,适当市面粮食绝迹定价失效之时,方法之不切实际,即上帝听来亦必皱眉。有一知名教授,因惠书询余感想,且盼余能公开答复。意若"洋人之至中国,本与传教有关,时代多变,今者似对中国内战特感关心之军事代表团，始肯来中国传教。诚对中国人民发生兴趣，新旧传教方法恐均得变更，始有意义也"。此教授所提问题，惟司徒雷登氏答复始能得体，因基督福音与军火接济本相互水火，大使身预其事不觉矛盾必有原因也。余对此事则沉思三日，得一庄重结语：宗教因迷信结集而产生，后因迷信游离而毁废。宗教亦可能再生，与传教师却无关，将由一种"人的科学"发展，对于迷信本质加以有效控制起始。科学家和诗人，必同为此庄严工作而携手服务。试为诠释因果，小作预言，作通信七。

"迷信"是个可诅咒的名词，含有历史性的血腥气和霉腐味，种种罪恶寄生于其间，如苍蝇之群集于臭肉。"去除迷信"因之亦成为一个永远明朗动人口号；从事其役的科学家或思想家，于旗纛下沉默而前，记录上有血迹斑斑。

然而试从人性深处发掘，迷信实和生命同在。是一种生命青春期的势能。这种势能有效管制，在人类历史中犹未着手。时复泛滥忘归，兼易自然结集；一切宗教由是而产生，各以地域、气候和民族品质不同，作种种不同发展。恰如一群蜗牛，沿井爬墙，行进缓速不齐，却各自留下一道曲折蜿蜒痕迹于身后。鸟瞰其经行处宜名为"道"。惟一个具概括性"道"字可以含容。道不可道，世人必习惯以虚喻实，始能有会于心。

※　　※　　※

由于近代科学的精细分工和纯理性抽象知识堆积，社会生活又复杂多方，迷信附于过去宗教产生的神权尊严，自然逐渐解体，分化凋零，若存若亡，颜色暗淡。但人类对于神的迷信，虽已消失无余，迷信本质实并未消失。本质永存，道可变易而不毁灭。迷信曾产生宗教，使之具强烈光辉，照耀历史，照耀人生；余光反映于文学艺术中，犹能使种族或个体生命丰富润泽，并具更大弹性，于前进中能承受挫折，战胜困难，增益幻想；沙漠之干枯，海洋之深广，以及生死契阔隔绝，均不能阻碍其人对天国或乐园向往。即世所谓"科学精神"，究其实，亦无不由于挹取沾润余芬剩馥而来。迷信至近代而解体，与宗教关系游离，另有所附丽；换言之，此本质已为另外一种强大引力所吸收，这引力名为"政治"。

※　※　※

政治通常本是一种实际人事的综合，需要技术多于艺术，社交多于思想。然世界在变动中，自帝王诸侯封建，各以不同方式转入现代，东方或西方，都有一共同事实，即宗教情绪重要部分由庙宇教堂逸出，一例渗入社会，政治于是进入一崭新时代。发展至最近，"无定向"与"褊持狂"，恰恰形成世界两极！

如对迷信取"适应"方式，由拒绝、否定，而又苦于无从束缚降服此浸润于有生具原始性之充沛剩余精力，因极力适应，求中和平衡，自然即见出缺少定向。如迷信取"把握"方式，比适应前进一步，企图与政治作大胆的混和，揉成一团，打成一片，终极且变成一个整体。既反复琢磨，不能自休，当然慢慢的即形成褊持狂。前者使"民主政治"摇摇欲坠，附属于此名词下社会组织，亦失效脱节，弱点暴露。后者在尝试过程中，也不免有矛盾，有消耗，有选择上的偏差。过程中能使一国家一民族文化圮塌衰败，也能使世界组织人类关系焕然一新。唯容易变质，即为进步而集权，由集权使体制僵枯，思想停滞，人民窒息；如人身恶瘤，某一部分细胞过度生长，与其他部分失去调协，终于促成总体死亡。

此不同两极相激相荡，相反相承，已共同形成一不可抵御无从控制之巨大势能，如黄河解冻，浊流汤汤，挟碎冰残雪奔赴而前，当之者如摧枯〔拉〕朽。惟载舟之物亦能覆舟。从当前操舟人技术观察欣赏，应付此新的未来，求从容不迫，措置裕如，实大不容易。纵不相挨相撞，亦易搁浅触礁。最脆弱一环，民族流血由之而生。

※　※　※

也就因此，一个原则，一堆名词，在若干年后人看来，或将认为毫无意义，毫无作用，然而在当前，却把年青灵魂和陈旧世界完全置于风雨飘摇不定局势中。近世纪科学知识或纯理性知识，放到这个现实中加以比照，本身都不免失去应有稳定性。燕雀翔而风雨至，"知识分子"之对现世所作成迎拒态度，二而一，即显明象征科学与理性在时代风雨中完全迷途。"天下大同"或"天下一家"伟大理想，早失去引导人类向前而进指标作用，虽头巾气极重书呆子和个性特强政治家，都怀疑名词实空洞迂腐，不欲言，不敢言。褊持狂则由个体到集团，彼此传染，彼此浸润，彼此粘合，终结则如旅鼠，如候鸟，并肩比翼，齐向不可知遥遥远方长征；或溺死于茫茫大洋中，或终达绿幽幽彼岸，……一切若偶然亦若宿命。中国古贤有言："观天之变，察地之时，体悟人事及代谢之因果，不免悲天而悯人。"这悲悯感慨，或者就是对于历史上相似而不同现象，有所接触有所启发时而来。

物极则反，其中即寓有宗教"再生"机因。因为如有人能体会及"迷信"之为物，即是生命青春时一种活动或发酵机能，尚可望用一种更新原则加以驾驭，诱导，使之入轨就"道"。宗教情绪即有重新被捕捉就范可能。雉媒集雉，鹿鸣引鹿，猎获一禽一兽，犹相当费事，对此生命重要成分之完全把握，自然言易而行难。

※ ※ ※

宗教"复兴"与"再生"是两件事。复兴只是老式传教师好梦，一切努力犹如用毫无粘性既陈且腐之老教条作浆糊，来弥缝一迎风逆浪载重方舟漏罅，无效果可以想象得知。又恰恰如一平庸而无识医师，企图把灯草蝉蜕治愈一心腐肺烂病人，医师本人早已失去此奇迹自信，尚希望他人相信，由愚众呈献得暂时维持神堂香火和道袍威严。即有结果，实亦非宗教之福。再生是人类认识自己、完成自己、信心之重新觉醒，向"理想"有所寻觅，追求，步骤方式一新而阵列整齐不乱。此事实有待一种新兴独立思想观念的建立，一种"人的科学"的建立。由驾驭此不驯服、具原始性、且多变易的势能起始，目前的自然科学和人文科学，统将为此伟大企图而虔诚服役。这种"人的科学"之深入与推进，如与日俱进，必使天下一家观念由一新途径寻觅试探，而逐渐完全证实。发展范围之广大，则目下犹无人能想象领会。

这种科学待产生，也必然会产生；在世界两极火花迸发中慢慢成形，孕育于旧式迷信所形成的猜忌、仇恨、恐怖中，生长于汩汩鲜血与熊熊烈火里。

主要工作将为生命本质之被有效控制，游离，转移于旧宗教或新政治以外。旧宗教本无可希望，铅由放射分裂而成，铅当然不复能成为铀①。新政治亦受一因果律支配，凡事物本身若具有一过于强大之力量，同时即有一不可否认之惰性；物动速则难止。譬如下坡转丸,速度越增加,控制性即越少。既缺少平衡机能,终不免因跃进过速膨胀过甚而出事。迷信本质必继续分解,管制性特强政治成功国家,分解且愈益加剧。一切分解均非复旧,乃一更新的道路开辟。任何真理原则,必为时间所补充修正。

※　※　※

原子能的发现、认识及运用,见出近代科学的进步和科学家精细而大胆处。虽若为人类奇迹,亦同时将世界引入类似梦魇中。科学家辛勤成就,反若为狡诈政客与刚愎武人作卑屈服务。这个悲痛现实,已使得全世界第一流科学家,同感到深刻矛盾。由此也必然引申出另一相同观念和小异结论:此世间宜尚有一种新能力,在原子观以外,亦从阳光雨露而来。虽早已明白的"存在",尚无人注意它的"可能"。这种新能力有一特性,并非呆定蕴藏土地岩石里,实浸润繁育于生命长流中;无所不到,不可分割,有生命处即可发现。生命个体必有成熟、衰老与死亡,此能力却永远活泼而年青。……沿袭旧称叫它作"迷信",真正名词实为"生命本体"。它的特性业经分析清楚,一面包含无知而具有强烈冲动性,一面又即为现世界组织骨架和历史文化重要成因。照过去情形看来,出于个人蒸馏衍化可成为"艺术",纯粹结晶便名为"哲学"。然仅仅从旧艺术与哲学中提精挈华,似只能作实验室用,公言应付现代、迎接现代、重造现代,则深感不足。因此新的"人的科学",将为新艺术新哲学更多方面的促进,而从事于此二者,必为所有真正觉醒灵魂一种庄严而沉重工作。……目下在中国各地举行之科学年会,虽于沉默中闭幕,如需要一宣言,将余此文节录应用,实省事而得体。

　　　　　　※　　※　　※

　　这种新观念或新信仰于东方或西方同时生长,有生命处即必然有相似觉醒。由于民族性与土地接近,此观念与信仰,或更易于在东方发荣。日头出自东方,若并非仅仅一种象征;生命本源所在,即宜有更多储藏,由于爱,将其他多数生命燃烧、融化、提炼,以及重铸成形。一切过程将如音乐与诗,亦将产生更新的音乐与诗。新的宗教情绪必再生,由热情无私的科学家和思想家共同努力,在"血"与"火"中再生,至发育完成时,却将血与火两者完全扑灭。

　　"人生需要爱甚于恨,需要了解甚于隔离,需要生甚于死。"信你所深知,由此出发,使之在生命中如虐疾,发生高热,如伤寒,普遍传染,如水和阳光,取之不尽,用之不竭,万物同得滋润与繁荣。

　　冰原犹能生长苔类,为麋鹿所喜食,有阳光处即有生命,有生命处即能扩大生命界限。健康雄伟之人生进步信念,亦必然能于健康生命中生长。惟懦弱苍白之灵魂,则惟知于当前风雨中游移徘徊,为自全计逃避或阿谀,浪费有涯之生。对此未来宏壮远景的瞻瞩,全不感觉兴趣。……

　　将此陌生问题拈在手中,保育于生命里,推衍成为一种不可抗拒吸引力或亲和力,余之读者中宜有其人。

卅七年双十节

　　本篇1948年10月23日在南京《世纪评论》第4卷第17期发表,署名巴鲁爵士。

　　①铀,原发表时用"鈾"字。

□跑龙套

巴拿马的斗争火炬

1964年是大动荡的一年。世界上爱好和平的人民知道，只有和自充"世界宪兵"好战成性的美帝国主义进行更加剧烈的斗争，把这个横行霸道的美帝国主义彻底打垮，才有可能让亚洲非洲拉丁美洲各国人民，依照本民族的信仰愿望活下去，正常发展下去。历史进入1964年第一个月，好消息就不断从各处传来，第一是南越人民的斗争，使美帝在亚洲这一角继续吃败仗，弄得束手无策。来自美国的现代化新武器也无济于事；从五角大楼作出的战略计划，也挽回不了这一伙海上强盗失败的命运。第二是在世界另一端，美帝的"后院"，巴拿马人民又燃起了一把新的反美斗争之火。这个新的火炬代表了人民的正义要求，不仅扑灭不了，而且还必将点燃拉丁美洲更多地区的斗争之火。

毛主席对《人民日报》记者的谈话，像是一声响彻云天的反帝号角，鼓舞全世界人民更好地团结起来，形成一道坚强的反对美帝联合战线，把这世界人民的死敌送进历史博物馆去。中国人民完全拥护毛主席的谈话，一致起来支援斗争中的巴拿马人民。

美帝国主义利用两次世界大战的机会，大肆扩张，在世界各地设立几百处军事基地，用氢弹、原子弹威胁世界人民，梦想可以长此称霸。但是，世界人民已经觉醒，结成一股反帝的伟大力量。中国人民的解放，扫荡了近百年一切帝国主义在中国的势力，接着，美帝国主义在朝鲜、古巴、老挝以及南越连续遭到失败。这次巴拿马人民的斗争，正是认清楚了美帝这个外貌强大实则虚弱的本质，予以痛击。历史证明，帝国主义势力，在人民坚决斗争中，最后只有失败。这是历史发展的规律。所以，我敢断言：巴拿马人民的斗争，一定将取得胜利！巴拿马运河的主权，必然属于巴拿马人民！

本篇1964年1月16日发表于北京《光明日报·东风》，署名沈从文。据《东风》发表文本编入。

养生之道的蜕变

谈养生之道,《庄子》文中早即提到"熊经鸟伸、导引行气、吐故纳新"可以保健强身,益命延年。只是当成一种技术看待,并不什么神秘。后四五百年,《华佗传》以名医地位,对之加以补充,称为"五禽之戏",即人有病,能效熊鸟活动,即可出汗,愈病,不必服药也可解决。内中以熊为首,称熊经鸟伸,可见重在"运动",不是静止中做工夫。马王堆古坟中出了这幅帛画,显然属于古代"保健"技术材料之一种。引起国内外学人哄动,不是全无因由。只是据材料看来,动作实极简单,活动量不大,近似现代还流传的"八段锦",与庄子华佗说的熊经鸟伸少共同处。

这里显然即有孔老二儒家之说"人为万物之灵""天地之中人为贵"的影响。对于道家主张向自然学习,并引"流水不腐,户枢不蠹,以其常动"的名言,加以"否定"或"曲解",自以为才不亵渎"万物之灵"。因此一来,孔老三孔老五之徒,为求生存计,由儒转道的知识分子,解释庄子华佗这几句名言时,多把充满现实主义的经验之谈"熊经鸟伸"忽略过去,而侧在"行气"两个字静坐默想，咽口沫，达到幻想中的最高境界为得儒术心传，因此直到再过七八百年后，川蜀道士中博学多闻的张君房总集道家学说精义于所编《云笈七签》一书时，内中对于"导引行气"的知识，收集了三国以后□□"经典"不少，总的看来，中心思想总脱不了孔老几的范围，一事不作，静坐默想，咽口沫，调呼吸，停顿在几微间，久而久之，就得到特别效果。末后儒道略有分别，儒则能自致格物，凡事不经实现也无不精通，作到达则可以治天下能力。道则由虚幻结合妄想，可以致玉女，升天堂，满足一切。有的还附了些"图"，都玄虚荒谬到无以复加。汉代本来把神仙、房中、医药、导引分为四家，其中必然大有区别。神仙既迷信，又糜费，除了拥有遗产最多的近似"纨绔子"皇帝刘彻，可以起高楼作通天台，上面用三百童男女穿锦绣衣整夜歌舞不休，或把公主嫁给一大骗子，肘上挂五颗金印，封为文成五利将军……以后别的愚蠢帝王，即想效法取乐也办不到这种豪华场面。房中也只是有宫女上万的愚蠢帝王才需要得到些特殊本领和药物。别的也即限于封建藩王大地主以及以后大官僚，才有此条件和需要，而历代农民总是长年在劳动中，饭还吃不饱，婚也结不成，那会要这些玩意儿？医药比较能为多数人民所利用，但依旧近于消极的事后处理。且名医秘方历来多不公开，在封建社会，还依然只近于为统治阶级而服务，直到唐代孙思邈才公开《千金方》，到宋代才进一步公开宫廷所藏的《圣济方》，还设了部分公医制度，在达到普及的方向上发展。但许多名方必同名药发生联系，仍旧不是一般老百姓所能享受。这看看元代官刻的《饮膳正要》一书，即可进一步明白，这是用食物治病补虚的官刻书，居多是把一些药物配合肉食同煮治病的。可是若明白元代农民生活如何痛苦的人就会知道，这种书也只是为少数统治阶级而服务，和老百姓的痛苦解除毫不相干。

　　这篇无题短文估计写于1970年代中期，未发表过，据手稿整理编入。标题为整理者所拟。

为某华侨刊物题词

　　华侨在世界上分布以千万计,前期在东南亚,和当地劳动人,共同亲密合作,在极端艰苦情形下开荒辟莱,建立的生产基础,及近半世纪以来,随同社会进展,进一步在促进世界科学文化进步,经济生产繁荣,各方面更作伟大辉煌贡献,无不值得我们深深钦佩和学习。但愿这个刊物,能办得进一步内容丰富,新鲜活泼,成为一个沟通中国读者和世界华侨文化进展感情联系的桥梁。

沈从文时年七十八岁于北京

华侨在世界上今希以千万计，寄籍主东南亚和当地劳动人共同耕耘合化，主掀鸿报菩情形以开荒辟莱建立的生产基础，及近半世纪以来随同社会发展，进一步去促进世界科学文化进步，经济生产繁荣，各方面又作伟大辉煌贡献艺不任侨亲们深深钦佩和学习。但愿这个书物能严得进一步内容丰富新鲜活泼，实为二千沟通中国读者和世界华侨文作进展感情联系的桥梁

沈从文时年七十八岁于北京

为历史科学工作者题词

历史科学工作者,如果习惯比较全面的把文献和实物结合来研究问题,必然容易发现问题,解决问题。

沈从文
七月

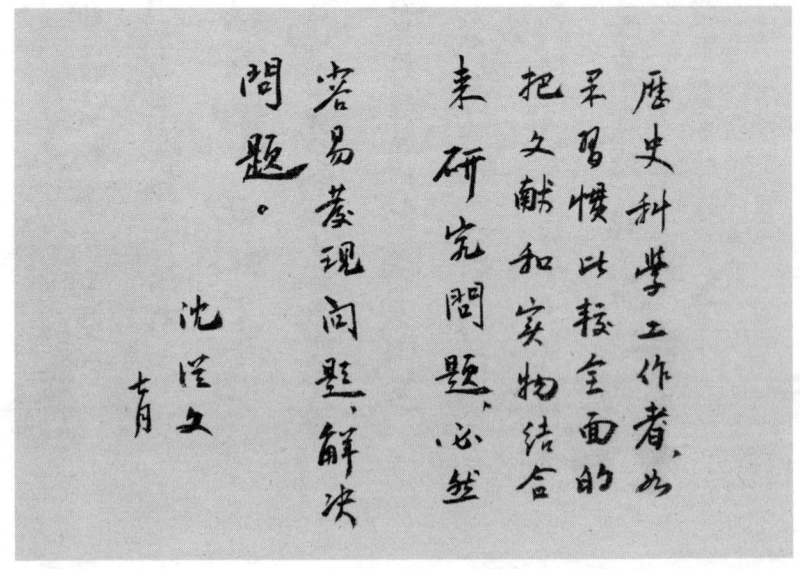

□艺文题识录

题自己的著作
题《从文小说习作选》扉页(之二)

八一年七月社会科学院龙文善先生从天津得此书相赠。时盛暑炎蒸,人如在猪悟能当时为妖精所捉弄,上甑笼情形。距此书出版已将近半世纪。

八一年七月 社会科学院我女萧先出版至津码样扣赠。时逢暑卖燕人如主热准珠当时如妙龄唱挺身上觑笔情形。距此去出版已将近半世纪。

题他人的著作
题日译《陶雅》译者序言页

三十八年九月廿六，天地忽清朗异常，已入深秋。

从文　北平

譯者緒言
本書の着想

骨董趣味の極致は、佛像でなければ陶器に詣るものとは、よく人のいふ所なるが、美術の中では佛像が神秘的で、工藝の中では陶器が難解であり、共に奥底の不可思議な次郊は、一は精神界の機微を藏し、他は自然界の妙理に基づくがためにも外ならぬ。

今までの陶器の鑑賞が、物の外觀に偏すると、その研究も史傳の表面を滑るので、窯跡の發掘にしても、骨董品の獲得以外は、纔かに史料の參照に止まるかの觀がある。苟くも珪酸鹽類の工業として、殊に熱化學の産物として、一個・半個の陶片を手にするものは、その材料固有の性質と、これに基づく技法の生理を吟味して、陶器の生命たる表現的効果が、地界の物質と如んな因縁を有つて來たかを見渡さねばならぬ。

如何に精巧な藝術品でも、既成の製作は死物である。高雅な古陶器を對象として、愛玩者が自由な感情を移入し、如んな想像でも寄托して、深く玩味し得たとしても、つまりは時代相違の空想たるを免かれまい。況して完成物は有限なもので、表現世界を縱橫に貫通するには、極めて觀察の不自由な

三十八年九月共に地鱼
清朗賣業七大阪社澤る拝年

譯者誌

题《汉官仪》扉页

三十八年九月廿八夜中从收音机中听新政协议决新国家议案

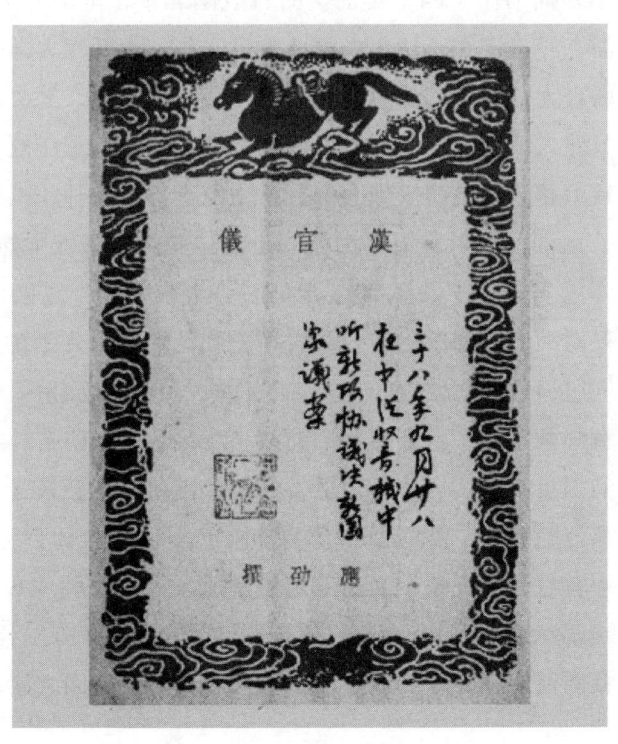

题书法、绘画、摄影及其他
重摹义卖条幅跋(之二)

　　此小幅拙书作于四十年前。时日寇陷北京，全国爱国抗日，风起云涌。经指定在长沙集中之北大、清华、南开三大学师生组成临时联合大学。旋因战事延长，向长江中游发展，复决定上迁昆明，分路入滇集中。部分年长体弱教师，先乘车至广西，出睦南关，转滇越路达昆明。绝大部分学生及一部分教师，则组织一步行团，由湘西入黔转滇，向昆明进发。步行入滇教师熟人中，有闻一多、黄子坚、许为鞠、李……等十余人。经过湘西沅陵时，全住对河庙宇和旅店中。我时正先到沅陵哥哥芸庐暂住，邀一多等同过河入城吃便饭。先是在长沙时，我曾出面请了临时大学相熟教师两桌客，由守嘉善国防线一小弟及同乡团营长数人作陪，他们因负伤出院后，暂退后方休息，因此有机会报告一下最前线战事经过种种，大家都深感兴奋。步行团诸教师到芸庐时，这几个军官也到了沅陵，又在一起谈及前方种种故事，不觉直到夜半。山城大雪，天地一片白色，得知河滩渡口已封，不能下船。因共同留下，又复畅谈下去。大雪继续不止，因之诸友好即被雪留住，在芸庐小楼上摊地铺同住到四天，才特借一小汽船，由上南门水关码头过渡返团。我弟兄三人，均送彼等到步行团总队部后才回城。共同留一十分深刻难忘印象。两个月后，步行团才达昆明。我因搭上行车，虽迟行四十天，反而较先抵达昆明。延长八年之西南联合大学，不久即开学上课。学生上课住宿，均在临时搭成之简陋草房中。教师则分住四乡，各购煤油桶①一百个，改成坐卧用具及书架写字台。日子过得特别清苦，却精神很好。一部分同事，显然是在沅陵被雪困住那四五天，从几个青年军官方得到一回教育而有所启发的。学生太穷，有人发起为筹集一点救济金，举行一回书法义卖会。我才第一次写字卖钱，也是唯一一回使劣书发生经济关系。还记得当时大约写了廿条章草，不久即售尽。不意经过快四十年后，湜华小弟携此小卷子来，才知其中一幅为汉华留下，经过十多年南北迁徙，始终不忍弃去。解放后复归伯翔先生收下，成为伯翔先生书房中物。又经过解放后廿六年，人事风雨倏忽，社会在继续剧变中，"破四旧"时事事物物毁去者多矣，当时所有熟人亦先后同成古人。而此小幅劣书，于伯翔先生故去后，复转入湜华小弟手中。特意捎来，嘱书数字。因忆及过去四十年种种，深感此难得友谊之可纪念，不免令人眼湿。因重摹廿纸分赠诸友好。并略及经过。

从文

重书四十年前习字给相别近卅年之充和四妹，时七八年中秋。

从文时年七十进五

据作者书赠张充和条幅整理编入。
①煤油桶指包装进口煤油桶用过的薄木板箱。

书赠臧克家条幅跋

诗不像诗，字不成字，寄奉克家专家指教。

弟沈从文乙卯夏天时年七十四。绢系荣宝斋裱画之残余，笔系七分一枝之小学生画笔。诗与字似乎都只合如此处理！

六一年冬，我得一机会，和当代名作家六人，同去江西参观学习。作家中多诗人，有的还能书善画，行李中携带精美的"文房四宝"，每到一处即有诗，如同当场挥毫，既切题，又感人，思想感情极过硬，而才又足相副。我因既不懂旧诗，又不明书道，而且为人呆板，理会虽还细密，反映事物表现力，却相当迟钝，大大不如同行诸同志。特别是思想政治水平极低，因此不敢在行中冒充假里手，也因此不至于到时受窘。可谓深深得到藏拙好处。作一读者，不仅轻松愉快，还可学习明白作诗秘诀一部分，但仍不作临渊羡鱼妄想，因为头脑可说是"散文式"，自知实毫无作诗才华，不冒充此道假"里手"，即学习"实事求是"的实践！不意到井冈山茨坪住下，各处参观后，事事十分令人感奋，不免略感心动手痒，还是不敢存"见贤思齐"感。因为还是自知"假里手"不好办。后来于夜中偶和高手捷笔之华山同志戏约,每到一处,将试作一诗纪念此次参观深刻印象,特别是对同行作家良好友谊印象。彼此即拍掌言定谁作一诗,谁必相继。面对此以写战地通讯全国知名之"草檄"快手,提出挑战,大是趣事,因同行中即料想不到!既凡事有言在先,"跟着赶"先进便成为一分新的学习。时值上海五万青年上山下乡参加江西共产主义大学五周年纪念日,有师生代表五百人于茨坪举行纪念大会,且有"省文工团""景德镇瓷工子弟文工团"及"井冈山和学生文工团"共同参加,在此异常庄严的地方,举行此隆重庄严盛会,却推我担任大会主席,可说是一生中值得永远不忘严肃光荣事。此诗即于次早所写成。

从文　附志

据作者书赠臧克家条幅整理编入。

题《叙书法发展》
——关于纸工艺进展前一部分

近廿余年,收集宋明旧纸不下千种,不好意思使用,均转赠公家。此明代残纸,是从一宋拓旧帖扉页揭下①,机关中专家权威以为"废物"而退还的。因此才敢用来涂抹旧作劣诗。

本篇是作者为《文字书法发展》摘抄部分诗句所写的跋。产生于1972年从五七干校回京后,独自住东堂子胡同宿舍时期。

①诗抄和跋写于一张洒金纸上,是作者为研究纸的历史发展,从张兆和家传的《宋拓集王圣教序》扉页揭下来的。曾作为资料之一,捐赠给历史博物馆。1972年以后,此纸被认为无价值,归入从作者家里查抄之物,一起退还给他。

题吴昭毅回忆的笔录本

《革命女儿》笔录本

从文
一九五〇、八、五日
十四页
〔题于封面，暂定名被作者划掉。〕

有关四哥①的重要记录

从文
〔题于封面〕

五〇年

八月五日上午八时中老胡同宿舍晴明有蝉声。窗外葵花叶极绿，在小方桌上重新录四嫂故事。已停搁二年。不意尚能将此故事续记。

江家瓦上有青草如油，犹如十年前昆明所见。生命真离奇。

一种创造动力似在发展中。

〔题于第一页前〕

计十四页，系五〇年八月记载，重要。六〇年九月七日核对、补充在宣化市。

〔题于第一页后〕

作者1935年4月创作的短篇小说《大小阮》，主人公小阮以张兆和堂兄张鼎和为原型，讲述他在北方从事革命活动的故事。

1936年6月，张鼎和（改名张璋）以红军游击队伍司令职被捕，在安庆被杀害。

1948年，烈士的女儿张以瑛（小璋）在上海组织学运被追捕，潜入北平投宿沈从文家，随后转赴解放区。作者萌生了为其父再写一部传记体长篇小说的意愿，并于当年秋开始对张鼎和夫人吴昭毅作采访笔录。本篇文字均题写于两年后再次听吴昭毅回忆的笔录本中。

①四哥，作者随张兆和习惯，称张鼎和夫妇为四哥、四嫂。

题宝宁寺水陆画
《往古儒流贤士丹青撰文众》

元蒙统治者对于人民的反抗，怀着深刻恐惧和仇恨，有意打击文学家艺术家，把他们的身分等级列在妓女以下。知识分子因此形成大分化，以儒术维护道统骗人的孔老二门徒，多依附耶律楚材，投降作了官，刘因虞集有代表性[①]。

另外一种不甘心明白投降，而又依然乐意过较好寄食生活的，多依附有名道士丘处机，因此发展了道教，帮同统治者愚弄人民，当时的每一道教庙宇，都照例得法律保护，占有大量土地，开碾坊、当铺，和许多不同商业性的店铺。皇帝有种种口令加以保护，不许任何有势力的侵犯占有，所以这些寄食者日子过得也还好。

第三种充满浪漫感情，又或才气纵横的，就索性更放纵些，去宋代以来即得到发展的瓦舍娱乐小市民的场所，去编戏说书，也得到广大群众支持。罗贯中、关汉卿、施耐庵，即因之而对小说戏剧的发展，起了极大影响。

本文是作者随手写在山西宝宁寺水陆画《往古儒流贤士丹青撰文众》图片周围的杂感，估计产生于1974年以后。

①此处欠准确：刘因、虞集都是耶律楚材去世后才出生的人，不可能"依附"于他。两人虽然因为才学出众，都曾做过官，但刘因短时间后就辞去官职，并再也不肯为元蒙朝廷服务。

题明杜堇绘《饮中八仙》图

　　刊于1960八、九合期《文物》内，本杜甫诗意而作，在明代人作故事画中，属写意笔，师唐寅，用墨不佳。只是用此诗作画的宋明画家此似为仅见。难得处在此。

　　这段文字题于寄给阎玉敏的参考材料旁。

诗歌

□忧郁的欣赏

阙题残诗

啊！溜过我手中的是多少螺蚌的残骸！
记忆中那双蘸染天空明蓝的白鸟翅膀，
便把我轻轻举起来，如何轻轻的，
使我浮荡在一切光里、热里、声音里！
那一握在回忆里的砂子，
赠给我多少无言的忧郁。
我的朋友，我的影儿，
听我一次诉陈，也给我一个忠实厚道的回答：
"你能用什么方法来为我证明
上帝对我独厚？"你说，你说。
我不想明了一只扬帆横海的木船，
带了全个经验归来卧在船坞里，
水藻贝壳写遍了生命光荣的游踪，
当它年龄业已老去本身行将消灭时，

对那一派清波是忧愁还是怨恨？
这不是我的事，我不管，我不管。
我不想明白虹霓在天空中为谁做成。
我不愿听诗人于历史撒下美丽荒唐的谎。
希腊文明全个的衰颓，
手掌大一片莓苔为晓露所润湿，
谁应取我们的悲泣，谁应得到微笑？
使百鸟歌呼，百果成熟，
谁给彼以生命中最大的悦乐？
我不管，这全不是我的事，我不管！
我要爱，要一股火焰似的爱！
我期待的是我这一份美丽，
得回一笔它所应得的数目，
激动扰乱一个强健固执的人格，
燃烧他的灵魂，毒害他的心，
一勺苗人的药，一杯胡人的醇酒，
一阵子痉挛，一阵子颤，
使那个他失去人类常性的安详。
我愿意这个发狂的爱人，
走到我面前来，恨我，爱我，
攫住我，海啸似的拥抱我。
唉，你长年在大海中扬帆的巨舶，
你在蓝空向无极长征的流星，
你能说，你能告我什么时节，
一个那么像男子的男子，是不是

还会在这人世灰尘里相遇?
当一片充满温柔的微笑,
一篮带露的鲜花,
一束用谦卑与崇敬写成的诗歌,
在你们男子自以为十分得体的情形里,
每个日子递到我的身边时,上帝明白,
你们所作所为算是些什么蠢事!
你们的季蕤,人类年轻心灵的主宰,
一颗心孤单寂寞的向小猫微笑,
向炉火颔首,扬起微倦的眸子
眺望人生寥阔的边际,
是谁的错处,应由谁去负责?
让一片日光,一缕银色的浪花,
常常享受了我半日中全个生命的温柔,
听去我多少秘密的埋怨,
这是不是,就算你们男子在任何一时
所不忘记提出的那一位神的意见?
不。
每个蚱蜢有他在动作中的尊严,
每滴雨点皆显然的有力的掷到地面,
我明白,我明白,
只是我完全不明白是谁的意思,
一种风气把你们男子变得如何柔弱如何笨,
季蕤,季蕤,那么,
这世界应当用海水来淹没,

用如火烈日来焙枯，
还是凭人类错误与愚蠢
写成一页荒谬的历史：
"美丽的季菱，由于骄傲，
活着时就只那么活着，
却并不知道用爱来把灵魂营养，
存在时如一片炫目的彩霞，
消灭时如太空电光的一闪？"
不。
黄昏如一个信实的情人，
来到时天边只剩余一抹深紫，
仿佛又有谁在我耳边说话：
"我爱黄昏，为得是黄昏亲人，
从不缺少那分固执和勇气。"
这是一张得秋独早的腐叶，
轻轻的掉落到我的脚下，
我思索它那落地时是一声叹息，
我自问："季菱，季菱，
这应当是为谁的叹息？"
不用笑我，这孩子似的眼泪，
二月时节的春雨，难望晴明，
总得在黄昏里悄悄的降！

一九三三年二月末

———————

　　本篇系张兆和抗战前为作者抄录的诗稿中第4—7页内容,前3页文字和标题缺失,未查到此作品发表线索。

　　作者同一时期的诗作《微倦》(见《沈从文全集》15卷)及小说《如蕤》(见《沈从文全集》7卷),内容均与本篇有密切相关性。

　　据现存残稿编入,篇名为整理者所拟。

旱的来临

石砖苍颓的古城，
　　贴着几块干枯的苔，
包子岩的河坝上，
　　发闪着太阳的强光。

黄焦焦树巅的叶子，
　　根株蒸起如火的热；
小鸟们的音调哑嘶，
　　婉啭的歌喉就涩塞。

赭色的田土裂裂深口，
　　标出白线的禾苗萎瘦；
像这鸡也令渴死的天气，
　　准儿是今年又没了秋收！

　　此诗1934年10月15日发表于《西湖文苑》第2卷第6期，署名岳焕。据《西湖文苑》文本编入。

文　字

人生脆弱如一支芦苇
在秋风中一阵摇就"完事"
也许比芦苇不大"像"
日月流注,芦苇年年"长"
相同的春天不易得
美在风光中难"静止"
生命虽这般脆弱这般娇
却能够做梦"能够想"
(万里长城由双手造成
百丈崇楼还靠同样两只手)
用力量堆积石头和钢铁
这事情平常又"平常"
一弯虹一簇星光"一个梦"
美丽的原来全在"虚空"
三五十个小小符号
几句随随便便的家常话

令你感到生死的"庄严"
刻骨铭心的爱和"怨"
你不相信试"想一想"
试另外来说个更美丽的"谎"。

　　本篇1939年12月9日在昆明《中央日报·平明》第140期"诗之页"发表，署名雍羽。

　　据《平明》发表文本编入。

一种境界

小瓶口剪春罗还是去年红,
这黄昏显得格外静,格外静。
黄昏中细数人事变迁,
见青草向池塘边沿延展。
我问你,"这应当惆怅,还应当欢欣?"
小窗间有夕阳薄媚微明。

青草铺敷如一片绿云,
绿云相接处是天涯。
诗人说"芳草碧如丝人远天涯近";
这比拟你觉得"近情"?"不真"?
世界全变了!变了!是的,一切都得变,——
心上虹霓雨后还依然会出现。
溶解了人格和灵魂,叫做"爱"。
人格和灵魂需几回溶解?
爱是一个古怪的字眼儿,燃烧人的心。

正因为爱，天上方悬挂万千颗星（和长庚星）。
你在静中眼里有微笑轻漾，
你黑发同苍白的脸儿转成抽象。

　　本篇1940年6月16日在昆明《今日评论》第3卷第24期发表，署名雍羽。

□青岛诗存

忆玉兰花

夜半有虫频扰我,
欲睡难作伏枕卧。
引思深感生命奇,
却忆海月车轮大。　崂山白云洞看到。
同看奇景五七人,　此外尚有数教授。
闻才雄桀杨稳妥,　闻一多先生、杨金甫先生。
豪情举杯能三续,
兴来攀高足忘跛。
悬岩千丈如精铁,　从棋盘石远望崂顶主峰。
玉兰花发十万朵,　崂山上清宫《聊斋志异》提到的玉兰,还活得极有精神,花朵较小,树干得两人抱。
花落藉地铺银毡,　时花仍盛开,花瓣落地约二寸厚。真人世奇观。
谷中青鸟鸣一个。
如此清寂绝尘凡,　个人一生经验,总是在极端静寂中受的教育特别大。特别具决定作用。远比从热闹中听名人讲演或别的有意义多多。
触事会心证道果。

诸子鼾鼾酣梦足，
酒醉饭饱惟枯坐。

共上崂山三次，多的住八天，少的住两天，每次都必有同事，似乎都少不了有"哲学家"点缀其间，走动时还不赖，一停下来，即只嚷"饿"，此外无可作为。

内中亦有"假洋人"，
忘带"扑克"心难过。

廿年里在五个国立大学，至少有三分〔之〕一以上属于此类"假洋人"。

山中啄木时断续，
屋角"道士"正烤火。
动静取舍各有由，
得失两忘决不可。

因山中鸟不多，只间或有啄木鸟在老松干上用赤红而长的嘴扣触而向上推进。
一共三位，似从烤火中大有所得。

白云蓬蓬海上来，
双鹿云车瞬息过。
中有帝子拟天人，
大石磐磐邀同坐。
秀眉明眸巧盼睐，
绿发茸茸草梳裹。
白鹄宛转延素颈，
翠羽明珰故消堕。
来不言兮去不辞，
微笑轻颦心印可。
〔紧接后句〕

白云洞奇景之一，即海云景象。先是水平如镜，能远及数十里外，小小白帆鱼船也十分清楚。随即一小簇白云忽起，迅速扩大面，滚滚驰逐，一会会海面就全部封裹于白云中！
《列仙传》中常提及神仙卫叔卿驾双鹿芝盖云车。在金银错车器上发现过。

白云洞之"三步紧"，由一大石罅钻过，刻有"三步紧"三字，一到即近千尺悬崖，海鸟多分层居于岩间石罅间。时从海船上另来一批同事，爬上白云洞，大部分因赶路，以为当地无可观，随即向山里行动。其中十多女教师职员，在庙中停下。有一个神情身材全如拉飞耳所绘圣母的外文系新近回国讲师，在教师欢迎会上知道姓周，会后又知道是X最小女儿，在京某天主堂中学毕业后，即去美在一旧教女子大学毕业，回国还只三个月。使我回想到在香山图书馆作小职员时，她正和其父亲诗人X与梁任公等在双清避暑，还不过十二三岁。在池塘边捉了一只绿蜻蜓，惊得大声叫喊。这时恰巧也独自来到"三步紧"大石上看海。

所说的或许不那么多，分量却十分重。我把这回印象告给她时，似乎无意中刺伤了她，因为父亲次年就死去了，她就入了圣心学校，在修女教养下过了十多年，直到最近回国，才重新回到人间社会。所以十分孤独，和同系中女教师还相熟，此外即无他人过从。每星期还依然去市里那个大教堂做礼拜。我的话中带有的感情，她似乎还是一生中第一回听到。所以微笑表示领会后,即刻把个秀发如云的头扭向海一边,不说什么。我感觉这里似乎有一点青色火焰在什么人心中燃烧,而且在破坏原有在沉醉中的平静。感到十分抱歉,正苦无从补救这近于偶然的失言。下面松林间却有一个女同事叫她,她不即作答,却回过头来,向我低低的说:"谢谢你,把我带回到遗忘了多年的小时候旧事。你的作品我看过几本,是从燕大一个老同学在图书馆工作介绍的。写得很好。写乡村女孩子特别好,背景和极好的水彩画差不多。可没料想到,你就是在香山图书馆作事的那一个……我还依稀记得说你是熊伯伯亲戚,可不曾找过他。到香山工作,还是梁伯伯介绍的!不想这十多年,你写了那么多好小说!"于是真的是"翩若惊鸿"的走去了。我理会到这种话中的含意和分量。或多或少有些危险性。特别是出自一个廿六七岁,在天主教教育下长大的孤女而言,习惯的约束,或许一回到她住处,就会跪到圣母像前去忏悔。因为肯定,我作品里除描写乡村女孩以外,其他部分也引起了她兴趣。我预先感到这是个危险的信号,同时也羞于去作一次陌生的拜访者。所以两个宿舍虽相去不过三百步,却从未敢单独去拜访过这同事。即在教师休息室,照例会见到,也从不敢有意去谈几句什么。彼此似乎都若怀着一种忌讳,一点恐惧,为了保护自己也保护对方,都不敢求再进一步的接近。于是时间过去了,在学校不习惯,回到市里一个天主教女子中学作主任,不到卅岁便死去了。

山鬼三五次第逢,
木叶为衣心如裸。
时近清流濯素足,
还摘山樱邀同嚼。
遥闻风音啭碧空,
厌听山魈热亲"啵"。
野花村酒难醉人,
百合清芬颜易酡。

在山中约住七天,每转一庙中落脚,必有校中熟人同事去来。其中一伙,恰如盘丝洞的七个蜘蛛精,三个从"燕京"出身的更洒脱到使人"招架不住",但是和"假洋人"可十分合拍。"假洋人"中且有一位精神面貌都和"天蓬元帅"相近,因此热闹得笑话百出。而且十分圆满的成了功。

有两位带了新式浴衣来,一见山涧即下水,终于因山溪水过冷,摧其离开水而躺在大石上晒。对于自己一身丰满处低凹处都若十分满意,证明上帝创造她并不马虎!

其中有二"假洋人"因之精神抖擞,热情奋发。

旧诗有"野花偏艳目,村酒醉人多"。用其意有所隐射,即能醉假洋人。

山中野百合极多,经常在两两大岩石间发现,独据风致,比"自作多情"的山鬼更具吸引力和影响。

日月双丸走不停,
如烟成尘永相左。
海市蜃楼难重期,
不如园中
　自种"人参果"。
因此感奋忘饥渴,
用勤补拙永不挫。

在青岛二年,约写了七个短篇集。为一生创造力最旺盛期。受激发,"具体不如抽象"之深远有力。

三折肱终成良医,
反复失败从不躲。
成名成家何足云?
愿思愿学能爱
　能嗔"真老火"!
九霄清寒寒彻骨,
终始不偏木兰舵。
《绿玉》青春永不磨,

短篇译英文本,用绿玉为书名。

无人能知来自那?
旧事倏忽四十年,
记忆如新唯有我。

只是在北九水以前就泛过路旁的雨后山坎流水洗手时,见山半一十四五岁女孩,大约亲人新故,执一小小白纸幡哭泣而从竹林中穿过,即告兆和,当为作一动人小说,且可把彼之好性格中某一部分融会其中。返京书成后,果如所期,其中有人如呼之可出。
特别值得纪念,即在湖北大湖边时,闻某兄转述某某在病中常为熟人诵读此小书,经常把书搁下,双目莹莹加入按语,"这个才叫小说!说的极小,可有生命!"因为她明白,内中也有她的生命一瞬间的形式,转入字里行间!

春来玉兰花争发,
白中微碧怯抚摩。
碧莲乍开散清馥,

辛夷初发紫纱堕。
白鸽双双出雾中，
芳草芊绵门不锁。
盈盈美目注澄波，
棘矢贯心直中垛。
始知屈原
　宋玉所咏同一人，
"小腰白齿"
早即著于《山海经》。
曹植还复赋洛神，
雪芹犹沾血缘亲。
生命流转别有因，
青春常在证三生。
大江日夜流不尽，
天际长庚耿耿明，
东方日出四海明，
心头爝火长若新。
艺术自有千秋在，
能知华性袛园丁。
"芍药"成把能应市，
处方常用"金银藤"，
入土不必过一尺，
到时即红紫缤纷。
园中玉兰得春早，
日必吸引十万人，

上六句用玉溪生诗体总括。
意为物极微，而影响却深透长远。有些属于一时"印象"，有些甚至于属于一时"联想"。另有一种"血缘"关系，和"状元""驸马"无关。廿四史可证，诗歌文学及其他艺术，多可说是社会的总和，在历史的风风雨雨中形成。作品形式或有同异，来源却同出于受青春生命美的鼓舞，作品中用不同形式加以反映，而影响后来人。只有爱能传染爱。一切诗人都近于完全彻底的唯物主义者，却于青春中发现了"神"。而成为一个"泛神论"拥护者。旧的"神"是永远不变的，新的所谓神，重要处就在他的出现或消失。

诗或音乐的形成，有时或来自虹影星光的一刹那间，只有爱能扩大爱。

这种星光离人间极远，说不定却能支配某些人的一生，即因此而产生世界上第一流的文学艺术！
伟大政治能影响世界，不一定能产生具有相等作用的艺术。

书称"白日既出，爝火自息"。此则说小小火光也许还有存在的原因。

用于观赏或入药的花木，不甚费事，即可大量生产，及时应市。园中玉兰则只要善于"保护保护"，不让顽童逞私心藉故伸手攀折，就够了。

未闻观之丧意志，
只觉益智补精神。
不愁偏院雨露少，
只缘入土植根深。
奇花珍卉集匡庐，
盛名世界久著闻。
遥知繁蔚将万种，
无因斫伐作樵薪！

　　解放后，即不敢冒充"作家"，更不敢冒充"书手"，因社会事事认真不苟，"假里手"迟早必露马脚也。所以搁笔已廿五年，一切心安理得。近于偶然中，在部分新还旧稿里，忽发现此诗。似六二年在青岛偶然写成。适永玉侄绘一约一丈长玉兰花图卷，因破戒为书此诗于卷末。

题永玉《玉兰画卷》。
八尺大画在二尺桌上完成的。
沈从文时年七十进四

　　作者1970年代中期，曾留下《忆崂山》长诗的多种不同修改稿。其中题为《忆玉兰花》的本篇，与编入2002年初版《沈从文全集》的《白玉兰花引》相比，正文虽从100行缩减为90行，但作者原注却大幅度扩充，为迄今所见内容最丰富的详注本。

　　现据作者手书条幅文本整理编入，并补全原件遗漏的部分标点。

□云梦杂咏

《大湖景诗草》前言

六九年十二月，响应主席伟大战略部署，和"革历博"①同志数人，在十分匆促间近于被迫成行，疏散下放，到湖北咸宁文化部五七干校所在地。到达后始知册上无名，接待处难于安排，不能不与家中人蹲坐于一荷塘边枯树下，等待接待处方面商量结果，决定去留。约近薄暮，才有人相告，本"既来则安"之意，不妨暂时借住属于故宫博物院所有之九连集体宿舍，再作研究。因当时故宫诸同志，均已转往嘉鱼搬砖运瓦，除留下数老弱外，实空空无人。不意一住即复三月。地当大湖边丘陵高地，野竹丛生，毒蛇遍地，一切近拓荒区。闻一切照计划进行，大湖中圩田于明年将可达三五万亩。各单位分连分工，在统一规划统一指挥下，斩草除莱，烧砖运瓦，男女中青，各有专责。工作日夜忘休。因之人人各在不同锻炼中，思想上和体力上都各有收获。即个人属于在短期中借住性质，未能安排工作，住处倏忽来去，亦难安定，对于"三同""四好"的伟大深刻意义，也因之得有进一步认识体会，和在京时长年务虚情形大不相同。基建房屋工程到年底，即已进万平方米过头。今年机耕开荒将达七千亩。背景壮丽，工作艰巨，感印甚深。因用五言旧体诗，就所见新事、新人、新环境，从试验中加以反映，略绘轮廓，用表个人心情。二三月里，日积月累，不知觉间，即成打油体旧诗约卅首。

五七干校分布全国，有关种种，新人新事在报章中已常有个别深刻精辟文章报道，英雄战士近于奇迹般的感人事迹，也不断可在报刊上见到。惟用少量文字，旧式诗歌体裁，概括某一地区总的印象和集体或个人在劳动中的印象，似乎还不甚多。因此个人工作，也近于一种试探性的努力，并作为个人思想改造的起点，或者还有点意义。得失互见，势所难免。抛砖引玉，有待高明。

一九七〇年二月
转移六十里外之双溪后

本篇据手稿编入。
①革历博，作者对革命历史博物馆的缩写。

□文化史诗抄

忆老庄

忆史传中之老庄兼本文，试用
二百四十字为作一总结。

史传中末尾多总结数语以为评鉴，《史记》用散文，《汉书》[①]用四言韵文，各有长处，但不和本传同读，即难知好处。这里拟试用五言诗式连叙带议并及影响得失，希望用二百四十字达到一定效果，自不容易。凡事在试探中明得失，因仍写出。

老庄虽同传，其实易区分。
文格既不一，思想更著明。
老氏典库藏，见闻阅历深，
多明兴亡理，亦极懂人情。
说事多机微，言简而意深。
祸福相倚伏，辩证析理精。
传世五千言，因称《道德经》。
内有延年术，附会出后人。

庄生多旷达，齐物释均平。　△《齐物论》
亦复轻富贵，视之如浮云。　△本孔子语，但庄子却自得其乐，不以出处在意。

有意嘲孔孟，述史多不经。　△这一点似乎还少有人提及。因许由让王位，佳话因著闻。儒家喜称尧舜禅让，其实亦谎言。庄子则有意夸大其辞，故史家以为滑稽乱俗。
文笔极恣纵，莽莽广无垠。
引喻尤奇突，情感若飞腾。
泛滥失所归，转以嘲自身。
毁誉同一炉，足见影响深。　△史家当时即以为滑稽乱俗。后来更多以为蔑理法，尚虚无。

宜称"浪漫派"，楚辞同渊源。　△这一点似还少有人说及。
后世习者多，少能得其全。　△李白诗、苏轼文，似受一定影响，各得二三。才分既有关背景亦不同，百家争鸣时毫无忌讳。
才分既不及，时代限尤严。

后来诸道士，群奉以为经，　△老、庄列诸子均入道藏成为主要典籍。
服药求长生，也从书中寻。
其实日朗诵，句读已难分。
此事不足异，还多读书人！　△教授中读不懂本文，惟辗转抄注的，或将日益增多。此事数十年来即已成习惯矣，那能教得出具独立思考学生？
注书十万言，未必触本根。

　　　　　　　九月廿二　双溪阴雨中

本篇作于1970年，据手稿整理编入。
①作者在原稿的"书"字旁，打了一个问号。

本书入选
"十三五"国家重点图书出版规划

《沈从文全集》编辑委员会

— 顾 问 —

汪曾祺　王　㐨

— 主　编 —

张兆和

— 编辑委员 —

（按汉语拼音音序排列）

凌　宇　　刘一友　　沈虎雏　　王继志
王亚蓉　　向成国　　谢中一　　张兆和

《沈从文全集·补遗卷》

— 主　编 —

沈虎雏

— 审稿人 —

（按汉语拼音音序排列）

陈　洋　　凌　宇　　刘一友　　马　峻
沈　红　　沈虎雏　　王亚蓉　　向成国
续小强　　张之佩

沈从文全集

补遗卷 2

沈从文 ◎ 著

SHEN CONGWEN QUANJI
BUYI JUAN

山西出版传媒集团
北岳文艺出版社
· 太原

图书在版编目(CIP)数据

沈从文全集.补遗卷.2/沈从文著.—太原:北岳文艺出版社,2020.12
ISBN 978-7-5378-6340-7

Ⅰ.①沈… Ⅱ.①沈… Ⅲ.①沈从文(1902-1988)—全集 Ⅳ.①C52

中国版本图书馆CIP数据核字(2020)第246829号

沈从文全集·补遗卷2

沈从文◎著

//

策　划	出版发行:山西出版传媒集团·北岳文艺出版社
续小强　赵　瑞	地址:山西省太原市并州南路57号
马　峻　陈　洋	邮编:030012
封面题字	电话:0351-5628696(发行部)　0351-5628688(总编室)
张充和	传真:0351-5628680
	印刷装订:山西新华印业有限公司
肖像画	
沈　红	开本:880×1230　1/32
	总字数:1180千字　总印张:53.375
责任编辑	版次:2020年12月第1版
马　峻　关志英	印次:2020年12月山西第1次印刷
书籍设计	书号:ISBN 978-7-5378-6340-7
张永文	总定价:388.00元(全四卷)
印装监制	
郭　勇	本书版权为本社独家所有,未经本社同意不得转载、摘编或复制

2002年,"沈从文百年诞辰国际学术论坛"在凤凰举行,纪念文集《永远的丛文》出版

2002年12月,沈龙朱在"沈从文生平与创作展"开幕式上致辞

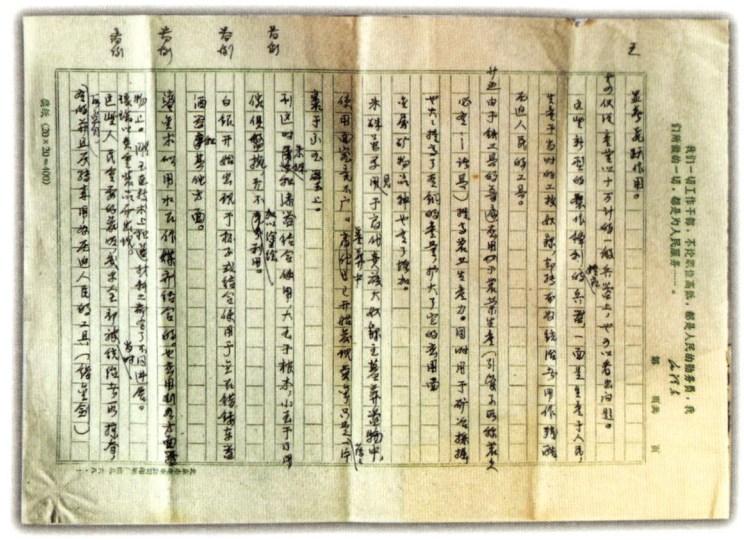

1968年,沈从文向中国历史博物馆提出"改陈"建议的手稿之一

1980年,沈从文在广州与中山大学教授容庚、商承祚会面

(苏晨/提供)

2013年,沈虎雏与周有光先生共度除夕,百岁老人品尝沈虎雏自酿玫瑰香葡萄酒　　　　　　　　　　　　　（沈红/摄）

2015年,哈佛大学"沈从文与现代中国"国际研讨会后,与会者合影　　　　　　　　　　　　　　　　　（王德威/提供）

1955年，沈从文为《历史教学》封面图案撰写说明

(刘筱敏/提供)

目录

文 论

□沫沫集续编

答《大公报》记者问 …………………………………………3

□序跋集

《雪》序 ……………………………………………………5
《小说月刊》一卷三期卷头语 ……………………………8
《篱下集》题记 ……………………………………………10
《三秋草》 …………………………………………………12
《林屋山民送米图卷子》题记 ……………………………14
从子冈、徐盈作品谈起 ……………………………………16

□编者言

《人间》月刊出版预告
　　——沈从文先生　丁玲女士主编的 …………21

□术艺刍言

谈短篇小说 ……………………………………22
论特写"写人" …………………………………39

□文学运动杂谈

钱杏邨批评之批评 ………………………………46
通　讯
　　——给杨南生 ……………………………51
文学无用论 ………………………………………55
谈到写作 …………………………………………62
新文学与青年情感教育 …………………………64
新书业和作家 ……………………………………69

□云南看云集

小说与社会 ………………………………………76

☐ 新废邮存底续编

废邮存底
　　——复丁玲 ················ 87

复王志之 ················ 93

自滇池寄 ················ 96

谈写作目的两信摘录 ················ 98

给一个出国的朋友 ················ 100

《〈断虹〉引言》附函 ················ 105

新废邮存底
　　——(四十二)经验不同隔绝了理解 ················ 106

关于写作一点讨论
　　——给一个内地作家 ················ 110

致某刊物主编 ················ 116

集外文存

☐ 一个人的自白

一点记录
　　——给几个熟人 ················ 121

□ 沉默归队

  自我检查和群众评议 ········· 138

□ 史无前例

  关于施蛰存事 ············· 141
  我认识江青前后 ············ 146

□ 谈话及其他

  谈文化交流 ·············· 148
  在纪录片《龙之心》中所谈 ······ 151

□ 无从毕业的学校

  我所知道的杨振声先生 ········ 152

□ 忘履集

  来的是谁？ ·············· 159

物质文化史

□ 中国陶瓷研究

豆彩瓷 …………………………………………177

关于鼻烟壶问题答王习三先生 …………………181

□ 漆器及螺甸工艺研究

《长沙出土古代漆器图案选集》前言 ……………184

□ 中国通史陈列的修改建议

汉代铁工具柜 ……………………………………187

汉代兵器专柜及附陈材料 …………………………190

三国部分 …………………………………………195

长沙西晋釉陶鼓吹骑士俑 …………………………199

南北朝具装马 ……………………………………201

隋白瓷柜 …………………………………………204

唐乐舞部分 ………………………………………206

唐三彩人马俑柜 …………………………………208

记里鼓车与指南车意见 ·················210
关于唐代数学天才一行 ·················213
热河辽驸马墓出土银鋄金鞍饰 ···········215
唐书法陈列意见 ·······················217
汉锦陈列 ·····························219
华佗像下附陈参考 ·····················221
金属加工 ·····························224
关于金银加工节略要点 ·················227
黄巾起义 ·····························229
汉代文字意见 ·························231
刘向是否应有一平柜陈列？·············234
王充像位置及说明 ·····················236
司马迁像及位置 ·······················238
有关唐代绘画改陈意见 ·················240
宋甲马 ·······························243

铝带问题　　初版全集已编入，仅存目。

明代部分改陈点点滴滴　　同上，仅存目。

一点建议　　同上，仅存目。

　　——关于定名、说明、附加应用图像一点浅薄建议

丝路说明参考意见　　同上，仅存目。

有关改陈补充　　同上，仅存目。

□ 陈列设计与展出

陈列设计和建议
  协助地质博物馆意见 ……………………………247
专题展览介绍
  中国古代织绣展览·前言 ………………………250
展品说明选
  河南信阳汉冢遗物 ………………………………252
  汉代展品说明（六则）……………………………253
  陶瓷展品说明卡（之四）…………………………256

□ 文物研究资料草目

  艺术遗产中船的形象 ……………………………257
  古代的船 …………………………………………263
  家具历史发展形象资料举例 ……………………267
  男子坐具的进展 …………………………………278
  宋代家具及布置应用相关图像 …………………288
  宋代人物画可参考的材料草目 …………………292
  花式图案参考资料
    ——为实用美术系教师拟的教案 …………300
  工艺美术中龙凤图案的应用 ……………………307
  题《中国历代自然科学家小传》…………………311

关于灯的种种 ……………………………………… 316

□ 织绣染缬与服饰

谈刺绣
　　——图案的应用和加工技法发展试探 ……………… 320
中国绸缎的花 …………………………………………… 365
几幅团花图案
　　——取自故宫博物院丝绣组编图录 ………………… 369
中国古代的绸缎 ……………………………………… 372

□ 文物识小录

藁城出土商代漆片 …………………………………… 381
信阳战国楚墓棺板 …………………………………… 383
谈《明皇击球图》 ……………………………………… 385
分隶体中有草意 ……………………………………… 388
传阎立本赚兰亭图问题 ……………………………… 390
班婕妤《怨歌行》及其问题 …………………………… 392
汉代金银错鸟兽纹图
　　——《历史教学》封面图案说明 …………………… 394
敦煌唐代丝绸复原图
　　——《历史教学》封面图案说明 …………………… 396

楚墓出土彩绘漆羽觞

　　——《历史教学》封面图案说明 …………… 400

唐代越州窑青瓷酒壶

　　——《历史教学》封面图案说明 …………… 402

关于飞天 ………………………………………… 405

唐代镜子卷枝花

　　——《历史教学》封面图案说明 …………… 409

唐三彩釉陶瓶

　　——《历史教学》封面图案说明 …………… 411

西王母画像镜

　　——《历史教学》封面图案说明 …………… 414

唐代锦缎纹花

　　——《历史教学》封面图案说明 …………… 416

白沙宋墓壁画

　　——《历史教学》封面图案说明 …………… 420

汉碧玉马头

　　——《历史教学》封面图案说明 …………… 423

□ 龙凤艺术新编

椅子衍进试探 ………………………………… 425

谈历史人物画 ………………………………… 436

"朱拓北魏佛造像"题跋 ……………………… 442

□ 文史研究必需结合文物

兵器史读后意见 …………………………………………444

政协提案选

——第60号 ……………………………………………448

文论

▢ 沫沫集续编

答《大公报》记者问

询问函包含下面三个问题：

我的第一本书是什么？

它是怎样出版的？

我的下一本书将是什么？

（一）《鸭子》（戏剧集）①及《蜜柑》（小说集）。民国十六年出版，《蜜柑》是一位教授的故事，收在这集中。

（二）《蜜柑》是余上沅太太陈衡粹画的封面，由徐志摩拿到新月书店出版，《鸭子》在北新由李小峰以一百大洋买去的，那时一百大洋可过十个月的苦日子。

（三）《长河》续写了二分之一，《小魇》②也未写完，《雪晴》十章已写了四章，生活不安定，我尚不知哪一本能先出版。

本文发表于1947年12月11日上海《大公报》"出版界"第62期《作家及其作品特辑》，署名沈从文。特辑先后收21位作家的回答，编者署名际炯，即潘际炯，又名潘际垌，时任上海《大公报》编辑。

　　据上海《大公报》发表文本编入，标题为全集编者所拟。

　　①《鸭子》实为戏剧、小说、散文、诗歌合集，1926年11月北新书局出版，比《蜜柑》早一年。

　　②《小魇》疑为《小砦》的误排。

□ 序跋集

《雪》序

　　我在最近一个论文里，曾说到中国十年来的创作小说，为一种诙谐趣味所支配，如何留下了不良的结果。

　　讽刺与诙谐，使许多作品用小丑神气存在，这是稍前时代一种极不幸的事情。我对这种文学态度，我寻了一个名称，便是"白相文学态度"。白相文学态度到今日是否完全消灭，此后是否还将继续存在，全不能知道。由于白相文学态度产生的作品，不能完美，缺少健康，走入邪路，那是无可否认的。

　　新的趋势是从另一个方向着手的。如果我们还能注意或高兴去注意二年来几个为国人所最留心的作家，以及其各样作品，便会觉得我所提到的一切，不至于与事实怎样悖谬。

　　新的趋势意见极不一致，然而却能一致同诙谐渐渐离远了。因社会意识严肃了自己的心情，写了一些新的作品的胡也频君，作品到近年来为最可注意的一个。新的作风在另一面便是不诙谐。丁玲作品不诙谐。茅盾作品不诙谐。施蛰存作品不诙谐。巴金作品不诙谐。以笔名沉樱、小铃写了极多美丽短篇小说的新的女作家陈女士，也是不诙谐的。（将笔放肆刻薄到作品中人物，先一时成为作家权利的事，近年来乃似乎成为作家一种忌讳，平常人看来觉得极古怪。）自从含着一点儿放荡，一点儿任性，小气的不庄重的趣味，为一个新来的时代带走后，上述诸人作品的影响，纠正了无数读者对文学作品的不庄重观念，同时也就给一些新的无名作家一点启示，给他们引出一条更适宜于创作的道路。由写作的儿戏态度转成严肃，认为是文学创作一个必然的条件时，无论是普罗作者，或是民族主义文学者，否认这个问题全不可能。虽到了一九三〇年，在北方，还有《骆驼草》产生，以趣味作"写作自由"的护身衣甲，但这趣味的刊物旋即消灭，使人忘记。在南方，有些时髦刊物，创作趣味，也无从证明已认真了一点，然而整个的趋势，则以文学附丽于"生存斗争"和"民族意识"上，使创作摆脱了肤浅的讽刺，拘束到"不儿戏"情形中，成为必然的要求了。

　　这新的写作态度，还没有使什么人作品伟大起来的事实，却已令人敬视它的存在。这个非白相文学态度，最好的影响，是可以坚实许多新从事于写作而名字还极陌生的作家的。他们要这样才有更好的成就，才有更可希望的前途。他们不论为何种文学主义所拘束，皆较之受不良趣味所拘束为害较少。我同时留心这件事，注意到那些以诚实严肃态度创作的人，在年青朋友中，高植君便是我所发现的一个。他的努力和耐心，是我在所有朋友中最难见到的。把文学当作一种事业，他有勇气使他凝眸最远的一方，不为目前任何失败所挫折，也不为小小成就而眩目。他在每一作品中皆承认自己的失败，然而失败却不能妨碍他取新的姿势向前。他用的是最傻的也正是最诚实可爱的方法来写作小说。在平时，便留心到一切事情，任何琐碎的现象，皆不缺少注意的兴味，任何生活都愿意领会。在任何情形下，他皆不忘记他的创作！这样试验了又去作那样试验，宽泛的人生经验，所触着的是那么少，却只想象一切皆可在他手下以艺术的形式重现，"他不自信当前月亮的全圆，却相信终可以由他手下产生一个正圆的月，"他那可爱的傻处，正是一个艺术家必需的性格。依我想，这性格应当为年轻作家一种最好的德性。

他的第一个集子听说已经付印了，我能在集子的读者前面说出我的喜悦，实在比作者还觉得高兴。因为作者是并不以这个作品限制了自己的成就，而我却为了朋友这态度，而期待着第二个集子的印行的。

一九三一年六月八日作

高植的早期小说作品，曾在南京拟印成《酒后》集，但没能出版。后以《雪》为集名，编入他的六个短篇小说作品出版，沈从文为此集子作序。

因未能查找到原发表文本，现以花城出版社、三联书店香港分店联合出版的《沈从文文集》第11卷文本，编入《沈从文全集·补遗卷》。

《小说月刊》一卷三期卷头语

"感情"若容许我们散步，我们也不可缺少方向的认识。一切散步即无目的，但得认清方向。放荡洒脱只是疲倦的表示，那是一时对道德责任松弛后的一种感觉，这自然是需要的，可完全不是必需的！多少懒惰的人，多少不敢正视人生的人，都借了潇洒不羁脱然无累的人生哲学活在世界上！我们生活若还有所谓美处可言，只是把生命如何应用到正确方向上去，不逃避人类一切向上的责任。组织的美，秩序的美，才是人生的美！生命可尊敬处同可赞赏处，全在它魄力的惊人。表现魄力是什么？一个诗人很严肃的选择他的文字，一个画家很严肃的配合他的颜色，一个音乐家很严肃的注意他的曲谱，一个思想家严肃的去思索，一个政治家严肃的去处理当前难题。一切伟大问题皆产生于不儿戏。一个较好的笑话，也就似乎需要严肃一点才说得动人。一切高峰皆由于认真才能达到。"严肃"，谁能缺少这两个字？人人都错误地把快乐幸福同严肃认真对立起来，多以为"快乐是毫无拘束的任性，幸福是自由，至于严肃同认真，却是毫无生趣的死呆"。严肃成就一切，他的对面只是轻浮。至于快乐和幸福，总常常包含了严肃和轻浮两者而言。轻浮的快乐,是平常人才用得着,至于一个有希望的人,一个像样的人,他不会要这个的!他一切尽管严肃认真,从深渊里探索他所需要的东西,他有他那一分孤独伟大的乐趣!你想想,你在生活中缺少了严肃,你能思索什么,能写作什么?

《小说月刊》由作者和林庚、高植、程一戎合编,1932年10月在杭州苍山书店创刊。出版四期后因经费困难停刊。

本篇据花城出版社与三联书店香港分店联合出版的《沈从文文集》第11卷文本纳入《沈从文全集·补遗卷》。

《篱下集》题记

在都市住上十年,我还是个乡下人。第一件事,我就永远不习惯城里人所习惯的道德的愉快,伦理的愉快。

我崇拜朝气,欢喜自由,赞美胆量大的,精力强的。一个人行为或精神上有朝气,不在小利小害上打算计较,不拘拘于物质攫取与人世毁誉,他能硬起脊梁,笔直走他要走的道路,他所学的或同我所学的完全是两样东西,他的政治思想或与我的极其相反,他的宗教信仰或与我的十分冲突,那不碍事,我仍然觉得这是个朋友,这是个人。我爱这种人也尊敬这种人。这种人也许野一点,粗一点,但一切伟大事业伟大作品就只这类人有分。他不能避免失败,他失败了能再干。他容易跌倒,但在跌倒以后仍然即刻可以爬起。

至于怕事,偷懒,不结实,缺少相当主见,凡事投机取巧媚世悦俗的人呢,我不习惯同这种人要好,他们给我的"同情",还不如另一种人给我"反对"有用。这种"城里人"仿佛细腻,其实庸俗;仿佛和平,其实阴险;仿佛清高,其实鬼祟。这世界若永远不变个样子,自然是他们的世界。右倾革命的也罢,革右倾的命的也罢,一切世俗热闹皆有他们的分。就由于应世技巧的圆熟，他们的工作常常容易见好，也极容易成功。这种人在"作家"中就不少。老实说，我讨厌这种城里人。

曾经有人询问我，"你为什么要写作？"

我告他我这个乡下人的意见，"因为我活到这世界里有所爱。美丽，清洁，智慧，以及对全人类幸福的幻影，皆永远觉得是一种德性，也因此永远使我对它崇拜和倾心。这点情绪同宗教情绪完全一样。这点情绪促我来写作，不断的写作，没有厌倦，只因为我将在各个作品各种形式里，表现我对于这个道德的努力。人事能够燃起我感情的太多了，我的写作就是颂扬一切与我同在的人类美丽与智慧。若每个作品还皆许可作者安置一点贪欲，我想到的是用我作品去拥抱世界，占有这一世纪所有青年的心。……生活或许使我平凡与沉落，我的感情还可以向高处跑去，生活或许使我孤单寂寞，我的作品将同许多人发生爱情同友谊。……"

这是个乡下人的意见，同流行的观点自然是不相称的。

朋友萧乾第一个短篇小说集子行将付印了，他要我在这个集子说几句话，他的每篇文章，第一个读者几乎全是我。他的文章我除了觉得很好，说不出别的意见。这意见我相信将与所有本书读者相同的。至于他的为人，他的创作态度呢，我认为只有一个"乡下人"，才能那么生气勃勃勇敢结实。我希望他永远是乡下人，不要相信天才，狂妄造作，急于自见。应当养成担负失败的忍耐，在忍耐中产生他更完全的作品。

一九三三年十二月十三日

本篇据《沈从文文集》第11卷文本纳入《沈从文全集·补遗卷》。

《三秋草》

近来很有些人能写变体文字的诗歌,用纤细的感情,也可以说是病的感情,倦眼微眒似的去看这世界上万汇百物,感觉错综,写得出很多具有新的光辉的诗歌。譬如说忧郁幸福,则常写作"白色的忧郁","青色的幸福",说黄昏已不写作"病的黄昏",必需写作"伤寒病的黄昏"。或在提琴声音中听出颜色,或在光度上看出寒温。作者既多大都市中小有产者,平时为一个大都市的物质文明皮肤生活所刺激,神经感到一分骚乱,写出这种新的诗歌,原本极其自然的一件事。虽大多数的名词,仿佛还多数得由四万五千吨的海舶运来,一到了中国后,就成为"来路货领带"似的,以一个超乎它应当得到的价格,流行于上等绅士队伍里,初初看来好像眩目惊人,其实还是平平常常。

但我们中国人能够规抚那么一条领带的花样与色彩,自作自用,这人至少是很聪敏的。一切过去的便应当使我们遗忘,但它还不过去呢,它也应有它的地位。这类诗歌如今的地位,便使我们不能不承认。我欢喜这类诗歌,不过还不见到有多少我所欢喜的诗歌印行。因为诗人在近代似乎皆常常忙到不能好好的作一首诗。恰恰是这样，做这样华丽生涩的诗就绝不能草草作去，又要感情，又要文字，这两样东西细细想来，就又正是许多"诗人"所没有的东西。故在这方面有人提到时，我们想举一点例，提出的不是"一首诗"，却常常只是"一句诗"。

我也爱朴素的诗。它不眩目。它不使人惊讶。它常常用最简单的线，为一个飘然而逝的微笑，画出一个轮廓。或又用同样的单纯的线，画出别一样人事。由于作者的手腕，所画出的一切，有时是异常鲜明美丽的。它显得不造作，不矜张。作者用字那么贫俭，有时真到使人吃惊地步。由于文字过简，失去一首诗外形所必需的华腴时，它不能使大多数人从讽读上得到音调铿锵的快乐。用某种体裁来作诗的型范时，它比起来又常不像诗。但它常有一个境界。这境界不依赖外表的华美来达到。（这分长处就够足抵补各种短处而有余了。）它所写的常常是一个作者的"心境"。作者用各样官能去接近这个世界时，常是那么安静，就由于安静，要说什么，他便轻轻的说。遇到可笑的事在文字上他作得是微笑，悲戚的他只是沉默。它不夸张。他常常仿佛十分温和，同时也十分安详。（世界上日月星宿的光，在作者眼睛中皆好像正确一些。）它仿佛同宇宙更接近许多。它教给我们的不是血脉奋兴。它不给我们感情骚乱，却只使我们感情澄清透明。别的诗多在我们的口上熟习，这类诗却常常在我们心中十分熟习。

卞之琳君的《三秋草》，就是我所说的一本简朴的诗。

本文1933年6月1日刊载于杭州《西湖文苑》第1卷第2期，署名沈从文。
《三秋草》是卞之琳第一本获得印行的诗集，收1932年秋的诗作18首，1933年5月5日在北平出版。沈从文为题写了书名，并出资帮助印书，但因经济困窘，实际是未婚妻张兆和提供印书费。

《林屋山民送米图卷子》题记

暴方子为官清廉,作人有骨气,曲园老人尝为文称之为古君子。此送米图犹可仿佛见前贤行谊,观之生钦敬心。

凤皇(凰)沈从文敬观

本文系作者为《林屋山民送米图卷子》1948年作的题记。

1890年（光绪十六年）林屋山（太湖洞庭西山）甪头司的巡检暴方子，因"遇催租蠲赈事一意庇民"，又敢于对上司发表意见，被撤掉九品官职。暴方子因廉而贫，撤职后没钱搬家，无柴米做饭，民众同情他，旬月间冒雪送米送柴者达七八千人，震动了官府。苏州太湖一带文人也同情暴方子，次年2月，诗画名家秦散之以《林屋山民送米图》和题诗相赠，著名文人俞曲园也作长诗相送，此后主要在1890和1894年，陆续有不少文化名人观图后题咏，暴方子将送米图诗画裱成的长卷不断加长，成为暴家的传家宝。1948年暴方子之孙暴春霆，携几代人珍藏的送米图长卷到北平，准备精印便于保存。在拿给北平一些学者文人展读时，再次形成题咏热潮，朱自清、徐悲鸿抱病为作诗画，俞平伯、朱光潜等多人为题词，胡适为作序并题写书名，暴春霆请北平彩华印刷局自费出版了《林屋山民送米图卷子》，仅印100本，分赠诸题签者，未对外发售。

从子冈、徐盈作品谈起

我在三十年代，就是他们作品热心读者之一。对于这些作品所留下的好印象，实远过于当时某些"大作家"的作品，认为更能得到教育和启发。最近听说子冈虽因病尚未能完全恢复健康，新旧作品不久将编辑付印，消息传来，实在十分高兴，极希望不久就可重作一读者。

还有子冈老伴徐盈，解放前在天津《大公报》写的不少通讯报道，和解放后发表的一些专题性访问文章，希望过不多久，也都能重印出来。因为这些作品，所反映的许多方面，即或早成历史陈迹，但当时对社会的影响，事实上可远比一些著名社论，和另外一些关于文学理论性文章，或文字和内容都平平无奇的文学作品，更能针对社会现实，来得扎实而有分量。当时能得到广大读者认可，此后实依旧还足供年轻一代学习。只是照习惯，报刊上的通讯特写，都有个时间性，缺少继续性，起的作用极短，和一般文艺作品情形大不相同。这是由来已久的事情。据我个人印象，近三十年社会在剧烈动荡中变化，产生过万千种文艺作品，尽管不少曾以各种原因，风靡一时，居多却在运动反复中，不到三五年即失去存在意义。特别是近二十年一些依照"主题先行"的论点，努力从一个无固定性公式中追求暂时效果的文学作品，脆弱而不经久，竟像是一种自然规律。现实的教训，这一代学人，应当记忆犹新。即或人性善忘，也不会在五几年内便忘得干干净净的。至于三十年代和解放以来某一时期，一些新闻记者某些通讯报道性篇章，由于主客观都要求谨严而下笔必有分寸，反映社会现实多较具体，判断未来也不容许只凭个人兴趣而夸夸其谈。作者既必需注意到如何措辞，才能避免灾难性的"迫害"，又应当明白如何叙述形容，言之有物，才能得到广大读者"认可"。外在种种限制和不同要求，自然使得作者工作态度，异常严谨和加倍用心，才可望较好完成任务。这就十分显明，一个能够引起全国注意的新闻记者，他的工作意义，实远比一些长时期关闭在个人小小天地里，或隐避于租界中的"作家"，工作沉重而艰难。工作的成就，也无从和一些充满"书生气"或"做作气"的"作家"散文小说相提并论！

　　我基于这点理解，在还未和子冈徐盈相熟以前，对于他们的作品，就抱有一种特别好感，不是毫无理由的。记得抗战第二年，由北大、清华、南开三校在云南昆明组成的西南联合大学，尚未正式开课，邀我去中文系教散文习作，系里商讨新的方案前，我曾事先和杨今甫、朱自清二先生商量好，为了适应战时需要，如何提高多数学生写作能力，实值得研究。当时提出两个问题，都可说极新。一是中文系教授，不分级别，除各就所长，开专题选修课外，最好能一律担任全校一年级学生国文必修课。为加强效果，不妨各添配一位助教共同负责。二是为中外文系学生，提出课外补充读物二十种，内中计有丁西林、曹禺的戏剧，白羽、碧野的散文，沙汀、芦焚的小说，艾芜……的游记，徐志摩的诗歌，范长江、徐盈的通讯报道。内中又把范长江、徐盈的通讯特写占最先位置。因为由我看来，练习写作，这些作品实在格外值得重视。

两点建议正式得到认可后，前后维持了七八年。效果如何虽不得而知，但是后来中外文系毕业同学，成为知名记者和作家的实不少。其中有些人，或许到了工作岗位面对现实时，才能理会到那些课外补充读物中通讯特写作品，对于他的工作具有何等深远意义。又或有人始终缺少应有理解的，自不在话下。因为我还记得四二、四三战争吃紧那两年，有些文理工学生，为了找出路，转入经济系就不少！

不久前，有个联大中文系毕业同学来看我，谈及过去旧事时，她还记得我一共开过两组散文习作，第一回出的题目，相当新奇别致，自然也有人以为刁钻古怪。开始是"寒、冷、暖、热"四个字，说明可以不拘成例，每个字试各用二三百字，加以形容叙述，测验测验个人对于这四个字的理解力和表现力。第二回是"写写课堂中的气氛"，并告给同学，若觉得不易下笔，不妨当成一个信件，向家中长辈或平辈，用"叙家常谈闲天"方式写下去。当时大家都觉得可笑又为难，极少人能理解这就恰好正是"写作入门"第一步。因为太"自由"了，反而无从下笔。即或三十年代，上海复旦大学有个孙俍工教授，关心同学的写作能力的提高，早就已为编印了三四种"写作秘诀"一类新书，如像《小说作法》《新诗作法》《散文作法》等等①。各书都摘引了大量中外名作示例，著名一时。可能也曾成就不少"文抄公"作家。因为循例照抄，当时在省级文学刊物，是容易得到"出路"

的。只是在我的习作课堂上可不顶用。同学中即或手边正带了这些"秘诀""指南",又容许可以抄书,也无济于事,不知从何抄起!我的用意其实就是告给同学,好书不妨多看,到自己写什么时,可不宜受任何名著成例格式所拘束,更用不着照什么预定提纲去"简练揣摩",附会成篇。首先应当解放自己思想观念上的束缚,学会随事能写得下去,并让读者明白你写的是什么,又还能从你叙述的事情发生吸引力,以至于十分感动,留下个深刻生动印象。能够有这么一分理解,你算是会"写文章"了。因为这一来,你才明白,在用笔时,将永远注意到优秀作品的产生,一面得理解文字的效果,另一面还得明白大多数读者共通水平和正常要求。

我深深相信,音乐、图画,或数学、体操的学习,都有所谓"天才",由于天赋特殊敏感,领会、记忆、吸收、反映,都异常迅速,在未成年以前,由旁人稍加指点帮助,在短短时期内,就会取得迅速的进展。再加之以勤学,三年五年或十年八年,便可拔尖出众,达到一个新的高峰。惟文学这份工作,要想得到真正成就,突破前人纪录并不断创造自己新纪录,可并不容易。衡量成就不是用三五个短篇,应当从一二十集子平均水平作分析。不仅要善于学习,还要善于把所学到的"一一忘掉",困难处正在如何学会"忘掉"。特别是自以为有天赋过人才华的才子,能学会"忘掉"或节制"才华滥用"的本领,才会写出真正像样作品。文学因需要才华,没有它可不成。仅凭过人才华却不顶事。无节制的滥用才华,只会给人一种卖弄小聪明的"绣衣哥才子"印象,虽能风流自赏,自得其乐,长远陶醉于一种自足自满精神状态中,但作品事实上是不会赢得有识读者信服倾心的。因为文学尽管有个广博无涯的空间,可以容许作者得到纵横驰骋的自由,发挥个人的特长。但试从古今传世作品分析衡量,小巧玩具般作品所能起的作用,多极其有限。凡是比较持久难忘的作品,总是用个十分踏实素朴的态度,持久有恒的工作方法,来十年二十年使用手中一支笔,才有可能产生的。即或是宣传品,希望经得住历史长流的冲洗,保持应有持久的效果,也不例外。

　　1981年末,作者应邀为《子冈作品选》撰写的序,1982年1月以《人间重晚晴——〈子冈作品选〉序》为题,在《光明日报》发表。

　　本篇是当时所拟另一份缺前后页的序文,因内容与发表文本相去甚远,据现存手稿编入,标题为整理者所拟。

　　①1920年代以来,孙俍工教授曾编写过《小说作法讲义》《新诗作法讲义》《论说文作法讲义》《戏剧作法讲义》等专著,《散文作法》尚未查到记载。

□ 编者言

《人间》月刊出版预告
——沈从文先生 丁玲女士主编的

发行一种刊物的理由，如果说得堂皇一点，有的是动人好听的词儿。但是我们发行这月刊，老实说，只是想使读者多有一份爱读的刊物，作者多一个说话的地方，出版的多一种练习工作的机会。多与读者相见，省得去登那费钱多而收效少的广告。说到赚钱，外行也许不知道，凡是办过月刊周刊的总该晓得办定期刊物是赔钱的机会来得多些。从文先生与丁玲女士，想来用不着我们来介绍，他们的作品流行在爱好读新文学的人们中间，是许多许多读者很熟悉的。特约做稿子的人都是国内知名之士，如徐志摩，叶绍钧，孙伏园，戴望舒，张友松，朱溪，杜衡诸先生。内容注重新的文艺创作，翻译，批评，介绍，以及学术，思想，妇女问题。现在规定十八年一月十日版，每期零售二角，订全年十二册二元，邮费在内。上海人间书店，闸北西宝昌路。

本文发表于《认识》周报1929年第1卷第1期。

□术艺刍言

谈短篇小说

说到这个问题以前,我想在题目下加上一个子题,比较明白。

"一个短篇小说的作者,谈谈近二十年来中国短篇小说的发展,和短篇小说的写作。"

因为个人印象里意识里的短篇小说,和我写到的,说及的,可能是两样不同东西,所以我还要申明一下:这个讨论只能说是个人对于小说一点印象,一点感想,一点意见,不仅和习惯中的学术"庄严"标准不相称,恐怕也和前不久另一方面固定的那个学术"平凡"标准不相称。世界上专家权威,在另外一时对于短篇小说的"定义"、"原则"、"作法"和文学批评家所提出的主张说明,到此都暂时失去了意义。

（一）它的性质和它的限度

什么是"短篇小说"？要我立个界说时，若我写成的一堆作品，还不够代替说明，倒还得想想，另外一时给这个题目作的说明，现在是不是还可应用。三年前我在师范学院一个讨论会上，谈起小说作者和读者时，把小说看成"用文字很恰当纪录下来的人事"。因为既然是人事，就容许包含了两个部分：一是社会现象，便是说人与人相互之间的种种关系；二是梦的现象，便是说人的心或意识的单独种种活动。单是第一部分容易成为日常报纸记事，单是第二部分又容易成为诗歌。必须把"人事"和"梦"两种成分相混合，用语言文字来好好装饰，剪裁，处理得极其恰当，方可望成为一个小说。

我并不觉得小说须很"美丽"，因为美丽是在文字词藻故事动人以外可以求得的东西。我也不觉得小说需要很"经济"，因为即或是个短篇，文字经济依然并不是这个作品成功的唯一条件。我只说要很"恰当"，这恰当意义，在使用文字时，就容许数量上的浪费，也不必对于词藻过分吝啬。故事内容呢，无所谓"真"，无所谓"伪"，亦无"深刻"与"平凡"分别。所要的只是那个恰当。文字要恰当，描写要恰当，分配也要恰当，作品的成功条件，就从这种"恰当"产生。

我们得承认，一个好的文学作品，照例是会使人觉得在真美感觉以外，还有一种引人"向善"力量的，我说的向善，这个名词的意思，并不属于社会道德那方面"做好人"的理想。我指的是这个读者从作品中接触了另外一种人生，从这种人生景象中有所启示，对"生命"能作更深一层的理解。普通"做好人"那种道德，社会虽异常需要，有许多简单便利的方法和工具可以应用。"上帝"或"鬼神"，"青年会"或"新生活"，或对付他们的心，或对付他们的行为，都可望从那个"多数"方面产生效果，不必要文学中的小说来作。小说可作的事远比这个重大。如像生命的明悟，使一个人消极的从肉体爱憎取予，理解人的神性和魔性，如何相互为缘，并明白生命各种型式，扩大到本人生活经验以外；或积极的提示人，一个人不仅仅能平安生存即已足，尚许可在他的生存愿望中，有些超越普通动物的打算，比饱食暖衣保全首领以终老更多一点的贪心或幻想，方能把生命引导到一个崇高的理想上去。这种激发生命离开一个普通动物人生观，向抽象发展与追求的兴趣或意志，恰恰是人类一切进步的象征，这工作自然也就是人类最艰难伟大的工作。在过去两千年，哲人的经典语录可作到的事，在当前一切经典行将失去意义时，推动或执行这个工作，就文学作品还相宜。若说得夸大一点，到近代，别的工具已办不了时，尚唯有"小说"还能够担当这种艰巨。原因简单明白：小说既以人事作为经纬，举凡机智的说教，梦幻的抒情，一切有关人类向上的抽象原则的说明，都无一不可以把它综合组织到一个故事发展中。印刷术的进步，交通工具的进步，既得到分布的便利，更便利的还是近千年来那个读者的传统习惯，即多数认识文字的人，从一个故事取得"娱乐"与"教育"的习惯，在中国还好好存在。《三国志》或《红楼梦》，过去一时的成就，就显然不是用别的工具可以如此简便完成的。加之用文学作品来耗费他个人的剩余生命，取得人生教育，近二十年来青年学生从各方面更已养成一种习惯，在社会心理上即贤于博弈。所以在将来，文学作品若具有一种崇高的人生理想，这理想希望他在读者生命中保有一种势力，将依然是件极其容易事情。用"小说"来代替"经典"，这种大胆看法，目前虽好像有点荒唐，却近于将来的事实。

　　这是我三年前对于"小说"的解释，说的虽是小说，把他放在"短篇小说"上，似乎还说得通。也许你们会觉得可笑，是不是？不过真正觉得可笑的尚在后面，因为我还要从这个观点上来写三十年！三十年在中国历史上不算个数目，但在一个人的生命中，也就够瞧了。这种生命的"投资"，除了乡巴佬肯做，普通聪明人是不干的。

　　有人觉得好笑以外也许还要有点奇怪，即我说到这个问题，得来的印象，和你们事先所猜想到的，读十年书听十年讲记忆中所保留的，很可能都不大相合。话说完了，于是散会，散会后，有的人或当作笑话，继续谈论下去，有的人又忙匆匆的跑出大南门，预备去看九点钟的电影，有的人说不定回到宿舍还要骂："狗屁狗屁岂有此理"，表示在这里所受的委屈！这样或那样，总而言之至多过了三点钟以后，这个讲演所有的意义，差不多就"完事"了。这个问题所能引起的一点小小纷乱，也完事了。我明白，这是不可免的。这就正和我说的题目相合，与一个"短篇小说"在读者生命中所占有的地位相合。讲的或写的，好些情形都差不多，并不是人生的全部，只是那么一点儿。所要处理的说他是作者人生的经验也好，是人生的感想也好，再不然，就说是人生的梦也好。总之，作者所能保留到作品中的并不多，或者是一闪光，一个微笑，以及一瞥即成过去的小小悲剧，又或是一个人临于生死边际作的短期挣扎……不管它是什么，都必然受种种限制，受题材，文字（语言），以及读者听者那个"不同的心"所限制。所以看过或听过后，自然同样是不久就完事。不完事的或者是从这个问题的说明和表现方式上，见出作者一点语言文字的风格和性格，以及处理题材时那点匠心独运的巧思，作品中所蕴蓄那点人生感慨与人类爱。如果是讲演，连续到八次以上，从各个观点去说明的结果，或者能够建筑出一个明明朗朗的人生态度。如果是作品，一堆作品也会给读者相同印象。至于听一回，读一篇，使对面的即能有会于心，保留一种异常深刻的印象，对少数人言，也许办得到；对多数人言，自然是无可希望的。

（二）中国近代短篇小说的发展

新文学的短篇小说，是随同二十二年前那个五四运动发展而来，新文学运动本在五四以前，民六左右，即由陈胡提出来，却因五四运动得到工具重造工具重用的机会。当时谈解放和改造最先得到解放的，就是文字，即语体文的自由运用。社会解放改造问题一般讨论还受相当限制时，在文学作品试验上，就得到了最大的自由，从试验中日有进步，且得到一个"多数"（学生中多数）的拥护与承认。虽另外还有个"多数"（旧文人与顽固派）在冷嘲恶咒，它依然从幼稚中发育，慢慢长成，不到六七年，大势所趋，新的中国文学史，就只有白话文学作品可记载了。（对白话文将来说大胆预言的胡适之先生，尚以为得有个三五十年方有作用！）谈到这点过去时，其实应当分开来说，因为各部门作品的发展经过，和它此后命运，是大不相同的。新诗当时最与传统相反，引起社会注意，最热闹，作者极兴奋，批评者亦极兴奋，同时又最成为"问题"。戏剧在那里讨论问题处理问题，因之有"问题"而无"艺术"。初期几个作者成绩也就只是"热闹"，作品并不多，且不怎么好。它的转机是直到抗战方见出希望的。小说发展得平平常常，规规矩矩，可是在极短期中间即得到读者认可，继续下去，先从学生方面取得读者，随即且从社会方面取得更多的读者，由此奠定了新文学基础，并奠定了新出版业的基础。

我们若就二十年来过去作个总结账，算算看这二十年新文学的发展，作者多，读者多，成为文学中一个主流的实应当数短篇小说。不过短篇小说虽支持了新文学的地位，它到后来却受支持它那个"商业"和"政治"一点拖累，无从挣扎。新文学运动由北而南，作品最先成为商品，就是短篇小说，（时间在十六年左右）刺激了新出版业的大量投资，从此即具有商品意味。到稍后一时，又被政治看中，企图用它作工具，在野的则当武器，在朝的则当点缀物，（时间在十八年左右）从此一来全国文学运动，便不免失去了它原来的独立性，这方面不受"商业支配"，那方面必成为"政治附庸"。虽说商业方面的正常发展，可以刺激不少优秀作品产生，政治方面要的又只是"作家"做个幌子，并未对"作品"有何兴趣。可是因此一来，一部分作家，终于不习惯把作品当成商品，与人竞卖，或不甘心把作品当成政治工具，与人争宠，于是都停了笔。虽然如此，若把二十年来各部门文学作品成绩来看看，就数量和品质言，拿得出手的作品，短篇小说究竟还比较别一部门作品多些。这原因个人认为可以作两方面解释：一是起始即发展得比较正常，作品又得到个自由竞争机会，新陈代谢作用也大些，因此人才辈出，作品中就不少珠玉。其次即是有个读者传统习惯，来接受作品，同时也鼓励刺激新作品产生。这个读者传统，说得远一点，可说是从六朝以来即已有读小说的习惯；说得近一点，晚清几个作家把作品随同报纸发表，实有极大贡献。

若讨论到"短篇小说"的前途时，我们会觉得它的前途，似乎是无什么"出路"。它的光荣已经差不多成为"过去"了。它将不如长篇小说，不如戏剧，甚至于不如目下流行拼拼凑凑的杂文那么热闹。长篇小说从作品中铸造人格，铺叙故事又无限制，近二十年社会的变，近五年世界的变，无一不可以组织到故事中。一个长篇如安排得法，即可得到历史的意义，历史的价值，它且更容易从旧小说读者方面，吸收那个传统多数读者。它的成功伟大性是极显明的。戏剧娱乐性，容易成为大时代中都会的点缀物，能繁荣商业市面，也能繁荣政治市面。所以在战争时底□□，不仅好作品容易露面，即本身纵十分浅薄的作品，有时说不定在官定和市定两方面价值上，都被抬得高高的。杂文虽有些似通非通，不三不四，若我们明白自从民十六到二十六近十年社会风气，正如何培养到一部分读者看打架兴趣，二三子别无所长，想有所自见，又实在不能有所自见，自然要□□把戏继续玩下去，充"文化人"，自得其乐。这只要看看这里那里总还有人不断的在叫喊"杂文重要"，或抄录他人作品推销，即可见生意还不大坏。就中唯有短篇小说，费力而不容易讨好，将不免和目前我们这个学校中的"国文系"情形差不多。在习惯上还存在，好像对社会不大有什么"用处"，无出路是命定了的。

不过我想在大家都忘不了"出路"，多数人都被"出路"弄昏了头的时候，来在"国文学会"的讨论会上，给中国"短篇小说"重新算个命，推测推测它在未来是个什么情形。有出路未必是好东西，那么，无出路的短篇小说，还会不会有好作者和好作品？从这部门作品中，我们还能不能保留点希望，认为它能对中国新文学前途有何贡献？

要我答复这个问题时，我将说是"有办法的"。它的转机即因为是"无出路"。从事于此道的既难成名，又难牟利，社会一般事业都容许侥幸投机，作伪取巧，用极小气力收最大效果，唯有"短篇小说"这一门，可是个实实在在的工作。"吹术"优良的分子，决不会来摸它。"天才"不是不敢过问，就装作不屑过问。即以从事写作的同道来说，把写短篇当终生事业，都明白是个既不经济又不讨好的工作。这一来倒好了。"短篇小说"的写作，虽表面上与一般作品情形差不多，作者的兴趣或信仰，却已和别的作者不大相同了！支持它的写作信心，除初期写作，为的是它能从"读者爱好"取得一点愉快，从事此道十年八年以后，尚能继续下去的，作者那个"创作的心"，就必得从另外找个根据。可能是由外面刺激凌轹转而成为"自内而发"的趋势。作者产生作品那点"动力"，和对于作品的态度，都慢慢的会从普通"成功"，转为自觉"不朽"，从"敷会政策"，转为"说明人生"。这个转变也可说是环境逼成的，然而正是进步所必需的。由于作者写作的态度心境不同，似乎就与抄抄撮撮的杂感远离，与装腔作势的战士远离，与逢人握手每天开会赴席的官僚远离，渐渐的却与"艺术"接近了。

（三）作家所应有的认识

也许因此一来，它（作者与作品）的名字就应当叫做"落伍"了，叫做"反动"了，并且要被什么人□正前或其他更庄严名分来"检讨"了，"批判"了，"围剿"了，"扬弃"了。但我们不必为这事情担心。这一切不过是一堆"名词"而已。倘若作品还像个东西，名词照例是摇撼不倒这作品的。作品虽用纸张印成，有些国家在作品上浇些煤油，放火去烧它，还无结果！二三子依照十年来海上文坛风气，玩玩名词，用作自得其乐的消遣，未尝无意义，用作消灭优秀作品，其无结果用不着龟筮卜算的把这些名词注解一下，"落伍"是被证明已经老朽，"反动"是被裁判得受点处分。但这些胡说时代已经过去了，在十八年到二十二年左右，有它的作用，政治上逐渐稳定后，文人中□□不必要帮凶打手时，就不大起作用了。至若文人用来加到文人头上时，是不值得如何担心。因为这些名词用惯后，居多后不过三两个月都将无意义可言。文学还是文学，作品忠实的证人是"读者"；任何时期任何地方都不缺少忠厚正直的读者，作品真正的审判人是"时间"：从每个人生命中流过去的时间。作品在读者与时间中受试验，好的存在，且可能长久存在，坏的消灭，即一时间偶然侥幸，迟早间终必消灭。一个作者真正可怕的事，是无作品而充作家，或写点非驴非马作品，恰如《金瓶梅》中应白爵在西门庆面前唱小曲，作用只是应景凑趣，目的是勉强支持作家门面，照社会习惯，门面总算支持了，却受不了那个试验，在试验中即黯淡无光，未免可惜。

日月流转，即用这个过去十五年事实作个例，试回头看看这段短短路上的陈迹，也可长人不少见识。当时文坛逐鹿，恰恰如运动场上赛跑。上千种不同人物，穿着各式各样的花背心，运动鞋，用各自习惯的姿势，共同从跑道一端飞奔而前。就中有仅仅绕上一个圈子，已力不从心，摇摇头退下场了的；有跑到三五个圈子，个人独在前面，即以为大功告成而不再干的；有一面跑一面还打量做点别的节省气力事情，因此装作摔了一跤，脚一蹄一跛向公务员人丛中消失了的；也有得到亲戚，朋友，爱人，老板等一群在旁拍手叫好，打气助威，自己却实在无出息，不久即溃败下的。大的说来，跑到三五年后，剩下的人数已不甚多，（就中虽随时有新分子补上来，）跑到十年后，剩下的人就不过十来位了。就中当时跑得最有生气的，自然是当时所谓富于政治性的"前进分子"，观众中有人拍手，并在每一段路上都设下个站目。仿佛上面还插了一面小小旗帜，写上"同志，你已成功了"。"你已是世界上最伟大作家"，"你已是杰作"！虽有如此或如彼增加作者声势的玩意儿，商人又有慰劳品，然而还是不济事。设若这个竞赛是无终点的竞争；每个人的终点即是死，工作需要的是发自于内的做人气概，以及支持三五十年的韧性，跑到后来很可能观众都不声不响，不拍掌也不叫好，商人则掉头不顾，多数人难以为继，原是极其自然的。所以从民八起始，到民二十六为止，每三五年照例总有几个雄赳赳的人物，写了些得商人出力，读者花钱，同道捧场，官家道贺的作品，结果只在短短"时间"中，作品即已若存若亡，本人且有改业办点公事，写写报告，或傍个小官儿，做做秘书，安分乐生混日子下去的。（这些人对他个人言，倒真是已经得到了很好的出路！）"逝者如斯，不舍昼夜"，历史虽短,也就够令人深思!

"得到多数"虽已成为一种社会习惯,在文学发展中,倒也许正要借重"时间"把那个无用的多数作家淘汰掉,让那个有作为的诚敬从事的少数,在极端挫折中受试验,慢慢有所表现,反而可望见出一点成绩。三五个有作品的作家,事实上比一百个挂名文学家更为社会所需要,这是大家都明白的!我们若能就当前所谓"作家"加以检视,就一定可看出好些混混的,都似乎名不副实,成绩较好的,却始终沉默,独自努力下去,这现象,便说明过去习气还如何支配当前的人,以及当前的文学运动!

当前的文学运动,既还保留到一个用数量得到数量的因习观念,只注意到"量",所以对这个少数作家而言,我觉得他们的工作,正不妨从"文学"方面拉开,放它到"艺术"里去。因为它的写作心理状态,与流行文学观日见背驰,已渐渐和中国过去一般艺术家相近。他不是为出路而写作的。这个意见是我在十三年前就想到过的。

记得是民国十八年,徐志摩先生要我去一个私立大学①讲"现代中国小说",上堂时,但见百十个人头在下面转动,我知道许多"脑子"一定也在同样转动。我心想:"同这些来看我讲演的人物,我说什么好?"所以就在黑板上写了一行字:"请你们让我休息十分钟罢。"我意思倒是"我们大家看看,比谁看得深。"我当真就在那里休息,实在说,就是给大家欣赏我自己那个乱蓬蓬的头,也将堂下那些人头一个一个欣赏。说话以前大家都好像特别客气,居然不声不响忍受下去,到末了我开口后,一说就是两点钟。时间过了,在照例掌声中散了会,走到长廊子上时,就听到前面两个人说:"他究竟说些什么?"这种讲演从一般习惯说来，自然算是失败了。当时只有一个人觉得不失败，就是做校长的胡适之先生。他以为"请个人讲演，二十分钟说不出一句话来，照十八年左右社会风气，在台上的居然不被打倒轰走，在台下的又居然不借故溜跑，当然不算失败。"那次演讲"看"的人很可能比"听"的人多。看的人还容易保留个印象，听的人大致都早已忘掉了。忘不掉只有我自己，因为算是个用"人"教育"我"，真正上了一课。这一课使我的文字和语言，视和听，得来的印象情形虽若相同而不相同。我写的小说，正因为与一般作品不大相同，人赞它时觉得新，也似乎还能领会。至于听到我说起小说写作问题，却又因为解释得与一般传统不同，与流行见解不合，弄得大家莫名其妙了。这对我个人，真是一种离奇的教育！因此在近十年中，继续用各种方式去试验写了些小说，和读者对面。我写到的一堆故事，或者即已说明我对于这个问题的意见和态度。若不会从我作品中看出一点什么，这种单独的讲演，是只会作成人家说的那个"究竟是说什么"糊涂印象的。

其实当时说的并非稀奇古怪，不过太诚实一点罢了。"诚实"二字虽常常被文学理论家提出，可是大多数人却照例怕和诚实对面，因为它似乎是个乡巴佬使用的名词，附于这名词背后为坦白，责任，超越功利而忠贞不易，带到都市上来，那时节玩文学的人实在毫无用处的。那时正是文学从商业起始转到"政治"方面去的时节，作家受社会变动的影响，和流行趣味的控制，"政策"与"出路"成为两个有绝大势力的名词，"艺术"或"技术"都在被嘲笑中地位缩成一个零。以能写作平庸作品自夸的，大有其人。这种人傅会时代所作成的风气，或仿佛十分前进，或好像异常忠实，用阿谀群众或阿谀老板方式，认为即可得到伟大的成就。另外又有一部分作家，认幽默为人生第一，超脱潇洒的，用玩票白相态度来有所写作，谐趣气氛的无节制，人生在作者笔下，即普遍成漫画化，浅显明白的原则支配了多数作者的心和手，其所以能够如此，即因为这个原则正可当做作品"草率马虎"的文饰。风气所趋，作者便各在一种预定的平庸设计上，产生并完成他的"有思想"作品，作家的自尊心被时代所扭曲压扁。

当时关于这一点，我就说，这是不成的！社会的混乱，若果一部分属于一般抽象原则价值的崩溃，作者如果尚有点自尊心和自信心，应当在作品中将一个新的原则重建起来，应当承认作品完美即为一种秩序。一切社会理想的预言者，本身必须坚实而壮健，才能够将预言传递给真正那个多数，作者不能只看今天明天，争夺群众，还得瞻望远景，五十年一百年世界上还有群众？新的经典，如果能力太小，一切努力都不会有何伟大成就！即或表面上一时节因商业渲染，见得异常热闹。新的文学要它有新意，且容许包含一个人生向上的信仰，或国家未来憧憬，必需得从另外一种心理状态来看文学，来写作品，即超越商业习惯上的"成功"，和政策变动中的"成名"，完全如一个老式艺术家制作一件艺术品的虔敬倾心来处理，来安排。最高的快乐从工作本身即可得到，不待外求。他的经典应当指导第一流政治家，不能受第三流政客指导。这种看法自然与当时"潮流"太不相合。所以对我本来怀抱好感的，以为莫名其妙，对我素无好感的，就说这叫反动落伍。不过若注意到这是左右两面来的称呼时，也就不过令人苦笑而已。

（四）创作的心

　　我是个乡下人，乡下人特点照例相当顽固，所以虽落伍了十三年，将来说不定还被"文坛除名"，还依然认为一个作者，不懂商业或不懂政治，很可能把作品会写得像样些。不将作品和"商业""政策"混在一处，他脑子一定会清白些。他若是一个短篇小说作家，肯从中国传统艺术品取得一点知识，将增加他个人生命之深度，也增加他作品的深度，一句话，这点教育不会使他堕落的！尤其是如果他会从传统接受教育，得到启迪或暗示，当有助于他的作品完整与高尚，并增加那个作品传递效果和永久性，那是极其自然的。

　　我说的传统，意思并不是因为从史传以来，涉及人事的叙述。两千多年前早有若干优秀作品可以模仿取法，那么传统毫无意义。主要的是有个传统艺术空气，以及产生这种艺术品的心理习惯，在这种艺术空气心理习惯中，过去中国人用一切不同的材料，不同的方法，来处理人的梦。艺术品的形成，都从支配材料着手，艺术制作的传统，即一面承认材料的本性，一面就材料性质注入他个人的想象和感情，虽加人工，原则上却又以始终能保持那个物性或人性天然的素朴。明白这个传统特点，我们就会明白中国文学可告给作家的，并不算多。中国一般艺术品可告给我们的，实在太多太多了。

　　试从两种艺术品制作的心理状态，来看看它与现代短篇小说的相通处，应当是件有意义的事情。一由绘画涂抹而成的文字（写字艺术），一由石器发展而成的雕刻（治玉刻石），不问他是文人艺术或应用艺术，艺术品之价值，都差不多全在于那个作品的风格和性格的独自上。在材料方面，天然限制永远存在，在形式方面，又有个社会习惯限制，然而优秀作品之所以优秀，却照例是作家从那个限制运用"巧思"，见出"风格"和"性格"。（说夸张一点，即是作者的人格。）作者在任何情形下，永远具有上帝造物的大胆与自由，却又极端小心从不滥用那点大胆自由超过需要。（他知道，一超过必失败。）作者在小小作品中，也一例注入崇高的理想，浓厚的感情，安排得恰到好处时，即一片顽石，一把线，一些竹头木屑的拼合，也可见出洋溢生命。这点创造的心，就正是民族品德优美伟大的另一面。在过去，曾经产生过无数精美的绘画，形式完整的铜器和石器，华丽温雅的瓷器，以及形色质料无不超卓的漆器。在当前或未来，若能用它到短篇写作上，用得其法，自然会有些珠玉作品留到这个人间。这些作品的存在，虽若无补于当前，（恰恰如杜甫曹雪芹在他们那个时代一样，作者或穷死，或饿死，都缘于作品与当时价值标准不合。）百年后或千载后的读者，反而唯有从这类作品中，取得一点人生力量，或发现一点智慧之光。

制砚石的高手，选材固在所用心，然而在一片石头上，如何略加琢磨，或就材质中小小毛病处，因材使用，作一小小虫蚀，增加它的装饰性，一切都全看作者的"设计"，从设计上见出优秀与拙劣。一个精美砚石和一个优秀短篇小说，制作的心理状态，即如何运用那点创造的心，情形应当约略相同。不同的为材料，一是石头，顽固而坚硬的石头，一是人生，复杂万状充满可塑性的人生！然而不拘是石头还是人生，若缺少那点创造者的"巧思"和"匠心独运"，是不会成为特出艺术品的。关于这一点,《红楼梦》作者曹雪芹,比我们似乎早明白了两百年。他不仅把石头比人,还用雕刻家手法,来表现大观园中每一个人物,从语言中见身分性情,使两世纪后读者,还仿佛可看到那些纸上的人,全是些有血有肉有哀乐爱憎感觉的人物。(谈历史的人多称说乾隆时代,其实那个辉辉煌煌的时代,除了遗留下一部《红楼梦》可做象征,别的东西早完了。)

再从晋唐宋元以来中国人所作小幅绘画上注意,我们也可就那些优美作品设计中,见出短篇小说所不可少的慧心和匠心。这些绘画无论是以人事为题材,用花草鸟兽云树水石为题材,"似真""逼真"都不是艺术品最高的成就,重要处全在设计。什么地方着墨,什么地方敷粉施彩,什么地方竟留下一大片空白,不加过问。有些作品尤其重要,便是那些空处,不着笔墨处,因比例上产生无言之美与无言之教。短篇小说的作者,能从绘画的鉴赏中,涵养那个"创造的心",在小小篇章中表现人性,表现生命的形式,有助于作品的完美是很显明的。

短篇小说的写作,从过去传统有所学习,从文字学文字,我想把诗放在第一位,小说放在末一位。一切艺术容许作者注入一种诗的抒情,短篇小说不在例外。诗的认识将使一个小说作者对于文字性能具特殊敏感,因之产生选择文字的耐心。对于人性中的智愚,义利取舍形式之不同,也必同样具有特殊的敏感,因之能同一般平凡哀乐得失景象上触着所谓"人生"。尤其是诗人那点人生感慨,如果成为一个短篇小说作者写作的动力时,作品的深刻性,就必然因之而增加。至于从小说学小说,所得是不会很多的。

所以短篇小说的明日,是否能有些新的成就,据个人私意,实有待于少数作者,是否有勇气肯从一个广泛的旧的传统最好艺术品中,来学习取得那个"创造的心",印象中保留无数优秀作品的形式,生命中又充满活泼生机,工作上又不少自尊心和自信心,来在一个新的观点上,尝试他所努力从事的理想事业。

或者会有人说,一切空洞理想,恐都将不免为一个可悲可怕事实战败,即二十年来那个不良习惯,以及在习惯中所产生的成见偏见所战败。一种可怕的习惯,必永远是进步的绊脚。原因是作家曾经一度成为政治点缀物,而且有些人又乐于成为点缀物,此外若再有人主张文学作品还有他更远的目标,比普通"出路""政策"不变而坚固的更远的目标。更庄严的理想,那浅见的政客,就会觉得文学,如不能再成为"政策"的工具,就可能成为"政客"的敌人。不能控制作家,豢养作家,有一天政治家的一切真正信仰与做作的庄严,都可能受文学作品的摧毁。因之从政治观点来说,文学放到什么部什么机关去受培养,受检查,应当是个最好的办法。若文学运动还是继续民十八那个不健全的传统,徒然限制或奖励。其实,也还不过是增加几个不三不四作家,多一些捧场凑趣装模作样的机会而已,对于这方面明日的发展,进步,倘若真正有许多有艺术良心的作者肯努力去求进步,是无从"促成"也无从限制的。

本篇曾以《短篇小说》为题,1942年4月16日发表于《国文月刊》第16期。同年9月29日经改写后,又以《谈短篇小说》为题,发表于《文化先锋》第1卷第5期。均署名沈从文。已编入《沈从文全集》第16卷。

现以作者改写后的《谈短篇小说》编入《沈从文全集·补遗卷》。

① 一个私立大学指上海中国公学。

论特写"写人"

新闻纸上专栏文章"叙事"和"写人",本是两种工作两回事,到今为止,还少有记者能够彼此兼长。关于叙事部分,谈及近十六年的不同成就时,我们很可以举出几个大手笔,表示这部门工作的纪录水准。虽局限于个人见闻,容易给人一个"所见不广"的印象。尤其是在"政治意识的偏信多于客观事实检讨"情形下,会有人觉得他所见到优秀作品,是另外一种形式。问题或是欣赏水准太不相同,才有这种差异。也有欣赏水准相去并不太远,却以为我不提及其他方面成就,近于有意疏忽的。有个周之才先生来信,即说到这一点,并引证几个人作品为例。不意引的例就恰恰是我在另外一个小文中(李震一著《〈湖南的西北角〉序言》)曾提及的,如陈赓、雅之写瑞金收复,刘尊棋、曹聚仁写抗战,次霄写空战,某某先生写台儿庄、平型关、昆仑关各地大会战,南京沦陷,徐州突围,萧乾写滇缅路修筑,李霖灿写贵州诸洞穴,及滇西大雪山、鸡足山等游记,戈衍棣写军事,吕德润、张高峰写东北,秦晋写宁夏新疆,顾颉刚写青海拉卜楞寺……这位周先生大致看过我这个序言,却不知我就是那个小文的作者,所以有这种见教的通信。如彼或如此,我在前文中所提出的一个问题,却宜为关心这部门工作的学人所首肯,所关心,问题是——

报纸的主持人和大学新闻系的主持人,宜于面对现实,注意这种人材的保育,重新作些设计。在学校,需要加强学习范围,加深学习程度,在报社,也值得对这些少壮有为献身于新闻事业的工作员,有所准备,于日常工作外,让他们还有个进修研究便利,鼓励他们把工作意义由普通,自由职业,进而成为一个思想家的担当。读者和文学运动者,也值得慎重其事,将这部工作已有成就,价值重估。尤其是为在生长中的执笔者计,于敬重期待外,还需要提出个诚恳而最严的警告,即如何善于使用手中那支笔,从强权政治"点缀政策"意识下挣扎而出,永远保持客观的批判性,来尽一个独立自由公民的责任,为国家,为人民,——为那个真正多数憔悴殆尽需要喘气休息的人民,多说点话,使国家从强权对峙所作成的苦难中,得到一点新的转机。

凡已成定型的某种人,我们对于他们工作的期望,也许不宜太奢,因为"独立自由公民",不仅仅是一个空泛名词,还应当是一种生存态度。附于这个名词下,一个新闻从业员有权利也有责任,权利是不受任何具体或抽象权势拘束,能对国家当前问题作广泛检讨并忠实报道,责任却为摆脱这种束缚影响,欲有以自见,工作沉重而艰巨。这即或并不和当前大多数人工作根本信念相冲突,实容易和他们目前的工作习惯有牴牾。这也就是我说到的近三十年服务新闻界转入政治活动较多,渡入思想家领域较少的原因。惟一切在生长中未成定型的青年朋友,对于民主自由若真有深刻认识和信仰,对于国家人民的热爱又超于个人功利得失，准备于从事这庄严艰巨工作的，大可以寄托更多希望。我把这种人不看作"工作员"，却看作"思想家"意义也就在此。

但特写中三个部门，专论检讨，叙事和写人，所欲处理问题，把握对象，既都不相同，从学习观点说来，自然也不能用同一方法从事。

从表面看，专题检讨写作最难。因为这种问题文章必归纳综合多方面知识学问，又得有一支文彩动人的笔，才可望把一件事情说得引人入胜，谈政治经济，如美国大选，法国法郎贬值，谈某一特殊事件，如甘地被刺的前因后果，作者不必是这个问题这件事情的专家，然而凡属于这问题这事件专家的意见，他却应当有较多理解，一支笔又能就这些意见提出些分析报告，才可生成为一篇有价值检讨文章。这种作品难处在此容易也在此。比如谈国际问题，教书的，读书的，经常对于某部门问题又有三五种定期刊物，几种报纸，"复述"知识到了某种程度的人，几乎都可以执笔。从普通学校课目上已有过基本准备，又从业务习惯上作综合他人见解训练工作已若干年来，文章作得好，不足出奇，作不好，倒才令人真正奇怪！也可说，因为这种人使人奇怪的文章，在一切定期刊物，在许多报纸上，都可以陆续发现，近三十年政治空气，且还特别培养了这种人这种作品，所以我们才对于同类真有见解的作品，便表示特别敬重。

关于特写叙事，则前文已谈及。特写之部门"专题检讨"和"叙事""写人"，比较成就时写人成就实相形见绌。虽说从《左传》《史记》起始，中国人"写人"的经验已两千多年，一部《世说新语》，又以用片言只语把握人的性格气度见长。唐人小说且能从物怪虫鱼中写男女恩怨情感变化，十分成功。直到现代作家,还有几个特别会写人的高手,比如说,以描绘长江流域中下层分子语言神气见长的有张天翼,把握北平市民言谈行动生活方式得到成功的有老舍,处理四川乡村小绅士小流氓,腐烂油滑生活,特别自然的有沙汀,还有用中州社会作背景的芦焚,用滇边人事作背景的艾芜,抗战后有姚雪垠,刘白羽,黄碧野,骆宾基……都可说在"写人"工作上得到不同成功。惟这类写人法似乎和特写所需要稍不一致。文学上的写人,似具体,实抽象,不必有什么人作对照,无所谓真伪,重在能配合故事,故事在进行中这人若还生动,即可得到相当成功。(正如连环画中的毛三爷,即画得很坏,也还动人!)特写之人近于传记的片段速写,并非故事中的人物。问题既有个根本不同,一个记者即能从这些作者的优秀作品成功处有会于心,未必有助于他写访问记。很显然,这方面新闻从业员的成就,实去需要还远。不仅是记者对于这个工作还待重新试验,谈起作家的成就时,也就并不怎么成功!我想同样用四本小书作个例来谈谈它的得失以及困难问题何在。

《现代作家传记》(万象一折八扣本)

《文人画像》(晨光公司本)

《鲁迅先生及其他》(北新本)

《我与文学》(生活本)

在这里我不曾把几本分量重的自传如胡适之先生《四十自述》,巴金庐隐先生自传,及分量重的评传,如《鲁迅评传》等书举出,为的是和报纸特写不是同样东西,我提及的四本书都近于拼凑而成的。杂碎风格方式却和特写相近。第一本书包含了鲁迅,周作人,冰心,茅盾,柳亚子,胡适之,白薇诸先生自叙。第二本小书包含了一群作家的印象记,第三本书包含了当时北大法文系教授张定璜最有名的《鲁迅先生》抒情论评,及还在孔德作初中学生马珏女士写的鲁迅印象①。第四本书包括了中国十分七以上现代作家对于从事文学工作的自述。从这些作品让我们明白几个问题,即——

一、写印象记的态度,似乎都还受普通新闻纸或定期刊物上"文坛逸闻"一类名词所影响,执笔的态度情趣有余而严肃不足,且不甚注意文格,所以成绩就不怎么好。

二、写自传自叙的,大都受刊物编者逼迫近于应景,或附于本书有所解释,用的是个随笔方式,有些文章又不免为新婚时被恶作剧客人逼迫"报告恋爱经过"情绪下来执笔,因此即八分真实,总不够认真,即说出来照例博得人热烈鼓掌,事实上可并不有什么艺术价值。

三、写访问记多出于好意,涉及人与作品时,照例比最好虎的批评家还容易牵强附会,虎或以人外表附会文章,或以文章附会这个人。结果是即出于善意,也容易令那个人自己看来怪不受用,俨如从哈哈镜中照看自己,不是忍俊不禁,就是皱眉摇头?若出于另外一个观点出发,那就简直是……

四、一般带传记性的作品,无论是自述,是写人,在习惯上都似乎对于四部中的子史集有传记性的作品,万千种不同"方法"共同的"效果",缺少了解。所以一个二千年来有《左传》《史记》《国语》《国策》,列士、列女、神仙、高僧,有魏晋无数传记,及唐宋小说成就的国家,到现在为止,国民革命成功四十年了,连一个看得下去的中山先生传记也还不曾产生,何况其他?若说近三十年用笔成就收成最歉薄部门也值得举例,则近人自传及印象记,当仁不让宜坐首席。

就个人印象所及，可供特写写人示例的作品，竟没有一本书可以举例。虽然有本《异行传》，用的正是将史部别传与子部小说两者长处综合融会，一般读者都觉得相当动人。事实上，用这个方式写史上的人，半抽象半具体写，可得到相当成功。在报纸一角写人，写眼前活人，就难有把握。精力丰富闻见广博的徐盈先生，也正在网罗旧闻，贯串史料，在试验写张之洞盛宣怀一类过渡人物事功，大致因为史料多，解释问题，叙述中容易见"事"。惟作者生于辛亥前后，欲于史料中把握咸同以后，辛亥以前人物行为情绪生活背景，可不容易见"人"，——不容易见出一个活鲜鲜的人！冯至先生正着力于杜甫新传，以诗人来写诗人，于史料排比又认真细心，且对于近代文学中几个传记名家工作能参证得失条件已可谓十分完备。可是这类传记欲得到成功，必作者知从大处落墨，略略点染琐细事故见性情。从方法上看来，就会觉得冯先生用的方法，还可以商讨。目前有部分材料已过多，或需要剪裁，归入编年长编中，或年谱附录中，有部分材料又还少，属于当时社会背景空气中生活各方面，还需要加以补充。这三种写人法用到报纸上特写之人，可作参考均不能取法，为的报纸专栏写人，虽属写人，史才史识史笔均不可少，最重要的却是把握印象的能力，及一支笔重现特点能力。正如作速写画，需要用单纯的线从轮廓表现生命。它的工作比叙事难，比论事也难。

如个人印象还值得一提，以作家写作家，综合人与文作解释介绍，具有沉湛理解与温爱的作品，恐得数张定璜先生那篇《鲁迅先生》。批评鲁迅作品记述鲁迅性格作品已极多，大都似乎不必说或说来反而引读者进入迷宫，失去面对作品时应得印象。

《鲁迅全集》如必需有个附录,用这个作品已够了。

《我与文学》中有一个自叙,写得很巧很动人,是萧乾作的那一篇自叙。

在《文人画像》一书中,有三个小小篇幅简笔如素描画,生动而妩媚,是温源宁先生作的徐志摩,胡适,吴宓。就中以关于吴宓一文写得最好。但这种作品有个特别限度,即读者必需熟习作者所写的对象,才能够明白所说的是什么,画笔如何准确。若不相熟,仅从作品来把握印象,可得不到什么,或者反而会觉作者一支笔简单而苛刻,且过于在作文章于报纸上写人,只能得到相反效果,算不得好作品的。

本篇1948年2月23日发表于天津《民国日报·文艺》第116期,署名沈从文。现据《民国日报》文本编入。

①鲁迅印象指马珏的《初次见鲁迅先生》一文。

□文学运动杂谈

钱杏邨批评之批评

有些人,常常能把别人所不敢担负的大工作放在身上,态度若是诚实,勇气实可佩服。以我看,钱杏邨先生就是这样一个人。

看他评了这个又评那个,仿佛我们所要的批评是已得到了。因他一批评,有些人就相信中国革命文学家是那四个了。钱先生有他的观点立场,(这里我并不说友谊的立场,)他当然可以认甚么文章与他的革命文学或文学革命目标相同。他的态度若诚实,他的话至少在他一方面是对了。我对于他的工作努力是表示十分敬意的。中国要批评者,一个好批评者至少是能帮助我们认清一个文学潮流已成型态的姿式,以及个人作品的内容。

说到需要批评者时,我是把从美国或英国回来,吃面包懂到用黄油,上餐馆拿刀叉不失格的教授除外的。他们是到讲台上教书的人。教书总不大坏。因为一个学生能有机会在大学讲堂中听到新教授谈这个那个,如数家珍,熟习非凡,模样行为,又处处能保留外国上等人风范，每到月底支薪，自然算尽了职，不用红脸。这类人自说是批评者并不少，否认是不行，他有得是硕士证书。一个像样的官立大学自然要这种人，也不妨照书上来谈批评编讲义，不过大学以外这种人是应该绝迹的。钱先生与他们有不同处，是我所知道的。

在什么批评方式下算尽了一个我们所需要的批评者职，也许钱先生比我多懂一些，这博学，亦正如那些博士硕士比钱先生高明一样。我以为，在什么形式下便合于批评定则，可别论。我觉得钱先生批评方法可讨论者，是下面意见：

一、不必批评外国名作。这理由不客气的来说是钱先生不够。钱先生拿翻译来批评，且引证翻译的语言，做参考的又是翻译，在中国，则此时是连翻译人名还不统一的时候，（这情形应是我们公认的）钱先生的论断批驳，使我们常常感到勇气太大，举鼎绝膑。

二、所谓文学革命或革命文学。把在文学形式以及思想上革命的，牵入政治形态影响上去，因此文学的功效等于政治的目标，而文学所完成的仿佛还是一种帮助或拥护政治的方向，把文学这样看有点怪。把文学，情绪，放在一个新的形式新的脉搏下跳动，文学是革了命。革命文学呢？除了相信眼前在进行一种运动是永远的真理的人，其余似乎都应把文学完成的意义放远一点。把文学安放在革命的形式里应当不应当我不争持，写血写力仍然同写其他事情同样有成为名作可能。在同一格调成就方面，写被侮辱比享福为更需要，也为不可否认的事实。不过，从文章上发现志士，我们如今发现的却有比所需要还像更多的同道者，这同道者假装志士假充热情的，在比例上为百分之九十。这些东西是些什么东西？他们知道的是文学还是革命？

三、钱先生的论断根据。钱先生论断翻译，太大胆了一点，在翻译文学上论人的思想，使我们佩服钱先生气概不小外没有他话可说。所谓佩服大胆没有讥诮意思。到最近，见到钱先生转入考察中国作者的兴趣了，这兴趣我觉得是较合于钱先生能力的。不问怎样，有一个人能诚诚实实把目下一些新书翻翻，把一些为市侩广告定下的作家地位重新估计一下，把压下的发现出来，把个人意见提出供大家一种参考，我承认这工作是好的。不幸钱先生方法用到翻译的又用到创作上面。这论断根据从什么而来是容易使人奇怪的。即如说，站到一个有些人已将字面用在嘲弄意味的"革命家"方面，也全然错误。钱先生的考察，方法只一种，就是从作品缕举出对话或描写的一段来，加以评论。且更使人惑疑的，是在作品一言一语中，肯定了这作者根本思想以及艺术态度。在这些印象上，一个善于讽刺的人，他可以说钱先生是"天才"的。他这样"天才"我愿意给他找出我们的敬意，实在却找不出。不将一个作者或作品的背景从各方面看清，再来从作品格式情绪论这个人，那是不行的。像钱先生的办法，我们去考察一般作品，很容易得到同样满意与同样失望，相差实在无几。不顾全作品的整个与所写的方面的如何，不问作者写某文时站在何种地位抒写他的意见，只从对话的一截中生出印象，维持在一些壮语上面与颓废语上面，因而生出好坏感觉来，与我们所希望的批评者，似乎又稍远了些。用在文旁加圈的八股批评方法来考察新时代东西，那么真真只有写"打倒一切制度"是文学了，凡是写流血的先就有文学价值了。这可不大成事。钱先生的方法是不是如我所说，一个读过钱先生批评的人是可以答复得出的。

四、怎么分派。中国人讲求简便，许多事分类是将这民族性明白显示了。从前奉军与山西军作战时，凡是住北京（阿弥陀佛，如今是北平了，据说取北平名字还是有兆头在内，亏那取名的军师！）的山西人，都有被捕危险。湖南有共产党，于是湖南女子到处都被人疑心。江浙多文人，于是如今上海的江浙人只要有几个钱把书店一开，马上也就成了文学家。中国就是这样子。这概念在一切意识上保留下来，因此许多人把文章分极左极右不以文章本身为工具，却但抓着了发表文章的杂志机关而言。因此一个年青一点的人可以说，向左全是对的，向右则全是不对。保守者他又可以说相反的一种话。文学派别潮流的分野，只在发表机关估定他的时价，想起来真只有摇头的。一个平常人，秉承了习惯，他把他的鉴别力（其实不如说嗜好）用在论文学的态度上，那也不甚要紧。但一个批评者，他至少应比这种食肉的人来得深一点落实一点，才能称职。一个批评者是在发现，不拘好与坏，他总应当在某一件事上有真的发现才能说话的。若与其余中国人一般嗜好，那可糟糕。钱先生的工作，似乎是在找寻，找寻以后，才说话的，可惜的是他仍然好像有那种信心，相信在据说极右的杂志中发表的作品便是落伍东西，而新兴的有色的杂志总可无条件的说他极好，所登载的作品也全是革命巨著。这分类的不适宜，与钱先生引用译文批评欧洲作品一样，如果钱先生不承认这事实，那请做去，让留过极多笑话的世界加上两个笑话，也不为过。

总而言之。最简单的文学批评意义，当为欣赏的印象或分析的意见。目标在一般成绩以上未尝不可，但应注意的当为更艺术的性质，而所谓方法，则整个的观察与普遍的较量两件事，似乎比摘取文中一二话语为重要。钱先生使我满意的地方并不比失望地方为少，每一篇批评都可以说是一篇文章，只是总是不大切题的文章。也许一个纯然不知道钱先生批评的某人某人文章的人，不知道这人，不看过这人作品，单读钱先生批评（如像读批评一个极隐晦的欧洲文学翻译论文一样）或者觉得是非常满意的。

钱杏邨，文学理论家、作家。别名阿英。

本文发表于《红黑》1929年第2期，署名岳真。

通 讯
——给杨南生

南生先生：

得远道寄来诗并所示一纸，厚意可感。诗读过，仍将如其他处一般使先生失望，将诗退还，因《人间》①早停，非从文负责矣。

关于诗，从文完全为外行，并不懂；文章则写来似乎甚多，但完全仿佛勉强压出，按日出货，去艺术实远甚，无聊之至，言之但增一红脸机会。在上海，以互相誉赞为事，终日携手赴席，大体皆天才不凡，从文固不敢望其项背也。

艺术未尝懂，故亦无意见为先生告。唯先生似未明所谓"文坛"情形，此则从文当可略一相告。以从文意思先生既有勇气作诗，亦当有勇气吝不发表为好。多作而少求发表，于自己益处实多。因一切刊物皆无聊，求艺术深诣者所作文章，与以吃饭为目的者所作文章，相去仍不远，无聊则一。善吹如革命文学家，仍然不外想赚钱过活。名人如鲁迅，其于不相识者之忽视，以及对捧场者之特表好感，皆有可笑之事实证明。不相识则文章照例不要，熟人则不妨胡说八道，自相赞美，先生大致总有机会见到书评一类文章，你若以为那真说得公正，才真糟！上海批评家，就只会吃点心，不必花钱，用点心也就可雇定。

至于编辑，他们无人不要捧场，你若用一天功夫写成一首诗，用同样时间再写一封信对于他所编杂志说如何精彩不凡，则文章保可留用，决不退回。

书店以提倡无名作家文学号召者，当亦不乏其人。他们同情无名作家，实际是要无名作家拿钱出来买其新书。他们店中莫不雇有一批评家，而这人又不消说是瞎子，譬如来信要稿，从文把文章寄去，著自己名，在彼等便觉至少可用。若署一不见经传之姓名，马上可就退回了。这原因在什么地方？就是真真做呆事，花钱要无名作家的东西，这样，《小说月报》也将停版。此事责任读者自然有一半，因为读者更多只看名字不读文章的习气。据张资平有数书，并不是其所作，但另一作者约得钱与之平分，用其名作一酒帘，此书就居然一版再版，大家发财。张资平近来固又已成为文学家而兼革命者了，他们就做这些聪明事过日子。

派别不同，则互相轻视；同流合污，则人皆天才。因不欲同任何方滚在一处，故从文到今日，文章寄人被退回亦为常事。人熟了，因为自己却决不空口谈大话，文章送去应当得的钱非要不行，就成为文章被退唯一理由了。这时，若从文有一稿，一钱不要，则任何书店皆愿意马上出版，且不妨在广告上说从文真是了不得的天才。若说先拿钱，再送稿，再不然，钱货同时交休，则多数人皆烂脸走去，且另一时即借故说从文是职业作家，只要钱。

在上述情形中过日子，先生就可知文章专利的事业在中国如何了。现在存从文处，所谓"有名作家"稿也有十二部，因为要钱，就无法卖去，无人愿印。然而书店近来无名作家著作真似乎多了一点。为什么缘故？因为无名作家有书却不要钱买稿，赠书店印行。又因值得无名作家也可以号召，书店里因此无名作家〔作〕品也就多起来了。

但出版者不印诗，则因为诗是赔本事，凡是赔本书店决不干。商务印书馆买稿，标点空格皆不算数。有一书从文算定为五万，由他们一算则成四万。此一事，亦可以概其余了。

先生若觉得真对文学有兴味，以从文意，不妨写十年不求发表，这于自己并无损失。若欲从此中谋一出路，那除了先学会作家其所以为作家方法，没有可望了。因为不善于应付，像从文此时，还时时为难，无法生存。中国情形，当从此一事上，可以知道一点儿了。

此后，你高兴将新作抄来给从文，实极愿意见到。从文通讯处可写上海萨坡赛路二〇四号当不致失误。信上的不客气处，你或不致深责。专此复颂著安。

沈从文
一九三〇七月二十三日

杨南生，昆明人，约生于1909年，"十年动乱"后逝世。他曾为柏希文所办的英语学校的学生，笔名有柳兮等。

本篇曾于1931年4月以《通讯》为题发表在《朝曦》创刊号上。收信人在《最后几句话》中说"沈从文给我的通讯……对于所谓上海文坛的情形，说得很恳切，沉痛。……所以，决意把它发表了，读者骂我借名人装幌子，是不可饶恕的误会，我们自信还没有什么攀龙附凤的意识存在着。"

1998年，《昭通师专学报》（季刊·综合版）第20卷第3、4期蒙树宏辑注的《郭沫若、沈从文佚简六封》，收此信全文。

现据《昭通师专学报》文本加副标题纳入《沈从文全集·补遗卷》，并引用蒙树宏教授对杨南生的注释，及此信首次发表情况的说明。

① 《人间》1929年1月，作者与胡也频、丁玲为摆脱书店老板对作者的盘剥，合作创办《红黑》《人间》两份月刊。《人间》由沈从文主编，因为不会经营，只出版了3期。《红黑》出版7期也不得不停刊。

文学无用论

为日寇入境事，从中国文学上所得的反省

有许多人说："文学是使人读来快乐的。即或所写反的一面，是血，是眼泪，是死亡同痛苦，是男女的纠纷，总之，读者所得还是快乐。"这主张可以翻译为旧的名词，是"耽读玩习，怡情悦性"。又有些人说："文学是使我们享受一种经验以外的人生，体会一种较高的完美的人性，我们可以因了他，忘及一切人生的平凡，而且能向不平凡努力"。这主张译为"孳孳不息，文以载道"，意义相差并不很远。我们应注意的，是古今文人态度的一贯处，相去一千年，或者还更久一点，没有什么不同。

括而言之，就是说，文学不是别的，是一种仿佛人类精神的粮食，——不，不，不是粮食，却是小吃，是补品。我就知道有许多文人学士把文学的意义，放在可口小吃，或鹿茸银耳某物品上去，打算那东西的好坏，估计那东西的价钱，固定那产生的形式，而说明到文学的效用的。

照他们看来，文学是不适宜于当成一把刀，或一张斧，去削除我们这个民族一切的进步障碍的。因为文学若是一个达到实际或切于实际问题的手段时，文学要求俯就到较近的生死存亡上，就不免卑下、草率，终于随入泥沼。那是他们的理由。

照那种理由作去，文学在实际上就是一种毫无用处的东西。一个好作品，有许多时节，在许多情形下，都差不多近于一件奢侈物品，小巧的同鼻烟壶一样，精致动人，庞大的如门前石狮子，气概昂昂，然而这些东西除了供我们有点闲空的人，乘闲空时节，来看看摸摸而外，找不出别的用处了。假定这个作品是好的，是合乎那个至善至上的人性而作成的，在这个作品上，糟蹋我们读书人的精力同时间也就更多。因为这作品，用他的辞藻用他的风格，用他的形式同内容，可以拘束到我们的灵魂，使我们无法摆脱。人人疏忽了实际生活，向一个空中的楼台的仰望，一个好作品的结果①就是如此。支配我们的思想，管领我们的趣味，这是好作品所作的事情。若说一个理想的好作品，他结果并不止如此，那么，过去的一切文学，有百分之几，是合乎理想的，又有多少现在正在那里产生的，而给了我们另外一些意义呢？

我是承认文学可以那么影响到我们，而且同时承认中国文学又太影响到我们这个民族性的发展的。就因为这个原因，文学我以为是不必要的一种东西。因为中国文学整个的就只告给了我们一件事，是"读了书上文章，逃避生活责任"。我们常常听到有人说："若想振起这个民族精神，许多方面应向德国人去学学"，我以为要学人家的好处，中国文学所留下的东方人散漫懒惰麻木不仁的情绪，存在一天，就一天无希望着手。中国就因为有那么多文学书，儒释道综合的存在，许多通人也难于略举子目，任何一个人皆可滚到那里面去，忘却与生俱来的忧患，得到乐在其中的趣味，一切情形才是那么坏，那么贫困，那么无办法。

中国人除了少数人他有权利可以去研究和陶醉，多数人不单是不适宜于去注意，他且似乎应当努力去忘却，这民族才有其他希望可言的。

中国人所自夸四千年的文化，这文化除了纸上空谈，就什么也没有了。这文化，在过去的光荣，保留到纸上越完全，就越扩张我们后人"自足"与"夸大"的感情。这文化在书以外，留给民族的，是萎靡不振，苟且马虎，愚蠢迷信，妄自尊大，假充门面的种种习气；为这习气负责的，虽仿佛应由于整个民族性的不健康，但这民族性的不健康的理由，症结在什么地方？看看这个民族的堕落处，从物质的，同思想的，两部分所中的毒，加以详细的考察，就可证明全是为文学所支配，负责的也应完全由于文学。

儒家的理想政治，用了最瞻博丰富的文辞，造作了最美丽的中国历史第一页，把名法思想打到，因为徒有理想，醉心过去，那种六经为宝拘泥不化处，从而下之，就有了多少寻章摘句的腐儒，具备中庸妥协的脾气，支持到这文化的遗绪。把子虚乌有的唐虞盛世，加以恣肆无节的描画，儒家的高尚理想，最高的人性文学，其势力惊人，正复无限，可是就因为那些理想的聪明，却把后人变成特别愚蠢了。儒家的人性，永远是适宜于在王朝时代欺上哄下，兼骗自己的人性的。三千年来的实际人性，证明人性的发展，是另外一种式样，另外一件东西。任何一时代一民族其所以存在，以及从卑微中兴起，就差不多全依赖到那种同儒家理想相反的实际事情，战胜到一切，支配到一切。儒家雄辩的胜利，征服了知识阶级的全部，所有读书人，莫不醉心到所谓揖让天下而治的政治，菲薄武力，仰慕尧舜，明经解易，读诗习礼：

向精明能干的帝王，便称述伊尹，自比管仲，向糊涂颟顸的帝王，则奏请封禅，谈说灾祥，这些人结果在秦则为被坑的博士，在汉则为汉武孝文之弄臣，在晋魏则或者以文章口舌杀身，或者图装疯扮狂免祸，到唐朝有了举子，做应制诗可以作官，到晚清有许多最忠实的儒家弟子，便成为穷教谕同老塾师，顽固而懒惰，除了二八月祀孔时，到孔庙廊庑下去陪祭司仪，分一些冷猪肉以外，什么事也不知道，这精神，直到最近，在私则为麻木不仁的不闻不问人物，在公便显出办外交时依正义呼吁公理的民族下流习气了。

从秦博士被坑，到现在的一切现象，这民族性精神方面的堕落处，无抵抗主义的一贯思想，追究他的形成，存在，发展，流毒，儒家文人所有的作品，每一种书都没有不应当负责的。

中国人迷信公理正义以外，还习惯于迷信鬼神天命，这因迷信而培养成就的愚蠢处，似乎更无法可以医治。因这种愚蠢，科学同我们民族，永远是一种仇敌。对这件事，历代的道家方士，谈神说鬼，或者作人主的倾心神仙，十分糊涂，或者作人主的十分狡狯，假此为一种政治手段，流毒无穷，各有原因。但我们应知道的，是儒臣经生，自来就不放弃易经，假灾祥欺上哄下，成为他们必须学习的一种技能。儒家既同方士合成一气，携带扶持到迷信的发展，所谓簪笔词臣又从老庄学到空谈，躲避现世，或清虚玄默，淡泊无为，或把鬼神灾异，从而夸大其词，使道家衰弱情绪，同方士幻想思想，打成一片，这症的思想，从文学而得到滋荣机会，迷信永远同物质事实相对抗，占领到这个博大民族的知慧。文学为了退让的"人性"，加上各型的神鬼，这方面，养成任天命，耽玄虚的积习。道家的"无为"，方士的"神鬼",儒家的"辞让",加以佛教的"果报离世",一切契合无间后,在中国文学中继续维持下去,中国人这愚蠢懦弱,中庸,怕事,种种不良的劣根性,也就成为真真支配到中国人②存在的民族性了。

我们现在应当知道的,是中国人对一切现象追究真理的性格,民族间竞争生存的本能,已经差不多被这个博大精思文化的沉淀淹没净尽。这无量典籍在我们民族间存在已由于权利而成为一种负担。因为那个分量,使我们民族已经衰弱到不能自救的时候了。我们受他的拘束,却不能依赖他们帮助我们如何存在下去。我们看到这一本书上讲得是什么朝代有公理,现在我们就迷信公理,我们看那一本书上说得是仙官天国,我们于是就忘记目前的挨饿,我们书上有涮世的贤人,现在我们就大家一事不管,(有些人,念过佛经的,还希望到果报到那些恶人头上,作为上天代替我们报仇)……我们较后一辈的青年人,他放下这些书,去注意一些别的事情,这实在也是种必须的事。

儒家思想集中处实在是一个"永远问题",中国六经以外的文学,除了一部分吟风弄月的诗词歌赋以外,大部分也仍是集中到那个"永远问题"。但我们得看看,那个主张同那些主张下面存在的文学,却是在过去,既损害了我们民族的健康,在未来,也不会帮助到这个民族的发达,而目前,解决到这个民族的生存时,又更见得束手无策的。

这时节,是我们民族应当先想一个办法,向一条可活的路上走去的时节。中国的过去一切文学,包括在一个谦退驯善的民族道德企图上,有使我们"书本存在民族消灭的趋势"。如今在产生的,又规纳到"唯美"的与"至善"的两方面去:两种主张,一种有方士的神仙享乐气息，一种是儒家教统的正宗。他们要自己，走向虚空，放下现成，逃避实在，颓废文学是一种病，至善文学还仍然是一种病。这种文学产生的观念如此，不能纠正我们民族的弱点，也就显而易见非常分明了。

目下有多少人对于中国的存亡，以为是有命的，有多少人又以为仰赖别一个国家的同情，"用人道正义为要求"，是一个最好的办法，作为民族吉凶合理的打算的。这种迷信，懦弱，无智，无耻的东方式精神，存在于人类行为思想中，差不多全由于一切文学所得的综合，中国这类文学存在已太多了，仅仅为了节制这民族性弱点的扩张，是不是我们中国，还应当有许多人去学中国文学？真是值得考虑的一件事。

中国文学所赋给我们的观念，以及他的效率，都不能使我们乐于相信，他积极对于改正这个夸大而无当于实际的，懦怯而不能振作的民族习气，能有何种帮助。另一面，我们也不敢相信，由于过去的文学，把我们陷到错误里的事实，新的文学业已正在努力纠正那个过去的方面上注意。

我们现在活下来应有这样一种简简单单的认识：

第一，应明白这个民族存在，不能靠过去的文化眩耀，更不应靠到另一个民族的扶持。

第二，看清楚为什么现在被人欺侮，被人压迫，应想法用力去取回我们一切权利，这是当然的事。

第三，我们这民族近于一个害病的民族，要学习努力成为一个自立的民族，我们得注意修改这个社会制度以前，先来如何修改一下这个民族的腐坏习气。

新的民族为不能在民族存在方面着想，守着一点义务，接受一种由于社会的，时代的，所意识到的必然拘束，这文学，好像可以用不着存在③。因为他所要达到的是人性，而发现作品有"君子"的态度。自己不能作君子，在作品上希望有君子，等于外交方面的软弱，希望国际有君子出现一样，这向和平的中国人习气，应当加以小小结束。我们这样自己骗诓自己，已经做了许多年，如今似乎实在不能再骗下去了。

　　本文发表于"九一八"事变后，《国立青岛大学周刊·反日特刊》1931年第1期，署名甲辰。
　　《反日特刊》由10月1日成立的青岛大学反日救国会宣传股编。
　　①原文此处有"的"字，整理时删除。
　　②原文此处有"生"字，整理时删除。
　　③此句原文为"好相可以不着存在"，似有误，整理时改为"好像可以用不着存在"。

谈到写作

桂萼①先生：

在昆明，张景阳同学谈及先生主持一刊物，要我写一点文章，给边地朋友看，因为学校事忙，个人私事也多，且不明刊物需须，不知写什么好，所以始终不曾动笔。若说关于"写作"一方面经验，又恐说来反而使正在努力雄心勃勃的小朋友丧气，因个人虽拿笔将近十五年，破烂习作印了一堆，可是从工作理想上来说，就还未脱离试验期间，换言之，就是"未毕业"，当真还需要三五年才望毕业，毕业后才打量好好的来写点什么，看看究竟能不能写出点东西！正因为个人私意，总觉得这工作相当重要，也就相当困难。五四初期文学运动作家成功太容易了，底子不厚，根基不深，结果影响大，成绩少，到后来文学运动又受了商业和政治牵连控制，作家用力于"活动"的多，用力写"作品"的少，把近十年成绩数数，还是不够令人满意，我是个保留一点乡巴佬幻想的人，以为想使这个文学运动有点好成绩表现，一定还得一些人，来低头作各种试验，并将超越流行文学观而上，从各种方面产生些形式内容不同的作品，为二十世纪留下些好作品，为二十世纪上半世纪留下些好作品，使它在社会上起新陈代谢作用，代替那些旧货，事无可疑，这事是要人肯牺牲普通所谓"成功"好处，来在一种寂寞不过情形下努力苦干，方有结论的，可是这意见，是只适宜少数对于中国这一部门工作抱有宏愿和坚信的朋友说说，并不宜向多数表示，多数写作者的动机，似乎应当放在"出版""成功"一类名词上受刺激，起反应，尤其是身在内地的朋友，更需要从"出路"得到鼓励，得到满足，若照我们的意见说来，未免扫兴！不过我从学校教这一行经验看来，又觉得如果年纪青的同学，如承受"永远学习"这个观点来从事写作，目的远，理想大，不因小小成功自满，也不因一时无出路灰心，结果总比较能持久，比较有成就，所以初步学习劝他们写杂记，写日记，总之大量的写，来学习控制这支笔，运用这支笔，在联大一年级国文班上还不许他们写理论文章，只许作抒情叙事文字，这种试验似乎对多数无什么用，对少数存心要写作的朋友还有些用处，这意见也许很旧，很俗气，不过倒合乎实用，不知尊意以为如何？事②颂安好。

沈从文　顿

八月十六日

本篇1941年10月曾发表于云南缅宁《警钟》第5期。现据发表文本和标题编入。

①桂萼，即彭桂萼，笔名震声、丁屹等。诗人，云南地方历史文化研究学者，通信时任缅宁师范学校校长，并主编《警钟》季刊。1952年在镇反运动中被杀，1983年获得平反。

②此处疑有误排。

新文学与青年情感教育

　　近年来从高考试，留学考试，大一考试，高中毕业会考，各方面出的国文题目中，以及有些考试暗示中，都让我们好像嗅到一点特别空气，即古文的重视。但事实上却又似是而非，正和伟人欢喜和人谈佛学易经一样，不大接头。因为从学术立场来看，最理解古典文字价值和性能的，应当数国内治古文学的专家，这些人的研究报告，即很少还用古文发表，他们且一定明白会不会写古文，对于理解古典接受传统文化实无多大关系，所以近二十年在国内研究文史贡献最大的北方的几个大学，就从不鼓励学生作古文。至于从政治立场来看，当前一切新政的设计进行的文件，似已经少用古文，纵有些地方，比如香港地方或某种教会学校，还正式禁止学生学习、看、作白话文作品，可是这种禁令或布告文件，就依然要用纯粹语体文写成，也可知古文不通。原来古文的俨若受重视，只限于政府各级会考上，以及少数的学校中，与其余完全不相干。因之这种重视的情形，给人一个奇异印象，觉得这件事有点近于不可解。受重视的结果，既不能增加一般阅读古典兴趣，亦无望提高他们写作古文能力。除却使出题者从受者窘态上，感觉一点虐待狂的快乐外，可说毫无所得。

当前四十以上的知识分子谈起三十年前对国家比较进步思想，对个人比较开明态度受影响最大的，实在是梁任公先生那种半文不白的文章。那个新文体的运用所发生作用的广泛，即任公先生本人也未必能想及。只因为这个工具的运用，当时限于任公先生个人，不能引起一个广泛的学习运动，因之辛亥革命成功后，大家的注意目标，即一致转移到任公先生笔下所常道的抽象约法和具体议会，不认识这个工具本身单独存在的重要性，结果是袁世凯做了皇帝，袁世凯的死，虽说是起因于一个蔡锷起兵护国，过不久，实力派都掉过头来响应，因而气倒。但使这些拥兵自卫割据称雄的都督将军，从默认到否认，从否认到反抗，拒绝了封王封公的爵禄，觉得中国不应当再有皇帝，任公先生的一支笔，从新再用，写的那些文电，还是大有关系。

五四来了，书呆子的对国家重造幻想，起始在年青人情感中发生了影响，其次在年青人行为上有了表现。行为虽留下个动人印象，可并不能持久。接着还是将文字作"工具重造"运动，广泛试验和研讨，到一年后即得到国家认可。国语白话文由部定作为国民教育唯一工具，新文学因之才有普遍而广大的作用。至于这个工具从报章杂志对于一般人（尤其是大学生）所发生的影响，如何有助于革命势力的重振，有助于北伐前的种种便利，一个身经其事稍微注意这个过程的知识分子，必然明明白白。北伐成功后不久，随即有政见上的分裂，几回清党十年内战牺牲了万千青年和壮丁，试追究因果，即可知实由于"思想"分裂而起，涉及抽象的思想，就使我们不能不承认毛病出于文字上的第二回疏忽。在民九左右，书呆子用文字所表现的社会重造设计，无从好好的配合政治设计，即发生分歧。当时无人注意，因之种下恶果。到文字在多数人情感生命中泛滥发酵时，产生那么一个现象，有心人即想用别的方法来补救，已来不及了。

民十八后这个问题似乎从痛苦教训中，大家都有了个较新看法，在朝在野的双方，才来着手经营新文学，争刊物，开书店，办副刊，喊口号，提出与政治有关的文学运动主张和目标。企图使白话文中的文学一部门成就，成为政治之一翼。然而结果却并不怎么好。由于两方面理解这个问题都不够深刻，属于左翼则显明只要用来作工具，点缀政治场面，真正的武器还是看中了那个枪枪炮炮，作家在这种事实下，自不会有何特别成就，经久耐试验。属于政府且更说不上。稍能执笔的都升了委员，主持这部门工作的既无能力又少知识，因此直到抗战前一年为止，一切活动连点缀性也谈不上。这从当时商业与政治对于这个问题的投资比较也可看出。当新书业已成为一种企业，新出版物的投资且已到数万万元，这笔资本所发生的作用，使得云南甘肃以及东北边省中小学也有新书报流行时，国家为这个事花的钱，每月就还不到三五万元。然而新文学运动却依然在泛滥，由学校而及于社会，不仅巴金茅盾一时节成为国人所熟习的名字，且进而刺激了内地中小学教员与学生，不断有新作家新作品产生，这不能不归功于一件事，即二十年来使用这个工具有以自见的，无不起始即拘定一种宏愿与坚信，把这个工作当成一种事业，并非职业，并明确认识，必须从试验中探讨，牺牲大于获得，充满勇气来从事，从商业与政治两种势力挫折困难中挣扎而出，才有那个情形。这也就是直到当前为止，还有大部分作家，觉得在文学运动中，和政治不关联，反而可以使其自由独立健康发展的一个原因。表面上和政治不关联，转而可望引导政治转入常轨的原因。

抗战发生后，政府方面为此问题虽花了点钱，对于这问题也好像有了个较深刻的看法，其实一切还离不了点缀，努力作来结果，又照样并点缀效果也得不到。某一时在国内后方数省，似乎到处都可听到人在使用"文化"二字，事实上呢，八年中就不曾听说有个什么年青作家，是由文化什么会鼓励扶持而产生。有个什么成名作家，从立法上得到帮助，取得个人应得的生活。政府的学术奖，每年像是照例要点缀点缀各方面，文学部门也不在例外，教育部的最高当局，就决不会还想到就中有一本曾被指定为国内大学应采用教本已十多年的书，当这个书在某些地方已卖到数千元一册时，作者版税的总数，还是法币九元七角五分！文化文化，原来我们就活到这么一种无能现实文化空气中。奇异的是即活在这种文化空气中，居然还有人写作，把它当成一种无收成的石田耕种下去。工作上的庄严感始终未失去，还是紧紧的捏住手中那支笔。其所以能够如此，原因容易明白，现实尽管如何要不得，他的对面还有个"读者"。年青人从近二十年养成的社会习惯上，大部分是用新出版物取得娱乐和教育的，一个优秀作家在年青读者间所保有的抽象势力，实际上就永远比居高位拥实权的人还大许多。现实政治聚万千人于一处争城争地所建树的功勋，即远不如一二书呆子所具有的信用来得可靠而持久。在这个问题上便让我们明白一件重要事实，即语体文中的文学作品，于当前或明日的"国家发展"和"青年问题"，还如何不可分。政治上的混沌，若还将继续下去，清明合理一时无可望，凡有做人良心的文学作家，游离于争夺以外，近于事势所必然。他虽游离于争夺以外,他的理想,却可能将一个新的社会秩序,引导入于健康合理发展中!

本篇曾以《文字与青年教育》为题,1944年1月23日作为"星期论文"发表于《中央日报》第二版,署名沈从文。后经作者修改补充,于1946年11月2日以《新文学与青年情感教育》为题,刊载于《世界晨报》,署名沈从文。

现据《世界晨报》的文本编入《沈从文全集·补遗卷》。

新书业和作家

随同五四运动的发展，为推行出版物，中间产生了个新书业。这个新的企业，也可以说是一种事业，因为它的起始，兴趣所在，精神效果实在重于物质获得。和作家用笔有个一致性，是采取"玩票"态度作下去的。玩票意思并不是对工作不大认真，却是不大顾及赚钱赔本。换言之，是还有点服务理想，对社会改造国家重造的理想，来进行这个企业的。

在北方，起初是北京《晨报副刊》的合订本单独发行，并有选集演讲集等等附带的单行本印行。这些刊物既得到一种分配上的便利，一起始即见得很成功。然而它的成功意义，也还是精神重于物质的。这部分业务上的发展，虽有超过报纸社会地位，成为一个单独组织的可能。惟主持其事的，却似乎还看不出它的前途，有多大希望。

在南方，《时事新报》的《学灯》，《民国日报》的《觉悟》，都各自尽了当时对于副刊所课的责任，也得到应得成功。报纸在经济上虽见不出什么大影响，在精神上实增加了报纸抽象地位。南北情形相同，即不曾对于这个部门的发展，作过企业远景的瞻望。

至于第一期的新书业，时间上却比副刊活动稍早些。民六七时代，陈独秀先生主持的《新青年》杂志，实可谓国内最有销路的杂志，印行这个刊物的书店，是不会赔钱的。随后是胡适之先生所整理标点的旧小说，以及陈胡二先生文存的印行，初期诗歌、小说、戏曲、翻译的单行本出版，由于销路广大形成一个初期的繁荣。印行书店虽赚了钱，作家可不曾想到这个钱他也有一分。亚东、蔡东、群益……几个新书店实独占了国内新书业市场。商务也分出了一部分印刷力，供文学研究会运用。上海虽是个经商牟利市场，有利可图的事总有人注意到，群起投资，可是经营新出版事，却似乎还引不起人注意。主要的也许是作家虽已不少，作品却并不多，其他方面即欲投资，亦几于无可着手。这个局面的突破，实从民十五方起始。这事和北伐不无关系。

先是创造社郭沫若、郁达夫、成仿吾诸先生的努力，一面感于受当时有势力文学社团压迫，一面感于受出版方面压迫，作品无出路，想突破这个独占不合理局面，希望作品有以自见，也希望能用作品自给自足，因此来自办出版，直接和读者对面。努力的结果，虽若于短时期即作成两面的突破，过不久终因为经济方面转手不及，不易维持。随创造而起的是北方语丝社，鲁迅、钱玄同、刘半农、李小峰诸先生，用"打平伙"方式，各凑几元钱，来出《语丝》。一切还离不了"玩票"意味，不过是自管收支罢了。本意以为赔本赔厌了即收场，万一有点剩余尾数呢，大家上东来顺吃顿涮锅子。一切打算离企业隔多远！但是这个小小刊物却得到意外成功，因之产生了个北新书局。国内名记者萧乾，就在这个小书店做学徒，站柜台卖过《呐喊》《语丝》。同时北大几个教授，周鲠生、王士杰、杨端六、丁西林诸先生，也凑了点钱办个《现代评论》。目标和《语丝》虽稍稍不同，对刊物经济方面却同样并不寄托远大理想，以为能办下去就已很好。既对于这方面缺少理想，也缺少技术，所以刊物每礼拜行销到八千份时，还仅仅能自给自足。当时好像只维持了一个作家职业，或产生一个职业作家，那即是管发报事务的我。每月间定可以拿三十元钱，不至于再欠公寓火食账！到出纪念增刊时，我一个人又用种种笔名，小说戏剧，诗歌散文，一应具全，写了四篇文章，拿了一笔稿费，其他方面似乎即不曾有开支。这个增刊卖到一万五千本，只是在账目上有个纪录。刊物这么办下去不关门才真是奇迹！所以北伐前迁过上海，依然给太平洋书店出版，再过不久，也就停了。

于时胡适之、徐志摩先生，也正办新月书店，预备出文学书的单行本和《新月》杂志。北新，新月移到上海后，北伐成了功。光华、现代、新中国、开明、华通、乐群、创造社出版部、生活、良友等等书店在上海陆续成立。有股份公司，有版税制度，有这样那样文学丛书的印行，有各种定期刊物出版，报纸上于是有了大幅新书广告，小报上有了不大可靠的文坛消息，而批评，检讨，捧场，攻击，一切慢慢出现，却共同形成了个新的局面。这个企业的兴起，既是在一个新的自由竞争环境中生长发展，这才真有了所谓"职业作家"，受刺激，争表现，繁荣了个新出版业，也稳定了新文学运动。然而我们应当知道，即这个"职业作家"，还是近于一个相当抽象的名词，这名词且多少包含了一点儿讽刺意味的。为的是这个职业比起其他职业来，实费力而难见好,且决不能赖以为生。即以五四文学运动的元老胡适之、陈独秀、鲁迅,或冰心作品而言,虽有个版税制度,真实收入数目是极可笑的。(当时或有点点收入,到后来且什么都没有了。)这些人就没有一个人敢大胆希望,可以从印行作品中,取得一点以上利益,能一年半载不做事也可生活下去。新露面的一群,自然更不敢妄想工作三五年后,印行五本书后,即可以把日子过得从容一点了。由于这个新的企业的兴起,繁荣,已变更了作者与读者的原有关系,可是作者还依然居多还是要用个"玩票"精神作下去。受不了这个试验的,倒也好办,因为已可用作家名分消失到许多职业里,尤其是有意消失到党政军学方面时,极其容易。但也就因此使这个部门的进步,受了相当损失。最大损失还是由改图而在那个大混乱中所作成的牺牲,影响到这个企业的发展。一面是有了出版机构,却得不到什么好书,一面是由于竞争营业,在别方面越浪费,在作者方面反而越企图减少消耗。直到民十八到二十左右,印行鲁迅、郁达夫、冰心全集的某某书店,每月约付作者二百元版税的事还到时不能履行,而某某当时最知名的女作家,一个十五万字的小说版权出卖,换个一百元还费尽唇舌,始能交涉成功。即可知新书业的发展史上,对于作家关系,实保留一个如何不健全待修正的习惯!但这个不健全也可说对于一部分作家,还是有意义的,即对于那个徒负"职业作家"名分,日子过得十分狼狈,在任何试验中还不曾放过笔改过业的那一群。他们的"玩票"精神,先是自愿的,后来是被迫的,新的认识且完全放弃了收入打算,更认真的玩下去。因为他们的挣扎,不仅繁荣了个新书业,还产生了许多优秀作品,支持了个文学运动对社会的健康关系。而从民二十到二十六这一段各方面的成就，即由于他们所保持的纪录，以及更新一群为这个纪录突破而有所努力共同作成的。在这个过程中，对新书业也有了个检汰作用，即凡重制度，能注意到作品的质的认识，而出版上又不苟且，对读者对作家都若有个交代的，因之基础稳固，能存在，能发展，即经过十年战事，迁移后方，蒙受极大损失，由于制度和信用，还好好保持，复员后依然可恢复并居领导地位。凡过分利用一时聪明，投机取巧，一切只顾目前，对读者与作者之间，不曾尽过应尽责任，又只图从制度外有所经营的，虽一时间可发点小财，终于还是完事。这个现象正说明一件事情，即经营这个新企业，虽有资本还得会经营，能经营还得重制度，有制度依然尚需要一点理想，比发展业务还高一点远一点的理想，方可望能稳定，能发展，还有个新的未来！

从近二十年这个企业加以注意，我们即可知因战事时间太长，有些书店损失太大，加上复员后的由南到北，一片战火的扩大，国家全部机构都若在麻痹殭固状态中，新书业一时间自无从谈发展。半官性的，或因接收的物资从纸张到店面无一不备，还不至于见出窘态。但有个致命伤，即所印行书籍销路问题，求好转恐不容易。属于私人经营的，或因兼印教科书，从政府得到纸贷款的补助，各省分配机构又还存在，也容易稳得住。至于几个单纯印行文学书集的出版机构，如近二十年对于这部门尽过最大责任，有过极大贡献的文化生活出版社，战后兴起的作家出版社……分配周转上实值得人关心。国内这种出版机构既不多，政府负责方面如对于这个问题能有点认识，即应不经请求也能给予一笔贷款才合理。如有个三五亿贷款周转，一年内出版的贡献，当可比官营出版机构费三五十亿得来的成绩还大得多。新文学明日的正常发展，这类出版机构有其重要作用。

还有一点是书业方面和作家间的关系，一起始似乎即不怎么合理。这对于文学运动本身，固然是极大损失，即对于新出版业，也大不经济。最明白显然的事实，即在这个情形下，作家有成就的不易保留，并继续生产优秀作品，待发展的更容易被其他职业夺去，近于未成熟即夭殇。这部门工作的推进，我们与其寄托希望于政治，还不如寄托希望于出版家。书业目前有它的困难，原是事实，但即再困难，也会觉得分布在各处的分配机构得维持，否则明日更加困难。可是以印行新书发展营业的几个书店，似乎很少曾想到作家也应算作机构中一个重要成分。政府对于书业已有个补救制度，凡有资格请求的，都得到相当结果。可是直到如今为止，我们却似乎还不曾听说这些书店，在固定版税制度外，肯为作者想点办法。而这个作者群，实在又还有三五十个人，有权利向新书业作这个提议而需要即刻实现的。

这个结论和我原说的作家"玩票"到底精神似乎有点冲突，因为真的欢喜唱戏的票友，应当能够赔本钱玩下去，一切不大在乎，何况一个有理想的作家？我意思倒是从书业方面看去，这是修正或补救过去不大合理的分配制度机会。这个分配制度使作家繁荣了新书业，支持了与书业有关的万千寄食者，自己群中却有因穷而病，死去时板木也得向宏善堂领去的事。到现在，多数作家生产的枯窘现象，已影响到出版水准。新书业的一部分负责者，对作家是不是还有点义务待尽？以个人私见，目前的补救和明日的分配制度如何修正，不仅仅有关作家，实在更有关出版家。若照战时那个分配方式来说，用个人作例，有好些书十年中不曾得到一文版税，有些一年半载所得的还不够购买本人一本书。这方面的不合理，恐怕和社会其他方面一样，都在促成枯窘，贫乏解体，不是好现象。作家固然要理想，方能有好作品产生，但经营新书业有成就得信托的，似乎更要一点理想，明日才可望有个新的局面展开！在作家方面，我们希望永远有人能用"玩票"精神工作下去，尤其是那些有成就有贡献的老作家。在出版家方面，我们却希望有人能记住这不是纯粹商业。

本篇发表于《大公报·图书周刊》1947年第3期，署名沈从文。

□云南看云集

小说与社会

　　我们走到任何一个地方去，时常都可听人说："嗨，没什么事情做，怪无聊，看小说。""放假时怎么消遣？看小说罢。"事实上坐柜台生意不忙的学徒，办公室无事可做的科员，甚至于厂长，委员，不走运的医生，脾气大的看护士，尽管生活不同，身分不同，他们在近二十年养成的一种习惯下，将不约而同，用看小说来耗费多余生命，且从小说中取得快乐和教育的。即从家中五十岁以上认识文字的老姑母，十岁以上的小学生，注意注意看看他们对于小说故事爱好的情形，也可证明我说的"从小说取得快乐和教育"，是件如何平常普遍的事情。许多家长对于孩子读书成绩感到不满意，就常向人说："这孩子读书一点不用心，看小说发了迷！"

　　其实何尝只有小孩子发迷？大人并不在例外！那个人家孩子的爸爸，或许是个什么专家，说不定就同样会为小说发迷！我知道有四个大人，就都可称为"小说迷"，不过发迷情形，稍稍不同罢了。第一个是弄社会科学的李先生,和他家中的孩子阿宝阿典争看《江湖奇侠传》时,到第十三集还不忍放手。第二个是弄哲学的金先生,看侦探小说,在国内恐得称为"首屈一指",若要他谈欧美侦探小说史,一定比别的外文系教授还当行。尚有个发掘安阳殷墟古物专家梁先生,可说是最熟习现代中国小说的一位,他不仅读得多,而且批评作品得失还异常中肯。更有个一般人全猜不着的小说迷,即主持中国航空事业的周至柔先生,他不仅把我们谈现代中国小说的人所重视的书,全欣赏到,此外近三十年代表旧派的章回小说大多数也被他欣赏到了。对于这些作品提出的意见,恐怕决不是到处出席讲演的三脚猫教授和文运八股论客所能答复的。从这几个特殊例子上略加分析,我们即不能说小说的"价值"如何大,至少得承认小说的"作用"实在相当大。因为他不只有时使得家中厨子耽误烧菜煮饭,也可使得国内别一方面专家分点心!

从前人记载上谈小说作用,有趣味的应数邹弢《三借庐笔谈》①记苏州人读《红楼梦》事。说苏州有个金某某,喜欢读《红楼梦》,读发了迷,因此在家中设了个林黛玉的木牌位,每天必祭一祭这位"潇湘妃子",读到绝粒焚稿,自己就整天不吃饭,哭得个死去活来。这人从此就发了疯。后来悄悄出门去访"潇湘妃子",弄得家中人着急,寻找了好几个月方才找回。又清陈其元《庸闲斋笔记》,记杭州某商人女儿,长得明艳动人,而又工诗,因爱好《红楼梦》,致成痨病。病势沉重快要死去时,父母又伤心又生气,把女儿枕边那几本《红楼梦》,一起抛到火盆里烧去,那多情善感女子就哭着说:"怎么你们这样狠心,烧死我的宝玉?"书一焚烧,她也就死去了。这些人这些事不仅仅从前有过，现在说不定还很多。读了《红楼梦》，称宝玉为"大情人"，倾心拜倒，预备另外为他思想人生观写论文的，就大有其人。或因爱慕黛玉，自己虽养得胖胖的，乐意人称之为黛玉的，也一定有人。所不同处，只是苏州那个姓金的，爱恋书中美人，杭州那个老板姑娘，爱恋书中才子，现今的先生小姐，却自己影射自己是宝玉黛玉，得到那点"自我恋"快乐罢了。

所以我们讨论到小说的价值以前，先得承认它的作用，即在社会各方面可能引起的种种作用。因为论数量，小说数量特别多，有的内容很好，有的又实在很坏。论影响，小说流行范围特别广，影响也特别大，但互有得失。即以《三国演义》这本书来说，遍中国的关帝庙，庙中的那位黑脸毛胡子周仓，周仓扛的那把青龙偃月大刀，就都不是从历史得到根据，全是从小说来的。同时下层社会帮会性的合作，结义时相约"祸福同当"，以及此后作奸犯科的分财分利，也都得援引小说中的"桃园结义"故事。姚元之《竹叶亭杂记》②，说雍正时有个大官保荐人才，引那小说中"孔明不识马谡"事，使得皇帝生了气，打了个四十大板，并枷号示众。可是陈康琪的《燕下乡脞录》③，却说顺治七年大学士达海、范文程，把《三国演义》译成满洲文，蒙赏鞍马钱币。满洲武将额勒登保的战功，据说就是得力于这个翻译小说的。就从小说作用谈价值，我们便可以明白同样一个作品，给读者也可好可坏。有时又因为读者注意不同，那个作品价值即随之而变。《红楼梦》和《水浒传》，卫道先生说它诲淫诲盗，年青男女和帮会中却用它当作做人处世经典，倘若另外来个社会学家详详细细看过后，却会说这是二百年前最真实有用的社会史料。又从作者那方面来看看"价值"意义，也很有意思。读过《笑林广记》④的人，决不能说这部书有什么价值。可是这类书的最先作者，很可能却是艺文志十五家小说中宋子，属于墨家的宋荣子，用来推广墨家社会思想而作的。且最先一部书名为《笑林》，若《文心雕龙·谐隐》篇说的"魏文因俳说以著笑书"可靠，还是魏文帝曹丕作的！（纵不是他作的，也是在这个皇帝身边日诵俳优小说数千言的邯郸淳作的。邯郸淳却是个明苍篆懂字学的博士。）接不久一个名气较小的宋临川王刘义庆，编辑魏晋杂传而成的《世说新语》，就还有一部分笑语。另外还有个姓庾的作的一本《妒记》，又与笑话不可分。孔子好像是个和笑话不能发生关系的人了，然而记述孔子事情，使普通读书人保留印象较生动的，不是他的读《易》韦编三绝⑤，铁挝三折，倒是带点谐谑性的故事，如《韩诗外传》⑥上说的南游阿谷之隧，遇佩瑱而浣的处子，派子贡与之抒情那种记载。从王肃《孔子家语》说来楚未必有其事的。这又可见圣贤伟人，其所以浸入一般印象中，倒不一定只是他的伟大，说不定却在那点共通人性上。而且这人性的保留于文字，又居多是偶然的……从这里我们即可知道涉于小说的社会问题，是个如何复杂的问题。当作一件坏工作，固可作到只是些最无意义琐琐碎碎的记述，或增加鬼神迷信，妨碍社会进步，或竟只是一些引人发笑的鄙俚笑话。当作一件好工作，也未尝不可保留许多人类向上的理想，和人生优美高尚的感情。即或同样是猥琐荒唐的笑话，也可能用到一种如何庄严理论解释和人性表现上去。（佛说诸经就浪漫猥琐，无所不有。）大约也就因为它与社会关系太复杂又密切，所以从它作用上讨论到价值时，历来意见特别多，从难有一定结论。即从近三十年中国这部门发展看看，也可见出种种情形。

民国初元中国社会对于小说的关系可从三方面见出：

一是在社会上流行的"小说"，《水浒》《三国》《西游》《小五义》《说唐》《东周列国志》《儿女英雄传》《镜花缘》《绿野仙踪》《野叟曝言》《红楼梦》《情史》《聊斋志异》《阅微草堂笔记》《今古奇观》……是各有读者的。前一部分重故事，多普通人阅读，有些大约因为熟习故事，对于看戏，大有帮助，有些又与本人生活关系密切，可从书中得到英雄崇拜的愉快，所以这些书特别流行。就中读《封神演义》时，还必先洗手才许翻开，为的是和当时鬼神敬信习惯相合。后一部分重笔墨，多读书人和闺阁士女阅读，有些人从书中发现情人，有些人又可从书中得到知己。尤其是红楼聊斋，为人爱读，因为就中"黛玉""宝钗""青凤""娇娜"这类美人狐鬼，更容易与青春期自作多情的读书人恋爱憧憬相称。这些书流行范围或者比较窄，可是论影响也不下于前者。如《今古奇观》中的《金玉奴棒打薄情郎》《卖油郎独占花魁》，不仅孤单寂寞的穷书生，读来可以满足某种情绪，故事说给妓女和成衣店小学徒听时，一定都很能赢得他们许多眼泪，并增加他们一点对于生存的幻想。或作者带点怀才不遇牢骚满腹愤世嫉俗态度，有所写作，如《野叟曝言》，读书人中同调自然更见得神往倾心。惟最具魔力的是四种书：在普通社会当为《三国演义》，在读书人中当为《聊斋志异》，在闺阁当为《红楼梦》，在小孩当为《西游记》。

二是海上新章回小说的流行。如《九尾龟》《官场现形记》《海上繁华梦》《孽海花》《留东外史》……这些作品多长篇，用连载方式在报上发表。中国出版早销数多的上海《申报》《新闻报》，是照例用一部分篇幅来介绍这类作品与读者相见的。到后多单独印成若干集，字数必相当多。它的特点是渐趋于一致的现代性或社会性，和那时的"文明戏"相差不多，故事是当前的，注重在写事写人。或嘲笑北京官场腐败，或描写上海洋场堕落，或记载留日学生革命恋爱的悲喜剧，或继续旧传统以才子佳人悲欢离合为主题。统名为香艳小说。大别，可归纳成为二类：一是就《儒林外史》取法的讽刺□，一是用《红楼梦》作范本的艳情体。前者即鲁迅先生所谓"谴责派"，大致到了民四五，已不大时行，香艳小说或哀情小说，于是成为最最能吸引读者的作品，《玉梨魂》《孽海花》《雪鸿泪史》等因之成为当时代表作。此外苏曼殊则因出家人身分，写的几个爱情小说，更成为当时动人故事。这类新小说的读者虽不如旧小说普遍，即以散布国内各地数量而言，也远不如红楼聊斋势力雄厚。可是这类作品一部分或从读者最多之报纸上刊载，并且写及的多是现代人事，现代传奇，上海都市的时髦，以及新式白面书生的恋爱观，都由这类小说介绍深印于国内读者脑中。作品所暴露的那些上层分子上层组织弱点，对社会思想革命多少也有点作用。然而才子佳人方式容易成为俗套。并且当时一部分作家，又从上海习惯已用它作"敲诈阔老""阿谀妓伶"的工具，以及报仇泄愤工具，所以社会对于这部分作家，却给予一个"流氓才子"的绰号。这种印象既间接刺激了稍后一时新文学运动的兴起，也直接制止了旧章回的死。作家直到如今还有点使人敬而远之意味，问题也就在此。

　　三是新文学作小说的发展。吴稚晖先生为提倡科学教育，来写《上下古今谈》。梁启超先生论小说与群治作用，将小说价值重估。林琴南先生大规模翻印欧洲小说，每每在叙言上讨论到小说与德育问题。三个人的工作，都可说正配合维新思想，因为认识小说对于多数国民影响大、作用深，认为小说在文学上应当重新有个看法，值得成为国家设计一个部门，来好好使用它。几个人且都曾从试验上努过力。这种小说与社会关系的重新决定，影响到后来五四社会改造思想解放都相当大。因为梁启超先生的意见，在民初可说比任何人都重要而有作用。林译小说的普遍流行，在读者方面更建立一新观念，即从"娱乐中取得人生教育"。虽然这个新观念未必有助于当时读者对于作品的选择力，和林译小说同时流行的小说，就是《福尔摩斯侦探案》。然而一个新的读者群，是由此而产生的。这个读者群在略后一时，便支持了中国初期新文学的社会地位。由几个人在三年前所提出的小说与社会关系种种主张，一直到目前还依然有良好作用。

到现在来说"小说和社会"，有好些情形自然已今昔不同了。第一，旧小说或因为流行的数量越来越少，或因为与读者生活环境日益悬隔，不仅卫道老先生担心的诲淫诲盗的旧小说，作用已不怎么大。就是维新派所担心的鬼狐迷信，五四文学革命派所诅咒的海上黑幕香艳小说，也不能有多大作用了。一般印象好像虽把小说还当成"消遣品"，小说作家却多少有点"说教者"和"先知"意味，不自甘于"消遣品"制作者的身分地位了。"现代小说"已为一个学术上的专门题目，大学校已把它当成一个正常课目，提供各种讨论，国立图书馆更有个小说部门，收藏书籍相当多，国家学术奖金，且给小说作者一种学术上的敬视，把小说作品学术价值和纯数学以及别的科学并列。国家另外一方面，为扶助它、培养它，每年还花去相当金钱。新出版业的稳定与发展，更与小说的发展有不可分开的关系。一个有成就的小说作家，在他生前所能取得读者的敬重和爱重，从过去史追溯，竟可说是空前的。即用来与社会上一般事业成功者比较，也可说是无与比肩的。

说到这一点时，我们自然不应当不把"小说和社会关系"另外一点提提，即是属于可望修正的缺点提提。因为这些缺点多随同近二十年社会发展而来，形成当前的困难。我们得明白它，并得想法补救它，否则很可能成为这部门发展的障碍，而且还能将过去那点良好成就逐渐毁去。譬如说，过去十年文学运动与政治关系，似乎不大正常。把文学作社会重造工具使用，一切努力似乎都侧重在破坏上，否定上，求比较客观的对社会过去当前有所说明，作品即不多。政治局面既不稳定，受政治影响过甚，新文学本身因之也永远在政治张弛依附中寄托其飘摇生命。有的作家未成熟即夭折，有的人又因受过多限制，无从使工作得到好好发展。

又有些因为不能够在政治倾向上与人争夺，就索性放下原有工作，搁笔改业。另外一些能适应这个环境的，又多在"傅会政策"情形下失去执笔时所需要的诚实与素朴。总而言之，都是国家的损失。关于这问题，过去可说完全在一种不大健康的习惯中，稍后一时到国家对此略感麻烦时，一切设计又依然多承继过去习惯而来，因此并无何等良好成就可言。我们的理想，（若真还容许有一点理想，）是需要国家负责方面对文学有较深刻的认识，且有魄力能作较远大的设计，如何用"善意扶助"来代替"消极限制"，说不定还得打破一下习惯，放弃一下用作家充宣传员的打算，超越政策上的一时功利得失来着手，方不至于在这方面浪费过多物力人力的。

其次是文学运动过去和商业关系不大正常。新出版业之所以能发展，得有今日，全得作者的作品。可是作者直到如今为止，却尚少有能从出版者方面取得应有权利，可以支持生活的人。作品的出版，既缺少国家立法作保障，又缺商人良心作保障，因此即以国内最知名的三五作家而言，他的作品尽有百十万本流行，个人却大致依然无从靠版税过日子。冰心或鲁迅，丁玲或巴金，即或经常略有一点收入，数目可决不够养家活口。因此一个作家纵努力二十年，对国家社会已有相当贡献，国家社会对于他却说不上什么贡献。他还得设法做点别的小事糊糊口。求生能力不如人，有些也就只好在无可奈何穷病中死去，倒下完事。有成就的尚不免如此结局，后来者自然难以为继。这自然更是国家的损失！一个进步国家照理是不应当有这种现象的。因为负责人方面纵不把这类事当成责任上的罪过，至少是应当觉得很可羞的。尤其是假若国家为装点政治，还特意拟定一些计划，表示对于这部门成绩的敬视，末了由于政治习惯上的包庇性，看中的只是身边二三小伙计，有权无能，控制一切，虽若凡事独占，却又总不知如何好好运用，真为国家人民服点务，倒尽那些在国内能得万千读者爱重的作者，受政治上不大合理的压力与商业上不良习惯，无可奈何，穷困死去，我们实在不能说这是合理的现象。即在战时，已不合理，更何况战事结束，这部门工作实不能不重新作计！关于这种事，需要出版业方面道德的提高，和国家在立法上有点保障，方能望有个转机，是显而易见的。若商业习惯一时无望纠正，立法上亦不能有何切实限制，应当有个国立出版局来作点事情了。因为从商业观点看来，一本好书不一定是本有销路的书，从政治观点看来，也不一定即是本于党有利的书。然而一本好书若能用比较好的方式分布，很明显，意义又极重大。商人只能重视不大费力即有最多销路的书,原不足奇。至于从国家从文化观点看来认为好作品的书,既无望由商人分配到各方面去,就值得由国家出版局来处理。照近十余年社会习惯,一本好书若分配得法,印行五万到二十万,总会有办法出脱的。国家来作这件事,恰等于向全中国最优秀脑子和高尚情感投资,它的用意即是尊重这种脑子,并推广这种感情,投资万万决不为浪费。技术即或麻烦一点,但比起别的设计事情究竟简单而又切于实际得多。尤其是负责者若明白小说在现代社会所具有的作用时,就会承认这种投资是必要而且迫切的。

这种看法自然只是个人就过去当前情形所作的结论。这种理想能否实现,全只看负责方面对于这个问题的"认识程度"与"处理态度"而定。不过这种理想无从实现,对于一个有自尊心与自信心的作者来说,也还是不会灰心的。就因为他一定看得明白,明日文学的发展,将必然突过二三流政客的种种设计,脱离政党中口号名词是非的争持以外,有所自见于历史的,目前工作即毫无所得,究竟还有个散处国内百万千万的读者。尽管多数读者是照我先前说的"看小说只是无事可作,消耗多余生命",可是一本好书到了他手中后,也许不待多久,他就被书中故事所迷,书中表示的观点所征服了。更何况照近二十年来的习惯,更年青一辈的国民,凡受过中等教育的,都乐意从一个文学作品接受作者所表示的热情健康人生观。一个优秀作品在年青人情感中所能引起的良好作用,实在是任何工具难于达到的。所以我们虽盼望国家对于现代中国文学与社会关系,有种较新较深的理解,同时实在还需文学作家自己也能认识自己,尊重自己,不要把"思想"完全寄托在政治上,不要把"成功"完全寄托在出路上。

只要能想想这工作很可能是和五百万或一千万有年青人的情感与良心的读者对面,工作的尊严实包含了历史价值和经典意义,他和"政治"发生关系,不仅仅是一时之间有助于砍杀争夺某一方面占点宣传便宜,还容许作者对社会发展从"人"一方面作更深探讨,有所解释,代替了万千人民无辜的流血,从另外方式上得到和平进步,与繁荣的结论或作用,就可知明日的发展,可能是种什么情形了。

本文初次发表于1942年10月25日《世界学生》第1卷第10期。曾编入《沈从文全集》第17卷。1947年经作者改写,增补了近1700字,发表于7月15日北平《龙门杂志》第1卷第5期,署名沈从文。现将增补的《龙门杂志》文本编入《沈从文全集·补遗卷》。

① 《三借庐笔谈》,笔记,多叙清代文学故事,清邹弢撰。

② 《竹叶亭杂记》,书名,清姚元之撰,内容为记叙清掌故、宫仪、科场典实及东北、西北风土习俗、名人轶事等。

③ 《燕下乡脞录》,笔记小说,清陈康琪撰。

④ 《笑林广记》,明冯梦龙编《广笑府》,后书坊据之改编为《笑林广记》。

《笑林》,三国邯郸淳撰,古笑话集。

⑤ 韦编三绝,韦,熟牛皮。古代用竹简写书,用熟牛皮将竹编联起来叫韦编。《史记》叙孔子晚年读书,以至韦编三绝。

⑥ 《韩诗外传》,书名,西汉韩婴撰,杂叙古事古语,引诗以与古事相印证。

□新废邮存底续编

废邮存底
——复丁玲

你的信我见到了。你说一切问题都应由专门的研究者来解决和讨论,谈到妇女问题时,你自己便感到一种责任。你不是"妇女问题研究者",但你是一个"妇女",所以从责任或权利各方面着想,你都有资格说你对于这问题的一切意见。我同意你这个提议。你是个写小说的人,所以你打量在你的创作上容纳你整个的见解,不必问措辞能否得体,但我相信你一定可以说到一些男子疏忽了或误解了的地方,那是毫无可疑的。你自然能够使一些人对于你这个工作十分同意,你自然不会把你这个工作放到空虚意义上努力。现在关心这个问题的大有其人,另外还有更多的人,即或不怎样关心到这件事上,但你得相信,他们对这问题仍然感到"趣味"。不要小看这个"趣味"。懒惰的中国人,对于一件事情能够使他们从懒惰的积习里发生趣味,也就很不容易了!

我的性格又不什么同你们女人谈得来，凡是你们欢喜的我常常觉得可笑，凡是另外男子注意的，我也觉得好笑。一个生活仿佛同人离得很远的人，他的见解自然也不会与人相近的。我想说，我没有什么好见解。我有的只是"偏见"。我对于女人措辞永远是不甚得体的。我将说：女子由我看来只是一样"东西"。我说这个时，凡是你们以为男子应给你们的"尊敬"处，我并不缺少，你们以为男子应给你们的"宽容"处，我也不因此失去。虽然有许多男子，他们却常常既不要人尊敬，也不要人宽容，还仍然能够老虎一样骄傲雄强的活到这世界上，我认为是人的女子，她就应当如此计算她过日子的方法。可是若女子以为这只是"属于男子的品德"，我也应承认这解释有些理由。

女子若有了这种"个性"，使自己单独无所依恃的活下来，既不要社会的特权，又不承认自然派给她的一分，她只要做一个"人"，那许多男子活到这世界上，一定感到生活没有趣味，另外还有一些男子，又一定感到十分威胁恐怖了。前一种男子是预备作好丈夫的人，后一种男子是正在作好丈夫的人，两种人生活观念常常有不同处，他们对于女人，这两种男子却有同一的见解，就是并不想到女子会从"女子"的身分上离开，来取到一个"人"的身分。轻视女子或尊重女子，同样却皆在无形中把女子看成"东西"，已不当作一个人了。

"人"是不应当有多少特权活下的。一切社会制度的恩惠，一个好男子，他决不会注意到它。一切社会制度的恩惠，只颁给那些俨然遵守秩序的公民。这世界，女子为了作母亲的原因，所得的社会地位，是全在一种恩惠意义下取到的。一个明事女子，她便知道她所得到的社会特权，常常超越了男子若干倍以上。若果她聪明一点，她还可以取到更多的权利。若放弃了这些特权，有许多名为受过高等教育的女子，是即刻就得挨饿的。她们学了许多，学会的还是不外乎承认特权与享受特权。她们是"家庭"的，不是"社会"的。别在名辞上分辩以为家庭并不在社会以外。我懂那个意思。我说的是女子不适宜于到普遍社会里来同"一切生活"作战，她因此更不能同"习惯"作战。习惯不利于女子很多，性道德是其中之一种。关于这个偏见，我在给××的信的一段里稍稍提到一下，我没有在某一种女子的生活调查里，找寻到那些统计上的数目，作为我承认女子自觉的证明，我没有从什么作品里，看到一般人对这问题的正确意见。大体这个问题是为人所注意到却从无人愿说到的。一个男子若能考量一下他自己的家庭生活，他会发生可笑的结论，以为"太太"是一个"太太"，不十分像一个人。一个女子若能注意一下自己，她先得到的困难就可以使她倒下，无从重新爬起。

许多女人都以为自己是解放了，因为在一般事业里，我们都已见到女人的白脸同衣裙了。许多事业里都有了女子的地位，甚至于在世界上任何一国家还没有女子一分的军人事业，我们的国内，凡是稍稍明白二十年来政治的，就不敢否认女子在这方面进行调解或增加纠纷的能力。但这能力，不问是小小职业如女招待一类，或大……是出于女子的"竞争"，还是出于女子的"呼吁"？既不竞争又不呼吁的女子，一点点所得，其实就多数只是在一种"赏赐"与"恩惠"意义下得到。名为最进步的一簇女作家，她们所得的一切，也还是由于俨然女子的特殊便宜，就不是平等的竞争的结果。她们不否认这个特权的独占，甚至于忘却了这其间有些不是自己应当得到的东西。她们不能努力做人，就不下于一个平常家庭中的少奶奶。所不同的是后一种人知道一切权力操之于男子手中，不敢多事，前一种人知道男子给了她一些权力，引起了她们的贪欲，更需要这种赏赐较多一点罢了。小小的做作，换取大量的阿谀，有些女作家是那么活着下来的。她们从不拒绝过任何优待，同时在这优遇情形中，女子就算是得到解放了。其实不行。她们应当明白这是件可羞的事情，但无一个人愿意明白它。

原谅女子，别太苛责到她们，我知道，我们得原谅她们的。一个女子她不能同我们竞走，这是自然的。我们不适宜于用一个健康的男子的一切能力，期待一个女子。我们可以保留这个希望，等候一个长长的年份，帮助她们坚实长成。不过，说到了这些，我的偏见得到了一个结论，这结论，很可以作为你所关心的一种问题参考，我希望你别忘记女子还是一种"东西"的意见。在一切事业里，并不缺少那种以为"女子是人"的观念的人，可是我却不见到一个女子愿意忘掉了由于历史所给的（等于性的购买）优待，来同男子作一切生活竞争，具一切男子独立的观念，而活着打发日子。倘若你写创作，你要在作品中有一个理想女子，就写那么一个新的女子罢。这女子，别的什么技能都没有也不怎么重要，她至少应有"自己的见解"，这见解，却不是为男子方便的打算，只为自己尊严而打算的。

应当写一个真能自私的女子。她不庸不懦，她自私可以使她伟大。她不必如菩萨以善心待人，她应作英雄同一切抗议。女子中要这样女子，在现在似乎不道德，然而因为有这种女子，另一时才能有另一种新的人的道德产生。

……

别以为我是骂了你们，我实在同你太熟了一点，才说到这些话。若是我这个信你觉得伤害了你们女子时，也别生气，因为一生气，就更见得你们无希望了。一个值得我们注意的男子，照例他是孤孤单单做他的事业，用不着世人的赞美作他的生活粮食的。他自己建筑他的事业基础，自己选取材料，着手工作，作错了，自己重新修正，作成了，他还自己欣赏……一切都由于他自己的选择结果，他就疏忽了别人对这件事的评价。女子从事文学的有许多人，全不是她欢喜的，她常常因为无意中的一唱，为一群男子或一群朋友过分的奖励了一下，因此她就满意自己的行为，以为自己应这样作下去了。她是为一些掌声怂恿而工作的。你若也愿意作这样的女子，我什么话也不必说了。我希望你有你自己，既不是为多数的朋友而努力，也不是为多数的仇敌而努力。你的读者并不能使你伟大，你的敌人并不是那些比你有名一点的人。你若忘不了你的成功，你还是不必写那么重要的问题，你的朋友只要你写一个仿佛本身写照的浪漫故事，你就成功了，同时你还可用这个成功打倒别人的成功，这全是极方便的事情（其实你如今已可以说是成功了），但你不是还可以做些更艰难更伟大的工作吗？

……

我早告诉你过了，关于女人你要问到我的意见时，是只有这样偏见来说明的。同时我得说，女子只是一样东西，许多男子还不配说是东西。因为我所见到不是东西的男子可太多了。……

不谈这件事，我的信一定就温柔了一些。我最尊敬崇拜你们女子，不过这尊敬崇拜不是像对于男子那种情形，因为你们与男子相差实在太远了。学做个男子，你以为怎么样？

让我们想到过去的友谊快乐一点。

这是我一九三〇年在武昌时写给最近失踪的丁玲女士若干信中的一封信,从文识。

本文 1933 年 7 月 1 日曾以《废邮存底》为篇名,发表于杭州《西湖文苑》第 1 卷第 3 期,署名甲辰。根据文末作者题识,现以《废邮存底——复丁玲》为题,按《西湖文苑》文本编入。

复王志之

王志之先生：

你那个信我已见到。您应当先写一个信给《国闻周报》负责者马季廉先生，问问您那文章的情形，他若告诉您文章全由我处置，再写信给我也不迟。他若告诉您他不认识我，从不见面，不通信，不发关系，你写给我的长信，说的一大片话，不觉得太卤莽了吗？一个人若非发疯醉酒，总愿意把事实弄清楚些，照您信上说的话看来，实在全不是问事实的糊涂话。一个刊物有一个刊物的态度，一个编辑有一个编辑的责任，您文章他们觉得好，用了，很平常。觉得不好，不用，也极自然。即或是我作周报编辑，从编辑立场说，前人用您的文章，我不用，您是个明道理的人，也就不会用"打破饭碗"一类话写信给我。正因为照习惯一个编辑有他自己的意见和主张，他有权力处置他分内的一切，若存心把刊物办好，不当作慈善机关，他当然找寻能增加刊物信用的文章，去掉些不合用的文章。（假若人人全像您那么不讲道理，那卸任的编辑，无事可作，就会找现任编辑拼命了。）如今文章被另一个编辑搁下了，却听信一二类乎文坛消息的下流谣言，写信给我，表示您的愤慨，先生，这太没有道理了。

过去一时您拿着一年前×××的介绍信来找我，说道生活困难，文章需要发表，我自己是个写文章的人，明白这事甘苦，当时还很关心为您写了一封信去把一个人，问他是不是为您载出。在我意思总以为同是一个"人"，同活在这世界上，凡人用的着我帮忙时，我能尽力当然得尽力。正因为我作这种事太多，也就觉得太平常，办到了不为恩，办不到更不应当结怨。想不到您还用这种理由，写得出信来对我埋怨。您的来信在您不明白事实以前，也许还不觉得如何无聊。看了这种信，老实说，我却替您难受。

我接到这种信很多了，接这种信的原因不外乎：第一，我是一个编辑，能够处置一点稿子，朋友又还相信我的为人，间或也托我转稿子要稿子。第二，我太爱朋友，自己过去得到朋友好处太多，因此对人不拘生熟，总很随便，要我出力，我出力。第三，正因为我有这种性格，找我的人太多，力量到底有限，大家又把我的能力估计得太大，因此稍稍失望，便生怨心。这种信且大多数在下面一个公式衍变：张三李四从文坛消息一类谣言上以为我能够这样那样，便来找我，同我相熟，于是把文章送来，要我设法。法虽设了，无如文章不好，或另一方面存稿太多，或又有别的原因，文章安排不下，于是就以为我压下了他的稿件，妨碍了他的文学事业，凭冲动写信来骂我。再过一阵，理性稍稍恢复了，多明白一点各方面的事实，多用脑子想想，间或还有机会多知道我一点，明白我正因为转稿，还稿，改稿，以及杂七夹八的事弄得个精疲力竭，精力，金钱，大部分已花到这些劳而无功的空事上，觉得写信骂我是可羞愧的事了，又来向我承认错误，表示一点歉意。先生，您想想，这又何苦来。难道所谓作家就全得那么同我发生关系？对这件事我实在有点厌烦了。今天又忽然接到您的信。您一时节或因负气或因护短不要"事实"，也就不会给我写什么自承错误的信。——我实在希望少来那么一次老戏法——可是你若还愿意作一个爱真理有理性的人，一切能放客观一点，想想你写了一个什么信给我，您应当觉得害羞！

贫者士之常，一个人在这个社会里生活困难原很自然，作家文章无出路，多得很，多得很！不论从那方面说起，似乎都不应当派给一个与您不相干的人来负责。您若只为的是"求心里舒畅"就不问事实胡乱写信给人，实在不是一个作家应有的态度。

沈从文

十二月四日

本篇辑自含沙《废邮存底——借用于〈大公报·文艺副刊〉》，发表于1936年8月20日天津《北调》月刊第4卷第2期。现据此文抄录的文本编入，标题为编者所拟。

王志之，又名识之、思远，笔名寒沙、含沙、风沙、楚囚等，北平左联成员。这篇文中披露，他曾向沈从文任文学编辑的《国闻周报》投稿（沈未任过此职——编者注），为《国闻周报》看稿的萧乾未发表其作品，他找沈说情，沈虽督促了萧，但仍未见发表，故认为自己受到沈从文及其喽啰把持的文坛压制。含沙文中除抄录这封复信外，还有几封斥责沈从文的信。

自滇池寄

××：

　　人有说你已过福建的。得□□信，方知犹在上海，未作他计。法国文学史工作想已完成甚多。这里熟人多如旧，生活或已如"黔娄先生"，情绪还像不大寒伧，见面时有说有笑。惟分住各乡的，一年中见面亦不多耳。甫先生①犹如当年从容，常问及你情况。佩弦略见老态。之琳作五十万言小说，已完成。一多以刻图章补助生活，且有兴趣译新诗（中译英）。毓棠尚能于教书之外写诗。冯至、广田，亦多能写作，且可常见面。我住乡下已五年，每星期只在城中一二天，孩子们于乡村中长大，顽健似比城中略胜一筹。气候温暖，过日子平平静静，故不觉长久。原来与冰心诗人相去一里许，近则唯戴世光、陈达相去不多远。三小姐一切照常，精神则比过去转好，大约因凡事自己动手，每天在家中做酸菜，霉豆腐，劳作不息。欢笑歌呼，尤增加大人快乐，因之岁月虽逝，生命中所保留青春活力，转若在任何情形中均不至于消失，老友闻之，定必愉快！徽因寻常在四十度高热中，相去过远，信息不明，病既是原有之病，想不至于如何沉重！宗岱精神似尚好，可从填旧词兴趣看出。巴兄或尚在桂林，小说改戏，各处上演，亦甚热闹。孟实久无消息，只间或在刊物上见说教小文章耳。占元甚用功，已结婚。萧乾无信，不知生活如何。相去万里，六年来大多数人已发鬓成雪，幼小者多成童子，相见何日？能不令人悒悒！望各自珍，并为朋友珍重。××，××，并盼致意。

弟　文
二月二十日

本篇1944年11月在上海《万象》杂志第4卷第5期发表，署名沈从文。同时在《自滇池寄》题下发表的另一封信，已编入初版《沈从文全集》第17卷。

从内容看，收信人可能是抗战期间留在上海的、精通法国文学的作家李健吾先生。

①甫先生指现代作家、教育家杨振声，字今甫。

谈写作目的两信摘录

（一）

石如先生：

　　……我想从各方面来写"湘西人与地"，保留此五十年来在这一片土地上生活人情与生活历史，希望可用它作更年青一辈朋友打打气，增加他们一点自信，为明日挣扎有所准备、增加一点耐性，来慢慢的战胜环境，力图自强！若能作到"地方一切长处可保留，弱点知修正，值得学习的进步知识都乐意拼命学习，举凡一切进步观念勇于接受"，这工作就不无意义了。……

　　……中国问题多，事事需要有人充满热忱而诚恳从事。即以写作言，在社会上如虾米蚱蜢活动要人，如蛀米虫（？）①埋头苦干的更要人。我大约比较适宜从后面一个方式上工作，成功成名，都非个人兴趣所在，能继续在一个太困难环境中写，写成后还能给一万小朋友从作品中所涉及的种种问题，有会于心，因之做人更勇敢诚实一些，做事更负责认真一些，做人情感上所得的报酬就够多了。……

(二)

莫千先生：

……所说许杰先生批评②可惜这里不易见到，但想想那作家指责处，一定说得很对，极合当前党国需要。王西彦先生在北平时候常被（？）未发表文字给弟看，今编副刊，能刊出许先生大作，文虽刊出都不寄弟看看，想必甚有道理也。……

……关于批评，弟觉得不甚值得注意，因作家执笔较久，写作动力实在内不在外。弟写作目的，只在用文字处理一种人事过程，一种关系在此一人或彼一人引起的反应与必然的变化，加以处理，加以剪裁，从何种形式即可保留什么印象。一切工作等于用人性人生作试验，写出来的等于数学的演草，因此不仅对于批评者毁誉不相干，其实对读者有无也不相干。若只关心流俗社会间的毁誉，另寻其它又省事又有出路的事业去了。……

本篇的两信摘录，均辑自许杰《论沈从文的写作目的》，该文收于许杰的论文集《文艺，批评与人生》，江西上饶战地图书出版社1945年版。现据许杰摘录文本编入，标题为编者所拟。

①此处（？）估计是许杰所加，下同。

②"许杰先生批评"指许杰的《现代小说过眼录（下）——上官碧的〈看虹录〉》，1944年2月11日在王西彦主编的桂林《力报·新垦地》副刊发表。

给一个出国的朋友

××：

我因答应好家中人今天下乡，回去作火头军，所以来不及送你了。留下的×××，冲水吃，对你去国前极端疲劳的体力或许稍有帮助。你实在应该保重一下身体，为的是还有多少事要做！近年来看到你常常伤风，我真说不出的难受，这正看出一般熟人在长时间××××××××下所受的摧残。你还有个另外担负，即属于情感方面来自心中深处的一种扰乱，一种抽象的压力，分量多沉重！纵勉强捺住心坐在书桌边翻杂书，作杂事，想用一堆书一堆人事再加上百十场开会谈天，也挪不开那个有热不见火的继续燃烧！你在燃烧中寻求支撑，不凑巧得到的又恰恰是两根脆弱的芦苇。事实上体力还是不能不在一种近乎宿命的情况中逐渐毁去。你自己明白这种沉下的情形，你无从自救，少数朋友更无从用言语相慰解，为的是这依然无助于你。这问题别人不易明白，我应当明白。

昨晚上谈到的一切，增加我对你的理解和爱敬。由于你生命中包含有十九世纪中国人情的传统，与廿世纪中国诗人的抒情，两种气质的融会，加上个机缘二字，本性的必然或命运的必然都可见出悲剧的无可避免。我把一切知道的事重新温习，不明白的加以体会补充，俨然即看过一本书：《一个不露火苗的生命燃烧发展史》。半夜不能睡，天不亮又醒了。我不用世人漠不相关方式劝你用逃脱解除心情上的困惑，只想说你得尽可能分点心注意身体，把身体弄得好一点，再来接受一切分定。最先应接受的即是上路走一万里长途，你还得随时照料一个眼目快瞎值得怀念的长者（做官的不要他，不管他的死活，国家可少不了他），一个但知读书不能管理自己生活的哲学家，一个体力比你更脆弱的历史学者。这一群，恰好也就是近八年战争由于统治×××××，所加于吾人的痛苦摧残象征所作成的文化标本！想起你们这一群标本，如一群难兵踏上异国国土，受人接待时，从那个接待中由他人眼光里所表示的理解和同情，我为我们的国家实感到羞辱。这羞辱你在那个环境中也必然会觉得，身体若不济事，也许在那个场合中就会堕泪的！你说属于个人情感上的纠纠纷纷，已得到解放，不用朋友担心。事实上这一切过去，都还纠住你，束缚你，咬住你。每一种抽象每一个微笑影子在你生命中都还保有极大的势力，我看得清清楚楚的，这不止当前如此，还会影响到你的未来。明天的生活，明天的恋爱，都必然还要受它的控制，受它的统治。它们且将在一段时间一颗孤寂的心中生长，扩大，直到你自己承认为止，你能用隔离逃脱事实，可无从逃脱抽象！一切爱即使是孕育于长时间的沉默里，触着心的边际时，却照例有个明朗清澈的回声。更何况你去的是一个有充分抒情风景有充分伤感气氛的国家，过的又必然是种有完全绅士性的生活。有的是你在平静自然景物下温习"过去"的机会，也更容易想念着个人以外那个终生寄托的国家,在发展下如何乱糟糟的,多少年青人的正直热忱灵魂,如何为现代"政治"二字压扁扭曲,得不到正常发展,由于武力与武器自足自恃者贪权争利的传统,会合了充满市侩人生观的风气,形成明日的种种悲剧的堕落。这一切出自内得诸于外的痛苦感印,原样保存在生命中,沉重分量你担当不住。想转移它成为一种生命动力,依我私意,只有一种方式,即从文化史上多留点心,尤其是东方或中国艺术史。由于情感受"过去"陶冶,既已十分深沉,又相当纤细,一与各个民族在不同时代使用金石土木颜色和线条等等材料,运用智慧和巧思,交织着热情与忧郁,而产生的种种艺术品接触,即必然有一种较深的领会,只要用点心加以分析与排比,这成就,无疑的即可作成一首庄严伟大而且美丽的史诗!这新的史诗纪录的不是伟人名王的赫赫武功,也不是圣哲贤士的原则观念,却是千载以来各个孤立的心,充满人情中的温爱,浸透于不同材器中所有的各种各样优美纯粹表现。所表现的与价值和道德多不相干,却与人性对于崇高的向往和善美的鉴赏有关,历史中属于情感的史诗,亦必须有人来如此发掘与表现。这工作期之于当前的艺术家和历史家,既均若无可望,你正不妨将写诗的笔重用,用到这个更壮丽的题目上,一面可使这些行将消失净尽而又无秩序的生命推广,能重新得到一个应当有的位置,一面也可以消耗你一部分被压抑无可使用的热情,将一个"爱"字重作解释,重作运用。这是你热情的尾闾。工作的成果中将永远保存有你对于人生热忱的反光,也还可望从另一世纪另一类人生命中燃起熊熊的大火!

现代中国政治特点之一,即民族情感的阉割与毁灭。因之一种简单十分的口号,短短的演说,一与功利是归懦怯无主的新生灵魂接触，即但闻一片呐喊，一片掌声。真正所谓"思想"不特在多数的群中极端缺少，在少数的领导者中，亦常常不免用"阿谀"群的情趣相代替。对国家共同的幻念，即建设于一种宿命迷信和无知自大基础上。负责者惟用谎话自骗或互骗，再共同以小群的青年与大群手足贴地的人民为对象，行使其传统不变的刍狗原则，大家徒然希望这个国家会转好，其实明日那会轻容易①转好！我们从远一点看去，用历史、文学和美术，来重新燃起后一代人的心，再来期望这个民主政治罢。也让我们从工作的试验中，消耗自己至于倒下，却从工作成就中，实证生命的可能罢。熟人关心你生活的，常以一个合理幸福的家庭，在一种新的情绪意境中，得到一点休息，更得到接受明日更大的勇气。事实上一个有深刻思想的人，生命热忱的充沛，又那是一个女孩子能消耗，能归纳，能稳定？热情的挹注，对女人，将是一种母性正常发育与使用，对男子，怕还是需用长久耐心和深致析剖并重新组合的艰难工作，方始有望！对另一具体国家，我们的战争已结束了，对抽象人生，我们的战争将从生命接近中的今日起始。你和我都知道，这正是一种完全孤立绝望无助的战争，不能退后也不应当退后，因为生命本身即有进无退，接受它时，虽不免稍感悲伤，然而都无所用悲观。小政治一浸入学校里，朗诵诗俨然就足够装点一切了，所以你们的出国对学校虽近于一种损失，然而对个人，也许反而可从国外广泛的学来一些知识，成为一种坚强结实单纯的信念，准备明日为××××的愚顽势力与堕落风气而长久对峙！

三十四年九月廿九日

本文 1945 年 10 月 20 日刊载于《自由导报》周刊第 3 期，署名章羲。1946 年 7 月 15 日又发表于《世界晨报》，署名沈从文。

现据《自由导报》文本编入。

① "轻容易"此处疑为误排入"容"字。

《〈断虹〉引言》附函

××先生：

　　寄奉小文，或可供尊刊刊载。各地交通隔绝，读者似亦无大不相同印象。弟在此似已近于"落伍"，不大写什么。写来好像也不为什么人看。因此间读者常常把提笔的人一例称为"作家"，许多作家也只要写一首十行朗诵诗即自足，风气所趋，作家辈出，相形之下，弟即不免落伍矣。因私意总以为"作家"权力极少，义务实多，义务之一即得低头努力十年二十年，写点好作品出来，才不辜负这个名分。但时代一变，此种看法已不时髦，亦自然之理也。

沈从文
四月二十日

　　本篇1946年5月2日刊载于上海《世界晨报》第二版《〈断虹〉引言》正文之前。收信人可能是该报主编姚苏凤。

新废邮存底

——(四十二)经验不同隔绝了理解

××先生:

谢谢你的来信,谈及的问题,引起我一些回忆,一点联想。你欢喜读我的作品,我想良友公司出的那本《从文习作选》比较完整,可见出我对这个工作的态度和试验处理问题的方式,另外有本《湘西》《湘行散记》,商务出版,似乎也值得读读。这工作对我说实在还只是一种学习,一种试验,说不上成就的,真的成就应当是同时有上千作家,素朴诚恳的每个人来写个三十年,也许始可望从其中挑出三五种作品示例,代表这一时代一种倾向一种成果!

你说的"如第五空间……"是在《绿魇》上末一段,我从常识上与你从专门知识得到相同的结论,即这句话近于不词,因为用第五度空间在习惯上也不常有自然,而我就正为的是"不可思议"意思而用它,我指的是太太用神情猜测我的心中所想所梦,她的方式比如从第五空间捉住比星云更辽远的玩意儿!一切都只是象征,我在许多作品上,常常因为注意这些相关处,情绪错综重叠处，欢喜使用些别的专门术语，名词误用不可免，得此则失彼，亦自然之理也。平时读者即不多，如你那么细心读者尤不多，但我的本意，却以为作品无望于并世读者的多数理解欣赏，并无妨碍，同时异代有少数解味读者，就很够了。你提到××和××两位的成就，我也觉得值得尊重，惟两人似乎都想用一支笔面对多数的群众，所以我们的不同，不仅是文体和倾向，写作根本态度即大不相同。

你来信说，湘西是不是真如你写的？很明显这点询问是由于你耳目接触经验实在保留另外一种印象，所以怀疑我写到未必是实有的，为的是你用一个外乡人就当前所见，想证实一个本地人三十年前所接触，这个距离当然形成种种问题。你说住过辰溪数年，据我私意估想，一定从来将我写到湘西风景方面去与实际经验互证，因为一作比证，你即将觉得写景物一点不为过分，如果你是个画家，或且觉得我一支笔还不曾将景物风光最动人部分写出。景物易见你还见不出，属于人事哀乐爱憎式样，不能理解自更显然，经验不同隔绝了理解，所以不说《边城》中人的情感你不能相信，即短篇中《丈夫》《柏子》小婊子在船上岸边如何做生意（在《从文子集》内，《习作选》内），你尽管住在辰河边，每天看到这种卖烟草的小船来往上下，且可能即看到这种小婊子眉毛细弯弯的穿上花洋布裤子，在船头船尾荡桨，你还是不熟习他们，不明白他们想作什么，曾经作过什么。至于我呢，我可和他们太相熟了，我不仅熟习极美丽的一面，也熟习最粗俗的一面（如柏子一进房那相闹，以及胡闹方法，我全熟习）！正因为从两面认识，才写成那些东西，你若充满抒情气质去读我那些作品，又用同样感情去发现人，你将得不到什么，而且这也无意义，正如同一个人看定一幅好山水画，即想搬家到那小亭子中去住一样。你得分别一下，能分别，才可望从经验上来发现人，证实我写的是否驾空。你说写到的你都不曾遇到，我的经验却是写到属于人性的善与女子的慧敏忠厚种种好品德，笔下的总还不及所见到的更完整。我的文字属对话部分，事实上还不够表现得比真实完美。我是从这环境中培养大的，假若真如你或其他批评家说的"一支笔相当聪明"，我却想说这一切是因为我从这么一个环境中受过情感教育，我的对于写作素朴单纯态度，也是从这个环境影响成的。时代虽然不同了，但我想你若真想证实一下"人"善良，随意跳上一支麻阳船，语言感情若不太隔阂，你将保留一种印象，即一个现代麻阳船舵把子，和我《长河》写的舵把子，外表尽管大不相同，灵魂性情可还是相去不远的！你怀疑湘西是否还有翠翠，可从不怀疑沈从文是否真有其人，但事实上你若真是个解味读者，是应当从"我"的存在，相信湘西还有更多我写不到的人和事，才有意义的。这并不是湘西的特点，中国任何一处，任何一种人，都有他最善良的一面，不过一般作者不大对于它有兴趣，因之笔下亦可触及这种人哀乐罢了。你可欢喜从上河沿流下驶大油船上摇橹人的歌声！你也许每天可听到它，可无从引起任何动人感印，由于经验还缺少些相关事物，比如说，假若你坐了上千次的船，在各种景物下，以及不同情感下，听过那种歌声，说不定还有一二次是住在那种大船后舱尾舱上，又恰好有个十八岁大辫子黑眼睛的船老板大姑娘，又有若干次是雨后，雪里，早晨，这种经验的堆积，于是这一声在你灵魂中，将完全引起不同作用，你对于它也完全不同了。

本篇1947年2月15日在天津《人民世纪》第1卷第8期发表,署名沈从文。

关于写作一点讨论
——给一个内地作家

安先生：

您寄来书我已拜读。读后印象是内容丰富而稍杂乱。送到市面上时，恐不容易特别见好。但你实验兴趣我很赞同。关于写作用笔问题，我知道的也并不多（可以说完全还在学习过程中），不过是来到大都市时间较久，机会较多，容易把工作在试验下逐渐进行罢了。

至于"原料"，恰正好用得着一句旧话，即"土生土长"，并没有什么可以眩世惑俗的！您若要找寻"大师"，指点"秘诀"，传授"家法"，增进"思想"，恐得找牌子真货色足的大作家（照文坛消息上记载去注意，目下远近各处地方都有），去向他们请教时，绝不会令你失望。若要的只是一个从共同学习观点，可以商讨工作得失的平常朋友，那我们或者以不拘形迹随便谈谈。

学习和环境有关系，这件事能肯定承认，或比较可以节省精力。"承认"和"屈服"是两件事。承认即包含一个根本否定因子，与妥协也不同。你目前生活环境，正和许多内地小学教师情形相似，社会还是个纯粹农村底子，读书层知识水准又不甚高，且有个传统的势力拘束到一切。明白处身是那么一个环境，就会承认不仅不甚宜于写论文，也并没有多少人读论文，论文特别重见解，要奠基于一分广泛渊博知识上。你读书的范围，接触抽象问题的范围，都证明目下用笔来参加这部门工作，不会有什么特别成就。你也不甚宜于写美丽华靡散文，或所谓有哲思的抒情小品。美丽华靡都市风，离你生活实在过远，不值得学。抒情小品虽重朴素亲切，眼目所及景物人事也容易着笔，但这部门作品，有个文体文格要求。必对文体文格特别具敏感爱好，且长于运用，方可望有些作品打破前人纪录，或比肩并世高手。若一支笔过于质实，呆重不灵，写这类文章，不免近于用竹箸磨针，即或可以慢慢磨成，用处实在并不多。对个人生命为大不经济，对文学运动也见不出什么新气象！你也不宜于写讽刺幽默杂文。讽刺幽默不是照抄可学的，它的作者和读者全是大都会产物。说深远一点，它必在滥熟商业社会与腐败政治局势培养液中，方能繁荣生长。配合了新闻，社论，以及小型定期刊什么幕后消息，有些应时应景问题，当前写，当前读，当前可能即发生普遍效果。把庄重变成谐谑，把典则作成漫画，三五百字作品，有时敌得过著万言。一搁下三月五月，事过境迁，问题已成过去，文章读来便了无意义。这类文章不仅有个时间性，还有个区域性。京式幽默广东人不易领略，上海噱头北方读者亦易隔阂。同是鲁迅杂文，当时写来就因地不同，不容易懂！你想把当地许多问题，写成若干短章，到十年八年后辑成一本书，求有目共赏，当然不大济事。如照一时风气，模仿鲁迅文字风格，想使它在城乡发生作用，必然是城市读者嫌浅乡下读者却认为太深。即有作用，也无

111

从成为一种进步的象征。我实不能想象如你目下服务那么一个小地方,会有读者需要迂回曲折隐晦生涩讽刺杂文的理由。你说你已摸索了十多年,工作还无什么显著结果,照这种方式,当然不会有预期结果!要结果你先得承认环境。环境能培植什么,生长什么,因地制宜去重新布种,收获之期并不太迟。

我曾认识一个县农会主事人,他的工作地原是生产佳良橘柚桃梨的区域,兰科植物尤著闻于历史。这一位先生,不知好好调查一下本土所宜产生的果木花卉优良珍贵品种,以及当地土壤雨量和四季气候,来好好栽培一些东西。却只知趁时髦,从外地农场购买点高丽菊和洋槐树点缀畦町间,便以为是在改良农业。更有甚焉者,即这位先生有时还不免私自打量悄悄的从什么报纸剪下小广告一则,向海上乌有氏讨购《秘术五百种》《种蘑菇秘诀》,满以为一年半载,学习成功,即保可有惊人表现,或发一大笔洋财,你想想看他的努力会不会有结果?

一个身居内地的连长副官太太,或税务收支太太,有了几个钱后,人既年轻,爱时髦不甘落人后,使她脱去家乡地方性异常鲜明(美术价值且可以收入大博物馆)的绣花衣裙,换上一件恶劣不堪的舞女歌妓式样的印花绸袍,我们虽觉得可笑,却认为十分自然。由于她的无知,以及夫妇经济条件,爱美程度如此作来即十分自然,不以为怪。倘若他是一个美术家呢?我们就会觉得他的知识和兴趣,稍有问题,其所作所为,对当前艺术教育,即不啻一种讽刺。

作家不可免有同样情形。因为一方面社会上多的是空空洞新制义,在种种推销下十分流行;一方面又多的是宦术优长巧于占地步的人物,还仿照种菰方法传授秘诀,到处有股份公司。共同作成的风气，即不能征服一切，也难免将一切浸润。社交适应代替了虔诚努力，这也就是许多习文学的到头来都作了官或等待作官原因，真正是省事之至！许多人说乐意"习文学"，事实上他的希望倒是"做作家"，为的是习文学可并非痛快热闹，做作家自当别论。真习文学且顽强坚信要从工作上有以自见的，自不能不抛却一切空疏理论和功利得失，来老老实实把手中那支笔贴近土地人生，才会有新作品产生！作家个别纪录是否能突过前人，即全在他是否忠于所理解的社会人事，并能加以谨慎处理。任何组织严密的原则，和任何强有力的召呼，到此都应受严格检视，与实际未必相合。必需作家把那片土地，那些活人，生活上的常与变，以及接受生活时种种适应或反应，通通十分熟习，而又有长久深切的关心，才可望把它处理到篇章上，成为一个动人作品！关于这件事，你比当前许多职业作家，实占了点特别便宜，即生活始终不曾离开过乡村和土地。你宜于写事，你手中一支笔唯一合理的用处，也即是叙事。如知道善用所长，肯照契诃夫写短篇小说态度，就地取材来写乡村故事，原料将永无匮乏。

  又有关农村，近三十年在分解下的种种变动，虽同是一事，过程实大不相同。长江流域下游受帝国主义势力传教师和洋货侵入，所作成的恶影响，容许有如某批评家所说的，某某作家实已把握到重要的一面。但事实上却并非全面。即你寄身的区域，很明显就并不如此，说穷困与堕落，是另有原因的。东北或西南，更又是一种完全不同的现实。同样是农村，由分解到崩溃，它的过程决不能用公式理论作例。一个作家尤其不应当囫囵吞枣，产生他的作品。中国农村的发展，原有个长长的历史，且因气候各异，生产方式及分配方式也各不相同，依我私见，表现到文学上，至少就得把黄河流域、长江流域、东北，西南诸省各自可成一个单位。即同一区域言，有些事三年五载会有极大变化，有些事半世纪以来却又始终不易变，不能变。写农村把握"动"的一面，固十分重要，只注意"静"的一面，也未尝不值得大手笔来终身从事。即笔下能写到一个小小单位一小群乡村儿女恩怨得失，以及在社会分解中个体或集群的积极与消极适应，也就依然是真正人民的历史。能忠实纪录，工作的庄严与伟大，即不下于其他任何工作。这里便涉及一点工作根本态度。照目下流行理论看来，提到农民静的本性值得注意的已不甚多。来自农村的青年作家，敢于将笔用到那一方面的几几乎无人。因此工作虽庄严伟大，可也够荒凉寂寞。寄身于都市职业作家，大多和经营小本生意商人有个共同限制，一面得维持门面，一面得注意市场，无从将生命搁在无报偿情况下工作十年二十年。另外一部分作家，或精力衰退，或本无多大生命动力，自然更乐意转入政治交易所，一切从空处去作，不用投资，却放手下注，转若十分省事。这也就是三十年来文学理论日益强调，而作家工作却配合不来，即理论自己的作品，也常常与真正多数人民愿望和苦难容易游离原因。

你住的地方，你生活方式，以及你其他方面，很显明都不能采用省事方法去做空头作家。要从事写作，即必需担起一副沉重担子走长路。把笔捏紧，写你最熟习的那个区域静静的萎缩与消沉，一种真正的社会的贫血与痨病，……向高尔基学习，当然不如向契诃夫取法。如觉得还需要些现代中国作家作品参证，几个有地方性的作家，也必然比其他更适宜。沙汀，芦焚，废名，艾芜……几个人的成就，能有个综合印象，会得益较多。这些作家各有长处也各有限制，你能比肩他们也还能超越他们，这一切实决定于你对工作努力的时间和态度。

如说叙事应当有一些简单原则可以守住，我的平凡意见是——

叙事重亲切，忌华采，重分配过程，忌离奇古怪，重无私同情，忌公式论断……这工作说浅俗一点，似乎和泅水、摸鱼、打拳……以及许多许多工作原相差不多，唯有从经验甘辛能得进步，别无他途可寻。倘若你那分接受挫折克服困难的单纯信心，始终不失去，就没有任何个人权威或习惯势力能妨碍你工作继续前进，世界有形无形绊脚石固不少，可没有听说能阻止任何上路的人。

也许你还要有一点来自客观的真正谦虚态度，方能调和那份对人生无比的热爱，工作过分的紧张以及成功的渴望。必用这个把自己作不断的修正，来适应面临种种不同问题。废话一堆能不在意幸甚。

九月十五

本篇1948年9月24日发表于北平《周论》杂志第2卷第11期，署名沈从文。

致某刊物主编

□□先生：

　　多年来屡命帮忙，不知写什么好。送来一点短文，请看看，可用即留下，不能用还望退还，不必客气。文章发表署名"ＸＸＸ"，一个熟人皆知生人不必知的名字，熟人皆知，则开罪在明处；生人不必知，则可减少些些麻烦，或且给好事者多一机会在什么"文坛消息"上瞎说胡猜弄一笔稿费，亦积德之事也。信件望莫制版付印，因为这事与乡下人习惯不合。若欲此后执笔，望注意，甚感甚感。

　　尊刊单赖二三老成支持，似乎非持久之道。年来青年作家似有不少极有希望人材，能留出一部分篇幅注意安排其作品，在另一方面极有意义。流行习惯刊物多重"清一色"，作家要"自由"，无所属之无名作家与身居边远地域之作家，出路之不自由，诚非一般人想象所及。《ＸＸＸ》既重在一"杂"字，能尽力为彼等设法处，盼不吝惜篇幅，积极的即无所主张，消极的至少或可为目前无法露面之作家帮忙不少。真的有希望的左翼作品，也许从这种解放中方可产生。不知尊意如何?

专颂安好。

弟　沈从文　顿首
十二月五日

本文1949年2月以手迹形式收入上海万象图书馆《作家书简》一书出版,目录标题为《沈从文书简》。

据《作家书简》手迹文本编入,标题为编者所拟。

集外文存

□一个人的自白

一点记录
——给几个熟人

我写什么？还能够写什么？笔已冻住，生命也冻住。一切待解放，待改造。是不是还有希望由复杂到单纯，阴晦到晴明？凡事必重新疏理，才能知道。①

下午两点钟。有鸡叫声于屋外近处啼唤。那两只大公鸡昂然在阳光下散步，犹如两个隐遁的修士，被放逐的战士。是逻辑学者老X的伴侣。声音寂寞中有一点生机，可能还曾影响到屋主人的头脑和新完成的著述。我在窗口边。

窗外冷雾正逐渐消散，有阳光如流水浸入房中。四扇窗子上也满是阳光。

我在搜寻"我"。第一回发现的，却是于年夜饭中那个头脑木钝，机能失灵，恰恰如三十年前在个小县城里失业游荡，各处流转，及寄寓在小小客邸中无望无助光景。这是"我"吗？唯有我还认识他，脆弱，羞怯，无可奈何，不知如何忽然会转移到一个更陌生环境里：即目前环境，一切如偶然又如夙命。

　　我曾经有了个家，已十六年。这时节看来，竟像对我毫无意义。我并非为家而存在，这个家也不是为我而存在。二十年中我似乎还有一堆朋友，一群学生，无数读者，这个群目下看来，也仿佛和我漠不相关。我好像还曾经写过一大堆书，好一大堆！一切存在都只是习惯，留下或烧毁，已无可不可②：任何人都可以把这个生命勤劳堆积物当成个垃圾堆，当成一种嘲讽。试设想这些东西是在什么情形下写成，是反映个人生命经验的斑驳陆离，还是反映旧时代的回光？已无法弄清楚。新的时代把一切存在完全否定了。我否定了我自己。

　　我发现"我"始终是一个独立存在，如悬垂于虚空的星子，四周广漠而无边。只小小的光照着附近。不仅和"人"游离绝缘，和其他放光体积也不相粘附。达到人眼中可说完全是偶然的。好荒凉的存在！这发现可说是生命中崭新发展，是真正体验。但觉时间如箭，直射而前，"我"亦随之而前，向不可知射去。好像听到一种呜咽，通过生命，通过时间。试从经行处回顾回顾，却保留了一点印象错综排列，如一片霞锦，又如一堆灰土，是宝藏也是废墟。一切待重新估值，一切应有意义已全失。

　　窗外用稻草缠束的苹果树快要发芽，春天将来了。有喜鹊坐在屋脊叫唤。我才记起在这个屋子里已住了六天。初来即过了一个年夜，凡事失去自主性，在贤主人家主客大小九人中，坐下来就吃喝。笑语中的理想，辩难，小小的争持，都在"解放"意义下进行。一切离我似乎很近又极远。我总在努力搜寻那个自己，原来那一个，本来那一个，二十年中容易为朋友认识那一个，以为如此一来必可使主客之间更容易相处。各处寻觅都得不着。存在的还只是十七岁年龄游荡失业各地流转那一个：脆弱，羞怯，遇事无可奈何，心带着各种碎伤，屈辱和饥饿，在梭罗古卜《微笑》③小说中出现了三次，终于下决心迈过桥栏完事了。在这里又第四次出现，于朋友家饭桌边和客厅里。没有一个人发觉这种人格分裂以后的寒冷景况。女主人的明敏也没有查觉。

我是年夜上午九点出的城，一朋友相送，一个亲戚伴随。战事犹未完结，有十万人犹在郊外对峙中。一出城即见到泥土里纵横工事，交通壕，机关枪巢，以及在这段路上凡事照常的小市民往来。还有小毛驴秀目细尾，体面如一个农家新妇，在光滑柏油马路旁行走。不多远处恰恰爆发了一列地雷，一个夹泥带烟的柱子向上直升。我知道这是没有死亡的爆炸。世界上也还有"没有爆炸的死亡"，就派归了"我"罢。从十岁起受了这个名词的诱惑，每到困难时，即有相似召呼。四十年了，始终没有肯定承认过。生活越困难，挫折越大，挣扎精力也越加多。现在却似乎由于一种召呼声音的回复，我想轻轻答应一声。过五塔附近时，记起这地方月前曾有大战，为争夺工事，有二千人民长眠休息了。要来的终得接受，凡是动的生命到时就得静止。这些人似乎还来不及答应，就完全接受了。

住在南京那个独夫已倒下，战争在长江南岸犹待进行。既还待进行，必然又是无数工事，机关枪巢，地雷，毒气，人人呼号而前，一切在极残忍情形中大规模进行。在另一时另一土地上，在雷马克，或派恩，也在我脑中襞折深处，有争夺，呼喊，呻吟。热血无终结的流，一凹凹浸在土地上。死去的随即埋在土里。一切为了时代新生。车过了界，新的界，所见表面依然凡事照常，小毛驴新妇回门神气，在光滑柏油马路上走着。世界其实已不照常,一切得在计划中重新安排。我感到,我明白,我承认。那辆三轮车于是到了一所红砖房子前,停顿下来了。第一眼看到的就是那两只大公鸡,鸡喉中骨落一声,仿佛说,"有缘!"真是有缘,过年前一天会在这里见到。

到了住处房子中,从窗口望出去,一片灰黄黄的田野。窗台间还有上百小蟋蟀瓦盆瓦罐,小生命全已结束,入夏来振翅急鸣和好勇狠斗都已成过去了。时节已过。生命如箭,穿越时空,帝王蝼蚁,一切存在都将成为过去,归于尘土。这真是种离奇的启示。靠墙文件橱上,有一张灰尘扑扑的志摩诗人相片,用手攀折花枝,神情如生。二十五年前的秋天,在他住处的院子第一面时,一地红黄缤纷落叶在旋风中打转,印象犹如昨天。事实上这个人死去即已十八年,年青一辈亲友提及他姓名时,早不知道是什么人了。身与名俱灭,亲友间犹如此,何况新时代陌生青年。还有几个干玉米棒,是夏天从窗外那一片土地上生产物。目下土地却只是一片荒凉,已不易想象另一时郁郁青青景象。

远处有蓬蓬鼓声,汽笛声,都若象征一个新的时代新的春天的来临。两种声音完全调和还要时间,要一段长长时间。这个新的时代是在一些人的信仰中,意志中,行为中,慢慢产生,经过很多困难和牺牲,方能逐渐成形的。也在我脑中不断旋转,从工事交界处太阳光影下,带春信冷冷寒风中,我便想到——

"一切必然要新生,旧的灭亡而新的兴起。个人得挣扎到阳光下来,将生命重新交给土地和阳光。凡事从新学习,由一个起码的人作起!即已无机会可望,个体在内外限制下终得毁灭,也应当用短短余生,鼓励下一代好好生存,在新社会里作一个好公民!"

那么想着，竟若十分自然。我明白生命早在秋天中，成熟，透明，等待离枝。由离枝证明了废名的"道"。望到田野和蓝天，眼中莹然，明白了生命的相关性，不可分割性，因果性。我发现了我。车到了地，人到了落脚处……吃年夜饭时，却完全如三十年前，沉默，羞怯，慌乱，微笑也掩覆不住那点无可奈何。头木钝钝不知有我有人。完全如做梦。梦在进行。现实却又如搁在眼前，可触可抚。

客厅中有个四方几，我估想它是元人着双陆用具。台子上北齐雕相和唐代小白陶猪，北魏小铜金刚，我似乎都极熟习。那个时代的历史纷乱和宗教辉煌也熟习。桌沿大小坐了九个人，一个是近五十年代聪明热情稀有的女主人，性情中的明朗和体质脆弱，两者的奇异结合，就正是人文主义一个最好标本。还有同样而不同形另一标本，却将支配了将来中国无数工人住宅设计，影响到下一代工业发展和人民健康起居极大的男主人。对时代那么一个重要人物，身体却不到一百磅，平时行动还必需穿着一轻金属背甲。还有生与道契的老金，<u>世界虽在逻辑中存在，却并不由逻辑决定</u>。他于是想到蟋蟀、公鸡和白鹅：总以为中国地方宽广，应当还有地方宜于养鹅。什么地方可不知道。两个生命丰满的青年助教，两个新时代的标准"技术人"。两个小主人，生命正在解放中发酵。还有七十岁老太太和我：十七岁时节那个"我"。在年岁数目上恰是个颠倒纪录，情绪又似乎完全相通。一切存在都似乎极熟习又极生疏，完全是双重的。说什么我都懂，在微笑中领会，可没有一个人能从这种微笑中，<u>领会一个人人格分裂以后的荒凉、麻木、机能失灵种种</u>。

饭后客厅中悲多汶④曲子在转盘上旋转，<u>悲与壮俱充满抑郁</u>

125

之情的节律，流注于小客厅中，流入一切不同生命里，作种种不同渗透和启发。忽然有一小组熟习声音，似乎在拥抱我，抚慰我，引诱我。

"你这个人，目下或未来，还要什么？生命中的贫乏，穷困，你得到了足量的一分。饱满和丰盈，也得到了你所能接受的。你还要什么？凡得到的也会消失，部分或全体，不完全由你自己，这就是人生。你除了✕还等待什么？"

让我思索思索看。我似乎还能思索。正犹如三十年前躺在一个小河岸边草地上听流水下驰，汨汨澌澌向东直逝，却把声音和意义浸入生命深处，一样轻微而恳挚。因此我回答说：

"带了我走吧，到任何一处地方，我都要跟随你。我要向不可知流去，听你如命运，服从你如神。我要动！如音乐和流水，永远在动。我静止，就死了。我不能静止，还没有死。我需要静止，太累了。"

我在动。在面对主人笑语中而动，却没有一个人能注意理解。

远处有炮火声连续。应当是那些守在工事中的兵士放炮过年。那些生命多单纯素朴和庄严，也多寂寞。他们这时节可能会想到家乡，也想到死。生命存在原来如此痛苦多方。谁作主派他们守到那些泥土构成的小穴里。时代或个人，谁作那件事？人类爱和同情，什么时候才会真到他们那些卑微生命愿望里去？我们正在庆祝一个社会的新生，他们在作什么？社会上层组织中的文学，哲学，会有一天能够达到那些生命深处？或完全用他们作对象，来重新安排、组织、存在？曾经有过这种完整计画和预言，这预言能不能即早实现？我原来极熟习他们的哀乐，比许多人还更熟习,可是在都市里一混,不知如何一来却和他们离得远远了。这是一种如何可怕的游荡!我要回去看看。先回到四十年前那个家里去,稍稍休息。我在认路,一条回向"过去"的路。

四十年前入晚游荡回家,母亲照例在灯下作事,搓麻线纳鞋底,我脚下一双新鞋却正为在外游荡忘归为雪水浸透弄脏。于是什么不说,即伏在灯前母亲膝边哭哭,一种出自心中深处忏悔的呜咽。到后来自然就睡着了。那个老人一定就这样子在灯光下工作到半夜。四十年了,一切重复回到生命中来。我又游荡归来了。母亲,你在什么地方?我需要哭哭,从眼泪中可以把母亲影子回复到生命里。

"你在什么地方?是在那个小小油灯边,在厨房火灶前,在一个桑树园子旁,还是在北平公寓中?在家中病床上,在坟墓里?你的善良的品性,对儿子的无私忘我的爱,你的沉默,永远的沉默,我应当回到你身边来哭一哭,用眼泪净化了这个堆积物。或死亡,或新生,回复本来一个我。"

自然没有回答。悲多汶曲子还在继续,带我上下求索,走遍了各处。

曲子停了,一切静寂,唯房中灯光明亮。可不是四十年前那个小小油灯。我原在人家作客,用的是二十年老友身分,且带着逃亡者心情,却想用乐曲作指导,穿越时空,回向过去,找寻那个于各种印象中都忧愁痛苦的老人影子。时间在生命意义中如已平摊成一片,被音乐改造后作成的那种平面,我同时可以看到一切不同过去。心在一切过去上见出破碎反光。眼中充满了热泪。一个慈母和荡子的人格综合,我发现了又一个我。

———

（从窗口望出去，可远远见到燕大那个自来水塔。那是个外表还保留塔的旧形制，却在实用上存在的塔。）

三个建筑师正谈到春天的旅行，要看看应天寺大塔，并讨论到中国塔的形式。可决想不到面前也就有一个坍圮的塔，毁废的土堆。一切泥瓦装饰，在若干年来看不见的四面八方来的风雨中，渐渐腐蚀，终于一下坍圮。在许多人的印象中，却又依然犹保留一个塔形，如稍存联想，即可意识到在新秋晚春清晨午夜微风中，还仿佛可闻铃铎细语本身的历史。叙述必温柔而静，隐约含有阅历悲戚。对于这种塔的精确测量，是不可想象的工作。而且在来不及测量时即已坍圮，只剩下一个灰土废墟。直到这个废墟被人发现时，或尚足供少数又少数人凭吊，但大多数人却将从一切新的抽象造形堆积物，发生赞叹、颂扬和膜拜。塔字所含独立或孤立意义，在中国文化史上的象征意义，除少数专家已再无人能理会到。至于纯粹抽象的，由于性格和意志，精力和热忱，积年累月建筑而成的塔，更没有人能认识。女主人也快老了。

我需要一种真正的单独，站在个人辛勤作成终于又复坍圮的废墟边，温习那个存在时所有游人在下面徘徊流连的情景。许多人曾仰头看过塔顶天空的透蓝天，有老鹰盘旋自如，与铃铎细语恰作成一种庄严和沉静的对比。一切在雷雨中坍圮了，老鹰消失了，弄渡船的老老也休息了，只剩余一个翠翠，一道长河，一片雨，一片烟。全在虚无缥渺中。我于是似乎听到翠翠在半夜里的哭声和轻轻呼唤：

"大老，你走了，为什么？二老，你也走了，为什么？什么都消失了。就剩下我一个人。这是命运的必然，还是人事的相左？"

没有回答。翠翠也消失了。只山中永远有杜鹃在晚春初夏闷热中啼唤，有小小红蜻蜓在河面飞。大老和二老，翠翠和杜鹃，都消失了。只剩余一个我，泪眼莹然，在窗前阳光下，望着窗外一片黄灰。在客厅一角，让悲多汶乐曲的回复，从沉默里看到一切。

可是另一方面塔和庙的关系，却在继续作种种讨论，由五台到昆明，一切不同形式的塔都在各人印象中重复现出。且在各人不同印象中，一些待圮未圮孤立矗峙的大小尖锥形建筑物，于各地山巅水涯景象，也分分明明。

在谈话中还进行到无数问题的重叠，这里不止包含了相差约一世纪的不同兴趣，还横弗了东西文化与文明。一切都若在一个废墟边进行，笑语中有辩难，希望，尤其是对于新的建筑群，对于那个明日主持生产中最重要的重工业部门，万千工人的房屋，在谈论中似乎已一所所一簇簇由设计兴工建立于有绿阴树山坡边，和工厂大烟筒遥遥相望。却没有一个人注意到面前这个旧塔的坍圮，还包含了翠翠永世的悲哀。

我默默的重新检查了一下废墟中的残余器材，断瓦和折椽，在风雨中失形破碎的佛像和粘合器材的金铜钉，有的原已朽败不堪，有的却似乎比新材还坚实耐久。可是恢复本身原来的壮秀与清奇，已完全不可能。翠翠哭声和杜鹃急鸣同时还在我耳边回旋。（我想起新婚二月会写出那种作品，再没有自己作的预言正确而真实！）因之加入了未来工艺问题的讨论。用的依然是真实与妄想作材料，在问题上作种种近乎童话的设计，却估想到必然会在十年后成为预言。这就是静中有动似断实续的人生。多复杂的人生！

悲多汶曲子重新在转盘上回旋流注。

谈话稍稍停顿。时间正作九点。

我躺在大沙发一角。一个年青朋友正为曲子试作说明，对于在发展中的乐曲，作种种抽象解释。

"到了春天。这是春天。好像春天。在悲多汶头脑中或情绪中，必然有融雪水在各个田沟缺口下注，注入小溪河，快和跳板齐平。应当有人过河，由彼到此。有啄木鸟上了树。有杜鹃起始啼唤。"

是的，应当有杜鹃起始啼唤。因为翠翠曾经听到过，将来还要听到过。此后在历史延续中，杜鹃声里就永远蕴藏有翠翠的悲哀。有新妇悲哀。我热泪在眼中，口角却挂着微笑。俨然圣母和死囚影子同在人格上照耀。忧愁和悲悯，浸透了生命。"我"发现了另一个我，真诚而善良，在迎接那个行将来到的春天。事实上这个春天来临时，人间只有杜鹃存在，什么都完了。

我已在水边岸上。多好的一片水！茶峒的小白塔，渡船：那只方头平底只合在那些小小地方存在的渡船，船上的黑脸长眉的翠翠，全在望中。春天去后接着是夏天，欲雨未雨闷热时，小小红蜻蜓飞满河面。翠翠，你要哭，你尽管哭！日子还长！水发了，塔圮了！渡船溜跑了，世界全变了。天明起身一看，住宅附近到处是黄浊浊泥水下注。翠翠，你要哭，你尽管哭！你沉默，就让杜鹃为你永远在春天啼唤。你的善良品性和痛苦命运，早在我预料中，一切全在预料中。这就是人生！

这种种是由另外一种存在而来的。

从乐曲中一小节，把我带回到了另外那个本来。

我躺的已不是大沙发，只是一片沙滩。大小柳树一列列在后边。小小溪流正泛滥着,穿过北角柳根和石砾堆,注入大河。柳树下石条子上正有熟人下棋,柳线摇金,无数燕子穿越而过。小糖锣敲到孩子们心上。一切都在动。我平平静静躺在沙上,听流水在耳边倾注。我知道江西会馆的金字横匾,在春天阳光下正灼灼放光,上面的蜂子窝已大如柚子。庙里偏院的罗汉竹,静静的绿幽幽的植立在花坛上,恰如深闺独处问字待年的女子。戏台前空地上还有人在搓丝线,二十个小小铜纺锤在一个小竹架子旋转,旋转复旋转,城中即有了丝线铺,城里城外年青女人即有了一方一方绣花围裙,有了枕头帕,花荷包,组织了一个区域的平凡哀乐人生。也即有了爱和孩子——孩子之一群可能这时节恰好即在干净石坪中玩陀螺,也旋转复旋转。戏台前那对青石狮子,对这一切却瞅着望着,一声不响。

我还知道河边入晚即必然有鲫鱼和羊角鱼,为了爱,从大河溯流而上,跳过障碍,直向小溪上游,要从石砾柳根间到达一里路的田中塘中,水过浅时还得侧身跳泼而前。附近人就用小鸡笼来罩住捉住,捉回家中用盐腌好挂在屋檐下风干,待客时还常常回述捕捉情景,引为笑乐,决不会想到这些小小生命是为了爱,因之死于人手的无情。

大河水在暗中涨泛了,谁也不知道从多远地方落了雨,好一片豆绿水!水上了沙滩,两岸人到时都乱了起来,为追捉鱼虾,和上流漂浮而来的木材和牲畜,到处是召呼和笑语。沿河都有人扳罾沉网。什么人的风筝断了线,向远处飞。有人牵了马匹却看扳罾,一个不留心马从大路上溜了缰,向野处,向自然,沿河狂奔而去。所有远近顽童都为这件事而拍手。一切心都在动。一匹狂奔的马能追回吗?且试随它跑去,沿河还有许多可看的,竹林接着竹林，一片绿接着一片绿，竹梢上就有许多断线小风筝悬挂。竹林前后一些小房子间隔一些小房子，排列在河边，到处有生命哀乐，和那个常与变。这里住了些缝衣的，作边炮的，阉鸡的，卖蒸糕的，作霉豆腐和打草鞋的，有童养媳和癞痢头，老太婆和哑巴。近于白痴的哑巴，见马狂奔时也会拍手！哑巴的母亲，可能昨天晚上走失了一只鸡，却用刀剁砧板骂了半条街。也有葡萄和花，在人家门前土坡边生长得洋溢繁茂。这是世界一小方，格局那么小，那么平凡，那么简单而贫乏，一代接续一代下去。可是我却明白这里有真实生命。

"我"即生长到这个手掌大一片区域里。生命或知慧的光，即孕育完成到这种平凡简陋一群里，它比书本更真实，更结实。我懂得他们也爱他们。我是他们一部门，离了枝，转移到大都市，我就还依然用的是这个荣养作底子。<u>这是真正贴在土地上存在生长的东西。存在即有个永远的规律。我爱他们甚于代表文明的城市人，因为前者永恒而后者常变，而居多变得毫无定向</u>，不知自已，只在一堆书本观念，和一群人的行为中而动。我理解动的必然却爱好那个静。静中有更丰富真实的人情。

我已进入动的社会中三十年，本身也永远在动，有一点东西却始终静止在那里。可能叫作生命的"根"。凡属生命不能没有根茎，它存在发展，即由本根而来。所有环境可能是雨雾多于阳光，自然无章多于人工排列，愚昧多于知识，贫穷多于华贵，然而那是本来。我欢喜回到那里去。

我明白水如生命，向东直流，一逝不回。一切回复都不可能。生命之箭，直贯时空，回复更不可能。试作溯流而上努力，即或知道源泉所在，依然不能回到那个源泉边去。一切都远了，除却保留在记忆回想中，什么都不存在了。

大家正谈论到年青人的热情粘附于新信仰上时种种发展。一切由"信"出发，工作即见出无尽精力和勇气。一种新宗教气氛的孕育成形。三个二十岁以下的青年，生命在解放中如发酵：在音乐里发酵，谈论中发酵，幻想中发酵。我看到这种发酵而微笑，仿佛看到一个"时代"，一点"人生"。和另一面对照，一个人文主义者的精致范本，也似乎是最后一种范本，四十五岁的女主人，生命力的旺盛，强健，和体质的极端脆弱，两者如何同时存在，已令人感到惊异离奇。更奇异处还是那点"时代"也若已经在这个生命枯枝上，茁生了一簇簇新芽和新蕊。希望或理想同样在发酵。

中国事实上各处还在血和火发展中，克服困难，需要时日。在革命过程中，犹未能作大胆预言，新秩序什么时候可以得到。工矿新五年计划，蓝图尚未制出。可是那些为工人建设的新住宅群，一万人或五万人的住宅单位，应当如何布置，如何处理，即已在主人头脑中逐渐旋转成形。

男主人谈到明日工人住宅区时，提出问题：

"要明白，单纯，阳光和空气。更重要的还是群的关系的改造，也得由工程师负责。和机器一样，还比机器更受重视，不仅要保持工作的延续经久，还得在机能上使之灵敏、愉快、健康，方能使工作效率得到最大限度。一个真正属于人民的时代，生产者的起居生活，必然是在第一位。'起居服食'起居还将成为一种教育。保养一个优秀工人将和保养精良机器完全相同。一个新的建筑师，将必然要为这件事而从更多方面用心学习：一切崭新的和中国原有的，都得注意去认识，为的是这些工人大多数是要从农村挑选来的，农村的本来和最新都市工厂住宅设计，还将作各种综合。真是一种崭新的创作！"

于是讨论进行到房屋装饰，新和旧的综合实验，由家具到一切，一面是未来，一面是本来。一个中国民族风格的艺术，必然透过目前所有抽象理论，在短短时期中，即可完全付诸实验和实施。且将由于这种实验，发展出各种更新理论。

人不够，人不够，在任何问题上，工作设计上，都要许多许多人。人太不够用！如何保育人材，是件大事，全看那方面作法。

随同时代而进展，会有个一切都光华灿烂的如童话、如神话，却完全由人民足勤劳⑤和新的心智解放后，创造成的有史以来的壮观景象出现。这不是虚幻远景，是事实，祖母一代也能见到的事实。为实现这种事实，人不够用的。

二十世纪上半段人文主义传递下来的一切优秀技术，及对传统理解，即将在新的时代作第一回新的贡献。好伟大一回工程！我把面前两个主人作对象，加以欣赏，估计。

"这工程可能即在两个主人头脑中旋转，于最近将来，就可望付诸实施。两个人一共体重大约还只有一百八十磅。一个卧床已经十年，一个因为腰脊骨受疾病侵害，还得永远穿戴一副特定钢甲。奇迹创造者原来就是这么样子。童话或神话，能不能完成一小部分？"

我生命中所有的完全消失了，不见了。对于面前两个朋友，感到一种深刻的痛苦。

大家正谈到北平文物的整理，同为天坛的未来忧虑和惋惜。

我说，"天坛坍圮没有什么关系。还有比天坛重要的得好好保护！"没有一个人懂得我意思。

我又说，"太庙中全是炸弹，毁了也就完事。听他完事。"话更不明白了。

我于是想说，"还是把那些快要坍圮了面前的塔好好修理一下。可千万坍圮不得！你们系里派你作那么多事，太不公平。这种美国式工作平均制度，不是一个新中国社会能容许的。'各得所值'这句话应当最先在学校中证实。你有限体力那么消耗，是国家一种损失。这种宝贵资源消耗，若不能引起负责方面即早注意，有所改善，那什么都说不上了！"

事实上我一句话都不曾说，因为说话的机会全被女主人占有了。她似乎老在寻觅另外一种事实，从我微笑中和沉默中搜索。发现的只是最表面的人事纠纷。

"为什么你会要死？累了，是真的。败了，可能也是真的。可是，谁不是在极端疲乏中挣扎？试想想看，一个永远在三十八度中发热卧床的身体，一个永远用装甲来支撑背腰升炉子办公的身体，这么一对应付生活十多年，难道不累？国力或个人体力都消耗到了一个程度，还是得想办法挣扎下去。看时代就会忘了个人。他人在用行为创造'童话''神话'以外的'人话'，一切由试验到实施，已快到用得着建筑工程师来参加工厂房屋建筑时候。你想的却是'你'，为什么不来用笔写写'人'，写写一个新的人的生长，和人民时代的史诗？你笔难道当真已呆住，冻住，失去了一切本来？你有权利可以在这个时候死去？"

我站在窗前阳光下，重新温习这个意见。我在寻觅"我"，二十年来用笔捕捉印象处理问题的那个我。我在这里，还在那里？不免茫然。似乎有种呜咽来自生命深处。我岂不是在一切毁谤攻势中挣扎了多少日子,而终于完全败倒?

年夜已成过去了。早应归入旧账,和四十年前每个不同年夜一样,它存在,依稀存在,它消失,真的消失了。时间如箭,直射而前,来去无可追踪。

我住的是中国唯一形式逻辑学者X先生的书房。他那个新完成的巨著,即在面前一张鸡翅木长案边写成的。书中应当保留了些蟋蟀声和鸡声影响。保留些阳光影响。也保留几个朋友的聒絮和其他影响。这个综合很显然不是普通人能理解的。可是当前一切是逻辑的必然,还是——我目注窗外远处。

面前一片灰浊浊的田野,有一列断垣,一个还保留形式的堡垒大门。主人说,这原来可能是个什么营盘,有了多少日子不甚明白,照列墙看面积实在相当大。那废墙废门楼面迎着日出一方。在阳光和雨雪中到处却长了一片草,更加显得荒芜和死寂。想象过去可能会有个时节营盘中一切条件具备,有被甲的兵士在场坪中作日常操练,营门口严肃而整齐。堡垒上那面大红旗在强烈阳光下翻飞,微风吹拂泼泼作声。一切在时间下失去了本来,只剩下一片荒芜。过去某一时,会不会有一个战士,在那个门楼前作最后的自决?会不会有那么一回事,是另外一种战士,来到这个废门楼前收拾了自己,完成一种象征?

似乎有种召呼,自远而近。我没有战栗,只凝视远处。一种离奇的晤对。我重新看到一个全盛时代的营盘,有旗帜和鼓角,有被甲士兵和剪去尾鬃的战马,有将士和卒伍,在检阅后作小小休息。一切象征存在。存在了十年,二十年,三十年,忽然就在一回新的发展中,所有战士全消失了。营盘中房屋,堡垒上那面旗纛,在一段短短时间中,全都毁废了。于是阳光和雨雪,把这个存在逐渐消蚀，剩余了一堵空墙，在荒烟蔓草中，毫无意义的存在。除了夏秋蟋蟀季，就再不会有人来注意到这个地方。似乎有种召呼，引诱，和启迪：这一片土地，应当还容许一个人来完成一种象征。

我是十八岁，廿八岁，还是四十八岁？我起始重新寻觅自己。我要得到他！

生命如冻结在那个只剩余三堵泥墙的门洞里。我守住了一列早在阳光雨雪和无尽止的寒风中打击的泥墙。我独自守在那里，直到精疲力竭，直到冻结。一切虽若离奇不经，也十分自然。离开这个地方，还有什么更足象征我个人的所信所守？

一种深深的疲累浸透了生命每一部门细胞。我的甲胄和武器，我的水壶和粮袋，一个战士应有的全份携带，都已失去了意义。一切河流都干涸了，只剩余一片荒芜。

从　文
三十八年二月 Δ 日⑥

本文写于作者应梁思成邀请，去清华园暂住金岳霖处的日子。

①文字下带波纹状下划线，代表"文革"中专案人员审阅时所加的红线。下同。

②此处为无可无不可。

③梭罗古卜指十九世纪俄罗斯作家梭罗古勃。《微笑》是他的短篇小说作品，周建人曾译成中文。

④悲多汶，为贝多芬。下同。

⑤此处为人民手足勤劳。

⑥原稿这行字写于第一页题下。

□沉默归队

自我检查和群众评议

工作优缺

学习优劣

思想优劣

一、杂务过了一年，什么都不曾完成。如全展我应当就半年学习写个小报告，就没有。写了个××通俗说明，三次失败，未完成。应完成的未完成，工作无效果可想而知。说好作衣服准备，就不曾专心好好的作。对外服务，也并不作得够好。加夏商周实物，不放手作。拟去大连，去不成。应当休息，不休息。帮人作事，作不好。公家允帮忙补牙齿，没有补。隋唐工作，从不帮忙。

优点想不出，也无从想，因为在各方面工作都搞不好，还费去公家许多药物。如凡事从实际出发，就不能说优点。缺点则比较具体明白。主要是作事无条理，不明轻重，不识大体。且不安心，工作能力既不高，却欢喜说空话。专说不切实际的空话。

二、工作服从分配，不够，例如应作的事交给我的，无一种能如期完成。劳动纪律也不好。例如大家都认为重要的上操，到时玩，我全不作。每日每时工作月报，我不填。又常迟到，或忘记写上。来客从不填名单。好揽事，从不能好好完成任何一件小事。从思想上说，都是对于劳动纪律的忽视。

三、和大家一样学了应学的文件外，在家还看了一些书。但由于政治水平低，记忆和理解都不大好。特别是和生活实际联系时，工作实际联系时，我学的就见得很不够。学习时不会发言，也就是对人无益。虽然理解国家在党的谨慎领导下，和万千工人在各种生产战线上努力在完成国家计划，完成个人任务，且在各种不同困难情形下，改变这个社会，我的理解是我应多作点事，把能用的精力，全用出来。虽然也这么作了，却不曾很好的完成过一件事情。这也是学习不好的原因。学习还老实，比起各位来，我就很不好。

四、群众的关系，也很不好。主要是由于我个人不好。对于这一点的认识和实践脱离。认识上虽知道凡一切对于同志可以增加学习业务和认识××的事情，我应把……但就从没有主动的作过。举例如对群工部同志，对陈列部同志，对技术部同志，一切缺少主动。一个优秀党员对同志有原则的关心，我就从没有作过。对保管部和图书室同志，就只麻烦他们。对人深入了解既不够，自然无从批评。自我批评则更说不上。例如桌子上一大堆，东东西西，就可代表，脑子也是乱七八糟一堆，自己不动不打扫。

马：热情忘我。不爱惜身体，不是政府所要求的。不要八管齐下。作一点，不要多作。

姚：群众工作好。丝绸收集多。缺点过广，揽事广。

王家齐：对外工作好，文章对，对馆事关心。缺点一分散力量。集中搞，因此不……三忽略保护文物注意。四重点陈列帮助不够。如潘、张之画，缺少关心。

佟：集中精力作。如丝绸品应是一套。图案只是一部分。是经济生产以后第三部分。应集中力量来作。

陈：同意各意见。一接受任务，即必需完成。服装即不曾好好的作。如明年宋元中心工作。

吴：工作热心。对人工作热心，使人满意。对身体要注意。

王：推动工作，揽工作多也是热心。认真。注意身体，情绪不好，多因身体不好。

本文产生时间估计不晚于1956年，是作者为例行生活会准备的自我检查，后半部分是对群众评议的记录。

□史无前例

关于施蛰存事

施蛰存在云南

我是一九三八年三月间到昆明，住处在云大附近。施蛰存可能先到昆明云大教书，时南北到昆明的人还不甚多，既原来相识，大致到过我住处几次。我可想不起他住什么地方。因为时间太久，这些平常琐事不可能回忆。

我有个熟人杨文衡，爱人叫侯焕成，侯是松江人，和施同乡。记不清楚她是施的学生，还是和施的妹妹同学相熟？也记不清当时是施住他妹夫家，还是杨侯和施妹妹同住？总之，他们相熟，或因玩牌常在一处。后来我去那个家看过一次，记得施的较大妹妹已嫁了个姓蔡的，在欧亚航空公司作事。妹妹也极能干，会经营，后来搞轮胎生意发了点财，这大致是以后听侯说的。因非同道，不继续来往。（复员时，我一家四人乘飞机由昆明去上海，或是我由上海飞北平，票由公家为定，但时间分配有伸缩，是否托蔡帮忙催票，有过这样事？已记不清楚。蔡似已回上海。）

大约是一九三八暑假期，施拟回家探亲，于九、十月间可回昆明。当时我家中大小四人，将离北京来昆明，路上相当长，小孩子才一岁多点，大孩子也才三岁，时南来人甚多，如有便人同伴上路，凡事有个照应，比较方便。我记不清是从侯处知道，还是直接知道，因托施路上照料一下。后来由上海到香港，转越南，再乘滇越路火车转昆明，家中人确与施同行。不过我爱人已记不起是在上海还是香港同船。只依稀记得和施同行，另外还有二人，他们比较熟。我爱人和施不相熟。我家中人是十月间到达昆明的，我住北门街，施还来过我住处看望过。因为住处离云大极近。

后来疏远主要原因，大致是不久昆明大空袭后，一连半年常有空袭，有家属教师，各在匆促中疏散四郊，远近不一。我住呈贡县龙街子，离城四十多里，来去不仅要赶火车，十分拥挤紧张，下车后还得骑十里路马，相当费事。车不到达，回城不成，还得在小车站边过夜。所以记得好几年里，很少同事朋友下乡探访。我呢，一星期入城一天半，上课后怕空袭，就匆匆赶车回乡。本系同事也不容易见面。环境情况没有找朋友从容，所以不易见到施。

施几年中回松江几次我不知道，也无从回想。他和吕叔湘是老同学，同事又较久，较熟，试从吕处了解，一定可靠得多。

卅年代和施关系

我大致是一九二七由北京去上海，前后住了二年多点，有一年多住吴淞中国公学乡下。在上海时原和胡也频夫妇同住。胡等和姚蓬子、戴望舒、刘呐鸥等先熟，我较后才因胡和前几人认识，施结婚时邀了些作家去松江吃鲈鱼，去的除几人外，还有不认识的二三人，共凑成一桌。大家参加，主要兴趣是吃吃松江鲈鱼。火车路近，因此同去。此后即少见面。有二原因：一我移住吴淞，一天两次火车，入城不方便，回不去得住旅馆。二我极少和人坐茶馆或出入跳舞场跑狗场，在上海，不习惯这些都市生活，是无从和人讲朋友的。想去想来，除了和胡等去过水沫书店一次，别的什么也不参加过。并不是我怎么孤高，只是说我是个"阿木林"，和大都市生活格格不入。

《现代》创刊，四处写信约稿，要人帮忙。当时刊物最能号召读者是短篇小说。我正是大量生产坏作品时，不仅在《现代》投稿，同时或前后，还在《小说月报》，胡愈之的《东方杂志》，及傅东华编的《文学》，王统照编的《文学》，都投过稿，和编者均不相熟。有的还一生始终不相熟。相反，有时有些刊物编者人倒相当熟，却反而不为写什么文章的，例如郑振铎等在北京的《文季》。

在《现代》投稿，不是因为施蛰存，刊物出版以前，我已在那个投机性商业书店①印过了两本书。照我理解，就是一切从生意经着眼，说不上什么更大打算。原因是我当时作品还有些读者，内容不一般化，文字又还通顺明朗，对刊物能多销百十本，如此而已。至于我呢，在学校既教这一门，可不会说话，是个哑鸟，为补救这个弱点，大量写成各种习作，供同学参考比较，如此而已。好或坏都摊到纸上，明明白白，批评得失，也极容易的。

那时我正年富力强，工作量大，单干户倾向浓厚。因此当胡也频等搞作家会和后来搞左联时，要我参加，通不参加。一方面是从胡处知道内部意见分歧，争领导权激烈，情形复杂。另外一方面是人不中用，怕受束缚不好办。后来一离开上海，自然更不会介入了。不过后来办《北斗》时，还是为宣传推销。互济会寄捐册时，还为捐了点款。

和施虽熟，基本不同调，从工作上也容易明白。他是个才子派，为人聪明小有才，欢喜搞点小趣味，搞创作还近于玩票性质。三年五载写三几个本本应应景，并不认真。我个人野心大，欢喜打硬仗，不求什么速成，不怕泥沙杂下，总认为坚持下去，廿卅年就一定会取得进展。将终生搞它。我依稀记得施搞晚明小品，谈《庄子》与《文选》，多是在编《现代》以后事。我从来不重视晚明小品文，觉得做作气太重，不值得提倡。所以在青岛或北京时，从未和施通信讨论这些问题。

打笔墨官司

我是不会和人打笔墨官司的，没有这个长处。写什么文章，人家一骂即甘拜下风投降。因为人家说对，我错了，即改。说不对，我的对，有什么可争？一生主要精力用在创作实践试探上。大量写，不断从失败错误中改正，再从新起始。只希望在短篇写作上作个尖兵，搞个三几十年。一切失败了无所谓，自己牺牲不妨事，也不会损害别人的向前。有点个人理想或野心，并不想和同时人争短长，只是照五四要求，用成绩来代替《施公案》《封神演义》《玉梨魂》《福尔摩斯侦探案》《今古奇观》等等新旧作品。个人力量办不到，因此盼望大家来努力。一时作不好，多搞二三十年。彼此在作品上相互竞争，或可相互提高，取得应有进展。求个人大方向对，来共同各自努力，或者较易出作品！当时我认为有几个人能在实践上证理论，也是个办法！在作品以外争，我毫无能力。偶然写了个小文，人家不同意，加以批评，或嘲骂，我认为极平常自然，无从反驳，因为不必要。我写了近五十个集子时，并"作家"名分也不想做。前后编了十年副刊，从来不会利用刊物来褒贬个人。鲁迅先生用笔名写的文章，也从不去探索那是他写的或别人写的。更不会和施蛰存一道搞什么彼此支持。因为对于写作基本态度，和施即少有共同处，那会小手小脚来搞这个？

在写作上我一生犯的错误极大且多，主要是一贯用个小资思想、立场、方法去处理问题，脱离人民革命，脱离社会现实，而用大量子虚乌有故事毒害青年。至于把一篇小文章提出来，作为我的罪过，对我来说，那是过于避重就轻了。为改造自己，我自己应当正视自己几十年写作中所犯的种种严重错误，同时也不能忽视比较次要的错误。但是莫须有的事情，也应当说个明白，免得以讹传讹。

沈从文

一九六八年九月七日　历史博物馆

　　本文是作者在"文革"中，就专案人员指定问题被迫所写交代之一。
　　①商业书店指上海现代书局。沈从文的小说集《老实人》和《月下小景》由上海现代书局初版。

我认识江青前后

我在一九三一年夏季和我妹妹去青岛大学，我作国文系讲师，教散文习作。我妹妹上外文系。时江青在图书馆工作，曾旁听过我的课。第二年，我的爱人张兆和也来到青岛大学图书馆工作①，和江青同事约一年。她们还同住一宿舍不同房间。所以江青当时对我们必有一定理解或认识。但平时并无往来。

记得她拟去上海工作时，还问过我意见。说要去参加左翼活动，我意见如何。当时我不加思索回答，把文字工具掌握，才能充分利用。不久，她即去上海了。我过北京，从未通信。

分析当时情形：一、她原已搞地下活动，只是探问我一下意思。二、她知道我和胡也频丁玲关系比较密切。胡被害以前，我曾为奔走营救，后来又冒险送孩子回湖南。时丁玲还未被捕。我部分作品，在当时说来，也还是比较偏左。告我意图，不犯忌讳。

至于我的回答，还是一贯看法，掌握了工具，才不至于成空头左翼作家。因为在上海时，见到一些左翼作家，多是人极活动，可写不出较扎实作品，因之影响不大。我的认识自然有极大局限性，而且是错误的。

　　直到文化革命六七年时，因为我过继女儿沈朝慧在我身边已八年，跟我学丝绸史有一定理解，对绸缎花纹复原，也搞得较好。可以帮助我完成一些在计划中的工作。这些工作，对于新的中国美术史是十分需要的。本馆红卫兵初起时，勒令她三日内离开北京②。其实她不在离开之例。六七年回来请求解决户口问题，本来事情明白，简单，革委会写个证明给派出所，就解决了。但无人为开证明。因此有再被迫离京事。当时交通阻塞，无处可走。因此在万分困难情形下，我曾给江青写了个信，大意说：我在博物馆搞文物研究已十多年，是完全带着"补过赎罪"心情进行学习，进行工作的。文化大革命以来，被揪成黑帮，静待革命群众审查。二儿子均作工，将终生守在机床边。有过继女儿在我身边协助搞锦缎研究和花纹复原工作，对新的生产有用。本不在离京之例，一再被迫离京，目前又实在无路可走。希望能帮点忙，解决恢复一下她的户口问题。算是一生中唯一请求她帮忙的一次。不盼望回信。

　　这信是否收到，不得而知。因为整个国家正在剧烈变化中，我请求的私事实在太小了。

三月十一

本文是作者1969年被专案组指定写的交代材料。据手稿编入。
①张兆和在1933年初寒假期间才来到青岛。
②沈朝慧被迫离京是在1966年8月末。

□谈话及其他

谈文化交流

  这个星期里,我和全国人一样,对于国共三次合作,由中国〔大陆〕方面主动提出九点办法①,感到关心,完全拥护。我相信,在台湾万千老朋友,旧同行,若有机会表示个人的意见,肯定都会赞同这种提议,由对话开始,进行商讨,来解决这个长远对峙分裂状态,消耗国力于不正常状态中。我们这一代,年纪都已快到八十岁,如不能各自想点办法,来各自努力使国家实现进一步统一起来,未免对不起这半世纪为求民族独立而死去的那几千万人,更对不起后一代!

  只是政治上的对峙,彼此隔绝已有了三十多年,我们这方面意见再合情合理,恐怕总还要点时间,方可望春冰解冻。叶、胡两位政治上负责人,提出的方针政策,只是一种经过中央认可的概括性设想。促其实现,将是一系列具体措施。所以我觉得前几天福建方面进一步提出的四种办法,极有见地。办法也较具体,事实上可说部分早见诸实行,因为已有不少台湾方面观光的,多从香港取得证件即回到中国〔大陆〕的，走了不少省市，看了不少新中国的新事物后，十分高兴回到台湾的。

我试从个人搞的文物工作接触到的问题，谈谈理解到的文化交流问题，不妨先从美国着手的一些工作，费力不大，影响显著的一些工作，提出来供商讨。我去年冬天，有机会去美国看看，在东部住了三个月，后又转到西部及夏威夷住了近廿天，游山玩水逛大街不感兴趣，主要只是看看人怎么学习，怎么生活，对新中国又抱得是什么态度。约到过十六七个大学，看了些藏书室和博物馆收藏和陈列。最感兴趣是和一些人的接触。邀去到每一学校，自然欢迎我谈文学，可是有一半我谈的只是二十年代前期我学习的社会背景，和与人不同的学习方法。我明白在美国教东方语文的教师，绝大部分是台湾大学和东海大学，及香港大学和中文大学的，我谈北大校长蔡元培先生不仅开放主义，不仅用于请师不重资格，只重学识。为学生也敞开校门，影响更大。学生来自四面八方，带回的自由思想，无疑即影响到北伐成功之迅速，革命武装还未到时，军阀就已解体。另一种谈话，讲得是有关文物的新发现，使得文物研究工作得到极大便利，进入一个新的领域。我谈及服装方面的新发现和扇子中的新发现，不仅问题新，且用来作其他绘画、文学研究都得到新的理解。如谈传世《洛神赋图》，从男子的冠服，和妇女的发髻、手中的扇子，都属于南北朝时代产物，绝不可能在东晋时出现。画的产生时间都必晚于顾〔恺之〕。又如两汉以来扇子在实物上，只呈半圆形，从大量汉石刻得到进一步证明，而纨扇从新的壁画反映，只出现于魏晋间。亦可以因此证明传为汉文帝时之班婕妤五言《怨歌行》，进一步证明实产生于魏晋之际。听的师生均感兴趣，表示特别热情欢迎，我却老老实实告他们，这也十分平常，并不是我有什么创见，主要是新中国出土新材料多，我不过是在博物馆工作较久，因此接触材料较广泛而已。我觉得他们欢迎的不是我个人，主要是对祖国的热情。从这次经验理解到，我们似不妨作一点调查研究工作，有计划邀些中国教师来国内教一年英文，再让他们得到一点工作上应有的便利，在中国进行一年研究工作。对这些教师既有益，对我们也有意义。因为这些教师年龄多在四十左右，不可免对新中国会有些成见，但本质上还是对祖国充满了感情的。中国的今后统一，他们可做的有益于统一的工作就还正多！我个人深深相信，有关"人"的工作，是要得人信服的人去做，才可望达到应有效果的。仅是官大还不成的。特别是对于台湾知识分子的团结，搞得好，不仅有助于促进国共三次合作，还可影响到中美关系进一步加强，因为教师在美国，对于习中文的美国学生，有较大而且较长远影响。我们对他们应有较多的理解，不宜照主观要求。应当重视那些学识扎实的学者……

　　本篇是作者1981年10月上旬写的一份无标题未完成稿。现据原稿编入，标题为整理者所拟。

　　①九点办法指1981年9月30日，全国人大常务委员会委员长叶剑英发表的《关于台湾回归祖国实现和平统一的方针政策》谈话，史称"叶九条"。

在纪录片《龙之心》中所谈

历来我不大相信权力。
我不喜欢,
也没有能力争。
我总觉得智慧这东西比权力重要。

1982年,英国广播公司(BBC)电视记录片《龙之心》摄制组,在寓所对作者进行了采访。沈从文没机会观看此片,但许多海外回来的朋友纷纷对他讲述,看到听到沈从文在片中谈话,给他们留下的深刻印象。

□无从毕业的学校

我所知道的杨振声先生

从文　七八年十一月十五日

杨振声，原字金甫，后改今甫，山东蓬莱人。五四运动时在北大读书，和许德珩、周炳琳、罗家伦、傅斯年、段锡朋、俞平伯等同学参预打赵家楼事，（惟是否和许德珩等同时被军阀逮捕，得问问许德珩等。）次年即去美留学，与俞平伯同行。俞不久即回国，杨或转赴英国。

回国后曾任教职于湖北武昌高级师范，与郁达夫同事。学生中后来较知名的有胡云翼、刘大杰。

民十三前后去北大任教，（和丁西林同住于景山东街东北转角附近。）北大留英教授丁西林（时任物理系主任）、陈源（任外文系主任）、周鲠生（法律系）、杨端六（经济系）、高一涵、王士杰（政治系），均在北大教书。杨作一中篇《玉君》，陈源作文于《现代评论》介绍十本作品时，曾对此书加以赞许。北伐军抵达济南，日本出兵占胶济线，包围济南，我外交特派员蔡公时殉职，杨曾作一文，写人民被屠杀惨状，此后收入全国中学教科书中。北伐胜利后，曾在燕京大学任教职，似与顾颉刚先生同时，此事问问顾先生必当能记忆时间。不久清华大学改组，由美籍教师把持的"留美预备班"改为综合性大学，由罗家伦任校长，杨任文学院长，朱自清、俞平伯等均任为中文系教授。（余冠英为第一□中文系助教。）清华大学此后发展，和在中国文史科学上的贡献，却都是从这一次改组开始的。

一九三〇年任青岛大学校长，闻一多由武汉大学转青岛大学主持文学院，游国恩到中文系任教，梁实秋主持外文系，张颐主持哲学系，傅鹰主持化学系，王恒守主持物理系。暑期中办暑期学校，聘请清华、北大各大学教授如罗常培、叶公超等到青岛短期讲学，学风上维持北大自由主义传统，不受山东军阀韩复榘干预，但仍难免受青岛主持海军并市政的沈鸿烈及韩复榘干扰，（这一段时间可问问社会科学院的吴伯箫同志，吴当时在杨身边任秘书。）因此不到三年即辞去校长职务，转回北京，因感于九一八东北事变人民遭受屠杀惨状，充满爱国热情，和当时在清华任国文系主任朱自清等一同编辑中小学国文教科书（爱国抗日），杨并亲自每星期去北师大实验小学试教。

卅四年起，又受天津《大公报》聘托，和朱自清等同编《大公报·文艺周刊》。不久即改进三日刊《小公园》为文艺普通版，及《星期文艺》为整版。

抗战事起，上海战事爆发前夕北大、清华、南开三校负责人，在京商量南迁事，决定趁第一次平津通车时即南行，杨即参加这次会议，并和三校负责人和在会议中决定应即时南行诸人，于第二日一早即一同赴津，转南，到达南京后又即商定在长沙成立三校合并的"临时大学"，且在衡阳设立分校，杨均为当时教育部代表。以及不久决定全校迁昆明改称西南联合大学,杨始终参加会议工作。

在联大国文系所有教授均必须担任一年级国文教学,并指定开种课外读物,如当时范长江、徐盈等通信集,曹禺等新剧本,等等,对于学术自由风气也起过一定积极和提高作用。(完)

杨振声,字金甫(或因成语"金声玉振"而取号),后或作今甫。山东蓬莱人。五四运动时在北大读书,和周炳麟、许德珩、段锡朋、罗家伦、傅斯年、俞平伯等同学火烧赵家楼时曾参加,至于被捕学生中,是否在内,得问问许德珩、俞平伯、顾颉刚诸先生,必当能记忆到一些我不明白事情。此外查查当时《新潮》和北京报纸,也能知道些情形。民九(或民十)留学美国,和俞平伯同船,不久似曾转往英国。民十二回国,任教职于武昌高等师范中文系,和郁达夫同事。十二三年回北京,在北京大学文学院任教职,和丁西林同住于景山东街北头,丁时任北大物理系主任。同事友好中过从较多的,为法律系教授周鲠生、燕树棠,文学院外文系主任陈源,经济系教授杨端六,政治系教授高一涵、王士杰、张奚若,地质系教授李四光。这些人在北大均属英国留学生。在北大当时另外还有一些留日的教授,号称三沈、三马、三周,居多为蔡孑民校长绍兴同乡。另外张定璜、徐祖正、郁达夫等。

民十四时,留英北大教授丁西林等同编《现代评论》周刊,文艺部分或由杨看阅览文稿,当时文艺方面有丁西林短篇戏剧,凌叔华写短篇小说。时,杨印有《玉君》中篇小说,似在景山东街北京大学马神庙对街由俞平伯、顾颉刚主持的朴社出版,书店则名为景山书店。时五四运动已成过去，军阀新陈代谢，前后相续，先由直皖二系斗争，直系军阀以曹锟吴佩孚为首，贿选成功，曹锟作总统后，出兵攻打东北张作霖为首之奉系军阀，被出兵热河一线冯玉祥反戈回京，曹锟被囚直系军阀解体后，冯玉祥军入北京，驱逐了紫禁城的儿皇帝溥仪，逃入东交民巷英使馆区，不久又逃天津日租界转赴大连。新起自东北以张作霖为首之奉系军阀和以冯玉祥为首之军阀暂时得势，拥护皖系军阀段祺瑞为执政，一面受国民党西山派李石曾作谋主，邀请在广东的孙中山先生来京，商讨国事。孙时病已危重，仍复北来。时皖系段祺瑞以北方军事元老得东北张作霖和其他皖系军阀撤戴，未能召集国事会议，孙即病故于协和医院，冯军则因奉系军阀入关，退出平津守南口，和奉军作战数月，失败后退□西□。段祺瑞的皖系军人分散各省，在京的不多，张作霖于是逐段自称大元帅。直系军阀在河南两湖还有一定势力，四川则为本省小军阀割据，且经常换主，即小而特穷的贵州，也反复改换统治者。居多且是用湘西汉江为根据地，由于具有大量鸦片烟土国境税和桐油竹木以牌税，收换轮持，到一定时候，就返省将政权得到，把前一位赶走。在这种全国连年混战中，广东广西因中山先生"联俄容共"政策的实施，国共合作结果最重要是表现在黄埔军官学校的开办，吸收了全国大量充满了爱国热情青年学生，都投奔广东。北方大学，如北大，虽仍在全国有最高学术地位，但学校则因教育经费无一定来源，经常是欠薪中，教师之穷困，似为历史所少见。居多每月发薪一成，系主任每月只卅六元，正教授不过卅元左右。学生中奔向广东的有所闻，留在北京的，虽因李大钊被捕事件，同时牺牲了一批骨干。□铁狮子胡同三一八在段祺瑞执政府请愿造成的惨杀案，死亡了三百学生，受伤的人数更多，学生的活动，表面上较前收敛，事实上仍在发展中。特别是用几个公私立大学作根据地，国民党和更左倾学生的活动，日益加强，压迫也日益加强，敢在报刊攻击军阀的报馆主笔林白水和邵飘萍，均前后被捕死去。在中学主持革命活动的高仁山，也被捕死去。北京的定期①和新书店，多迁往南方，如《现代评论》《新月》编辑部、北新书局及出版物《语丝》。已接近北伐时期。

因北伐军到达济南时，日本出兵胶济路，包围济南。北伐军外交特派员蔡公时被日军杀害，杨曾写有一文描写此事，此后很多年都选入中学国文教本中。北伐成功后，杨曾一度任教于燕京大学中文系，不久，北方大学教育改组，罗家伦任清华大学校长，清华由外人控制的"留美预备班"，改为以中国教师为主的中国综合性大学，杨为第一任文学院长。

一九三〇改任山东青岛大学校长，原在武汉大学的闻一多、梁实秋、赵少侯、孙大雨、游国恩、闻在宥均转至青岛大学，任教文学院，并办暑期学校，邀集了北京清华不少名教授担任短期讲学，且思想开放，不干预学生政治活动，因在学校一时负有盛名（这方面最好问文学所吴伯箫同志）。但不久，即因和当地国民党主持海军的沈鸿烈和山东军阀韩复榘不谐，校务上受牵制，时九一八后东北失陷，因回北京主持抗日爱国中小学教材，个人并亲自带教材到西城师大附（残稿未完）

约在一九二四年左右，今甫先生在北京，住景山东街旧门牌七号丁西林先生家。二人系在英国留学时友好，丁时主持北大物理系，兼管《现代评论》总务杂事，杨看艺术文稿，在北大中文系教书。《现代评论》发行部设在北大红楼西端，常到的人中有王世杰、周鲠生、高一涵、杨端六、陈翰笙、彭学沛、陈通伯诸人。除高、彭外，似均为留英回国的。

杨原在武昌高等师范中文系教书，与郁达夫同在武昌，后均同在北大。转燕京大学中文系，似在一九二七左右，住成府一清代贵族大院中，同住有顾颉刚先生。一九二八大革命北上统一后，由罗家伦任清华大学校长，杨任文学院院长，清华改制，由留美预备班改为正规文理工普通大学，将洋人势力加以排除，文学院影响特别显著，俞平伯、朱自清以及唱昆曲知名的红豆馆主②，均由杨聘入校教书，影响到清华大学三十年代新文学发展极大。一九三〇杨任青岛大学校长，聘原在武昌大学主持中文系的闻一多主持青大文学院，并主持中文系，由梁实秋主持外文系兼图书馆，赵太侔先生任教务长，傅鹰任化学系主任，王恒守任物理系主任，童第周似任生物系主任，又聘游国恩、汤腾汉、丁山、闻在宥作教授，均一时国内名学者。且办暑期学校，主持北大外文系之叶公超、语言学家罗常培，均来青岛短期讲学，青岛大学一时在国内极负盛名。且鼓励在校职员读进修，建立每星期听课八小时制度，在国内亦为仅有制度。

一九三二，因与当时主持山东省政的军阀韩复榘和主持青岛市政之沈鸿烈不协，辞职，在北京编中小学教科书。由杨主持，由朱自清、沈××协助，杨且亲自在师大附小进行试验教学。内容偏重爱国主义抗敌御侮。又兼主持天津《大公报·星期文艺》任编委之一，另有林徽因、叶公超、周作人、沈从文等，负实际集稿看稿责任则为沈。七七抗战以后，八月十二号平津第一次通车时，与北大、清华梅贻琦、张奚若、叶公超诸先生同车南下，到达南京后,任教育部代表,与三校校长于长沙筹组临时大学,因此与三校负责人同在长沙,在长沙组成临时大学,于衡山另设分校。不久又组织学生步行团去昆明。教师中参加步行团的有闻一多、李宗侗、黄子坚、浦江清、许维遹等。□月始达昆明。清华北大南开三校合并成立西南联合大学时,杨任教育部代表,时住昆明北门街一旧楼,为辛亥革命以后反对帝制有功之蔡锷将军旧居,对过则为当时云南督军唐继尧的公馆,如同王府一般。当时主要房屋都租给美国领事馆办公,附带部分偏院、戏楼,都租给西南联大几位单身教授居住。后来联大于"宜宾"?办一分校③,杨复去主持分校工作。抗战胜利复原,杨回北京任北大文学院长,直到解放。

　　本文包含关于杨振声的三篇史料,先后写于1978年11月,1982年2–3月间(未完),以及1982年3月。曾收入季培刚编著《杨振声编年事辑初稿》一书的附录部分,2007年8月由黄河出版社出版,署名沈从文。现据此书文本编入。涉及历史的叙述保持原文写法,仅纠正个别误用标点。

　　①定期指定期刊物。
　　②红豆馆主,溥侗,清代贵族,字后斋,别名红豆馆主。
　　③办一分校指西南联大曾在蒙自短期办过分校。

□忘履集

来的是谁？

  一九七×年十一月间，北京城里照习惯天气本来十分晴朗，还不太冷。大街上两旁白杨树，高高上耸六七丈，许多还只是"木叶微脱"景象。某一天下午三点左右，因西北寒流的突然侵袭，气温忽然下降到零下约十度。到六点前后，大街上行路人：下班的、散学的、买货的、借公事办私事的、各色各样人上百货公司闲逛的、走路的、骑车的，凡事先没有准备，多缩住个颈子，显然有点招架不住，难于适应。骑自行车的青壮，忘了戴手套，有点骑车技术待机会表现的，就一面搓手，一面借此显显本领，引人注意。可是时候不对，只能引起加班交通警和临时服务的红小兵的指责，不免近于自讨没趣。

  特别是从南方来新下火车的，一出了站，自然觉得格外寒气逼人。可是照样还是火车一到站不久，就有一大群各式各样旅客形成的人的洪流，和挤牙膏般出出口处向外涌。因为这次是南来直达车，有不少从长江以南省市来的，说广东话、广西云南话，和湘南话的，从身上单薄装备看，一望而知是不习惯于这个气温零下十度的接待的。各处有人打喷嚏。各处还有人用家乡话表态，"啊呀呀，好冷好冷！"有的还中途放下手中提的什么，搓一搓手，内中也还有小小的在母亲怀抱里的孩子，还照南方习惯，一双小光脚却露在外面，大人来不及注意，一双小肉脚不冻坏，真是侥天之幸！可是这些琐碎闲事，照例没有一个人会注意到。因为人人各有目的，各奔前程，到了地，就不用担心了。上三轮的，乘电车的，坐"公共"的，坐小汽车的，各有不同派头，可说一望而知。自然也还有不少人，挤出站后，照例停顿在长廊子下，呆呆的四下张望，等待预先约好的亲友熟人。就中还会发现虽在四五千里长途行旅中，受了点折磨，相当疲劳，依旧还挺拔波俏，又或只是个平板板面庞，还相当爱好的廿卅岁妇女，从随身小手提包掏出小小镜子梳子，整整容、理理发。又还有人就廊子下灯前写点什么或找通信地址的。等不多久，不外两种结果：一是偶然间彼此发现，便像吸铁石一般，一下子就吸了拢去，说新道旧，随后那个接客的必喜洋洋的，某些方面像个公鸡一样，（如果接的恰是爱人或准爱人，一定更像公鸡。）走去把三轮叫来，几个手提包向车前搭脚处一搁，共同坐上，就走向我们不易设想的什么四合院或某单元几楼去了。至于到地后晚上吃的是白菜饺子还是蛋炒饭，那就无法明白了。其次一种人是老等不来，显然有点焦急，才茫茫然走向问事警或服务员，经过指指点点，也还是照样坐上三轮走了。当然还有什么车也不坐，却三三五五，快快慢慢，提提扛扛，出了站一直走去，到大马路才散开的。这个队伍可相当庞大，男女老幼具备，有的穿得还相当引人注目，"老北京"不大习惯。因为南方几个省市，有些地方这时节还正穿短袖衬衫。另外还有些是从香港和海南岛的来客，有的来自南方乡城探亲的，手提竹篮中，间或还会露出个大公鸡头，冠子红红的，眼珠子黄亮亮的，也四处张望，意思像有意见待表示，"这有什么好？路面那么光光的，一无所有。人来人往，那么乱！又不是充军，赶会，忙些什么？一只蚱蜢、一条蚯蚓也见不到！"这点印象感想，应当说是极其正常实际，而且诚恳坦白的。因为它是来自外省的"一只公鸡"！凡是公鸡照例不免有点骄傲，相当主观，我们那能作过多要求？其实有些"人"你告他有的母鸡每年能下三百个蛋，他还不大相信，以为"那不忙坏了吗？"因为照许多地方经验规矩，每年下百把蛋，已很不错了！料想不到另外地方的母鸡，不声不响，每天下一个蛋，看来也并不太忙！

就在这种照例的、平常的、每天早晚任何一时都在反复出现的忙乱景色中，下午六点到站的列车"软卧"里，内中有个不怎么引人注意的小老头子，照身材估量像是个南方人，照装备看来可又像个"老北京"，随同大伙人流挤出站时，似乎显得有些特出，有些孤独。这种印象大致是那个破旧的皮领子大衣，和那顶旧式油灰灰的皮耳帽形成的。肩上扛了个旧式印花布作成小而旧却又似乎相当沉重的包袱，谁也不知道里面装的是什么"法宝"。或许他自己也不会完全知道。因为人已显得相当老态龙钟。走路脚步乱乱的，与众不大合拍。时而碰着前面一个，时而又被身后的人推了一把。他倒全不在乎，随大流！

这个小老头子把大衣紧紧裹着，像个"炸春卷"差不多。只露出个小小下巴，挂了把乱乱的白胡子。虽然是"老北京"派头，可像是出京已很久，在一个不易想象的什么地方住下多年，有了点外乡气,和近于返老还童的孩子气。

　　因为看到一大群人,齐向附近路旁地下铁道站小亭子般入口处涌去时,却在附近路旁停了一会儿,带点好奇心情,欣赏了一番。直到被另外一个卅来岁青壮,为了赶车,只向前望,不顾其他,手提两个大旅行包,忙匆匆的把他猛撞了一下,老头子受了个突然冲击,向前窜了三四步,稳住身后,才明白站的不是地方,挡了青壮的路。就急忙走开,口里还照北京旧礼貌,不住的说,"对不起,对不起!"可是本应当表示歉意的壮士,像是个来京办事的,带了不少土特产的新来客,"朝气"中不免稍微夹点"官气",倒反而狠狠瞪了"小老头子"一眼,用个更偏北的口音,"哼,什么对得起对不起,废话。"回答得干干脆脆,毫不理会的走向地下铁去了。老头子阅世多,对于这个新作风丝毫不在意。估想这大致是个"科级""主任"什么吧。在有些较远省市机关,这种人照例是相当能干得力,也就相当威风,上京开过会后还将格外威风。从后望着那个宽阔肩背:

　　"少年有为撞劲足!"

　　语义双关,有褒有贬,总结似的说了那么一句,充满好意笑了笑,便向前走了。

　　过不多久,到了个看来原本十分相熟,却又久已陌生的干干净净的小胡同转角处,小小旧门边站了一忽儿,又望望新装置的门牌式样,才拍拍门。里面无动静,像是听到有人在自得其乐唱歌。不慌不忙的,又用点力拍了十来下,过不久,歌声停后,才听到有人从里边院子走出,一个大姑娘声音脆脆的问,"是谁?"老头子有意不理会。里面于是又问,"是谁?您找谁?"这个声调他像是相当熟习。

"我找姓张的!"

"找张什么?"

"张永玉!"

里面似乎引起了点疑心,"没有这个人!"

"那我找张黑蛮!"

"我这里也没有张黑蛮,李黑蛮,却只有个——"

"那就找张黑妮!"

妮妮觉得这可奇怪,点到头上来了。怎么我叫"张黑妮?"莫非是什么"马扁儿"?……值得警惕。过了会会才说,"我们这里住的不是姓张的,是姓——你找错了!"

外面那个老头子,也迟疑了一会会,却十分肯定的说,"这里住的难道不是姓张吗?还有个什么张梅溪!你们可不是一家人吗?"

门里那个大姑娘,只因为前不久在学校里正演过《沙家浜》戏中的阿庆嫂,或多或少受了点影响。因此和阿庆嫂式一般的想,"这事情可巧,究竟是谁?打的是什么坏主意?"天气忽冷,出来开门穿的衣薄了些。又快到天黑,门外路灯却还不亮。她于是谨谨慎慎,试从门缝向外张望张望,只依稀看到一顶皮帽子,一个皮领子大衣,背上像还有个小小包袱,花不溜丢的。面貌可看不清楚。怕真是什么骗子坏人,装成刚下火车寻亲访友样子。只盼望父母回来解围,却偏偏不来。就连声说,"没有,没有!"

满以为语气一坚定,就可以应付过去,准备返回房间。只听外边那老头子带点失望神气自言自语,事实上却是有意让她听到,"那就怪了。明明白白是住在这里,那会错?"

引起了大姑娘一点好奇心,一面想起"为人民服务"教训,另一面想再摸摸底，于是变了变语气，和和气气，慢慢的，一字一句的说，"老同志，您是那里来的？您找门牌错了。这里住的姓黄，门牌上不是写得清清楚楚吗？您有什么事？"

"我有要紧事。我没有什么事。……不，是姓张，不会错。是门牌上写错了！你开开门吧。"

这一来，可更加引起门里边大姑娘的警惕心了。想用个调查研究方法，装成凡事不在乎的神气，"老同志，怎么你反而知道门牌写错了？"

老头子简直是像有点生气样子，大模大样的说，"我怎么不知道？我不知道，难道你反而会知道？"

这番对话自然太离奇不经了。简直是新天方夜谈，一生没有听过的。特别是最后的反问，这一"将军"，世界上那里会有这种棋法？使得大姑娘不知如何回答。即或真是十分聪敏机警的阿庆嫂，也会有点迷乱，一时难于应变。

老头子不再说什么，只像自言自语，事实上还是有意让门里人听到，"如果真不是张家，那我就只有——上火车回去了。"接着又说，"同志，谢谢你。我可真走了啊！"等一会会又说，"你是谁，报上名来！"

总而言之，语气中态度越来越恶劣，越不对头。而且矛盾百出。不是骗子就是疯子，才会这么措辞。

里面那一位演阿庆嫂的，不免也自言自语，可同样是有意让外面那人听到，"我姓什么你管不着，横顺总不姓张。你要走，随你的便，请吧。有什么真走假走？赶快走。你骗得了别人，可骗不了我！"

再过不久，门外毫无动静，外面那人果然就走了。事情虽对付过去，大姑娘觉得还不完结。心里像有个小小疙瘩，待解开，可无着手处。走向院子时引起她的沉思，"这是怎么回事？……你再装得俨然，我总不会上你的当。……什么真走假走？……什么报上名来？"

她今年已十七岁，平时本来谨谨慎慎，聪敏内涵不外露。对亲友极平易亲切，对同学也不设防，少机心。因为近来演演戏，又多看了些新旧小说，对于"阶级斗争"的复杂性，似乎有了点新认识，新领会。一联系到今天这个问题上，警惕心高过了需要，于是本来极平常的事，也显得复杂起来，弯子太曲折了，一时转不来，就估计左了。匆匆忙忙回到屋子后，鼻子闻闻才放了心。她还有点别的责任！

父母哥哥一时还不回来，她今天负责办晚饭，炉子上正煮了一锅杂红菜汤，原本守在炉边掌握火候。要恰到好处，就得把锅子移开。在门前一番无意义的白搭，弄得心乱乱的。不免稍稍耽搁了些时间。试尝尝菜汤，幸好还不太烂。移开后，燉上个水壶，就开始切面包。心中还是不免纳闷又有点懊恼。好像不相干的话多说了点，言多必失，有点悔，有点生自己的气。怕以后再来夹缠，不大好办。对付坏人总得讲点策略！但是"策略"包含的意义，她还似懂非懂，因为平时在生活上使用不上。

大约七点钟，一家另外三人，看完电影，骑着车回了家。爸爸脱了大衣看看菜汤，也用小勺子尝了尝，为了逗女儿开心，故意学着刁德一的口气，"高明，高明。"因为女儿前个星期，在学校刚演过阿庆嫂，作导演的还是戏本原执笔的汪伯伯，一家人坐在前排，都为这件事满开心。妈妈取出个大盘子装面包时，随口问，"妮妮，可有什么人来过？"

"天那么冷那会有人来?——妈妈,有件事可真奇怪,前不多久,有个不认识的老头子敲门,问这里住的是不是张家?我告他不是。他还固执的说,一定是张家。我问他你找张什么?这人就不三不四的说,找张永玉,张黑蛮,张黑妮。就只不提你。名字对姓可不对。后来才又补一句,找个什么张梅溪。态度很不好,使我生气。世界上那有'什么张梅溪'?问他有什么事,他说有要紧事,又说没有什么事。还说是姓张,把门牌写错了,他知道,我倒不知道。我想,这不是个骗子,就一定是个疯子。或者一样一半。我怕出麻烦,不搭理他。到后他就走了。"

妈妈因为想到别的事,心不在焉的听着,随口又问,"还说些什么?"

"只听他在门口自言自语,我找的就是张永玉,真不是张家,我可要上火车走了。末了还说,我可真走了啊!我想,走不走管我什么事,你就走吧。我不再理他,这坏人才走了。"

那个爸爸一面叼着新做的羚羊角长烟斗吸烟,一面默默的听下去,"这事倒有点稀奇。……"插口问,"妮妮,是不是带点家乡口音?"

妮妮想了想,"好像——不像,不像。一定是个骗子。多少也有点装疯。可能是在车站上听到什么人说什么,耳边风,一阵吹过去,留下点印象,就胡胡涂涂的,试来诈诈看。所以把妈妈的姓放到爸爸身上。……这人好像还穿个皮领子大衣,背了个小包袱,莫非当真是刚下火车的?"

大家为这个新事件好像都冻结了,静了一会儿,各自琢磨这个巧问题。

那个爸爸忽然把新烟斗一放,说"妮妮,赶快穿了大衣,到车站去找找那个骗子,一定要找到他。有问题,有问题。"

"是不是要告诉站上交公安人员管制?"

"不是,不是。看看究竟是个什么人。"

"永玉,永玉,天气那么冷,要妮妮去找骗子,不是发疯吗?疯子找骗子,那有这个道理?妮妮不要去。大家吃饭罢。"妈妈一面取碗筷,一面表示意见。

妮妮因为做晚饭责任还未尽,当时实在又并未认清楚那个陌生人面貌,同时也稍微有些害怕,不免感到有点为难。"我又不认识他,到车站怎么找?"

"你不是说穿了个皮领子大衣,背上还有个花包袱?"

"车站上有成千上万穿大衣带包袱的人!"

"是个老头子!"

"老头子也多的是。"

"妮妮,你试想想看,像不像什么熟人开玩笑?"

妮妮摇摇头,"这那会是开玩笑?……哎呀,有点像,很像。……"

"像什么?……"

那个始终沉默,一心想着唐朝有名数学家和尚一行学下围棋故事的哥哥黑蛮,忽然插口说,"莫非是爷爷……"其实他下面还有"显灵"两个字不曾说。

母亲却即刻截住了他胡说,"蛮蛮,你真是想入非非。爷爷不是七X年早就在云南乡下死去了吗?你那时不是还……"话未说完,神经质的母亲,大约联想起什么,忽然也愣住了。不免感到一点轻微恐怖。一家人这些日子,正抢着看新出版谈狐说鬼的《聊斋志异》,上面恰恰有爷爷作的注。编者序言里,还提到这稿件的来源经过,说爷爷是独自一人住在云南一个小乡村里,工作刚完成,老病一发,就忽然死掉了。写序的那一位,当时恰在云南,过去还相熟,为照料照料身后各事,理理大量遗稿,才有机会把它带来重印。……起来心中不免有点难受。因为过去住在北京廿年,这个表爷爷算得一家最亲近的老一辈了。也好像是最后一个老一辈了。

难道说鬼有鬼,大家看聊斋中了毒,入了迷,弄得个头脑颠三倒四,邪气即乘虚而入?这倒像大有可能。首先当然是那个不信鬼的爸爸,正因为从不信那些,却更容易怀疑。这也是事理之常。

于是又盘问起妮妮一切过程。黑妮说来说去,实在厌烦。不声不响,穿了她新作的猴头大衣,充满委屈心情,独自上车站去了。爸爸过意不去,心中嘀嘀咕咕,赶忙也穿上大衣,一面扣衣,一面追出了大门,一同向车站走去。

到了站里后,父女眼光四注的到处寻来找去,一遇到"老头子""皮领子大衣""花包袱",就仔细端详,还有意靠拢听听说话。可总不像原来那一个。直到各个候车室和特别为妇孺和老弱病残专用候车室,来回全找遍后,都没有结果。问问候车室的服务员,才知道原来七点半,有一次南下快车,因来车误点,还停在第八站台边。父女赶忙又买了两张月台票,匆匆的跑向第八站台。事情太不凑巧,刚从地下室赶到台阶处,那个列车头却低低的吼了一声,慢慢开动了。"妮妮,赶快追追看,一个箭步!"

妮妮演《沙家浜》,看《智取威虎山》,和平时报刊,内中都有"一个箭步"的形容,却始终还不明白究竟什么叫做"箭步"。这时节无师自通,却也来了个"箭步",一跃连升三级,三跃就到了站台。只见许多人在摇手招手,车窗门不开,里面灯光闪闪中,也有人不断摇手招手。初初车行还较慢,就再向前追去,赶近了车头,眼看一节节"硬卧""软卧"有节奏的响着,从身边飘过,车上许多人影晃动。也有首长高干一类人物,脸方方圆圆的,在"软卧"窗口,态度从容观望夜景。凡事一切照常。却始终没有特别发现。心中不免有点懊丧绝望。忽然看到爸爸在站台中段,向接近最后一节加车,指指点点,似乎还大声的招呼妮妮,"你注意看看,是不是?……"

说时迟,那时快,最后几节接近邮车的车厢,倏忽间即已从眼前驰过。仿佛正有个戴皮帽子,穿皮领子大衣的老头子,在车窗里向她连连招手,一面似乎还大声说,"张黑妮,张黑妮,再见,再见!"事实上她的眼睛早已模模糊糊,而且车轮摩擦轨道声音极响,那里还会听到车窗里的人声?一切都是恍恍忽忽。整个事件在她脑子里共同形成一种情绪混乱,加上聊斋故事作成的印象相互混和,觉得和做梦简直差不多。"这是怎么回事?是结束还是开始?"父女默默的各有所思的向站门走去。

到出站时,才知道已落了大雪。大片鹅毛雪落得格外猛,面前强烈的照路灯也掩住了。那个爸爸自言自语说,"这就叫做天有不测风云,人有……"

爸爸为她理理领子,并肩走去,十分温柔的说,"妮妮,可哭了吧。不要哭!做人要坚强一点。不会是爷爷。那有那么巧事?一定是车站上的老骗子,或者稍微也有点"文化",认得几个字,人老成精,骗过不知多少人。白天在附近胡同里各处转,看机会,找空子,见到我家新门牌上姓名,又弄不大清楚,我们注意不到他,他倒早已注意到我们。趁我们出门,傍晚时,就想主意来诈骗,连哄带吓。只因缺少调查研究,所以话说得不伦不类。骗子就只这点本领,肯定以后就再也不敢来了。你小心谨慎,不开门上当,是完全对的。绝不会是那个爷爷。爷爷早死了!如果真是爷爷,难道人一老,就胡涂得还不知道我们姓什么。我自己难道也还不知道姓什么,需要这个老骗子来作证明?照旧小说的说法,就叫做人心不古。住在车站旁那能避免这种麻烦?"

尽管这么自圆其说,好像合情合理的安慰妮妮,可是自己终不免也有点儿疑问,"既不会是爷爷,也不大像骗子,此外还是什么?家乡难道还有个什么人,鬼,……大表爷爷?那就更早已经……"

两人回到家里时,妮妮进门,照习惯摸摸门里邮信箱,果然有个信。其时街灯虽已明亮,自己还眼泪婆娑,蒙蒙糊糊,乍一看封面有个"张"字,就以为是妈妈张梅溪的。到了屋里,妈妈接过了信,却尖声叫嚷起来,"永玉,永玉,看看这是什么?"父女两人还来不及脱大衣,一齐凑拢去。原来信封上就明明白白写着

张永玉同志收

果然不出所料,原来事情并没有完。显然是个恐吓讹诈信。上海流氓老玩意儿,想不到还会出现在首都!信厚厚的超过了量,还整整齐齐的贴了廿四分新邮票。作爸爸的一家之主,素来十分自信,不免又紧张又故作从容,拈拈又摸摸,重虽重,里面还像是软软的。一家四人注精会神围坐在桌边,他才谨谨慎慎的

把信裁开，满以为是什么秘密宝盒，裁开后大家不免嗒然失望。原来里面除了廿张空白格子稿纸，什么都没有。信封却写得端端正正，邮票上好像是忘了盖戳记，看不清楚原寄地。此外即毫无线索可寻。一切更加了一家人的胡涂。

吃饭时，几个人还猜来猜去，更深一层陷入迷惑中。完全意料不到会有这么一件事发生。特别是一家中年纪最小的黑妮，等于在温室里长大的，更容易感到混乱。究竟这是真有其事，还是根本没有什么事？自己找不出正确回答。

倒是会下围棋的哥哥，少年老成，沉静仔细，不什么发表意见，因为他胸有成竹，认为可能是几个平日最相熟会开玩笑的同学（大顽童）有意安排，让两兄妹捉迷藏的。并且断定信中还有漏洞或秘密可以发现。因此吃过饭后，独自坐在那张十年前爷爷来时必坐坐的专用旧榆木大椅上，用个"福尔摩斯"办案姿势，把那个信里的白稿子一页一页翻来覆去，认真仔细的加以研究。并且还把每一张稿纸都在灯光下照一照，还是得不到什么名堂。只差建议把这束白稿纸浸在水中显显影。于是为这个信下了个结论，"肯定是张大头和另外一个什么小鬼有意开的玩笑，因为破绽百出。……"忽然有所发现大叫起来，大家竞着去看时，原来末后一纸，还有用淡墨写了五六行小字，写得偏偏斜斜的，近于有意增加神秘，真像是捉迷藏！写的是：

张永玉，你这个聪明人，真是越读《矛盾论》越糊涂，转向反面。到今为止，还不知道自己究竟姓什么，妻室儿女也不明白自己姓什么。世界上那有这种聪明人？为什么不好好的作点调查研究，或问问有关系的熟人？你回家扫墓时,为什么不看看墓碑上写的是什么?

一家人为这个新发现全呆住了,怎么事情越来越复杂?这骗子可并不傻,真有两手!

使得作爸爸的格外沉静,好像中了一箭,可不明白伤口何在。一再拈起末尾那张稿纸上几行文字琢磨,"对,我是没有问过,我自己父亲的一生也不大明白!上坟也没有看过碑上写些什么。只知道上几代有个黄河清,是读书人,点过拔贡,看守文庙,相当穷。老家有株大椿树,三四个人还抱不住,所以叫做'古椿书屋'。此外白纸一张。有几个姑婆,和几个伯伯叔叔,还不明白!

过了许久,忽然"心有灵犀一点通"似的,拍手大笑起来,好像发现了什么秘密或真理,"哈哈,我明白了,明白了,这个巧谜子可被我猜破了。是开玩笑,又不是开玩笑。此话怎讲?一分为二,对妮妮是在开玩笑,对我们可不是。为什么前十多年,爷爷在北京时,家里许多事从不问问爷爷?回家时上坟,也不注意过碑上写了些什么?……爷爷一定还活着,这是爷爷写的。一定从云南回来,刚下火车就来看我们!知道家里只妮妮一个人,故意逗妮妮开心,装得胡胡涂涂,话说得牛头不对马嘴,妮妮一开门,岂不是就明白揭穿了?妮妮太小心谨慎,这回可真被骗了!我们也连带被骗了!今天不来明早一定还会来。准备欢迎,不会错。"

经过一家之主的仔细加以分析解释,母女想想,"有道理,有道理。"自然不免是喜极而悲,因为爷爷居然还活着!可是随后却不免又怀疑起来,世界上巧事虽层出不穷,中国红卫星还一再上了天，而且一个比一个完备。可是难道编书的写的序言，还会是旧社会老一套，和书中谈狐说鬼的老故事差不多，全是半真半假说来哄人的？明天万一不来，又怎么说？因此家中"小诸葛"黑蛮的意见，暂时占了点上风，值得考虑。他觉得"这肯定还是几个同学有意捣乱，不要见神疑鬼。我决不相信，我决不相信。"

可是随后不久，就应了俗话所说，"三个臭皮匠凑成个诸葛亮"，黑蛮设想，缺少群众基础。父女三人共同的分析，终于把自以为是的"小诸葛"意见推翻了。因为世界上除了爷爷，那里还会有另外什么人，知道家里事情那么清楚详细，并且还点明从家里祖坟墓碑上可解决问题？"什么张梅溪"，"报上名来"，"我可真走了"！除了爷爷逗孩子，故意激恼妮妮，还有什么人会有这种口气？黑妮终于笑了起来。哥哥却记住"求同存异"不仅外交上用得着，讲家庭团结也少不了。就不再说什么，用个"等着瞧吧"停止辩论，当然大家也是"等着瞧"的。

至于这一家究竟姓的是《千字文》中第一句"天地玄黄"的"黄"字，还是《百家姓》里第六句"何吕史张"的"张"字？这问题忽然提出，完全出人意外，读者也一定不下于这一家人迫切想要明白个水落石出。姓氏本来近于一个符号，或许可以姓黄，也可以姓张，言之不免话长。要知后来如何，且听下回分解。常言道，无巧不成书，真正巧事还在后头。诗曰：

想知眼前事，得问知情人，
不然真胡涂，懵懂过一生。
世事皆学问，举措有文章，

一部廿四史，慢慢说端详。

一九七一年六月一日，完成第一章引子，第四次重抄完毕于双溪见方一丈斗室中，时大雷雨过后，房中地面如洗。溪水上涨，公路便桥桥面去水仅尺余，溪水再上升，恐将冲毁。可是那个三孔大石桥还上好的可以通行，另外一个新桥又已在准备动工，溪水再升级也不妨事！

本篇写作背景可参见19710607致黄永玉，和19710601致黄黑蛮、黄黑妮两信。据手稿编入。

物质文化史

中国陶瓷研究

豆彩瓷

成化豆彩瓷，以"斗鸡杯"而著名，多作二鸡相斗，旁有石头和鸡冠花点缀其间，在瓷器美术上占有个位置。这两个小杯子作的是一般高士图题材，并不是孤立事物，法从元人而来，衣着、形态甚至于侍童全和张成、杨茂剔红漆盒上表现相同，明代既常反映到万历五彩瓷上，也反映到嵌金银软螺钿小杯盘上。或用陶诗"采菊东篱下，悠然见南山"二语，风格却大同而小异。

豆彩小杯认为明瓷艺术中精品，实由于在晚明受宫廷见重，市价骤增，达到一百两银子而起。事实上真正的艺术上的成就，或应数浅青花瓷，质既特别温润莹泽，图案画意，也特别秀雅，达到两结合艺术高度水平，值得特别注意。豆彩另有其重要贡献，即因此发展了一种加工技术的新品种。由明代万历、嘉靖到清代的康熙、雍正，都有生产，且不断改变器形，丰富画意。不过总近于模仿，有的且署伪款。事实上雍正时的作品，早已突过本来艺术成就。直到乾隆时，自以为是的改造了器形，还强迫瓷

明成化豆彩人物杯

清雍正豆彩尊

【作者原注】雍正豆彩艺术特征鲜明，花纹图案布局配色明朗清秀不俗。并且善于"古为今用"，有代表大件，以采用唐蜀锦（草花）发展而成之大天球瓶最好。本件只是第三四流作品，和大天球瓶、皮球花小罐、小碗及其他上百种小件盘碗比，本件花纹繁琐少变化，可说不入格。

作棱道式多仿金银器而成。但此同式花尊在明清金银器中亦少见，惟漆器中有之。

工，添上他的不通歪诗在拙重不美观的杯子上，破坏了原有的格局，因之也结束了鸡缸的生产。

豆彩瓷技术上的成就，在配色和用料上，影响到雍正一代的彩瓷，特别重要。或使用串枝花式处理到小件盘碗上，或使用到二尺上下立器瓶罐上，都取得极好效果。特别成就是采个"古为今用"的方法，用小簇花唐代蜀锦，略加删节繁琐部分，把小簇花重新组织，处理作七寸径官窑盘子内外装饰图案，或二尺以上高大型天球瓶上，艺术成就可说是空前的。

如何善于"古为今用"，得到"推陈出新"的艺术成果，故宫和历博所藏同样两件豆彩大天球瓶，能给人以十分有益的启发。可以作为最有说服力的证据。并且由此得知，新疆近年新出土的"小簇花"唐代红锦，在雍正时犹有实物保存。

由于"专家"的鉴赏力，受传统约束还未能解放，因此故宫方面用三千五百元人民币，收购葡萄纹二小杯。历博却从"常识"出发，只花二百元收购了一个大天球瓶。

还记得在六二年以前，成化豆彩杯达到如此市价时，雍正仿成，不过四五十元，还无人过问。成化青花盘碗，也只在百元以内即可得到，雍正仿则廿元以下还是不易脱手。申博乐意出价五千元向邵某收购一雍正仿官桃式洗（以为真），而一尺六寸高雍正仿汝戟耳大瓶，三十元也无人过问。

本文系作者见到两个成化豆彩杯图片后所写。原图片有说明："这两件画高士图的斗彩杯是非常罕见的。"作者在句末批注："并不罕见！"

现据手稿和作者加注的图片编入，篇名为编者所拟。

关于鼻烟壶问题答王习三先生

这事似乎是我民十一初来北京不久,在一笔记小说所见的。是不是当时《晨报》上转载,已难记忆,因为不是我搞的一行。

我注意的,只是鼻烟壶(所谓料壶)仿翠玉的成就,因为涉及玻璃发展史的问题。以平板玻璃而言,到乾隆时还不曾普及,主要似乎是加工过程必需吹大再加热碾平,再镀水银。但较大的金鱼缸,则已能生产,不仅《红楼梦》上提到,我还有机会见过。当时不过四元钱即可得到。式如下 ⊖ 约一尺径,近磨料,因为不是一般平玻璃,是加工磨成小冰片而成。至于玻璃珠子则西周 三千年〔前〕已出现。战国已大量生产。东晋才发现吹成瓶类,隋才正式生产瓶子类(李静训墓出土)。但唐代正式设官(在甄官署下设冶局),专烧五色玻璃珠装饰佛像。到宋还是大量出口品之一。但已有玻璃灯,照《东京梦华录》《梦粱录》等均提及。技术上似仍不普及,所以明代官中才大量制造"明角琉璃灯"。不太透明,但较结实。宋元重点都用在作假玉假宝石,清代则普及大量用到官服顶戴上。鼻烟壶较早可能造办处烧造,作为赏赐用,记载相当多。但逐渐转为皇亲贵戚手头欣赏品,争奇斗胜，如汉人对于带钩的说法："宾客满室视钩各异"，因此各个料壶的品种，千奇百异，造办处以外苏、扬、广都有新产品出现。但在加料上却彼此保密，在品种上为进展，在技术上则因保密而失传。

如提及内画题材，我的工作组，倒有条件为提一系列资料，如有需要不妨试作一组形象材料，如商、西周、春秋战国、西汉、东汉、六朝、北朝、隋唐、五代、两宋、辽、金、元……只是估计恐得在九十月里搬了住处摊开材料时，才有希望为提出资料。（因为十八号左右，我和助手可能即得去兰州工作。）这指每一朝代男女图像。还有，如《赤壁图》《兰亭雅集图》《唐人会乐图》、唐、宋、明人打马球图，儿童画类也有大几十种可供参考。我主观估计，大都对你工作有用。

事实上明人板画不少有用外，还有千百种图录可供参考。如明人刻程君房《墨苑》、方于鲁《墨谱》，故宫印《西清砚谱》中的砚边、砚中刻故事画，如黄庭换鹅、陶靖节种菊、周敦颐爱莲图、周处斩蛟图、《西园雅集图》等，都十分精致。转用到内画烟壶，肯定都会得新效果。

兄弟民族乐舞图，也有极好的，都可以供缩小应用。

历代乐舞杂伎图，也不少。

各种的马图，也很好。

新壶的式样，似乎也可考虑多样化，从瓷器如康熙莱菔尊、马蹄尊、双陆尊等式样。

谢刚主国桢先生他看杂书多。

我过手了上千种，多是在东安市场"处理品"，至多一元少或三角，瓷制的。为朋友当废品买的，后来才知道到那朋友带到英国卖去，得了不少钱。因为有青花加紫作故事画的，还上过英国鼻烟壶杂志。

　　王习三，原名王瑞成，中国工艺美术大师，内画鼻烟壶专家，冀派内画创始人。笔谈时，任衡水特种工艺厂厂长。

　　本文系作者1979年8月在参加"中国工艺美术创作及设计人员代表大会"中，与王习三先生笔谈鼻烟壶问题所写。文前有一段王先生写的提问：

　　　　沈老：（从文先生）

　　请您把上次讲的关于"盗烟壶"之事的大约时间、地点等情况简写一下。

　　本文原稿无题，篇名为整理者所拟。2005年3月曾编入万卷出版公司《玻璃史话》一书发表。

□ 漆器及螺甸工艺研究

《长沙出土古代漆器图案选集》前言

本书的漆器图案，主要是从一九五三年夏季北京历史博物馆举行的"楚文物展览"陈列品中选出来的。这些漆器都在长沙附近出土，时代有的早到战国时期的楚国，有的晚到汉代，都是两千年前珍贵的工艺品。

漆器是我国劳动人民的伟大创造，轻便、美观、耐久。虽然在地下埋藏了两千二三百年，但是发掘出来，仍然完好如新。我国的漆器工艺，在周代已相当发达，如当时贵族们所乘坐的马车，便已髹饰涂漆，由此可见漆饰的用途已很广泛。根据实物看，当时漆器普遍到一般的日用品，如居室用的几案，饮食用的杯盘，化妆用的奁盒等，就是兵器的盾与矛柄，也都用髹漆制绘。在制作方法上，器胎方面，除了木胎与夹纻外，有的还用皮胎，彩画云龙纹漆盾就是这样做的。这使我们对古代漆器的制造方法更增加了新的知识。

这里所选的漆器图案，是我国古代装饰图案由战国发展到汉代的重要资料。其中早期的彩画云龙纹漆盾，在盘绕的云龙纹中间虽然还残存有龙头兽足的痕迹,但整个图案却以表现流动的云纹为主。另外人物鸟兽的图案也都非常生动,像彩画凤纹漆盘、彩画鸟兽纹漆盘和彩画人物漆奁、彩画车马人物漆奁等作品,都表现了这一特点。尤其是人物画,常以现实生活为描写的对象,这都是艺术上传统的现实主义的创作。

楚地手工艺者的创造,在装饰艺术上开拓出一个崭新的天地,从过去的传统图案里发展了像针刻漆奁那样精致的云气纹,云气纹间点缀的动物,也都非常活泼生动。细如游丝的针刻方法,尤其增加了云气纹飘扬流动的效果。这都可以充分说明楚地人民在造形艺术上的卓越才能。

当近年长沙楚文物发现以后,我们才真切、具体地认识到楚国人民文化的高度发展,更理解到为什么在楚国那样的环境中,会产生出像屈原的《九歌》那样伟大作品的物质基础。同时也理解到汉代漆器工艺达到那样高的水准,是由战国的工艺发展而来的。为了使大家对于这种工艺有更多的了解,所以编印了这本图案选集。

本集中选品的来源,有中央人民政府文化部社会文化事业管理局的收集品;湖南文物管理委员会的收集品、发掘品和南京博物院的收藏品。编选工作是由本馆陈列部的同志们负责的。器物的复原和图案的摹绘,除彩画人物漆奁是南京博物院的复制品而外,其余都是本馆陈列部技术组的同志们制作的。

《长沙出土古代漆器图案选集》由人民美术出版社1954年出版,署名北京历史博物馆编。此书创意、编选及前言的撰写均由沈从文担任;图案摹绘由潘絜兹、陈大章、李砚云、郭慕熙等完成。

□ **中国通史陈列的修改建议**

集 注

1971年,作者下放在湖北咸宁五七干校期间,独自一人住在双溪一家农户的小屋中。6月中旬,因得知历史博物馆的中国通史陈列,即将经过"改陈"后开放,他开始凭记忆,一个一个展柜写出改陈建议。

7月中旬,他在致史树青信中说:"将已写成的四十事付邮。预计今年秋间不必动,或可达一百事。"

8月,作者转移到湖北丹江"文化部安置处"之前,已写出改陈建议六十柜左右,供当时负责改陈的同事参考。

1972年,作者回到北京后,虽然不能在馆内上班,仍继续写新的改陈建议,给参加改陈的同事参考。数量没有记录。

现将改陈建议二十三篇汇集成补遗新编集,文稿得自李之檀先生搜集的手迹复印件。

汉代铁工具柜

似宜凑一全份，单作一柜陈列，才能说明本身问题，也影响到生产发展。不宜小家当式，分别布置。因为铁器属于国营官工业，生产工具大小轻重均一律化，意义不下于秦度量衡之统一，在近年各地出土物中已可明白。出卖时，似乎还是整份的。特别是对于营田垦荒，由政府发给生产工具时，大致是这样。了解一下敦煌有无成分的发现，这十分重要。当然也有地方差别，如四川刻像砖所反映，割草用的长柄大镰，中原即少见。操作方法在山东石刻上，也少相同反映！（说明中即应提及。）

由于《管子》即说到农夫必有一……许多种，但从近年大量春秋战国出土铜工具说来，却难于证明这个记载的可靠性。小件铜器主要似乎还只有削为常见。这可分两面说：一即《管子》这部分例子，是汉代人补充提的。二即这时节以齐国言，每农夫虽能占有这些基本生产工具，但还相当贵重难得，从不随死者入土。何况发掘的多是剥削阶级的墓葬。而汉代墓葬中所见的多种多样铁器，实即根据《管子》轻重篇？①叙述而成为官营铁器生产依据的。这可能性也存在的。

所以宜于用一柜专作铁器陈列。以工具为主，东西南北犁锄……另一柜则陈兵器中卜字形戟、环刀、钩盾（即所谓拒镶）……附个亭长砖执戟形象，附个执刀作战的形象，云南出铁制无鞘短剑不能陈列，也不妨画个彩图。还有其他均可加入，并尽可能从应用形象作附图，大不必过三寸，便于帮助一般观众，明白当时应用情形。比文字说明还具体。事实上，则对于大中学文史教师，均有需要。因为一般说来，他们对于这方面知识，实在太缺少了。而且只有就博物馆陈列补补课，相当省事。许多玩意，实无书可查。甚至考古权威也不知道！例如说，教文史多能说矛盾故事出于战国，可是就极少知道战国以前矛盾是什么样子，有多少不同形象。当时是什么样子，以后又还有多少不同样子。"矛"和"槊"和"稍"以及"梭镖""红缨枪"，本是一物而名不同，一般中学教师，大致也还是有搞得不大清楚处。学生一问即无话回答，回去查书也查不出。所以某些文物在历史中变化过大的，多应尽可能加点小附图于说明卡旁，便于观众。不宜照老一套办法，把出土地和年代写明，即以为完事。其实反而引起错觉，最重要例子，如陈列机弩，等于只陈列个旧式步枪柄，不附绘个白图，如何能明白整个形象？陈列些有一小孔的箭头，不附个四川砖刻反映的鸢鸿雁矰缴架子，如何能明白清楚箭射出去可以收回？陈列些鎏金"盖弓帽"，不附个汉代有伞盖的车形图，"盖弓帽"究竟是什么，大教授也不会懂。若加上个小附图，标出盖弓帽位置，不认字的老大娘也一看就懂了。从这一点说来，许多器物的应用问题，要它起教育作用，居多是有个应用图比文字说明还省事。这一点盼各同志考虑。

①文中提升位置的问号及其他小号文字,均为原稿所有,一般表示作者有待斟酌。下同。

汉代兵器专柜及附陈材料

似应作一专柜见进展

一、铁环刀（龙环、雀环、素环）铁剑　似多用在鞘内锈毁过甚不全。或作一架□□□□

二、卜字形铁戟　（因出土物不全，必需附一全图观众才明白。）

三、铁钩盾（拒镶）　必需附应用形象

四、铁箭头

五、铁削

六、铁甲片　有残片不完备

附陈形象

1. 淮南汉石室搁刀剑架　据淮南石屋墓内图，绘成二寸高三寸宽白图。

2. 搁甲的架子　2亦同前，似为唯一所见形象！

3. 插戟列戟式样　据汉石刻绘小白图，门列十二戟作八字状。似在巴黎大学汉学所印册子中。

4. 持盾和刀的战士 （汉石刻，砖刻门卫）。

5. 持戟的战士和亭长砖持戟郎 据汉石刻和砖绘二寸宽三寸高小白图。

6. 伍佰八人荷戟汉画 绘成二寸五高四寸宽小白图附于戟下。

7. 持刀和钩盾作战的战士（汉石刻） 绘成二三寸白图附陈。

8. 各种盾式（宜包括绍兴镜子中一骑士持刀盾形象） 似有四五式，可从汉石刻及砖上门卫绘小白图举例。

七、青铜弩机（用第1、2白图附）。

八、执法用的青铜铖（或铁铖？） 用汉武梁石刻作战有铖架图（作二寸半高三寸宽白图附。有一被斩人头似可不绘。）

九、有孔小铜箭头 用4实物及图作附陈。

十、青铜削 用第5白图说明问题。

十一、错鋈金青铜铖青铜钲 以第6白图证制度，因必封疆大官才能得到，用以镇压人民。

十二、鋈金伞盖头（盖弓帽）。

十三、青铜帐轉（唯此似还无形象可证）。

1. 汉石刻硬屏风挂弩图 作高二寸五横三寸白图见不使用时情形。

2. 汉陶池籞（楼房）上弩手图 作五寸高，二寸宽白图见应用情形。

3. 四川砖刻使用鸢鸿雁矰缴架子 及一足跪着引弓射雁图 作三寸方白图见使用情形。

4. 长沙出黑漆弓及二团丝线（原说明以为是承弦，意即准备

191

弦坏时缠弦用，恐误。如据战国猎壶反映，则宜为不上架子的缴，专为空中射雁用。似乎也可从深水中射鱼。3图附此物下。

5. 四川砖刻文翁讲学（或伏生传经）图，一背面听讲者左腰旁悬小削图　作二寸五横三寸白图。

6. 四川砖刻金钲黄钺车马图　作二寸高四寸宽白图。

7. 同四川砖刻乘高盖车过桥图　作二寸高四或三寸宽白图。

说明可参考

汉代开始大量应用铁兵器。除石寨山出土黄金鞘铁剑为特殊外，其他多一般性，如铁刀虽有"龙环""雀环"之称，用以定等级，此外多素环，少纹饰。戟则一般作"卜"字形。不使用时已废除战国时彩绘漆笮制度作保护，只搭上一巾子，（仪卫用的门列"棨戟"十二，则似已转用木作，启后来仪仗制，直沿袭到明清，只是品种不同而已。）如常见亭长砖形象。尚有"手戟"，必指短柄戟，配合步盾使用，即《三国志》"董卓以手戟掷吕布"所言。实物未发现。盾式较多，后汉始出现铁"钩盾"，上下有刺钩，护手处极小，只四五寸圆形，《释名》称为"拒镶"，本名恐仍为"钩盾"。汉石刻有反映，实物只发现一具。箭头部分开始用铁，（至于箭挺用铁似起于战国。）此后二千年形式虽有变化，（如"铊头""杨叶"等,）直到晚清，还和火器并用。而科举考"武秀才"，"武举人"，还有马步箭考试。

日常式军用小刀，还铜铁兼用。

甲片有铁制的，和革制的，或限于较高级武将。照汉石刻战事图像反映，则一般多着棉衲袄子。卫青霍去病率兵廿多万连年远战[征?]西北，兵士所著大致以此式袄子为宜，既能御寒，亦能抵抗一般杀伤。史称有"矢如飞蝗"形容，可知当时突击战除大量利用骑兵外，防御战则依赖"强弓硬弩"。因此史有"粮尽矢绝"语。

弩始用于战国，但大规模应用，则为两汉。弩机仍用青铜作成，一般无花纹，惟附有较长铭文。机上多附有标尺，便于定远近标准，易中目的。并有大型的，即所谓"五石弩"，学名为"踏张弩"，必坐地下用脚抵住（或站立用脚蹁着，有形象可用）始能上机。在当时为远距离杀伤兵器。似还无铁制弩机发现。三国时诸葛亮发明"连发弩"，无实物发现。

钺为武将临阵作战"执法断斩"使用。正如战国人集《逸周书》记"牧野之战"，武王和师尚父均上阵督师。胜利后，还用不同的钺，斩纣王和妲己，分别悬于不同旗帜下，才告功成。就商代遗物说，大型钺有刃阔将及尺的，制作特精，数量极少。或调申博、故宫一大钺示例好。据武梁石刻作战图，钺系搁置于一特制架上。柄不太长。至于封疆大吏所赐，当成示威于人民仪卫上出行用的，则名"金钲黄钺"，据川蜀砖反映，系分别竖立于专车上。到晋称"仪锽"（和仪剑同），可知已失去实用意义。

政府或府郡大量兵器必藏于武库，（武库同时还藏别的古董，如《晋史》称威宁×年，武库火，焚去孔子履，王莽头，汉高祖斩白蛇剑是也。）少数官吏平时自己应用兵器，如何处置，过去多无知。近年从汉石刻反映，才略有认识。如搁刀剑有架子，甲亦有特制立架。弩则倒挂于近身屏风上。（所以在实物下说明卡宜附一形象。）

到汉代，兵器中除弩机还用青铜制成，此外还有小箭头，也

193

用铜制，旁穿一小孔。考古报告或其他旧书中，还少提及原因及用途。如和近年出土文物及图像反映，得知或系战国以来就起始应用的"矰缴"箭头。恩格斯曾说，"弓箭的发明，延长了人类的手臂，"更有利于和自然的斗争。而"矰缴"的发明，则进一步还可追踪狩猎物，或将箭头收回。穿孔部分原是用来系一丝线便于收回的。据前人记载，则高空可射鸿雁，水中还可射鱼鳖。从猎壶反映形象，早期还只是用丝线缠成一团，置于地面。从川蜀砖刻反映，已改进作成一架，显然更具灵活性。使用时，人多跪屈一足而引弓，可知是一般瞄准方式。（严格点说，"矰缴"只能说是人类和自然斗争工具的进展。）

三国部分

目前陈列部分,似过于薄弱,与一般观众和历史系学习要求不相称。比周处墓还不如,不大合。特别是对终于统一"鼎足三分"局面的魏,应交代得具体些,扎实些。私意即从文学史角度说来,也应当加重些材料,比较妥当。因为三曹及建安七子对于五言诗的贡献,极显明。

或将山东曹王墓材料调回。原以不可靠才退回。据个人意见,这份文物相当可靠。因为内中种种即多与史传中《陈思王传》情况相合,而且还能说明问题。

一、陶案和实物大小相近,即重要。将来家具史还可据之复原!四耳杯也和实物相近。

二、《三国志·曹植传》称当时受政治迫害,和他较好的丁仪兄弟及杨修均被害,弟弟曹彰也为曹丕毒死,随身丁壮多老弱,十分穷困。且一年数迁,极其狼狈,直到曹丕死后,明帝即位,这位叔叔才受慰问,许回邺下省一次亲。但照当时法律,不久仍返原住地。死时愿葬鱼山。墓中殉葬物虽极简略,和传中记载生活情形倒相合。

三、简略中仍有数种贵重材料，反映出特别身分，一即汉代唯有王爵才能应用的冠上正中所加"金博山"。作 ⌂ 形盾形，长仅寸余，系于累金丝上，用吹管滴珠法作成。个人孤陋寡闻，至今只见过二种，式样完全相同。另一件在故宫。（由于商人无知，把它和一些唐平脱镜金银片零散材料钉到一纸板上，故宫专家即陈列于唐代金银器部分内。实错误。曾提过改正意见。但搞文物的，一般对制度兴趣多不大，没有改动。事实上还是汉代东西。比一般汉器重要，因为能说明问题。）

四、《曹植文集》有《车渠碗赋》，形容光彩异常，对之十分珍爱。当时建安七子还有相和赋咏，（见严可均辑三国文中。）按后来车渠，是径尺大白蚌，割碾而成，多带钩，白如玉石，并无光彩。清代顶子用，级别也不高。但六朝以来，多与琉璃联类并提，指玉石类。此墓殉葬物中，有小盘状圆形配件，是高硬度透明玛瑙类琢成，大径不及二寸，中钻一孔，和一青精石坠及另外数种杂玉石在一处，当时显明是贯成为杂佩一组，随身佩带的。个人以为这就是文中提及的车渠碗。和《曹操传》或《曹瞒别传》称"随身喜带小鞶囊"为同一玩意。（至于"鞶囊"形象，则从淮南汉石室墓中刻画有反映，系在腰右侧，上绘虎头，大约六寸，似应名"虎头鞶囊"，记得在班固文或汉人杂著上曾提到。形象反映，似还是第一次。）

五、特别重要是那一组青玉佩，雕琢得简陋草率，显然还像是用个大青玉璧打碎作成的。重要处这是最后一组汉玉佩。《三国志·王粲传》注，提及"汉末，玉佩制度失传。因王粲与蔡邕有旧，多识故物，得以恢复"。①结合这一组实物，证明记载实在还有点道理。成组列玉佩，目前除传说洛阳金村出土，为美帝盗走，印于日人《金村古墓聚英》一书中那一份，此外即多零星散见，数量虽多，不是一组。

近年楚墓新出土大型青玉料双龙佩，虽多完完整整，但已和郑玄注三礼，涉及的组列玉佩不合。曹王墓这份玉佩出土，则珩璜冲牙等等分明。不仅可与洛阳金村出土一份战国玉佩相衔接，也启发了以后直到明代出土组列玉佩，还有相通处，延长了约千多年！

所以据这些文物，就可说明不少问题。

至于三曹在五言诗发展中的位置，则十分显明。曹操用"惟汉二十祀，所任诚不良……"一首。

即曹丕的七言诗，在文学史中也算得是成熟作品。虽然前有《楚辞·招魂》，汉有刘彻东方朔等柏梁台联句，《急就章》长短句应用文，还有上方官工镜七言铭文。但纯以抒情诗而出现，曹丕成就，还是比较突出。对后来这一体裁的发展，作出了一定贡献。

若能加上蔡琰五言《悲愤诗》及较后作为音乐戏剧发展的影响，从唐代俗讲说三分的流行进而成《三国演义》。把曹王墓文物作一立柜陈列，把三曹、建安七子诗集、蔡琰诗陈一平柜，似兼可陈《后汉书·党锢列传》与《抱朴子·汉过》文，既有群众观点，也符合历史情形，应当有一定效果。比过去陈一某画家_{蒋兆和?}作的完全如郝寿臣扮戏翻版的曹操，得失处显而易见。（现在把周处墓文物当重点陈列，而把整个三国草草交代，不大合历博要求。）

《抱朴子》内有篇《汉过》及类似篇章，批评汉末统〔治〕者和社会上层腐败堕落情形。可结合曹操、王粲、蔡琰诗，及

《弹弥》，说士大夫浮夸处，得知两晋清谈由来。与干宝《晋纪总论》批评晋官僚名士的腐败空虚，及《颜氏家训》批评齐梁子弟种种，著语不多，尖锐处比正史还扼要中肯，似值得参考。

（又曹丕作《典论》，规模极大，近于包罗万有。因不信有昆吾切玉刀和火浣布，后进贡物有此二物，《典论》遂废。以常理言之，不可能全废。以个人私见，传世之《越绝书》《吴越春秋》，以及较后之《拾遗录记》，都有可能属于《典论》中一部分。特别是《拾遗记》叙史事"美而不信"，但均引七言诗，极近曹丕。目录学中提吴均或萧绮，以为近齐梁体。事实上诸记载，殊非齐梁时人所能办到。因文体绮丽而不俗，和齐梁人堆砌辞藻不相合。此亦姑妄言之！）

---

①所举引文均凭作者的记忆，未作校核。下同。

长沙西晋釉陶鼓吹骑士俑

此柜只陈这些骑俑和二校勘案牍俑，应当还有其他器物，望问问长沙博，因为西晋材料不多，此墓必还有别的材料可用。即仅这部分，也似应补些文字说明。总名或应为"鼓吹骑士俑"，是汉末晋初封建制度之一，《三国志》《晋书》、南北史传均常提到赐某某"黄门鼓吹若干人"，从大量遗物看来，鼓吹有步有骑，用意在证明是大统治者亲信爪牙，才有此待遇。《唐六典》则制度更益明确，多用于外出武将，如大将军、节度使，某等品级给角几对，鼓多少面，各有一定数目，用壮观瞻，威吓老百姓……宋代县令一级，似已没有这个排场，只八到十二个戴曲脚幞头随从。明代又有鸣锣执杖，清依旧。

如能查查此墓骑从人数和其他殉葬材料，或可结合史志，说明时有分量些。

并且即此已得知直到西晋，某些地区，骑从还使汉代梁冠，不用巾、帻、帩头。至于校勘文牍二俑，书写应用工具，还使用竹木简，不用纸张，也值得提提。得知由于纸张生产过程比较复杂，还不如竹木简便易，所以直到晋代，不仅西北有晋竹木简出土。即此二俑反映，也可以明白湘粤竹木生产地，一般文件，还可能仍在用竹木简册。

这些问题多较新，也极自然，搞分段陈列，有兴趣注意多些，细致些，在说明卡上有分寸提出，说服力即强些。

南北朝具装马

说明或可参考，是兵器史说不具体的。

绘淝水之战即可参。

这种穿着衣甲的马匹，在当时叫"具装马"，南北史均有记载。

"具装马"在加强骑兵作战能力是件大事，而且在中国全部历史中，只南北朝和宋辽金民族矛盾加剧时才大规模应用到。

从商周出土车马具遗物中，得知当时奴隶主所乘双马车和四马车，驾车马匹多已装备精美，对于马匹装饰兼有防御保护作用的，是马额鼻间的"当颅"和马嘴两旁的"镳"。当颅前式为常见无花纹，可知重在实用，至于当时如何彩绘已不得而知。后一式作半圆浮雕，简单而壮美。背后均有四穿孔可贯于皮络头上。在嘴边和嚼口相联系的"镳"则有圆形、方形和其他形状，多作单龙或双龙蟠屈，造形简单而壮美。且在方圆不足三寸内作成各种不同效果。到春秋战国当颅即已不再发现，惟额间作髦饰点缀，三门峡虢国墓有实物出土，用木作成，上加彩缨，汉辽阳壁画还可发现在马头上形状。镳则到战国时一般改用角骨作成，成六角形，中穿一孔，名"角镳"，上面也有横刻水波纹涂有朱绿的。保护作用已完全失去，只具实用或点缀意义。发展到汉代则改成 ~ 云纹状，讲究的则作 ~ 火焰云。（三国时，刘熙作《释名》，称"镳"即"排沫"，可知是汉末通称。）直到唐代"金银闹装鞍"具还可发现，惟已素净无纹饰。但中间数百年，我们还近于无知。因为一般马俑和敦煌壁画反映，多比较简略。记得北朝定武时，有石刻"诞马"数种，线纹精细，或能有所发现。汉《梁冀别传》曾提及其用"镂衢鞍"敲诈平陵富人公孙奋钱二千万，曹植则有《上银鞍表》，又《世说》曾提及"锦障泥"和"玉帖镫"，可证装具之奢侈，但和防卫已无关。

"具装马"的成熟、完备和大规模应用，实在五胡十六国之际。但它必有个前期，逐渐发展完成，不会凭空产生。较早而重要记载，似出于《三国志》，记董卓焚洛阳时，胡骑入宫，"争割殿成流苏作马浅帐"。注者不得其解，多在"流苏"二字上琢磨，虽承认是幛子，但如何用到马身上某一部分，即难具体回答。试来比证比证形象材料，或可望得些新认识。

一、是流苏幛（帐）子，朝鲜出彩画孝子传漆筐上，绘得虽草率，还具体。原来是幛子间相距尺许必有二丝绳，卷起后系定即成水波纹，多余丝绳下垂，或另悬玉璧。叫做流苏幛大致是不会错了。至于使用到马身上，显明不会是在鞍下障泥部分。

二、近年长沙出土一份西晋青釉陶鼓吹骑俑，马身前悬了一长方片遮蔽物，显明具保护作用。人还戴汉式梁冠。有可能即所谓马帐？（查查宋《武经总要》甲马分解名称，或可得些帮助。）

三、在北朝马形中，有在马身着衣（不是甲）而马颈部恰好即作成水波纹状的，和马帐关系似更为密切。

从封氏墓、张肃俗墓及洛阳其他北朝墓出土具装马及敦煌画十来种不同形象比证，得知当时马甲可能有三种材料作成（和人甲相似而不尽同）。一即用丝绸作里外，内实厚丝絮衲成。二锻薄钢片作鱼鳞或长条编缀而成。三割皮革成长条浸石灰水中硬化编成。（后来宋辽金作战所谓"铁浮屠"，一般所谓"铁骑"，大致即指第二式，而成熟应用于公元四至六世纪间。（还有一种可说是伪装的，史志明称用棕衣编成，见《南史·〔废帝〕东昏侯纪》。）

照史志记载具装马的骑士多着两当铠，有用整片钢板，或师子、苻拔皮作成的，亦有三属五属分片条联缀而成的，一般均如长背心式。因为便于突骑，手中主要兵器多为槊（或矟），有的下缀三角或四方彩色小旗，《南史·蠕蠕传》①所给礼物中有"槊若干，及番"，是也。番当是旛省写。槊矟均矛的俗称，柄部似已较汉矛稍长，而刃又稍短，此从图像得知，实物还未见。

---

① 《南史·蠕蠕传》疑为《魏书·蠕蠕传》之误。

隋白瓷柜

似应当加重说明，交代一下它的重要性。因为再过五六十年，就形成了"内丘白瓷器，天下无贵贱皆用之"局面，与南方越州青瓷秋色平分。到宋代，且影响高级些定瓷和普通些磁州白器，以及当阳峪中等瓷的华北市场独占。又间接影响到宋及元代，此后景德镇生产约九百年青白瓷的全国市场独占，不能不说是件大事情。

或先作总结以前生产提提，用如下概括提提：

白陶似在原始社会末期，即在试探中取得一定成就。

山东大汶口古墓出土有白陶器，无纹饰。到商代安阳白陶有进一步发展（郑州也出过商前期白陶器），器物中有豆、罍、簋、把杯等。它的产生或以为近拟白石制器，只能说是因素之一。花纹部分和同时铜器有联系，事实上和当时纺织物花纹或更接近。例如商石刻人像衣着花纹，和以后侯马出土二陶范衣着花纹。但更重要，却和原料关系密切。因为直到宋元间景德镇青花白瓷成为全国性市场独占以前，河南、河北的白色瓷，是在华北品种最多的，市场最广大的。这从隋以后的唐邢白瓷，宋定州白瓷及磁州系白瓷的出现，和河北河南一带白瓷土原料关系密切，也反映这一地区一般生产必在上升中。因为日用瓷的量与质和社会生产是紧密联系的。

商代还有青釉硬陶，所以可说青白瓷系从商代即已划分。后来发展，还是和整个历史社会生产发展有密切联系。青釉瓷成熟于东汉末江浙区，即反映这一地区当时的生产上升，由于社会购买力的提高，因之在量与质同时得到飞跃。

在华北，则正如曹操诗、蔡琰《悲愤诗》、王粲《七哀诗》所形容战乱破坏种种情形。所以曹操父子政权地的邺下（即今磁县），随后不久石虎又在此建都。都只是政权暂时维持，生产实未恢复，因此这一阶段却未闻有白瓷出现。到北朝元魏时，原在大同（武州塞）后迁洛阳，政权有几十年稳定后，生产才逐渐恢复，因此才会有云冈、龙门的大规模石窟雕刻产生，才会有《洛阳伽蓝记》记诸寺庙奢侈壮观。景县封氏墓，才会出现大量造形秀挺、釉色明莹的精美瓷器。淡青釉瓷仰覆莲花尊，在艺术上有所突破。淡黄釉日用瓷奶子碗，釉泽明莹，闪玻璃光，现鱼子纹，在技术上显明即影响到隋白瓷的产生。这种白瓷在隋唐间墓中，过去亦常有零星发现，如高足灯、成份平底杯盘，及高约尺许坛罐，惟不如李静训墓中物精美。同墓中且有绿琉璃瓶、琉璃蛋发现，是否和隋代巧艺名工何稠制作有关？不得而知矣。

唐乐舞部分

前已提及补充

目前堆了些画面和正仓院仿制品，不大能解决问题。或宜在总说明上结合文献提提，具体些。宜参《唐书·音乐志》，九或十种主要乐部似有七种来自西北。其次内中曾提及某种乐部乐器名称如何配合和数量，如小鼓，即有许多名目，再加上舞谱、乐谱、《羯鼓录》《琵琶录》《乐府杂录》等等。似乎还可将王建墓棺座石刻乐舞浮雕照片附上，因为有吹木叶和舞鼗鼓与敦煌画不同，并且比敦煌画重要。因为壁画反映的叫"伎乐天"，属于佛菩萨身边乐舞部，只反映部分现实，过去不加说明，是文儒同志的疏忽或错误的。

以本馆而言，说明似宜比较注意整体性和来龙去脉及问题。而且如能在仿制乐器说明卡附个应用小图，如"阮咸"附一个《竹林七贤图》中阮咸擘阮形象，觱栗下附一唐人绘《会乐图》中吹奏形象，对一般观众，帮助必大些。

故宫有个传李公麟《尧民击壤图》，或出自韩滉旧稿，比《文苑图》还可靠，作民间乐舞。（北大也有一个，是我经手收的，笔道极细，或出自明尤求摹旧稿。）似值得作辅助陈列，或调，或绘个白图，代表民间，重要。最好是把故宫那个巩县窑瓷腰鼓调来，比尽陈正仓院模型有意义。必需调陈才压得住。故宫只当成艺术品陈列（或入库）极可惜。

唐三彩人马俑柜

唐三彩人马俑部分，说明似可考虑一下，如何结合文献，加强点分量。从生产发展出发，和当时社会制度关系联系，可说的必多一些，深入一些，符合历博陈列要求。不宜仅从艺术出发，并笼统说是劳动人民创造即完事。

关于马，或参考张说《开元马政记》，叙述当时改良马种，国家养官马至四十五万匹，并分别烙有印记于前后膊部分，以资识别。（又《唐六典》叙关津制度，则提及当时天下各地驿路上驿站均设有住处和马匹。因公过路的官吏，均可按制度等级使用马匹。古代交通史大事。）因为有个实物基础，才产生画马名家曹霸、韩干、韦无忝等。同时也才有无数塑马名工，如陶马所表现，雄骏活泼，生气勃勃。此即从生产发展而言，影响到艺术成就，和历史情况相吻合。

至于从当时社会制度而言，似宜参《唐会要》中卷提及丧葬法令，如某种品级官吏，殉葬物中限定了名目、数量和尺寸。既定有法令制度，即反映必有不遵守制度情形。当时政府还有个"甄官令"，除"冶署"专门烧造装饰土木佛像的各色琉璃珠外，甄官令下似还集中了不少名工巧匠，专门烧造大型特别三彩陶各种明器，作为特别赠予用的。（长沙有一约尺大银马，近于当时"马式"。又有手捏黄陶俑，十分精美，宜调陈，见当时塑工一般水平。）因此多样化的结果，遗留不少艺术品，并反映了部分社会现实情形。

特别是所谓"镇墓俑"，这个名称，又对又不对。近于从无知外国人学来的，会要中实有名称。近似舞蹈形象，实上有所承。在较前历史阶段，北朝墓志顶盖即有反映，或作风、雨、雷、电四神。或作古代勇士乌获、孟贲、庆忌等名称。和方向有一定联系。汉代又和大傩中"蚩尤弄五兵"有关。传世的汉代"蚩尤弄五兵"带钩，晋代叫"五兵佩"，形象还大同小异。《唐会要》中似有专名可以查查。

这么一来，就有话说了。若不结合文献，并和其他形象比较，说明员和观众同样对之为"莫名其妙"。如专作说明，似乎还可把前举例证，各附以三寸大小白图作比较，就更多说服力。国家既只有那么一个历史陈列，搞陈列若一例作为艺术品看待，似可商讨。故宫可以这么办，我们不宜。中外参观的人，也会有当作"学习对象"而来参观的，也应当有作为"文史课"而必需来学习的，凡是有较重要部门的说明，都必需在说明中，一面要照顾到普及，一面也要有点提高认识，才能达到任务。这首先自然是负改陈同志认识的提高！相当艰巨，得补补课！研究研究，怎么研究？就是得从实物出发，结合文献，明白问题，并加以解决！一柜一柜作去，有个一年半载，文字说明就可面貌一新！

记里鼓车与指南车意见

此二物若据历史记载，发明权似并不属于祖冲之，至于在文化史中的作用，并且从来还不超过天文星象仪。冲之在科学上的地位，似宜以圆周率的发明为主。而把这二大模型放在祖的名分下，不仅占面积过大，就历史记载言，也不甚相宜。最好依旧移到前厅内二角，和地球星象仪相配，好一些。

由于史志记载此二物，汉代以来就多置于封建统治者卤簿图中起点缀作用，并未在应用交通工具上起真实进步作用的，所以《隋书·经籍志》中或与水锦图说并置，同入"古今艺术"中，可能还是比较有道理的。在晋卤簿图中，似还提到二物，所以祖至多只是恢复。而目前的模型，是否即系祖所复原式样？殊令人怀疑。因为照史传记载，即提到黄帝伐蚩尤，大战于涿鹿之野。蚩尤作大雾，黄尘漫天，迷失方向。黄帝即发明指南车，定方向，结果大胜。以玉石为兵的黄帝族，打败了以铜为兵的蚩尤族。其次，即西周初年，周公辅成王摄政，百国重译来贡。越裳氏献白雉。迷不知返，周公因作指南车送之归国。记载虽近于古代传说，但多出于祖冲之以前，而汉晋卤簿图中尚有其物，则事极显明。天木①同志是国内此道专家，不可能不知道前因后果。若系据唐宋以前旧记复原，似得注明出处所本。若系据明代图像，和传世宋代旧图，似不大符合。因现传元曾巽申纂进《大驾卤簿图中道段》，（事实上是宋周必大所记《绣衣卤簿图》。）内中即尚有二车，作彩绘，用十六人前后牵引而行。虽画得不够具体，外形却必有所本，和旧记相通。也不妨两存，把二大模型移前厅，而在祖冲之的平柜中附二彩图。作辅陈品，不作主要材料，比较有分寸。

是不是把二大件模型照原计划移到前厅，作个说明，引引史传，得知由来已久，而后因失传，祖冲之又有所恢复，此二型则据某某书试作复原，比较适当？而把《绣衣卤簿图》二车，放大到一尺左右，置入冲之传材料平柜中，说明时灵活一些："祖冲之主要贡献，是数学中圆周率的发明，对此后数学和天文学作出了极大贡献。又记里鼓车、指南车，相传发明极早，到北朝时作法失传，冲之恢复了二车制作制度。到宋代《绣衣卤簿图》中，尚有反映。"这么提法，似乎比较妥当。过分强调他对于此二物贡献，而归功于冲之，将为通人所嗤。因为不合史实。用意在赞美祖，效果却不大佳。

移出此二大模型所占地位后，或可考虑，把对于后来千四五百年文学艺术起过真正巨大影响的《文赋》《昭明文选》《六法论》，及《论诗》《论书法》及《抱朴子》等等有代表性著作，给以应有位置。不然，和历史进展是不大相称的。因为我们搞的是历史陈列，不是文物陈列！

陶弘景的贡献，实事求是些说来，也似应在药物学方面，而不是《刀剑录》。（录中记载多不实！）据史志记载，齐梁间兵器制作，并无什么惊人成就。剑早已不应用于一般性兵器中。因马有具装衣甲，人着两当铠，步卒加有齐半身步盾，防御性加严密，突击兵器主要用稍、槊，较远距离用箭。开始出现打击性兵器。所以从兵器发展史言，还远不如三国时！

①天木　即王振铎，字天木，博物馆学家。

关于唐代数学天才一行

记得唐代某部分原有关于一行数学材料陈列，由蒋兆和先生作了一幅画像，似不大好，不像个有思想的高僧。（倒像个白痴。史中曾提及在小市民印象中有点疯疯癫癫，实内聪外拙。）值得参考易县罗汉堂盗出国外罗汉之一，重绘一个。这份三彩陶上十个图像，在日人东洋文库《〔东洋〕学报》中曾复印过，《〔世界〕美术全集》且有原色图，极好。说是宋，实唐代作，因为宋代河北已不烧三彩，只有绿白二彩流行。如北宋时正为辽割据，也不像辽瓷，辽瓷胎作黄砂，极粗糙。还不妨加一附陈物，活泼些，且与一行另一长处有关。

商务旧印《天籁阁〔旧〕藏宋人画册》，是个杂货摊，就笔迹分析和若干画标题而言，即可知近于明代二三流苏州画家一手摹绘宋人旧稿而成。但内中却有些材料还有用，也重要。如有一幅作二人围棋，旁立一和尚观弈，若有所思。这个画，应当是明代画录中经常提到的旧传"王维作，一行观弈图"，值得研究研究。似可照摹稍稍放大，色加新些，和他的传或数学材料并置平柜内，或直从故宫调旧画陈列，似乎都好些。因为据史传一行不仅是数学天才，同时还是围棋名家。本不懂棋道，看人下棋，即忽有所悟解，以为"这个事也平常简单，只在如何争先一着而已"。因此成了高手名家。这话倒似乎大有内容，和《孙子兵法》也相通。似载《太平广记》中。所以用画作个附件，略加说明，比单纯以意为之画个不三不四半身像为有意义，也能结合传记显得活泼些，群众能接受。

正如陈北宋诸文学部分，附个李公麟作《西园雅集图》小样，陈司马光通鉴时，附个《独乐园图》，并引引《洛阳名园记》中叙独乐园情况，人与事结合得较好，可以补救过去单陈一旧半身像活泼得多。不必每人如此，就已有的补上去，就比较活泼多了。

又如陈唐宋瓷部分即和喝茶的社会风气有关系。由《〔清明〕上河图》《文姬归汉图》前部分、《琉璃堂雅集图》《香山九老图》《萧翼赚兰亭图》《斗浆图》即有六七八个公共茶馆，或私人集会、和尚待客以及过路卖茶情形，作为三寸高四寸阔小白图在瓷器座下说明旁陈列，工农兵观众一望而知，这多因为喝茶成为社会风气而发展了瓷器、盏子部门的多样化！

热河辽驸马墓出土银鎏金鞍饰

史称"契丹鞍马甲天下",这个鞍具残件是否契丹名工所作?值得商讨。说明中似得作点分析工作,是历博分段工作同志应有责任。没有即补上,原不妨附个复原小图。

据个人私见,鞍具实为唐代"金银闹装鞍",鞍桥上的龙凤装饰,及后桥部分五扁孔即可证明。因为属于唐官定"五鞘孔"制度,原本挂上五个丝绦,长过马腹,后一条略长二寸许。实物虽已无存,还可据《虢国夫人出行图》《唐人游骑图》,及昭陵六骏石刻得明白大略。即传为五代驸马赵岩所绘《唐人游骑图》轴,五鞘孔制还极具体。新近印于台湾故宫博物院九册图录中。赵岩在当时,是以精于鉴藏而著名的。

但唐人骑乘已少用铃镱,后膊装饰转而为"杏叶",所以这份鞍具有二可能:

一系"诞马"使用,在本人骑乘前,仪卫鼓吹后,作个样子,并不供坐骑。可能性相当大。因为记得北朝造像石上端即有此式诞马出现,全身铃镱多作♠形,多零星实物,长寸许。后部还加羽葆,特别华美。最早似出于《三国志·甘宁传》?骑着这种满身铃镊的骏马去抢劫，后来所谓"响马"，即由之而出。习通史的多知道这个故事，可是若不与文物结合，知识可不具体。(《辞海》《辞源》若得附个图，问到博物馆同志，也提不出具体材料。)

其次，即系北宋与契丹划境分治百余年间，有时使节聘问往来。北宋除每年供应契丹丝绸银两等廿余万匹两，逢年过节还派专使送有特别礼物。这鞍具实为北宋政府礼物之一。还是名叫"金银闹装鞍"。记载见于《宋史·舆服志》。《宋会要稿》亦提及。当时官定鞍制十多种，包括马镫。"金银闹装鞍"最贵，值银二百几十多两。(最低的是县令所用"铁错银衔镫"，计价只十二两。)用来殉葬，可知定比契丹制鞍具还精美！契丹制鞍具，目前所知，似只传契丹画家胡瓌作《卓歇图》中马匹有个大略印象。障泥（韂）特大，前部分□接近马足，妨□□动。画□后人所□因有此□□。

北宋其所以重定统一鞍制，实有原因。即五代十国数十年割据中，各地统治者多极端奢侈，反映到鞍具上，如广东有用真珠镶嵌的。因之沿袭唐制，重新定出各种规格和价值，似由官工业造作，当然也就有剥削，成为政府一项收入。

宋代统治者为笼络亲信文武大官，特别贵重赏赐，每年有七种锦袄子料。在鞍具上，则加"狨座"。狨座是什么，谁也不知。明代著名的《三才图会》书中即不提。狨是川蜀产珍贵金丝猴，背上披有金黄色长毛一大簇，长约尺余。曾在京见过实物座褥。图像上反映，唯有明仇英摹宋人旧稿《文会图卷》散马群中有一具，可供参考。由于个人孤陋寡闻，可能还有别的画面反映。

唐书法陈列意见

关于唐代书法，记得只陈一《怀仁集王书圣教序》。内中记载系关于太宗如何信佛玄奘如何译经宏法事。这个碑拓，搁在唐代书法部分，作为代表，有点不伦不类。集"王书"既不可靠，而对唐代和以后书法进展，也影响不多。或转移到玄奘法师柜中，反映"中印文化交流"，比较妥当。（购买时，以为系"北宋原拓原装"，值千五百元，亦不足信。因为封面装裱，是乾隆中晚期万字流水杂花锦，绝不会是什么北宋原装！商人胡说，专家鉴定，值得商讨！）

据个人私见，还是实事求是些，照历史习惯，排列作一较长平柜，或二平柜，势有必要。以欧颜为重，因为主要影响到后来一千多年的刻书字体，作用大。

一、欧阳询《化度寺碑》（《砖塔铭》？或小字《度人经》？）

二、虞世南《夫子庙堂碑》（或《汝南公主墓志铭》？）

三、褚遂良《圣教序》（或汲黯传真迹《枯树赋》？）

四、《颜真卿家庙碑》，或？

五、柳公权《玄秘塔〔碑〕》

六、李邕《云麾将军碑》《麓山寺碑》（代表行书）

七、孙过庭《书谱》（代表草书）

八、李阳冰《嵋台铭》?（代表篆书）

九、怀素《千字文》（代表草书通俗普及）

十、初唐写经（代表一时流行体，但后来影响却不大。）

以欧颜为主，因为从发展言，直接影响到北宋后刻书字体极大，约一千年。除明清部分刻书，曾采用过虞欧相混字体，作为参考。一般宋明刻书，大多数都属于欧颜体。以致近代铅体简字，无不以欧颜为底子发展而成。

从发展观点作重新布置，似比过去无计划放一本《圣教序》有意义些。内中《汲黯传》似有真迹影印，《书谱》有真迹影印，其余不一定要唐宋拓，即明拓，也无妨。因为不是文物陈列，重点在说明这一时代书法成就及其对后来影响。特别是刻书应用，比艺术还重要。《书谱》则对于草书议论有所阐发，怀素《千字文》则因有通俗教育影响。李阳冰之玉筋篆，则近于"殿军"，以后宋元明清除作碑志题额，已少使用。在说明中，似乎都可概括提提，使观众得一比较明确具体印象，才能达到历史陈列目的。

汉锦陈列

(附陈形象)

一、似可将汉石刻中织机绘成白图三寸许附入,图中虽是"曾母投梭"故事,织机还是比较具体,时间比□□□。

二、似可将石寨山铜鼓上一群奴隶坐地织机绘二人白图,高二寸半,宽四五寸,代表商以来较原始织机。因为这种就地腰机织法,既可说明早期提花技术,多几何规矩纹原因。(我住的苗乡,织的著名"峒锦",还是那么搞的。而花纹恰和商石刻人像衣着花纹一样。是用手清理经线,用各式小梭子或彩线团过经,后用牛肋骨压线而成。记得故宫陈列乾隆时海南岛所贡雕花织具,也还相同。这也可间接说明长近尺的璋式玉刀和方玉琮,疑为古代织具,有一定道理。)又可明白《汉书·西南夷传》提及的著名的木棉"白叠布"、起花的或织或印染"阑干斑布",就出于这种织具。而这种布或即是张骞使西域所见"蜀布",由印度转入西域,比锦绣先到国外的!

三、在汉锦或丝路图部分,结合这些图像,参考史志重作说明,值得考虑。

四、汉锦陈列实物中,宜有"长乐明光"字样和"登高明望四海"字样两种，因为能说明产生相对年代。"长乐""明光"同是秦、汉宫殿名称，而"登高明望四海"又显明和秦皇汉武上泰山封禅有关，因此这个锦样产生的年代，早不会过秦始皇，晚不会在汉武帝刘彻后。但据东晋时的《邺中记》记载，锦有"大小登高""大小明光"，又可知到晋代，还继续使用这个图案。或加"豹首"锦，"列明锦"（《拾遗录》曾提到名目，是一排灯盏），下引《急就章》豹首离云爵等廿一字形色具备。

（文字说明中，若能适当有个交代，说明就活泼多了。有必要时，我来为作一简要说明。目前的似乎不大有教育效果。或遇好事外宾和好学工农兵发问，这些"锦缎是汉代什么时候产生？这些字又是什么意思？"不明白原因，就难于作比较正确回答。临时查书，从那里查起？搞分段负责同志，似乎还得大大努力，每一重点材料，必吃透它，学懂它，向纵深发展，值得认真学的还多！如仅在卡片上写名称、年代、出土地，恐不大能满足今后要求。）

华佗像下附陈参考

名医华佗部分，若据《三国志》旧传，可以陈列。单陈一像，不古不今。因为汉末巾冠形式，还有的是材料可以参考。冠宜参望都画，巾宜参淮南汉墓石刻中人物或西汉壁画《二桃杀三士》巾子。这是肯定他是汉末外科名医而陈。以巾而不冠为合。

若据陈寅恪考订，佚事似多与印度名医传说相合。（这有一定道理，也可以不那么细问来源。）

但华佗因后来《三国演义》章回小说的流行（就说三分而言，即早于唐代已流行），"关云长刮骨疗毒"在群众中印象甚深。是否从传中提得比较具体，而直到现代还影响卫生工作的"五禽之戏"即熊经鸟伸和鹿猿诸活动形象，加些附图，对观众还有教育意义？值得考虑。

这个"五禽之戏"方法，在传中说的虽简而扼要，但却无图像可证，因此近年某医药卫生机构出版物中所附的图像，不免显得十分可笑，以意为之，不得其解。事实上虽无当时图像，却多的是较早一些五禽活动图像，也可说就是华佗所依据的，可以分别汇集下来，作为参考。熊的不同活动形象，特别丰富，反映到器物坐承上，即十分具体。比如故宫大型鎏金酒樽（承旋）即有嵌宝石三立体熊像可取，又战国部分一错金银铜仓下脚，也用三熊。事实上应是西汉，因为仓是西汉，熊为座。又一玉卮下承三熊。至于"鸟伸"，似指鸿雁延颈而飞状。汉彩绘漆也多有作这个飞行姿势的，新的如近年广东出土残漆器上反映。（报告以为海鸥，恐不合，因为鸥颈短而翅阔，鸿雁则颈长而翅较小。）旧的还有三式可参：一诺因乌拉汉墓出土残棺上的飞鸿，二平壤出土的汉朱漆盘上飞鸿，三故宫战国部分角上一柜所陈一错金戈戟附件上反映的云中飞鸿。是在云中飞行，不是在波浪中。提及第三种，可能有人将提出意见，说是明明白白陈列于"战国"，怎么能引为汉代例子？岂不是错了吗？我说这不仅是汉，还是西汉，是刘彻时产物。因为是从淮安五鹿充宗墓中出土物，日人所盗掘，早有了简单刊载。即无报告，还是必成于西汉。错的可能是故宫专家，孤立的把时代提早了些。并且上面鹿兔奔驰，也可说五禽之戏具备于这个小小管形兵器附件上。记得汉乐府有"仙人驾白鹿"句子，这个器物上面主题部分，正恰好用的是乐府词意，作一青年仙人，可能是王子乔，或王子晋，背间垂二翅膀，乘四角向上卷起的（所谓芝盖）云车，由二鹿，还应是白鹿！驾驰在云中飞行而前。还有羽人手持三株树在云中，一切都反映的是刘彻时代方士浪漫传说，若并平壤西汉王氏墓附近所得同一作法的，主题为一骑士返身引弓射虎兵器附件而言，反映的恰是《长杨赋》《羽猎赋》诸赋描写。则这种武器附件肯定产生于刘彻时代是无可疑的。尚有可能还是当时宫廷亲信"执戟郎"官手中物，或随好事喜弄迷信长生的刘彻登泰山封禅仪仗中之一。所以即只把这一件器物上的诸禽兽活动形象分别绘出，作为华佗五禽之戏养生法所本，也不会大错。而这部门技术，显明和现在提倡的气功与太极拳还有关！

汉《艺文志》将"神仙""房中"各列一家，对服食养生必有一定道理，不尽属空谈。直到汉末曹操当权时，曹植文中尚有论方士郗俭等事，曾为"导引行气"等作过试验。并以为曹操主张把这些方士聚在一处，免得煽惑人民。也即反映这些方士必有一定技术基础，不然就不会在社会上起作用。华佗、左慈均其中较著名的。

金属加工

似值得作一专柜陈列，有点百花齐放意思。反映金属应用技术的进展。

是具体而重要科技进展。比记里鼓车专用于帝王仪仗队玩意重要得多！

在战国部分，最重要的事件之一，是铁的发现，对于农业生产的提高（特别是农业）有飞跃意义。封建制的形成，大商人阶级的出现，随后诸子百家的争鸣，都奠基于这个生产普遍发展提高规模上。这一阶段的前言，似乎应当这么概括说到的。但除了热河出〔土〕那份铁工具范，此外各省出土铁器实物，似还不多。要证明《管子》说的一农夫必有一全份铁工具，如……加上铁范凑成一柜，似还不大容易。而且如和那些"铜饼"原料在一处，还会给人以另一印象，即这些工具，原来还是铜作的。所以如照通史所提，战国时铁工具已"较大量"或"普遍"应用的说法，似应搞一专柜陈列铁工具，才有说服力。才有分量。

铁工具的应用，不仅影响农业生产，也影响到金属工艺加工，转为多样化。除部分兵器、礼乐器、应用器物外，还在另一方面运用上有新的进展。

一、薄铜器的出现，如近年在河南一带出土的刻花薄铜器，画面且由连续图案转而为生活反映。狩猎、宴乐、战争活动无不具备。也有可能这种薄铜器是紫铜成分加多，延展性强，系捶制而成的。（值得作作成分分析。写到卡片上。）

二、即薄银器的出现。作半桃形，无纹饰。（当时推测，这是新事物，必有铭刻文字。故宫同志就藏品仔细辨识，果然于边缘发现刻划极细文字一行，字体和寿县出土铜器铭刻相近。一共计见四器，大小均相同。有一器或在馆中收藏，可查查，应展出。）

三、即金银错器出现。春秋以来，吴越兵器只错金，不见银，战国时才金银并用于一器物上。（以故宫罍代表。不能调即绘一个也成。有代表性。另一卮恐是西汉，因三足作熊形。置战国似误。）

四、银上鎏金器物出现。最有代表性是辉县出土那个大型犀比钩。（如系用水银作接触剂，证明水银已烧出。）

五、铜镶铜兵器出现。如长沙楚墓所出剑，有代表性。

六、青铜嵌紫铜器物出现。一中型罍，不在本馆即在故宫。（原在裴振山处，传辉县出土。）

七、铁錾金镶玉、彩琉璃、水晶、犀比钩出现。以信阳大墓出土物有代表性。（兼说明高硬度的金刚砂已应用，才能碾水晶玛瑙。）

八、錾银器出现。以长沙楚墓出土弩机有代表性。似木上错银，为仅见。（似为申博收藏。曾见过。商量调来。或绘出。）

九、以黄金为货币的"郢爰"出现。并有用薄金片捶印成龙纹饰物。（故宫和馆中均有。）

225

十、青铜原料大铜饼出现。(这问题涉及冶金技术发展史。因为原铜应系紫铜或红铜。据《考工记》叙述不同器物配料成分均不相同。而且据专家就商代不同器物进行分析,成分比例多还与《考工记》叙述相近。但这铜饼更应加以分析。因郑州、安阳,似均有青铜原料出土,却未闻有紫或红铜及锡原料同时并出。侯马发掘也未听说有杂金属原料。这里就存在一问题,有待明确:各种不同青铜的产生,是将不同金属分别炼出后,再按需要配合而成,还是将原来矿石粉末配合?照《考工记》所说,似近前一种方式,则郑州、侯马均宜有其他原金属及红紫铜料出现。如系后者,则各矿石含量不同,如何能明白比例?有待考古学者和冶炼专家回答。又银的出现,是由综合铜矿得来?是由铅锡矿得来?还是单独得来?也有待探讨。又同属铁质,一作热河出土镰范,一作信阳出土带钩,似乎也值得分析一下成分是否相同。因为贵贱差距过大。

十一、还有青铜鎏银器出现。是否即古代所谓鋈续?(记得辉县文物展有一大鉴,双耳作银白色闪光,如不是鎏银,即系一般所谓"水银浸"。值得查查看。如系前者,应展出,作为一例。是件重要科技发明。恐系鎏银,因其他部分均无锈,还只见此一例!)

十二、战国金属加工器物中似只见银上鎏金,至于青铜上鎏金,直到西汉才出现。(技术上有无不同处?有待明确。至少应在卡片作点交代。)

十三、战国时开始在彩绘漆棺板加金银粉绘。(这些粉末如何作成,技术上有无同异?待明确。也是金属加工一件大事。)

关于金银加工节略要点

一、商代曾有薄金片发裹一小青玉璧。(后人称为系璧,意即佩饰。若指带与带间连结具,只见于唐代和尚着袈裟,如李真画像有反映。事实上在商代青铜大钺一孔中,经常即嵌有一小玉璧,璧孔中再嵌一蚌浮沤状蚌片。)用处不明。

过去人对于春秋战国才得到发展的青铜错金银,虽有"商嵌"之说,似出于宋代"玩古"者之口,至今为止,在发掘品和传世物中,似未闻有商代错金器。(只最近闻山东库藏中一有銎戈错金,近孤立。凡事不孤独存在,或系春秋以后加错金?值得研究。)

二、直到春秋时,相距约七八世纪,吴越兵器(车器酒器似均较晚一些)才有错金,少虞剑有代表性。错金字在剑身,一般多在剑柄端或剑格上。(成为装饰性花纹效果。)

三、结合珠玉彩琉璃镶嵌于镜子上,青铜罍上,和新流行的犀比钩上,一般在战国时期。时人说:"宾客满堂,视钩各异。"金属加工工艺重点虽然仍在兵器制作上,以戈、矛、剑、箭头为主,不仅需要量大,而质也不断有所提高。但作应用艺术品而生产的带钩，则在"多样化"和"综合运用"方面，技术和艺术上似乎都可说取得特别进展。——由于冶金技术的提高，这时起始发现用铁作本体，错金后再加嵌水晶薄片和高硬度白玉和彩琉璃的带钩。由于釉陶的启发，这时候除了烧造釉陶加彩的圆珠，还能烧造晶白，碧蓝，和加彩或多色混和的彩琉璃珠，由于碾玉技术的进展起始能碾高硬度的水晶和玛瑙。由于烧造水银成功，用它来作媒触剂，发明了银上镀金的技术。（或青铜镀银，似即古人所谓"鋈续"。所见例子似只数种，辉县出土一青铜大鉴两耳环即银白色闪光。可能还是一种合金，值得查查。）

二千年来，历来就金银并提。谈"五金"则"金银铜铁锡"。似乎还没有考古学者或史部学专家"权威"，或文字学专家，以及金属发展史专家，提出个人人都来不及注意的问题，即金银的冶炼技术是否相同？如果是原料本质不同，一则从溪河中闪闪发光的金沙，即可用小如杯状坩锅，就油灯上用吹管加氧，就可熔成小块，进而搥成薄片，或拔成细丝。取得白银方法，就不大同。（有可能还是从炼铅锡技术上间接发现的。这一点我少发言权，不能妄谈。）但是从搞文物角度而言，金银同时应用，如"金银错"，综合应用，如"银鋈金"，却在战国时期。两种金属的发现，

本篇手稿缺失尾页。

黄巾起义

汉代接近末后转角处，有幅《黄巾起义》壁画。似由刘继卤同志执笔的，作数骑士持大旗，号召行动状。似可考虑重绘，使得这个基本摧毁了东汉政权的广大农民革命的壮烈行动，显得生动活泼一些，深刻化些，才比较符合这个历史阶段这一造反气氛。

一、画面人马活动主要参考材料，是辽阳汉画，值得特别注意处，是车马骑从的布置、色调，骑从在行进中姿势各不相同，综合起来即形成动的效果。色调也可参考，用晕染法，不用线描，容易得动态。

二、中间较后还可夹杂些车乘，可参用四川画像砖过桥车马随从，调子相同（假定作为官僚太守县令类吧），还得加个女车。（太守似有五马之称，至今为止还无此车。）

三、可用绍兴车马神像镜子上的反映。从《绍兴古墓聚英》一书中选取，车的特征是和个册年前车站接客轿车差不多，从后边上，后边拖个长长绣帘，应当叫"通明绣幰四望七香车"，也即是曹操杀了杨修后，用卞夫人名义送杨修母亲的那种车子。

镜子上是作为西王母所乘，所以用四马。事实上大致以二马为合宜。（到北齐则改进为颜之推所说的"长檐车"，马牛兼用。隋唐为"金犊车"，唐为"油壁香车"，用小黄牛，后面依然长垂绣幰。即用四马也成，四川那个骈车技作为从属。）

四、作为在行进中被一群黄巾起义军突袭，搞得个人马仰翻，狼狈万状，部分则随战随逃，烟尘滚滚，效果会比原有画好得多。原画过于板滞，无力，效果不佳。

五、内中重点在车乘被袭击部分较大，宜占横幅五分之三部位。前为追击逃骑。稍斜向上，人即越来越小，越模糊。

六、车中人衣朱，黄巾着麻布衣，裹巾帻如望都"伍伯"，执环刀，环下亦可垂黄縩，直扑车骑。车本宜黑漆朱斑轮，即内圈作朱色，外骨作黑色，有意粗简些。颜色相错，黄色加强，黄黑相对比，效果必相当好。

七、求色调明确，亦不妨参长沙出那个车马漆卮（或奁）上绘法，报告说是战国，事实必为西汉，只从马嘴边的 ʔ 云纹镳即可知，是汉马饰特征。《释名》称为"排沫"，唐代尚应用到，不同处是汉代讲究的多作 ʔ 火焰云状，唐素净不饰。这个画笔道简而生动，画时甚至于还可试试用灰黑地子，上作彩粉绘，易突出。旧格一例用白地，难见好。（可商画家，不妨试试小样，即可得效果。）

汉代文字意见

文字到汉代有极大进展和变化。西汉初,一般铭刻文字,犹保存秦代官文书"方整平直"字体。虽容易认识,而不便于书写。因之从两方面影响,引起了新的变化:一从艺术要求出发,加以简化,如镜铭中由"见日之光"镜起,到西汉末上方官工"新有善铜出丹阳"镜子一系列材料,即可见出它的简化试探发展。但并没有得到成功。因为虽达到了艺术效果,而失去应用效果。不易普及。二即从应用出发的试探,由于商业及吏事的要求,发展了分隶和章草,却得到了迅速进展。到西汉中期,就已见出它的影响,除玺印及少数宫廷用铜器铭刻题识,部分还保留秦代字体方整平直。在简牍上应用文字,以及漆器上书写题识,就多已采取分隶,简牍上且进一步应用了章草。因之有黄门令史游作《急就篇》的产生,便于儿童启蒙学书识字用。(秦已有《凡将篇》,不传。)后来的草书《千字文》,即由之影响而出。

这种学书习字工具,照古代记载,是用个三角形木材,名叫"觚棱",近年西北即有实物出土。并且由于西北大量竹木简的发现时代有汉有晋,因此得知,在蔡伦典黄门,主持造作,和工人一道发明利用废物造成纸张一二世纪后，由于经济或其他习惯原因，竹木简的应用，在国内若干地区，还继续流行。一面是字体便于应用，到东汉章草得到广泛流行。另一面是石刻碑铭的兴起，及官文书的使用，分隶在社会上却得到的特别尊重。艺术要求因之也日新月异，各具不同风格。同时也不免失去一定标准。因此到东汉末，才有蔡邕书六经立石于鸿都门，太学生观者车马阗咽情况。

同时也有因善于章草而名家，由分隶转而为今隶（楷书），再发展为行草，多和应用要求有关，影响到千七百年，直到解放后，简体字的流行，还是从楷书和章草有所启发，得到进展的。

所谓书法艺术的进展，过去多以为某某人贡献特别多。而事实上一面固然有个人的比较特出贡献，另一面，却由于应用的要求，由于人民的共同努力，而得到进展的。因此，传世许多无名的墨迹，不少格外精美。有些"名□"反而"名□□实"。

一、秦量铭例（摹绘实物　另摹文字）

二、汉鼎、炉铭例（摹绘实物　另摹文字）

三、汉漆器分隶款识例（摹绘实物　另摹文字）

四、汉居延简中之章草与分隶简例（仿摹有代表性和有《急就章》的）

五、汉砖例（陈原物数种附拓文字）

六、汉碑例　礼器、石门、史晨、张迁、娄寿、夏承（用拓本，明拓印成，不重宋拓重文字）

七、弩机铭刻（陈实物摹文字）

八、汉石经（陈残石或拓本）

九、传世张芝章草（用阁帖本）

十、传世钟繇戎路帖《荐季直表》(用阁帖与三希堂□重文字不重拓本)

文字由秦权量统一规格,影响到西汉一定时期和一部分铭刻上。由于应用要求,作不同发展,进而为分隶,为章草……

似可考虑作一较长平柜,将以上十部分材料循序陈列,并作一总说明,概括发展原因和不同情况。至多有四百到六百字,作一交代。似有必要。

历史陈列关于书法这么有计划布置,比有什么放什么的方式,比较主动,比较有教育效果,也比较符合历博要求。盼注意。不要怕麻烦,为人民服务,不能怕麻烦的。

刘向是否应有一平柜陈列？

刘向在中国封建文化史方面，似乎应当给予应有位置，主要贡献即：

一、整理校勘旧书的工作，有一定贡献。可说继司马谈之后，对先秦旧书整理分类用功最勤的一人。后班固的《艺文志》即受其影响，得到便利。

二、所编《说苑》《列士传》《列女传》《孝子传》《列仙传》《新序》？《晏子春秋》？多取法韩婴说诗方法，用一小故事示例，而后加以赞语作结，有所褒贬。体裁上在较前战国时，虽即已为诸子百家所采用，墨家学派中宋牼，且专以说通俗故事（以小喻大）名家。（汉《艺文志》小说十五家即有宋牼。）但刘向却比较有计划的分门别类来作这份工作，等于把儒家教义通俗故事化，且不一定受儒家严格范围，不仅在当时有一定影响，而风格体裁对后来《世说新语》和唐宋短篇小说，都或多或少发生过影响。

三、他整理过的《晏子春秋》《韩诗内外传》？和编辑的《说苑》《列女传》《列士传》《列仙传》《孝子传》诸故事，且间接影响中国美术史或人物画史。如近年发现⊖《二桃杀三士》壁画，

㈡彩筐塚彩绘漆《孝子传》故事画,㈢宁万寿"孝子棺"故事画,以及㈣新出的北朝彩绘漆棺《孝子传》故事画,及传世㈤《列女仁智图》(实即是《列女传·仁智》篇),受《说苑》影响的㈥《晋文公复国图》,间接受《列女传》影响的㈦《女史箴图》和㈧《女孝经图》,及宋墓中《廿四孝图》砖刻等等,及㈨显然出于《列士传》的影响淮南汉石室墓中列士形象部分。若把这些新出和传世人物故事画集中研究分析,即可明白多和刘向所编诸书有直接间接关系。占目前所知古代人物故事画一大部分,而且可说主要部分!(至于历来题作宋刻顾恺之绘插图《列女传》,倒不足举例,因为显明出于宋以后无知妄人附会。此图只能到南宋!)

过去治史学人,多只就史言史,所以至多只提及他在整理旧籍上有一定贡献(或引引他《谏〔营〕昌陵疏》),极少提及他对于小说史和绘画史也间接有所贡献的。

目下陈列除了三大斗争外,其他多近于有什么陈列什么,不怎么联系史实,也不深入分析内容,反映于说明卡上。如望都汉画究竟解决了什么旧疑难,又启发了什么新知,缺少应有交代。淮南汉石室墓也如此不作交代。因此教育意义即不明确,不具体,且似乎即少有人注意到和刘向《列士传》有关。而事实上这些形象材料,却有可能在西汉当时,即已是文图共存的。

王充像位置及说明

一、王充似于廿八岁时入洛阳书市观书，在东汉初年，正值"挟书律"解禁时。

二、因"挟书律"解禁，才能有机会在书市中看到千百种阴阳术数诸子谶纬杂著。《论衡》的产生，和"挟书律"废除分不开。反映见闻，一部分是战国时阴阳杂书，一部分或只是较前一时社会所流传的阴阳家和儒家共同附会图谶的造作。所以在王充以前的桓谭，即明白宣称不懂谶纬，不相信。到东汉，诸书已许公开，在市上出售，即说明原有神秘禁忌，已半失去意义。但社会上必然还有相信的。

三、说明中似宜考虑到这个社会新背景。

四、作《论衡》似在卅余岁时，或应比目下塑像年轻些。有可能换成一观书画面，效果或许强些。

五、像的位置似应当移前一些，如果不是误记，目前放在黄巾起义后，时间上似不大合。时间上排列，是个技术问题，但也得照顾秩序，免得对观众产生混乱印象。

六、在可能情形下，安排到前面一些，和王莽不要相去过远。因"挟书律"禁谶纬说，似出于王莽。而莽又十分迷信此事。至少是乐于受本人利用，不希望被反对者利用。刘向的儿子刘歆，也就是明白谶纬说近于读书人伪托，而自己却想利用它，终于死去的读书人之一。因谶纬说《河鱼赤伏符》①中有"刘秀发兵捕不道，四夷云集龙战野"而改名"秀"，以图应谶，不幸死去。但另一刘秀，却上了台，成了东汉第一任统治者。

七、如平柜中陈列《论衡》，似可将本书中有关辟谬理惑的对立面流行的什么《论语比考谶》《乾坤凿度》等选一些。《论衡》"无神论"之产生，正由于反对有神论的荒谬种种。而这些神是杂迷信，比道教和佛教还早得多，即存在于社会许多人心目中，形成一种势力，产生种种作用的。桓帝祠老子，比王充晚得多！

---

① 《河鱼赤伏符》，疑为《河图赤伏符》之误。后面引文"四夷云集龙战野"，依《后汉书·志·祭祀上》为："四夷云集龙斗野"。

司马迁像及位置

司马迁像如照旧陈列，似得重绘，或改作一瓷像，如王充形式，较妥。他在汉代比王充贡献大，比张衡也大。此像记得系坐于土坡间，如一越剧戏文中小生，演完戏后休息情形。车亦不大好。宜参四川出马车，轭与辕关系极□。当时即建议重绘，因为：

一、西汉人实无此等坐法。观众问何所据？即无从回答。

二、人像呆钝柔弱，无气魄，与司马迁性格不相称。

三、求着题（访问旧老乡人？）反而不着题。

似可考虑改画一个，不如作中年样子，继父志，搜罗故闻旧籍，写《史记》情形，比较重要。求切题，本人形象不妨参考望都画橡吏写奏牍情形，年四十以后，不留须。据独坐，面前置一案（参曹王墓案极具体，或参四川砖浮雕"文翁讲学"一图，或伏生传经，旁加一较长之案，置数十卷书简于上。（宜有竹木简和缣素卷子，前者较大，而后者如隋唐写经小卷。）

画前搁一平柜，内中一、陈竹木简中《史记》残简。二、陈唐写本《史记》残卷。三、宋刻《史记》。（过去单陈列一影印

《史记》，只给人一种错觉，易误为当时《史记》即这么样子，而事实上却经过四阶段，一即用竹木简起草，二即誊清于竹木简，或绢帛上，均隶书，三即唐人用楷书转抄，四再转为宋刻本册子。新陈列似乎总得交代一下。）四、受《史记》影响在唐代转为通俗文学《季布骂阵》卷子。五、受《史记》影响在元代转为通俗文学《六国平话》。

司马迁像或可以紧接汉武帝刘彻后边，因为后半生与被刘彻处罚有关。而《史记》中如《封禅书》等记载，对刘彻的迷信愚行多直言不讳，或充满无言批评。

有关唐代绘画改陈意见

过去墙上陈东北美院宴少翔同志摹传张萱《捣练图》卷，似乎已成主要画迹，不大妥。原画已盗出国外，据彩印本比较，此摹本最大弱点为着色及衣上花纹均不合原迹。似可考虑，不然将给"一般观众"一种错误印象，而为"内行"所笑。私意如必需陈列，似可有三种方式：一、照原色图复绘，莫节外生枝。（因为历代绸缎花纹和颜色也各有历史，区别显明。我们既搞的是历史陈列，不能不认真一些。）二、不妨用已有的单色原大照片。（下面即可注明，"此名画早已为美帝盗出国外"。有政治效果。）三、想办法托人照原色照片回来，闻可以公开买。（还是注明"已盗出国外"。也有政治效果。）

除此外，即不陈列这个复本于艺术部分，免得给人以错觉。而移到唐代丝绸柜，作治丝练染工艺过程。在说明上，交代一下，周代以来，纺织练染即属于"妇功"，每人年有定量，上交国家，成为政府经济基础一个重要组成部分。因此，较早就反映于文学艺术中，成为文学艺术主题。即在汉代通俗读物《急就篇》中，对于丝绸花纹色泽，也有较细致的形容叙述。而对外文化交流，这部门生产也始终占首要位置。（到宋以后，才和瓷器秋色平分。）唐代丝绸生产有进一步发展，不仅蜀中锦缎印染著名全国，而各州道也各有充满地方性的不同花色品种，名目备见于《唐六典·诸道贡赋》及《唐书·地理志?》中，不妨把丝绸名目列举一表。此外西北特产的红色毛毡，西南各地特产的麻、葛、藤、蕉、棉、杂植物纤维织成的细布，也各有特长。丝绸印染加工，更加多样化，有蜡缬、夹缬、绞缬，诸不同技术过程，形成各种不同艺术效果。丰富了纺织物的花色内容。因此艺术家也经常用它作为主题，留下许多著名画迹。这个画卷是其中之一。前人有以为六朝人作，又以为唐名画家张萱所作。从衣着分析，画必成于盛唐开元天宝间，则无可疑。画的是练帛染色过程。宋代的《丝纶图》、牟益?《慰帛图》①、无名作者的《宫蚕图》，多属于同一主题的画幅，各有详略。以这个《捣练图》最著名。原画早已为美帝国主义者盗出国外。……重点即转成为：一、这是有关丝绸生产加工的主题画之一，反映生产过程的复杂和多样性。二、这是个被美帝盗出国有名画卷之一。这是个复制品。

至于唐代绘画部分，则易作布置，据个人印象，有以下诸画可用：

一、传展子虔《春游图》，（实唐人《游春山图》之一，可摹绘或彩色照。）代表山水。（下不妨注历来传为隋展子虔作。）

二、传宋人绘《曲江图》，（恐还是唐人作品，彩色照相得用。）代表社会。

三、《文苑图》，（或调故宫《李德裕见客图》，《琉璃堂雅集图》，同一性质，而画面较多。近于宋或以后人摹唐，均传为出自韩滉。）代表人物故事。

四、摹敦煌壁画《乐舞图》，（记得是开元间绘，用围屏遮蔽，主题为一有须中年，傍桌坐定。有数人奏乐，一青年歌舞伎背面扭腰作舞容。极显明可证后来所谓《夜宴图》实有所本，因舞女形象完全一致。）代表社会。

五、传世《韩干双马图》，用照片，（下加注明，被盗出国。）代表画马，比《照夜白》好得多，也比较可靠。

六、敦煌画屠户、拉纤手……代表以劳动人民为主题的壁画。 四、六均可商请敦煌研究所摹个复本，省事。

七、缩摹永泰公主壁画主题部分代表人物画。注明原尺寸。

八、《步辇图》。（或放唐太宗像后，则作政治事件画，或政治故事画。）

九、调故宫《唐人游骑图》。或照原大相。（故宫定宋人，恐还是"唐"或"宋摹唐稿"。因马匹五鞘孔是唐代乘骑官定制度，反映到各方面。宋代已作废，另有十多种鞍具规定，十分明确。这个画卷仆从执弹弓和球杖，也是唐人习惯而宋未闻。）

十、……如有可能，将敦煌贞观时绘维摩说法部分摹本照彩色图缩至二尺左右，作为主要部分，生气勃勃，调子明朗，比《捣练图》摹本强得多，似可代表阎立本。

这些画幅多较小，但是可反映社会生活各部门。敦煌乐舞也是家常生活，不是《佛说法图》的"伎乐天"。

拙见望能供参考。布置这部分似应主动些有所取舍，不宜被动的有什么放什么，却不能解决问题，且一被观众询问，即将不免不知所措。反映的是胸中无数。宜有数。

---

① 牟益《慰帛图》，疑为牟益《捣衣图》之误。

宋甲马

作说明或可参考，《武经总要》交代不清楚，若绘宋金战事即可参。

《唐六典》载甲制十三? 种，内中马甲只一种，其余材料有分别，马甲不提。在唐代重要图像，和大量三彩陶马中，从未发现具装马。著名石刻昭陵六骏，即说明李世民身经各大战役，乘骑均不装甲。敦煌壁画有攻城战事乘骑渡河图，也不被甲。《张议潮出行图》有大队骑从，也不见甲马。只传世《免胄图》（即《郭子仪单骑见回纥图卷》），有少数甲马骑从，作者却为北宋李公麟，李作多据旧稿，画马特别多摹唐稿。但这图却例外，马形是宋式，郭衣着也非唐代便装。在新疆高昌旧址发现的著名壁画《分舍利图》，宜成于初唐高昌未灭以前，四王子的乘骑，也不着甲。

据史志记载，唐六军马匹即不装甲。试查查《通典》或《唐书》或有较详叙述？笔记称"六军多着小袖花团衫，小帽，如打马球衣着。"当然不宜作战，这个记载似还可信。因据《张议潮出行图》大队骑从看来，也还是穿小袖花团衫，戴小帽，便于在球场驰骤，而不利于作战的。（张出行图或和名画中《金桥图》

《摘瓜图》有关，二图均绘明皇率六军逃川中故事。不是二图由之而来，即是出行图本于二图而成，此事当另为文分析。）

但唐或五代十国，却肯定还有甲马，而且是"精铁"作成马甲的。据较后文献记载可知。

宋初赵匡胤受军人拥戴得到政权后，用赵普建议"先南而后北"，不久四川孟昶、南唐李煜，及浙江钱氏均投降称臣。政权扩大后，为壮观瞻向人民示威，组织了个近二万人庞大仪仗队，穿得花花绿绿，名叫"绣衣卤簿"，画成个长长的图卷，名叫《绣衣卤簿图》，周必大为作图解，名叫《绣衣卤簿图记》。这个仪仗队当初就有不少真实具装马，骑士手执真正武器，临时从武库取用。后因统治者觉得虽显示了威风，同时因器甲"铲磨精坚"，也不免相当危险。因降官陶谷多识博闻，参预其事，部分具装马才改换用青绿绢帛彩绘成甲状，代替了兵器库中实物。

据史志记载，这个庞大无比的仪仗队，原来还不到二万人，后来陆续增加到约二万八千人，一切大小兵械乐器全上了场。衣着还分锦、绣、印染三种，就因此北宋百多年中，不许印染花板流行，怕人假冒。南宋后才一律解禁。

所以具装马发展到宋代，已分成两个部分：一是根据陶谷的设计，用青绿绢帛画成马甲，摆摆样子的。一则是没收五代十国实物。据记载，江浙投降时，就缴金银装器械五十余万！用精铁或皮革作成，与契丹和女真作战时，彼此均使用到的"铁浮屠"。宋人作《武经总要》，图中把它分解成几堆，为一一定下名称，却难得全貌。具体形象，除《绣衣卤簿图》所反映，大致还可从如下画幅中，得到一点印象：

一、李公麟绘《免胄图》（旧《故宫周刊》印过。解放后似又根据底片翻印于丛刊中。)

二、萧照绘《中兴祯应图》(即小说泥马渡康王故事,申博有单印本。画相当写实,可知南宋初还应用甲马。)

三、传陈居中绘《文姬归汉图》(为美帝盗去,藏于波斯顿美术馆。印行过。郑振铎翻印于《流传海外名画集》内。)

四、似瑞典?印一《中国美术》书中,有题作《聘金图》一画(作一甲马绕山道前进,后随一人赶马,虽色彩鲜明,从后望去,也还具体。但决不会是什么《聘金图》。必是后人^{明代?}从别的图画中取下摹绘,又为无知者题上。)

五、明杨定见本水浒图中破连环马一幅(有影印本,虽后出,比《武经总要》还具体得多。)

六、传元曾巽申篆进《大驾卤簿图中道段》(馆藏。此图卷约四千八百人,据私见,恐即原来宋人所绘《大驾卤簿图》残卷。曾住江西,富收藏,虞集为作传时,说篆进说富收藏,即具微意。因内中有二物事极显明只有宋统治者用得上,而元代绝用不上的。一即内中有所谓"驾头",十多人抬抬扛扛,十分尊重。原来是一张圈椅,下垫花锦,照宋人说即"栲栳圈椅",是因为赵匡胤黄袍加身坐在上面做皇帝的。所以十分宝重,曾巽申号称博学多闻,怎么敢随意把它画上去,受元统治者尊重?二是两个巨大的武将,身干比一般人高大得多,在宋代随驾出行,回宫后站在殿前,叫"殿前将军",专门纠察殿下候朝官吏,不许交头接耳。[一说宋代文官硬翅幞头,平直各伸长过一尺,也即和候朝百官彼此能保持一定距离,不得交头接耳有关!]①一个驾头,一对殿前将军朗然在目,就可知这个图卷,不会是元代事物!所以内中甲马,即或有陶谷设计改进事,但甲马形象,大致还不失

245

本来面目。至于兵械乐器等等自然就更多有供参考处了。譬如说,内中记里鼓车和指南车,就必然是宋代据旧图而成,不是凭空创作!)

---

①方括号内仿宋体文字是作者补写在页边的文字。

□ 陈列设计与展出

陈列设计和建议
协助地质博物馆意见

地质博物馆来函，商请协助工作，答复意见如下：

一、司南仪二个　就馆中过去所作模型供给。并请附一简单说明，应包括年代、作用及文献出处。

二、记里鼓车一个　如尚有模型，照原定价出售，如无存物，商原制工厂为赶作一个。如馆中有新作，不妨将旧有的一个出让。附说明文字，请陈列本段同志协助。

三、都江堰模型及附图一套　馆中只有照片可用。原绘图如需要，可暂借复制。并复告可商成都博物馆协助，或作小模型。馆中有一彩绘图，似可为复制一件。

四、自流井模型及附图一套　如指川中古代取卤熬盐，可建议地质博物馆商请成都博物馆协助，为作砖刻浮雕模型。并供一原物拓片。

五、白陶及彩陶二个　白陶为作模型，彩陶就馆藏借陈二件。

六、古铜器、炼铜工具各二份　馆中为协助借陈五件商青铜器，包括礼、乐、兵、刑各器，及箭镞和工具中的斧斤。炼铜具，建议请南京博物院为协助作一将军盔模型。又请郑州文化局协助，为将一二里岗所得炼铜罐作一模型。并借陈部分炼铜渣，炭。

七、最古的铁器、炼铁模型各二份　馆中为作辉县铁器模型，和热河出土工具范模型，来不及即先为供给照相。

八、古铅、锡、银器等　一安阳殷墓出土小玉璧包金片照相；二西周铅制礼器一份故宫照相；三科学院前辉县展览时铅制有鹿角器照相；四战国铅人；五洛阳中州路报告图版；六安阳大司空村出商锡戈照或模型；七洛阳出西周铅器照相；八故宫楚银杯照相，辉县出土鋬耳环合金。

九、最古的玉器　馆中为借陈五六件。

十、古学者画像或照片　一张衡，由馆联系美协，请醴陵瓷公司多作一件；二沈括，俟馆中摹绘好，重摹一张；三李时珍，似可用蒋兆和绘复制，或由地质博物馆约蒋重绘一张；四李冰，用馆中照相为放洗一八寸大像；五宋应星，俟馆中绘定稿后，复摹一张；六郭璞、七郦道元，无；八徐霞客，用集子？绘像摹绘；九葛洪，《葛仙翁移居图》。

十一、《山海经》　似战国时，其中部分有后来材料。传郭璞注，图出后来。问北图郑成坤可知详细。

十二、《水经注》　本汉代桑钦《水经》而作注。

十三、《禹贡》　部分汉代，部分战国时？如陈列，宜同较早的《逸周书·王会》篇，较晚或同时的《史记·货殖传》，《汉书·地理志》同陈，并附一图见出产分布。

十四、《梦溪笔谈》　用新印胡注校本意见。

十五、《天工开物》 似可和《多能鄙事》同陈列，参近出文物中涉及本书及作者意见。

十六、《本草纲目》 似可和《政和本草》玉石部分，《饮膳正要》矿石部分同陈列，见知识发展。

十七、《徐霞客游记》 问北京图书馆意见好。

〇米芾 〇元《事林广记》 〇《元丰九域志》 〇《唐六典》诸道贡赋 〇《历代名画记》 〇寿山《艮岳记》 〇宋朝事实玉清昭应官记 〇《端砚谱》 〇《歙砚谱》 〇《素园石谱》①

十八、火药 问冯家升教授意见，如表现应用，似可附陈明木刻放烟火等照相。其次用《神器谱》《武备志》、围城日记《满洲实录》诸图，见明清应用情形。

十九、炮 为制元和明初小铜炮模型，并借陈一明代小铜炮和铁抬枪、架子枪，及炮一尊。

廿、㈠蜀砖盐井及熬盐图；㈡《熬波图》；㈢《天工开物》取盐生产过程；㈣《政和本草》取盐三木刻；㈤《饮膳正要》盐插图；㈥《上河图》或有盐店；㈦《潞河督运图》中如有盐店，为照一相，放八寸大。

廿一、地动仪 如有旧模型，拨借或备原工料价出让，并附说明材料。

（四月十三日就此稿另抄缮过一份陈馆领导，作为本人意见。从文）

本篇为陈列设计和建议，产生于1959年4月。据手稿整理编入。
①带〇项目是作者后插入原稿空白处的文字。

专题展览介绍

中国古代织绣展览·前言

　　我国的养蚕织丝起源极早，主要贡献是劳动妇女。殷代已能织有花纹绸子，周代更为进步，贵族衣服、屏障、旗帜，多织绣鸟兽之物，用壮观瞻。襄邑（今河南）出美锦，齐鲁（今山东）产罗、纨、绮、缟和精美刺绣，已著名全国。汉代，齐设三服官，首都长安有东、西织室，年费钱数千万。高级锦绣价格，约比普通绢帛贵二十五倍。生产既有重要经济价值，工艺水平也日益提高。当时俗谚有"刺绣文不如倚市门"语，可见社会有广大市场，商人得利远过工人。政府每年有大量织绣运往西北，还远输海外波斯、罗马，对世界作出极大贡献。中外文化交流，首先就是祖国劳动妇女在这部门生产上卓越成就。锦绣图案，古有十二章，用于帝王服饰，其他作花鸟水云，也由来已久，还不断有发展变化。汉、晋以来，又反映神话、宗教题材，晋人即用真珠和彩丝绣大佛像。唐代起，始绣佛经。唐、宋以来，又由于写生花鸟画流行，部分刺绣因之发展成纯粹观赏艺术品。明、清两代，应用刺绣需要广大，从事生产者，人数之多，历史上即少见。由于地区不同，发展了各种不同技法和风格。缂丝本出于汉代织成锦，用通经断纬小梭织法作成，北宋以河北定州生产著名，西域回鹘金绮工人也擅长此技术。南宋以来，江南苏、杭、嘉、湖，制作特别精美，还出了几位高手名家。明、清绣有顾氏露香园绣、京绣、苏绣、广绣、川绣、湘绣、各地民间绣，特别是兄弟民族刺绣格外发达，成就丰富多彩。主题图案除常见花鸟、蜂蝶，还有用西厢记、红楼梦等小说故事和潇湘八景、西湖十景作衣裙装饰的。至于王母宴瑶池、八仙庆寿、罗汉、观音、百子图，更是人们时熟悉的题材。宫廷特种刺绣，宋、明以来，政府有文绣院、绣作局，清有如意馆，设计出样特别华美精工。观赏绣多取前代或当时著名绘画作底本，因此在艺术史上也占有一个特别位置。解放以来，由于人民政府特别重视祖国文化遗产，保护不遗余力，这部门的研究工作和生产设计，在新的基础上无疑都将得到进一步的发展和提高，来迎接社会主义文化的高潮。

1956年5月，吴仲超院长请作者兼任故宫博物院织绣研究组兼职顾问，每周有一定时间在故宫上班。他协助织绣研究组培训业务骨干，由于有机会接触故宫馆藏文物，也扩大了作者的研究视野。1957年9月，经过织绣研究组大半年的筹备，在故宫博物院保和殿举办了《中国古代织绣展览》，本文是作者为展览撰写的前言。

展品说明选
河南信阳汉冢遗物

河南信阳城西北王坟洼地方，传说是淮南王的葬地，常常发现古物。〔民国〕十三年春天，本馆派员前去发掘，发现汉墓，得到了不少的铜陶残器，又在擂鼓台（相传是楚庄王鸣鼓作战的地方）发现了两座汉墓，里面也有许多残缺不全的陶瓷铜铁等器用。其中有永元十三年（西元101年）瓷器五件，后来龙泉窑器釉色，和它相同。在《西京杂记》这部书里有一段引证邹阳的《酒赋》说："醪醴既成，绿瓷是启。"①这是汉朝人已经能制造瓷器的铁证。它在考古学和文化史上，是极珍贵的资料。中国是文明古国，古迹、古墓，到处都有，若能分别发掘，在学术上一定还有更大的贡献。

---

①《酒赋》原文是"醪酿既成，绿瓷既启"。

展品说明选

汉代展品说明(六则)

漆器说明

漆工艺盛行于周代,战国时已极精美,楚墓出土漆器提供了我们丰富知识。到汉代,又有了进一步发展。由国家工官督造,在西蜀生产,用金银装饰的夹纻彩画漆器,更极珍贵著名。近年来,陕西、河南、山东、湖南、新疆、绥远、河北、北京等地,及蒙古、朝鲜均有出土,因此得知,鸿雁麋鹿熊虎诸生物和羽人云气,反映于装饰花纹中,是汉代漆器特征。铭文除具体明白生产地和年代外,更说明当时的严密分工生产制度。这也正是古代漆工艺能够保持优秀纪录和不断进步原因。

铜器说明

青铜器末期,有代表性的青铜加工日用品,是铜镜子、博山炉、辘轳灯,和用鸟兽形象雕刻的种种艺术品或装饰品,造形纹样多生动活泼,特别是镜子类花纹,异常丰富,是这个时代青铜艺术的特征。

金银错和鎏金

金银错工艺起始于晚周,盛行于战国,鎏金法秦汉之际才发现。到汉代中期,同有了进一步发展,应用到种种日常器物中,丰富了汉代的美术色泽和花纹。并为六朝隋唐金银平脱和鎏金法技术开了先路。

丝绸说明

中国养蚕织锦,起源于史前。春秋以来美锦出陈留襄邑,薄质丝绸和精美刺绣出齐鲁。到汉代,川蜀锦缎和西北毛织品也极著名。汉代由国家在山东经营的官工业,年费至五千万钱,生产品且近输朝鲜、蒙古、新疆及南海各属,远及大秦和近东诸国,对世界文化有极大贡献。陈列的实物和花纹图,充分反映出这一时代的特征。

釉 陶

黄釉陶早发现于殷墟,比较普遍应用实起于汉代。绿釉的进步或由于仿铜色而得到发展,砾绘陶则规模漆器,狩猎纹和锦纹多印花,前者反映当时神话传说,后者和丝织物纹样相通。三种陶器在技术上的处理,作成后来青瓷和彩绘印花瓷前驱。

玉 和 琉 璃

琉璃的制作，过去多传说汉代始来自海外或西方。近年出土物证明实产生于战国，流行于汉代。长沙、洛阳、寿县、新疆，和友邦朝鲜，古墓均有出土。后世的玻璃料器，是由它发展而成的。

雕玉工艺商代已极精美，周代起始和封建社会紧密结合，应用益广。到汉代，礼制玉中的圭璋璜璧琮都有了定型，殉葬玉有蝉、豚、玉匣，佩服玉除环玦外多了翁仲、刚卯、辟邪珮等，作厌胜用。玉马更发展了写实作风。大量用玉于建筑装饰，也是从汉代起始的。

这一组陈列说明估计写于1950年代前期，誊抄规整。

展品说明选

陶瓷展品说明卡(之四)

> 北朝墓中釉陶器
>
> 出土地　河北省景縣
> 年　代　北魏
> 發掘人　景縣地方羣众
> 說　明　這些陶器形式和釉色，很顯明上接漢代黃綠釉陶，下和隋唐三彩陶是一個系列，從比較，可以見出唐三彩陶器，胎釉實已不及前代。

北朝墓中釉陶器

出土地：河北省景县

年　代：北魏

发掘人：景县地方群众

说　明：这些陶器形式和釉色，很显明上接汉代黄绿釉陶，下和隋唐三彩陶是一个系列。从比较，可以见出唐三彩陶器，胎釉实已不及前代。

本说明卡片日后应补入初版《沈从文全集》第28卷《青瓷展品说明卡（三则）》内排第四则，标题相应改为《陶瓷展品说明卡（四则）》。

□ 文物研究资料草目

艺术遗产中船的形象

1. 商代甲骨文字上的各种舟字　《甲骨文编》。
2. 西周用舟字形作装饰图案的青铜敦　历博。
3. 战国独木舟　实物，历博。
4. 战国水陆战大铜鉴上反映的小战船　历博陈博摹绘。
5. 战国薄铜器细线刻的船形　历博。
6. 战国巴族錞于上刻画的船形　历博。
7. 汉石刻战船　武梁祠。
8. 汉代广东汉墓出土的彩绘木船　明器，彩绘重要。
9. 又青釉硬质陶小船　明器。
10. 又长沙汉墓出土的十六桨木船　明器，历博复制。
11. 云南出铜鼓上的浮雕战船　闻宥编《古铜鼓图录》。
12. 雨城山汉石刻鼓吹船　似本于武帝泛楼船济汾河乐府诗作成。
13. 传为晋顾恺之绘《洛神赋图卷》楼船　此画或齐梁时人

作。

14. 隋《展子虔游春图》渡船　故宫此画似晚唐或宋人作，渡船上一妇人作偏髻，元和时装。船夫如宋式。

15. 传唐王维绘山水房屋长卷　有不少船只，还有部分水关码头，和宋人绘船只不同。日人影印。

16. 传李昭道绘大幅金碧山水游船　故宫。

17. 唐人绘《采莲图》船　故宫印，本"江南可采莲"古辞而作。

18. 敦煌壁画纤夫及小船　敦煌画。

19. 又渡死人往西天之船。

20. 日人绘信行禅师求法渡海图船。

21. 传王维绘宋郭忠恕摹《辋川图卷》上船　石刻拓。

22. 五代荆浩绘山水立轴上部诸渔船　日人印《中国山水画史》中图，和王维《捕鱼图》船还相似，系两船并排，上加板固定。

23. 赵干《江行初雪图》诸船及船夫　故宫影印。

24. 董源绘《潇湘图》渡船　故宫。

25. 宋郭照绘双船　故宫，桅橹船具位置极具体。

26. 宋人绘山城晚舶双船。

27. 宋人绘长桥卧波册子江船　故宫彩印。

28. 张择端绘《清明上河图》诸汴河船　故宫印，和宋代年运七百万石粮食至开封有密切关系。

29. 徽宗绘《雪江归棹图卷》船　故宫。

30. 王诜《渔村小雪图卷》诸渔船　故宫，《中国画》印过，荒寒景象和《江行初雪图》异曲同工。

31. 宋人仿王维《捕鱼图》船　清丁观鹏又仿过。

32. 宋铜镜子上"海晏河清"款海船　历博，为宋海船形象之一。

33. 宋绘《曲江图》游船　《故宫周刊》。

34. 王希孟《千里江山图》诸江船　故宫，重要。

35. 传夏圭《长江万里图》诸江船及沿岸埠头水关等。

36. 李嵩《巴船出峡图》下滩船　故宫藏，有影印。

37. 夏圭《溪山清远图》诸渔船　故宫印过。

38. 朱锐绘《赤壁图》苏轼等坐船　《故宫周刊》。

39. 传乔仲常绘《赤壁图》船　似元明人绘，谢稚柳编《唐五代宋元名迹》。

40. 马远《寒江独钓》船　日人印。

41. 宋人《江天楼阁》一船　南博藏立轴，帆樯楼橹具体。

42. 郭照《西湖柳艇图》小船　故宫。

43. 又传夏圭绘……

44. 李嵩《西湖图》船　船具体而微。

45. 宋人作端砚上刻广东船。

46. 宋人《海舶归来图》海船　故宫小横卷白描。

47. 传赵千里《阿房宫图卷》中龙凤舟　传此稿出于唐李昭道，杜牧《阿房宫赋》即据此图卷而成。

48. 宋人绘《龙舟图》，李公麟《九歌图》　《故宫周刊》。

49. 宋元人山村墟市之船　故宫。

50. 传刘松年绘《渔村图》之渔船。

　　阎次平《四乐图》之渔船。

51. 元王振鹏绘《龙舟夺标图》　故宫藏。

52. 赵孟頫《鹊华秋色图卷》小渔船 和《渔村小雪图》中船相近似，令人有荒寒寂寞感。

又吴镇《鱼乐图》诸渔船。

53. 夏永《岳阳楼图》《滕王阁图》前湖船。

54. 赵绘陶渊明《归去来辞》册子上船 方舟式。

55. 日人绘《蒙古袭来绘词》元海船 应是浙江海船，因攻日用南兵。

又元刻《全相平话五种》诸插图所见之船。

56. 元大海船 《东洋历史参考图谱》，和郑和下西洋大船有关。

57. 明初永乐时刻《天妃经》图诸海船 郑编中国版画，为郑和下西洋用船重要参考材料。

58. 明张灵《鱼乐图》诸渔船 故宫。

59. 明刻《海内奇观》、三言二拍、《元曲选》《唐诗画谱》《诗余画谱》《古今杂剧》……所见之船。《程氏墨苑》似乎还有个洋船。

60. 明刻《水浒图》中之船 高俅所坐官船制度重要。
《金瓶梅》图中之船。

61. 明绘《双百美图》之船 即《金瓶梅》图绘本。

62. 清初青花瓷上绘渔船 各种，故宫藏。

63. 丁观鹏访王维《捕鱼图》之渔船 《故宫周刊》。

64. 《天工开物》之采宝船 明刻，和宋明南海采珠有关。

65. 唐寅绘《采莲图》小船 故宫。

66. 郑编版画诸木刻船。

67. 《隋炀艳史》中木刻龙舟图。

68.《帝鉴图说》中船。

69. 清初《广舆胜览》中赫哲族木皮船　历博。

70.《姑苏繁华图》之游船　历博彩色。

71. 嘉庆三年广东某官政绩图卷中海军船及作战情况　科学院彩色，历博有单色照片。

72. 中法战役图诸船　北图藏彩色。

73. 清中期《潞河督运图》粮船、官船、巡查船，以及摆渡用浮桥船只　历博，彩色。

74. 似船而非船有如下一些名目：

战国青铜舟　酒器，椭圆形，一耳，如量器。

战国和汉代羽觞　包括木石玉铜陶等……

战国巴蜀船棺葬之船式棺。

唐代六曲银制酒船。

元朱碧山作张骞泛槎银酒槎。

明人作犀角槎。

清楚瓷上彩绘《麻姑献寿图》之槎。

又绣衣上表现。

又宋绣稿上之莲花瓣船。

又明仿官窑茶船　即茶杯托。

又清漆、铜、瓷茶船。

又明清药碾船。

又民国以来南方乞丐行巫术所扛之旱龙船。

此外《武经总要》《武备志》《练兵纪实》《三才图会》图书集等书所刻诸船未提。

这里大约有百五六十种历代不同船形。

附带建议中央美术学院或各省市美术专科学校，能鼓励一个四年级同学，就这个初步提出的材料加以补充，用一年时间，好好的全画下来，作为毕业论文。

这种有系统的专题性资料，能这么整理集中，略加说明，即作黑白画稿印出来，对全国美工同志今后教书或作画，都必然有一定参考价值。艺术遗产的研究，如也适用两条腿走路方法：文字理论叙述是一条腿，这种排比材料方法应当也是一条腿，同时运用到一定时候，再来把文献和实物相结合，新的美术史研究，会更容易得到新的进展。

本草目估计写于1950年代后期，署名从文，未发表过。
据手稿整理编入，并补全部分缩写文献名。

古代的船

○ 馆藏独木舟。

　商舟敦。

○ 战国铜器上水战船形。

○ 长沙出八桨船。

○ 广东出土陶船。

○ 汉石刻鼓吹船及游船。

　汉砖刻上小船。

○ 云南石寨山出土铜鼓上各式船只。

　《铜鼓之研究》铜鼓上各式船只。

○ 《洛神图》之船。

　敦煌北魏壁画东王公西王母云舟。

○ 又唐壁画二渡船纤夫。

　传王维《捕鱼图》之船。

○ 王维《春江图》之船　各式。

　《阿房宫图》之龙凤舟　明抚唐李昭道，还是唐式。

○ 《曲江图》之游船。又有一《采莲图》也有船。

唐人又一大轴图中游船。又一《宫苑图》小幅也有游船。

五代赵干《江行初雪图》之船　船和船夫。

荆浩《山水图》中船只　在《山水画史稿》中，日人编。

董源《龙宿郊民图》之船　渡船。

又《潇湘图》中之船。

○ 宋《清明上河图》中之船　汴河运河船只。

王诜《渔村小雪图》中之船。

马远《寒江独钓图》中之船。

郭熙《西湖烟艇图》中游船。

○ 李嵩《巴船出峡图》之江船。

○ 宋人《龙舟图》　有二画各有好处。

又宋人《纨扇图》之船　狭长江船。

○ 王希孟《千里江山图》中之船　并各种小村落码头。

夏圭《溪山清远图》中之船　并各种小村落码头。

○ 赵伯驹《江山秋色图》中之船。

传夏圭《长江万里图》中之船　并各种城市码头纤夫。

又宋人《长江万里图》之船。

○ 《金明池争标图》之船。

○ 《江天楼阁图》之海船　南博，与下图均近海船。

○ 郭忠恕《雪霁江行图》。

朱锐《赤壁图》之船。

又有燕文贵作一图也有好船。

李公麟《九歌图》之船。

滕王阁、岳阳楼、黄鹤楼图诸船　大小江船。

《琵琶行》之船　拟元人笔，船如王维、吴仲圭所绘式样。

宋铜镜上所见海船　有题海晏河清四字的。

李嵩《西湖图》中游船　过小。

赵佶《雪江归棹图》中之船　虽小如豆荚，具荒寒态，并有舟子。

元人绘《卢沟运筏图》　各种木筏。

赵松雪《鹊华秋色图》中小船　小渔船。

明永乐时木刻《天妃灵应经》海船队　为唯一明初船队。

张灵《渔乐图》中渔船。

元吴仲圭《渔艇图》中之船　所谓鸭棚船。

双百美图中之客船。

《水浒》图中之船　有大官船，还好。

三宝太监下西洋木刻图中船　船不和记载相适应。

明刻诸板画之船　有一二十种可用。

《程氏墨苑》中外国船　十六七世纪。

〇《康熙万寿图》中秦淮河游船、燕子矶水军大小船、黄河过渡船　极重要，有上百种十七八世纪船式。

《乾隆南巡图》中各种船　极重要，有上百种不同式样。

〇　《姑苏繁华图》中船筏　有各种太湖区客货船。

〇　《潞河督运图》中各种船及浮桥　有运粮船官船……

广东清初海上活动舰队　科学院，极重要。

日人绘《蒙古袭来绘词》元代海船。

日人题"台湾战迹"（实倭寇）图海上船只中的明代战船。《武备志》中各种战船　仿佛极具体，其实刻板不真实。

金村玉耳杯，信阳、长沙漆耳杯，汉铜、陶、漆耳杯，唐银酒船，元银槎杯，都具舟名，如船形，选有代表性的十种附后。

如拟绘出，大致可得三百左右单位。图画简繁不一，工作进行可分三步骤：

一、先看看材料（包括请故宫调《万寿图》和数种其他未印行过材料）。

二、将数字估计一下，并计算下，部分过于复杂一时又绘不下的材料，先不妨用单色或彩片照下（将来也即用照相）。

三、用一定人力，一定时间，加以画出。过于繁复的图（例如《万寿图》中秦淮河船、黄河渡口船、燕子矶水军检阅。）即用照片省事。

如有得力同志，至多一年时间，或可将材料整理出来。说明采用《服饰资料》办法，就本目中每一种作二百到千字扼要说明，约四万字。

交通工具的排队，近于馆中基本资料工作，集中后，专供馆中同志业务学习，或可收共同提高作用。将来有可能，再选印一百幅供国内各方面参考，似乎也还有一定用途。抽不出人力，即搁下将来有需要时再作。

沈从文

上加〇的，将来可以集印成小图片，比一般文物有较大教育作用。

本篇估计产生于1965年左右，作者构想以古代的船为专题，形成一部图文并茂的资料。草目曾提交给中国历史博物馆美术组。

家具历史发展形象资料举例

由商到元约一百事

1. 商白石俎　上刻云纹，如一小石桌式样，似为目前仅见材料，载于《考古》。

2. 西周青铜柾禁　应是"案"的前身，晚清出土一件。近天津又得一件，同属陕西出土。前件早已盗出国外。新出件馆中有复制品，有照相。

一般西周青铜器中簋类多有座相连。更多的或已用木座。因易腐，无实物发现。

3. 信阳楚墓春秋战国之际彩绘漆床榻、大案、凭几、房俎（近搁置简册架子），材料极重要。瑟上绘又有一胡床式坐具重要。

4. 长沙战国楚墓出土之彩绘漆案（承槃）凭几。

5. 战国薄铜器细刻花纹所见之高头案形象（上置二罍，罍上各放一长柄勺。和当时礼制相关。）

6. 另一铜匜反映同一形象。

7. 又一战国铜壶上所见二橱柜形象（为目前所见最早橱柜形象。）

8. 洛阳出土西汉墓壁画"二桃杀三士"故事所见四足几子（高约二尺，为第一次出现形象。）

9. 朝鲜平壤出土汉代彩绘漆筐孝子传故事所见小屏风和"独坐"（据蔡邕独断，这种一人坐小方榻名"独坐"。屏风仅约二尺高，上绘云纹。）

10. 河北望都汉墓壁画功曹掾等所见"独坐"（有三寸许四足）。画的极具体。

11. 河北新出中山王刘胜墓出土鎏金辟邪形案足及几足（出土文物展，有待参考其他材料复原。）

12. 沂南汉墓石刻所见圆案，（作重叠状）两层长方器物架，（在镜台旁）帷幕及镜台（计二种，一为头戴花钗女婢手持。器物架上搁长方盒匣数件，似属奁具类，放化妆及首饰用。形象为初见，亦仅见。）

13. 汉朱鲔墓石刻所见高长条案、步障、托槃等等。

又密县汉墓石刻一人坐板凳上（为最早所见），《文物》七三年六期卅五页中部。

14. 四川汉代浮雕砖刻授经图所见坐席前多足搁简册书案（上承以锦，锦竖置，为仅见。头上有承尘，仅见。）

15. 汉石刻各种织机所见附属于机端的坐具（即后来板凳的前身，用恢复的四种。）

16. 淮阳九女冢汉墓出土多层陶楼上之床（十分重要，比《女史箴图》早二世纪。一端有较高的床架，如罗马式。为仅见形象。）

17. 山东鱼台曹王村出土之陶案（传曹植墓中物，高约一尺，长约二尺半，多足，足微弯曲。近实物大。两端微高。）

18.《女史箴图》中所见之床和镜台　床前有长榻凳，及衾帐，为仅见。镜台较石刻简单，和曹操《上杂物疏》、晋人《东宫旧事》所说玳瑁细镂镜台或温峤之玉镜台必有共通处。至于诗文中说的迢峣似玄阙，则宜如汉沂南石刻所见相近。

19.《洛神赋图》中所见之高榻　传顾恺之笔，其实人物着漆纱笼冠，系北朝定式，至隋及唐初还使用。画实晚，近隋代作。

20.《北齐校书图》中所见之大榻及胡床　大榻能坐五六人，为仅见。胡床传汉灵帝时即已采用。图中为初见。图或传世顾之《文会图》《勘书图》及《竹林七贤图》。

21. 大同发现司马金龙墓中彩绘屏风上《列女传》故事所见之三折屏风固定于平肩舆上，又同一式高榻，为东晋初时，图或出于东汉，比女史箴为早。

22. 河南洛阳龙门石刻所见维摩所坐腰鼓式墩子机　即战国之笼簟，汉代之薰笼。曹操《上杂物疏》与晋人《东宫旧事》，均提及漆画薰笼，且有大小，大的薰被，小的薰衣巾，妇女薰香则坐于上，因此习惯，成为最早妇女坐具。唐以前均为腰鼓式，宋以后为墩子式。五代发展为绣墩。后用藤竹，明用瓷作，放庭院中不怕雨水。清用石作，尚依旧于中下部刻古碌钱圆孔，上刻绣帕。唐代即衍进为月牙机子，如《会乐图》所见。加曲几作靠背扶手，即成圈椅，如《宫中图》所见。亦有绣墩延长如大面包四人可同坐的，如传为五代顾闳中《夜宴图》之四乐妓所坐形象。月牙机子亦有两人坐的，清乾隆时有红木嵌螺钿实物可证。

清代木作小圆杌子，还是丫头辈属所坐。

腰鼓式薰笼到唐代名"筌台"或"筌蹄"，还是从庄子说的捕兔器而得名。

23.《高逸图》中所见之衣桁　图传唐孙位笔，实晋以来《竹林七贤图》旧稿之一。其中一人身后席上有一衣桁（或衣椸，《周礼》即已提及，但石刻还少见）似为初见。宋以后独立则成衣架，白沙宋墓壁画和辽金墓壁画中均可发现。南京出北宋一壁画，且有连续应用形成阑干效果的。缩小固定于高脚榻上，即发展为靠背椅，宋明清成为"太师椅"主要结构。五代《夜宴图》中即已成熟。宋代帝王所坐，一般只加后面靠背。两边扶手则近于将几固定而成。加曲几即成圈椅。《宫中图》所见之圈椅，所加之几背，正与李公麟所绘之《维摩演教图》中病维摩所傍曲几同一形制。

但张彦远《历代名画记》说的顾恺之瓦官寺所画维摩病容"有清羸示病之容，隐'几'忘言之貌，"画迹虽已不传，若据龙门石刻所见另一浮雕维摩像所见，则将"隐几"成一专用器物名辞作成大鸭蛋状靠枕样子，亦即《校书图》一女侍手中所抱持的，两晋人通名"隐囊"。《高逸图》亦有一具用锦作成。日本正仓院尚存唐代实物二件，亦用锦作成，形瘦而长，已如后来枕子式样。若枕头用"锦"作成，最早实物，当数长沙马王堆墓中所得为最早。系用各色细花锦拼成六角形，中实香草而成。

24.吉林辑安高句丽古坟壁画所见方坐椅　南北朝时代，形如后世的骨牌凳子。为目前最早出现之骨牌凳。此画似本于曹植作《挽歌辞》①"磬折欲何求"一语而作，人着短衣坐于凳子上身微前倾。

25. 唐敦煌八十五窟壁画所见方屠桌　似为最早于画中所见方桌。后人称"屠案"，此方桌当时或仍称为"屠案"。

26. 又一长板凳，亦初见。汉代则仅从纺织机上可发现相近形象。

27. 帝国主义盗贼斯坦因，在敦煌藏经洞中盗宝时，藏经洞中方桌和长板凳，和画中所见极相近。

28. 敦煌一〇三窟唐初维摩变壁画所见七八尺高讲经座前的高足经案　此等高案系随讲经台而向上发展，后来神佛座前之"香案"，多相当高，此为最早形象。

此讲经座则可和苏鹗《杜阳杂编》叙中唐用七宝装成之讲经座相证。得知唐代初年就确有这种高高讲经座。这个座上的维摩和历来传世维摩形象大不相同，作一武夫须冉怒张，奋挥麈尾神气。和《画录》中提过的《石勒问道图》必有一定联系。与传自顾作形容恰恰相反。

29. 唐敦煌壁画《十殿阎王图》盘坐大榻，前有大型奏案，见日人编《敦煌之研究》图像编中。前面且有各种不同刑具及裸身受刑之人，反映的或正和当时现实社会判案情形相同。因之刑具形象亦极重要。史传所载武则天时酷吏所用刑具，与之必相同。

30. 又一图像　判案之阎王已垂腿而坐。

31. 开元间一乐舞壁画所见长案坐具，及能分别移动的硬屏风。画中一女子舞容，与《夜宴图》中所见相同。主人为一红衣戴幞头丛冉壮汉。傍有数人按乐。屏风后有一小仆偷窥。笔草草而布置极写实，生动。

32. 又四四五窟宫女《剃发出家图》　有二妇坐具不太清楚，

另有一帷幕作半圆形，内中有一群待剃发的妇女。

33. 开元天宝间一三彩陶妇女坐像所见腰鼓式墩子　和龙门石刻维摩所坐凵还相同，唐代名筌台或筌蹄。亦即一般薰笼形式。但制作或有较精致的。

34. 传阎立本绘《萧翼赚兰亭图》坐具三式　一木禅榻，一怪木禅榻，萧翼则坐石条凳上。从萧翼衣着式样及幞头形象，时代均较晚，或出于宋人。又有题宋刘松年作的一幅。内容小有不同，初唐恐无此坐法。

35. 传唐张萱绘《捣练图》中所见绣墩　近似一方骨牌凳。又曾见一明人摹白衣女乱双陆图，作贵妃玩双陆输后，一白鹦鹉扑局捣乱形象。画不高，但必系唐稿，所坐绣墩样子相同。可惜当时因为画笔不高，不知从制度上却极有用。

36. 传阎立德《列帝图》　至隋文帝止，或原系其父阎毗所绘。内中有不少具高脚坐榻。如汉"独座"发展而成。但无一如司马金龙墓中屏风有三折山形屏风固定于上的。

37. 唐元和时按乐《会茗图》中所见大长案和月牙杌子　故宫藏以为宋人，实典型元和时装妇女。

38. 《步辇图》中所见之腰舆　四宫女用襻带抬。仍为独坐式，无靠背。与司马龙光墓中屏风画中肩舆式样不相同。

39. 敦煌唐二一七窟壁画《得医图》中二长方床榻　一妇女盘坐榻上，一妇女垂腿坐榻边。下开阑。后似有多折屏风绘花草。

40. 日本藏唐鸟毛人物四折屏风，染缬花鸟对幅屏风。

41. 又锦制长方隐囊　后来发展为靠枕、引枕、拐枕，有四方、六方、十二方、圆等等不同形状。清代宝座用的，多用灯草芯实其中。成对置宝座旁边。又有阘座橱柜。

42.《宫中图》中所见有曲几固定于月牙杌子上的圈椅　美术研究所引，计二卷，均盗去美，日东洋文库重载并有论文。传周昉。

43.《倦绣图》中所见坐具及绣架（绣绷子）　传周昉。

44.《听筝图》中所见坐具。

45. 王建墓石刻王建像所据宝座　近于禅榻加空心三折屏风，实即方榻加二几及背后凸架子。

46. 传王维《一行观弈图》中所见之大榻及屏风，搁乐器之长案桌　《天籁阁旧藏宋人画册》。

47. 传唐周昉《金盆浴儿图》之金银浴盆及坐具　浴盆如敦煌画剃度图中所见式样。同前画册中。

48. 传唐陆曜《六逸图》　故宫藏，只记得一隐士伸手作枕卧长榻上，双脚搁一小竹枕子上。似宋人笔。

49. 五代王齐〔翰〕《挑耳图》中所见大屏风、低坐椅、长方低书案。屏风作山水画比一般所见大得多。

50. 传周文矩《重屏会棋图》中所见长方榻，屏风前罗汉榻，屏风上绘屏风画人物故事。

51. 贯休《十六应真图》中所见各式禅榻。

52.《夜宴图》中所见床铺、条桌、锦屏风、大插屏风、有扶手靠背椅、小方桌、罗汉榻，及面包式长绣墩　传五代顾闳中，恐北宋初年据故事而作。因绿衣男子还系帛鱼，为唐早期制度，小舞伎如敦煌开元时壁画，条桌上承锦及软屏风锦均属宋大串枝，席上有宋式酒注子，女乐则作五代衣装，内容时代不一，近拼合而成。人开像亦典型北宋式。但一切器物实重要。

273

53. 羲之《自写真图》 宋或稍早，有坐榻和陈书卷长案。

54. 《半闲秋兴图》 虽题的南宋贾秋壑十二姨太太之一斗蟋蟀故事，实五代人笔，化妆长案有化妆镜架及奁具，一妇人临镜化妆，身后有长坐榻，旁有一大屏风。二婢女均唐式妆，调弄脂粉合。同后。

55. 《村学图》所见村塾师生坐具及书案 《天籁阁旧藏宋人画册》。

56. 《上河图》茶楼所见坐具及茶桌。

57. 《十八拍图》所见同前坐具及茶桌。

58. 巨鹿出土之方桌和有靠背坐椅 历博实物。

59. 白沙宋墓出壁画所见（方桌、靠椅、衣桁、镜台等等。）《宫沼纳凉图》所见之长坐榻（旧《故宫周刊》）及宋《听琴图》所见之琴桌、小香几、靠椅（故宫）。

60. 南京北宋墓出土壁画王夫人靠椅、衣桁等 衣桁连续，形成阑干效果，历博有摹本。

61. 《文苑图》长卷后部之搁衣榻。

62. 《西园雅集图》中之长案和有靠背和扶手椅子。

63. 《洛阳耆英会图》中之矮长案有靠背椅子。

64. 山西近年出土辽金墓中壁画所见之四折屏风、衣桁、陈设饮食之方桌（《文物》与考古所刊载）。

65. 《宋人杂剧图》中所见带帷搁方响之条案。

66. 《上河图》所见之铺面前方桌和长凳，及摊贩用案子。

67. 宋《文会图》中上层社会饮宴所见之各种家具，宋《帝后像》所见之带椅披椅子及小踏凳。

68. 宋《上河图》及《春游晚归图》中所见知县上任隶卒所

扛之交椅。

69. 宋西金居士绘《罗汉图》所见之各种坐具和长案香几等等。

70. 元六国平话图中所见之宋墩子、交椅、长案、太师椅、屏风……

71. 元山西右玉水陆画中所见之各种坐具案子。

72. 永乐宫壁画所见诸宝座、案子、方桌、椅子……

73. 元《饮膳正要》图中所见各种几案坐具。

74. 元《事林广记》图中所见椅子、长案、小方桌、炕榻、屏风。

75. 元 墓中壁画所见方桌屏风等。

76. 元 明刻《李孝美墨谱》所见之制墨工作台和坐具等等（说弘治刻本，一切作元人装束。或成于元代。）

77. 元《明皇训子图》《朱云折槛图》 前者传为唐本，后者传五代笔。但主角一律翘一腿而坐圈椅，实元代人坐式。传世本恐仍为元人笔。

78. 元司马槱《梦苏小图卷》所见宋式靠背椅子（在郑编《伟大的艺术传统图录》元代辑中。）

79. 元何澄《归庄图》条桌 《文物》七三年八期（归去来辞图）。

80. 元冯道真墓中壁画所见方桌 脚作云头如意。六二年《文物》第十期封面。四十六页坐榻与屏风。又卅六页头巾木架、脸盆架实物，木影屏实物。

81. 又王圭墓中家具实物，圈椅、巾架、屏风、案桌（炕桌式）。

275

（1）文献中简单些，可参引《渊鉴类函》对于屏风、几案、桌椅榻屏风等叙述，又《格致镜原》也分类有记载。

（2）《画录》中重要的有关于汉代《列女传》《列士传》等叙述，诸故事画在屏风上的应用。诗文中重要的有曹操《上杂物疏》〔与晋人〕《东宫旧事》关于薰笼镜台的叙述。诗则有北周庾子山作山水屏风画极重要。《书录》中则提及唐太宗爱二王书，用二王父子真迹作屏风叙述。传世还有太宗手（书）《屏风帖》。

（3）由此得知较早屏风多作历史故事，北朝开始用山水画作屏风，唐代则用二王草书作屏风，而五代黄筌父子则画花鸟于屏风，为后来单条、四或八幅、屏条、人物、山水、花鸟、书法诸画内容及布局先驱。又唐即有对折屏风，到宋则成为对幅书画挂幅。

（4）榻、几、曲几、案、衣桁、独坐、屏风等等，如何由独立而结合发展成明代定型的太师椅、圈几、方桌、墩子……从如上所引约百种形象材料，即可明白这种发展经过。由屏风画发展为挂幅书画，也可以得到一种概括印象。

（5）最好先将十四页草目抄下，为第一步。再就草目中形象材料照下，为第二步。再将它一一绘成白图，为第三步。再就各时代新出材料加以补充，为第四步。再引申文献加以分析说明，为第五步。

（6）又胡床交椅虽相传汉末才传入中国，但信阳漆瑟上彩绘似即有一具出现，东汉石刻却无反映，直到《北齐校书图》才具体提出形象，已近于中国化，因为本来形象实应如马扎，并无靠背。《校书图》则已经近于将衣桁固定于上作成靠背。隋唐约四百年中又少见。到宋初才大用。特别是应用于军营中，成为制度，下方而作圈式靠背，用银什件镶嵌，前有小长方踏脚，上蒙虎皮，小说中说的虎皮金交椅即由之而来。元明依旧不废。明清二代写影中，则文官及贵族妇女也使用，惟多绘作剔犀云雕漆及描金漆式样，椅披则改成锦缎，左旁置小方香几，上搁香炉、香合、香箸成一份。明代的香炉等还无定式，清代画象香炉等，则多宫中造办处所制铜嵌金定式。为一般所常见。

（7）此草目只存一份，如有参考价值，可抄一份，原件望退还。草目只就记忆举例，不够全面，只能供参考用。作为研究"家具发展史"，或可得一轮廓。新材料日多，个人见闻有限，必不断加以新的补充，才逐渐可望完备。

沈从文
九月十三

本篇为作者1973年向历史博物馆同事许青松提供的参考材料，原件信封上写明："青松同志 由商到元家具发展草目一百事"。

① 《挽歌辞》疑为曹植《箜篌引》之误。

男子坐具的进展

之 一

一、信阳出楚墓榻或床　复原图。

二、四川浮刻砖《文翁讲学图》　榻与案及弟子连席。

三、望都汉墓壁画之橡吏独坐。

四、东北汉画高榻。

五、《女史箴图》之席与床　及由案相对降低之榻（或踏）凳。

六、龙门石刻维摩所坐之薰笼 ☐　（即较后之妇女所坐筌台。）

七、维摩所坐之有靠背长榻 ☐　和后来之罗汉榻有关。

八、又双人并坐式　大同出土彩绘漆《孝子传》图中所见三折屏风固定于方榻上坐具。

九、《洛神赋图》相似坐具　另一执方褥的，似比顾晚得多。从坐具、衣着、通天冠一系列东西均在隋唐间。

十、《北齐校书图》之大榻　似可坐六人，另一胡床为目下唯一较早形象，本来或不应有靠背，因为靠背是衣桁。

十一、《竹林七贤图》　南京博，席或褥。

十二、《斫琴图》之兽皮褥。

十三、贞观时敦煌壁画所见之高八尺以上之讲经座　也可说是讲台或讲坛，后面有三折屏风固定。

十四、又开元间《按舞图》之主客与乐部，主人似独据一物。乐部联坐一长凳。

十五、又如度中秋节之男女分坐，中设长案似系蹒脚。

十六、□近似宝座之一　实物。

十七、王建墓中所见坐具。

十八、敦煌画中屠桌边一长板凳，屠桌作方桌式，为目下图像中最早之反映。

十九、传《萧翼赚兰亭图》　萧所坐石凳及辩才坐禅榻。传阎立本，近阎次平，茶具即宋式托盏。

萧翼眼目画法和南薰殿名臣图像中汉代部分一致，可知是元人笔不能再早。

廿、鉴真和尚禅榻。

廿一、敦煌十殿阎王所坐大榻，和二方桌相并差不多，有山屏式靠背，前有大案，或垂脚，或不，查查时间，可知现实判案坐具必相近。

廿二、《高逸图》所坐锦褥，其中之背有衣桁重要，又有一隐囊也重要，图实取自晋七贤图。

廿三、《十八学士图》　明摹晚唐。

廿四、《李德裕见客图》　即琉璃堂雅集图，只剩三人即成

279

《文苑图》，后一部分有搁衣长榻，有坐具和案。

廿五、《夜宴图》有坐靠背曲腿榻，有坐扶手椅，旁有锦屏，即软屏风，四人乐〔部〕则坐一大而长绣墩，为仅见。坐前有搁酒食器具长方案。

曾见另一较长《夜宴图》，还有一床，枕褥具备。旁有一条案，上承以大牡丹锦，搁一镜架。原稿可能早些，而传本则明代元代人。

廿六、《重屏会棋图》坐具　背后屏风已成隔扇作用。照另一《十八学士图》（又称琴棋书画四轴），屏后仍有一榻。

廿七、《十六应真》之各式榻亦有扶手椅传为五代贯修。

廿八、《列帝图》所见之榻多曲腿　照南北朝记载，统治头头才用，重臣也得许可才用，代表等级。

廿九、《文会图》所见墩子　鼓子式，和元刻《六国平话》室外会议用相同，中置大长案，比明代低些，为一般宋式案。

卅、《洛阳耆英会图》所见之太师椅与长大案　宋绘。

卅一、《西园雅集图》所见之扶手椅及长大案。

卅二、李世民所据宝座　宋？

卅三、传《明皇训子图》所据栲栳圈椅　下有小榻搁足。

卅四、传五代人作《朱云折槛图》帝王所坐如前式之椅。

卅五、《大驾卤簿图》之"驾头"式如前，为赵匡胤黄袍加身时所坐，可证必五代当时宫中便坐之一式。

卅六、赵像所坐，上和李世民所坐相同，下及明代帝王所坐还相同，可见是基本式样。（唐代似出一实物，系？所坐。）

卅七、巨鹿出土方桌和有背椅。

卅八、赵大翁墓壁画反映之坐具和坐案，中置写字台式条案,夫妇坐两边。(明代人看戏,则二人同坐一面,前有桌围,京戏还保存原式。)

卅九、《上河图》茶馆楼上所见之桌椅,与卅七相同。

四十、《十八拍图》茶馆酒楼反映相同。

四一、《上河图》中知事上任仆从所扛之有背交椅,和史志称有八仆人戴曲脚幞头,并有一专用交椅相合。

四二、天籁阁《宋人画册》中有《春游晚归图》一幅情形相同,前见城郭,实到任所时。(照史志,那个马鞍镫价值也有定数,为十二两银子,错银铁衔镫!)

四三、宋绘《村学图》 塾师伏长大而低书桌打盹,学童坐如一般乡下看戏用的二人并坐式板凳,而尺来高,前有二人同用小书案。

四四、宋楼俦绘《耕织图》农人在取秧时所坐秧马。(《史记·夏本纪》称禹行四载中有"泥行乘橇,秧马足当之。"现在双溪水田用秧马还如此。可证目下陈列式样不合,且是取秧适用工具,不是插秧用具!)

四五、传朱锐《骡纲图》,山村茶馆中之茶桌板凳。

四六、军营中所用虎皮金交椅,宋有一定制度,并银包件也提到。历博与北大各有实物一件。

古代碾玉和车磨铜器,有可能工作中即产生板凳,便于脚踏,在应用中还发明了便于搁置加工器物的相适应的条案和方桌。

汉代或更早提花丝织物,二尺幅花锦,织工坐式求和脚踏提花锾,即必需坐板凳式条子。武梁石刻曾母投梭一幅可证。

又朱鲔墓似有烹羊宰牛大师傅用大案,有人在破鱼切肉。

又东北一东汉末壁画有作曹植《箜篌引》诗意作烹羊宰牛场面，而主人作"磬折欲何求"意，坐一骨牌凳上低头曲腰作磬折式样的。（曹诗此一首与《白马篇》均称挽歌，显然用于死者。此壁画又有近似《白马篇》诗意的《狩猎图》。不是社会上先有此类墓中画曹因而咏之，就是稍后时人用曹植诗意作壁画，二者间关系极显明，可查查壁画墓时代。）

后人谈坐式改进为胡床影响，若限于交椅，似不足信，因为敦煌云冈龙门刻石，早期佛菩萨，不盘坐即交叉脚坐与椅子相等之禅榻禅床。从无交椅反映。事相反，即龙门一维摩，却坐一薰笼上作沉思状，而此式薰笼不仅是荀令薰香时即坐上，《楚辞》说的笼箬也合是此物，《庄子》所谓筌蹄，意即鱼篓子兔子笼是也。原本或出于两用，即捕鱼藏兔以外，还作阴雨中烘孩子衣裤尿片，第二阶段才用来薰香，（坐在上面薰！）再才成妇女专用坐具，而唐代通名"筌台"，雅一点称"薰笼"。即进而为月牙兀子 ⌒ 腿犹微曲。加上曲几固定于上成栲栳圈椅子，早些似尚限于宫廷妇女使用，元和时《会萌图》①《宫中图》反映极具体。男子亦用则只能假定《明皇训子图》成于唐代。若求材料落实，则只能说五代的已用上，即《大驾卤簿图》之"驾头"实一确证！

宋称绣墩似已改为鼓子式，在宫中为妇女专用，因之比月牙兀栲栳圈椅相对而言似均矮些，殿上赐老臣坐即经常提到，式如 ▥ 而上覆以锦绣一方，四角下垂，而此式在十八世纪作的石头墩子还有反映。明代则法花瓷龙泉瓷均有之，不过已改成 ▢ 桶子式，照例旁刻二耳，则表示原来可以提携。下作古钱眼，则留下些些薰笼痕迹，也不忘本根！

　　墩子、鼓子、圆凳子明清均有木的，以清代为多，紫檀、花梨、红木，以及竹子翻黄均应用到，冬天上套一锦棉垫，夏天不用，明画中有反映，清《红楼梦》也提名。但更多却像是搁在露天处用瓷作，清有霁蓝挂粉，亦有白瓷粉彩花，均较重，不怕日晒雨淋，有石作的，御花园即有之！至于南方村子里小城市出竹子处则随处还可以买到 竹藤编成的薰笼，不仅是唐代筌台老前辈，且可能还是《楚辞》笼篝老前辈。说不定《逸周书》里提到武王伐纣作为宣传煽惑纣之军心的篝火，一面有意时隐时现，一面假作狐鸣说殷亡殷亡，就用的是相差不多一种工具！记得《尔雅图》里有些捕鱼工具，大致因为是宋人作的，不少还和目下南方田中溪里鱼具相近，只是腰鼓式的笼篝却少见。但与长腰鼓式的象腿鼓式渔具可还易见，有的连束横卧使用于上下田排水处式如名泥鳅濠，用竹篾编成，中部有倒刺，泥鳅黄鳝能入而不易出，下端解松后即可将泥鳅放出，有的上部有小耳，便于悬挂。使人联想到早期史前陶长瓶有高约三尺，径大不及五寸，耳极小，器形瘦长而尖底，上作横斜或直线□落纹，大有可能造形即从竹篾捕鱼虾工具启示而来。而三大腿的有流鬹，（□，中还有隔条）或多或少在成形上受渔具影响，也有可能，因鬹式渔具，在湘西似乎至今还尚可发现！而理论说，竹制用具早于陶制烹煮器而出现，而较多陶器均受竹器影响，不仅是可能，甚至于可说必然！即商白陶之波折纹，在竹器编制时，不甚费力即可产生！

之 二

一、信阳出楚墓复原大榻　另有大漆案，已近于史志所称方丈大案，原来可能即附于榻前。

附件似有一青铜帐構，展开即成长方。配备齐全，或可形成如四川浮刻砖文翁讲学反映上覆斗帐效果。

二、信阳楚墓漆瑟所见独坐方榻。足部已上升约二尺许。

三、四川砖刻《文翁讲学图》　报告以为"伏生传经"，

可商量。因史传说伏生时已年九十，图像不合。以本地人故事为近。另一高盖骈车过桥亦近采司马相如故事也。

上有覆斗帐，是覆斗式，可知乐府诗中的红罗覆斗帐不是複斗帐，得一新的物证。（正如秀才过去辩"举案齐眉"故事时，以为心目中案必与条案相近，孟光即力大无穷，那能举得起案，于是附会曲解以为举的是碗，不是案。料想不到那个案比"承盘"或"托盘"还小得多，上面经常还搁几支装羹汤的耳杯或贮饭食的饭槃。并且根本还没有碗！和注解"长檐车"以为"长辕车"辕长则行动轻便。系古人笔误，甚至于颜之推笔误，而秀才为发现指出，才搞明白。这种人至今或者还在各大学以及科学院有权威性！）

榻足比壁画反映独坐高些，比信阳大榻足也高些，或为汉代讲座定式。案在榻前，高约市尺尺半到二尺左右，重要反映在上承以锦绣一长条，系竖搁，唐代的讲经座前之八尺高案还照旧，到宋明才为桌围。向上溯，似乎只记得《礼记》中有在几上覆以锦记载。几有曲、直，直的有楚墓出实物及信阳楚墓出实物可证。到唐代，固定于方榻上，没用衣桁固定，即成为有靠背扶手

椅。曲几有晋代出土陶明器可证，固定于由薰笼——筌台发展衍进而成的月牙椅后，即成为"栲栳圈椅"，如《会盟图》所见。宋代固定于大型交椅后，上搭虎皮，又即成为通俗小说里常见的"虎皮金交椅"。至今还有几件实物，可以证历史记载，确是元明以来军营中实物。

但《庄子》说的"南郭子綦隐机而坐"，又似乎近于伏案而卧，正如《历代名画记》说顾生瓦官寺维摩，"有隐几忘言之貌，清羸示病之容"，如宾阳洞石刻有可能近于顾稿转成浮雕，则靠的却是一个"隐囊"，即"稳囊"，又和靠枕相混了。

除四川"覆斗帐"和《女史箴图》架子床帐子，此外大致还有第三式，指平时下垂作为屏隔内外的，如马融讲学的"绛帐"，内置女乐是也。又有"锦屏障"，应即《夜宴图》所见。野外用则为"幄帐"，敦煌画有反映，有趣处是用间隔条子布料作三围如曲尺形，上有顶。和现代中外海边浴场用的换衣间还相去不多。所谓帝王用"御幄"，《宪宗行乐图》有。（曾见别本《夜宴图》，比故宫本多一架子床，挂罗帐，床上花绸被面乱乱的，旁有一"二斗条案桌"，上铺牡丹锦垫，搁一镜架。为宋以前第二种架子床。照《画录》记载，除说酒宴外，还有所谓荒字，疑心此图即或较晚，鉴定以为明初人抚，而事实上所据原稿或反而较早也。

至于《夜宴图》产生年代，或是宋初所绘，依据传说而出，不是什么写实，因为酒壶是金制的注碗整份，韩家办不到。从衣着分析，或出于仁宗淳化时。因《宋大诏令集》内即曾提及，"南唐降官，一例如淳化时服绿。"图中除韩衣白，与一着红的有意前来的一位外，其他果然通衣绿，可证也。）

四、东北汉墓壁画男女主人所坐高榻。（前似有伎乐一部，极重要。因乐部里有一奏琵琶人，所抱似为目前最早之琵琶，形略瘦长，如唐之五弦。似席地而坐。）

五、东北另一壁画，或汉魏间时，一图作骑士引弓狩猎虎豹场面，另一图作烹羊宰牛筵会，一人坐骨牌凳，上身微弯曲。报告似未提内容含意。如联系曹植诗《白马篇》与《箜篌引》，说是"挽歌"，则前图显明即《白马篇》中游猎情况，而后则为《箜篌引》中"置酒高殿上，……谦谦君子德，磬折欲何求"的描写。不是先为此图稿，植据之以写二诗，即后人绘二歌行于壁画。可断言也。记得唐人作《李娃传》犹说到长安东西二市比赛丧葬仪仗时，一人挽歌手上台歌《白马篇》，慷慨激昂，意必即曹植此诗，直沿用到唐代！主要是在这个画中开始出现了"骨牌凳"。比《北齐校书图》之胡床还早几百年。（这个壁画据记忆实比《北齐校书图》早，还得重新查查，必可望取得些其他证据。）

六、龙门石刻另一维摩所坐之薰笼，式如，十分具体。《楚辞》即提到笼箄。《东宫旧事》提到太子纳妃有大量漆器，中间即有金银绘漆画薰笼，也即是"何郎傅粉荀令薰香"的较早下流宠臣为薰香而坐的东西。一般说是为女人专用，但说明男子也有使用的。石刻维摩使用这个，是否也有薰香意义？不得而知矣。到唐代，则正式成为女子专用坐具了，普通名叫"筌台"……

作者1961年写过短文《椅子衍进试探》，未曾发表。1971年12月在湖北丹江五七干校期间，又凭记忆草拟《男子坐具的进展》，列举形象线索和部分思路。随后撰写有所扩展的第二稿，但未完成。

本篇据现存《男子坐具的进展》两稿整理而成，小标题"之一""之二"为编者所加。

① 《会萌图》疑为元人绘《会茗图》之误。《会茗图》实据宋人绘《宫乐图》重绘。《会茗图》与后文提到的《宫中图》，对"月牙几子"均有具体反映。

宋代家具及布置应用相关图像

1. 《萧翼赚兰亭图》 枯木禅榻及童子老仆烹茶。茶器是宋,画不可能如题以为是阎立本。

2. 贯休《十六罗汉图》 几个禅榻重要。

3. 顾德谦绘?

4. 西金居士绘罗汉坐榻几香几香案。

5. 《西园雅集图》 榻几等及茶具。

6. 《张果老见明皇图》 栲栳圈椅。

7. 《明皇训子图》 栲栳圈椅。

8. 周文矩《宫中图》 月牙椅和步辇。是唯一接近宋代担子轿子的一式。

9. 《会乐啜茗图》 榻和月牙椅茶具处理均极重要。元和时装。

10. 徽宗《文会图》 长案和墩子茶酒具。

11. 《听琴图》 椅子、香几、琴案均好。惟画似明代文氏家或仇英临宋。

12. 《文会图》 (明仇英仿宋)长案和墩子及衣榻。

13. 《夜宴图》 榻、案、椅、绣墩、屏风、烛台均重要。

另一卷有一床和案子好。

14. 羲之《自写真图》 榻、案及屏风等等，还有茶炉等处理极重要。

15. 《村学图》 小书案布置重要，画实明代人仿宋。

16. 《重屏会棋图》 榻与棋局、搁物案子。

17. 《会昌九老图》 北宋时人作。

18. 《洛阳耆英会图》 同。

19. 《卓歇图》 帐庐中毡毯和小案重要。

20. 《朱云折槛图》 栲栳椅及槛。

21. 《十八学士图》 椅榻等好，是宋式，旧题刘松年，明有抚本丁云鹏笔。

22. 阎次平《四乐图》 庭院布置。

23. 《宫沼纳凉图》 榻好。

24. 《半闲秋兴图》 化妆长案及屏风镜台布置甚好。

25. 李嵩《水阁纳凉图》。

26. 《文姬归汉图》 家院、市容、百业等铺子，帐庐。

27. 《上河图》 同上。

28. 《全相五种平话》诸图中 椅、榻、案、墩子、屏风应用，均重要。

29. 《饮膳正要》诸图 椅、榻、案等应用，火盆、花台等及庭院布置。是宋式，元人习用。

30. 《梧阴清暇》之案椅屏风。

31. 《婴戏图》之螺钿墩子椅。

32. 嵩祝《延禄图》之香几。

33. 宋《元宵观灯图》 墩子、椅。

34. 刘松年《宫蚕图》 明仿,稿不错布置极重要。

35.《丝纶图》 旧题刘松年,实明人摹本。有的作册页一本,有的是轴,如南博之《耕织图》同型,说是南宋,实明代作。

36.《维摩演教图》之卧榻。

37.《六逸图》之榻。

38.《高士图》之榻和衣桁、案子等。

39.《擘阮图》之家具。

40. 白沙壁画中 椅、案、榻、衣桁、镜台等应用情形,斑竹帘应用情形。

41. 河南宋墓出 陶椅、案、交椅、轿子等。

42. 石家庄壁画 椅、案、榻等应用情形。又《捣练图》染锅和衣桁极具体。

43. 牟益《捣练图》 榻案衣箱好。

44.《春游晚归图》之交椅、行李担。

45. 永乐宫壁画之案、神座等。

46. 山西广胜寺壁画方桌及其他物。

47. 江苏博物馆宋王夫人墓石靠背椅子。

48. 巨鹿出土椅子及桌子。

49.《一行观弈图》之榻和其他布置。

50. 宋帝后像之坐椅及宝座。

51.《女孝经图》中家具处理。

52.《中兴祯应图》 家具和布置。

53.《金明争标图》 水殿。

54. 赵伯驹 故宫藏卷子,山居建筑部分布置极重要。

55. 又《阿房宫图》 明仿。

56. 子虚上林画意 明仇英仿赵伯驹，宫室布置一部分好。

57.《曲江图》 建筑及园池。

58.《连昌宫图》 建筑。

59.《阿阁图》 近于宋人理想之宫殿建筑。

60.《丽人行图》 建筑及宫前景好。

61.《黄鹤楼图》 宋。

62.《滕王阁图》 宋。

63.《岳阳楼图》 元夏永。

64. 王振鹏《龙舟图》 有水殿好。

65. 宋人《龙舟图》。

66.《醴泉清暑图》。

67. 又传唐人绘《宫殿图》。

这份资料草目是作者为北京工艺美术学院教师徐振鹏所拟，产生于1950年代末期。原稿共68条，最后一条题为《丝纶图》，与第35条重复。但第35条题下无具体内容，故将第68条文字并入35下。

宋代人物画可参考的材料草目

1.《免胄图》 李公麟作。绘的是中唐郭子仪单骑见回纥故事。甲骑极好。

原印于《故宫周刊》，重印于《文物精华》X期中。

2.《便桥见虏图》 即《便桥会盟图》另一本子。绘的是唐初李世民单骑见突厥故事。历博藏残卷。传赵伯驹绘。或明代摹本。计四段。

3.《便桥会盟图》 辽清宁X年程汲之戏作。故宫藏。有照片可洗，洗时宜放大些。主题作突厥骑士表演马戏，极生动。人物作契丹装束，髡头两鬓垂发二绺。反映的实是契丹生活形象。

4.《中兴祯应图》 萧照作。绘的是宋高宗赵构逃亡南方建立南宋政权，即俗传"泥马渡江"故事。甲骑队伍、差吏、群众、贵族妇女、建筑及场面都画得极好。曾刊载于谢稚柳编《唐五代宋元名迹》内。

5.《胡笳十八拍图》 共有五种不同本子，内中数故宫藏立轴绘送别场面一幅画得极精，曾印于《故宫周刊》内。解放后又重印于《文物》。胡人作女真装束，汉使文武官吏作宋人装束。

又《文物》刊二《文姬归汉图》，作风雪中行进景象，一为张某，一为宫素然（存日本），后者作昭君出塞。女子着云肩，似属元人笔。

6.同前图卷子　印于美波斯顿藏中国名画册中。郑振铎翻印《域外所藏中国古画集》宋代部分。是残卷。部分作大家宅院，及十字路口茶楼市廛，均极写实，笔墨扎实，如《上河图》。甲骑人从也画得极具体。原印本较郑翻印本清楚。

7.同前明摹卷子　传仇英摹，南博藏，曾附印于郭沫若编《蔡文姬》剧本中。原本系彩绘，色彩鲜明。比前卷场面较多。特别是作漠中幕庐毡帐着色甚好。但内中人物发式，有不尽合女真男子原式处。因明代人已不明白女真虽本辽制，但耳旁系垂二辫，并无头顶结髻的。这类画通传为南宋陈居中笔。（日人学者鸟居龙藏氏论文中，曾提及在东北所得石刻为契丹辽石刻。引用石刻拓片一部分，不大清楚。）《文物》编者王去非同志，曾作文分析过，以为传绘本旂仗亦属辽制。事实上女真没契丹后，仪制仍多沿袭旧制不变。《画录》中多以为南宋陈居中作。又有一彩印照片只五人并立，作文姬辞别，三女侍敬酒场面，则题为元赵孟𫖯绘。画极精，衣着小花锦，花纹明白具体。男子戴皮耳帽，和其他不同。即赵绘，亦必系摹旧本而成。

又有一作夫妇并辔双骑，马上着小女孩，人骑均极好，也载于波斯顿画册中。

8.《清明上河图》　传张择端作。故宫藏，文物出版社有新印本。作汴梁城外市容，人屋车船无不具备。

9.《子虚上林图卷》　传赵伯驹，明仇英摹本，附文徵明小楷子虚上林二赋。长卷约四丈。画摹不精，但内中楼阁人物均典型宋式，猎户有成队挟神臂弓的，很好。

10.《尧民击壤图》 传李公麟。作农民奏腰鼓吹笛贺丰收舞蹈场面。装束素朴而具体，极好。

传唐韩滉喜作田家风俗画，行笔极细。韩作无传，北大廿多年前曾收有一小卷《尧民击壤图》，作田家风俗，行笔细如发丝，当时以为或明代尤求笔。但尤求作人物结体不高，无性格。或即据韩李旧稿而成。李画藏故宫，值得商洗一照相，作参考用。

（还有个《白莲社图》，极好。可惜所存照片极小，且只余四段在手边。）

11.《西园雅集图》 李公麟作。曾印于《故宫周刊》。内中人物旁多附本名，如苏轼等等。十分重要。人物衣纹多屈曲如蚯蚓，绵延不断，在画法上实另具一格。

12. 宋人绘《香山九老图》 绘的是白居易等九个遗老在洛阳闲居时集会故事。因此又名《洛阳耆英会图》。一立轴，人多戴风帽，穿直掇便服。一长卷，人多戴高巾子，穿直掇便服。后一卷子场面较多而画得具体。二画均故宫收藏。立轴曾刊于《故宫周刊》中。卷子有照相，可商量洗印。

13.《望贤迎驾图》 宋人绘，上海博物馆影印过。官僚群骑从，画得极具体，画人民群众，迎候路旁，也极好。

14. 宋人绘杂剧人图 故宫彩印，作二女子着钓敦衣袜裤。（即后世所谓"解马装"，当时契丹下层妇女装束，为宋政府一再下令禁止过。但扮演杂剧则不受限制。）

又有一扇面作二女子并行，手持长柄伞，照《东京梦华录》所叙，则为官媒婆特有装束。因此也极重要，有用。

（又还有个宋人杂剧图，计七八女子，作演出以前情状，画意极好。有照相存之檀处。)

15. 宋人绘马群图　传为李公麟,笔道粗率,不像李。内中马夫不少,衣着形象极有用。虽笔意草率,但神气极好。故宫藏。有照片可洗印。

16. 《文会图》　似即宋人绘《唐十八学士图》。明仇英临宋本,极好。申博《画苑掇英》影印过。内中五人奏乐部分,音乐研究所摹出彩印过。

主题部分也很好。绘社会上层文人集会场面,生活形象,神气活泼,不下于传世《文苑图》。背景还较好。

17. 《白沙宋墓》壁画　宿白编。画中有一粮食袋,题有"元符二年赵大翁"字样,得知这个墓葬,是北宋元苻时,一个姓赵的宗室地主的。

画中有墓主夫妇平时生活,家属带孝化妆,门前男女乐部奏乐,佃户送财礼等等场面。妇女大髻,和较前一时政府法令禁止高髻,及稍后袁褧《枫窗小牍》记载北宋髻式样发展变化多相合,可相互印证。宿白教授一分析文章,极有见地。

18. 宋人绘《双舟图》　传郭忠恕。载于波斯顿藏中国名画图册中,有影印本。作二海舶停泊于大江中,各处有船只不少。船上一切画极具体。船式和《上河图》中运粮船不同。

19. 《巴船出峡图》　李嵩绘。

20. 《长江万里图》　传范宽,或较晚。船及舟子,画得较简略。但江流奔驰,船行于危石惊湍间,舟子奋斗情况,及沿岸村落布置,都极好。

21. 西金居士《罗汉图》　在日本。似应为金某作,日人误题,《文物》有张珩考订文。在罗汉旁侍从信士衣着画得极真实具体。

22. 宋代厨娘砖　历博藏，计三件。作煮酒、切脍等，线刻，很好。之檀处有白描复本。

23. 又一题名"丁都赛"妇女砖　同上，计一件。据《梦梁录》，得知丁是南宋四个著名杂剧演员之一。头上戴花一簇，衣着和故宫彩印杂剧女子相同。

24. 《二郎出行图》　即《搜山图》一部分。历博李之檀处有照相。《搜山图》作降妖部分，照衣着看来，当为典型晚唐元和时世装。和《会乐图》时代相近。至于二郎出行部分，似五代时人笔。其中猎户部分极好，画得十分生动出色。

25. 牟益《捣练图》　故宫藏，有印本。南宋时作，称仿自周昉，实近周文矩。与《宫中图》中妇女相近。作妇女治帛纺织过程。

26. 楼璹绘《耕织图》　历博有拓本。原石似亦在历博。刻画极细致。形象逼真。原石在杭州，有篆字题诗，字体近李公麟。上部后加有乾隆题诗。但据记载，则原诗为赵构题诗。现存石刻仍为篆体。近原刻。后来明清刻《耕织图》。

27. 南宋人绘《耕织图》　南博藏，有彩印本立轴。上部作收获形象，下部作织，织机具体，为目下所见最早有小孩坐机上提花形象。原画在历博。

28. 元刻《全相平话五种》　有影印本，各平话均有图，一律作宋式制度，极重要。

29. 《大驾卤簿图》中道段　题元曾巽申篆进。就图中人物分析，恐原为北宋《绣衣卤簿图》残本。《绣衣卤簿图》总近二万人。本图即残余，尚有四千八百人，约长七丈。每一部分上部均附有文字说明所属官职，极其详尽。可以和宋《舆服志》比证。内中乐部、甲骑、兵仗、车辂都画得十分具体。为目下所存宋代官服最重要材料。

唯一缺憾，是《舆服志》所叙述，宋代官服为壮观瞻，采用锦、绣、染缬三种丝绸加工作成，名目分明。此图因人数过多，图像较小，衣着花纹图案，部分还相当清楚，部分已较模糊，难得原来印象。十分可惜。但是依旧不失其为研究宋代锦绣染缬最重要材料。

30.《女孝经图》　故宫藏。字体如赵构，人物衣着与《中兴祯应图》相近，笔较柔弱，不如《祯应图》扎实。

31.《丝纶图》　故宫藏。或作刘松年。

32. 李公麟作《九歌图》　故宫藏。

33. 又《湘夫人图》　南京大学藏二页，福开森旧藏。白描极精。

34. 韩干《江行初雪图》　五代南唐画待诏韩干作，故宫有印本。绘的是雪时江中行船，水上捕鱼，岸边骑驴行旅苦寒景象。笔简而神足。

35. 敦煌画《五台山进香图》　也是五代人作。作各种进香人及骡纲上路情景，很好。图边大，内中行旅人物值得托敦煌研究所就摹本绘下。

36. 晋祠塑像　有印本。多属五代宋初宫中女官装束。如宋《舆服志》所叙宫中女官分定等级的玉环绶制度，目前为止，惟这份泥塑，有形象可以证制度。

37.《卓歇图》　传契丹画家胡瓌笔，故宫藏。有印本。内容部分与史志记载契丹主外出狩猎归来情形相合。主题部分却不

297

合，实系《胡笳十八拍图》叙别一个场面。未必为胡瓌所作。但证以宋曾三异《独醒杂志》卷三记载，本画必仍成于北宋时契丹画家，则无可疑。人多髡头垂二绺发于耳际，实契丹风俗。身边，侍从多着巾子。照记载，必捐献大量牲畜才得到许可，专名"舍利"。男女衣着均契丹制，亦女真制。

38. 日人编辽文化《庆陵之壁画》 有着宋式纱帽袍服的，应属当时南官。有髡头着小袖齐膝衣手执骨朵的，属北官。

又七三年《文物》八期辽壁画，十分重要。与近年出土辽墓壁画相近。

又敦煌有西夏人进香图，人数虽不多，可重要。可商研究所为作白图。

39. 辽铜钟上卤簿图 似在沈阳故宫。应商东北博物馆拓或照相。据照相绘白图。

40. 王居正《纺车图》 故宫藏，有印本。作三穷妇女共同在一纺车前劳作。

41. 传李唐绘《村医图》 又作《灸艾图》，故宫旧藏，曾印于《故宫周刊》。

42. 《文物》所载山西金墓浮雕砖刻与壁画地主及女仆等，有些极重要，因为衣着外还涉及生活背景，房屋陈设，饮食宴乐。有的还是用宋官僚作奴仆使用奏乐场面，宜属南宋初期。有的妇女衣着如一般宋式，则宜为章宗以后，改服法令废除时。

个人见闻不多，记忆有限，若能得出版社专家加以补充，又此外还有《天籁阁旧藏宋人画册》《韫辉斋藏唐宋以来名画集》，申博、东北博、故宫诸博物馆藏画所印图册中，还有不少有用材料,分别查查加入,大致即可望可以凑成一份比较完全材料。加以集中,重点印出,国内各方面必然都可得用。

本篇估计写于1970年代中期,作者在文稿封套上注明:"宋代人物故事画册种(服饰参考);(给人美提的多些);补成一百包括新得壁画。"

据此推测本篇为初稿,另一份补全稿曾提供给人民美术出版社。现据原稿整理编入,并对部分书画作品改用全称表述。

花式图案参考资料
——为实用美术系教师拟的教案

5 一、《古镜聚英》上册可取战国镜具柿蒂式花纹的 ✧ （此有各种不同的）五式。这种装饰直接反映到镜子上，有在镜中心，有边缘小花，极多变化。间接还可以从小朵花式的见出战国时金银细工花式。到汉代，且成许多种工艺美术品，特别是圆的方的或长方的盘、合、奁及金银镶嵌等主要装饰。发展下来直到唐宋，丝织品还有柿蒂绫，彩画则有柿蒂花式，用到许多方面。战国时这种十字形纹饰，已用到金银错车器上，又或如 ♡ 分散用，效果也极佳。在宋明剔犀漆器上成主要花纹，也即是宋以后云如意老大哥。花式基本虽极简单，变化可极多。

3 二、汉空心大砖上柿蒂式和放射式花纹规矩化的装饰，用作边饰的效果，取二三种作例。唐锦还用到，彩画也用到。

1 三、《通沟》取天井莲花一种。正格莲花装饰，在藻井部分，虽早见于西汉人辞赋中，其实在证据，却只有从时代稍后一些魏晋之际彩画中找寻。从发展看，这部分花式极重要。因和云冈龙门石刻莲花顶盖、边缘装饰，敦煌彩绘串枝或散花装饰相近似，却更见中国风。唐三彩陶花式纹饰，宋彩画和丝织物串枝花设计，宋瓷器中定州、临汝、当阳、磁州、龙泉诸种瓷器花式装饰，明清瓷和丝、漆、木、绣图案，都无一不是从这个传统串枝式发展而来。

1 又《通沟》散莲花塚壁上花朵装饰。（这种散花布置法，是唐代衣着上织、绣、印、画主要方法。一加藻叶，即成串枝花。）

2 四、北魏石刻边缘大卷花，作回旋翻转大莲瓣式，极好。汉刻石，辽阳壁画，铜镜，朱漆画，都有卷云草连续带式装饰。正式花朵较有本色的，只大铜洗中几种简单花朵。比较普遍用到，和后来串枝花有联系的，还是北魏六朝石刻。可取两式：一大卷莲式，一细刻串枝花式。元显元隽诸志中边饰，明锦还受影响。

3 五、敦煌彩绘三种，用和石刻可印证的，比较时能见色彩配置方法。石刻为浮雕。

1 六、六朝陶器肩部装饰大卷花。磁州窑的剔花，是这个方式发展的。

5 七、唐石碑及墓志边缘装饰四或五式。最好用牡丹、莲花、宝相、海石榴各一种，细簇花一种，共五种。

10 八、敦煌唐彩绘取十式。从黑绿二色到五彩，各取二种，另有佛背光云裍式，佛座莲台式，柱础莲花，砖纹花，梁头及藻井平棊格子团花。各不相同。

6 九、正仓院藏唐琵琶锦袋大花锦、晕锦各一种，镜花绫二种，金银平脱细花镜一种，琵琶嵌螺钿花一种。（从《东瀛珠光》选，可见唐代处理团式花纹到工艺各方面的方法。）

十、《古镜聚英》下册选唐镜四种，二细花，二浮雕宝相花。(可见不同效果。)

2 十一、《唐三彩图谱》取二式：一和印染相关，在平器中的散花；二在坛罐肩部具浮雕效果的贴印团花。

6-7 十二、《宋瓷》一书中可取的，约六种或七种：图十定瓷盘中花；十一黑剔花牡丹；二十二临汝青瓷印花；卅一磁州窑黑剔花；五十一红彩民间瓷画花。(此极重要，因景德镇瓷到后一与之结合，即产生明清彩瓷和青花瓷。)六十五莲花盘。均以花朵分明为限。

1 十三、吉州窑天鸡尊腰部装饰。《世界美术全集》转载过，花式极精美，具代表性。

15 十四、明锦经面中取不同花式，不同材料各五种。如织金、五彩、本色单色缎子各五种。(为方便计，可选购三五十种，只千元①到二千元一片。)

十五、《营造法式》彩绘部分取柿蒂、团窠花式各二种。

3 十六、故宫东路景阳宫画珐琅室西边二柜中，有三个小盘子花，有一冰梅的不用，余三个重要（即古月轩瓷派）。

得设法摹下作参考，极精。

这个重要，谈它时应放在最后。

3 十七、《支那工艺图鉴》漆工艺编，取明代雕漆盒上花式三种，（大牡丹、山茶、诸花。）见明代在漆器上浮雕花朵的处理。

十八、太和殿东边柜中一宋龙泉串枝花大瓶，明法花大瓶上花。此重要，布置好。

6 十九、陶瓷馆正殿东角定式瓷黑绘荷花大脸盆。花式简单而生动，有变化，极大派。又宣德青花部分取立式带形平列花一种，如碗边花，平器串枝聚簇花二种，如大盘子中花簇。满花立器一种，如壶罐类。

廿、美院陶瓷系和建国瓷会存器中借十种不同花式。

6 廿一、陶瓷馆中清代室古月轩珐琅彩规矩花碗，过道中一柜胭脂地花碗，雍正斗彩大瓶，大天球瓶，釉里红大牡丹瓶各二种。

廿二、景阳宫景泰蓝大串枝花一种。（花端正规矩，但已无发展性。）

廿三、保和殿西角大红剪绒毯，花朵好，大径尺，值得摹下示范。又黄呢绣毯上有三色蓝花，也重要。三蓝法在清绣中占重要位置，可示例。有二绣花垫子，很好，和雍瓷花有联系。卷叶也得注意，不可分。花式图案组织上成功处，卷叶占相当重要性，没有它联系，是不成功的。

1 廿四、《纂组英华》取紫鸾鹊谱刻丝大牡丹花式，即作封皮那一种，是唐式彩绘法，晕锦法。重要。（根据它，才能明白某些明代绸缎的花式实从宋代来的。）

4 廿五、绣花挽袖，裙幅马面，各选二三种。见清初绣花处理方法。（购买不会过十万。）并明白效果。（即花头在全幅中所有地位。这必需明白，不然会奇怪，为什么总是红和蓝二式，别的极少？）

2 廿六、清代描金漆，选二三种规矩花式，可和绣、彩、瓷等相联系，明末清初有极精的。保和殿有二式好，东路明代综合室有二种也好。（学校最近留下那两个就相当好。）

2 廿七、从琉璃照壁堆花的部分摹绘两式（明和清各一种。）

1 廿八、玻璃吹沙大花（多清中叶后）一二种。

这些差不多是一个艺术学生日常要和它碰头的器物。

可从这百一十种中选一百种。（锦和瓷可去掉些。）

这仅是就常用常见的器物中，具牡丹、莲荷、宝相等组织不同花式可供同学临摹参考而言，并非特别难得物品。

这一课如能那么安排，似乎对同学还有益。因为材料具体。这么一来，大致一百点左右相近似花式，已可完全把握。因来源不同，性质不同，材料不同，问题不同，效果不同，仅仅从比较上看去，也就可以得到一种明确认识，即花朵在中国工艺美术装饰图案上的发展变化和不同成就。通过这一课学习，对于花式装饰是什么，就好理解多了。实用美术系同学，从这一课中得到的东西，必然将更加具启发性。假定以一百单位，二十同学来摹写，一星期大约可以完成。但是，要求这一课能顺利进行，大致还得有如下安排准备：

一、先得主持系务的和教学组的同人，具共同认识，这么作对同学为有益。需要那么认真作才有益。

二、得用到三五十万资料费用，也可能还得多到百万元。（为一课可能用那么一笔钱，是因为各系各组过去还不习惯资料教学。过去拿一二件东西，马马虎虎的教习作，恐不大得用。）

三、这一星期中教学的得有一二天和同学去故宫分别着手临摹要用的材料。人要斟酌分别一下，手好的摹画珐琅那三件，摹雍乾瓷。笔健的绘法花，绘大红毯上花。工夫细不怕烦的画刺绣雕漆。

必作二图：一全形，作黑白线画；一花朵，敷色。

四、向校中商量提借必要图书和实物，作摹绘参考。

五、得商同学用同一式纸张临写，弄得整整齐齐，结果即可配合报告，成此后教学组一份资料。下年可能就用它教学。也就可抽出时间二三天，为同学看更多补充材料，并添加有关材料。如与创作结合，或鼓励其另作设计，或启发其仿效转用到另一种不同需要上去。从这种实用习作工作中，可测验每一同学综合消化能力和批判表现能力。

六、一星期过程中，教学的得准备作一个具综合性的教学报告，应将各种花式特征、作用交代清楚。费时间至少得有二小时左右，联系到发展谈谈。不然一切若孤立，无多意义。事实上这些花朵彼此关系密切，不可分开的。

七、学习完毕，就百点临摹和同学创作，再作一总结报告，指出有多少好的，多少有特别成就的，多少又还缺少应有基础，缺点何在。（如能选特别好的三五种，试用到瓷器或景泰蓝、挑花一类生产上去，作这课优秀习作示范，自然更可鼓励同学深入。）

如此一来，这一课虽不过是三年学习若干课目中之一个项目，但是既然同在摸索中，这么作可能对同学就有用得多。一礼拜的学习，得到的东西不少，且和其他课容易配合。例如美术史和工艺专题报告，是可以得到更多理解的。

事实上准备资料如具体，学二星期，也极有意义。因为实用工艺美术，花纹占的位置，实在相当重要，是不能过于草率交代的。若本课搞不清楚，却期望其他课程来解决这个问题，就不好办。这么作，对教学的准备不免稍费事。不过既然是专科学校的教学，自然得不怕费事，同学才能得实益。

求省事也有一个极省事办法,即用五十种锦,三十种印花布,四十种瓷上花朵,可以解决。但同学恐得不到什么东西。学得太少,说创作,是不可能有新意的!

作者1953年3月28日在日记中写到:"为图案系一助教拟一百牡丹花纹图案,故宫清明宋瓷中即可得四一种。可能还是近于多事,因教授先生都不要那么多资料来教学,教学已廿卅年,一切都很觉得已足够,多事可能对他们即是一种搅扰。"

本文是作者替中央美术学院实用美术系青年教师起草的参考教案。据原稿整理编入,副标题为整理者所拟。

①千元,系当年流通的第一套人民币价格。1955年3月发行第二套人民币时,一万元旧币等同于第二套人民币一元的币值。

工艺美术中龙凤图案的应用

【殷商西周】

一、甲骨文及金文龙凤文字的形象。

二、安阳侯家庄出土商代朱绘嵌蚌龙纹（南博藏，廿五种择数种）。

三、彩绘龙纹蚌壳（故宫）白陶和釉陶龙纹。

四、龙纹青铜盘、青铜嵌绿松石龙首戈、凤纹爵、凤纹敦、龙纹敦、壶……龙首罍（故宫）。

五、透雕、线浮雕、立雕玉龙佩及凤形。

六、龙凤纹雕骨（故宫、历博）。

【春秋战国】

七、金文中黼字（金文编）。

八、帛画龙凤（楚文物图录）。

九、彩绘漆瑟上龙纹（信阳楚墓报告）。

十、彩绘漆盾（长沙楚墓报告）。

十一、泥金银彩绘镂金漆棺板（长沙楚墓及文物杂志）。

十二、朱绘漆三凤盘、双凤盘（蒋玄佁编长沙复原绘）又朱地墨绘龙凤纹盘。

十三、朱绘漆龙凤羽觞各一（荣宝斋木刻）。

十四、错金银龙首辕头（辉县报告）。

十五、白玉龙璜（同上）。

十六、银镀金镶玉嵌彩琉璃白玉龙钩（同上）。

十七、彩绘残漆棺（同上）。

十八、白玉龙钩　各式（故宫及金村聚英）。

十九、透雕玉佩（三门峡虢墓、信阳楚墓、长沙楚墓、辉县……及故宫藏品）。

廿、玉龙璧（故宫及尊古斋古玉图谱、金村聚英）。

廿一、青玉龙佩（历博、故宫及尊古斋古玉图谱）。

廿二、松绿石透雕、线刻龙纹饰件（三门峡出土）。

廿三、青铜龙纹镰，各式、小圆饰件（三门峡）……

廿四、燕下都大花砖、瓦、龙纹瓦当（历博）。

廿五、李三孤堆楚墓出青铜簠鼎、凤纹龙纹（楚器之花纹）。

廿六、信阳楚墓空花龙凤纹筒状器（参用报告中复原绘）。

廿七、方镜龙纹二式（古镜聚英、长沙楚墓……）。

廿八、楚式云龙凤纹镜子（古镜聚英、故宫、历博，及拓本）。

廿九、楚式镜云龙凤纹样（报告）。

卅、各种错金嵌石雕玉龙钩。

卅一、错银龙纹鼎。

卅二、铜器中龙凤花纹（战国铜器之研究）。

卅三、搥印龙凤纹薄金片（故宫、历博）。

卅四、凤穿花绣件（考古学报）。

【西汉三国】

卅五、错金戈附件云龙纹（故宫）。

卅六、又云凤纹（孔雀）。

卅七、又龙凤纹车轴头（山东出土，历博）。

卅八、彩绘漆方奁云龙纹残器（乐浪，日人复原绘）。

卅九、针拨凤纹羽觞（长沙出，历博陈）。

四十、龙凤纹锦。

四一、青龙朱雀瓦当。

四二、铜奁上细刻龙凤纹，又凤纹。

四三、四神镜上之朱雀与青龙。

四四、盘龙座博山炉（故宫）。

四五、错金龙洗，彩绘凤奁盖（世美汉代编）。

四六、夔龙凤盾形佩（古玉图录，古玉图谱）。

四七、大型空心砖云凤图案、又三角形砖龙纹、又长方砖龙纹（模印画相砖集）。

四八、西汉画相砖墓墓门二彩绘龙（洛阳出）。

四九、玉具剑鞘之龙形珌（长沙，历博照相）。

五十、黄金带铐、黄金冠饰（世美汉代编、历博）。

五一、汉石刻朱雀（四川沈府君阙）。

五二、铜雀台石龙头（历博）。

309

五三、辟邪璲、盾形佩、璧（故宫）。

五四、石刻九首雄虺（附敦煌画中雄虺）。

五五、汉末鼍龙镜、神相镜中之青龙与朱雀。

五六、八凤镜三式。

五七、错金龙纹□（故宫）。

五八、镶〔绿〕松石龙纹钩（故宫）。

【晋南北朝隋】

五九、洛神赋图中之六龙神车、通沟壁画龙。

六十、敦煌壁画西王母东王公龙辇凤辇。

六一、乘龙赴会菩萨。

六二、石刻墓志乘龙凤诸天。

原稿首页边上有以下两条批文：

"打印120份，请史主任审批（签名）五，廿六"

"请龙下星期三以前打出（签名）5.26"

本篇手稿是"文革"后期发还作者的查抄材料之一。但从内容推测，第"六二"项之后，尾页已缺失。

据现存手稿整理编入。

题《中国历代自然科学家小传》

为中国历代自然科学家画像的参考意见。

墨翟

作墨子似得从瘦着眼。（正如战国时人叙墨学者宋牼。）好劳动，富情感，具有深刻信仰，长于思索，行为素朴。从这些着眼下笔。

李冰

用四川出土砖，如文翁讲学那个首座人物，和车中人物调整，比目下泥塑合。惟应注意高冠。川砖三梁冠，似不合秦制。因高冠由高祖而起始。战国时官服可参的，只楚俑，虽和记载说的"制如覆杯"相似，顶上束发部分必还有一点东西。

张衡

乐浪出土一玳瑁箧盖，几个复原人物画相，和洛阳出土彩绘砖上人物相，有用。如全身，并佩组绶，玳瑁盖上人物具体。如裹巾子，洛阳砖神气制度重要。笔简而有性格。

魏伯阳

《三才图会》有相，不怎么好，还不如把《斫琴图》中人物参用，情调与本人合。惟值得注意，《参同契》一书谈的是房中术，即所谓内丹，说铅汞是比喻。值得专家注意考虑一下。

张 机

洛阳彩绘砖上人物可参。（波斯顿美术馆藏砖）

刘 徽

《女史箴图》中坐床边一位，和《北齐校书图》中一瘦人，值得注意。头上莲花冠子晚些，用巾裹。这时正是郭林宗折角巾子当时的阶段，用折角巾可以，《历代帝王图》及《高逸图》都有此式。敦煌供养人也有作小折角巾的。

马 钧

如照傅玄传马钧，应作穷老相。扶风人，宜高长。洛阳砖上人可参。

郦道元

可参巩县《礼佛图》，龙门《礼佛图》，敦煌供养人。或用《朝元仙仗〔图〕》中之明星大神及末尾倒数第六神将，和他身分相合。冠得改魏小冠。

裴 秀

龙门石刻病维摩手执麈柄，靠隐囊，情调较合。此石刻适如张彦远称顾画，或系晋人画稿，后反映于石刻。

祖冲之

敦煌画有一坐鹿皮清癯之士，可参考。又《北齐校书图》中有可参考的。《斫琴图》中人物也有可参考的。

贾思勰

龙门石刻供养人可参。作太守似可用胡子人物，俑中有可参考的，《女史箴图》有可参的。

李 春

系工匠，从此一点着眼，《女史箴图》中一射鸟人相好。素朴如村老，近人民劳动者。

玄 奘

易县罗汉图的罗汉，其中有和我们所想象玄奘气度的。塑法也极好。可参考。

孙思邈

宋人作高士擘阮或李公麟白笔《维摩演教图》，好，可参。孙活至九十，必作老寿者相方合。

一 行

此应参《萧翼赚兰亭图》之辩才相。或就贯休十六应真,及不空金刚相得到启发。思想家和尚,不宜团头胖脸。

沈 括

宋人作《西园雅集图》《洛阳耆英会图》戴高巾子,时代合。《唐人游骑〔图〕》中有二相近北宋南人风格,宜瘦不宜肥。即一行也应在瘦上注意才合,不宜团头油脸。

《韩熙载夜宴图》中处理人相有可参考的,北宋人着巾子还和唐末相近。

李 诫

韫辉斋藏画中有一仇英卷子,中多作唐及北宋人装扮,可参考。沈括性情洒脱,也应从这个卷子得到启发,人物如《文苑图》,有性格。

秦九韶

苏沧浪亭有宋人石刻相,可作秦九韶相参考。

郭守敬

传赵松雪、钱舜举及清姚文瀚都作《卖浆图》,多本于宋人《斗茶图》。服装巾裹均和白沙宋壁画合,可用作郭守敬相参。面孔具地方性。蒙古人梳双鬟垂脑后,郭仍作中原装束好。

李时珍

《双百美图》四册三十二页，一拄杖老人相可参。

徐光启

有戴圆翅纱帽站桌边一相，又《农政全书》似附有一本人写真。

本文插写在《中国历代自然科学家小传》草稿内，供美术工作者为科学家画像时，提供参考意见。

关于灯的种种

战国错银灯座　故宫

玉灯座　故宫

汉鎏金铜连枝灯　故宫

铁连枝灯　故宫、历博

绿釉陶连枝灯　历博

灰陶连枝灯　历博　又龙首陶灯

各式青铜辘轳灯

青铜牛形灯　文物

鹿形灯及辟邪灯　故宫、历博、申博及其他

雁足灯　故宫及《西清古鉴》

青铜灯各式　历博及故宫

汉石刻连枝灯　文物

汉锦到明锦　斯坦因《西域考古记》内

敦煌北朝壁画灯树

《列女仁智图》中三连枝灯

隋绿釉陶蟠龙灯座　故宫

唐白瓷灯座　历博

唐（或隋）青白釉蟠龙形灯座　历博

宋画《观灯图》　《故宫名画集》

宋苏汉臣绘《百子嬉春图》中小儿玩具灯

宋画《华灯侍宴图》之灯

《韩熙载夜宴图》中之烛及烛台

　　　　　　虽题为五代，一切制度实宋代北方画家所作

牟益《捣衣图》中之行灯

《清明上河图》中酒楼灯彩

《营造法式》图中灯彩

宋刻经扉页板画　北宋《法华经》

宋画中之灯影戏

宋画《雪霁双舟图》中之船上桅灯

宋人画[①]《汉宫春晓图》中之行灯

元人画《炀帝夜宴图》之行灯

元褐釉灯座　历博

元人《全相平话》图中之各种灯火

　　　　　　包括军营外旗竿上灯，行军火炬

明《宪宗行乐图》中宫廷灯及鳌山灯棚，走马戏灯等等

明人绘《双百美图》中各种苏式灯　部分得重绘

明刻《元曲选》，及其戏曲插图中各种灯

明刻《御世仁凤》及其他通俗小说插图中各种灯及烛台

《水浒图》《宣和遗事图》中过年灯棚

明正德青花瓷灯座蜡台

明绘《李白桃李园夜宴图》中诸灯

明缂丝……诸灯

明锦缎及清锦缎中诸灯形　故宫及已印图录

明定陵出土青花瓷烛台

明万历五彩瓷上绘灯彩　故宫

明明角灯　故宫

青铜灯镜屏　历博

项墨林《瓷器图谱》中诸宋明瓷灯

清《南巡圣典图》中灯彩

明《百子图》螺钿镜匣、雕漆案、团扇画元宵鱼龙灯

清瓷灯　历博

清玉烛台　珍宝馆

清象牙灯　故宫

清缂丝灯　故宫　又灯片　《纂组英华》

清灯笼景衣服　故宫

清各式宫灯　故宫、历博

清绣花灯景桌围　故宫

清彩绘玻璃灯

灵隐庙佛堂前长明灯

西园庙……长明灯

清科场考试用煨食物"五更鸡"灯

清绘屏风画《金谷园夜宴图》诸灯

清官吏出行仪仗灯笼

约计百四十种左右，上自战国下及清代。举例至少可用一百个图。

① 此处手稿原写为"元人画",后改写为"宋人画"。疑为明人仇英之误。

□ 织绣染缬与服饰

谈刺绣
—— 图案的应用和加工技法发展试探

刺绣自古以来即属"妇功",因此这部门生产伟大优秀成就,主要出于历代全体劳动妇女的贡献。

刺绣为服饰绘画的加工。它的起源或和古代文身有一定联系,本由生活实用出发。为保护身体安全,在露天下免受野兽侵袭,进而才作氏族图腾的标志。这方面到后来发展分歧为两个部分:成为阶级社会统治者对人民压迫五刑之一,则为"黥"面,多施于面颊眉棱间;作为艺术表现,则为文身术的"点青",施于身体中局部或全体。唐代还盛行于市井里巷中,施术有专家,爱好的还有把一首名家叙事诗的故事,用连环画形式表现于全身的。后来用法律禁止,还禁不胜禁。其实两种制度在九百年前的宋代就都还保存,《水浒传》提起的九纹龙史进,即一身刺成龙纹。《宣和遗事》且说起当时宰相李邦彦为谄媚赵佶,君臣荒宴淫乐时,也常用生绢画成龙纹贴体,仿效文身。又宋代兵士还有刺标记于腿上制度，花纹已难详悉。至于刺绣使用到纺织物方面，和多数人民生活发生密切联系，当成服装艺术一部门来看待，当然比较文身发明为晚。彩色刺绣的发生，似起源于纺织物彩色提花技术发明以前。但是却在纺织物高度发展的现代，还能继续存在和发展，无论服饰绣或观赏绣，无论手工绣或机绣，均为多数人所爱好重视。特别是解放以来，在党领导扶持下的新的刺绣业，近于全面开花，苏绣、湘绣、广绣、山东烟台绣、北京绣，从业工人多以十数万计，且各具鲜明地方艺术风格，年有大量生产输出，为社会主义兄弟友好国家和亚非友好国家人民所爱好重视。它的发展未来也和其他特种手工艺品一样，前途实无限美好。

　　刺绣和人民直接生活应用分不开，随同社会发展，它的应用也因之日益广泛，例如较早即使用于标志氏族社会团体间的旗帜幡信，后来和宗教迷信相结合，部分成为偶像崇拜的对象，随后又和名家书画相结合，发展成纯粹观赏艺术一部门。更重要的自然还是有亿万人民共同从事创作的民间日用绣，曾创造出万千种健康、热情、清新、活泼的图案，及千万种不同加工技法，一直留传下来，经历代人民不断加以丰富充实，直到现代，还遗留大量优秀遗产，可作新的生产参考取法。同时刺绣加工关于材料的使用，自古以来也在不断发展中，主要靠丝、麻、棉纤维等，此外真珠、珊瑚珠、料珠、金银线、羊皮金、孔雀毛以至头发等等，均无不使用到。总之，这部门工艺生产，历史长，范围广，问题多，个人知识又实在有限，本文将只能从刺绣图案的应用和加工技术的发展部分，试作常识性初步探讨，就正于国内专家学人和生产战线上的老师傅。

※　※　※

中国养蚕织丝,古代传说多把它属于黄帝时期。黄帝时代殊难征信。惟就我国现存有花纹丝织物残余材料分析,则约在公元前十一二世纪间,丝绸提花技术已相当成熟,刺绣应用到某一部分人服饰及古代社会组织不可少的旗帜仪仗和其他方面,时间显明还会更早一些。原始的刺绣实物未能保存下来,但如联系古代造形艺术反映到其他方面纹样相互比较,还是可以推测得出部分面貌的。例如半坡村出土几种墨绘陶器的花纹图案,山东大汶口新出土大量彩绘陶器的花纹图案,以及甘肃半山马厂期彩陶上所反映的种种美丽花纹图案,我们说,这些花纹图案(特别是山东、甘肃两省彩陶上的)在古代某一时期,有可能用刺绣法加工,使用到丝绸或麻布上面,作为服饰一部分,大致还近情合理,不会和历史事实相去过远。

刺绣虽属人民的劳动成就,也正和其他部门劳动的成就一样,自从有了阶级社会以来,生产优秀成果,即已为统治阶级所独享。特别是和氏族标志结合的旗章及象征权威的服饰。甚至于在氏族社会制晚期,氏族长所有大致就已经不同于一般人民。

根据古文献《尚书》中记载,刺绣艺术在氏族长服饰上的应用,成为一种特别制度,是属于半传说中的著名帝王大舜,嘱咐治洪水的大禹,为在衣服上加绣十二种图案起始的。十二种图案是"日、月、星辰、山、云、华虫、藻、火、粉米……"①,内容包括天象、地理、自然和生产形象,象征统治者权威、责任及人天关系。后世通称"十二章"。这虽不过是一个历史传说,问题重要处是它对于后来的影响。从周代以来,即成为帝王袍服上一种固定制度,一直沿用到十九世纪末才止,前后延续三千年之久。关于十二章说法，即或仅仅成立于周秦之际，但这种装饰图案布置和花纹色泽的真实情况，依旧难于具体考究。从汉代以来，学者解释意见纷纭，用书注书，终无根据。宋人刻《三礼图》，影响约九百年，以意作古，更不可信。由于不和当时实物比较分析，缺少历史唯物观点，就不可能搞清楚的。今试从现有种种实物图案比证，或许还可多明白一些问题。例如日中有三足乌，见于西汉《淮南子》，月中有白兔，见于张衡《灵宪》，汉代以来帝王冕服，因此肩上日月必加三足乌和白兔，由此可知唐代《列帝图》冕服上日月形象，实有所本。此外山云华虫，藻火粉米，周代比较材料可以依据的，应当是西周铜器上的山式云纹和反映于春秋战国时期铜玉雕刻上的龙纹。藻火近人以为最值得作参考的，是战国楚式铜镜夔凤云藻连牵的图案，但是时代已更晚。粉米殊难言，因为此二字或有问题，用嘉禾代表，可能出于汉人以后。总之这些推想即或从现实出发，也还有矛盾。因为上述花纹时代不一，不可能于古代某一时出现。至于近一千年十二章的应用，则多本于宋人《三礼图》，实在去古日远。所以这问题不妨搁下，且谈谈殷商、西周、春秋、战国，一般刺绣应有式样。有关这一点，据个人私见，它必然和当时其他工艺花纹图案有密切关系，又不尽相同。因为凡事不可能独立存在，特别古代工艺纹样，反映于当时铜、玉、骨、漆各种工艺图案均有相似情形。但又必然各因材料局限性，却常常见得大同而小异。春秋战国以来彩绘漆、金银错花纹，必更接近于刺绣，这从后来实物可以证实。楚式镜背丰富多彩的图案，更有可能大部分即从古代刺绣而出。这种推想也已经从近年出土部分实物得到证实。蒙古边沿苏联境内曾出土一件战国刺绣，作鸟穿花图案，长沙出一件绣被，作活泼流动云龙凤纹，两者都和楚漆盾花纹基本相通［图战国绣二种、图 楚盾］②，楚式镜背图案也有相近反映。西北古楼兰出土西汉彩绣，和诺因乌拉出土云纹彩绣，则和战国时金银错及漆器云纹组织大体一样。

又《礼记》称"诸侯之棺必衣黼绣"，黼绣必和古代黼黻密切联系。黼黻是古代帝王衣前不可少一件东西，本出于原始时代氏族长的前身遮羞布，遗留下来到封建社会统治者袍服上又称为"蔽膝"，变成一种制度，一件象征权威品级的物事。可以按官品各不相同，上面加绣有一定式样，二千年来谈到它的极多，可没有把文献和实物互证，多只根据大儒郑玄释为"两弓相背"一语，却始终不得其解。因此由唐人绘《列帝图》、宋明绘帝后像，到十八世纪乾隆织金蟒袍，黼纹尽管在冕服上各处移动，却一例作成 亞 式形象。其实我们如从河南辉县出土彩绘漆棺上花纹，河北易县燕下都出土大花砖瓦花纹，长沙楚墓出土棺中透雕金银彩绘笭床花纹，河南信阳近年新出土漆棺椁花纹［附图 燕下都砖瓦、信阳棺、楚笭床、辉县砖花纹复原］，以及其他春秋战国反映于铜、玉、漆诸器花纹，凡近于"两弓相背"图案形象材料，试作综合比较，便可知道原来还是两龙图案所形成。尽管使用到工艺各方面作不同变形，始终不出龙纹的组织。这类变格双龙，或双虬、双螭、双虺图案应用到古人服饰上时，内容或还有许多不同发展，特别是用于五色兼施的刺绣上，色彩配合艺术，我们还难于完全正确把握。惟黼绣用龙纹则事无可疑。这从近人所辑古金文许多大同小异"黼"字也易证明［图引 《金文篇》诸黼字］。只因郑玄一注，千八百年来用到刺绣上，却变成干巴巴的形样子了。真可谓"尽信书则不如无书"！也由此可见，仅仅刺绣上那么一个小小问题，如只知从旧的注疏上用工夫，孤立的以书证书，不和广泛实物联系，也不易搞得比较清楚。至于涉及古代名物制度更多方面新的文史研究，如不善于将文献和文物结合，求透彻理解，自然更加困难！

古代刺绣加工，就现有材料看来，主要用的多是"琐丝法"，即反复用针回扣作成连续小圈技法［图 用楚绣部分放大，见琐丝法特征］。琐绣法照理比平绣技术复杂一些，为什么古人特喜用这种技法！我们还少可供说明的知识，只能这么假定，这属于古代齐"细绣文"一种特有技法。正如《范子计然》一书中所谈起的每匹值二万、一万、五千高级成品。早可到春秋时代，晚到两汉还为高级绣活采用。至于比较容易施工的"平绣""错针绣"，以及后来流行民间的"挑花绣"，则惟施行于普通材料中。这种假说不一定可靠，因为出土材料还太少。惟从技术发展上来分析，则较早使用还应当是平绣、错针绣、挑花绣，以至于衲丝绣。比较进步的琐丝绣法，不可能早于这些技术。

汉代刺绣出土材料，重要有三部分：一、从西北出土的小绣片；二、从诺因乌拉古墓出土的绣袜；三、从怀安五鹿充墓出土的残绣片［此附图三种］。有一个共同点值得我们注意，即依旧用的"琐丝绣"。可以知道直到汉代，这种加工技法，还占刺绣主要地位。

※　　※　　※

刺绣得到比较普遍发展和丝绸生产发展，必然有相同情形，当在春秋战国之际。这从文献上称引也可见出。《诗经》《左传》《国语》《礼记》《论语》《晏子春秋》《墨子》《韩非子》等书，都或多或少描写到当时贵族衣服装饰应用刺绣的情形，或记载诸邦国间外交聘问使用锦绣作礼物的情形。《礼记·月令》还曾叙述及周代蚕丝染事和有关法令，得知政府当时曾设官监督生产。又说"画绣共职"，可知自古以来就重视刺绣设计。《左传》上提到的"针工"，极明显是具有专长的缝纫刺绣的女性工人，不是普通一般缝工。也即是旧说"百工者圣人之事也"的百工之一，在当时，虽然她的身份还是工奴性质，生活上是受一定程度尊重的。

刺绣纹样上的进一步发展，如果和其他工艺纹样有一定联系，应当在秦汉之际。特别是汉武帝刘彻时代，物质条件和社会风气具有极大影响。重要变化例如云纹由金银错和漆瓷经常使用的对称如意云式发展为不规则起伏山坡状，因之山云藻火四物再不有截然区分。如从现在锦缎反映研究，它的形成时代早可到秦始皇登泰山封禅，晚也不会晚于汉武帝登泰山封禅时。何以知道，因为从锦缎上文字"登高望四海"可知。这五个字体和秦刻石诏版字体极相近，内容则惟有两个封建统治者登泰山封禅能使用。所以说这类锦缎图案产生相对年代，必不出于这一历史阶段，而且和两个封建统治者奢侈靡费行为密切相关。这时已使用青龙、白虎、朱雀、玄武，象征四方，此外二十八宿诸星学说也已经成熟，军中旗帜绘绣这类图案，也极自然。至于图案创造者，则如不出少府工官所属工师，即必然是长安织室令所属工师和齐三服官所属工师。惟铜、漆器物多已发现当时生产工师和监督官吏名目。纺织物机头上还少同类材料发现。

文献上提起汉代锦绣花纹及和色问题，最具体的是公元前一世纪时期一个宫廷官僚黄门令史游作的《急就篇》。这是贯串秦代旧作，补充新事，用三七言韵语写的一个通俗读物。内中曾提起过一些锦绣花纹色泽。这个文件虽经后来学者反复注释，因为没有实物和比较材料印证，以书注书，引申尽多，还是不免近于猜想，不大清楚。由于近半世纪出土的实物和比较材料不断发现，才让我们有了些具体知识。直接材料最重要的有"韩仁"锦、"新神灵广"锦、"明光"锦、"无极"锦、"宜子孙"锦等。刺绣中最重要的有诺因乌拉古墓出土的云纹绣、西北出土的如意云绣、怀安五鹿充墓出土人物事件杂绣。比较材料特别有代表性是五鹿充墓出土那个错金戈附件，及日本人在朝鲜大同江边发掘所得一个同样戈戟附件〔附件二戈戟展开花纹图〕。（前件出土物故宫陈列于战国部分，似可商量，因仙人驾鹿车，和羽人于云气间飞行图案主题画，实和骑士狩猎纹相似，与汉乐府咏神仙，辞赋叙羽猎游乐，关系密切。至于背景图案，山云起伏，鸟兽奔驰，则本于《史记·封禅书》方士家言，海上三山上有白色鸟兽不死之民而起。是从博山炉发展影响到工艺各部门，反映的多是汉武帝时代方士小说家言，影响到工艺图案。也是汉代一般工艺图案处理法，不可能是战国时。）把文献和这些材料结合起来加以分析，我们对于古代丝绣知识，就更加推进了一步，即部分还有些不易明白，大体却清楚了。

综合这些材料相互比较，可深一层明白它的成因，大约可分成三个部分：一、属周代以来旧有式样（如金银错式如意云纹）；二、受当时儒家史传传说影响（如十二章关于日月藻火山云图案）；三、受流行神仙思想影响（如由金博山汉石刻日月形象发展而成的山云起伏鸟兽奔赴仙真骑士等等形象）。这些刺绣纹样，先是特种产品，不久又即具有普遍性。这从一般印纹陶器肩部装饰的普遍利用可知。这种印纹陶装饰既具一般性。这些刺绣的应用,也必然相当广泛,并不限于宫廷和上层统治者。我们另从三方面文献,可以明白一些问题。

一从汉人托名范蠡著的《范子计然》上提起的齐国细绣文价值,由二万钱一匹到五千钱一匹,可以知道。既是商品,必然流行较广。

二从汉代"刺绣文不如倚市门"流行谣谚可以知道。这句话意思是工人辛苦不如商人逍遥自在。商人贩刺绣能获暴利,生产量之大可以想见。

三从汉代法令"禁贾人不得衣锦乘骑",可以知道。其所以禁,即显然商人也到了衣锦绣程度。贾谊文曾提起过当时奴婢也用锦绣作衣沿,穿五色丝履。《史记·货殖列传》并曾列举许多种商人占有一定数量的商品,收入即可等于千户侯,年得钱约二十万。丝绣商人的收入也必然不在例外。

至于它的应用情形,属于政府制度上需要的,主要生产区大致是山东临淄和陕西长安,至于长江上游的西蜀和下游的广陵则时间要后一些。汉统一大帝国建立以后,丝织物主要生产地统由国家监督,齐、鲁和长安都各有万千女工,参加特种锦绣和精细丝绸生产,供应政府及社会上层需要,和国家政治地方经济都发生巨大作用。在政治方面西汉初年由于采用儒家建议,重视制度排场,帝王以下贵族各级官吏,服饰多各有一定等级,区别显明。例如当时监督司法行政的御史官,平时就必穿绣衣,名"绣衣执法御史"。封建统治者身边又有一种"虎贲"卫士,也必须穿虎豹纹锦裤。武帝刘彻迷信神仙长生之术,常在五十丈高楼土木建筑上,要一个主持法事的太祝官率领三百童男女求岁星,祀太乙,整夜歌舞,照《汉旧仪》记载,这些人也必须一律穿着绣衣。此外在宫廷中值宿的高级官僚，照规矩必供应锦绣被盖。又儒家提倡厚葬，当时统治者为笼络他手下亲属官僚，生前给以种种赏赐，死后还有个赐"东园秘器"的特别恩典，除朱绘云气棺外，还有什么珠襦玉柙，共计廿多种贵重殉葬品。这一切多成于东园匠之手，其中就还有大量裹身的锦绣。著名武将霍去病死去时，政府给他殉葬用的绣被，竟达一百件，为乐府诗所说"赐绣被百领，诏葬霍将军"。至于平时宫廷土木建筑衣被文绣，就更不用说了。宫廷贵族一般歌舞伎女，服饰也是文彩绚丽。因此逐渐影响到豪富商人，除身衣锦绣，出必骑马乘车外，还有用锦绣作帐幔地衣的。直到豪富商人家出卖奴婢时，也用锦绣作衣沿，脚穿五色丝履，所以政府才不能不用法令来禁止。贾谊不免慨乎其言之，认为非国家之福。这种种，一方面反映当时统治阶级之荒淫奢侈，另一方面却也反映出一个问题，即汉代丝绸锦绣产量之大，和它在商品市场上活跃所占地位的日益重要性。特别是对于当时在西北居住的各游牧民族及海外各文明古国文化交流，中国劳动人民这部分生产成就，所起的作用十分重要。因为爱好锦绣的风气，不仅是中原人民的习惯，同时远在中国西北部的匈奴族和其他诸胡族，也都欢喜衣着中原生产的锦绣。西汉文学家贾谊，在他的著作中就说起过，匈奴君长每来长安，族长必衣锦，儿童也衣绣。

当时这些刺绣远远运去大致不外两种方式，一即《史记》上《匈奴传》所叙述，每年必从长安运出锦绣八千匹、一万匹，作为汉政府当时对于团结匈奴君长的礼物，以及他们来长安时其他额外赠送；另一方式即用商品形式运出去。因为张骞探索西域地理交通归来时，即得知西南川蜀方面，早已有蜀中布匹和邛竹杖当商品运往古印度，转至中近东诸国。此后长安也即有大量生丝和锦绣由西北运往古罗马及中近东其他国家，开辟了历史上有名的"丝路"。同时罗马、印度所织，货币价值不亚于我国中原锦绣的"缕金绣""胡绫"及各色毛布、花罽以及我国本土西北部所特产的精细毛织品，氍毹、细旃、花罽，西南生产的木棉布白叠、阑干、细麻布筒中黄润，以及用蕉纤维织的蕉布，竹纤维织的竹子布，丝麻混合织的花练，同时也到了长安和其他地方。促进了中国和世界文化的交流，促进了我国中原地区和边疆地区各族的物质文化交流。原来首先就是这些出自祖国多数劳动人民（特别是绝大多数女工）生产上的优秀成就。世界各国最早知道有中国，而且知道是个文化高度发展的文明古国，首先主要还是通过这类生产品有所了解的。

近半世纪来，考古工作者，在中国西北部发掘古墓和居住遗址中，不断发现公元前一二世纪的精美丝绣，有些出土后还彩色鲜明如新，死尸中且有用锦绣缠裹一身的，证明了史籍记叙的正确。有些属于汉人墓葬的，也可证《盐铁论》《潜夫论》所叙汉代丧葬制度风气，西及敦煌，南到南粤……全用的是中原制度，棺木器材且多从中原运去。我们说其中锦绣可以反映中原成就，也就是根据这些记载，结合实物，而得到证明的。

从西北所得竹木简牍材料，还得知当时一般绢帛每匹价格约合六七百钱，如照《范子计然》所说齐国细绣文价格还相当可靠，上等匹值二万，中等值一万，下等值五千，则两者比价，当为二十到二十五倍之多。这种价格的比差，对于织锦技术的改进，成为一种必然的要求。

※　※　※

锦缎提花技术的简化，照傅玄作《扶风马先生传》，得知东汉末马钧对于它有极大贡献。他简化足蹑的提花法，直使用到十九世纪，还无特殊变化。但问题也有可疑处，为的是东汉锦缎生产，主要地区是西蜀，改进机织提花技术，可能做出极大贡献的，应当还是蜀中织锦工人。而且离开了大量生产实践，也不可能对改进技术能有具体贡献。惟这一时期织锦提花法正在多样化，则从曹丕一个文件中可以证实。主要贡献还应当说是蜀中、洛阳、邺下、广陵各地机织工人共同的成就。

公元三世纪到六世纪，在我国历史上是一个首先由于阶级矛盾加剧，随后形成民族矛盾加剧，南北分裂政治纷乱的历史时期。黄淮以北各地区，由于长期战乱，陕西、河南、河北、山东一带，生产破坏均极大。种桑养蚕虽著于政策法令，丝绸生产实已失去战国汉代以来的独占性。齐鲁的薄质罗、纨、绮、缟、细绣文，陈留襄邑的彩锦，均已成为历史名词。长江上游的蜀中锦，已后来居上，著名全国。又由于提花技术的改进，彩锦品种名目也日益增多。曹丕虽著文鄙薄蜀锦，以为虚有其名，即送给鲜卑也不受欢迎。事实上蜀锦生产还不断在发展中。洛阳焚烧后，邺中因为一度成为政治中心，锦绣类必然还有一定生产，而且继续有所发展。这从曹操把杨修借故害死后，曾假惺惺给他父母一些衣物，名目及后来东晋人著《邺中记》提及石虎时宫廷用锦绣可知。这个记载更重要一点，还是其中曾具体提起过许多锦缎名称，如"大小登高锦""大小明光锦"，也特别提起"蜀锦"，证明当时图案花纹必有已异于其他格式。"明光锦"得名实出于汉代宫殿，"登高锦"得名则如前估计，和秦汉封禅必有联系。

这两种锦名在晋代遗物中还没有发现过，但在西北出土汉代锦缎中，却恰好都已得到，藉此得以证明，直到东晋，部分锦缎还是采用汉代图样，继续不变。它的花纹主要还是从"金博山"的形象发展而出，主题图案是山云起伏，中有鸟兽奔驰，羽人仙真来去。另外从北宋米芾记载里，又说到曾见到一晋代锦，上面织有永和年号，花纹也相近似。从这个记载，还可证明我们推测古代锦绣和铜漆器物一样，在机头上曾织有年代和其他文字，原是一种事实。

又从晋人《东宫旧事》（记太子纳婚用物）"修复山林故事"和近年新出土几种随同殉葬用铅版铭刻衣物名目，和其他文献记载看来，且得知这时一般提花彩色织物，种类花纹已续有增加。例如"七彩杯文绮""五色云锦"及"凤纹锦""孔雀罗""花綀"等等，都明显反映出生产的新进展，已不尽同于汉代。织金缕绣衣服，且成北朝统治者赠予高僚属一种重要礼物。

刺绣在应用上也得到新发展，最显著的一点，即彩绣加金和纯粹用金线作成的"金缕绣"，一再反映于诗人歌咏中。又因这一时期佛教在中国流行，统治者一面用它来麻痹人民对他的反抗，一面也用来麻醉自己，妄想死后超升，产生了许多以宗教迷信作主题的大型绣件，精美的还用大量真珠绣成。"穿珠绣"由此成一专名，直沿袭到十八九世纪，大件特种绣有在孔雀毛绣地子上加真珠龙蟒的，小件民间绣也有用料珠作小荷包的。最早则可上溯到汉代殉葬用的"珠襦玉柙"（玉柙虽已发现，珠襦若指上袿还无实物可证）。南北朝时代，洛阳和金陵两大政治重心，都各有数百座大庙宇，也和宫廷一样壮丽华美（有的庙宇本来即亲王贵族宅舍），假托庄严佛法为名，奴役大量劳动人民，使用大量锦绣装饰庙宇，佛幡、帐幔、屏风、几席，真所谓土木衣文绣。照《洛阳伽蓝记》《魏书·释老志》等载，豪华奢侈程度实为后世少见。青年男女恋爱，用锦绣互相赠予，已早见于汉代诗歌中，这时又有进一步描写。这种直接实物遗存虽然不多，间接反映于彩画和石刻方面，例如敦煌、麦积山、云冈、龙门、南北响堂山、天龙山等，保有这一历史阶段重要洞窟石刻地区装饰部分，却十分丰富，也十分重要。此外，同时期碑志石棺和大量碑碣式造像边沿，也留下许多浮雕装饰花纹。特别重要是甘肃敦煌洞窟壁画中属于藻井、平棊格子、人字披，和天盖帷帐楣子边沿及衣饰部分，更加具体反映出这一时期约三个世纪锦绣图案壮丽组织和华美色泽〔附图　五种，从敦煌藻井画及尔朱袭志取用〕。

由汉代镜子边沿卷云发展而成的卷草，再进而为串枝花，在边沿装饰方面，即已占有一定地位。在刺绣方面有可能更经常要使用到。云气纹的应用，更因仙佛传说填补主题风雨雷电四种和青龙白虎朱雀玄武四种形象空隙，特别富于变化，有的且格外作得活泼生动。例如麦积山壁画伎乐天部分，和龙门石刻宾阳洞天盖伎乐天部分，天龙山浮雕飞天部分，都有代表性〔附图　五种〕。反映在部分墓志线刻方面的云气纹，也还有依旧保留汉代漆画传统，既活泼也规矩作风。这种种，我们说它和当时刺绣纹样均不可分，大致不会太错。串枝花中夹常见鸟雀，也初步出现于部分装饰图案上，为后来唐代锦绣花纹大发展打下了个基础。

这一时期实物发现虽不多，惟从图案布置分析，除"衲丝绣"曾有记载提及，却可知唐代以来的"满地错针绣""满地琐丝绣"，以及堆绫帖绢技法，必已广泛使用。（最后一种，就是现代贴补花的先驱，最早可到汉代，因为《潜夫论》已提起过，不过名目不同而已。)《列帝图》虽成于唐阎立本之手,所绘汉以来诸帝王服制,大体多本于南北朝制度,因此衣袖边沿刺绣图案,也作大卷草,和楚镜纹云龙藻纹、汉漆器云龙藻纹、汉镜沿卷云纹实一脉相承,惟相似而不尽同。

※　　※　　※

公元后六世纪的隋代,国家政权重新统一,文帝杨坚还比较俭朴,发展生产,让人民能稍喘口气。到炀帝杨广即非常奢侈靡费。文化艺术音乐歌舞即广泛吸收了西北各民族成就,及波斯、印度成就,遇国家大节会日,云集全国音乐歌舞伎达二万人于京都,歌舞逾月,竞新斗巧。并且为炫耀胡商蕃客,还故意悬挂锦绣于市廛园林间。又奴役人力过百万,建造贯通南北大运河,河旁满栽杨柳。运河通航后,还乘坐大型龙舟由北而南大小船只数千,船上帆缆,多用锦绣作成,连樯十里,耀日争辉。所以后来唐代诗人杜甫有"锦缆牙樯"之咏,温庭筠更有"百幅锦帆风力满,连天展尽金芙蓉"形容。一方面反映出这个极度荒淫奢侈统治者对民力的无限浪费,另一方面却也看出劳动人民在这一历史阶段丝绣艺术上的高度成就。特别是盛行于唐代的彩绣加金技术,是在这时期或稍早一个时期,宋齐梁陈之际,结合当时对于美的要求才流行的。这从同时流行的齐梁艳情体诗歌中反映也十分清楚。

糜烂到顶的隋政权,不久即为各地蜂起的农民革命所倾覆,接着唐大帝国的建立,从各方面都反映出这个时代人民文化艺术各部门共同成就的特色,是健康饱满、鲜明华丽、充满青春气息。特别重要是属于人民集体所创造又和多数人民生活息息相关的,如像陶瓷、织染、丝绣等。由于生产力不断提高,当时不仅代表统治上层的服装仪仗,能大量使用颜色庄严的锦绣,即一般中等社会对于刺绣需要,也极其广泛。锦绣配色已极其华美,其他金银加工和彩琉璃制作也有长足进步。政府轮番征调匠役制,对于技术交流,也起着普遍重要影响。一面集中了全国工巧,到长安学习传授技术,到后也即把新学技术及图案花纹带回各州郡,因此既发展了地方技术特色,也广泛流通了中原健康纹样。根据《唐六典》诸道贡赋记载,全国主要丝绸生产区,当时大致可以分为三部分:河北、江西和西蜀。各地生产花绫种类特别多。锦类还数西蜀著名。妇女在花素绢帛加工的技术,大约可分作四种方法:一、印染,二、彩绘,三、泥金银绘,四、刺绣。刺绣又有彩绣和缕金绣,或两种技法综合使用。堆绫帖绢则自成一格。普通刺绣"小簇花"是常用格式,串枝写生中夹花鸟蜂蝶也普遍流行〔图 二花锦及四鹿锦〕。据文献记载,当时官服制度有按品级配色,并作成一定花式,如"俊鹘啣花""鸾啣长绶""雁啣威仪""地黄交枝"等等。事实上从实物求证,男子官服绯紫青绿等级虽显明,诸花是否必使用于本色花绫,还少可靠证据。记载或有不备处。诸花式有可能系指金铜带铐上图案,因为这个制度此后还好好保留到宋代,《宋会要稿》即记载得十分清楚,不过花名已多了些。但唐代丝绣事实上也有了这些花纹,而且可说是几种主要花纹,不过在应用到丝绣时,未必限于一定官品罢了。

  至于刺绣于折枝、交枝、串枝诸花中,点缀形态特别轻盈活泼的蜂蝶蜻蜓鸟雀原因,则多和青年男女爱情喻意相关,大致是从人民诗歌中加以反映,成为习惯后,才转用到工艺图案上的。宫廷大型歌舞上使用的刺绣服装,则因主题不同,变化万千,色彩华丽，排场壮大。如《唐书·曹确传》，记李可及设计导演一次"叹百年舞"，舞女衣着和背景用丝绸竟达数千匹官绢。唐代历史上最奢侈腐化代表妇女杨贵妃，个人平时即用绣工七百人，其姊妹却共用绣工达千人。至于政治或宗教上使用刺绣，靡费必更加惊人。唐六军衣制，据《唐六典》所叙，大部分多衣彩绣小袖团窠花衫，所以后人记载以为如军中球戏衣服。敦煌壁画张议潮夫妇出行图军士衣着或即根据这个制度而来〔附图《张议潮出行图》部分〕。诗人白居易曾作文叙述过丈八绣佛，不过是当时一般绣像（大绣件还有及十公尺以上的）。十九世纪末，帝国主义者在敦煌洞窟中盗去的数以万计的我国古代文物中，就有一部分这种精美丝绣品，包括各种的绣绘佛幡，和观音、天王等绣像〔附图 绣天王图绣幡〕，都可代表这一时期人民刺绣工艺的高度成就。

又当时妇女服装部分采用西域式样，衣多作方斜领沿，和袖口部分也多适当加以彩绣或缕金绣，作为装饰。有的还戴顶尖形浑脱帽，上面也必加有花绣。又唐代国家养马由四十万匹到七十余万匹，不仅男人出行用马代步，妇女也习惯骑马，贵族多用金银珠玉装饰鞍具，障泥也必用锦绣作成〔附图 韦顼墓中石刻及吐峪沟壁画妇女、《虢国夫人出行图》〕。即中等社会妇女衣裙，刺绣花鸟也是一般风气，在诗人作品中都反映得十分具体。

然而在阶级社会中，拈针引线从事艰辛劳动的女工，照例生活多十分贫苦，尽管创造了无数精工美丽艺术品，享受却轮不到本人。至于画家作的倦绣、熨帛、捣练诸图画，虽反映出一部分生产情况，其实所反映的不过是寄食宫中部分被压迫宫女沉闷无聊一种消遣而已。真的生产成就，是属于万千居住低檐窄户人家劳动妇女，不可能成为当时画家主题的。

加工技法就目下所得知识说来，除"琐丝法""满地绣""穿珠绣""铺绒乱针绣""堆绫帖绢"法外，还未发现诗文记载中经常提起的缕金绣具体材料。小簇花使用绣法，因配色条件，较适宜于用丝代线的乱针技法发展，为宋绣"生色折枝花"和纯粹观赏刺绣加工技法打了个底子。惟还也只近于一种估计，因为见到的实物，实不够多。充实这部门知识，实有待于文物工作者更新材料的发现。

至于花纹图案，从比较材料可以明确当时有可能曾用于刺绣的，敦煌装饰画实值得我们格外重视。此外几种基本图案，则反映到唐代镜背上十分具体，这些花纹图案大部分在当时都使用于刺绣上。

※　　※　　※

到了宋代，刺绣有新的进展，无论在题材上、应用上，和加工技法以及用料配色上，都起了新的变化。例如采用名家花鸟画作为题材，和生活日用脱离，转到纯粹艺术观赏品，并擘绒代线，形成宋人所喜说的"生色折枝"完全逼真艺术效果，实成熟于十世纪的北宋。（它的创始或者还略早一些，因为写生花鸟成熟于五代，《花间集》诸词叙服饰刺绣格外多，生色花鸟用于刺绣也必盛行于这个时期，且有可能先在西蜀江南流行，后来才影响到开封。）由于和当时写生花鸟画作新的结合，促使加工技术有了不同变化。又由于社会生产发展，刺绣应用日益普遍化，从现存材料得知，"戳纱""缠绒""错针"诸绣［图　宋绣戳纱图　缠绒绣帕］，已都得到发展机会，并且得知有些是先起稿于原料地上，再行施工。有些又系用纸样作地，再在上面加工。特别是"缠绒绣",必须有一镂空硬纸花样,才能着手。宋人重绣帘,即用缠绒法在朱帘上作成,绣花鸟人物故事。明代遗物还留下许多不同式样,可以作证〔图 绣帘〕。

"错针"(或乱针)绣,应用更加普遍,且可说已成一种主要刺绣加工技法,应用到许多方面,都得到满意的成功。因为生色花必错针绣才易见工〔图 乱针绣袱〕。"戳纱绣"已和后来十分相近。惟在纱上长短针既易施工,"方孔""轻容""薄纱"生产又早著名于汉唐,因此这种绣法或早在汉代以来即已流行,并非至宋代起始。惟实物材料目前见到的还只限于宋代。

"刻丝"法似本于汉"织成"而有所发展。作法介于织绣之间,系用各式色线着于小梭上,通经断纬作成,加以连缀,因之如透空。北宋定州织作,曾为庄季裕作较详细介绍。后来人谈刻丝必称引到这一点。又洪皓著《松漠纪闻》,则提及西域回鹘亦擅长此术。从现存部分实物分析,花纹方面较早似均作对称图案,满地花中夹珍禽瑞兽。至于著名之紫鸾鹊刻丝,主题作鸟啣花,犹充分保存唐代规格〔附图 梅鹊刻丝轴、牡丹龙、紫鸾鹊谱〕。韦端符叙所见《卫公故物记》中锦袍,称从西北得来,疑即刻丝法作成。陆龟蒙所见古锦裙,亦称鸟啣花,作法和紫鸾鹊同一制度。用刻丝法反映写生花鸟,似从南宋才起始。沈之蕃、朱克柔及吴煦诸作者,留下部分遗物,因之和名画家并称于世。宋代并且起始使用这种技术反映书法,如米芾等墨迹。惟有些作品,产生时代或者稍晚一些。由于刻丝得到普遍发展实为明代,因此如署崔白稿著名之"三秋图"刻丝,疑即明代制作,则明为清乾隆时作品矣(材料均见《纂组英华》)。其他几种传为宋刻丝的如"迎阳介寿",当亦属明代。至于"天官"像,赵宋政权建立后，为增加政治上的威武，曾组织约二万人一个庞大步骑仪仗队，各按官品职别，穿着五色锦绣花衣，持荷各种不同乐器、武器，及五色彩绣缤纷的旗帜，在封建统治者皇帝出行时前呼后拥，名叫"绣衣卤簿"［附图 《大驾卤簿图》一部分］。根据宋周必大著《绣衣卤簿图记》及《宋史·舆服志》天圣中记载，某官着某某服色，执某某旗帜，条理秩序都极其清楚明白。衣服、旗帜中画绣印染，也说得十分详细。根据这个记载，用它和新近发现一个题名元代曾巽申进呈《大驾卤簿图》中的一部分材料比证，得明白这个图卷实在十分重要，即非宋代旧图，也可能是金元时根据宋代旧图绘成，因为人数将及六千队伍，衣装纯是宋代制度。把文献和文物两者结合，给了我们许多有益启发。特别重要是那些文献上记载得十分清楚的有关刺绣材料，仅仅从文字记载始终不易明白的，形象却反映得异常清楚，而且极其具体。说此稿是宋非元，还有一个重要证据，例如唐代有用长人作殿前将军制度，宋代犹沿袭不废，这个图卷中，就还绘有高逾常人两个巨大金甲武士。至于旗章绣文，就更加重要了。根据这个画卷，我们就可以把部分宋代从驾部队中所使用旗帜加以复原，为后来作历史画历史戏剧提供了丰富材料。

宋代统治者讲排场，重恩赏，每年政府必循例赐贵族和官级文官锦袍，分作七个不同等级，各有不同花纹，先是剪裁料子，后是整匹的。得到这种锦袍的官僚，于年节大朝会日，都必须一律把它穿上入宫朝贺。妇女则绣饰比唐代已更加多样化，因据王栐著《燕翼贻谋录》记载，仅服饰上用金，即有十八种名目。彩绣之普遍应用更可以想见。陆游作《老学庵笔记》，又说当时还重本色绣，用本色线在同一彩帛上作花。至于流行的绣领已较狭，改成一长条，平列胸前。头上花冠抹额，则远比唐代受重视。这些花冠有用堆绫法作成生色牡丹芍药样子的，有用纱绣的，有用穿珠点翠的，实物虽已少见，反映到宋人画幅上还极其具体。当时宫廷中花冠抹额照文献记述必用真珠络结。宋代宫廷特别重视真珠绣，例如皇后所穿袍服上雉鸟，照制度即是用五彩和真珠绣成的［附《宫中图》、白沙画二图，又宋皇后图一］。坐的椅子靠背，是用彩色丝线和小真珠绣成的。由于应用广海南通商真珠是大量入口奢侈品之一。政府因和西北博易换马，历史文献还曾提起过出售真珠至二千七百万粒。北宋首都开封城中的大相国寺以建筑壁画十分著名，两廊售卖妇女日用绣领抹额冠子的，就聚集成市，照宋人笔记记载，最受欢迎的，还是庵堂中女姑子所绣作品。

据《梦粱录》等记载，刺绣的应用于市井平民间，当时也极普遍。逢年过节，小孩子即多穿戴绣花衣帽。平民遇喜庆事，送礼物盒子酒坛，也必用绣花或泥金帕子盖覆。唐代起始即重牡丹，到宋代，洛阳等地更大量栽培，名色品种加多，牡丹图案因之成为一般工艺上通用图案。这从宋代北方瓷器中之当阳峪窑、黄堡镇窑、磁州窑、定窑、爬村窑，南方瓷器中之景德镇窑、龙泉窑、丽水窑，无不使用牡丹作装饰图案。宋代牡丹特别品种如"重楼子"，花蕊高及一尺二寸，我们从磁州窑刻花墨绘枕子上，就可见到这种花的基本式样。枕上着花，本来出于枕帕，因此又得知道当时还有绘重楼等花已被选来绣作枕帕图案。又如"间金""金带围"等花式，也还可从加金牡丹锦中仿佛想象。凡用四合如意或五棱六棱团式图案中加牡丹或莲荷的，通称"满地娇"或"荷池"。宋代海南出口物中常提及"荷池缬绢"，即指使用这类图案的印花绢帛。

宋民间瓷有红彩，或称宋五彩，通常只画牡丹或莲花鱼纹，或象征"富贵如意"，或象征"并蒂莲""如鱼得水"，这种红彩为什么恰恰使用于最普通的民间瓷小碗，不用于别的较高级的瓷器，是一个问题。这问题孤立求证，是不能明白原因的。如照《梦粱录》记载，即因照当时习惯，民间办喜事酒器必用绣帕盖覆，才知道这类红彩器当时必用于喜庆事，是民间穷人不能具备礼节风俗所需种种，制陶工人才把红彩直接绘到粗瓷上，备办喜事应用。这种加工法即为后来明清五彩的先驱。

宋代刺绣应用既日益普遍，因此也影响到部分小孩子的装扮，逢年过节，大都市中等人家的孩子，也多穿戴绣花衣帽。至于贵族人家子弟，自然更加奢侈了［宋　《春景图》《百子图》］。

明代人如董其昌等谈宋绣特征，多以为配色逼真，用针极细见长。又细绣活无过于传世所谓"发绣"。世人谈到这一部门成就时，多喜称引《唐人小说》记载，以为创制始于卢眉娘，能于方尺绢幅上绣《法华经》七卷。这传说动人而未必近真。正如更早记载，喜引晋六朝王嘉或萧绮《拾遗录》所称孙权赵夫人能于尺幅绢素绣全国山川地图一样，美而不信。如联系相关问题分析，发绣和白画游丝描发展必有密切联系，也可说近于游丝描在刺绣上的一种反映，最早也应到李公麟画成为风气时代，才有可能产生。细花定窑瓷和同类缠枝细花、草花镜子图案，即多成熟于这个时期，有个共同性。元代的王振鹏、夏永、张渼，明代的文徵明、丁云鹏、尤求，发展了这一画派，其中以尤求行笔特细。因此传世所谓发绣，多产生于同一时期的晚期，近于这些人作品在刺绣上的反映。

总之，宋代宫廷绣多向纤细精工方面发展，民间绣则配色比较健康壮美，现在实物虽不够多，还是可从同一时期定瓷及磁州窑、黄堡镇瓷及其他工艺图案的花纹可以领会。这时期又由于捻金线技术续有进展，服饰用金也加多到十八种，它的名目是销金、缕金、间金、戗金、圈金、解金、剔金、捻金、陷金、明金、泥金、榜金、背金、影金、阑金、盘金、织金、金线。当时占据东北及华北建立辽政权的契丹族统治者，还用法令制定用金线绣鹅雁等水鸟定官服等级。辽陵出土图画形象还看不明白处理情形，惟近年在热河出土辽驸马墓中一加金丝织物（或衣袍或被盖），即可证明实有大件加金丝绣存在。在西北瓜、沙、银川一带建立的西夏政权党项统治者，不论男女，也多服绣衣。到公元十一世纪后，在北京建都统一华北的金政权女真族统治者，则本于游牧民族传统，更喜爱锦绣，所以据《金史·张汝霖传》载，为装饰燕京一宫殿，竟使用金绮锦绣工人达千余人，历时二年始告完成。捻金线织绣素来为西域回鹘族工人所擅长，洪皓《松漠纪闻》曾详细叙述过。

到十世纪蒙古族建立元大帝国百年政权中，因官制中规定，重要节日朝会，皇帝贵戚及大小官吏，都必须按品级，衣着金色灿灿的织绣衣袍，于是这部门生产技术，更因需要得到进展，几乎丝织物中的纱、罗、绸、缎，都有加金织绣的。居住沙漠中的民族，历来即欢喜强烈的色彩和鲜明的花朵，因此也影响到一般工艺的色彩和艺术风格，反映于服饰则格外显著。图案花纹一般说来即远比宋代强烈粗豪。大串枝锦虽成熟于宋代，宋金均用作宫室中帐帷帘幕，元代使用更有进一步发展。照《马可波罗游记》记载，则当时延长数里的军中营帐，也用大金花锦绣作成，在阳光照耀下，呈现惊人壮观。一般刺绣均用色特重，以至于明代宫廷绣，还继续受这个艺术风格所影响，极其深切，表现于明代所特有的"洒线绣"袍服，反映得格外鲜明。部分服饰用刻丝，例如椅披幛子类，也还用色华丽而沉重［附图 绣龙袍料、刻金椅披、定陵织金兔纱］。但从十一世纪北宋末期以来，北方定州、汴梁等处高级手工艺技术工人多逃往长沙以南，和南方工艺本来的清秀明丽结合，有了新的发展。雕漆刻丝很显然对于南方工艺都发生了较大的影响。雕漆工人在嘉兴寄居的，元朝以来，即出了几个名家高手，名漆工如张成、杨茂，和明代漆工艺专门著作《髹饰录》作者，都是嘉兴西塘杨汇漆工（张成、杨茂漆器故宫有收藏）。雕漆中满地密花的格式，部分还反映出刺绣的风格，和当时刺绣设计相通，结合壮丽与清秀为一体。

刻丝工南宋以来也出了几个名家高手，朱克柔、沈子蕃是其中最有代表性的两个人。此外还有吴煦等人。刻丝得到社会重视后，技术传授日益普遍，因此到明代中期，已成一种相当普遍的工艺，生产转移到苏州，爱美妇女有费时经年作一衣裙穿着的。

※　　※　　※

中国在长江下游地区大量种棉，约当于公元十二三世纪，至于棉布生产当成商品普遍流行国内，则始于十五世纪以后。因此民间染坊在棉布上印花技术的发展，和民间挑花刺绣在棉布上的大量应用，大都也在这个历史阶段中。时间近，文献记载也比较详尽。更重要材料，还是十五六世纪一个著名权臣严嵩，因贪污，家产被全部没收时，留下个产业清册《天水冰山录》，记载下数以千计的贵重字画、金银器、工艺品和丝绣的名目。工艺品部分拍卖时，还有当时价格银数。其中锦绣丝织物品种特别复杂。这个重要文献，让我们对于当时锦绣丝绸有了进一步认识，用它来结合现有数以万计的残余遗物，研究明代锦绣问题，因之也更加明确具体。特别官服衣料应用的洒线绣，近三百年已无制作，过去人从文献实难得其解，惟有接触大量实物才明白。现存材料最完整而重要的，是收藏于北京故宫博物院的几件袍料和中国历史博物馆的一些藏品。衲绣也为明代重视，许多艺术品已用衲绣法作成。线绣在山东和其他一些地区似均流行。

明代是个都市市民阶层抬头的时代。苏州刻丝部分改进发展到妇女费时经年来做衣裙，刺绣自然更日益向普遍方向上发展。除一般衣物用丝绣外，还有两种近于新起的风格产生，在社会上得到一时重视。一种是前面提过的发绣，用细如胎发的材料，如白描画法一般绣故事人物。它的出现如前所述，不是突然产生，实有个历史渊源，是由唐宋以来吴道子、李公麟的白描画，发展到十三世纪以后的元代王振鹏、张渥、夏永，明代的文徵明、丁云鹏、尤求一脉相承，越来越细，在绘画技法上就自成一格。这种白描画更因明代木刻版画发展相互影响，产生过千百种通俗小说和戏剧精工秀美的插图。又由于制墨需要，制墨名家程君房、方于鲁等，作品中千百种精美墨范，在中国版刻史上，也占有一个特别的地位。因之刺绣受其影响产生发绣，当纯美术品而创造［图　发绣《高士图》、山东绣轴］。其次是当时文人画中正流行一种重韵味的简笔水彩画，如董其昌、陈道复等所绘的画幅，苏州绣工，也常用来作刺绣底稿。一般多在素绫地上面用错针法或铺绒法绣成，线绣花鸟则常使用于本色花绫上，在明代刺绣上均自成一种风格。又上海顾氏露香园绣，彩绣写生花鸟故事挂屏条幅等，有些据宋元花卉草虫册页画卷，有的却用的是明代画家陆包山、边景昭等花鸟画稿，间或也有用徐青藤水墨花卉作底本的〔图顾绣折枝〕。用针细密，配色华美而准确，发展了宋绣中精细逼真特长，特别是在册页小品绣件中充满生意。本属于一种艺术上的提高，只因爱好的多，后来于是当成一种高级美术商品而流行，彼此摹仿，不免真伪难分。这种刺绣比发绣和仿文人画的水墨绣，更加容易为多数群众接受，因此特别得到发展，并影响十八、十九世纪一部分绣法。特别是苏州绣后来就通称顾绣。刺绣本属于中国妇女日常课艺，除专工制作的高级美术品，和部分美术商品，大多数生产，实完成于妇女处理家事，或生产工作余暇，自作自用。照南方内地社会风气，亲友结婚，邀约亲友邻伴，置办嫁妆，参加工作的照习惯多不受物质报酬。作品虽有精粗，都不属于商品性质。例如日用品之一，收藏青铜镜子的镜套，加工技术就各式各样具备，多产生于社会各阶层妇女手中，是当作美术品而非商品生产。这种圆形绣花镜套，到十八世纪玻璃镜子流行后，还有部分保留，作得十分精美。十九世纪并且还有附在玻璃镜上的。十六七世纪以来遗物，还留下很多精美作品，特别重要，因为我们还从这部分作品和近三百年荷包、褡裢、绣件明白古代刺绣种种不同优秀传统技法。

※　※　※

十七世纪末，满族军事统治者，统治了全中国。官服制度特别讲究，几乎无事无物不使用刺绣，在这种刺激下，刺绣业因之得到空前发展。到十八世纪，社会生产不断进展，刺绣因配合政治和社会习惯要求，进入一个新的历史阶段。社会中层以上官服中大量使用刺绣。宫廷中的仪仗、车轿、马具，凡利用纺织物部分，都需要刺绣。生活起居日用器物，由床榻、坐椅、桌围、幔帐到挂屏和隔扇,大小官吏身边携带的烟荷包、香囊、扇套、眼镜合子、名片夹、钱褡裢、钥匙袋、针筒,更无一不用刺绣［荷包绣十件］。且竞新斗奇,促进了各种加工技法。即一般农村妇女,也无不在工作余暇,制作各种生活上需要的彩绣和挑花绣。特别是南方农村,工作时最重要的当胸围裙,就各有不同风格的彩绣或单色挑花绣。瑶族男子包头巾和袖口也均用细绣作成。此外各族使用头巾、手帕、衣袖、裤脚,以至于鞋面,小孩子的一身和背小孩的巴兜,无一不加上种种精美花绣。由于民间刺绣花样需要广泛,间接刺激了民间剪纸艺术的发展,成为国内若干地区乡村手工艺一部门。虽参加这部门生产的人数并不多,却自成一个单独行业,为中国农村中巧手艺人所独占,作品丰富了广大农村人民的生活。这种民间刺绣不仅花样丰富,并且充满地方风格。特别是中国西南地区这一部门的艺术成就,更加显得丰富多彩,真可说艺术之海［附 苗瑶绣数种］。直到现代,还留下万千种组织健康秀美的图案,通过八十岁白发如银老祖母的记忆,传给八九岁初学拈针引线的女孩子。某些地区的生产,且有相当数量起始从对外工艺展出上得到好评,成为外贸一部门,不断在扩大生产数字,对新中国社会主义建设发生一定作用。

十八世纪以来,由于戏剧的发展,除全国各都市保有不同数量的剧团,农村中也常有流动剧团来往各处。由于演戏需要的旗帜衣甲,数量就相当庞大,因之又刺激了戏衣刺绣业的形成。北京和苏州是两个主要生产区。此外山东、山西及西南、中南的成都和广州、长沙,几乎每一省市,无不有这个企业的存在。就总的方面说来,全国刺绣需要量之大,在历史上也是空前的,虽有土制印花布的普遍流行和有花丝绸后起的漳绒、漳缎大量生产,刺绣对人民生活的需要量，还是有加无已。除吸收了家庭妇女业余劳动一部分，都市中则为适应这个需要，生产品种更分门别类，例如在北京戏衣、寿衣和佩带绣件，均各自成一种行业，各有专店出售。观赏用的美术刺绣，由露香园顾氏绣创始，到十八世纪乾隆时期，也有新的发展。精美的花鸟刺绣，多用当时写生花鸟名画家蒋廷锡、马元驭、钱维城、邹一桂等画幅作底稿，色彩华美，构图典雅，具有浓厚装饰性。花朵一部分或鸟身某部分，还流行穿缀小粒真珠和珊瑚珠子，增加装饰效果。又由于青花瓷的影响，宫廷用三蓝绣配色法，也从这时期起始，影响到应用刺绣一般色调和风格约两个世纪。大件如宫殿中的三四丈大毛织羽毛呢龙凤绣毯，小件如洋绉绸汗巾上绣的小朵折枝花，都采用到以三蓝为主调的配色法。至于彩绣中组织的规模宏大，可称近三世纪代表杰作的，有原藏热河行宫，辛亥革命后运回故宫收藏"佛说法"图大幅，刻丝织锦和刺绣，画幅组织设计之壮美精巧，颜色之华丽，使用材料之讲究，都达到了近十世纪以来织绣艺术最高水平。这种织绣品的制作，必须组织大量人工物力，费时数年才能完成。又有在二丈大浑金锦上，用真珠珊瑚等和彩线综合运用绣成种种图案，作为庙宇佛像披肩的。这时期帝王日常穿着朝服，取材也极精美，刺绣花纹更加绮丽炫目，穷奢极欲，有用孔雀毛捻线织成袍服，上缀大小真珠作云龙花鸟的，可作一时典型代表。至于美术刻丝绣，则长幅山水卷子的制作，是一种新发展［图　《赤壁图》部分］。到十九世纪中期，南方流行通身一枝花妇女袍料，宫廷中也有用刻金银绣法作成的。满地密花的广东绣虽为后起，道光时才流行使用于妇女衣袖裙料上，却风格别具。团花绣则因官服制度，十八世纪即流行，十九世纪还不断发展。另有一种在棉衣上用本色线衲成整枝花的，俗称"高丽衲"，加工技法或传自朝鲜友邦［广绣袖子、高丽衲袍子］。技法最早见于《红楼梦》，则称弹墨。而两者异同或在用料方面，弹墨或用的是深色丝线。

※　　※　　※

十九世纪末，辛亥革命结束了最后一个封建王朝的腐败政权，衣服制度一改变，因之近三世纪以来分布于国内各处的这个庞大刺绣业，自然随即衰落下来。全国各地积累下来的万万千千精美丝绣、衣物，多搁置不用，有部分不免当成废物处理，或改作其他用途。部分又流于西南兄弟民族妇女手中。最多的是为北京估衣庄商人把乾隆以来流行二百年的妇女宽大衣袖部分和裙上装饰集中部分，改成小件方幅，向海外输出，在当时说来，这也正是"废物利用"一个最有效方法。因此近半世纪中前三十年代，北京市手工艺美术品输出中，这种改造加工丝绣品，就占有一个相当重要的位置，还为此产生过一个规模庞大的行业，在华北各省收集旧料，专作这一部门刺绣加工的输出贸易。一般欧洲人对于中国刺绣的印象，是从这部分作品输出起始的。在这个时期，京、苏刺绣业和成都、广州及其他省市刺绣业，仅戏衣刺绣庄还保留部分生产外，其余当成商品生产的日用刺绣，由于需要不多，不免日益下落。加之帝国主义经济侵略加剧，外来机制印花棉布的推销，不仅妨碍中国丝绸纺织工业的生产，同时还把大都市仅存的刺绣行业，也大部分打垮了。惟大都市刺绣业虽一蹶不振，但因外销刺激，南方还有千万海外华侨需要，因之广东新刺绣，在出口日用美术手工艺品部门中，不久又得到部分回复，苏州、上海地区生产刺绣日用品，也占相当大比重。枕套、桌围、帐被等日用品和观赏品镜屏类,供新家庭采购作礼品的,在国内也逐渐回复一定市场。广东汕头、山东烟台及北京麻布茧绸单色绣和彩色挑花、贴花等餐巾、台布、睡衣绣件,由于物美价廉,输出生产数字都在逐年上升中。湘绣虽属后起,原来主要生产还是戏衣,转而为艺术观赏品,系从十九世纪末国际展出中引起注意,逐年发展,生产被面和花鸟挂屏,在国内外均曾有大量供销。广绣本来有个较早的传统,十九世纪以来产品,已习惯专门用百花杂鸟同置一绣件中作为挂屏插屏,布置设计和中国画传统要求虽不相同,不免过于繁琐;然而用针绣细密而色彩华艳,另具一种风格,使人一望而知。本世纪以来,这个传统风格已失去,新的外销多种多样,有一种在黑白绸地上用红色线绣小折枝满地花的,多供外销作披肩桌毯使用,绣法也受外来影响较大,和传统广绣风格少相似处。湘绣较早本从写生花鸟着手,底稿受晚清《海上名人画稿》画派影响相当大。用色较重,针线较粗是特长。写生中有写意底子,花式本宜于观赏挂屏的,多用于日用品中之枕套被面上。这些都指的是经常有数以万计的绣工在生产有商品性的刺绣而言。

※　※　※

苏绣突破传统成就作新的试验,应属十九世纪末吴县女子余沈寿的丝绣人像和其他写生花鸟。绣像技法,本来传说公元前三世纪即已使用到,史称平原君即有绣像。在蒙古汉代匈奴族贵族古墓中,曾发现有公元前一世纪丝毛绣人像数种,就中有作三匈奴骑士形的,针线虽简率,神气却极生动。公元三世纪后十世纪以来,除绣神佛外,又有在大和尚所着褊衫上绣作千佛诸神,举行宗教仪式时披上表示宗教庄严的。这种方法且沿袭下来,直到十九世纪不废。十四世纪到十八世纪，宗教佛像盛行，一般多布色浓厚，组织绵密，用刺绣法处理，效果有极好的。十四世纪以来流行的八仙加南极寿星凑成的八仙庆寿，因道教流行，也得社会爱好。把八仙像绣于帐子类作祝寿礼物，已成为一般社会习惯，直流行到十九世纪，且使用种种不同加工技法来表现。绣法中的堆绫帖绢法，八九世纪的唐代即已盛行，是把彩色绫绢剪成所需要的人物鸟兽花枝形象，或略加点染，下填絮绵，钉绣于红白丝绸底子上，形成一种彩色浮雕的效果。这种技法用于明清两代的，就多和人像发生关系。常反映于麻姑献寿、八仙或和合二仙等民间通俗吉祥主题上。又十八九世纪以来，妇女衣裙上绣工加多，即夏天纱衣，也有加工极细上绣团花作麻姑献寿、渔樵耕读，或西厢、红楼以至于三国戏剧小说故事人物生活形象的［附图 一戳纱衣］。人物虽大小不到三寸，也绣得眉目如生，针线一丝不苟。特别是挽袖部分，留下万千精美作品。惟这种种实多从服装、装饰效果出发，极少从人物本身写真艺术出发，因此中国的优秀传统的写影法，虽流传千年不废，十五六世纪以来，还留下许多具有高度艺术水平的人物画像，却极少是用刺绣表现的。直到十九世纪末，由于流行照相放大炭画法，余沈寿用人像作题材，绣成几幅重要人像，送到国际展出得到成功。湘绣也有人像出现。但由于摄影艺术的进展极速，先是在放大照相上加色技术不断进展，其次是天然色彩的发明，同时油画、炭画作人像法流行，因之刺绣人像艺术近半世纪以来不仅并无发展，余氏绣法且少后继者。直到解放后，近十年来，才又有上海王氏、刘氏姊妹用剪绒绣法作人像，得到新的成功。就题材说，为旧传统，就技术说则为新创造。

※　　※　　※

　　日本帝国主义侵略中国时，中国沿海和内地几个地区的刺绣生产，大部分都被完全破坏。抗战胜利后，国民党政权只顾打内战，使得百业凋敝，刺绣业自然更难望回复。

　　解放后，人民政府对于特种工艺美术的发展，给予特别的重视和支持，刺绣、地毯、烧瓷、景泰蓝、雕漆和刻玉、雕牙等新的生产，对外文化交流发生良好而且巨大的作用。为了新的工艺美术的发展和提高，对老艺人的保护、新一代的培养，都格外关心。由调查作有计划的改进工作，已作过许多重要措施。近来中央和各省市又组织工艺美术研究所，保护老艺人，并大量培养新生力量，来促进这部门生产的改进和提高。就中生产地区分布特别广，种类特别复杂，从业人员数量特别多，即应属刺绣一项。据工艺美术局和美术服务社初步估计，仅以几个大区初步调查，直接或间接参加生产的妇女，已过十万人。因此企业的发展和生产存在的各种问题，也就格外值得重视。近数年来，由于国内外需要量日益增加，这部门生产，因之形成一种新的高潮，许多品种都供不应求，生产什么，生产设计改进和提高，也就在各方面都把它当成一个重要问题来看待。政府在国务院行政系统下，除中央轻工业部特设一个工艺美术局外，为进一步培养师资，设立了中央工艺美术学院，和各省美术学院工艺美术系外，并于北京设立中央工艺美术研究所，于各省市设工艺美术研究所。工艺美术中的刺绣，无疑更是一个和日用生活联系格外密切，外销面广，内销要求也特别多，更加值得重视的问题。如何从现有人力技术基础上，更好结合起来，组织这部门生产，改进这部门生产，来满足国内外需要，很显明是各方面都十分关心的一件事情。

※　※　※

新的刺绣生产量既极大，品种也多，周转快，有明显进步的，是现代花鸟画家的作品，已在各地区由有经验老师傅试验中用刻丝法、结子琐丝法、铺绒通绣法、钉锦法，制作出许多新产品，在国际展出中得到世界万千观众的好评。又把这些多样绣法作日用品刺绣生产，或改作机绣，供应社会需要，如青岛的机绣，北京的挑补花，更获得广大人民的爱好。又流行于民间的各种绣法，特别各地挑花绣技法和精美图案，也在各省市中有一部分起始试用到新的生产上来，得到初步成功。兄弟民族地区的风格不同刺绣，也由收集、展出，到新的生产试销。总的说来，新的刺绣企业的前途发展是充满无限美好希望的。除企业性的刺绣生产外，原在乡村中生产的，一般多是妇女工作余暇的非商品性生产，其中一小部分，虽然也在乡镇集市出售，例如云南、贵州、湖南等地的民间绣，依然近于交换生活资料所形成，和大都市集中万千工人在一定计划中进行的定量生产，情形并不相同。至于全国人民公社成立后，这部门劳动生产，不久必然也将好好组织起来，纳入公社生产计划中。还有待从部分重点地区作些新的试验，来重新布置。这和土家族的织锦、苗族的蜡染，如何继续保存和发展，情形完全相同。但是它的前途将和其他生产一样，是有无限美好希望的，不仅会丰富全国人民的生活享受，也会丰富世界人民文化生活内容的！

目下流行的几种刺绣说明

绣花艺术本属于世界人民共同的艺术。几乎世界妇女都曾经投入部分劳动。并由于这种劳动和爱好,促进了它在艺术上的高度成就,发展出千百种不同技法。中国刺绣属于世界文化成就一部分,显著特征是它从古以来就和丝绸印染同时发展,同是利用蚕丝作成的。在公元前二世纪以前,就被当高级美术商品运往海外诸国各地区,促进中亚、中欧各文明古国彼此文化交流,丰富了世界上若干古国物质文化内容,也促进了中国中心地区和西北、西南边沿地区的文化交流。不仅当时价值极高的锦绣,到了西北、西南各地区,同时西北高级毛织物氍毹、毾㲪、花罽、细𣰆;西南高级棉织品白叠、阑干斑布,精细至极的麻布——筒中布,丝麻交织的花練,蕉葛纤维织成的蕉布、葛布,以及竹类纤维织成的竹子布,也到了长安、洛阳,比价且不下于当时高级锦绣。由此得知,祖国织绣的优秀成就,是同处这个民族大家庭中各族劳动妇女共同的劳动成果,成品彼此的交流,无疑也促进了民族间的大融合。由于气候潮湿不易保存,过久的古代精美丝织品,在中原地区已不易得到,但是在西北沙漠干燥地区,却还保藏了十分丰富可供研究的材料,例如公元前三四世纪以来的战国和汉代的锦绣,在中国西北地区埋藏了二千二三百年出土品,至今还色彩鲜明。即在公元八九世纪后的丝织物,以目下发现情况来说,也数在新疆、甘肃发现的文化遗物最丰富而完美,其次才是保存于东邻日本正仓院一部分唐代作品。历史上千百种加工技术,由于实物不易保存,中原地区多已失传的,在西南、中南兄弟民族居住区域,却多保存下来,还在继续生产。

中国刺绣艺术造诣之精和历史的悠久,一方面和多数人力投入劳动的社会习惯关系密切,另一方面,和政治制度要求结合,成为政治制度中的一个部门,生产得到不断改进和提高,也有密切关系。从周代起始，练丝染色都各有一定制度，设官分职，画绣各有专官，可知图案设计也是很早以来就被十分重视的。至于影响到近代刺绣纹样，历史上有两个设计机构十分重要，一是十世纪之宋代文思院，二是十七八世纪清代之如意馆和绣局，经常都有许多专家工师打样设计，从现存遗物上还可看出这时期高级刺绣特别华美的风格。更重要的影响，还是流行全国广大地区的民间刺绣，直到如今，还保留下万千种不同精美无比的图案，和千百种不同的技法，本文限于篇幅，这里仅就现在几种常用的技法，说说它的历史发展和艺术特征：

一、"琐丝"法，俗名拉琐法，用丝于绣件上作小环连续不断，即古之所谓"长命缕"。见于文献记载，为民间五月作辟兵小绣件，用五色丝作五方错彩，取压胜吉祥意思。从汉代部分刺绣出土实物，我们才得知，这种琐丝法是汉代一般通用绣法[图 五鹿充墓残绣]，特别有代表性遗物，是蒙古人民共和国诺因乌拉古墓中出土部分绣件，和在西北沙漠地区古楼兰发现的云纹绣[图 绣云袜]，这种绣法进一步发展是用琐丝法盘绕满地，不留空处处理新的题材[图 楼兰出云纹绣]。最有代表性的还有敦煌发现的唐代绣佛和新疆发现的残余绣衣，在技法上都相同，可知当时曾极流行。这种技法到十八世纪的清代，还混合使用于妇女裙上刺绣，成为一时风气，得到各种不同的成就。惟一般不作有规则盘绕，只是在面积较大部分，分浓淡处理，技法通名结子或打子。例如折枝花鸟挂屏，则在头面部分和花朵部分用结子法，其余用铺线绒绣加平金。如绣衣边或裙间马面部分花蝶，则用结子法外沿向平金绣，不拘一格，惟视需要而定。

二、"错针绣"，俗名乱针绣，即针法长短不一，色线不一，错综配合，使体材色彩效果增加活泼的一种绣法。较古的材料，也应当以蒙古人民共和国境内汉墓发现的刺绣为重要。这个著名古绣件，或产生于当时胡族人民手中。中国古代铺绒绣法，有四种是采用这种技法，才能表现色彩之美的。现存实物较重要的，是西北出土的一个串枝花小绣件及日本收藏九世纪唐代一个绣孔雀，同是用这种技法表现。宋代写生花鸟刺绣，一般多采用这种技法，而加以提炼，针线细，配色精，因之使题材更加丰富生动活泼〔图 《东瀛珠光》中之孔雀绣件、斯坦因著作中串枝花绣、故宫藏宋绣〕。明代观赏美术刺绣，一般还应用这种技法长处，加以发展。清代惟广东绣能继承这个传统，不过若构图不佳，精美至极，反而不免显得混乱繁琐。近五十年来，湘绣和苏绣各有特长，处理花鸟善于应用乱针绣技法的，总可得到一定成功。

三、"铺绒绣"，特征为擘细丝线作平面处理。在刺绣技术中似为晚出。公元十世纪以前遗物中还少见。现存最早的是新疆近年出土一个用缠绒法绣成的小方帕，此外多是明清之间材料〔图 大绣像天王〕。最先或出于闺秀中绣裙和巾帕香囊小件作品，因为技术处理宜于小而精美物品，不宜于大件。但在十八世纪以来，却大量反映于垫褥帷帐及一般衣裙上，和三蓝配色法同时得到普遍发展。从以蓝色主体的用色技法的发展，如联系其他工艺部门来分析，它较早出现或在明代中叶，而盛行于清代。因为三蓝配色法，极显然是受流行的青花瓷影响而出，不是平空产生的。铺绒法加进一层，只擘细丝一薄层，平铺材料上面，用胶质固定，不露针脚的，名"刮绒"，在清代小件刺绣中虽有些佳品，大致因为费力多而不易见好，留下成品并不多。著名的为如皋冒氏刮绒〔图 故宫藏册页〕。又有在底子上垫加镂空花厚纸片，再就上面施行铺绒，则名"缠绒法"。目前出土材料最早的是新疆宋墓那个出土绣帕。

四、"洒线绣"，技法有两种，各作不同发展，效果也不一样。现存较早材料之一种，是用双捻五色彩线，按照图样所需要的色彩平铺绣出。另施短针脚，把它用种种不同钉绣法固定，因此大面积部分亦形成小片锦纹地子。从技法上说，或即宋人所称的"刻色作"。起源虽不可得而知，最晚宋代绣工已习惯使用。现存材料虽不甚多，种类却极多，富于参考研究价值的，是保存在明代《大藏经》经皮封面部分的遗物。完整衣料惟故宫现存八种，色彩鲜明如新。定陵出土衣物中亦有数件，惟色泽多已变质。文献中保留名目最多的是《天水冰山录》。另有一种俗名又叫作"钉锦"，不知起源何时，现存材料中，犹有这种格式，清代应用较多的是夏天满洲贵族身边佩带的扇套等细活，妇女衣袖裤脚也有使用的。本源或出于民间挑花活，不同处是一般形成锦纹规矩图案。明代材料不多见。

五、"平金绣"，凡用金线在丝绸上做各种装饰图案和花鸟形象表现的，技术上通名"平金"，如仔细分析，则有各种不同名目，八九世纪的唐代，服饰加工用金，据杨慎引《唐六典》已到十四种，北宋则增加至十八种，见于当时人王栐作著《燕翼贻谋录》和《宋史》记载禁止用金作衣裙饰法令中。所说"盘金"或指全部用金银丝盘绕，"间金"则部分加金，在彩绣中加部分金线。羊皮金技法也成熟于这个阶段中。大面积平金材料在辽墓出土丝织物中也已有发现。平金绣就图案表现要求说来，它的产生宜在公元前三四世纪，正当金银错流行时期。使用丝织物上技术比较简单的即平金。但现存出土实物，却还看不出这种用金痕迹。重要原因之一，就是这时期在生产方面，虽然已经能够作成金银嵌和漆器上泥金银画，二世纪初年四川成都出产的锦缎，虽有加金的纪录，当时称"金薄""蜀薄"，用的大致是金银细条，即唐代人说的销金、缕金，明清人说的明金、片金，历史文献中如鱼豢著《魏略》，即说到大秦（罗马）天竺（印度）有缕金织绣，成都、长安、洛阳等地还未见有能作捻金线的。到七世纪的隋代，历史文献才记载有波斯捻金线锦袍，由当时巧工何稠仿制，精美胜过本来。可知中国工人到这时才学会作捻金线法，但还未见大量应用于锦绣上，特别是普通中等阶层不易使用。唐代织锦中已发现有加金的，还近于在刻丝类织成锦中略加金饰，应用范围并不广。到唐代文宗时期，才说及，玄宗和贵妃各有金鸟锦袍一件，贵重一时，文宗时一般富人家中已多有这种衣服。但更多使用到歌衫舞裙上的还是缕金绣和泥金绘画。其次即晚唐到五代诗词中关于妇女衣裙用泥金银绘画，金银刺绣才日益增加。衣裙金绣原料，显明要用捻金线的。从这些记载看来，捻金线技术是先后从大秦或波斯学来，到唐代晚年才比较普遍应用到一般刺绣上的。北宋时期明白提起衣裙服饰禁止用金已及十八种，可知除捻金线外，还有其他许多加工用金技法。绣金用于官品衣服部分来辨认爵位高卑的，是当时占有东北的契丹族建立的辽政权，官制中就全用金线绣鹅雁等各种水鸟，表示等级高卑。新在热河辽墓中发现的绣件，虽近于衣被类，平金技法却已提出重要参考资料，是目前发现面积最大一份重要材料。衣饰用金习惯为女真族在北方建立的金政权加以发展，织金锦因之逐渐成为社会风气，创作出种种不同花样。惟丝绸主要生产在南方，还是南方织工贡献多。这种织作法为西北回鹘族织工所擅长，曾著于洪皓作《松漠纪闻》一书中。元代仍沿袭旧例，却得到大量发展，这时期已特设金锦局，大量生产纳石失金锦，绣金服饰使用也日益加多。照历史记载，宋元大量武装部队的旗帜，就多用丝绣加金的。明代继续这个传统习惯，在应用丝绣和服饰刺绣中，都大量使用金线加工，捻金线技术发展情况，用捻金线来处理的"刻金"作法，也于这个阶段中成熟。清代平金绣是从这个传统技术基础上产生的。主要特征是康熙以来捻金银线技术上有了提高，紧密匀称细金线，影响到平金绣的成就十分显著。其次是技法表现上的多样化。宋人所说十八种加金法，在清代贵族妇女的衣饰上，差不多已全部用到，纯用金银细线平铺钉绣的，多为当时异常美之金银嵌，惟在刺绣中并非主要生产。直到十九世纪，才在社会比较普遍流行，中等人家妇女衣裙，桌椅披垫，都使用平金绣折枝花果，和丹凤朝阳等主题。更因京戏桌椅旗帜帷帐等需要，因之平金绣在刺绣中成为一时风气。在黑缎上作银线绣法，虽创始于康熙，却直到道光以后，才普遍流行。

六、"衲绣"，或称"衲丝"，和戳纱同样是用方孔纱作底子材料，技术处理也相同，不同处是表现方法。同是擘丝如铺绒，在纱地刺花，凡作满地锦纹规矩花的称"衲锦"。和织锦区别，是衲用针刺而不是梭织。因针路长短不同，而分"衲一丝""衲X丝"不同名目。如只作部分折枝或其他写生图案，余下空处相当多，则通称"戳纱"。又京制荷花扇套小件刺绣中，一孔一针绣锦地满花的，北方商市中人叫作"北刻丝"，表示和南刻丝用小梭织成加工技法大有区别。这种绣法和结子绣法，常因近于平铺万千小小颗粒而成，诸色相互浸润形成一种柔和的感觉，在刺绣技法上是两种最值得注意的技法。衲绣法在古代黼绣文彩时或者即已使用。在记载上比较可靠的，是三四世纪晋南北朝常称"衲绣衣甲"。十世纪的宋代，锦类中就有"衲锦"，用于装裱名人字画。明代《天水冰山录》中衣甲料中就有衲锦料子。清代使用更加扩大，大如帐子，小如烟荷包，都有用衲锦法仿效唐宋锦缎而作的。明清两代又有各种绣纱法，不同于戳纱处是针脚长短不一，用错针法处理。

七、"刻丝"，本出于汉代之织成锦法，本来是用捻紧丝线用编织法作成，从现存汉代材料和唐代材料分析，可知花纹成就和织锦提花绝不相同，即和宋代刻丝用小梭通经断纬法连缀也不完全相同。小梭织或成熟于隋唐之际，可能传自西域，通过高昌、回鹘，由古波斯传来。唐代文献中曾提及二件著名刺绣，一是唐人韦端符叙述眼见唐初名将李靖所有各种衣料，提及其中一件花纹奇丽，作狩猎后的锦袍，根据记载看来，它是属于刻丝法作成的。又一件是晚唐诗人陆龟蒙记载所见到的古锦裙，内容为花树云鹤，虽认为齐梁时代南方作品，其实鸟啣花是唐代图案一种习惯，它可早到南朝之齐梁时代，而说它是唐初，和李卫公锦袍产生时代相去不甚远，或较近情理。现存实物有代表性，在技法还接近唐代制作的，是现藏东北博物馆那一片紫鸾鹊刻丝，用粉紫色作底子，满作五彩对称花鸟，鸟中鸳鸯、鸂鶒，及口啣花枝形象，都还保存唐代标准格式［图 紫鸾鹊刻丝］。宋人记绍兴内府装裱书画有紫鸾刻丝，因故宫藏宋画手卷上的残余材料的发现，和在北京西长安街一宋末元初海云和尚墓塔中新发现，得到完全证明。这种刻丝实是宋代作品。刻丝法在宋进一步发展，是和宋、五代名家花鸟画的结合，现存实物有代表性的，是相传北宋人仿崔白画作的《三秋图》，布色之精，画稿设计构图之秀丽，

359

在现存同一格式的刻丝中，可称杰作，惟从制作法说，它的产生有可能出于明代。

南宋刻丝名手多在江南，以朱克柔、沈子蕃、吴煦三人最著名，作品精美，多如宋人原画［图 二刻丝］。元人结线较粗，本色较重，世传《八仙图》和《东方朔偷桃图》，时代或较接近。明代这一部分艺术，在记载上说为普及到中产阶级日用品各部门，证明生产已日广，就现有作品说，则艺术显然已较低落，正和绘画一样，设计配色都远不如宋代制作之精。宫廷用大件加金龙水云鹤椅披，用色厚重，构图豪放，尚近于元代艺术风格，或即元代本来图案。苏州仿名人画稿制作的册页，由于底稿敷色浅淡，笔姿柔弱，作成后艺术效果，多比较纤弱。惟现有传世宋代刻丝，即署名朱、沈、吴诸名家巨制，也可能有部分就是明代制作，并非宋代旧制。例如东北收藏之"迎阳介寿"和一二山水条幅，就作风看来，是近于明人作风的。刻丝制作达到艺术史上的空前高度水平，还是十七八世纪的清代早期制作的大型刻丝刺绣《佛说法图》，可称有数杰作巨制。据朱桂莘老先生说，当时共是十六轴，同在热河行宫中，每当重要节日同时悬挂的。帝王用刻丝蟒服的制作，也以这时期如意馆中设计苏州刻丝工作的，图样富丽华美。另有绣业中人称"南刻丝"的，多指十九世纪用浅蓝或水绿地子，作彩色小折枝花和墨云龙的扇套、香荷包等刻丝件而言，其不同于一般刻丝处，即丝经极细，花朵色彩鲜明，小朵花也作得十分生动。又晚清贵族妇女流行一种通枝花刻丝金银长袍料，有作得极精美的。男子也时行一种满花高领库金沿边琵琶襟背甲，织锦、刻丝、衲纱，加工材料无不应用尽有，虽显得花团锦族，整体效果实不见佳。另有一种用麻姑献寿、天官赐福、八仙庆寿等主题作的八尺幛子，作为一般祝寿礼物的，虽名为刻丝，其实多系在平丝薄绢上，略加规划扣出图像大样，再涂绘粉彩而成。有蓝地红地分别，蓝地的稍微精致，红地的已虚有其名，失去刻丝应有的艺术效果。

其他，清代中叶以来，海外正式通商以前，即有相当数量镜面呢输入，通称"卡喇"。十八九世纪百余年间，宫廷及贵族家庭中地衣、炕褥、拜毯、椅披、桌围、轿衣、马鞯、车帘，以及婚丧大事中用的仪仗什物，无不使用。生活服饰中则风帽、披风、马褂、箭袖、外套、帽沿……也逐渐喜欢用卡喇作成。较精致的，当时货币价值之高，还远过一般锦缎。又流行各种丝绒羽毛织物，部分来自海外，部分产自江南。生活起居用卡喇，部分必加各种刺绣和三蓝绣。又或几种绣法混合处理，在刺绣上自成一种风格。较早的多乾隆时作品，因毛织物容易虫蚀损坏，不易保存，除故宫还保存相当数量，其余多已毁去。至于红绿羽纱挑花绣，则多流行于十九世纪，西南地区或保存部分。在中国织绣史中，唯一和汉代毛织物刺绣能衔接的，出现时代最晚，时间却最早，民间毛织物中还保留一部分技法的，是北方蒙古族使用的毛毡、帐幕、门帘，剜剪黑绒，用帖绢法作如意云绣的吉祥图案；和西南居住的羌、藏、彝族，在粗羊毛编织物披肩、挂袋等上的刺绣。就中最出色的，应数西南傣族、白族作的毛、麻、棉等线编织挂袋。有的在编织色彩斑斓几何纹图案上，还加小小金银片和钉绣羊皮金作成华美图案。艺术水平格外高，成就可和贵州苗族的蜡染、海南岛黎族的木棉编织物及湘西土家族、广西壮族粗工织锦媲美，是人民艺术的杰作。这部门生产，今后无疑也还会得到发展，因为新的人民时代，凡是出自千百年人民智慧和劳动的积累，创造出的万千种为人民所喜爱的工艺品，总会得到良好发展土壤，成为人民共同享受的。

【附件一】《中国历史博物馆馆刊》编辑意见

这篇文章材料很丰富，但条理还欠明晰，所谈中心问题不够突出，因此读过之后不易给人留下深刻的印象。建议作一些补充和修改。

（1）请在开头谈谈什么叫刺绣，指出刺绣的定义和所包括的范围，以便于在下面对刺绣作深入的探讨。

（2）根据本文副题所标明的内容，请突出各时代刺绣图案的风格特点及演变情况；并突出各时代出现的新的加工技法，介绍这些技法和说明它的发展情况。

文章希紧紧围绕这两个中心问题来写，与此中心无多大关系的问题，可暂不提，留待另文研讨。

（3）由于刊物的特点和文物研究的特点，请尽可能以实物为主进行研究，关于刺绣研究取材的比重，应该是：首先，实物资料；其次，绘画和有关金石文字；（这虽不是直接的实物资料，但却是从文物中看到的，有关刺绣的资料。）再次，文献资料。（实物和有关的文物有一定局限，文献可补充其不足，这样可使读者对某一时期的刺绣有较全面的了解。无实物发现的时代，可多用些文献资料。）

以上三方面虽比重有不同，但都与刺绣直接相关，应为研究的主要依据，至于当时其他工艺品的艺术特点来推测刺绣艺术的情况，只能是附带的，更不能用对它们的研究来代替对刺绣本身的研究。

（4）在引用的刺绣的实物资料及文献资料时，请注意一定要与刺绣有关，如果只提到锦缎而未提到刺绣，则最好少引或不引，以免混在一起。

（5）刻丝虽介于织绣之间，但是否可在"谈刺绣"的范围内来谈，请考虑。如不然，可另作专题研究。

（6）引用文献材料，最好能引出原文，或加小注。引用绘画中服饰资料，最好能说明如何推知这些服饰上的图案可能是刺绣的，而不大可能是织成或画成的。

（7）有些地方过于强调织绣对其他工艺的影响，对工艺图案的产生的解释不尽妥当。

以上几点看法不一定对，仅供参考。

【附件二】主编意见

文章结合文献、考古实物对刺绣工艺的图案利用和加工技法作了全面的阐述，是一篇较有分量的稿子。拟在馆刊采用。

这篇稿子沈先生送来后，曾提出意见请他修改。这是第二次修改稿，因为全文长达二万五千字，较长些，沈先生意见如采用可作两次发表，我意，馆刊不定期，最好能一次刊登，可以给读者一个完整的材料，便于研究参考。

文字冗长，编辑组可作压缩后送作者再看看（已征得沈先生同意）。

王黎晖 6.19

【附件三】馆领导意见

同意用这篇稿，可否再删简一些？

陈乔 7.20

【附件四】此文稿写作时间考订

根据《中国历史博物馆80》中的八十年纪事，1959年9月中国通史陈列公开预展，1961年7月中国通史陈列正式对外开放，1962年2月成立科学研究委员会，在学术委员会指导下，开展并组织各种学术活动。故酝酿筹办馆刊应在1962年成立科学研究委员会之后不久。沈从文先生是馆科学研究委员会委员，积极写稿，故此文写作时间应为1962年。主编王黎晖签署意见，应为1962年6月19日，馆领导批示应为1962年7月20日。但馆刊因开始创办，稿源不足，故此稿未能刊出。1963年沈先生开始投入《中国古代服饰研究》的编写工作，已无暇顾及此稿，而被搁置，此稿原存王黎晖同志处，后转交刘如仲同志，此次刘如仲同志提供此稿。稿为据初稿誊写稿，由沈先生审阅修改。而《中国历史博物馆馆刊》直至1979年10月创刊号才出版。

李之檀

本文初写于1956年秋，原题《中国刺绣》。当时作者应聘兼任故宫博物院织绣研究组顾问，《中国刺绣》作为《中国织绣参考资料》之一，曾油印45份供内部交流。油印稿经作者和王㐨作过一些校改，2002年以《谈刺绣》为篇名编入初版《沈从文全集》第30卷。

本篇是作者1962年为《中国历史博物馆馆刊》第一期准备稿件，在1956年油印稿基础上补充改写形成的本文，篇幅增加万余字，因馆刊推迟多年而从未发表。现据馆刊留存的誊写稿整理编入。

①《尚书·益稷》所列十二种图案是：日、月、星辰、山、龙、华虫、宗彝、藻、火、粉米、黼、黻。其中未含"云"。

②方括号内文字，是作者补写在页边的配图意愿，下同。

中国绸缎的花

上星期,黄能馥①同学来告我,说学校要我来和各位作回关于中国丝绸花纹的报告。我对于这方面的问题,知道的只是一些常识,零零碎碎,并不具体。而且题目又太大,有些不知如何说起之感。因为中国历史太长,丝绸的美术史就是中国物质文化史一部分,应当从殷商更早说起的。如果照前科学院在山西的史前科学发掘而言,在石器时代就有了蚕,那么,我们中国的养蚕加以利用,也是应当从史前起始,而至少是从彩陶时期说起的。这是可能的。恩格斯在他的大著中论到人类畜牧起源时,说是人在史前向自然学习,因为十分熟习野兽的脾气,才发展了畜牧。从蜂房取蜜,和从蚕茧取丝,应当是同样由于熟习自然的结果。正如同中国历史传说提起过的,古人见蜘蛛网有所启发,学会编织。又传说养蚕起于黄帝的妃子嫘祖,因此数千年来中国就祀嫘祖作蚕神。这些历史传说还有一大堆,和历史本来面目不一定符合。

我们还是从实际出发,看看古代有花纹丝织物,究竟留下了些什么可以启发我们,教育我们。以现在我们的材料而言,甘肃出的彩陶,有不少基本花纹,和古代编织物花纹是相通的。换句

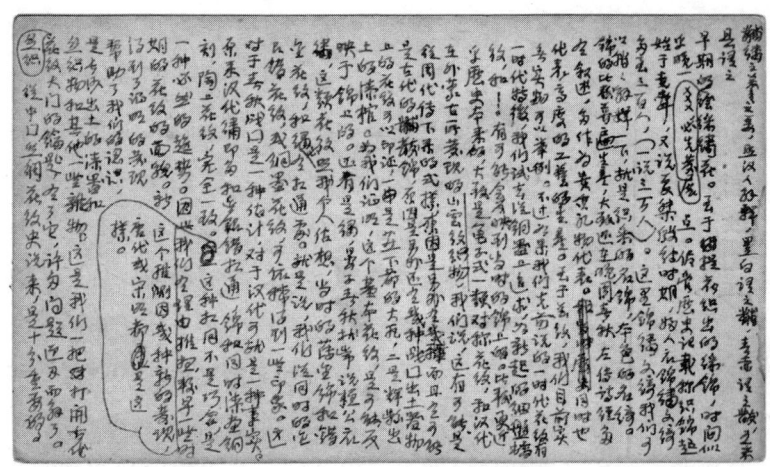

《中国绸缎的花》手稿写在13厘米×7.7厘米的卡片上

话说,当时应当已有了这种纺织物的花纹。这里就包括有好些种格子式花。时间距离现在大约在四千年到六七千年之间。

其次,在殷代铜器大钺上还留下一片有花纹的丝绸痕迹,也是格子式，方法和编竹席上常见花纹一样。这个自然不能代表商代丝绸花纹。因为据参加发掘的朋友×××先生说来，当时还有大幅旗帜，当时可能画有种种花纹。如果商代绸子上有花，照我个人意见，花纹大致是和当时一般铜器花纹有联系的。特别是铜器中的网状格子纹，连续矩形纹，格子纹，和白陶中几种回旋纹，是有可能在当时就已产生的。何以说会有这些纹样？原因是：一、这是编织物最容易处理的花纹；二、这是铜器中常见的花纹；三、这是稍后一时纺织物上出现的花纹。古代人对花纹的爱好，经常是反映到同时期一切工艺上的。特别是奴隶社会制奴隶主使用的花纹，大致是可以用这个规律来探寻的。

代表封建社会初期的周代，社会上层最初是比较简朴的，反映到铜×中花纹就可见出。〇纹 〇 山云纹是一般常见的。其余多从商代沿袭下来，极少变化。但封建社会有一个特征，就是制度，大小诸〔侯〕衣服车马旗章都有一定制度，大诸侯是这样，小诸侯也必需这样。所以我们对于这时代的纺织物，特别是高级纺织物，可以推想，必然是相当庄严的。绘画可能多于纺织。文献上常提起××××黼绣之美……之美，照汉人解释，黑白谓之黼，青赤谓之黻，五彩具谓之。

早期的×××，必先发展绘彩绣花。至于提花织出的彩锦，时间似乎晚一点。尽管历史记载称织锦起始于尧舜，又说夏桀殷纣时期，妇人衣锦绣文绮多至三百人（一说三万人）。这里锦绣、文绮我们可以稍稍解释一下，就是织彩的名锦，本色的名绮。锦的比较普遍生产，大致还在晚周，《春秋》《左传》《诗经》多有叙述，多作为贵重礼物代表。同时也代表高度的工艺的生产。至于花纹，我们目前实无实物可以举例。不过如果我们先前说的一时代花纹有一时代特征,我们试去从铜器上追求,如新起的细盘螭纹,和……,有可能会反映到当时的锦上的。比较更近乎历史本来的,大致是龟子式一类对称花纹,和汉代在外蒙古所发现的山云纹织物,我们说,这有可能是从周代传下来的式样,而且有可能是古代的黼黻锦,原因是另外还有几种战国出土器物上的花纹可以印证,一是燕下都的大瓦,二是辉县出土的漆棺。为我们证明,这个基本花纹,是可能反映于锦上的。还有是绣,《晏子春秋》就常说桓公衣绣,这类花纹照我个人估想,当时的薄金饰和错金花纹,和绣必有相通处。就是说,我们从同时的金银错花纹,或铜器花纹,可依稀得到一些印象。这对于春秋战国是一种估计,对于汉代可就是一种事实。原来汉代绣即多和金银错相通,锦和同时漆画铜刻,陶上花纹,完全一致。这个推测因几种新的发现,唐代或宋明都是这样。这种相同不是巧合,是一种必然的趋势。因此我们有理由推想,较早一些时期的花纹的面貌。新得到了证明的发现帮助了我们的认识,是长沙出土的漆器和丝织物和其他一些杂物。这是我们一把打开古代丝织花纹大门的钥匙,有了它,许多问题迎刃而解了。从中国丝绸花纹史说来,是十分重要的。

本文写于1954年,是应邀为中央美术学院实用美术系毕业班作专题报告的讲稿。据原稿整理编入。

黄能馥,时为中央美术学院研究生。

几幅团花图案

——取自故宫博物院丝绣组编图录

这本图录①团花材料，全部是从近三百年官服衣料团花中选取付印的。团花在服饰上的应用，起源极早，和古帝王冕服上的黼绣十二章大有关系。汉以前如何处理十二章刺绣于衣服上，只知道上衣八，下裳四的位置分配，殊少实物形象可证。唐代以来，敦煌壁画帝王形象和传世古帝王图，部分冕服肩部还用日月作装饰，日中作三足乌形象，月中作白兔捣药形象，可以推测还是汉代规矩。即或非汉代本来式样，大致也出于魏晋之际王肃、皇甫谧等复古改制而成。宋明十二章也有所本，不是凭空创造。唐宋一般官服锦绣和染缬，多喜用大团花，文献中所称独窠、团窠、大晕锦、撮晕缬，居多都是团花。当时不仅有较高品级的官服常着团花丝绣衣服，御前六军仪仗队，也有穿着这种花衣的，宋人即以为是打球唱戏衣服。反映于壁画中最显明的，是敦煌洞窟《张议潮出行图》的大部分卫队骑士。多作径三寸大小花头，绣染兼施。西北出土的几种团花锦缎，可以丰富了我们许多实物知识。有作四鹿的，有作四鸭的，也有作骑士狩猎狮子的，镜子花纹图案反映，就更加丰富。部分图案本来或来自西域诸邦。

宋代封建统治者为夸耀威权，驾前侍卫近二万人，多沿袭唐代开元礼制度，各穿着不同锦绣和印染丝绸团花衣服，周必大作《绣衣卤簿记》，记载得十分详细。又每年赐高级臣僚"袄子锦"共计七种，其中如狮子锦，八答晕锦，大、中宝照锦，也属于团花。历史博物馆新的宋元陈列部分有个长达数丈的《大驾卤簿图》，记载说是元，其实即宋绣衣卤簿旧稿，照服制看来它不仅是宋，还应当是北宋！衣服团花即十分具体。女真官制且以花朵大小定官级尊卑，衣服帐帷，都不能违反定制。惟花头旁串枝连缀，不同过去而已。宋《三礼图》十二章刺绣，虽出于当时儒生附会，惟十二章作团花式样，却影响到后来明代封建统治者冠服制度，十分显明。惟十二章位置常随要求变动而已。唐宋以来，锦缎中以牡丹为主题的天花锦，宝照锦，到明清还是锦中主要格式。此外团云凤，团龙，以及连钱、球路，诸宋锦，无不属于团花锦类。至于团花刺绣，大量使用于应用物品上，汉唐以来则为镜囊，宋代以来，由薰笼发展而成的绣墩和月牙杌子，日益流行，刺绣应用到这方面也日益增多，直影响到清代，还产生千百种不同好花样。

清代服制用团花有了极大发展，由二团到十二团，都使用到，各有一定制度。五爪龙的使用特别限制严格。到乾隆以后，团花应用于一般衣服装饰上，例如男子衣着的马褂，和晚清齐膝女衣，由于衣服式样有了改变，才打破了传统束缚。但官服中"八团花"，却和清代官制结合，始终成为封建统治者利用为笼络人心、施恩施惠的一种工具，专施用于对女性的赐予。由于大量需要，织绣工人在这个部门图案方面，因之也创造了异常丰富的内容。这里介绍的几幅，可见一斑。就中特别值得我们参考学习，照原大或适当缩小放大，宜于转用到新的戏衣、窗纱、靠垫、搪瓷盆、藻井彩绘与浮雕、纸伞、被面、垫毯、挑花桌布、衣裙料……至于如何具体利用，自然还看要求而定，也看美工同志智慧和巧思。总之，一个善于利用遗产的人，会明白承认这类图案花纹专集的介绍，是十分有用的。

故宫收藏名锦奇绣格外多，特别是关于坐垫部分材料，还有千百好样子，希望院中负责方面能早些用全部彩色印出三五百种来，对全国各方面都一定有意义。涉及文物"古为今用"问题，这些材料在目前协助正在百花齐放的工艺美术，实在比目前出版的一般性书画册有用得多！

本篇写于1959年，未发表过。据手稿编入。

作者在首页文稿页眉附注："选图作彩色印二页，单色二页，可借图版不必另照不必另制版。可共用八个左右图。"

①图录，指《故宫博物院藏清代织绣团花图案》一书，文物出版社1959年出版。共收各种团花图案86幅，其中有4幅为彩色。

中国古代的绸缎

伟大的中华民族，对于世界文化进步的贡献是多方面的。科学、工艺、医药，每一种有创造性的发现和发明，都影响到人类社会的发展，十分巨大。其中有一样特别成就，给祖国和世界上人民生活带来长远的幸福，并且完全还是中国劳动女性集体完成的，就是养蚕和丝绸锦缎的生产。但是这种伟大无比的贡献，正和几千年来的农民生产粮食一样，虽然和每个人生活都联系得十分密切，在阶级社会中，农人的贡献，是照例忽略过了的。因此美术史或文化史研究者，历来也就很少有人提起过女性集体生产在美术上的成就问题。事实上，世界上决不会还有一种艺术创造，比得过纺织物美术生产，会动员到全个国家妇女来参加，生产出来的东西，对人类关系更密切，贡献更实际！过去知识分子出身的专家学者，出于极端无知，始终是用一个以文人为中心的美术史观去谈美术史，照例不免会忽略过了这个问题的。

照中国古代历史传统习惯，凡是某一氏族集团，或某一时代，一种有益于人民生活推进了社会文化的发现和发明，都用一个古人作为代表，作为神，记载在历史上，表示人民对于它的衷心尊敬和感谢。托名黄帝君臣发明的格外多，因此最初养蚕的人，也说是黄帝的妃子"嫘祖"。后人因此把她奉作蚕神，每年从封建君主的皇后，到一般养蚕户，都用同一隆重仪式，向蚕神致敬，并祈祷收成。其实蚕的饲养，是史前时代许多年来，从各种吃树叶的野生蠕虫，经过许多次选择的经验，才慢慢的培养成功的！正确时代已不容易明白。但是到人类能把野蚕挑选出优良品种，有计划的饲养，由幼虫到结茧，掌握住了这种有益于人的蠕虫生活规律，再由茧子缫出丝来，织染成有美丽花纹的绸子，至晚在三千二百年前的殷商时代，已达到完全成熟的阶段。这个时期的绸子，因为时间太久，已无方法保存，但在一些青铜兵器上就还遗留得有织花纹的丝绸痕迹（用商斧子上花纹），十分清楚。若把这种花纹和同时代的铜、玉、骨、陶——特别是白陶和灰陶的花纹联系比较，我们就可以对于三千年前的生产，得到些更明确的印象。古代的中国人，是非常爱好美丽调和的色彩并且还特别会配合色彩的。当时的丝绸，必然还有各种不同的式样。更有可能，已在素质丝绸上，加有精美彩绘和刺绣。

　　三千年前的周代，是封建社会的起始。周代尚实际，重农耕，发展生产。政治制度特征，是把奴隶社会结束，把所有生产战线上的奴隶地位解放为农奴。成了农奴的，各自领得份土地后，每年必需缴纳一定生产收入给诸侯国王统治者，男的缴纳粮食，女的就缴纳布帛。"男耕女织"因此不仅是一种政治号召，其实是国家一切开支消费的主要来源，维持封建社会制度的经济基础。社会一天比一天发展，封建制度中的诸侯邦君分布于全国各地，在五等爵的制度下，各有一定领土，就需要一定的仪制排场，一定数量等级的车服旗章，因此对于高级丝绸的要求，也自然日益增加。精美丝织物特别受社会重视。《禹贡》所称的"织文",究竟应当是种什么样的花锦,我们无从知道。至于《诗经》《左传》《国语》提起过的"贝锦""纯锦",却可以经同时相关工艺花纹联系,得到一些印象。《周礼》称"染人""慌氏",就是由政府主持染练生产,并指导一般生产的专官。并且用法律规定,特别精美的生产,不许上市鬻卖。凡一般性生产,具有货币性的绢帛,都得经过检验,品质不合,尺码不足的,既不能缴纳赋税,也不能随便出售。关于养蚕种桑,和栽培采集植物性各种染料,各种蓝草和紫草,都有专官主持。(楚国有蓝尹。)采集野生的栎斗、山栀子、五倍子、槐花等等,都有一定时期,载于古代有关农事的《月令》中。用灰和矾染练纺织物的技术,更积累了丰富经验知识。直到现代,广大农村处理家机纺织物时,还照常得用到这种古老技术。

还有一点极重要,就是这些常用的植物性染料,有许多是各地都能就地取材,非常便宜的。这更是一种大发现!这种种,是古代有关农事文件和诗歌都曾提起过,而且一部分技术到如今还保留到乡村生产的。

丝绸中的多色彩锦,最早出现的时代,我们还缺少具体知识。传说织锦起于帝尧时代,这个正和《禹贡》所谓"织文",我们实在还无地下知识可以证实。商代有花纹的绸子,是格子几何纹,有可能是复色的,因为这种原始规矩花纹,若较早使用于竹料植物,或芦浦类材料,格子式编织文是极容易处理的。商人尚白见于周代记载,我们也由此可以推想,蓝靛的种植制造,还不会如何特别发达。楚国最早有"蓝尹"工官,兰草的种植,或从南方较早得到发展。

对于古代丝绸锦缎的生产,比较可信的文献是《诗经》《左传》《国语》《史记》。文书的记载,一致说明在西周以来,锦类生产已具有高度的艺术价值和经济价值。当时诸侯间的报聘,锦是珍贵礼物之一。"文锦""贝锦""纯锦""重锦"是当时记载中常见到的。布帛虽为国家赋税,生产被普遍提倡,但是特种生产还是有区域性。古代锦出陈留襄邑,薄质丝绸刺绣则出齐国临淄。因生产集中,社会需要却分散到全国,所以在周代中叶的春秋时代,大致就已和矿冶、煮盐、制漆等等生产一样掌握了生产原料和工人。既然是封建诸侯,就自然形成一种官工业的作坊制。先是原料占有可自给自足,不久即产量超过本身需要,不能不借重商贾分散成品,并换取其他必需品和奢侈品。

中国古称"士农工商"为四民,四民之一的商人,在封建社会中,阶级地位本来不怎么高的,生活并且处处受法令限制。但是随同社会生产的发展,商人因贸迁转贩得来的利润,越积越多,就逐渐共同形成一种庞大的势力,影响到政治和经济。汉代伟大历史家司马迁在他著的《史记·货殖列传》中就说起这件事。到了战国时代,凡占有原料或生产品到一定数量的,收入就等于一个有一千农奴的诸侯。(例如布帛、生丝和染料中的栀子和茜草,有一定数量的人每年都可收入约二十万钱,有二十万的购买力。)这个记载恰恰反映出中国社会的发展,由于生产力的不断提高,封建诸侯的经济地位,如何受新……①……国古代社会的发展情形。特别是晚周社会,由于生产力的不断提高,封建诸侯的经济地位,反而日益低落。一部分城市手工业集中的结果,原本用定型农业经济作基础的素朴封建社会制度,势不可免要受新起的商业资本所破坏,终于崩溃。没落下来的封建领主,不能不向四民之末的商人举债。新兴商业地主于是代替了旧日贵族地主,形成战国时代的新经济形态。促进这个变化的生产,自然包括许多方面,不过最重要性的四五种生产,丝织物是其中一种。

周代早期的丝绸锦绣,我们还没有正式出土的记录。但是用历史文件作经,用同时期的青铜器、玉器和陶瓦器精美花纹作纬,并且把时间稍后一些的战国和汉代丝织物花纹比较看看,我们却可以推想,其中有好些花纹,当时都可能已经反映到锦绣生产上。这些丝织物,到春秋以来,不仅是已具有最高货币价值,同时还具有最高的美术价值。和中古时代封建社会十分重视的雕玉一样,诸侯对周代王室的朝贡,诸侯间平时外交上的聘问,战争后的赔款,和彼此间一般性的婚丧庆吊,都少不了要用到它。应用的情形,在《诗经》《左传》《晏子春秋》《楚辞》《战国策》都常常道及。享用的仅属于封建领主、公子王孙和一部分宾客谈士,(并一部分的武装衣甲上,)生产的却完全是优秀智慧的女工。一面是剥削者不劳而获,一面是生产者积年累月的劳动辛苦,对照异常显明。所以古代中国诗人,就常把这种矛盾,当成一个主题,对劳动者充满同情,对剥削者加以辛辣的讥刺。

历史进入战国末期,显然因为铁工具的大量生产和普遍使用,新的土地的开发,进一步发展了社会生产,也更加提高了丝绸的生产。这方面的知识,过去专家学人,大都是单纯从文献上着眼,结合一部分金石刻纹来分析,实在无从具体明白。后汉诸儒说诗说经,为六经有关衣着名物作注释,已增加许多附会。到宋人说经自以为是的态度,和在这种态度影响下产生的《三礼图》《古玉图》等等,更把人引入迷途。直到清人任大椿作《释缯》，前后近二千年的著述考据，认识都侧重在文字和上层建筑的礼制相联系，至于实物的纹饰和有关生产的发展，却极少注意。因近五十年各地出土材料的陆续发现，知识才比较明确。特别是长沙楚国墓葬文物的新发现，如有花纹的绸子，有文字和绘画的绸子，彩绘分明服饰完备的木俑和许多式样新异花纹精美的漆器，给我们的启发和教育格外大。镜子上的花纹，更增加了我们对于古代丝绣花纹的知识。

关于这个时期的丝绸生产和处理使用到各方面的情形，从近五十年来各地出土的青铜器和雕玉上，也反映出一部分。如猎钫壶上的采桑图，可看到当时从事生产的第一个步骤。安阳殷墟出土遗物，除了一柄青铜斧上遗留下那片花纹外，还有些麻布类花纹，在其他铜器上出现。又出了几个雕玉人形，器物虽然极小，雕刻衣着也简单，但依然给了我们一些商代人装扮式样，比文献明确而具体。又还有几个在洛阳出土的战国时的铜和银子作的人像，有个弄鸟的女孩，所穿的有花边的短衣，还很像是西部来的毛织物文罽细旃一类材料作成的。洛阳金村出现的一组佩玉，有两个舞女样子的雕像，可以看出古代长袖善舞的舞衣制度。河南汲县出土的青铜鉴上种种人物形象，更可以看到当时水陆交战中武士的衣甲形象。辉县新出土的一个大而破的薄铜鉴上花纹，且可发现祭事、乐舞、游猎种种不同生活的服饰。特别重要是一些头上戴角的刻画，可能和古代巫祝相关。

长沙楚墓发现的漆奁，上面穿着大袖口小腰身的十一个女子，和帛画上那个女子，更给人一种十分生动现实的印象。重要的是衣着式样，例如楚墓俑种种不同的衣襟处理和一定斜度的形式，都反映到当时的真实，可以证实历史文献上的衣制。

照战国时宋玉的文章叙述，这种衣服大多数是用精美细薄彩绸料子作成的。

战国时青铜器中的金银错镶嵌法，使用极普遍，中国丝绸加金的刺绣，或其他技术加金，大致也产生于同一时期。

到汉代，丝织物生产和其他生产同样有了更大发展。战国以来几个生产高级丝绸的专区，都有国家工官来继续主持生产，在长安还另有东西织室。工官费用一年用到五千万钱，在当时已经不是一个小数目的耗费。这些生产一部分作新的统一国家下经常来使用。一部分就成为汉代主要输出品。东至朝鲜，西及蒙古新疆以及国外如罗马、波斯，都得到广泛的欢迎，因之成为中西文化交流一种主要媒介物。换言之，即中国的丝绸锦绣生产，到这时已起始供应了世界市场的需要。照历史文献记载，当时中西交通多从西北陆路。西北羌胡民族并且特别喜欢中国锦绣。《史记·匈奴传》称，每年外送锦缯到万匹。从近五十年在蒙古人民共和国古坟中，在新疆古楼兰遗址中得到的锦绣，完全证明了当时的丝绸品质和纹样。这些出土遗物的花纹，和在朝鲜大同江边古坟中得来的丝绸，花纹大体都是相同的，更可证明历史文献和《盐铁论》等记载当时情形，这些丝绸虽出现于国境的边沿区域，其实是当时中原的标准花样。锦绣中如最著名的带文字的"韩仁绣""新神灵广"等锦，多作山云、鸟兽、骑马游猎装饰图案，和当时反映于陶漆金银错图案相通，用深青或红色作地。绫罗类多作水纹和菱形纹，五色具备。绣件有在锦上加绣的，有在杂色帛上加绣的，花纹和同时或较早的金银错完全相似，绣法多用锁丝法，（直延续到现代，技术还用到。）西北出土的绫帛类，很多种直到现在还保存原来的鲜艳色泽，可以见出汉代以来染色知识的进步。至于薄质细绸，经纬组织，有比唐宋以来细绢还精细，正和史传所赞美的齐纨鲁缟，白縠细缯相合。这时期的生产，除河南山东，川蜀出品也已经日益著名。

关于这类生产品在应用上的情形，则除丰富石刻外，近年来长沙朝鲜出土漆器上的人物画，陕西洛阳出土的彩绘陶俑，寿县淮阴出土的大型木俑，四川彭山出土的大型陶俑，绍兴出土的人物车马铜镜。特别是东北辽阳汉墓出土的生动活泼颜色鲜明的彩绘壁画，为我们更具体的提出了许多证据，解决了许多过去无从明白的问题。不仅关于丝绸花纹的知识具体了，如何运用也明确多了。

看看这些来自不同地方，使用不同材料，表现不同问题，服装却大体相同的人物画，我们即可更深一层理解古代中国人在丝织物染织刺绣工艺上和种种不同美术成就上，都是异常独特，而且民族风格鲜明显著的。原因是既有个优秀传统可以取法，在技术上且深深知道从不断改进中丰富内容，因此每一代都各有不同的成就，且能启发更新一代的创造精神。中国丝织物生产，也因此在世界上永远能在领导地位上继续发展。

到汉代末年，中国锦缎制作过程，有了一回极大的革新，是大发明家马钧，对于织机提花部分的改良。他把提花部分由本来五十镊改作了十二镊，简化了提花手续，影响到后来生产，实在极大。至于这种改良对花纹的影响，若从现存汉代锦缎和魏晋六朝锦缎比较，却看不出太大不同处。因为目下可得到的实物，材料还不多，将来更多新的发现，必然可把这个发展过程弄清楚的。

本文仅存一份作者的手稿，未见过发表，局部文字似有缺损。现据手稿整理编入《沈从文全集·补遗卷》。

① 此处原稿缺字。

□ 文物识小录

藁城出土商代漆片

据报告说是唯一出土物，似可商讨。因为较早已发现三次，在不同地方，分别出土。

一、为抗战以前安阳侯家庄商代后期出土，朱绘云龙纹，加有白石泡及蚌片镶嵌残器廿五（或七）件，宽约二尺，高过一尺。现存南京博物院，曾印行过彩色原照小册子，南博似还留有一本。应当是漆残器之一。

二、解放后考古所作辉县展览时，曾有一件径过一尺的朱绘龙形残漆器，历博原绘有一个原大团龙纹。似属商早期。因爵类还多平底。共存物均商早中期。

三、山东近年出土一用蚌片镶嵌成的虎状（和大石磬上之虎形极相近），有出土原照相及复原图照。时代也早。

四者集中作作分析。即可望对于商代漆工艺得到一种新印象或知识，为过去空白点，得到了新的填补。也可说有了初步认识。

本文所指"报告""漆片",是1973年河北藁城台西村商代遗址的考古发掘报告。"漆片"是此次出土的发掘物。

信阳战国楚墓棺板

用黑漆底子加上朱绘及银泥绘云气纹,图案组织结构不如长沙楚墓出镂空苓床之精巧,但华美壮与秀并却相同,可反映楚漆工艺在春秋战国之际即已十分成熟。信阳出土物属于楚国全盛期,比长沙寿州均较早。加工以银泥为主,因当时银是新发现金属。商代已有金片出土,银器最早只在春秋战国间,两者差距约一千年。银的发现可能出于楚国工人,因至今为止,用纯银作的半瓢或半桃形水器共发现约六七件,边缘多刻有楚国文字一二行。错银器物也以楚文物为多,如青铜小件:盾鼻、木弩机臂、带钩都是错银加工。用银泥作画,除此棺板外,尚有长沙出土镂空几何图案苓床,也是在上面用银泥为主调作成的。并且战〔国〕时早期镏金技术的应用,也是先在银器上使用,如辉县出土,上嵌玉再加彩琉璃珠的大型带钩,便是银镀金而成的,到西汉,才流行大量用铜镀金。但比较珍贵的如经常出土的云纹小洗,多还是在银上镀金而成。纯金器除春秋战国见出土的见方二三寸槌成云龙纹样的片状饰物,此外即少见。信阳出土物可代表楚国全盛期漆工艺成就外,长沙出的银泥苓床时代或晚些。还有寿山李三孤堆古墓中，曾得到一件绘有细碎云凤纹（与江陵出彩绘石磬上云凤纹相近）棺板一件，据郭宝钧先生说是紫漆地子，在出土古漆器中可说还是新发现。

实物未过目，难得具体知识，也有可能仍系银朱地，因受其他影响而色度转冷（深）的结果。

金银发现差距约千年，事情似尚少为人注意。谈艺术史的学人却不能不明白。

河南信阳长台关一号楚墓出土彩绘棺板
沈兰溪 张兆钧 陈大章摹绘

谈《明皇击球图》

此图在画录上最著名，但从比较作分析，却值得商讨。

一、明皇幞头在唐称"顺风式"，为一般厮役（特别是马夫）所专用。由于元明人误解折上巾意义，不懂得"折上"系指前面那个结子（马周以为像"三才"），而不是四带巾中另垂二带向上举。（因此误解，明代帝王也把它向上交叉举起，和唐代农民相似矣。）

二、马匹后尻缨络，单垂一绺元《事林广记·习射图》有之。三绺则只见于明代商喜绘《琴会图》左下角一太监乘骑上，大幅画在故宫，式正相同。

额前带结更可笑。本出于"义髦"，虢墓出一木制加彩绘如❽即是，上插五色羽或丝穗，为常式。汉代始直接结马额上系成束而成，或上举，或下垂。唐依旧，也另有不同结法。如本图所见，则显明可证画家实对之极端无知。

马装备中闹装鞍后桥必有五个杏仁状孔，各系一绦带下垂及马腹，后一条稍长约二寸，唐代叫"五鞘孔"制，必照样才合规格。宋辽均还使用，辽史志且有具体说明。（热河出镀金银鞍后桥即可以证史。宋鞍制分等级到廿来种，且各有官定价格，金银闹装鞍价最高，似值八十多两银子。另一说则称值二百六十两，可能时间有先后。）本图左右反映不对。

本图"球杖"也出于不懂打马球人，又不见图画之俗画师以意为之。因□代作╲式，明代作◠，唐□□在地毯上一小儿手中所拿作╲式，从未有作╲式的。

本图贵妃（中心女人）即或如宫词中所咏是宫女，也毫无唐代宫女风度。头上纱巾是宋式"紫罗盖头"，位置也画得不对。马结尾汉式为 ⚋ 三种，唐为 ▲ 角形，帝王贵族多散而不结。本图虽近宋式，亦不合。宋式计三种结尾法 ‖ 为主要，辽金小有异同，但无作 ▮ 一侧式的。即明代，亦多沿正规如 ▮。

左骑士"掩汗""障泥"亦误绘。方式一块叫"掩汗"，宜在下，是毡麈物。团云式名"障泥"，宜在上。一般多用织成锦绣而成。此图处理不合，而掩汗位置也不合。靴子盘云，只会早到元代。左角骑士背面有一补子，绣蜂窝于树上，主要为天鹿麒麟类，大小位置，均是明代补子服，寓意为"封侯挂印""鹿鹤同春"，绝不会出于唐宋打球人衣上。唐代球衣为小团花，六军因之，所以宋人说唐六军穿的球衣，那宜作战？此球衣式样，在敦煌《张议潮出行图》中几几乎全相同！

本图不会摹自唐人，也不会出于北宋李公麟，因李绘之《免胄图》，人骑丝丝入扣，十分准确。最早可能只到南宋牟益（或称毛益），而由明代尤求辈重绘，尤作静止人物还过得去，作骑从剧烈行动实非所长。

图左右尚有球门各一座，用二骑师守之。球门绘得虽十分细致,却近于胡画,反不如《事林广记》衡门式简单具体。全卷看来,人骑形象虽如十分活泼,又激烈异常,其实则并不过关。一切近猜想,即猜想能力也并不高。是徒有空名一幅历史故事画也。

其所以著名,只是好事喜弄,见得虽多,懂得却少之乾隆皇帝,题诗题字,而鉴定家不从本画道具加以分析,也不就球事历史有基本理解,或在比较下有种种不同印象,因之不假思索,即加以认可,亦"愚不可及"中必然情形,不足为奇也。

本文作于1975年,原无题,篇名为整理者所拟。

分隶体中有草意

新疆出土晋代写的《三国志》中的《吴志·孙权传》（残纸），分隶体中有草意，特别是在飘撇间极明确。也即唐代张怀瓘以为章草实隶之简化而成，概括明确，能得其大处，对细节少分析。因为不知在史游作黄门令时，所谓"隶书"实和东汉分隶不尽同。纵横开扩，下笔还无一定规范，这从近年大量出土的有铭文漆器和山东、长沙、湖北出土的竹简可知，或到西汉末刘向

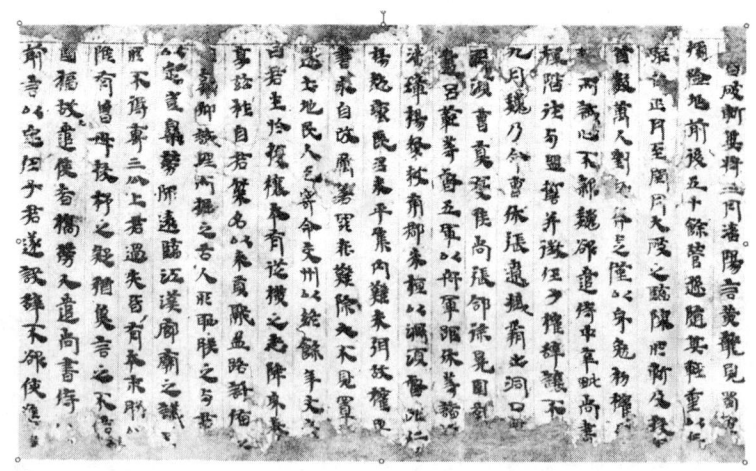

父子校书时，隶书中之飘撇才具一定规范，可知这种书体，即综合以前之一般隶书与章草书而来。飘撇成定式，情形和过去谈书法进展历史的意见恰恰相反，一面固然出于隶之简化，另一面则分书实多从章草而有所启发形成。

据手稿整理编入，标题为整理者所拟。

传阎立本赚兰亭图问题

　　阎立本手中,不会画出这个烧茶人样子。因为阎之父阎毗是隋《舆服志》参预者,阎氏兄弟又参预唐服制,幞头不可能像这个式样。唐代圆领衣内无衬领。根本不会这么坐在蒲团上。

　　烹茶具不伦不类,更不会用筷子。

　　一、唐初没有这种茶杯,〔这〕种茶托。更不会这么大。童子脸型及由头到脚衣着均不是唐代所有。

　　二、茶叶罐上盖作荷叶状,是宋代式银瓷常见,一直沿用到清代。唐初不会出现。

本文是作者对郑振铎编《伟大的艺术传统图录》第四辑图版第七的批注,图版标题为"阎立本:萧翼赚兰亭图卷(三)"。

班婕妤《怨歌行》及其问题

新裂齐纨素，皎洁胜霜雪。
藏君怀袖间，动摇微风发。
常恐秋节至，凉飚夺炎热。
捐弃匣笥中，恩情中道绝。①

此诗与相传的苏武、李陵河梁送别唱和诗，情形相同，都属于东京体文字。亦即古诗中的"京洛出名讴"，成于东汉末年洛阳歌妓所唱。不像是西汉长安文体，所疑甚对。所以据出土便面之制作，且影响到东汉石刻，蜀砖刻，南方铜镜等等反映，一律是便面 q 形状。直到曹植文集中的《九华扇赋》序中及赋中形容，加以分析，也应分还是不圆不方之竹丝编织而成的形状。加上近年新出土壁画，如嘉峪关外魏晋之际的图像所见，还是以便面为主。另一画则出现圆月状纨扇四件，可知团扇还像是新事物，使用它的人多是妇女。至晋武帝，因军事费用多，所以晋令有禁止剪裁绮縠作纨扇法令，大致可信。但既有禁令，可知仍必有作者，却不会多。所以《世说新语》记二故事，一为谢安的，说有同乡罢官还乡，问及有无积蓄，回答为"只一船蒲葵扇耳"，谢嘱送来看看。因自提一柄使用。时人钦慕谢安，此一船蒲葵扇，不久就得善价售尽。同乡因之从容还乡。

另一故事，为关于王羲之的。说王见老妪售六角扇，因书五字于上，并告老妪可持市上出售，说是羲之手书，即得百钱。复来求书，羲之副其所求，不久即售尽。（说是角扇可知是竹葵编成的。）

但世说关于王献之故事，则有绘纨扇误为墨污，因改绘成乌犊牛事。则应为纨扇，更早些则《古文苑》有《白绮扇赋》，称班固作，东汉石刻也出过一种乘车官僚手持团扇图像。尽管只一见，因此也难肯定说绝对没有团扇。

又梁江淹有咏绘山水蝉雀扇诗，诗内有"嫁得秦王女，乘鸾驾烟雾"，显明即指王子晋弄玉吹箫引凤传说，在图像上反映为河南邓县砖刻，旁有楷书注明，但王子乔手中拿的却作 Ƴ 式扇。世俗妇女手中持的却是团扇，♀ 得知到齐梁团扇已解禁，有生产。

本篇为作者1980年访美时，于傅汉思、张充和家中所写，可能是为出席《扇子应用进展》座谈而准备的补充材料。现据手稿编入。

①诗句为作者凭记忆所写，与原作品有出入。后文引梁江淹诗句，也不够准确。

汉代金银错鸟兽纹图
——《历史教学》封面图案说明

这是一种汉代青铜戈戟附件展开的鸟兽纹图样,原来是用金银细丝镶嵌在圆管形铜器上面的。原物在山西阳高汉墓中发现。

关于中国古代金银工艺发展的过程,以目下出土纪录说来,在安阳殷商遗物中,我们已得到过捶打极薄的金片,贴在一个小玉璧上,用意还不明白。春秋战国以来,这种金片有捶印成盘龙

花纹如佩饰的（新郑出土），有镂空如头上冠饰"金博山"的（辉县出土），并且起始在青铜兵器中的戈、矛、剑、戟，礼器中的鼎、鉴、壶、罍，车器中的辕、辖、衡、轭，日常用器中的三带式漆奁、铜镜子，和当时特别流行的犀比带勾，都有加金银镶嵌作成的东西，通名"金银错"器。处理技术有作小金点子的，有金片镂花的，有盘嵌金银丝的，还有兼用两三种技法，加嵌松绿石和彩色琉璃球的。花纹有古胜格子，几何云纹，和鸟兽纹。近年长沙战国楚墓漆器出土日益加多，因此明白两者间花纹有密切联系。艺术上的特征，是摆脱了铜器模印花纹的呆板拘束，突破了传统对称格式，得到自由活泼的发展。

到汉代，游猎是一种现实的豪华娱乐，海上三山上的珍禽奇兽，羽人仙真，反映武帝以来的神仙信仰，于是共同作成装饰花纹的新主题，全面影响到当时的图案美术。绿釉陶的肩部，大型空心砖的边沿，漆器上的彩画，丝织物和刺绣花纹，日常用的铜器细刻花纹，无一不见出这种造型艺术的新风格。表现于金银错器物，更加显得活泼、华丽而秀美。这种进一步的发展，既丰富了汉代美术色泽和花纹，并且为隋唐金银平脱技术开了先路。

本篇发表于《历史教学》1954年第9期，署名沈从文。

敦煌唐代丝绸复原图
——《历史教学》封面图案说明

  这个封面用的是从敦煌千佛洞石窟寺发现的一片丝绸复原图。唐代艺术的特征，是一切从现实出发，而加以概括和提炼，因此一般造型艺术得到高度综合的效果。特别是丝织物的花纹，常常能结合秀美和壮丽而为一，图案组织，健康活泼，比其他时代更显得生气勃勃，并且见出时代精神。

  中国养蚕织丝，有着悠久而优秀的传统，对于世界文化贡献极大。商代遗物中已发现过有花纹纺织物。周代封建社会，既建立于农奴制的男耕女织的经济基础上，因此生产有了进一步的提高。根据《王制》《月令》《考工》诸文献，可知当时治丝、染色，都各有专官主持其事，楚国并设有种蓝草作靛青的工尹。《诗经》《左传》《国语》即常提起锦绣的用途，生产品具有最高艺术价值，丰富了古中国文化的色彩图案。战国时，陈留襄邑出的美锦，齐鲁出的罗纨绮缟和精美刺绣，都具有全国性，影响生产区域经济极大。到汉代，除齐地生产统由国家设官制造，长安还设有东西织室，年费到数千万钱。具地方性特种生产品，也十

分发达,例如亢父绢素,南越筒中细布,都极著名。并且有锦缎大量向外输出,近如蒙古、朝鲜、交趾,和西北各地区,远及古罗马诸国,对于促进世界文化交流,具有重要作用。《史记·匈奴传》叙西北民族特别爱好中国锦绣,每年有过万匹锦绣从长安输出,同时在西北出产作茵毡用的细毛织物,如"文罽""氍毹""毾㲪"[①],也输入中原,东汉时西蜀丝织物生产提高,蜀锦因此成一"专门名词",直到三国鼎峙时期,诸葛亮文集中还提及,蜀中军事用费,主要是依靠锦类贸易。《魏略》并述及日本有"倭锦",大秦有"织金缕绣"入贡。西南夷的"兰干斑布",则近于木棉织物,和交广蕉葛同属于特种生产。近五十年地下出土实物日多，因此得知长沙楚墓中六七种有花纹纺织物，不仅和同时期的彩绘木俑衣着花纹相似，还和漆器、错金器花纹有密切联系。至于西北出土的百十种汉代丝毛织物材料，更丰富了我们对于汉代锦绣绫罗的基本知识，借此明白刺绣中的云纹，还出于战国以来的金银镶嵌与漆器花纹。至于锦类花纹，却和汉代的铜、陶、砖、石等等以云山中鸟兽、游仙、狩猎为主题的花纹相通。例如世界著名的蒙古诺音乌拉和古楼兰和阗出土的"韩仁"锦，"新神灵广"锦，"宜子孙"锦，"登高四望"锦，"明光"锦，和其他鸟纹绢、豹首绢，都可证明。

晋六朝以来，实物出土虽比较少，但据《邺中记》《东宫旧事》等等记载，如所称"大小明光""大小登高""杯文绮"，可知大多数还沿袭汉代以来图纹而加以发展。隋唐时代较近，实物材料和文献也比较容易结合。西北出土的材料，包括有织锦、花绫、刺绣和复色印染织物数百种。用它和肃宗时即流出日本的中国丝织物比较，并联系同时期的青铜镜子花纹，金银平脱器物花纹，及敦煌唐代千佛洞壁画供养人身上衣着花纹，我们就可以得到一种相当明确具体的印象，并明白它的发展过程及后来影响。唐有李章武著《锦谱》，书已散佚不传。《唐六典》和《唐书》曾称引及各州郡贡赋特种纺织品名目甚多，丝织品到这时仍以蜀锦著名。又大历时禁令，和李德裕《会昌一品集》，都提起过许多许多种高级丝织品名目，花纹虽无从完全清楚，但张彦远《历代名画记》称太宗时窦师纶任益州行台官，兼检校工造，曾创意有瑞锦文样十余种，花纹奇丽，流行白牛，尚为人喜爱。窦封陵阳公，因称"陵阳公样"，所提起的"天马""麒麟""对鹿""斗羊""游鳞""翔凤"，却可从西北遗物中得到相近花纹图案。这类丝织物的发现，和从明锦中发现的"樗蒲"及"俊鹘含花""鹊含瑞草""龟子""盘绦""云雁""云鹤"和文献结合，都可证明它是唐代蜀中绫锦的格式。

本篇发表于《历史教学》1954年第10期。署名沈从文。
① 毹氀,疑为"氍毹"之误。氍毹又作"氍毺",指一种毛织或毛与其他材料混织的毯子,可用作地毯、壁毯、床毯、帘幕等。

楚墓出土彩绘漆羽觞
——《历史教学》封面图案说明

这是长沙楚墓出土一个彩绘凤纹漆"羽觞"的图样。原物高三寸、径六寸，制作的时代，可能和屈原生存的时代差不多远。《楚辞·九歌》中提起的"桂酒椒浆",《招魂》中提起的"吴羹柘浆，挫糟冻饮"，都是装到这里面的。它是战国到汉代一般敬神或燕饮通用的杯子。关于羽觞的起源，过去多根据文献上晋代束晳的对答，认为是西周初年周公经营雒邑成功后，为庆贺这个新的封建都会而创始。根据近五十年来发掘材料考查，才知道这

种饮器，实盛行于战国，延续到汉晋，即逐渐由圆式杯碗代替。但金银制的羽觞，却在唐宋人绘画上还常有反映。至于这个名词为人所熟习，是因为晋代书家王羲之在会稽山阴兰亭地方和几个朋友集会，当时曾使用它在流水中浮泛喝酒，并在那篇有名墨迹中提起过"曲水流觞"，后来唐代诗人李白作《春夜宴桃李园序》，又有"飞羽觞而醉月"的语句，因此读书人对于"羽觞"似乎都相当熟习。其实六朝以来，一般人吃喝已很少用到。唐宋人用它，名字却改称"酒船"。后来人即眼见它，也叫作"人面杯"，更不会想到这就是"羽觞"了。"羽觞"汉代人已经名叫"耳杯"，因为这种椭圆形器皿边沿还有两个耳子。汉代西蜀工官作的，在朝鲜蒙古都有出土，式样大同小异，讲究的多在耳部涂金，或用银铜鎏金，汉代人又名"黄耳文杯"，制作时还有专工。战国时出土羽觞最精美的，应数洛阳金村韩国遗物中的几个白玉羽觞，如长沙楚墓遗物中的彩绘漆羽觞。漆羽觞分木胎和"夹纻"胎两式，彩绘色调，和韩非子《十过篇》叙古漆器提及的情形还相合，基本上用朱黑二色为主。绘画则多用龙凤纹作主题，在矩文中和涡云文中变化，图案组织不拘常例，给人一种清心鲜明、健康活泼的印象。我们从这件小小漆器中，也可以体会到古代楚民族文化有色彩有性格的一面。楚文化是中华民族文化一部分，特征是它在这个历史阶段中，能够突破中原封建文化传统的拘束，得到解放和自由。反映于文学诗歌，就成为屈原的辞赋，反映于劳动人民在工艺上的成就，彩绘漆器是最有代表性的一种。

本篇发表于《历史教学》1954年第11期，署名沈从文。

唐代越州窑青瓷酒壶
——《历史教学》封面图案说明

　　这是一个唐代"越州窑"青瓷的酒壶（原高约中尺一尺），俗名"天鸡尊"，又名"鸡头壶"。这件青瓷壶秀拔端重的造形，既富于雕刻美，加上光润莹澈的青碧釉色，综合作成的完整效果，在中国陶瓷工艺美术发展史上，是具有代表性的。这种瓷壶的造形，有一个久远的传统。在殷商青铜器群中，我们已经常见到种种由原始三足陶器衍进而成的鸟形器物，最著名的有"枭尊"和"鸡卣"。东周以来有"鸡盉"，汉铜器中有"凫尊"。陶明器中还有战国时"鸠形带柄的陶杯"，彩绘象生的"凫盘"，北京汉墓出土物中也发现过"凫尊"。这一系列铜陶器物，制作形象虽然各不相同，多数是用来贮藏饮料或流质调味品的。到晋代后，青绿釉陶瓷中，就起始有了"天鸡壶"，形式上特征多是"盘口、细颈、平底，除了个合用把手，颈部间或有些水纹，肩部多有个鸡头形的短短壶嘴"，此外别无装饰。出土数量极多，可知是当时人民喜爱的实用器物。从器形说，是"枭尊""鸡卣""凫盘"的衍进和简化。晋代制陶工人特别重视造形，并且能正确把握形态上的雕塑效果，因此这种青绿釉瓷壶，虽毫无花纹装饰，还是作得稳重秀拔而大方，既好看又十分切合实用。到唐代，更得到多方面的发展，反映于南方越州青瓷、洪州青白瓷和北方的邢州白瓷，及长安洛阳一带的三彩陶制作中，形成种种优美式样。另外还有用夹纻脱空法作成金银平脱漆壶的。从形象和材料说，这是更进一步的发展，同时也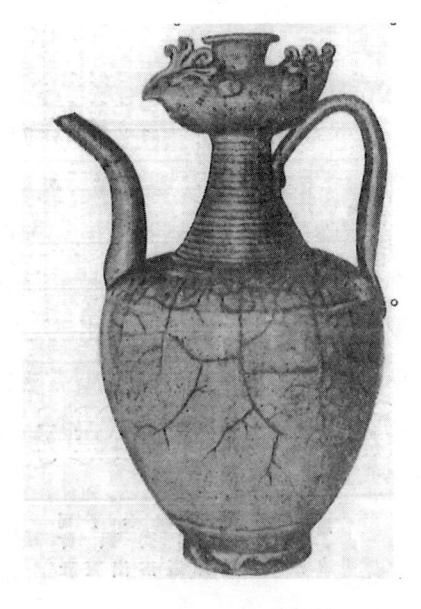是瓶壶式器物在工艺美术上一种崭新的成就。反映到越州窑青瓷中，更加见得精美而洗练，在世界陶瓷美术记录中，也是无比优秀的作品。

　　关于越州窑的知识，过去我们多根据晋潘岳《瓶笙赋》，杜育《荈赋》和六朝人伪托的邹阳《酒赋》，知道晋缥青瓷是它的先声。根据陆羽《茶经》的叙述，知道它在唐代实代表南方青瓷生产的最高成就，和北方邢州白瓷生产，同具全国性。上承晋缥青瓷的技术，加以进一步的发展和提高，下启宋代"官""均""汝""哥""龙泉""修内司"和"郊坛"诸青瓷的成就——特别是在南方生产的"章龙泉"和"修内司""郊坛"诸窑青绿釉名瓷，在技术上显明有直接影响。中国从汉代以来，南海交通就已经和海外各国文化交流，主要是劳动人民生产品的外输。隋唐以来，已有大量青瓷输出，越州窑因此不仅受国内重视，同时也为世界所重视，和中国丝绸一样，是中国劳动文化成就对于世界一个重要贡献。近五十年海外各地远如埃及、土耳其、印度，都陆续有大量中国古青瓷发现，证明文献记载实完全正确。此外朝鲜、暹罗、越南各国本土生产古青瓷的发现，也可看出这些青瓷在花纹和釉色方面，都有越窑影响的痕迹，可补充历史文献所不及载。这次全国基本建设出土文物展，各地出土唐代青绿釉瓷的新记录，更加丰富了我们对于越系青瓷的知识。特别重要是长沙广东两地出土的青瓷，从釉色形式看来，让我们明白，两地生产原来都属于越州窑系统，这是历来研究陶瓷史的专家学人料想不到的。长沙青瓷已从窑址发现，证明即陆羽《茶经》所说的"岳州窑"。广州青瓷的发现，却启示我们，当时南海的青瓷输出，可能一部分或大部分就是广州生产。这种新发现，对于中国生产发展史和经济史的研究，都无疑有极大重要性。唯有人民的力量，才能把古代文化的面貌和优秀伟大的成就发掘出来，不仅可丰富我们陶瓷美术的知识，对于新的陶瓷生产也提供了无限丰富新资料。这是只有在中国共产党领导下的人民新中国才可能作得到的。

本篇发表于《历史教学》1954年第12期，署名沈从文。

关于飞天

近来刊物封面和其他装饰画、邮票，都常用到飞天，是从甘肃敦煌洞窟壁画上取来的。本来用处大致分三方面：一、维摩诘与文殊说法时天雨诸花。后来天女散花的戏文，就出于这个故事。二、天乐中的奏乐伎。北魏以来多用在藻井和透空背光上。三、听佛说法的诸天，近于住在天上的群众，下来时是衣冠整整齐齐的。因为佛教传说天上有种种不同的层次，住有种种不同的人神，过日子都比现实人间好得多。这自然只是当时宗教家的幻想，但这种传说在中国发生影响，是魏晋以来和中国本来升天的思想幻想相结合，才得到发展机会的。云冈、龙门、天龙山各地石刻上，就有种种不同的浮雕飞天，作得非常精美。龙门宾阳洞莲花藻井上的奏乐飞天，天龙山的浮雕飞天，在中国浮雕石刻艺术中，都占极重要地位。我们说飞升美丽的想象，是富于理想的中国民族本来的想象。因为历来中国人民把一切工艺上的重要发明，社会生产制度的建立者，和支配自然界的一切特别现象，都各附上一个美丽神话传说。《易经》称"飞龙在天"，"时乘六龙以驭天"，汉代司马迁作《史记》，传说中的轩辕黄帝，就是乘龙上天的。刘安著《淮南子》，称嫦娥盗窃不死之药，飞入月宫，张衡又说月中有玉兔捣药。因此嫦娥奔月的传说，二千年来深入民间，每到中秋节，人人都想起嫦娥和玉兔。秋节市场卖的兔儿爷作玩具，就是根据这个神话流传下来的习惯。

《诗经》早提到天上牛郎织女二星。传说二星相隔一条银河，每年七月七日才会面，到时即有万千乌鹊飞来填河作桥。这个美丽传说，后来也变成中国风俗，每到七月七日，中国女孩子都在新月下穿针过七巧节，卜一年运气，丰富了万千中国人民感情。现在人看来，会觉得这些传说未免荒唐，不可相信。但在古代却鼓励了万千人民追求理想探寻自然的勇气，更丰富了人民对于诗歌小说的想象力，促进了中国古代建筑雕刻美术文化的发展。

例如战国时著名爱国诗人屈原，有篇文章名《天问》，提起过许多神话传说，有"璇台九成"语，又当时传说风神名蜚廉。到汉武帝时，在陕西长安就造作了一座蜚廉观和一座井干楼，各高五十丈，成为历史上两所著名的高大建筑。

因武帝好方士神仙，东汉后人把这些传说写了个《汉武内传》，说到西王母和上元夫人来会汉武帝时，西王母和她的年青歌女侍从，大都乘鸾跨凤，从空而下和飞鸟一般。东汉时人作的精美铜镜子，上面铸有西王母相，还生着两个小小翅膀在肩上。山东济宁县武氏子弟，为祖先作了一所石头祠堂，即著名世界的武梁祠石刻，上面雕的北斗星和风、雨、雷、电诸神，多是生翅膀、驾云车，在云中奔驰。还有在西北和朝鲜（古乐浪郡）发现的几种金银错铜器，上面用金银镶嵌成神人鸟兽，在流动云层里飞走情形，都非常生动精美，可称工艺史上的伟大成就。同时还有在长沙西北，北京近郊和朝鲜发现的汉代漆器，上面彩画花纹，主题内容也相差不多。战国时人著作里，即称楚国太子王子晋，秦王女儿弄玉，吹箫引凤上了天，近年朝鲜大同江边高勾骊时代古墓里壁画，就画有井干式穹窿顶壁画，上有跨鹤升天的王子晋。后来中国人结婚喜对，还常用吹箫引凤谈情象征幸福快乐。又在魏晋之际有个民间故事，说孝子董永为人勤俭贫苦，天上派织女下来嫁他，帮助他生产，建立了一个家庭。敦煌唐人写经中，发现一卷用白话文体写的董永故事，可知这种美丽神话流传的普遍性。到晋代，葛洪作《神仙传》，稍后些梁代陶弘景作《真诰》，都说起这许多从天而降的美丽故事，影响到唐宋元明小说、戏剧、诗歌、美术极大。敦煌壁画上的飞天，是历史到了唐代，中国多数人已熟习了许多传说故事后，这些飞天，才继续从人民艺术家手中反映到种种壁画上的。到宋代壁画，就常常只见诸天男女成行列的呆呆的站在云里，不大用飞下或腾空的轻快活泼姿势了。但是在宋代人李诚著的《营造法式》一书里，飞天在建筑彩画部分，却有了个一定地位，大多是在梁架上用得到的。飞天地位一固定，好看的飞天也不多见了。

要这个说明具体，只有附上一些不同飞天的插图，和《绍兴古镜聚英》中西王母镜，武梁石刻中风伯雨师和生翅膀在云里的伙计，淮安出土的金银错器二种，通沟画王子晋跨鹤画相，及唐初敦煌壁画中维摩说法天女相，如此一来，就不至于把说明看成空谈了。

本篇取自作者写给孙机先生的一份手稿，产生时间未见记载。手稿的影印件曾附于扬之水著《"飞天"的传递》一文，发表于《湘水》第四辑。

现据影印件整理编入。

唐代镜子卷枝花

——《历史教学》封面图案说明

这是一面唐代镜子的卷枝花图案。原物径大约中尺六寸。是属于唐镜中比较素朴的类型。浮雕组织健康、活泼而完整。唐代装饰艺术处处见出对于自然的热爱和高度理解。艺术中的现实性和节奏感，从这种镜纹的处理上我们也可以看得出来。

中国人民普遍地使用镜子大约在春秋战国之际。楚国的"楚式镜"尤能代表当时镜工艺的高度成就。这时的镜子是青铜制造的。中国人民一直使用铜镜，到清代中叶才被外来的玻

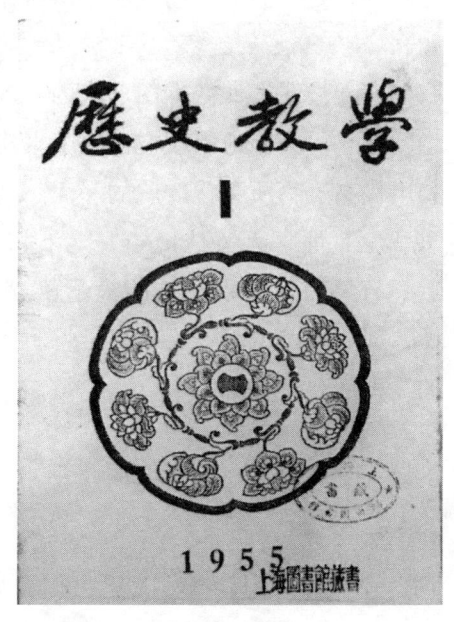

璃镜子所代替。唐镜是中国青铜工艺的高峰（宋以后转向其他方面）。并且由于镜子的发展而连带地发展了镜奁。例如由于花式镜子的产生，就发展了花式镜奁，对漆器的彩色和镶嵌技术都有了进步。唐镜承汉魏六朝之绪，却又有它自己的时代色彩。从冶金技术上说，合金成分已经打破了汉代的"铜七铅锡共三"的比例，接近了"铜与铅锡共半"的比例。因此虽沿青铜镜之名，而实质上已经是白铜镜了。从形态上说，早期还多圆式镜面，铭以诗句，饰以兽纹。稍后就打破了格式上的拘束，各种花式镜纷纷出现。从花纹技巧上说，海兽葡萄中夹以蜂蝶花鸟，是吸收了外来影响加以融化的结果。漆背金银平脱大型花鸟镜，漆背螺钿镶嵌大中型花鸟镜和全面贴金贴银小串枝中型及小型花鸟镜，是进一步发展战国以来的金银错、螺钿、槌金银镶嵌工艺和漆工艺，把两种长处合而为一的成功。从而在精美、完整上达到了镜工艺的高峰。

大卷枝图案如像本图形式的，常常用更丰富的色彩和十分复杂的形式，大胆地表现在当时土木建筑的主要部分上。它们代表着唐代高度物质文化成就的一面。当开元、天宝全盛之际，有在皇帝生日那一天铸造镜子，上下相互馈送的习惯。而在肃宗以后，有些需要特别加工的镜子，竟一再地用法律禁止，不许再做，部分技术也因之失传。足见唐镜工艺的兴衰不外是社会经济的一种反映。

本文发表于《历史教学》1955年第1期。署名沈从文。

唐三彩釉陶瓶

——《历史教学》封面图案说明

这是一个唐代三彩釉陶瓶，是世界上知名的"唐三彩"。原物高约中尺一尺有余。斑驳部分系绿、蓝、黄三种彩釉分别洒上，形成晕缬的效果，部分浮雕花纹系用模印贴花法作成。造形端重而秀美，配以浓艳光莹的彩色，在中国陶瓷发展史中的地位，是十分杰出的。唐代的文化特征，是大量吸收外来文化优良部分，在原有文化基础上加以丰富和发展，三彩陶的产生正是一个好例。作法是从波斯制陶技术得到启发，为中国制陶工人运用得来的新成就。主要出土地多在陕西、河南，此外河北、山东也常有出土，

可知当时生产虽有代表性,并非全国性,分布范围还不甚广。五代北宋中原墓即少发现,可知流传时间也不甚久。在技法上惟北宋时占据东北的契丹人,还继续相承下来,产生种种用器,通称"辽三彩"。基本区别是唐三彩多白胎,辽多黄砂胎,釉彩也多粗驳不纯。中国陶器加釉发明,就现在出土情形说来,殷商时代已经能够正确掌握灰青釉和赭黄釉,重要记录是去年郑州二里岗出土一灰青釉圆底器,和人民公园出土一赭黄釉圆底器。直到王莽时代墓中,才发现有两色釉用在同一器物上,重要记录是宝鸡县斗鸡台出土的栗黄釉加绿彩器。直到唐代,中国制陶工人才学会掌握住蓝色釉料。三彩陶的生产,虽只限于唐代及辽时部分生产,到宋元河南烧造主要转入琉璃砖瓦。但蓝色釉料的正确运用到烧瓷上,最重要倒是它的发展性。宋元以来,南方影青瓷中,即起始发现有在釉下加蓝(一般称青色)彩画瓷器。明代到宣德时,才大量使用蓝料为主要绘花原料,通称"苏麻离青"(夏德氏认系希腊罗马时代以来即负盛名的深青釉料 Smalt 或 Smaltum 一词的中国译音),又称"苏泥渤青",(西人还叫它做"波斯青",据传原料产于俾路支。)青花瓷的生产,已成为官窑瓷器的特色。因釉料缺少,才又产生成化宏治的淡青,并促进了极美丽豆彩瓷的发展。得万历嘉靖,改用云南青料,通名"回青",青色加重,五彩瓷亦因之而增加华美。青花瓷和青花加彩画瓷,明清两代的生产,不仅达到中国瓷器在工艺上的高峰,同时也是世界陶瓷在工艺上的新记录。在绘画原料方面,主要关键却是由于从唐代起始,即吸收了使用蓝釉料的新技术。又三彩陶的混合敷釉技术,直接影响到瓷器制作。在清初康熙时,还试用到江西景德镇烧造的盘碗上。以薄胎敞口碗比较常见。又三彩陶到宋代虽已少见，惟混合上釉法很显明对均窑加紫是有影响的。特别是对于北宋时在山西、河南和福建生产的黑釉茶具，如玳瑁、鳖甲、鹧鸪、兔毫等等黑釉赭斑瓷，吉州窑之紫釉黄白诸花茶盏小碗，也是从三彩法而来进一步的发展。

三彩法分别用于陶器制作上，到宋代以后并未失传，实有发展，即琉璃陶砖瓦的烧造。影响到中国宫殿寺庙建筑的装饰，形成中国建筑一种壮美庄严的特色。

本文发表于《历史教学》1955年第2期。署名沈从文。

西王母画像镜
——《历史教学》封面图案说明

　　这是魏晋之际一面青铜镜子上的部分浮雕图案。这种镜子通名西王母画像镜，主要出土地是浙江。是一九三五年以来因绍兴发掘古墓才具体明白的。照出土其他文物和部分镜中铭文比较，这种镜子可作魏晋之际南中国生产发展特有代表性的工艺品。浮雕的成就是优秀的。这种镜子浮雕多作四分法布置，东王公西王母各据一方，身旁还常有玉女羽人侍立，或献舞作乐。其余部分或用青龙白虎装饰，或用这种轿式马车，由一

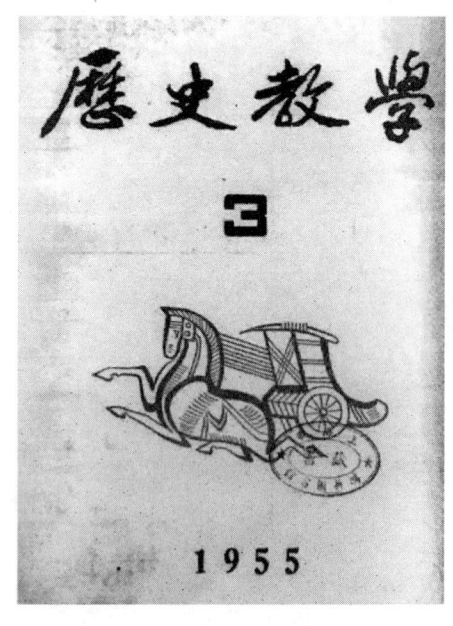

马到八马，处理的效果都十分生动，简拙中还显得妩媚，就镜工艺说是汉镜的尾声，却给人有"曲终雅奏"印象。斜剔法上承战国犀比钩的作法，下启后来南京萧梁墓辟邪石刻，和长安唐昭陵六骏石刻，更间接影响到宋明剔红漆器的技法。从题材内容说，除西王母镜外，还有伍子胥和吴王夫差镜，以及其他杂神镜，一面可和邯郸淳曹娥碑所提及的曹盱能"抚瑟弦歌婆娑乐神"①的越巫联系，明白它的产生，和南方对于西王母信仰及越巫问题必关系密切。另一面，也因此可以从实物出土纪录，提供我们作文史研究的一点新材料，可证明传世几个涉及西王母的汉人小说，如《神异经》《十洲记》等等，产生的时代，都必然和这些镜子相差不多远。从社会生产交通工具说，则这种轿式马车，式样也值得注意。因为帘幕下垂，旁开小窗，后曳长帛，显明和山东、四川、辽阳一般汉代石刻、砖刻、彩绘所反映的车式不大相同，而有了进展。却和南北朝以后陶俑、绘画、石刻所表现的车式相近。当时或是南中国的真正车子式样，又或只是为仿像周穆王乘八骏马周游天下，往昆仑瑶池不死之乡会西王母的神车，（也和山东石刻及敦煌北朝壁画神车不同）实际却影响到后来中国马车牛马的轿式制作。特别值得注意处，是它在艺术上的成就，刻法简质，却掌握住了车马形象的活泼神气。（说明上一个照镜子人相，是汉石刻上的。）

本文发表于《历史教学》1955年第3期。署名沈从文。
① "抚瑟弦歌"，按照《曹娥碑》原文应该是"抚节安歌"。

唐代锦缎纹花
——《历史教学》封面图案说明

这一片唐代锦缎纹花的复原图案，原物是从西北发现的。正和近五十年在各界各处在中国边缘各地的中国文物发现一样，给我们一种重要的启示，即唐代物质文化的普遍性。当时这类精美工艺品，不仅反映唐代生产的发展，丰富了中国物质文化的内容，也丰富了当时中国境内各个兄弟民族和世界各国物质文化的内容。

锦类生产古称陈留。从东汉以来，蜀锦起始著名全国，并且成为川蜀向外物资交流的主要生产品。

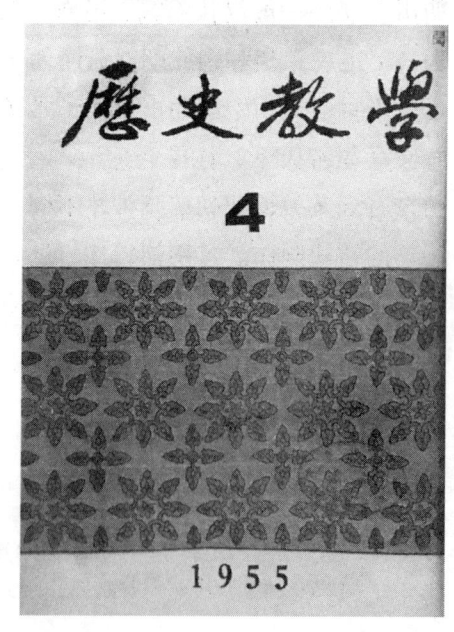

三国时，在曹操时期，曾一再禁止衣用锦绣。曹丕文集中，则对蜀中加金锦花锦，批评为"虚有其名"。但诸葛亮教令中，却提到当时军需主要来源，全靠锦缎贸易。可知生产量之大，和外销的事实。晋南北朝时，中原生产多被破坏，蜀中则继续发展。东晋军需就得力于川蜀。陆翙作《邺中记》，记石虎时代邺中虽有锦署，用工数百人，织造锦有大小登高，大小明光，博山，茱萸，葡萄，斑文，凤凰，朱雀，韬文，核桃文等等名称，蜀锦依旧能在北方流行，石虎仪仗中的一千女骑士，冬月里就着蜀锦袴摺，邺中锦署也仿织蜀锦，可知花样必和中原稍有不同。唐代丝绸生产，从六典诸道贡赋中，可知已成全国性。但主要生产单位，除定州扬州，就依旧还是川蜀。近人谈唐代丝绸，常引苏鹗杜阳编[①]。杜阳编记载，虽为唐书五行志转述，多不可靠。但如从李卫公故物记，陆龟蒙古锦裙记，却得知当时特种锦还多属于织成锦式，介于刻丝和织造之间，所达到的工艺水准，已前无古人。从张彦远历代名画记叙述，又得知唐初窦师纶在蜀作的宫锦瑞绫式样十余种，章彩奇丽，流行近百年，还为人所爱重，世称"陵阳公样"。这种锦式，我们还可从肃宗时流传到日本的锦缎，和西北各地的发现，得到一种比较印象。又史称四川遂州贡"拷蒲绫"，宋人裱画也提到"拷蒲锦"，花样已无从明白，因宋人高似孙纬略，称拷蒲锦为梭子式花纹，并对纹样加以形容，我们从明锦中发现同式罗锦五六种，才知道就正是唐式蜀锦式样。至于这一片蓝地放射式小簇规矩花锦，显明是从汉代方胜格子柿蒂绫发展而来。从砖上花纹还可以明白它的衍进变化过程。洛阳出土汉代大型空心砖，还是四叶柿蒂式，沂南汉墓石刻，已作大小重叠八出花，北齐天保砖更加复杂化，到唐代，才进一步作成种种不同规矩花的形式。唐有瑞锦，瑞花绫，一般难得其解，其实如由大雪兆丰年而起，就应当是这种放射式的花纹，因织造提花比较方便，丝织物用到也比较多。这种花式成熟于六朝末陈郁之际，因为镜子上的反映，也在这个时期起始，花纹也有可能从扬州镜工加以发展，后来才反映到蜀锦生产的，因为在青铜镜作成的细纹浮雕，比一般丝织物上表现得还更华美。

唐镜花纹和唐代丝绸花纹是有联系的：有三种基本式样，我们已经知道：一、鸟啣绶带或花草，和唐代官制衣服中所必用的本色花绫有关。二、种种翻技大宝相，和唐代印染薄质丝绸花纹又相关。三、放射式规矩花，绫锦都通常用到。从"联系"和"发展"看问题，对于唐代丝绸花纹研究理解，是有帮助的。

我们对于唐代丝织物的认识，花纹美术固十分重要，但只是问题的一面。另一面，却是它在生产上对国家的经济意义，和海外文化交流意义，更加重要。丝织物是出于中国全体妇女劳动的创造。汉代即已起始从西北大量外输，波斯罗马无不爱好中国锦绣。到唐代，南海贸易有了进一步发展，它又和越州青瓷同是向沿海各地输出的主要生产。中国科学发明，对于世界贡献是多方面的。这种生产贡献，更丰富和提高了世界物质文化的内容。世界上知道有汉有唐，除政治上的意义，这种生产的外输是具有重要意义的。我们现在人都知道唐代艺术文化具有丰富的内容和复杂色彩。这个伟大的历史时代，不是凭空而至的，也不是三五帝王将相可以作成的。主要还是社会生产在一定程度上的全面发展的结果，是万千人民劳动的结果。出自万千人民手中，丝织物的生产可以代表中古时代生产发展一个重要部门。一般生产有了发展，交换货币的数量也必然得增加。铜钱既相当笨重，金银使用又有一定范围，一定限制。唐代的一般性纺织物普遍增加，代替一定货币单位的价格，流通行使，也是促进唐代生产发展一种原因。

本文发表于《历史教学》1955年第4期。署名沈从文。
①杜阳编，即《杜阳杂编》，唐代笔记小说集，唐代苏鹗撰。

白沙宋墓壁画
——《历史教学》封面图案说明

这是一九五一年在河南白沙水库建设工程中所发现的一座北宋时代坟墓壁画的一部分。原画高三尺，宽四尺，是我国宋代坟墓壁画重要遗迹。内容包括死者就家庭生活、日用器物、乐舞、仆从、狗马和建筑装饰彩绘。它的发现让我们具体明白了北宋时代中原地主阶级的墓葬制度，明白了坟墓壁画和人物故事画的发展性和现实性。

由汉墓壁画、唐墓壁画，到白沙的宋墓壁画，有一个共同的特征贯串着，

一方面是在表现方法上掌握住现实主义的技巧，另一方面是这种艺术的成就，健康素朴是它的本色。用它和传世的画幅比较，壁画笔墨一般虽然都显得粗糙一些，却格外活泼、自然而又富于生命。

历史进入北宋阶段，在生产上的发展，如矿冶、农业、造纸、制矾，从瞻矾取铜，烧瓷器、制茶、织锦和印染彩帛、造船及海外贸易，无一不得到普遍而显著的提高。但是，劳动生产者依然忍受着严重的剥削，过着极为痛苦的生活。例如这个墓主"赵大翁"，大致就是一个宗室地主，墓中除奏乐壁画外，还有作亲戚送礼的，作佃户样子送礼的。总之是反映宋代这种不劳而食的特权阶级，生前以剥削人民劳动生产果实为生，死后还得消费他的佃农一大笔财产。

白沙壁画的发现所提供的参考材料是极为丰富的，对于由词曲、音乐和舞蹈结合而成的歌舞戏剧，都可以得到某些说明。即以本图奏乐人的服装，如妇女孝冠和男子曲脚幞头，以及乐器种类和使用情形而言，用它来和敦煌壁画种种唐宋伎乐，王建墓座浮雕伎乐，朝元仙仗的龟兹乐部作个联系比较，这是中国器乐应用研究十分重要的材料。

又宋代绘画在中国绘画史上有一个显著特征，即山水花鸟画的抬头，我们不能同意某些绘画史学者的意见，以为山水花鸟画的兴起，完全堕落了中国绘画传统的现实性。却不能不承认，自此以后，人物画的确日见衰退，但从工艺装饰画中我们却知道，许多艺术家方面，其实还保留表现人物形象的优秀传统（例如从宋代民间窑瓷器上的刻画，就留下许多材料）。白沙壁画的发现，不啻进一步为我们说明直到北宋末年，艺术工作者在粉壁上作人物画的技术水平,这种忠于现实的艺术作风,不仅可以代表艺术成就的良好一面,还可以用它和许多传世的宋代人物画作比较研究。白沙壁画的发现,因为时代明确(确为北宋晚年),材料又具体,这就帮助我们对于一些传世人物画作进一步研究,这方面的意义也是深长的。

本文发表于《历史教学》1955年第5期,署名沈从文。

汉碧玉马头
——《历史教学》封面图案说明

这是一个西汉时代碧玉的马头,原物高约中尺九寸,线条简质而生动,充分反映出汉代雕玉工人忠于现实的艺术作风。这种表现能力,是必须掌握了高度技术,又对物象有深刻的认识,才能够得心应手完成的。

中国雕玉工艺,是新石器时代磨冶石器技术一种发展。由于石器时代长期使用石工具的经验,中国雕玉工人早就理解到各种不同玉石的性能,学会了"因材使用"作种种不同的处理。例如把绿松石用到镶嵌工艺上去,把朱砂当成彩绘的颜料。至于光莹致密的玉类，就继续使用下来，由实用工具逐渐衍变成为古代中国人一种表现雕刻艺术的主要材料。我们从河南安阳殷墟遗物中，发现了数千种大小雕玉。因此明白远在三千年前，聪敏巧慧的治玉工人，在这方面就已经有了惊人的成就。

历史发展进入封建社会制后，玉的应用起始和社会制度发生紧密联系，诸侯封爵必用玉，祭祀报聘也少不了玉，由玉戈衍变而成的玉圭，由石环和圆斧衍变而成的玉璧，既象征权威，又具有最高货币价值意义。应用范围扩大了，玉的雕琢技术提高了。到汉代后，儒家所提倡复封建礼教。因被封建统治的利用而日益抬头，随同社会需要，礼制中用玉圭、璋、璜、璧、琮，因之都有了定型。殉葬用玉更受重视，这个时期一般佩饰玉虽已打破了春秋战国以来成组列的习惯，却增多了人形翁仲、方柱刻字刚卯，和象生熊、虎，及辟邪盾形珮等等小件厌胜玉饰，开始反映出玉的应用，已由儒家礼制浸入了方士思想。

本图马型属于史记汉书及乐府诗歌所提到的"大宛天马"或"渥洼汗血马"，和汉武帝刘彻在西北大规模的军事行动及西北设郡有联系的。因此它的制作时代，不会早于公元前一零一年。这种马型同时或稍后还普遍反映到其他种种雕塑绘画装饰中，如像河南汉墓大型空心砖上边沿的狩猎图，长安洛阳和其他地区汉墓绿釉陶壶肩部的狩猎图，四川出土汉墓砖上的驾车马，东北辽阳汉墓彩画马，和淮河流域出土的木马，长安洛阳出土的陶马，风格都大体相同。只是玉刻的马头，更显示出这个伟大历史时代的特征，同时也显示出中国雕玉艺术时代的特征。

本文发表于1955年第6期《历史教学》杂志。署名沈从文。

□ 龙凤艺术新编

椅子衍进试探

谈到家具艺术时,我们对于明代花梨木椅子多备至赞美,不论是圈式还是直靠式,认为线条利落干净,式样古典却充满现代艺术感情,不论搁到客厅、餐厅和起居室里,都能给人一种好印象。造形色调在世界各国得到极高评价,不是偶然的! 〔举五式:一、禅榻式,二、方靠太师椅,三、栲栳圈交椅,四、四圈椅,五、螺钿细花。〕

同样一张椅子,有人会说"这是宋代权臣的发明,所以名叫太师椅。"有人会说"这是明代木工智慧和巧思,掌握了美学上基本法则,因而得到这种普遍性成功。"多近于辗转传说,或想当然说法。我想试从实际出发,看看这种椅子究竟是怎么产生出来的,也还有意思。

如从实物和画幅、殉葬明器注意,目下为止,惟巨鹿出土过那么一张椅子,上面有崇宁二年的题字。传世画幅上流传的形象却比较多。由《西园雅集图》《十八学士图》《清明上河图》《胡笳十八拍图》《村学图》《夜宴图》等等反映，却得知这种椅子在北宋以来，贵族客厅、花园以至于普通茶馆、商店、小学塾，通已使用。若从河南、山东、江苏、山西等出土的壁画和各省出土的明器椅子看来，还可知道北宋以来，几乎全国已在使用这种座椅。主要区别或在材料和装饰加工方面。由《夜宴图》布置，得知上层社会肆筵设席，主要坐具也是这种椅子，时间还可能早到五代十国。如新出土唐壁画可靠，则在开元通宝间即已成某阶层专用坐具。应用上的区别，是比较讲究的，除材料不同外，或用金银什件包镶，或加红黑髹饰另加锦绣椅披。其他画上还有一种圈式扶手椅，也可早到唐代，如《明皇训子图》《宫中图》及宋或五代人作历史题材画的《朱云折槛图》《却坐图》……对于它都画得相当具体。虽由此明白，明代椅子是唐宋式样的发展，并不是什么凭空产生。此外还是并不摸底。即教家具史的朋友，也不易摸底。因为一离开实物和图像，仅仅引书注书，是解决不了问题的。近年惟北大宿白教授在河南白沙宋墓报告中作了些分析，此外即无闻。想弄个清楚明白，还得从近十年出土其他文物，和传世更多刻画形象，更广泛些和文献适当结合，它的历史发展和彼此关系，才可望线索分明。

※　※　※

　　方式坐具汉代叫"独坐"，是属于榻的一种，高约今尺七八寸（即汉代一尺许）。实物虽难保存，望都汉画摹出后，我们可说真正认识了它。［用望都画白图二］　在汉石刻中还发现较大的榻（引例）高度上升到汉二尺多。这种坐具提高到二尺左右，宜在晋南北朝时期，也即是胡床交椅流行时期。除贵人王公使用，此外即大德高僧可坐。《洛神赋图》中一个和《帝王图》中几个，都可见出家具虽高了，人还是古典坐法，并不双腿下垂。[日本学人在朝鲜平壤挖的一个彩漆绘竹筐，上面作《列帝图》] 直到唐壁画作十殿阎王，还是榻已上升坐法还是汉式的。石刻反映佛菩萨或维摩诘坐的，大致计有二式：一莲座式，二禅榻式，重要处是出现交脚或挑腿而坐的姿势，这是不合中国传统的。因为直到唐代，垂腿坐法还并不普遍。贞观时敦煌壁画作赏月宴的，还是男女联榻分坐，腿仍上盘。《女史箴图》虽有个人坐在床边，《北齐校书图》虽有个人坐在大榻前，一望而知是暂时性质。唯一可以引例，即汉末已习尚胡床，如校书图另一人所坐形式。胡床形象是否即后来交椅样子，还有人怀疑，坐的传统方法总算是被打破了。

　　起始打破，可能还是女人，时间也早些，由于"薰笼"在这时流行。薰笼本非坐具，宫廷后妃为了薰香，照例必须采用一个新的方式垂腿坐坐。男的也有时用它，"荀令薰香"就必然是坐在上面，才把一身薰透。曹操《上杂物疏》中叙述汉末送还贵重用具中，有许多种金银绘饰漆薰笼，《东宫旧事》记载晋时太子纳妃，也有好些大小漆薰笼，实物虽未发现，形象也不大明白，但后来唐宋宫廷曲腿月牙兀子和绣墩成为妇女专用坐具，却显明即由薰笼发展而成。由唐到清代中叶约一千年，凡属墩子不问是用竹、藤、木、瓷何种器材作成，照例必中空，四旁有孔，瓷作的上面照例也必刻画一片锦绣坐垫，四角下垂，本来还可见出些薰笼遗迹，可是注意它、明白它的人已很少了。[明法花墩，清青花墩，宜兴墩，阳江墩]薰笼式样多作鼓子形，莲座多作束腰形（也即是腰鼓式），莲座式坐具是否即从薰笼而来？或即薰笼原来样子？彼此关系我们还少知识。薰笼再早可到战国，即《楚辞》所谓笼篝。但应用似不及汉末具普遍性。

坐具向高发展原因明白后，还有个靠手靠背附件，也不是凭空发明的。是由于应用的发展结合其他用具形成的。是和古代的凭几、曲几、衣桁本来独立存在，唐宋以来才结合为一的。

靠手工具古代有软硬两式，软的名叫"隐囊"，得名虽只在晋南北朝时期，应用却可能早到春秋战国以前。一般或在燕居私室中，亲从宾主相对，不必正襟危坐，彼此可以比较从容随便情形下，才有需要。《史记·滑稽列传》写的淳于髡所说灭烛留客，宋玉《招魂》中叙筵宴之乐，大致都少不了要用到。发展到后来即成"隐囊"。元代以后称"引枕""靠手枕""拐枕"。〔元画上所见（帖木儿事迹），明清图例〕 到近代则变成"沙发垫子"。虽相去日远，还是渊源分明。至于硬式通称"凭几"，或以形象不同称"曲几"，应用和其他器物一样，在阶级社会里也等级严明，大致以材料和加工而言。所以记称天子用玉几，较次用雕几（或彩绘漆几）。照礼制它和"案"一样，用时还得覆上一片锦绣。案上覆锦是我国使用桌毯最早形象，至今唯有四川出汉代砖刻《授经图》或《文翁讲学图》画像砖上出现过。〔图例〕 原来是和案面呈十字式搭在中心，两端余锦下垂如桌围。由此才知道后来唐代说法佛座前或维摩变讲经座前供案搭的锦绣方法，〔贞观时敦煌壁画〕 还是汉代或更早方式的沿袭。因为讲经座日高，前面供案也随同增高，那片锦绣下垂也就更长了。案子离开讲经座而独立，便成为桌。〔敦煌画唐屠桌〕 （这点推测可补充宿白同志关于桌的出现说明。桌的得名有孤立的家具意思，但是生长过程却不孤立！因为即在唐代，敦煌画阎王赛案，那种案已由狭长渐成长方,却和坐榻还成一套!)汉代案上承锦制度,虽只此一点,联系来看却极有意义,因为由后来应用方法可以证实古代制度。[图例从《敦煌之研究》图画编引用] [明桌围例] 如我们想绘个《孔子讲学》或《屈原著书》,面前案上搭那么一片锦绣,就不是唯心胡凑了。至于几上加锦绣如何处理,我们还无知识。《礼记》又称"曲几",过去知识也只是字面上的,不够踏实。图画多是唐宋以来形象。近十年大量文物出土,才发现许多种不同式样。(但加锦绣制度,虽见于文献,图像反映却还少见。)内中应数长沙出土那件彩漆绘云龙凤纹的和河南信阳出土一件雕云素漆的,一件彩漆绘的,有代表性。都可能是当时实用物。江苏方面晋墓中却又发现了个灰陶制作的月牙式曲几,和实物大小也差不多。(另外一个小牛车明器,还有个小小的曲几在牛车里,告我们这东西坐车时也使用。)陈列时搁正面,恐受"南郭子隐几而卧"一语而误。事实上是应在一旁才合"曲肱而枕之"相近。晋代曾有令禁止民间制作漆器,更不许用金银绘画漆器,殉葬又多从简,得知这个曲几原本还应当是木作的。式样到唐宋俗称"栲栳圈式",固定在月牙椅两旁边,即成唐代宫廷中主要坐具"栲栳圈椅"。汉代小圆案在石刻上虽有反映,同式曲几却并不见于汉以前直接形象和刻画中。因此容许我们提出一点怀疑,即《礼记》说的曲几,可能正是目下长沙信阳出土那种平直微曲式样。西晋墓出的圈式,倒是由于汉末以来,旧制失传,王肃、皇甫谧辈读书人以意为之的结果。它的作用不是恢复固有,倒是影响后来。这点怀疑是否可以成立?有待更新材料证明。

※　※　※

最宜于"曲肱而枕之"的软式靠具晋六朝人叫作"隐囊"

（隐即稳），顾名思义，即可知不是正襟危坐时所需要，而使用时必然相当舒适的。晋人书信中就常提到过。北齐颜之推在家训中骂齐梁贵族子弟奢侈时髦时，更连类并举，共提起四样用具，认为是当时贵族子弟假充清高少不了的，计有"长檐车""高齿屐""斑丝隐囊""棋子方褥"。字面够浅显明白，但究竟是些什么？教书朋友如只习惯引书证书，不结合文物形象，是始终弄不清楚的。四物具体内容拟另文商讨，如今只谈谈隐囊。从形象注意，有两个图十分重要，一见于《北齐校书图》中，一个梳螺发婢女手中所抱持的，证明是个大鸭蛋式东西。二见于河南龙门石刻那个病维摩背后腰间，（石刻照相不甚明白，日人著《龙门之研究》一书中，用线勾出轮廓，却十分清楚。）和校书图中物实二而一。维摩手持麈尾，神气清癯，恰恰如同张彦远在《历代名画记》中谈顾恺之画于金陵瓦官寺中的病维摩样子相合，"有清赢示病之容，隐几忘言之貌"。这个画像在东晋时称瓦官寺三绝之一，天下知名，到处仿效，后来转而成为龙门石刻是十分可能的。重要处是隐囊的应用，让我们明白，原来如此。其次即张说的"隐几忘言"，石刻上却明明白白是个大鸭蛋式靠枕，可见出唐人已不明白隐囊，或不再叫作隐囊，而凭几和隐囊在应用上是有区别而又有渊源的。"斑丝"应作何解？我们尚不清楚。但已因此知道不是锦绣，必指另外一种丝绸加工作法。到孙位《高逸图》中一高士所依靠的看来，即显明用的是唐代大晕锦了。（《高逸图》事实上也还是晋南北朝旧稿，宋或以后人抚摹拼凑而成。从器物和花纹处理可知。因为部分席前食用家具还是北朝果盘，一小侍手中却有个宋式六方哥瓷杯，隐囊是唐锦，席上花纹却已混乱，边沿不应有花！还有镇席及另外一些金属食具都不合制，近于从

《博古图》取法而来,另一个侍仆手中的琴和高士背后的衣桁且混成一物交代不清楚,都明显是依据旧稿已不明白应用器物制度的结果。)

※　※　※

明式家具中的扶手椅,从发展看显明是由汉代方式"独坐"榻提高成南北朝坐榻或禅榻,再进而到唐宋五代,垂脚坐已成一般社会生活习惯,几的单独存在已不合需要,由于新的应用要求,木工才把两个直式几或曲几固定到上面作成功的。或许有人会怀疑这个说明还不全面,因为宋代椅背多显得相当高,一般常加上个椅披,有的还两头略微翘起,似乎另外尚有种靠背或屏风类工具附加到上面,才会完成!这个怀疑是对的。记得宋画中的确有这种可以移动折叠的靠背架子,搁在一个大榻上,和大型搁囗架子差不多。如固定下来,便形成后来的"东坡榻"或"醉翁椅"。一般宋式椅高背,大致还是从"衣桁"发展而成。衣桁就是衣架,可以随意移动,应用和凭几一样古老。搁在榻边则高些,搁在榻上即矮些,搭上衣裙,一面便于取用,一面还能在屏风障子以外形成间隔作用。[西域画衣桁例,《高逸图》衣桁例]原本以为从宋代才固定到椅上,近年西安出土了个直靠背椅样,才明白开元天宝时已成形,但形象材料不多见,可知使用不多。由二曲几接合固定到月牙曲腿坐具上而成的圈椅,在唐代宫廷中应用似较早些,且有一定限制,帝王后妃可用,一般宫女大致不能用。这从宋代绣墩还必特赐可知。(大臣也赐绣墩,似指在殿廷中坐用。)这种曲腿圈椅和绣墩,说是从汉代薰笼发展而来,大致是不会太错的。

宋代宝座式椅子,不仅直式靠背有极高的,圈式也逐渐提高，后面多搭锦绣椅披，皇后坐的还必用真珠绣花，从传世宋帝后像中还可看得出绣的是凤穿牡丹图样，与《宋史·舆服志》记载相合。如系军营帐幕里，则多作栲栳圈式，可以折叠、什件镶金镂银的交椅，上蒙虎豹皮象征威武，即明代小说中所谓"虎皮金交椅"是也。实物故宫和北大还各保留一件比较完整的。应用形象较具体的有元刻本《全相平话五种》插图。岳飞到牛头山扎营，是应当坐在这种交椅上布置军事的。如作军事会议性质，可能还用的是更便于移动的竹藤墩子，五种平话图中反映得也极具体。

看看传世宋徽宗绘《文会图》（立轴）及仇英摹《文会图》（长卷），我们还得知北宋或更早贵族文人在花园中宴会，也使用这种墩子，也是便于搬移。到明代法花瓷、处州青瓷、清代青花瓷烧成，倒只是搁在花园过道间不怕日晒雨淋而流行了。

※　　※　　※

到宋代时直几曲几虽多已改成椅上附件，在某些地区大致还能单独存在，有一定用途，因为榻上坐式还未完全废除，总得要个靠手东西！目前留下的多是画面材料。例如李公麟绘《维摩演教图》，即依靠着一个雕琢精巧的月牙式曲几。宋人绘《羲之自写真图》，也有个小小漆几。另有绘《高士图》，卧于榻上，为了歇凉，却光着两只脚搁在一个小小几上，只是下不为例，此外少见。事实上凡是某种用具只在《高士图》一类画上反映，实生活应用必然也就很少了。

至于衣桁，则由于移动方便，且具实用价值，依旧一直沿用下来，有代替晋唐以来软硬屏风趋势。因此也越来越作得好看。近年河南、河北、山东、山西、江苏出土宋金墓中壁画，生活场面里一例都画有衣桁。山西赵城广胜寺元壁画也有它。显明指出这个工具宋元以来在应用上的普遍性。也借此得知，现有明代作得极其精美的黄花梨紫檀等硬木衣架，原来完全是宋式，有的或者即宋代遗物。架上加的花板装饰，可以巩固衣架结构。两角作云头式卷草昂起，也为的是便于悬挂乐器等物，绝不是什么单纯有个抽象美学观而成形的。

不过隐囊却可说真的一时失踪了。也是由于起坐方式有了基本变化，扶手椅上已无隐囊位置。至于契丹女真北官部分，还沿用传统坐起生活方式的，必然还依旧使用，惟少形象可证。元蒙画中这种大鸭蛋式靠枕又复出现，或以为是波斯土耳其式，因为波斯（或中近东）画中更常见。其实更正确些说来，不如说它是游牧族帐幕生活中共通式样。清代炕榻间间或也还用到，式样不一。宝座边则通例用六方、十二面或球式，或六方委角式拐枕，用锦、绣、戳纱、织金、剪绒，以及龙须草等等不同精美加工作成，胎用灯草芯填实，分量虽不重，却硬硬的，重形式完整而不大切实用。也有棉胎的似不用于宝座。另外靠垫也是锦绣作成。一般扶手椅则加椅披椅垫，材料随时季变换。至于仿洋式软榻，旁加一软靠手，等于把一隐囊固定到上面的，十七八世纪之间作品，故宫还保留些不同式样，有的上蒙锦缎花纹也是外来图案，具体些说应是意大利式或罗马式，大致当时圆明园西式建筑里必有许多种。至于纯粹民族形式硬木作的，长榻斜靠俗称"杨妃榻"，记得明代绘中等人家庭生活图画中还有几种，或出自苏州广东南方木作。

……

或许有人会说，一张椅子的问题，何必如此费事连亲带眷寻根究底？近来讨论到作历史画方法时，即有人认为不必在这些上面用心，依旧可以很好完成历史任务！这大致也是事实，正如上演京剧《西厢记》，红娘穿上辛亥以后五四前后的短衣短背心，绒球鞋，到今为止，还从来没有观众提出异议过。戏演得好就够了。如我们真的把崔莺莺按照元和时装扮，像白居易诗中歌咏的，就得照《倦绣图》《宫乐图》《搜山图》那些画幅中妇女眉作八字低蛮鬟椎髻样子来处理。一般习惯了看京戏的观众，倒会不大同意，认为不美观！作历史画的朋友，也还有只习惯照演戏方式，以演员个人作中心，而进行工作的。

一面是习惯势力大，要突破它不容易。另一面学弄清楚这些事事物物，总得付出相当大的劳动，必随事用心！因此才会有作历史画可不必注意生活起居家伙的意见。不过我想到的却是一些年纪轻些作历史画，或连环故事画，及作历史戏、历史电影导演和道具服装工作同志，抱有一种新的工作责任态度，成见不大而学习又虚心，认为马列主义的具体应用，是承认历史既是个现实事物，而且一切又在发展变化，懂得这些历史客观存在问题多些，具体落实些，只会给工作带来更多便利，绝不会反而妨碍艺术创造热情。这从近年演出《文成公主》等等新戏和许多比较成功的新的历史画都可证明。至于教家具史或室内装饰的朋友，自然是更加应当把许多问题理理沿革和发展，才可望避免笼统人云亦云，或如一些美学家所习惯的，从一些抽象定义出发，而归结到抽象说明或结论，永远和所谈的事物本身无关，自己也能感到满意。你不寻根究底，同学可有权利发问："这家具是怎么来的？"因此，为了协助各部门工作共同提高，这类小文章的写作，也应当对许多方面还有些用处，不是毫无意义！

三月　历史博物馆

————————

　　本文作于1961年，未发表过，据原稿整理编入。原标题为《文物识小录一、椅子的历史》，后改为《椅子衍进试探》。作者在首页附注："至少总得有卅来个图才有意义！"

谈历史人物画

末了可能是教育他人的,也许首先还是个"学"字。必须先虚心谨慎耐烦十分从各方面接受一点教育,毫不含糊的十分具体弄清楚当时的种种问题,特别是要在画中加以表现的种种,才有可能绘出历史应有的空气,使观众得到比较正确的印象。说用……也不能离开具体材料,以意为之。因为这样,就不是马列主义观点方法!比如说,明代人画刘邦项羽,前者可以戴个唐式幞头,圆领衣,上面也不妨加个麒麟补,后者却戴两个野鸡毛,或戴个折翅纱帽,作连环画可以,作京戏参考也可以,只是画来放在历史博物馆教育百万观众,我认为不可以。问题是我们作历史画的基本问题:要历史服从画家的兴趣,灵感,还是要画家尊重历史客观的现实。照历史博物馆的要求,无疑后者重要。甚至于可以这么说,不管他是什么第一流国手,若只图表现自己,而缺少对作历史画应有的基本认识,我个人认为是不宜作历史画的。为什么?为的是他会给人一种十分错误的印象。正如在陈列文物上我们要求,决不许可把一个明代的瓷器只由于好看,而搁到宋代柜子里去。怎么在画上我们却能同意让京戏上杨贵妃形象放到唐代陈列室？梅兰芳先生京戏的贵妃醉酒不能说不是大手笔，但和历史博物馆教育效果要求还是不大相合。所以一个画家认为离开具体材料具体理解，具体运用，而能达到历史科学性，还是有些唯心思想在作祟。照我们想，凡事有学而不能，（学不深透，不消化，即不能。）未有不学而能。不扎实具体的学，缺少实践认识，怎么能凭空得到什么历史或科学？不求具体研究历史直接、间接，和比较材料出发，而凭空想或个人兴趣爱好出发历史画，他至多只能作到比目下连环画还好看些些，也不妨画下去，也会有群众，因为群众印象中有的是连环画和京戏作基础，决不会提出任何意见的。但放到历史博物馆还是不相宜。

事实即以连环画和京戏而言，也不宜于——也不会长时停顿到目前基础上不前。这是旧时代留下的底子，任何戏班子总只那么几份衣甲行头，上至武王伐纣，下至金玉奴棒打薄情郎，都得用到它，不管是诸葛孔明出征，还是唐玄宗和杨贵妃游园，也总是用那两面旗帜夹在一旁，代替车子，是无可奈何的代替。观众以为是戏，也就无所谓。现在舍不得，则是保留传统规矩，怕更动失去效果，或者是台面过小，真正的车不宜于上台。或者是花费较大，不能这么搞道具。又或者什么条件都好，也有大台面，也有钱，只是缺少三国时车子形象资料，怕搞不好。问题就只是敢不敢打破保守，而能不能走走群众路线了。如既敢且能，问问博物馆搞这一行的岂不就迎刃而解？

京戏即或不宜改，不必改。万一明天要个历史电影，而且要求作战，行动生活都要具有历史气氛，我们是仍然老一套，只抽象的说……还是应当具体的，实事求是的去研究材料，并谨慎认真的学习运用材料,来解决这个历史电影?我想凡是一个有头脑的具有唯物史观的导演,还是一定同意从博物馆搞搞资料,大量收罗形象参考材料,来进行工作。绝不会说有了赵丹同志或刁光覃同志善于体会古人精神,即可达到完全成功。事实上即以我们最尊敬的梅兰芳先生搞醉酒电影而言,如敢于突破传统限制(实即过去不得已的束缚),在服饰上,我们尽可能试来研究研究白居易诗中说的天宝末年时世妆问题,利用利用敦煌这一阶段画面反映,和韦项墓石刻,底张湾壁画……及现有《虢国夫人出游图》反映,在背景道具方面也大胆些,参考一下传世下来的几幅大小李金碧楼台山水画,和宋人《曲江图》,《丽人行图》,《连昌宫图》,《醴泉宫图》……此外帷幕家具,起居生活等等东东西西,也用点心,(即杨贵妃欢喜穿的锦鞠靴也有的是!)好好运用一下这些已知现成可靠材料,来重新安排一回《贵妃醉酒》,一切无疑并不怎么费力都可望弄得更美一些,结果是会损失梅先生的艺术效果,还是增加他的艺术影响?照我想来,大致群众对于新的《贵妃醉酒》,兴趣还会更好一些。只除了少数京戏专家,以为失去昨天演的那个失去为可惜,绝大多数观众会对于这种有计划的改革得到新的感受。

  为什么这问题至今还会成为一个问题,并不曾能够好好解决?分析一下,似有如下几点因子:

  一是习惯。可以说到现在为止,许多有名的年纪较长的人物画家,还不甚习惯从具体认识材料出发,来十分严肃的作历史故事画。尽管他作了三四十年人物画,甚至于现在还教人物画,只习惯笼统地说顾恺之画迹有《女史箴图》和《洛神图》。可并不习惯去深入学习分析,弄清楚女史箴上面那几幅画中人的穿戴比顾恺之早,那几幅又可能晚些。《洛神图》中的洛神头上双环髻,是齐梁时时装,事实上比顾恺之晚百多年,男人戴的漆纱笼冠却是北朝制度,且更晚。那两个船夫扎裤腿方式也晚,甚至于马的装备也晚,这都是从近十年大量出土的比较材料和敦煌、龙门现存材料综合比较分析才明白的。照习惯,作画教画的朋友还一时不习惯那么认真搞问题。所以进一步去要求一个人物画家再来重视人像以外的手中拿的是什么样式,身上穿的应当是什么花纹,当然感到十分麻烦,也不知如何下手。也因此,在本人头脑中习惯就占了上风。理论上也就产生可以不那么认真的结论了。但年轻朋友就便利了些。一面是架子小,包袱小,也就是保守习惯小,觉得事实上许多具体东西并不明白。必须明白,才能正确表现。肯钻研,肯走群众路线,而且越肯学越知道客观可供参考材料极多,不大费事即可得到。能消化运用这些材料,又能用个比较严肃认真态度来处理题材,结果当然是成绩也就比较容易见好。目前可能还不易得到画中先辈承认,事实上却为群众承认了。

　　二是对学习和工作态度。我因为不是画家,也不怎么懂艺术,本不大熟习这一行问题。不过近十多年因为在博物馆工作,却有机会和这个部门朋友作较多接触。特别是由于协助馆内外美工同志解决历史画的参考资料问题,和协助纺织工业轻工业生产,解决丝绸陶漆花纹资料问题,一面是向美术界朋友学习,一面是向博物馆所有杂文物学习,才发现有关学习和工作态度,在各方面反映是大不相同的。照我们工作习惯是不明白的总得想法弄明白它,不易明确的也尽可能弄得比较明确。从画说,不管他是什么徽宗瘦金书题签,还是曾经乾隆皇帝题过诗,再权威些或

《明妃出塞图》局部

买来花钱再多些,假的还是假的。过去只能从题跋上研究问题,我们现在却有可能从许许多多方面来下手!比如说,被美帝盗出国外一个题名北宋宫素然作的《明妃出塞图》,有朋友翻印回来时也以为即北宋,没有听人反对过。搞博物馆的朋友,却可以从制度上提出异议,只从明妃身上就可知道这画只能是元明或以后人作的。因为从鞍制出发,唐人闹装鞍后鞍桥有五个鞘孔,挂下五个条条,是一定制度,五代到宋还相互沿袭。宋代鞍制十二等,还把价钱也定得清清楚楚。闹装鞍作第一等,热河辽驸马墓出土银镀金后鞍桥实物极其具体。可证北宋人无论〔如何〕是懂这个玩意儿的。元人有识之士也还懂,但一般坐骑已不使用(均有画可证)。这个画题作北宋,却把马鞍上那五个绦子挂到昭君本人身上去了,这种可笑错误,能够说是北宋画家搞的吗?但是还有前些日子，有一位同志在中国画刊上介绍一幅彩色《杨妃上马图》，因为题名是五代周文矩作……

　　本文是作者1962年2月住阜外医院治疗时所撰写，原稿无标题，后部缺失。现据残稿整理编入，篇名为编者所拟。

"朱拓北魏佛造像"题跋

北魏道武帝进入中原定都平城以后，便奉佛教为国教，在皇都平城境内大兴土木、营造寺院。后虽有太武帝的黜废佛教，可是其子文成帝继位以后，便立即宣布恢复佛法，命昙曜于京西爱州凿窟造像。在皇帝的鼓励之下，北魏的佛教已发展到巅峰状态，寺宇遍布各处。佛寺中常置佛像作为众人礼拜的对象，北魏佛雕艺术因而十分发达。

此外，普通百姓感于社会动荡，人生无常，故时常造像祈福，或求死后往生极乐世界，见佛闻法，或冀今生获取功名延年益寿也，促进了北魏造像的发达。不仅为我国雕刻艺术带来盛大成果，并为我国雕塑美术的发展，奠下稳固基石。

北魏造像深受汉文化感染，一反雄伟豪放的风格，而以温文儒雅秀丽窈窕的气质著称。北魏冯太后身为汉人，在其掌权期间，积极与南齐修好，故当时北魏与南朝交通频繁，北魏造像的风格，也随之有所转变。在这期间所造的佛像，许多已不复穿通肩式或偏袒右肩的僧袍，而改着南朝士大夫穿的褒衣博带的服式。或早期造像中方圆的脸型、有神的眼、俊挺的鼻梁随处可见，制作的佛像身型削瘦，面形长圆，眉目清秀，双眼细长，一派南朝士大夫温文儒雅的姿态。其衣纹多以阴刻的技法表现衣折，刻意安排强调装饰性，并且裙裾多作锯齿形精细的雕工，妍丽的纹饰，都与南朝造像相似。

北魏佛雕源于印度中亚，但历经雕师们的消化吸收，撷取精华，乃创造了北魏早期艺术独特浑厚阳刚气势。晚期作品转入窈窕秀丽之风貌，可惜无法知道这些伟大雕匠的名字。但每一尊佛像后面，都有一位默默无闻艺术家的心血和巧思。

沈从文　时年七十有六
戊午孟夏

在2017年7月的《艺术中国》里，主编曹隽平的《"朱拓北魏佛造像"中隐藏的沈从文题跋》，详细介绍了这篇佚文。其创作时间，据文末"戊午孟夏"可知，产生于1978年5月中旬。据曹隽平先生考证，拓片是当时中国社会科学院珍藏的资料，题跋则写在所附不足2平方尺的空白处。

现据曹文所附的沈从文题跋画面，整理编入《沈从文全集·补遗卷》。

□ 文史研究必需结合文物

兵器史读后意见

这个作品已看过二次,作者为准备材料,也很用得有心,并且贯串排列,还有条理。如拟当成资料付印,对部分人是有帮助的。

但是付印时有几个部分请考虑:

(一)需删去反复引用《二仪实录》等书说炎黄以来铜兵已流行,说南方可自由贸易的论断,以及由此前提发的议论。因为似不合实际。

(二)需删去或改正一些旧式提法,如以武器精美定国体兴衰,及对于民族关系上旧的看法,免得不善用书的人辗转弄错,引起不好影响。

(三)器物照片有问题的要去掉,例如明白不属于兵器部分,如圭璋等的交代;引别人材料时必有取舍。时代混乱得改或删,如以巴蜀剑为上古,文字也待调整。

(四)文字应整理,有几个基本上问题:1.引用人的议论详细区别出来；2.反复称引的（如引《越绝书》许多次，七八次之多）概括一下；3.有前后矛盾的调整清楚。和当前社会思想有矛盾的特别值得注意，因为这书将来会为军事教官用到，许多提法不相宜。

（五）文献材料重要的得作补充，特别是和中国兵制联系地方，得充实。

（六）兵器实物图，大小轻重不相称，必有一定位置，目下有许多不宜付印，一缩小，更不清楚。（最好是不重要的去掉，加入新材料，不过因之恐影响到内容。因为有上千件得加入。还必须从绘画、石刻、泥塑、木刻书、画迹等等方面补充材料，材料和人的形象结合起来，才见出应用时情形。）

（七）必须加入一定数量的形象材料，如壁画、石刻、俑、塑及绘画上反映如何使用这些东西情形，例如战国武士俑及铜器上的战争形象，狩猎形象，汉画上、石刻上、砖刻上的，敦煌麦积山壁画上的，长安洛阳出土的，传世画迹上的，以至明代木刻，清代《点石斋画报》，这书中谈到的才生动。也不必多，总得有百十个图。结果全书会给人印象深刻些也活泼些。又军事乐器如铙、铎、胡角、横吹、钲、角，已出一大堆，作者只说铜鼓，必须补入，否则即将铜鼓去掉。论尺量部分抄人的也可去掉，因为内中有许多器物是用中尺的。

（八）外文部分引来的需调整。应以中国目下的为主。

本书似在抗战前完成的，当时军事学校教兵器史，大致也只要求到这个程度。许多提法、看法，都是在当时为有用，在目前会起不好作用的。当成资料付印，这部分也必需谨慎一些，最好删去。

从文

附：

题《中国兵器史稿》一书扉页

此书可以外借，用后即早赐还，万莫冻结在个人手中，失去意义。

从文

本书付印以前，出版方面曾要一董同志捎来，提提意见。经仔细看过，为提出谬误处约三百条，可增加新材料器物约四百件，图像约二百种，十分具体。另外又请郭宝钧先生过目。郭只熟习发掘品，且只限于考古所所得。此外传世品即不过问，各省出土物也兴趣不多。至于图像材料，似更陌生，因之草草交卷。出版部门只图即早付印，以为郭对兵器知识"扎实"，不明白片面性局限在商周二代。我的建议要抓材料一一补充，既相当费事且耽搁时间，因此马马虎虎付印。出版部门的不认真态度，令人痛苦。举偶反三，凡事可知。

"兵器史"指周纬先生遗作《中国兵器史》,自1953年书稿交三联书店,在出版社内经四位编辑家审稿后,又通过当时文化部社会文化事业管理局郑振铎局长,请社外专家郭宝钧先生审阅。他的评语以郑振铎名义发出,三联遂决定对原稿经删改校正后出版。修改工作仍商请郭宝钧先生进行,共删去七万多字,约占原稿四分之一,并从整体上润饰了文字。其后,稿件又在社内经过三位编辑家审读,1955年8月,确认可以进入编辑加工阶段。1957年7月以《中国兵器史稿》为书名,由三联书店出版。

1955年,沈从文为了编纂《中国历史图谱》作参考,11月上旬向三联书店借阅周纬的《中国兵器史》遗稿,并答应阅后提出些意见。本文即11月下旬退还遗稿时,写给三联的书面意见,署名从文。汪家明曾在《一本书的编辑出版史》中全文引用,并收入其《难忘的书与人》一书,2014年1月由三联书店出版。

沈从文在阅读三联书店所赠《中国兵器史稿》样书后,认为该书"……用了些材料,并不吃透材料,错误沿袭,反而形成后来人障碍。"曾先后用毛笔、钢笔和铅笔在书中留下六十多处批注。

现据沈从文原稿编入,并附他题在《中国兵器史稿》扉页的两段文字。

政协提案选
—— 第60号

案　由：为协助研究，协助生产，打破保守思想，改进文物工作，加强各方面协作，促进社会主义文化建设案。

提案人：沈从文

理　由：解放十年来，全国出土重要文物极多，原有收藏，也多集中整理，如能很好的和文献结合，新的历史科学研究工作，将在这个新的方法新的认识基础上，得到迅速的提高。又大量古代精美工艺品，如能很好的和新的生产结合，对于新的工艺品生产的改进和提高，也显然有极大帮助。必须打破目前保守思想和孤立工作习惯，文物工作才可望进入一个崭新的阶段。

办　法：（一）文化部系统下的所有重要文物收藏机构，宜加强研究工作，重视成果，重视充实新的力量，和对外服务供应资料工作。博物馆"为研究服务为生产服务"，应进一步作些具体措施。除资料供应工作外，还可考虑进一步将库藏多余次要文物，适当调拨一部分，为国内几个重点地区综合性大学文史系建立小型文物馆。并就艺术生产或教学特别需要地区，经常作工艺品专题展览。（前者如北京大学、复旦大学和武汉大学的文物室，后者如在浙江丝绸区作锦绣展览，在上海作有关工艺品花纹图案综合性展览。以及在美术学院配合教学作种种展览。）

（二）文化部宜鼓励电影局和文物局协作，在本年跃进规划中，将美术教育电影片的摄制，当成本年任务之一。这种影片不妨分门别类编制，一般用一卷或二卷解决一个专题，专供教学参考。为便于工作进行，不妨和教育部协商，或另组一工作小组，宜包括重要文物收藏单位中的专家，美术学校教师，和其他个别专家。在协作上能加强，在工作进行时必容易见功。

（三）文化部应和轻工业部、纺织工业部协商，为帮助生产改进和提高，由出版部门特别抽出部分印刷力，来印行美术图案，来解决目下有数百万人从事生产的手工艺品、和年产数字极大的毛、棉、麻、丝纺织物及其他千百种日用轻工业品，最迫切要求的好花样，以及民族艺术的气魄和风格问题。

（四）在社会大跃进情形下，各省市美术学校师资力量多感薄弱，难于完成教学任务，特别是各省市新成立的学校若干工艺专系，培养师资不容易。为补救这个缺点，使教学质量得到迅速提高，宜打破保守思想，和当前不切实用的教学方法，采用两条腿走路办法：一面抽调年青勤学助教讲师来北京进修，充实教材内容。另一面，故宫博物院，在一盘棋情形下考虑，配备若干组重要美术品，分别到各省市学校作轮回展出，同时并派专家去作短期讲学，答解问题。并且把这个工作列入跃进规划中（有必要时，即直接带文物下厂，解决生产问题。）

审查意见：建议国务院交文化部会同有关部门研究办理。

本文是作者1959年4月出席政协第三届全国委员会第一次会议期间的提案。

据1959年6月《全国政协提案汇编·第60号》文本编入，主标题为编者所加。

本书入选
"十三五"国家重点图书出版规划

《沈从文全集》编辑委员会

- 顾 问 -

汪曾祺　王　予

- 主 编 -

张兆和

- 编辑委员 -

（按汉语拼音音序排列）

凌　宇　　刘一友　　沈虎雏　　王继志

王亚蓉　　向成国　　谢中一　　张兆和

《沈从文全集·补遗卷》

- 主 编 -

沈虎雏

- 审稿人 -

（按汉语拼音音序排列）

陈　洋　　凌　宇　　刘一友　　马　峻

沈　红　　沈虎雏　　王亚蓉　　向成国

续小强　　张之佩

沈从文全集

补遗卷 3

沈从文 ◎著

SHEN CONGWEN QUANJI
BUYI JUAN

山西出版传媒集团
北岳文艺出版社
·太原

图书在版编目(CIP)数据

沈从文全集.补遗卷.3/沈从文著.—太原:北岳文艺出版社,2020.12

ISBN 978-7-5378-6340-7

Ⅰ.①沈… Ⅱ.①沈… Ⅲ.①沈从文(1902-1988)—全集②沈从文(1902-1988)—书信集 Ⅳ.①C52②K825.6

中国版本图书馆CIP数据核字(2020)第246836号

沈从文全集·补遗卷3

沈从文◎著

策　划
续小强　赵　瑞
马　峻　陈　洋

封面题字
张充和

肖像画
沈　红

责任编辑
马　峻　关志英

书籍设计
张永文

印装监制
郭　勇

出版发行:山西出版传媒集团·北岳文艺出版社

地址:山西省太原市并州南路57号

邮编:030012

电话:0351-5628696(发行部)　0351-5628688(总编室)

传真:0351-5628680

印刷装订:山西新华印业有限公司

开本:880×1230　1/32

总字数:1180千字　总印张:53.375

版次:2020年12月第1版

印次:2020年12月山西第1次印刷

书号:ISBN 978-7-5378-6340-7

总定价:388.00元(全四卷)

本书版权为本社独家所有,未经本社同意不得转载、摘编或复制

1980年,沈虎雏、张之佩调入北京轻工业学院任教,开始收集整理沈从文的未刊稿

1982年春节期间,沈从文与翻译家杨苡在书房畅谈

(赵瑞蕻/摄)

凤凰沱江晨雾,溪面一片烟。摄于2007年　　（沈虎雏/摄）

2007年5月,吉首大学老师与沈家人同访里耶八面山。在沈从文小说中,这里被称为"八蛮山"

1988年,瑞典文化学者倪尔斯先生将沈从文作品集《孤独与水》翻译成瑞典文正式出版。

1992年,沈虎雏和女儿沈红访问沈从文的母校凤凰文昌阁小学

(田时烈/提供)

2007年5月,《沈从文全集》主编张兆和逝世四年后,家人护送骨灰至凤凰

2009年,沈龙朱、沈虎雏与中老胡同原居民合影。新中国成立之初,中老胡同32号院为北京大学教授宿舍,沈从文一家居住于此

(沈虎雏/提供)

目 录

一九二九年

19290915　复王际真　上海 …………………………… 3

一九三〇年

19300122　致王际真　吴淞 ……………………………7

19300222　复王际真　吴淞 ……………………………10

19300227　复王际真　吴淞 ……………………………14

193004上旬　致赵景深　吴淞 …………………………16

1930夏　致朱雯　吴淞 …………………………………17

一九三一年

19310125　致蔡元培　吴淞 …………………………… 21

19311201　致瞿冰森　青岛 …………………………… 22

一九三三年

19330528　致蔡元培　青岛 …………………………… 25

〔附录〕19330601　蔡元培复沈从文　南京 …………… 27

19330809　致萧乾　北平 ……………………………… 28

19331022　复萧乾　北平 ……………………………… 29

19331215　复施蛰存　北平 …………………………… 30

一九三五年

1935初　致王献唐　北平 ……………………………… 35

19350828　复李寒谷　昆明 …………………………… 36

一九三六年

19360928　致陈梦家　北平 …………………………… 41

一九三九年

19390310　致徐芳　昆明 …………………………45

一九四一年

19410122　致向晓晖　昆明 ………………………49

一九四四年

19440427　致董作宾　昆明 ………………………53
19440705　致董作宾　桃源新村 …………………55
19441109　复董作宾　桃园新村 …………………57

一九四七年

1947　复彭子冈　北平 ……………………………63

一九四八年

19480323　复毛羽　北平 …………………………69
19480926　复刘光炎　北平 ………………………71

19481029　复滑田友　北平 …………………………72

〔附录〕194812末　张充和致张兆和　上海 ……………77

一九四九年

19490716　致黄永玉　北平
——我们这里的人只想做事 ………………………83

一九五四年

19540111　致巴金　北京 ………………………………91

一九五五年

19551121　致丁玲　北京 ………………………………95

〔附录1〕19551122　丁玲致刘白羽、严文井　北京 ………96

〔附录2〕19521114　出让文物字据　北京 ………………98

1950年代中期　致方成　北京 …………………………100

一九五六年

19560620　致林钢　北京 ………………………………105

19560623　致林钢　北京 ………………………………106

19561002　复谢承仁　北京 …………………… 107

19561105　致巴金　上海 ……………………… 109

一九五七年

195702　零星意见供诸兄参考暨焦菊隐眉批　北京 ……113

19570410左右　致焦菊隐、梅阡暨焦菊隐眉批　北京 ……120

1957秋　致张兆和　北京 ……………………… 126

195710中旬　复刘敦愿　北京 ………………… 128

195711中旬　复刘敦愿　北京 ………………… 130

19571121　致刘敦愿　北京 …………………… 133

195712上中旬　致震寰阁　北京 ……………… 136

19571223　致刘敦愿　北京 …………………… 137

195712末　致刘敦愿　北京 …………………… 139

一九五八年

19580104　复刘敦愿　北京 …………………… 143

19580820　致刘敦愿　北京 …………………… 145

一九六〇年

19600707　复刘敦愿　北京 …………………… 149

19600916　复李曼宜　北京 ················· 150

1960　致刘敦愿　北京 ······················ 155

一九六一年

19610624　致沈福文　北京 ················· 159

一九六二年

19620712　致启芳　北京 ···················· 163

19620903　致启芳　北京 ···················· 165

1962　关于《武则天》一戏参考材料　北京 ··········· 166

一九六三年

19630110　致罗卡子　北京 ················· 179

1963　致陈大章　北京 ······················ 180

1963　致杨荫浏　北京 ······················ 181

一九六五年

19650224　复巴金　北京 ···················· 185

19650308　致巴金　北京 ···················· 190

一九六九年

19691126　致张兆和　北京 …………………… 195

19691213　致黄永玉、张梅溪　452高地 …… 198

19691216　复张梅溪、黄永玉　452高地 …… 201

19691222　复黄永玉　452高地 ………………… 204

19691224（1）复张梅溪　452高地 …………… 208

19691224（2）复沈朝慧　452高地 …………… 211

19691226　致黄永玉、张梅溪　452高地 …… 214

19691229　致张梅溪　452高地 ………………… 217

一九七〇年

19700101　致黄永玉　452高地 ………………… 223

19700104　致黄永玉等　452高地 ……………… 228

19700106　致黄永玉　452高地 ………………… 232

197002初　致黄永玉　452高地 ………………… 235

197002下旬　致黄永玉、张梅溪　双溪 …… 240

19700307　致黄永玉、张梅溪　双溪 ………… 246

19700310　致黄永玉　双溪 ……………………… 253

19700317　复黄永玉　双溪 ……………………… 262

19700519　致张梅溪　双溪 ……………………… 267

197005下旬　致张梅溪　双溪 ………………… 270

19700607	复张梅溪	双溪	274
19700612	致张梅溪	双溪	278
19700617	复黄永玉	双溪	280
19700701	致黄黑妮	双溪	287
19700707	致黄永玉	双溪	289
19700721	复张梅溪	双溪	295
19700728	致张梅溪	双溪	298
19700809	复黄黑妮	双溪	301
197008中旬初	致张梅溪	双溪	305
19700818	复张梅溪	双溪	307
19700822	复张梅溪	双溪	309
19700901	致张梅溪	双溪	311
19700909	致张梅溪	双溪	314
19700915	复张梅溪	双溪	316
197009中旬	致张兆和	双溪	321
19700923	致黄黑蛮	双溪	323
19701004	致张梅溪	双溪	324
19701208	致沈虎雏、张之佩	咸宁人民医院	327

一九七一年

19710128	致黄黑妮	双溪	333

19710203	复刘敦愿　双溪	336
19710316	致沈龙朱等　双溪	343
19710325	复黄永玉　双溪	348
19710412	复黄永玉　双溪	352
19710510	复黄永玉　双溪	358
19710515	致黄永玉　双溪	360
19710527	复张梅溪　双溪	368
19710601	致黄黑蛮、黄黑妮　双溪	374
19710607	致黄永玉　双溪	377
1971夏	复史树青　双溪	384
19710926	复陈青云　丹江	387
19711110	复刘敦愿　丹江	389
19711118	复刘敦愿　丹江	398
197112上旬	复史树青、石志廉　丹江	407
197112下旬	复史树青、石志廉　丹江	414

一九七二年

19720102	致张梅溪　丹江	425
19720403	致李石英　北京	430
19720521	复张兆和　北京	433
19720821	致钱美华　北京	435

一九二九年

19290915

上　海

复王际真

际真：

　　得信是十四，兄妹二人正病倒，起不来。中秋将至，在太平洋中看月亦难得之事，在此的我们，恐在床上望月去了。你说的书应改名字处，照习俗，长得好看的为"观音"；为何作姑，天上的为七姊妹，具魔力的为"洞神"，此种名称自然为已近于与汉人同化之苗人所用，其余苗鬼苗神却不得知。

　　身体坏则毫无生趣可言，故虽教书亦恐不能长久，际真，若你能明白从文因体质影响及作人态度是如何深而且大，你当处处见到从文可怜。我这时是觉得生活在我只是一种苦事，若是事势许可，能够返到苗乡去住真是幸福，不可讳的是我真已近于落伍人，大都会生活使我感到厌倦；就是写文章，也只是回到乡下去好，因为要明白中国，也只有混在老国民去一处过日子才是事。不过对于你，我觉得又是非常可羡的了，因为能像你这样生活，我也不至于逃避都市了。

　　到了美国还是把一切事详详细细告我们吧，我希望这是你高兴的一件事。在此无所事事的我，是以得到像你来信那样不嫌琐碎引为愉快的。关于写的方面，你应当率直的指点我的不对处，因为我非常明白我的短处是所采用的体裁极窄，而我又无法知道许多好的方式。我愿意有人告诉我所宜走的一条路，怎样做便使我精力不至于白费，我没有不乐从的。

上海近来冷起来了。我发烧到不知多少度，三天内瘦了三分之一，但又极怕冷，窗子也不敢开。无事作，坐在床边，就想假若我是死了又怎么样？我是没有病也常常这样想的，大约彻底说来就是人太不中用的原故了。

从文
九月十五

以后来信寄上海吴淞中国公学好点。

王际真，经徐志摩介绍相熟的文学朋友，翻译家，当时刚赴美国。
本篇曾以残信编入初版《沈从文全集》，现据全稿补足初版所缺文字。

一九三〇年

19300122
吴　淞

致王际真

际真：

　　夜深了来写信。近来是总得夜深才上床的，且常常不脱衣睡，胡乱八糟可知。这学校里一放假鬼也打人，极其清静，我倒好，房中有火可烤，穿单衣，明日因补充煤，得到上海去。数日来因生自己的气连写了一礼拜文章，倒很写了几个短篇，为旧历岁暮留一纪念。

　　目下据说是平安的，这是说政局。做文章出版情形我竟一点也不知道，大约再有一年，是连四马路书店也不容易明白的。好像有许多人在干，但其实仍然还是那些现人。创造社几个新分子，极活动，可只能介绍日本转贩东西，文学研究会无多发展，新月维持现状，做文章好像总无特别大脚色，或情形不适宜于产生好作品，也是一种寂寞原因吧。

　　过两天当为寄一《小说月报》来，已托人去买，还未带回。近来常常想试同人结一次婚，可是照目下情形，就是打锣满街喊也喊不出一个相当的女人，大致这方面缺少天才，是任何方便也无从成功的。间或一天气候晴朗一点时，也就强健了许多，以为不要女人也得活到世界上，可是做文章到半夜，衣也不脱躺在床上时，心里酸了。总只想减价把自己卖给女人，可是这糊涂存想，到天明就不会再有了，因为白日下并不缺少长眉白脸女人。我恐怕无论如何得在新正元宵后把这糊涂思想留在白天，找一女人做一点呆事的。

你若要写字，我送你本《书谱》，《书谱》并不是好东西，很通俗，不过写草字或认草字，《书谱》是可以有小小帮助的。你最好还是弄钢琴，因为音乐是国际的艺术，字，不过是中国绅士们一养性息心消遣而已，并无多大益处。我是在小时就非常爱写字，（可怜得很，我也只有机会成天写点字！）如今是觉得明白了这不是自己相宜的一种娱乐，所以写也是歪字，从不求它好的。我还是想学外国文，可是真笨，我仍然不能找寻出一点勇气把廿六个字母分别清楚！记忆力在我已像完全消失尽了多日，人真近于无用了。

美国应当也有过中国旧年事情，不知你从这些事上感到一点兴味没有，苗乡里过年有"跳年"，元宵有烧灯，烧灯夜人家把大油松树挖孔，筑硝磺炭与钢砂调合而成的药料，筑数千搥，再用黄泥封口，开小孔，从小孔中引火，即刻烟花上冲数十丈高，发大声如雷，五里外皆可见闻，苗人打野猪皮鼓，吹牛角与铜角，呼啸如狂，此种壮观，年青时的我曾见到过，现在恐怕皆失去了。此时大概尚保留的只是我那地方遇元宵时，小孩十五六岁，皆赤膊不衣，尽花筒直喷，旁人打鼓相和，花筒较大力强，也可以把年青人冲倒。不过被冲倒后是照例随即就爬起的，蛮性的习俗是不缺少美的。上海过年恐怕皆如阉鸡,守在家里毫无可作为,比北平也差多了。

甲辰 一月廿二

本篇曾以残信编入初版《沈从文全集》,现据全稿纳入《沈从文全集·补遗卷》。

19300222
吴　淞

复王际真

际真：

　　杨字二号（一月廿四发）信到二月廿二收到，时间将近一个月，年是过了，因为得到那寄款，很方便的过了年，想起你那样费神我可仍然随随便便把钱花掉，心里直想哭。近来因为心里衰弱，遇事感到矛盾中苦痛，且心整个为一种情欲的遐想所支配，差不过①见女人都感到难过。好像就为了一些女人能够很泰然坦然的活到世界上，我也愿意打死了自己，逃到另外一个世界去的。这是照例的病，手淫过了，心软了，强项不来，就感觉到任何女人也是好东西那样可怜意味了。只有自己常常陷到这种心情上的狼狈的人，才同理解世界上某一种人自暴自弃的究竟。这时我是用过各种希望把自己扶起，却仍然衰弱倒下，过着看来非常可怜生活的。身体不好，看出自己不如人处，看出别的可羡慕处，看出自己的虚伪以及为小打算而做下的错误，结果则只有更任性么一个办法，把自己陷到深处的深处。只有这个时候，我才想起我应当要把生活变更，把自己放到另一样生活里去。昨天不知如何抖气，把一些自己的书烧了，放到炉子里去时，长白铁筒子变了颜色，火在炉子里啸，仿佛有所得叹了一声气。今天只想打镜子。镜子是很好的东西，终不能打，就因为欲望同利害搅在一处，所以其他像这类事情，一件也不能作到。

今天这里大雾，各处地方皆是湿的，各处皆像落雨，江边只听到长长的汽筒声音，火车也走得慢了许多，这雾是我第一回见到的大雾。这里是快暖和了。

中国又打仗了。在陇海线。有朋友昨天从北平来，坐津浦车，看到两方面用火车运兵，全是十五六岁小孩子。大概有一半以上是小孩子，却是我知道的。内战的纠纷是无办法处置的，是非难说，为一切必然与当然结果，不是军人的罪过。仅仅说是"军阀"或"帝国主义"，把这些事情所生的人类愚蠢屠杀付之于某一种人是错了的。中国这些事是最难解决的。与其说是个人或国际上的商业竞争，还不如说是民族性适宜于牺牲到这时代。一省作兴有二十万或三十万十五六岁的年青人，一事不作，平时拿了从日本或英国贩来的步枪作操，遇到大人物有分赃不匀的时候，就用火车运到一个地方去互相杀戮，结果谁有了让步，派代表议了和，死去的还不完全腐烂，两个首领又拜了把子，同在一个桌上吃酒，再不久，又动手了。内战的继续，把民族性变成极端的适于在混乱中谋生存，这在中国政治家、思想家、大学者，全是明白而又全不曾想过一点方法来救济的。大家也好像想不出什么方法，所以打而又打，从不闻某处招兵，到时缺少兵士。大学生也到军队里去，女人也到军队里去，因为那是年青人一条唯一的出路。南京去年有统计，受良好军事教育失业的年青人（还是智识阶级的军官！）有两万，一有了变化，这些人就请愿上前，组织敢死队。这些人据说都是不"落伍"而"觉悟"的，（不知道那些上司怎么样解释那名词给年青人听。）现在这几天，又听到他们在请愿了，是要打的，大家都说好歹得打一阵的，就因为大家都愿意在一种类乎赌博行为中把自己安顿到一个幸运上面。

我有时也想，与其到上海教书，不生不死，想变更到美国又办不到，想安分又受不了，不如索性再滚到军队里面去受一点新的苦乐，为做文章抓着这时候从军人意识上的悲观与乐观要点，来写更普□②一点中国人的精神，也是滚到军队里去好。我有一个弟到一个旅部充监军，我真想有一种方便使我去看人打仗而自己不会被炸弹误伤。

现在是想到什么地方也总不去的，正像想女人一样。我对于一切生活都能去漫于节制③的思索一阵，把空间时间的距离都忘掉，结果仍然就在遐想上找到矛盾，感到难过，轻视自己，羡慕别人，讨厌在我周围的一切，又依然与某一种属于不相称的夸张生活协妥，非到精神上亏欠多数债务，把心弄得其软如蜡不止。今年的正月，心情的放荡使自己受了大苦，因为一个学生，在任何方面我都觉得爱了她是我的一种损失，而不是她不幸福，但是失败了，人太年青，不知道，在"不懂分量"的情形下我被当成一个笑话了。为了这个我是要用"好好的做人"来恢复我自己的心情上健康的，但一想到这近于失去尊严的事情，便很容易自暴自弃了。我想我应当把这事当成一个耻辱，则我活下一天，总能在这振作上做一些生存本分上的向上事情。我告你这个时，我想到要读英文了，我要用一件工作把自己折磨死掉才好的。我决定要这样作。

我是活厌了，可是这厌倦只使我懒惰放荡，又不能使我死去。现在只成天嘲笑自己，攻击自己，用一切过去愚蠢事情来回忆，痛殴自己灵魂。另外就是同一些年青学生，说自己做不来的话，要他们去过刻苦生活，用工作折磨身体。

想到任何地方去，可是总没有真能到任何地方去，甚至于上海那么方便，近在目前，到搬家时我也不搬的。前一些日曾到上海一处定下了房子，到时又不搬了，因为总是这样过日子，我想起你说的吃醉了的情形才明白我也每天有机会为一些小小人事所醉，只在最不长进的情形中过着日子。我九妹脾气也有点任性的倾向，所以我将让她到一个中学去单独受教育，将让她去吃点苦，受点磨练，过一阵就去看学校。这边是缴了一些费，算是白缴了的，也只好如此，因为将来才能升学，不然脾气越不好，书也读不成了。她只想到外国学跳舞，只想去演电影，一个最娇养的孩子，大概是特意为将来在人事上多患难天生的奇怪个性，想到未来真是使人担忧。

我们今天吃鱼片炒青菜，明天吃青菜炒鱼片，这算是生活上一种变换，告你一笑。

高兴时为我寄点画报。

从文
二月廿二

---

①差不过疑为"差不多"之笔误。
②此处字迹不能识别。
③漫于节制疑为"漫无节制"之笔误。

19300227
吴　淞

复王际真

际真：

　　杨字三号信于二月廿七接到。我喉部坏了，有一礼拜不曾好好睡过一觉。到医生去检验说不传染，才敢为际真写信。病或由手淫而起，唯一治疗只是结婚，这医生学问并不缺少，可是以为我结婚应当同写文章一样容易，听到这有学问的人劝告，回来就哭，觉得异常伤心了。对于女人，轮到我分上是滓渣中滓渣，近来则所谓滓渣我也无分了。一个男子必不缺少的呆气孩气，在我心情上是找寻不出的一种稀有气质，我凭什么方法可以要一个年青人来做妻妇？我说，没有女人要我，我将减价把自己拍了，意思是滓渣中东西我也拍给她了，只要健康、年青，同时不缺少一颗理解人的女性的心，但仿佛是听到我的话的女人就都只好笑。女人是全都只愿意在方便中嫁给一个男子，缺少欲望的、缺少野心的，所以在我方以我是减价迁就的女子，到近来也仍然不甚相信我似的，跟到一个平常男子走了。我告她们，谁要我谁就拿去，许多女人都不动手，终于我们就分手了。际真，这些事，只有你能够看出一个将近三十的贫血男子可怜的心情。在此学生同我学做文章，我就告他们，只要懂学写好情书就很够了。不过到这些真要靠动人文章博女子欢心的年青人把情书写好时，那时女子也许更蠢，连一个动词也不懂了。倒是另外一种人多福气，有女人以外还用第一次经验去与第二三个周旋，既不困难也很从容，在此地我是又恨他们又羡慕他们的。

际真，医生劝告我的事我是一点也不相信的，我还得自守残垒过下去，因为想起从太平洋一端每次写信来鼓励我的际真，我决定要强项顽固的活一年。拖一年，若是死去那就算了，若不死，我将再找一些勇气活下的。在没有法子情形下，打锣也不会有一个女子来迁就我的时候，我应当在另外一样意义下任点性，目下身体很不济，功课反而加多了。

每每到上海去，从一些最平常平常女人面前过身，都特别难受，这些无用处，这又无用又不甘心的不长进处，作成了近来喉痛的继续机会，在中医说则或此等情形说是虚痨，该死的愚蠢！

那支票到过两天我去问，倒是愿意它取得到，因为我可以好好支配到一件事上去。

我九妹是好像因为吃零东西也病了的，难兄难妹的对于生活皆不讲节制，为这小孩子着想时，我总觉得因为我的不好脾气影响到她，学得一切任性，真是一件罪过。现在，是住到上海去了，今天才走来哭了一阵，又怕我难过，才悄悄的写了几个字就走了的。仿佛一家人皆非常适宜于扮悲角，本应当成天玩到晚的人也只在幻想到把生活彻底改过一下的事情上着想了，所以只想学唱歌演戏。

这里每天是风。

从文

二月廿七深夜

193004 上旬
吴　淞

致赵景深

景深兄：

　　来访候约一小时，恐不能即归，乃走去。中公预二欲请一教授，一星期五小时，支配在两天内，每时二元，特托弟来恳我兄帮忙，教的是极易对付之国文，如我兄高兴，希望即回弟一信。在同学方面，极希望有我兄为引导，学校待遇虽薄，同学愿作柴霍甫译者①之学生事实极幸福，故亟待盼信一示，以便转告。

　　十七日②喜事，当来吃酒。

弟　从文　顿首

　　赵景深，现代作家、戏曲史家、教育家。通信时任北新书局总编辑、复旦大学教授。

　　据1981年《中国现代文艺丛刊》第6辑赵景深辑注的文本编入。

　　①柴霍甫，今译契诃夫，俄罗斯19世纪作家。赵景深译的8卷本《柴霍甫短篇杰作集》于1930年3月初版。

　　②存疑，赵景深婚礼在4月19日。

1930夏

吴　淞

致朱雯

　　我因为自己是个老人了，所以见年青人有太太，即或还无资格成婚，也劝这人冒险（还有笑话是我还做过三次媒人）。所以我劝你特别努力写文章，也劝你冒点险去结婚。事业比起女人来事业是又算不了什么东西了。人是只有年青才可佩服，其他全是空的。不过自己年青，却成天在自得自足中过日子，不知道好好的去生活，那年青的人又好像是不足道了。爱女人，爱朋友，爱生活，好好的去做罢，年纪大了一点，一切都完了。女人是只有年轻才事价的，让年轻女人在空气里老去，这是男人的罪过。

　　朱雯，字皇闻，笔名王坟、蒙夫等。现代作家、文学翻译家。
　　本篇曾于1933年1月8日发表在《申报·自由谈》的《沈从文论结婚》中抄录原信的一部分。现据抄录的部分文本编入。

一九三一年

19310125
吴　淞

致蔡元培

孑民先生：

　　从文今日由申来进谒，适值　先生外出。希望一二日内许一时间，约谈数分钟，实为大幸。来此为朋友胡也频事，欲得　先生略加以援手。今将胡君之过去另纸呈览。余俟面陈。
专颂　康安

　　　　　　　　　　　　　　　　　　沈从文　敬上
　　　　　　　　　　　　　　　　　　　廿五

　　蔡元培，字孑民，革命家、教育家、政治家，通信时任南京国民政府常务委员、大学院院长、中央研究院院长等职。
　　据上海蔡元培纪念馆陈列的原信编入。

19311201
青　岛

致瞿冰森

冰森我兄：

在济车站路上见赓虞①一面，因未知彼特为志摩事来济者，故当时乃错过分手。十日来新习惯使人常若有所失，向各方远处熟人通信，告其一切过去，亦多有头无尾。六日纪念刊，恐赶不及安置弟之文章，因照此情形看来，欲用文字纪念志摩，审不知如何着手，胡胡涂涂，亦大可怜也。

弟　从文
十二月一日

瞿冰森通信时任《北平晨报·学园》编辑。

本信原载于北平晨报社1931年12月20日出版的《北晨学园哀悼志摩专号》。据此专号文本编入《沈从文全集·补遗卷》。

① 赓虞，指新月派诗人、翻译家于赓虞。

一九三三年

19330528
青 岛

致蔡元培

孑民老先生：

往岁因友人胡也频君事，多费长者之力，虽其人终因莫须有之狱，从此即无下落，然为年轻人主持公道，先生热心处，固不忘也。

今者，青年作家丁玲女士，据闻又被捕去，捕去以后，即无消息，不卜生死，难知吉凶。政府既非法逮捕于前，故捕去以后，亦复俨然若无其事于后，以时稍久，节外生枝，其结果则如往岁胡也频案，以失踪作为结论。

窃意政府此种态度，行于以党治国之今日，实为党治之羞。青年人思想稍激，不满现状，亦复事之常理，政府能善其处置，即可成为一促进社会之动力。今政府对于此种有希望之青年人，惟知秘密逮捕，秘密残杀，一二青年之牺牲，固属小事，惟从此类政策中所造成之风气，对于国家前途，尚复何望？比年来政府亦尝有所谓文艺政策，惟于二三庸鄙自喜之徒，则出钱收买之，于稍有希望之作家，则除横施摧残外，无他法，其为计也，宁非至短？

此时所赖，惟国民党中二三硕德重望如老先生者，能为力张正义，所以救青年，即所以救国家也。老先生于中央方面能不吝一言，俾被捕者可至法庭审判，不致于又如往年胡君之案，造福于青年者多矣。肃此渎□，敬叩

　　健安

沈从文　敬启
五月廿八日

【附录】
19330601
南　京

蔡元培复沈从文

从文先生大鉴：

　　手书敬悉，丁玲女士事，已为多方营救，尚不知下落。丁女士有否家属？是否寓沪？先生如知之，希便中示及。专复，顺颂

　　台绥

蔡元培　敬启
六月一日[①]

　　本篇曾以《沈从文函》为题发表于浙江教育出版社1998年9月版《蔡元培全集》第13卷。现据手迹编入。

　　[①]此信寄上海四马路新月书店转交沈从文，因"本人不在"而退回中央研究院。

19330809
北 平

致萧乾

秉乾弟：

　　见某日报上，载有燕大编级生一个你的名字，猜想你到了北平。我已从青岛跑来北平，目前住西城西斜街五十五号甲杨先生家里，想出城来找你，可一时不能出城。你看有事进了城，爱依然骑你那自行车到处跑，高兴跑到我住处来玩玩。我大多数总在家中，晚上不便回校可住在我住处。

　　很念你。

从文
八月九日

　　萧乾，现代作家、记者，原名萧秉乾。通信时为燕京大学学生。
　　本篇曾在傅光明发表于1992年第2期《纵横》的《沈从文和萧乾：从师生到陌路》中全文抄录。

19331022
北　平

复萧乾

乾弟：

　　文章①收到，短剧创作留《文艺》上发表，译文留代为解决，放心放心。匆覆颂

　　清和。

小兄　文　候
高小姐均此
兆和附笔

据原信手迹编入。

① 文章，指萧乾创作的第一篇小说《蚕》，刊载于1933年11月1日的天津《大公报·文艺副刊》第12期。

19331215
北 平

复施蛰存

蛰存兄：

来信并转巴金信，皆已如嘱转致，可释念。关于《萌芽》被禁事，巴金兄并无如何不快处。此间熟人据弟所常晤面者言之，亦并无误会兄与杜衡兄等事，因上海任何谣言，似乎毫无知之者，故无传闻，亦复无误会也。上海方面大约因为习气所在，故无中生有之消息乃特多，一时集中于兄，不妨处之以静，持之以和，时间稍久，即无事矣。旧物能想法坚持下去，万勿因小故而灰心，环境恶劣则设法顺应其势以导之。即一时之间，难为另一方面友好所谅解，亦不妨且默然缄口，时间略长，以事实来作说明，则委曲求全之苦衷，固然必不至于永无人知也。弟于创作即素持此种态度，不求一时即面面周到，惟老老实实努力下去，他方面不得体之批评，无聊之造谣，则从不置辨，亦不究其来源，亦不亟图说明，一切皆付之时间。久而久之，则一切是非俱已明白，前之为仇者，莫不皆以为友矣，前之贬其文为不值一文者，乃自知其所下按语之过速矣。弟以为从事文学者，此种风度实不可缺少，因欲此一时代所有成绩较佳，固必需作者间有此坚韧性才克济事，想吾兄亦必以为也。

《现代》得兄努力，当年来之成绩，实使弟之钦佩之至，以弟之意，即书店环境不佳，无一稿费，友朋间犹应将此刊物极力维持，能作稿者作稿，负编辑责者耐忙负责，何况尚不至于如此为难。关于与鲁迅争辩事，弟以为兄可以不必再作文道及，因一再答辩，固无济于事实得失也。兄意《文选》《庄子》宜读，人云二书特不宜读，是既持论相左，则任之向左可，何必使主张在无味争辩中获胜。

天津《国闻周报》希望得兄与杜衡兄创作，若能特为写一短篇，作新年号用尤佳。兄若需款甚急，可与文章到时代为设法即日汇申，申津之间邮汇固不出三日外，亦不至于久待也。《文艺副刊》实亦亟盼代作文章。望舒若能写一法国文学现状之通讯文章，《国闻周报》必欢迎之至。去函时代为一提及。专颂近安。

弟　从文　顿首
三十三年十二月十五日

沈从文复施蛰存的这封信，曾全文录入《断鸿记（1933年一封文人间的信札）》文中，2012年7月30日在"豆瓣"网上发表，作者署名"城市里的候鸟"。现据《断鸿记》所录文本编入《沈从文全集·补遗卷》。

一九三五年

1935初
北 平

致王献唐

献唐先生：

　　时托王际可先生便致一缄，想尘清鉴，艺周深盼先生能赐一大著，以光篇幅，如于二月中此间即可得尊作载一专刊，殊感幸也。此间所谓艺术，范围极宽，固就贵馆瓷铜各器作一文章，亦复佳甚！专此并候

　　安吉。

司徒乔

沈从文　顿首

　　王献唐，现代杰出的历史学家、金石考古学家、文献学家。通信时任山东省立图书馆馆长。

　　此信由沈从文执笔，代为好友司徒乔主编的《大公报·艺术周刊》向王献唐约稿。当时沈从文在主编《大公报·文艺副刊》。

19350828
昆　明

复李寒谷

寒谷兄：

　　信收到，谢谢！《阿翠》已拜读，《三月街》①已在《国闻周报》发表，但《阿翠》冗长的地方极多，写文章如画一个圈圈，在圈圈里不能伸入几支乱脚来，若有乱脚伸入，不惜拿快刀斩断，这是文章剪裁问题，至于说到其余的技巧，只有多写多看，起码要写一百万言以上的文章，要读两三百本以上的翻译小说，才能有点谱气。并且写文章，要能写出人类的爱与憎，最重要的，是写出中国人的美德，因为近年来写文章的人太多了。这许多文章里，耍来耍去，还是程咬金的三板斧，题材总觉差不多，在这些差不多的文章里，不是写农村破产，就是写天灾人祸，俱差不多。所以我偏写中国人的美德，发扬中国人的美德，如我的《边城》，也有这个意义。写文章各人的手法不同，所得的结果也就差异，譬如：××××的文章写的极多，可是老是那样，甚至有些从前红极一时的作家，现在也没落了，总没有多大的成就。又如萧乾，才写的《篱下集》，就有那样好的成就，他现在还没有放开来写，假若一放开来，那就一泻千里，不得了了。你的文章，我同塞先艾谈过，因为他也是写乡土小说的，你的题材倒极新鲜，只是技巧方面，还要多写，像果果里②那样，每天都写几页，写得多，手法就会高，手法一高，技巧自然好了。写作是生活不是闹着玩的，我们要终身忠实于写作，努力于写作。还有一层经验要多，写作的经验极宝贵，它不能由任何人告诉你，它是教你由书本上或写作中训练出来的，街市上什么《小说作法》《文章作法》，一类的书，都是骗人的东西，决不可相信。《八骏图》你说看不懂，现在看不懂，过几年就会懂了。北海叔华③请客那天照片，送你保存一份！匆匆并颂

笔健！

弟　从文

八月二十八日

李寒谷，丽江石鼓镇人，纳西族第一个用白话文进行小说创作的现代作家。

本篇原信写于1935年。1937年11月在《几封论写作的信》总题下，以《沈从文的来信》副题，刊于李寒谷主编的昆明《文艺季刊》创刊号。据发表文本编入，篇名为编者所拟。

①《三月街》，李寒谷的小说作品，1935年7月发表于《国闻周报》12卷25期。

②果果里，指俄国作家果戈里。

③叔华，指凌叔华，现代女作家。

一九三六年

19360928

北　平

致陈梦家

梦家：

　　戴望舒拟出诗刊①，北平多熟人，大家似乎得为他帮帮忙，望您把您的诗同萝蕤②的诗给他两首，并望问问陆先生③，若有什么佳作也寄点给他。他住处是上海亨利路永利村卅号。

　　他因为在上海一种海派风气下，非常受人压迫，刊物也极难办，如多得北方朋友帮帮忙，会有生气些。〔闻〕一多读诗札记《匡斋尺牍》？若能给他一二则，对刊物尤有帮助。望一转一多说说，甚感。

　　专颂安好。

从文　顿首
廿八

　　此信手迹曾刊载于山东画报社2009年4月版《碎锦零笺》一书。现据手迹整理编入。

　　①戴望舒，现代诗人、文学翻译家。"诗刊"指戴望舒主持的《新诗》月刊，于1936年10月10日创刊。

　　②萝蕤，即赵萝蕤，著名翻译家、比较文学家，陈梦家夫人。

　　③陆先生，指陆志韦，语言学家、心理学家、诗人，通信时任燕京大学教授、心理学系主任、校长。

一九三九年

19390310
昆 明

致徐芳

徐芳小姐：

　　闻已就云南事，想必甚忙。前所借书近因此间需要参考，若能便中捡出派人送青云街，十分感谢。专颂

教安。

　　张小姐均候

沈从文　顿首
三月十日

　　徐芳，女诗人，1930年代曾在作者主编的副刊上发表作品。抗战初期任教于云南大学。

　　本篇原信复制件由蔡登山先生提供。

一九四一年

19410122
昆　明

致向晓晖

晓晖兄:

　　我因事忙,你来时总不凑巧,老远白走路,真对不起。昨天见到你留下的东西,盛情极感,可是当为保留,盼望下次来时你带回去吃,事情多,饮食或者不大好,你正可作早晚补充补充。我们在外边另外一个习惯中过得太久了,不作兴要朋友破费的。你在工作上做得有兴致,认真而又负责任,得同事称赞,我就觉得很光荣了,别的是不需要的。正因为国家大小事都得人好好的去做,才有办法,个人生当此时,若说爱国,也必得从自爱自重作起。我听人说你在特党部工作很尽职,不仅个人觉得快乐,还为地方有人高兴!想想看,如果我们那个小地方,十年前大家都如在乐于从服务上努力,目下岂有到现在解体情形!你的礼物我心领,望在过年后带回去。我正因为不会客气,所以不收,还望你不以为意。子英情形不知如何。本来胡宗南部一个范军长[①]为人极好,介绍好几个朋友去都工作得甚好,近来介绍聂长荣去,即为汇五百块钱作路费。先想子英能去也好,到后因恐他脾气不大能与人相处得来,又怕事小不干,事大则干不了,所以等将来再看。明后年也许我也得放下书本到那里去做点事，我志愿不如上得人尊敬是毫无可疑的。

　　年假中若有几天不办公，可以到呈贡来玩玩，如来应在七点钟上车，买呈贡来回票只二元，到呈贡站，再骑马到龙街子，约一元到一元五，叫马时说"龙街子"，即可骑到，到龙街口问杨家新房子，我即住在那房子中。我大致初一二三四五都在乡下，学校有几天假期。

　　子英处我不写信，去信时望问问好。韦先生已回，见面时也问问好，并为说我盼望他到乡下去玩玩，他若去住，只要带条毯子即成。乡下可以吃鱼。他能去，最好在新年初三四。

　　并颂

安好。

从文　顿首
一月廿二

　　向晓晖，作者的凤凰同乡，早年曾同在湘西土著部队服役。
　　本信的手迹曾在苏高宇《沈从文致友人的一封信》中制成图版，2004年发表于《书法杂志》创刊号。现据原信整理编入。
　　①范军长，指范汉杰，时任国民革命军第二十七军军长。

一九四四年

19440427

昆　明

致董作宾

彦堂我兄：

　　一周前由聚兴诚银行汇洋二万，昨又托友人另汇上二万四千元，或系二千，迟早想均可收到。尚有小数目未收得，过些日必可寄来。前信云有三位署款件托兄大笔一挥，一徐先生，二周先生，三为寸佩玖先生，寸系单独，字要三寸大小，弟信上似将第三位忘提及。此次字件处理，多得朋友周哲文兄热心帮忙，彼年仅二十余，才气纵横，豪爽可爱，精于篆刻，尤长朱文治印，朴质雄壮，布置精佳，细线条劲利，奏刀准确如治玉之"游丝碾"，将来成就必极大。一览兄字，即与徐先生各托转万元致敬意。其他字幅，旋携去于一日内即为处置完毕。盼兄能另为书一"知不足斋"小横额，字约三寸大小，款作哲文（纸能用金笺或有颜色笺尤好），迟日弟当约彼为兄治一佳印为报也。又兄可再书三五十件单条，或对联、小册页、斗方，或狭长条子来，除甲文外，尚可用楚器或商器中象形文字作大小横直之件，甚至于摹古刻画，或汉石刻画亦无不可，俟卖去一二件时，弟即用所得款为在此（就字幅大小请此间当行朋友为斟酌颜色）装裱，两月后必尚

53

可有机会为一一出脱也。力厂先生①闻不久又拟开一展览会,如尊件能来得及,或可附入展览。张大千在此一画展,售至七百余万元,可转告思成济之②诸先生,当一新闻。其成功原因,则为得当地官而有势者宣传甚久,本地人既钱多无用处,购一洋瓷浴盆花百万元,筑一围墙用至千万,费数十万购一画,亦意中事也。(就其收入,若折合奚若、老金③与弟等收入,则约抵教授薪水二十二年,这可见知识阶级的价值。)弟等在此一切依然照旧,米已到五万上下,因之虽能用阳光空气自慰,事到头来,还是不免相当紧张!惟幸体力尚支持得去,足释念。专颂

府中长幼安佳。

  熟人均致意。

          弟 沈从文 顿首
          四月廿七

  董作宾,原名守仁,字彦堂。甲骨学和殷商史学者,我国现代考古学奠基人之一。通信时在四川南溪李庄,任中央研究院历史语言研究所研究员。

  ①力厂先生,即唐兰,字力厂(li an),又作力庵。古文字学家,通信时任西南联大中国文学系教授。

  ②思成、济之,指同在李庄的建筑学家梁思成、考古学家李济。

  ③奚若、老金,指当时西南联大教授、政治学系主任张奚若,以及哲学家金岳霖教授。

19440705
桃源新村

致董作宾

彦堂兄：

　　雪屏①来带了几幅小联，已收到。并从彼口中略知诸熟人消息一二。昨日胡庆钧②兄复来，方知关于李庄诸熟人情形。济之先生两千金死去，以及思永③之病，徽因之病，附及故事是梁再冰也真已到有男朋友时代。"人事有代谢，往来成古今"，不意六年间人事变化即已如此！本日适得印度金克木④兄一信，附一画刊，上有太戈尔⑤游华照片数帧，同照相者如梁任公、蒋百里、徐志摩，诸先生均早成古人，太戈尔亦故去逾十年，本拟转寄徽因，恐其受刺激太大，因之留下。此间老金过不久或可来李庄看徽因。假期已至，单身者容易动，如弟等有家中人同住，则假期所得，恐只是在家中多作数十回"火头军"而已。闻李庄熟人体力都常为疾病所困，深惦念。弟等在此虽日日为生活摇头皱眉，却不常害病，足告慰。惟地当冲要，政治谣言入耳较多，亦一苦事。强以"眼不见为净"格言，则似又不如李庄清静，得于此则失于彼，亦自然之理也。诸字一时未出脱，出脱必即将款寄来。汇款单五千元，系作寸先生所付。若李庄可通汇，将来或直接寄李庄必较省事。

专颂安佳。

弟　沈从文　顿首
七月五日

---

①雪屏，指心理学教授陈雪屏，时任西南联大师范学院教育学系主任。

②胡庆钧，民族学人类学家。胡庆钧1942年从西南联大毕业后，作为北京大学文科研究所人类学研究生，在李庄中央研究院历史语言研究所接受代培至1944年，通信时回到昆明。

③思永，即考古学家梁思永，梁启超次子。我国近代田野考古学奠基人之一。历史语言研究所撤退到昆明时，抱病暂代所务。

④金克木，现代作家、翻译家、学者。通信时在印度学习印地语、梵语和巴利文，研究佛学、梵学。

⑤太戈尔，今译泰戈尔，印度诗人、哲学家和印度民族主义者。他亲自译成英文的诗集《吉檀迦利》，于1913年获诺贝尔文学奖。泰戈尔1924年曾来华访问，1941年逝世，本信后文"故去逾十年"说法有误。

19441109
桃园新村

复董作宾

彦堂先生：

　　月前得手教，值莘田①先生过重庆，不知寄来字幅究竟在何处，因迟迟不作复。最近始由莘田转到各件。关于处理方式，昨曾与力厂先生谈及，或在不久将来，集诸友好的作品共同展览一次，必可有相当结果。至于上次力厂先生成功，事实上亦即失败，因售去廿八万元中，仅一千五百元一小幅系自动来买，其余均系介绍，不外面子人情，方得此成就，故成功中即寓失败意。因此一来，熟人中如雪屏、金甫与弟等，俱不欲作展览计矣。又此间最近市府尚有一新规定，即一切展览会得经由市府许可，审定各件，末了还得缴收一笔费用，将来同人展览时，尚得想法打破此种难关，否则物质精神，两不经济，转为彼等小官小吏限制，亦意中事也。金甫先生闻已到美。金岳霖刚回昆明。梦家夫妇已成行。莘田先生不日亦可动身。昆明情形，想多传说，或有类乎"现代神话"故事，在过去、当前曾经发生，在未来明日必更多机会发生。最显著变化，则为同事中有于一夜间忽然左倾者。亦有从不对于政治有所活动，忽成为活动中心者。亦有平时老谈政治，在此时转趋缄默者。在日常见面同事中，各为种种幻想所兴奋，对平时所学所信已有支撑不住趋势，静极则思动，亦事理固然也。弟因住乡下已六七年，每星期只有机会留城中一二天，便当真已成为一乡巴佬，因一入城时只闻热闹，已分不清楚某某熟人属于某某党派，且更摸不着彼等明日尚在转变中也。事实上如彼如此，恐怕亦只是一种神经拘挛现象，战事若好转，一切兴奋过不久或将从疲乏中得到平衡；若恶化，则大家当如桂林"文化人"差不多，将在转促中被人指为"待救济"分子，亦不能不重新占一据点再来活动，始能继续兴奋也。唯不好不坏之战局，有助于现代太学清流与太学生活动。至于国内各部门分解与腐烂，恐仍在继续，绝不会因为此等微弱呼喊即可望转机获得。凡已在分解与腐烂事事物物，势必到溃决后方慢慢可望新生。在这个情形发展下，弟等实转羡慕中研究李庄地势，因地方虽较偏僻，不宜于有政治幻想者活动，然对于个人工作，亦可因此照常进行，不至于有妨碍。以弟个人私见，当前卅名流对国事所能成就政治业绩，十年后，与先生一个人对古代史贡献比较，恐尚不及先生贡献重要也！弟在此住处名"桃源"，虚有其名而已，茅屋三间，小园一弓，全院中种不结子桃树三株，日常工作为挖土、挑水、磨刀、烧火，凡事做来溜刷在行处，竟若比写文章还高明一着。此种发现，与另外一种不大宜于参加"群的活动"认识，才明白一个农民底子的灵魂生命，即写作，到结果也还是如何无可避免与社会游离，到不得已转成为隐逸，亦极自然，真所谓出于土，归于土。闻思成病已脱体，徽因病亦转好，私心庆幸，真非言语文字可尽。弟已多久得不到他们消息，其实熟人健康与工作，无不常在念中也。弟几年来毫无成就，日常生活耗去生命大半，最近得重庆来信，知交桂林付印集子三册，卅个短篇集挑选出的，带至柳州，全付之一炬。廿年工作，转成空虚，所得只是一纸目录，以及完成各个篇章时所经困难，以及去年半年修改时种种印象而已。廿年来一部分工作，即此完事，成毁有数，古人虽尝言及，然毁去者为充满青春精力与敏感而成之作品，却将此只想退回农村去身体保留，对个人言，真一悲剧也。晤徽因夫妇思永兄时，盼一道意，并略及此事。霖灿②兄或闻拟来此，近又闻仍住李庄。能在李庄得良师益友鼓励，将文史底子打好，将来工作，必更多便利，机会实可羡慕。彼前托带李晨岚③兄诸画，亦拟在另一时同付展览。

专颂著安。

　　熟人统望问候一声。

　　　　　　　　　　　　　　　弟　沈从文　顿首
　　　　　　　　　　　　　　　十一月九日

---

①莘田，即罗常培，字莘田。语言学家，通信时为西南联大教授，中国文学系主任。

②霖灿，指李霖灿，美术史家，云南纳西文化研究的开拓者与奠基人。通信时应中央博物院之聘在李庄工作，博物院迁台后曾任台北故宫博物院副院长。

③李晨岚，现代国画家。20世纪40年代初曾与李霖灿同赴大理考察、写生，探索用创新的中国画，描绘云南雪山江河。

一九四七年

1947
北平

复彭子冈

子冈兄：

　　得您一信，才知道我信上发了牢骚。您不说我还不明白，因为一写信就随便要说说事实的！写长信成习惯不是牢骚！您怪我不说文章意见，就以为不再写下去，这就应了文章上说的"女人和先生不同"！你忘了我是个编者！编者的义务是请能写好文章的熟人帮刊物写点好文章，也从生人发现好文章，忘了自己，只为作者，为出版物，为读者，使刊物活泼。所以您文章来时，我只作一件事，即小心小心将不大明白的字改明白，免得排错。只希望早早载出，有目共赏！不敢改一个字，也不用改一个字，为的是我相信您平时已够认真，这次且认真到稍微有点儿矜持！我改动即会破坏整个设计的！我还得向您抗议，即您说"学生"，我就从不想到有学生。您访了多少新闻，明白多少人可就想不到我最怕人说跟我学。我在学校是打杂的，而且也决不以为快乐的，也永远不会教出一个学生的！事实上我倒永远跟人在学，也跟书本，比如说，从您文章中我就注意在您笔下如何处理这个问题，另一人就不会如此！如何表现情绪，——我发现您情感太动，所以文字不太挑选，但即此也够成为一个好文章，我还想您信托我是个不太自私的编者，只想一礼拜逼您写两篇。在北平环境下，我明白您工作曾受各方面的无形抵制，还未来时即早知道！您为什么不可以换个方式写成小说来发表？一个写惯了新闻的人，会觉得用小说方式写事总如扭扭捏捏，可是比你无从用笔，究竟好得多！同时还得承认，这扭扭捏捏的形式，是比新闻延长时间性，且能展宽到各方面去，浸润到年青生命中的。就为了这个理由，就值得写下去了。对一个新的社会如有理想，能充分表现到文学作品中，当然会有意义的！我所以不和您谈一篇文章得失，盼望的却是您有一大堆好作品产生。对自己工作我也有这种看法。正如同时下说的一城一地得失不足计，要的是整个！我相信用您接触广泛的生活作底子，写的兴致若不失去，上回说的写十本书出来并不如何困难。这工作似乎也值得人作作！而您若高兴作，比目下在上海行时那些女作家成就还一定高许多许多！若只想从我个人读后感上听取意见，似乎反而把我逼您写的原意失去了。这个话您若还以为不公平时，请盈兄作个公证人，看看我说的对不对。男子可能有时稍稍会袒护同性，但谈到您的写作，值得用一分力来写几本好书，我想一定能公公正正的同意我的意见。

我们似乎因为不大熟，所以说老实话您还以为客气，倒令人不知如何说好了。

您说政治太多，我并不觉得。文章好，政治多也不碍事的！迟些日子当来找您谈谈。

从文

彭子冈,原名彭雪珍,笔名子冈,中共地下党员,女记者、作家。

一九四八年

19480323
北　平

复毛羽

毛羽先生：

　　得到您信，谢谢。这事情极小，您不老放在心上，才能够继续写作。我前信不过是告诉您一点事实而已。初写文章自尊心极强，寄文章给人无结果，自然即以为受委屈，写信骂骂编者也是常有事情，但编者对人对事如果还有一点理想，不会为此着恼，却必然以想法弄明白误会为合理的。这工作需要很长时间，才可望突过前人，有点新纪录露面，并为后来者带出一点新路。慢慢的工作下去罢。认真而持久，还得消化一大堆好作品，作千百回不同试验，方可望有一点新东西！普通弄文学总以二三年见功，我却觉得这是二十三十年事情。编刊物费力而不讨好，且并非拿薪水事情，对个人是生命浪费，但对整个文运言，继续维持北方文运三十年来素朴的传统，与作者相互勉励努力，鼓励作者作自由公平的竞争，用作品争表现，这原则已应用二十多年！以弟私意说来，实即包含了□□□□□理想的实践，值得好好保持下去的！您拟写诗，慢慢的努力，并切切实实的写下去罢。国家情形太严重了，一切在分解圮坍，毫无转机。一切发展都在武力中推进或维持,这是民族中最重要的一回测验,谁胜谁败无疑都得用武力争取,并用更强武力支持,一切有用知识技术到此日已俨若无用,明日且将更悲惨。中国应当有更多诗人,把国家看远一点,把个人工作也看得更庄严一点,来好好的用他手中一支笔!应当在诗中对人类合理生存建设一些希望、观念。应当把战争解释为求进步最浪费的一步,必需从战争以外谋重新粘合人民,追求进步之方,把国家作成一个单位,来和其他优秀民族竞争进步,在科学、文学、艺术及诸方面竞争纪录,来对世界和平与繁荣作更多贡献。这自然不是容易工作,正如其他文学部门一样,真的成就并不容易,可是既写诗,这个伟大目标却不宜忘掉!

您若觉得这意见还不太迂腐,好好的作下去罢。把作品一个字一个字(并标点也清清楚楚不含糊)的写下去罢……

〔下文缺失〕

毛羽,当时天津的一位青年诗人,并主编文学刊物《笔联》。1949年参加革命南下贵州,改名毛尧堃。

本篇据残缺手稿整理编入。

19480926
北　平

复刘光炎

光炎先生：

　　惠书拜悉，深谢厚意。文章一时恐无从缴卷，因杂事忙乱，终日总是琐务一堆到头上也。稍迟时日必有以报雅命！专复颂
　　　著安

弟　沈从文

　　刘光炎，新闻时评家，政论家，通信时任国民党党部刊物《中央周刊》主编。

　　本篇曾以《沈从文先生函》为题，发表于1948年9月26日出版的《中央周刊》第10卷第38/39期合刊。

19481029
北　平

复滑田友

田友先生：

　　欣得覆教，不以鄙妄见罪，并示尊旨，谢谢谢谢。

　　关于古代兴建土木大工程，必有人总司其事，尊见极是。因从史志看陵墓建造，都市设计，以及大建筑单位之着手，兵器之处理，起居服用之消费与生产，实必需有专门家来主持，方能条理井然。即就遗迹考察，亦可证实。远古如殷商据安阳发掘报告，及与主持其事之梁思永兄，每役必参加之马非百先生谈及，坟墓设计之庞大华丽，及殉葬器物之多，均令人惊叹。至春秋六国，则仅就现存铜器之精美，与寿县、浑源两处所见铜器搁置方式，亦可证实文字记录大国工艺之惊人。（民二十山东某县发现一春秋时美妇人墓，土犹具香味。）周公营洛邑遗迹较难稽考，秦营咸阳，《秦本记》终至离宫三百。始皇二十七年筑鸿台《三辅黄图》，高至四十丈。梁山宫城《三秦记》石材皆文石。上林苑朝宫《三辅黄图》庭中可受十万人。前殿本纪阿房，东西五百步，南北五十丈，上可坐万人，下可以建五丈旗，用苦役至七十万。销天下兵器铸铜人十二于宫前，各重至二十四万斤，身长五丈，足大六尺。至营骊山陵墓，工程进行至十余年^{本纪及《贾山传》}，工人至数十万，坟周回至五里，内以水银为百川，金银为凫鹤，并设机关转相轮，周而复始。驰道广五十步，且有壁障，隐以金椎，树以青松。无处不见出工程设计之气魄庞大雄伟，不可仿佛。汉经营长安，如《三辅决录》与《汉旧仪》所称，班固赋中所咏，组织伟大处，至今从遗迹残存犹可想见。建章井幹楼亦高数十丈，封禅场面尤大。一部既为祠庙，因此祭祀仪式亦可观。《三国志·王朗传》引魏名臣奏云阳汾阴之祀事，斋必百日，养牺五载，牛用三千，重玉七千，乐人亦必三千四百而后备。此等事虽至东汉末因战事连年而衰落，惟董卓之营郿坞，魏明帝之复铜爵台，修景福殿，兴建之役，犹奢侈穷物力而后已。

佛寺兴建，多用《三国志·吴志·刘繇传》作例，传称笮融投陶谦，谦使督漕运，大起浮图……垂铜盘九重，下为重楼阁道，可容三千人。每浴佛，多设酒饭，民人来观就食且万人，费以巨亿。《洛阳伽蓝记》记洛阳庙宇，千载后人读来犹惊心动魄。景明永宁诸寺，与宋代大中祥符兴修之玉清昭应宫，即从记载上看，给人印象之深，亦了不起督工事者之非外行，当能相信。

从史志杂著看都市设计，看建筑，看坟墓，都可见出当时必有一人总其大成，如近代之总工程师，戏剧中之导演，权力相当大，见解经验又足相副，工作方能逐渐进行，并在计画中完成。至于大石窟工程进行，有相同情形，也有相异情形。如昙曜、乐僔，及龙门之白整（督工前后至数十万人），主要部分工程，必不是无计画仅凭工师意见即可完成。尤其是佛龛以外之建筑，包括主要建筑之房屋，及连贯各佛龛之悬空道路，如

73

云冈残余部分所见，实如尊旨，具见督工事者之魄力和巧思。如每一大单位，主佛与壁上配置，大多相互关连。（云冈有一窟除主佛外，三堵壁刻佛本生经全部故事，相互映照，比例谐调在国内少见。）但也多全不相关的杂凑，主要原因或者是前后有相去一二百年者，时代不一致。地方虽必然有僧人专管其事，却不像有何特别限制。有虽同在一时，造像之事已由帝王人税一钱统筹计画，如《唐会要》所称，转而为各自许愿供养，各就费用多少，布施不一，工程大小精粗因之亦不一致。云冈、龙门、广元，均有此种情形。有许多浮雕像群，多就空处添造，竟反而破坏了大处。又有些竟如外国工师出于个人爱好而下手，云冈相当多，云冈中有点犍陀罗风部分（一神骑金翅鸟？）雕刻即由之产生。从设计上已可看出艺术自由多于宗教严敬。一部分小龛，多北齐时制作，为石窟寺最细腻在佛相注入充分人情味的刻相，在中部，面上多笑眯眯，慈悲多而庄严少，为个人造供的像群，和大相比较，亦易见出作者个性。在大件上因需要多数人合作，必受限制，在小件上个人可以自由处理的，则不仅不受僧司管制，即抽象而尊严之佛，也若不在意中，刻成作品因之特别富于人性，竟和《北齐校书图》上人物一样，面目亦特有个性，有情感。云冈为弟所目睹，所得印象如此。同去者有梁思成兄夫妇，亦具相同印象。

若从图录论，天龙山石刻为最有计画，系列清楚，一大群石窟，作风却可分作三时代，每一时代都如为一总工程师督促其役。此或因石窟之成实代表帝王愿心，并不容许普通人参加，方得到统一效果。至于广元，则时代延长由唐初至明，均有造设。梁思成兄曾一再作考察，得一有趣结论，即"参观广元石刻一度，等于看过半部中古雕刻史。"主龛有计画，附龛多自由发展。

瞎谈实在近于猜谜，只是就个人印象而言，未必可信。因涉及各石窟兴造问题，欲作一详确论断，即仅就目前日人或国内考古专家报告，弟私意总觉尚未具体，似尚待如先生等对处理石材经验亦十分丰富之人，来就报告与实物两者加以综合研究，或者方能有更新发现也。

先生所提大村西崖诸论似较简，日人印行图录并研究，大部头似数《支那佛教史迹》《支那文化史图谱》，云冈、龙门、莫高窟……均有专册。论据亦尝有错误，排比史料极好，如天龙山部门，且有前后若干年存毁不同调查比较。关于本题有一朋友治南北朝史，曾就日人近二十年专著数十种作过一详录，并涉及各书得失，本拟写晋六朝美术史，收集材料多，只可惜对石刻本身乏鉴识力，致工作未克进行。梁思成兄亦由建筑史治佛教美术，山西五台赵城部分特别熟习。目下在北方作小专题研究者多，弟等讨论涉及历史部分，当作私人通信，或可得切磋启发，如公开发表，似乎还待作更深检讨。故弟私意不发表好，不知先生以为如何？

又关于壁上雕刻与画生产过程事，据最近从敦煌返平一印度太无量同学言，印度在当时此等人实自成一种组织，有和尚，有并非和尚之俗人，师徒同处，各处流动，或结集于大庙大石窟侧，等待主顾，按其许愿费用，估计工程。也有费用少，愿心大，且居然得到工师同情，竟为作一大窟者。此正可证弟在云冈所见未能了解部分。如佛经所常载，就中情绪庄严中亦兼浪漫。徒弟由于参加学习，因得进步。看敦煌属于六朝部分画，似多有印度人手笔。云冈石窟，就弟所见，亦疑心有不少系外来工师手中成就。关于此一点，将来恐也得先生来考察时，从一般人所疏忽处作技术上特征分析检讨，目下人论及此点，总不外从《高僧传》或石窟中文字搜寻，无结论可想而知。敬覆并候

　　教安

弟　沈从文　顿首
十月廿九

滑田友，原名滑廷友，字舜卿，雕塑家、教授。通信时任教于北平艺术专科学校。

据原信手稿编入。

【附录】
194812末
上　海

张充和致张兆和

沈从文附注：三十七年围城四妹去平后第一信

三姊：

　　一言难尽！不是那天在青岛等六小时，就是等飞机回北平去取东西的（人太多，临时动议只许光身上飞机）结果到了晚间六时，飞机回青说南苑炮火密集，不可降落。问我们住青岛，还是去沪，当然是马上去沪，到了大姐家，十分狼狈，连一件换洗内衣都得去买，我的外衣尚可借着，汉斯就借不到。现在请你打听一件事，请去东单华文学校问十二月十六日所开之圣保罗号72号所载旅客行李，何时南运？最重要的还是请你去过过目，因为我坐的是领事馆小车，下东西时均堆在地上。其他旅客行李则在卡车上，炮火近时，卡车退入城中，据当时负责人称"我不记得曾将你们行李搬上卡车，但我看我们的停机地方是无遗物的，其他飞机附近，衣帽行李遍地。"当时只留下开车的，或老车夫搬上亦未可知。(或为二人)同负责人(一牧师)。据他说年后天气好可飞北平运物。但问题在我的东西或许全部丢在机场，亦未可知。我是穿着最破烂衣服来的，所有全部均未携丝毫。只带一包破笔墨，及梅(碗)，杨(墨)，沈(碗)三人送的礼物。关于在平物若还在人间请帮我忙，以下是我的三个办法：

一、先请你去看看有无。每件上有Hans的名字，共八件。1.箱子三个(一铁灰，一飞机箱带咖啡编条子，一深咖啡。一为Hans，二为我的，就是在中老胡同的二个)。2.绿被包二个(均有名字)，三个包袱(你会认得的，一为点翠头面一盒，一为脸盆及零用东西一包，一为衣被及小侉奶奶全部)。以上均有用自来水笔临时写的小名字，须慢慢找才找到。找到这几件东西后，请为我写个大一点的名字，用英文，以白布条子最好。到这边不致被人误取去。再有相烦的是，我的箱子未锁，因恐海关检查时不方便。但那个飞机箱子不牢，请带绳子若干条，为我捆一捆。包袱的结亦请一个个为我结牢，或带粗线去为我缝一缝。因在路上，无人照管。丢了东西，均不知道。

到此时，物固为身外，但身外尚有寒冷相迫也。所以汉斯因无衣冻病了一周余。现在好起。然后我又病了，重伤风，三孔出血(鼻口)，现正是高潮，南方之阴雨，及室内阴冷，又加上青岛六小时之西北风，所以感冒时间较长。现在谈不上走的问题。若果衣被全丢，必借钱做衣，如此花子式的新娘去美国，如何丢中国人的脸。

二、若一时教会不预备运物(请打听)，请即告我，我由这边要一文件，由你领出暂保管。待央航复航时，托□南运。

三、万一所以机场均无希望运来，而你们亦预备南下，即存杨先生处，杨先生再是南下，那就随便如何处置之。

以上种种均是麻烦之事。我亦无暇同你寒暄，那天（十六日）只错过几分钟，没见到面，满肚子委屈，过警戒线，听炮声，全不害怕，只是想大哭一场。到上海，又病，心绪又乱，又还有接风道贺，愈加对照得惨凄，所以千钧重的笔，想写信，又怕寄不到。你可以想到我的情绪之紊乱。汉斯在心境上则十分坦然。以下我回你问我的话。

世界日报，十五号才第一天送。没付钱，英文报付至十二月底。

男车一辆，不收杨先生钱。女车如朱先生要，向修绠堂去取。亦不收钱。（但得我写信去。）

大砚台千万勿交修绠堂卖。你们走时交杨先生，杨先生走时，交修绠堂"存"。交通便时再寄。

煤球送你用，决不在大姐处收款。

一篇杂乱的话，仍未能尽。我写信给顾珠，要她来中老胡同陪你去华文学校去看东西，你可在电话中约个时辰。你只带布条子，同绳子。

匆匆不尽即祝

安好。

耀平兄亦同此间误会，不得回沪。得便同允姐一谈。但除非允姐去时才可谈也。

一九四九年

19490716
北　平

致黄永玉
——我们这里的人只想做事

永玉：

我很想念你，可不知如何说下去。如果在香港无什么必要，照我看北来学习为合理。这要下决心，从远处看，不以个人得失在意，将工作配合时代，用一个谦虚诚实且得耐劳苦合群众的工作态度，来后一定可以工作得极愉快的。（曾祺①即那么上了前！）这里二表婶②也上了学校，睡土地，吃高粱米饭，早上四点起床，读文件、唱歌，生活过得兴奋而愉快。以她那么性格，不仅受得了，还会影响到其他相熟同事太太，都希望去学习。以曾祺性格，一入南下团，即只想永远随军。照我想来，只要你经济方面不发生问题，香港家中可不用你照料，实值得来苦几年，随军或下工厂，一定可充分用其所长，好好参加这个大时代的第一步建设大路。说是苦，也并不如何苦，因为上下差不多，就忘掉苦了。你四叔③闻在东北，事做得好，也已经是老伙，我听熟人说的……

经过几个月检讨反省，把自己工作全否定了，二十年用笔离群,实多错误处。我已深深觉得人不宜离群,须合伴,且得随事合作,莫超越。因为社会需要是一个平。我现在,改用二十年所蓄积的一点杂史部知识和对于应用艺术的爱好与理解,来研究工艺美术史。这是费力难见好,且得极大热忱和广泛兴趣方做得了的。搁下来从无人肯作(千年来都无人认真做过),即明知是人民美术史,可无人肯来研究。我想生命如还可以用到为人民服务意义上,给后来一代学习便利,节省后来人精力,我当然来用它作为学习靠拢人民的第一课。预备要陆续把陶瓷史、漆工艺史、丝织物、家具等等一样样作下去。只要有一个稍为便利的环境,这工作,一定是可作下去,一个人的精力,且可以敌得上三个工作人员总效果的。如果有一个助手,一二年内,定还可把绘画史完全写出一个新面目。我的知识并不比人充分,只是理解问题,又有的是参考材料,且明白互相关系,如绘画和其他部门关系。可惜不容易得一个助手。我们还在设法改良北平特种手工艺,包括漆、景泰蓝、丝绣、瓷、象牙、扣花布……目下还只是初步作计,将来一定会有极好发展。因为手边有充分图录供用。这是北平真正生产品,能换大量外汇的。一大堆杂知识、全生命热忱和一脑子理想,本来应当是配上手中一支笔,来为人民社会写新的史诗,我实在也乐意如此服务,作为二十年用笔离群补过工作!

你要明白的事,说简略些就是这样。(今天我头脑清楚,说得也比较清楚,)我实在盼望见见你,盼望你能来这里,因为还可以和你谈谈旧日家事,应当知道不易知道的。并且说学习,博物馆就有上万图录,颜色形态和线条,从彩陶到晚清,多大一份遗产,待人来花用来消化!但是从学校出身的美术学生,会利用遗产的可太少了,会从一切优秀传统学习再另有翻新体会,实在太少太少了。一个宝库等于搁在井里,你来看看才会明白可学的实在一生都用不尽。如果商量一下,可为天津进步报作木刻,有一定报酬,你来即住在我这里,我还可以和你来为手工艺作新设计,你也可以把木刻扩大,学雕漆及其他,因为这里有个设计机构,可以做种种试验的。如学雕塑,就有数千种参考品,泥石玉铜无所不具,各时代都可以见!(巴比伦埃及专著都有)我离开文学,能转而研究工艺美术史,在目下,我觉得也正是塞翁失马,对个人说无所谓,对社会说我相信实在有意义。正如近几年在此和朋友对博物馆的热心处,目下还不大为人理会,到十年八年后,有一天大学校的文化史或美术史,会要用这种新式博物馆上课。只可惜生命恐有蒲柳先衰之感,来不及看到这种合理的发展罢了。(这里新木刻年画,大致在香港都可见到,有好的,不太多,还需要万千人来参加工作。)这里还有个革命博物馆,将来规模一定相当大,如照目前计画,用太庙大殿,就有十多堵三丈大墙要壁画,要新式壁画,还要无数雕塑,此外将来一切徽章、邮票……艺术家有多少工作可做!我现在正为历史博物馆整理旧漆器,仅仅柜门,就有一千件,好几个房子陈列还摊不开。有金石彩画,山水故事花卉全打破了旧格,别是一种新样,将来一定可影响到新水彩、新油画,你如能来把百十幅特别摹下,到香港印一个集子,给人印象将是空前的。我可惜一双手配不上知识理解,如能有一双能刻能画的手,从这些传统改造翻新,会使现代中国美术好几个部门,都要完全改观。目下的雕刻家和画家知道的问题却太少太少了。

问候你和家人好。关于我,你应当放心,一个人挣扎了三十年,什么苦都吃过了,且认真工作了二十年。对生命,也算对得起了。只因为用笔和社会发展游离,生活上离群不合伴,在时代过程中,自然不免会失去生存意义……不妨事。即终得牺牲于这个过程中,也不妨事。我已明白自己离群之非是,在根本上重造自己,而且比起许多熟人更彻底,这是应当告你使你放心的。历史伟大,个人渺小,万千善良的农民为追求一个进步合理的原则,都勇敢牺牲了,我们一点小小痛苦,不能说,不应说!……我们这里的人,只想做事,只想多有些助手,多有些工作机会,来为后来者垫个底子,时间却不免要消耗到杂务上去,来不及全生活放上去,真着急!因为有许多许多事,一不做再担搁下去即无法着手。比如说,丝织物中的纱绸罗缎研究,二十年前,北平地摊上一元多可买乾隆到晚清纱一匹(价比糊窗子布只贵些),到处都可以得到。十多年前,两元还可买二丈,花样至少也可到一二百种。三年前复员时,买纱衣也不过一元钱一件。百十件还是举手可得。到目前,就大不容易见了,如想来研究,晚三五年,就多用十倍精力和财力,也不易有早些注意的效果。比如纸,二十年可以买上千种不同旧纸,三年前我还为一个亲戚买上百多种极好旧纸,放到任何国家博物馆,也很像一个单位。当时花的钱不多,只是费点奔走寻觅之劳。到今年,即想努力来找,也无从设法了。中国造纸有了两千年历史,什么都不知,什么都没有,怎么谈,有的看它消灭,无人肯注意。到目前,即或要一个人来搜集,并搜集知识,也无法得到了。一句话,快完了。

现在几个朋友都觉得,要为国家在这方面尽力,还得趁早做,为的是不趁早来努力,将来即有人想来写一部文化史,有许多许多部门问题就根本无法着手!新的社会里要创造,也必需明白过去,才会创造未来。比如最近的瓷器改造问题,同是一团泥土，抟来捏去五千年来什么式样通有人做到了，而且三千年前就做得又结实，又美观，又十分合用。现在来改良的美术学校，对过去毫无所知，那会有进步有成果。

　　永玉，你很可以斟酌一下看：要把工作配合动的世界，和社会到发展，应当有个决心变一变，来到这里有意义。要学习，综合传统一切来产生一个新，更必需来。这也只是一种看法。不想来，就说说你的打算。国家属于人民，在一种新的领导方式中，必然会将历史带入一种新的光辉里。看远景，人就会健康多了。

　　并候佳好。

从文

七月十六

　　黄永玉，木刻家。作者的表侄，通信时定居香港。

　　本篇1949年8月11日曾以《我们这里的人只想做事》为题，以"××"代替对收信人"永玉"的称谓，发表于香港《大公报·大公园》，署名沈从文。现据发表文本，恢复"永玉"称谓编入。

　　①曾祺，即现代作家汪曾祺，当时以"南下工作团"成员身份随军南下。

　　②二表婶，指张兆和，通信时正在华北大学，接受革命教育。

　　③你四叔，指黄照，作者的表弟。抗战爆发后去延安参加革命，故下文称"老伙"。

一九五四年

19540111

北　京

致巴金

巴金：

　　寄款收到，三小姐①到医院检查抽水，说已无水，只待静养，不必住院，钱不需要那么多，因汇还一百元。你的好意极感谢。家宝②□□介绍一医生，过两天可去看看，希望早好些也可早作点事！

　　问府上大小好。

从文
一月十一

据原信编入，因多处被虫蛀，个别字缺失。
① 三小姐，指张兆和，当时患胸膜炎。
② 家宝，即剧作家曹禺，原名万家宝。

一九五五年

19551121

北　京

致丁玲

丁玲：

　　帮助我，照这么下去，我体力和精神都支持不住，又只有倒下。感谢党对我一切的宽待和照顾，我正因为这样，在体力极坏时还是努力做事。可是怎么作，才满意？来帮助我，指点我吧。让我来看看你吧，告诉我地方和时间①。我通信处东堂子胡同廿一历史博物馆宿舍。（是外交部街后边一条胡同）

从文

廿一

　　丁玲，时任中国作家协会副主席。

　　本篇曾于2005年3月故宫《紫禁城》总第130期郑欣淼《调沈从文到故宫博物院》文中引用发表。现据原信编入。

　　①丁玲未见沈从文，而把此信转给时任中国作协书记处第一书记刘白羽和时任中宣部文艺处长的严文井，并写信说明。详见附录。

【附录1】
19551122
北　京

丁玲致刘白羽、严文井

白羽、文井同志：

转上沈从文给我的一封信给你们看看。

一九（四九）五〇年我同何其芳同志去看过他一次。那时他的神经病未好，五一年土改前他来看我一次，我鼓励他下去。后来又来信说不行，我同周扬同志说，周扬同志说他要王冶秋打电报叫他回来好了。可是沈从文给王冶秋的信又说得很好，可能还是后来回来的。五二年问我要了二百元①还公家的账，大约他替公家买东西，公家不要，我没有问他，他要下就给他了。去年他老婆生病想进协和，陈翔鹤同志要我替他设法，好像不去不行，我又问陈沂同志替他要了一封介绍信交陈翔鹤同志给他。现在又来了这样一封信。我知道他曾经同陈翔鹤还是谁谈过想专搞创作。过去好像周扬同志也知道。我那个时候觉得他搞创作是有困难的（当然也不是绝对不行），在历史博物馆还是比较好。看现在这样子，还是不想在历史博物馆。这样的人怎么办？我希望你们给我指示，我应该怎样同他说？如果文井同志能够同我一道见他则更好。我一个人不想见他,把话说扭了就说不下去了。我看见他的萎靡不振,仿相隔世之人的样子,也忍不住要直率的说吧。有另外一个人就好得多了。怎么样?敬礼!

丁玲
廿二日

---

① 要了二百元,据1952年8月18日沈从文致丁玲信所述:"你如有钱,望为借一百万,也派个人送到博物馆那边,我因特别事急要钱用,大致可分二次还你。"见《沈从文全集》19卷353页。

信中所说一百万,指1948年发行的人民币旧币,相当于后来沿用至今的人民币一百元。

1952年信中所谓"特别事",的确是替公家买东西,公家不要,只得向丁玲暂借一百万赔付。为了偿还丁玲的借款,当时曾有偿出让自己收藏的文物,见【附录2】。

【附录2】
19521114
北　京

出让文物字据

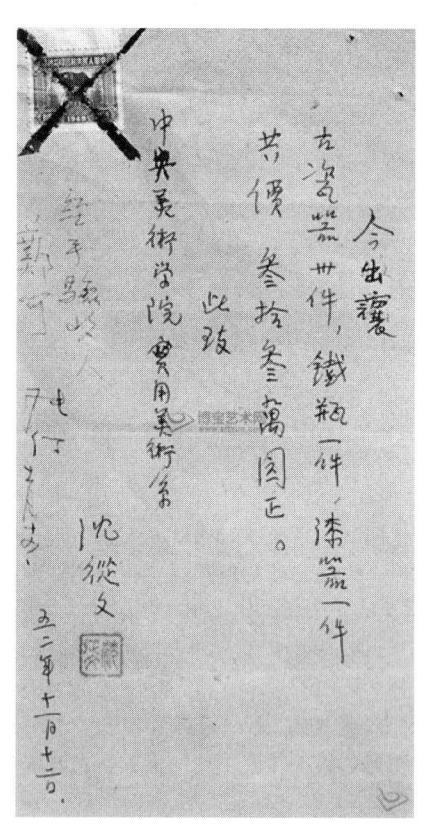

今出让
古瓷器卅件，铁瓶一件，漆器一件
共价　叁拾叁万园正。
　　　　　此致
中央美术学院实用美术系

　　　　　　　　　沈从文〔盖章〕
　　　　　　　　　五二年十一月十二日

经手验收
　　　　郑可〔签名〕　张仃〔签名〕①
　　　　　十一月十四

沈从文曾多次向北京大学博物馆系，向中央美术学院实用美术系，以及工艺美术学院等院校捐赠文物和图书资料。这件字据，是目前所知唯一一次有偿出让。

字据签署于1952年11月中旬，可知是作者为偿还当年8月18日向丁玲借的债务，不得已破例筹款之举。

①郑可、张仃，中央美术学院教授，张仃并担任实用美术系主任。

1950年代中期
北　京

致方成

方成同志：

　　上次说介绍些可供作边沿装饰的图案，作日报用，随手记下一些，据我记忆印象，大都是健康饱满十分有用的。如果报社中有个固定美工同志，能有时间，把这些花纹集中整理一下，用处甚多。将来印出来，全国报纸均可用，也可说不大费事，即可在这方面得到共同提高之效，真是相当经济事情。至于串枝瓷器带子式及团花花纹，就更多了，简直可说不易计数，如有人花点时间专来就这部门搞个一二年，才真可说为优秀遗产"古为今用"作了一件好事！丝绸刺绣也多不胜计。如何通过一点人力，来有计划抓抓（即作黑白画或勾线均好），搞个千把种印出来，全国各部门凡需要装饰图案的均能用到，对许多生产部门显明是有帮助的。特别是印染花布，一定也好看得多，不至于一部分老停顿到只用圈圈点点来解决问题了。其实即以圈圈点点的大小团花而言，也不下千种，可以丰富新的生产内容。要的是有人肯下点工夫，费点心事，把材料从各方面抓来，再供给全国使用。

沈从文

方成，漫画家，原名孙顺潮。通信时任《人民日报》社高级编辑。

一九五六年

19560620
北　京

致林钢

林钢同志：

  写了个小文章①作为副刊投稿，望看看转去，有用又不会出毛病，就用，不适用，就赐还，当再写。不必因我的文章而为难，一切得从刊物需要对读者有益作决定。也可以删减，这是投稿老规矩。

沈从文
廿日

  什么时候和你两位谈谈，在你们有空时好些。我电话五七五一六

林钢，时为《人民日报》记者。
① 小文章，指散文《天安门前》，1956年7月9日发表于《人民日报》。

19560623
北　京

致林钢

林钢同志：

  我寄你那篇小文章，想已收到。报纸近来正在反右倾主义，我写的问题没有分量，和副刊要求怕不大合式，请还给我好不好？或让《旅行家》用，那边要这类小文章。稍过一时当再写别的。近来已起始在动笔，一年半载后笔活动些，会能写出二千五百字左右短篇小说的。我正想试试限制在二千五百字到三千字的故事，看能不能写得出一种人或一件事，给人一个印象。照估计是可以作到的。最近在《旅行家》试写了一篇①不成功，毛病似乎在直接对话少，分析叙述多，因之不成功！

  问候双好。

沈从文　顿首
廿三

---

①试写了一篇，指4月22日刊登在《旅行家》杂志的《春游颐和园》，是沈从文1949年后首次发表的散文作品。

19561002
北　京

复谢承仁

承仁同志：

　　书单收到，谢谢。拓片如果学校还没有，能买还是就买下，将来得用。学校有几千人，让将来中学教员多知道点历史各方面问题，不是坏事情！其实那几个大宋瓷罐相当重要，因为磁州窑有千年生产，是华北一大单位，几件白地墨绘坛子，是北宋全盛时期的，这种大器物历史博物馆所有也是破的，不妨事！此外，廊房二条某家还有个战国鼎要七十元，如需要，也可取来。琉璃厂还有三四十幅元明以来绢画神像，不过十来元一轴，正是谈由敦煌麦积山到中原各地以宗教为题材产生的艺术有用材料，花不到百元即可把好的挑来。一提吴道子就少不了要说影响！为将来历史教学计，有用，而且十分得用。西单商场有二雕漆茶托号如上式，二十来元，是宋元时物，至晚不会到明以下。东西不算精，但能说明问题，可以留下。这次有些东西我擅自作主张买了下来，将来我为写卡片说说问题。候各位好。

从文

谢承仁，通信时为北京师范学院历史系教师，并与作者共同参加《中国历史图谱》编纂工作。

19561105

上　海

致巴金

巴金：

　　三小姐寄了个照相来给你和蕴真，还盼望你们有阖家照相给我们一张，留下个纪念。她来信说已能半天作事，上了工。如想离开北京玩玩，大致将是明年后年事了。我明天下午回北京。拟和叶至善同去湘西自治州看看，只是路上占时间过多，在湘西或只能稍稍看一点点地方情况，就得回来。其实如时间从容，坐帆船上下，费时二十天，见闻必格外亲切！和二十年前情形对照，必有许许多多可以记载下来的事情也！

　　望为谢谢陶先生。

　　我明春可能还得来一次，有一二月到各个博物馆照相。编的书必需有这些相才精彩。各个地方东西太好。

　　埃及事[①]令人愤恨和忧心。英法作丑，美扮好人，如唱双簧。目下对英法必抵抗，将来对美还是要格外小心！

　　这次来不及看看你家孩子，下次来时当为带一点真正北京东西来。必看看他们，才好回去描写给我家虎虎等听！

从文
十一月五日

---

①埃及事，即当时的苏伊士运河事件。1956年7月26日，埃及政府宣布将英、法控制的苏伊士运河公司收归国有。英、法为夺回对苏伊士运河的控制，在外交努力失败后，联合以色列，于10月29日对埃及发动突然袭击，史称第二次中东战争。由于埃及军民奋勇抗战，国际舆论强烈谴责对埃及的侵略，迫使英、法和以色列11月6日接受联合国的停火决议。12月英、法军撤出埃及，次年3月以色列从埃及西奈半岛撤军。

一九五七年

195702
北　京

零星意见供诸兄参考暨焦菊隐眉批

1. 我原有此意。请梅阡同志考虑酌改，似乎避免现在的千篇一律之感。

　　　　　　　菊

2. 应改正过来

　　　　　　　菊

3. 可稍将腰身及袖子缩狭些。但不可过狭，否则另又产生"小气"的感觉。

　　　　　　　菊

4. 男人应尽量采用革

1. 国王下裙脚，似可用五色晕裥，或如清代缂丝蟒袍下边的五色晕裥，或如▨▨斜式，或作▨▨直式，比目下用黄纁二色好。目下的颜色和上部黄衣色相同相似，少对比效果。

2. 群众中有短衣的，似不必要，衣齐膝才合。短袄子不合。

3. 朱女侯女衣，在四排看来，整体效果嫌肿胀，袖过大，腰裙过大。袖子可试折小一些，腰裙也去掉一二尺材料，或把襞褶加多如百折裙式，即可将腰部约束小些，因之在视觉上人即显得瘦挺些。转折间也飘洒得多，和年龄要求相合。必需要瘦挺些，比例才合。

4. 凡用带钩必系革带，带作漆黑或

带（当然是假做的）。

菊

5. 甚是。应检查一下，适当改正。信陵这第一场服装，应重新设计，主要要"华贵"而有气度。可从朱锦沿边上考虑。

菊

6. 请梅阡同志考虑。

菊

7. 要适当改正，郭老亦有此意见。

菊

8. 可改为以下样子（但须变化）⬗
加浮雕花纹。

菊

9. 可暂不改，现在的样子美些。桥亦只能如此大小。

菊

朱均可。不宜在丝绸上用金铜带钩。上海博物馆有楚文物二革带，上面还有带孔。历博也有带式。

5. 衣边和衣色对照好些，如信陵君二场时，着浅色衣，深色边，好些。白边不相宜。因照制度，贵族常用朱锦沿边，衣料有时用绸料，边沿则必较贵重厚实材料。

6. 王母和如姬照制度可蓝黻（胸前那片蔽膝），不妨用深蓝深青或宝石蓝正蓝加彩绣或金绣。汉制犹提及。

7. 衣边如系用绣，女的身上花纹求活泼秀发，不妨要博物馆洗印一张辉县漆鉴复原那些花纹，比较合式。因为是标准金银错纹，是绣纹，蒙古出土汉绣花纹还保存这个制度。历博那一片汉代云纹绣，基本上也还相同。

8. 战国陵墓，可能应当是坛式，才合制度。近于把个金字塔削去上部分，式如战国小玉印，照现在处理形式不合。现在是近百年南方平民坟墓，不相称。

照这样好些 ⬗ 或这样 ⬗

9. 石桥过小，不相称，或据汉四川砖刻那个木平桥，还得宽大一些，不会犯历史上错误。桥头用华表，现在的不合制度，这是六朝式受印度阿育王柱影响而来。古华表用木，似应作此式才合，即一竖柱上加平十字架，求效果，可漆成朱色，桥两头各有二具，唐宋画中还用它。是古桥前华表式。即俗称"乌头门"是也。

10. 屏风可暂不改。但平台边侧的隔断，可采用沈图。

菊

采桑猎壶铜器或云气纹的图案，可画一个样子看看。

10. 屏风式不古，只宋明有如当前式样。照汉石刻等及记载言来，似多两折式，汉末才有十二折式，可移动折叠。一般多系如下式：

照此安排效果也会好得多。花纹不宜作山水画如敦煌画。或不妨作漆器花纹几何云纹，或

用辉县漆棺花纹，或用采桑猎壶铜器那个图案反映到屏风上，作分层布置，馆中正在画，可参考。或用辉县彩绘陶花纹，或用武梁石上层神人云车等，总之，比目下的合古制。或纯作云气纹，有乐浪彩箧孝子传旁屏风可证。最好的云气纹有辽阳彩绘和寿县棺木。或素漆也成。总之，不宜作目下式样。

11. 甚是。我也嫌太粗拙，无宫廷气氛，应

11. 椅凳坐具和案子木架似太粗拙。这时期一般家伙都重造形，比较秀拔灵

115

加精工。
　　　　　菊

高低，因求舞台效果，不必再改。

绳可改朱红，要看梅阡同志如何决定而定。
　　　　　菊

12. 芭蕉决定改石榴，下边杆栏是否木栏请梅阡同志决定。（因为石榴到中秋似已果实累累一片朱红矣）菊
无论如何现在栏杆太小，宜放大。

13. 同意。

14. 同意，但目前似仍要用一用，因为一时替换不下来。　菊

俏。可参《东瀛珠光》几个唐榻，也可用《北齐校书图》那个榻，作  参考，比较好看。这有一系列材料可以用，一般是尺寸较低，加垫子才如当前不加垫子那么高。案子不甚合制，跨式太拙。当时几案都以便于移动为条件，据要求作，效果会好些。楚文物图录有个案子可参考。

　　大帘幕垂式效果极好，如约束  朱红或淡黄，粗些，色和帐幕对比强，好。

丝绳用朱红的或淡黄的，会更好些。色和帐幕对照。

12. 芭蕉部分不宜用目下的石阑干，这是唐宋以后式。不如用普通涂朱木阑架好，或不用，但是把芭蕉加二株较小的，会好些。

13. 石阶下花纹不妨用燕下都花砖花纹，制度相合。照那砖上花纹绘出即成，容易处理。

14. 音乐方面最好莫用二胡，尽可能用筝瑟弦乐代替。略敲敲钟磬也成，不宜于用二胡。一面免和京戏空气相混，另一面用琴筝瑟等声形成空气会比

较合古。

15. 用锣部分也可考虑用鼓。总之，响器声能避免和京戏效果相混，有意义。

16. 牛郎织女舞不大好，不如去掉，商量郭先生①一下。不得已用，也莫吹笛，只宜吹短短竖管子。

如不用此舞，也可代替作嫦娥奔月舞，倒比较容易安排，和《淮南子》提到故事也衔接。只作为太妃向侯女说故事，二女孩即据之作舞。一作白玉兔形，一作嫦娥，绕宫廷本有一花树而舞，奏乐用筝曲，易得好效果。

17. 这一节榻上曾搁了个竖箜篌，似不必要。此式箜篌入中国较晚，战国只闻有卧箜篌，式还未详，宜如七弦琴，不是竖琴。

18. 如姬衣着过宽，行动受拘束，不飘洒，不如太妃。还是得考虑如何把衣袖内褶弄小些，腰扎细些，履垫高些，裙幅小些，总之，用种种方法使之瘦挺，比较好。

19. 王侯朱履已成定制，楚王用朱履，效果也会好些。履不妨大些，

---

15. 某些部分可考虑。菊原则同意

16. 暂不取消。
　　　　　　菊

有人亦作如此建议，但郭老未同意。我意牛郎织女比嫦娥还有意义。

17. 箜篌台上既不用，即不必再摆上。通知舞台监督取消。
　　　　　　菊

18. 使如姬服装更瘦挺，同意。具体办法，应仔细考虑，勿像越剧。
　　　　　　菊

19. 魏王一定要用朱履，样子照现在的不改，只加些云头花样

即可。

　　　　　　菊

20. 同意，可请梅阡同志通知演员。巾结可改正。

　　　　　　菊

22. 看怎样美观就怎样。

　　　　　　菊

23. 请梅阡同志通知演员。

　　　　　　菊

24. 王每场都要配剑。9幕的剑要加长。

　　　　　　菊

如阎立本《帝王图》翻云式，前桥高耸，也可把上面一例黄色打破色彩上的单调。

20. 群众中一些年青女子，行动中还是以胸向前挺，不作京戏老旦姿势好。巾结一部分人或用朱，古有童子即用朱锦结发事。衣色多灰黄，部分人头上巾结用殷虹，量不多，效果好。

22. 戈有矛头的，目下作式不大妥，似可 这些缩短，让矛紧贴戈身如下式合理些。

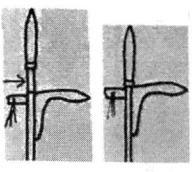

把上部柄去掉些，也好看些。边旁也可系点红缨子，效果会好些。

23. 执戈之武士还得精神些，紧紧握着戈，而且十分整齐，才神气。甲沿或用朱，好一些。

24. 剑还可稍长些，作法不大合制，附件宜如下式，玉璲系平贴剑鞘，用绳约住两端，形成辘轳效果。剑柄平时还向下垂。为便于用，如目下方法也可对付。

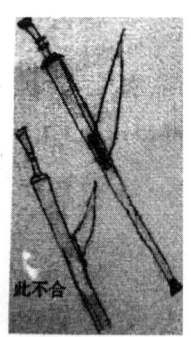

本篇为作者1957年观看话剧《虎符》后，关于服饰道具等写给剧组的意见信及焦菊隐导演在原信上作的眉批。

据手稿编入。手稿复制件由北京人民艺术剧院戏剧博物馆提供。

手稿中问题序号漏掉"21"，整理时维持原写法。

①郭先生，指话剧《虎符》作者，古文字学家、考古学家、社会活动家郭沫若。

1957 0410 左右

北　京

致焦菊隐、梅阡暨焦菊隐眉批

应照改。

　　焦四月十三日

那种石阑干不会产生于战国！

应改为木柱。亦可用朱红。惟桌凳的颜色似又雷同。

　　　　　　焦

石桥的设计似乎再行考虑。

　　　　　　焦

菊隐、梅阡同志：

　　我已第五次看《虎符》，重点在衣服道具所产生、形成的历史气氛，究竟还有什么问题。看过后，还想重复提出上次意见，盼能加以考虑。主要是如下各点：

　　一、投壶，战国时无此大耳壶。如用周制，周壶耳也得小些。现存的铁制投壶，多系宋式，至早到唐代，不古。

　　二、芭蕉阑干最好还是用朱红木柱，不至于犯历史错误！或参用历史博物馆陈列辉县战国时战车的边沿阑干，比较妥当。（可找辉县发掘报告上那个战车图。）或参用汉瓦屋阑干。

　　三、桥还是用四川汉砖反映那个木桥，排得整齐，如积枕木，不妨事。这样也才和当时国家经济情况相称。如用可改为积枕木式的大木桥，但不能不用柱（舞台上要美），柱亦可改为木柱。

焦

分段画云纹也成

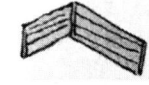

屏风待斟酌。

焦

祭祀似仍可用爵。饮水用瓦耳杯。

焦

"有酒一尊"字句，似不便改。否则需代郭老另写十二句诗。

焦

应照改。把圆盘改为方案。

焦

当前所作石栏桥，不相称，也小了些。魏国当时城边不至于那么破旧。

四、仿天安门前石华表，决不宜用。古时用木，照制度只宜立一柱，上作平十字，式如，而且得两边立。以弟意，桥如改作汉砖所反映木板制平桥，不用华表，反而好些。用即只宜用木的。

五、屏风求近历史本来，用三折或二折式，不委角，还是会好些。因从汉石〔刻〕反映，作二折，在榻后，好。上如绘彩画，可照辉县出土大漆鉴复原云纹花纹绘，红地黑花或黑地红花，效果好。合历史本来面目。也可据战国有人物宴乐猎壶绘，也可只作金银错边沿，也可用长沙狩猎纹漆奁绘。宜用重色，即乌黑也比用目前敦煌画式合古制。

六、战国已不用爵，实在应换耳杯，不用漆的用瓦好。"举爵奠酒"，口中并说"一尊"，战国无此式样，无此说法。

七、阿侯送汤水时，还是用小方案，如历博所陈列式样，上置耳杯，双手高举敬太妃时，不妨独屈膝，作举案齐眉

121

此意见极是。应改正过来。

　　　　　焦

我意：我们的锣鼓目前还是尽量减少些的好。因为现在所用的（特别是所加的），并未经过导演的深思熟虑。有些地步并不能实现导演的总的意图。

　　　　　焦

第十项意见好极。短剑持盾好。

式样，谨太妃。宜并小案置几上。案不宜用圆的。放耳杯后不必如一般堂倌举盘退去，式不美，也不合。

　　八、条几下脚外跨，不合古，却近于张正宇漫画。《十五贯》大案如此作已不好看，破坏戏的好处，这里用上，也很不美。似应改成 ⌐ 或 ⌐⌐ 比较合制度。规矩正分些，才与戏中脚色地位相称。

　　九、用锣鼓日益增多，比上几次加了许多，占去了读者过多注意，破坏了剧中空气比增加效果多些。应节制响声过高和使用次数过多。最好还是用筝瑟等相配。用筝瑟并且还比用锣鼓好得多，情绪近古。一用"响声"，便给人一种京戏印象。响声过后，随即道白，由于响器过重，人声即显得极轻，不够分量。如响声用丝弦划弦而止，声量不太大，人声音即相对增高，给观众印［象］好些。即京戏，文戏也不见如此过分用锣鼓的。要节制，要试作改丝弦测验一下效果。

　　十、兵士最好用短剑持盾，盾色华美，效果比荷戈好得多。请历博许可用楼上陈列新模型仿一个，用厚纸板上彩容易。四个持盾士一定会形成好的效果。目下持戈戈头过大，走路也不对劲。

十一、如姬身上还是见臃肿，想法减去披帛合制度些。到目下为止，只知道唐制用到，汉六朝不用，战国人形绝不用。衣上飘带少些好。或用上褂加较窄裙，也许可以补救一下，作下式则腰部略大如目前情况，亦不妨了。

十二、松树布置好，但也有朋友说用白杨或更成功，因这里宜于直上，不宜于偃蹇。用松柏直上式，也和剧情更合式。且不妨用偏斜光，则台上形成效果更动人。

十三、介胄不跪，所谓"军礼"，只拱揖或屈支膝，似合古，女将回来不必下跪好。

十四、盼尽可能用笙、瑟、筝、埙声代替二胡，免和京戏空气相混，失历史空气。为增加戏中情绪节奏，也不妨在重要关头只用彭彭鼓声。但是最合还是琴声。能加强气氛。

十五、男用腰裙或女用腰裙不合古，如信陵君某一场。此名"腰袱"，南宋、

可加考虑。

　　　　　　　焦

"甲胄在身，未能全礼！"这是不跪的意思。这是我们的疏忽。请转演员改正。

　　　　　　　焦

此意见应注意。

总之要避免京戏影响。

十五，注意改过来。

　　　　　　　焦

元女人才见到，唐以前无此式，不用好。

菊隐梅阡二同志，琐琐小处一再提出，不以为烦幸甚。本月日本代表团来多专家，其中梅原末治等搞中国文物制度，相当深刻。我们作历史戏剧，在这些观众面前也具有文化竞赛意，如安排得太不合历史空气，人家一问郭先生，郭说不注意不成。郭说由历博或沈某参末议，那些人一到历博询问我们根据，我们即无从回答。让他们笑话"国中无人"，对国家也是损失。因此就已知材料充分使用，能改的改改，总之使一个历史剧尽可能多些历史气氛，从各方面增加历史气氛，这点努力是应当想办法来作到的，不知二位以为如何。

我们其所搞服装，搞制度，就为的帮到各方面向科学进军。京戏，古典故事电影，以至于神话童话，将来需要到所碰到的各种问题，还包括了背景安排（例如"天宫""仙宫"），也是要从最好的有想象力的旧画中取法参考，比自出新意容易见精彩！充分利用已有知识，来完成来改进这个工作，工作会更加见得容易见功。二位也必以为然。

弟　从文　顿首

　　本篇为作者1957年第五次观看话剧《虎符》后，关于服饰道具等再一次写给导演的意见信，以及焦菊隐在原信上作的眉批。而作者为加强说服力，也有三处眉批，现排为加粗楷体以资区别。

　　据手稿编入。手稿复制件由北京人民艺术剧院戏剧博物馆提供。

1957 秋
北　京

致张兆和

兆和：

　　谢谢你廿余年来对我的种种帮助。你是这本书①最后的校定者，也是最细心的读者。集中几个比较成熟的篇章，总是从你的帮助鼓励下完成的。这些作品并且和我们廿年来共同生活分不开，特别是其中如《边城》《贵生》等篇章，还保留了我们共同青春生命的热情和当时对于人事的看法。……以及由此联想起的种种生活记忆，由于这些作品的产生，更加使得这些出于青春生命的想象和其他，都若永远光辉润泽，增加工作信心和勇气。这集子的付印，你出的力也格外多。

岳焕

---

　　①这本书，指1957年10月人民文学出版社出版的《沈从文小说选集》，是作者1949年改业后，在国内出版的唯一文学作品集。通信时张兆和在《人民文学》月刊任编辑。

兆和，珠珠：你廿餘年来罵我的种々帮助。你是这书最後的核定者，也是最细心的读者。集中我个比較满意的篇章搖是从你的帮励鼓励下完成的。这些作品和我们廿年来共同生活分不開，特多是集中比远逝去万事，还保留了我们共同支考生命的热情，和对於人的看法。
以服由此联接起种々生活記憶，由于这些作品好重生更加依这些由於耒耒生命的甚他，都将永遠充輝润潭澄加上你付出和勇气。这集子的付出，你出的力也特別多。
岳煥

1957 10 中旬
北　京

复刘敦愿

敦愿同志：

　　前得尊信，因事未即复，极歉。近又得校中信。我这里可以送你们廿种旧锦样，十种旧纸，十件清代官窑瓷，盘碗类，四种漆器，和点唐写经、战国玉，略表微意。东西量不多，只是恐得有便人才好托带来，因为东西不好寄。东西都平常，不过教书提到时，大致还可作参考用，要买也不方便！文史系同学，总之，将来必需要结合材料来搞问题，多有些常识，有益而无害。只要学校有需要，我此后总还可随手为找点材料来的，作个"抛砖引玉"。大家一热心好事，一切就可由无到有！照我想，党是极明白新的历史科学研究是离不了"物"的，而地下百十万种文物，要它起作用，也离不了文献知识的，两部分的结合，才会有新的历史科学。工作对学生有益，个人多出点力，对整个工作推进有好处，我们就先来出点力，不要紧的。

　　真正要解决学校文物馆材料，大致还是得从三个方面求解决：一、省市调拨；二、自作一笔预算（假定一万元），托这里为收集拨不来借不到的；三、历史博物馆借陈。第三个办法，稍过些日子，当为向馆方作个具体建议看看，如可以商拨二百来件，我再为把卡片说明写出，学校另花一二千元托这边为把历代重要壁画摹制一份，五六间房子陈列，一定就很可观了。求进一步帮助教师同学提供参考材料，另外出笔钱请这边洗三五千照片，二年后，情形会不同得多，省中也会明白再扩大这个文物馆是必要的，把更多东西从库房提出送到学校，是对此后山东文史研究工作十分有意义的事情，而且也十分自然了。

总之，目前费点事，打个基础，对学校明天必有好处。例如通史中谈生产发展，这里就有由商到清代车型，由汉到清的船型，各时代的马，各时代的房子样子，仓囤和农具……织布机，及每一时代人形状生活方式，无论教通史教文学史，多知道些，多见到些，实在有益无害！从这里还可启发许多问题！

涤非诸先生均致意。

沈从文　顿首

请教学设备科考虑，可否请到京购置仪器的同志带回，如何应先函告沈先生并表示谢意。

王祖农 10.14①

刘敦愿，美术考古学家，通信时主持山东大学文物室筹建工作。

此信曾收在王任整理的《沈从文致刘敦愿的书信十封》中，发表于2008年4月吉首大学《从文学刊》第5辑。现据原信编入。

作者给刘敦愿其余八信及致震寰阁信同此，不再一一注明。

①王祖农，生物学家，时任山东大学教授。他的批注意见写在原信首页上方。

1957 11 中旬
北　京

复刘敦愿

敦愿同志：

得赐教，知日照有玉器出土，横直均有刃。安阳有这类器物，但三孔本系贯丝组用，从不闻有嵌石事。最好不买。更不能因救济而出价，因为这是两件事，一相混，将来不好办。

玉器我过手比较多，本馆大部分古玉都是我买的（冯公度[①]收藏见于《古玉图考》的即不少），照过去价收时不甚值钱，一般性有孔玉戈或圭、璋，二三十元即不坏。云乳纹璧到四五十已极精，战国，最近还买过。（大型玉戈和钺镶铜柄，也有到数百的，情形极少见。）如雕玉，以目下常识言，商和西周较相近，商周精美玉有过千的，战国春秋自成一格，汉又是一格。前两种除非极精的贵，一般性通易得，不贵，如用三百元可收买一全份也。（如购铜镜，也可由战国到明得一系列精品。）我想照你说的，如东西还好，花三几十元买下还不妨，如过百，最好托便人捎来看看，值多少，好或坏，一看即可明白。

新出土碑拓不易办，本馆有景县封魔奴等二墓志，可以由学校请这边拓二份，时代是北魏，这是封氏十八冢中五冢所出，出土物有大型青瓷尊和二玻璃碗，及一些素铜器，算得是解放后河北北朝文物极重要发现。南北碑志重要的，大致还数赵万里编印那部书②。更新出的也可由学校去信问西安博物馆或文管会。又洛阳近年曾接收张钫唐宋碑千多方，有极重要的，可以问洛阳博物馆商拓。（曾闻有一全份拓片可买，不知在洛还在京。）今年过苏州，见江苏博物馆有一北宋王夫人墓志，并附有浮雕坐像，及二侍婢，服装和河南元符二年赵大翁墓壁画一致，十分重要。你校托苏州江苏博物馆拓一份，不困难。

至于过去出土的，或造像题字，北京琉璃厂一专售碑刻店铺星云堂东西还堆积如山，可以由校中致一信要他们抄份目录选购。那边我也熟，价多公议，不贵。又方药雨③收藏全部在本馆，数目相当庞大，王仲荦④先生如来京，可想法看几天，其中有许多或尚未见著录。弟五年前曾参加清理，因非当行，难知是否有特别重要材料在内。

黄尔堂⑤同志来，托带了几件小瓷器和写经，想可见到。还有些绸缎较好的因存别处，未及一同带来，过些日子或尚可找出送上。东西都平常，不过瓷器让同学有个印象，明白款识，锦缎也分别得出明清，有个印象，一切文物如都可以有个印象，将来用处还多！

并候佳好。

沈从文　顿首

①冯公度,名恕,号华农。清末曾任海军协都统等职,民国后从事文物收藏鉴赏活动。

②那部书,指赵万里编撰的《汉魏南北朝墓志集释》。

③方药雨,原名方城,字楚卿,后改名方若,改字药雨。曾任日人办《天津日日新闻》社长,后在日领事照顾下经营房地产成为巨富。方氏又为金石收藏家,1952年"五反运动"中,其收藏被政府没收。

④王仲荦,历史学家,魏晋南北朝和隋唐史专家,山东大学教授。

⑤黄尔堂,疑为黄冕堂之误。黄冕堂时任教于山东大学历史系。

19571121

北　京

致刘敦愿

敦愿同志:

前托带写经等,想可收到。今天另托一文物店寄赠历史系教学资料一部分,计有:

商殷青铜戈一,战国寿州楚式戟一,由商到战青铜彗六种,战国箭镞六,剑一,安阳贝十,战国彩绘釉陶球六,安阳甲骨四件(二刻花,二刻字,材料真,花和字仿刻),另有大明洪武钞及咸丰官钱局银钱钞十余种寄奉,望查收。

其中战国陶珠已比较难得,全国收藏也不多,值得另作一布合子收藏。车器如结合照片车式和模型,可以帮助同学明白彗辖等形制和应用。因为由诗经、左传,到史记,上历史课提到车处实不少也。兵器当为补成一全份,如加上几种盾样子,对由商到战国战争工具,印象必深刻些。汉以后兵器不易得。必需从俑和画中解决,有不少,待摹绘。这工作目下有空手,你们如要,即可邀约。

目下公家因忙于整改,一时或来不及商拨调文物事,惟历史系学生,却总是离校前见闻越多,到教学岗位上越方便,将来越得用。一切工作有益于人民的，总是要人肯热心些来作，不怕一点一滴，作下去比不作好。因此就能力所及，和在博物馆工作习惯，寄些小东西来。事极平常，东西到时收下即成，不必要学校提任何谢字。这么办，我可多为尽点义务。一说谢，我倒反而难以为继了。在博物〔馆〕工作，是有责任为各方面服务的。

这里文物店尚有些相当好的东东西西，还是值得筹点钱，赶即收下。如弩机，剑，安阳青铜器，车器，镜子，汉绿釉陶仓、井、灶，及历代日用陶瓷，和俑，钱，商到汉诸玉器。由我初步估计，花三千元已极可观。平均说来，每一学生用不到一元钱（等于看三次电影），同学即可得不少知识。知识且十分扎实。如果预算必到明年才能用，最好你们先筹三千元，我可为把东西即早收来。我这个建议，为的是近八年经验，知道市上有用东西日少，日贵，而且必然要贵。照过去几年情形说来，三年前花五千收的，近来花二万到三万也不大好办。今年也比去年贵三倍。如希望公家分配，有些东西怕永远不会分到手（例如釉陶珠即是。战国玉也不多）。即以玉而言，由商到汉，大致花三百元，即可得一系列能说明问题重要材料，分时可不易得到。这事望和杨校长①一商，如认为学校一定要适当数量文物，只是今年不能动费用，也还可商量这里店中把东西定下来。因为东西好，会有别的学校要的，明年一月能买，或可为保留下来，不卖给别的单位。

沈从文
十一月廿一

付邮前，得十八日信，知黄君已到青。万望不用学校说"谢"字，因为事情平常得很，不足谢。你十二月能来极好，有一千元，也可得到不少东西。这里见过一玉刀，不解决问题。用二百八十元，我可为搞一大堆教学上碰到的玉物，相当具体，比一玉刀解决问题多多！如来时，见到东西还好，学校认为有用，商量先定下办得到。钱在一千内，我也可设法垫出。大学历史系文学系同学，决不能再停顿到过去方式上等待落后！

---

①杨校长，当时杨希文任山东大学副校长。

195712 上中旬
北　京

致震寰阁

震寰阁：

存钱请付刘先生壹百。又青铜斧、商矛各一，上次要留下，刘先生看好，即留下。

震寰阁，北京琉璃厂东街的一家文物商店。

19571223
北　京

致刘敦愿

敦愿同志：

来平时适值弟在小病中，未能陪同看看故宫，十分歉仄。

崇外文物店，今日曾去询问情形，始知发票尚未寄出，系因日来转运公司运货忙，文物寄不出，发票因之亦未付邮。当即嘱以先寄发票，今日廿三，想廿五前或可到达学校也。重要诸文物，公家已定购一空，当时凡未运走的，还可商量转手，可惜一时钱无出处，只好一切待诸将来统一安排矣。古人说"机不可失"，幸好学校还能出此一笔钱，并让兄赶来看看，不然，弟所说亦如梦呓一般，无人信为真有其事也。我早知道这样，还不如自作主张为你们垫一笔钱多买廿卅件，因为好些东西，学校不能不有，却实在不容易凭空由高教部掉下，机会一过，弟等即热心好事，也无从为力！上次几个釉陶球即是一例，不好事，是永远不会"分配"到学校的。

来信提到的二玉可以买。如还有钱，这里还有些玉能说明问题，不贵，有二百元可得一系列。（我或可为先买下，无妨，将来你们学校要，即归学校，不要，别的学校也会要的。）

并候教安。

沈从文　顿首

彩陶事拟去信一商问，收买不可能。

1957 12 末
北　京

致刘敦愿

我离开学校多年了,不是教授,望莫称教授。

敦愿同志:

　　一切工作总是尽能力作去,东东西西诚如你所说,过年二三月后可能还有不少出现。事实上也只能那么希望,只要耐烦热心作下去,还是不困难的。我初次给杨先生信中本意即认为学校起个头,真正要让学生从一定文物上,具体认识祖国物质文化的大略,并解决教学问题,主要还是要部及省、市局协助,能具体调拨一定数量文物,我们再来结合各种材料,加上些各时代人民生产、生活形象,这个文物馆才会活起来的!到目前为止,教国文的教到"执干戈卫社稷"时,干戈是什么样子,不知道也从不难受。教历史教到宋代海运河运用大量船只,船只是什么样子,不知道也并不难过……大家都还停顿到这么一种旧式教学情形下时,我们着急也无用。只是得想法不要让年青一代再那么下去。所以要好好和杨校长商量,尽可能和市局协商调些东西陈列,或鼓励市局另拨房子把东西展出，小型也无妨，不成熟也不妨事，因为，工人战士和市中中小学师生，学学明白历代劳动人民的成就，实在比看看旧文人字画有意义得多！有兴趣得多！

这里还得到些东西，一时未能运出，东西都是教历史时必然要提到的，青岛或外省都不容易找到的。即在北京，再过些日子，也不易再得到了。学校中先生们不是保守，是怕麻烦，还是一脑子旧打算，旧看法，以及……所以不仅是结合文物进行教学或研究，一时办不到，即用人家新的研〔究〕结论，也不会，要学会还得些年月！但是我们得为年青大学生设想，要让他在读书时多有点知识，明天研究才会改观。有上百万千万件东东西西，大学或中学教历史的，目前可说"不知道"，没关系，三五年后怕不成。因为社会在向前。谈及生产发展时，有一系列问题都要利用文物来作解释、来作证明！

弟　沈从文
十二月末

新的历史科学的建立，不能忽视文物提出的种种实证！

一九五八年

19580104
北　京

复刘敦愿

敦愿同志：

　　信已得。当一切教书的同事，都还并不觉得"文物"有什么用，且不认为搞新的历史研究，必需从文物多学习些；当教文学的同事，都并不觉得作品中所涉及名物制度，必从文物取证，而对学生才有益时，我们热心太过，恐会犯错误。我已发现这恐怕要犯错误。本为好意，另一时可能会成不好结果，感到害怕。所以想，搞资料事，或许等一年半载后，再作计不迟。私意并且以为目下所得，似不用作什么展出，如必展出，也万千请莫提我捐什么，万千不必提我名字。近历史系来一信向我道谢，即令我感到十分为难。我不过是因为在博物馆工作，一天和文物对面，又因经手收集，且明白有些东西日益稀少，所以随手为搞点点材料，本来事情极小不足道。即代买材料，也是日常工作应尽义务。一提谢字，就不大好办，且唯恐另外一些人，认为是耗费国家财产（会有这种人的），将令你也为难！所以我觉得不即再收是对的。俟到各方面都认识到有个文物室必要时，当再为从各方面想办法搞好它，还并不迟！

涤非兄并致意。已得东西当陆续寄上。

从文

一月四日

19580820
北　京

致刘敦愿

敦愿同志:

寄来个寄物提单,各款统已付清,可派个人坐车去路局？①取取。内中是几件大小瓷器,有件大盘子比较难得,是雍正官窑豆彩还未加彩的。都是赠送学校作资料的,不用谢,收到就成了。社会大跃进,博物馆工作已不是坐在办公室等待观众,是把重要文物送上门。我不几天就要带三百件绸缎到杭州去为工人展出,将来青岛印染厂若有这个需要,工人同志想看看这些东西,生产方面想要学习参考,给个信到博物馆,请求一下,也即可把它转运青岛展出。(学校将来要文物展出配合通史教学,作一月展出,大致也办得到,只要有合式地方,运费归学校担负,就好办！照这样,如教文史的还不肯学学文物,那就真是无可奈何了。)这里展出已近于送东西上门,怎么青岛文物局还那么落后保守？私人东西送公家,已极自然,公家东西还有人当成小家私守住，真正是取舍异趣，相去千里！

并候佳好。

沈从文

八月廿

还有几张复制麦积山六朝壁画，北宋壁画，过些日子也可送给你们，请人摹花钱多也不好办的。

---

①去路局，沈从文所寄瓷器，是请文物商店负责包装，并办理了铁路零担托运手续。作者在"去路局"旁加一问号，表明他没听懂具体收货办法。

一九六〇年

19600707
北　京

复刘敦愿

敦愿同志：

　　新从宣化回来，得惠书，欣甚。文物室能建立，一定尽力协助。惟补充文物想从市上出钱收购，可买到的似已不多。前过厂甸看看，已远不如二三年前情形。这事也早在预料中，所以数年前总向各校建议，为文史系投点资，打个底子，将来有用。因为明白文物来源有限，越晚反而越费钱，费事。东北先走一脚，得到便利不少！西南许多省份也在六年前即买了不少！近只见到星云堂还有一批唐写经，还好，也贵，大小十来卷，要五百六百元，且得成批售，不能单独挑选。锦缎清初物间或还有极好的零头，也是可遇而不可求，得碰机会。金石拓常有好的，又不能解决问题。

　　历博名臣相种类多，不知要那一些，要多大尺寸（如陈列大致不能小于十二寸），价钱可问保管部资料室，有专人负责。弟因血压日高，平时已在百八九十，稍紧张即过二百，许多想作待作的事，通不易作了，自然限制大，真是无可奈何！并候安佳。

　　　　　　　　　　　　　　　　　　沈从文　顿首
　　　　　　　　　　　　　　　　　　七月七日

19600916
北　京

复李曼宜

曼宜同志：

　　有关官名，因为我不懂铜器铭文，知道的不具体，似以问问科学院张政烺先生最好。如只就普通问题说，或用近人著《春秋史》和杨宽著《战国史》，内中提到些材料有用。《绎史》中还有各书未及的亦可查查。如嫌官名古，地位高低有些又和后来不同，易混淆，不如就较后的用，则查《后汉书·百官志》有用。要它再晚些，则参考《唐六典》，上面叙官职起原，有的和唐代同或不同，记叙简而扼要。《北堂书钞》《太平御览》，直到清代的《渊鉴类函》，都有设官事，惟不是专搞问题不必那么细。似只用《唐六典》即可解决问题。因为有些名目起于周或等于周，直用到清代。最具一般性的，后来不用，当时曾用的，如"司徒"_{管人民}、"司空"_{工业财政}、"司马"_{军事}，有时位分高，有时不高，应为三大官，但职权高卑却因时不同。"太宰"职权则近民事。"冢宰"自然近于总理，但这些官正如"机械工业部长"一类名称，见于文字可未必即宜称呼，是否对话时也这么称呼？则不得而知矣。"司寇"管军事，"司直"管法律。"尹"近于部长级，所以有各种不同的尹，如"工尹"〔主工〕，"蓝尹"〔主染草〕，"陶尹"〔主制陶〕诸名目。又还有"畋尹"，主狩猎。工尹下有"工正""工师""工"，干将地位或属工师。军事上常提到的是元戎〔大将〕，司戈、司盾、司御，则为一战车上应有武士。"甲士"常指武装齐备之兵士，"士卒"则近于指一般兵士。"庶民"则泛指普通老百姓。兵和农业工具生产分工，各有专业世传，《考工记》记得详细，可以参考。有关工正问题，记得廿年前陆侃如作过一篇文章，在《食货》杂志上，可以查查，或有点用。调兵用符，秦汉作立体，只四寸许长，战国春秋则作版片虎形大六寸许，均有实物可参考。也有作龙首方柱状的，长沙出，称节。这和书上记的不尽合。将军元戎奉命专征，必"秉节〔代表王侯尊严〕、仗钺〔有尚方宝剑意〕，节的式样，或参考《列女仁智图》中的一种，比较合式是一个扦仗上端有些缨穗下垂。但也有以为这应是旌节。作代表还是用这个合。若照以后宋式，则仿佛一龙头拐，下垂好几段缨穗，可参《文姬归汉图》中那个节。我意用前一个仁智图上的合理些。钺是大斧子，有了它即可专断行罚。较后则称"金钲黄钺"，金钲用为指麾军队进退，黄钺还是用来杀人。至于在战车上如何处理，则可参考较后一些汉代四川砖上的形象，是竖立在车上的。柄如戈柄长。但汉石刻也有一个，插在人头架上，则为短柄。

如照《左传》《国语》所记述，两军作战主持军事的在战车上必拿着两个鼓槌击鼓，鼓舞战事。退则鸣金，金应为长柄铎式，不会是锣。调动步骑左右必用"麾"，铜器上反映则为一长幡式。"俗名蚩尤旗，制如匹帛。"（后来白虎幡即从之而出，用处已稍不同。）

步卒用盾佩剑，盾式或采两种，一商式如 ⌂，一战国式 ⌂ 常称犀盾，以革制为宜。两方各用一种盾，在台上动作时效果会好些。作战组织方法，或参《太公六韬》，书虽晚出不可靠，作为戏剧参考，还是大有用处。藏剑必用椟，即木制长方小匣合，有实物可参。这时如用弩，也有出土物可参考，似可不用。因为早期弩多近于射鸟使用的。由于铜箭簇极费。弓、箭及箭箙，均有实物可参考。

王侯之车不同于一般，后必附九斿之旗，战国猎壶车上反映不大具体，可参晚一些的《洛神图卷》，有个车上装置，比较好。因为后来唐画，宋《卤簿图》，直到清《南巡图》金根车，还是据之而作。九斿旗是向后斜插的，以参考《洛神图》反映合式。台上不一定用车，但布景上可能要画到它！

至于勾践养马，马棚式样，目前所知，只有宋人绘《晋文〔公〕复国图》那个还有用。至于锉马草等等形象，也只能从宋人绘《马群图》中一些马夫活动参考，十分好。早到汉代或战国，则只有一个空心砖上面有个马夫形象可以参考。在郭若愚编《模印画像砖》①集中，虽简单，可十分重要，因为和勾践时间极近，马夫短衣也重要。

大纛——帅字旗，记载早，实物可参考形象却相当晚，如要用，似乎只能参考宋画，如《免冑图》等。要场面配备完整，却还得参明代画如李桢家歧阳王世家文物中《平播图》在历史博物馆里，才够气魄。至于明人木刻《孙武练兵图》，却不如《平播图》好。如要表现军营帐幕旁着帅旗，也只能用晚近材料如元刻五种平话中诸图和明刻《元曲选》插图，格局都不免小些。而且内中坐的虎皮金交椅，决不宜用。不得已要坐下，只有参用信阳出土那个雕漆Ⅱ式器物，因为这是目下唯一发现可能属于高式坐具一种。至于船式，目前出土的立体或刻画和吴越时代相近的，计有六种：一长沙木船，十六桨，西汉时；二广东彩绘木船，最有用，可惜已不能好好复原；三陶船，有篷，不宜作战；四汉石刻战船，⌒太简化；五汉石刻另一船，似鼓吹船，上有许多乐师，并竖一鼓；六战国铜鉴上战船，⌒也比较简单。不得已或用再晚一些时候的楼船，即《洛神图》中之船。虽十分具体，似乎亦不宜作战。此外还有反映在西南汉代铜鼓上的一种船，在《铜鼓研究》一书中，也值得注意，惟决不会是当时或较早太湖区船只。照比较材料得知，近二千年长江下游江河中船的式样变化似不甚大，所以如果要用船只，还可从传世王维绘山水长卷中一些船只和宋郭忠恕《〔雪霁〕江行图》船，及《〔清明〕上河图》诸船，作为参考。如必需要有高楼多帆较大战船，并在船上作战，只有用更晚的清人画卷中所绘海上作战图参考（馆中照有相，原画在科学院），画得十分生动。另外《姑苏繁华图》也是乾隆时绘的苏州水面景物，也有些船可以参考处，特别是竹木筏在水上活动景象有用。

以上所谈的问题，我都只是一知半解，或有不少错误处。特别是官职与各阶级各阶层称呼，我是外行，一点不懂，最好还是请教张政烺先生。至于起居日用各物事，要看看形象材料照相时，到馆中资料室可解决。或有必要，当为把《列女仁智图》《晋文〔公〕复国图》等等图片准备一下，再邀于是之同志来看看。这方面我有的也只是些极浅薄常识。北京方面高明专家甚多，能多方面问问，必可得到更多有益启发也。

其余具体问题，到将来排演时，当就戏中需要，再为具体提供些个人愚见。望转达诸同志。最好时能看排戏,即知道差什么,应补什么,如何补。

沈从文　顿首
九月十六

李曼宜,人民艺术剧院著名话剧演员于是之的夫人。

据《曹禺年表》记载,1960年曹禺"9月就《卧薪尝胆》的若干史料问题请教于沈从文。沈于16日复一长信,详细地介绍了战国时期吴越社会各方面的状况。"所指长信应该就是本文。但为什么通过李曼宜回答人艺或曹禺的问题,年表未作说明。

经北京人民艺术剧院戏剧博物馆向收信人询问,得知当时于是之因为出差,委托夫人代向沈从文提出相关问题,故他将答复寄给了李曼宜女士。

据北京人民艺术剧院戏剧博物馆提供的原信复制件整理编入。

① 《模印画像砖》,系指《模印砖画》一书。

1960
北　京

致刘敦愿

敦愿同志：

　　近为贵阳挑教学用照相，第一分约八十种，放八寸大小，大致一元六一张，也许不到，你校如有需要，可将此目直接寄历博资料组，并将款寄去，那边会为照目录洗印。

　　并候教安。

　　　　　　　　　　　　　　　　　　　　　　沈从文　顿首

一九六一年

19610624
北　京

致沈福文

福文兄：

　　我因心脏不大好，医生要我稍稍休息下，或去别地方住住。书送上，附些材料和个人意见，供参考。前一章如感到不大好措词，不妨空着，等我来为解决。（留个三五千空字即成。）即从现有知识，就信阳、长沙、辉县各处战国出土各种东西写下去。分析成就、特征和各方面应用，说至少到战国时期，已见出大量的使用，加工技法和艺术，已达到高度水平……作一章。再即写汉一章。……你们只管放手写下去，不必要求十全。先尽懂的抄引，理解得到的去谈。甚至于先写明清也无妨。总之，从工作中去取进展，修正，一次不成，三五次改，也就差不离了。我到现在无论写个什么小文章，还是这样着手的。最先写且可说不大通，反复抄改五七次后，便大不相同，满有斤两了。这个经验似乎还有用。（从实践中去修正工作，正和毛主席的打仗方法相似！）如尽停顿到求懂阶段，或务虚方式，越知道得多，反而越不好下笔了，我不能写工艺史即是这个原因。务虚到了一定程度，只管放手写，因为一般性商讨，不可能解决写的问题，一写，许多不明白处倒因而明白了。

不要怕不好，或弄错，还不妨假定说，必然不会怎么好，必然会有错，必然不够，但是不要紧。因为过去你们并未认真具体搞过材料，实物和文献综合在一处来搞更无经验，不过，只要一着手写，就有了条件，可以根据写出来商讨充实，认识也随同进展了。比如过去你们并不具体知道商、战国有多少材料，有些书中材料又不大对，如商承祚印的，因为要写它，我们把材料调出看一次，即明白不少东西了。此后若把《东瀛珠光》工艺院有一看，再看看国内所有唐金银平脱，唐代成就也落实多了。（若不看，是不设想的。）我们还有三五个月，那会搞不明白的？只管就你能写的写下去好。

临摹工作也得抓紧些，因为除所看到的此外还有东西。不得已即暂匀个黑白稿也成。

问候诸位好。

弟　沈从文　顿首
廿四

沈福文，工艺美术家，工漆艺，时任四川美术学院教授，参加高等工艺美术院校工艺美术类统一教材编写，负责编写《中国漆工艺史》。当年沈从文应文化部聘请为编写组顾问。

据原信手稿编入。

一九六二年

19620712
北　京

致启芳

启芳同志：

 已知材料不在手边，记忆力不可靠（心脏也不大好），想用概括方式，尽可能来试写下去①，还是办不到。毛主席一再告我们搞工作要进行调查研究，大量占有材料着手，才不至于流入空谈。目下这么进行写作，谈的又恰恰是个实际问题，这和我们学习毛选即有抵触，也和我工作习惯不大合，所以虽在写，且把宋元写成，心中还是觉得这种工作方法不大对，一面对不起历史，一面对不起读者。盼你们试研究一下，是不是请一个别的真正专家来写写看？因为可能北大和科学院历史所有这种人，能够用不到几千字，即可把近三千年这个问题，概括交代得清楚明白！如长年在书中打交道的专家也写不出来，或觉得不大好写，我从图像来谈问题，手中图像不够用，写来写去，恐怕更不易成功了。我如今一面还是试从各方面努力写，一面却预料到不易成功，因为不占有具体材料，谈它的历史发展，结果不可能有奇迹的！我大约下礼拜将去阜外医院检查一下心脏，改十五号去大连，下月十六回来。希望不多久即可出来，体力许可即再试写下去。若实在不行，就只有把记得住的各种形象写个目录供你们参考，另请高明执笔了，不过即写目录，也不只四五千字！

谢谢你们见嘱好意，但也十分惭愧，能力不强，体力有限，不能将所嘱任务好好完成！不得已时，或者还是用前次那一个②如何？时间过长，问题过多，一二万字实在也交代不清楚的！

承仁③同志并候。

沈从文　顿首
七月十二日

《大公报》要文章我想试把两段发表出来看看大家感觉如何，再听听大家改写会好些。

---

①试写下去，作者应收信人约稿，为吴晗主编《中国历史常识》丛书撰写的文章。要求用限定篇幅，介绍我国古代服装的历史发展。

②前次那一个，可能指作者在文末记为"1962年6月25日写"的一稿，仅含秦汉以前的内容，已达到限定篇幅。此文1986年5月以《古代人的穿衣打扮》为题，在商务印书馆香港分馆《龙凤艺术》一书中发表。后编入《沈从文全集》第30卷。

③承仁，即谢承仁，通信时在协助吴晗编辑《中国历史常识》。

19620903
北　京

致启芳

启芳同志：

　　拙文①送上，能另抄一分留个底子也好，不然一送出去，过些日子也许即忘记，从此便无下落了。明清或试用另一方式来谈谈一般式样用料问题，比从官服谈制度有意思些。惟大料形象资料不在手边，终不免挂一漏万，顾此失彼，限于能力和体力两不得用，未能较好完成任务，十分抱歉！

沈从文　顿首
九月三日

---

①拙文，作者应约为《中国历史常识》丛书撰写关于古代服装的另一稿。从本信可知，这一稿还没写到明清。中国青年出版社1963年版《中国历史常识》第5册，发表了沈从文的《我国古代人怎么穿衣打扮》，从商代一直写到清，应是此后重写的另一份文稿。

1962
北京

关于《武则天》一戏参考材料

武后形象

一、《唐后行从图》 在《蕴辉斋藏宋元明名画册》①第一册内，传为绘武则天与其行从宫监事。（似刘松年笔。画已出国。又有近人彩色摹本，在故宫。）武后不大清楚，好些黄门宫监在风中抬移箱笼类。

上官婉儿母女形象

二、韦洞墓石刻女侍 在《文物》近期内刊载，妇女形象有用。

三、韦项墓石刻女侍 在西安，人高约二尺，部分刊载于王子云编《〔中国〕古代石刻〔画选集〕》中形象可参。

裴炎等装束相貌必需参考此一幅

四、敦煌二二〇窟贞观十六年壁画维摩说法图下部帝王与侍从执宰大臣。执宰大臣特别重要，历博有线勾复本稿，必需从这个画上装扮朝臣。

又	五、又一九四窟同画　时代较晚，武后高宗出行仪仗仍可参考。
	六、阎绘《列帝图》　有侍臣开相可参考，惟头上是北朝漆纱笼冠，不宜用。用诸侍臣脸型参考合用。
太宗、高宗、章怀太子像	七、唐太宗像　《故宫名画三百种》中彩印好。
	八、又一像　在故周②。（章怀太子扮相可参考）
章怀太子等便座	九、《明皇训子图》　所坐曲腿月牙杌子，可作便座参考。同式坐具尚有《朱云折槛图》《却座图》等可参。又宋人《会乐图》坐具则无靠背（故周）。
	十、《明皇见张果老图》　在故宫，题元钱舜举，实旧稿。
坐具	十一、《宫中图》　女人多，衣装时代晚，生活气息较浓。坐具可参。又一步辇也还可用，比《步辇图》之物晚些，惟如露天轿子，使用时方便。是坐在上面，同式可用时代更晚的有萧照《中兴祯应图》（在谢稚柳编《唐宋五代名迹》③一书中）。
	十二、《步辇图》　宫女如隋式可参用。不如二、三石刻有用。二、三石刻及十三新疆壁画女人更好看。

167

上官婉儿廿岁后衣装

十三、新疆吐峪沟残壁画擘阮妇女和另一妇女，在《西域画集成》和《世界美术全集》唐代篇。此二女人有典型性，必需参考。

会茶场面及坐具

十四、《宋人会乐图》 在《故宫名画三百种》有彩印，音乐研究室有彩印复本，《故宫周刊》有单色印，实元和时代装。惟会茶会乐制度十分重要，可参考用。

十五、敦煌《乐廷瓌夫人行香图》（太原都督王夫人及其子女）时代较晚些，惟子女中部分服饰有用。如唐诗中常道及的"常州透额罗"，画中惟此画反映得十分具体。又纨扇二式中腰圆式亦具体。二式柄均较长，值得注意，和宋不同。比纨扇仕女扇早些。

十六、《捣练图》 传张萱，亦略晚于武后时。服饰可参。历博有晏先生临本好。衣多大撮晕缬。

十七、唐宫中《玩双陆图》 在谢稚柳编《唐五代宋元名迹》内，画似元明据旧稿绘，作天宝装束。衣不合制。武后时妇女还是小袖。

上官婉儿十四五时形象

十八、咸阳底张湾出土壁画丫鬟与舞女 历博，时代相近，重要，有用。

上官婉儿应当如此装束。

武后盛装和女侍规模

十九、《揭钵图》 在《波士顿藏中国美术》④，绘佛感化鬼子母图故事，（故宫有元人彩绘小卷，笔弱。又有明木刻，不佳。）武后装最好参鬼子母，气象好。

郑夫人如有出行必作此装束

廿、《明皇幸蜀图》 或称《蜀道图》《游春山图》，在《故宫名画三百种》中彩印的好。内中有妇女骑马戴羃䍦，为唐代妇女出行所必需，惟仅见于此画中。人马行从装备具体（在戏中似无用）。

出行便服及侍仆形状

廿一、《唐人游骑图》 日人有影印卷子，清楚。郑振铎有翻印，在所编图录中称宋画，实唐初装束。导从有人执弹弓导路，唐代制度，仅见此画中。官僚便装，神气好。

一、易县罗汉堂罗汉
二、敦煌画

廿二、和尚 或用敦煌画剃度图中僧人好。

廿三、武士 用新疆壁画《分舍利图》，在《西域画集成》内。又用敦煌天王塑，新华摄影社似有照相多种。又敦煌贞观×年绘破阵乐《七德舞图》中执盾与执䂖甲士。又故宫隋绿釉俑群。又梁令瓒《廿八宿星辰图》⑤中一位武将，衣

169

甲特别具体有用，在郑编《中国流传海外名画》⑥中。

廿四、金犊车　贵族女子出行必乘工具，故宫黄釉隋金犊车，题李公麟绘《西岳降灵图》金犊车，《张议潮出行图》中金犊车，均可参考。

廿五、围棋盒、子、棋局　日本印《东瀛珠光》内，时代略晚些，开元天宝时。

廿六、宝钿刀　同上书中，重要。太子可佩刀到宣布出事时即摘去

廿七、乐器　同上书中琵琶、阮咸、五弦、觱篥、牙拨等均好，历博有模型。太子书房中可适当挂些点缀

廿八、王族大将　用《朝元仙仗图》前五星，狞猛有神。比一般唐天王塑还好。

廿九、平民猎户等　敦煌画及《西岳降灵图》（画中此部分人实唐装束）。平民形象

卅、宫苑布署　《醴泉清署图》，故周。

卅一、又《连昌宫图》　故周，气象可参。

卅二、《丽人行图》　故周，布局好。事虽出洛阳，各图还是有用。可得不少启发。

卅三、《曲江图》　故周。

卅四《唐人宫苑图》 （实亦《曲江图》类，非宫苑中。）故宫。

卅五、正仓物御物⑦染织裂 日人印，历博。唐锦及印花绸彩印，有用。如作帐幕，即必需参考此份材料。

绸缎花纹参

卅六、《正仓院唐代纹样集》 衣服花纹主要材料。

同上

卅七、敦煌壁画反映唐代丝绸花纹 工艺美院印染系资料，未印行。

卅八、首饰匣、盒、箱匣、衣橱等 日人印《东瀛珠光》，工艺美院或北图。为必需参考用器部分。

郑夫人住处武后侍从均宜有些装点

卅九、宝座 不妨用较后的如西金居士绘《罗汉图》及顾德谦绘《阎王图》？（在《波士顿藏中国美术》一书中。）

又永乐宫壁画中女神王像，虽元绘宋式，亦必需参考，座好，开相也好。武坐朝像参考此像，对。

这最好。时间晚点，是唐宋式。

四十、《朝元仙仗图》 人物面部开相可参。（实唐人作五星会元图，如作霓裳舞或武后拜玄元皇帝，宫女可作此装扮。当时金仙玉真公主出家，作法事，宫女作龙女装，天女装，即必然如此！）

四一、如用刑具与审案，参《敦煌

171

刑具与审案

之研究》⑧图像编。内中有不少带刑具的。

四二、如男女便服出行，参旅大博物馆图录彩印二骑俑，原物在历博陈列。

四三、出行仪仗　《张议潮出行图》可参，因此画和《唐六典》及《舆服志》记载唐六军衣着相近，或即本于六典而来。（衣多近唐代打马球装。宋人曾提过。）

四四、要更加壮观，可参《大驾卤簿图》，在历博。（题元人，实北宋制，衣甲宋制，唐不合用，可参考处是气派场面。）玉辂也极好。

凝碧池参考好

四五、《水殿图》　宋人绘，在美《波士顿藏中国美术》一书中，极重要有用。

又宋人绘《宫沼纳凉图》，《故宫周刊》内。

四六、《南巡图》　时代虽相距千年，气魄还是可参。

如托莲子羹必此式银器。

四七、会茶用金银器　应用处理参宋《会乐图》，实物参《世美全集》⑨唐代 ▨ 编及历博莲花茶托。

又 ▨ 式银镀金小杯则多饮药酒用。

四八、达官生活　文娱琴酒之会，

布置重要可参	宋人作《十八学士图》。故周。
	四九、宫廷宏文馆文人生活及局面　宋人绘《宏文学士图》《十八学士图》……
人物形象	五十、《五王醉归图》　《故宫名画集》似宋张敦礼抚唐稿。
	五一、大宴会场面　明摹宋《文会图》。实即本于《十八学士图》而来,宴席场面极好。又故周赵佶《文会图》轴。
	五二、一般文会、《文苑图》《琉璃堂雅图》《李德裕见客图》。同一稿,内容简繁小有不同。一,故宫有彩印,二,日印《支那名画集》内,三……贵族文人文娱唱酬情形。
太子书斋必参	五三、建筑家私应用安排　《十八学士图》《文会图》《五王醉归图》《琴棋书画图》。
场面可参极开阔壮观。	五四、《华灯侍宴图》　宋人绘,故周,派头极好,如乐寿堂样子。
作背景有气象	五五、宫苑全局　《阿房宫图》,历博,虽系绘秦事,实唐人据唐式建筑而作。《阿房宫赋》即本根据这画而成。此画虽晚,还是旧稿,布局可供作背景用。
	五六、《汉苑图》　故宫名画,元人作。

五七、《建章宫图》 同，后人作，实唐宋格局，可作背景参考用。

五八、《击马球图》 历博，元明人仿唐。还可见制度。又明刻《帝范图》亦有一宫中妇人打马球图。

五九、宫廷杂戏灯节种种 明《宪宗行乐图》，虽晚去八九百年，布置还是可参考。历博有摹本。

如用杂伎，还有唐代形象，参正仓院藏弹弓上所绘。

六十、乐舞 用敦煌宋初佛本生经故事反映，较《夜宴图》较合。布置安排好。在敦煌画内（六十一宋窟）。

六一、达官文酒会 还可参《会昌九老图》，故宫，画虽晚，究竟是唐事。

六二、榻 《夜宴图》时间晚，章怀太子宫中书房或参考《重屏会棋图》、故周《十八学士图》及天籁阁藏宋画册，其中那幅羲之自写真图好，书卷堆积几案间，还有药炉茶灶，和章怀太子多病体弱相合。又《宋人听阮图》在《故宫名画集》，安排也好。

六三、宜适当用屏风和衣桁，使台面效果有生活气息，如衣桁角挂乐器、弓剑锦囊等。

六四、袍服制三品以上服绫，以鹘含瑞草、雁含绶带，及双孔雀，四品五品服绫，以地黄交枝，六品以下服绫小窠无纹及隔织独织（唐《车服志》）。

本篇是作者应焦菊隐、梅阡要求，为排演历史剧《武则天》提供的第一批参考材料。据北京人民艺术剧院戏剧博物馆提供的原稿复制件整理成文，眉批是作者所写。

估计曾有短信同时付邮，虽未留存，本篇仍作为书信编入《沈从文全集·补遗卷》。

① 《蕴辉斋藏宋元明名画册》，指《蕴辉斋所藏唐宋以来名画集》。
② 故周，指《故宫周刊》，下同。
③ 《唐宋五代名迹》，指《唐五代宋元名迹》一书。
④ 《波士顿藏中国美术》，指《波士顿美术馆藏中国画》一书，下同。
⑤ 《廿八宿星辰图》，指《五星二十八宿神形图》。
⑥ 《中国流传海外名画》，指《域外所藏中国古画集》一书。
⑦ 正仓物御物，疑为《正仓院御物图录》之误。
⑧ 《敦煌之研究》，疑指日人松本荣一著《敦煌画の研究》图像篇。
⑨ 《世美全集》，指日文版《世界美术全集》。

一九六三年

19630110
北 京

致罗尗子

  六二年①一月十日读毕。每页所附意见，不一定对，只供参考。所附字条，望莫撕去，便于将来核查，出版后可再据之商讨得失。

  稿中所附字条，供修改参考，万望莫撕去，商讨得失时有个根据，即到再版时也还有用。此校本编者用后盼还给从文，将来商讨可以节省许多精力。

  此稿已拜读，收集材料相当丰富，排比材料也极用心。

  附上些意见，仅供编者参考，内中小部分或可据之改正原来提法。此稿用后最好盼望仍还给从文，作为共同工作一点纪念，所附字条也望不要撕去，十分感谢。

沈从文
一月十日读毕

罗尗子，南京艺术学院讲师，《中国工艺美术史简编》稿的编写者。本篇据附在书稿上给编者的便函编入。

①六二年系笔误，实际写于1963年。

1963
北　京

致陈大章

大章：

　　北影制片厂拍彩色舞剧《白蛇传》，临时相商要些参考材料看看。拍片子费钱多，有时还得拿到国外去作代表，我想还是为帮帮忙，提点东西，让那边设计同志看看好些。望为将另纸提到的材料调到美工室，再电话约个时间请那边同志来看看，由之檀或宋曼陪同看看即成。有必要时我再来为挑选介绍一下。他们的电话联系为62009？北影孙竦松（叫孙松听时易懂），一次不足，尽他们多看两回。

从文　顿首

　　若搞布置的也来，我还是陪他们看一次好。可能得在五号以后十号以前一段时间内解决。

　　陈大章，文物美术工作者，时任职于历史博物馆美术组。

1963
北　京

致杨荫浏

荫浏同志：

　　近见你们所里印了部"音乐史料"①，收集不少材料，对各方面工作同志，都给予极大便利。工作极有意义。惟内中似乎还得有专家下一点工夫，理理材料，不论是文献记载，还是图像反映，不作点爬梳整理工作，最容易以讹传讹。极其显著例子，即《三才图会》涉及乐器部分，据宋《三礼图》而来，有的十分荒谬可笑，这个书既由研究所出版，即有责任把书中内容先弄个明白清楚，至少在序言中交代交代，使一般外行不至于辗转致误。乐器学应当是门专题性知识，目下国内若还无人着意，研究所值得考虑给予应有注意，没有现成的专人，就大家想法来培养一两位。在目前条件下，到处可以取得协助，依弟愚见，只要有年青人肯来从事，这人他必需会画，这是条件之一，因为能画才容易抓材料，有个三年时间，可能会从画塑上掌握上千种具体材料。从这分材料来分析乐器应用的历史进展，及乐器式样的衍进，以及乐器……

杨荫浏，字亮卿，号二壮。音乐教育家，中国民族音乐学的奠基人，通信时任中国音乐研究所所长。杨荫浏1940年前后曾与作者一家在云南呈贡县龙街为邻。

　　本篇据废邮残稿编入。

　　① "音乐史料"，指1962年11月中华书局出版的《中国古代音乐史料辑要》一书。

一九六五年

19650224
北　京

复巴金

巴金：

　　得九日信，知道还在改写中篇故事，希望出版时寄我一本。《英雄儿女》我前后看了三次，综合印象还是觉得导演对于战事处理还不大真实，也许受技术限制，不易布置，也许有意为之，不让战场上见有中国死去兵士……（同时前后不久我们还看《区委书记》《厚四姐》①，都有战斗过程，内容虽较富浪漫色彩，但"武打"似乎热烈逼真些。）女孩子和哥哥相见一场，看相片时，也不大像兄妹情形，却近于小情人。女孩子唱歌，歌词不大谐调。不过总的说来还是很好的，我们一家人通觉得好！

　　过旧历年时，健吾、之琳，都由安徽乡下回到北京，谈到些乡下"四清"事情，和其他省份朋友回来时谈的竟大同小异，相差不多。城市"四清"这里有几个学校在作重点试行，一时似还无结果。作协方面闻"专业作家"（住会作家？）制度已取消，作协工作、组织，今后大致也得有些变动，上海方面不知如何，许多事可能都得听文化部各副部长定局以后，布置新的大政方针时，才可明白一个轮廓！"教改"问题甚多，也还不知如何改。照传闻，例如南开提的文学系改法，则为五年时间中有二年下乡，三年上课，只上文学史，如《红楼梦》即无专题课，时间分配由商代到晚清一段，占十分之四时间，近百年或近三四十年占一半以上，……大致也将一面是"且瞧到作试试看"，一面又是"等等看再说"，看上面如何作出统一指示决定也。我们工作今后如何配合，也毫无所知，只初步明白，搞的服装资料十多万字说明，将又成夭折废品，虽已排出，恐只能打三几份样本，个人留个纪念，公家留个档案而已。

近听一上海朋友说，上海有个新的旧书店，五四以来著作架上应有尽有。望蕴真有便时，为我注注意，若可以买得商务及开明版《湘西》《湘行散记》各一二本，和初版《边城》二本、现代《月下小景》，及良友版《从文习作选》，为我买一下，十分感谢。我头和心脏受血压高影响已不大好，腰部近来也不大对劲，一切机能逐渐见出失灵情形。拟写的一个长篇故事，虽集中大部分原始材料，直接口述的一人（三姐的嫂嫂），近日又已疯去，什么事也不懂，本拟和她同去安徽乡下老家住个一二月，核实一下材料，也办不到了，因此这未完工作，也无法完成了。有些卅年前旧作，虽过了时，新社会已了无用处，但对于个人一生如何工作过来，使白纸成为黑字，却还留下些有用记忆，同时也留下些近半世纪友朋相互鼓励的意义，因此想就这些本子作点注解说明，将来留给孩子们看看，也可以多知道些事情。

北京今年大几个月干旱无雨，华北大部地区缺雨雪，只日前一次小雪，还不到一寸深，土还不能湿透，庄稼受干旱影响必大，令人忧心。

近来刊物新作品多来自生产各部门，稿源日广。惟来稿大多近于资料性报道，用的还必须大力加工，有的且近于编辑重写。编者担负极重，作者本人得益还是不多，常有难以为继情形。正如溜冰常扶着个凳子，行动虽还活泼自由，单独溜即寸步难行，有些作者写写即停止不前，就是这个原因。编辑也由于写作经验不多，综合贯串文字能力有一定限度，因此刊出的作品，总不大能感动人，经常且不能如报纸上一些报道活泼，记者常识比刊物编者多，不知上海方面有同样问题没有？三姐等工作，因下乡人已一半以上，因之看稿校稿工作相当重，经常即是回家来还得看，星期天无从休息，到校最后一次稿时，还必得在印刷厂过夜。可能分工上也有些问题。幸好近年体力较好转，尚能支持得下去，并且作得极高兴。但真的为工作计，可不是长久之道。机器一方面虽若越用越灵，另一方面究竟是一种物质，缺少应有保养检修等等注意，忽然出了变故，再想抢修，便来不及了。新知识也有越来越不够情形。若每年有机会出外走动一下，也可稍稍调节精力，并增长些应有知识，对工作即有好处，前几年还办得到，近来因人少事多，便放不下手了。蕴真精力正旺盛，大致工作忙得也必相差不多，而一切却能应付裕如从从容容！

越南战事似尚在发展中，为世界注目问题之一，你正好用熟习情形，来写个电影剧本，会得到成功的。曾祺改《芦荡火种》，为近年戏改有创纪录工作之一。但他的长处若善于使用，大致还是让他趁精力旺盛笔下感觉敏锐时，到各种新生活里去接触较多方面新事物，再来写几年短篇小说好；或即作为记者身分，写特写报道文字也好。因为这一来，不仅只可以希望他本人写出些好作品，并且还可以起示范作用，为新的短篇打开个新局面，不至于停顿到如目前情形也。听说近年山西青年作家多有模仿赵树理趋势，河南作家又以能仿李准为方向，湖南则周立波笔调成为年青作家学习对象，此外都不大懂，也不好学。这么下去，那能够有希望突破这几位大作家所立下标准，得到更大成就？照目前学习方法，外来的既不好学，学来也不抵用。五四以来的又不受鼓励阅读，仅只学赵、李、周诸公，求文格上有些新光彩，恐怕不容易。从大处看，我倒觉得若有机会让曾祺各处走动几年，写几十个短篇，把旺盛精力用到些新的短篇试验上去，对国家为经济。并且也无碍于他今后继续参加戏改工作。正因为各方面接触新事物，扩大了认识领域，只有利于他搞戏改对人物刻画处理，得到多方面理解。若继续束缚在一个戏团里，把全部生活放到看戏中，实在不很经济。有关这件事情，他不可能向领导他的首长去说，即说也无用。他本来就有点随遇而安生活态度，现在说更多忌讳了。我也无机会向什么部长副部长去说，因为并没有这种相熟到如此程度的人可以如此建议。只有你和蕴真比较明白曾祺性情和长处，也许在另一时又还有机会可以为安排他今后工作作出一点主张，所以随便提提我对于如何充分发展他长处的个人意见。"专业作家"制度即或已经取消了，但是事实上在若干文艺单位里，总还应当有些长于用笔的人，且得培养这种长于用笔的人，在"编辑""研究员"或其他名分下工作，而不必要他每天如普通干部的到时上班下班，计时论功，却有必要为他创造机会条件，尽他有机会多到一些不同生活中去，多走些路，多看到些新社会新事物，而另外一时又为创造条件，让他在一种比较安静环境中，再组织成为各种不同形式作品。他生产的东西，不一定和一般日常出现的报刊作品相同，生产过程也不一定和其他业余作家相同，但是生产出来的作品，却无疑会有所突破，拿得出手，对于国家这一部门的工作要求，作得出新的纪录，新的贡献。一句话，对国家十分上算！人的材具各有不同，如何善用所长，使之得以充分发挥所长，为社会主义作出更大贡献，在使用上也还是一种十分细致工作，有待分别对待，给以不同安排，才能及时发挥其长处。这从我自己搞的工作也可知道，解放以来，新学的有关文物各部门杂问题，若能及时就全国范围内去看材料，并掌握这些材料，懂的事情必更加多而具体，应用到各方面时，也必比目前效率更高，方面更广，对国家说为十分经济合算。西谛②若未死，还有个商量处，他一死去，无熟人可说话，时间一过，体力日益不济事，许多本来可以由个人努力探索逐渐得到进一步明白的问题，便无可如何，只有由后来人再去从头摸索去了。……曾祺今年也四十多了，使用他也要及时！在剧团中恐难于完全发挥他的长处！并候佳好。

从文
二月廿四

---

① 《区委书记》《厚四姐》，是分别由苏联和越南拍摄的两部电影。
② 西谛，指郑振铎，现代作家，社会活动家，曾任文化部副部长。1958年10月率领中国文化代表团出国访问途中，因飞机失事殉难。

19650308
北　京

致巴金

巴金：

　　日前一信想可转到。涉及汪曾祺事，昨闻已经和赵燕侠等廿人去四川重庆渣滓洞体验生活，准备编写《红岩》新京剧。过一二月后即来沪演出。这种光荣任务，当然十分有意义。而且听说他十分高兴就新戏革命中贡献出终生精力。组织既重视此工作，他本人又能和团体中来自五湖四海的人生活打成一片，工作中亦可充分发挥所长，所以我前信中说的希望他改写短篇小说，真是迂腐主观见解，十分可笑。

　　华北至今犹未落雨，春天庄稼旱象，大可忧心！

　　我心脏不大好，似乎已成定局，无可奈何。二三年前，还可望请求换个地方住住，可能有些转机。现在正值社会主义教育运动待展开时，工作重视"革命化"，上班制恢复后，大致还得和卅来岁少壮一道搞学习，我照例又不会说话，一出口即见出落后和愚笨处，过社会主义关即不容易。十年来准备的工作，多近于为劳动人民创造的物质文化史各部门填空白点，相当琐碎复杂，联系面也相当广，工作一比较深入，可供商讨的同人也不多——

简直是没有了,因此除了十年前还有机会将一篇"谈绸缎加金织金锦"的文章①托林默涵转刊物发表,另外出了个《唐宋铜镜》,此后将来其他相似文章,大致已不容易写,即写出也不会再有刊物可用了。(即在本工作单位年青同志中,也将无读者可望。)若体力再不大济事,再加上要看书不容易调书,要相关材料不能得到如过去那么便利,搞的一些杂问题,即或明明白白对于后来人写通史、美术史、物质文化史都还有用,求取得应有进展似已无望。中间这个环节一断,衔接不上,我的努力,恐不可免又只有凡事报废了。社会在过渡期大变动中,这些小问题无人过问,也是事理之常!西谛不死,他懂的文化史问题较广,和他商量,还可望得到某些支持。他死得却太早了。为了这些未完成的工作,更容易感到他死去的损失,不仅是他本人搞的工作未竟全功,连带许多对国家有益的工作,也不免随之中断,后继少人!

新戏改工作进展快而收效大。《红色娘子军》新舞剧,也得到极大成功,惟音乐方面似还配不上时代要求。许多好听民间小曲,被折得零零碎碎,而加杂些在城里习惯的干部腔,多不怎么好听。小说由于要求不同,作者面广了,也可说大丰收。但已失去短篇小说本来效果和意义,在报刊上配合新闻时事刊载,还过得去,过一年半载后,再印成单行本子,读者从中得到的好处,恐怕即不会太多。但这也是事势所必然。作者面日益广大,实史无前例,共同作成的教育效果,显然也是史无前例,前所未闻的!我们用过去习惯眼光来看现在小说,希望现在小说能如过去情形启发读者,是我们太落后的观念。我的落后真是太可怕了!
并候阖府佳好。

从文

三月八日

---

①文章,作者1953年7月26日在《光明日报》发表《明代织金锦问题》,同年9月3日又在《新建设》杂志发表《中国织金锦缎的历史发展》。这是他转业后首次发表的物质文化史研究文章。

一九六九年

19691126
北　京

致张兆和

三姊：

　　这是廿六下午八时，房中情形你不易设想。因为托运破烂大小十八件，已经过四五天。大弟、焕章（礼拜天还有杨普、李同志）等帮助，如作战一般，包扎停当，贴上名条，系上布条，等待廿八一早即将上车。廿八开欢送会，卅中午上车。估计这信到时，你们也已经有部分家属到了六连。大弟将送我来，为部署新住处，馆中和校中革委均同意，他还是十年第一次请假！将来六连看看你。

　　我算是本馆老弱病照顾政策第一批下放的人员。动员会闻有十八人，有四五人表态令人感动。我只说十个到十四个字，"坚决拥护主席伟大政策，到时上路。"截到今天为止，得知真上车的只五家，带家属还只十多人。说明"言之匪艰，行之维艰"。我除了心脏不大好，没有丝毫感伤情绪，好好和大弟谈了几晚四十年种种，他才明白了些应当明白的事情，对明白这次受最小冲击前因后果和廿年工作意义，以及当前还像是受特别优待原因，是极有意义的。

这里对永玉、朝慧已作了些适当安排，多是和大①商量的结果。也送了同院各家点点纪念品，也多经过研究，作得比较适当，不至于过分。今天小尖鼻来，还照了许多相。到这里已整整四十八年，回想来时种种，还如昨日事情。如此离开，也十分好。用实践来拥护主席，或可补足拙于语言弱点，以后还要用新的实践，战胜热湿和滑倒的意料所及困难和体力上的意外困难。我相信是会作得到的，能和近半世纪以来一样，用一种极端素朴态度活下去，学下去，工作下去。才对得起党和人民对我的好意和期望，也才对得起你四十年来同甘共苦，在共同生活中，你的担负极重而在任何困难中从不对我灰心失望的好意！我们对孩子们值得放心，孩子们对我们如何处理自己也感到放心，所以我总相信在乡下不是养老，还将有可能在新环境中作些有益于国家的事情。目前房中空而乱，心中却觉得平静不太乱。

耀平已到达，住处有水电，何诗秀后天去小平处。估计二姨不久也将去宁夏，庆庆去小平处。

应用药多有二月量，还可托人续带。住处可能已有安排。艺术院校也在动员，月初必即有人上路。永玉是留下还是一家同走，不可知。小尖鼻不久也必将作长途旅行，长得少有活泼，一切话都懂，只是不会说而已。约明后日将去看看林师母和三婶。文学所闻去河南罗山，已行动。我估计这信到你身边时，可能在站上早已见到六连熟人在接人！车上一定也会有不少熟人。这几天，天大帮忙，晴朗朗的，因此大等在院中包扎行李也便利不少。

馆中一再派人来问，探看行李包装并送木箱草绳塑料袋等等。同院王李二大妈更多关心，令人感动之至。帐子等已买妥。

此外熟人走的也已多上路。

街上一切如常。诸事放心。

从文

大还得回校将假事办妥并带回京证明信时正九点

本篇编入初版全集时信尾缺失百余字,现据原信补全。
①大,指作者长子沈龙朱,下同。

19691213

452高地

致黄永玉、张梅溪

永玉、梅溪：

在这里种种，小龙或已谈到一些儿。十多日来，天气帮忙，生活还能适应。一切放心，放心，放心！初步习惯用冰水洗脸。以后冬天雨雪来到，必然还得克服随之而来的种种。将凡事<u>总得学习</u>，不会感到如何难堪也。日夜有二三千人在为基建工程而战斗，相对之下，我们三餐均不免有愧于心！即仅仅从大厨房<u>伙食三顿</u>看来，我们老、弱、病受优待处已太多太多！早来还是十分对，迟来车站亦必更为难！目下还可在太阳下写写信，半月后，若移换荒山挖煤，必将另是一番景象。目下离二表婶只六里长堤，十来天还可见见。若移换地方，将有五十多里隔离，交通极不方便，恐已<u>不能见面</u>。她一切很好，可放心。

这十多天来，饮食主要靠梅溪给的辣酱。将十分吝啬使用，或可维持到月底。所以希望梅溪再为干炒一份，用油纸塑料袋中寄来，能维持一或二月。

病未增加，只一次在桥上昏倒一回，幸得同伴为扶回。应用药还易得。行李至今未敢打开，因为怕随时要转移至五十里外，去煤矿区。照这里习惯，老、弱、病不作强劳动，但值班看房子，有的还守夜。现在住处是总部所在地，有灯照明。取开水打饭，都只须走半里路。以后新住处，恐不可能有此种种方便！一切在意料中。

记得朱熹有诗句："静观万物皆自得①，四时佳兴与人同。"夜里冷极，未能入睡，就背诵二句诗似能有会于心。我记住你说的"达观"，大大有助于接受再教育适应力。

闻此间人说，京口住条件较好。若动员去，莫迟疑，即准备上路，省事多多。一离北京，<u>诸事即大不相同</u>。所以总以<u>不脱离组织为得计</u>。万一英德茶场可安家落户，也不妨即去。凡事以不失机宜，主动一些，并预料到种种必不可免随之而来新问题，即到一新地方，不会失望丧气。梅溪说的广东好处，固然是事实。这里和本地人似乎还不大能<u>相熟</u>。有小镇，约十多户人家，三五小铺子，我去理了一次发，联想起五十多年前的怀化镇，相同点极多。作息用军号声，早晚学习老三篇，读报，听伟大样板戏。地点高，再上附近一小坡坡，就可见到大湖一片清波和干涸处上千亩小麦耕地。经常有成百水牛下湖洗澡觅食。田中到处是成群小猪，走路飞快，十分快乐的来去。天空随时有雁群来去。种种是一种新的奇观。

隔壁住三肺病职工，包括新迁来的王世襄。本列房子约六间，除医疗室，此外即老、弱、病分住。还在不断加人。一切极<u>新而不奇</u>。极少人看书。但从近十人学习组老人中，听人闲谈，却增长了在京三年来未有知识甚多。对我说来，实极其有益！包括了新闻、旧事，真正是胜读十年书也。特别是新熟的一些老职工，多健谈又见多识广。说的或似是而非，且更有意义，比读读

199

不好小说，有意义多多。因为能代表大多数人对各事的不同理解、意见、感情。绝大多数人都似乎比我懂事。特别懂文化革命三年的种种。有许多事，我们过去是不明白的。我极少说话，因无发言权。也可望少犯错误。认识我的人甚多，我认识人却不到百分〔之〕一。这倒也是好事。要朝慧寄的东西，<u>可分别寄</u>，供老、弱、病号用，忌讳少。吃时也不着兴请客（只吸烟例外）。说下去"插队"，附近只三小村，不到廿户民居，来此大几千人，距下去住，大致还不可能在一年内实现。二表婶等处情形稍不相同，已集体住民居二月，成习惯。但生活差距还是过大。彼此生活习惯更不是短时期能解决。不比四清土改，新的集体将另是一种景象。即住小市镇，也不大易适应也。差距过大，习惯难同。干校管理、生活，一切军事化，却将日益明确具体。报告二年后将粮、棉、油、菜自给自足，还得经过大大努力苦战是必然的。必来到这里，才明白"老三篇"反复学习重要性。

愿大小好，盼望来信说说新事。

二表叔
礼拜六

黄永玉，画家、木刻家，作者的表侄。通信时任教于中央美术学院。
张梅溪，儿童文学作家，黄永玉之妻。
①此处记忆有误。实为"万物静观皆自得"，出自北宋程颢的《秋日偶成》。

19691216
452高地

复张梅溪、黄永玉

熟香肠和豆豉酱白糖是珍贵宝物。

梅溪、永玉：

得信，知两星期来凡事照旧。我这十多天可见了不少，学了不少，也听了不少。可说凡事崭新！想得比平顶山朋友难一些，不致错误，自然也有好处。主要是一年中最好天气当头，有上十天大家都晒被面，晚上可望暖和一点。附近各处都有红旗飘扬，下面是成班成排青、壮、老搞基建。我却穿了那件架子式大衣，提了个牛屎撮箕，沿马路拾竹根杂柴火。不到一小时，就可满载回住处。你们一定记得到街上大清早推小手车拾字纸的老头，我事实上工作已和他们接近。一次收入货币价值不会过一毛钱，但是用处可大得多，因为同行二户，每日热菜热面，竹根是最经烧易燃，而对他们来说，却像仿佛凭空自来的。菱角虽易燃，熊熊火光极好看，可是去湖堤大约得走二里多路，别人是不会去的。菱角只寸来大小，空壳无内容，是涨水后淹坏，被风飘荡到堤旁的。若有劳动力，千石百石得来不费事。可是除我们几户外，似乎极少有人有闲去作这个收集工作的。这里每天最可观的是云淡天高，天空中大群大群雁鹅飞过。经常是二三百只。我们除了等待，似乎不大明白自己存在意义和来此积极意义。一般即等号兵招呼开饭。总的即等北京大伙来如何迁移新住处。新住处肯定是要比这里更生疏十分，困难加倍的。但是一出门，即一切已无所谓。这里是目前干校整个最最方便处，去邮所不到百步。去医疗室只廿步。去上咸宁车站汽车处也近极。取开水不到半里路，大饭堂也不到半里。新地若系并无人住的<u>挖煤区</u>，是种什么情形，就只有凭你们想去了。也有可能去"汀泗桥"，那是四围高山风景区，恐无这个福气。因为照这边布置，是老、弱、病号也不能离开原有连排，独住下来的。

因行李不便打开，只能就几个手提包中所有解决问题，甜的最后一个面包，今天才解决。部分在提包中的白糖等等，都将节约用到月底。最有用处还是那个<u>豆豉酱</u>，十天中每次只用一小勺，今天试买了半斤干豆豉，用油炸炒后，拌到剩余半瓶中去，使得同房十分羡慕。因为又已满瓶。但是同来的几位，因自己开火，大致已吃过了廿顿面，五六斤香肠……我的主要补充，豆豉而已。写到这里时，忽有人要我去邮局，只几十步，到时才知道你们寄的包裹药品已送到。只四天时间！因此今天吃饭，小条凳上有了早上剩余的炸青虾（一毛四一斤！）、豆豉、萝卜丝汤，加上切成十片一节香肠，可说是半月来盛宴。针药将十分吝啬使用。这里一般性药品似比北京还易得，可买到，医院供应也多些。近来到此以后，血压都在二百以下。惟前几天路上昏倒一次以后，低压上到百廿五，似为二十年来较高限度。因此打水也由人代劳了。低压最高限是百卅，希望不升到这点。

房子老鼠日夜沿墙走动，稍不小心，忘了拉手提包链条，剩下的可可糖就被吃掉了。照此说来，耗子倒极懂口味，因为纸包的水果糖，即在近旁，也不照顾。目下东西最有用是糖和豆酱。因"大战十二月"，二表婶不放假，已不容易见到她。她精神极饱满。我也能支持，不至于泄气。一离北京，即得<u>承认现实</u>。有许许多多见闻，或和多久以前我写的家乡事相差不甚多也。要明白这是个二三年前有过几十万人武斗大动荡的地区，就可以明白什么事也会发生，不用奇怪了。一切放心！<u>跟组织行动，十分重要</u>。一切不宜从廿年前假想种种出发。新的种种，变得太大，太多，而一切似乎还有待安排，在摸索中向前。随大伙行动，易解决问题而少意外困难。特别是三年动荡引起的新变化，不离开北京，是难于设想的。

表叔
十六日下午

19691222
452高地

复黄永玉

　　药已收到,只四天,和信同至。取时签个名就成了,方便之至!送信的是模范战士。

永玉:

　　收到你的木刻,真太好了。许多人见到,都感到好。这里是有不少内行的。你应当<u>不声不响低下头来作下去</u>。一鼓作气,再搞个廿幅看吧。有意义,<u>有长远意义</u>!因为工作就是要这么持久又持久搞下去。到一定时候,一定数量下,自然见出意义的。我主观设想,你有一天居然能把作烟斗兴趣彻底转移到这个工作上来,一定会得到比作烟斗十倍成果。万莫即此为止。也万莫待人鼓吹才干。就这么<u>闷头闷脑</u>再作十来不同题材,<u>用不同方法,去作新的试验,成功是必然的。小幅也不妨作粗线试试</u>。

　　二表婶来,已把妮妮送的核桃仁带去。一定有个较长时期舍不得吃。你们送许多东西都还舍不得吃!前送的酱,就舍不得经常吃。我那一瓶也有同样情形,吃不到一半,就加进了半斤豆豉。新发现这里豆豉比北京的好，干净少杂质，只二毛一斤。所以希望梅溪为炒二斤肉末（肉松不适用）加大量蒜瓣，较少量辣子末，炒得干干的，即可从塑料包寄来，到时我再加豆豉，一份量就可抵两份，大致两个月的大锅饭就可度过了。我本来经年不吃辣子，一出来吃大锅饭，才明白豆豉酱的作用，远比其他重要十分。你们若离京，也似乎首先得准备这一着。用猪油炒三五斤辣子末装一小坛甚至于<u>大坛</u>，到时会明白比半边猪还重要！

你若见到二表婶等对辣子酱的吝啬，才真是新鲜事！"见所未见，闻所未闻！"一到了这里，就像是又回到了五十年前在保靖、怀化等地情形。什么知识都不大需要了。要的主要是体力，随同基建需要而行动。思想改造就是明确认识这一点。若缺少这点应有认识，还念念不忘个人什么专业，那就一定会犯错误的。而且会出问题。据我想，你们学校将来下去情形也不会相差太多。必到此才明白三大知识改为三大运动的意义和学习老三篇具体作用。在此早晚学习也不离此。是和在学校那种边学边劳动完全不同的。最好是跟集体行动，单独插队麻烦多！

一下乡，工作机会就不多了。所以必须抢时间，争分秒，主动的用上次四天搞彩刻精神，搞几幅出来试试看。永远不要轻视自己工作。

二表婶精神很好，人也胖多了。走五六里路长堤来看我，又行走如风一般，比我快得多！独自走回去，我不免有些难过。她却和区里同事谈笑风生。把你们新带来的糖带回一半。一定将限定一天不过吃一块。又把我新加炒的酱带回一密封杯，大致会吃十天。从这些小事设想，你们就可以明白离京以后部分生活情形了。长住下去，还必然会起更大变化的。如果移动到荒山挖煤，就更难设想了。我们还是用作客心情等待机关大队人马来到。照情势说，今年不移动大有可能。每天在太阳下晒晒，听先来的人谈夏天种种，许多人似乎都已熟了，事实上正因此却<u>永远不会相熟</u>。但是因此也极有意思，并不感到寂寞。倒真像是在读一部长而无多意思的有名小说，不看也不成，看下去却感到相当累人。若一一拆散，倒可望改成十大册契诃夫式动人短篇，不过只会有极少数人看得懂而已。总的说来，是处处有平凡的伟大。但若照一般要求写去，就决不会感动人，把伟大转成平凡了。

附近有三四村子，瓦房好看可不宜住。村子后多百年大枫木，至今尚红红紫紫，闻九十月十分壮观。枫树下闻有长虫长近二丈的。同住有几个老工人极可爱，收集了不少蛇蜕，就有近二米的。还收有不少灵芝和有刺少见树木。又会作扫帚，近于真正艺术品。会用黄檀木作手杖，小龙就带了根作纪念。这里有用径四五寸黄檀作劈柴烧水的，真可惜。在新事物进行中，有些方面物力浪费总是不可免的。最最可惜或许还是人的，某种人特殊才能的无从使用。但是，从总的看，也是十分自然而合理。因为国家整个在变动中，个人任何辛苦数十年积累而来的比较难得的知识经验，都已失去意义，能够注意注意比较健康的活下去，就很难得了。若眼看着大几十万人为防洪而在一列长堤上作息，我们就会明白个人的渺小十分，微不足道了。正因此，所以我却希望你趁此更严格的要求自己，<u>一鼓作气，连续作战</u>，来搞十幅性质相同题材不同的木刻。至少是通过一些不可免的困难和意料到艰巨劳动，从工作中见出自己存在的意义。我还相信这是可以扭转种种忽视而得到应有重视的。因为工作搁在眼前，是有目共睹的。盼望你能同意我这点看法和建议。一下乡恐就无多工作机会了。很念你们大小。

从文
廿二日

19691224(1)
452高地

复张梅溪

梅溪：

药收到，十分感谢。邮包四天即到，而且是送到住处。这是这里新事物之一。就这一点说来，五七干校万千种新事，都是早已超过报上提到的种种了。自然也有些随同而来出现的新故事，但不是主流。主流还是十分健康，或在健康中生长壮大的。来此主要是"炼人"，说的大有道理。所以我盼望你们务必随学校行动，有种种便利。单独插队，却极端不现实。因为乡村种种差距大，<u>十分大</u>，有些地方有些问题是还和我初次出门见闻十分相近的。自然也有大大不同的。总的说，还是<u>随学校，听组织分配，极其省事</u>。我在这里已廿多天，像是已经过了半年。每天到大厨房取饭时，就必然会联想十几岁时初初离家种种。有些生活实在太相近了。

这里只有一个八岁小女孩，和我每天同去推土机经过处和木材加工过后地方，去捡捡劈柴竹根。若黑妮来，大致主要工作也只能这么作。捡牛粪就体力欠缺，因为不到半小时，就得挑五六十斤。从个人说，过日子方式，是近于极端无知，无能，而又是十分浪费的。但从另一意义说来，却是真真在学习。学习明白劳动创造世界的意义和创造新的文化的意义。学习练自己不思不想，只读"红宝书"。平日读报，就不大和在北京时相同，一切建立在一个"信"字上。国内国外事，事实上是一无所知。也不会有人传什么小道消息。极现实具体，是一列列新房子在住处四周一天天增多。有几所办公室，十天前还在挖基础阶段，近已在安置门窗，到年底，就将庆祝落成了。

最有意义处，是绝大多数人不知道我有什么长处，目前不知将来也不可能知。但到一定时候，却一定会知道我是个高资高薪阶层，这就会在比较下成为"对象"的可能。这是不以人们意志为转移，到一定时候，必然要提出的。还并不是"将来"问题，"目下"便已有人把别的高资当成话柄了。这是必然的，要在一个什么新回合中（或即三几月内的斗、批、改中），由斗、而批、而改。缩差距到拉平，将是事所必至，理有固然的。百元以上的都要有个精神准备，一下来就会明白了。至于目下的六时半听军号起床，是初步训练，最易最易适应的。和吃大锅饭差不多，是第一课，不是第二课。

我凡事都抱一个<u>学习接受</u>态度。只是决不抱学习写作幻想。因为至少是我还从不见到一个人在太阳下看书，不论老小，似乎单独看报也没有人。没有时间，没有需要。目下赶基建是这样，过些日子，可能还是这样。因为基建约四万平方米，进度快也得有二三年苦战，才能完成！到时还会有别的新任务。何况新的任务，必不止四万平方米。听人说，二表婶处，将来新住宅区将更多<u>些</u>。地方也较平坦，行动方便，我或许过一年后可以去到那边住。但决不是一年半载能作到的。也许始终不可能去住。这是新制度"一切从工作出发"的必然情形。一到这里，我即是一个<u>最普通，而又无知无能的老、弱、病号干部，</u>应服从总的安排而行动了。至于总的安排，明天是什么，明年将是什么，大致又是除了极少数人，什么人也不知道的。一般人不需知道，也不可能知道的。"知识分子最无知"，是千真万确的事。若真正做到完全无知，就一定十分愉快而健康了。最害事是本来无知，而狂妄以为有知。和本来有知一知半解，而胡乱说话，都容易犯大错误。有专业幻想而无权势野心，即犯点错误，也不会出大毛病。或许到另一时，还会不算错误的。

从
廿四日

人那里会想得到近七十岁还这么过日子？这么学习又是为什么？彻底改造人生观，若不联系业务，是比较渺茫的。可是若说，即是错误。这一点永玉也应当知道，免犯错误。

19691224(2)
452高地

复沈朝慧

刚得廿一大哥一信,说和XX已告结束,我觉得很好,用不着为这事难过。中和舅提的人选和X家XX都可能好得多!

朝慧:

寄的东西已收到,极得用。因为至少可以加上梅溪寄的药物可抵三二月用。小尖鼻相极好,不久即可托人带过五连。我总想去五连看看,至今还不能成行。永玉小木刻<u>非常成功</u>,在这里已有不少人传观。都说好。

天气一转阴,我就不大好受,加之来此不久,就有一个人因心脏病死去,一人中风入医院,对我多少有些影响。事实上,在这里一病倒就不成,因为救急得颠簸三十里不平汽车,一个好人也受不了。住医院还得有人陪,不管饭,不问何病同住一统舱。所以最好是不要病倒。盼小尖鼻来到身边,势不可能。因为我属老、弱、病号,住此还是近于作客。到不久,或许一声令下,就得远走另一地方。甚至于是八九百公里以外。<u>一离北京，就凡事不同了</u>。任什么都得照新地方新办法行动。北京说的种种不能算数。个人事无商量余地。明日由生活到薪给之极大变化，照我估计，至多三几个月后就会临到头上，大有可能将是在卅元左右的特别照顾。要知足，才可望在另一时不出差错，不成冲击对象。知分之无知无能不中用，是一到下面就格外显得突出的。

　　你们行动<u>务必随学校一道</u>，有保障，绝不要轻易说下去插队，这事不简单。最最重要是听组织分配，随学校行动。<u>万万不要脱离组织</u>。因为外面近三年所起的变化太大，完全不是像四清时那么派下去的种种方便的。要明白这一点，要明白明天生活中不可免的困难。战争即未发生，国内变化也十分大，十分大，要想照永玉在抗日时那么行动便利，工作便利，也不可能！因为整个社会都变了。要有一切情绪上的准备。也用不着什么怕，或过分担心。总之，要承认生活上必然来临的变化，承认现实，即可凡事不在乎。凡事不自以为是，不抱任何不现实幻想，接受新生活，学习单纯十分的劳动下去，也可说十分省事！我这方面你们可不要担心，我一天出去为别人捡捡柴根或菱角，打几回水，取两三次饭。饭后读报一小时，听样本戏半小时，听听同住的人谈谈杂事，到熄灯即睡了。我大致是一众中说话最少的一个人，也是用水最少的一个人。天气好，晒晒太阳，在阳光下听人说话，看人行事，也学了不少过去全不知道的事情。到礼拜六就盼明日天晴，二伯妈可以来住处。不过每次送她一个人走那道六里长堤，不可免会有点悲从中来。她可是精力弥满行走敏捷，绝不会想到这一点的。因为我究竟是有点老了。她呢，精神上还十分年青！我说的"悲从中来"也不会很久。因为更严酷的现实还在以后，即忽然会远调六七十里以外一个荒山中去，去到那里守守房子或值值夜班，都说不定。或许尚有更多意想不到处。要明白，这是社会主义十分伟大的文化革命运动的必然发展！一定得战胜情绪上和生活上必然来到的困难，不能有另外空想！人的适应环境性是惊人的。我幸亏五十年前过了好几年不易设想的蒙昧愚蠢生活，解放后又经过几次大运动学习，所以现在事实上还够得上精神饱满，不抱任何不实际幻想，而且将准备接受更多不习惯的新的考验。最大遗憾，是体力已不济事。若体力好，就什么都无碍了。

这里为搬二百万砖瓦，有三连人日夜分三班从河下挑上岸边，四十砖约二百斤，上约百米斜坡。从这一点说，就可知劳动创造一切的广泛意义。我们对于新社会近廿年，可以说还是过的<u>纯剥削生活</u>，对于国家建设，毫无积极贡献意义的。在过不多久即将来到的斗批改中，成为对象是意中事，不是意外事。这也早有个精神准备，已不至于临时慌张失措。将用<u>一切接受的心情来接受新事物、新环境和新地位</u>。住处地较高，看天空广阔，夜里星斗也似乎十分亲人，而又极端寂静。对此大自然景象，所以早晚精神都极好。一切可放心，望放心。

梅溪、永玉、焕章均此。

二伯

廿四日

19691226
452高地

致黄永玉、张梅溪

大弟、梅溪、焕章等东西都收到

永玉、梅溪：

前信想必可收到。<u>一月内尽可能不再寄什么来，</u>因为这半月中一连接了四个包包。尽管内中有的是必需药物，同时又还有的人寄别人的更多东西，但万一被提出，即将受窘，不好说话。我估计至少有一二月一切已足〔够〕用了。这里事正因为种种，种种，极平常问题也会<u>提高到原则上来谈的</u>。好在我们近于作客，蹲不久，一月以内，可能即将离开。只听人说这说那，个人从不参预一言，可以少差错，不出毛病。因为早听说廿六寒流将到，有三几天阴雨，所以廿五趁天阴不冷，就带了点吃的，和永玉木刻，小尖鼻新相，由一个老党员同事相伴，沿长堤六里去看看二表婶。先到砂场。场上干净整齐少见，背衬湖光水色若作木刻，一定十分动人。幸好表婶在写四好班总结，不工作，和她谈了约廿分话，看看她几个同事，就回来了。这半月来表婶似乎又恢复了<u>十多年前的精神，人也胖壮多了</u>。大致过三五天，不问如何阴雨泥滑，他们这一队，又会随同大红旗队伍，"一字长蛇阵"从长堤走来开会，并有人报告"四好班"种种的。我来回走了约十二里，还不算太累。今天果然落了细雨，若今天这么湿地，一定得滑倒三五十次。一天雨，公路车也即停开了。一切工作停顿。便和你们在校中一样"抓学习，漫谈心得"。事实上即是反复又反复的……国内外真正在进行的大事情，我们实毫无所知道。也抓"五一六"，有大量大字报贴满墙头，有名有姓，可是属于另一机关的人事，我们还是一无所知。从别人谈话中，知道的点点滴滴，却是不适宜记，更不必说的。

总之，是活到一个十分"离奇"又极其"自然"的新环境中，一些事似乎极新，新中又却包括了许多相当旧的种种。特别是人事中的新旧杂揉，你从学校中种种，也大致可以领会得到的。所以沉默个二三年，必可学许多，懂许多。比过去廿年所学还有益，有用。凡事不经过实验或实践，的确是无知的。何况社会如此大变动，不可能明白那些不变处。明白这一点，自处就比较容易，而遇意外来临时，不忧不惧，看得平常自然了。所以活到这个时代中，应当说是幸运，是不易形容的大好机会，更深一层明白"人"，和改造的"伟大"，以及不易改造的"习惯"。因此来读毛选，就似乎另有所得，不同一般学习，也不同过去学习。有的懂得多了些，有些更加感觉深刻难懂。这大致也是十分自然事情。不然，为什么四十五十年老革命还会出毛病，犯错误？很明显，他们就是学不懂才犯错误的。

你们行动可能要到过年以后了，也可能还会又忽然开课。或在别一处搞别的事情。总之，改一改，变一变，即可从此学明白许许多多新鲜东西，都是"意料内"或"意料外"的。最深刻一点，即旧知识分子在新环境中的平等化。这对我们是比较少抵触，易适应的。难的是<u>大官</u>。若我们对于新事物还能充满兴趣，就会更加感觉满意，以至于忘我兴奋。这自然要工夫。也看环境。因为即同属一大单位，人和人就大大不同！同一事，影响反应也不相同。

　　<u>我</u><u>什么都好</u>，<u>大可放心</u>。有些地方似乎又恢复到五十多年前在保靖旧军队里时那种<u>真正的单独</u>。到处有人相熟，甚至于大厨房里人见我来即十分热心为装菜。人却还是真正单独的存在。这是很奇怪的一种心情。又像是必不可免的结论。诸亲如此分离四散，即二表婶也将十天半月不易见到，人到七十岁，这么"学习"目的，是增加思想改造？有时明白，有时也就不免还是有点糊涂。因为自己可知道这么下去，对国家并不经济！但是除自己知道以外，可没有一个面前人明白的。

从
廿六日

　　妮妮送的核桃，全给婆婆了。我在这里单独可不好吃这个的。

19691229
452高地

致张梅溪

梅溪：

得朝慧寄来食物和表，并说豆豉你已为作好，主张缓些日子再寄。<u>极对</u>。因为这里吃的已足够一月有余，我在信上也提起过，怕为好事人提及，会受窘。尽管有不少人带煤球五百斤，那是别人的事情！你们行动大致将是春节以后事了。大小总在念中。因为亲戚至好中也就只那么几个人了。爷爷想再来作"输送队长"，也不容易了。年纪一老，对孩子们总是有一种说不出的感情的。但愿大小都在体力上和情绪上有种应对新环境、新困难精神准备。凡事随大伙一道干，凡事听其自然，倒好办！应明白一出北京凡事就不同！

我到这里已一个月，也可说<u>不虚此行</u>。因为眼见的，耳闻的，都不是住北京十年八年所能设想的。这里学校主要是劳动，新精神干劲是主流，新故事是支流。人人干劲十足，天一亮不久就到处可闻斧斤声，拖拉机声，和种种杂声。田坎间到处可看到红旗下一字长蛇阵向工地走去。上下等级不分，人各量力行事，"为人民服务"就成了具体行动，而不是"纸上谈兵"了。人人忙累得无暇思索,因此本质上说都是十分健康的。我每次去取开水和打饭时,受到老火工和大司务热心帮忙,都不免感到一点惭愧,因为一切都出于集体的长期劳动,我们却近于坐享其成!一切人对于明天都充满乐观心情,因为在住处四周,每天都有上千人把新房子一列一列从平地矗起,一般是为新来家属建立的。并且已经有一列列新房子生了火。社会主义的平均供应制度,大致是将会在全国八十七所主要干校较早得到实现的。我因为双手无力可用,而头脑又依旧好空想,所以一时之间,生活表面即或已能一切适应,事实上或者还会要经过一或许多次内外斗争才真正大变。所以吃、喝、住即或已同人一道,事实情绪上却真真单单独独的。这又像并不是从今日起始,<u>五十多年以前</u>在军队中就是这样过下来的。总像是还有个更合适发挥个人长处,而对国家又真有益的工作,待我去努力完成。是近于妄想,又未必完全是妄想。但是照当前事说,和社会环境要求说,怕机会已不怎么多了。真可说,可惜好一个有用的头脑,而不得充分使用!世上事出于意料内,意料外,多不胜言。说不定,过不多久,大家又会重在一处。即或过得是十分简单困难的日子,也是十分好的。我还想,到另一时若又要填表"投亲靠友"时,我也许会投靠到你们新住处,为你们做做饭,也不坏!小灶烧饭,我大致是及格了。我也有可能会忽然回到北京,更有可能在雨季中打饭取水时,在烂泥中扑赤一下滑倒,即告"无疾而终"。一切都有可能,就凡事不用担心了。前两天阴雨,受了初次考验,今天太阳一出,心脏也就有力多了。我的不切现实的空洞乐观也抬头了。<u>人老而有童心</u>,遇事就不怎么为难了。真正的为难,大致还在以后,也用一个"无所谓"态度去接受,就平常自然了。一切望放心。

二表婶近一月已<u>恢复了三数年前壮健,脸也胖圆圆的</u>,不像一月前大哥照相时。我能来此对她也是一种鼓舞。

从文
廿九

这里明后天就将过年了,零下七八度,还阴云四合,可能照规矩还是得把分散六七十里路的近三千人,集中在一个冷风扑面大坪中开会,行礼唱歌听报告。路远点有卡车可挤,路近不到十里的,就大家抬了小竹凳,排成一字长蛇阵随红旗沿长堤来去。从艺术形象说是十分动人的。从另一方面说,上了年纪的人,不免有些难受。会场在我们住处后边,所以在房中也可听较长报告。但零下七八度又不升火,也不许可把被盖放在脚上取暖,所以我的情形除我自己明白外,唯一是作学习组长的医生,他十分明白。幸亏糖还多,喝点糖水倒还顶事。

天一冷,住处有四五个人都各出心裁作炉子,有的如商朝式样,有的如西周,只有隔壁住患结核的王世襄别出心裁,作的条帚和火炉,都"雅"得只合搁在八大山人陈列馆用。昨天派他看菜园,牛吃了二百来棵洋白菜,温度便忽然上升了。这类小笑话是天天可以听到的,也冲淡了不少生活中的单一化。

从文

一九七〇年

19700101
452高地

致黄永玉

永玉：

  你们今天又一定是大大热闹的过新年。任何善于想象的人，也猜想不到我这个信，是在一种什么情形下的。原来放了三天假，假中分派我们"看菜园"，上下有十二块菜地，归我负责赶外来不客气的牛和猪。牛的身体大，行动慢，容易对付。至于五六十斤半大猪，三五成群，行动飞快，并且明白菜园地有甜头，可不大好招架。它们乘隙而入的敏捷处，真好像看过《西游记》，拜了八戒作老师！

  同事有一小女孩，为我搬了张小竹椅，又有一热水瓶在近边，真是高级看菜园方式！可是不免担着心，怕八戒后代一窜而入，可就糟！经了解，有三个来处，就注意这三个地区，准备应战！现在才八点钟，前面有上百块平田，尽头是两个好看不大好住的村子，平列左右（有三只猪来自对面村子），淡烟漠漠，比董源《寒林图》清润多了。加上有一列上百队伍排成一字长蛇阵随引路大红旗绕田埂走去。到处还有喜鹊呼朋唤侣，极有意思。早上空气格外清爽，所以我头脑也极清爽。特别有意义是真正的单独。遥遥远处传来的锣鼓单纯声和人语声，都如发生在百年以前的事情，离奇之至，至少是廿年前，因为和五〇年在四川内江土改过年极其近似。人到七十岁，这么来学习，我真有点疑心是在作梦！总之，是有意义的。至于二表婶那一边，说不定还正化了妆，去附近村子扭秧歌。一到晚上，又会连串从五里长堤走来会报并演出节目。说是放假，却忙得人忘了"想"任何别的，也不会有时间写写信。所以放假意义也是不同城市的。以大厨房说，同志就忙得多！我虽有个竹椅子，可得上下走动，约七十五步，周围巡逻约三百步。对自己似乎也若有所发现，即"愚蠢"和"单纯"。因而无丝毫感伤，明白在新环境中不仅近于废物，正确点说，却是真正废物！明白这一点是大有好处的。大有可能越来越健康。<u>改造得越具体</u>。食量增加是极其显著一件事情。一天取水三次，来回约六里路，也习惯了。有一点"私心"还去不掉，就是老想找机会，在雨季前有机会练习滑倒时来个"坐"的姿式，不是"饿狗抢屎"姿式。这分别可极大！可惜在京几十年，若多看几次《三岔口》旧戏，也许就比较有所启发，容易掌握个人命运多了。因为取饭取水上下地势过陡，雨季来时"爬卜一跤"是吃不消的。却又像先有预感，终不可免得"爬卜一跤"。一个人对命运感到离奇，也就在此。就叫<u>做</u>"无可奈何"。约九点半钟，我在冷风中吃了六个丸子白菜饭。看蓝空一会会就有大几十群雁鹅飞过。有的竟多过百只以上，真是壮观。

从今天起始，此后大致就将<u>每天有一二时</u>在菜地学种菜，学下来，就明白大城市糟蹋菜真近于犯罪造孽了。因为一棵洋白菜或胡萝卜，长大到成熟，经过人工加水、浇肥、扒土、去草，过程手续繁多，真不易言。学下来，至少是再也不会糟蹋菜蔬了。

什么素菜也不嫌弃了。这里气候变动之迅速，不易设想。日出和日落经常相差十来度。村子里屋后二百年以上枫叶，还未落叶。青菜在零下六七度还是生长得很好。水牛群经常三五十在湖边吃草，乱群飞跑时，就嗾狗去赶回，几只狗向牛后脚一咬，牛就老老实实归队了。这也是过去未见过的。住处一二月内大致不会变动。将来若不去挖煤，则去二表婶处新居，可能性较大。因为她那边是新住宅区之一。今年总工程预计在三万平方米，有一半是在她那个地区的。就风景说，那地方更好看得多。不过有兴致注意风景的，恐只是新来人，一住久，就只想到建设和生产了。此外就是……

豆豉酱如已炒，还是不妨瓶装寄来，四天即可到。这里将在吃到一半时，再添蒜和豆豉。已买不到豆豉。二表婶处的，除了我送去两瓶上海辣酱和另一密封杯你们那种酱，她自己的简直吝啬到舍不得。因为事实上年青人鼻子嗅觉都十分灵敏，一闻到酱味，"吃大户"习惯，不到两天便会扫荡。都说年青人可爱，这一点，要我说可爱可不好开口。所以遇到有点吃的"保密"，大致还是有必要的。

我这里情形，却不大同。同来的两家人都有煤和三五十斤面，十斤八斤香肠。比起来，我就算得是近于一个下中农了。看到他们小灶吃喝，我反而觉得吃大锅饭比较合理了。目下感到最最不安处是大伙忙个日夜不息，一切是**体力第一**，我除了消费，无从插手生产。生命存在之不经济，只有自己知道，却无从说起。照老话说，即"**英雄无用武之地**"。看菜园丝毫不觉得什么委屈，只是未免不大经济而已。不过这或许有更深意义，是我们一时不可能理解的。或许永远也不会理解。正如其他许许多多事

225

情，我们都极端无知。极端愚蠢。还要加强改造，才会懂得一点点的。但最好却是不懂而照总安排作去，省事又不至于出大差错。学习遇事不照旧方式思索，而单纯从一个"信"字出发去接受，是大有益于身心而又不至于出大差错的。不过学到这一点，也就并不容易！若种菜到一年半载，可能工夫就深了一些，也可望在别人印象中见得出"改造"有些些成果了。做人也实在多了。但是希望似乎并不怎么大，因为地处较高山丘，向上望，天宇格外寥廓，向前望，十万顷湖光在望，夜里星斗又特别明亮，三者都引人幻想，扩大幻想，充满诗意。在极端孤寂中，对人事一面越加无知，对明天却不免童心尚多。老有童心一面令人快乐，另一面也不可免有些痛苦。因为童心总是和现实不大容易合拍的。因此力求凡事随俗，将要加倍努力。说改造，也就是随俗的另一说法，意思是相同或相近的。对二表姊说，毫不费力即可作得很好。对我说，十分努力或许还是作得极差。说来实源远而流长。我大致在六十年前，就像是从一分生活教育中，见出和人有些差别。小小时作梦，就总是稀奇古怪。我疑心和脑子一再碰撞受伤，多少有些关系。因一再受撞伤，有些方面，变得相当聪敏，有些方面，就见得格外愚蠢。有的方面甚至于是惊人的低能。这可以使我在过去五十年中许多情形下得到安全，活到如今。但是，在另外一时，却也会因此而终于完事。因为社会变了，我学什么都似乎容易懂，就是学政治文件成绩极差。许多人一学即懂的，我学来学去，总似懂非懂。事实上是不懂。但是凡事望放心,因为在任何情形下,我似乎都不会什么悲观的。而且总是十分用心的学习。

从
一日午

19700104
452高地

致黄永玉等

永玉、梅溪、大弟、朝慧、焕章等等：

今天一九七〇年一月四号，我是用"弥勒佛"姿式，坐在床上，盖着厚被，听屋外风雪吼哮声中，度过湖北第一次大风雪的。人人劝我不要去打饭。早上、中上，还是在冰风中锻炼来回四次。幸而并不摔倒。同时滑倒的却有二三人。最严重考验，大致还在以后一月中，以及三、四、五月雨季中。昨天晴明，二表婶还带了苹果、橘子来看我。我也让她带回六七斤东东西西。还送了她走长堤一大段路。回来看天空二十多群大雁飞过，心情十分离奇。同时还见北来小顽童，用牛屎撮打捞了上十斤杂鱼，欢欢喜喜走过。晚上有上千人联欢会在屋后举行，一直到十二点过半才收场。事实上十一点多即下了雪。队伍不许散，就在雪中看下去。末后才听整队"开步走"口令。干校的"干"，这就是一例。二表婶五连，因路远不参加。但是三天"好好休息"的假期中，却"值班""演出""帮厨""砍柴"，两天中比平时可忙得多！四、五两天预定学习元旦社论。一致同意这是个"重大历史文件"。照字面说，大都懂了。照意义说，至少我是因为缺少种种国内外真正知识，不敢说真懂的。也难预料这一年会有什么大小事故将发生出现。因为看本地报也要三四天。一落雪，可能在融雪时十来天什么报也来不了，信也来不了的。即五连妈妈处消息，也将有较长时期完全断绝。乡下生活不易想象，即此可明白点点。凡事不调查研究无发言权，所以说的实近于空话。因此也就格外感到生命存在□□离奇，和在新社会存在的不可思议。北风似已大过六七级，落的雪全如冰针。一切还在升级。明天将更冷。搁在廊下的大小行李十七件，大半是被雪覆盖的。我去扫除，一会会又满了，只好放弃这种无意义努力。幸好三天看菜园责任已尽，但是还不免担心，对村一白猪会在大风雪中，越过田坪，来光顾长得郁郁葱葱的洋白菜。因为二三月的努力，只要半小时，就会<u>完事大吉</u>。二表婶<u>精神体力</u>都很好。真用得上大弟说的"生龙活虎"一般。给这里同事印象也觉得奇怪。因为这里有两个同事老大妈，年纪都在五十上下，一天纸烟不离口，神气可真够得上"大妈"了。看她们那么热心搞"小灶"伙食，倒把我吃"大锅饭"兴趣提高了。觉得必需坚持下去，所以今天这么大风雪，也不就火煮蛋炒饭。

　　我在床上一面听人说文化大革命种种闻所未闻的故事。一面却回忆几十年中不同生活下不同的风雪。觉得命运之离奇，写出来也不会有人信以为真！最离奇处还是在任何环境下，都似乎极容易和人相熟，可以谈天说地。而事实上却永远无法和人真正相熟。

　　昨天和妈妈曾谈起，如果有资格去丹江口（此事大弟可问问高岚），闻是包干制，妈妈<u>同意我去</u>。因为这里新居分配到妈妈，可能还将在一年以后。这一年留在此间，过三四五月雨季关和六七八九月湿热关,是否过得去,实不可知。若去丹江口,火车从武昌可直达。那边可能有大半是熟人。(各方面熟人,六七十岁的。)听说各有一间房子,一月伙食廿五元,另有廿卅零用花。妈妈一时或去不成。(但是若我到了那边,过些日子却有希望能去。)我在那边照目下估计,可能身体有较多保障。因为遇紧急状态下,还可以得到紧急处治。至于在这里,若发生中风或心肌梗塞事故,是必然无可如何的。因为送到县城医院,得卅多里汽车颠簸,好时也不敢去!天气不好还无车。并且即到医院,也无办法的,因为设备相当简陋。为了未了工作,我还希望能多活一阵,也可望把工作搞出个段落。我就是直到如今,还念念不忘工作。因为深信有些新认识,新见解,是在这个崭新社会中还有用的。

前几天,听到一个从大小兴安岭木材场来的人,谈猎棕熊、野猪等等故事。可惜黑妮、黑蛮未听到。才真有意思!一切故事都是亲身经历的或眼见的。说起六七百斤野猪和八百斤棕熊,受伤发气时,才真不好招架!可是四只猎狗照例就会想办法,分工合作,专咬它的喉头和"麻雀",加上猎人枪打头部,就能战胜这庞然大物。他们入山不怕老虎,怕野猪。特别怕受过伤的野猪。故事说到后来,我们简直也有点害怕了。说大棕熊有一次抓起个女学生,一屁股就坐扁了。一巴掌可把牛打倒,就举起打的姿势,学熊走三两步。他本人呢,是个中等胖子,多少也有点"熊"像。所以十分有趣。

从文
四日

我可用的纸,在手边的通写完了。小尖鼻单身相极好,另为洗两个来。豆豉这里已买不到了。

最解决问题还是大肥香肠(熟的),因为菜咸而无油。寄的人多,不碍事。一天吃一小段,就暖和多了。

忽然天晴了,我坐在屋外墙边小凳子上,看面前雪景,和《雪江图》差不多。即二百步外的临时毛房,也似乎极好看。①

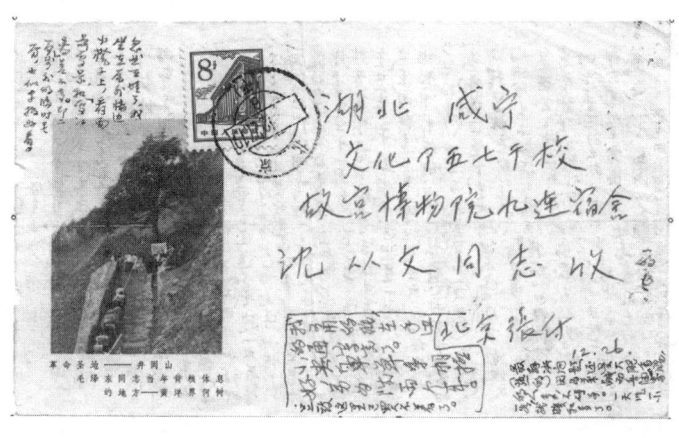

---

① 因纸已用完,作者此信是用拆开的旧信封两面书写。最后三个自然段,穿插写在旧信封正面空隙处,如图。

19700106
452高地

致黄永玉

永玉：

今天是一月六号，房中已零下四度，真是滴水成冰。屋外明天将到零下十度。满地雪已冻成坚冰，我还是准备滑倒，一天去半里外打饭①次作两顿用。辣子酱可真"救了驾"！看趋势，还将有十天左右才可望气候转好。房中升了两个小灶饭炉，还依然是零三到零五。夜里不敢翻身，因为到处都像结了冰，或从冰水中浸过。房子中有的人被上还飞了一层雪，是从墙缝窗缝钻进的。早上还是六点起床，只是过冷，电线也冻坏了，早上的起床军号声也哑了。

一切都是<u>崭新</u>的，<u>不易设想</u>的。但是我一定会能够对付下去。已有不少人倒栽葱倒下，还滑溜了一大段路。我还只小滑倒一次。什么事都和作梦<u>相差不多</u>。照常情常理说，是不会有的，但面前却十分现实。大伙在一起，有共同生活，少共同语言。说大家都懂的话，说得"天花乱坠"，似乎是有必要的一种新的学习。却和"实事求是"似乎不大合。若真的实事求是说，许多问题，因为缺少调查研究，并不怎么懂，一听错，可就不大好办了。因此不能沉默，也不免人云亦云的说下去。空气倒似乎"活泼"多了。"热烈"多了。一月以来，和八岁女孩共同努力捡来的劈柴，三天内已去掉大半。还有成段的也用了。电灯一时来不了，因此又恢复五十年前用的"马灯"。在黄闪闪灯光下围炉谈天下事，满屋串烟，这分新的生活，还是应当说极有意义，也极有趣的。因为若当小说来欣赏，比什么契诃夫、屠格涅夫都更现实。而事实上却有亿万人民过去、当前，以至未来，是这么经冬过夏的。我们过去却太无知无识，特别是对于这种生活缺少应有理解。而目下却只是新的学习的开始。年纪青人殊无所谓。像我这么年龄，说一切即能适应，那是假话。慢慢的适应，而终于在<u>学习过程中完蛋</u>，倒是十分合理近情的。无可避免的。因为在新社会说来，用处实在已不多。特别是一到干校，就可更深一层明白什么叫"有用"和"无用"了。元旦社论值得好好一读，因为今年必然还将会有许许多多的人事变化。战事即不发生，还是会有较大不同于去年。要让孩子们<u>长得壮实一点</u>，来学习接受新生活。对他们说不是什么坏事，对我们来说，<u>老实接受</u>而已。新的环境，新的生活，也有许多许多从客观说来极其新鲜而有意思的。若多学学历史，就更不会感到什么难堪了。甚至于处之十分泰然，而欢迎种种的变化了。这是比读任何小说或<u>历史</u>还更加动人，而又极其自然的。因之对于任何新的变故来时，也能看作当然和必然，不以为奇。你们也应当有精神准备。

我们现在所在地，应属古代的"云梦泽"，为战国时楚王游猎地区。照汉人辞赋说的，是有虎、豹、兕（犀牛）、犀和长蛇巨虺的。事实上直到卅年前，沿湖还是大片丛林和三人合抱的枫树，有虎豹出没其间。直到日寇侵入，才把这大树千章一律砍伐，剩下濯濯童山。除分散五六里内的三五村落，屋后还保留下些风景枫树，此外就无所有了。如今又有了上万人来搞建设，到今年底，就将有三万平方米新屋可住文化人。并且还闻不久将有十多所工厂，将从武汉移来。若向湖中要粮、棉、油、肉的计划难实现，一部分人转入工厂，是大有可能的。又听说湖中有油，新的工业那就希望更大更好了。所以新的一年这里的变化，一定也将和国内别处差不多，有截然不同于过去处。

我想我若今年不被雨、热、疟、痢所收拾，一定还可以看到明年的种种新气象。同时也可以看到附近村子那条二丈以上长蛇为解放军打死。这大致是这里最后一条大蛇！

天气好冷！我们也近入冬蛰状态。七点半上床，睡到差不多十二个小时才起身。房子里热水瓶盖也结了冰。每个人手脚都冻成胡萝卜。一天改吃两顿饭。脚在被中也冰冷。欢喜说笑的一位同事，口也封冻了。因此似乎对于〔内〕蒙古西藏牧民和爱斯基摩人和长白山伐木工人，种种生活，多有一分体会。到六七月，四十二度情况下，大致对于吐鲁番居住的人的阶级友好也会有所增加。到这时，我估想你们或许还在北京或近郊什么，又或在云南也难说。总之新的一年最大的特点，将是<u>每个人都无从支配自己的行止</u>。支配我们行止的人，也像是在一种不可以理解的其他力量中受支配！情感意志都是无从预言的。历史命运的特征，即在此。

---

①此处原写"二"字，又被作者涂掉。

197002初
452高地

致黄永玉

永玉：

　　只两天带试验性的冷雨，新的经验，就证明了二千年前廿八岁贾谊说的"长沙地方阴湿多雨，使人不寿"。我住处附近的小镇上，去过四五次，的确不见过一个老头子！不免在行步中深怀警惕。因为我一生到过东南西北十多省住过来，也遇到过一来半年的云南雨季，可料想不到这个地方土地的稀奇古怪，真到了家。干时大锄挖不动，一雨即成"一锅粥"，粘鞋二三寸，剔去还得用点蛮气力。今早一晴，昨天的稀泥，又将是锄挖不动了。听说三四五月是连雨季，希望天保佑，摔倒时能用坐下姿势，一可望不至于"无疾而终"，二可望不至于把水瓶摔坏或热饭倒泼。这后二事都是不大好补救的。不易招架的。昨天已有人跌倒，甚是痛苦，大致得有十天半月才会复原。

　　我这时是零下六度薄冰在阳光下融化时，从从容容，坐在一张只有我专用坐，才不至于解体的小竹椅上写这个信的。我已经开始在作一切心理上和体力上的准备，先过三四五〔月〕雨季路滑关，再过近六个月的湿、热、蚊虫扑面，及蛇拦路关。你们应当放心，一定过得去的。也永远不会什么唉声叹气或不愉快感。把生命看得十分简单，一切新的环境，新的人事，学适应，学学也便十分自然适应下来了。因为还有外在力量在支持。

这里天一亮，就可闻斧斤声，拖拉机声和别的杂声。就知道有二三千人在行动，在为后来人流汗，辛勤创造新房子。有的不过七八天就平地起楼台，一列列房子在四近半里外矗起。我们这么一种手无缚鸡之力的人，还有什么可说的？现在是想方设法积极作一点小事，可是却无事可以插手。因为一切事都少不了气力。没有力量，什么也说不上了。在这么一个新的环境中，即有任何技能知识，也不免逐渐将形成并加深为一个"老废物"印象，是不可避免的。到二表婶处看看，看到她正为"四好班"整理总结那一大叠稿子，据说照抄外，还得复写三几份。我便明白，作一个新式"司书"，资格也并不够了。

朝慧信中说，美院老、弱、病够资格的已去丹江。五九年我到过。离这里约九百公里路。住处是个疗养所性质，这里医生（学习组长）曾去过，说一切都好。你怕无资格去。去不了也莫难受。我大致就去不成。也并不希望单独去。若二表婶处有新住处，去她那里机会或许还多一些。一时这也去不成，必需随同本机关大伙少壮去挖煤，打打杂，也未尝不好。因为凡事抱个"学习"态度，去接受由人安排的生活，不声不响的接受，是比较合理的。事实上也是真正可以学到不少东东西西，事事物物。大都是在北京住处廿年或五十年意想不到的。又同时像是完全意料中的。总之，是有所得的，得益甚多的，对生命可以说是有了新的充实的。也并不因此即完全否定自己。相反倒是肯定了自己一部分或较大部分，即踏踏实实的就本人生活所许可条件下，充分集中精力，去努力从事工作，过去半世纪生命，并不白费。即或十分辛苦的搞个大半生，到头来像是一钱不值。但是，如此活下来，还是有意义的，不算白活一生。特别是在如此大变动中廿年，多少才子佳人名公将相都完全垮了，我还能比较从容平静在阳光下写写信，就正是过去大半生不投机取巧争名夺利的完全证明。而这一点说来，对孩子们，也正是对得起他们处！特别是近三年看到千百人的"落后""向前"人事变幻莫测，证明人老老实实的为本业用心，还是对国家有用。一时即不怎么得用，时间放长一点看，老老实实的努力下去，口齿即或笨一点，也不妨事！对人无机心，有时会吃点亏。时间一久，就不会因此如何过不去了。"群众眼睛雪亮"，是个真理。从大处说，更会增加生存的信心和严格律己、守住本业的信心。所以我总不免主观的希望到你，应当永远对工作怀着不可动摇的信心。趁生命力还旺盛时，再苦干十年廿年，不争一时得失，也不求如何"成功"或担心"失败"。永远十分耐烦的如这次刻黄杨木韶山村一般，连续作下去。到一定时候，一切会有新的意义出现的。廿年前我初初到午门城楼上搞文物时，条件之差，实不下于五十年前初来北京搞写作。虽眼见到什么"语言大师""斯大林奖金"的种种热闹却无动于衷。也从不去和这些人攀亲叙旧。甚至于连顶头上司郑振铎家中也不拜访过。不到天亮（天安门还未开），就捧了个白薯，坐在天安门洞前石坎上一面暖手一面吃。一切玩意儿都是真正"由无到有"。一拼命干，不到三四年，就情形大大不同，十来个教授级研究员，几几乎不是"刷"就是"跑"了。我却成了本业唯一有较多发言权的一个工作人员。永远用一个学习态度钻研下去。反右后，阎王殿中人一致要我去搞老舍那个差事。我却一心只想在馆中作个普通说明员。在任何公共谈话场合中，总不忘事先声明一次"是个一般工作人员"，"一个普通说明员"，既非什么"专家"，也不是什么"领导"。五个馆长一个也不作私人来往，除公事外无话谈。有个一年左右，每星期馆中都有热闹舞会，我就一点也不知道。运动中虽吃了"小人"的亏，但是极快就从事实证明，什么名分全安不上，即亲友中最担心的"白专"，工宣队一来，也不提了。从这次得到的经验教训结果，我想一个国家在极其动荡变动情形下，总不可免会有好人在种种情形下吃苦、牺牲。但正如屈原文中所说的"苟余心其端直兮，虽僻远之何伤？"用时下话说，就是"一个正直的人，是经得住考验的。放我到再远地方去也无妨"。我就将这么考验下去，希望还能经过地方、环境、时令、人事的种种陌生磨折，又不至于在泥浆中大跌一跤就再爬不起，并且还得准备些由于"人"的种种不同而发生的不可免折腾。一直活下去，到最后完事为止。若不受意外变故，或许还能〔活〕得比好些稍久一些的。在这里，谁也怕提本业。似乎一提，即犯大错。我却还是一脑子几万瓷器，几万绸缎，花花朵朵在转。并且还深深相信明天新的各种美术史的编写，我都还有较多发言权。又还深信这是对于国家有益的事。心脏虽不大得用，头脑还不过于昏聩。

我记得写《长河》时，有个序言，末尾有几句话，说得还有意思。大意是"时代变动过大，一切工作都大有可能在变动中完全失去其应有意义。但是一个人对于工作的诚虔严肃态度，是永远不会失去意义，而且还会为后来人重视的。"我快七十岁了，在生理上的衰老，是事实上不可避免的。但似乎还充满<u>一种童心</u>，即对于工作忘我无私的热情。只是十分可惜，懂得这点的人已不多了。即如小龙小虎，除了表示"坚决拥护"我和二表婶"下放五七干校"，此外我长处何在，好处何在，他们可以说是所知不多，<u>或一点不知道的</u>。这也是极其自然，不会令人难受的。我直到离开北京二三天前，才有机会和小龙谈谈这四五十年的工作学习和生活！如何战胜业务上的困难，又如何战胜社会上的引诱，以至近廿年如何不至于沾惹到周扬黑线上去。他才多少明白一点这次运动中保护我的，不是什么"人"，却恰恰是那个不折不扣的一志专心的"专"。结论不提"白专"，也还是那个"专"救了驾！一个国家那么大，真正的"专"那会对国家有害？为什么总有人害怕"专"，有意轻视"专"？这事既奇怪也不十分奇怪！因为"专"是一种"力量"，可并不真正是什么"罪过"。有些人对于它是充满一种不必要恐惧，以至于愤恨的。有一天，明白社会发展是分工日细，而各尽所能，不是个人万能，"百花齐放"就将以新的景象而出现！

这里过年有三天假，可能会见到二表婶。平时星期也不易见到。

197002下旬
双　溪

致黄永玉、张梅溪

永玉、梅溪：

我们这里三户"响应号召"下来的老弱病号，改到了个地图上还没有名的"双溪"，住到一个有上百间房"收租院式"大当铺楼上，属双溪区革委会办公处，在灰尘扑扑的稻草中摊了三个地铺，算是第二次安住下来了。比小龙所说的第一次似稍狼狈些，有难民形象，无难民感觉。地方是个小平原富足区，去年又当丰收，因此初步印象相当好。前住湖边可说是"拓荒"区，因此荆榛满目，长虫长过二米不出奇。这里是"农业成熟"区，十来里全是水坝田，十万亩水田大都平平整整。大小路也十分平坦。全长上公园所见到的茸茸细草，随处都可坐下。溪小水活，钓尺来长鱼不在意。水塘捕鱼一二百斤也平常。到处小村落全是大瓦封火统子墙高屋。猪多二百斤以上。鸡多四五斤重。有骠壮黄牛和小毛驴。区里有银行和各种新式货店，菠萝等罐头和肉酱罐头并列。手电筒等也应有尽有。住处楼前三五丈内，还有两个高音喇叭，每晚七八九定量广播，我们还是一生第一次受这种锻炼。每天可听八样板戏中几折。听时总想到曾祺一定料不到阿庆嫂热闹处,使得他"老师"如何招架不住,血压在二百卅—五十盘旋,不能不和他有点关系!

仍吃十二元一月大锅饭,一天四两饭。早上一顿却是一两六分钱一尺多长的大油条,可惜没有猪血相伴。地方附近多大小山,和南门坪相近,田百十倍大。挖煤处离住处七八里,闻故宫人说,和《鹊华秋色图》山水极相近。可能水还好些。已挖十米,再有廿米就可望出煤。若果真照门头沟老师傅说的,属"甲级煤",那将是一件全国性大事!我就有可能去作新《鹊华秋色图》中一钓鱼翁终生了。这事可能性是相当大的。二表婶去作矿场看守人,也有可能!若真的即此住定,来看我倒比去向阳湖方便多了。因为从咸宁下车转公共车廿七公里,一天有两次,路宽且平,廿七公里风雨无阻。沿路风景和益阳那段相似,丘陵绿化到了家,十分美观!但是我要想离开这里,大致就得看"命运"去了。现实就是这样,得接受。村庄多分散附近十里,区里新旧房子不过卅所,地方比长宁哨可小得多!不过这里只是干校一个"点",若煤量"有限",或"过大",我们到一定时候,也会离开,因为煤少不必用那么多人,煤多却得成千工人搞机械化,干校人用不上。或回到大湖边新住宅区去。那里明年就有四万平方米新屋可分配,自会有我和二表婶住处的。创业照例十分辛苦,目下故宫有廿多人,和儿童读物出版社五六十人,在日夜分班破土。洞只容两人下手,他人分别运土,作卅度下斜坡。故宫人和我们同住,有夜里十一点回来的,有早四点去的。不分级别,工作一律平等。想想看,我们睡在稻草垫的地铺上,实在太受优待了。可能不多久还要移到一个小学里去住,离目下约大半里路,在一个四面空廓的坡上。移动以前你们想想我面对这十九件大小行李，如何办？因为没有一个人可帮忙，出钱也不许可。这次出来不是蠢事，带那么些行李可就实在太蠢了。事实上一本书也不宜带，我却带了三箱！最有用一份<u>最后一份</u>资料，却带到这个最不需要书的地方来，岂不是大蠢人一个？

这里是出名产紫菜苔地区。此外各种素菜都极好，可是我们可不能买。买了即犯罪。公家供应肉鱼不难得，恰恰不可能零卖蔬菜。目下每天吃大厨房卷心白，加你们豆豉酱。到大厨房一撤，或我们一迁过小学，"开门七件事"便都成了问题。豆酱至少还够二月，到四月底，机关大队人马或许也应当下来了。凡是矛盾总会得到解决的，正如来时无处可住，到后便终于住到这么一个只在梦里才会碰到的收租院和"聊斋式"混合而成的楼上八九天了。我即或再善于幻想，也想不到这座大房子解放前景象，和近三年在武斗时，如何把楼上门窗家具在感情激烈中一下子毁去的过程。写这个信不久时，恰恰听过区武装部部长说北方话一个深刻动人的报告，有二千干部同听，是目下正在楼下开会的。别的批判检查也多十分热烈，可惜话听不懂。天一长雨，每天出门大小便，每次得在屋里屋外转来转去，约小半里路，也是学习，因为偌大一所房子，可无个解溲处。因此晚上有用川汤肉蒸钵的，有用大茶罐的，罗列铺前，论作用，可比"成化""雍正"磁重要得多！

因为房中并一个小椅子也没有，自己的全入了库，吃喝一律摊在灰尘极厚的地板上，新的吃喝姿式就大不容易习惯。因此虽终日躺下为主，都弄得个筋疲力尽。反不如十天前看菜园，在风雨中吃饭有精神。到此才明白换一个地方，换一种生活方式，说凡事适应，是不大可信的。是要些时间的。我似乎对"生活"或

"存在"越来越糊涂。大致血压高过了标准（二百五十），倒证实前人说糊涂人为"二百五"，的确有点道理。但是当时可还无血压计，情形倒十分巧合。

南方的阴雨和零度左右气温，可不易形容，不易适应。回想过去的各种不同情况下的雨露阳光，觉得目下天气，最像五十五年前在芷江怀化镇一个杨家祠堂戏台看楼上住时情景相近似。那时我三元五一月，却经常可以从烂泥中走到街对过一个小小化铁炉去尽义务拉风箱，有趣得很。现在可什么也不成了。二表婶等这时节（正九点）大致也离开了挖砂场，只能在马灯下搞学习的。她们那个房间更有意思，即在大晴天中午，房中读报也不大好办。一个房中六铺位有五个马灯。

上面已同意我写个报告，即可批准去住就近的医院或上县里医院去住住。早听人说，县里医院照例得有自己人去上街买饭取水。并且住的是大统舱，一二十人一房，不分病情。一定比目前情形还热闹，我不敢去了。至于本区医院却在附近半里，一人一房间，清静干净。只是一天三顿还得回大厨房，在阴雨中也很不好办。因此只好依旧原窝不动，听高音广播下去，等待天晴，等待两个月前后本机关人下来。总之，事实上是只能这么办的。"要善于等待。"

希望二表婶来看看已很不容易。相去虽不过百里，转车可不好办，天一雨，她那一段路卅里就停顿了，被捎在中途咸宁招待处，就未免十分狼狈，进退两难。也有古话说过，叫"羝羊触藩"。我还记得民八左右和你爸爸同住常德上南门一小客栈楼上情形，隔壁是茅房，两人有时躺在湿冷冷的床上，听他谈北京天津事，有时又一同痴痴的在客栈门前看街上雨景。生活沉闷无聊，为一生少有。现在来温习它，也只能温习它当成生活一部分，看来不会是长久事。三五天后天一转晴，能够出门去溪边和老百姓菜园地看看，就会不同多了。

一出了门，百事都大不相同。旧话说，"在家千日好，出门事事难。"原来以为抗战时，一住乡下八年，生活说真够困难了。可是一家大小四人在一处，日子还是过得极高兴。特别是小虎的笑声，真和银铃铛一样响个不息。生活困难也十分简单，都视为当然。年青、天气好，八年便在不知不觉间过去了。在最困难时总还对工作充满了希望。目下却不知作什么好。凡事都要人，可无从插手。好像冻结到一种新的现实中，白天听雨，晚上就做各种离奇古怪的梦。<u>头脑显明是在一种完全混乱中</u>，重新把现实和空想，以及下意识种种重新在毫无束缚情形下加以随意综合而成的。许多梦直到白天还感到可怕。也像是近廿年少有现象。我觉得至少这部分时间中的生活，已接近了一个疯子。若具体转到白日想象中，我大致就有资格进入疯人院了。目前说来，资格还是不够的。我由做梦的古怪处联想到一些神经病院中人，我似乎对他们中某种人的头脑活动，也多有了些理解，并且以为由此线索，可望做一番清理工作，可以得到治疗效果。但是我自己，除了用你说的"无所谓"以外，还能一切乐观，终日去面对现实，并接受它，而变得精神虎虎，大致还得好好学习"随遇而安"达到一定程度后，才可说转入健康，思想开朗。我极羡慕同事中一个有慢性肝硬化的袋鼠形象的人，一天对于个人饮食注意之周到，真是少见稀有。他就从其中得到最高乐趣。我每天经常有三四五次听到他正餐外还能不断的悄悄的嚼点北方带来、本地购买的种种饼干糖果，到这时似乎把他日不离口的"我有肝病"，"我胃溃疡","我害过浓美耳病"一切全忘了。全心集中在食的品味上。真是个可羡慕的人。因为他一切都很健康而满足，决不会做我做的噩梦。

听下面开会，一说话多一二小时，说的多是派系斗争问题，可惜一句也听不懂。从说话的激昂腔调听来，可以猜想得到内容定极丰富。可惜一句听不懂。

你们移动有无消息？想知道。若系到向阳湖区，家属目前一律住京口科学院农研所，生活条件极好。每天可吃三斤重大鳜鱼，一元左右就够了。那里是长江边上好地方，住处也好。

从文

19700307
双　溪

致黄永玉、张梅溪

永玉、梅溪：

今天七号，才得到上月十四号梅溪一信。雨季中由大湖边转到双溪，不到百里路，可能要十多天。这段时间中，我大致写了三个信给你们。有的或落空了。因为我在这段时期内，<u>已经搬了三回家</u>。先是四五二高地集体统舱。即小龙到过的。次是转九十里双溪一所《聊斋志异》式大房子楼上"三家村"稻草堆地板上。直到上礼拜，才又移到一个四无居民的丘陵上小学湿湿的房间里。算是第一回有了一间空房。由四五丈外高音喇叭晚七八九三小时刺激，转到个整个白天除有十来回运料卡车和班车在五丈外窗前奔驰而过，已别无声音可闻。因此同是"样板戏"或"白毛女选曲"，夜里闷坐床上从一里外听来，不免有天乐缥缈感。住处四围是绿化丘陵地，大部分是林场工作点，半里内只三所建筑：一是现在住处，同时是生产队医疗所，有病房。我们住也等于病房。二是林场办公处。三是有三排新房子的区医院。因此白天附近一里内外，种田十人组说说笑笑，也听得十分清楚。矿场离此八里，闻故宫一人说，和赵松雪《鹊华秋色图》比，极相近，还美观。湖水特别美。至于我住处，出门四望，则十里内外，几乎全是起伏丘陵和平田，十里外则大山兼小山，房屋多黑瓦白砖墙，三五七栋成一小簇，分布得十分巧妙，除了没河水，别的都比《千里江山图》好看，色泽极润，线条清秀，是个农业成熟区！甚至于比卅年前住的昆明环境还美观。区里各样一般用品都买得到，肉和鸡蛋已常吃。素菜又新鲜又好。本地早上还有长过一尺的大油条，还具古典风，一两粮票六分钱，结结实实。二两一个的馒头，每个都必过秤。区里医院年青医生也是红丁似的下放青年，药物齐全，维他命C一买即千片。三个月雨季中，街上一部分虽不免如大酱缸，可和二表婶处大不相同，既不沾鞋，也不会滑倒。而同样，干后一刷即干干净净。附近有二大水塘，吃的约大半里路，洗衣用的不到半里。菜园的菜都生长得密密的，如挤着向上长。这都是好的方面而言。二表婶如来住，对自然环境一定十分满意。其次即得"过考"的，每天去原住大厨房取水打饭，得走一里路，下个小坡。大便只好借用医院的，十分清洁，得走半里。虽只午上取水打饭一次分两顿用，若值大雷雨，夜里上茅房，可就得过考了。这里从北京来，第二天咸宁下了车，即可搭风雨不停的双溪公共车，一天二次，路又平又阔，大约廿七公里下三点即可到我住处。但是若二表婶想来？可就得写报告给连长，连长转大队，大队转总指挥部，批准，或不准，再一一下转到二表婶手中。若值落雨，总部和连部彼此虽相去不十里，来去文件可能得个四五天。即批准了，咸宁到大湖，一雨即停车，无交通工具，邮件还送不到！再等天晴有了车后二三天，可是又落雨了。即幸而天晴，到了我住处，回去若落雨，又得在咸宁招待所等天晴。一等又是数天。这就是我血压到了二百五十度，低也到百廿，要二表婶来看看，至今半月，还无消息的原因。若系生人由咸宁去大湖找我或二表婶，在小县城无介绍信即无处可住，气候却在零度下。等车就急坏了人。幸而到了，大厨房吃饭也得连上批准，并不随便！并且那里找住处？除了过年，双职工家属特别为安排三天住处，平时我要去二表婶处，男集体宿舍住住也不许可，得批准，外来人那里会随便可住？这就是你们说二小将下车来看看我们，小龙不回答原因。你们不出门，全想不到这里是什么。"五七干校"又是怎么回事！只说一点，二表婶挖砂场工作，因雨季已停工，不久将入湖种田，一天得来回走三小时路（至少卅里）。在泥里搞八到十小时，再走卅里，六十岁的女人！连称"四好"，班称"四好"，可不容易！她不拖垮，是天幸！（有人牙齿不好，她搭住吃烫饭，反而胖了。）还有开拖拉机的，天未亮就下湖，（有的还住在湖中高脚席棚中。去年涨水，每天得来回游七八里吃饭！）真不下于坦克手。老如唐兰，在长江边看守砖瓦，砖瓦运时以百万计。日夜运装，还有值夜班的。（不看守，就会有人偷！）少壮挑砖瓦，由驳船到公路汽车边装卸，得上百米斜坡，一挑过二百斤是常事。女的也有到百廿斤的。大厨房的大师傅，那就忙得更像"打仗"了，一般形象多如李逵。因为真是日夜不停！我们这边是挖煤点，井中只容二人还得跪着用鹤嘴锄，运土石上卅度斜坡，日夜分班倒，有夜十一班下工的，有早四点上工的。真是另外一种战争！因为共得卅米才可望出煤，已到十七米，用清油灯，且无通风机设备。想想看这点点滴滴，就可知干校具有什么意义。说"再教育"，又是什么意义了。中央闻有八十多所干校分布全国，有几十万干部（包括副部长、司、局、馆、院长、中委、人代、政协委、专家、名流，总之，到了这里即同吃、同住、同劳动，不分男〔女〕老少一齐拉平。）真病老弱当然还有照顾，不必劳动，只看看房子守守菜园。而劳动有时却用廿卅青壮作标准。真可说是伟大的创举，伟大的发明！因为听报告时首长即说过"只闻累强，不闻累垮"的。至于老病如我，因为来时即说定"是疏散性"，且不属已成何连，因此只在零度下看看菜园，吃吃饭，未免太悠闲了。

这里真正是文化人成堆的地方，能用笔杆子的上万人中至少也有千把，可是我却有些惑疑，那么经过再教育后，是否即可写得出好文章。我因血压高和心脏不好，一量即可明白，不能冒充。在这种情形下是够受优待了。天气过冷，又无火烤，白日里坐在床上用毯子盖好，还是手足冰冻。虽充满感情，来用五言旧体写新诗，写了十来首，就始终不能如十年前上井冈山时写那廿首诗，叙事兼抒情，作得十分动人。这里主要是叙事，试验了好几种不同方法，还是不大成功。大约因为我的长处正是叙事兼抒情，如《湘行散记》式，在一定背景中写人事活动，易表现。若在目前那么一种自然背景中，来写集体，为求通俗易懂，女的常不免比穆桂英、李铁梅，男的却不外赵云、黄忠或杨子荣，可不大好办。也许到以后若干时，写顺了手，转为散文特写，倒还有希望。若写得好，倒也是极有意义的。因为写"五七干校"，直到如今还少见有好文章。也不容易出好文章。

另一面，是住处虽定下来了，房中湿度似将随雨季而升级。洗一小手绢三天还不干。晚上被盖总像是湿湿的，因为大床被借用了，暂借医院一小竹床，毯子下垫了不少稻草，睡时还不大冷。可是衣易掉地下，早上拾起，总若冰湿湿的。屋中不漏雨，落雪子时却有雪子在被盖上跳跳蹦蹦。住处四围地面无杂草，苗圃更整整齐齐，因此到夏季或不至于如表婶处长虫之大而多。地当高处风口上，蚊子也不会如湖边之多。但是有四五个月在四十度左右，庄稼好受，人可不好受。和我年纪差不多的人，干校上万人中似不会过十几人。至于省中下放的，则还未见到一人。因此我们三户陌生人来到这里，本区医院中人都不理解。照例来一个拜访者，必首先问过年龄，其次即问每月收入。年龄可如实说，收入则含含糊糊应对。不明白还喜问第二次，因此想出个办法，说"薪水多留在北京"。要知道这是个三年来经过大动荡的地区，而至今区中干部大部分都还在县中学习，街头墙上还布上许多镇压告示的地区，若有点什么反复，三户陌生人是不大好处的！特别是我不大招架得住。这次下来并不算太蠢，因为以百万计的"告高知再教育"如何运行，至少却有个比较明确认识了。并且乡下小集镇有些什么新气象，有些什么旧习惯，混成一体，所得知识，也比前十多年每年"大老爷"式外出参观只看好处，可以相互对照，深一层明白"万里长征第一步"意义何在。但是三个多月了，直到如今，那一些大小行李，不是搁在廊子下日晒雨淋，就是搁到湿漉漉仓库中等待搬运，却无从得到搬运机会。也许还要等到再二三月，本单位同事下来时，才可望转移到目下住处来。到来时，大致不少东西已霉坏了。这也是这次下来最愚蠢不过处。即听信首长说的："一切都为安排好，能带的尽管带。"事实上是带个被盖卷和麻布包装点日用衣物就很够了。目下三个月中，最得用处就是小龙留下一条棉裤，和虎虎寄来一件老羊皮短大衣，和一双已有十年不穿的胶皮半统靴。其余都是既累人也自累的无用东西。书则有一本"红宝书"就很够了，内中就有马列主义，就有一切。最好是能够背诵，随口而出，随事引用，能够这样，将可望有机会到省里或北京。此外是肩膊和双手有力量。此外就无所谓知识或有用知识了。

我似乎才初次有所发现。即"文化部"对"文化"多无兴趣。为了"战备"（也随时会发生，也可以三五七年不发生），武化趋势倒比较明确。有很多事情，我们由于无知，是永远不会理解的。也包括我这次到这么一个和一切完全隔绝的乡村。都说"下来即是好"，可不闻动员时说得十分好听，而依旧不下来的有什么不好的谴责。甚至于还有人以为我会写得出什么好文章，可不知道我近几年也还写了些好文章，统统被毁掉了，我希望看看也不成。同时也并未上交，（一上交，就准会保留不让毁了。）现在怎么会写得出文章来？长时期血〔压〕低的120左右，晚上醒来或早上起床是极不好受的。不过初经考验，还是过下来了，豆豉酱可真帮了大忙，能定量维持二两，和它大有关系。这里已无电灯，也无火烤，因此一星期来，都是从晚上七点起始，即手足如冰闷黑坐在床上，到九点才点好蜡烛铺床，正式睡下，即息烛睡到天明。半夜易醒也还是这么度过。幸亏紧隔壁是个党员，全国修复铜器好手，又相熟二十年，为作了个小油灯，因此二分钱油就可亮到九点以后，房中恢复了卅年前住桃源空气。不同处，那时是等待胜利结束，大小四人同住一处。目前却是备战，二表婶大致在过旧年时或可见见。社会进步，个人便无所谓了，照我说来，人到了七十岁还得这么过考，长处搁下不用，似乎不大经济。

你们也许只迁到京中附近，或甚至于不迁，有安定人心感。闻武汉大学和工学院等四校就不外迁。

<u>我这里一切都好，真可放心</u>，就是人老了一点，无一个熟人和亲戚。若天气转晴，出门走走，实悦目爽心。雨季一来，只能坐在床上冰脚冷手送走白日。对自己存在，不免有点莫名其妙。因为凡事越来越无知。二表婶还经常转来两种报纸，这里看报时间性差别已不多。最近还从行李中发现五八年文联去河北怀来一带参观，有我在街头题壁的记载，如在梦里似的。糊糊涂涂过了廿年，新的现实教育意义才真大！照规矩为了"战备"，我们大致是不大容易见到了。因为和相去百里不到的二表婶就见不着，一切得有个纪律。必照纪律办事，才不至于出差错。我最怕的就是出差错。所以无熟人，终日不说话，也有好处。对我也可说十分相宜。若再进一步，右手中风拘挛，不能拿笔，可能就更好一点了。这里夜间我总是念自己十年前写的几首旧诗催眠，写的可不坏。至于新写的，却一首也记不住，不知何故。

从文
七日

19700310
双　溪

致黄永玉

永玉：

　　闻大抓"五一六"，当时活动人物，可能有不少已成"对象"。写了个外出参考诸事例，对你们将来外出，或有点用处。也许学校是另一种布置，人多，有办法。正如大厨房情形，或者到了乡间，也依旧尚能维持城里水平，样样俱全。我说的就近于过虑了。但是有一部分事情，大致还是有用。比如到的恰是个荒凉满目无菜可得地方，如目下二表婶所在地，下湖种田来回得走三小时路！而日常吃菜得用平板车从卅里外去拉来……就可以想见新生活是什么！你们或许不会这样。但插队则如四清，有"三同"麻烦过考。我在此是照政策特受优待正式病号。但是因为不能吃烙饼，就经常用冷饭开水淘热吃，这里米偏硬，二次还不软。好的是有鸡蛋和豆豉，便对付下来了。再进一步即只能吃冷饭。我幸亏胃还结实，需用量又不大，也无所谓。若二表婶，必垮无疑。她是幸而有烫饭吃转胖的。调过来吃半冷饭，准定会垮。

　　希望你们动得近一点，（至远如河南驻马店一带，或晓平等已开发地。）可以省事多多。但若到这里来，梅溪等却可作家属住"金口"，那一切又比别处好多了。学校也好。二三斤大鳜鱼，只三毛五一斤，无限量供应。尽吃白煮鱼就不坏！住处也好，是借农业科学院房子的。有水电供应的，不算乡下。到二表婶处，则为"拓荒区"，丈多长蛇为常见。我这里又不同，是农业成熟区。丘陵地线条柔和清秀，一片片黄花油菜田间，配上一簇簇黑瓦白砖小村庄，最好作水彩画和彩色木刻。春天来好看得很。有个地质部的同志说得好，提到风景时，他说"再好，还是你家乡那个小城不错！好看得很！"原来他到那里演出，住了个多月。我们大老爷还招待过他。留下个好印象！

　　你们有可能即在河北什么小疏散，<u>明年即回招生</u>，也说不定。闻武汉大学等四大学即为"安定人心"而不迁动。你们也有可能照例。那就省事多了。我算算过去，一生真奇怪，到五个大学，都是乡下，我面对自然机会就比谁都较多。在昆明滇池边八年是丘陵地，在内江土改又是丘陵地，现在又到了丘陵地。逢春秋都十分宜于作画，我却偏偏不会画。和自然接近，和人事种种就疏远了。一面是<u>省却许多事</u>，一面是<u>不懂事</u>。得失加减，大致就是目下还能活下原因之一。也是年近七十，还如此活下原因。也真是大巧！一切如实记下来，人还相信不过的。

　　大致因为三个多月来转移地方过多，而遇到的事都太新，特别是在那个收租院式具《聊斋》空气大楼上稻草堆中住了十多天的原因，近来做梦，总极其怪诞、荒谬而可怕！醒后胸部还感重压。目下虽住处换了一个比较清静安定的新地方，四围田野景致，又不下于《千里江山》，可怕的梦还是照旧作下去。北来同志即或身强力壮，一看到这里的钢头矛签，感觉到比梭镖还怕人。大家都说笑,"武斗一来可招架不住"。因为在应用上,就远比梭镖便利!如果夜里联想到"文化革命还有二三四次不等",不做怪梦倒稀奇!

我们生活大致还得有二月才会得到比较落实,可还不知是否还得向何处搬一次或若干次。早知说的"安排已好"或"已有安排"不可信,那倒是请求去丹江为比较切实。住处不定,不仅晚上作怪梦甚多,白天也不可免有些胡思乱想。天气常在零度下,只能倚在床上,盖上毯子,还手冰冷。窗口当风,日夜都像有人极力用手在摇。没有个人可以说说话,人是不是这么能长久过下去?是不是会逐渐发疯?或和一支蜡烛,在一所空屋中点着,慢慢熄灭,这事又业已为一种力量安排定了,不可能改变?

人七十岁了,生命有限,中国那么大,求在一个气候条件较好中等市县中,有个二丈大小屋子,抢时间,来把些未完成的工作来完成,也不可能。这事情向后来人说,是否有人相信?最奇怪处即一切好的愿望,都是为了工作,可无一个人能好好商量。极端的孤独——我还是在取饭时,经常就坐在大灶前稻草和柴堆边,看具李逵体魄和气质的大师傅用小扇子扇火,有时还听他极其温柔的唱铁梅腔。我似乎一切还能从新的生活中得到极大乐趣。我想如有个老金[①]同在这里,一天到丘陵上冷风中散步,也许可以得到不少新启发。因为他才算得上是一个真正孤独又懂孤独的人!

可惜你们太忙,不然或选个星期天下午,同朝慧去干面胡同看看他,对他一定有极大快乐感。熟人这么去看他的,大致一年也不会有三几次了。这是一个真正十分可爱的人!可以说话的人已更稀少了。

熟人通问问好。

从文
十日

若能给张韶山小木刻，他是会欣赏又十分珍重的。

附：

外出时注意可参考诸事
——到两湖江西两广

看过后或便转给朝慧，他们也有用。

一、若系过南方，胶皮半统或长筒鞋十分重要，大致有四五个月或更多时间用得上。没有它，雨季必十分狼狈。不能行动，更无法劳动。其次是球鞋，也比布鞋利用率大。又经事。

二、如劳动雨衣以短的得用。有塑〔料〕套裤最好。冬天套裤易破碎。一般得大些，不宜过小。伞可有可无，因为四五毛钱斗笠，已极得用。

三、有个煤油炉最好。因为不管有电无电，应有热水袋，一般热点水极得用。除非到的是近山区，柴火是不易买的。公家也买不到。

四、长大衣用处不多。或托京中人代管，永玉的不算长，要时再寄。否则成为累赘。占地过多，且重。应用率不高。转移时麻烦。

五、旧棉夹单军服最好。必需有蚊帐，旧的也无妨。

六、长江以南多竹床，三四元一铺，只差两条板凳。也有双人的。上加稻草一垫，再加毯子，极暖和。易带走。大铁床不相宜，可能也无此大房间可放。北方则有炕，似不必带床了。学校不作五七干校制，或许可带，即有办法。

七、较好衣莫带，放京中熟人处，要时再寄。省事。

八、手电筒、打火机、干电池，申、广货多，随便可得。应多带几十粒打火石，得用。自来火买不到时，用打火机点灯。灯可用浆糊瓶自作，我一天只费一分钱油，晚上相当亮，可以控制到能照明而不冒烟程度。纸烟似在任何集镇上都有，不限量。半导体②有用，大的似不大方便。

九、要准备吃大锅饭的精神，因为有些地方怕单独解决不了"开门七件事"问题。首先是油不够用。有些地方可能肉、蛋、鱼多，而素菜反不好买。因为小量素菜，多不上收购店，是"自由市场"货，干校人买不得。若插队，就不同了。要准备"三同"。乡下最麻烦是六月传染病，疟、痢、肠炎。带几斤蒜头，得用。炒豆豉辣酱极解决问题，不怕多，因为辣酱不犯忌讳。照相机用处似不大。以县为例，胶卷不好买也不便冲洗。广东当然不同。

如可能，买个小缝衣机也大有用处。五舅妈一下去大受欢迎，即因为会缝衣。

十、"红宝书"和各种"新指示"等等有用。选集似乎已少有人用到。学校集体下放，当然情形不同。干校改造世界观，主要是<u>艰苦劳动</u>。不计轻重，不分日夜，不论晴雨，<u>派活即动手</u>。还得<u>有走长路本领</u>。一到总是走卅几里，或更多。

插队情形或不同，因为基建和一般农事截然不同。农事有忙有闲。或许还有的是作画机会！会速写人像，和群众易打成一片。多带点应用药，插队用处多。若到区镇，大致已多有医务所，并且必有红丁式医生和由城市下放干部护士，应用药多已应有尽有。因为医务下放已实行，对下来干部特别具亲切感。（同是从城市来的，共同语言也多些。）

十一、应带一定数量的糖和茶。若两广两湖红茶贱而好，不必带。糖难得，但水果糖却一元零一斤，不限量。牙膏不限量。

十二、耗子药不妨带些，处处有用。夹子也有用。大山鼠有一尺来长的，是房中最讨厌的东西。

十三、钉锤（能起钉子的）、钉子、铁丝、麻绳、钳子，极有用，<u>十分有用</u>。到南方不必带椅凳，因为竹椅凳骨牌式只四毛一张，可用廿卅年。

十四、灰锰氧、碘酒、松节油等有用，孩子们在山间来去易扭伤脚。（二表婶即因扭伤，许久不好。）医所虽有，自备省事。

十五、梅溪过敏症，到南方可能<u>不药而愈</u>。因为吃的在某些地方或有半年是萝卜、白菜。（她会腌菜极省事。）

十六、一离组织，则寸步难行。因为粮食关系控制了行动。大小地方一般招待所多不贵，但<u>无介绍信</u>，即不招待。同是五七干校，各连分住，即少来往。人的关系，都变得极大。如某某人犹未解放，是极少有人敢过从，或谈什么的。我因为单位不下来，还不归连，忌讳少，但也不敢和不解放人多说什么。怕犯错误，怕受批评。二表姊等是四好连，四好班，写信时间也没有。如我血压到二百五十，希望能来看看，处理下一些明天可能发生事情。她未请假人又不来，在斗私会上<u>也得自检自批一番</u>。永玉学校可能也有这种规矩。我至今还不大懂得意义。或许永远不会懂。也不明白情形。看来各连一分工，家属来住，也将是<u>一年一次</u>。别的时间不大可能。你们下去时，或许不大相同。但也要注意到。因为按男女和年龄一分，就得准备四分被盖，四笼帐子，四分浣洗用具，四个暖水瓶……等等，每样四份，得有准备，才不至于临时为难。

十七、也要考虑到<u>一分为二</u>，即不大容易见面。已有前例。学校或不同，也未可知。因为无基建任务，就不这么紧。

十八、会<u>理发</u>、<u>补鞋</u>、<u>缝衣</u>，等等杂手工，都极有用。也是走群众路线<u>法宝</u>。有时可能吹笛子，拉二胡，吹口琴，以至于会唱几句样板戏都非常顶用。至于我们原有专业，即或搞得再好，用处不会怎么多。还不许叫"臭知识分子"，但叫"旧知识分子"，即等于说"极不中用拿高薪"。学校大致不至于如此。

不要忘记带洋铁水桶，方便处甚多。不过到乡下小市镇买木水桶，却极方便。以这里而言，小竹箩筐只一元一个，容量大，携带方便，用处比塑料提包大得多。耗子即不敢咬它。卡喉！上路时扁担一挑，省事之至。

十九、臭丸子带一二斤不嫌多。大小<u>塑料布</u>十来方也不嫌多，因为若来南方，霉雨季是什么冬衣都得好好包上的。若系北方，就不必要了。<u>热水瓶最重要难得</u>。最好北京有一二候补的，

259

将来备用。上路时，至少有一个派小黑妮抱住。上路可真得用！到站或中途，是不大容易有水喝的。有也不敢喝！

廿、要有个更新精神准备，即<u>三五天不洗脸</u>，无所谓。或习惯<u>干洗</u>。至于<u>廿天不换衣</u>，更要习惯。这对我来说，可谓"不学而能"。是最易适应而感到省事的。小蛮闻此必举双手赞成，和我一样。照照镜子，似乎也并不比在京时脏多少。这方面我似乎又回复到了五十多年前的生活，那时好像根本就没有自用脸盆，也无手巾，还是过下来了。但是爱干净的，当然还是有办法经常洗头。我就常常看到一个年青女同志洗头。二表婶可能也会维持"凡事照常"。但如果来到这边，取水得一里路远，怕就得改变了。

廿一、多少用小瓶瓶带点盐，并半斤面粉或浆糊，一到用处多。因为是定量配给品，直交大厨房，个人不能得到的。盐和酱油干和豆豉（加辣子蒜炒过的），在一定时候，都具有<u>无比重要性</u>。或者说"<u>威力</u>"。我这四个月就得到梅溪豆豉帮助大。除随身带的外，最好是先托好潘家，将来再寄，寄到又不犯忌讳。

廿二、这里若有人一月抽十元八元烟，不是什么问题。（什么好烟都有。）若同样一月外寄十元八元吃的，就会引人注意了。事实上糖和奶粉等一月是绝对用不到十元的。几几乎人人都吸烟，一见面即递烟是必有程序。对酒感兴趣的人也不少。也有酒卖。我通通不会人都以为奇怪，且不相信。极有意思。这种生活上的群众路线是不大好走的。有方便处即年纪已老，比较通融。如去理发，细致周到，比上海锦江饭店和上海大厦第一流师傅为大首长理发，还过三分。这里石、瓦、木工都还保存古典结实。你的锯子、刨子，也极有用。到了乡下，会手艺<u>极现实本领</u>，有工具即可帮同解决不少问题！因为有些地方门窗桌几可能在剧烈武斗中都损毁了，还来不及补。若住学校，可作的事必格外多！

廿三、和厨房大师傅熟，得到的方便，将格外多。最好是能帮同<u>挑挑水</u>，<u>烧烧火</u>。他们日夜劳动不息，工作量之大，是惊人少有的。而烧菜好坏，影响到整连工作情绪又极大。他们□人□多十分乐观有趣。

①老金，指哲学家金岳霖。
②半导体，是指小型半导体收音机。

19700317
双 溪

复黄永玉

永玉：

得信，明白京中点滴。极有启发。能活下，总<u>应当好好的活下去</u>，才不算白过余生！梅溪一定要注意健康！艺术家儿女事，早闻二表姊道及。还多具体种种。可能已讨论过。"弄火的必自焚"。野心家结果，必然如此如彼，常理也。父母有责，父母的父母亦有责。社会变动过于剧烈，老实、谨慎，对年老年青都有用！学部潘某，七十多了，还野心卜卜，当年审判文研所卅六人，作主席据台上，不可一世。不久，和王、关、戚一道完事。这些升沉起伏，我们是可说一点也不懂的，倒好。过去一般印象，多以为"旧知""老知"问题，相当麻烦讨厌。现在大致已明白了。真正麻烦讨厌，<u>在廿五岁以内人物</u>。

寄来相已见到。还有机会和兴致照合影，反映身心生活，健康正常。极难得！另一位□□□，还有兴致在雪景中上北海白塔，也证明身心健康。历史真是种古怪事物！若许可零星记载，动人事未免太多。后人还不会信以为真！

我这里就是一个"冷"字，在床上也手足冻冰。日常生活如给梅溪信中说到的种种。有时倒反而感到有趣。因为孤独到<u>无从设想</u>。古人说"放归田里",真实情形或各不相同。也有可能有<u>些诗人文人</u>是如此如彼如这里在乡下的。一般恐不可能有<u>那么多恩情照顾</u>。如柳宗元、苏东坡则和当地知分有些来往,或者还在当地作个刺史官,那就是"专员"性质了。(还是个官,不过和皇帝远些罢了。)不同处十分显明。我们生当明时,倒还是可以好好的作为"主人"干点对国家有用事情。不过在乡下,主要是体力活,已勉强不来。也就不必过于勉强了。过一阵也会不同一点。因为凡事在发展变化,总不外二可能,向好或向坏。都认为自然或必然,日子过得就从容多了。正如在这里每次吃饭,用开水冲淘冷饭,即可解决,多省事。还是新发明!早知会到这里来"改造",向你学学粉彩画多好。目下是欣赏力还高,就是不能表现,不懂透视,不能在平面上形成立体效果。这一关若过了,那到一定时候,就会画出"新"东西的。我就又要改业了。

  我的设想有些奇怪。其次就是经常还以为<u>懂点高级数学必极有意思</u>。事实上三位除法也办不好。(我至今还不知一月究竟是多少薪水。研究员中算第几级。这些都像可有可无。如房租、家具费还继续扣,也似乎极自然。)以为数学有意思,大致从"斗私"来说,可能以为数学中不必正确一字不苟记政治格言。我总记不准确,当然更不至于乱用了。可是家里三个人,(加上之佩计四个,将来还有个小红。)都是非常熟习而又十分认真的。在一处时随时将纠正,远离一点倒好多了。事实呢,许多<u>名辞</u>包括的历史含义和不同概念,我懂得可比他们深多了。特别是结合到不同工作中去用!小龙过去,常笼统的认为我是"被保护过关的旧知之一",(意即凡事幸而免。)经过<u>行前</u>,和<u>在此</u>,和信中,好好的谈谈几十年经过，他才有进一步明白，为什么活到现在，我还"比较从容"的原因。不曾大受冲击原因。并告我为我解释行前组织上说的"好好保持晚节"的鼓励意义了。他们一点不明白我在这半世纪社会变动中，不至于毁去，不仅仅是"天幸"，也包括了多少"人力"！经过多少风浪考验！名位利益引诱考验！

这里已离广播约一里路。因此广播虽照旧进行，"阿庆嫂"的声音，可已经如天乐缥缈。听来倒十分温柔了。小收音机还得用，可不能每夜听。因此同住的几位都说过，"你怎么一点不懂音乐！"我得老实承认"不懂"。特别是不懂交响诗什么什么。每读报上批评，某一句，用某腔，如何如何高明，也还是不懂。对此他们对我似乎有些"怜悯"感。就更有意思了。好像随事都在说，"你这个书呆子，旧知识分子，什么好的都不懂，"凡是北京好吃好喝不懂，这样那样也不懂。就更有意思了。正因如此，和大伙儿同吃大锅饭，似乎还合得来，过得下去。因为一面明白我对世事无知，一面却承认我是随和正派人，这就不容易了。包括了厨房大师傅，也觉得我老实过了头，事事多承照顾。吃猪头肉也挑瘦的，这些好意，是反映到许多具体事情上，极令人感谢的。但同时也反映，能较正常的和我谈谈的，<u>已没有一个人</u>了。因此生命似乎分成三份消耗：一是应付日常生活，二是回忆旧事，也兼学习日报，三是做梦。或偶尔写写诗。如此有用又有限生命，这么消耗多可惜！在此除了我自己，是不会有第二个人明白它的不经济和浪费的。处境离奇也是不易设想的。古人说："作易者其有忧患乎？"又《阮籍传》说"有忧生之嗟"。当然指的多是政治上的什么，我是不会有的。所以也不会写得出隐约其词的散文或闪闪烁烁的诗歌。没有什么抑郁之情。但是总想争时间做点好事，向好人看齐，却不知如何做去，倒是事实。因为名位权利野心不大，"见贤思齐"的事业心，还是念念不忘。将来若出差错，也许就正在这一点上，而不是其他。诗多写就会出差错，所以也将适可而止。至于小说，就更不至于去作徒劳无功的蠢事了。因为事实上"老子"早有过知足不辱有名教训，得好好记住，即可以保持晚节。事实上社会变化得如此大，我作一读者资格，也不大够了。甚至于从二表婶看来，我就是"不够"！这倒也极有意思。因为事实上若某一时真要写些好短篇，作国外宣传，我倒不甚费力或可在短期中交卷。即如此也易成差错。活在这么一种矛盾重重中，我想必需保持健康，才是事。好在天气快入四月，开水淘饭方式越来越省事，不出意外事故，使心脏窒息，又不必再大迁移，我大致是能度过三个月连绵泥泞雨季和半年四十度夏季。心中较静，抵抗抽象和具体困难能耐，即增强了。我大致因一生生活过得比较单纯，能"以简驭繁"，所以直到如今，不即报废，是合理的。若再蠢点，就必然还可以快乐得多。

你若凑巧从隆福寺大街走过，修绠堂买旧书，有《诗话总龟》字缩小本二册，《政和本草》此也是二册，我有用。五几元即可以买。或作金刻《政和证类本草》①，是中药方，有图。又有卅开本《饮膳正要》，元人讲烹调的读来也有趣，还有许多木刻插图！这些书多用七分钱一公斤，还得梅溪用打仗一般气力，为处理了。都是难得好书！

我的住处已像个"宿舍"了，就是过于湿、冷。对我心脏是重要考验。不如昆明乡下房中有趣。那时是领了一百个煤油木箱装备完成的，长年至少有两种野花插土罐中搁窗口。二表婶才廿多岁。小虎二三岁满头鬈发，笑声真和个铃铛一样，摇得满屋生春。饭桌还是毛少爷一个画板铺好的,一过就八年。这里却不那么野,静的如"庵堂"差不多。我胡想,宋代有个制度,即大官退职时,常派他"守宫观",意即管管庙宇和行宫别馆,挂名闲差事。如现代还可以有个什么庙,什么纪念性房子,派我去典守,一定极称职。至少将把它打扫得干干净净。甚至于可以为公家搞点副业,如种种西红柿、蓖麻子。也想到州上那个博物馆,位置在对溪山上小松林中,光景也满好。只是这些差事大都轮不到头上。至于去黄山、洞庭东山,或同类海边、山上什么高级招待所作个小职员或服务员,那就真是天大幸运!是有大福气的人才可望!

我在这边凡事可以放心,因为如心不静到一定程度,是不会从从容容写得出这种信的。信也不必毁,七十岁人独自在个村子里想这想那,大致不算大过错的。留点纪念吧。

表叔　从文
三月十七

如怕是非,就把名字涂去,让朝慧留下。总在一处就成了老年传记。

---

① 《政和证类本草》全称应为《重修政和证类本草》。

19700519
双　溪

致张梅溪

梅溪：

　　得永玉十二号来信，算计日子，今天十九，应当已到邯郸了。新的种种说是易适应，大致总得几个月以后才会适应。特别是军事化的劳动，比较难适应。惟熟人在一处就好得多。家中大小能不动就不动好。

　　今天历博也有二百来人到咸宁，原说过双溪，接手挖煤。新消息却是仍过大湖搞基建。（挖煤则换新华书店工人接手，昨已来到。煤经钻探结果有近三米厚。）因此一来，我们三户守房子任务已告完成，不多久，可又得搬回大湖归队了。搬来搬去好累人！不过又听人说，大湖边住处已到饱和程度，新来上千人全挤入工棚，也已告满。所以原在这里挖煤的十连和十三连，本应回去，还一时去不了。我们这三户老、弱、病，可能在雨季中不动，甚至于夏季中还不动，要动总在十月以后去了，也说不定。能这么办，就算是万幸！至于过二婶处去，那将是明后年事情，谁也难于想象明后年是种什么景象。凡事都经常在变动中，说定了的也会临时要变动！二表婶五连，定的是农业生产队，插秧到夏秋收后，就会照工作需要，转回挖砂场搞基建。因此住处就是流动的，短时期不可能有固定房子让她住，来安排一个家！

这里雨季已来，房子里上漏不大，下湿显著，霉气扑鼻，老鼠日夜奔驰。夜中还相当冷，可盖厚被。晴天不到三分一。不过任何时候屋外丘陵地和山田村庄都十分好看。遇天晴晚饭后，我经常一个人在屋外公路上走个半点钟，环境和做梦差不多。比起来自然太静了点。特别是和大湖边比，那里可真热闹十分！可是我倒希望事如可能，那怕只剩下我一人，就还是在这里等下去，直到二表婶处有了固定房子可分配时，可真省事！

住处附近有个林业站，杉树长得极好，麻也很好。另外养了两头小驴，新近一白色母驴生了匹深灰色后代，不过三尺长，可有三尺多高。整天在我窗外二丈远草地边吃奶，或围绕母驴小跑，又或蹲在草地上休息休息，活动神情和小尖鼻倒相近。小黑妮若看见，一定舍不得离开。我还是生平第一回看到那么小的驴子！至于小黄牛，也有极小的，每天跟随母牛上山。虽极小，可是有的神气却已极其庄严，走路步法也挺庄严的。一共有七八只都差不多。这里草地的草极好，和公园里一样。可是草花不多，鸟不多。我估计总共也不会过十种鸟。蚊子已较多，蝙蝠傍晚就极活动。到夏天夜里必更多。

听说你们还可吃大鳜鱼，真难得！我们这里间或也有极好吃极有名的鳊鱼，不易碰到，因为总是生产队带三五斤上街换什么，碰巧才能得到。极好吃。鲤鱼也好。只是拿了通用〔粮〕票即无油可得。为一切省事计，主要还是只有到区委会打饭，一次分开两顿作烫饭吃方便。这一月似乎已吃了廿六次莴笋。到下月，大致就有蚕豆、黄瓜上市了。也间或有皮蛋，极好，一个值一毛钱。已无书可看，因此反复翻《文史资料》。乡村中大致是用《人民日报》作学习材料的。小学里情形好像还不如五十年前的文昌阁永玉父亲作校长的课目多样化。不画画，唱歌也不多。只算术语文二种。一般看来是只升学到初中为止的。隔壁有同事九岁女孩上一年级，上午去，回来也从不复习，有大半天是无事可作的。林业站有五六小孩，是从九江下放的干部家属，都相当聪明懂事，每天经常都可从窗口看到他们在三丈外两株桑树上爬来攀去，因为精力无使用处！上山拔草也有季节性，只冬春二季。看牛的孩子，到雨季中除了骑牛上山，早出晚归，也无可作为。且极少听到他们唱歌或争吵的事。到了这里三个月，就还从不听过山上或区里人唱过歌！一切似乎都是在沉默中进行。同住医务所中西医和事务干部六七人，多廿多岁青壮，就少唱歌的。

我一天有时也只说三几句话，就是到区里大厨房取饭时，告大师傅要几两饭，多少钱菜。长此下去，可能会对于人起<u>根本变化</u>，就是一句话不说也能活下去。这倒也是一种学习，可以少出许多意外差错！

二小黑上课后一定也照习惯极忙，算来过不多久又要下乡参加拔麦子了。这里今年丘陵地麦子已逐日转黄，因为一不落雨，屋外天气已相当热，到处都是穿白单衣赤脚的人。我估计至多十天半月，麦子就成熟了。

祝大小好。

从文
五月十九日

大弟不到你处，大弟事可能有了什么进展？

197005 下旬
双　溪

致张梅溪

梅溪：

永玉想必已有信来。新环境大致总有一阵才能真正适应，希望他能支持下去，不要拖垮就好。你们能够不动还是不动好。因为一出北京，什么都不同了。有许多事是不易设想也难于理解的。

我们还在这里不即搬动。比较说来，这里可以说是太受优待了。不过我人究竟老了点，适应新环境新生活能力已较差，因之接受新事物的种种，理性多于感情。还不能说已过了什么关！

最近听说总理五九谈话，有"文艺工作者一部分得改业"，详细不明白。若你知道较多，告我一下。我似乎早已不算"文艺工作者"，但年龄和体力都已到了离职程度。二表婶大致却已算得是个超龄了的编辑，"改业"可能已不容易，若有"退职""退休"规定，过些日子，将会成为被动员之一，因此我想如能同到虎虎处去"投亲靠友"，还是比较省事。因为我能维持多久不可知，随时可以报废。二表婶却可望活得久一些。照目前工作说来，是难于持久不垮的。超过年龄体力所能担负，不可能持久！

这里已开始见热，虽当风，又是丘陵高处，还是因气候热而湿不好受。大致还只卅度过一点。八九月将达四十度，情形可想而知。大湖边还将在那时争秋收！

经常听人因点点事即请假回北京。二表姊从我来双溪送上车后，三个多月还不能来这里看看。只隔八十多里，二小时车！曾经考虑到"想"来照料一下时，自己就觉得是有了"私"心，在学习中就作过"斗私"检查。这一来，我自然更不敢提出任何主张了。目前只能听客观安排，能住多久是多久，要上路就上路，要退休退职也照办。去虎虎处也只近于一种主观空想，不是容易事！一个人活了七十岁，这么活下去，是十分离奇又极自然的。因为社会变动太大，个人过去廿年学的一切，极显明，又已完全失去应有意义了。学习本是为了<u>应用</u>，而不可能有机会好好使用，对公家说，是十分不经济，对个人说，也不免感到可惜。但世事如此，接受现实，还是必要的。

这里生活虽极端孤寂，<u>还是望放心</u>。因为有时一天和人说不上十句话，也有"少是非"的好处。平时吃的还是比较好，加上要求并不高，自然就更容易对付了。（豆豉酱还是极得用，一顿加一小勺在烫饭或面中，就极好吃。）但这样子日子能维持多久，可难言。因为一到了这来，凡事都不能用常情常理去估计。也无从自己作去。只大略能估计得出，就是大湖边住处已达饱和状态，好些旧工棚都住满了人，还十分挤，有些新来的只好在临时搭成的棚子里住。我们在这里既已住定，又不能劳动，去那边反而会增加一层公家麻烦。因此<u>有可能</u>将留在这里过夏，等到冬天再看。（或许还将等到明年二表姊有了住处时再一直搬去，也说不定！）但是若总理谈话中曾提及退职退休问题，又许可就便投亲靠友，我想能过四川还是比较合理。在这里大湖边，把人情绪绷得过紧，我的心脏和脑子都实在担负不下。即或还有业可改，精力实在也难以为继，不可能照廿年前那么凡事从头学起而又可望有显著成绩了。在这里，即或十分谨慎，胆小怕事，还总会有一天出意外事故而完事。社会好些方面变得太大，而在某些人的有些方面，似乎又变得不多，甚至于后退！像我这种人对人不知设防，这就更容易犯错误。积极也还是会出差错的！

我一生对于真正的业务学习，总可望一切由无到有，摸个三几年，就可望把工作搞通搞好，经常还超过上面所预期。如今要学的首先却是要有足够体力去实证的问题，显然我就不如一个初中学生了。有些事，甚至于一个小学生也比我强！

十分幸运，还是解放以后能够放弃了写作的打算，耐得住寂寞，去到午门楼上灰扑扑库房中搞了上十年坛坛罐罐，机会又好，经眼过手了以十万计的东东西西。没有搞到什么文艺黑线中去。还以为所学正合符主席强调提到的"研究中国文化史重要"的指示，并且还是从劳动人民文化成就出发，作分门别类的探索，取得了发言权。谈"古为今用"也有了充分发言权。但是文化运动①一来，廿年学的一切，又不免失去了应有意义。还得作第三次改业准备。即有业可改，精力已有限，难望如廿年前那么继续坚持到一点上见成绩了。如今似乎应当明白这是一种必然情形，把近廿年所学能和放弃写作一样看待，就一定从容多了。

看《人民日报》，汪曾祺上了天安门，另有一文艺工作者照相，中间一位似乎即曾祺，左是刘长瑜，右是袁世海，也很有意思。近来过日子一定"丰富多彩"！

北京只剩下你一家和朝慧二姨一家和小龙、凌宏几个人了。

希望你们还能有机会经常见到。小尖鼻正是活动易病的年龄，盼望你凡事能帮到点忙。十月里……或许到时二表婶可回来一次，因为照规定，到了一年以后是有十二天探亲假的。我大致却不能作同样打算了，因为我是十一月末才离开北京的。而且现在还似乎有点悬着，因为干校无老弱病，我事实上下来时却又是老弱病疏散号，且当时并不提是来干校的。像我们这么下来的别的机关似没有。位置就不明确，大致还待援引一种新的规定来重新安排。所以将来即有机会去二表婶处分配房子住，也只能作为"家属"去住。而更有可能，便是许可投亲靠友，去到虎虎处作火头军。虎虎上次写信说，到自贡将无一个熟人，无什么书读。事实上我到这里已半年，在大湖边时就从不到什么熟人住处去过，也不看什么书的。在双溪，住处在孤零零高地，更不会有什么熟人来往了。原来还有一份报和收音机，可听听气候消息，近来收音机已失灵，因此只有份《人民日报》可反复看看。算是唯一的和国家大事接触的窗子。日子和星期几都不容易记，记来也无多意义。这么活下来，显然近于回复到半世纪以前随同一些同乡住在芷江乡下情形。特别是晚上把煤油灯点上时，房中空气十分相近，而比过去更加倍孤寂。并不十分难受，只是十分奇怪不可解。

从文

---

①文化运动指"文化大革命"。

19700607
双 溪

复张梅溪

梅溪：

得二号信，知你又因累病了一阵。<u>应当为孩子们计</u>，一切量<u>力行事，可望持久些，不至于忽然垮下</u>。我正因为比较注意到这一点，特别是六十岁后，起居饮食不过头，才能维持下来，不然就早完了。向觉明先生年龄稍大，平时极健康，因忽略一天，就报废了，搞的中西交通史即不免有"后无来者"感，极可惜。同住王逊生命衰竭，也和平时忽略保卫有关。你经常总是<u>累过了头即出毛病，在这一点上务必要注点意</u>。

这里听初从北京来的人说到作砖事，也提到每人四十块才交差，干部还得六十块。馆中来了百六十人，至今还只见到一位原先来的，得知点滴情况。这些日子或已开始参加争夏收下湖劳动。二表婶来信说，因摔了一跤到水沟中，于是取消下田搞水稻资格，和另一同事专管烧开水送水到工地任务。惟到夏收战役，大致还是得参加。经常从十里八里田中回来，还得开会学习，所以写个信也得星期天饭后空闲时，才有机会！接近夏季病号日多，她们连长李季和二解放军（工宣队）都入了医院。她精神还跟得上，我担心的是她体力恐不易持久。永玉那边想必也是相当吃重，只希望不要病倒就好。

……①

今天似乎是"端午节"，照本地人说是四旧之一，不放假。可是乡下来买肉的排队到四五百号，大致要三四个猪才能供应得上。一般都有二寸厚以上的肥肉。我只看看，也就够了。前寄的豆豉还剩半瓶，长了点白毛，不碍事，因为我每天剜一勺放在烫饭中放炉子上煮十分钟，就很好吃了。蔬菜已上市，每天有黄瓜、洋葱、卷心白可买，一般八九分一斤。在区委会吃，经常还有盐皮蛋，和极肥的有名的鳊鱼。（隔壁一大妈很会做菜，经常总给我一点，和王嫂作的相近。）肉倒较少吃。瓶中还剩点肉松，有时煮面，加几粒大蒜，只一毛五一斤，一勺豆豉，一勺肉松，或再加点隔壁给的卷心菜，对我说来，就是盛宴了。比起二表婶那边已算得是讲究得多的。那边五连自种菜只十三亩，又长不好，采办素菜有时还得到卅里远的咸宁去用平板车推，来回得走六十里路。听人说，馆中新来的百多人，也是靠带来的咸菜、海带、粉条对付的。双溪算是外来人少而供应又较好的地区。每天都有几十担卷心白运到卅多里铁路线上去，且有一二卡车的鸡鸭蛋外运。隔一阵又可见到满卡车兼拖车装肥猪外运。四乡转运粮食和其他，主要是靠双肩挑担子。在公路上这些日子经常可看到一二十个大小女孩挑砖送到区医院里去，有的不到十岁，比妮妮小得多，也能挑二三十斤，行动如飞，两小辫乱洒，脸红红的，极其动人。每天可在公路上迎面碰头的是区里十来只大黄牛，皮毛乌亮，派头十分庄严自重，脾气极好。黑妮看到，一定会画下来。田地里长得极好看的是青麻，可是麻叶影阴阴的，土地松松的，下面却多长虫孵雏。

丘陵地野果子不多，因此鸟鹊也只三五种，似乎只有一种五六寸长的鸟在空中一面飞一面叫得极清脆好听。天空老鹰也不多，就此可知道各种野鸟并不多。杜鹃只听过一二次。水田中秧鸡倒每到傍晚就可听到刮刮刮的自得其乐独唱，本地人叫作"习拉刮"，是在水田藏身的。本地草极好，乡下人既不养兔子，也不养鹅。鸡倒不少。小孩子常见瘌痢头，鸡也不少害同样病，不知原因。看牛小孩多整天在小山上，傍晚才赶到我们住处附近。草一般都特别细软，和公园中见到的差不多。大致因为燃料紧张，所以路旁坎上什么带刺的、可烧的，都随时采摘掉了。丘陵上的绿化林马尾松，多只留下上部分一丛一撮松毛，人手可及处的枝叶，全在一种普通情形下，被人顺手摘掉了。附近林业站的树枝，公路旁的树枝，也不例外。唯一不受摧残的是我窗口不多远那几百株杉树，这些日子正值新叶长出，一大片新绿兼浅绿，十分好看。听本地人说，抗日以前，这地方丘陵地到处是二人才合抱的大树，林荫遮天蔽日，树下积树叶过尺厚，野猪野鸡都应有尽有。日本人来砍了一半，余下的五八年又砍了一半，因此全成了光凸凸的小坡，丛林景象全失去了。

大湖边情形相同，还格外动人。（我们现在想象那个光景，也就动人！）二表婶去年来时，还可看到大湖边延长一二十里的野荷花，我到时就只看到沿湖莲蓬梗和无数的干菱角。可是每天有上百群大雁飞过，还是极其壮观。这地方可不相同，孩子们多长得眉清目秀，比北京胡同里孩子也活泼得多。无论晴雨，四围环境都极柔和，我一个人在黄昏时在公路上散步时，总易想起二黑。他们若在这里，一定会画许多好画！

问一家人好。

从文
六月七日

---

① 此处涉及他人隐私，删节两个段落。

19700612

双 溪

致张梅溪

梅溪：

永玉想有信来，新生活恐一时不易适应。工作量一定极重。好在熟人多，凡事大家在一起，就好多了。我们这里三几天后，原来较熟的故宫十连，就得撤回到湖边换工作，我们三户留在这里，便失了一切依据。本来已够孤单，行将更孤单了。一时当不会调动，因为那边实无住处。大致将在这里过个夏天，到今冬明春再说。已开始出现痢疾和大量疟蚊，希望不害大病就好。

你们大忙以后，或可望稍稍休息一阵。这里初从北方来的少壮，因为居多生长北方，新的气候、生活和工作，都不免感到有点"吃不消"。情绪一时难稳定。如婆婆等已到地将近一年，自然就不觉得太难过了。闻已第一次得到夏收，打麦场上麦子堆积如山。今年秋收若同样顺利，不像去年为洪水淹去，住大湖边上万人，会情绪好得多。但去"自给自足"，大致还得走一段路，能在三四年后作得到，已够好了。主要是来人过多，老弱劳动力不强的占比例大，而湖田对于大雨山洪还是防不胜防。一般供应也大是问题。听说已决定有八十多个轻工业工厂下放到咸宁县各属，大致也还是三几年以后事。又听说故宫、历博、北图为"保留单位"，我们原来的顶头上司王冶秋，年初曾下放，本已拟定到咸宁专署所在地温泉去休养，后来忽然又让回北京。近来且上了天安门，作了文化部领导之一（原张光□已离开），我们或可能尚有万一希望到另外一时回转来重理旧业！抢时间把几本未完成的书写改完成，那就真是天大幸运！

曾祺上了天安门，有个相片还在正中位置，旁有刘长瑜和袁世海，真是有意思的一件事情。

我初次打开了装文稿的小布箱看看，才明白放在最高处的那个箱子里的东西，也有些湿霉霉的了。唯一保存下来的那本《丝绸图案》，一角就已湿霉。再也不敢把下面两大箱材料〔打〕开看了。真是活到一个不易理解的情况中。在馆中搞的研究工作，熟人本来已经够少了，现在来到这里，更和一切隔绝，我的工作看来是又将和头一次搞写作同一命运，又在社会变动中要全部报废了。对国家说，真是一种好可怕的浪费！但是一切还是听天安命，因为这种种正是历史常有现象。必需承认现实，等待下去。如还能支持一二年，或许还会有一天用得我这些年学来的种种常识到若干方面去！如果一切近于空想，也就在这个现实中等待完事。沉沉默默的等待完事。

从文
六月十二

19700617
双　溪

复黄永玉

永玉：

　　得梅溪转来一信二三纸，十分高兴，当即再转二表婶。因为我们最担心的，还是你。怕新生活不易适应。同时又觉得有大伙熟人同事一道，还有不少年事大得多的，生活一拉平，在相互鼓舞、相互制约中，比起来，别人干得了的，你一定也会跟得上，就放心了些。但是还是盼望你凡事要实事求是，不必争什么力气大，本钱足，无所谓。古人说的"举鼎绝膑"故事，即不量力结果。总之，不争小处，集中在大处用心，功率将更高些。有本小书叫《意林》，多集中了些古人简要名言，还有点意思。北京旧书店三毛钱就可买到，只不知道现在还可得到没有。文字虽记叙的是二千四五百年新兴知识分子的处世作人工作学习的态度，乍一看来，好像已十分陈旧迂腐。事实上有些比现在人还新，还深。老子只是其中之一。前前后后还有不少的聪敏人！因为那正是政治上封建形成，而思想上却是许可胡思乱想和认真表示意见时。反映到艺术上，也同样是活泼恣纵，极见巧思。即迂腐，也还深刻真诚！用小故事引喻谈大道理，则"韩非"是一把好手。

到《世说》，就空洞无物，事事见出假名士的做作处了。所以两晋人的洒脱和两宋道学的顽固，都并不怎么可爱。生命力都不强。远不如战国诸子才气纵横，精力饱满，议论精辟，各有独到处！无怪乎到不久以后的秦汉时代，就大部分被禁止了。

我到这里已半年过头。搬动了三次。四个多月前离开大湖边后，就再也见不到表婶。只半月廿天来个信，还是在星期天饭后抽空写的。忙得可想而知。不可免有些对她说来是无效果的忙，而在"吾从众"情形下过去的。大湖边已得到第一次麦收，据说麦垛堆积如山，十分壮观。如秋〔庄〕稼既尽了人力，又得天助，到八月不受长江大洪和本地大雨摧残，得到个丰收，在湖边上万人的情绪，一定将高涨。而对于今冬的房屋基建进展速度，也可望加倍快。二表婶分配新住处的机会，也将会把时间缩短了些。目前却还有以千人计长住工棚里，以大几千人计挤住在集体宿舍中，以千人计分班挤住民居中。二表婶等七八人，就住在一个民房中有了十个月，房中大白天也阴阴的。不过一成习惯，就没有什么难受了。人的关系好，是能抵挡困难条件之一。来信说，摔了几次到水沟里，才取消下田资格，事实是照顾，改烧烧水，再送水去。还是用手电照路回家，再开会。事实上，本地女人到了六十岁，已经极少还下田的。

我们这里情形不同一点。三户老、弱、病，在一个四无居民的小学中。两户各有家属，只我是独自一人。四围景色真是如画，而早晚晴雨还不相同，总是绿蓝青苍比例变化。天气已到卅度以上，除了打饭送信，中午一般不大出门。一天有时不会说十句话。晚饭后，大家就搬了小凳子，出门到公路上坐坐，看日落后天云变幻，半边月升上天正中，长庚星在西方出现，再回去听中央新闻广播。晚上经常有耗子搬点什么，特选我书桌正中抽屉里来嚼得极有感情，近来从北京和长春寄了点药来，前后解决了四条，夜半就清净多了。同住有两个九岁大女孩，虽白天上学，可学不了什么，最高兴还是傍晚到公路上扭秧歌给我们看，成了一定节目。她们也十分高兴！这个节目的反复，还不知要有多久才会更换一个！另外一个特加节目，就是吵架。有个女孩母亲是演员，父亲作指挥，离了婚，就寄住在这里隔壁，一吵起来就引用语录，非常精辟，会站地步。我生平还是第一回见到这么一种女孩子！听说在学校和教师也顶，动不动说"这是内部矛盾，你总不能枪毙我！"长大后一定是个大辩士。

　　我住处窗口外是个草坪，经常有牛、驴、羊吃草。本地黄牛大多数长得乌黑光亮，壮大非凡，行动庄严，步法有节奏感。和什么旧高资绅士学者派头差不多。驴子生了个小驴，十分好看，经常睡在草地上看天，大致什么都不想，快乐得很。母山羊不过廿卅斤重，生了一白一黑小羊，比中等兔子还不如，却活泼得很，有时离开母羊乱跑，到窗边望望。有时母羊斜斜卧下嚼草，小羊就争挤上到母羊背腹间，滑下又再上，并排在上面看风景！四围冲里全是人在收割麦田后拔草作燃料，没有人说话，也从不唱歌。有些小女孩不会过十岁大，挑了大担麦株回家时，走路飞快，脸红红的二小辫直洒。全区大致只有几个在医院服务来自省县下放的护士会唱唱新歌，本地小学生也从未唱歌！这里我们因为人少，有点照顾，蛋和糖都可得到。肉则随时可买，我却到了不想吃肉年份，四个月只买过一回。目下主要还是一顿二两饭一份素菜，拿回来加工成烫饭后，加一勺梅溪作的豆豉酱，有时还加个蛋，就对付了。吃的文化本不高，到乡下来得到不少便利，也省事。蒜头易得,因此可免肠炎。

新近这里人事上有些变化,多少也影响到我们此后生活。原在这里挖煤,归故宫十连,熟人多些。又十三连,属儿童读物出版社,我虽不认识他们,他们倒熟我。近几天忽然来车几乎全调走了。因此除了留在矿上领导掘煤的部电影局长李同志和三五十连干部,此外就是新华书店装运组百多接手工人,一个也不熟。我们似乎就近于突出三户。区里革委干部、邮局、医院、百货商店里人等等虽多已相熟,并且还得到种种方便。可是并没有个真正可说相熟的。我可算是<u>区里最老的客人</u>,又是最大的高资,平时不妨事,若有点什么新的风吹草动,你能设想,将不免"麻烦"!惟比较来说,与其过大湖边去住集体宿舍,排队吃饭,听号声上床,倒还是在这里等下去,等到二表婶有住处可分配时再去,省事得多。只怕办不到,不久又要第四次搬家,可就真狼狈!(这半年三次搬动,比抗战八年住云南乡下就麻烦得多!)

这里虽是真正南方,可是什么鸟都没有,只听过一回杜鹃。<u>布谷</u>只偶尔在深夜可听到。天空鹰也不多。最多的大致还是长虫,附近不久已处理四条,两条都长过二米。医院里来了两次蛇咬伤就医的,敷草药二天,肿就消失了。药名"半边莲""猫儿眼",院中大坪有样本。

这里出著名的鳊鱼,新鲜好吃。素菜按时令上市,这一阵是卷心菜、黄瓜和洋葱头应市时,八分一斤。过不久将有大而不辣的青椒和什么瓜。晚上青蛙如潮声起落,可无一个人想到捉它来吃。有皮盐蛋不限量,作得极好。本地人吃肉兴趣特别好,端午节听说三年前区里三天中得杀百多头猪。"除四旧"一来,今年似乎只杀三分之二,一个屠宰场的青年来说:"今天只杀廿七头，切来砍去手也肿了。"于是露出个壮实膀子展览展览，高兴的走了。

　　人的遭遇有时真巧，在云南乡下一住八年，事前是绝对料想不到的。当时一家大小四人在一处，小虎还只两岁大，穷得极高兴。天不亮就可听到各种鸟在屋顶、树巅或竹林子里，十分自得其乐的鸣叫。公路上全是高大尤加利树，香味极强烈。各处都是花，一年四季总经常有两种以上野花插到土瓶子里。那时比乡下小生意人还穷，因此不必担什么心。从城里下乡，坐四十里火车外，还得骑十里路马，（一般都是衰老过龄了的蹩脚马，）赶马的多已相熟，不必讲价钱，问远近，一上路就可走动。一面听他唱小曲子一面慢慢走去！交通那么不方便，还经常有人下乡来，上天安门的曾祺是其中之一，或自带点什么吃的，到后山草坪里吃过后才赶车回城。回不了城，还得在车站前小客栈住个晚上让蚊子咬，也不觉为难！还是战时，在长期轰炸中，生活倒穷得满从容！现在又到了这一个新地方半年，环境相似而不同。和二表婶只相去八十里，还不能容易见到。她既不许可请几天假来看看，我去到那边却无食住处，如一落雨，大湖到县里那三十里路班车停止时，还会在中途捎住，一停三数天。有很多事我们可以说是目下不大懂，以后也不会懂的。人越来越无知且无用。人到了七十岁，来到这一个陌生地方住下，廿年照指示搞的调查研究，搞通了的业务，通通无法进行，也无一个人可以商量。因此只能照旧办法写点旧体新诗，作为"学习心得"，倒也是别具一格的思想改造。成绩说不上，错误可少犯。至于你们在那边，若想画点刻点什么，自然一时更说不上了。

　　目前或以后若干时候，国家要求重点，无疑将是农业基层的建设和工业的稳步而全面发展,有两个五年计划,国家面貌会大大改观。至于文学艺术,以至于大学和研究院中文、史、哲部分,和基层巩固生产提高不能起直接广泛影响的,似乎都近于可有可无。最近总理虽特别提到故宫、历博、北图是保留单位,但看来一时还用不上。因为一切为了"战备",这几个单位,是只能在局势比较稳定时起点缀作用,而不可能起更有效直接作用的。(事实上比四艺术院校还不如!)不过我们顶头上司文物局长王冶秋,本来也同时已胡胡涂涂下放,准备去咸宁温泉疗养,人和家具都到了湖北。后来闻上面知道后,又即调回,且上了天安门,成了部中新领导之一。他大致是近廿年比较熟习我的一人。我因此不免也还妄想,尚有点机会,来得及把廿年所学,用到明天新的需要上去。因为从劳动文化出发,在许多方面,都还有较多发言权!加之记住主席一次谈话中,曾引用到《史记》提起左丘明、孙子、韩非等在困难中的工作成就。所以近来又把几种待重写有了比较充分准备的《丝绸艺术史》《漆工艺艺术史》《陶瓷艺术史》,和那个经过上面点头的《服饰资料说明》三份已印出和一份已排清样的唯一存稿取出,重新加注加批。有时间,还将一字一句重抄一遍。估计若有一年时间可用,这六七十万字总还可誊清出来,作个交代,那才比一百次检讨还扎实而有用!也可望证明,这廿年工作得到党的种种鼓励和支持,不是吃白饭度过!至于搞出后的命运如何,就不用过问了。因为近些日子心脏移位已更明显,不大动精神还好,万一要再动去搞大集体,在过程中有可能得垮下,大致是看不到这些书出版,就要真正"休息"了。说起这个时,我倒没有丝毫感伤,因为这半世纪总算劳苦过来,且取得点滴成果,不算白活七十岁的。近廿年不做空头作家，却对得住寂寞，在库房里摸了十年，生命使用还是比较合理。

盼望你体力能维持得住，精神也开朗如信中说的就好。

熟人便中致意问好。

二表叔　从文
六月十七

有绝大部分未完成或已发表的稿件，都亏得军工宣队一年青同志，为详细分门别类清理出来，去年还给了我。这倒真是幸运。因为这种清理，他才明白我原来搞了那么多问题，而我自己也才明白摸了那么多问题，并且却是不折不扣的由无到有！年青人多聪明十分，此后不可望会有人肯这么傻干了！

19700701

双　溪

致黄黑妮

妮妮：

　　听你妈妈说，你经常在学舞蹈，好得很！将来作新文工团员，兼游泳运动选手，兼图画或布景教师，都有好条件。凡事可都得抓得紧紧的，莫放松才好！我赞同多专多能，样样都做得好，是办得到的。特别是走长路，爬山，可以得到许多新地方，有许多新见闻！地方越走得多，人也越聪敏活泼，做什么通通方便！我估计三五年内社会还将要大变，交通方便是任何过去时候想不到的，大致不到明年，你们从北京就可直坐车达常德，第二天就回到州上老家了。更有可能，有机会参加渡长江游泳，真是热闹事！我还希望坐直达车去昆明，现在已可办到了。你也要学懂做家，至少明白鱼肉好坏，菜蔬好坏。社会变化极快，家中有个小炉子做菜，大致还要保留廿卅年，主要是爱好不同。我们这里五户，就各个胃口不同。经常可看到十来岁女孩子看牛，人都长得极聪明活泼，整天在山坡上，落雨时即披个塑料布，过去应披蓑衣。口干时大致只能喝点点田中泥塘水，山上什么可吃的果子通没有。一见她们，我就得想起小尖鼻，说不定也得看看牛！

婆婆在这里已晒得和非洲黑人差不多，比本地长年下田农夫还黑好些，所以精神满好。你也能晒得那么黑就好。我记得在青岛住时，有些游泳员也是一身乌亮和海豹差不多，极神气的。婆婆就相当神气！

我们在乡下，今年只吃过一次西瓜，可另外吃过大绿香瓜好几十回，经常得四五人分一个。外皮黄，里面翠绿，子极小，比北方香瓜高明得多。但不熟，却和吃生冬瓜差不多。这就得有本领认识！我只买过一回十分好吃的，经常不免比人差些。婆婆机会好，几次都不太失败。这里丝瓜最好，大如我手臂，还极脆嫩好吃。茄子只比鸭蛋大些些，长豆连吃四十天还不老，有红、白、绿各种。这里经常有鲜鱼可吃。最动人还是水塘捉鱼，总是二三尺长，一捉大几十斤。内中数河里鳊鱼最好。听说七里外近山鸟雀极多，各种颜色各种不同样子，唱的调子也极好听。我们住处可只有蛐蛐一种，已进了屋，每夜叫到亮吵人得很！

你应当和哥哥把身体练得更好一些，将来学习方面也可望多选些不同部门。有极多工作，体力不好，可不能参加，参加后也会半中刷下！这里遇到几个参军刷下的，无事可作。

爷爷
一日

19700707

双　溪

致黄永玉

永玉：

　　因前信转过二表婶处，通信地址便失掉了。听说北方今年麦收好，大家忙得有劲。到了乡下，我们才会对于年成好坏影响到万千人情绪是什么回事！不过我们住在这里已将半年，还是只和区里干部面目相熟，别的便说不上了。因为话不易懂，也不便询问本地事情。这里已第一次落雷阵雨，房中有四五处大小漏，一二处接一会会即满半盆，不免有"顾此失彼"感。事后房中到处湿汤汤的，我有泥鳅感，大致今年是不会干了。因为随之而来要到十月，雷阵雨才正式结束。五十年前到北京住小公寓，取名"窄而霉斋"，现在住处不算窄，霉的程度可过了头，还像是一生中最霉湿的住处！但是倒也奇怪，住处属公社卫生所，大小医生都轮流患了节令病，今天大师傅也病了，我大致因每天在烫饭中加一头蒜，至今还不曾害较严重的什么病。气候变化无常，早晚晴雨常常差到一二十度，半年来还未感冒过！可说是得"天保佑"！另一面自然还是物质力量，包括梅溪、大弟、朝慧等不断供应。这里还不到大热时，因为只卅五度，八、九、十，三个月可将在四十度左右，总得考验过来！

遇雨后天晴，傍晚必有点微风，三户老弱病大小七人，多各带个小竹凳子，到屋外公路上去坐坐。地在丘陵高处，视界比较广阔，因此天云变化较大，相当壮观。远山暮云四合，长庚星照例最早出现。本地有种大型萤火虫，闪光极强，飞行迅速，真是和长庚星"各有千秋"！可惜得不到全貌。

这里新的人事也有了些变化，故宫中熟人已有返北京的。八连搞修建的工人回去多些，九、十各连搞陈列说明的少些。有三原因：一、已到了一年。二、闻今年十一或将部分开放。三、叶群参观过一次的结果。王冶秋本已下放"疗养"，人到了武汉，又忽调回，近且成了文化部新领导之一。可见有些事并无固定性。闻北图、故宫、历博，是三个保留单位，总理曾有过一次特别谈话，内容不详悉。不过由此推想，有些人将来或不久必可望回到原有工作上去，今后还要人搞陈列和研究，如此而已。至于我们是不是还有分，即只有"天知道"了。因为社会变化过大，许多事我们是无知的。从文件学也并不真懂。近廿年真正学懂了的，又似乎也有用，也无用，一切得碰机会，不是用常识可以判断的。也不尽是工作方法能否应用《实践论》或唯物论。因此为工作着急也无大用处，搞不对头还会犯错误！直到这时节，这种环境下，我似乎才懂得古人说的"乐乎天命复奚疑"本来意思。人到了七十岁才懂事，也证明过去实不懂事。但平安处或正在不懂事！

近些日子在乡下为公社卫生所中草药和"赤脚医生"成绩展，忙了个二三天，十分有意思，几几乎把凡是用得上行楷书的各方面全包下来了。小如草药标本说明，大如斗大字体招牌，大小不一如各种有关语录，病室药房名号，药合子上黄标签，通通揽了下来。这也可能是我一生工作中唯一留得较久的成绩，因为照老规矩，装中药木合子上标签，是不大会改动的。再想揽点新活，倒不容易有机会了！这地方写字的需要也并不多。

这里原有不多熟人多已调走，不是北返就是回湖边。除了矿上一个电影局长领导和二三干部，此外即只十多位区干部，面熟而人并不真相熟！住处四无居民，只卫生所几个医生干部，离区里约一里路。近来听本地人传说，我是"一月拿三四百的高知和作家"，这对我可以说真是个不大吉利的危险信号，大致是些似熟非熟的北来同志传的。虽经同来同事为辟谣"这是胡说"，但这么给本地人一种错觉，是不易除去，而简直可怕的。用我们名分钱的，除三户外又无别人，不免有些忧心忡忡，无可奈何。你想，在北京还不乐意出头露面，到这乡下，那还宜于突出个人？

我倒极其乐意不再拿分文工资，也不要什么研究员名分，能回到东堂子二丈见方屋子里窗前坐下，争一二年时间，把几件待完成的工作一一重抄出来就好。因为有这三份近廿年学的具总结性的稿子，已经反复改了又改，手边留下是唯一的一份底子。我人过三几年总得死去，这工作却有新见解、新内容，对后来写美术史十分有用！我怎么宜于长此住下来混日子？这么下去，对有些人说来，也许极端满意，对我来说，简直是近于要人发疯的！可是竟已到无人可以商量情形下。所以有时情绪上的狼狈，实在比生活中的枯寂远难招架。可是还是招架下来了。

照理，在近四十度的高温中，或者不至于又要我们第四次搬到大湖边工棚里去"挤油渣"。因为那边原则上还无老、弱、病。至于到了年底，将转移到什么新地方去，也真只有天知道了。如照一般传说，三单位将归市领导，或尚有机会到某一天转回北京，重作安排。但是"天气"老是在变化不定中，并且是因人而异！

这半年虽搬来移去，不免狼狈些，正因此，也学明白了不少新事物。内中有一点极其重要，再也不会对于空头作家还会稍存丝毫幻想！事实上即这样，而尚给不少熟人和半生不熟的人，以一种"作家"的错觉。可怕处也正在此一点上。过去总以为"做作家"极不容易，到后还是做了，还做得比许多人出色！近廿年用尽力量去摆脱，有好一阵似乎别人和我把它通通忘了。可绝料想不到想"不做作家"，去掉这个不吉名分，还要作更大的努力。

这里生活过得简单，经常一天说不上十句话。从不找什么熟人生人。这倒也是一种有意义的学习和考验！写点诗，是当成个人"学习心得"看待的，"思想改造"看待的，写不下去也不再勉强。最熟的亲友看过的都点了头，说体裁旧，意思还新，有的还说有社会主义气息！我也并不因此抱什么幻想作第三次改业打算。这里大湖边总人数或已到六七千，似乎都忙于从劳动中得到"改造"，大小上千"笔杆子"，也不会还有人想到来写新的叙事抒情诗的。将来呢，谁也不知道"将来"是什么。（楼适夷等似乎多在五几连。）

从窗口望出去，每天最熟习的，是一群皮毛乌亮体魄壮伟的大黄牛，永远目不邪视的十分庄严的慢慢走过，有的还不到负轭犁地年龄，走动时已学会了那么一个派头，比伪托的韩滉《五牛图》可神气得多！好看得多！那个《五牛图》的四只，是可以在清初、上有满汉合璧文字、大青绿设色的《孔子事迹图》（约一尺七八方册）各页中<u>一一发现</u>的。内中挂鼻环的原来是驾车牛。

另一只迎面而立的膝部显得十分臃肿,不大像牛应有形象,在《事迹图》中原来是一只骆驼!这是如意馆画师和乾隆合作开了个玩笑,于是哄住了二百年后现代鉴定权威张珩,花了五万港币当"国宝"一般慎重买回。可料不到我却会把他宝藏,和在宫中的《孔子事迹图》拿来对照,因此发现了原形!什么"神品""铭心绝品",同样"国宝"只合当作"参考品"的还多,只可惜无多机会来为重新清理一番!例如此外花黄金数百两收回的《展子虔春游图》卷,也是一个伪托的卷子,因为既不合张彦远提到展画山水特点的"冰澌斧刃""钿饰犀栉",而衣马更是晚唐装扮,和隋代完全不同!《洛神赋图》的产生,从衣着穿戴上去认识,也比顾恺之可以晚到二百年,全是北朝式样,齐梁时髦。至于水中的蛟龙挟毂,鲸鱼为卫,则是典型隋式,有敦煌画可证。并且也只有隋唐人才会把北朝制度,齐梁时髦装扮,用到神人身上去!其他还有《仕女簪花图》《高逸图》等等一系列的名画珍图,都可以不甚费事,用一个唯物论新的鉴定方法,提出新的判断,使活着的权威哑口无言。但是如像本人已去世如张珩、谢稚柳,作成的权威鉴定,倒像是不大好办!可是我总还是相信,由宋徽宗、金章宗、项元汴、高江村、乾隆到张珩,共同在许多有名画迹上作成的错误鉴定,总会被唯物论的新方法推翻的,但这却得看唯物论是真受重视假受重视而定!若真有一天受重视,我可作的事就还多!如果能死得稍慢一点,将会看到这一天的。

在这里已吃过洋葱、蒜苗、丝瓜、黄瓜、南瓜、辣子、洋白菜,大都是陆续上市,随吃随完,从不作干菜酸菜的。房中虽各处都生霉,可不会作霉豆腐和豆豉。地方麻多而好,可是受限制不许超定量多种。供应以纸烟最充足,吸的人也格外多。矿区则多数人喝烧酒,因为解累、解烦、去湿,全得要它。听到有人开始回京,大致必有较多的人情绪会受点影响。二表婶处十天半月才会来回信,不是生产忙就是学习忙。我是始终不大明白有些学习方法能提高写作能力的,这也大致是我不会再搞创作原因。凡事一隔,就无发言权了。

从文
七月七日

19700721
双 溪

复张梅溪

梅溪：

得到小黑蛮木刻，作得很好。我把它贴在一张毛主席去安源彩画旁，这里医务所人也多见到了。看报上说北京又在"大游泳"，蛮蛮和黑妮，或者又参加了昆明池"煮饺子大会"。我倒希望他们去北海，水比较干净！我们这里附近，也有个水塘，每天必有医务所的六七个人去游游，这个水塘有时还有大白水牛下去，露出个鼻子，无怪乎提水上来时，有时有点牛毛味！

我们这里已到"雷雨季"，三几天一雨，房子有三四处得用盆接。恰好从北京带来四个盆，全用上了。房中的湿升了点级，因此平时得穿胶皮鞋，踹到书桌下，总是湿滑滑的。也是一种"学习"！

一天有上百号大小病人来打针，针药供应不上了，病人还是继续来。小医生有时还得一面和这一病人辩论，那一病人打针，而自己也在陆续病倒中。真是不易设想。今天听说，药也没有了。

雨后晚晴，我们照例搬小凳子去公路上吹风，直到八点，为大群蚊子围攻时，才被迫还房中。公路上什么声音也没有，十分离奇。从不听人唱歌或奏什么乐器。静得少有。有时惟雨和雷声点缀。附近树木不少，只是多是十年内马尾松，下部多已被牧童陆续折回家，上面剩一朵，因此风来时也听不到什么声音。最多的是小孩子打针时哭声。

在这里便觉得北京如"天上"，隔得好远！想想一住下来就是廿年更是天大幸运！这里虽只去武汉二百里不到，可比家乡还蔽塞多了。听到一个剧团中人说，六一曾到过凤凰，以为"凤凰文化可真高"，但是我也难相信是种什么情况。我倒还不时一心向往白羊岭你家房子。远看观景山和金钩挂玉雪景，极美观，还是五六七年回去的印象！

这里住处和日常生活，比起大湖边来，又应当说是"天上"了。因为那边二表婶，种菜也得一天来回走一点半钟，若种田则走三小时或四小时。比本地人还辛苦得多的。说"自力更生"，四个字用到生活实际上，是十分艰苦的事！有不少人似乎多还不大明白下来意义。特别是北方生长的人、家属。只是中学以下学生，暑假中到了田边，可真开心！因为什么都新，好玩，比在学校有意思得多。至于大人中大小知，百分百可能都希望即早回"天"。自然也包括了些积极分子。同样是劳动，可能在北方就不大同。因为气候比较容易适应！到这里，一二年内话还是不易懂，何况生活习惯。二表婶处有一点好处，即在一处的多是十年以上熟人，自成一小天地。冰心等四人最近才解放，臧诗人等大致还有所等待。因此去斗批改似乎还相当远。怎么一个斗批改谁也不明白。（可包括"长"一级在内。）

我血压大致又稍升了点级，不妨事。低的今天说已百四十，又说大致只百廿，因为机器失灵。高二百廿。我泻过二次，一次三五回，吃吃合霉素，稳住了。今天隔壁一同志起始害痢。我蒜头还不少，每天吃，希望能度过四十度夏季就好。夏季得到十月底才结束，我们已预感到冬天将更不好过，因为地高当风，无升炉子可能。

  我们在这里，应当说是够受优待的，因为医院还能为开证明买蛋和糖！一切可放心！

  二小应把身体搞好，没有好身体，将来什么都不成！

从文
七月廿一

19700728

双 溪

致张梅溪

梅溪：

我们这里可到大暑季了，大白天极难受，还像是生平头一次新经验！五十多年前，过去在军队里，大致也有热到这种情形时，可是在大树林或河边石岩下一躺，或泡入水中，就成了神仙。这里却只能蜷在湿湿的房间里。想起往年给小二黑带冰棍便如同隔世。这里一热，丘陵高处也无丝毫风吹。公路上傍晚蚊子却专叮脚背，在空中则旋转成柱子，慢慢移动。公路上异常寂静，照例只有一个人，又高，又瘦，全身乌黑，曳个棍子，或从公路走过，或从斜里田中在我们面前突然出现，和故事小说中的什么神秘人物一样。原来是个看山的人！如果我一个人住下，你就不能设想是不是宜于在黄昏时在公路上停顿了。大木箱搁在住处门外死角处，箱中的细草绳，还是陆续失了踪。记得还有一卷新的塑料纱布，也失踪了。后来又忽然出现一张破旧的，大致用不上才退回。若出去随时不关门，可能还会有不少别的东东西西失踪。明知人在面前，试说说"我的什么在那里去了？"他也无所谓。遇到我这写小说的人，只好欣赏他"无所谓"的心情去了。我如离住处三五天,隔壁又无人住,桌上的小书从窗口自己走出,是极容易的,不可免的。如再好奇,门也会忽然自开。乡下事不大好说。太穷了,生活也太枯燥。小顽童经常要到隔壁二家窗户边望一阵房中种种 不知为什么并不照顾我窗口,说什么也不成。待你追出去时,他可跑了。明天还是依旧。同住的受不了,小顽童却十分高兴,主要出于好玩。附近林业站种的瓜,多被顽童掏一孔,塞点什么到里面,再为封好。他自己孩子,却有时趁天亮不久到医务所大院子里来,用最快速度,把早已看准的大香瓜摘走。同住的同事眼看到也不便说什么。还有个富农出身的不到廿岁的人物,趁夜陆续把院中砖墙的大砖,偷走了四五十块,盗卖到附近区医院,一毛五一块,得钱喝酒吃。经小医生发现后,勒令退还,近来久已不见到了。撤去砖的墙头还是稀疏疏的。这些琐碎小事北来人那看得惯?但是就得看惯才成。自然大的好处是更多的。不过这些小处却容易接触到日常生活。大湖边一遇到开会放电影,必派人巡逻守房子,即由此原因。北京东堂子也还有近似的事,例如我借了馆中一个床,至今三四年还付租钱,事实上〔文化〕大革命初期逼我让房子时,那个小床即为前后院不知谁一家占了,(其实上面有个小铜牌,一查号码即可明白。)可能还得写个信告告馆中,才可将租金免去。要明白这些事越多,就可知道我在这里感到恐怖是什么意义了。幸好区里从县中来的人相当多,并且还会更多,抽象压力也必然将因之相对减轻。因为县里来人也有从省中下放的,有的人说到了这里十多年还不易习惯!其实乡下就是乡下,许多现象是十分自然的。事实上有许许多多好处,还是保存得上好的。不过这里既不同北方厚道,也不同家乡人热情,有些事我们是不易理解罢了。能抱着欣赏或赞颂态度是不大容易的。说话不同想法也就大大不同!

  在区里,我大致因为特老,是得到种种照顾的。我最近把胡子一留,就更得到方便了,有次去买鸡蛋,那个当权的就说:"我看你胡子,卖你半斤吧。"真料想不到还有这个好处?大致将到十月节再剃去也不迟!怕的是年青人不看胡子,就不好说什么了。好在医院里易开证明。

               从文
               廿八日

19700809
双　溪

复黄黑妮

小黑妮：

　　你信写得很好。字也写得好！应当把写信当做作文的练习，一礼拜至少为你爸爸写一二次，大小事都说到，这是写作的"基本功"！小虎叔叔六岁大的作文本，去年我们还留下，字比你的差得多，可是文法却清清楚楚，当时婆婆改动时，他还埋怨不懂他意思乱改。后来婆婆再看，果然改错了。

　　我们现在这里白天42度，太阳下晒寒暑表48度。一夜能睡二三小时已不错了。听说至少还得有一个月，我们可真是在"烤验"！幸好是早上取饭，午上大家都不敢出门了。直到下午七点多，才到公路旁去坐坐。逗逗几个十岁孩子，说说各种冰棍、酸牛奶……过瘾。每天吃四分之一香瓜，有时极甜，有时和生冬瓜差不多。婆婆在这种日子里还在菜地浇水种菜，听说脚肿脸也有点肿，我托人捎了些药去，要她请假来住住，可未必肯来！这里新来个看牛女孩，总在我窗前放牛，见我就要说说话，长得极可爱。每见她，我就会想起你们和小尖鼻。这里有不少十三四岁女孩子已当家，家中养猪一切就归她们包办。挑砖、挑草、挑谷子，走路如飞！要学习，可也不容易！这一阵子太热太旱，各处水塘全干了。水干时生产队有十二个人排队网鱼，得了二十多条大鱼，一条四五斤重。我们坐在田埂上看，极有趣！我每天早上提水也得走一里多路，最近膝部忽然痛极，说是风湿要打针，如三天好不了，我可能就出不了门，提水取饭全不成了。希望天保佑三天不发展就好。

今天这时正落雨，房中四个盆全用上了，雨中夹雷，还是我一生中少遇的。可是一会会就凉了，这时一个多月最凉的一天！孃孃豆豉〔里的〕虫还极小，我加热，加糖，加辣油，加蒜，随后吃时极好。这里还有一瓶上海细辣油，有二斤蒜头，要妈妈为炒二斤豆豉加肉末就成了。这里霉季已过，不会坏了。四天就可寄到。

我们有人到十月前或将援例回北京住十二天，我看样子已不易走动。就是想过八十里婆婆处去也不大好办，第一那边既无住处，吃饭还得走七八里路，一天三顿也受不了。还有是这里人一走，可能就有"好奇"的人到房中，这是不算奇怪事情的。附近林业站种的路旁树，多长不起来，就被人"好奇"或别的什么原因撇去旁枝，主枝长远长不高。医务所的瓜，早就为人看中，一到成熟，大清早就摘下抱走了。这些事小医生就无可奈何。因为太忙，只要一眨眼就没有了。我们小时好像也就对于人家的瓜果满有兴趣，特别是沿河菜地的大萝卜，有的六七斤一个，相当引人关心！现在这里有些极进步事情都值得学习，其中也不免还有些五十年或百年前旧习惯，一时还不容易去掉。平时到隔壁房中同事处谈几句话，也还得锁门，不然人就好奇进去了。所以如果医务所要在九十月搬走，我们五户老弱住下来过冬，是不大好办的。因为好奇兴趣一大，木格窗子会自己拆散的。门也会开的！我又怕去大湖边，因为五十多年前听军号起床，受不了，才离开了家乡。七十岁了再去听军号，早晚都吓怕。不得已能到小虎叔叔处去和红红一道唱唱闹闹倒好。红红的弟弟（妹妹）到明年四五月就出世了，他们的家将和你家一样人多！你们在北京能多看书就多看点书，将来到乡下，可不容易有书看！这里有四五个"赤脚医生"，当真有半年光着脚板到处走，连医书也不容易看到。乡下病人已到十分相信"打针"和"注射葡萄糖"程度，所以都不大乐意吃中药，也不大信金针。照规矩，你的妈妈已有资格作"医生"了。

将来如果有机会和你舅舅、舅妈在一处过一二年，学会听诊，大致容易作个"后补赤脚医生"的！到你也有资格作医生时，最好还是广东好，因为有大半年可游泳。也许到那时可又得学绘画了。在家中除了跟你妈妈学做做家，能画点什么还是多画点，底子好用处多。比如不论做什么事在乡下如会画，比什么都方便，极容易便〔把〕见到的保留下来，用文字写可难得多！做家也不是小事，这里二百人在一处要吃要喝，等等杂事情，都照例归一个司务长办理，那才真要本领！要学会和各种人办事打商量，又要细心耐烦，最重要还是不能错账，可能还得会说点笑话，才可在有些时候缓和缓和空气！你爸爸哥哥都不大有资格！考不上！你大致可望有个五十分！婆婆至多十五分！我得个五分就满意了！作护士我过去也觉得伟大，自从到乡下看看区医院几个护士，多是廿来岁就生了孩子，去打针时，她居多临时把孩子放下来进行，有时还得等她有空。像是主要应当是她和孩子。我因此对乡下护士印象也变了。一般说来，区里护士是比城里大小医院护士从容得多的。乡下小学教员最不容易当，比工厂作工难得多！我们这里热得已不大好形容，整天头也昏昏的，先还以为只限于我们北来老、弱、病，问问医生，才知道他们一样昏昏的，晚上还经常要开会过十点钟！

最近这里又生了一只小水牛，也极好玩。至于三月间生的那只黄牛，已和你大哥派头差不多，可是每次随母牛出来，他必掉队，站在公路昂昂的叫他妈妈，或许眼睛有点近视，他妈妈看到他，他却看不清妈妈。同样乌黑毛色黄牛多了一点，也是一种原因！

问你一家人好！

爷爷

八月九日

197008中旬初
双　溪

致张梅溪

梅溪：

　　这里正是最热时，平均总在四十度以上。一切家具在反射下都比体温高得多，而且要到午夜以后或二三点，才有点转凉。人也只能在这时候中睡一会会。可是在田中，日夜还正在争犁田插秧，搞三季稻，整天有大几千人弯着腰在田里搞农活！二表姊也有可能尚歪着脖子在菜地中。我要她来却决不会来。我正患关节炎，膝部早起痛得不能起床，擦了松节油，再贴什么膏药，不像是三五天能见好。说是慢性，因为不红肿。但上下阶坎已不方便，现在是右边，如左边一来，我就完了。因为是加速心脏病一步骤。大致是最近几个小医生为打开了窗户，半夜后受凉结果。现在来补救，已迟了。我还是生平头一次害这个病，所以格外感到吃重。搞不好大致就得□了。不发展也将是要较长一个时期或换一地方，才有希望。如今那能让我有这个机会？不免有点糟糕。但这种种，又都是必然会来的无可避免的发展。两边医院都觉得不大好办。本来有什么"追风酒"可吃，我的高血压和心脏，可和酒有矛盾。现在只希望过了立秋三五天后，气候有点好转,就好了。看样子,十天半月是不会转凉的!永玉想必还好。去信时便中问候。

从文

19700818
双 溪

复张梅溪

梅溪：

　　谢谢你寄来的东西并谢谢妮妮！婆婆已来这里五天，还同乘小吉普去八十里专区医院检查了一次。膝关节炎肿已退，目前还不敢下坡。婆婆肿已较好，只是已成甘地第二，真近于骨瘦如柴，只是精神还是极好，四点出工，太累太热吃不好。不垮下是天幸！在区里医院拿了三四种药。手关节炎较严重，已不大能屈伸自如。每天下河洗衣极痛快，因为大湖边从未见此好溪水！

　　在这里大致可留十天，吃的可望补充一下，因此恰恰逢区中开会有菜时！由她那边四人挤一小房，转到这里一人一房，而又静极，便如同由地升天！可是初来正好有风，第三天后即秋热半夜还不能睡！我们每晚多到公路上去坐，让蚊子叮。这里蚊子可以说十分勇敢，稍有间歇即专叮人膝上，在房中用两种蚊香还不抵事！

　　再过几天她一回去，我就又将恢〔复〕独自下溪取水取饭老例了，这几天却没有出门。一切由婆婆包办，她一天来回四五趟还不在乎，比起来，太轻松了。橱中有些已快到一年的陈东西，都有了机会扫荡一清。看来如十二月前将开会,我们问题会有点着落。我希望不要去大湖边,那里可能还得有二三年才会凡事上轨道!有二年内能如这边也应说是大有进展了。因为可能那个湖将长远是泄洪区,为保卫武汉而准备随时泄洪的。所以大部分田地都不像具长远性,大江水涨到必需排洪时,即或有再多熟田也得放弃。所以将来或许不会长远住上万人在湖边不动搞农业的。更不会有上千人在那里休养。

  但世事极难言,因为我们已极端无知,有许多许多事通通不明白或许永远也不会明白。那边听说待解放未解放的人就不少!

  问候大家好。

从文
八月十八日

19700822
双　溪

复张梅溪

梅溪：

　　寄来茶叶收到，田伯伯的家乡茶也和二表婶一同试喝了一次，十分浓。谢谢妮妮的好笔，我当选个好日子用它来画幅高地风景画试试看！二表婶因我患急性关节炎来住了十多天，后天又得回到大湖边去了，离这里不到一百里路，车行也不到二小时，可是由于干校制度，来此真不容易！她似乎比离京时还瘦黑些，脚脸都有点儿浮肿，到这里来一天忙到为我整顿"家"里一切，一天上下坡到小溪边四五次，居多还得提一桶水。正值水库放水，溪水极好，她也就忘了累。大致还是一年中所见到最好的活水！刚来我们即过八十里温泉专署医院看了看脚，关节炎已不会发展，肿已退，目前行动还有点点蹩脚，过十天半月会好转。照二表婶十天中在这里印象，双溪目下住处，似比湖边好得多，区委厨房又恰恰常有豆腐、丝瓜和蛋类，因此吃得也极好，对她的浮肿又从医院取了两次复方维他命，所以十天中精神也极好，比原住在这里两位五十过头大妈却像精神得多。头发还和去年一样，只是黑瘦程度却升了级，若去非洲什么旅行，大致已不会让人认得是中国人，倒多少有点埃及古典人派头！

我住处经过一番整理，也似乎像个家了。希望能保持到过春节就好。因为从目前估计，二表婶或者可望在春节时来住五六天，并且还希望龙虎二人之一也能来看看的。可是离春节还有四个多月，到时我是否还住在这个静寂荒凉丘陵高处，那里能让人预先知道？这几天已动了秋风，三个月的四十度夏季算已结束了。总有一二月算是一年中最好季节，随后便将是相当寒冷飞雨飘雪的冬季，要一直到明年三月半以后才又是霉雨季接替。冬天可能比夏天不同，人必需坐在床上应付，因整个冬季至多可得五十斤木炭，我大致是无祜享受的，房子上部四处通风，正当北头，等于五个风箱向里送风，手脚似乎都不大好办。每天还得下坡二三次取水取饭，如值雨雪，一定会有点狼狈，但比起去年在湖边去大厨房取饭，已见得强多了。在湖边一遇雨雪，脚下走不上十来步就积厚泥三寸，走时又重又滑，特别是下下上上不好办。在这里自己开火的，这几天已无什么素菜可得，又值秋旱，萝卜、卷心白等等均长不起来，到冬天必有些日子无素菜可吃。我搭伙区中大厨房，经常或者还可望有点豆腐类代替。至于公社医务所，却经常只吃白饭，本地人也习惯。像是别的地方人少有的。二表婶来这里十天中碰巧每天都有豆腐、丝瓜、蛋、南瓜等等。还吃了几次鱼。一顿可选二或三种，真算是一年中最好季节！

从报上得知正是北京葡萄上市时，离开了北京后才知道，北京市的水果和素菜，都是外省市可望不可即的。说来不免如谈神话故事！

并候佳好。

从文

八月廿二

19700901
双　溪

致张梅溪

梅溪：

　　二表婶大致在困守咸宁招待所四五天中，会有时间给你们写得有信的。她在这里住了十多天，算得是近一年中最高兴的，也较轻松的十多天。一般说来，是比那边星期天也静得多的。临走前正好小虎寄了小箱杂物事来，内中酸、甜、苦、辣大小包包不下廿种。部分是我啃不动的，如"萝卜头""牛肉干"，她不怕加重负担，拿走了部分，分送了这里同事部分，提提负负三个包包上车了。可能得在四个月后过春节时再来。麻烦处不是这边六十里路，倒是那边卅里，动不动就搁在半途，等三几天车！她瘦得已可观，晒得一身乌黑，本地人也少见！但精神却极好。来不三几天，就和许多人熟了。人家真是当成客人看待的。吃的既满意，别的人事也满意，自然环境印象格外好。终日可从窗口看到那些小牛小羊，在青草地里小跑，只这一点，大致就可以令人轻快得多！

　　社会变动大，以湖北说，过二三年大致是将有较大变化的。因为川中铁路，大油田，新的轻重工业区^{咸宁是轻工业区}，都将在逐步实现。原本以为中学生过多,只有"下放"可减少压力,现在有些地方,已把这部分青年要回去了。到处建设都要人。真正能干干部可不会嫌多!文化部干校已改由武汉军区领导,可能将来也会由武汉再分配。总之,明年事就是不可知的。我们大致是不大会有机会回到东堂子了。惟目下还像是"团结"对象,和大湖边的较多同事情形不大相同。什么时候一阵机会好风把我们吹回北方?只有天知道了。

今年底希望一同回来,大致是无望的。今年底能不动,在这里过一个年,已算幸运。我好像一生命运合住"小乡村"或"小城市"。初初出门五年,是在湘西各小县和小乡镇度过的。到大学后,"吴淞"又是小镇上的荒地。"武汉"是珞珈山,"青岛"也是离市区甚远的旧德国军营,而宿舍却在四百亩林区公园的一角。至于到云南八年,则先还住到小镇一角角上,后来迁"桃源",就简直是四无居民近于独居野处了。现在又是离区中大半里四无居民的小学里。五十年中算来有一半多是在乡下度过的。这分教育真正离奇,熟人知分中似还少有的!这里拿来和家乡比,有点像"观景山"那么和一切隔绝。而区里还不到二百人的!住处倒真如你们所料想,经二表婶五六天连续清扫洗除,不仅橱柜、条几、书桌表面清清爽爽,里边也有条有理,找什么不必费事即可得到了,许多过了时的药被处理了。只是有些待处理的,如霉了的"紫菜",还是被我赶快从字篓中拾回,重新保存下来了。最可惜的大致还是那一小份"大葡萄干",在北京,事实上已生了虫,我照例用开水冲冲,就可以每次吃廿来颗。她不"研究历史",不得我许可,就糊糊涂涂倒掉了。其实是最好吃不过,黑妮在这里,也不会同意的!

去永玉信时为问好。并说说我们情形。

从文
一日

19700909
双　溪

致张梅溪

梅溪：

　　已快过中秋节了，我们这里大致是在寂静无人的公路上，三户老、弱、病大小六人，和二"红丁式"小医生同过的。也可说是一生中满有意思的事。地高星月明。或许还会有什么电影在大街上放映！单位来人随便说，中秋或十月节，欢迎去湖边过节。大致不会有一人肯去，因为不方便。我即去，还和二表婶相距十多里，也无法去望望她！并且由县里去大湖三十里路，她上次回去即走四天！似乎比由北京到双溪还费时间，至于节中车上的拥挤，自然就更不易设想了。

　　这里还在阴雨中，也许到中秋还不好转，得独自在泥滑滑房子里度过，也极有意思。这里因开河，加了约七千民工，虽在十多里路山边，可是本区供应，不免改变了，糖已不定供应，蛋已绝踪，其他对我大致还少影响。大厨房的南瓜，看来是不够多了。主要将是辣子和藕，我都吃不消。橱中还有些酱菜和辣酱，可能还够对付一阵。大节以后则大致将和"行动"差不多，一无所知。或许年底应移过湖边，又或许可二表婶转过来，统无所知，也就真好。知道事过多，或许反而是不大好事情！糊涂些总是少出事故。从一些近来迹象看来，到这里要房子办学校时，不外二去处，一即回大湖边住，二即许可去四川。不大可能有机会移到县里或专区去住的。其实我若能在专区有间房子就好了。听来人传说，总理已为干校许调廿军医，各科具备，并拨款廿万搞医药装备，医生和器械均应有尽有。如此说来，则部分六十以上干部，不问有无另外去处，大部分或一部分将在此养老，势所不免。据闻是从战事考虑为"不会受轰炸"区域的。但事实上明天事还像是并无固定性。我们都将在一种"希望"中度过，不大现实，然而从另一处说，就是"现实"！如想想，并不只是我们万千把人情形，还将是几百万人情形，自然就不足为奇了。记住"理解的要实行，不理解的在实行中慢慢求理解"，可以少错误。

寄来廿人民币，费你神为炒三斤豆豉。（或肉末豆豉各半相配，或豆二肉一，你斟酌。可不加辣和蒜，因为这里有。）另外买三斤糖，冰糖也成，二斤奶粉，一斤可可粉，二斤肉松，二麦片，能软包寄，即部分或全软寄，不得已才分部分用木合寄一部分，这里取时省事。豆豉先寄，余过了十月节后寄也成。有这份设备，今年大致即可以足够了。

有不少人因到了一年，沿例可以回京住十二天，多已陆续返回。即来的也再不强调带家眷。二表婶已满一年，我稍晚些，她似乎还不曾考虑到在年底同回看看诸亲事。只希望大弟或小弟中之一（或二人同）来双溪住住。因为对大湖言，双溪可够好了。

永玉到年底或可以回来看看？那边情形望告告。北京种种也望告告。

从文
九日

19700915
双　溪

复张梅溪

梅溪：

　　得近信，略知节日热闹。这里既无砖、瓦、石灰可得，也无人工可请，并且屋瓦再密实，也当不住五六级风中雷暴雨！至今地下还是砖铺成走道。今年看样子，是不会拆除了。且决不可能在就近有住处可换。本地干部一般住处，和本医疗所小医护住处也强得多。这里唯一好处，即窗外极端寂静，可以抵消来自房中附近病人呻吟声，和孩子们扎针时一片哭声，和医生病人因用药有争持，发生的吵骂声。（作乡下医生可真不容易！）我前几天早起如中毒，喉中有痰胡龙胡龙，痰起洗漱，一会会口中即苦痛涩极，为前所未有。问医生，说即救皮膜要紧，连吃了约廿片维生C，才止住了。大致是晚上换了新降压药，又另外吃过时冬眠灵二粒影响。大睡一整天，即转稳住了。最近还写了首很好的诗①，像是还有点"诗"味！特别是七、八四句廿字，十一、十二四句廿字，包含情感深厚，九、十四句廿字，则画面素朴明朗。总的说来，有旧五言古诗长处却包含了新意。且反映个人环境心情极切实。我自以为五言诗大致将到此为止，恐怕将成预言！如集成百首，能花点点钱自费印出，至少在大学文史系中，和中学文史教员中，还会有读者。这可就不是一个什么"少数量"！正因有此可能，我活着时，或许不会有希望印行，十分自然，也无所谓。因为比起来，前两次工作，是比写这个用力百十倍多，而为一个"多数"肯定的。目前写作，除在字句琢磨中，可自得其乐，此外给五七亲旧各留一分，已差不多了。另外一时什么人有所发现，固然很好，即从此永不见诸记闻，也无所谓。因为主要重在试验用五言诗求"古为今用"，看看能达到何种地步。我一生工作，都是试探性的学习。搞了近五十年的工作，还因时因人而报废，失去意义。第三回试验，至多也不会过三几年，无结果是意想得到的。我十分高兴，即为顶熟人也料想不到的工作，即二表婶也估想不到，到认真拿起笔来时，反复摸索卅五十次，就可望出些新纪录。说明过去虽不作诗，但几十年看诗读诗，还是近于知识积累，一到应用时，得到的方便就大大不同于用山东地方腔大搞其朗诵诗的臧诗人，或其他诗人！但其他探索成就，还可望有机会给人知道，这一回事，恐不免将近于在胎中完事。一是客观时代不同，二是写作形式限制，无结果是当然非偶然。要承认这个现实才对。

二黑将来，和永玉将来表态有关。务必实事求是，即说希望孩子学绘画。这十分要紧。回来理想，也即是用本业贡献社会国家建设，不宜口争前进，而到时上下失据。最吃亏，将是随风倒，胡□一气下来，而终于蹩倒。也无妨考虑到能向湖北、四川换一新地方，特别是如学校南迁，可能性大。并且也很好。看来二三年后，日军国主义抬头后，压力当在东北，而北京又将在迫胁中，虽国家凡遇意外，早有准备，特别是三线建设前途大。但濒海区域，还是不免易受影响。有此常识性认识，则万一要动员下放，直到云南，全家打包袱上路，不失为见机。

这也不过只是一种设想，事实上或不至于有这一天。即我自己，就还希望争时间回北京把工作搞出个段落，有个交代，因为明知在此实近于消极待毙，事无可为。下乡说能有一番作为，实知分完全空想。二表姊处，已花了数百万，种种美丽设想，多成童话。原计划年可得卅五万斤鱼，数字不少！事实上二年结果，三五千斤亦不易成现实。三年说粮、棉、油、菜、肉等一切自给，谁也不敢怀疑。但二年实践，则已证明即蔬菜问题，三年内还难望解决。如在三年后不遇大灾，粮食过关已大好矣。事经实践，才可望把不切实际的带着命令进行的种种逐渐去掉，似乎也是一定规律。

闻大会将开，恐将以若干百万人，希望多寄托在此会的宪法和其他一系列新章则规程上。但有不少事也可能不会见于具体法令而伸缩性又极大。如美院照规定属市，北图、故宫、历博也属市，即不在文化部所属干校内，下放的也应分回到本市，就情形分别安置于远近郊区。但二表姊和我情形不同，我已不希望去她处作家属，她倒已乐意来双溪。可是双溪却又无从久住，至多到明春三月即将因学校要房子再迁一次。至今为止，就还不知道应向何处迁动？倒不如像抗战时一住云南乡下即八年，大小在一起，虽十分穷困，不知不觉即过八年，倒也省事！目下一切事在不定中期待，不免有无所适从感，一年三迁，实够麻烦狼狈。二表姊先还不大明白麻烦狼狈意义，到较近她迁居一次后，点点行李，安顿四五天还不就绪，而搬一小箱和被包，到五几里路远时，即毫无办法，必到亲身实践，才明白好难！

这里因地下过湿，有区医生劝我暂住一阵院，可省点事，我想也不是根本解决办法，并且房中虽隔席即有人住，还是会受"好奇"的发生兴趣，可能出现想得到的小事故。因为听说区〔医〕院后边病室，即有病人小件事物被"好奇"人设法拿走事。总之到了个新地方，虽总共不过住二三百人，可是还会有坏分子出新点子。医生去诊室也得锁房门，即小可以见大。

得大弟信，闻学校防空壕已深到六米，可以见出问题的严重性，大城市疏散将成为法令，也有可能。到不得已时，孩子们去英德茶场，还可能比到别省农村好，正如你们说的农村眼睛见事多，生活差距小，可以省却许多事！我们如改住县中，就大不同了。如住专署所在温泉区，就更不至于引起异样看待了。这事不仅大人，也包括小孩子上学问题，这里有三五北来同事孩子，在学校即易受顽童围困，教员只能在讲堂上起作用，堂下便不过问。看到孩子们充满委屈回来诉苦时，可以明白问题是一般的，不是个别的。又小将们即或在县中部办学校上学，也因十分枯寂，教科学又少而简，引不起兴趣，提不高在年龄中应有的求知欲，先生常识即不多，所以不仅一到星期天即争回湖边妈妈处，且十分乐意在大湖边住下。这都是问题，会影响到孩子终生的。目前还少人认真注意到并力求解决。

有些事真近于千头万绪，不知从何抓起，而主要是社会变动过大。凡事多在"过渡"中对付看，因此顾此失彼为必然而非偶然。孩子们如不能学画即学工省事，比如蛮蛮年纪，就得有点心理准备，一二年改入工厂，而事实上在机器边摸三五年，比不冷不热对对付付在普通中学上五年，将完全不同。而肯定前者对他终生无疑将起决定作用，也使你这个妈妈少担心。虎虎十六岁后就过独立生活，蛮蛮也快了，记得在家中时我一再告要见什么即画什么，不停手十分重要，他不听。过十年后才会明白爷爷说的话十分有道理！既想学画，那能停下来下棋？这话说来，永玉也会见笑，因为爷爷总是单打一进行一切工作的！

从文
十五日

---

①作者1970年9月中旬试作的五言诗题为《老马》，几经修改后以《喜新晴》为篇名。《老马》可参见初版《沈从文全集》第15卷450页。

197009中旬
双　溪

致张兆和

……事到临头，或终不出三种：一……终了，可以请求退休，投亲靠友。二为工作有必要，回东堂子。三为改归连队，回大湖住工棚集体宿舍。以目前形势言，第三者可能性较大。但要动，恐怕也在春节后二三月间事了。因为医务所要搬也无处可搬。还说得造新房子！我虽希望争几年时间，回东堂子把工作搞完，有个交代。但由于新形势所迫，恐不可能成为现实。求其次即今年大会中定出个新的安置办法可以遵循，转到什么中小城市安置，（如县里或专区，有个房子住，已够好了。）不过若公家一时想不出什么办法，也大有可能，终究还得回湖边住。因为有许多问题，我们是不大具体明白的，正如来时即并未明确交代，既成事实，也就只有承认事实为合理了。

一切听总的安排也倒省事。不过如可以有点选择，我意思还是觉得我即留下不动，或改住另一处，都已无所谓。倒希望你能实事求是，到有不少人退休投亲靠友时，最好请求去和虎虎等同住。这事目前说来，似不甚合情理，而以后你却会知道，这是几经考虑，从长作计的较好结论。因为我若不能选择去处，或继续工作，即近于宣告和社会关系，已进入于新的阶段，一切只能听公家安排。而你却可望还能和孩子等一道住下去，并且还有可能去新地方参加附属工厂工作，或子弟学校教教书，为国家作出点贡献！这些估计，目前似乎还近于空想，却大有〔可〕能，在明年会成事实的。而且在明年内将成事实！

不过社会还在不断变化中，谁也难于知道自己明天是怎么回事！一切还是照常等等看吧。干校既改归武汉军区领导，转来转去，或终不出湖北范围，亦意中事。不过一年连搬三四次家，已够狼狈……只希望不老是暂时安顿就好……

原信前后页均遗失，据残信编入。

19700923

双 溪

致黄黑蛮

黑蛮：

　　今天我已看到八九月《人民画报》了，不必再买。我想看看的是有成昆路各种桥梁的，或许是较早一期，你便中能翻翻即可，不必特意找。

　　这里我大致还得随时准备和上下雨水应战，极有趣味。房中不来青蛙，可有二蟋蟀夜里叫得热闹。草地已开野菊花，像是一年中唯一开花植物。至今还有蛇，医务所且不断有受伤人来治，腿肿极大，上点药，隔天即消了。还似乎不曾听说死过人。

　　小龙叔叔寄的东西也收到了，来不及去信，因为还未开看。我一面写诗，（也得抢时间，过一会会就走了。晚上想到极好的句子，大清早照例再也想不起一个字。人老了这一点极奇怪。）一面还得准备大小盆和塑料布等等，似乎稍微有点狼狈相，房中如能你来作我几幅速写才真有趣！主要是地面的种种，极像布景什么"陷人坑"用的。若不小心，踏到砖角会大摔一跤或即不再爬起的。因此我就学会慢慢走路了。

爷爷

廿三

19701004
双　溪

致张梅溪

梅溪：

　　今天四号，二表婶在这里住了三天，早上乘班车回去了。两次机会凑巧，天气都格外好，节日吃得也好些，几天忙着为整理过冬的一切，还有从容，在中午和黄昏前，去附近山冈走了两次。并为把房中乱砖收拾一过，据说比她们住处已强多了！她来时，是从工地步行二时三刻到县里的，今早回去，又还打算那么走廿多里，可见人虽瘦，精力还抵得住，比不少同年龄男的还棒。还希望在春节中到这里来，见到大弟。看来她是不大想如何回京了，因为女同事多已回，得排队，即能回，也将在春节间了。我或许不会能动了，要我去湖边已感到路上转车不好办。在这里生活够静了，真是难得！一天下坡半里路取饭，有时心脏已感到无力，不大好办，这个冬天还得经四个月考验，希望能度过即好。如过不了，大致就是心力衰竭结果，也极自然。因为机能衰老是无可抗拒的！我还准备在此尽可能把未完工作作下去看看！至于在试验中的诗，大弟说"不好"，你告朝慧，不用保留，只至多留下《七零年国庆》，此外凡写史事的不要留，免受指谪。

我体力已经到了个一定限度，虽较勉强维持，全是党和人民的厚待，不宜再犯任何差错！即不出任何新的事故，我也会在一些过去的恐怖回复中而头脑混乱十分的，那能再添什么新的事物！所以也不再打量用诗来写"文化史的发展"了。尽可能学报刊学毛选。好在这里极清静，一天除了去取饭外，可以和任何人都不说话也过得去的。事实上这对我就极好！

得纪伦二表哥信，知田姑爹已于九月十八故去，和大表伯差不多，只一天多事。今年也七十五六，算是长寿了。我怕到不了这个年岁！这廿年好日子，全是党给的！再希望回到东堂子小北房整天工作，希望怕不可能实现了。因为社会已大变，搞的种种看来，已无多大用处了。即或在这里，或许还可望把一二份未完工作重抄出来，也只能尽自己力量作去，算是廿年学习，有个交代。客观社会已向前发展，工作已近于可有可无，大不足道了。所以即或还能作作，也只尽尽自己一点心，不寄托任何希望。

我们也都希望另一时还能在一起什么地方住住，或较近些什么城市地方，也总有个熟人。但这也全得看机会了。或许还有这种机会的！不过蛮妮也许通通作了工人。听说各处都在大量招收工人，七零级中，初、高毕业的多转入工厂，去年这里下乡的也多返回本市入厂，所以在发展中一定还有许许多多新事产生。我有时心脏好些，还自以为将会到什么陶瓷工厂去搞搞设计顾问！因为这一门脑子里可还记得花花朵朵真多！真可望作到"古为今用"的！

这个大节你们一定过得极好，小将一定比去年又长高了。这里有些小女孩十五岁左右多已成"五七战士"，编入连排的，熟人子女中即不少！二表婶真已近老将，有时写大字报还到半夜！

325

去信给永玉时望说说我们都挺好。也念着他！盼望过不久还可望见到！

从文
十月四日

二表婶走后，在煤区工作故宫同志来了四位，约二三小时，为把外沟压土、挖深，又为挑了七八石土填高房中并压平，且为把屋上当风空处，填上预先扎好的六七个草把，又把家具等等重新安排，垫得高高的稳当当的，一切完毕后，喝了半瓶酒，几个月饼，一罐猪肉黄豆，一点煎鱼，到三点才回。亏得各位把屋子一装新，看来如可以不动，我大致必在此过冬了。现在房子似比云南桃源还讲究了，因为家具还是搬来的。二表婶又为换了个灯罩，夜间空气也大变了。

19701208
咸宁人民医院

致沈虎雏、张之佩

小弟、之佩:

久不得你们消息，之佩、红红等健康，长在念中。特别是之佩，希望早能复元。

我从双溪转到县人民医院，已半个多月，虽已明确不是"肾结石"，但高血压心脏病，血压升降变化较大，短时期似还回不了双溪住。妈妈也还是在医院不能返回大湖边工地，得在病房中照料着。血压高的长在二百到二百廿，低的一般在百十廿间，已经常上升到百四五十。人虽并不感到比往常难受，但逐渐上升事，却比较麻烦。退到一百以下已较少。上升百廿卅已平常。似还是近几年较少事情。前天还和妈妈同去廿里外专署医院作心电图和透视检查。从医生看来，一时回不了双溪，便十分自然了。如不能下降到190/100以下，和六七天的稳定，我被留下在病房中过新年，也将十分平常自然。必等待得到新的平衡，医生能在好转情形下为开出"诊断书"，并附上今后治疗建议，我把它附上申请，转寄连上，再由连转校总部批示，才能明白下一步行动。照目下身体情况和大湖边情况，大致不会要我到那边去。唯一省事，而便于治疗，又容易适应气候，是即早返回北京，入院或回东堂子住，过了冬再看情形。可说策之至上。但这只是一种主观设想。能否成行，却还有个客观种种在支配。因为照干校规矩，必得经由这里医院写出诊断书，建议提出换地治疗，并且认为可以出院，才能返回双溪原住处（离县已五十里，有二次班车）。第二步即把诊断书附上申请，陈报连上，可能还得签注意见，再由连上转呈校本部，等待批示。是否许可？必批下才能明白。（据人说，若某种人想正式得到批准，还得送请总理自批决定。我或者不算这种人。）这里就有三种可能：一许可回去治疗，二不许，三转"丹江"或别处治疗。第一可能性似乎多些，但也会受别的原因影响，回不了。于是一切就只有天知道了。

也有人因病比较明显，即早已回去的，如华华父亲。亦有人先说"有事回去"，后来或近于走后门，因此即正式调回去的。我却还是照正当手续办理。实在回不了，也只好转双溪住区医院过冬，那个住处房中干爽，上有灰顶棚，比原住处或稍可暖和些。因为屋上有个顶棚，不通风不湿漏，且有电灯，医生也相熟。只是每日吃的三顿，还得从半里外区里大厨房搭伙取饭，因为还有点油水。即此也还不是持久之道，只近于这个冬天的对付办法。过了旧年，终究还得要移动。如回不了，又再次移动，或许就只有大湖边可移了。希望不至于这么狼狈就好。

大哥十一月来双溪探亲，又过大湖边和妈妈同过了几天劳动生活，十三过武汉，看了看大桥，再坐船下行，又看了看南京大桥，且到上海看了看中和、平和特为介绍的一个朋友，同时也看到四舅舅、二舅舅三家，在窦舅舅家住了几天，廿二才回北京。可说充分利用了这次假期。如果我回得过于匆促，搁在双溪一摊子行李（也算得是唯一一点家当，计二衣箱，二资料箱，二被盖卷），或许还得大哥特请三五天假，来为到双溪收拾，才能想法运上火车，送回东堂子。因为东堂子已近于一无所有，如忽然回去，连个凳子都没有可坐的。

妈妈在此陪我，已廿天。晚上即近于在轮船上"统舱"里，挤在个小床上假睡，早五点又即起床。幸亏吃的还好，尚不至于累倒。但若再拖下一月，怕会终于把人要拖垮的。一切可放心。

从文
十二月八号

我估计十天内或离不开医院。有信或寄医院，在一旁注明："如人已走，请转双溪……"

一九七一年

19710128
双　溪

致黄黑妮

妮妮：

　　听说你走了上千里路，见了不少新地方，学了不少新事情，且入了团，十分好！应当那么凡事听党指示学下去，世界大得很，中国也大得很，还有的是新生活，新事物，新工作，可以提高认识，得到进步！婆婆六十岁了，一天还挑八石肥水下菜地，一石可能到七八十斤，一次得走三五里路，听说有时还得爬过一个独木桥，是二木拼成，不到一尺半宽！你想想看，不容易！一锻炼，也习惯了。你到廿岁时一定上山下水都棒！我想建议三事：一是不放弃作速写，不论到什么地方，能画就画，手不闲。决不让手闲！二是把字写得快些，多些。你字已比我那年纪时好。还要更快些，因为将来出外，可记下许许多新奇事物，给家里人看，给别人看！写长信是练习写文章的基本功！爷爷一生就得力能写长信，转用到写文章，大致就有好几百万字了。抄来抄去也总不怕累。

　　我回不来和你们□□□□□□你寄的袜子，正好得用。□□□□□□……又寄了一箱东西来□□□□□□使得我们担心，要半月以上还消耗不了，大厨房有五天停火，我们就大致吃面过年了。连上派人来送了糖真正三颗和花生来，不到三十粒，还是单个的。多有趣！当然另外还有一斤肉。来看看也大不容易，来回至少得走三天！所以婆婆每次来去，必走廿六里路，再坐五十里车，反而当天可到。走时且飞快，本地人都一致以为"飞快"，可见真有点像是"飞快"了！我们都很想念你们一家，小尖鼻一家和庆庆一家。在北京，除了小龙叔叔，就是这三家有小一辈了。所以这信也让嬢嬢小龙叔叔看看。

这里过年大致天晴，可极冷，房中也结冰，外面大太阳。我像个"猫儿"，窝伏在被中就好些。事实上却老在桌边。窗外那些小羊、小驴，通通不见了，水牛已长大，还是跟在大牛后边，已学得极庄严的迈步，和个什么"绅士"差不多。满像英国留学生，五十岁以后的，假洋鬼子，我认识好些。但不如绅士讨厌。因为它是"劳动者"！一身皮毛干干净净，有的还乌亮的。可不知用什么方法。（好像永远比我干净得多！）

我可惜没有福气来吃你作的什么干焖鱼了，只好开一罐唯一剩下的凤尾鱼和婆婆过年。婆婆到这里来，有时去三百步田边提水时，我只能跟去。亏得前五天落了天雨，让我早接了一大盆雨水，至少抵得我十多天用。婆婆一来，大致三天就用光了。

这里也居然有人来演《白毛女》，离住处不会过六百步远，我心脏不好，不能去看。却老想到那个新的土台子地面，一定钻了不少小窟窿，因为白毛女脚尖在到处旋转！过年还一连有三天电影，五号又有剧团演《红灯记》三天，再冷些，四乡六七里外，一定还是有上千人来看。和我们小时候跟狮子玩到半夜一样，又冷又饿，都不在乎。如有机会替人打打锣鼓，那就更幸福了。现在想来，还十分有趣！

乡下过年主要像是"认真吃肉",一家大几斤肉,煮来吃。我们对这些肉可感到麻烦,不大好办。特别是肥肉。区里大厨房年终大会餐,每人至少有斤多肉上桌子,两大顿!一次一二斤!我不敢参加□□□□□个小小饭团肉丸子,不到四两肉,还送了邻居一半□□□□□……小尖鼻和你来代表□□□□□……邻居六岁小孩,即大□□□□□两顿,满嘴□油用两支袖子还抹不干净!来叫我"爷爷"时,我好像看到十多个丸子和一只大胖头鱼在他面前活动。

这里什么都有,所以不必为我寄什么来了。应当学到写写长信,拉练中新鲜有趣的事是什么,是否沿铁路线?终点到什么?同学笑话也不少!养成随便写的习惯,比记日记还有用。

能学到用文字叙述,达到如绘画本事,将来用处可多。这一手本领,还得<u>赶快学</u>,因为到你们廿岁以前,<u>显然就会大有用处</u>。这基本功重要。要<u>为哥哥打气</u>,老住在房子中不成。听说近来还欢喜钻房子中的"黑房子",将来再进一步,就变成"土拨鼠"了。得想办法接近阳光!要帮助和鼓励他,少下棋,多画画。我告他"永远不放画笔,见什么即画什么",这对<u>他有一生重要意义</u>。他不懂也不相信。这或许叫"懒小汉"!这可不成!要向你和婆婆、爸爸学习才对,同大伙一起干,才正常!

爷爷
廿八日□□□□……

据页边残缺的手稿整理编入。

19710203
双　溪

复刘敦愿

敦愿同志：

　　一别多年，工作生活，均在念中。得近信，知学校已迁曲阜，且将参加整理曲阜孔家新陈列。两校人才济济，凡事驾轻就熟，想必可望进行顺利。前不久得北京来信，曾言及总理曾对文化部王冶秋局长有指示："务必将'故宫'与'孔子'展览搞好。"因为是相互为用两大封建堡垒。至于如何搞法，始能达到要求，曲阜方面想已定下计划得到核准。以弟私意看来，故宫比较容易，而孔子历史处理，却比较困难。因主席指示中即提到由孔夫子到孙中山宜好好加以总结，是则势必有否定的一面，同时亦宜有肯定的一部分，如何陈列面面俱到，矛盾统一于一个陈列中，提法上即费人心思，尊示说，三月即将提出参考材料，不知已有准备如何。若要求只是从现实出发，根据过去陈列加以补充，问题不大。若照总理指示办事，大致时间恐得放长一点。草草出笼，返工必多。因据弟多年来协助美工组同事搞历史画经验，一般美工同志，要达到"仔细认真吃透参考材料"，不大容易。原因为不仅理会了人物衣着形象即完事，还有环境搭配，花花朵朵，坛坛罐罐，刀刀枪枪，桌子板凳事物还多。过去曾和一有名人物画家同搞一历史画，画明代农民，这同志为凑趣在腰边加一烟管，地主配个眼镜合，告他真正近于"画蛇添足"，还发生争持，后来才明白这种种只能用于乾隆以后，清初一般地主和农民还不能这么享受，才哈哈大笑而散。事实上一般历史讽刺画，自然不可能对于画要求那么严格，但主持其事的，工作那么认真仔细，还是有必要！讽刺画也必有严肃态度去处理，效果才会更好！

我到乡下来已一年多，因血压经常在二百以上，并且心脏也已经不大顶事，因缺血缺氧而常在隐痛中。既无劳动力，承组织特别照顾，所以和此外老弱病三户，单独住离城约五十里双溪区一个四无居民的丘陵高处。地方系农业成熟区，出米和猪肉、鸡蛋，蔬菜也好，因此供应还不坏。距干校重点向阳区，还约百里。那边则近似拓荒区，系大湖旁，也离县城四五十里，文化部有五六千人在日夜苦战中，和弟等住处情形大不相同也。史同志也在彼处，亦常有信来。虽相去不过百里，交通殊不方便，一般得一天时间，雨中且因由县到大湖无车，延长三四天亦有之。内地交通即如此。惟干校经过同志二年艰苦奋斗，今年可耕地闻将扩大到五七千亩，一得丰收，面貌必将大变，可预期也。

在此已无一书可得，仅余资料数箱，亦因地方过于潮湿，不敢开箱。且因心脏不大得力，房中长如在冰箱里，手足均在冻僵状态中，因此仅能就记忆所及，点滴零星，写一草目，计共五十六项，重点在宋、元、明，大都比较容易得到的。比如能去历博资料室或图书室查查，有些已有照相或印本，不甚费力，大致即可得一印象，就需要知所取舍。

又弟曾在六年前编有《服饰资料》图像二百页，人形约一千单位，已制版，未付印。在历博可能还存有一份底子，如去京，向历博资料室问问这份材料，如还保存，可以看看，对工作可能有些启发。见闻鄙陋，难副尊嘱，极感歉仄。陈列大纲，如已印出，将来能见惠一份，供学习用，实深感谢。

敬复，并祝学习进步、工作顺利、身体健康。

弟　沈从文
二月三日

适从病院中刚出不久，心不顶用，手易发抖，草目字迹凌乱，请原谅草率，幸甚。清代材料过多而又易得，不如用晚清《官场现形记》及《点石斋画报》插图，似还得用！

许文恐得就《大公报》馆或北图查看。

附：

图像参考后一部分

一、郑编板画丛刊

二、日人编中国板画

三、敦煌《五台山图》　　似唐末宋初有各种香客、骡纲，且包括有唐宋衣着，还多标明不同省分。

四、赵干《江行初雪图》　　五代船夫渔夫旅客等，故宫周刊。

五、朱锐《骡纲图》　　故宫名画印。

六、宋《清明上河图》　　故宫单印。

七、《出峡图》　　题李嵩江船出峡。

八、《长江万里图》　　故宫周刊，题范宽，有江船船夫纤手小村小码头。

九、《溪山清远图》　　夏圭，笔简意足画法极好。

十、《胡笳十八拍图》　　郑编流传海外名画，有市廛院落茶酒馆，甲马及各色人等，与六同好，甲马具体，有女真毡帐。

十一、《大驾卤簿图》中道段　　题元曾巽初，实或宋绣衣卤簿残卷。宋大仪仗队计四千八百人，说明与史志合。

十二、《中兴祯应图》　　泥马渡江故事画，宫廷男女、军卒甲骑、老百姓、市廛均极具体。萧照作，申博（或东北博）图画册。

339

十三、《望贤迎驾图》	申博，宋官僚队伍，也有老百姓。
十四、宋《村学图》	天籁阁《宋人画册》。
十五、《斗蟋蟀图》	同上，儿童。
十六、《骷髅幻戏》	同，穷妇人孩子。
十七、《村医图》	《故宫周刊》，即灸艾图。
十八、敦煌唐宋壁画说法图边沿十殿阎王图	日印敦煌之研究，图像近实现，犯人刑具均近实情，重要参考。
十九、元五种平话插图	印本三四元，图多宋元装制，由殿衙到军营均宋式。
廿、元《饮膳正要》	印本，图多映士大夫平时生活、服装、房室布置、花园、侍童……
廿一、《中兴四将图》	印于《人民画报》？岳飞韩世忠各有一侍卫均便服。
廿二、杂剧人〔物〕图	故宫名画。内中女子衣着系宋禁令中的奇装异服，为契丹便服，名"吊墪"者。
廿三、政和证类本草	图中有解盐图四幅，包括收税官，山东情形必相近！
廿四、白沙宋墓壁画	元符三年。印本后来只五元可得。有各种剥削图、奏乐图、化妆图等等。
廿五、《李孝美墨谱》	有印本，明弘治本影印，三几元。有宋装工人多种。
廿六、《斗浆图》	题赵子昂，又作钱舜举，《支那名画宝鉴》内。
廿七、山西水陆画	美术或文物印过。百工医卜星象形象具体，元代。

廿八、元进香人	《敦煌〔壁〕画选》，蒙古人。
廿九、西安山东元俑	山东似色目人，西安蒙古人。
卅、元《事林广记》	图多种，各业具备。
卅一、日人印蒙古之袭来	元兵与海船。
卅二、元《水磨图》	多级连续，有不少工人操纵（东北博画册？）
卅三、宋、元、明《货郎图》	有小商贩与各种儿童，故宫名画似印有苏汉臣、王振鹏的。
卅四、元《乡村娶妇图》	故宫名画册。
卅五、《免胄图》	宋李公麟绘郭子仪见回纥故事，宋甲马精。《故宫周刊》。
卅六、《卓歇图》	虽题契丹胡瓌，实北宋末十八拍图之送别一场，男女为女真服。
卅七、《便桥会盟图》	甲骑好。
卅八、宋刻《七十二贤图》	拓本多。
卅九、宋楼璹《耕织图》	历博有拓本，好。
卌、宋人《击壤图》	近唐韩滉田家风俗图。
卌一、宋绘《西园雅集图》	
卌二、《洛阳耆英会图》	
卌三、明仇英《文会图》	实宋绘唐稿。
卌四、《韩熙载夜宴图》	传五代，实北宋中期画，家具均宋。人服绿，北宋淳化禁令道及系降官制。
卌五、宋《收获图》	小团扇，故宫名画内。
卌六、《孔子事绩图》	多种均法宋元。故宫一满汉文合璧册子即法自宋元，人牛车均宋元非清

341

制，亦不早于唐。

卅七、明《平番得胜图》　《岐阳王世家文物》内。行军、布阵、宿营、作战等等写实而具体。历博有彩图极精。

卅八、明《王琼事迹图》　内有科举场面，由小官到大官种种，有用火器，场面均有用。藏历博。

卅九、明小说戏剧等等插图　如水浒西厢等图均好。

五十、《列女传图》　旧题顾，胡说。宋元图家常生活，多印本，元明装。

五十一、《满洲实录图》　有印本三四元可得，清兵入关作战种种，战争中攻城逐敌等生动。

五十二、清《耕织图》　明清间南人装。

五十三、《潞河督运图》　晚清通州运河种种，船只、河与街道，百业均好。

五十四、《康熙南巡图》　八长卷。内中材料十分丰富，有一卷似写运河有船过闸极好，和山东有关。

五十五、《乾隆南巡图》　十多卷。有卷写南京有织造署及水军检阅。有一卷有各省戏台……在历博。

五十六、《姑苏繁华图》　乾隆时，极有用，在历博。

据原信及所附参考草目全文编入。

19710316

双 溪

致沈龙朱等

大弟等等：

　　我从昨天起始，已近于<u>独自</u>住在这个区里方丈小房中作客了。院中孩子虽多，猪、羊、鸡也不少，一切倒还安静。阴雨连句，初初放晴，窗子间午后可看到约二小时阳光。同时也即开始闻到鸡屎蒸发。因为窗外大堂屋有三鸡笼，十多只鸡和四只猪，三只羊……满地是作肥料的稻草，天井里四方沟，也近于沤肥的小池，再加上六个粪屎桶，从下月起，共同蒸发的气味，会合各种虫子的进攻，应当是一生严重的考验。比呈贡脏得多，只能向大小猪看齐了。一个廿卅岁的人必无所谓。一个七十岁的人，就不同一点。但是还是得接受这种现实，<u>不会丧气。你们也应当放心</u>。因为只要天气转晴，出门到田间一走，心胸就开朗了。每天中、晚吃的都是油菜苔饭，这种油菜苔又肥又嫩，已□成梗，快换季了。在北京是只有什么高级馆子才会有的。我把重点放在早上一顿。妈妈来此时就感到十分满意，回去时显然胖了些，和早上一顿大有关系。这里一出门不远粮食库大坪间，即可见上百只鸡，廿卅大小猪，七八只牛，各自自得其乐，在田间草地游息。

附近粮食店有个大大的带梗稻子堆积，这两天正趁天晴在用机器脱粒，扫谷子的，捆草的，掌握机器的，全是妇女。小孩子坐在高坎上看热闹。背景是一线线明黄照眼，十分动人的油菜花田地。远山全是灰蓝色。如果永玉在这里，一定可望作得出极好的五彩板画。我住处门外，则正在用塑料布搭成一长列拱桥育秧，几个老太婆在墙脚坐小凳子上看视，一切也极好看。和原住学校高处是另外一种景象，真近于人间新乡村景象。写出来见不出什么特色，画出来就太好了。若转成音乐，效果一定更好。可惜即或有什么作曲家在这里，也不会从静中发现这个场面！

过了三孔桥去中学路上，则有四五十个青壮在挖土、平塘、改地，有二红旗在高竹竿尖端翻飞，到处更多的是黄油菜田，一线一线在远近出现。我走过去看看，才明白原来全是区里熟人。很多女孩子长多极俊，并且使我格外高兴，原来那两面旗子，一写"青年突击队"，一写"铁姑娘生产队"，是从白布剪下绣上去，是我十多天前为写出的。因此一来，好像我站在竹竿子上看到他们劳动，也一面欣赏远近七八里平田村庄风景！到这里只写了两回字，第一次是为公社医务所写得特别用心的各种草药说明，大致留下来了。至于另外为在药柜上用黄纸写的药名，特别好，他们完全不懂好坏，一搬家却全部擦掉了，让原来不知谁用白漆粉写的照样留下。因此再要我写别的也不干了。至于这两面红旗，大致插秧、开河，到处还会扛去，长在微风中吹动！总有一二年可以留下去了。

这里已开始见小蛾子。不久必将夜以百计来扑灯。麻烦处将是入箱柜下卵变虫。大弟来时记住带一斤臭丸子，有方块的更好。衣箱中已蒸发快尽。（他若能先来为我将行李运走，再乘下水船省时间甚多。也可以由株州即转车直达杭州，再到上海清江，是顺路。）这里老张同志已过高地，赵家改住别院，<u>剩下我一个人应付一切</u>。天气好不大成问题。雨季一来，如何取水，不免麻烦些。<u>但还是会解决</u>。希望下坎不滑倒即好。雨天才用水一小桶，总好办！取饭买东西已方便得多。上医院稍微远了些。四外来户留下的尽是妇孺，有事似不大好商量借助。但人已熟，孩子们对"爷爷"且十分亲切。有几个很有教育，年纪不过十二岁，一天管弟妹，搞三顿吃食，不管是在黑黑楼梯下烧火，还是劈柴，都极其有感情又十分准确的唱各种样板戏，音色且十分好，在隔壁听来真令人感动！特别是我上次信上说到的那个魏敏，真是少见的聪敏和美丽，然而有一只脚却在萎缩。挑水时也一跛一跛的唱歌！（我很想为她买个口琴，又怕犯错误！）几个孩子正需要看杂书时，却没有书可看。有些男孩子，有个什么过去连环画本本，大都破破烂烂不成样子，从脏口袋掏出时，大家就争着看。而且已十分熟习内容。妮妮如有什么已看厌了的寄点来样<small>板戏这里已有</small>，或许这个魏敏就真可当成宝书看待了。

　　本连指导员最近已来看看，高岚也来了，医护也来了。是一年中最多来人，因为已到必需解决情形。医护并去矿上听取刚为我们诊断的医生意见。据说已提出建议，我心脏问题严重，已到了一定程度，年纪又太老，环境也不好，个人留下易出问题。得想想办法解决。所以连指导已提出三可能：一、<u>暂时回京治疗求稳住不让恶化</u>。再等总分配。二、<u>去丹江</u>。刘提出，说那边房子生活都好。我提若去，由妈妈先陪去看看，最好将来同去。三、<u>同去自贡</u>。但据小弟来信，目前正是传染病大流行时，不相宜。后又由医生或什么提，老张等也提，如一时动不了，暂时最好由妈妈来同住，等五月?里总调度。这个方式可能性较大。（因为省事!）妈妈则于日前来信说，"廿三连去五连协商，由妈妈暂调廿三连，连上已为找了个房子可共同住下。"妈妈已同意。却不明说找的住处是村子里。照老张等早已了解，那边村子生活极不方便，行动比这边区里还困难，雨中太滑，买什么也不如区里，还得每天要妈妈为取饭提水。所以不仅我不宜去，即老赵夫妇也不肯去。所以<u>目下我就只能在此等下文</u>。说不定过五几天妈妈就会来。又说不定到了五月以后总安排会出现。因为领导正在武汉开会半月，主要是<u>学习</u>，其次或亦将提到<u>安置问题</u>。为难处在<u>相互牵制</u>。即旧话说"穿连裆裤"，要走一齐走，不然即将摔倒。因此连上总<u>向上推</u>，说十三级以上的动，得由国务院总理亲批。干校纪要则说是"应当由组织部专家局?解决"。即不轻易调动意! 大体看来，若四月单独动不了，就得在以后共同处理安排了。雨季来会紧张一些，因去年发山洪，房子曾为积水浸入许久才干。地位太低，浸入的还是可作肥料的各种水，恰恰我不需要肥料! 今年是否照旧，就靠"天保佑"了。我不管怎么样，还是得争时间，在床上做点事。这二月除写了个《书法艺术发展》长诗外，又完成了《关于狮子的问题》，五千字，还抄了三次。最近又写了个《马的装备和应用》，且有七千来字，也快到第二抄了，趁梅雨季来以前，争七八个晴天，就可望胜利完成。如能完成十篇，就真近于奇迹了。

　　<u>心脏闷重加多了些</u>。只要不加入外来什么，内部矛盾似乎还可从药物及经验加以调整处理，一时不至于恶化。你给梅溪二十元托带些"安妥碘"，这里余四针，舍不得用。

　　房中有老鼠进出，可不便用药，因为人家有猫。还得另想办

法。一时似还无办法，只有一切用瓶瓶罐罐，柜子关严而已。怕的是由鼠上小蚤传染的"出血热"，一中上，即只有死亡。还有点蒜瓣可以应付。过不久新蒜苗即可上市了。接着就有新蒜瓣。去年全区四分之一中"流感"，干校无人传上，医生说"和吃蒜有关"。本地人还是不肯吃。

老张今天已回来办别的手续。有一二天住。已为我把床垫高约六寸，下面空间大些，也可望稍抵霉湿。但到要晒晒被盖时，还是得另想办法。房中四墙到霉雨季，可能都凝水珠，生长毛。十天来浆糊粘的纸至今就还未干。<u>一切放心</u>。

从文
十六日

19710325
双　溪

复黄永玉

永玉：

你信大弟二表婶都极欣赏□……□毛边纸信，即大可放心，情绪上还相当正常，不像是孤寂得随时要垮的样子了。一切望放心！（"不怕死"提法大有道理，去年十一月难关天保佑度过来了。）这里已近于独自一人留下到这个区里。因为隔院住的一同来病号，不多久或将请事假回京。（只有我像是动不了。）我本有三可能，即一去虎虎处，（路上得五天，他来接。但目下正是百病流行时，不可能去。）二去丹江，（可能李可染等还在那边。也只近于暂局。二表婶如去不成，也不方便。）三还东堂子，（极省事。但近主观，不一定让去。）干校医生怕在等待中出事故！所以过渡期曾有人为设想，<u>让二表婶来相伴</u>，等五六——以至十一、二月总解决。新得她来信，说"不宜来"，因大家还在干。既还乐意作《水浒》中的什么娘，我自然完全同意，独自在此"考验"了。也不丧气，因为只要内部不受"心肌梗死"或"脑充血"的突然袭击，外部能在即将来临的霉雨、炎夏过三关，不为痢、疟、流感打倒，我将在天保佑下等待下去。或许还可能在床上完成三五七个小论文！一有工作，什么都不在乎了。（近廿年学对了！）花花朵朵坛坛罐罐桌子板凳各以百计，分门别类扎在脑中一角，总有事作！

这里副食品应有尽有，葡萄糖、奶粉、鸡蛋，均不限量，还有西红柿酱，从县里可买。所以三顿还扎实。以早上一顿特别扎实。药也□……□能来去不甚感吃力。也间或有面食。菜、饭、面硬些即带回在油炉子上加加工。五分素菜极好，有肉也吃不下。吃的文化本来不甚高，量要求实在又有限，所以吃这一关是容易过的。地方一家约十只鸡，二三只猪。因此经常有大卡车外运。本地蛋糕还保存完全古典规矩，大致在国内比赛，也能入选！（上海北京来的人均有同感。）约八万亩水田，八千余农业人口，上百村落分布远近各处。年收早已过千斤，算是中等富庶区，所以孩子们特别是青年们，多长得相当俊。不像北方某些人那么痴呆。女孩子以"穿灯芯绒衣"为一般水平，十七八即结婚，男家必作一过百元的"大雕花床"，并办一用处不甚多的"缝纫机"。（亲戚中还有送礼三四十元的。）不久孩子出生，这么一来，男女大致即不会背井离乡作远计了。也即巩固了农村人口。这里有高中，学校为争数字，十四五入高中的不少。老师多高中毕业，干劲极足，非常可爱，只是无书可得。求如过去家乡教师学生水平已不大可能。因为音、体、图画课，均缺少师资。毕业后主要能作区干部即大好。其次教书，作生产队会计等等。赤脚医生多初中毕业，工分制，另加点火食津贴，终日到处跑，真能干可爱！区干部经常参加劳动已成习惯，医生也不例外。女将劳动量之强实惊人。（拿工薪的平均三四十元一月。因此我们最怕人问多少薪资，但每人必问，只好含含胡胡说个几十元应付过去。）理发师与成衣师,一切还保存纯粹古典"过细认真",比北京加二倍甚至于三倍,常于理发时先"告饶",还□……□不能在此享受孤寂考验了。

闻巴什么还在上海作协写检讨!熟人见到来信说的。闻二表婶说,作协还有不少作家、诗人,在湖田里"锻炼"。有的瘦下来,垮了;有的转胖,过了关。有的一个人在湖中独棚子看菜,四周数里无一人。臧诗人在此情形下,大致也不大在什么会中作朗诵诗了。不过已不如过去那么"娇",据说还"悬着,不解决。"相同情形的人似还不少。什么六七十的长,还精神虎虎养猪种菜的不在少数。所以看来都不是一年半载动得了的。这里相距不及百里,但去时至早得一天,如去二表婶处,还得从县里走去,约廿六里,走三小时。我已无资格,所以从未去过。也难想象二表婶每天挑八石粪爬过独木桥是种什么姿势。但来此时这里人却有目共赏,"老太太走路真快!"比本地整天下田的人还黑得多,若乍一见到,真不大容易认识了。

小龙五月将带新娘子来湖北,预定在这里住二三天,去大湖边和二表婶种三天菜。□……□小龙和他对象看来彼此都满意,我们就放心了。大致将在一二年后,才有希望提出调工作,在京沪线上什么厂组织新家庭可能。虎虎还在自贡,写信来,描写小红红和她妈妈争样板戏动作极有趣。总是之佩弄错。闻肝炎太严重,即让她穿了双新红鞋,在床上走来走去,因为舍不得粘灰尘,也就不至于去同事宿舍乱串了。

这里乡下小女孩真能干,经常可看到一群群女孩上山扒松毛,有的还只七八岁,也用小扁担挑了一小担松毛在田坎上行走飞快。两个小辫子乱洒,眼睛亮光光的。可惜的全是"哑鸟",

没有一个会唱歌。大人也不唱，穿灯芯绒衣的青春女子也不唱。所以整个田间任何时候总是静静的，没有一点声音。更奇怪是鸟声虫声都极少。似乎只我隔壁一个十二岁女孩，能一面劈柴升火，一面极有情的唱样板戏全本！是在那黑黢黢的楼梯下自得其乐唱下去的，人十分聪敏而乖！但一只脚却在萎缩中！田坎一般都如削得整整齐齐，平平整整，全是茸茸细草，不见什么刺，也不见什么比五分币大的花。田中蚱蜢似乎不怎么多。天空无飞鹰。蜂蝶都不多。溪水并不怎么深，可是每年鱼倒不少。本地人居然还作了不少可以随时扛走的六七尺小船，养了相当大量鱼鹭鸶，沿溪捕鱼，鳊鱼鳜鱼，有大到二尺的。不大水塘中也总是二尺大鱼。据说多是从一二百里外的大江溯流而上，终于捕入小船里，也真是人间巧事！出乎人和鱼意料之外！

我目前房子整一丈宽，白天下午有二尺阳光落在书桌上。如落雨，躺在床上看书，似乎还不如你那个房中明亮。大致是全区约廿所"封火统子"房子最低的一所，我住的又恰是这所最低最小的一间。听说去年山洪来时，房中浸了水，许久不干。这件事若今年五月以前重复一次，我这房子也无疑比去年升了级。因为去年在高处住，上漏下湿，还只舀了约四十盆水倒出去，只能养点青蛙。今年一升级，怕就得捉鳊鱼和鳜鱼了。许多事不身临其境，真难设想。更不易设想即我还相当从容。

一出门，看到一列列灰蓝色远山和远近十里大几万亩平田，我总想，若会作画、作曲多好。因为一切十分静，似乎只有于乐章才能恰如其分的表现！用文字是无可为力的！

熟人中可问候的问问好。

从文

三月廿五

19710412
双　溪

复黄永玉

永玉：

得信，并新作旧词，真可说是"绝妙好辞"！我即再努力，也写不来的。我向例是读了许多诗词，一个整句子也难记住，更不会使用来组织成篇章了。自己写来，就完全是新一套了，正好和二表婶相反，她能背诵数不清的诗、词，兼古文，可是要她写写，便不成了。你能运用那么多旧辞格，集用新语句，写出充满新意识新思想的词，真出我意料！不仅及格，还十分"出众"！

这里无古可怀，自然画面可比什么王维、王希孟还高明得多。特别是三四天前雨后新晴的景象，远近平田十里，全是粉紫、嫩绿、明黄相参，远山一派灰蓝，却分等级层次，有上千乌黑的黄牛，分布于大几千亩水田里翻土，十人一组的插秧队，有时多到卅人，远远望去，在粉紫与嫩绿间只作一线蓝点子，内中间或有大红色，（新娘子！）村落一般多是十来所大封火统子，在远近平田中适当分布，只见到一方方黑瓦和白墙点缀于粉紫嫩绿明黄间，村落中老枫树又加倍突出于屋瓦上，显得格外嫩绿。一看到这些，就想起你和黑妮，能画下来多动人！十分庄严的动人。可惜过三四天后,一切全变了。因为紫云英已翻入地里,远近各种不同等级的嫩绿已分不出层次。照旧话说,即"春老了"。更新的变化将是六月初的麦收了。但本地人对麦子兴趣不大,八千亩地不到五分一,主要是三季水稻,早已过千斤。村落中大部分已用电,有脱粒机和部分手扶拖拉机。脱粒机是唯一声音。廿来岁青年,一般多长得挺漂亮,性格且极开朗,和印象中"湖北人"大不相同。不一定读中学,因为农业劳动力不够,而且作学生也有三分一左右时间作无偿劳动,干部也遇需要即下田,所以不升学也是实事求是。女的倒似乎差些,因为多数十七八即成了婚,廿来岁成胖妈妈似不少。区医院里护士,更无例外胖墩墩的。男女以穿灯芯绒衣裤为摩登,但所见最英俊的青年,倒多数是泥腿子,几乎不必挑选,随便要几个,即可充新电影主角。也可以入画!附近这种青年,还包括十来个邮务员,我几乎全熟了,可是一个叫不出姓名。也有些外来户,本院即住四家,大门前二户是妈妈,每天都可听到彼此竞争高声训子。有时也动点武力,我这个"爷爷"就去保驾解围。事实上孩子已够可爱了。一家大女孩十二岁,每天除管三顿外,还和泥团煤,洗衣管弟弟。弟弟五六岁,光着一双大黑眼,平时也极乖,每遇母亲大声叫嚷,"为什么不听毛主席的话?我问你,我问你!"似乎在问我一样,我总想不出毛主席说的是什么,当然也不试作回答。孩子怎么能懂?另一家孩子已入高中,骂声更高,可惜我全听不懂。另一户即我觉得特别可爱的孩子魏敏家里,也十二岁,上了初中,除管哥哥弟弟三顿,劈柴、挑水,无事不做。一做饭时,即在转角处黑黑楼梯下,自得其乐的唱全本《白毛女》《智取威虎山》《沙家浜》等戏,唱得真有感情,听到这唱声,或看她脚一跛一跛挑水回来，从我窗下走过时，我总觉得十分痛苦。孩子真少见的聪敏，每天早晚端了个大饭碗在门口吃饭，见我总笑眯眯的，"沈大爷你吃了"，"吃什么菜?"即送我看看。母亲也长得极挺拔，有教养，住在对面供销社作出纳。与另二户相反，从不高声说话。二表姊来时，也端了个饭碗来看我们。十分随便。说起孩子的脚，才知道去武汉、去专署，大医院全住过，没有好转。充满了感情。且说自己本来欢喜歌舞，孩子又欢喜……到了这乡下七年，还完全是大城市人样子。大致也是什么特别事下放，我们也不敢问下去了。

另四户则本地典型农民，一共将近十个孩子，都极少听到骂或哭声，孩子们都乖得很，也长得好看，整天在田坎间转，跟他们才明白什么草可吃，什么不能吃。最好吃的大致是刺玫瑰嫩枝，因此溪坎边、田埂边，永远不会有大丛刺玫瑰生长，全被小将吃了。又说麦子穗也好吃，"你怎么不吃?""公家的"。穿得即再破，却一例十分健康。跟到他们一起走田埂小路，才发现高坎背阴背风处，正开了不少紫丁香沿坎生长，不到一尺高，摘下来插入果子酱瓶中，因此方丈房间，也似乎有了点春天气息。天一转晴，下午有二尺阳光晒到书桌面上，我能这么过下去，从不有一丝感伤心情，自己也觉得奇怪！前不久，还居然在床上写了篇"关于马"的文章，由商到明，什么史道硕画马如龙，什么韩干、李公麟、任月山，《游春图》《游骑图》《蜀道图》《马群图》，约五〔百〕匹马通通在脑子里跑来跑去，为排了个队，不仅马匹形象特征，还包括了鞍辔踏镫发展变化，人那想得到，是怎么样写成的！但是写成后却再也无气力重抄了。从这点说，才感到一点老意。多可惜的一个脑子！

二表婶这些日子大致也下大湖插秧，据说有四千亩田，约五千人下了湖，领导政委全在湖中办公！原住一年同事新过去喂猪，四人喂四十头近百斤大猪，劳动量之大也惊人！回来看看我时说，一般并思索也无时间。听说趣事，即有若干"老"，都是"罐头专家"，内中似包括有唐兰、赵少侯，诸七十以上各"老"。年青的女同志，喝酒吸烟也逐渐增多。矿区三百多人，则似乎喝酒还受点鼓励，因为井下劳动特别吃重，易成风湿关节炎。下湖的情形相同。

我右腿去年夏天在马路上吹风，膝盖一小时内即红肿，走不回住处。幸即时中西并用，四五天内即好转。上月又坏了，直延到坐骨，不怎么痛，可移动已不灵便。吃了不少"豨莶丸"，还是不见好转，或许就那么慢慢拖下去了，倒也合乎规律。因为报废总是由局部故障而开始的。所有县、区、矿、干校自己医生全向连上建过议："这里过湿心脏易出事故。"还是在"要妥为安置"原则下等待下来了。原传说五月可能会有部分人要动（内中包括上官氏），现在田事一忙，或许要到秋收后了，原说让二表婶来照看照看，作过度期出事故准备。现在她还是不便来，我一个人就将准备在这方丈斗室中"过三关"了。五六月是雨季，六七月是霉季，（地面橱柜多生长半寸长绿毛白毛，十分结实，实践才明白《聊斋志异》说的绿毛白毛僵尸！）八、九、十月是炎夏季，太阳下到四十八度。有时直到晚上，还无一点风。蚊子则异常勇敢，专叮人脚背。可是想想这正是田中活紧张季节，我们个人就太不足道了。大致炎夏季易出事故，若又能得天保佑，幸而免，不至于报废，照老话即"命大"，就还有希望明年异日在什么地方见到你。若再像去冬遇突然袭击，大致来不及如去冬赶入医院，只好完事了。

　　我一生充满了幻想，而且居然通过难于设想的努力，一一得以实现，却终于又在新的变化中陆续毁去，现在似乎已无幻想回旋余地，是"进步"还是"退步"？自己可说不清了。不过居然活到七十岁，还能这么继续活下去，也够令人吃惊了。旧词中有"三十年来尘扑面，此身虽在堪惊。"①我已加了一倍多时间，相当奇怪事情！你提起昆明，我倒总希望还有机会再去昆明住一月。尽管那八年住下，过的日子印象极苦，但大弟和小弟全是在那里乡下长大的，（事实上比这里的区中还闭塞，但一家大小吃了晚饭，在公路上走走，两旁尤加利树高耸近十丈，静得实有意思。有希望。）在这里全区中老少几乎都熟了，并且凡事总是得到照顾。总像是个"暂局"，事实上可又不易离开。也不大明白为什么非住此不可的理由。但是必然会有一种理由则无可疑！如尽去思索不易索解的事物，似乎太蠢了一点。得学聪明些用个"随遇而安"的态度，趁天气好体力不太坏时，再把拟写的《桌子板凳历史》和十来个相类似问题，尽可能都写出来，说不定一生中什么都留不住，这些杂记载倒还有用！旧小说中早就说过，"有心栽花花不发，无意插柳柳成荫！"

　　愿体力健康。

从文
四月十二

吴便中问好

① "三十年来尘扑面,此身虽在堪惊",作者误将唐王播和宋陈与义诗作中各一句连在一起。

19710510
双　溪

复黄永玉

永玉：

前信想早收到，新寄诗词写得真好，文字既光彩又有新感情。已连同来信早寄过大湖边去了。不过诗越好，读者可能将相对越少，试看看报上什么报道引诗一加比较即可知，那是多数能懂的。极明显，我们是毫无希望写得出那种诗的。

大弟五一节带了他的新娘子来，在附近招待所住了四天。恰值阴雨，无从陪他们去二表婶最欢喜的丘陵高处，看看王维画卷里的远山近水新农村。只是为我小房子裱糊一新，桌柜理得平平整整，帐子一挂，还装上小萤光灯，收拾得使别的人看来，一定会觉得"除了地下过湿，已很不错！"因此一来，我的转移，将不免由此延长了。带了二卷照相片，我们只照了三四张，便完全被动的，为附近邻居大小一包围，全给耗尽了。最后保留二张半，才有机会为生产队插秧照照。

五号早车过二表婶处，不到一百里，得倒一次车，在中途县里大街上磨五小时，下午五时才会到达，仍得走十里路，真正到时将快夜了。正值纪念活动，全干校六七千人均集中，大致他们也必将参加一番热闹,必然是连续讲话,连续演出样板戏和电影,所带去的胶卷,估计又和上次差不多,二表婶等照不到五张以上,即为一……①

---

①此信后页缺失。

19710515
双 溪

致黄永玉

永玉：

这里一阴雨，五点不到，房子里即相当阴暗，潮湿也即刻加重。虽承住门前一户特高调门的小个子母亲，是个外来户，真好人，只是近于女李逵！口上如套有个中型金属喇叭，整个下午都坐在门前大嚷大叫，相距约二丈！为生平少有经验，她尽十分高兴，我心脏不仅难兴奋，反而十分疲劳，躺在床上，在又湿又闷的空气下度过。这就是我上次信里说到，每次打孩子时，必大声逼问孩子，"为什么不听毛主席的话？"有时姊弟二人同时被问，事实上却近于在告我，我在教育孩子！把孩子打得钻到小方桌或床下，杀猪般叫喊，闹得我非以"爷爷"资格去解围不成。解围以后，我脑子还乱乱的，在思索语录中究竟毛主席对孩子说了什么，不得其解时，那边大小却跟着收音机唱起"小常宝"来了。前一天我想考验考验自己，来个不理会，到后来，孩子哭得喉咙全哑了，母亲也似乎有点哑，有点累，大局平定以后，却带过房间来，要孩子向我"保证"，"以后再不打闹哭喊"。这母亲却把自己除外，从未想到自己参加的一分，却更剧烈。自己事事在

"起示范作用"，也不明白，事实上，大的才十二岁，小的六七岁，除上学外，一天搞三顿饭，挑水、团煤、升炉子，有时还洗一大盆衣，已够标准"乖"了。大人只觉得四邻四个或六个孩子的通不闹，不注意到别的妈妈也从不大声嚷着骂孩子，更少有"大武斗"，自己却总是抄起衣槌、扁担即揍，而且显得十分果决勇敢！至于向我保证的事，当然想象得出，只限于当天夜里有效，明天新矛盾发生，必然又是作姐姐的大声叫喊弟弟帮忙作事，弟弟却在田埂间捉蛤蟆，总不理会。且等妈妈回来进行辩论！

至于隔壁另一户，同样十二岁大，上面有哥哥，下面两个弟弟，母亲每天只间或从对过宿舍回来看看，从来不听到争吵。孩子却照例只是在灶边极有感情的唱各种样板戏和语录歌，自得其乐。也不见得忙乱。因为到吃饭时，必可见到和兄弟们几个人各托个大碗，在门前石墩上吃饭，稀饭能吃三大碗！而且一见我出门，总笑眯眯的问我："沈大爷你吃了没有？"试看看他们碗里，居多是干萝卜和酸菜，只间或有只干白鱼，不到四寸长，至少将是供大碗饭用的。（父母看来似均受过高等教育，下放或已过十年。父亲和大弟年纪差不多，文学艺术什么都懂。节日才回来，平时是下点抓粮食的。）

我门前有只又肥又活泼小狗，等待我分点供应。因为吃了别家两只小鸡，被房东把它打吃了，却只剩下那只瘦母狗独自晒太阳，平时是带着小狗玩咬的。似乎虽寂寞却无表现，有点老庄神气。早知如此，我即预先赔全窝小鸡价也成！

前不久有连上人来看看我，我告她"右脚恐将报废"。说时不动感情。她却说我"还乐观，难得"。这对话也十分别致，等于两个锣各自敲打，打打自然就停了。我倒真像还乐观，因为在这种"超孤寂"情形下，已完成第三篇文章，《武将头上雉翎的应用》，脑子居然还记得住上百种似可从商朝人算起，不同时代人头上表示威武种种不同的插法。其中只数元代奇怪，是插在妇女头上的。（如目下还用得住这种标志，邻居大嗓门母亲，必可当选。）为抵抗"超孤寂"带来的种种，还将再写下去。先两篇如《谈狮子》《谈马》，内容都一点不枯燥，相反还十分活泼有趣，内外行都读得下去。内容也充满乐观气氛。是不是有点转化作用？不得而知矣。估计今年若动不了，又不出意外，抄个十来篇是不甚费事的。若万一有人问到工作经验，一时可不易回答得得体。因为决不宜说："右手也快坏了，才赶写出来。我告你们要争争时间，换个稍干燥地方，好便于把待完成工作完成。你们可没有一个人懂我说的是什么意义。直到手脚全废，你们还只明白这叫做风湿。"现在明白已迟了，何况现在还不明白。所以还是得在这里把能写的尽可能写出来，搁到馆里一个同事手中。这个同事今年才五十岁，总还可多活几年，目下算是馆中"活百科"[①]，调回去唯一明白业务的，也是唯一明白我写的东西有什么用处的，看得懂文章虽浅意思深，会承认还像是有点研究见解的！总的集中看来，是包含了不少内容，大分量的材料分析综合的结果。可能有一天，为什么人偶然发现，比如说新学术委员，会印出来的。但对我自己说来，这事已无多大兴趣，也不抱什么希望。因为那会有毁去了近百个大小册子通无所谓，却反而对这点破碎零星报不现实希望？人至今还"乐观"，正因为十分明白性格上的不易克服的悲剧性，这是极少人能理解的。也不必求人理解。

七十岁后，在床上还能凭记忆写那么多问题性文章，即不过是常识堆积，也还是看得出近廿年工作，对得起这个名分，不是混饭吃，即够了。此外还能要求什么？必需接受现实一切，承认现实一部分是新的客观，一部分却是个人的性格上的悲剧性。至今还那么好好的活着，并且能有机会凭记忆进行相当繁复琐细，而且规模宏大的工作，带有创造性的努力，不是就够值得人乐观了吗？想想同乡向先生②，真正是学富五车，只于得病廿四时耽误情形下即报废。死者长已，生者安能不自勉，努力工作，自强不息？在有限生命里，那还容得下什么十九世纪式的感伤？

二表姊在某种情形下，因为我凡事不大计较，总是让着她，而便于集中精力去干工作，所以才取得突破，她分享了我二次工作的成果，卅年过得风调雨顺，那会明白我做"作家"经过多少困难，不做"空头作家"还更不容易。用了多大克制，才不至于与现代"东方朔"得同一结果？又如何用更大努力，来进行新的学习，搞花花朵朵，坛坛罐罐！所以直到目前无一本书，也还能继续进行工作？一切近于偶然，而又不完全是偶然！直到大多数搞美术史的和一部分搞历史的，承认我搞的工作还有点道理以后，她才明白内中一定还有点对头处，不是由于某种原因即保护下来、逍遥自在过日子的。无原则的捧场，以及在人事上的勾心斗角，统统不是我所长，甚至于可说完全居于劣势。但一种坚持不懈的恒心去搞工作，在比较下，在一段稍长时间内去检验得失，我却显然迅速向前了。

所以从悲剧性上说来，也不一定完全是坏事。坏的一面即欠圆通性，由此明天将陷于更大的困难，可能性还是存在的。但在更难处情形下，我大致还是依然可以把工作进行下去，也是料想得到的。因为只要今年夏季在此能过三关，不为霉、湿、热搞垮，就大致还可望把带来的一份已排印，重改过《衣服说明》廿万字重抄一份，送给公家。只要有博物馆存在一天，这份从现实出发收集来的材料就有用，许多提法结论也十分切实又十分新鲜!

记得有一位相当高级同事，人却天真之至，曾指摘我说："你搞这种'成名成家'的工作，就那么热心，大热天，在病里，不到半年就弄完?"意思像是批评，实在应说是鼓励和忌羡交织。全不从反面想想，"你身体那么壮实，为什么从大学学了五年历史，又工作了十五年，却一点也不懂?"更料想不到我搞这个，就正是为了摆脱"名"和"家"! 所以我虽活到知识分子群中五十年，其实在学校和在馆里和许多人彼此还十分陌生，正不下于目下邻居那个终日进行的"三娘教子"剧烈行动一样，我不大懂他们行动意义，他们也不会懂我孤寂意义。然而在这里还显然比在知分群中省事，即由于彼此生活和目的陌生，却绝不至于质问我"终日写，为的是什么?"也可以说太幸运了! 因为如果去二表姊处同住，或者和你们一道受训，早就垮了，那有可能还希望继续完成什么工作? 二表姊算得是个勤快人了，据说连写个信，也还得赶星期天午饭后大家休息那一小时内! 大弟去湖边后已半月，那边即还无个信说及种种。

我们目前可以说正生活在一个"凡事不懂"的过程中，所以说"凡事极端无知"是正确的。也不必强不知以为知。但对某些知分而言，却又正像是越无知越安全。只努力去学报上的文件和指定的马、恩、列、斯及主席著作，即可望少出差错。并且能活得越单纯，也越容易收改造之功。若又进一步，还能照要求写点什么，引点什么，即和报上记载完全相同也无妨，得到认可却极显明。但能这么学得到家，谈何容易？所以在某一意义上，承认不如别的任何人学习进展快，以至于"还落后远甚"，也有必要。因为即以对于一个知分要求而言，也是有种种不同，各单位不相同，各省市不相同，各干校亦不尽同的。即学得十分认真，仍将是越学越近于"无知"。越承认无知，处事、处世越见虚心，也十分合理。

听人说，新解放书廿八种，包括《三国演义》《红楼梦》《二十四史》《聊斋志异》等等。章士钊文言作的柳宗元论文似名《柳文指归》③，则用三号字印，才便于阅读。新的不知道将有多少，也不明白是些什么。旧的能出，真正新的不一定合需要。总是"有意义"的，而且"有政治意义"，我们不可能懂罢了。对自己工作我似乎归纳成了一个公式，越严肃认真工作过得硬，客观效果越差。相反，不大怎么着意，只是一般的去处理，抄抄引引，随时应对，即不成功，也不至于大失败。而且新发现同一工作，同一文章，在此人说来，可能是会疏忽或否定，在另一人，又可能会引起广大兴趣，得到肯定成功。因此假定若明年动不了，我又还活着，或者还将准备更大勇气和耐心，写个十万字的《工艺美术简史》！或许我署名已不可能付印，因为至少得五六百图，我那有能力得到？但转被什么别的人摘抄，配上图，却会成为一本有用的书。

下乡向贫下中农学习，具体学来，我想将是"沉沉默默的劳动"。体力既无可望出奇迹，脑子趁得用时用下去，照本业习惯知识，分门别类来加以条贯整理，究竟还像是可作点事，盲目生产虽势难避免，正因为是"盲目"，却不至于转化为政治野心或忌讳。更离奇的，是无一本书，无一个图，而探讨的问题恰恰是大量文献和以万计的图，在发展中彼此联系彼此矛盾的种种，世界历史上尽有这么写小说诗歌的人，可似乎还少有人这么写文物制度和艺术史的人！这也倒像是一种新的记忆力和理解力的测验。七十岁后来进行这种自我测验，所以我觉得，这和个人性格上的悲剧性大有关系。听熟人来信说，上海某某已白发满头，还每日在办公室小房中写检讨。似乎已大几年总写不完？回想过去另一时，总是世界上到处飞来飞去，回到北京什么会上，又必然和另一红人并列左右，昔日之盛难明白，今日之衰亦不懂。

　　近得原来同住新调回去一同事来信说：十月里馆中即将开放，大体不变动，故宫则本来已定下改陈"阶级斗争"，原有艺术陈列撤除。新的办法是恢复原陈列。因为已撤除，再恢复倒不免相当费事矣。但一切服从政治，如此如彼总有道理。总理在出版会议中报告，据说总精神是"前一阵子有过左倾向"，即包含了相当丰富内容的！美术学院迟早也得招生开课，等下去，好好把体力维持住，不中途垮下，也即是为了国家！廿年前在政治研究院学习时，我买了不少马列小册子看，有个学政治的，却悄悄告我："不要随便乱看，只照指定的看好"。许多年不明白话中意思。最近才似乎明白大有道理。因为即以语录或毛选而言，通读即易陷于某种纷乱中。照指定看某章某段，即不至于形成这种困惑。正如目下搞陈列的，若老记住"破四旧"，手边又方便，将不知摔坏撕毁多少文物字画！所以脑子过于灵活的人，自以为懂政治的，易出大差错，真正"书呆子"，不懂政治，却可望只犯小差错。政治学习和别的学习像是不大相同，是既要"能记"，又要"善忘"。前者是原则性，后者是灵活性。（胡扯越多，正好证明极端不懂。知者不言，微笑而已。）

闻卞诗人等均已集中学习，将春播转公社生产队。和你们以运动为主情形似相合，学到一定时候，即前后回京矣。因为外宾中报名时，已经常见有什么"博物馆长"或"美术馆长"，总得有个对待。今年即或来不及，明年还是得招生！到明年，就可望深一层明白"互相转化"的意思是什么了。

从文
五月十五日

---

① "活百科"，指文物专家史树青先生。
② 同乡向先生，即历史学家向达。"文革"爆发后受尽折磨凌辱，于1966年11月24日病逝。
③ 《柳文指归》，正确书名是《柳文指要》。

19710527

双　溪

复张梅溪

或转永玉

梅溪：

　　得信已转二表婶。在双溪，"王维画卷"已换了新样子，一夜大雨，把上百青年民工^{男女似均在十八以下}为建桥墩车干的地基，变成个大水塘，大致又得二百以上工日才可望绞干。雨前二天正晴，大片麦地即收割净了。雨后晚晴，村落如新洗过，空气透明，涨水新退的小溪里，平平拢拢，有六七个手持撮网的老、中、青农民，站在溪中等鱼捕鱼，另外还有三个在上下游撒网的，两岸和水边约五十位各种样子的顽童在看热闹，一遇什么人举网发现二三寸小鱼在网中跳跃时，就齐声欢呼。事实上二小时内，总共不会有半斤小鱼落网。重要的还是反映麦收后的小小空闲，才能趁晚晴半游戏性下溪碰碰运气！整个小市镇溪边的情调、色彩、空气，都决不是什么韩滉、王维《捕鱼图》能达到的。我看了上万的好画，上百的以农村景物人事为题材的名画，还不曾有比这次看到的动人。因为它还在动,举网时六七十人心也在动,随时还可看到孩子们打打闹闹,在溪边草地上滚!两岸上何况还加上个绝对孤独的"沈老头"!问问身边人,才明白一个网还得十多元(撒网将更贵),溪极小,鱼也不多,可是每家几几乎都有个网!一家大小对之就寄托些希望!幸亏经常这个画卷在变动,不然,若尽照雨中坐在床上望小小天井微光,听隔壁新《三娘教子》,到什么时候?真会使得那个和镇上似熟习实陌生的老头发疯,但事实上却还是在无定期考验中。晚上就听到作母亲的大声嘶嚷了约二小时,进行各种无效果的责骂,加上用力的打,一面打还一面问我还不易懂的问题,而孩子则哭喊到声嘶力竭。过十二点,母子通因累而呼呼大睡了,我却毫无办法睡去,觉得处境真离奇。直到早二点,才迷迷胡胡睡了三四小时,新的姊弟矛盾在上学前又忽然爆发,"三娘"又参入,各揍了一顿,打到二人哭了一大阵,才老老实实挂了书包上学去了。三人向我保证"不打闹",显然早已失效。这小顽童和姐姐斗争劲特别强,我估想,上学时他们听课,一定会感觉到远不如在河边看捕鱼着迷有趣。到某一天,编教科书、写文章给孩子看的,能悟出这点道理,又会运用到教本内容中时,孩子学习的兴趣和精神面貌,将会大有改变,隔壁的"三娘",也不至为骂孩子喉咙老哑哑的了。这一天,我大致是看不到了,因为大学里文科训练笔杆子的方法,绝不能理会到小孩子在一定年龄中的情感和学习心理的。编教科书的,若始终不明白他应当做的是什么事,某种家庭孩子们,在学校里受的教育,家中的折磨,在乡下大自然环境中,或者还可望得到些补偿,调整。在大都市,则不免到处是"小大人"甚至于"小老头"。这倒是令人担忧的。不过这实近于

"杞忧",用不着!因为社会还在变!因为在这里,下乡插队学生即取消了。

小黑蛮等为补救这点,趁有时间应当鼓励多看些书,和永玉周晓平兴趣广泛、多所涉猎,可望延长点青春情感,如今机会已不多,还是要看。包括毛选四卷为主,有许多非看了又看,是不懂的。我近来是反复看才懂了些些。画还是得不松手,每天作速写抓得紧些。旧诗或诗话什么也值得看。四史有新标点的,也值得买来,自动学。可以很快即懂,极有益。间接有益。不趁此时看,将来一下乡,什么也不易见到了。小小乡下有的是领悟力高,而又肯学习的青年,一天脑和手都无空闲,即想多从报刊上学学,也不容易!二表婶那边,就极少有看书、写信时间!永玉方面可能有紧处,即每早跑步,有比较松处,即无四千亩水田活分摊。但比起农村里人,还是从容多了!

今早又落了雨,我去邮局,照例坐在柜台前一条板凳上坐下看"参考"。见人提篮子买肉,才知道明天是"端午节"。长江大桥前,一定又有盛大渡江队伍,什么时候我还有机会看到小黑妮参加,就真高兴!我想能在北京运河旁看看大弟和你们一家下水,已够好了!

大弟来信已见到,不仅"高兴",还相当"得意",是应当的。我和二表婶也极高兴。特别是二表婶,还能送他们上火车,又独自回走八里路。走三时,回去又走一时?脚还不怎么好,精神却够好。上次连上来人,还说到她精神!今天估计大弟已高高兴兴返回北京,和你们谈起在上海种种。我前信中事或已知道,尚来得及见见回京的柳干同志,托他捎带点东西来。在北京记得不管什么节,特别是儿童节,必想法为妮妮带点什么消化消化,现在可不成了。天一阴雨，我房子里和刚洗过差不多。到处都滑滑的，床底可不随便敢看，因为长了白毛绿毛。我也有点像聊斋中人物。

听个区中干部说了许多生产队新事，似乎比许多小说平凡，但是可动人。后来提到二下放的知分，多已在十年以上，说时用手指指他自己头脑："这个不好，回不了了！"后来还说生产队学《矛盾论》《实践论》，百多人只廿多认字，一人读，大家议，谈学习心得。我无法了解。因为我反复看了廿年，许多还不懂，或似懂非懂！怎么别人听听许多抽象名词还能议？许多事，事实上我们大致都不可能懂了。因为另一面又经常看到报刊上对省委一级说，要"苦心狠学才会懂"。两事拼在一起，人就更糊涂了。近来看了不少省"写作组"为《讲话》纪念写的论文，也不大懂。可能二表婶等会懂得多些。

便中告大弟，为我和二表婶各寄一五期《红旗》。若那个五六种新印"马恩列选本"买得到，也寄份来。这里有时间，可以反复看来看去。毛选即看了无数次。至于一般报上写的"学哲学报道"和"论文学"的，内容似乎多相同，写的反复写，读的也十分认真读，还是不大好懂。可能是人老了越来越笨的必然结果。去年不深看，还能写点新诗，今年特别看得多，希望照论文要求写，即什么也写不出了。可不知写那些指导性文章的人，是不是自己也照样试来实践过没有？因为经常听说思想和生活关一过，加上技术关，就会写得出好作品。可是长时期却没有见新的文学作品发表供我们学学。或许十月节将有大量新作出世？我总希望直接向新的"样本文学"学学，可能比从新的论文得到的启发会多些，也具体些。

脑子似乎越来越不灵，是不是给区上那位同志向别人提及时，也会照样用二手指敲敲脑袋，说我听过的同样的话？有可能的。也不完全可能。

当我初学用笔时，四十五六年了，正是书店里《新诗作法》《小说作法》等等大大流行时。大学里还有许多名教授翻译、讲授《文学概论》，苏联的，英美的，以至希腊的，中国古代的。我什么都不看，只低头写。不到六七年，就把大群谈文学搞创作的全赶过了。一搁就廿年。另外又学了许多，学的方法也是和学校里"历史系""考古系"，什么什么方法全不相同。好像又跑了一大段路。现在又像是因为"跑快"了些，得等下去。或非改一次业不可。怎么同样是工作，许多人慢慢的走去，倒不慌不忙的"齐人吹竽"似的过得满从容，我倒因为老是因为"飞跑"，却近于老是"犯规"而刷下？真是奇怪！从这一点说，倒似乎得承认脑子有点什么，为近情合理。总之，"过犹不及"，二千多年前早有人恳恳切切说过了，不记住老话，也不理解新的现实要求，凡事主观，就是不成！幸亏还记住老子说的"为而不有"，从不和人争名争利，得免意外。但来日方长，世界变化太大，努力学习"不犯规"，还是有必要。能作到就大不容易！

这里端午节像是家家都吃肉。我最满意是今天有了炒黄瓜。此外就只是坐在床上，温习我在沅水流域过的许多不同端午节。有的写了出来，过去像是还有不少熟人、生人，以至于外国人，通分享了这个节日的快乐。有的已无机会写出来，即只有我个人在温习中得到快乐了。五八年印选集时，在题记上曾说到，"我和我的读者都老了"。如今又过了十三年，我虽还这么从容活着，原来的读者却差不多死尽了。所以不写什么，或写不出什么，意思一样。能转而作一读者，看看用另一方法比赛（有时或比慢），也极有意义。也是极好的教育。因为这对我说来，倒真是不易学会的。如同一个机器，所有零件全是自配的，改来改去，性能倒相当好，在一个三分之一世纪里，都能维持高速度运转，比如说，一分钟三千转！效率也能达到要求。但新的一般要求，若只要五百转及格（过快不易操纵），我就不能过考，必然停顿，终于报废。所以我的工作大致是无望了，学习还将继续和加强。（想加个制动零件即不容易！）

从文
五月

19710601
双　溪

致黄黑蛮、黄黑妮

二小将：

　　这是七一年儿童节一个礼物①，正是你们脱离了"儿童"时期，需要读《三国演义》《西游记》和《天方夜谭》时，特意为你们一代写的。能用看这些书的心情来看最好不过。可是得事先约好，在任何情形下都不许哭，至于觉得可笑，却应当大笑！因为这是过去的"家史"和"地方志"的混和物，是近百年事件，新的社会决不会有这些事情发生了，也希望你们不会有我们那么多痛苦经验见闻！

　　照目前估计，大致约十天半月可写成一章，要一二年才能完成，有不有这么多时间可用？不易事先知道。初稿读者必需有个一定范围，以我们两家人为主，不宜给另外人看。不是什么保密，是不必要。因为目前只能从叙述出发，观点立场不一定把握得住，还得有多次改动。而且并不想出版。《红楼梦》和《镜花缘》的流行，也就全是"抄本"！我这个若完成得了，至多可能先印些复本，免得忽然在意外事故中毁去。

　　节骨眼上将尽可能求"真实"！（也只是大事的真实。）才可望成为"地方志"和"家史"的混合物,有"史"的意义或价值,但是有些事情,或年渊代远,回溯过去过于枯燥,涉及现实又过于沉重,我还得想办法加点"中和剂",写得轻松有趣一些,易于接受也易于消化。这就要经过些不同试验,改来改去,因此每一章就得重抄三五次了。要加工又不失本意,当然难些。比如这个引子,抄过四次,就是三万二千字,因此以后十天半月能否完成一章,还不大敢保证!

这是由于你爸爸的建议而着手的,所以就把你一家作个引子,结末可就不免太惊人了。尽管当小说写,我算定还是会令一家人大吃一惊,特别是小黑妮,因为和《红灯记》上那个姑娘差不多,从来不会想到自己的姓还有问题!

有些旧事,我自己温习写来也还会有些感到紧张的。主要希望是能成为后一代一本"特别教科书",还能从中得到一些知识,属于乡土背景的历史知识。许多事在家乡虽已成为"过去",对我们一二代,或多或少还会影响到性格、生活、工作和思想方法,以及当前、明天的忧患。有好处也有坏处。对你们第三代,则希望能成为一种向前进取的力量。这希望可能大了些,未必能办到,但如善于学习,总还是有些益处,不下于《西游记》《镜花缘》《天方夜谭》。文学的处理和叙事方法,或者对你们也会有一定启发。虽然已近于古典的白话文,还是像有些新的东西。

这稿件要想法好好保存,因为只有那么一份,我已无精力重抄,(又还有另一份工作待完成,分量重。)今年七十岁了,能不能把这两件事完成,已不大有自信心。可以当作小说看,可并不是一般"小说"!

爷爷
七一年六一

此信1971年6月1日完成后并未寄给收信人,而附在6月7日致黄永玉信内,同寄到他当时下放劳动的五七干校。

①礼物,指作者当时刚完成的创作试笔《来的是谁?》。编入《沈从文全集·补遗卷》。

19710607

双 溪

致黄永玉

永玉:

　　寄来几首小诗①,主观上说,似乎倒还像五言诗,客观的看,可就未必能得什么一般人点首了。因为已极少有人懂五言要求标准。好在并不是像过去写小说要"出路",也就可以望少受批评,犯错误。主要重在试试五言诗是不是还可以"古为今用",即赞美新社会新事物达到一定效果。这当然不容易。因为新的写作还有个"人"的问题。"为谁服务"倒比较好办,写出来,从作品本身即可明白,用不着另加解释。但同是这些诗,可能还得看人,是他可以受称许,是我或者就会犯错误,因为位置不同。所以当成一种"试验"或"试探",不免得失互见,只给三五亲友看看,是比较合适的。大姑爹②中外文底子极好,对旧诗特别有见地,在生前,我曾把在井冈山和在这里写的约卅首,抄了一份给他,称许和批评,多恰如其分。特别是在字句的使用上,也能提得出轻重意见,可惜只病了十八小时,就故去了。大表伯③更是看到我生长发展而永远支持我工作的一人。五十多年前在芷江怀化镇一个戏楼上,为萧吉美祖父④焖狗肉,他教我作诗时,记得是看《随园诗话》，除了得萧称许有"老杜味"（我还以为是老包霉豆腐味），大表伯当时即把我的诗收藏起来，可惜终于还是丢失了。隔了半世纪再寄这些诗给他时，却在他埋葬后第四天，大伯妈充满感情，把诗在上坟时烧了。倒真像是个故事！这种故事也近于古典的，此后不会有了。

像这么用传统古体章法来写五言诗，在国内，我可能是一个"殿军"了。这一点，是得到另外几个懂这一行熟人同意的。因为教旧诗的也不闻兼搞实验。难的是还得善于用事，一切早融化在记忆中，不必临时查书，抓来即是，文字活泼自然，却又相当准确。有画面，也有音乐感。叙事兼抒情，旧而新。六二年《人民文学》刊载《井冈山诗抄》时，拍手者似乎"大有其人"。因为相形之下，才觉得这一套杂耍，也还有点内容。而且出于熟人意料以外。其实十分简单，不过近于把散文压缩到一定格式范围里，稍有变通而已。照理是还值得写下去，因为并不怎么费事，即可得到更多拍手，比起来，和我那用山东话朗诵的朗诵诗大弟子"诗人"大作，是不可以道里计的。但是仍然搁下来了，一搁又是十年。在这种不易设想的"超孤寂"村子里，又写了近卅首。已无公开机会，也像还是可以写下去，而且试从更多方式来表现客观种种。有时并且还自以为是用作曲法进行。如用二千四五百字，来写"由猿到人到红卫星上天"，真是设想大胆！但是，却"成功"了，十分有感情，文字处理得也还恰当。特别是在历史分段上，从从容容，用不上二百字交代新旧石器时代，廿四史也只二百多字。集中在近百年。等于把二馆合并后近四万米的陈列，试用二千来字作一"序曲"或一"总结"。一完成，想再作一首，即难以为继了。这就是"创作"。即俗话说的可遇而不可求，只能近于触机产生，不可能勉强凑和。得有种种条件。至少得毫无恐怖感来进行工作。若一面写，还一面老是提心吊胆的出差错，就不大可能进行再生产了。

解放后廿年，有三件事极离奇：第一件不用说了。第二件是我并没有认识的陈赓将军，解放初是北京卫戍司令，找我去北京饭店，看了不少旧画，同吃了顿饭，说了不少安慰话。以为可再写作，还说他和凤凰人有密切关系，因为是在曾莘农身边作司书，保送入黄埔的，他知道我。当吃饭时，可能还有一个大名人（似乎五号以内）在场。第三是五七八年去上海参观，市委请客时，把我放在第一书记柯老身边："沈同志，你怎么不写小说？再写写吧。"后来才明白我在上海那几年，他也正在上海，所以我不熟他，他却知道我。而且十来桌客，安排坐位是有一定道理的。但是始终没有写，可就不能怪我了。因为真的搞创作，总是全力以赴，一年写个廿短篇吧，至多有一两篇合格，已不错了。如今带点试验性写三五年，只要内中有二三篇不大协调，另一个大胆批评家，大略一看，用不到一天时间，挑出其中一二篇，写个三四千字，即可否定得一文不值。若老记住这么一个新规律，那里还会写得出好文章？所以廿年初期，尽管有这么三件奇遇，还是老老实实搞我的花花朵朵、坛坛罐罐，不求有功，免过而已。其实担子比写作重，难得多，不意虽免大过，还是难免小过，时变一来，又有点前功尽弃趋势。现在人老了，小过也能避免就好。但在孤寂中有时依然还不免忧从中来。在既不明白客观现实，也不明白自己能作什么情形下等待！

照你前信建议，试来用部分时间写点"家史兼地方志"看看，让给你们一代和妮妮红红等第三代，也知道点"过去"和怎么样就形成"当前",以及"明日"还可能带来的忧患。一切其实都有个因果联系。试写第一章,即引起了忧虑,是不是宜于让妮妮等看到?并自己也不大敢想下去了。因为求减轻读者情绪上沉重压力,将在叙述中加点"中和剂",使得看来轻松一些。但这个引子,你那么大人看来,也就会吃一惊,"这可是真的?""主要点就是真的。"好在这以下不是重点。重点将是近百年地方的悲剧,和近似喜剧的悲剧。因为十分现实,即有近万的家乡人,已在这个历史过程中死光了。你我家里都摊了一份。我们其所以能存在,一半属于自己,一面则近于偶然。特别是我的存在,好像奇迹!因为一切学习过程就近于传奇。所以你的建议还是对的,以下写去,将研究如何写,效果会好些。大致前五章易处理。因为假定第一章是"盘古开天地"说起。史书上没提到,而从近年实物出土写下去。第二章将是二百年前为什么原因如何建立这个小小石头城,除公家"改土归流",兼并了所有土地,再出租给苗民,到处都设有大仓库收粮,每年省里还用十三四万银两经营。这么小小地方还有个三品官,兼管辰州、沅州两府所属十多县!名叫辰沅永靖兵备道!第三章、四章,即叙述这么一个小地方,为什么会出了三四个总督^{等于省长},四五个道尹^{比专员大}或镇守使^{等于师长}?随后还出了个翰林,转而为辛亥后第一任总理。另外又还出了大约两个进士^{比大学毕业难},四五个拔贡^{比专科毕业难},无数秀才,四五个日本士官生,上十个保定生,许多庙宇,许多祠堂。第五章叙述辛亥以前社会种种。假定可写十六章到廿章,前五章这么分配是恰当的。或许有两件事难于完成,一是我人七十岁了,在偶然事故中二十四小时内即将步大姑爹大表伯后尘,可能性完全存在。因为心脏高血压已到一定程度,近来半夜已起始咳"半声嗽"。（过去以为是"干痨"，现在明白是心脏血管关闭失灵，心血退回侵入肺部。）若进入第二期，将出粉红血沫，并声哑。第三期即完事。吃的倒满好，住的可湿得离奇。加上地下太湿，两手风湿骨节疼已日益升级，右手已起始有点拘挛失灵。其次即今冬明春可望回去，为安排了未完工作，都会影响这一工作的继续。比较起来，当然还是即早能回去好，因为气候干燥些，冷热变化不那么剧烈，容易维持体力。这就得看"风向那边吹"了。自己是无从作主的。动不了，即和搞田地活差不多，尽人力而听天命了。但如果是在此还能写得出近似《红卫星上天》规模较大叙事诗十来首，还是算得不辜负七十岁后余生。因为到一定时候，还会有人点头认可的。我自己可看不见了。

　　房子太湿霉，还得想办法不变成"霉豆腐"就好。

　　好的是心情永远不衰退，这也就是能活下去原因之一，不是"主要"的，但是"重要"的。所以人来看我时，总的印象是"我还乐观"。事实上正因此桌子上才堆满了写的不少已完未完的什么。还有个《谈书法发展》的五言诗，也有二千来字，内容不一般化，因为部分是地下新发现材料，谁也不明白，你读来或许还有趣味，过两天当为抄一份来。这里最舒服事，即有了这种格子稿〔纸〕供应，一毛八分笔也还得用，又恰好拾了个旧方石砚。三者给了我便利不少！便中问候可以问候的熟人好。

从文
六月七日

寄来那个"地方志"引子,和给蛮蛮二人的一信⑤,你研究看看,不妨事,即寄给他们。不大相宜,即留下或寄还,且等待写到第六章时,再一同给他们看好。也许到了廿岁以后,才有资格看!你斟酌好。

可惜是两个已发表部分未完成稿,都利用得上,这次全毁了。一个叫《芸庐纪事》,一个叫《雪晴》,都极重要。后者记高枧杨子锐和满家兄弟不同的死亡,前者记抗日后你我两家情形和见到听到的许多事。拟写的地方志中辛亥以前一部分,就是卅八年冬,在芸庐听滕文卿伯在烟盘旁谈起的。(这个穷秀才笔下极好,人极潇洒有趣,诗字都在行。青年时在沈、田、刘、滕、阚诸公子间,近似"应白爵"身分,但实在正派。后来作过几任县长,田应诏、陈渠珍下作秘书长,找了点钱,随时即花销了。脾气极好,和田应诏、张二少、我爸爸似把弟兄。临老却讨了个卅多岁土娼,人其实也顶可爱,无机心,脸宽宽的麻阳婆,极大方。会唱各种小曲子,拉拉文卿伯胡子,老的却满舒服。有相当长时间住在芸庐楼下,和你父亲一道靠灯谈天!因为是父执辈唯一的老人,云六对之极恭敬。)现在大处还能回忆,写出的却难重写了。因为文字已不如当时讲究。《雪晴》一共发表片断四五章,有一二章写雪景乡村似乎比《边城》中章节还美,完全如画!我是在十月到十二月住在那个十分美丽小村子里的。至今还记得清清楚楚,满家大院中一株大胡桃树,后来却闻主人在病里时,被附近田家来报仇，把他砍成十多块，挂在树上，呼啸而去。只剩下个女儿，迁住城里，到了八九岁，随同母亲去茶叶坡上坟时，又被那田家人追到坟边砍掉。这就是家乡事一件！前不多久，这里还有个熟人，因随勘探队剧团到过湘西，受过大表伯热情款待，到过州上十来县，还以为凤凰文化最高。他可完全料想不到我们是在什么环境下长大的！

---

①小诗，指随本信同寄的题为《挖砂场红五连》《新见闻》《喜新晴》等诗抄。

②大姑爹，指作者的姐夫田真逸。

③大表伯，即作者大哥沈云麓，简写为云六。

④萧吉美祖父，指萧官麟，字选卿，作者当兵时土著部队的军法长。萧吉美系萧纪美之误，凤凰籍著名金属材料科学家，1980年被选为中国科学院学部委员。

⑤1971年6月7日，作者给在河北磁县五七干校劳动的黄永玉同时发了两个邮件：其一为本信，并附6月1日写给黄黑蛮、黄黑妮的信；其二注明"稿件"，内装题为《来的是谁？》一份新稿，即信中所说地方志的"引子"，计20页。

1971夏
双　溪

复史树青

老史：

　　得信，略知京中近事。廿四史标点由专家执笔，对于后来读书人，必省事不少。但真正能照指示读读廿四史的，恐亦不会有多少人，因当前"专家"即未必有此热情兴趣，能于作标点前即一一读过也。记得抗战前即传一笑话，蒋廷黻作清华历史系主任时，有四大门徒（或四大得意弟子），毕业后即并无一人曾读过廿四史。相去已四十年，如今来作标点，是否还不免感到吃力？不得而知。若兼作注，则肯定将还是采用"会注""集注"法，有些部分，将不免近于"以一桶水倒来复倒去"方式，得不到正确适当解决，因为一涉及"物"，恐即不易吃透。例如两汉书提到不少少府下工官东园令所属东园匠造的"东园秘器"，珠襦玉柙，《后汉书》注已说得极清楚。但主要的"砂画云气棺"或"朱画云气棺"即不易明白，因为似还无事足证。其实外蒙诺因乌拉汉墓出土物中残棺一片，即有典型性，必然会受《封禅书》记载影响，作云气中鸿雁熊鹿奔驰骇跃腾骧势。因为和乐浪漆案花纹必大同而小异，但四十年前《东方杂志》刊载向达先生译此报告时，向先生当时因无比较文物可证，却说墓中诸物均中原制作，惟棺木具地方性，近于画蛇添足，因未及读《盐铁论·散不足篇》及《潜夫论·汰侈篇》①谈及汉代埋葬风气（除东园秘器属官工制作），此外风气所趋，东西南北，靡然从风，且指明东及乐浪，北至敦煌，南及粤南……棺必豫章楠梗，费至万金，重达万斤，运至所在地，动必经年。外蒙之棺中物，除毛织绢边绣被花纹近似匈奴族特色，棺则仍为中原特制！或东园秘器。私制棺式多样化，长沙所出，有二仙人豢虎彩绘棺，或足举例！

总之将有一系列刀刀枪枪，坛坛罐罐，花花朵朵，桌子板凳，车乘马匹，作注时即有书可查，也不易解决问题，例如礼称诸侯之棺必衣黼绣，照郑玄注则黼纹为两弓相背，唐人冕服先用，宋人作《三礼图》即绘成 弜，而据金文黼字却是两龙相交，有各种不同方式。辉县棺上部彩绘，作 ⊓ ▽ 方与三角连续，均黼纹，易县大砖瓦亦黼纹，多是两龙相蟠，与《三礼图》之两弓相背可相去万里！注书者那能有此闲心，从文物与《金文编》找新证！再如《唐书·地理志》襄州出漆器，贡碎石纹库露真几盛（或乘）花纹库露真几盛，日人作专论，以为或作狩猎纹之鞍具。亦难肯定。若据漆工艺史比证，则碎石纹当为犀比漆中之斑犀（亦即宋明人所谓豆瓣犀），花纹则或为金银绘，或为剔犀。至于实物如《唐书》系"乘"字，则近鞍具，如系"盛"字，则宜为食具类。此中细处，工艺美院专业教授亦难得其解，注书者那能抽丝剥茧来寻根究底？所以将来或只有采用两种方式协助：一即照我十年前向何其芳同志所提建议，文学所为注古书，有必要调派一二得力年轻好学研究员来二馆学三五七年文物。一时说来不免费事，为长远计，却十分得用。因为注《诗经》《楚辞》，汉魏乐府诗到《红楼梦》，将遇到一系列数以千计起居服用东东西西，或无书可查，或书不足据，都得从以百万计文物取证。不下狠心学三五七年，能忽然即懂？势不可能。其二即把所遇到的以千计以万计的问题写出来，我们为协助解决，或许不太费力，即可为解决一部分。因为有许多事，大儒郑玄和通人颜师古，从六书法作注令人难满意处，试从实物留点心，即可望不费力而得到解决。

例如史称刘彻为寻天马，卫霍率师廿余万远征西北，当时既不携带指南车，却带了个方士王朔，主望云气，近于行军作战参谋！若作注，专家就不免感到麻烦！因为这个人手中掌握了一部有文有图的古兵书，名《黄帝望云气书》。见于汉《艺文志》或《隋书·经籍志疏证》。敦煌还留下个文图共存的写本卷子，似向达介绍过，还是名《望云气书》，

　　史树青，作者的同事，文物鉴定专家，通信时任职于革命历史博物馆保管部。
　　本信未写完，据废邮手稿编入。
　　①汰侈篇，疑为《浮侈篇》之笔误。

19710926
丹　江

复陈青云

青云同志：

　　得你来信，十分感谢。早听你二妹说，你在假期可以回双溪。还以为必可在双溪见到，听你谈谈学习情况，和串连到北京时种种见闻！

　　六九年冬，我和几个同事临时疏散到双溪住了将近二年，寄居府上也快半年，一切人事都留下个深刻难忘好印象。特别是寄居府上时，和生产队极近，从你一家和生产队各同志，为社会主义建设，为世界革命而种田，一心一意跟着伟大主席思想而努力，艰辛素朴的生活和工作情形，受教育最多。只可惜体力已不大济事，不能进一步和大家一道下田劳动，多学一些！

　　住区中时，得到各方面特别照顾，我和我爱人，和大孩子，都留下深刻良好印象。"小鸠山"小弟弟，我们都极欢喜他。他每天必在房门边叫叫我，表演他极得意的小动作。和我一道吃饭。临上车前，就留在自己房里不愿出来。我去房里看他时，劝劝他，吃点张大妈煮的鸭蛋，也不肯吃。后来你父亲想抱他出来送送我们，就大哭起来了。至今想到这事，还使我们难过！

只盼望他赶快长大，作为"模范"上北京观礼时，还能见及他谈谈旧事！

我也是乡下长大的，那地方比双溪偏僻、蔽塞、荒凉得多。十几岁就离开了家，在十多个小县城流转。廿岁才跑到北京自修，所以对乡村还是充满了感情。写了点习作，大部分反映的还是乡村人事。因为教书，廿年里住了好几个大城市，极凑巧，学校还是多在郊外，接近乡村。解放后，虽在历史博物馆工作廿多年，每年也还有机会外出参观农村建设。总的说来，还不大像个城里人，更不是什么"高知"！

你到过北京，一定对天安门前面还有个印象。我工作单位，就在人民大会堂对面那座大楼。将来如有机会上北京，来找找我，将陪你参观故宫和博物馆。我们搞的研究工作，是必需和群众见面，不大离开陈列室的！

中小学教改，各种教材似乎还在试探摸索中，你们这一批未来的教师，责任格外重，盼望永远跟着主席指示好好的学习，好好的工作！并祝

学习进步，身体健康！

沈从文
九月廿六日
丹江文化部丹江办事处九班

陈青云，作者客居双溪时房东陈家大女儿，通信时就读于大冶师范学校。

19711110
丹　江

复刘敦愿

敦愿同志：

　　月前得由双溪转来一信，厚意深感谢。近因血压略有升级，经常在220/120间盘旋，手关节拘挛，执笔亦发抖，迟复极歉。弟于八月中旬即转移丹江，离原住处已过一千里。地在襄樊上游，邻近河南南阳。十年前来参观时，但见大江两岸荒山间，数十万民工在红旗翻飞下进行忘我劳动。今年重来，则新市区沿江大道，长逾十里，宽如北京之东西长安街，较小马路，纵横难计。绵延百里群山，新建工厂、待建工厂，或以百计。从小可以见大，祖国三线建设，规模雄伟壮丽实惊人！住处仍属文化部系统，离市区约四五里，共约四五百老、弱、病，分散同住一荒山沟中，各有房子一间，水电具备，供应齐全。由廿到五十年前熟人，均可发现。惟血压升级，已不常出门，因此到地三月以来，熟人住处位置还不熟习。加之住处傍山又比邻猪圈，前有礼堂和大厨房遮拦，熟人亦少过从。生活大有改善，却似乎反而不免更容易脱离群众，脱离现实！

　　住双溪时，先在丘陵高处一孤孑小学中，屋里长年上漏下湿，大雨后房中可养青蛙。霉季到来，地面家具多生绿毛白毛，三月长夏，平均温度高达四十三四度，有时不免稍稍显得狼狈。但环境极端清静，山坡下有水平田四万亩，村落相望。窗前每天有十多只黄牛来去，行步多十分庄严，为北方少见。远山环绕，积翠堆蓝，如一随时变化之王维画卷，所得实多。后转迁区中一贫农家中，另是一种格局，小小院子住八户人家。弟据一方丈斗室，室内可供周旋空处不及三步，湿霉依旧，却近于另上一课，极有意义。窗外小天井和二过道厅子，计有二牛、三猪、二羊、一猫、二犬，和大小鸡约四十只。天井即沤肥池。另有二槽盆，六尿桶，还有大网一张，和各种农具。计共住八家，南北大妈俱全。有小将十七位，一天到晚来来去去。大环境如旧，小环境真可说十分热闹！长夏为驱逐蚊蚋保护牲口，有四户傍晚必各燃草卷一个，在房中不免略有猪悟能入蒸笼感。远远望去，则整个屋子均包围在烟雾中，置身其间六个月，还是另有一种动人难忘印象。因解放以来，除了上四川参加土改半年，在大小村子里受了半年深刻教育，回转北京又即刻参加三反，到过近百家大小古董铺内部，看了大几十万文物，受了另外一种深刻教育，比前卅年所读的书还有意义。反右时，却让我去青岛住了好几月，回来已近扫尾期。此后虽每年有外出参观学习机会，总是"大老爷"式，住得极好，吃得极好，农村工厂通看到，可学不了什么东西。就中仅有次去江西住了三个月，在井冈山、瑞金、大茅山停留各十天半月，才深一层学懂了毛选。新的广大农村面貌，还是近于无知。这次有机会独自在一个极小乡下住了快二年，除受教育得益外，还可说是一生极大的乐趣。虽不能如史兄等参加劳动，却和生产队约百五十男女老幼，搞得十分熟习。又因在区里搭火，和区里干部以外的理发师、成衣师傅、医院里下放青年医生，及本地赤脚医生……也十分相熟。从他们齐心闹革命、抓生产，为国家种田，为人民服务种种干劲说来，受的教育可极其深刻具体。生活虽有点不易适应，事实上却并不怎么难受。临离开时，村子里大人孩子都有堕泪的，可见农村中对弟的厚意深情，值得长远记忆！所以两年里在那么一个不易设想情况下，还写了好几十首赞美农村新面貌的旧诗，和一些谈书画、商讨文物的小论文。另外在七八月大暑炎蒸中，又仅凭记忆，写了约五十柜本馆改陈建议和有关文物细部说明。即此可知，体力虽已不大顶事，脑子似乎还能得用，值得友好放心！本意还以为过丹江后，可望将八千米旧陈列二百柜文物，和在墙上及空间那几十个画塑得失，也写些建议，供史兄作改陈参考。不意到此以后，地势高些易头昏。起居作息有定时，情绪也难于集中。原来计划，不免因之打破。可见在任何情形下，总还得争争时间，尽可能为国家作点事，不然真对不起伟大时代！

　　来信谈起龙事，弟所知并不多。只是过去也稍稍注过意。为协助馆中年青同事搞文物鉴定，作比较参考。就常识所及，排了个秩序，写有个草目，选取了约五百种不同龙形示例，如汇集到一处，必可看出它历史发展和时代特征，以及相关一些问题。这份材料本已得馆中领导同意，拟调一个助手整理，文化大革命一来就搁下了。内中有不少形象，还和《生命之科学》一书中提到的各种化石龙有相通处。大部分虽出于古人幻想沿袭而成，小部分亦有可能即依据史志中记载偶然发现化石反映而成。对兄工作，大致也还有用。不过取材范围较广，有的是据考古所拓照，有的是故宫历博藏文物，有的又取自各种图录，除非回到北京代为设法找寻，并为详注时代、出处，及原来图像或实物大小_{如商周玉龙不到三寸大小，九龙壁和抱柱龙却长过三丈}，用处还是不多。

至于文献参考，兄所示诸书，时代较近，似不大合用。私意不如且就_{以下有龙虹虺蚓蘷蟒等字}《甲骨文编》《金文编》《尔雅》《说文》、_{以下有不同记载}《北堂书钞》《艺文类聚》《太平御览》《太平广记》《宣和画谱》《营造法式》《元典章》《明会典》《子史精华》《格致镜源》《经籍纂诂》《三才图会》《清会典》，把龙、虹、蛟、虺、螭、虺、蟒、飞鱼、雷、电……有的书中似乎各列有专章，检查极便。有的又列举图形区别，或多或少可供参考。有关龙称王称神，也提起过。

至于龙首人身样子，记得小时在本县龙王庙就见过。封王称侯《唐大诏令集》《宋诏令集》，都还留下些官方文件。（史汉以后，可能即有不少，在上举诸书及《图书集成》中可以查到。）目前所记，出土新文物反映较早形象，比较具体则隋唐墓俑都有发现。如李静训墓围绕青石棺四周十二生肖，即有龙和蛇坐俑。唐初则有二式立俑：一作龙头身，一则人相，惟在冠帽间各加一标记。较后壁画里反映相同。龙能行雨乘云，虽早著于诗、书、易古文献中，史志则一面和黄帝传说结合，_{汉石刻黄帝伐蚩尤亦早形于图像}另一面且和当时朝代记年发生联系，如"黄龙"等年号。即用草龙、土龙求雨，也早在《周礼》及西汉《淮南万毕术》_{有辑本}和刘向《五经通义》均提起过。但龙神威猛加以夸大，至于正式封王封侯，似乎到唐代才有进一步反映。此外即为佛教宣传利用，称为"天龙八部"，属于"诸天"之一，在唐释道世所编《法苑珠林》曾提到。小说中如《太平广记》中《灵应传》载柳毅传书，及后来吴承恩《西游记》和明人著《封神演义》叙述，在过去且扩大为人人所熟习。记得《西游记》中插图龙王敖广，就是龙头人身！唐代壁画，似乎也有反映，试查查日人编《敦煌》二巨册中的图像编，必可发现。较后佛教道教壁画佛或天尊身后的"诸天"，一般包括古帝王名臣和廿八宿等等，天龙八部、风、雨、雷、电，诸神均同列。如元之《永乐宫壁画》册和明代《北京法海寺壁画选》，均可发现，作文官袍服。至于风雨雷电诸神，是否在天龙八部之内，或系所属，已难记忆。单独画幅则根据佛说鬼子母经故事画里（后人题名为《揭钵图》），记得画卷左上角云端中，即有天龙八部，均武装（即后来小说中所谓天兵天将或护法诸神）。现存国内曾见过二幅，一故宫收藏，题宋人作，单色，二黄胄私人收藏，彩色。一般专家鉴定以为出元之王振鹏手笔，均近于猜谜语。事实上大致均出于唐代旧稿，从衣着可知，且属盛唐，宋元人凭空画不出的。在国外，有一幅特别精美，也是单色，也以为宋，曾印于美波斯顿中国名画册子中，郑振铎翻印于《流传海外名画集·宋代编》，模糊不清，不如原印精神。画中雷神还手持连鼓作成一圈，和金文雷字作 ⌇ 有相通处，电母则手持二镜子象征闪光。永乐宫壁画已转成文官袍服，连鼓缩小转成法器。（明代或清初重修碧云寺殿中塑像，则电母手中改成二小铜钹，失本意远矣。）至于手持连鼓雷神，东汉初王充《论衡》里似即提起过，可知由来已久，至晚在西汉即已成形，反映于画卷中。东汉武氏祠石刻，在黄帝伐蚩尤部分，记得亦有持连鼓乘云车雷神上场。敦煌则北朝壁画上部左角尚有反映。手执连鼓也作一圈，上缀八鼓。还可据之纠正宋人以意绘的周礼八面鼓错误处。

又汉石刻近年出土的淮南汉石室墓中有部分武士形象，题名为"孟贲""铁盾"（应即樊哙）等等，无不须眉怒张，圆睁双目，人多巾而不冠，发上耸如角，而攘袖至腕。有可能原系据西汉末刘向编的《列士传》里的附图而成。又汉有"五兵钩"，晋名"五兵珮"，作蚩尤弄五兵形象，手足开张，狞猛异常。到北朝墓志边沿，则有亦古勇士名"乌获""庆忌"等勇士图像，已近于将淮南石室诸刻和蚩尤形象，或大傩形象揉和而为一，加以夸张表现，成为兽面人身样子。同时期相近的墓志，又有相同神像，题为风、雨、雷、电四神的。这种形象已启唐代大型镇墓俑之端，敦煌画里亦有此种似人似兽神像，或青面，或赤面。有名目，难记忆。直到元代密宗壁画或铜作欢喜佛，还近于完全从它脱胎而出。（从上溯，则可至近年信阳战国初期楚墓出土之四尺高大型戴角怪兽墓俑，实近于一脉相传。从形象可知，但彼此关系却难言！）

又汉或以前另有种神像，即伏羲女娲的人面蛇（或龙）身刻像，手执规矩，尾部交缠，晋以后即少见。但近年在吐鲁番一带唐时古墓中，却又常有这种神像出土，画在丝绸被面上，旁作诸星点，覆盖于死者身上，用意或在象征升天，归复本来。史志上既少记载，考古工作者似乎也从未提及彼此关系。至于唐壁画佛说法图下部作人面鸟身的同命鸟?，除外来影响，或和《唐书·音乐志》说的"人言鸟歌万岁乐"有关。史志称此曲成于武则天时。近年出南朝画象砖墓上砖刻已有反映，和其他乐舞并存，并有"鸟歌万岁乐"题字，则可知此曲实成于南北朝，可以纠正唐音乐志记载之误。另有文康伎，则据晋庾翼故事而成，出土形象只此一次。

又记得王逸叙《天问》，以为"系屈原于楚国先王先公祠堂见怪异画迹，故呵而问之。"内中提及"雄虺九首，倏忽安往"及"龙伯长人……"。汉石刻上即有作九个人头共一龙身奔驰于云中形象。似即反映故事。敦煌北朝洞窟壁画上部，亦有相似而不同反映，不同处即虺身加有四足。一脉相承，一望而知。因为另一角还有个"龙伯长人"的形象。以弟估计，有可能敦煌画迹还早于山东汉石刻。原系旧窟，经北魏改作，只在下部重绘，上部并不改动。此洞或即西晋有名书家索靖所见题名"仙岩"之一，产生时代当在西晋以前，或即成于敦煌设郡以后的西汉时，亦意中事！

至于西汉以来，即定朱雀、玄武、青龙、白虎为四方神，反映到壁画或镜子上，还多作鸟兽形，未见作人形。敦煌北朝时画中有一丧葬用辒车，两幡作青龙白虎。北朝墓志边沿，仍有作四神本来形象的。

又还记得在西汉长安出陶井槛上砖浮刻，外蒙诺因乌拉汉代古坟中出毛织品绣件上，及绥远等地出土青铜饰方片，通称"西番铜片"，还有些奇禽异兽形象，如兽头鸟身，和长嘴鸟头兽身而长尾带翅，和古生物学图像中之"翼手龙""恐龙"极相近的。最近出土文物北朝一石砚边沿，还有好几种可参。在日文版《人民中国》内。如能一一辑出，一定还有意思。可惜材料多分散各处，当时既不能一一绘出，目前只留下一些印象，记忆亦未必准确，处此荒山沟中，又无书可以捡查，只能说说线索而已。十分抱歉。

闻北回友人言，近年山东新出文物极多。不知除大汶口古坟，此外是否还有些新线索，可以解决<u>由黑陶过渡到青铜时代相关材料没有？</u>因金属冶炼技术的进展，至今为止，还只有辉县郑州出土早期胎质薄而无花纹装饰斝类若干种发现。（盉及 🧧 式鼎，此种三足两耳式鼎，蒙古出汉代器还有。）在原有冶炼遗址间，并无紫铜或锡原料及半成品出土。安阳出土"将军盔"边，据报告，亦未闻有原铜出土。近来热河出土之战国原铜饼，也属青铜。直到似辉县出战国镶嵌器物中，才出现过有用紫铜镶嵌壶。近年发现的山东也出过战国薄铜刻划器物，近于捶打而成，有可能或紫铜作成，值得加以分析。尽管《考工记》提及金锡合剂，礼、乐、兵诸器，比例成分各有区别，近年且经专家化学分析，得出结论，用商兵、乐器及战国镜子分析，以为商器即多相近。但在有关键性的河南地区，似尚未闻有紫红铜原料出现。侯马大冶炼区，熟人有到彼工作经年的，也未得有关材料。殊令人可疑。以弟无知妄想，有二假定或可供专家参考：

一即早期冶炼过程，多系集诸金属矿原料（或粉末）于一炉里，一气呵成。入炉或有前后，技术则掌握于极少数工官（或工奴）手中，为第一阶段。因为早期将军盔式融铜器，似炼不出银子。黄金在商墓有发现，大致是用砂金从小坩埚用吹管炼成的。直到春〔秋〕战国间，铁、银、锡等等才各自能单独用不同方法和不同炉子炼出，《考工记》才有分量比较方法提出，属第二阶段。

二即就史传联系，冶炼金铜技术，原为据有华北或更偏南之蚩尤族所掌握，即史传所称"以铜为兵"。（汉代以后则称铜头铁额弄五兵。）居住黄河流域之黄帝族，尚以玉石为兵。涿鹿一战之后，蚩尤族败北，向西北转移，冶炼技术才初步为黄帝族工人所掌握。而时间却接近夏商，相去未太远。虽少史传记载，却多实物足证。

记得十年前苏联考古学者季谢列夫来京讲学时，弟即陪同彼参观本馆陈列半月以上。曾一再提及西伯利亚曾大量发现和商器十分相似之薄铜无纹饰容器，和兵器中的戈、矛、斧，及两端有铃之弓形器，及各种兽头状小兵器日用刀削，以羊鹿为常见，又有带小铃的，又有和近年在绥远蒙古一带出土之"西番铜片"。还说有的用黄金捶成。季氏夫妇二人在西伯利亚搞考古十多年，据地下发掘，著有南俄罗斯文化史十多册，图像极多。铜、陶、骨、玉，无不具备。且另有金器图录二册。此书科学院考古所或有收藏，兄若他日因公来京，值得备一介绍信翻翻此书。以弟私计，必有不少材料可和山东出土史前遗物作比较，得到不少极有启发性新知识！即商之所谓戎羌，西周之所谓猃狁、犬戎，或和古蚩尤族尚有一定联系，亦意中事！与此后之匈奴族尚有渊源，亦有可能。（据黄文弼先生《罗布淖尔考古记》，所发现衣中国锦绣之匈奴女孩即黄发，显然和中原华族及后来蒙古族少共同处。）

　　闻史兄言，近在故宫展出之文物，内中有极丰富新材料发现，对于治史前文化有极多启发。不知山大文史系里教师尚有机会小集体去看看没有？

　　拉杂写来，毫无条理，文字亦多讹舛，可知老之已至，能不在意幸甚。

　　熟人中无忌讳的便中望致意。

弟　沈从文
十一月十日

湖北丹江文化部丹江办事处九班转
另有关于龙夔……草目迟日抄出奉上

19711118
丹　江

复刘敦愿

敦愿同志：

　　前信想可收到。龙的形象在文字与工艺图案中种种不同反映，试举例若干事寄奉。见闻有限，手边且无一书可以举证，盼得指教，感甚。原拟草目似较多，久搁一书箱中，乱稿一堆，望之生恐怖心。因廿年所学，终不脱"四旧"范围，龙凤且更多封建性，对青年一代而言，不免近于佛经所谓毒龙！只能就记忆所及，随手写下，用副尊嘱。随写随忘，错中有错，势所难免。（蒲柳之质，得秋独早。）衰年迟暮，凡事总如此也，能恕其草率，幸甚幸甚。

　　并候佳善。熟人便中望致意。

弟　沈从文
十一月十八日
丹江口

　　因右手关节入冬失灵，数月来已不能用毛笔作书，字不成字，达意而已，歉仄之至。

附：

龙的形象举例

一、文字部分

△《甲骨文编》，△《金文编》，△《尔雅》及宋人刻图《山海经》图，△《说文》，△《三体石经》中古文部分，△郭忠恕《汗简》，△赵书《六体千字文》中古文部分：关于龙、夔、蛟、螭、蟒、虬（飞鱼似只从明代起）及雷电等字。

此外还有"黼"字。由于郑玄注此字为"两弓相背"，因此由隋唐起始，为封建帝王制冕服，上绣文均作 弭，宋聂崇义作《三礼图》仍因袭之，因之直到清代帝王龙袍上诸织绣还使用。以讹传讹，近二千年。事实上若据《金文编》所辑诸黼字，均为二龙相交、相缠、相回旋，十分显明。

又《礼》称"诸侯之棺必衣黼绣"，战国棺木上虽未有实物出土，但辉县出土朱漆彩绘棺上部作 带式连续图案，亦为两龙相缠蟠。易县出战国大型花砖瓦，也有相似反映。至于商周铜器花纹两龙交缠纹饰更多，似均由黼纹发展而成，系各种不同变格黼纹。蒙古诺因乌拉古坟出土物中，有汉代齿状纹织锦，日人以为即古之黼黻纹，因汉石刻人像中有相同齿状纹反映于衣袖衣沿。所说是而不尽是。因以"锦为沿"的制度，在楚俑中已得到证明，花纹有 ❀ ⁀ 二式，前者已有实物出土，较后记载的"杯纹绮"，或即指此式花纹丝绸。齿状纹中必然还有和辉县棺上的反映及易县大砖瓦上反映龙纹交互才合。汉花锦实物亦有发现，齿状只在边沿部分。

二、形象部分

△商龙纹大盘之龙　故宫历博。

△商大蚌上朱绘龙形　极简质，但系画上的。

△商朱绘团龙纹　辉县展，约二尺大小，原来或绘于漆器上。现或存考古所或历博。

△商朱绘行龙　与前同，作长方土块，约廿六七件，安阳发掘品。抗战时存南博，敌伪时彩印成一册子。龙间还嵌有圆蚌泡不及一寸大，平视如 ⌒ 俯视如 ◉，刻三分云纹，中有小孔，当时中或嵌一小粒绿松石。可说目前所见最早漆器嵌螺钿。南博存实物，且收得一彩印册子。

△商各式玉龙珮　故宫。

△《商周彝器通考》中举例诸龙纹。

△《尊古斋古玉图〔谱〕》中商周玉龙拓片　不署年代，亦易辨认。

△三门峡虢墓出土车马饰圆形青铜透雕龙纹　不及三寸大。又铜器拓片之龙纹。

△春秋战国间寿州及河南出土之黄金方片上龙纹　极精，高约二三寸，宽不及二寸，亦双龙交缠。多成对，应为衣上装饰，捶制而成，故宫历博均有藏品。

△辉县战国时朱漆彩绘鼗纹棺　考古所出过《辉县展工艺图

案》有白图。

△易县出大型花砖瓦　鼗纹,历博藏极多。

△河南新郑出春秋时大铜鼎,上有小方印交龙纹　历博。

△寿县出楚铜器上龙纹　似在王子婴次炉上,实物历博藏。

△日印《洛阳〔金村〕古墓聚英》中有一组为美国盗走金纽练玉珮上二小龙璜　又载于日印《中国古玉》一书中。另外还有二舞女极精,且具体。又各种小玉龙。又一玉璧旁作二龙奔驰,极重要。

△历博藏同式白玉璧残余部分　系史兄所得。

△故宫藏各式玉龙珮　不下百十种,各式各样。

△信阳楚墓出玉龙及镶玉龙带钩。

△日印《带钩之研究》一书中各式龙形钩,及镶玉龙钩。

△安徽战国墓出土之大型青玉龙珮　此式多成双出土,有长及六寸的。故宫历博均有藏品。(亦有近似奔马形的。后人记载八尺马曰龙,不知有无关系。)

△楚墓出土大型木雕双凤踏蟠龙　已盗出国外,高达数尺。凤如鹤形,龙凤均用金银绘成方格图案,十分壮丽。历博有照相。

△楚帛画龙形　立在上角,本馆摹绘时只见一足。郭先生因著文以为即"夔一足"之夔。事实上汉人即已说及"夔一足"系指有夔一人作相即已足够。而此画实亦一四足蛇状之龙。原物尚存历博。郭说可商讨。不过此龙似为目前最早在绸子上画的。另有在漆器上画的如下:

△信阳楚墓出土残漆瑟上之龙　龙在一人前,昂首而张口,用朱绘上加金点像龙鳞,笔简而活泼生动。

△战国铜钟下沿龙纹 故宫藏。似属战国早期器，馆藏以为春秋时。

△楚墓漆耳杯上朱绘龙纹 湘博展出过，甚好。

△楚漆盾上龙凤云纹 连续缭绕。有彩刻印，《文物》(《考古》?)彩印。

△信阳楚墓出土金银彩绘透空笭床 大件，约六尺长，二尺宽。笭床作透雕交龙，上面加金银彩绘细龙凤云纹。《文物》彩印过，又收入《漆工艺简史》。

△西汉洛阳出壁画墓门前两旁之三角形空心砖龙形 极矫健，中还有一比例极小之屠龙手，执剑盾，与龙搏斗。故宫亦有一，陈列于中路西汉部分。

△楚墓出透空蟠龙方镜 日印《古镜聚英》上亦有数种，原来似系彩绘。

△楚镜上之各式龙纹 一般多连续不断，作龙凤云式。有的龙头较具体。多战国中晚期。

△楚漆案漆几上彩绘龙纹 与镜子反映相似，云龙凤三者不可分别。不见足。在奁具上则转成四足辟邪矣。

△西汉剑鞘下部镶白玉龙 长沙展出，大小只二寸许，屈折于形中，壮丽如数丈长。极精美。

△最近江陵出土战国大石磬 上绘云龙，共廿五件，有大及四尺的，为新发现。

△西汉时金银错戈戟附件 似共只发现三件，一收于日人《世界美术全集》汉代编说明内，摹绘一长龙形。另一件系华北五鹿充宗墓中物，上作一有翅仙人乘芝盖云车驾二白鹿在云中驰行。与汉乐府之《升天行》叙述相同。或武帝时"执戟郎"

手中物。

此件日人曾有发掘报告。故宫因不明来源，收购陈于战国部分。

另一件上作骑士引弓返身射虎状（近曹植《箜篌引》故事），或本于《羽猎赋》而成。

△蒙古绥远一带出土之青铜饰方版上兽面鸟身长尾怪物　亦有大雕搏虎形象，通称西番铜片。曾见有外人收藏图录二册，似瑞典王子收藏。或匈奴族物。

△巴蜀剑上龙纹　似战国时，简质。

△蒙古诺因乌拉古墓出土毛织物绣被上边沿刺绣如上诸奇怪鸟兽　载报告内，日人印于世美汉代编中说明内。

△全国出土文物展西安有一陶井栏间，有相同反映。

△又近展出品中一北魏石方砚边沿刻图案中，亦有相近鸟兽数种，及一人头龙身怪物。或本于旧《山海经》亦有可能。内中有极近似古代翼手龙者。

△汉石刻中之九首龙身形象　或本于《天问》中之雄虺九首而作，但极呆板，失本意。

△敦煌洞窟壁画上部之九首雄虺　与前不同即多四足，而作奔驰状。

△王莽时上方官工镜上之四神及绍兴西王母镜上之青龙白虎　极矫健活泼。

△望都二号汉墓出土之蟠龙石砚盖　历博藏，透空回旋，如战国方镜而复杂。近展北朝石础尚沿袭。

△敦煌出土汉魏之际青龙白虎砖　彩绘，考古所藏品。简单。似有印图，过小，不分明。

403

△敦煌洞窟249西魏壁画之飞龙　近尖嘴兽。

△北朝造像石碑上部之双龙　一般多相互交缠，各垂头两端成弓形，如古文虹字相近。唐碑尚沿袭应用，长安一方柱形碑上部有反映。

△三国时有夔龙镜　有大小高浮雕头，而不见身。

△传顾恺之绘《洛神赋图》之蛟龙　本于"蛟龙挟毂"一语而作，在云车旁破浪而前。龙近隋式。（此画就衣饰等等而言，恐系隋唐间人作，比顾晚一二百年，另有文分析。）

△敦煌壁画隋藻井龙形　亦尖嘴

△赵州桥栏石龙　极生动，《文物》刊载过。

△隋白瓷灯柱上蟠龙　历博藏品。

△隋李静训墓中十二生肖陶俑　龙首人身，坐式。唐初亦有立俑。均存历博。

△唐螺钿镜子上团龙　有代表性。历博。

又铜镜团龙　拙著《唐宋铜镜》及《西清古鉴》均有。

△唐旧稿《揭钵图》横幅上左角行雨天龙。

△唐五代敦煌大幅壁画《牢度叉斗圣》故事上部之龙　又有妖龙。

△宋有《龙舟图》　故宫藏，有代表性。

△宋定瓷大盘龙形。又磁州窑大瓶墨龙。

△宋徽宗绘《雪江图》包首之刻丝百花龙　有清代仿制，在丝绣馆陈列，方约一尺。

△传世宋陈容墨绘龙　不可信。

△宋《营造法式》一书中建筑中石刻和彩绘龙及近似龙属诸形。

△宋刻《尔雅图》及《山海经》诸龙属图像。

△李世民像　似宋或以后绘，待对比。着团龙袍。

△元双龙大镜子。

△元山西琉璃龙。

△明刻《三才图会》中之龙、蟒、飞鱼等形象　三者区别可明白。

△明天坛之抱柱龙，又天安门、十三陵之石华表抱柱龙。

△九龙壁之琉璃龙　有代表性。

△故宫小照壁之小团龙。

△明雕漆大盘团龙　永乐时重要有代表性。

△明景泰蓝大盘上龙。

△明宣德青花瓷大瓶行龙与小洗上之小团龙。

△明洒线绣龙袍料　故宫藏，极精致。

△明刻《程氏墨苑》团龙墨　形象还近宋式龙，重要。

△清初真珠绣龙袍

△道光时真珠绣团龙马褂　前件系于孔雀毛织成料子穿珠绣。即《红楼梦》中所谓"雀金泥"。晴雯补裘即此等料子。另有"凫靥裘"似野鸭或鸳鸯颊部小片羽毛钉成，故宫亦有藏品。后件系在天青宁绸上绣八团龙，故宫藏。

△清康、雍、乾三朝瓷器，剔红、描金漆器，景泰蓝，画珐琅诸器所反映诸龙形。

△清代各色"金钱蟒"缎　一般多作坐垫或大伞上应用，五色具备。以康雍乾青地子料极精，晚清织极劣。系于缎地上加金五彩小团龙，如酒杯大。《红楼梦》里亦提及。

△《皇朝礼器图》中诸衣物所反映龙蟒种种。

△故宫中和殿里之藻井龙，与北海五龙亭之藻井龙　组织复

杂而壮丽。

（清代部分只举比较特别的，此外过多，亦少特征，即不提。）

据原信及所附参考草目全文编入。

197112上旬
丹　江

复史树青、石志廉

老史、志廉二同志：

得信，厚意深感谢。前些日子，见《光明日报》载一新楚墓出土文物简报，读后十分得益。内中似乎也有些错误处。曾在纸角随事记下点滴意见。适得湘博熊传薪同志一信，说曾参加出国文物展，并认识老史。报角所记意见，既与湘博有关，因寄彼一阅，阅后或将转寄史兄，零星常识，必不免多谬误，能一一指正，幸甚。又曾就日文版十月号《人民中国》内中刊载廿彩图，亦为一一试作探索，如玉衣、博山炉、灯、屏风画、花锦等等，各附三五百字到一二千字意见。目下正为此间熟人借观，并请提意见，以后仍当寄两位请教，内中一小部分或可供作说明参考。在此无一本书，亦无一图录，凡事均凭记忆，文物形象犹易记，引申文献将不免顾此失彼，张冠李戴，见笑大方！

日来血压继续升级，已到二百四十，心脏且长日隐痛，一切毫无办法。因此试就此刊中廿页彩图示例，为一一"从联系和发展"看看问题，不知不觉间，即满纸胡言乱语，难于自休。对弟个人而言，则亦近于"针刺麻醉"，写来写去，血压即到临界线上，亦无所谓矣。

两位能返京参加改陈工作，十分难得。这次又能有机会饱看新出土文物展，及参加外出文物展工作，幸运更值得羡慕。解放后由于伟大的党正确领导，出土文物以数百万计，不仅丰富了"中国文化史"以崭新内容，也同时对世界文化史提供了无比丰富新材料，并为国内文史艺术学提出了种种新问题、新启示。只是配备到这一工作上来进行研究的文史艺术同志还不甚多。甚至于可以说少的太不相称。以各省情形说来，一般多是发掘经验相当丰富，但报告写来不免平平淡淡。即考古所诸大专家，亦不免如此。多近于东西出土以后，才临时查查文献印证。如"错金博山炉""彩绘孝子传屏风"及"锦缎""杂伎俑"等等，在简报和对日记者座谈中，多一律笼统说是劳动人民的创造，极少稍稍深入一步，说明此文物出现，究竟启发了我们什么，要解决了什么问题。一切仿佛孤立存在，更难于说明影响什么，又受什么影响，不免令人难受。因为科学院学部委员或专家，大都是国内这一部门第一流人才，对外则代表国家作这方面发言人。若照目前报刊所记载种种，却不免令人痛苦。每一文物都提到"艺术成就"，却说不出所以然。有关此一文物，正史以外记载似乎通无关系。而同样文物传世品，时代较后或较前，又有些什么，也引不起专家应有兴趣，平时或甚至于极端轻视或忽视。因此一般谈话和正式发掘报告，总不免平板枯燥，而难望旁征博引，生动活泼。据回来熟人说，由于说明员心中无数，外宾提出不少问题，多难正确回答，还是照十年前老办法，貌作诚恳，一一记下，转请第一流专家回答。可能也就只这么不了了之。平时若缺少从实践搞调查研究，分门别类占有大量材料，再结合文献作分析综合，凡事胸有成竹，一切还是依旧十分保守，紧紧守住传统搞考古方式，只注意到自己发掘出土那一份材料，此外各省出土的和若干大博物馆收存传世以百万计文物，以及其他十万百万的图像所反映，平时都极少注意，也不鼓励较年轻的同志认真学学，单打一的搞研究，那会得出什么惊人结果？有时材料即或十分重要，如那个彩绘屏风，提出了不少新问题，搞研究的就说不出所以然。这个由研究院来的老传统，工作方法实在太旧了，至今为止似乎还改变不多。所以到目前，考古所的工作成就不仅和史学所的需要难结合，和文学所的需要且更加不接头。事实上则三方面研究如不好好结合，陈列时写个说明就不易深入，何况写文化史！这种不正常的孤立搞研究的陈腐现象，要突破，恐怕还不是十年八年内办得到的。（正如过去十年前我就向几个熟人建议的情形，一即在艺院办美术史系的某兄，最好是让担负每一门的教师，不管是否专家权威，不妨分别先去故宫历博学二年，学懂了再编教材，再开班。不相信。二即在文学所编诗文选的同志，即或已引书证书卅卅年，不抵事。也不妨学几年文物，或特别训练二三少壮，学五几年文物，将得到不少崭新的启发！也不相信，因为照老办法吃得开，就坚决拒绝我这外行建议！）

因此种种，使我想到诸兄工作责任的艰巨，因为从实践出发，和文献、图像三结合搞问题，不问乐意不乐意，都落到了各位身上。一是馆中藏品的日益加多，部门又十分杂，作登记卡说明，就是一种考验。不好好结合，三几十字说明就无斤两。二即作说明员，至少将接受十种不同的询问：一是普通工农兵和市民与干部；二是大中小学生；三是外省同行；四是文、史、艺术教师；五是专业工人（瓷、漆、丝等等工人）；六是专家；七是一般外宾；八是同行外宾；九是专业外宾；十是专业准备考副博士论文的外宾。要在这十种观众询问下过考，得到及格，可不是容易事。内外作成的"形势所迫"，都使得到文物研究工作的同志，必须有个崭新的工作态度和工作方法，首先是明白必得下狠心在十年廿年内打个较好的底子，似得一抵十的努力，克服一切困难，才可望凡事开个端，给后来者以鼓舞，继续干下去，参加这一艰巨而严肃工作。文物反映是多方面的，有属于阶级斗争生产发展史的，每一部门又各有专史，也有在这个总目下而得分门别类搞明白金、石、竹、木、漆、丝、瓷……在艺术方面的成就。各部门又相互有联系和制约，要搞明白各部门历史发展的情形，还要明白每一时代的各种文物的共通情形。必须吃透它，才可望做分析综合，得出新的说明。兵器史和家具史，且都是在辨证矛盾中发展的……要明白的十分多，而仅仅靠前面搞文物的底子，却远远不够。而且这工作，我们即再努力，所得也还是有限，因为新文物的发现还将以千万计。但是在现阶段，我们有我们的条件上便利，也有相应责任，既是本身能用个较新研究方法提出些新解释，可望在另一时，改变改变社会各方面做学问的空气，大家都有了一个新的共同认识，即这以千万计的文物，才可以把今后治史、治文、治艺术、搞各种制度……的专家学人，明白要想工作的进展，必须重视这个现实，才可望在工作中明白唯物论和矛盾论的意义，而从工作中得到完全证实。能有这么一种新认识，十年八年后，才会在共同努力下有一部令人满意的《中国文化史》。才会有写得较好的各种专史。才会使得"古为今用"四字，落实到"去其糟粕，取其精华"，较好的应用到生产各方面。也可说"国家的事要大家来办"这句话得到完全兑现。目下最难的不是我们受不受得住寂寞努力下去,而是拿出点有分量的成绩,引起搞文史艺术的共同学习,共同提高!我对文物本不是个内行。事实上是真正"一无所知"。但名分上却做了廿年"研究员",事实上还是在说明员位置上学了廿年。因为在上述十种观众的十年接触中,为对付千百种不同询问的答复,才明白"说明员"意义的重大。才明白目前考古报告如何不得用。才明白目前搞文史的孤立方法大有问题,必须改变,才可望编书像样一点。而注书若能注重实物,才会有点新见解。至于教艺术史的教师如稍有自觉,就一定会承认,得先好好认真学个三年五载,才能够不至于再误人子弟而自欺欺人。同时并且明白了在这么一个过渡期,一个真正过考及格的"说明员",或许比一个学部委员,对各方面协助工作,起的良好作用,还抵事得多!因此这么一个"说明员"的向学热忱,也会远远超过一个什么专家权威的,因为他还明白"为人民服务",对于一个说明员应当是什么。不拼命努力,是不容易过考及格的,作"专家"容易,做"及格说明员"可真不容易!

我因为是"半路出家",文史艺术底子都极薄弱,所以学了廿年,尽管得到党的种种鼓励和同志们多方面帮助,所有还是点滴零星常识,无一样拿得出手,使专家承认是有用学问。所有常识,主要都是为说明员面对群众而准备的,所以在同事中也只是能在一些小处有些启发,即已足够,别的就说不上。本意这点常识,或尚可望有个什么机会,分门别类来作作总结,排个秩序,一一写出来,能给馆中同志另外一时还有点用。目下看来,这点妄想也怕已经不大可能实现了。因为血压老是升级,体力恐适应不了,忽然报废是意中事。即想尽可能把衣服说明草稿重抄一次，和丝、漆二简史已重改稿重改抄一次，并尽可能把草目业已排出，只待调整文字的"金属加工""玉""玻璃""家具发展和应用""屏风、锦帐、衣桁、步障在形象上的反映及其相互关系""马具的进展""兵器实物和图像的反映"……大约有五十个较小题目，一共或会有七十万字，在这里还可望一一完成，或返京完成，看来希望已不大了。这大都是大专家从来不承认的知识。解放廿年来，国内几十个大专院校历史系，有上万毕业生写毕业论文，也从不受教师鼓励当个题目来试试的。事实上也就反映了另一问题，这些论文若照老方式进行，即先生只会教学生查书，是查不出什么结果的。因为教考古学的，对于不少实物，就不大知道原来在书上的什么，特别是随同历史发展，以后有多少东西名称虽同，式样却已完全和先前不一样。另外，却又有些东西，名目虽已在不断变化，而事实上还是原来那个东西，显而易见，随手可拾例子，即"盾"和"矛"，前者同一名称，却有大几十种不同式样；而后者形象、作用，基本上相差不多，名称却不断在变化，由矛改"槊""矟""枪""梭镖""红缨枪"……这些琐琐小事，大专家似乎可以始终不过问，但若搞文物登记，不明白同异却不大好办！所以还将尽可能一一作去，只是工作环境如只同像目下情形，凡事仅能从记忆去求证，难于持久，亦可想而知！

前不久，在血压初初升级到二百四十，头脑昏昏沉沉毫无办法时，为避免心脏压力出事故，还依旧写了个《文物图像中有关鼓乐的种种》，记下由商到明约百十种各不同式样。在比较下，才明白原来汉代杂伎人衣着，还和信阳楚墓漆瑟上所反映十分相近，而绍兴出西王母镜子上，西王母身旁竖蜻蜓杂伎人，又还依旧戴尖尖帽而衣小袖短衣！这种相同或不是偶然的，因漆瑟上部分狩猎人和武梁石所反映狩猎人衣着,也多相近,而以武梁石刻表现极具体,可作将来复原参考。如作西周末东周初期奴隶革命场合,参用这种衣着,可能还不至于离题过远!同时还把王充《论衡》提及的俗传雷神手执"连鼓"的形象,从汉石刻、北朝敦煌画、《揭钵图》、永乐宫壁画以至于法海寺壁画,等等雷神手执大小不同连鼓也记下了。由此才发现《周礼》之八面鼓,可能和《三礼图》假想不合,必近似连鼓。又试拟一灯台的发展过程,也举了四五十种不同形象作例,另外早写有一明代灯市小文,如能合并重抄一过,或亦可供参考。

真不免近于"作无益之事,遣有涯之生",愧对此盛世明时!

闻出土文物将印三专册,能预订时望一示价目。又展出品不知有照片可看看没有?彩漆绘孝子传故事屏风,如能设法为寻一份较详照片,必可望从画中种种提出不少问题也。

天寒手冻,草草奉复,望能不见意幸甚。

弟　沈从文　顿首
十二月

石志廉,作者的同事,任职于革命历史博物馆保管部。

本信是未付邮的废邮存底,编入初版全集时为残信。现以补齐信尾缺失的约950字全信编入。

1971 12 下旬
丹　江

复史树青、石志廉

老史、志廉二同志：

前得来信，久不作复。因来丹江后，血压升级，始终在220—240间盘旋。求下降到200左右，即近于绝望。惟本人与医生，明白240这个数字所具有的严肃意义。心脏因之亦不免长日在隐痛中。右脚行动时尚不难受，惟早起时上举穿鞋，已不灵便，似有"夔一足"趋势。右手关节，有时拘挛失灵，作字即不免如堆蝇粪，用用时又转灵便，虽始终不脱五十年前司书生体，犹能认识，已大幸矣。眼睛则与孟子所说"明足以查秋毫，而不能见舆薪"，因之试用其所长，与另一"胡思乱想"弱点相结合，来"废物利用"，倚枕上，就三寸大小本本，作半分大字体，随想，随记忆，随写，似并不甚费事，即可将一些文物分门别类，排排秩序，还像有点条理可寻，足供年青同道参考。试查查这种小草稿，近二月里，即已完成约十三事，如《谈鼓的种种》《杯壶衍进》《谈剑》《灯》《屏风》《男女坐具的区别与混合》《漆事》《玻璃》《玉珮的衍进》……已超过原来设想。大致是受"针刺疗法"的启示，"痛苦可以转移"，就廿年作说明员面对广大群众，从各个不同角度提出不同的询问，形势所迫，不能不就每一文物的本身历史和另一文物相互关系，（或相互适应而共同高升，如"讲经座"由五六寸高而升到八尺以上，而案也不能不上升，后来终于成为"神龛"。又榻成为"架子床"，上升三尺后，面前案反而挡事，因下降为"踏凳"或"榻凳"，转成踏脚搁鞋用具。）也是"三结合"，即实文物，图像，文献三结合，彼此补充，相互印证，（文献中史志外，又还包括些诗歌小说及杂子书，和前卅年本业有些关系的部门，）幸亏得是脑子还不太乱，试采用个"凡事不孤立存在，凡事必有联系和发展，又相互制约又彼此促进"辩证法基本原则，清理清理头脑中堆积印象，似毫不费力，便理出了十来个东东西西的家谱。虽见闻有限，点点滴滴的凑和，总还不离常识范围，对多数人未必有用，但是，对于本身这个240数字所形成的威胁，却抵挡过来，而且转化成为一种足供别人参考的常识，至少是不算在此"坐以待尽"了。特别是过不几天，我就将照旧话所说，进入"古稀之年"，还能想到在午门上作说明员的一些未了任务，在床上来逐一完成，并且还希望有一天，再能随同诸同事，于什么新陈列室里，让中外观众"过考"，终于及格，而在此胡思乱想的结果，又还有一天能有助于同志们工作，在方法上也可得到些启发，我这个七十生日，可就过得并不寂寞，而且还极有意义了。

在这么一种情形下进行的工作，当然不可望作得出什么真正"成绩"，会有一天得到"专家"认可的。有可能向相反走去，甚至于感到"讨厌"！因为不照传统方法，即近于"胡说白道"。但这并不妨事。譬如我试从文物制度比较分析，去对于传世有名国内外的一些人物故事画、刻丝、乐器等等，试来重新判断判断年代,如把《洛神赋图》作为隋代人笔年代下降。把《高逸图》作宋摹《七贤图》旧稿,有降有升。把《北齐校书图》断为北朝时,但和画录中顾作《勘书图》《七贤图》《文会图》为一物。《卓歇图》即《十八拍图》别宴一场,和史志"卓歇"无关,或系北宋末曾三异说的"圣画流行时"作品,比胡瓌晚。《夜宴图》宜为据宋诏令集说的"南唐降官一例着绿",淳化时据故事而作。《展子虔春游图》衣实晚唐,看成《唐人游春山图》之一。故宫藏宋《会茗图》从衣物坐具乐器组织等等,升为唐元和时稿。题元王振鹏作《搜山图》亦升为元和时稿。题《宋人游骑图》照鞍作五鞘孔制升为唐开元间稿。把题武宗元《朝元仙仗图》升为唐玄元皇帝紫微宫或骊山行宫朝元阁壁画稿之一,且与画录中传王维观某画按乐,以为必"霓裳羽衣"某一节故事结合,此画稿必成于盛唐,到宋代有可能反映到真宗时藏伪天书而作,丁谓王旦督工的"玉清昭应宫"壁画上,因武宗元当时为二领队之一。但更近于较后北宋末之"绛霄宫"赵佶习道时庙中壁画小样,因为后面几位文、武、道等上署法名,依稀记得和史志中所叙林灵素自称法名,及赵佶法名相合。试查查必可明白。而传李公麟之《七十二贤图》,则似本于汉代旧稿,因剑柄下垂之镳驴剑处理方法,晋以后改仪剑即不使用。但又肯定经宋人手,则据胸前杂珮,把"琮"改成内圆外八角形薄片(实误解郑注,《三礼图》亦如画中反映!)……

刻丝中问题,即《纂组英华》里大部分所谓"宋元宝物",或据1画稿,或据2比较材料,或据3内容,时代多拉下到明清。如1所谓《北宋天官图》,据衣着蟒袍,即可知接近乾隆,不宜再早。2如题《崔白之三秋图》,和故宫藏一织锦同样物,即只是康乾时,故宫题明已可疑。因布色即只是清初习惯。3一个题为宋的《喜到春来》过年用玩意,题名字迹和故宫及古董店乾隆时作大吉葫芦刻丝一样,而下部且织成天竹水仙,实邹一挂笔意!和一串边炮,那能是北宋?至于内中一"刻金蓝衣佛像"题为元代,朱启钤称为元,其实故宫还另有十多幅一模一样乾隆时作品!至于□羽、邦达诸兄一律由港收回拍案惊奇的《韩滉五牛图》,试和清满汉合璧《孔子事迹图》一加对勘,则四牛均分毫不差在事迹图中可以发现,而迎面一牛则为骆驼化妆(此图存馆里),是唐韩滉,还是乾隆好事,与宫中画师一同伪造,一经比较即可明白!

故宫之"大忽雷"即因出钱多而孔尚任在牙纽上刻了一诗而肯定。其实后部刻字即不可信。照记载,似为韩滉入川,闻鸟鸣用弹弓打下一树枝而作大小忽雷。记称是红豆木,此器即非红豆木。忽雷是鳄鱼名,此乐器只是一般蛇皮。唐乐器日藏实物和敦煌及其他图画反映均不作龙头式样,而此乐器恰恰作成龙头。并且龙头也不是唐式,而近元明式,蠢而不秀,与龙式少共同点。又同式二弦乐器,我曾亲手花四元钱在昆明买过一件送音研所,还可比较,时代极近,至多只能到元代!故宫却没有人肯提出怀疑,还是搁在唐代!

我尽管说得还有些道理,不尽是"胡说",即作为"建议"而提供专家参考,结果必然还是"置之不理"。还是专家的"帝王鉴定,名家收藏,流传有绪"这么老式三结合占上风。正如主席说的,唯心主义省事!因为照传统习惯省事,而试用一个新的唯物的方法,有所探索,实在十分费力,必需再学十年八年,聪明人定难同意也。更何况这么一"破",有些权威法眼,未免难堪。收藏单位,也像受了损害。负责的也必然大不愉快。所以我的"三结合"方式的试探工作,在本馆即行不通,倒近于自然。至于成为一种主要鉴定参考,前途希望,不免渺茫之至!使人着急处是,出土文物和传世文物以数百万计,不久将来肯定会以千万计,但是研究工作方法,如还是老一套"学院派",和"玩古派"支配一切,考古的永远在报告上写明尺寸、时代,即已近于完成任务,从中看不出什么问题,长处只停顿到"劳动人民的知慧"的笼统概括赞美上。在公开陈列时,将不仅一般说明员会被观众特别是外宾提出的询问受窘,即学部委员,也怕经不住考验!听说前不久,曾在长安开会,(文物会议?)一定会提出了些新问题,涉及面对这以千万计的东东西西,如何来消化它,使新的中国文化史的内容,奠基于大量具体材料上,一改以文献为主的旧方法,取得新进展。如何"古为今用",也落实到从具体材料吃透后知所选择,而不是"零吃零花"情形,或始终在字面上承认,事实上却依旧停顿到不三不四的抄抄仿仿日本玩意,即自欺欺人,以为在"洋为中用",事实上则连个计件生产的景泰蓝也改不好。改不好主要是学不好,或没有学!但是估想得到,在传世字画文物鉴定方法上,恐怕还离不了旧的三结合方法为主,不大可能提出什么新建议,来把十年前的大专家在国内各大博物〔馆〕定的等级,重新用新的三结合方法来再审定一次的。即希望就近对故宫历博藏品重新审查一番,也不大可能!对出土文物,大致也只能作到尽可能选些分别种类或分区印些出来,报告还是老一套,近于摊材料,而不提这个材料的出现,究竟启发了我们什么,解决了我们什么。因此谁来分析利用这些材料到通史上去,美术史、工艺史,以及文学史等等上去,得到更新的理解？事实上是提不出什么办法，甚至于或许还想不到这事情！因为若早想到这些材料的意义，是和史传、文学、音乐、诗歌、艺术密切相关联的，则早已由考古所方面，主动的向史学所、文学所提出建议，三方面研究得相互配合，共同交流，打成一片，不至于至今犹若渺不相干，各自单打一的在那里进行工作了。这个现实而十分落后的单打一进行研究方法，已有了五十六十年，解放后并没有改变多少。考古所的报告，工作总像是谨严有余而活泼不足，写报告时才查查史书，而平时可没有什么人还看看史部以外的杂书。因之总不可免写得干巴巴的，甚至于搞史学的人也得益不多。另外还给人一种印象，即考古的，肯定也从来还没有一位专家，想到故宫和各大博物馆里还有以百万计文物，值得派些年青副手分门别类认真的来学十年八年，取得一些不是他经手动土的知识。也可说是由于看不起，或不懂这里边还有多少应学的事事物物，不会应用这份知识到新的报告里，所以大同出了个屏风，就是孤零零的一件，好像是天生的，以前图像有什么不明白，以后有什么不明白，屏风上画的孝子传，以前有什么又说不出，以后有什么且更说不出，至于屏风如何上到墙上去，成为画幅千年来格式之一，如何和榻椅结合成为罗汉榻和平背靠椅，换句话说，就是它的血缘关系，当然是无从谈起了。

事实上学习方法若没有除旧布新的认识，即亲手挖一百万大坟，也不会使考古报告变得活泼有生气，而能有助文化史、艺术史……得到提高，负责人的文化认识也难于提高的！

因此我总还妄想凡事开端难，搞博物馆的同志，接触问题既较多，见的文物也比较杂，待解决的问题又格外多，新的形势逼人，或有可能得把学习方法改改，搞搞新的"三结合"，从各方面进行些探索性工作，或可望扭转扭转这个孤立研究的落后现象！权威受框框限制，也并不什么迷信，只是方便省事而已，并且也不会到陈列室来作三年五载说明员，受各种询问，感到压力。即或在特殊展出时接待接待外宾，一般性解释即已足够。偶尔遇到什么外面专家或好事者，有礼貌的询问什么时，也只要同样微笑说"不知道"，还是过关了。但是若遇到像过去我们遇到过的东德一女同志，波兰一女同志，或每天只看两大柜，来个每事问，或就陈列中的坛坛罐罐问到底，不满足，尚能陪同上故宫作义务说明员，一下子就是廿卅天，可就真老火！人家是在准备考副博士论文的，既诚意，又热心，而且对你说明员充满善意和尊敬，你能用"不知道"交待得下去吗？你说"这不懂"，话倒顶诚实，那将去问"谁"？过去什么邓、蒉、吴三大老，就懂吗？也不会懂！有机会学懂，倒是我们搞资料、陈列、说明的容易学，容易懂！过去宗仁同志领导这个说明组十年，大致是还不大肯学，也就有许多事或不大懂，因为平时极少去陈列室，而且我有好几年经常去故宫作义务说明员，也从未碰着他去学习过！这都是过去事了，但是新事在眼前，而你们责任还格外重，因为在新改陈中虽依旧不外些坛坛罐罐，刀刀枪枪，花花朵朵，金木瓷漆，抓方向说观点搞史的专家责任大，而具体提材料，如何使之结合起来，如何加附带材料使实物活起，需要用心处将格外多。改陈希望就文物本身得到文化史效果，多数观众得到的印象，不仅是一柜柜破烂或金银财宝，有待你们和美工组的努力，是十分显明的！我照情形说，大致是不大可能来进行未了工作，只能就想得到的写些下来开个端，更多、更有系统的、更有意义的、也更烦琐的清理工作，实在只有目前还在工作岗位上的各同志，能有机会去进行。这不只是为改陈应有的努力，事实上，还涉及一个新的比较唯物的三结合研究方法，是否能逐渐代替旧的、保守而落后的、唯心的，在社会上却有种种原因，始终还占优势，却显然还又影响到千万件文物在新的劳动文化史、艺术史、文学史，以及种种"古为今用"具体效果上影响上的事情。所以拉拉杂杂写下些感想或意见。

闻宿白同志在编新出土文物图录，如那些总说明或文物分部说明，照主席指示原则办事，为慎重计，得走走群众路线，有一段时间，比如说一二月给我们馆中同志看看，我希望还有机会也能看看这个说明，因为即或没有发言权，大致还有点建议权。我试从日文版《人民中国》十月号一期中科学院考古所执笔小组写的介绍文章看来，得到的印象，即这一文物或那一文物，究竟启示我们什么，解决了什么问题，都没有能作到简而扼要谈到中肯处。不深入因之也难望浅出。如出的大型图录……

原信未写完，据废邮存底编入。

一九七二年

19720102
丹　江

致张梅溪

冬天大小得常吃点蒜，免受风或生病。

梅溪：

　　早得从广州寄来药物和水果糖，十分得用。深深感谢。水果糖高级之至，二表婶特别欣赏。我们到这里已五个月，吃住已比双溪不相同，又方便，因此一来，二表婶和"退役运动员"差不多，已恢复了文化大革命前精神。年纪长了七八岁，事实上精神反退还了十岁，再下去，或许就将和庆庆、黑妮比赛爬景山了。

　　这里虽然还每日必有点劳动，而且随事得叫去补缺，但比起在湖边搞菜地，已近于从战场上复员转成一"邮务员"。尽管经常（每天）得到处传传口信，又每会必作纪录，已若从"西班牙舞"改为"交际舞"，微胖将是必然的结果。听她发言多少像是有了点"小头头"腔！再下去，或许即真得"发福"了。不过照估计，要达到张曼君水平，恐还得在十年后。因为由于每天动个不停，消耗还是相当大。特别是还得和三几位可以上小说的，发言尖刻思想复杂"群众"作微笑态打交道，动员什么，相当费心。其中有一位性格极难于招架，动不动即说什么"敌人在暗里霍霍磨刀"，或"不关心群众疾苦"，或什么"斗争异常激烈"，"情况在不断变化"，流行名辞，运用十分自如。可是每次出门，必把十二岁大孩子锁在房里，外面还搁上自行车，另外再作了个记号，夏天也必把后窗关上，怕有歹人侵犯或袭击！黑妮四岁时即不受如此保护！平时和我们十分斯文，而经常却和孩子"武斗"异常激烈。孩子口骂各种野话，并用卅八九号大硬鞋重重向妈妈脚杆踢去，这位教子有方的妈妈，也不示弱，僵持下去，最后必还得我们去"保娘娘的驾"，只见母子二人脸上都抓出血痕，还得忙为两位擦红药水。真正是一场好"激烈的斗争"！听说和她在湖北的丈夫，还是我的一位北大学生，《文艺报》笔杆子！也更激烈的武斗过来：一骂为"国民党走狗"，一骂为"什么××婆"，交锋到令人想起旧小说或旧戏文中的某种上法场的主角！这对我写了卅年小说的人，还想象不到的"泼"与"悍"！你想想，附近六七户通不大往来，二表婶却得随时作微笑态与之协商分配劳动和其他，又得听她作种种申诉，由头到心、到脚，这种训练下，始终能得到这么一个人相信托，真是有点道行！我却近于在看一本十分奇怪小说，生动逼真，文雅和悍泼混合而为一，因此不大相信真有其人其事的！我在这种特别训练下，于是就不免也胖了起来。若照相片看，或已近于"三级"胖人。事实上是位置照摄影师排调，特意为把坐椅加高，且作微笑态下完成的。五味子糖浆或许也起了点作用。平时易头昏，吃后即好转，业已试用过一次五百CC大瓶的。北京如易得，你和蛮蛮不妨都试用一大瓶看，神经性的什么，似通有效。

闻永玉等或已转石家庄,不知是否事实。照我估想,明天事情还多,受训三几年不妨事,因新的教书方法,一时恐定不下来的。全国大学以百十计,多还不到招生动员的!最早也得明秋天。正有千万种事待进行,在进行,数知识分子的重新安排,最小最小,最不必即解决。事情还在变动、发展中,生活方式越简单些越好。如能把目前方式,是在有意受保护,免受不必要的牵连中出不必要事故,即可不急急于搞工作了。"改造世界观"是十分重要一件大事。要认真进行学习六本书,十分认真的学,或许还是不懂,不易和目前各种大事结合得到满意理解,那倒也许对了。最怕的是自以为已懂,而事实可不懂,那出乱子。我在政协学了十多年,对于不少学习材料即不懂。同在一处也说我"不懂"。书生气十足,觉悟不怎么高,不大靠拢党。与老舍巴金比,差得未免太远!结果,却证明正由于这个差距,在这里和午门楼上差不多,在那个零下廿度下,我高高兴兴作了十年说明员,现在还正为以后说明员作面向群众过考准备,写了大几十个极有意思的文物材料,三五年或更晚些后,永玉和你们一家,也许还可以有机会看到一本本印得很好的小本本出来的。大都是在你们(也包括了二表婶在内)意想不到情形下学来的。即以目前正在写的许多说来,我自己也不太清楚,如何就学学便懂,而且大部分不经意中通记下来了。可是若改要我作个三位数字加法或除法,即不大能好好交卷。

十多年前,单位里约有十位教授级同事,当时都肯定我不安心正业,只凭个人爱好,搞点花花朵朵。学什么都不免"心不在焉"。看来是完全说中了。我学的、想的,方法总像和正常人不大相同。在这里,或许也有不少熟人抱同一印象感想,有时且易令二表婶生点气。只因为她对世事反映，是极正常的，脑子也极正常。所以我写了些好诗和过去写了些好小说，她就不大理解是从何着手，因为她至今还能背诵上百首有名古诗，我一首也记不清楚，可是，却有时写得比那些千年前名诗人旧诗还好得多。可是诗似乎已不必那么认真写的，因为从这里办的壁报即反映出高知群众要求水平。因此还是将尽可能把些桌子板凳，刀刀枪枪，坛坛罐罐，花花朵朵的分门别类历史写下去，一到写这些时，不能背五言绝句的脑子，便改了样子，千百种不同图画，不同书本，不同实物印象，就忽然结合起来，全不费事即写下来了。

我还将准备在过春节后，重抄那个关于衣服的什么廿二万字，估计能有两个月抄出，即可望在四五月带还北京上交，完了一份差事，一种愿心。不出意外，则尽管血压长在240之间，还是不妨事，依旧能作下去。如出意外，即不免和云六大伯差不多，廿四小时内完事。从最近相片看，可不大像"古来稀"年龄的人。吃东西已并不多，还有胖的趋势，可知愚蠢在增加。

因为不知道永玉最近通信处，这个信传观后注意如不犯什么忌讳，即可转去给他看看。

这里过年就只我和二表婶在炉前吃烫饭，不出门，也不会有人来，清静到只听得远处吹风机声音。因为前几天大致从附近南阳拉了半车公鸡来过年，病身影响到比邻约廿六只公母鸡，四天内不管是司晨的、下蛋的，一下子全收拾了，有几只大红冠公鸡，平时十分威武，几只白母鸡，认真说近于"漂亮"的，通通在不经意中消失了，不免使人难受。妮妮若在这里也会难受。虎虎住了廿天，来回路上大致得十一二天，今天大致已回到了张之佩身边。他们在那边一切还好。之佩还在节里跳独舞，还教人跳舞,大致要到四十岁才免去这一分差事。见王樯詹大①为问好。据虎虎说,红迪孩子动不动即哭,完全和小尖鼻不同。这里熟人见小尖鼻相片,都觉得顽皮得有意思。

问大家好。

从文
一月二日

---

①詹大,指油画家詹建俊,中央美术学院教授。王樯是詹建俊夫人,芭蕾舞演员,教师。

19720403
北　京

致李石英

石英同志：

　　《衣服资料》工作进行办法，近就本图二百幅和改正说明约廿万字反复看过六七回，个人意见可以用三或四种不同方式进行完成：

　　一、将图中附的目录文字酌加，求作到简而明确，经领导批准，再送冶秋同志审核，同意后即付印，除作为概括性题记，并附上郭老原序，另外廿余万字说明，暂时不印。若这么办，大致四月中旬以前即可全部交卷。（弱点是无从加附图收相互补效果。）

　　二、将原图附目酌加，并将说明文字压缩到四分之一，约五六万字。说明方法也加以改变，改作分段写（不是每图解释），如商周一段，汉（或加三国）一段，并在说明中补充必要小白图，可和大图互相补充。将本图送审付印，随即将说明稍晚送审付印。这么办，文字稿或将在五月初交卷。（麻烦处在文字取舍要费点事。而附图应酌加，才明白问题。）

　　三、仍照原来计划（最早的计划），将本图送审付印，同时说明部分在附图配齐后，也即<u>上交送审，付印</u>。（近于摊材料，搞<u>试点样版</u>。因为内中处理材料方法不同。主要是文图互证，或对某些名画年代据史志<u>记载重新判断</u>，可纠正过去"人云亦云"的谬误。有的又<u>用实物证史志</u>，彼此会通，得到进一步认识。有的又可<u>从排比方法上证发展、衍变</u>。这么印出后，各有关方面，可望提<u>补充或纠正</u>意见，再依据各方意见<u>分析综合</u>，可望明白工作方法上得失，有利于下次进行分代收集资料准备了更有利条件，免得走大弯路。照这么办，<u>五月里也可交卷</u>。（弱点是文字有些枝蔓烦琐，分量过重些。）

各个办法各有不同得失。第一个，大致只能供送外宾礼物用，还过得去。国内同行参考学习价值却不多。因为不结合一定分量说明文字，要利用这分材料时，用处不多。

照第二办法，国外博物馆和国内同业，<u>用处似就多些</u>。不仅仅停顿到艺术成就和历史衍变，还可望较深一层，<u>明白原因及背景</u>，和史志记载相结合。

照第三办法，对外意义不太大，<u>对内好处多些</u>。也有助于我们下一步如何继续搞。（个人意见，认为一二三各有好处。）

今试将第一种办法拟定的商、周、汉部分原图计三十四页送上供参考。望请将此信所提各点，并原图于<u>领导会上商讨</u>，即早决定，便于提早送审。再争争时间，来完成另外待完成任务。

并致敬意。

沈从文
四月三日

又我五楼原研究室中还有些应用图书，望能问问当时迁移的同志，是交了公家，还是搁置到另一处，还是由私人借用，查查下落，十分感谢。

因应用书刊已不易买，而工作实不可少。有的即或原为公家所有，因同志们借用散失不全，<u>早已由我出钱偿还</u>，冠英同志必有底册可查。

所需应用图书，望批准由之檀同志，向图书室提借，存美工组，我隔一天来查查，用不着的当即退还图书室。

沈从文

李石英，通信时任中国历史博物馆保管部主任。

据原信编入，删节附页所列《商白陶之研究》等共42种拟借的应用书目。

19720521
北　京

复张兆和

兆和：

　　十日信收到。汤浩昨曾带海利来，消化了花生、兰花豆、苹果和一些奶油饼什么。还只想"找兆和阿姨"，乖得很。回时已晚，正值大风，我送她们走了一段路，一定要我回，才回身。今天气候转好，住处十分热闹，不下于你在此一时那一次。因为焕章将返石家庄，和朝慧带了些菜来，并为修理小圆桌。不久又来了一个胖胖的军官，可是挂了个挎包，不认识了，许久才明白是曾祺！谈了许多故事。孩子也下放或入了纺织厂。施松卿倒还照旧。才知吴之椿已成了古人。曾祺在改《杜鹃山》，说唱的、拉的，应如何如何，都得参加。一天忙不赢。回不了家，住在剧院，今天忽然放了个假，才来看看。

　　正要吃饭，忽然又来了个不速之小客，和小尖鼻差不多大，也很像，长得蛮好，只是一望而知是"托儿所管"的，原来是二表兄和他的文彤。真有趣！每次有点好菜，说笑二表哥有口祜，这次又应验了。他本劝大姊来，大姊说，"三姊回来我再来看看她。这次让文彤打一次前站吧。"已五岁，比小尖鼻还矮些些。

一会会,和小尖鼻在院子就玩得很好,吃饭时也在小桌子边二人同吃。比小尖鼻可沉静得多,和故去的二姑奶奶倒极相像,黑黑的,乖乖的,很可爱。约可住一月,二表兄说工作至少将忙一月!大姊倒极开心,因为文彪也脱离了顽童时代,长大多了,在学校纪录还好,只是回来和文彤在一起时,还是不免会发生点小武斗。文彤也并不示弱,并且站在婆婆一边,作了大姊的盾牌,大姊即不必太操心了。二表哥工作,显然还是很……

  原信尾页缺失,据残信编入。

19720821
北　京

致钱美华

美华同志：

前允为提点关于龙形材料，写了个草目。至少总得协助老师傅手边有百把种不同龙形，才不至于如上次所见！如故宫肯帮助，你们又有个人肯跑跑路，查查书，手又快，似乎有一个月，即可为老师傅把材料集中。到应用时，将得到极大便利。工作必需这么做才扎实，才解决问题。如有那么一分基本功，设计时用龙，就心中有数，不至于"临时抓虾"了。如要马，也必需得先为抓抓材料，才会共同提高。也有个草目，约二百种（手边已搜集的比龙多些）。

借的书，或以五到一星期为限，便于大家应用。不冻结。你想必同意。

有关临古画，由谁主持？有多少人在搞，望为探问探问。或让摹的人来找找我。我手边还有些册子，可供他们看看，如赵子固水仙长卷，宋人《百花图卷》，那边如没有，又以为值得临，就借半月也成。另外为他们买廿来种也成。通过临摹，可以提高眼力和笔力，是最好学习方法，很值得组织一二十人，一面生产，一面即可提高本领，等于为国家培养接班人。所以公家一时不能花钱买资料，我尽力所及，为买廿种借他们用不妨事。用不着什么感谢！应当为年青人服务，让他们把工作搞得更好些，才配合得上需要！

并候佳好。

沈从文
八月廿一

你们搞的花边装饰，不过关，少新意。这得学。也很值得有计划抓抓材料，搞个二三百种。得把这些基本功搞好，才能叫落实"古为今用"！我这外行话想不会见怪！

钱美华，女，北京市珐琅厂第一任总工艺师，中国工艺美术大师，现代景泰蓝艺术发展奠基人之一。

本书入选
"十三五"国家重点图书出版规划

《沈从文全集》编辑委员会

- 顾 问 -

汪曾祺　王　予

- 主 编 -

张兆和

- 编辑委员 -
（按汉语拼音音序排列）

凌　宇　　刘一友　　沈虎雏　　王继志
王亚蓉　　向成国　　谢中一　　张兆和

《沈从文全集·补遗卷》

- 主 编 -

沈虎雏

- 审稿人 -
（按汉语拼音音序排列）

陈　洋　　凌　宇　　刘一友　　马　峻
沈　红　　沈虎雏　　王亚蓉　　向成国
续小强　　张之佩

沈从文 ◎著

SHEN CONGWEN QUANJI
BUYI JUAN

补遗卷 4

沈从文全集

山西出版传媒集团
北岳文艺出版社
·太原

图书在版编目(CIP)数据

沈从文全集.补遗卷.4/沈从文著.—太原:北岳文艺出版社,2020.12
ISBN 978-7-5378-6340-7

Ⅰ.①沈… Ⅱ.①沈… Ⅲ.①沈从文(1902—1988)—全集②沈从文(1902—1988)—书信集 Ⅳ.①C52②K825.6

中国版本图书馆CIP数据核字(2020)第246838号

沈从文全集·补遗卷4

沈从文◎著

//

策　划 续小强　赵　瑞 马　峻　陈　洋	出版发行:山西出版传媒集团·北岳文艺出版社 地址:山西省太原市并州南路57号 邮编:030012
封面题字 张充和	电话:0351-5628696(发行部)　0351-5628688(总编室) 传真:0351-5628680 印刷装订:山西新华印业有限公司
肖像画 沈　红	开本:880×1230　1/32 总字数:1180千字　总印张:53.375
责任编辑 马　峻　关志英	版次:2020年12月第1版 印次:2020年12月山西第1次印刷
书籍设计 张永文	书号:ISBN 978-7-5378-6340-7 总定价:388.00元(全四卷)
印装监制 郭　勇	本书版权为本社独家所有,未经本社同意不得转载、摘编或复制

2004年,《沈从文全集》编辑过程中,书法家张充和多次帮助编者识别沈从文手稿的字迹　　(沈红/摄)

2003年冬,沈虎雏、张之佩在湖南保靖县档案馆查阅历史文书

沈从文致凌宇书信手迹

1980年，沈从文致凌宇书信之一，当时凌宇在北京大学攻读研究生

2015年，沈龙朱、沈虎雏访问耶鲁大学，向东亚图书馆捐赠《边城》等中文图书，其中《边城》是由故事发生地茶峒所属湘西自治州花垣县人民政府设计制作的特殊版本

（孙康宜/提供）

2015年，哈佛大学举办"沈从文与现代中国"国际研讨会的海报

（王德威/提供）

2015年，王德威、沈龙朱、沈虎雏、张新颖参加由哈佛大学举办的"沈从文与现代中国"国际研讨会　（张新颖/提供）

1999年秋,沈虎雏与全国政协委员考察组在贵州少数民族地区考察
(阎立中/摄)

2000年,北岳文艺出版社前社长杨继东和责任编辑陈洋探望张兆和先生

目 录

一九七三年

197305中旬　复杨璐　北京 …………………………………… 3
1973夏　复杨璐　北京 …………………………………………… 11
19730613　复施蛰存　北京 ……………………………………… 12
19730622　致张宗和　北京 ……………………………………… 18
19730625　致姚雪垠　北京 ……………………………………… 21
19730724　致姚、李二主任　北京 ……………………………… 29
19730823　致张中和　北京 ……………………………………… 31
19730919　致许青松　北京 ……………………………………… 32
19730921　致李之檀　北京 ……………………………………… 37
19731018　致阎玉敏　北京 ……………………………………… 39
19731027　致杨振亚　北京 ……………………………………… 40

19731207　致杨振亚　北京 …………………………54

197312　　复吴世昌　北京 …………………………62

一九七四年

19740101　致巴金　北京 …………………………71

19740129　复杨璐　北京 …………………………79

19740605　致沈虎雏、张之佩　苏州 ……………83

19740614　复沈虎雏　苏州 ………………………87

19740621　致巴金　苏州 …………………………91

19740622　致沈虎雏、张之佩　苏州 ……………95

19740902　复张之佩　北京 ………………………100

19740924　致阎玉敏　北京 ………………………103

19740930　致王林　北京 …………………………105

19741016　致杨璐　北京 …………………………110

1974秋　　致杨振亚　北京 ………………………113

19741107　致李石英　北京 ………………………121

1974（1）　复编写者　北京 ………………………122

1974（2）　复程朱海　北京 ………………………124

1974（3）　致史树青草稿　北京 …………………126

一九七五年

19750109　致王家树　北京 …………………………131

19750404　致王亚蓉　北京 …………………………135

19750413　致王亚蓉　北京 …………………………136

19750427　致王亚蓉　北京 …………………………139

19750711　致王亚蓉　北京 …………………………143

197507　致张香还　北京 ……………………………146

19750927　复唐兰　北京 ……………………………147

1975秋（1）　致陈从周　北京 ……………………150

1975秋（2）　致陈从周　北京 ……………………152

1975冬　致曹辛之　北京 ……………………………153

197511上旬　复荒芜　北京 …………………………154

1975　致吴仲超　北京 ………………………………156

一九七六年

1976春　致陈从周　北京 ……………………………163

19760430　致荒芜　北京 ……………………………164

19760520　致沈虎雏　北京 …………………………166

19760730　致沈虎雏　北京 …………………………171

19760801　致沈虎雏　北京 …………………………174

3

19760804	致沈虎雏、张之佩 苏州	177
197608中旬	复巴金 苏州	178
19760909	致张之佩、沈虎雏 苏州	182
19760917	复巴金 苏州	185
19760924	致陈从周 上海	186
19760928	复陈从周 上海	187
19761002	致沈龙朱 苏州	188
19761007	复陈从周 苏州	192
19761012	致张宗和 苏州	195
19761117	致巴金 苏州	204
197611中旬	致张磊 苏州	205
19761126	致陈从周 苏州	206

一九七七年

19770216	致杨伯达 北京	213
19770307	复施蛰存 北京	215
19770402	致杨伯达 北京	219
19770516	复姚雪垠 北京	224
19770815	致杨伯达 北京	226
19770816	复徐维 北京	228
19770917	复马国权 北京	232

19771124	复陈增弼	北京	……234
19771210	致徐维	北京	……236
1977冬	复李昌鄂	北京	……237

一九七八年

19780207	复张寰和、周孝华	北京	……243
19780222	复杨琪	北京	……246
	——暨答杨琪草稿		……246
〔附录〕19780218	杨琪致沈从文	北京	……250
19780303	致张兆和	友谊宾馆	……251
19780325	复杨琪	北京	……253
19780510	复陈增弼	北京	……254
19780806	复陈漱渝	北京	……256
19781214	复陈漱渝	北京	……257

一九七九年

19790207	复于善浦	友谊宾馆	……261
19790227	复于善浦	友谊宾馆	……263
19790522	复宋道隆	北京	……265
19790602	致王亚蓉	北京	……267
19790624	复沈虎雏	北京	……272

19790712	复陈增弼 北京	276
19790821	复陈晶 北京	278
19790911	复师陀 北京	283
19790914	复赵家璧 北京	286
〔附录〕19791009	赵家璧复沈从文暨沈从文批语 上海	290
19791010	复荒芜 北京	296
19791014	复张香还 北京	297
19791114	复吴重阳 北京	300
19791116	致张寰和、周孝华等 北京	303
19791216	复王根林 北京	306
19791221	致荒芜 北京	309

一九八○年

19800117	复远兼 北京	315
19800226	复施蛰存 北京	320
19800305	致黄永玉 北京	323
19800313（1）	致徐维 北京	325
19800313（2）	复施蛰存 北京	326
19800430	复王帆影 北京	328
19800603	复潘耀明 北京	330
19800824	复施蛰存 北京	331

1980	复苏晨	北京	333

一九八一年

19810305	复田鹤丹	北京	337
19810803	致黄永玉	北京	338
19810821	致马幼垣	北京	340
19810823	致沙汀	北京	341
19811004	致巫宁坤	北京	343
19811019	复李凯玲	北京	344
19811027	复苏赓哲	北京	346
19811031	复彭秀枢	北京	348
19811125	复彭秀枢	北京	352

一九八二年

19820103	复黎泽重	北京	359
19820129	复王孖、王亚蓉	北京	361
19820201	复吕宕	北京	366
19820210	致严文井	北京	369
19820302	复王紫平	北京	375
19820314	致董锡玖	北京	376

198204中旬	致王亚蓉	北京	377
19820610	致荒芜	北京	378
19821012	致向晓晖	北京	380
19821018	致杨仁恺	北京	381
19821022	复龙文玉	北京	382
19821028	复巴金	北京	384
19821229	复于善浦	北京	387

一九八三年

19830112	致童超	北京	391
19830210	复欧志安	北京	392
1983春节前夕	复炳文	北京	396
19830408	致巴金	北京	398
19830410	复蒋寄梦	北京	399
19831024	复施蛰存	北京	402

一九八四年

19840209	复巴金	北京	405
19840313（1）	致施蛰存	北京	407
19840313（2）	复李定周、陈天笑	北京	408

| 19840813 | 致金介甫、康楚楚 北京 | 410 |
| 19841110 | 致陈占元 北京 | 412 |

一九八六年

| 19860425 | 复孙琴安 北京 | 415 |

一九八七年

| 19870417 | 复中国近代纺织史编委会办公室 北京 | 419 |
| 19870527 | 就法门寺地宫重大考古发现致陕西省政府 北京 | 420 |

一九七三年

197305 中旬
北　京

复杨璐

杨璐同学：

　　你的信写得很好。但听你谈谈工作和生活、情绪种种后，似乎还更得益。因为和不少近十年在大动荡中长成的青壮小朋友有共通性，可知苦闷具一般性。这是必然的。深一层说来，也就是对革命的现实，和革命的理想，有较大差距，或社会的动荡过大，一时难于适应，小知热情受挫折后的一种反映。对于某种存在的现象，感到不可解，有的还甚至于感到十分痛苦，工作即有了改变，依旧近于在无可奈何情形下，把日子过下去。但另外，又看到显明还有更多的年青人，则是在同样变动莫测的挫折中受教育，却得到一种不求自得的结论，"世事不过如此"，形成"早熟病"，虽同样处于无可奈何情况下，却逃避现实，采取种仿佛十分潇洒的人生观，心安理得的混下去，既无书可读，有的书又不可能发生应有吸引力。特别下放三五年后，来读那些写乡村斗争，或思想改造过程的故事，一和个人见闻对照，实在不大容易得启发，感兴趣。因此即不免随大流，用玩扑克来消耗有用生命。你感到痛苦是正常的。但我们七十岁的人，却看了整半个世纪！今昔不同处，过去是玩麻将，唱京戏，赌骰子和天九牌，跑狗，赌回力球，以至于吸鸦片烟！目前不仅中学生从这个似乎即可得到人生至上乐趣。此外还有更多百十倍的小学生，也无例外，不学而能，随时随地都可以"摊牌"！公园里，火车上，以至于医院病房间，且都有不少成年人，聚精会神来进行，从而获得"至高乐趣"。比五十年前玩麻雀、天九、叶子更具普遍性。虽不至于形成经济上的纠纷和悲剧，如过去社会那么不少人为此而自杀或犯罪。我曾在有四十八盏烟灯房子里，和约六十人住了一年多。今昔对比下，这也可说是一种大进步！可是至今为止，似乎还不曾有人（负责训练接班人的教育家）从中看得出这是一种民族集体慢性自杀的作用，提得再高一些，即可能比帝国主义和苏修的阴谋还更值得耽心！若真有个什么"教育家"或"思想家"，从中有所启发，能想方设法，把这种"不学而能"的天赋，以及"深深陶醉"的忘我情形，来作些新的设计工作，化消极为积极，转入到各种现代有用知识的学习追求上去，特别是对意识形态的改造学习，则国家的进展，才真正使得帝修害怕！（事实上却近于相反。不然，那里会忽然又有多得不易设想的新扑克应市？）搞教育设计的，还从未闻有人对于这种让年青人消耗生命方式感到不妥，抓意识形态的，同样不把它放在应考虑范围之列，所以也可说，这并不是中学生的过错，责任实在另外一些人。且不是目前人的疏忽，是历史上的残余回复。因为从来还不曾有人把年青一代的生命浪费，看成比别的一切经济浪费更可怕惊人，而来关心注意想点办法的！

我在大学里混了廿五年，即在抗战最紧急的几年里，同事中不少从英美回来的名教授，就经常有事先约好玩三五日夜不下场的。用心之专，有的且显明比他的"专业"还更深入。就中还包括有当时思想十分"前进"的。又还有借此作为同事增加联系，求得"思想统一"或接近的。我说"不来"，他们却以为"很好"。事情倒当真是他们"对"。因为在解放前，并不为国家前途白担心的新式博徒，而在解放后，其中不少还成了场面上要人，或将继续成为场面上要人。有的还包括了"夫人"，一切真近于以逸待劳！至于我呢，过去还可以对于这点表示不同意，写点小文章，认为一切近于赌博的游戏，在高知中形成习惯后，都近于对国力的耗费。消极的禁止不解决问题，积极的即应纳入新的政治或教育设计中，想办法，加以转移到有建设性的努力中去。这也可说是对国家和民族未来的一种有意义的功利主义。可惜从没有引起应有共鸣。仅仅对个人起了点影响，受了点教育，即是在这种国力消耗现实中，和在新发展的社会见闻中，对外体会到个人实无可为力，转而对内为绝不消极苦闷。反而似乎因之得到一种取之不尽的力量，充满勇气和信心，把自己管理得十分谨严，来进行学习和工作。即到搞的写作，遭遇全面彻底毁灭性打击后，也处之泰然，且认为"十分自然"，毫不丧气。又凡事由无到有，从头学起。至于结果，却从不作什么侥幸成功考虑。从别人看来，近于无一定目的，从自己说来，则是目的始终不变。路走不通，甚至于在七十岁后，还得改业，也不碍事。情绪年龄至今似乎还在初到北京时阶段上，永远停顿在这一阶段上，上的是永远毕不了业的补习学校，来正面接收一切失败的教育。最大弱点是越学越天真，所以在同行比较中，我应当说是个"长远打败仗的乡下人"。这么一个人，承好意以为有可学习处，不大可能对你有任何有益帮助、启发或好影响，是十分显明的！你应当承认这一点,才不至于间接毒害你!唯一有用处,或许是你能善于从反面学习,不至于重蹈覆辙。在新的工作中,和人事接触中,明白我们一代的痛苦,从表面看,已成为过去,事实上却继续在加深。你们新的苦闷,将是另外一种形式而出现。明白现实越多,也可望越增加适应力和斗争勇气。同样是必需极力克服自己由于"观念固执"而带来的麻烦,可较容易取得工作上的进展。一切路都可以通罗马,学懂了照新的要求规律作去,即可得到充分自由,在任何情形下能不消沉,不同化,抱着一种真正的革命人生观,怀着宏愿和坚强,来在党的正确指导下,进行学习和斗争。也肯定还会有随之而来的种种痛苦,主要即现实总不免近于"泥沙杂下",和理想的"纯洁无私"有差距,形成矛盾而感到痛苦。越深入生活,或许将越增加痛苦,终于形成一种游离状态,末了还是消极。(从近廿年不少相熟年轻党员中,就随处可以发现这种人!)我以为如真对于社会主义有信仰,敢于作新中国的主人,会明白依旧凡事得向前看,不能后退,不宜后退。因为即在乱糟糟的现实中,社会还是始终在向前的。要学会看大处,看主流,对于随同社会向前时必然产生的种种弱点,不发小感慨,不作无意思的批评,更重要,还是不因之而对国家、对党,即感到失望或绝望。要明白这种种,还必然还会为国家带来一系列困难,都有待所谓"接班人"来解决,敢于担重担子,走长路,爬高山,好好抓紧点滴可利用的时间,学个半世纪,并和这种种不良存在战斗个半世纪,才是青年接班人应有的气概,以及真正作主人的气概!

若想从事写作,大致也先得有这一点认识,才能持久,不至于为任何挫折而丧气。更不至于为小小成功即自满。一个人若准备作万米竞走，时间够长的，没有一个观众，也得跑到终点，才是道理！

你对写字感兴趣，也很好。在目前，这种爱好已可谓稀有少见。但也不免代为担忧，恐在另一时，会发现"劳而少功"，近于"精力白费"。因为正当不美的"美术字"在社会上占"压倒一切"的优势时，尽管照传说，国内或各省市小学校里，又已在照指示应当重视写毛笔字。要懂得事实上，或许只是一种暂时之举，不大可能会产生应有结果。因为简笔字第三期笔划草案①已提出，有大半已简化到我都不易认识，不久即当公布实行。两者矛盾大，不可能一面力求简化，到一般人不易认识程度，而另一面又能重视传统书法艺术的。若对目下的"提倡"或"重视"，过分认真，而寄托以不现实乐观希望，不免会于明天加倍失望。因为如果全国大中学教师，除习金文的在外，包括近卅年习文史的教授等等，一般已达到不会使用毛笔书写正行草字体水平，居多且不认识行草字，也从不觉得吃不开，如何能把希望寄托于小学生？大专院校艺术教师，还不会写行草书，而且各把教"美术字"一例作为"当家法宝"时，那宜妄想中国书法在明天会得到合理重视，或应有发展？目前的重视，到明年或且将加强，会进而出现什么"全国小学生书法比赛"，在北京展出，随后还将送去日本展出，都只宜看成一种政治上的安排，对东邻的表示，是临时性，而少长远意义，不大可能即因此得出持久重视结论的。或许还将更进一步，不久将有个"工人书法展"在北京展出后，又去日本展出，主要还是对外一种安排，绝不会因此即出现真正的书法家。那完全是两件事！今后必然会有"书法家"在国内外存在，将从政治角度来决定好坏，和书法的好坏不相关。明白这一点，不会妨碍你对书法的爱好，因为还是可从这个爱好中长年东涂西抹，得到"自得其乐"，而且在实用中，也还有意义，即抄抄书终日不会疲倦。若欢喜他，即寄托不大现实的希望，以为既经提倡，即将如历史过去，成为独立艺术一部门而存在，而发展，在势已不可能！此后"书法家"一个名称，不会为真正内行而准备，将始终附属于政治家下面，以本人当前政治地位作标准，能否存在，能否在国内外得到尊重，必看本人官职如何。一脱离政治，即近于可有可无，亦无意义可言。必需承认这是新的社会的必然，才不至于感到失望。我主观设想，如你还希望把剩余时间，从长期积累中，得到点有意义效果，不如分开来试试看：一面写点字，另一面学学画，后者即或近于"从头作起"，依然在短期中……

和社会需要结合，有出路。甚至于是你此后……

我还觉得"向优秀党员看齐"，也并……

孩子作工人，我总经常用这个互相勉励。因……

在不易设想困难挫折中，还继续学习和工作，从不丧……

在工作中一直向前的。工作态度便值得取法！你在乡下……

义，不是抽象的什么，而是十分具体……

附候府中各位佳好。

沈从文

附：

贺知章草书孝经　附《书道全集》唐代部分，另有单行本卷子（日印）。

出师颂　商务影印本小横册子，原以为隋，似唐人，因用笔重，不象隋代。

大字千字文　传怀素，长沙本附有宋克书《出塞诗》，颜字结体。

又小字千字文　近欧体，或出明代摹拟。

欧千字文残本　近《道因碑》结字，好。

蔡书党人碑　桂林刻本还好。

祝枝山书箜篌引　在祝书中极好，故宫影印，比《十九首》《前后赤壁赋》均好。

明朱元璋硃谕　《故宫周刊》分印过，有单行本子极好。

唐太宗屏风帖　比《阁帖》中迹好，笔健而有法度，说金花纸写，可疑，宪宗似亦有屏风书。

北齐《兰陵王碑》　极好。

隋僧静琬书　似在上方山云居寺有拓本大字好。

怀素《自叙》　故宫有印本，不如《千字文》，但比《圣母》《苦笋》诸帖好。另有《四十二章经真迹》，近明人文氏弟兄笔，不大可靠。

唐人书《月仪》　故宫有影印，好。中华有印本。和《屏风帖》结体相近，笔较重，好。

《景福殿赋》 传孙过庭，或较晚。字体近似北宋王诜。

明宋克书《千字文》和摹《急就章》 文物影印，好。前者似为卓定谋印，笔过媚，终不失为佳书。

虞世南《汝南公主墓志铭》 有单行本。四十年前有正书局似印过真迹本。

《泰山经石峪金刚经》 大字径尺，极壮观，与《天发神谶》异曲同工。字在隶楷之间。

日印《书道鉴真》中章草篇及二王书 前者如索靖、皇象、王敦、王导，诸书均极好。

赵佶草书《千字文》 申博印。摹怀素大字本，用的是《自叙》法。多错字，分别看多失体，总的看好。

《草字汇》《草韵汇编》 各有好处，值得搁在手边。后来《行草大字典》即从之出。

试为先写廿种来，如和庆云堂主人相熟，必易得到。

杨璐，当时为下乡知识青年，通过其兄杨琪与作者相识。

本篇最后一页缺失半张，局部文字不连贯，现据残信编入。

①第三期笔画草案，指"文革"期间科学院文字改革办公室1972年7月开始拟定的《第二次汉字简化方案（草案）》，经修订后于1977年12月正式试用。1986年9月国务院通知全国停止使用。

1973夏
北 京

复杨璐

小弟：

习颜体书，下笔过重，顿挫转折间，特别费力，却不易见好。如求架子好，有骨气，不如兼习习大小欧阳，特别是欧阳通的《道因法师碑》，故宫曾有宋拓影印本，笔秀而沉着，架子远比颜好。如对颜感兴趣，也可兼学彼行草书，将来用处多。

一、《鹿脯帖》 在墨池堂及三希堂帖内，苏东坡的行书即从之而来。

二、《争座位稿》 行草书。

三、《祭侄稿》

四、裴将军舞剑诗 草书拙劲奇突，十分特别。

五、怀素草书中的《自叙》《圣母帖》《律公帖》《苦笋帖》以及流行最广的《草书千字文》，均出于颜体的变化。《小草千字文》则用欧体作底子，各有好处。

且试试把可得到的，从琉璃厂庆云堂碑帖店买来，有用。

从文 候

本篇据废邮存底编入。

19730613
北　京

复施蛰存

蛰存吾兄：

得惠书，深谢关注厚意。廿年来，新社会变动之大，不易设想，特别是新的一回大动荡，摧枯拉朽，远比九级台风所经过为剧烈，五十年熟人同道，多在此必然来临过程中，陆续于各种不同情形下成为古人，复归于土。死者长已，生者诚足念也。弟幸诸事托福，廿年来，近于在和一切风雨隔绝中，平平安安度过。比起大多数熟人同道，各在骤风猛雨中起伏低昂升天入渊情形说来，真应说"侥天之幸"！事实上，则只是为人头脑简单，少大志，无野心，深知无能，解放后，即不再勉强冒充"空头作家"，也不敢再误人子弟在学校空谈创作，甘于在零下廿度午门楼上灰扑扑文物库房里，及冷冷清清陈列室中，和坛坛罐罐打交道，学习"为人民服务"，在党的保护下及特别照顾中，才一家大小，几几乎是凡事照常，平平静静，度过了廿三年。虽在六九年冬，循例受林贼阴谋影响，被迫忙忙离开北京，下放湖北双溪，独住一区中约二年。其实所在处属水田富庶区，又是风景区，附住于一高冈医务所内，周围长冈绵延，长遍青青马尾松，下望四万亩水稻田，春天来时，紫云英和不知名黄白花草如铺锦绣，远山则积翠堆蓝，似已接江西界，长日在变化中明灭不定，简直终年如在王维画卷中。所以生活虽寂寞，却格外安静，供应且特别好。深深享受了两年闲适乐趣，和医务所年青医生，及区里生产队约百六十老幼，均十分相熟，所得另一种教育，也对于个人一生，十分深刻有益。只是"跛者不忘履"，静极思动，总不免以为生当如此"明时盛世"，无事可作，有愧于心！七〇年冬①，由丹江返回北京后，大致因为在乡下二年，不仅和大城市种种热闹纷乱隔绝，即对于近在百余里文化部三千干部所在地向阳湖一切，如何在严寒酷暑下，斩草焚莱烧砖造屋，截湖开荒，终于在共同日夜辛勤忘我劳动中，使新开五千亩平田，麦黍油油，同庆丰收，克服不易设想困难，取得奇迹般成功，弟亦近于无知！但正因此一来，十多年高血压冠心病，得告好转。回京不久，过去体力上种种故障，忽然失去，回复正常。今年已七十过二，至今每日坐桌边习经温史，常至半夜，亦不知疲乏为何事。工作单位，既不责以一定职务，因之还能争时间，将八九年前即已初步写成有关历代服饰资料，已制成之二百图版，幸而亦不为小将毁去，说明稿约廿二万字，校改完毕，上缴领导，了一心愿。至于此后命运，则只能听天安排。即终于报废，亦无所谓。（因主要用心处，为改陈所抄数千卡片，早已全毁。）目前完成，不过副产物之一而已。廿年所学，多近于"由无到有"。虽在工作中得到党鼓励支持，及友好期许，只是半途出家，史部学底子过薄，谈的多从实物出发，求结合文献，加以分析综合，得出新解，自然不大可望，所学始终不脱离常识性质，工作亦近"玩票""打杂"，有常识而少深知，不过在人弃我取意义下近于试探性作了点基本功罢了。虽主要图版早已于八九年前即已制成，说明稿也经过审核，无多问题，不像毒草。由于今昔要求大大不同，在弟生前难望与读者见面，亦复意中事也。记得孔子说的"血气既衰，戒之在得"明训，老子说的"为而不有"名言，所以一切主观努力，既近于为年青接手作"垫脚石"，能不成为"绊脚石"，即幸运矣。所学种种，在国内至今多还近于研究中之空白点，费力大而不易见好，因之接力赛的少壮即不易得。若许可照原计划继续作去，还近于单干户，独自为战，所收果实则供大家用。在某些同行看来，工作常近于"可有可无"，"锲而不舍"可谓不识时务。远不如学学"务虚"，或巧佞取容为得计。此则非"真正绝顶聪明天才"不易办，期之于弟，势不可望，故目前工作，若到明白"此路不通"如过去搞创作情形，陷于全面败北，非再图改业不可时，大致还将作第三次改业考虑，亦复无碍于重新开始。真所谓乡下人悲剧，客观环境即再好，人人都可望各得其所，充分发挥个人所长，本人则受性格限制，愚不可及，不善"务虚"，任何试探性努力，所得结果，总是败北，亦理所当然。

有关北方熟人情况，所知实在不多。只闻高植因心脏病已死去十多年。老友董秋斯亦已作古。侯金镜于咸宁故去，金人于丹江病故。向达先生则系六六年于十三陵劳动时血尿中毒，耽误一天治疗，因而故去。此外老舍、田汉、吴晗、陈梦家、陈翔鹤、刘盼遂、赵树理、王任升、司马文森、李广田……亦各因故于不同情形下同辞人间。文学所中之何其芳、俞平伯、余冠英、冯至、钱锺书、李健吾、卞之琳……均各健好。阿英、张天翼亦很好。朱孟实似已将美学译毕，不久或可付印。已七十七岁尚能爬西山绝顶。冯友兰又成"忙人"，肖乾或仍在干校等待分配新工作，丁玲只六三四年曾一见面，或仍在黑龙江也。李长之大致还在师大，另有工作，或较教书略累些些。（但亦必比较省事，不必过用思考。）上海教授中想亦尚有不少人还在相同情形中。冯雪峰曾在丹江同属一连，同在一大厨房搭火，体力精神健好，已返文学出版社。另据不一定可信传说，胡风、周扬、潘汉年、白羽、叶浅予……多仍在某种"优待室"，是否在一处则不得而知。叶圣陶先生，年近八十，犹精神矍铄，近正去南方探亲，或尚可偶然一晤也。茅盾一切亦甚好，住原来家中，体力情绪均健旺。顾颉刚先生早过八十，犹能主持廿五史标点工作。老作家近于"福将"似数冰心，在国内四十年，不必写作总能以不同原因，左右逢源，而受尊重。或以为适逢其会，其实则善于"务虚"。气度亦有过人处，为一般庸人所难知也。曾短期去湖北，适与兆和同住一民居中，运动来时，在种种不意而来冲击下，仍不失开朗，识大体，不以个人得失累心，长处即不可及。（客观要求亦相当重要，去日有作用，明天去美，或更重要受尊重也。）社会动荡幅度过大，不少事均不可以凭常理推测。书生气过重，将更多不易理解处。在诸五十年熟人旧好中，有不少人虽正直，惟重心恰在脑部常因细故而死去，十分令人惋惜，向达先生即是其中一例。亦有人平平庸庸，善于将重心放在足部，始终如"不倒翁"的。学学易经，略明阴阳消息日月盈亏之理，即不觉得奇异，且视为社会变动中一种正常现象矣。

　　所嘱寻觅诸石刻，希望恐已不多，因唯一店铺星云堂，服务主要对象，似已由内转外，重在和日人打交道。另外虽尚有"内部供应"部门，也不大像为教书人而设。正因此或许有不少好图书，多转入并不读书人手中。而真正想用用书的，反而不易得到。弟因搞杂文物，过去一时条件又较方便，在人弃我取意义下，零星收集得来的纸张数百种及部分陶瓷、锦缎，总是到一定时候即分别转给公家。真近于从实践中学习"为而不有"，因之少受物忌，少受误解。秉"推己及人"之理，亦不免希望吾兄，于适当时候，或将多年收集得来诸难得希见名迹佳刻，一律转入学校或另有一番乐趣，且可望免去另一时意外麻烦。昔人收藏聚散不必言，近廿年即曾亲见一陆某，半世纪收藏碑刻过万种，分散时多近于用"处理品"方式，不多久即荡然无余。又柯凤荪家中旧藏石刻亦及万种，剪裱的且经一一加用楠木夹板，编号分箱搁置。唐宗小墓志，则每百种成一份，整整齐齐大张整幅，且有不少朱拓本。碑刻大半多经翁方纲、盛昱、端方、陈簠斋、罗振玉、叶德辉……等题字考订，真有集其大成景况。然处理不及时，致被家中人用每本一元钱，每套五六元计件处理。李盛铎、陈簠斋、徐世昌及东北一收藏家所有亦复相同命运。物之聚散，虽近常理，从文化言，总不免令目击者深感痛苦惋惜也，反不如《校碑随笔》作者所收藏，被公家一律接收，转入历史博物馆后，得以好好保存于库房中，具永久性，亦不失多年聚集本意也。老兄与弟年岁相近，此种建议，或亦可供吾兄另外一时作为一种参考。正深知文物收集之不易，难聚而易散，如能有计划考虑分散之方，必更不易易也。

关于收集旧好书札，对兄言，定是一番好意。在弟则以为可作可不作，至少是不认为个人一般通信有值得保留处。且不以为原属两人之事，可给第三者传观，自更不宜供今后第三者藉此点滴零星文字，作为对其人思想意识猜谜胡说底本。即属真正大作家，事实上除本人作品外，即绝不可能用一般平常信件作依据，得出正确理解。更何况弟根本不希望冒充作家，害人误己，因此若尊藏中偶然留有弟一二旧信，实盼望即早付之一火。因所有卅年习作，五三年即已付之一炬，而台湾方面，亦有明令不许出版，已印行的通通毁去，禁止流行。此次运动，则同事小将且将所有已发表未印书、及未发表不少杂抄，统为"消毒"而失踪，使人十分痛快。毁灭真正到了干净彻底，所遇之奇，并世少见。不能设想还希望会有三五信札留下，给后来人如"新红学家"那么胡说八道，去骗后来人！

廿多年来已不再冒充"内行"给友好写字，事实上写的字也始终不脱离半世纪前四元一月的司书生体。多年来用的只是八分一枝的水笔，主要在应用便利，抄抄书还得用，不会胡涂到还想用这种蹩脚字去骗人或作老朋友客房中装点物！

我家中九妹早已死去快卅年，你两个妹妹不知还在上海没有，若在别处，去信时望为便中致候。她们给我的印象都很好。

小龙小虎已结婚，各有一女，爱人同习工，因之家中有四人学工。

弟　沈从文
七三年六月十三日
北京

---

①作者实际在1972年初返回北京。

19730622
北　京

致张宗和

宗和大弟：

得以端①信，说你病不稳定，时好时坏，不妨试问问医务所和药房，如有"五味子糖浆"可得，可以试吃一二月，对有关脑神经各种机能故障，大致都有好处。我已连续吃了许久，最近二月兼吃蚕蛹。日四十粒加工炒枯，十六七年来的高血压病，居然已回复正常，冠心病亦因之去掉。近来每天作事不知疲累，半夜始睡，早五点多即起，一切正常。健康情况且比廿年前在云南还好得多。同时或许还是<u>心中毫无负担</u>，整天到夜，为别的事而忙。比如为特种工艺及地毯外销"古为今用"，如何应用古代花花朵朵而忙，一切照庄子说的"为而不有"，心中十分愉快，于是百病消除。三姐体力也极好，一面固然得之天赋，其实也还是日常生活简单而平稳的反映！

上次复信想已见到，你上次说拟秋天出外走走，希望能<u>成为事实</u>。到了北京，看看熟人亲友如何<u>忘我工作</u>，肯定也会有些<u>新启发</u>，使得自己忽然年青起来的！若八月能来，或许正好。

小龙最近去南方工作了约廿天，曾见到祖麟一家，二舅母一家，四舅舅一家，<u>各人生活大都还好</u>。我们的孙女儿，已快满二月，长得和婆婆一般黑虎虎的，一顿半磅奶汁还不大够。并且小小的即会让大人抱着拉屎，所以特别干净。每天晚饭后，我和三姐必去看看。母女都极健康。只是到了下月，永昕可能得返江北工作，大致就得三姐来带了。虽有个保姆，极爱清洁，又欢喜孩子，小龙也许还可回来三晚，总之，三姐大致还是会要忙累一<u>些</u>。那边住处去东堂子约一里许，地方还清静，我或许得过那边吃饭，每天跑跑路。

二姐一家还好，似乎只小平爱人何诗秀身体亏些。开了两次刀未复原。三婶一家也都很好。以前三婶不免常为平和婚事担心，上月在这里和王正仪结婚后，真所谓"后来居上"，不仅比巾和等婚姻合符理想，正仪的专业，也像比我和耀平兄<u>还高一着</u>，所以三婶妈，必将长寿十年。

宗和②、定和，家中孩子们都已长大成人，进了工厂，定和似还有两个在下放中。至于音乐学校，既新办了五七艺校，分系极多，且闻已有不少教师业已转入五七艺校，因此以后原有之音乐歌舞学院，是否还能恢复，已难预料。杨荫浏原在音研所，近已调国务院文化组，大致将在音乐中"古为今用"出一把力，起大作用。因近闻把《十面埋伏》琵琶曲改为交响乐，即由之负主要修改责任。这个新曲，今年或即可望于收音机中听到。

北大、清华、外语、民族、钢铁诸院，似已陆续复学，但学生来源已大变，因之教学方法或不免有二三年摸索。今年招生，似有了点<u>改变</u>，一机关亦可保送一干部升入大学，想必是全国通行之事。三姐虽每星期去原人民文学尽三半天义务，刊物短期中似难出笼，也不大容易有文章可选。文艺中一再听说是"大丰收"，大致指的是全国演样板戏而言。（戏中之一《沙家浜》，为汪曾祺改编沪剧而成。）"丰收"二字意义既赋以新说明，所以我们已不大明白。因为近十年除了偶尔还看看新闻影片，别的文化活动均不参加，即馆中经常演出内部电影也少看到。近来正在为本馆改陈，一柜一柜的看去，大约又得有两月时间，才能提出具体意见。照最近传达，说六月底，<u>十全会名单即将上交中央</u>，据内行估计，七月党代会若可开，八月中或将开人代、政协。如会系在九月里，一切又还援旧例进行，会前有一月外出参观，则八月我有机会外出走走，亦意中事。

并候大小佳好。

从文
六月廿二

---

①以端，指收信人的女儿张以端。
②宗和，原信笔误，应为"中和"。

19730625
北 京

致姚雪垠

雪垠吾兄：

　　七二年在京晤及冰心时，即闻尊作有关李自成革命故事，包罗宏富，气魄伟大。某一部分已在审阅中，决定后即将付印。（冰心或即审稿人之一？）可惜当时匆匆一面，未及详问一切。日昨徐盈兄相过，承示尊信中兼问及弟有关明代可供参考比较重要资料事。盛意可感。弟对于明事无发言权，因为史部学底子极差。却知熟人中谢刚主①与王毓铨二先生，治明史有年，各有不同成就。（故去之吴晗和王崇武两位，也是专治明史各有成就的。）四人中特别是谢先生，曾任职北图多年，转科学院史语所②又廿多年，接触明季杂著极多，闻见广博。又南开之郑天挺先生，则专治清史，于明清间稀见史料，收集亦多。吾兄如有待解决疑难问题，去函一一提出商请指教，必可得益不少也。弟之常识，多限于物质文化史成就各部门，且始终停顿于一般常识阶段，无一事够得上深入专精。过手实物虽动以万计，求进一步结合文献作综合分析，提出新解，所得殊有限。且不甚明白兄之鸿章巨著中所待解决者为某一点。因此只从个人主观估计出发，试就两馆中有关图像部分，为一般人未及见部分，另写出个草目，供作参考。如还有用，来京时想看看，大致将来可由文学出版社特别来信向二馆介绍，才有希望从库房中提出。因大多数已作为重要文物看待，商洽收藏单位领导同意后，还得保管组有人力可用，才能够提出——过目。（手续虽稍麻烦，大多数还是值得看看！）

尊作闻将扩充至五百万言，篇章鸿伟，正反映涉及范围之广大，以及用功之勤，值得深深钦佩。弟已离开学校文史系廿余年，对于同学读书消化力，缺少应有理解。但据经常因业务关系接触约廿位四十将近文史考古少壮同事印象而言，一般大学生已不大能直读旧书，并且求知欲也不大旺盛。多以读读时人编的小册子为已足。不少人因之搞文物一二十年，经常虽看看《考古》《文物》，并且或已负责作某一历史阶段陈列多年，文献知识，始终不脱离范、郭二老通史提纲和结论。不仅正史传记读不下，史中诸志，涉及制度衍变等等，更不易感兴趣。近廿年出土文物达数百万件，不多久还将以千万件计，不少分段陈列负责人，却对于每部门文物本身历史，多近于无知。因此对吾兄廿年努力从事之作，出版后，即专习"明末农民革命史"少壮同志而言，恐怕亦难消化得了。此书即或并不求"争取这个多数"着眼，只是为今后廿年有历史专业底子的读者作计，一面不妨照原计划作去，另一面还盼望能对于这部分中学教师，或文物工作者一般消化力实际情况，有所明白，加以照顾，在可能情形下，抽出部分时间，另写一字数不超过十万的同样故事。这建议或许不免近于"俗气"，但不考虑今后读者水平，工作即得上面支持，仍易致精力白费结果。而真正"成功"，或且有待于搞连环画同志，为吾兄意料不及将尊著作为依据，胡乱把文字删节到二万字以下，且胡乱配上数百插图，才可望转入多数读者手中也。以弟私见，并初步与徐盈兄谈及，吾兄既对于此历史阶段重大事件，比较全面理解，且具有充沛热情，与其搞创作，不如和文井、其芳一商，设法将工作转入科学院史语所，搞专题研究，如同过去罗尔纲搞太平天国，可以充分利用北大、北图、故宫档案馆及科学院图书文献，另一面又还有机会充分利用故宫、历博、北京市文物组等机构收藏图像及有关实物材料，将来即作一史料性长编，也够得上空前工作。（不至于受时间淘汰，易具永久性。）其次，则尚可利用余暇，写百十个带试验性亦可具示范性现代主题短篇创作。因直到目前为止，说"文艺大丰收"实近于政治上对外一种提法。事实上就短篇言，不仅质不及应有水平，量亦相当贫乏。万千人都感到这部门歉收到无书可读情形，求纪录突破，不少人总还寄托希望于近四十年执笔从事这一工作，各有不同成就的十来同道。吾兄工作既尚不脱离本行，如能打起精神，恢复信心，不以一时得失为意，继续下去，从大处远处言，对社会、对国家，以及对个人本业，一定到另外不久将来，会感觉到个人生命和社会发展，还能密切结合，并能充分发挥个人所长。且对于沉闷现状，亦可望注入一分新鲜空气，使之突破。因文学进展，求真正"丰收"，总不能仅凭少数人善于运用"务虚"方式，即可取得世界认可。在务虚之外，还得不少能打硬仗的大量专业作家，来共同努力十年八年，才会有真货色落实也。弟因和写作隔绝已廿多年，对这一工作已少发言权。在新工作中，又因系半路出家，始终不脱离"玩票"身分，工作既不易取得真正进展，自然亦不易得专家权威认可。只是副产品中之花花朵朵坛坛罐罐常识，在新的"古为今用"求落实、争外贸的号召下，主观以为这部分零星常识，或许还可协助国内工艺各部门老师傅和万千年轻美工设计同志，有点用处，所以在作"垫脚石"意义下，学习"为人民服务"，过的日子虽相当沉闷，远不如若干四十年善于务虚同道，日子过得热闹辉煌，生活居住差距，大有入渊升天之别，也还心安理得。今年虽已七十二岁，情绪体力似乎还在五十左右，若身体不出意外故障，或许还可支持数年。一切学习老子说的"为而不有"，能在时代大动荡中，少出意外差错，即大好矣。（与吾兄之雄心壮志比，不免近于俗气之至！）

闻碧野、徐迟诸位，均尚在武汉作协系统工作，晤及时均望便中致问候意。

并候著安。

            弟 沈从文
            六月廿五日

附：

明代重要图像，可供参考、能得启发的

一、《宪宗行乐图》彩绘长卷，历博藏。写宫中过年种种，部分和刘若愚《酌中志》相合，部分不同。内有各种杂伎的演出，特为仿于民间的货郎担，有仅见之明式鳌山灯棚，有在行进中之三战吕布、百蛮进贡灯戏，有各式灯。

二、《宣宗行乐图》彩绘长卷，故宫藏。内容不明白。闻同事言，极好，不少场面为板画中少见。

三、《吴三桂斗鹌鹑图》只一短幅，载于《故宫周刊》。似从《宣宗行乐图》中摘出，作便服帝王，面前搁一小方凳，上绘一竹篾圈，二鹌鹑在圈内相斗。另有宫监数人，作明代平民装扮，系有意作平民装束，《酌中志》即有相类叙述，手中各持一鹌鹑袋子。背景为宫墙转角处。旧题为吴三桂事不可靠，因主角相貌衣着均明帝王样子。

四、明人绘《皇都积胜图》彩绘长卷，历博藏。绘宫外街景直达外城。前门市容与前门内一带小摊贩作主题。平民多头戴"六合一统"瓜皮帽，士绅戴"四方平顶"巾，符合制度。且有后门小部分景物。天安门一带接近写实。

五、明人绘《金陵繁华图》彩绘长卷，历博藏。仿宋《清明上河图》，市容为主，有不少店铺，画得还具体。部分反映南京

晚明景况。

六、《明×宗琴会图》特大长卷，故宫藏。作者似为商喜？十分写实。人多着巾子便装，人马约真身一半大。每一骑后必有一琴童跟随。曾印过一小部分，不如原画动人。

七、《崎阳王李家各代写真》，及一彩绘长卷《平播图》，似册子，作战由点将、行军、烧教、献俘，画得十分详尽。行军制度具体。

八、明代官僚政绩图　历博藏数种。如内中《王琼行迹图》，即相当有用。画笔一般不甚高，但十分写实。由科举入考场，（考场景象即难见到！）升官，南北转迁，入京任大官，（如典库藏，即有西什库某库场面，也稀见！）如作武官作战，火铳的应用位置，以及不用时如何搁置于军帐衙署兵器架上，（也是少见材料！）这种政绩图过去不值钱，无人过问，解放后各省市博物馆均有收藏，值得多看看。历博不多，闻北〔京〕市文物组收藏比较多。

九、定陵出土文物及万历七妃子墓出土文物，前者整匹锦缎即达百七十匹，（部分当时还有黄纸封裹织处织工与名目。）衣百七十多件。后者多金银器。结合《天冰山录》③特别是此书所载及钱宁、江彬、王振等抄家记载同观互证，对于当时大臣官僚贪污财富、名称、数字等等，即可得一比较明确印象。如再用《金瓶梅》及《燕寝怡情图》叙述起居服用及诸图反映，则晚明中层统治阶级生活形象，亦可得一明确而深刻印象。

十、元人绘《卢沟桥图》彩绘条幅，历博藏。虽系元代画，用桥作主题，但两岸衙寺庙市容或许到明代还相差不甚多。

十一、《潞河督运图》　彩绘长卷，历博藏。虽属晚清人作，却十分写实。如运粮船和官船的式样,如两岸市容,如粮仓粮食堆积情况。记得文献记载,元代海运通后,每年还有南粮北运到四百万石。明代则叙于谦守城时,通州还存粮五百万石,本拟焚毁,后出计允许军民随意搬入京师,因之城中民食才得救济。明末事通州夺粮亦一大事,看看此图,大致还有助于尊作。

十二、《康熙南巡图》 彩绘大如牛腰长卷,似在十大卷以上,由王石谷领衔绘成。十分写实。清初北京种种,有描写。南方各省如南京、苏州、扬州、杭州,均有反映。最重要是运河船只行动,用闸门调整水平,船只如何通过种种,画得十分好,也十分重要。

十三、近年四川、山东、江西各省出土明代诸藩王陵墓报告及墓中文物种种,也极重要,一部分已调历博陈列。比如仪卫中的仆从,一部分穿戴系宋金官僚冠带,《仪卫志》中或未提得仔细,或未明确提出,于出土仪卫俑中,则反映十分具体。

十四、至于上中层官僚地主衣着首饰,除出土物报告外,尚有不少明代写影图像,可供参考。各省市文物机构,均有收藏,不一一列举。

十五、《满洲实录》 东北博影印旧图,文图兼备,不到十元,四大册,函琉璃厂中国书店内部供应部,可商购。写满兵入关作战各个重要战役场面,画面虽比较简单,但图像情景还是极重要。例如两方装备,与攻城防守方法,及虎蹲炮、抬枪、三眼铳使用情况,都画得极准确,可得启发。因记得清初板画还有相似场面可见。至于较后之平大小金川、平回部、平准噶尔,意大利传教师所绘诸图,虽复杂多方,有关手中火器,应用部署也大不相同。但《实录》所反映,却比较接近明末战况。

十六、此外还有些明代官僚雅会图卷。（多仿自宋代人作《文会图》《西园雅集图》等，也值得看看，《文物》曾刊载过些。）还有个清初作《北征纪行》册子，是清初出征、运粮、宿营等等场面，极写实，扎营景象特别好。描写明行军远征，可得极多启发，比别的图像好。

本篇曾发表于《新文学史料》2010年第3期。现据原信编入。

① 谢刚主，指谢国桢，字刚主。著名明清史学家，并在文献学、金石学和汉代社会等领域都取得令人瞩目业绩。

② 科学院史语所，科学院哲学社会科学部历史研究所之笔误。

③ 《天冰山录》应为《天水冰山录》

19730724
北　京

致姚、李二主任

姚、李二主任：

　　昨在八宝山，遇见民族学院费孝通同志，谈及馆中民族文物陈列，品种不够多，材料不甚好，似乎压不住。在对比下，更显得不成。恐怕对于民族政策理解不够。拟<u>尽可能扩大些陈列面积，提高文物质量</u>，并将"生产工具"和"文物"分开。希望能得民族学院<u>大力协助</u>，在<u>文物</u>方面，支援一下。费先生<u>极表同意</u>，并承相告：<u>新近中南区送来一批文物，内中有极好的</u>。最好<u>尽早来看看</u>。我想两位不妨研究一下，由馆长或馆出名写个恳切的信，最好是我和程世洛同志及参预布置民族文物同志，能由电话中预先联系费先生，_{先请程同志电话联系}商定最近一个<u>对费先生方便</u>的日子和时间，先同去看看新来材料，以及原有别的民族文物，估计估计<u>可借拨的有多少</u>，<u>回来写个报告</u>，供馆中研究研究，再定第二步，商借方法和文物名目。馆中如觉得有必要，就这么办。去看材料时，你们两位中之一位，能领头同去，让老史也去看看，或更见得<u>慎重其事</u>，一切都比较好办。

　　两位先共同研究研究，或即<u>照我建议办</u>，或<u>另想办法</u>。我今天<u>上午十点</u>左右，即来馆中听听两位意见。总之，民族文<u>物得充实</u>，且应当一重点看待，有同感的多。既有此难得机会，尽早设法，来解决这个问题，比<u>其他部分重要</u>。至于春秋战国段落，多民族有地方性陈列的实物充实扩大，据我意见，大致只有待下步，由你们中<u>一位领队</u>，由<u>我</u>和程世洛同志，或加石志廉同志随同去几个<u>民族文物出土重点区</u>，如<u>新疆、云南、贵州、四川、湖南、广西</u>，去走马观花看一下，<u>我们心中有数</u>，才可<u>望下一步</u>向国务院文博口提请求，才可望得到适当解决。这事如<u>有必要</u>，则早走，<u>可稍待</u>，则俟将其他部分改陈意见一一提完后，馆中全陈列，或许还有上百事待商讨，再研究。总之，这部分陈列，<u>要达到理想目的</u>，必得<u>从新的调查研究、学习明白材料</u>着手，就我知道的说，只据目下手中已有材料，来搞这部分陈列，或许得不出应有效果。可用而又有代表性文物实在过少。

沈从文
七月廿四早上

姚、李，分别指姚仲达、李石英。
此信未付邮，是托作者的邻居同事早晨上班时带交收信人。

19730823
北　京

致张中和

中和大弟：

　　昨见林葆骆同志，说日本近有专治能萎缩已存在的白内障眼药，香港可以买到。但进出必上税，加上药价，一瓶廿ＣＣ或将近十元。未免贵些。同仁医院第九诊室有专治白内障组，不妨转王令诲①三嫂，去试诊看。如得许可，入专治组，似编组，人不多，不知是否能得许可。即可得此新药治疗，廿ＣＣ只四五毛钱，即可得到。一天滴四次。林是医生，专搞外来新药资料。据他说，"是目前最有效药品"。望告三嫂，若不怕路远，不妨试去诊治一下看，且不妨将药名带去，问问医生。机会凑巧，或不多久即可好转也。

　　并候府上大小佳好。

从文

八月廿三

张中和，张兆和的堂弟，通信时在北京市政设计院任工程师。
①王令诲，张兆和三弟张定和之妻。

19730919
北 京

致许青松

青松同志：

　　试为就记忆到的书法、拓、印，及真迹影印，值得学学足供参考部分，写一简目，供参考。这一道，我不算当行，除草书外发言权不多，只是一点常识而已。涉及笔迹，若能一一过目，或尽可能搜集到手边。涉及论著题跋，成书的如《佩文斋书画谱》，石印本只一二十元即可得。《美术丛书》因为内容书多些，或稍贵，也只五十元左右。据弟私见，既存心立意搞这部门问题，这些基本书，可以作基本功必需材料看待，是必要的。有关唐以后的几个丛帖内中得失，当另为写来供参考。

并候佳好。

弟　从文
九月十九

　　据弟经验，每一种书迹，都值得摹临若干次，才能深一层体会其不同好处！

附：

印章部分

一、《十钟山房印举》 商务有印本,好。

二、《顾氏印谱》 明刻本,有用。

三、历代书画家及收藏家印章 书名不大能记清,望查查。商务影印。似福开森编,极有用。

四、《宋元明清书画家鉴藏印章》 日本刻过四本,不甚好。绵纸印,似只限于明清书画家。

明清私人印谱似有四种值得重视:一、明文彭;二、明何雪渔;三、清初丁敬身(丁龙泓);四、民国王福庵。

谈碑志、法帖、书法、墨迹、作品

一、叶昌炽《语石》 有排印本,有用。

二、方药雨《校碑随笔》 有用。

三、《佩文斋书画谱》(书法部分) 内中材料极多,十分得用。

四、《美术丛书》 内中有部分为前书未及收的,如《艺舟双楫》等。此外涉及工艺丝绣等材料,刻竹、紫砂壶、治玉、制扇子等等还有不少专著,也值得熟习。

墨迹、石刻及其他,或章草

汉石刻、碑志、砖刻、铜器铭刻、漆器铭刻、镜子铭刻,新旧材料过多，不举例。惟考古所新印《居延简》，及湖南马王堆、湖北江陵、山东等地新出汉初竹木简，值得尽可能加以集中，因后三者多西汉初材料。《居延简》则到汉末，内中一部分且为章草，即仅从字体发展加以注意，所得知识，也近于崭新的。

汉简中所见史游《急就章》章草 不全，到松江本刻章草《急就章》（比较好）。及元赵松雪、明宋克等新影印《急就章》，（附沈元、陈梦家、陈直等近人论著释内容，谈问题，有用。均不涉及书法，但有用。元代临《急就章》的不少，举赵示例。因少有人比赵好。宋克则属明唯一专工章草书家。有的或比赵还好些。）及《淳化阁帖》内中有关皇象、索靖和其他两晋人章草，（附近人卓君庸《章草考》）隋人书《出师颂》真迹，（商务影印横册子本，很好。已不易得。）传西晋陆机《平复帖》，（故宫真迹影印。内中动笔似有问题，或经补笔。）即可得到由汉"童蒙必读"的识字本，到明关于章草部分发展的情形，保留一个概括而有系统印象。

三国晋南北朝大小字

1. 《天发神谶碑》 似只有缩本。
2. 《泰山经石峪金刚经》 大径尺，极壮伟。
3. 《瘗鹤铭》 寸半大，代表南方，传陶宏景书。
4. 北齐《陇东感孝颂》① 所谓朗公草隶，下启隋静琬写经石刻，宽博而雅。
5. 《吊比干碑》 体方而笔细劲，启后来褚河南、宋徽宗用笔，虽然影响是间接的。

以上大字。

一、越州唐刻小楷　似十种：有两种《黄庭》，一行笔柔弱，不大好。另一极好，有拓本有影印本。包括《曹娥碑》《遗教经》《十三行》等。

二、唐人临《黄庭》　下笔扎实，极好。文物出版社有印本。

三、传《曹娥碑》真迹本　刊《文物精华》中。有陈垣一序跋极推许，且以为必真迹无疑。其实近宋人不甚明笔法者摹拓本，不少字起笔极软弱，落笔亦不佳。

四、僧国诠书《善见律》长卷　唐初贞观时书，故宫藏，为唐写经最精本。曾印行过一部分，因成于唐初，还无经生体板滞。

五、新出司马金龙墓彩绘《列女传》说明　为东晋初年书，极重要，因为可以间接证明《黄庭》《曹娥》等小楷书，有可能实成于东晋。《曹娥》犹多隶意，或尚早些。其次，则小楷或成熟于北方，而非南方。

六、隋仁寿镜铭　一般多用北周庾子山诗作镜铭，唐初犹沿用，字体秀雅而劲挺，从《黄庭》出。

同上碑志

1.赵万里编晋南北墓志[①]　拓本缩小，精选，且有文考证极详，惟字体过于缩小，难得本来精神，必需参考如下数种不同印本才可望明白好处。

2.《六朝墓志菁英》　文明或中华影印，字多原大或略缩，不坏,重在介绍书法,不考内容。似四册。

3.《六朝墓志精华》 有正书局石印,印得不好,但取材不坏,似十六本分四集。重在介绍书法,不加内容考证。

4.龙门廿品　拓片易得。

唐及以后另写。供参考。

许青松,作者的同事,任职于历史博物馆保管部。致力于古汉语、文字研究。

《陇东感孝颂》应为《陇东王感孝颂》。

①晋南北墓志,指赵万里编著《汉魏南北朝墓志集释》一书。

19730921
北　京

致李之檀

请阎同志[①]便致李之檀同志　从文

之檀同志：

　　阎同志来谈李太白像事。我意思先看看有关参考材料，根据材料，按照需要，做些不同小头像，作第一步试探，必可得到较多启发。盼望你为将服饰资料中唐代部分及人美印《敦煌壁画》、故宫印《文苑图》、申博印《画苑掇英》中，或在东北博藏画图录中明仇英临宋《文会图》，又《韩熙载夜宴图》，《人民画报》或《美术研究》似印过。我封套里也有一份旧图。章怀或懿德太子墓壁画，用这次大章带回的日印彩图即成。永泰公主墓壁画彩印本内中石刻侍从有用。《步辇图》文物出版社印，原大，中二赞礼官好。郑振铎编祖国伟大传统[②]中传阎立本《萧翼赚兰亭图》为费神提出来，必可得到工作便利。例如《文会图》虽出于明仇英摹，实旧稿，人物极活，就很好。

　　又《支那名画宝鉴》中有明仇英绘《李白春夜宴桃李园序》

画，系彩印，画虽晚出，画意亦不俗，也可看看。

我明天必可来馆，就服饰资料唐代部分和阎同志谈谈，并希望陪她上陈列室看看各种唐俑。

有关建筑，或介绍傅熹年同志见见，傅同志是唯一有充分发言权的一位。

并候佳好。

弟　从文
九月廿一日

---

①阎同志，指女雕塑家阎玉敏。通信时来历史博物馆收集参考资料，为安徽当涂李白纪念馆创作李白塑像做准备。

阎玉敏为纪念馆创作的李白塑像，作者和刘开渠曾参与定稿。

②祖国伟大传统，指《伟大的艺术传统图录》。

19731018
北　京

致阎玉敏

阎同志：

　　带来些《故宫周刊》，部分加有签条说及和李白诗文及游踪有关的可用资料，可以看看，或捎给周同志①等看看，大致若调黄永厚同志来协助工作，这些相先照成四寸大底片，决定要用时再照需要放大即成。这只是其中一部分。另外的礼拜三当为捎来。至于在别的画册的，如东北博画册、申博画册（二种）、故宫画册三种、日印唐宋名画册等等，当于看过后选出再奉告。

　　又附来一有关李白的小册子，内有我上次说的李白诗集板本表，及经行地图，似乎都还有用。这书若买不到，可以照个相将来放大画出。这书是借来的，照相后即望还我。如内部能买得到，我必为设②买来。并候各位佳好。

沈从文
十月十八

---

①周同志，指戏剧家周星斌。
②此处有漏字，照原意应为"设法"

19731027
北　京

致杨振亚

杨馆长：

不久前，听同事说，你在一次报告中，曾提到凡是馆中干部，都应当学习学习业务，以能作陈列室说明员为一般要求。可惜我没有听到，只知大意如此。这么设想，我十分赞成。但更"实事求是"一点看来，大致同时还应<u>想办法</u>，让过去负责搞业务的同志，特别是近于必然的业务的接班人，及负责作分段陈列同志，得到<u>思想认识上的提高</u>，_{明白责任重大，工作艰巨}。和<u>业务知识应有的提高。</u>_{学习上提高，得克服种种困难，近于到忘我程度。}作点"基本功"，相互配合，才会有效果。才会把改陈工作搞好。大家用来学习，才不至于落空。

我是到馆中学习业务廿五年的研究员，并且由午门起始，就用陈列室、文物库房、图书室三部门作为学习对象，_{作说明工作就不止十年，有时还主动去故宫作说明员。}三结合，把业务知识，由无到有，慢慢积累了些常识。对文物若干部门，在国内还像是个空白点的一些问题，都或多或少取得了些发言权，明白问题所在，应当如何继续努力，才可望取得更大的进展，既可解决本馆改陈的需要，还可望把工作面对全国，照部中对于一个研究员应有的知识，应尽的责任，来学习落实"为人民服务"的。

在午门时，馆中大约有十个左右教授级研究员，可见政府对于这部门工作的重视。比较下，别的同志条件都比我好得多，基础好，底子厚。因为有的专学历史，有的专学考古，并且各有专长。我虽在各大学文学院教了廿年书，事实上只会写点不三不四小说，教的也限于习作。转入本馆，近于毫无所知，"由无到有"，从头学起。应当感谢党，对我生活上的特别照顾和学习上的种种鼓励和支持。三反时，刚从四川土改回来四五天，就给我以学习机会，参加本市文物业检查工作，前后约一月，就看了八九十个古董铺，全市才只有一百廿多个，过手经眼以若干万计的不同文物，在这个基础上，又参加各次不同的文物展出，一件件的学去，才逐渐克服了个人情绪的困难和工作中困难，有了个入门基础。更难得的是机会好，看了大几万明清绸缎，并得到国内各大学的信托，为协助他们历史教学、工艺美术教学，充实教材，经常跑跑琉璃厂，代办了近千种不同文物，同时就看了十倍以上文物。馆中陈列要求，随同社会发展而不断提高，同等研究员中，却以不同原因，日益减少。照部分年轻同志看法，总认为本馆解决不了的陌生问题，别的文化学术机构，如考古所、北大……有的是机会和便利请教。据我个人的认识，大学里文史系搞什么，实相当清楚。不仅帮不了本馆多少忙，不少事正相反，或许还得我们今后去帮他们忙！考古所也限于工作习惯，发掘知识相当丰富，联系到更多方面的文献和文物来谈问题，就说不上，也还有些新问题，还用得着我们搞综合研究提出的意见作参考，作报告，才能有所突破！因为有不少东西是挖不出的。缺少综合研究，得不出什么新结论的。

离职的同事日多，留下年事较长的人职责因之也加重。必需把能挑的一齐挑去！在这十年学习过程中，工作是够沉重而沉闷的。本有的是机会换换工作，对个人和国家，或许都还有好处。比如去教书或回到专业作家队伍里去，主观设想和客观期望，都认为比在这一种工作岗位上，容易发挥所长。但是正因为明白这方面待深入求解决的问题过多，照当时领导业务的一位非党馆长的工作方法，和一些从大学出来的年青同志的学习方法和态度，不可能取得业务上应有的进展。完成不了国家交给的任务的，因此，在别人难于设想的，即家中人也难理解的情形下，我还是坚决留下来了。为了向些真正优秀党员看齐，学习为人民服务，在馆中某些人，总说我"不安心工作，不好好学习，终日飘飘荡荡，不务正业，凡事只从个人趣味出发"。十分乐于我被迫离开的情况下，甚至于反而觉得这些谎话也满有意思，一个人终日飘飘荡荡，倒学了不少！我始终沉沉默默，不作任何分辩，甚至于也从不向极其相熟的老朋友郑振铎同志说一句话，_{他在团城的办公室即少去}。依然坚持信心，绝不动摇，支持下来了。

这里当然应当感谢党对我本人的理解和鼓励支持，五四年即让我加入政协，不仅对于政治学习帮助极大，对生活也照顾得十分周到。前后在政协十多年中，提案约廿件，几几乎即得到全部通过。建议多是如何"古为今用"，落实到生产和艺术教学上。大致从本业范围内有所建议，说的总还有点道理，又还实事求是！只是对于馆中事，却近于"投鼠忌器"，一字不提。必需提却不提，<u>是我的错</u>。应当自我批评。但为什么对别的问题总易说得通，对本馆工作却难说？因为我的工作，已近于面对全国，只要能从沉默中作长期努力,得到国内各方面认可,就对得起国家给我的责任。曾经充满热情和善意,劝过一位同志,试作个极小的研究题目,便于明白什么叫研究。在另外一时,就连连检讨数次,说我存心害他作"白专"!

馆中事不好说,说来效果也不大,甚至于相反效果。那就等等看。为今后改陈事,即在沉默中,加强学习,不仅文物方面积累了大量资料,结合文献更作了不少探索。诬蔑我"不安心工作,终日飘飘荡荡,不务正业"的,到我把文物研究中若干过去空白点,一一填去,或多或少都有点发言权,有的部门还写出专文,得到别的学术部门认可后,这位<u>领导业务同志</u>,还是以专家身分领导业务的!却在任何一件平常文物中,写个廿来字说明,也还不知如何措辞。不少按年资预定的今后业务"接班人",搞了十多年,在一用功即易成"白专"的情形下,工作条件即十分好,业务知识难于取得应有的进展,也就是必然的事!

文化大革命一来,为了要房子,家中所有的书,在阴雨中堆积满院,在迫不得已心情异常沉重情形下,用废纸方式处理完事,不少为全国搞研究,为本馆准备改陈而收集、抄录的有用资料,随之而散失。下放湖北约二年,老希望能回来,还是为了对党、对国家、对本馆,觉得<u>有责任待尽</u>,得趁精力还得用时,争时间用用,不宜在病中报废。在乡下,听人说为改陈事,外调了上百人参加,我明白不可能解决问题。因为如地图涉及外交,民族关系涉及民族问题,有必要得外面专家协助,才不至于犯政治上错误。至于大几百柜内文物安排问题和大几百墙上或空间的图画及塑像,如何提供有关直接间接参考材料,柜中陈列什么,如何选材,如何说明,自己搞了十多年,若学习还不过硬,工作过不了关，求外面人支援，那会得到如所希望应有结果？有不少问题，别的人还来问我。改陈事，明明涉及一些极其具体的问题，例如人物塑像、漆、瓷、丝、玉、琉璃、工艺、书法、文学、小说、乐舞、骑乘……一般总认为什么技术上小问题，其实不仅是技术的，大都是一个一个的问题吃透它，不仅明白个别的发展史，还得明白彼此相互关系的原因，以及涉及制度的种种问题。很多事，大学里和科学院文学、历史、考古三所中专家，都还不曾有人认真学习过，搞历史画塑的，即或画得够好，都还多从习惯于一般工作方法，不大熟悉客观历史材料，加以好好运用。馆里为提供参考材料时，居多也难具体。事实上分段负责陈列同志，由于过去对自己要求不高，学习方法有问题，不仅本段的文物，或许有些还缺少应有基本认识，还有始终不大明白责任的重要性，至于上下段的相互联系，发展衍进的知识，就更缺少<u>认真学习</u>，（大都是得经过十分辛苦，废寝忘餐的好好学习，才能具有理解的。）<u>临时凑和</u>，那能解决问题，较好完成任务？本段负责同志既然还吃不透材料，凑和陈列出来，希望走群众路线，向一般大学教历史的，搞考古的，以至于根本不学这一行的，来提提意见，出出主意，把意见总结出来，据以改陈，肯定有一定好处，但大致只能限于提纲措辞，以及部分文物处理得失上，整个问题，不可能得到解决的。不具体理解材料，用另一种内部群众路线方式，反复开会，还是不大可能得到应有水平的。采用这些方式，不能得到解决，到后上面催促时，就请上面来审查，上级领导，也只能从大处注意，提纲不犯政治上错误，画塑看看还过得去，点了头，于是即公开，手续尽了，责任并没有真正尽到。

目前情况或许就是这样子。怎么办？不得已，分别出外学习取经，或在可能范围内调些材料加以充实。据我估计，有一定益处，但十分有限。若心中有数，因为明白陈列缺点何在，只是个文物好坏、多少问题，有办法。若是我上举的陈列文物各部门的发展历史总的知识，以及每一柜的文物陈列<u>具体知识</u>和在陈列中的劳动文化史中，所占有的重要意义何在的知识，得在说明中作得出分寸恰当的说明，这就靠<u>真正的理解</u>。例如分段负责的局部理解，以及作了十多年全国博物馆处长的王同志，现在既来抓改陈，对于总的综合的理解，才能较好的进行改陈，达到<u>应有的政治水平和业务水平，完成历博的历史任务</u>！

由于最重要一环的脱节，这么改来改去，不大可能搞得好的，能符合国家要求的！因为凡事只有"学"，学不对头，用功不到，懂的即不够深，更少融会贯通希望。那有不学而能的？（年青同志对于什么叫"用功"，认识太不够！）

杨馆长，我是七二年即回转到北京的，近三个月里，有机会在陈列室学习，一个柜子一个柜子反复看去，得到不少益处。也从现实出发，为了尊重分段负责同志的劳动成就，在肯定成绩情形下，每一柜提了些增改意见，一点建议，供同志们参考。史前一部分内容，我是外行，不敢胡说。商周以下，我从常识出发，来仔细学习，总的印象是，材料丰富，运用上<u>可商讨处还多</u>。想提高，得从认识上的比较深入，才可望得到正确解决。<u>改改学习方法</u>，才能提得高，改得好。

我今年已七十二岁，在馆中工作已廿五年，感谢党对于我工作的信任，尽我用自己习惯的方法，充分给我以种种机会进行学习，不责望我坐办公室的方式，从形式上求效果，并不担负一定的责任，在指定某一工作上完成任务。总是用种种方法鼓励我，支持我，并教育我。比如主席和总理，在五三年文代会时，当面鼓励我再写小说，后来五八年又调我去编历史图谱，六三年又让我主持服装史的试点工作。这几件对我的好意，都深深影响到我近廿五年的生活和工作。

第一件事没有照作，是估量到我的写作方法，恐已过了时，不易符合新社会要求，做空头作家又不会，所以把这点期望得到的鼓舞，转用到研究工作中，就克服了学习中的困难，在不易设想中逐渐得到进展。

第二件工作，是预备给苏联人看的。是根据苏联一专家的建议，我陪同他看馆中陈列约四十天后，记得一天只看两个陈列柜，结果照这个人的建议，调我去出版总署完成工作计划的。当时本只说照陈列内容，用我的说明，稍加整理，就可完成的。一个人可在党的指导帮助下，能编完成的。后来因为加了个科学院搞明史的同志，意见不易一致，反而搞不下去，转由科学院里专家接手，组织了七八个研究员，搞了十年，终于搁下。正由于我不能完成这个重要任务，尽管不是我的过错，也可以说是失败了，我得到从失败中取经验的启示，为了完成更新的任务，因之更变了学习方法，学用《实践论》和《矛盾论》提出的搞问题的原则，尽我能领会的，来就文物中之空白点，一个一个的来填空，主要不在自己的成就，而重在为明天接班人作垫脚石，打基础。因为小问题不过关，大工作实说不上，由于我个人的底子并不好，有的是学习耐心和工作热情，照"吃饭得一口一口咽"的方法，来逐一进行，逐一解决，十多年总算是文物研究中不少空白点，在"人弃我取"意义下，从"龟兔竞争"故事得到启发，慢而不停的走去，一一都学懂了，至少可以说有较多常识了，可以作为年青同志的垫脚石，可以省去他们不少白费精力的摸索了。

经过这次社会大变动，不免有前功尽弃的情形。幸好还有个得用的头脑，学懂了的大致还分门别类的保留在记忆中。还能用不多时间，一一清理出点头绪。主要工作，如丝绸衣着发展史的问题，能争点时间，有一二比较得力的助手，或分类，或分代，大致照原来总理同意的计划，集中个三五千不同材料，排排队，分分类，编个十来本图录，并作适当分析说明，完成时，还像个工作。在国内，还有点用。因为至少从中明白《乐舞演出史》《军事装具发展史》《家具应用发展史》《杂技发展史》《劳动人民衣着发展史》……《历史中著名诗文作家的形象》《有功于国家的名人像》《重要科学家发明家像》……至于属于附产物，至少还有十来种，多和社会制度有关的，搞历史陈列必需懂，可又不易着手的。

另外就是文物中各部门的历史。如前所说金属加工工艺进展，陶瓷花纹的加工，玻璃工艺的进展，玉工艺的进展，此外还有漆工艺，灯的应用史……深一层要求或许还只能说是一堆常识，但每一部的常识，若有一二人接手帮到来集中材料，可望用极少时间，都可用《文物手册》方式排个秩序编出来，作为<u>共同提高</u>的学习资料，本来相当"专"的问题，有了这种图像资料，并附上适当简要说明，不甚费事即可变成大家的常识，用来搞陈列，作说明，谈"古为今用"的优秀传统，就不会只是极少数人的特长专长，而将是每一同事的常识。所谓垫脚石的作用，就指的是这个意思。据我学过的问题，至少先为提廿个专题性资料，记忆力还够用的。以最近小事作例，安徽拟搞个李白纪念馆的陈列，提提有关李白的形象，以及一生经行过的和诗中反映的历史名人图画、重要地方、建筑文物、诗中涉及的事物……试作为学习答题，费不到一星期时，试为编排出的陈列设计蓝图，四个陈列室，就为提出近二百种有用材料。比如说有多少《蜀道图》《三峡图》《长江万里图》《洞庭图》《岳阳楼图》《黄鹤楼图》《滕王阁图》《屈原图》《陶潜、谢安、贺知章……图》《金焦山图》《西湖龙舟图》《广陵观涛图》《庐山图》《富春江图》《举杯邀明月图》《太白醉酒图》《北岳图》《剡中图》《兰亭图》，以及"李白本人的书法墨迹""别的有名书家写的李白诗歌"，以及李白一生浪漫思想所寄托的《仙山楼阁图》，李白在长安时所见的《明皇斗鸡图》，有名的《曲江图》《连昌宫图》，杜甫《饮中八仙歌》的各种《饮中八仙图》，和他生活有关的《五王醉归图》《虢国夫人出行图》《杨妃纳凉图》《杨妃上马图》《照夜白马图》《明皇击球图》《华清池图》《唐代乐舞图》《船夫图》……《二桃杀三士图》《九歌图》……蜀道难、长江万里、巫峡同样旧图，还不止一个，有的还有好些种，毫不费事，便可就本设计提供上百种有关系供陈列的重要材料，这还只是就记忆到和随手可得的形象资料。若再进一步，能从馆中所藏，故宫所藏，北京图书馆中所藏中外所印图册及实物作个记录，必然将加多数倍。再进一步从东北博、申博、南博……图画查查，不就成了一个专题资料？集中在一处后，编印出来，不仅是搞文物的得用，全国搞文、搞李白诗歌研究，搞李白时代背景，都可以从中各取所需，得到有用知识！

我举这么一个近例，就是告给你我学习中还分门别类学懂了难于意料的杂常识，得争点时间，想办法一一写出，才不失近廿五守在午门十年的本意，才到如今还不宜于提退休的本意，还"有责任待尽"的本意，这是来给你写这么一个长信的本意。这是唯一的一次，工作再忙，也盼望你能仔细耐烦看下去。盼望你能认真考虑研究一下，这一份工作，是对于馆中年青同志当前改陈还有用，以及明天学习业务共同提高还有用！

我的学习，或许只能为我自己解嘲，近四分之一世纪，在历博并不是飘飘荡荡的不务正业，不是尸位素餐。又或许还算得个学习照主席的指示，用个较新方法，得到了些小小成果，工作态度也还老实扎实，而并不辜负党对我的期望和关心。

你若觉得说的不是什么空话，所学的东西，还值得争点时间，编写出来，备馆中参考，希望给我点时间，来谈一小时，把工作计划提出来，适当分配点得用的美工人员，或本馆的别的年青而有一定文献基础的同志，我来协助他们（不是他们协助我），把工作一一进行下去。对于所提到的大都已经有了个底，单独由我写出来，再给他们，大致还是不大懂，要一同搞，有的还有意要他抄点书，查查图，跟随劳动劳动，一面解释为什么，问题在什么，区别又在什么，明白问题何在，将来才有可能单独工作，取得应有进展。

再举个小例说，前不久听一同志说要学"中外关系"，问问我从什么着手。我不懂外文，这问题涉及材料过广，没有发言权。可是若从形象着手，我或许也能提点基本材料，就从传世的《职贡图》出发，把所谓梁元帝的，阎立本的，新近章怀太子墓中壁画，敦煌壁画中的反映，以及相传卢棱伽画的《番王礼佛图》①，高昌壁画中所出现诸外国人图像，晋青瓷中所发现的醉拂菻弄狮子像，（这个主题就还〔有〕一大堆图像！）唐俑中的波

49

斯人，胡、墨昆仑、元俑中的大食人、《营造法式》彩绘上的胡人、明刻《程氏墨苑》中的西洋人、明代作《皇都积胜》中的献狮子外国人，以及近年新出的北齐墓中瓷壶中的胡腾舞外国人，又一瓷壶上耍狮子的醉拂菻，清初洋瓷上画的西洋人……一系列图像排个队，同样也就不什么费力，有好几十种形象到眼前，再用他来作深一些发掘收集，向考古所请请教，北图请请教，故宫请请教，那边有不少好画像！上百种的图像，岂不是就把近千五百年的形象有个基本认识，再来用这么小范围材料比较分析分析，那么产生时代就可以重新判断，如像所谓传世以为阎立本的名迹，就不大可靠，产生时代不那么早。梁元帝的也不成。再用《南史》《唐书》诸外国传结合分析，又会进一步明白，史传中所述，应当是个什么样子才对。总之，材料一集中，一排队，再经文史传文献一分析，发言权自然就扎实有分量。不然就会用猜谜子方式搞陈列，如目前陈列的梁元帝的，或李公麟摹的，多人云亦云，衣服的式样和《南史》不合，也和唐杜佑《通典》所说的成都扬州每年织的送外来客人的"藩客锦袍"不合，问题不就出来了吗？

　　馆长，我杂七杂八潦潦草草胡扯了不少，盼望你能原谅，这是第一回，也是末一回的事。望你看看，若觉得说的真近于胡说，我搞的问题并不合馆中当前或明天需要，事实上也没有人要学这样那样，更没有时间和你谈谈。我设想的全是一种主观，说的工作且基本上算不得什么研究工作。更重要，是我已永远不可能回到馆中搞研究，那就到此为止，结束了我的对馆中工作的责任，盼望你把我上次写的《服饰资料》稿图像及说明，送还给我，我当仔细抄一份，上交馆中，让这个工作告一结束，我自己把那个改得乱乱的草稿,留作这一世纪四分之一工作之一的纪念,也就对得起党近廿五年给我的种种照顾,以及工作的期望,和六三年总理给我这个工作的厚望。我不会因为一切努力的白费而〔有〕什么丝毫不满,或丧气灰心。还是会十分热情,把我的有限余生用到别的社会需要方面去,和过去放弃写作,尽我所知,把文物研究,来配合更新的社会需要。还是将由无到有,搞出点滴对国家有用成绩,来答谢党对我的好意。

此外还附带有一点点小事请求,我能工作的日子已不多,即不宜对馆中工作抱任何参预希望,还是不能说休息,有责任要尽,有工作得作,原有的书虽已散失,回来后又买了些,馆中也还剩余一些,故宫方面也存了点点,还希望自己出钱买些工具书和有用图录,供我自己用,同时还给别的年青同志用,住处实在放不下了,现在家中有六个人,分两处住,生活实在不大方便。听人说,国务院多久以前就有个指示,得为某些知识分子安排一下住处,若不是政治上什么大错,总尽可能回复原来居住情况。我至今为止,还不知道,够不够个"知识分子",能不能从工作出发,考虑一下我的住处?过去承照顾,让我去左家庄住,其所以不去,留在东堂子,还是从工作便利考虑。因为"学,然后知不足",为了搞的工作面较广一些,并且还老老实实,记住部中对于一个研究员的明确要求,除为馆中陈列进行研究,还得为其他科研、教学及生产服务,近廿年,明白馆中工作待改进的是什么,同时也还明白有什么用得上我的常识处。过去为改进美术教学的建议,曾协助国内工艺美术教学,为提材料编了个《中国漆工艺史》,一个《丝绸图案发展史》,和一个规模比较更大些的《工艺美术史》,编出后还由我负责审定,这工作多停搁了八年,有的不久将来大致还可在原编者删改后，用作全国艺术院系教材。有的人已故去，我还有责任为逐一完成，分量都并不轻，也得争时间，为协助到底。

还有主席伟大指示，对于艺术中的"古为今用"，求落实到生产上时，主要一个环节，总得有人对于博物馆中的坛坛罐罐花花朵朵，以及桌子板凳，懂得什么才可叫做优秀传统，对新的生产可以利用。这一点，我是那么理解，即"一切研究，将为了丰富新的生产内容而努力"。因此在工艺品生产问题上，要改进什么，缺少什么，协助什么，馆中又有些什么可以供生产改进提高，也用了点心，有点经验，有点建议权。所以在工艺或日用轻工业生产问题上，在政协用"如何古为今用"的大意上提的案，提出后，经过审查通过转交政府有关部门执行时，记得这一件还是批到四五个部执行的。听政协常委说，当时是补充提案，经过总理亲批的。平时只由常委批。这一工作，不是提提通过后即了事，我也就还有有许多具体责任待尽，死以前，不能〔不〕继续进行学习，来完成责任的。

在这里也许有人说，你揽了那么多，揽得了？这种疑问提得对，我的知识实在有限，揽的事实在够多，但是，主席不是总是鼓励人挑重担子吗？我就正是比较明白社会过渡期中，可作的事太多，重大的事有的是人去作，我又是个上不了场面的人，活到那么一个伟大新中国，由于学习为人民服务，既有的机会，为什么不好好的多学一些，来为人民多做点事？就是这么一种认识工作的意义，我就不断的去学，把个人生活得失，忘得干干净净，对外，头脑弄得十分简单，集中所有心力，用到工作各方面去，到一定时候，就懂了。生活一简单，记忆力又特别好，就好像有点奇迹似的，学什么都不甚费事，就理得出一个头绪。既不要什么虚名，又从不考虑实利，只想把自己明白的供给需要方面去用，据我想，这一点党应当对我有理解的。所以这里提提住处的安排问题，说去说来，还是为的是工作，是有些待尽的责任未尽。除了工作，我〔没〕有别的叫私人生活了！希望家中几个人能在一处，只是在我工作过度时，能稍稍休息休息缓一口气，免得在偶然中报废，对国家似乎不大经济！

我个人是从不易设想的困难中活下来的，同时又看到国家由辛亥到抗战到解放，在主席领导下使国家面貌一新的。应当从这一点来理解我的对工作的持久热情，对国家的爱，就对了！

沈从文

十月廿七日夜

杨振亚，时任革命历史博物馆馆长。

本篇原件上交以后，可能因作者先用一种稿纸写了10页，续用另一种稿纸写完全信，被误认为是两封不完整的信，而搁置下来。后又被归入"文革"初期从作者家里查抄的文字材料内，作为落实政策退还给作者。专案人员在原信前10页上所附纸条写明："信未完全（散不全）"；在后11页上所附纸条写着"（完）历博的历史任务"。

① 《番王礼佛图》实为宋赵光辅所绘。

19731207
北　京

致杨振亚

杨馆长：

　　大几月前，送陈《服饰资料》说明草稿，闻至今尚搁在你处。你事情过忙，闻身体又欠安，我改稿写得十分乱，你即或有机会又还耐烦一一看去，未免过于吃力。（十分抱歉！）并且这个说明，近于<u>一种探索性工作</u>。是为原计划<u>编十册资料</u>而提出，约有六千至少五千个不同图像而着手的。是拟用图像为主，结合文献互证，来进行综合分析，因此涉及相关<u>一系列问题</u>，多从诸史《舆服志》以外作引申，看来必然相当吃力，甚至于会感到杂乱无章，缺少统一性，也少通俗性。最先企图，是为<u>总理外出送礼而用</u>。他把那么一种重要工作交给我来主持，总经过些考虑。我敢答应下来，也不是不事先考虑！因此康老看后为题一签，郭老并主动为写一长序。且经二人看过大致还过得去。并经文化部徐副部长批注不少意见，龙潜同志也看过，此后冶秋同志也看过，不久以前，还经巩、王二同志看过，<u>多以为改改还像个东西</u>，拿得出去。所以一回来，冶秋同志即告我可以付印。今既一搁二年，时移事迁，或许要求已大不相同。所以能否付印，<u>是小事</u>。

文图两方面加以整理补充，至少还可作为馆中美工组同志一份永久参考资料。也算得是我在这方面所学常识，在过考中一个课卷。所以盼望你，即早把它退还给我，或就你看后的印象提提意见。因为凡是一种带创始性的工作，总不可能说无缺点的！我可用时间已有限！从馆中近一月三同志忽然辞世即可知。让我尽可能，争争时间，为好好重抄一份，上陈备查。而自己手边保留下这个改写草稿，便于另外随时附加约四百到五百小图于说明中，今后客观上若用得上，即随时取用。一时用不上，我还可留个底子，当作一份学习纪念。并可根据此稿，将原拟编十册总计划，就手中所能得到的材料，分门别类继续补充，远的打算是为中国服装博物馆打基础！准备在另一时总理想到有此事，需要我继续进行时，有点事先准备，不至于临时抓虾。而事实上材料排队到五六千不同形象，并且来自各方面，即只为本馆明天工作进展着想，也还有责任，得作作这种准备。因为究竟还像一份扎扎实实的工作！何况除本馆以外用得上这份材料的科研、教学、生产，以至于今后服装改良，可供参考用处还多！别人接手恐不容易，而我作来却近于"驾轻就熟"，不甚费力，不断积累，即可望于一定时期内，取得应有进展。材料一经集中，用处即多。内中涉及军事的，可以供给军事博物馆，古代部分改陈有用。（原有那八百平方陈列，曾采纳我的建议。但战争画可不过关。大致还得由我去帮忙改陈，才会符合要求的。）属于乐舞部分的，我原是音乐研究所"通讯研究员"，过去古代各种乐舞演出场面，即由我供给材料，到重绘时，还由我为配色。此外还有不少方面，如杂技演出，出国杂技团有需要供说明用时，又即可为抽出有关历代杂技演出图像，供他们用。不少还涉及文化交流，如狮子舞，

55

胡腾舞，拓枝舞……我既从工作中明白了有多少不同的屈原、管仲、刘邦、王羲之、陶渊明、谢安、李白、杜甫、苏东坡，早多排了队，明白产生的时代，有多少参考价值……各省有关方面今后作专馆陈列时，就随时可为提出，协助解决问题。本馆对于陈列历史名人画，目前并未过关，近于凑和。分段负责同志，提不出有用材料供美工参考。美工方面也还少事先准备。调尽全国名画家也不可能作好！要求较严才可望得到上面点头时，也可不大费事，查查我编的目录，即可一一调出应用。(最实事求是的办法，是即早为我安排个工作地，我来和美工同志协作，试为解决约卅个单身人像或塑，心中有谱即不费事！) 属于工农畜牧渔猎，也无不有图可分门别类备用。(只要一个比较得力人手供我支配，我协助他，就可在一年内，掌握这方面上千种资料！) 而这些基本功，大致还是得由我来着手，十分省事易见功。因为留在馆中廿五年，几几乎全部生命，都是废寝忘食的用在这样或那样常识积累上面，预备为国家各方面应用！为后来人打个较结实基础，觉得才对得起党对我的教育、信任和鼓励！我放弃一切个人生活得失上的打算，能用个不折不扣的"普通一兵"的工作态度，在午门楼上作了十年说明员，就是为了这个面对全国，面对世界的唯一历史博物馆在发展中的需要，特别是早就预见到和馆中少壮，知识上差距越来越大，才近于"独自为战"的，在重重挫折中，总不灰心丧气，还坚持下来。把不少工作近于一揽子包下，宁可牺牲一切，也不借故逃避责任，还肯定要坚持到底！我应当向你认真汇报一下，现在初初作大略估计，除服装外，绸缎史是拿下来了（我过手十多万绸缎）, 家具发展史拿下来了, 漆工艺发展史拿下来了, 前期山水画史拿下来了, 唐以前部分, 日本人作过，我们新材料比他们十倍多！陶瓷加工艺术史拿下来了，（也过手了近十万件。重点注意在可否供生产！）扇子和灯的应用史拿下来了（也都可即刻转到生产上），金银加工艺术史拿下来了，三千年来马的应用和装备进展史拿下来了，乐舞杂技演出的发展资料拿下来了……乍一看来，简直不易涉想。（这么一大堆事物，怎么会忽然抓得下？）事实上，十分简单，只是一个肯学而已，毫无什么"天才"或"神秘"可言。我为人实在近于相当低能，文史底子也不厚，初初到馆中，文物知识只能说是个"爱好者"，不过牢牢记住主席指示的十个字："搞调查研究"学习"为人民服务"。试从学习主席"两论"得来的启发，用《矛盾论》体会到观察事物理解问题的原则，用《实践论》指示的工作方法，并永远记住辩证法的基本规律，一切事物不孤立，一切事物在发展，或相互联系，或相互影响……还记住一个研究员指定的责任，是除解决本馆文物研究作陈列外，还应当为外面科研、教学，以及生产服务。比较明确"责任"二字的含义，十分认真的一一学下去。责任一到具体，即远远比一个教授或一个学部委员为艰巨。是个真正史无前例的重担子！可是我亲眼看到这个过程！为了明白党在毛主席领导下，斗争了几十年，死了几千万人，才把帝国主义赶下了海，埋葬了拥兵八百万的蒋王朝，使得国家打出一个崭新的局面。我个人实在太不足道。虽写了廿年不三不四的小说，徒有虚名，在新社会已近于"空头作家"。主席和总理在二次文代会上接见我时，就亲自劝我再写几年小说！因此即或还有机会，去和茅盾、老舍、巴金、冰心一群老同道，用"作家"名分，长年向各国飞来飞去，享受友好国家的隆重款待，享尽了人间快乐热闹，还是不去。只一个人凡事"由无到有"在零下廿度的冬天，在午门楼上灰扑扑库房中作文物登记，和陈列室中作说明员，反倒心安理得。馆长，你明白这个十年，我是用一种什么心情来爱党和国家，你就理解一个七十二岁的人，和你第一次谈话中流泪原因了！目前尽管已七十过了，不离开这个战场以前，我还有不少责任待尽，那宜尽我退休或闲着过日子？在馆内还得用尽方法，来把我和一些分段负责，近于接班人的专业知识的差距缩短。（我作了不少专题性文章，如镜子、玻璃、丝绸、印染、漆器……他们作陈列时还不会引用廿卅字附于说明中！）而对外教学和生产服务，前后在全国政协又提过案廿件，多和这两事有关，一律得到通过，有的指明二三个部执行，有的且到五六个部执行，（包括外贸、纺织、轻工业、文化、教育等等部门在内！）最多的一，据一个审查提案委员说，还是总理亲自批示，附加了个"这是内行说的话"，不问传说是否可信，总之，提案交六个部执行，却是事实。因此，我就还有不少责任待尽，例如提案中有改编全国大专院校工艺美术教材事，总的工艺美术史教材，及丝绸印染系漆工艺专系教材，当时就是调全国若干院长，主任教师，青年讲师来京，由我为提供材料，由专任教师编写，后来又还由我来修改审定的。（有些在文化革命前全国已试教一二年。）明年又将开学，近十年新出土文物万万千，大致还是得由我为提供材料作补充修改。主要是重在落实"古为今用"的伟大指示，为新的生产改进和提高而设想，必需删去较多不必要的文字引申，而重在将二千五百年以来出于劳动人民共同创造的精华，加以较有条理的介绍，解决"如何古为今用"问题。责任实在不轻，而工作也相当繁重！这一系列工作的事先准备，目前是在一个一尺半左右的桌面空间日夜来进行的！至于对

58

于"科研"问题，已用我本人学习作为实验品，也达到把不少文物研究中的空白点，过去人无从着手，当前北大文史、考古系和科学院的通史、文学及考古三所的大专家，不易下手的，以我那么不学无术，只由于学习方法、思想方法，或许有点不同，就拿下了那么多新的据点。且深深明白出土以百万千万计的文物，在国内出现，并且分布到东西南北各个省市区边远区域，极显明不过，将影响到整个劳动文化史的研究的方法和结论。他们若离开那么大分量的实实在在的材料，依旧"单打一"各自搞一套，用老办法引书注书，结果将不免永远停顿在原有理解基础上，踏步不前，作出的结论，势不可免将近于"猜谜"，全不明谜底早已搁在各省文物库房中，甚至于可说冻结在文物库房中！三所中的懂事的党领导，若能让年青少壮，采用个崭新方法，从文物出发，结合文献去求证，将会使得全国劳动文化史的研究工作，走上一条崭新的康庄大道，前途可说是万万千千的奇花异草！所以下次政协我若还有提案机会，将作较详细具体建议，故宫和历博，从长远计，应同意调取三所中至少十个少壮党员来进行新的研究工作，也绝不会嫌人手过多，只要学习方法对头，在我的常识基础上加以深入，三五年后，且必然将取得崭新的进展，实意中事！因为出土文物行将以千万计，内中可理出多少新问题！即仅仅限于从出土陶木俑及种种相关文物，去对于传世若干古代名画作新的鉴定工作，就可以完全把古代人物故事画的研究工作，提出崭新的判断，过去任何什么皇帝题字题诗或名家收藏，法眼鉴定，都将在一种新的物证中被重新判断，加以否决也不算数！一个唯物的、新的研究材料以千万计搁在眼前，而目前对于"研究"二字看来，认识上实在太旧了！

工作无穷而有用生命实有限，馆长，望你仔细考虑考虑，如何设法把我这份常识一一整理出来，或就馆中可能为调拨二三耐烦得力的美工同志，尽先把服饰资料待补充的四百图像照我需要绘出，作个交代，再看馆中需要来进行另一系列小专题吧。事实上，如人手得用，上述若干专题，在他人为不易设想，在我至多三个月便可望完成交卷一个。（给你看的那份资料，便是半年完成的，你能设想得到吗？事实上有的一个月即可交卷！）多经济的事！你若精神还好，且觉得我说的不是胡说，还有可取处，约个时间，来谈个一二小时，让你明白些你应当明白的种种问题吧。（至今还不明白，我死后永远也不会明白。）如觉得不必要，就只请把我上次送陈的那份稿件还给我，我好争争时间重抄一次，也总算是把这一份工作初步告一段落。至于别的待做工作，我将还是尽力之所及作去，因为这类面对全国的事，为馆中明天工作进展的准备工作，本不必由我来请求才可望得到协助而进行！若事经请求，还不易进行，我的责任已尽，将承认现实所学无多用处，一切探寻所得，都无多意义，可有可无。也就只得放弃种种不切现实的妄想，承认工作又复败北。再想办法，把有限生命，转入另一新的学习。即或不免深感痛苦，那也无可奈何。好在即深感痛苦，也不会是很久的事，因为这廿五年，我总算尽了一个公民的责任，一个博物馆研究员的责任，一个"普通一兵"的责任。年岁也快到"大块息我以死"的前夕，多少优秀党员，还不免怀着全功未竟含恨而死，我没有机会把学习所有心得，成为后来人的"垫脚石"，也难望把对于新的文史研究工作，有所促进，有所改善，提高到应有水平，并非是我不努力。十分努力取得的据点，无人接手，无可奈何，一切只有交付于天！我不久死后，只能请求向主席转达，我这"普通一兵"，已经尽了我的一切努力，深深感谢党廿五年对我的教育、鼓励，和关怀！

沈从文　顿首

十二月七日

本文曾被抄录在陈乔《沈从文在中国历史博物馆》一文中，1989年9月发表于《中国历史博物馆馆刊》第13、14期合刊。初版《沈从文全集》曾据该文本编入第23卷。

全集出版后因获得原信复制件，发现陈乔抄录文本有诸多差错，无法一一列入勘误表。现据原信重新整理编入《沈从文全集·补遗卷》。

197312
北京

复吴世昌

……比如这个小说，是发生在"宁国府"，而近旁又有个大观园，用"猜谜"方式，能得到解决吗？不可能的。倒真正像《西厢记》里提到的红娘对张生所说，聪明如陆贾……猜一辈子还是从唯心出发，得不到谜底的。有人用现在旧辅仁大学附近那个王府十分相近，若部分包括溥心畬过去住的那一部分在内，也等于猜谜游戏好玩而已。即用故宫东路乾隆时住的苏州式花园，倒和苏州花园相近，格局十分小，只近这个孤家寡人过过苏州地主官僚小小花园的瘾，容不了贾母大排寿宴的场面。我能那么向老兄说，原有个真正"谜底"，保存在历博，那是个十七八世纪之间真正王府的建筑平面图，一切正副厅堂都画得清清楚楚！且部分还标出名目，不一定出于"样子雷"，但是个亲王府图，却十分明确。至于大小花厅内中主房副房格局，本图中没有明白反映，却另外又还有几十张来源保定完全正确，而且是乾隆初年，一个相当重要的王府的家属住处，在所谓"银銮殿"后边，整个王府，还是乾隆特意为怀柔他而造的，抗战前的名称名叫"那王府"，在后门国祥胡同八号。也许会发生应有的怀疑，提出询问，

"你怎么知道这么源源本本？"我就只好实事求是的回答，原来这个王府最近似《红楼梦》提到贾府，当时那王府的别院，共约六十间房间，我本人就住了约十八九间好几个月，曾经照了百多张相片。记得是上海抗战前夕，北大、清华、南开开了个联席会议，把所有熟人都研究一番，我和杨金甫先生同住，正在和朱佩弦三人一道，悄悄编抗日的中学教材，夜十点才回来，才告我在此恐被日本人迫害或利用，便和清华北大两校估计应转移南方的大批教授，于次早八点趁第一次通车时，便逃了。卢沟桥事变后第一次通车，天津车站还在放枪放炮，过站上天桥时，是从日军的沙包和机枪边迈过的。一直到四六年才随同北大返回北京，打听打听那个王府别院，因为材料整个用楠木作成，一律不加漆，房与房间上横楣，作的花鸟画，也还是原装货，有蒋廷锡[①]、邹一桂[②]等署名，八年沦陷中，却被日本人一一撤下，失去踪迹，部分或且早已运回国了。因此这个王府别院的内厅、后厅、院前的大花厅，便只剩下一份照片。可惜当时杨蔚住的一个特别布置讲究的秘室，相片已失去。又经过廿多年，照片大部分已散失，保留下的已不到廿张，但是你是个内行，一看便会明白这才真像是个大家宅院！本意这些真正当时材料，也拟为你洗印一份的！你一生气，远远扯到杨振宁的理论研究成就大问题上去，不大好意思贡献那个王府的照相和这些王府中的十分难得的图像给你了。

此外，还不只是这些房子院落图照很不错，比颐和园中的房子好得多！极其难得。至于当时住的人，应当是种什么样子？是一般常见的改七香、费小楼作的不三不四十分难看的插图样子，还是不是尚有别的更可靠或更相近的十二金钗？这也是你完全料

63

想不到，预备供给你的，是十分巧妙，连人数也是十二位。内中还有个老些的，且可假定为李纨或别一位。各个人的神情气度，风韵性格，也竟近于曹雪芹曾眼见过，或原图即出于江宁织造的祖辈之手，连人带画，一道从运河官船，送到北京圆明园里分别住下的，原来说的是号称雍正十二个南方妃子的写真图像！画中妇女图像大到和真人差不多，有的着纱衣裹身简直这么一个短短时代，艺术上的特征，以及对于美的标准，一切无不特别深刻而具体的反映到丝绸锦绣，以至于工艺品的花色和造形，多属于南方苏杭地主文化的要求，色调趋于浅淡，清雅，特种官窑瓷器的花纹设计，以至于造形，无一不显著看出南方文化的影响。这大都和家中上辈久在南方作织造官又好风雅、懂艺术密切相关。《红楼梦》一书中对于美的欣赏尺度，从诸女角及丫头衣着对于颜色的描写，妇女情感细致的描写，都可说和雍正时及乾隆初年时美学标准又密切联系相互一致处。若不从大量实物作背景来综合，实在不容易单纯从文字得到完全理解的！其实这方面乍一看来毫无关系，试作深一层体会，比如对于这一时丝绣配色，陶瓷造形，家具的设计，以至于书中经常提及起居服用的种种，你必然才会深一层明白曹雪芹的美学理想的基础，恰恰也正是社会上层以至于宫廷中的现实种种，如何密切一致！这些实物，我们接触而相当熟习的，分门别类已常以万计，你却认为从《艺文类聚》《北堂书钞》《初学记》《太平御览》，以至于《渊鉴类函》《格致镜原》《骈字类编》《佩文韵府》等等类书，分门别类按需要抄抄文字材料，即可解决问题，叫做学问，工作当然还是有一定重要意义，宁放弃了用的《实践论》的唯物态度，来注注意。我由于你提及有兴趣对一件雀金呢感到需要，所以只要你真对

《红楼梦》涉及的"物"还有兴趣,还以为和令兄③相差不多,对于艺术各方面都感到相当兴趣。我在令兄故去以前,他住在武大和叔华住处极近,我当时借住东湖边故去的革命军长耿丹家中,适和李书城家比邻,承令兄邀我去吃饭,谈到考古从实物出发,结合文献,必将对今后文化史的研究,取得极大进展。谈得十分有见解,给我留下个深刻难忘印象,那时的根据,还仅仅是旧考古所一些发现,以安阳出土为主,和城子崖的黑陶,隋卜仁墓的四耳青瓷罐,及山西李峪村、河南新郑,以及安徽寿州出的一些器物,令兄因为治金文,即特具远见,认为今后的治史做学问方法,将从地下材料出发,可以纠正史所以及处,及遗漏错误处。

我本来只想写写小说终其一生,由于文史知识的薄弱,根本料不到五十岁后改业的。回想回想,才记起有三几人,对我改业搞文物,或多或少有了影响。第一回是贺昌群④在北图工作时,似乎还在一九廿×大革命北伐前后⑤,他给我以方便,在梁任公纪念室看了不少贵重中外图录,德国勒珂克盗走高昌大量壁画,精印的大本子图录,就是从他手中为提取看到的。对于画的印象,不大重视文人写意的作品,以及和尚、道士、妓女姨太太的成就,觉得无多意思,而对壁画或工艺画感到亲切,大致昌群兄给我的启发数第一次。第二次即抗战后到武昌住东湖,借武大图书室看书,和令兄本不相识,承好意邀我到他住处去吃饭谈天。彼此虽不熟,他在清华那些同学却多是熟人,大约听叔华说,我还欢喜玩玩字画瓷器,他的专业我不怎么懂,另外也欢喜收点字画陶瓷玉,我住北京较久,接触面也较多,他的对艺术广博兴趣,对于文化史艺术史的见解,对于我也即留下个极好印象。第三回是在云南和董作宾、梁思永相熟,照过去旧的搞研究习惯,安阳材料却不大乐意给同行专家,如梦家、唐兰看到,对于我这个外行,却毫无限制,喜欢看什么都近于百无禁忌。十分有趣!加之李济之夫妇一家和杨金甫先生一家极熟,经常到我们住的蔡锷旧居,见我收集的上百种缅式朱墨二色为主调的漆合子,杨慎即叫做缅合,以后本地人又叫"耿马合",即耿马土司府专区,也近缅甸。我第一次发现不少花纹和汉漆器奁具极相近,腰部装饰有和汉镜极相近,底里圆形图像,居然也有用汉式三辟邪或三虎、三熊在云气中旋转的。里面三层套槅也如汉代漆奁,而大型如青铜嘉量,直径过一尺还不少,估想到这个正是陈梦家、商承祚等在长沙收楚器写长沙……见闻记时。我估计到这种竹编加彩绘的器物,虽在缅越都有发现,或许仍由庄蹻⑥入滇称王带去的技术有密切关系,应是楚文化一个分支。从地摊上越收越多,考古所中的李济,总不大会相信我在这方面还有点点发言权,另一面却对于桌子上放的大大小小玩意,仍深感兴趣。他们当然想收也得不到!在云南时,法国的邵可侣,还想为法国把我所有的收买,我不干。回北京在北大为博物馆系协助办个教学文物陈列室,就把带回的精而较小的全送给了北大。随后又为买瓷漆丝绸字画,当时杂文物之多而贱,到难于设想程度。几几乎所有日人偷盗的汉奸收藏的,全转入古董店。一个八百斤重的紫檀嵌玻璃,加有蒋廷锡作的花鸟画的宝座后屏风,时代比《红楼梦》里说值二万银子一座的屏风还早些,清华送北大纪念礼物,只用一角钱一斤计价即得到!比劈柴只贵一半还不到!居多这类硬木大型器物,还多改作算盘珠子为上算。令兄若还在世,或许经常将和我一道跑琉璃厂!连买带捐,因此不到一年,还在筹备中的北大博物馆系，就得了大几百件好瓷器。解放到来了，已不想再在学校误人子弟，因此转入午门楼上下历史博物馆……

吴世昌，文史研究家、红学家、教授。中国科学院文学研究所研究员。本篇原稿前页缺失，全信并未写完。现据废邮残稿编入。

①蒋廷锡（1669—1732）清代宫廷画家，工花鸟。

②邹一桂（1686—1772）清代画家，工花卉。

③令兄，指吴其昌，金文学家，考古学家，曾任教于武汉大学。

④贺昌群，著名历史学家，1933年到北京图书馆任编纂委员会委员，是我国倡导并积极从事敦煌学研究的学者之一。

⑤年代记忆有误，实应在一九三Ⅹ年。

⑥庄蹻，战国时期楚国将领，曾率军通过黔中郡向西南进攻，经沅水，攻克且兰，征服夜郎国，直打到滇池一带。因秦、楚对黔中郡反复争夺，据《史记·西南夷列传》记载，庄蹻归路不畅，便"以其众王滇，变服从其俗以长之"，融入当地民族中。

一九七四年

19740101
北　京

致巴金

芾甘：

　　张梅溪回来，说曾到过你家中拜望过，得略知近来情形。精神情绪都相当好，十分放心！社会变动大，人事代谢多，有不少事，种种情形实在过于复杂，我们始终难于理解，必不可免。因为还有不少熟人，还是从井冈山跟来的，也会在不自觉中"犯错误"。又还有些旧时学生友好，在延安学习过来，在国家十分艰难日子里，转战东西南北，在新的变动中，终于还是犯了不自知的什么"错误"，因而骤成古人的。我们对世事，可说极端无知，对政治更少知识，居然在如此如彼变化万千过程中，还能比较平安的过了廿多年，应当说是十分幸运。所以能将有限余生，为国家好好认真作几年事情，也就十分难得！能打起精神，在学习"为人民服务"要求下，尽可能集中精力，把手边工作，尽力作去，或许还可望真正作出点滴成绩，有益于后来人。比过去若干年来的"活动""热闹"，还有意义。因为听梅溪说，你还在译书，精神情绪挺好，我们既放心，又高兴。近十年来，在自然限制，和社会变动下，大多数熟人，都已过世。我们还能用工作

"为人民服务",就真是极其难得的幸运!

兆和已退休,还依然去文学月刊,尽尽义务。星期一三五去上半天,看看外稿,并参加学习。另住小羊宜宾作协宿舍中。身边有两个小孙女,小龙的只七个月,小虎的已八岁,日子过得还正常,体力精神都极好,一切还像十年前情形。我却独自住在东堂子。住处所有图书,已全部散尽,七一从丹江回来后,为了还有一大堆琐琐工作,待继续完成,因此又陆陆续续搞了些工具书,把一间小小房子,堆得乱乱的,在一个桌面只剩下约一尺半面积里,进行许多意想不到的工作。一坐下总是"废寝忘食",使得同住一院二大妈,每天早上,常轻轻叩门几下,看我会不会还活着,可见关心处,也反映我的种种不现实处!原来血压经常上升到二百卅,低压也在一百廿左右光景下,还是无所谓的作下去。并照一医生老朋友的推荐,每天中晚共吃四十粒加过工的蚕蛹,另外还照常的使用优降宁、维生〔素〕C,还用浓缩橘子汁作饮料,把待尽工作,一一作去。把廿年在新的学习中积累的常识,充分使用到各方面去,于是居然一切好转,血压日益正常,十来年心脏供血不良引起的隐痛,和头部晕重,也几几乎全部消失。一天睡眠至多四小时,还是不觉疲倦。从不在白天打哈欠。整天守在桌边,写豆子大毛笔字,也不感到吃力。一出外,总还使得兆和追赶不上,大家都笑说和"飞毛腿"相差不多!其实每天吃的量既不过二两,且极平常,而精力充沛,竟和四十年前我们同住达子营时差不多(或且有过之无不及)!大家都以为近于"返老还童,奇迹重现"。事实上,十分自然,头脑对"人事得失",简化到"毫无所谓"程度,从不在此等问题上消耗分毫心思和精力。而把近廿年来所学的坛坛罐罐,花花朵朵,桌子板凳，马牛车轿，大几十万东东西西，深深扎入脑子中，而且分门别类的加以储存，记忆力既相当得用，分析综合理解能力，又因在廿年中的训练，不仅不因年老力衰而消失，还在不断加强，社会既在发展中，求落实"古为今用"的实践，"精华""糟粕"在工艺美术品问题上，理解问题既比较切实，在学习"为人民服务"五字上，便有了充分实践机会。十多年里在政协提案约廿件，几几乎全部都说的是"如何在工艺生产和教学的落实古为今用"，全得通过，中央有的还指定五六个部执行！不少已付诸实行。如艺术院校的各种专题教材的编写，如协助提供材料，完成后，又为参加审定修改之一员。新的教改要求已大不相同，但工艺教材的花花朵朵，坛坛罐罐知识，却和生产紧密联系，和外贸要求紧密联系，新材料不断出土，可投诸再生产的，我的常识积累丰富离奇，因之有了充分发言权。而一切工作，又总是从"一盘棋"、共同提高设想，不仅不要名，不要钱，且不要权，就是一个"尽职"。从"为人民服务"，有助于生产改进提高而尽职。甚至于是一种真正赔本义务，因为公家调资料，大不方便，就把可能买到、得到的有用图书，供给有需要方面共同使用。原为本市，且及各处，需要多，而旧有的大部分已散失，买了一批还希望能再买一批。可是时间或许迟了些，即乐意为"尽责"再出笔钱，已得不到应用图册了。幸好科学院考古所方面，还有些小同道熟人，别方面也还有不少，新添装备，恐得全要他们协助了。如果过去捐给北大和工艺美院的陶瓷，能在将来和那方面商量，让还给我，本来由我捐赠的，即由我出笔钱买回，也就十分有用！

大致由于体力好转，心情朗畅，廿年在午门楼上作说明员整整十年,入冬经常在零下廿度以下,也正是大多熟人,在世界各国飞来飞去,受尽友好国家人民和政府的热情款待,日子过得十分热闹辉煌那十年,不仅向陈列柜中文物一一学习,同时也仔细认真向来参观的工农兵——特别是搞陶瓷、丝绸、雕牙、刻玉等等一系列老师傅学习。弄明白他们正在生产什么,什么在外贸上有出路,什么在制作上还不过关……因此,十年学习所得,常识积累,更深一层明白如何"为人民服务",才有更好的效果。这时候便把所学配合上了全国新工艺各方面需要,尽职的机会就格外多了!所以生活还像依旧乱糟糟的,家中人至今还得分住两处,可是工作却又有更多的机会来着手了。文化革命前,即曾得到上面点头,拟进行(已在进行了一部分)的《中国服装资料》,十年前完成了个试点本,即用图近一千左右,作说明约廿五万字。如能照原计划继续去,还将有同样九大本可编!此外又还为军事博物馆有关兵器应用和人马装备、作战方式搞了个资料,用图像也约有六百左右。另又为音乐研究所搞了份历代乐舞的演出资料,也将有四五百图可用。还搞了个家具发展史资料,也约有六百个图可用。兼搞了个历代杂伎的演出,也将有二百种图可引用。还搞了个狮子舞演出史资料,灯的发展资料,扇子的发展资料,玻璃发展资料,金银错发展资料,陶瓷艺术加工发展资料。至于协助全国工艺院校编的丝绸、漆器……等等专题教材,十年前即在试教,也还得为增加近年新出以万数计的新材料,许多朋友意想不到的问题,我大都或多或少有了点发言权。即兆和也不知道我怎么就学懂了它,此外自然更难明白这个学习过程了。事实可十分简单,完全彻底用个"普通一兵"的态度,孤立地边打边学,进行搞调查研究,勤能补拙,接触的各种材料动不动以万计，久而又久，毫不动摇，因此便把些文物研究中的缺门，一个一个的拿了下来。凡事心中有底，就只待有无帮手，一有得用帮手，就可一一来进行完成了。若在此后三五年内，不至于因意外事故而报废，所得结果，或许将远比过去搞习作得用些，对国家也有用得多！今年已及七十近二，一切新的工作，还充满了"童心"和"信心"来接受。也可说不虚生这下半世！事实上搞的陶瓷知识，在五X年第一次烧造"建国瓷"时，采用的就是我试提的两种花样。这件事就值得纪念。可是至今就还不让家中知道！因为事情太小！

我似乎因为较深一层体会到"为人民服务"的五个字的含意，使得"职业病"因之日益增加，（大家多在一种同情善意中，以为我害了"职业病"！）或多或少有点"返老还童"样子。得到了各方面的信托，还充满了"童心"，以为不仅把主要的工作，那十大本"衣服资料"完成交卷，还可望亲眼见到这一大堆书印出来，搁在手边。此外种种近于副产物的什么什么发展史，也同样可以搞出，应用到各种不同需要上去，对于新的日用工艺美术和特种工艺美术，都能得到显著改进和提高，用来为以百万计的从事生产的老师傅和青年美工同志，在生产上长年辛苦作战，为他们作个后勤服务员！近一个月来，馆中三个同事，年纪一般多只在五十上下，多于十分钟内即死去，不能不稍稍引起一点警惕，布置了三几个接手人。我还希望延长到三五年再报废，一揽子工作，才可望一一完成，才够得上叫个过考及格的"说明员"！我深深欢喜这个名分，因为一切学习的进展，都和它分不开！

健吾[①]似因家中不幸，女婿和一外孙，在川中民船失事淹毙，此外孩子又多害病，生活上或略乱些。之琳[②]似乎一切还好，家中整洁，和我的一比，简直是"学部委员"的派势！只是已见得相当衰老，下巴上胡子也快净白了。萧乾还相当胖壮，正在译一本七十万言美国小说，闻已快近完工。是指定工作，大致可望在明年能出版。他们也只是一年半载一见，因为工作太不同。此外熟人，多在十年隔绝情形中，不大明白消息。曹禺也少见，只闻常有点小病，神经或心脏，至于爱人邓译生，闻已因病衰老不堪。郑秀却仍在教中学英文，相当健康。广田③已成古人，先艾④则半年前来京，在冲击中不免也稍感狼狈，但心情十分开朗，可说是"身心俱健"。文学中的新人，多推浩然，批评家数李希凡，这方面我已完全隔行，读者资格也不多，因为好坏标准已大不同于过去。居多还得别人介绍，才有机会看看。大致因为隔行，看后所得也不多。浩然成就大致是肯定的。李的批评权威性，也是肯定的，所以笔下一涉及其芳⑤，其芳便不免紧张。甚至于终生紧张！学校又闻在"动"，新反右，教改，同为一事。因为隔，也不易明白问题。过去人多以为人一入"历史博物馆"，事实上即近于报废。万料不到天下事总是在变。我倒因为入了历史博物馆，不折不扣作了十年说明员，向人民学了不少，还可把学习所得种种，和社会在发展中的种种需要结合，有机会学懂文物，也有更多机会"为人民服务"。所以听梅溪说到你身心俱健，因此写个拉拉杂杂的信，告告近情，但愿彼此均能维持健康，来各自为新的伟大的国家，多工作几年！才不辜负生在这么一个时代！

小龙已近四十岁，至今还像个"大学生"，在本校工厂作四级钳工，工作满好。小虎虎原在东郊第一机床厂作了多年技术员，十八岁起即作下去，专搞铣床设计，和一个南京大学工学院毕业昆山女孩结婚，七年前，同去四川自贡支援三线建设。在近八年中，也不免和万千人差不多，经过了世变教育，吃了点点小小苦头。守在铣床边作了五年工，却得到了不少实践经验。一切好转，厂中领导公开赔礼道歉三次。也够好了。这次回来住了三个月，两人又回四川，近闻又在参加新的什么程序控制铣床生产，把审图施工关。大致在这个工作上，还会用用脑子。已成了个小毛胡子壮年人。记忆中还不曾忘却"巴老伯⑥"！留下个八岁女孩，在北京寄读。人还聪敏活泼，会作画歌舞，十分要强，又大方。只是已成个"候补女书呆子"，戴上了眼镜，不免使得婆婆费心，不许看书，加以转移！过去两兄弟都到过上海工作，我要他来看看你，大致总因工作匆匆忙忙，且不熟习道路而作罢。我和兆和原打量今年秋天来南方看看熟人，她因两个孙女在身边，离不开，我则因杂事一堆，更离不开。一切只好明年看机会了。听梅溪说，南方气候润泽，树木郁郁青青，街道干干净净，人物熙熙攘攘，男女活活泼泼，不免心向往之。因为南方委托一件工作待进行，或许在明年四五月间，仍可望来南方走走，也说不定。北京新的大房子，似乎在日益增多。大工厂也在陆续建造。我们住处的东堂子中间那个房子，檐下也增加了一堵约五尺高砖墙，檐下支出个约四尺宽新罩棚，大致到明年夏季，不用担心煤块淋雨，炉子也不会被猛雨弄熄，在檐下炒菜烧饭，肩背受烈日晒炙，比较稍少一些些，遇大雨来时，也不用打伞升炉子了。也可算得近廿年住处的"新建设"，十分难得，也十分有趣！迎面首长都总说"人太多了，房子问题不好解决。"相当幽默的应付过去了。我无所谓。兆和略感难堪，担心我忽然一早死去。我估计到，决不会什么忽然死去，因为可做事还够多！毓棠⑦数月前曾一见，只略老些些，在注廿四史之一种。闻入冬即咳喘，身体也较差些。

并候家中大小安好！

从文
十二月九日
一月一日

---

①健吾，指李健吾，字仲刚，笔名健吾、刘西渭、丁一万等。现代作家、戏剧家、文学翻译家。中国社会科学院外国文学研究所研究员。

②之琳，指科学院外国文学研究所研究员、现代诗人卞之琳。

③广田，即现代散文家李广田。1968年11月2日被迫害去世。

④先艾，指现代作家蹇先艾。

⑤其芳，即现代诗人、作家、文艺理论家何其芳。时任中国社会科学院文学研究所所长。

⑥巴老伯，指作家巴金。在受到多年冲击后，通信时巴金得到的结论是"一个不戴帽子的反革命"。

⑦毓棠，指孙毓棠，历史学家、现代诗人。中国社会科学院历史研究所研究员。

19740129
北　京

复杨璐

杨璐同志：

　　赐信早收到，深谢厚意。所作《谈书法进展》后数行，附信寄上，一会会附件又失踪了。另附二诗。①内中虽提及不少问题，其实多"假里手"之说，诗不像诗，字不成字，见解且恐更多近于"荒谬绝伦"，即以"打油体"标准而言，看来也不免令人发笑齿冷也。同一性质以劳动文化成就为题材的小诗，也曾写过廿来首，主观上原以为或可属于新式"文化史诗"范围，还值得分别就各种问题，作百来回不同试探。总的看来，或许还可望给读者以一点新启发，新印象。生活在一种不易设想的枯寂环境中，来作这种事，个人也觉得还有意思，可是一回北京，就不免有"跋者不忘履"情形，又来在"人弃我取"意义下，独钻"牛角尖"，搞那个一生搞不完的《服装资料》，和一大堆以万千图像为主的"劳动文化史"大小问题，回复到《庄子·大宗师》中提到的"大块赋我以形，劳我以生，佚我以老，息我以死"，即或今年已过七十二岁，本可以采用第三阶段生活方式，逍遥逍遥，等待第四阶段的来临。可是事实上，"责任感"和"童心幻念"，却把我紧紧缚在第二阶段上,而等待第四阶段来临了。因此这些打油诗,在乱糟糟的桌面稿件堆积层中,想清理出来,编个目次,也不可能。近些日子,正准备让小孙女回四川,一切不免显得更乱,六尺大书桌,工作面已缩小到一尺左右。所有工作,照习惯,又总是得交叉进行,因此想回你一个信,谈谈一切,始终还不曾作到,盼能原谅。最近小孙女已决定不回,家里才又稍稍恢复本来安定。

我是个思想十分落后的平常人,仿佛什么都有点"常识",其实全不抵事。文化知识领域,无一真正长处可言。对于"做人""处世"见解也极其庸碌平凡,实在没有什么值得学习取法。唯一可供少壮参考处,大致只是不论学什么,都还"耐烦认真"而已。真正值得学习的,是永远在沉默中进行工作的工农,是到处可以遇到的优秀党员,以及在任何单位都可发现的,充满政治热情应用到业务上,永远不消沉的某种干部。社会在不断变化中,我过去搞的工作,还不到及格,就因社要求不同从而报废,实事理之常。工作既已过了时,早就失去了意义,因此在某一时,即或还有机会做个"空头作家",也不敢冒充。近廿年所学一切,似乎比较扎实,但是也会在更新的倏然而来的变故中,连人带物一扫而光。所以目前所作种种,就不存任何"成功"希望。只不过是照一个博物馆研究人员的分内责任,为馆内陈列,为对外科研、教学和生产服务而已。社会新旧矛盾多,复杂到不易设想,万千搞政治数十年为党〔和〕国〔家〕立有大功的人,还不免在新的政治变故中,"迷失方向",因而犯错误,出毛病,一蹶不振。像我这么一个头脑简单、思想平凡、政治水平极低,思想水平又十分落后的平常人,在近廿多年社会变革种种运动过程中，总还像是"得天保佑"，居然能够比较从容的活下去，且于大多数过去同行同事，正在种种不期而来的冲击下，弄得头脑混乱，失去工作方向，还各自近于在无可奈何情形下，等待新的工作时，我居然还能充分把所有精力，用在廿年学习总结工作上，真可说十分幸运。为了报答党和人民给我的工作机会，除了争时间，尽可能把拟定的、估计能把握得住的大大小小几十个文物研究中的空白点，为后来人一一填空补缺，搞出个头绪来，再接受自然规律报废，别的什么高尚理想、光明出路，通说不上！身体能在受自然规律限制报废以前，不至于为什么外来突然一击中报废，就可说是"幸中之幸"，十分知足，也十分开心，此外什么通通不敢稍存奢望。

可忧虑的，即是这廿五年所学一切，即或明明白白对文物研究近于基本功，恐仍不免会在倏然而来的运动中，新的"破四旧"口号下，一律报废。求用它来作为年青文物工作者"垫脚石"，也无可望。所以凡是能另抄一份的旧稿，还希望能抄一份留下。估计除关于《服饰资料》第一辑那廿五万字说明外，大致还有约卅万字的杂稿，在整理中。又另有其他资料约廿卅万字（抄辑而来的）待重抄一过。上次本已向馆中领导请将服饰第一本那个说明取出，誊出个清样本上交，比较条理清楚。把原改本留在手边，方可继续进行第二本工作，取材设计便于参考。内容主要大致是工农生产。不意在春节时，馆长三位来家相看，其中一位主持业务的副馆长，却告我"稿已上转，请求批示是否印行。"得到批示后，打印样稿前，必让我看看，才会打印样本。如此一来，由下到上又由上转下，大致将在转的过程中，总得一年半载后才有下落可得。所以原计划不能不受新制度打破。前请抄的第三回改校本元明部分，最好暂时不必重抄②。社会变化过大，我这份凡事"由无到有"的工作，内在困难虽能克服，外在种种禁忌，却不易解决。今后命运，和前卅年搞的习作得到同样结果，亦意中事也。

并候府中长幼节中健康快乐。

沈从文
一月廿九

---

①楷体短句为作者添加在页边的说明。
②重抄，作者因反复修改《服饰资料》稿件，需要抄写清晰的备份文本，但得不到馆中支持。杨璐因爱好书法，能识别沈从文的草书，便尽义务帮他抄写过文稿。

19740605
苏　州

致沈虎雏、张之佩

虎虎、之佩：

　　我们在苏州已住了半个多月，吃的太好，住的也好，我并且真做到了"不看书不写字"终日面对一片绿芜照眼情形，因此眼睛也似乎好多了。妈妈关节炎和腰部常痛，也在打针中大有好转。红红晒黑了不少，小五舅舅为照了不少相来，不久当可洗出。小胖胖闻已到清江开始新生活，适应新生活，能走七八步路，并会开口答应姨姨等叫唤。在那边一排单身女宿舍中，受人爱怜可以想见。只是大哥月底返回北京后，一个人照料她，必相当吃力。闻已开始让她到托儿所玩，大致大哥返回不久，大嫂工作一忙，即将送托儿所日托，比较省事，也比北京省费甚多。大哥或在月底方离清江。

　　十七八号文告公开后，这里大字报原只集中在体育场的，开始上了街。且开始在最热闹街上出现。到处有成堆的人在挤着看。开始发生了民兵殴打绑架学生事，是非难明。同时也开始把批林揭林和其大小伙计，转而争辩殴打是非，不免有离题日远事。街上也开始发现有头戴藤盔的民兵活动（属当权派），内行从大字报差不多的提示中，却从后面题名，一望而知属于某派。我们则因一无所知，也不明白内容问题何在，还不曾好好看过内容。至多过路时，对标题过过目而已。这里原系"一面倒"，属于XXXXX的势力范围。从过去报上说，X原是主席可靠身边人。从新的大字报所说，则X之妻X什么和长住苏州之叶群实旧同学而又十分相好。所以上揭事是否最后发展到X某某，还不可知也。总之，这里是林一家搞阴谋所在地，同时又是"选妃子"地点，也是稍后"某工程纪要"地点，所以必有新内容在今后会出现。……白情形恰恰相反。只是当时一面倒蒙住盖子而已。到许可揭时，自然便不同了。所以运动今后……实意中事！

我们……开苏州可能。如上黄山，小平或许也……到芜湖伴二姨同行。住一礼拜后再转南京看看四舅舅。又住二三天，便即可回驾了。我这次南行实近偶然，是这里和上海窦舅舅①大家设计促成行动的。来了倒也很好。因为不少人都已十多年或廿年未见面。妈妈则有廿七年未回，到这里来真若做了"老姑太"，十分从容的看园子。且去过洞庭西山。昨天又和四五个人同去洞庭东山，都不觉太累。黄山之行若落实，且必有九到十人之众。包括窦达因父母在内。

我也有可能在五六天后去上海一次，看看熟人，问问病。据这里所熟医生说来，眼中黄斑出血殊难好，药不抵事。得俟其自己凝结慢慢消失，或结疤。即好，视力亦必因之加弱，目前即已感觉到。但在适应中，已能写字归行，估计应过手亲自抄录的过百万字诸稿，若能体力维持当前情况，回去又可换一新的住处，把所有书一集中，则大致待做工作还是可望在家中进行，完成一部分，不感困难。运动发展，主要在清理林有关的人和事，一般知分，或不至于如前一次那么又是人人要"过关"也。即使不会牵连过多知分，知分之难于工作，亦可想而知。所以卞舅舅②等，大致将有一年在开会中反反复复的学习下去，谈下去。

我的工作馆中改陈部分，只有涉及要做什么古人画塑时，可出点力，提提材料，同时也即得便收集服装资料。在他人感到对工作起"茫然无所适从感"时，我的工作大致还可逐一作下去，不犯忌讳，也少有障碍。只是预定几个助手，都下了乡，要配图时，恐已无可望。只有做下去，一一理出头绪章节来，俟明年几个比较得力的助手从干校回来时，才可有希望继续照先前做的方式作去。这希望可以实现，也总在明年下半年去了。也许会在新的动乱中，上次幸而保留的这份较重图稿（已费了十万元以上），又在混乱中一火而焚，亦难幸免。因客观动乱若又来到，本人将在某种混乱挫折来临时，忽然报废，实大有可能。所以不相信"命运"，也总得相信"条件"，社会变化或比上一次变化大许多，又或无政治问题的，将根本问题纠缠所在，却不能不过问，或被过问而不成为什么重点。真的矛盾，运动企图，不少内中人即很少明白，究竟搞好得到好处几分殊难预料。所以不少旧熟人多以为边改边学，才会近于偶然中一时不报废。此后凡有机会总还是随同学下去，又肯定永远不会懂真正症结矛盾所在。因为明明白白是上面的路线斗争，居多中上层干部也难明白意义何在，需要的是什么结果，难于处理末后又将如何变化，多数中上层也不够明白内中情形，何况一般外人？令人着急处即不少"好计划"，在发展将难望一一实现，而形成一种新的矛盾，也将不好收拾。因之"运动"转为"永动"，在动中总是用新的矛盾盖着了旧的，而始终难于在应当收时即收，由主动转成被动，又用新的主动去代替旧的，老的即在此动中结束，中年人亦在此动中进入暮年，国家力量形成无限制消耗，却得不到应得效果，转而授人以柄，为修与帝国主义者求之不得的，使人痛苦之至！

你们工作不知还能照常进行没有，还有可能在秋后回京搞材料没有？若万一两者可以选一，即来京搞大协作与在自贡单干，便不如搞大协作好。

候两人好。

从文

六月五日

本篇曾因原信缺页，编入全集初版时中部缺失约500字。现据后发现的缺页进行补遗，但因页面局部受损，仍有约30字缺失，缺字以"……"表示。

①窦舅舅，指窦祖麟，窦达因之父。曾任上海几个电力系统企业总工程师。通信时尚未安排工作。

②卞舅舅，指诗人卞之琳。

19740614
苏　州

复沈虎雏

小虎：

　　信得到。寄来几张我们在苏州花园里照的相，较大的红红倚着石头的一张，似乎很好。小五舅说因为纸嫩照成灰色，换某号纸冲洗，必将好看得多，也明亮得多。这里已到了时雨时晴的梅雨季，热时只穿单衣，雨中必加毛衣，吃的素菜极新鲜，平桥头即小菜市，离我们住处不到一百步。荤菜如鲜鲫鱼，也有卖的。一般也到大菜市去，就远多了。买肉肝腰子有时得早三点去排队。不免忙坏了五舅妈。早点也在平桥去买，一人日二油条加大杯豆浆，四人二毛六分即成。也有极大有名糕点铺面向群众，推车来卖各种甜盐糕点的，高级一些，还是比北京贱一些，也多样化而又好吃。至于"老苏州"则照例必在早上去怡园对面一大铺子吃汤包虾仁面才过瘾。又再高级了些。我至今还未上过正式饭馆，每天在家中吃的已够好。住在一个楼上，干净而清静比什么大招待所还好。红红则在小五舅家养了几百条蚕，每天不是和小姑姑去找桑叶，即有一原乐益教师为送来，食量相当大，已过了四眠，再一眠大致就得结茧了。五舅妈是内行，所以照料得很好。红红每天必守在蚕边看许久，不离开。一天总是笑声特别响亮，特别多。一双大脚已到能接收二姨奶奶产业程度，奶奶的衣服也可以穿，到这里来除了姥姥为作了件小花衣，又接收了这里两件，一件是二舅妈送的，所以再热些也不必愁无衣换。只是为轻装计，已把厚衣寄京，只留下一毛衣一毛背心，若上黄山再冷些，大致就得和大家相同，要借小外衣穿了。这里诸亲商量去一次黄山，人数或已过十位，内中还有由武汉来的小平，由清江来的大，由上海来的窦舅舅二三人，大致和小平哥哥卅左右先到芜湖集中，我廿四五去上海住几天，看看熟人。即于卅同窦家乘车上行，妈妈等在苏州等上同一车，南京二姨等上同一车，于是当天下午二点即可集中芜湖，由镕和舅舅为安排住处并预购上山车票。可能将住六七天才到南京，让大和小平哥哥先回，我们再住南京二三天即返回。五舅舅和五舅妈也即由京返回射阳。他们也下放了好几年，这次才回来，王兰英又新退休，所以这次一行，是十分难得的机会。红红欢喜乱动乱跑，我和妈妈均恐到时调动不灵。有大在就能驾驭她了。我去上海除看看眼睛情形，熟人中大致不会有三个以上要看看，社会变化大，或许除了看看巴老伯即只找达英一朋友谈谈，因为诸亲中只有我一个人和他相熟，曾特意到苏州来看过我一次，受到大家的欢迎。

……①

十七十八文件公布后，照理最有可揭人可揭事的是本市。因为林贼特别住处行宫在此，为儿子选妃子也在此。小五舅舅等还能把预定的尺寸肥瘦及特别标准说得清清楚楚。表面上为民航及各高级招待服务员，事实上则必先经林父子具体考核，才能断定是否及格。（其实不仅林父子如此，其他地，其他人，也有采用这种办法的。如湖北之××，就用这个名分，在上海苏州找了十个特别"服务员"，先经过他一一赏鉴后，再分发到东湖特别招待所，专为侦察主席行动言语而布置。）更重要是前一阵曾有不少大字报，点出南京之前某长官，自己表面上和林无干，事实上则其爱人和叶群却来往极密。又曾在所选妃子之一中，特别挑中成为自己媳妇。但是大字报虽提提，不多久就冷下来了，再不出现其名。苏州原是《工程纪要》起草地，不可能不让本地当权派一部分转为心腹，前前后后所知道的事必不少。但公开提及的几乎无一个人，无一件事，可知某种潜势力还必然相当强大，而牵涉及人又还多，因此互相用沉默对答十七十八号文件。最近有张关于林的生活种种，还像是北京林的展览会中说明抄来的，或参观展览会记下的。至于本市反而若无一人明白内情，无一事可以揭发。报告多冠冕堂皇，却永远不合实在经过一切碰头。因之争吵有时还转移到和本题不相干处事件中去。看不出所揭有什么重要发现。好处是大字报尽多，一切生产还照常进行。据五舅舅说是一面倒当权，而反对派已一扫光，不是大规模下放，就是"五一六"②的揪中，死的死，押的押，下放的下放，所以闹不起来。只是南京方面省委办公楼，据说即已早为下放职工所占领，一切工作近于瘫痪，不知是否可靠。因一切事，总是在可信不可信之间存在也。今天上街见一大字报具体提到全省各重点地区揪"五一六"人数之多，刑罚之残酷，死亡人数之不可计，真令人难于相信。但据后面署名，则明是内中人提出的，所以大致还是可信的。

　　四川情形或许也差不多。但一影响到工作上，形成传染性的病症后，必然将发展成为一种共通麻痹症，不像是一般药方所能治疗的。我和妈妈曾考虑到，之佩若实在不大好，又可请二三月离职治疗病假，不妨计划一下，即到北京来和红红一道住下养三个月病也无妨。住处可以在羊宜宾，只是妈妈身体已不怎么好，最好是之佩能帮同做做饭，就很好！因为原来徐大妈已辞退，不想再请她。这里好处是建国门医院在比邻胡同，一切药物还不缺少，距离极近，挂号十分方便。另外要药也有熟人。吃的又容易好办，特别针药也可得到。只是最好能做做饭，妈妈可以缓一口气。之佩办事活动，也可以来为红红交涉，或仍可于下期入学。即难入学，为红红补补课也好！

并候双佳。

从文

六月十四夜

---

①整理时此处删节亲友私人事务内容700字。

②"五一六"原指"文化大革命"初期北京一度存在的"首都五一六红卫兵团"小组织，曾把斗争矛头指向周恩来总理。1967年9月8日《人民日报》发表姚文元《评陶铸的两本书》，毛泽东在审阅此文时附加了一段话，指出"五一六"的组织者和操纵者是一个搞阴谋的反革命集团，应予彻底揭露。1970年开展了一打三反和清查"五一六"反革命阴谋集团运动，演变成全国性斗争，无数干部群众在清查"五一六分子"名义下，受到不同程度的冲击。

19740621
苏　州

致巴金

芾甘兄：

　　我和三姐及一小孙女到苏州住已一个月，因为眼睛出了毛病（黄斑出血），经医生劝告，好转恐不容易，最好不看书报不作什么事。因被诸亲催促到苏州来暂住，一个多月真作到了不看书程度，终日面对南方特有的翠绿，似已大有好转，写字已能逐渐归行。拟来上海看看诸熟人，订于廿三号早车到申，住半淞园路窦家和桂林路音乐新村502程家，打量在廿五六来看看你和孩子们。上海人地生疏，大致是由在华东师大历史系教书的程流金兄相陪，才不至于迷途。什么时候对你最方便，望告我一声，寄本市桂林路音乐新村502程流金同志收转。到上海来，主要就是看看三四熟人，大致在廿九就将离开。三姐托我致意。她本也想来看看你，只因为小孙女患流感刚从医院出来，还在照料小孙女吃中药，所以来不了。她们大致也是在月底去南京住住，因为一些弟弟已廿多年未见到，最少也有了十五年，社会变动过大，见面真不容易。

　　靳以孩子不知已毕没有，算算日子，也应当早就业了。

我高血压心脏病已廿年，七一回京后已近瘫痪，近年因照朋友建议，每天吃加过工的蚕蛹四十粒，不到半年，旧病几几乎完全消失，头重心隐痛事从不再发。只是左眼因看书超支，黄斑出血虽已近于好转，但视力日益衰退，还是不可免。吃的并不加多，可是逐渐已成二级胖子。精神倒挺好，总是"行走如飞"，脚力强健比一般熟人强得多。一时还不必退休，本有照三条例系可以不退休，尽自己能做的事做去的办法，因此还希望能争三几年时间，把廿五年所学"杂货摊子"，分门别类加以整理出来，自以为或许还对于后来接手人还有点用处，起些"垫脚石"作用。又还有一个规模较大用图到六七千的《服装史资料》由我个人主持，初步作的试点本，即用图到七八百，说明约廿五万字，十多年早已经审定通过待付印，底版及说明均排印好了，因文化革命而搁下。上回由湖北回京时，旧事重提，又说"已决定付印"。因我更改说明而搁置。新的要求既大变，内容问题犯忌讳处必不少，还得再大改一番。这工作似乎还将继续下去，因为用处多。搞文物研究的特别有用。我今年已过七十三，全部图目已成竹在胸。估计能争时间集中精力赶个三五年，或可望眼见到其中大半能完成交卷。若新的运动不久又将出现，大致即努力作去也将一切报废。特别是年青人若以为我的工作是他们迅速前进的"绊脚石"时，新的工作和第一回从事的小说习作得到相同的结果，到一定时候，完全失去意义，实意中事。又最近还听说退休制有新的政策下达，过去援三条例不必退休的，已有改变，在各部门仍将进行办理退休事。如果这个新办法要应用到我个人身上，所有工作计划，必将全部放弃。还得考虑如何第三次改业，再更换个工作目标，更换个学习方法，才可望把这点有限生命，更贴紧社会需要来使用!

三姐七二年即退休,因无事可作,还在原单位尽尽义务,一星期去三个上午,参加参加学习。在湖北三年中,终日担粪种菜,大致因为劳动超支,体力已较差。不过一切兴趣还如旧。来苏州已两月,体力又日见好转。小虎虎一女孩已九岁,留在身边。小龙一女孩只一岁多点,原在北京同住,新送过清江小龙的爱人处。孩子们四个人都学工,倒也省事。大致数小虎学得最好,专攻程序控制铣车动力部分,凡是厂中床子活,又能亲自动手,和普通工人一样干活,且在优选法中能应用提高生产量,所以一切还顺手。但是在近十年中,也不可免受了点人事"折腾",如今一切通成为过去事了。在北京第一机床厂时,作先进工作者连续十年。爱人是南方昆山人,南京工学院毕业,同在一小单位工作,性格很好,对外办事也还能干,搞家务或不如虎虎。因支援三线,大小在四川自贡分厂工作已八年。一二年内常有机会因公回京或上海等处走走。小龙还在京本校作钳工,带学生实习占大半时间。爱人习电工,住清江,性格也很好。三姐因此不必为这些事操心,还能有时间看看书。只是家中所有近五十年的书刊,多在运动过程中全部处理完事。有一个短短时期,我还可以从书店内部供应处重买了些,总是随买随被亲友拿走。上海旧书店如还有机会找到些,打量再为买一些近五十年译著带回去。也还希望你藏书中有些复本可让我带些回去。北京这事作得似乎相当彻底,我自己的习作,也代为消毒已不易从旧书店得到了。倒幸好被他们从各处搜集供审查的大小本本,后来已全部发还。也只算是留作个人学习一点纪念而已,再无别的用处。有几种似乎还是敌伪时上海盗印的,内中篇章来源我早已忘记,亏他们居然为印出来!

　　之琳、健吾等在京生活似还照常，开会占较多时间。研究恐已说不上。健吾家中也一再遭遇不幸，一女婿和外孙同淹死于川汉过渡时。之琳须发均白，精神倒还好。

　　并候佳好。

弟　从文
六月廿一

　　家宝①似有些神经性心脏病。（给人有点"乱头粗服"印象。不大会处理生活是主要原因。）人已极瘦，长住医院，也常换医院。头发还青呼呼的。每晚夫妇各得吃十粒眠安通，还不易安睡。据一照料他们相熟护士说，心脏病是神经性的，不妨事。曹葆华、何其芳高血压多已上升到一定程度，一般健康似比我差得多。熟人在十多年中过去的已不少，间或和家人去颐和园走走，已极少遇到旧熟人。郊区今年住宅建设大大增加，很多地方已失去原有面貌，一切依旧的似乎只有我那人间住处，但院中柳树也已合抱。

---

　　①家宝，指剧作家曹禺，原名万家宝。

19740622
苏　州

致沈虎雏、张之佩

……四川情形不知如何？照估计十七、十八号二文件出来后，又必是满街大字报。"揭林"或不如这里事件之多。但争夺名位则必比这里更激烈，花样更巧。这里闹尽管闹，生产可并不因之停顿，一切还照常进行。川中则多年以来，若干大工厂久在停顿中，即或因此十二个大厂曾开了半年会，还是解决不了，开不了工。加上这一新的鼓励，必然对于被压倒的一派，送上不少火药，对当权的一级起轰击作用。而当权派既拥有实力，又领导各联，必可大大利用之而加强压力，打击，所以乱得必更可观。争吵得也更凶。再发展而成"武斗"，看趋势，还是可能的。有的地区，或许还是必然的。因为不大可能会在"平心静气"形势下，来谈实权分配问题。还得消耗大量国力、物力和时间，才会把矛盾慢慢解决。

社会变化大，你们厂子较小，属中央级，领导又在不久前作恢复正常的安排，受影响或不至于过大，预定工作还能照常进行。也会还有些变化，即一系列"饭桶"或会有一部分被刷另调，由工人来作主力，把一切搞得日益合理。至于大厂，则正因为是"中央级"，由于人多口多，事情也必然较多。不容易得到正当解决。

在京时，机关又有改为工宣队代军宣领导传说。科学院大机关，则加入十五中委参加学习。后者已实现。

之佩身体如何？甚念念。你们要什么药物，可即来信，这里的药品多，且稍贱。又下旬我或许将去上海看看熟人，那边买药更方便，且有亲戚在医院工作，不公开的药也可得到。或写信告窦舅舅也成。我廿三去上海，卅号和他们一道乘车去芜湖的。妈妈红红小五舅等则在苏州等待，搭同一车去。车过南京，又会有五舅妈二姨等上同一车。当天下午二三点，即可到达芜湖。小平也可当天到达。大也能去，将同在芜湖镕和舅舅处集中，二号坐同一车上山。可能有五六天之久，再同回南京，住四舅舅家两天，即一同回京。或小平和大将先走两天，也说不定。

我因当真被迫不看书，视力似已好转，可是左眼好后，视力仍然已转弱，看什么有时只能闭左眼利用右眼，大致已算得幸运了。百科来信说，有关老年人安排政策，国务院最近又有了变化，原定凡有如下三种资格的，可不必退休：一即卅六以前入党的，二即爱国人士对党出过点力的，三即政协成员，和特别高资，研究工作对国家有不同贡献的。都可用"离职疗养制"一切不动的留下，也不必照例办公，或参加什么会。我似有两项资格，所以丹江方面，曾提名定妥，并有一小小红本本证件待发。赵其文伯伯即曾见到这个证本。大致因我不希望退休，还将争时间做点事，就不发那个证件了。现在闻上海方面，却又有不少高资在办退休，京中闻说也有此事。若轮到我头上，七月里回去时，可能便将由上面提出，事实上也便是近廿多年学的一切，又到了"无多用处"时。又或许领导比较能"实事求是",还让我把拟定的工作搞完,也说不定。因为事实上在本馆和一切四十多岁的人比,有许多搞陈列的基本常识,他们都还不具备。文物种类那么杂,有大部分还像要把着手来教三几年,常识才过关!若还有政协,政协又照过去那么可以把实事求是的建议,付诸各部实施,我还有四五件涉及如何把文物研究工作推进一步,便于今后搞文史的好好利用问题,以及把科学院文史考古三所打成一片来进行工作事的建议。有的是早已"胸有成竹"议案待一一提出,肯定会得到通过。案一通过,我就还有更多的义务来为各方面打杂,退休为不可能,可望在三五年内,文物研究工作必可见出面目一新的新形象!

若按年龄被迫得退休,那有限可用的生命,就可能又要改变一个使用的方法,作第三次改业的准备,一个人生活发展之巧,到七十多岁,还得作第三次改业准备,也可说为历史上所稀有少见!真的要这样,我大致还是会十分高兴,同时还充满童心和信心,来进行新的学习新的工作的。但目前环境下,求如第一回的从事写作,和第〔二〕次学习文物的成绩特别显著,想已不大可能了。因为图书文物多集中于公家,事实上种种规律限制等于把它全冻结了。写什么,要求总是从上而下,水平并不求如何高而难于达到,相反却是要求不高而太容易达到,只对于初学执笔,而又没有什么深一层认识的多数人有好处,我却不大可能照要求去用笔,且认为照目前这么搞法,明明白白由汪叔叔写的,经什么人随便改动点点,便成为"集体创作",要我习惯这件事,也恐不容易。降低水平,尽量把对个人阿谀加入到字里行间,也觉得对于"为人民服务"的忘我无私要求大有抵触。所以再改业,大致不会是走回头路搞"短篇"。服装史或许也得搁下来了，或终于放弃。大量小专题的写作，也难以为继了。末了一着，也许只在闲中来写个近五十年所从事的工作中接触的人和事件，写个《回忆录》，供后来人参考，或者还有点意思，又容易下手。只是出版却不大可望。因为凡事一照实说出，和现代教现代文学的抵触过大，将更不容考虑出版。幸而能写出，又幸而留下，供吕叔叔等目前教这一部门的除了鲁迅，别无他人的成就可言的提法，将大大不同。因为从一时政治要求，要的可不是客观真实，而是个人主观的爱憎。这种五十年文坛回忆录，若照客观存在写出，廿年代后期，鲁迅的小说读者即已不多，到卅年代，在比较下，且显明已居于极其冷落的地位，读者已相当陌生，而读来得益也不多。如今照政治要求上的安排，谈新文学成就，竟只提他一人，那会是事实？用"谎言"代替"历史"，似不只文学一方面的情形，早已成为不少事情的通例。这也就正是一些善说空话、说假话的"笔杆子"在事业上极容易向上爬，而对国家却只增加麻烦的原因之一。我们单位中就有一位，一写某人罪状一百条，可不必起草，即一挥而就。这种人在运动中照例特别活跃，许多问题本来十分简单，到后反而日趋复杂，也多由这种"笔杆子"搅成的。川中这类"文材"不少，且多善于依托权势，而形成相互为用的一种顽固病根，正是问题之一。似乎上面还少有人注意到这一点。因此有些地方的"大字报"作用，能形成一种相当有力舆论，对坏人给以压力。有些地方或许反而会增加纷乱，为善于利用"笔杆子"作"新打手"的某种人树立假威信，及争权夺利的资本。川中事的难于解决，转入正常，大致是后者起的作用较大而形成的。这里情形似稍稍不同，但仍有相同点。不少个人出的大字报，分析问题极尖锐而措辞也极得体，对于当权派批评得恰如其分。但另外一种以势压人的大型标语一贴，便把这类大字报内容意义全冲淡了。也有的自己培养的聪明"笔杆子"，专找不相干小事骂自己领导而转移视听，去掩盖了大处的。也有利用所掌握的团体，假借名义，来为自己开脱并保护的。小事越来越多，终于把十八号文件主要用意通通若忘掉了。我们不明白内容。小五舅是明白一切关系的，所以一看开头或一看末尾机关团体的署名，就知这属于某一类头头的笔杆子的作品。十分有趣，也不免令人痛苦。并候双好。

（六页不全）

从文
廿二

19740902
北　京

复张之佩

虎虎和你要什么东西，望在信中提提。这里供应好，易得到，也不费事。两人把身体保持到正常健康，就可为国家多作点事！

之佩：

　　得信，知小虎又去成都，王正仪已返回，虎虎若有空，不妨去看看他，可明白些些这里事情。最好是能去二姨父那个亲戚处看看。客人已离开，家中（小羊宜宾胡同）即刻清静得多，也宽阔得多了。大哥一星期可以回来三四天，我和他交替也回去住三天，一般每天必回去吃中晚饭，大致到冬天不大好走动时，或得改变个方法，带一顿，吃一顿，比较省事。两边都有了煤气炉子，冬天还得升炉子。羊宜宾也许还得升两个！煤气炉煮水极便利，炖什么便不大如煤饼炉子经济。送来红红的作品两种，她似乎在抽条，稍瘦了些，也高了些。在学校是一切肯动手，争动手，在家中作雷锋兴趣差些。倒炉灰由〔她〕负责，还抵用。吃饭有时慢，有时快，一般食量抵我和妈妈的总和，只是不大肯吃菜，也不吃零用，糖果也近于得叫住才吃。回来做功课不必叫唤，只是在看什么书时，便把平时派定的摆摆碗筷责任全忘了。日子过得满开心，从不哭过，也不会生什么气。和同院中或大或小些女孩又极要好，也不发生争持。不像庆庆，经常要和父母祖父母闹闹小别扭，或在生气后哭哭。可是〔红红〕这倒似乎并不大好，因为环境过好，这些事少经验，将来到社会上去，恐不免要吃点亏，以为都像家里人。证明不全像或且多相反时，将感到不易适应。也许到四川上中学后，就必然要补课了！不过大和虎虎也是从小就这么大的，所以应世能力不大精，比较上总显得老实不中用，某一时会吃点亏。可是从长远说，算总账时，还是好的，学得扎实，对工作也能负责到底。妈妈因为客人离开，自然如释重负，轻松得多了，出版社还是在尽尽义务，可并不怎么忙，因为是出不定时候丛刊，不出月刊，所以虽答应一星期去三半天，事实上也不一定去。红红在身边，和奶奶特别要好，有时是用来抵抗我的，故意的。居多倒是正常情形下，相信奶奶，爱奶奶。奶奶自然十分欢喜她。有些弱点或近于"与生俱来"，如做什么想什么时，耳朵即不大灵敏，要奶奶反复叫或骂骂，才引起应有反映。有时吃的过慢，一个不在乎……正在摸索规律，想办法加以克服。为保护眼力，每天由我为滴五滴浓鱼肝油在小饼干上，一下子就可吃下。奶奶为特意买的可可糖，不为取出来放在眼前，她照例不自取。读书记忆力极好，作家务事记忆力可极低。手脚似乎还如过去不什么灵便，一行动不免要撞撞磕磕，跳舞时却节奏活泼而准确。喝牛奶易泼出，吃饭时肉易掉到地下，总得奶奶警告警告，也不起作用，易旧事重演。事实上大致多是温习回想什么，旧话说，便是"神不守舍"，顾此则失彼，长大些会转好。一上床即睡倒，也可见生活上少什〔么〕委屈，在校里也受称赞，从不挨批评，无压力，因此一睡即到天明。只是起床可相当慢，还不大记得住争先收拾被盖，（这一点似乎比小尖鼻妹妹差许多。小尖鼻手脚可真敏捷，家里事总是抢着干！）最大缺点大致还是因为我们总有事情，即在星期天，也少机会带她去公园玩玩，或过亲戚家走走，使得她生活上多接触些不同的事物，和外面"自然"与"人事"多接触些，也是一种教育！对她显明有好处，有待在秋天里补补课。学校常有点劳动，又有电影看，倒很好。只是课似乎太松，又不重，太易对付，另外可以消耗她提高她的书不多，有的又多千篇一律，智力提不高，幻想也展不宽。再过一二年，或许可望看较深故事，就好多了。

我在赶抄待上交的一份稿子，有廿多万字，房中光不够，左眼视力已不如年初，因此吃力些。今年若能抄出，上交，也算得是尽了责，十多年前已通过，只待付印，上面同意点了头，以后大致即可继续作下去，照原来计划，将有十大本可望陆续编出。这是个试点本，所以搞得好些，以后工作即可望得到鼓舞和人力上材料上的支持。也算是近廿年比较有分量的工作！

从文　候

本篇产生日期按照邮戳推定，据原信编入。

19740924
北　京

致阎玉敏

玉敏同志：

　　不见数月，在安徽运动不知是否还在进行，还是已经转入抓生产？我是六月中旬由南方回来的，在苏州和家里人住了四十多天，后来又同十多亲友爬上黄山，前后过了八天，在雨雾中上下，停到住处即又放晴，印象极好，体力也还对付得过去，不感疲劳，证明身心还受得住高山气候考验。惟视力似已较差，回来后才知道眼底出血并未吸收，兼发现有轻微白内障，因此左眼视力衰退，实意中事！近正争时间赶抄《服装资料说明》，约廿四万字，若无意外故障，年终或可上交。还拟添三五百附图，在说明中，说服力或较强。你上次借用的材料，存馆中的已捡看过。还有些你带去合肥部分，盼望你能协助一下，为暂时寄还，便于清点清点，以后若还有用，仍可借去使用。

　　你同学张同志闻已因病不能到馆工作。刘焕章则去邯郸作了些黑釉瓷动物，一尺以上大的，大致还不错。近几个月又去大砦搞陈列馆用一个群像，已完成。可能还将作个露天用较大型的。黄永玉等已无事，只是李可染、吴作人等画，不供外销月份牌使用，又闻新北京饭店也不用。若照日来文艺界出面情形而言，过不多久，恐又会出面，也未可知。

并候佳好。

曾同志处并致意。

沈从文
九月廿四

19740930
北　京

致王林

王林同志：

  一别数月，健康想还能维持得住，原定计划中的工作，也还能照旧进行。克家诗人在此虽近若比邻，也少见面，只月前在路上见其披上厚厚夹衣，从建国门医院出来，似正患"流感"，近日或早已痊愈。祖春在此还常见到，半个月前，正为眼下皮肤癌进行处理手术，双眼发炎，略显浮肿，日来或早已一切好转。我因左眼患黄斑出血，医生一再警告，不宜看书报，半年好转，已近幸运。曾和家中人过南方住了两月，还爬上黄山跑了一星期，并没有什么疲累，心脏"供血不良"和长期高血压病，似乎经过一次考验，证明无事，一时或不至于因此报废。至于视力，则在日益减退中，大致已不易恢复。半年来虽经南北医生治疗，并且中西药并用，左眼视力仍在日益衰退中。平时看远处不碍事，一般写写抄抄什么材料，也还能归行。只是晚上看书，却已到必需闭上左眼，利用一只右眼对付程度，目下还能支持，不感困难，可是随同年龄而来的进展，不久报废，是意中事。因为新经诊治，证明左眼出血，并未吸收，且易反复，还加上有轻微白内障出现，个人倒不至于因此丧失工作热情。只是正因事实已十分明确，部分或全部分报废，势难避免。考虑到如何争取三几年时间，尽可能把近廿五年所学花花朵朵，坛坛罐罐，和许多难于设想的杂文物常识，用个较新方法，文图互证的分门别类，逐一写出来，大致还可望成为"中国劳动文化史"一个骨架。对于此后搞文物研究，搞物质文化史、美术史、工艺史，和丝绸、陶瓷、漆器、家具、金银加工……以及服装改良等等，均可得到较大便利。因此在这廿年里，新旧社会过渡期中，由于机会凑巧，我经手过目的东西常以若干万计。即或所有一切接触，还停顿到"常识"阶段，看得那么多，懂得问题那么广泛，加上个人对于杂文献的底子，共同形成的综合能力兴趣，此后搞这一行的，或许已不可能再赶上了。即或得到国家和党的更大支持给以方便，自己又特别努力，以后人也还是不大可能懂得那么多，学得那么细致，联系问题又那么广泛了。因此我即或今年已七十三岁，在目下社会剧烈变动中，所有多年熟人，在文化各部门工作的，或为适应新要求，感到彷徨，无所措手。或在种种倏然而来的风风雨雨中，受了点折辱，乐意作"逍遥公"自保，以为至少可少出差错。我却为了责任，不许可（也不会）让消极情绪抬头。还是充满了工作热情和幻念，来进行能进行的工作。因为就"驾轻就熟"的常识积累，对今后搞文物研究同行以外的工艺美术各种专题的教改、教材配合生产中"古为今用"，求落实如何运用优秀传统改进生产而言，改进生产教学而言，我可以为加一把力的似还不少，就足够消耗我这点有限余生！因此即或已近于"独眼龙"，凡是能进行，或已进行的一系列工作，还将尽可能争争时间，想方设法来完成它。担子分量即或十分沉重，已上了肩，就不卸下。肯定对后来人有好处的，即或到双眼全部失明，我估计，也许还有一部分仅凭记忆，也将依旧可以做下去！

现在十年前已进行的有关中国服装历史的《服装资料》第一个试点本，十年前本来就已完成，制了版（二百页正图约六七百人像，说明廿四万字，另有附图过百）。搞这个，曾得到总理点头认可。第一个试点本，还得康生题签，郭沫若写了个长长序言，已准备付印，因文化革命一来而搁下的。文化革命幸而没有因四旧被小将毁去。七一年由湖北回来时，王冶秋局长就要人转告我，可以付印。由于修改廿多万字说明，还拟另加新的附图三百，而耽搁了下来。现在这份稿件正搁在手边，将在年底亲手重抄一份定本样稿，并把三百附图补上，重新送审。这份工作看来已十分沉重，事实上还只是个起点，是照原计划十个本子中的第一个试点本！上次已基本上通过，若还看得过去，就将一一继续进行下去。至于是分门别类的作，还是断代的编，将从第一本的得失中，作出新的决定。总的图像大致将到七八千，附图至少也在三千到五千左右，说明将到七十万字。乍一看来，似乎十分沉重，事实上早已"心中有数"，只要有二三得力助手为协助绘图，又容许我在二三年内，最好是一年内，和二三助手去全国博物馆学习学习，抓三几千新材料添加，即可望在不甚费力情形下，陆续完成。此外近于所学"附产物"的，还有四十来个较小的不同文物发展史，别的专家或不屑注意，或不易着手的，我也早用了点心，把基本材料和问题，写出了纲要，并集中一定图像资料，已可以用个"文图互证"的新方法，来逐一完成。身体即或在日益恶化，工作条件又十分不利，我可深信，还是可以完成其中一部分，对以后人可以减少许多走弯路的精力白费的。有些专题由于费力难见好，在国内过去是空白点，此后也必然还是空白点，我在别人想象不到情形下，却早已"胸有成竹"，完全有把握能搞得像个样子！目前感到困难处，是所有工具书，和亲手抄的上千文献卡片，及从各方面积累十分难得而有用的图像资料，在倏然而来的运动中，已近于全部扫荡毁尽。幸好一回来又重新买了两千块钱图书，馆里我的研究室也还保存一些工具书，故宫也还存了些我的工具书（我原来在那边兼作丝绸顾问），近来又经常得到考古所一个修复组年青朋友协助，补了点新出土未发表的新材料。特别重要，还是一个脑子始终还相当得用。一经过手的文献材料，和大几十万实物图像资料，大都还分门别类的压缩在一个小小头脑襞折一角落，印象明确，一抓就出。所以在小小房间里，大约一尺五寸的桌面空间，还能交叉进行这些工作，真应当说是"得天保佑"！

有些问题是具全国性的，希望把所有图书能集中，必比较好办些。因此总希望为了协助别方面的工作，住处若能扩大些些，工作效果必好得多。特别有利于其他方面来商量工作，临摹材料，有较大便利。这点小事本来不甚费事就可由馆中为解决。事实上，却已一再请求，照例总是置诸不理。因此想到你过去说的和馆领导还相熟，有些事不易说透的，你或可为谈谈。所以你若过节来北京时，望能便中来谈谈天，我可以把目下和未来的工作打算，及碰壁处谈谈。你若能为转告一下，我住处若稍宽，或恢复原来所住情形，这么一来，工作对馆中，对外面有什么意义，能明白我的希望并不是个人问题，而是工作可能的好处，馆领导有个较正确的理解，就太好了。

就我所理解说来，馆里谈业务共同提高，重点在"务虚"，相当容易而好办。若每一部门知识求落实，必需从务实重新下功夫、打基础，并不简单。能把我的常识和学习方法，转到四十来岁负分段、陈列的接班人身上去，他们即或在学习上特别肯用功，学个十年八年，或许所知还有限，即"常识"，也不算过硬，由于过去在学校容易混，到了工作又容易凑和，因此许多应有的本部门常识，都还缺少，有的甚至于还近于十分无知，应当懂的多还不够深入！日子即容易混，可实在对不起国家！求尽职，除了认真端正学习态度，他们是没有别的省事巧办法的。我活着一天，也就有责任为他们较有条理的为分门别类作点基本功！照目前这么情形，有限生命的使用方式，实在太可惜了！

弟　沈从文
九月卅

　　王林，现代作家，原名王弢，改名王相林、王林，笔名俊闻、俊民。沈从文任教于青岛大学时，学英语的王林为该校中共党支部书记，组织领导学运。因选修作者的课，并大胆用他所说及的态度和方法，写了许多很好的小说，成为沈从文的文学朋友之一。

　　本篇2009年8月22日曾以《沈从文的一封集外书信》为题，发表于《新文学史料》2009年第3期。现据手稿整理编入。

19741016
北 京

致杨璐

杨璐弟：

　　近日练字不知是不是还顺手？这是个长期的工作，不妨把手边所能得到的种种，在不太拘束下写写，不必也不宜要求结果。应学的太多，时间得放长些。最好能找部《草字彙》，搁在手边，若作到其中若干字说明上只写某某人，一望即记得住出自某某帖，即可说"懂"写字了。大致用个十来年功夫，并不算过费。乍一听来，似乎调子过高，其实算算，也不过如学理发满师的时间三倍而已。字要看得过去，我觉得用这分时间，是值得的。你底子好，或许只用一半时间也可办到。至于我，因为受六十年前"司书生"字体影响过大，写了三十年还"不及格"。所以解放前即或冒充"内行"，间或也还为友好涂涂抹抹。解放后，新社会凡事"实事求是"，便不大敢着笔了。而且"天下定于一"，死去了的作家有鲁迅先生，活着的又还有郭沫若院长，都是世所承认的"大书法家"。我"空头作家"名分，还不敢冒充，那里敢说"还会写字"？因此停了笔，十分自然合理，也心安理得。学书本重在实用，平时抄抄文稿，写写博物院陈列柜中说明卡片，倒还得用。今年估计还得亲手抄七八个小专题说明,有可能时还得赶一赶服装说明一大份。附来些中日文化交流代表中国"书法成就"的字样玩玩,对日展出的代表作。你是个真正青年工人,若有兴趣参加,将来必易入选。内中听说还有一位参加展出的"大书家",写到主席诗词某一段时,草体不知如何写,临时去翻字帖查书,明白清楚后才敢落笔。这事并不可笑,因为比近来写论文的许多"文抄公",还审慎认真。不过如此急于"出头露面"做书家,岂不太累又太苦?若平时多看看,即不至于"临时抱佛脚",这么紧迫来求菩萨保佑了。所以你若手边有部《草字彙》,平时不必写,也多看看,也可成为以后写字有用帮手。若又看又写,到一定时候,不拘写点什么,会大大得到"自得其乐"的愉快,和打"太极拳"差不多。决不至如那位写草字临时查书的苦恼!另一方面,应用到抄书时,必又快又好,让人看来也十分轻快。我倒认为这应分当成主要练字原因。实在不必一定要充"新式风雅人",如同"赶考""应选","及格""过关",便算是"成功"!平时练字,纸笔也只要适用即成。会写字,手中拿的是个扫帚,也可以当笔使用。纸笔精佳当然好,没有也还是可以把字写好。世上只有"假风雅"才特别重视"文房四宝"。其实,这种人,手边文房四宝即再加倍精美,还是未必即可把字写得更像样一些的!送来的印在日文刊物上一位有代表性的名流,用的笔,也许值廿元一支,字还是有意欹侧取势,不怎么好看。学杨凝式[①],却不会写。简直可说十分恶劣江湖气!我用的笔,始终不超过一毛二分一支,比起来,倒还是"小米加步枪"厉害些!另附些新的发现资料,工余高兴时,不妨细心临摹三五次,写字倒真像"量变到质变"的法则,还用得上。也即古人说的"熟能生巧"意思。写过后，用不着时，再并上次拿去的还给我。因为我作《书法进展史》小诗，引例时，还用得上。用这些新发现示例图，有"说服力"。缺少这些图像示例，意见得失即再深刻具体，还是不易为一般读者能满意了解的。

并候府上亲长健好。

从文

十月十六日

你给哥哥写信时，望为致意，并告他和他那个同事，我体力还未下降，维持得住。能维持多久可不易明白，因赶工，总是体力超支！吃饭走路，都还抵事。只是左眼已不大得力，夜里看书得如"独眼龙"。近来即大白天也有时成问题，工作还能取得应有进展，只是所搞大小问题，都靠图像为主要材料，前三个月帮手还得力，所以完成了六七个不同大小专题。帮手一离开，工作便无从进行了。无可奈何。在等待中，大致用得上"善于等待"四个字了，不然真会急坏！

---

①杨凝式，字景度，号虚白，五代著名书法家。

1974 秋
北　京

致杨振亚

杨馆长：

从同事中，听说你前后作了三次报告，极可惜，我没有机会听到。第二、第三都提到本馆为提高业务水平的学习问题，主张馆中业务干部，都应当能作"说明员"，或就陈列进行好好学习，能达到作说明员水平。我完全赞同，万分拥护。最近的另一报告，提出一点疑问，似乎是对馆中学习业务热情提不高，和写作兴趣不大，鼓励同志写写有关新文物或陈列方面心得文章。朋友传说，尽管只是大意，我觉得都相当对，十分对。因为一切说的虽只是从感情出发，至少已看出了些问题，对于馆中事当前和明天，有了点滴理解，有所关心，是代表伟大的党来"做事"，不是临时安排来"做官"。我在历博馆中〔待〕了廿五年，并且有十年是在午门楼上作说明员进行业务学习，种种经验或许有些可供你的参考。在正式解除我的职务以前，我还有不少责任待尽，有的限于本馆业务明天接班人的学习态度和方法问题，个人由无到有的学习经验，不少方面或许还可供大家参考。有的还涉及对全国不少机构，大如科学院的文、史、考古三所，今后的研究方法,是依旧贯,单打一,各自为政的搞下去?还是三结合,采用个较新的研究方法,来作更新的布置?或许还将在政协提案,必需三结合,才可望取得进展。此外还涉及全国大专院校美术史或某一专题的教材编写问题,是依旧贯,照老办法,谈雕刻只知云冈龙门,谈绘画津津有味的谈"南北宋"或"书画同源",把工艺画置诸不理,讲鉴定则人云亦云,以皇帝题字题诗为第一,见于著录为第二,以名家收藏判断为第三,而对旧文人爱好的姨太太妓女伪画还看为至宝,反映到工艺各部门的成就却一无所知?一面说遵照主席说的"奴隶创造文化的一切"名言,却对于出土文物以数百万计的金、石、玉、瓷、丝、漆……分布于国内的三千年奴隶,和近乎奴隶的工匠,共同创造的文化,从不肯从实践出发,补三五年课,认真学习研究过,而只知引用些名论来粉饰内容的陈腐和空虚,这么搞,能不能配合国家和党的新要求?既不好好的下十年八年工夫去学明白什么是"糟粕"和"精华",又那能有希望照主席的指示,使"古为今用"落实到生产上,取得应有的发展和效果呢?另外还有生产上现实需要,如何落实"古为今用"问题,近廿年来,我从实践出发,过手经眼了十多万种绸缎,过十万陶瓷,此外还学习了万千种不同文物资料,不仅是对于那一部门的历史发展,有了些基本常识,又还从这些材料中反映的军事、乐舞……分门别类明白了一系列的历史发展面貌,不少问题限于见闻,接触面还不算广,至今还只近于"常识",但是在这么一个广泛到不易设想的常识基础上,来谈馆中"学习"和"改陈"问题,说的意见,总还有一定分量,大致是有条件的!工作来面对全国,大如科学院文、史学习方法上的重新考虑,小如陈列中那两把扇子的历史意义理解,不仅仅是能说明得适如其分，搞陈列的诸同志，极明显，作三五十字说明也会感到困难！有必要时，用不到一天工夫，就可为从马王堆到现在还在每年生产以百万计的各种扇子，从图像上提出三两百不同扇子式样。本来是个不好学的题材，一集中画出来，照出来，稍加时代说明，当成"文物手册"看待，岂不是全国文物工作者，都可得到认识上的提高，而转入生产部门，也从另一面去应用，如形象和图画处理，落实"古为今用"对外贸也大有启发？若不学习，十分现实，当前请天木、老史，加上负责本段陈列同志，开一百天的会，写个三五十字的说明，大致还只能从"猜谜子"方式出发，勉强应付，而永远和"谜底"不碰头。古人说"智与不智，相去千里"，话太陈腐，而且完全唯心。若改成"学与不学，差别极大"，大约还是事实。此外在目前陈列中，或由于不学，或由于学得不够扎实，或由于其他原因，少壮同志，把东西摆出来后，有不少柜中文物，事实上还叫不出名字，辨不明用途和问题，因此应当写二三十个字作说明，始终还不知如何着笔的。事实上，我或多或少已早为准备了可供参考的材料，如丝绸中锦缎、印染、镜子、玻璃、金银加工的发展、漆工艺发展……或早已写过小文，出过专书。另外还在过去多年就已分别积累了或多或少文献和图像资料。运动一来，家中所有书籍毁尽后，在双溪那种生活环境中，总还忘不了一个"研究员"的责任，又凭记忆，拟了近百大小不同题目，搞出了草目约五十来个，回来后，再补充补充，估计至少可以提出十二个问题，可以不甚费力，应当说毫不费力，就可望把这些扎在脑中一小角的印象，转成为"文物手册"，有的问题，即或复杂，要什么"学部委员"来作，五年八年始终无从着手的，只要为在每一题目上配备适当得用的人力,和《扇子应用发展史》一样,十分现实,在一年二年内,都可一一完成。而且还必然是多方面有用的。还有比如《家具发展史》《灯的发展史》《马匹的应用和装备发展史》《前期山水画发展史》《金银加工发展史》《串枝花发展史》《杂伎演出的历史》《狮子舞的历史》《乐舞演出的发展史》,大都是用图像为主,辅以适当文献来作说明的。一搞出来,作为"文物手册"方式付印,不管前人难于设想的什么"专题",不多久,就将成为一般性常识。全馆学习有用,全国不少相关研究生产单位,多可从"各取所需"意义上,得到便利。必然还可用来作为新的研究的基础,用个完全唯物的方法,来作不少人物故事画的产生相对时代的判断,得到新的近乎科学的结论!目前使用的鉴定的方法,未免太陈旧了!

这就是我一回来,一再请求最好能在图书室附近有个小小工作室的原因!你和姚馆长不理解,不予考虑,一点不出奇。廿年同在工作的相熟同事,也未必理解!至于少壮,就更不用说了。因为另外有一位以"专家"名分领导馆中业务近廿年的聪明绝顶的人,在十八九年以前,给我的鉴定画像,还始终在馆中起重要影响,以为我是个"不安心学习,不务正业,终日飘飘荡荡,无所事事,玩玩花花朵朵,都是从个人兴趣出发!"我一声不响,在午门楼上灰扑扑而且十分阴暗的文物里,和入冬以来零下廿度的陈列室,不折不扣学了十年。记得角楼还有一架子明代凌迟人的鬼头刀。有不少知识,是作说明员学来的!为克服学习上困难,老老实实把学习辩证法和《矛盾论》《实践论》,个人的浅薄体会,从中提示的原则,和工作方法,用一个普通战士的态度,守住岗位战斗下去,一面学一面打!任何好的转业机会都没有动摇，包括了主席和总理鼓励"再写几年小说"！

馆长，你能不能设想我是怎么学来的？一个不声不响，又学了多少？稍微有一点理会，你事情即再忙些，也会抽出点点时间，那怕是半小时也好，来和我谈谈今后馆中改进学习以及当前改陈问题了。由于一种外人难于设想的爱国爱党的热情，我一切由无到有，且在种种人事困难中，严格的毫不含胡的，从实践中取得的工作中的进展，只把学习中的副产物一小部分，作为政协提案"谈如何古为今用"，廿个提案都通过了，最后一个听吴研因委员说，还是总理亲批交五六个部执行，还附字说"这是个内行说的话"！不管经过情形是否可靠，案总是通过了，不问执行情况如何，总是在执行了。正因此，我对内对外就还有一系列责任待尽，则事情十分显明。即仅仅以《服饰资料》而言，也是经过总理同意而进行，目前搞的只是个试探性样本，当时就考虑到，如还像个样子，将为总理出国临时送礼用品之一，所以配上了郭老的序和康老题字。更重要的工作，还是照计划陆续编十到十二本。将由此解决一系列文物研究问题的。十年前，就把这么一件重要任务交我来主持，总不算是件小事！我敢于负担下来，为这工作打个基础，也必经过长久考虑，决不是为个人什么名利着眼。这工作从实用出发，例如江青同志近来提出妇女衣着问题，由一个工艺美院某女同志参预。或许就是跟我学习过的一位，人是满好的，只是谈创新若应当对于旧有的是些什么得有个印象，有多少值得参考，已有知识就太不过硬。因为即或知道些形象，那不成的，可还不知衣服花纹和颜色的配合艺术有些什么，待跟我来补课处就还不少！有必要认真一点来作时，反回来把我当个群众，问问我，当天就可以为提出三几百不同时代、有

117

代表性的妇女图像作参考。用不到五天，还可为把故宫和馆中有代表性，又有再生产价值的三五百种绸缎，加以集中，开个小小展览会。且不妨让北京市所有成衣师傅，以及纺管系统所有美工同志来观摩观摩，在这么一个现实基础上来改进，来创作，多省事！这些小事对我而言，真是"为长者折枝"，举手之劳而已。自然在本馆也还会有"打哈哈"的人，从中插一句"你揽事那么多，野心可不小！"这是由于他不明白研究员的责任是什么，且读了三十四十年书，作了卅年"专家"，还不大明什么叫责任，因此直到如今，如用"齐人吹竽"方式过考，请他在任何一件文物上写个廿字卡片，或许查一整天的书，查不出，装病完事。馆长，我今年七十二岁了，一个头脑在党的教育下，鼓励下，因为牢牢记住指定的责任，面对馆中需要和其他需要，学了不少常识，幸亏至今还得用，但是可以用的时间，究竟已不多。国家培养那么一个人，可不容易，有许许多多的条件，凑和在一处，才会达到。什么"专家"在新的社会都容易产生，把千百种常识集中到一个人头脑里，来为各方面打打杂，这种打杂的人，可不容易产生。从昨天孙嵩年同志看，不凑巧，我大致也会在十分钟内即完事。因为学习无穷，生命却有限。我能这么进行学习，并把所学用到各方面去的机会已不多。

所以我把你当成代表党来主持馆事的，向你说说一些，肯定你还不大明白的个人事情和馆中情形，这还不过极少一部分。曾有人用好意劝我即早退休，若果是党的指示，我自以为是长处的一切已通通用不着，对馆中毫无必要，我就接受。但在退休以前，还是有责任把一些面向全国的工作搞完告一个结束，有始有终的作个交代。把《服饰资料》工作，也把拟编未编的草目，和其他抄辑的文献资料，找个接手人，告明白他，结合衣服谈绸缎，就过一百种书，还得有点目录底子，才明白书的是否可靠相对性！这个工作，不仅仅是个"排队"问题，还得从制度明白许多事情，有的还是无形制度，并不见于历史，应当比考古所作的专门报告广泛得多，才可望把工作推进，从报告中学，又转而用新的说明去教育作报告的专家，都是必然的结果。比如明代坟中仪仗俑，有用元代官吏衣装的，又有宋代官吏衣装的，作考古的不深入服装历史，那知道？又那些人穿的衣服是什么材料，现在什么地方还有，他们从不去故宫历博库房考古，又那有无师自通的道理？目下同事廿年的老史和大章，或博学多通，或经验丰富，我极信服的同志，但长处可不在此，把图像和绸缎及文献三结合来解决服装问题，或许知识还要来到杂一点，综合材料，分析材料的能力，还要深入得多，至少对历代绸缎得补一二年课，才有个基本底子！作为接手人的基本条件！摸绸缎，大致就还得我来协助个一年吧，才能解决！目前为止，馆里并没有人认真学过！事实上如他们工作忙，怕一时抓不下，我就得另外想办法，把今后工作，转到另外一个机构里去，争时间来进行。因为我不应当把廿年得到党的鼓励和支持学来的一切，当成私产，带入坟里，或随同身体一把火烧掉！这一份知识，还不止是为编个十本八本资料而准备，还将是今后必然要搞的"中国服装博物馆"而准备。我能多活几年，还将为这件工作出点力。历史学者谈中西文化交流，或民族文化融合，至今还停到辗转引书的方法上，不容易再进一步，即把新出土材料加上去，还远远不够。但是在服装的一方面，也就不甚费事可提些新证据，或证史谬误，或补充史志所不及。比如小袖齐膝的短衣，历来以为即胡服，新的材料就可以补证,这种衣式大有可能是商代的一种,后来转到东北西北的。又比如马作乘骑,多以为据《史记》应属赵武灵王时才从西域胡族取法的。但安阳出土材料,便常有一人一马同葬事,又可证明商代已有此事。而马镫发明为一大事,是由中国发明转入西欧的。最近专家作冯燕墓报告,还以为只能早到东晋,出土一皮裹马镫……

据废邮残稿编入。

19741107
北 京

致李石英

石英主任：

　　因为正拟把球类竞技、百戏等等历史发展资料集中一下便于分析排比，得到较新理解，以后改陈有需要，盼许可把上次我在库房资料室选好的如下画幅或照片，许可照或洗印一份。

　　一、望都汉画百戏部，有径尺大后摹本，借我另摹一个白图，一礼拜即可还。

　　二、《明皇击球图》部分。

　　三、明清间社戏舞狮子部分。

　　四、《明宪宗行乐图》百戏部分，和有灯彩部分。

　　五、许调故宫拨馆藏《皇朝社略图》中之《孔子事迹图》服装部分。

沈从文
十一月七日

1974(1)
北　京

复编写者

　　谢谢各位好意,更特别谢谢你们的领导好意,有机会把写出的《中国陶瓷发展史》第一回讨论稿给我,让我认真学习了一次,得益不少,至少明白大家是十分热心而认真的来探讨这个问题。并且能把这个问题,引用到批儒评法的斗争中去,这个方法就给我了教育,要适合目前运动的口径。除了三几处引文小错,别的也很像一个集体作的用这个题目作的论文。重在政治水平的提高,我政治水平实在远远落后于诸同志,派我写,肯定不会写得那么完整,这方面提不出什么更好意见,十分显明。若目的重点如能理解到的,算算或许只有历史博物馆的陈乔馆长有资格,因为他抓业务已廿年,是党领导之一,政治水平肯定必极高,明白政策,他看过后提提意见,必然能把握大处,正确而有分寸。我对于陶瓷发展,只有些具体常识,是廿五年以来,作了十年说明员,对于陈列柜中的坛坛罐罐,一件一件去学懂它,又还学别的文物,对于它的生产和进展,才积累了些些常识,主要是面对一般群众解释问题,其次答复专家的发问,再其次,"古为今用",协助七百万人的生产老师傅,如何加以利用提提建议,或鉴定传世品时，谈谈造形、加工艺术上的成就、特征。若也可以说是长处，长处在应用上提材料，作点论文的能力可极差，不易及格。这份常识性的理会，一切来源于实践，过手经眼了十万八万的实物，先懂了实物，再结合文献，求深入理会，把陶瓷当成《中国劳动文化史》来看待、来研究、来探索的。因为实物以十万百万计，早已超过过去任何专家谈的作品多到若干倍，早已明白任何谈瓷的书，都易失效。

本篇是在评法批儒运动中，答复《中国陶瓷发展史》编写者的一篇废邮。现据原稿编入。

1974(2)
北 京

复程朱海

朱海同志：

极抱歉，我因得争时间，随手所及为预定在进行的七个文物问题排排队，对于你要的资料，不可能集中精力为搞出，想能原谅。还应望为向你的领导转致真诚谢意，承好意，为我出了个题目，因此对于本来所知有限的《陶瓷发展史》，尽手边所有资料，也重新试摸摸，稍稍贯串集中了一下，从实际出发，温习温习前后情形，以及和铜漆相互关系。因为这方面，正如馆里专家所感觉，我发言本来并不多，他们印象不错。我回想到十年以前，他们有意考我，把一个新烧的釉里红蛟螭瓶子（约一尺高），作为收购对象要我鉴定时，我明白他们在使小手脚，赞同收下，大致他们印象里还记得清清楚楚。只是始终不明白我是为了满足他们愿望，不便揭穿这种可笑把戏而赞同收下的。这事本来一过即忘了，他们那料想到我是不好意思说"不应当在我面前玩小手脚……"我有意装一次傻，乐得他们开心，也不坏！至今真正内行如故宫的孙瀛洲、冯先铭，大致还不至于笑我对这部门是完全无知外行的。因为和孙打交道久而多，共同语言也较多，即或他是个商人，也从不向我开这种小玩笑。比我单位专家为人即高一着。

　　已汇集的图像材料，到你处另外同志当真把学习当一回事，要明白些从书中永远不易理解的问题时，向领导陈明白，到我住处来看个三天，大致基本常识必可得到一点明确印象，特别是从"文化发展史"角度得到的印象，大致不会使得年青同志"误入歧途"或受毒害。若本意只是重在务虚，写写上次那个报告①，得到通过即完事，那就不用我再好事热心，他们已写得够好了。我还得向他们学习，才有资格谈陶瓷问题！不过心里总觉得这不真正解决问题。不是主席提示的凡事认真的办法。至于为你搞的《玻璃发展史》，能提的也还算是一点基本常识，算不得什么"专"，只能说就出土实物，联系文献初步排排队。要搞得真像个样子，还得深入下去，至少得把近廿五年各省市以及故宫……

　　程朱海，时任职于建筑科学院硅酸盐研究所，拟进行玻璃发展史方面研究。

　　据废邮存底编入。
　　①报告，指此前硅酸盐研究所组织编写的《中国陶瓷发展史》初稿。

1974(3)
北　京

致史树青草稿

　　传世松江本《急就章》，世俗书法家，多信叶石林《题记》，以为出自吴皇象草。正如同谈拓，动辄以为是某某拓，确为唐白麻纸本，实近于书生猜谜，因为白麻纸特征何在，一般帖学人家，所知实不多，甚至于毫无所知也。

　　记得一亲戚家，藏一宋拓《圣教序》，为某专家借去，不经许可，即手痒心急，胡题书于上，以为的系北宋拓白麻纸本无疑。虽自得其乐，可谓尘污佳作，罪过之至。貌作当行，实"假里手"也。事无依据，人云亦云而已。

　　唐人白麻黄麻作诰封草敕用，以其厚韧坚实见重。一般宋拓碑帖，纸张居多薄而韧，薄才易见拓出笔姿，韧则颇耐毡捶，与唐代用写官诰粗白麻纸显明不是一物，稍稍留心作作比较，即一望而知也。若二者均无所见，自不免胡猜。记得章草《急就章》成于汉黄门令史游，前者有李斯《仓颉》、赵高《爰历》等篇，均为便于儿童启蒙学习书法与内容同重。后来《三字经》即本之而成。据首句还可知自汉代以来，一般多写于三角形木觚棱上。西北出土实物残件可证制度，字体〔比〕皇象时代为早，用笔结体则近八分成熟以后。习书法辨精微者，且可说体制实不古，一望而知，为东汉晚期时体制，可以说是当时官书体法。与更晚些皇象传世章草体法不相类，则有识者自可判断也。与另外出土永元时兵器内言册比，即可知后者下笔虽草草，法则反而多古意也。

若据较后南方大量出土晋永嘉等墓砖字体分析比较，即可知有衔接类同处。体微瘦长，是其特征。试用诸砖刻分隶作底本改而为章，所得体制必相近也。若据蔡书石经为之，则不可得相同结果，因字体基本不同，使转顿挫即必然因之而异，习于书道者必能有会于心具同感也。

此翻刻松江本《急就章》，字体虽存古意，结体且有近似锺书《宣示表》意。但起笔落笔给人总的印象，均似具成熟后之楷书法则，不敢稍作范围外纵驰。必在楷书成熟之后而作，因之秀媚有余，拙重不足。以隶为底子之章草，字多飘逸，此则十分拘谨，宜者或成于陈隋间人之手耶？不仅与出自帖中皇象书差距甚大，即与传为出自隋人之《出师颂》墨本，尚隔一层也。

外行之见，或可供史兄参考也。

本文产生时间估计在1974年，据草稿编入。

一九七五年

19750109
北　京

致王家树

家树：

　　故宫谈玉的"讲义"已学习过，不顶用。丁因①年纪已不小了，得在这些任务上，认真考虑宜不宜作。决不应从人情出发，来浪费十分可贵的有限业余时间，来参预这种蠢事。

　　你似乎还教过杨同志，说话可以不必过于客气，好好问问他，是不是要学学"玉工艺的成就和进展"。若当真要学，又得校中领导支持，最好开学前在馆中学半年，我会用个比较落实又省事方法，协助他把常识得到，自己摸，不会有进展的。有这么一个基本功，再积累下去，抓得紧，至多一年，就可从实际出发，编个教材，引用三五百个图。（以图为主而作"简而扼要"的说明，学生将十分得益。）对内，不至于"误人子弟"，或"自误误人"，对外，印成如沈福文、黄能馥编的教材，或者还得用。因人在身边，即随时可以谈谈问问，不必尽找书，以为可得到解决。不少新问题，我们都不费事就可以说个清清楚楚！新出材料以万计，不学学，抄这个"讲义"，也不会用，不会懂。肯认真学学，一年后就可望有一定发言权。材料新，即印出国外，也不至于为东邻学人笑话!

这个"讲义"的编者,像是个古董商或开过玉作坊的,所以对明清玉谈技法还懂行,也一定看过些古今玉器,可不算"懂行"。因为明以上三千年有些什么,不少是成份出土的!所见只零星点滴,谈的不可免"似是而非"。旧玉即或也过了些手,可并不明白问题,懂商情而不懂问题,理解只停顿到过去玩玉商人的认识阶段,不易提高。若用之来转作教材用,未免太无知——也反映故宫方面搞业务学习,还是个问题。虽也引用了点点文献,一看即明白,还不算得懂书。并且用的书已过旧,还是不大懂。帮同校对的人,也吃不透书中意思。照估计,所据的书,不出如下几种范围:一、清刻传为南宋龙大渊的《古玉图谱》;二、清刻《西清古鉴》玉部分;三、明曹昭、王佑《新增格古要论》;四、《古玩指南》;五、吴大澂《古玉图考》;六、近人李凤公《玉雅》;七……事实上或许还没有看过那么些书!

这些书也未尝无用,但得结合实物,才明白得失,编者却无从知道。工艺成就的欣赏和判断力,多近于一般商人的口气,有零星经验,而无具体知识。照习惯明白商品价值,却不明白制度影响及艺术水平。更说不上联系别方面作比较分析!近半世纪以来的科学发掘报告材料,都近于极端无知,提到的点滴处,或出于改正者之手,仍不可能深入。分析问题可更差。若故宫用来作明清陈列玉及珍宝馆陈列玉作说明,或许还得用。若用来研究雕玉的历史成就,可不济事。如一再提"昭文带",可不知是玉具剑鞘中部的附件。如一再谈带钩,不明白现在不少玉龙璜多是带钩上装饰品。更没有看过《带钩之研究》一书中所提出许多问题和发现!还说琮只清代有,璧只周代有,全近于信口乱说,自己也不知说的是什么事！真的要学习，作作基本功，大致得看看如下诸图书、报告，对于玉工艺的常识，会深刻得多。家树同志，你搞工艺史，玉是贯串近四千年的最古工艺之一种，而直到现代还影响到世界，讲它的成就时，也不能不学学，也得来认真学学用处多。谈它的艺术成就时，才会有分寸。

一、考古所近五十年来先后的发掘报告。

二、近廿年《文物》和《考古》,《考古通讯》及各专刊的发掘报告，例如郭宝钧的《古玉新诠》,《辉县发掘报告》,《濬县辛村》,《信阳楚墓报告》,《新郑文物图录》（内中大小珌最多),《南京阴阳营发掘报告》,《山东大汶口发掘报告》。

三、全国文物展图录中古玉部分。

四、日人印《洛阳金村古墓聚英》（内中玉耳杯，玉背镜子等等及诸杂玉珮十分重要）。

五、又较新印的（也有了十多年）《中国古玉》，内容丰富，印的不如前书精美，是把日本盗走及被世界各国盗走的古玉总集。

六、日印商周《遗宝》中古玉。

七、卅年前商人倪玉书印的《古玉印图录》。

八、黄氏通古斋印的《尊古斋古玉图录》，四册，均商周汉时物，有极好的，多是拓本。

九、又小件古玉图录，原名已忘，似《衡古斋古玉图录》？四册，内中也收了些影印的，但还是有用。

十、五十年前后章鸿钊印的《石雅》，不限于玉，从矿物学来谈，还是有一定用处。

十一、《艺文类聚》关于玉和诸宝石部分。

十二、《初学记》关于玉和其他宝石部分。

十三、《太平御览》关于玉和其他宝石部分。

十四、《天中记》等明人类书中关于玉及其他宝石部分。

十五、清代编《渊鉴类涵》关于玉的部分和其他宝石部分。

十六、《格致镜原》关于玉……

十七、《骈字类编》关于玉……

十八、《佩文韵府》关于玉……

十九、《图书集成》中华缩印本七〇二册；

经济汇编（食货典卷三二五——三三五卷中记载玉等等）。就方便，则只看1、2、3、4、5、8、9、10、15、16、19这十一种对玉的种种叙述，和前一部分的出土实物的拓印，就差不多了。

有了这份基本知识，据手边新旧图像千把种，编个教材，才会像个样子的，才有发言权的！

望你们在工作上互相帮助，求共同提高，取得应有进展，也还得对于工作的态度上抓得紧一些，看得严肃些，学什么进展得也会快得多！不然关于这部门成就，谈他时，不会考及格的。或许说，这个我过去协助不多，应自我批评。重新来想办法补救一下，还不太迟！

从文　候
一月九日

王家树，通信时为中央工艺美术学院讲师。

本信编入全集初版时前半部缺失，现已补全。据废邮存底编入。

①丁因，指王家树夫人顾丁因。

19750404
北 京

致王亚蓉

亚蓉：

　　盼将存您处关于扇子其它各图即早便中为捎来，因为手边待附加说明部分已近完工（只剩下十来幅，估计至迟明天即可作完）。

　　孩子身体好些没有，小帆帆已随同龙朱去徐州探亲，大致有廿天才回来，听人说，徐州购车票极难，稍一耽搁，大致就得迟延到月底回京矣。

　　并候府上老幼同好。

　　王孖想必极忙，并问好。

从文
四月四日

　　王亚蓉，经杨纤如介绍，配合作者摹绘文物研究所需各种图像的美术工作者。因历史博物馆不能为她解决临时工待遇，作者只能自行决定，每月给她一些劳务费补贴家用。

　　本篇曾于2003年10月陕西师范大学出版社版《沈从文晚年口述》一书发表。

　　因发表文本错误多，现据原信复印件重新整理编入。

19750413
北　京

致王亚蓉

亚蓉一定要明白：

　　一切都是为了工作，没有任何其他私人打算，所以在等待正式去考古所以前，我依旧为每月拨点点钱，稍稍解决一下家中必要开支，十分平常自然，万万不要存不安心情。更不应当以为是要感谢，夹杂着私人情感。若提感谢，反而把共同来完成工作的好意失去了。真正应当表示感谢的是我对你工作的认真、热心和仔细耐烦，能在短短三个月中，完成不少预定的画幅，而且作得十分出色。每个熟人看到，都这么说。能这么来为"劳动文化史"打基础，可以为全国文物工作者大有帮助。也为主席伟大指示"古为今用"四个字求落实到生产上、教学上、研究上，都显明会作出较大的贡献。甚至于为我将来向政协正式提案，建议把这些工作加以扩大，另调一些工作同志来参加不同的待作还未作的大大小小专题加速进行，把你和孝友同志已画出的材料，一份份注明，作为证据时，肯定会有极大说服力，比我仅仅在文字上的解释，有用得多。所以让我对你在工作上协作，以及又得到王㭎①同志的支持，表示真诚而深至的感谢，才符合事实。没有你工作上的配合，我的意见再好，也不会得到别人理解的。

　　二千年前早就有人说过"民可与乐成，而难于创始"，凡是近于<u>带革命性</u>的工作，最先总不会为一般人所理解的。对革命大事是这样，对具有革命性的<u>一切工作</u>，也无不如此。以我自己工作为例，也无不如此。当改业搞文物研究时，熟人总以为我<u>终日飘飘荡荡，不安心工作，又不好好学习。只是凭个人兴趣玩玩花花朵朵、坛坛罐罐</u>。当五三年烧"建国瓷"用于怀仁堂，已在大量生产我提出的图样，因为这事太小，不曾和机关中人说及。以后在政协提了廿个案，大都和"古为今用"分不开，全部通过，至少三个部在执行，多的到六个部在执行，而全国高等院校总的《工艺美术史》，和各专题教材，多由我提材料，写大纲，而协助全国有关教师（内中还包括几位院长。）在共同作准备，直到试教时，我馆中就<u>还无一个人知道</u>。所以如今提出的大小专题，不仅文字或口头提出，得不到理解，即或你们已经把我搞的问题，<u>已一一为画出</u>，搁在主持业务的首长眼前时，他们还不知道这一切正是<u>馆中十分需要的知识</u>，不给以任何应有的鼓励。别的中央机关，一望而知十分有用的，我们单位却没有一个领导懂得这些工作意义何在。真可以说，不仅仅是难于在"创始"中得到支持，即搞出来以后，还不会加以利用。

　　可是我相信这些工作必然会得到上面<u>全面支持的</u>。过不多久，就可以实现。因为在学校，我差不多混了廿二年，在博物馆，也混了廿六七年，文史系的<u>缺点</u>何在，十分明白，文物工作研究中的<u>空白点</u>，更其熟习。至于<u>生产上、教学上需要什么</u>，也比许多院长教授，懂得深刻得多。可做待做的事情，排个账单试试看，即再活廿年，也完不了。而且真正接手人也难于寻找，因

137

此只好尽自己力量作去。我的记忆和分析问题能力，还不太坏，最大的困难即是不会动手。而工作又必须能有人动手，<u>相互配合</u>，一切以图为主，排队工作一完成，说明实用不着什么费事，即可用极少文字加以解决的。所以我说工作中的成就，一切<u>荣誉都属于你们</u>，我<u>应感谢你的协作，不是空话</u>，是<u>十分近情合理事情</u>。你应当为当前或明天能有机会参预这种为新中国新的"劳动文化史"基本功而十分愉快高兴，更好的，十分素朴的努力，把一切工作一一如期完成，才算得<u>正常合理想法</u>。新社会艺术史或文化史，还有许许多多的工作，至今还完全近于空白点，大专家大教授实在办不了。太需要有用一种创始的唯物的态度来开路打先锋了。尽可能用个补课态度学下去，不要担心什么"失败"即歇手，更不要只急于正式上工而弄得自己"六神无主"，也不免使我和王㐨同志为此工作上受影响。我倒明白，工作真的一落实，怕你想再来画这些，已失去机会，想再从画提高些已不容易。

  这信写得个乱七八糟，因为照习惯，总得先起个稿，把随手可得的旧纸写写，再誊到信笺上去。可是这次似乎已无力量再抄到整齐纸上去，就这么寄出，勉强能认得出就成了。

从文
十三

本篇曾于2002年11月商务印书馆（香港）版《从文自述——晚年的沈从文》一书发表。

因发表文本错误多，据原信重新整理编入。

①王㐨，收信人的丈夫。

19750427
北　京

致王亚蓉

亚蓉：

　　过节应当为老太太和小朋友办得吃的（或用的），这点点钱望收下。实远远不足酬劳你的工作辛苦勤劳。只不过是就我能作到的，向你和你一家表示一点点心意而已。（考古所事，一时还不能定下，我即有责任应尽。）能做到的，也不过是使家用稍稍从容些些而已。事极平常，万万不要即以为什么大不了事。我过去在北京，过了好几个年，入冬零下廿五度，房中还升不了火，还只穿一件夹衫子，居多每天只吃一顿饭（还是赊欠小馆子的），还是度过来了。生活在近于真正绝望中，不仅从不丧气，甚至于抓学习更紧，得益更大，收效也更显著，在搞创作工作中，不几年即干得相当出色，做人也素朴扎实得多，懂事明理得多！但年青时独自生活无妨，你有了个家，老太太照料生活，每天又那么辛苦，还是应当一家大小高高兴兴过个节日，吃得稍好些。我还想说，在吃饭时，应分向老太太特别表示一下感谢，才算得懂事！我每月可以有一部分钱归自己处理，兆和同志知道我分部分给你，也觉得应该，"公事不管你能负点责应当这么办。"平时多用来备办点图书，供自己参考用，同时也供大家便利。别的也用不上。因为"吃"的文化水平极低，小馆子也不上过，你只看看我家里吃的饭即可知道一二。人一老，且要求更简单，工作一忙，什么都似乎可以消化得了，不出事故。做事一入迷，整天什么不吃不喝也不觉得难受，睡得再少，白天还不打哈欠！体力情绪健康之好，似远比卅四十年前还强得多，真应合了古人所说"食道而肥"。如今借考古所书得到便利，一时不买也无妨，把一部分拨给你，觉得十分自然而合理，不要以通常习惯来看待。望放心工作，等待客观转机吧。肯定十月里会安排妥当的。

　　据我四十多年家庭生活经验，你和王铎应当彼此在深一层了解中，经常从共相互勉鼓舞多注注意，这也是一种真正的学习，凡事合作，再加上体贴，什么困难也能克服，任何挫折也受得了。对学习抓得紧，而对工作进展又充满了正确信心，外来困难便显得对付绰有余力了。他为你工作一定①而着急也十分正常。但是更正常些，若还明白有的是以百万计下放青年，高中毕业升学不成，而下放了六七年，回来待分配，还不容易得到合理安排，自己便不会随便生气了。即以学习而言，这二三月中的共同学习，你想想看，学懂了过去从未学过的东西，被学校一些架子极大，责任感毫无，本业能力也极其有限的什么"专家""权威"，骗了多少有用岁月！如今只近于补补应补的课，三个月来取得的进展，实十分现实，对照对照更容易明白并不虚过的！更何况这些初步学习的成果，以后不仅一部分归你，事实是全部都<u>属于你的</u>。这是我们工作习惯，几十年都这样办，十分平常自然的，因为我有协助一切肯学习又能合作的年青同志的义务，你把工作极出色，为大家所承认，这就是我的"报酬"，更〔那〕里作兴还有别的什么名利？这是我搞研究的本意，一切在共同提高，凡通过你手完成的一切，荣誉全属于你，是应当而合理的。学习了廿五年"为人民服务"，这五个字若还缺少正面认识，并加以实践，那能像个及格的新公民？你画出的东西，送给许多人看时都觉得很有意思，对全国文物研究工作都有用，我就算得是大有收成，够高兴了。这么说，你一时或许缺少理解。王㐨同志和我熟得久一些些，会懂得也多一些些。不过他总是把我估计得过高，可不大合理。其实我为人极其平庸不过，且无任何过人处，只不过是对国家还始终保持热爱，政治水平又极低，始终在各种倏然而来的运动，缺少配合敏感，或多或少易"自以为是"或同时又"自以为极端无知"，因此首先就不容易和迎头上司或直接领导首长打成一片来进行工作。所以处理人事关系实极端低能无知，总像是个单干户，所以为国家大家打算、设想，以及努力，第一关在馆中各级首长面前就通不过。毛病或是在我方面，除了搞工作还扎实认真，也还会使用脑子，因此文化底子即或十分差，任何一门都不过是些常识，只是一经不断积累，到运用时在综合上便常得到些新理解，为大专家所想不到。有乍一看来近于猜谜的预言，新的出土物倒常常能为证明谜被猜中。好像还有点点小聪明。只是一和上司谈话，大致从小就"怕"上司，上司又过多，总是不知〔如何〕是好，说话也漫无头绪，一看到打哈欠或作成打哈欠的姿势时，我便自然只好一走了事。给人印象总像是"为人十分别扭，不好打交道，谈什么都无条理，无边际。"当然也即无结果。从安排你作个试用工作助手也办不好，其余可想而知！人若聪明些些，或许早已应当离开单位，作逍遥公省事，换个职业也省事。始终不离开，大致还只是主观以为有责任待尽,事实上即有机会争三五年时间把所拟工作大大小小专题四十个搞完,国内外会有读者,本单位中同事,由上到下,却未必感到需要。可是还得做下去,只有到死才能叫作"休息"。别人看来,近于不可解,我自己却认为爱国、爱党,也是一种"权利",只要身体不在偶然中报废,为了体会到主席指示的"古为今用"深一层用意,即或所搞的一切,不能对馆中有什么用,可是所懂得到的千千万万花花朵朵、坛坛罐罐,对今后日用或特种工艺生产总还会有用途的。所以在相当困难中,还是得坚守这个阵地,单人匹马也得在这个岗位上守住阵地,还得想方设〔法〕把工作搞完。总的说,就是一个"劳动文化史"的基础。为后来人作"垫脚石",便于来填防的人,省事不少!

盼望你能在今后工作中能逐渐加深这点"为人民服务"的认识,具有的十分现实意义,思想上有了进展,工作中也必然会取得更大的进展和更大愉快。因为有不少工作,我们这一代能做出点成绩,对今后接手人可以省许多事。在任何情形下都不宜让消极情绪抬头。孝友同志工作十分出色,认识上忘不了"自己",难于持久是意中事,希望你凡事看远点。

从文

廿七日

本篇曾于2002年11月商务印书馆(香港)版《从文自述——晚年的沈从文》一书发表。

因发表文本错误多,据原信重新整理编入。

① "工作一定"疑为"工作不定"之笔误。

19750711
北　京

致王亚蓉

亚蓉同志：

好好的把口疮治好。药记往吃，吃完后，当再为找些。我记得家中还有两瓶，是南方为寄来的。当时北方缺货，现在东单药房似已有供应，人限一瓶。另外记得还应吃点<u>核黄素</u>，这里也有，我并不用，可以拿去，不必再买。药买来是<u>备用</u>的，不一定为自己用。你工作总会有着落，因为即或限于某种<u>新制度</u>，至迟也只待过了年，便可以<u>照集体制调用</u>。<u>所中已决定，不会有变动</u>事。这两个月，<u>我照样来维持一下</u>，解决具体困难。若不敷用，再想法也不什么为难。只要你能"<u>安心工作</u>"，就好了。这件事，<u>十分平常自然</u>。我每月有一笔钱，可以自由处理，不会影响到家中开支。（这种帮帮小忙事情，爱人也<u>完全同意，认为应当的。也是极平常的。</u>）同居四十年，许多年青不相识的穷学生和新作家，她就从不责备过我这么帮助人的。更何况你在<u>协助我的工作</u>，而<u>工作又很对国家有用</u>，国家或某一机关，来不及正当合理解决你的工作问题，我稍稍给你一点补助，那是<u>十分合理的事</u>。所以绝不宜把这件小事放心上，（并要王㔉同志，也不要为此小事放在心上。）在能对付生活情形下，还是考虑工作，抓抓工作要紧！你这三个月的工作，时间并不久，可是十分显明，成绩实有目共赏。不然，就不至于还未完功，即为你原学校和文艺研究院借去照相了。这就可以证明，一切努力，并不白费。也证明我搞的问题，对本馆即不得到应有支持，而别的单位，却有用。更具现实性，即工作且得到考古所大专家认可，所以迟早还是可以调去工作，且耐心等等，至多等到一月，还是可以照已定下的调集体制工作人员制，你将是首先一人。所以用不着急于解决。多跟我布置的工作学两个月，或许将更接触不少新材料，而过考古所工作时，也方便得多！我和王㐨同志已相熟二十多年，他是个好党员，我只是个普通群众，但对工作，却有个共同看法，即一切为了国家，为了党，为了工作，去进行。不把个人得失放在首一位。如能把工作进行得较顺利，而对国家又有益，个人已近于得到了极大报酬，那里还要你来致谢意？事实上我们还应当对于你的协作，感到深深谢意，才是道理！所以对你的要求，就是安心工作，在工作上求上进，坚持下去。在目前过渡期，还务必要向王铎同志好好解释解释，两人要事事相互体谅，相互打气。家中处理得越好，工作信心和勇气，就越高，力量也越大。抗战时我在昆明，以北大①教授而又出了六十来本书，日子可过得紧得要命。但因为一家共同合作，支持了八年，任何外来困难，也通通被克服了。精神情绪却很好。就得力于相互合作，得力于能相互原谅，相互支持。而特别是我爱人，在生活极端困难下，从不责备我"无能"，只鼓舞我坚守工作，去等待胜利。所以才平平静静以至于快乐融合的度过了九个年头。这一点，似乎还值得供两位参考。一切工作都得从远大处着眼。工作即或不能得到本单位支持，我却反而以为工作正所以支持本单位。一个国家博物馆，既定下研究员的责任，是除为了馆中工作，还应当为外面协助科研、生产和教学而服务。责任实在不轻松，没有别人注意到这一点，平常自然。我可不能不对此感到有应尽待尽的责任。你能充满热情协助工作，说真话，我应当感谢你才对！我在任何情况下都感觉到生命充沛热情，十分起劲。因为在党的教育下，学懂了"完全彻底为人民服务"的意义，学会了"忘我"。只想到工作对国家有无意义，既已明白有些什么事，对国家有好处，就尽力所及去作。廿年来就这么活下来，今年已进入七十四，本来可以作个"逍遥公"，坐下来，一事不作，吃吃喝喝的过下去，不会受任何指责的。可是，一想到还有责任待尽，因此就永远不会打"退堂鼓"了。而且精神情绪也永远年青了。

问两位好。

从文

十一日

本篇曾于2002年11月商务印书馆（香港）版《从文自述——晚年的沈从文》一书发表。

因发表文本错误多，据原信重新整理编入。

①北大，疑为"联大"之误。

197507
北　京

致张香还

　　来信盛情厚意，极感谢。所寄习字、诗书多不足道，但供玩玩而已。

　　迟日当另作复，奉告近况。总的说来，即日子过得很好，体力、情绪还如三十年前也。望释念。

　　据作者写在赠张香还的手书章草五言诗条幅背面文字编入。

19750927
北　京

复唐兰

立庵先生：

　　得示并朱先生文稿①和王魏诸兄意见。文章一再读过，得益甚多。有关艺院《漆工艺教材》，系四川沈福文先生编辑，我只是当时读者之一而已。这方面我实在是个外行，说的话恐支蔓无分寸，附纸望斟酌情形，觉得对朱文修改有点益，且有必要修改修改再发表，即转致一下。觉得意义不大，且院刊又急于付排，即留下来，且俟将来拟作大型图录序言用时，再供朱先生修改参考。

　　本文中既说是"漫谈"，我同意世襄兄意见，只须删去些不必要字句。能多用点心，多抄改几次，发表时自然更好些。删去些不必要字句，无妨作院刊用。因为当作一般说明性介绍文字，还清楚有条理，且有些见解极正确。若作图录序言，分量似乎轻了点，压不住阵脚。最好能再下点工夫，引用些其他文献和相关形象材料，作作爬梳探讨工作，纵横联系看看，把技法、图案、造形，来龙去脉弄个清楚，至少比日本学人搞得深、透，文字也写得稳妥扎实一些，送出去比较好。因为故宫元明藏品多，而漆工艺进展又有个历史传统，近十年发现又给人极多有益启发，元明成就并不孤立存在，不仅和以前生产成就有联系，也和同时工艺各部门息息相关，要介绍得恰到好处，有关问题不能不摸摸。比如文中引明人叙述谈唐宋漆事，多不怎么具体，只近于一般鉴别家言，而缺少客观分析，极容易以讹传讹，似是而非。如说唐法之平锦地，宋之金银胎，只据笔录孤证而信其有，不就大量宋人笔记而疑其无，便值得商讨。求序言有分量，有见地，能配合图象，代表国家博物馆对于这一部门研究新的成果，我想除了如世襄兄说的"宜就现有实物作较深刻细致比证分析"，还值得在技法、图案、造形、探源溯流上作点工作，远者不论，至少得从唐代襄州生产影响到全国效法的"库路真"作起。日人有专文，说的不透，大可充实提出种种问题。库路真据《六典》称有"碎石纹"和"花纹"两式，唐诗却称为"玲珑"之至。碎石纹或和"斑犀""豆瓣犀"有关，花纹则绘、嵌、镂、剔及其他尚多。若联系"玲珑"而言，便近似"剔红"，总之和后来发展必不可分。云雕应即"福儿犀"，同属犀皮之一，目前虽尚无唐宋实物足证，但信阳出战国时漆几，已作瓦楞式浮雕剑环如意云。唐则敦煌画二伎女图有一人捧箧子恰作此式花纹。宋则一谈茶事书曾引一云雕笺托，近年出土实物一银瓶亦作如意云纹。直接间接材料都说明这种作法实源远流长。又宋代除《梦粱录》曾提及临安有"金漆行""犀皮行"，得知犀皮漆在当时已为专业生产，花样必不少。还有史志中叙鞍制十余种，和漆器加工进展关系都格外密切。而带制廿余种花纹和《营造法式》石作部分均提及浮雕中的"剔地突起""识文隐起"等作法，明《髹饰录》中在漆作法中，就有同样名目，决非偶然凑合。所以谈明漆来源不引宋事，说

"承先启后",将不免会落空。又明人称宋宫内作漆用金银胎,但宋代可靠而重要文献之一《大金吊伐录》中提及金人围城,索金银犒军时,宋政府回答,却说宫中金银器物已敛尽,余下只是一些漆器。若有金银胎,宋人岂有反而不知之理?至于图案布置艺术风格等,如仅就漆言漆,许多方面将难得其解,谈不很透,易成附会。如能就同时宫廷工艺各部门加以综合分析,则无不可望得到较深一层理解,……在这种比较广泛认识基础上来谈得失、谈发展,自然就有话可说,并且可望说得斤两相称,对得起这部门遗产,也不至抑扬过实,影响到其他写专题教材和写美术史的提法上辗转致误。因此我想,这个文章即当成一般性说明,用到院刊上,能够较细心作些修改充实,还是比草草付刊好。所以不怕琐屑,将个人读后意见另纸录陈,供朱先生参考。只当成"普通读者中,也还有那么细心人,注意到文章中一字一句的轻重、分量",作者或者就不至于以为修改重抄过于费事了。

并颂著安

沈从文
九月廿七日

唐兰是故宫博物院研究员,并曾先后任学术委员会主任,陈列部主任,美术史部主任,副院长等职。

本信产生于沈从文在故宫博物院任兼职研究员时期,定为1975年系编者的推测。

①朱先生文稿,指朱家溍先生编写的《雕漆图录》序文,当时准备在《故宫博物院院刊》上发表。

1975秋(1)
北　京

致陈从周

从周先生：

　　月前平伯先生转来一花笺嘱为一书，盛意实深感谢。惟弟于书法并不当行，即"假里手"在解放后亦不敢冒充！近因体力超支，左目出血，虽未见恶化，表面上且如常人，事实上则已近半报废状态，加之住处房中光线不足，久在日光灯下工作，今年已七十进四，真正一切报废恐亦只是迟早间事也。日来稍见好转，因此试为将此纸写写自作拙诗三章，原以为仔细写去，或许还可看得过去，只要能归行，必可勉强交卷。完事以后，带到日光下看看，才知手和眼力都已不大济事，既歪歪扭扭，复大小不等，尊纸真已近于报废！为辜盛意，实在抱歉。只是还依旧付邮，书不足重，留一纪念而已。因照情形看来，今后重抄业已在十多年前，即已就事之《服装史资料》^{第一册，计划拟编十本}说明廿五万字，恐已难望了事。即拟为再写解放后旧作旧诗，至早恐亦将在明年看视力有无转机而定。因并附寄所书另一清代人竹枝词数首，字虽同样无章法，总摆不脱"司书生"办公文时俗体，惟竹枝词叙故都风物，及封建末期社会种种，却极有趣味。弟于五十年前初到北京时，尚有机会见及小部分。至于词中所说烟袋荷包，以及男女绸缎衣物，在东四隆福寺西四西"白塔寺"，西四北护国寺大街上叫卖旧衣物商人，连唱带叫兼动作，每逢庙会期，即相当热闹，荷包烟袋等等挂货，则多陈列于挂货铺，洋人光顾的格外多，北京人却对之丝毫不感兴趣。其实许多铺子，当时还多悬挂有"镖局"字样，乘骡轿出关的，花点点钱，捎上个片子，即可不至于被留难。也可免出意外事故。因此京戏中总还以七侠五义作中心，相当卖座。弟则因穷，有时在旁傻站，等于为这些估衣商点缀门面，也算得上一种真正学习！

并候佳好。

弟　从文

陈从周，古建筑专家，园林艺术家，同济大学教授。
据未付邮的信稿编入。

1975秋（2）
北　京

致陈从周

从周先生：

　　月前平伯先生转来一花笺嘱为一书，盛意实深感谢。惟弟于书法并不当行，即"假里手"在解放后亦不敢冒充。近因体力超支，左目出血，虽未见恶化，表面上且如常人，事实上则已近半报废状态，加之住处房中光线不足，久在日光灯下工作，今年已七十进四，真正一切报废恐亦只是迟早间事也。

　　并候佳好。

弟　从文

　　据陈从周保存的实信编入。

1975冬
北　京

致曹辛之

辛之兄：

　　昨天各处找寻不着的一纸，今已发现。原来正藏在衣服口袋中，真是"舍近求远"，有意方便反而不方便！

　　　　　　　　　　　　　　　　　　　　　　　　从文

　　曹辛之，笔名杭约赫，书籍装帧美术家，人民美术出版社编审。

197511 上旬
北　京

复荒芜

荒芜兄：

　　字虽写成交卷，实在并不成功，仍合在"处理品"之列。且俟另作，以报雅命。最最盼望不要附入并世诸高贤专家墨迹册子内，十分感谢。更不必破费分文，付诸装裱，为免纸张破碎，至多托辛之兄为下托一衬纸，即大好矣。生平最□□□□□□①因为人本十分俗气，在过去即并不想冒充此道□□□□□□近廿年，馆中同事，除在笑我不会拿钢笔之时，有时还兼及，只以为"还会用毛笔，写写陈列卡片，"此外即以为一切近于"玩票"，搞搞坛坛罐罐、花花朵朵，也近于玩玩性质，并无一专长足道（是原馆长鉴定语）。群众"心明眼亮"，意见自不会错也。上次见所书"废品"，为辛之兄如此精心装裱，又加上自兄以下并世"真正"专家，过分称誉，同置一卷子中，不免深感忧惧惶恐。因新社会一切重"实事求是"，有关写字事，早已近于"天下定于一"，死去的如鲁迅先生，活着的有郭院长，可说"天下无敌，并世少双"。"空头作家"名分还早已取消，羞于承当，更那宜于吟诗写字二事插一脚？诸兄厚意，必明白"时代"绝不允许"假里手"混入风雅群,易成笑柄也。

并候健好。

谢谢所惠书《古文物》已收到,内中□□头不一□可詹慧娟所绘。

作者用荒芜的纸写了杜甫《前出塞》之一,款识为"荒芜兄指教,乙卯严冬沈从文书于首都新窄而霉小斋乱稿堆中(处理品)"。此信直接写在为荒芜写字的纸张背面。

①因纸张被咬破缺字,下同。

1975
北 京

致吴仲超

仲超院长：

有二三小事相商，盼能一斟酌：

一、我五九年在丝绣组学习绸缎时，办公室留下些供个人研究用的资料，一般明清残料之外，还有一山西作刺绣花鸟四折小炕屏一件，有朱砂红地泥金银绘花蝶纸一轴〔外有乾隆×年题字〕，及晚清夹绸女人衣数件。此等残料在故宫毫无用处（在我手边却极有用），留在库房反成累赘，盼能批示陈娟娟，许可退还给我。有的附有说明以及收入年月和代价，有的未及注明。但娟娟同志，大致还能有个印象。能捡还给我，十分感谢。

二、丝绣组还有些书，居多是故宫当时给我车马费而买下捐给组中的，另外也有些是我自己买下，供参考的，（如《宋会要稿》《佩文韵府》等较大部头工具书。）组中同志，大致三几年内，还不会使用这类工具书，是不是也盼为斟酌一下，捐的即留下，自用的，许可退还本人？因为我家中所有书都已在破四旧时全部被"破"。

三、六×年中，曾在全国政协有一提案，建议中央由〔文〕

化部派人去上方山，调选正统藏经锦面四百件，放故宫，我来为就调回材料分析分析看，是否有少见材料。若较多，当再建议把全部约五万调京，作为研究，带一二年青同事，作个记录。提案已批准，大致此事即由部局转故宫，娟娟等曾去把材料选回。闻已入库，并可能已和原有李杏南先生所捐经面混存一处。此事既由我提案建议而起，也即还有待尽责任。也希望得你许可，告娟娟（大致也只有她还能记得，因为一切由她经手。）尽可能把原材料挑出，或并李先生所捐一同调到工作室，我可以抽一星期时间，和组中年青同志，一面为定名称，一面谈明锦特征，以及某些图案是唐、宋、元沿袭而来，区别处又何在。一面登记，一面也即可以帮同组中年青同志得到共同提高。只有这么用实物学习，知识才具体！我今年已七十进四，国内搞古代绸缎，大致"发言权"还是稍多一些。并且在共同学习中，还可以提出些问题，用文献互证。比如"灯笼锦"的起源，"樗蒲锦"的式样等等。唐为绫，宋为锦，笔记且说似花非花，原来实物花纹是"聚宝盆"！因宋人笔记说及图案形象，才从明代锦、缎、纱、罗中，发现还大量织造。又如"八答晕""团雕"①"鱼戏藻"等等宋代名目，一二在宋为袄子锦，惟大臣得服用，三则为金代诰封锦，无不可以从明锦中一一发现，大都由于学习方法新些，使实物和文献结合而得到进一步肯定。此外还有宋人七种"臣僚袄子锦"，元人"十样锦"名目，明代《天水冰山录》中提到的丝织物名目过百种，《博物要览》提到的三十多种"锦"及卅种"宋绫"，大致也还可望从明代物中，一一得到解决。娟娟人笃实而热情，加之爱人黄能馥同志又十分努力，相互学习帮助，十年来认识上显明有极大进展。但把实物和文献两结合的工作方法，以及把绸缎和反映到其他同时工艺品的相互比较工作，也还有待帮助，为之补补课。多有分常识，似乎也得趁我体力还来得及时，用这分资料来谈谈，显明对她今后工作进一步深入，也有好处。我也可以把审查这份材料结果，写个报告，由政协转中央，才算告一段落。所以这事盼得你同意，材料调出后，由娟娟告我一声，约个日子，估计用不到四个半天，即可完成。更重要而有意义，或许还是对丝绣组同志的共同提高，大有好处。我即或早已不在院中负什么名义上责任，可是国内学丝绸懂问题的人实在太少了。这个部门对于"古为今用"又最有需要，故宫藏品不宜只保管为止，照我理解，还应起点积极作用。

四、我的服装研究工作，除第一册试点本，于六三四年即已完成，并经过上面审查，大体已得到通过，七一年回京时②，又得大章同志转告冶秋局长意见，改改还是可以付印，因为主要部分图版二百已制好，说明在增改中。目下正在添三百新出土附图于说明里。若照原来预计，总的将编十大册，约用正图到七千，附图到二千左右。至于以后将分门别类，还是以时代为断？大致将在第一试点本印出后，给各方面提提意见后，才能明确。但准备工作，总还得先从积累资料排排队着手。又为本馆改陈作点基本功，曾就个人常识所及，拟争三五年时间，准备搞三十五到四十个大小不一文物专题。乍一看来，简直不易使人相信，一个人胃口会那么大。因为有些专题，科学院考古所，或北大大专家成堆的地方，都无人着手，也不易着手，不少问题在国内还是"空白点"，可是我觉得这些问题，大致还一一拿得下来，只要在人力上得到二三个得力绘图助手，和资料上得到故宫、考古所一点支援，肯定会在三年中一一搞出个名堂。因为感谢党近廿年给我的教育、支持和鼓励，五一年③参加三五反时，就经眼过手上百万文物，此后又有机会在本馆和南博、浙博等等库房中，以及文物店中，看了总是以万或十万计的坛坛罐罐，东东西西。即在故宫，也应深深感谢您的好意，尽我有机会看了大几万计的重要……

吴仲超，时任故宫博物院院长。

据缺尾的废邮存底编入。

由《沈从文全集》第25卷《1977年夏致吴仲超》可知，作者曾数次提出类似请求。1978年3月8日，故宫博物院"革命委员会"办公室致信沈从文，告知过去给吴仲超、杨伯达的信均已收到，根据院领导指示进行了清查，并附图书资料目录清册，共计图书107种168册或函，绣花小围屏1件。请他来办理退还手续。

①团雕，疑为宋锦名"雕团"之笔误。

②七一年回京时，作者从五七干校回京时间是1972年。

③五一年，作者奉调参加"五反"工作是1952年。

一九七六年

1976春
北　京

致陈从周

从周先生：

　　半年以前，由平伯先生转来一花笺，嘱为一书，盛情厚意，深可感谢。不料一经涂抹，即近报废，方以为入秋后必当为细心认真用一乾隆旧粉蜡笺书一小条幅，以副雅嘱。大致因过于矜持，末了还是"不及格"，真是十分抱歉。近因清理成堆"废品"中拎出三纸寄奉左右，旧诗近于"打油体"之下乘，所书亦始终难于摆脱六十年前作司书生俗体公文书，但足博一笑而已。

　　并候佳好。

弟　从文

19760430
北　京

致荒芜

荒芜兄：

　　荷花诗李作字似过少，若在小横卷上写来，恐不及二行，怕不甚看得过去。类书中作莲荷诗试抄录数首奉上看看。旧诗人一作咏花诗，即不免以女人故事相比，有时且夹杂个人隐秘感情，容易形成共同弱点，即似深实浅，似雅实俗。玉溪生诗比较别致，但此诗却不同于他诗有深度，不知何故。以弟估计，大致至少得有四七绝作四五行写或较好看，至少得用三行，效果必好些。若只拉一长行，怕不免如陈老莲，题彼自己之画，还若清疏潇洒，别具一格。但酸寒之气仍逼人，和方方壶书长体章草作二行，题《高高亭》一画诗比，方因笔重而有飘撇，画又作雨景，因之还潇洒。而陈作即不免有"酸丁"相。此道内行，所得印象，大致必相差不多也。如何望斟酌一示。

　　并候佳好。

弟　从文　顿首
卅

附：

较早为书一纸，又另处理品数纸，附一请求，即万莫装裱，更盼望不用"时贤"题字。因此等"新风雅"最易出毛病，令人担心。搁笔多年，亦即深深吓怕此事，为人本极俗气，写写玩玩无妨，俨然当成一事，即还是以搁笔为宜矣。

19760520
北　京

致沈虎雏

小弟：

　　这里大小都好，可放心。之佩想已返川中，在沪宁时正值一些新事新苗头在出现时，必可从熟人中知道些事情。这里则发展成"天安门前事件"，随之而把事情结合在邓名分上，报纸上先还分开提，说来说去即成为某一个人的事情，在此的不少人似还弄不清楚，较远的自然更不易明白因果，所以不懂的事最好不乱说，更切忌自以为懂而乱说，因为这里一切都已成习惯，不听谣言，不传谣言，可以省事清心，而凡不是报纸上已刊载的事，只要不正式公布，都作为谣言计算，所以妈妈、大和我对你来信在欣赏之余，不免有些些担心，即你们离北京过远，以少说话埋头做事为最最合理，也即是"懂事"！大之经验，十分值得永远放在心上。妈妈之谨慎纯厚，也是我们大家值得学习的榜样。我在这个大社会混了半世纪还过头，特别是近廿七年，决心改业，在任何鼓励下也不妄想再做"空头作家"，有机会在本业中上升为业务负责人，极力辞谢，永远用个说明员身分工作下去。即有机会在二百来生熟旧同行中，一致拍手同意来接老舍的手，主持北京市作协作席①，毫不动摇的当面谢不敏。结果是在几几乎所有新旧熟人均于人事风风雨雨中倏然而来的风雨中，弄得所有人都不知如何是好情形下，我还始终在照所学拟定计划，把工作逐一进行。每当大事来时也发言（甚至于〔比〕别的人更多），但一切均出于善意建议，不夹杂丝毫个人私心与任何向上爬打算，所以这么大变动反复中，不至于出事故累着你们，这些十分现实的眼前种种，也应当明白，是幸运，也不只是幸运。据我个人理会这个社会是在重重矛盾中进展的，"要人做事，不太许人说话"，因为做事成绩显明，而说话则忌讳过多，自以为是，肯定迟早会出乱子，因为我们知道的多是表面上的假象，而核心人物经常不明白一句平常的话，也可以牵连到许多不平常的忌讳中去的。"走后门"三字已不再听人提及，因为有的是在用不成文的规矩，如"照顾老同志"而认可的，有的一提即以为影射到什么，那宜乱说？我今年已进七十五，妈妈也到了六十七，今年四个月中熟人报废的已到十二位。我的健康本不怎么好，比一比，才明白比大多数在学校在科学研究院……都健康多多，事实上也可说少受折腾的结果。特别是大多数人思想乱乱的，论生活待遇，都比我强，有的好过一倍，即下诗人也比我收入多二分之一，住处更讲究，可是近于什么事也不做，终日开会。即或入了党，还是远比我更像个自由主义者，即同路人也还有问题！我却工作照自己习惯继续进行，不顾任何不必要的干扰。上回是因大的糊涂，带学校人来封我的书，单位才继续来搞。照后来当事人说，若不是外人先查，本单位是不会动手的。一切算是过去了，不多久即解放了我。单位中高研为第一位，小会也不检讨，大会中即宣告无事，而结论是"好好保持革命晚节"②，我不懂话中含意，别人却告我这个结论是限于对党中老同志下的！给了我，是当成自己人看待，十分难得，等于承认你始终站在党的一边！这或许还和三十年以前斯诺夫人《续西行漫记》中的提法有联系，熟人说，这个作品提到我的名字是"非党员而在为党作事的一个作家。"也就无〔怪〕乎逃到台湾的蒋邦残余还放不过我，五三年还明令把作品一律烧毁，永远不许流行、出版。这倒也很好，两边各以不同理由而毁尽，我就心甘情愿的又来由无到有，先学作新公民及格后，再学作说明员，十年又及格后，再来搞研究。事实上则五三年前后写的有关丝绸、铜镜、加工纸等等小论文，直到现在还没有被新出土以百万计的文物推翻，而许许多多近于预言性的判断，且都陆续得到证实。所进行的服装资料工作，和去年后半年搞出的八九个专题，在文物研究中都还全是空白点，未即发表即已被别的单位照了相去。还正在争四五年时间，估计至多也只能工作四五年，把拟作的约共四十个小专题一一拿下，总的看来便是一部《劳动文化史》的简编。照目下体力说来，客观上不出意外事故，主观努力或许还能达到完成的。保健方面也摸出了些新的规律，一天至多睡四小时，早上从五点到十二点整整在桌边搞七八小时，从不感觉疲倦，回去吃午饭时照例除保姆外占第一位，（红红占第二位。最近妈妈也升了级，开始用大碗了，真使人难于相信！）有时饭还不吃，就倒在妈妈床上呼呼睡了，居多是吃完饭躺下即睡，到一点稍后又返回东堂子大书桌边，不来客人，总又是直到夜十二点，一切都像是奇迹，一切实十分正常。主要是支出量大，收入的也多。（有时夜间还吃一顿！）为什么必须争？因为明明白白后继无人，涉及问题过多，北大名教授和考古所大专家也无从为力。我亲手过眼多，记忆力又特别好，比如一个马的问题，除出土物外，还有在画上的，各种各样工艺品上的以至于绸缎上的，无不罗列于眼前排了队再来作分析，则各种问题都出现了。八个专题中有个扇子进展，还是一面搞材料一面看问题，末了才知道两汉不用纨扇全用 卩 这种便面，而 ❀ 的一式却代表翅膀象征飞升，过去也从不为人注意。

最近因试用静电法复印，效果还好，因此拟大量印几个特别重要的专题，每一题必需用材料二百以上，印几个出来看看，效果好，即可大量印。即或一时不能出单行本本，也依然不必担心散失了。

红红在此学得很好，一切已能自己学、自己画，不用人帮也成。最近先生还要她在大黑板上画，为同学学习用，因此一来自然够忙！我正在向政协方面商量代为设法让她们全留在身边，商量政协是否能为解决。照规矩，此事是可以办得到的。因为政协我还有个名字，本已将在今年某时开会，因邓事一来才又搁下的。如照顾统战对象，听熟人说，若供应在政协，看病还可用电话找指定的医生来家看，每年暑期外出避暑事也照旧，还可带家中人去！近来管大事似归茅盾，将来要房子，请他为设法，也可能比较省事即可解决。目下不即想办法，也有原因，即红红等住小羊宜宾，院子大，住处虽小些，还是事事方便，对小胖胖每天到处瞎跑，极安全，而红红上学也较近，学校又还好，在学校是好学生，凡是教过她的老师都欢喜她。这几天正在考试，在家中忙考，还在不断增高中，躺到床上时已像个大人，一双三尺篷船大得吓人，将来参军或将扛迫击炮重机关枪在最前列走动！等等这边若政协能为设法写个介绍信时，再由你们那边写个信来，这里王主任处市里有熟人，三管齐下，也许可望户口得到解决，即在此升学再读三年或五年，再回四川对你们也省事多多。若解决不了，冬季结业后再说，因为妈妈觉得实在不能升中学则返四川和之佩同住三年，也好学些这里学不到的种种。总之，家里这个准书呆子，是不用特别操心也可以自动努力学下去的。妈妈说，可担心的只是从我们家庭教育中教出的孩子，只怕为人太老实，不够泼辣，将来会在成年前后容易上男孩子的当。这倒真是个明天的问题。所以万不得已只有四川升学，这一点你们值得注意，因为表面上已很快即像个大姑娘，事实上却是个傻姑娘，对社会上的种种坏处，是所知不多的，虽在同学、同住人中，或多或少也能够判断谁好谁不好，可是再过三几年到高中时，开始得对男同学设防时，目前可什么也不懂，也无从为之准备。这里总是听熟人说到，中学里男孩子成熟早，有的是小流氓的！

大已不发烧，一时恐不会全好。你应当在来信中要他注意注意，应从吃上多注些意，可望恢复得快些。我和妈妈说的易无效。

从文

五月廿日

---

① "作协作席"，实为 "文联主席" 之误。

② 作者 1969 年 6 月获得 "解放"，据 1969 年 8 月 20 日他给徐城北信中记载："定案过程特别简单，主要只说'写了六七十本黄色小说，编过反动《战国策》刊物，思想反动。但在政治问题上并未发现什么。'"宣布作为人民内部矛盾解放。会下某军代表与他谈话时用过 "保持晚节" 的说法，似并不属于政治结论。

19760730
北　京

致沈虎雏

虎虎：

　　妈妈有信来，必已早从报上知道北京这两天事情。这还是我到北京半世纪以来第一次经验。事情似乎变动太大，几百万人在共同命运中等待明天又明天，所以反而有不什么"紧张"处了。所有楼上人得下楼，平房也不许住，得在空阔处集中。东堂子房子完好，只是两边人家大墙倒了，左边堵塞了出入道，右边把王家新翻新作新的X房子砸坏了，大致只有重翻一次不可。

　　小羊宜宾灾难大些，妈妈住屋山墙下坍，大几方砖瓦正好压在大的新翻修小间上，顶住了。若顶不住，也许几人均完事了。五人还来得及跑到院子中，眼看山墙砖瓦泥土砸在小房顶上，一部分从她们三秒钟前经过的路上。已露出梁架，有梁架房子倒不了，可是只要再来那么一次，山墙剩余部分向里倾下，房中一角必砸坏。若再加上大霖雨，结果狼狈可知。

　　目下我被接回，所有同住的人，不许入房中，各在廊子等待再动。一说三几天内，一说月内。总之，照所说，似乎还有更大的动在后面。我们六人，在二门过道上"结营立砦"，吃喝什么都不离。这部分全是去年翻新的，上面瓦极轻，震动再大也坍不了。可是照规矩，一有警报要动时，所有人还是得集中在大院子中央。已经大等搭好了个临时棚子，各家把塑料床单一凑，搭成了一道长而起二拱的临时帐棚，二门以内所住的人集中也不太挤。已正式过了两夜。还得这么等第三次大动或小动。即不动，似乎也得等十天半月。必需宣布解除才了事！

　　街上到处是临时帐棚。在所有大小十字路口更热闹。诸亲均安好，屋子出的事故，似乎还只小羊宜宾一处。永玉处即不落土。二姐和庆庆有过苏州打算。因为据说还有二个月那么在可能重来情形下等待中，能南行当然也好。可是南边又热生活又紧张！拟邀妈妈去，妈妈觉得不成，不拟去。在这种情形下，一家人能在一处也比独自跑向远方好。可惜四川太远，加之又多事，不然一家四人到自贡，倒是合理。可是当前绝不能作这种荒唐不现实考虑。即或为红红计，大致也得在二个月以后看情形了。目下只有一个现实办法，即与几百万人民共命运。若还有大震动在不久后将发生，到时也许会有个总的安排。若如此二次震动已告一段落，而余震又不会比前二次严重，那不多久，一切将恢复如常，因为究竟是首都！

　　天气太热，写了许久，汗流得太多，一切放心好！

　　红红很好，吃得睡得。又是三好生，刚放假不几天！

　　并候诸同志好。

从文

卅日

[张兆和附言]

我也写几句。我们现在小羊宜宾,全院的人都在九号陶鲁笳院中搭铺扎塑料棚。北京市全部房屋不固的都在马路搭棚。原说七月卅一、"八一"两日将有第二次大震,现在得到通知,这两日内唐山地区已有一百一十次四级、十五次五级震,我们这里只有不大感觉得的微震。传说很多,但看来的趋势是逐渐和缓。陶宅院子很大,他本人也在,地点很安全,可放心。

兆

听说地震当局把注意力集中到四川、云南,有关单位和医务工作者都到四川去了,二十七日正在分析情况,廿八唐山就突然震了,群众毫无思想准备。现在北京市党中央重视,要各家做准备,有了准备,心安得多。家里都好,勿念。这次地震唐山市损失极大,伤亡很重,真是意想不到。

妈妈又及

红红最关心的是她为"七一"专刊画的一张《唱只山歌给党听》,老师给配了镜框,她老是用棉被把镜框压住,怕震碎。

在这次向阳院集体生活中,为集体服务,舍己为人,大公无私,大大表现得极为突出,可是有些人……

19760801
北　京

致沈虎雏

虎虎：

　　这里事从报上大致已知道了一些。大小诸亲都平安无事。"教授"正在友谊医院四楼开刀，还不转移！二姨有过苏州打算（已成行），拟带小庆庆去，百科则留中关村。是因为传说二月内还有反复或更大的动。教授还主张妈妈带二小也去。妈妈觉得不是办法，（那边天够热，小的易病，费用又大，即在路上也不方便，）所以不考虑去南方。

　　我已迁到小羊宜宾，从昨天起本院又全部转移到本胡同那所新红门大花园中，丁香花树中搭了卅来个床铺，用各种塑料单凑成了个帐棚，大小安安静静过了一晚。传一二天内有回复震可能出现。天亮还不出任何事故，所以大清早在花树下写这个信。

　　我已成为妈妈的家属，所以跟着转。好的是这个院子小的只胖胖和另一女孩，老的名分上有七八个，事实上其中几位女的比妈妈年纪还小得多。男的可能数我最老，而事实上体力精神比别的人都好多。我们大小六人真正合格来这个花园逃难的，严格些说，只有小胖胖沈帆及格！往天我们只能从大门口望望花园，现在可把大小二床也抬到丁香花丛边，收音机和手提包通通挂在丁香花树枝上了，真是料想不到。这里可能已收容了小羊宜宾胡同住户全体，加上约五十个警卫人员，和房主人（在房子前约五个小帐棚），也许已住了三百多人（已六百人），还有不少空间，若这一月不落雨，看来住一月对大家身体都有好处。和梅溪避暑不相上下。特别方便是离原来那个家极近，吃喝都还在家中。将采取一顿面一顿干饭办法，大家分三批回去吃，也还省事。

报上说有七千家住屋毁坏，这里两处大致都不算在内。东堂子左右邻山墙均下坍，左边的把我们出外通道临时封断了，当天正好有八个工人在修整房子，即已扫除。右边的却把刚刚新翻修过内外粉刷油饰一新王主任住处屋顶砸了，必需重新再修一次。此外无损。但人已迁出，一组集中在馆里，一组集中在东单广场。我不加入，因为在馆中或东单，都麻烦又不方便。小羊宜宾正房山墙已下坍，剩一层向里，若再震动，妈妈房中必成一堆砖瓦。东西（床和二柜）已移动，即坍下也不碍事。即不坍，在重修以前也不宜住人，因为大雨三五次后，还是会下坍。好的是大那个小间前年重新翻修过，所以山墙几方砖瓦泥石倾到小屋顶上时，居然承住了，当天大即上房子把碎石乱瓦全部推到了地面。这次亏妈妈警觉，房子动即醒，叫大家到院子正中，不及半分钟（也许只几秒钟）即眼看山墙崩毁，乱砖瓦纷纷下堕到过路处。若恰好这时才走出，也会出事故。

现在大困难算过去了，一切放心。若是秋天，四川又如过去十多年前情形，也许我们会考虑来自贡探一次亲。现在大致是与北京市四百万人共命运合理。妈妈还说，也许小弟忽然会来北京，如不是因公出差，我以为暂时不来好些。陆喇嘛来看过一次，问问情况，在羊宜宾坐了一会，谢谢他的好意。厂里也许已有信告知一切，凡是家在北京的，从远处得到这里消息时，一定都十分为担心，事实上受的损害虽说是近百年所未有，应说二百多年所未有，可是分配到所有熟人，还只近于一种警告，第一震虽突如其来，大家都记住邢台和海城前事，所以逃得较快。在坍房死去的闻只四十多人，受伤的或及千。第二次震人已在空处，且动得轻，就不算什么了。比较麻烦还是再加码的震动，是否能在十天半月里告一结束，若延长下去，国家受的损失当然极大，至于个人如何，就全看这可能于十天内发生的震动有关。

　　总之，一切放心。再震一回万一水源电源一断，最有可能是吃大锅饭，每天发馒头而已。红红很好，把她一件放在镜框中的大幅画搁在床上用被盖盖好，深怕砸毁。天下事似乎只她这张画×××。（也好，也不大好。）

从文

一号

19760804
苏　州

致沈虎雏、张之佩

小虎、之佩：

　　我们于三号在王序等鼓动下，决定带小红和帆帆暂时离开北京，转移苏州暂住。约三点才决定老小四人同行，五时即得到了二卧铺票，七点半上了车，八点即开车，四号比预定时间早约一分钟达到了终点。幸亏四日早小龙给了五舅舅个电报，三点送到了苏州，所以下车一会会，即见到了以迪和五舅，原来五舅妈也在站外相候了。幸亏得到了他们，我们也从容出了站，上了公共汽车，不多久，就依然到九如巷暂时落脚了。目下这里只剩下三个主人，所以来了四个客人还不太狼狈。可是过十天小将回返苏州后，一定将热闹十分，还得另外找一住处，度过这夏天再说。这里热得多。一切还和四五年前相差不多，街上人极多，素菜极好。红红可能让她去姥姥家住个把月，也好。可能会由姨姨来接接。

　　这里似乎一切照常。至于北京，则因此一动，恐将影响千万人今后的生活意识。是必然的。我们一时不回，望一切放心。

　　并候佳好。

从文

197608中旬
苏 州

复巴金

兆和附候。熟人均望致意。

巴金：

得小龙由北京转来你的信，深谢厚意。上月地震，北京虽达五级，且正值半夜，来得突然。幸因邢台、海城两次震动，已敲警钟。早都有熟人把经验所及种种相告，十分详细。人人心中有数。因此我等一惊醒即时外出，得告无事。后据报告，死亡百四十人中，通州达九十多，北京只四十余人。坍圮房屋七千，兆和等住处大致也算在内。天津部分受灾比较大，水源断绝区更困难些。

兆和与小龙和二孙女住小羊宜宾五号，所住正屋山墙下坍，有砖瓦数立方下压小龙所住之侧屋，部分纷堕当路处，幸彼等早数秒钟已逃出屋外，若稍迟少许，不免大小都将受伤。此侧屋幸于年前重经翻修，并未坍倒。事后，我转移到小羊宜宾五号，大小六人同在廊子下住过两夜。因还有新的预报，街道上通知全胡同住户改移附近一军官大花园里空地，各自搭盖棚帐露宿（本院计廿六个床铺）。因此在临时帐棚中又同过两夜。考古所方面有小友来相看，觉得持久恐不大妥当。力促南行，以□俟比较稳定后再北返，大家也放心。其中一个人和车站中人相熟，可以解决车票，因此下午匆促决定，五时即将车票送来，所以当天八点老幼四人即上车南行矣。四号到苏，暂住九如巷三号张寰和家中。初来被炎热和蚊子围困，一礼拜内，都胡胡涂涂，为适应新环境而作种种调整，来不及写个信相告一切。目前正将二孙女分别疏散，小虎的十一岁女儿，已五年级，画得很好，作诗则和报刊上的差不多，长得已和奶奶同高。已交由其小舅舅带过昆山姥姥家暂住。小龙的四岁女儿，也将让她的妈妈带过清江工作处暂住。二小将一安排，就只剩我和兆和两人，轻松方便得多了。俟九月稍凉，或可过上海、南京看看亲友。估计九月中旬以后，北方震动或已告一段落，即将谋北归矣。目下北京两个住处，还由小龙一人料理，我的住处，文件图书乱成一堆。房子即再经一次五级震，总还不至于全部倒下，因住房一排五间，正在中间。

临动身前，得知北京熟人均无事故。只到苏州后才知道老友左恭，于此十天内因心肌梗阻故去，为本年故去熟人之第十五位。文化革命时即"受保护"，关押某处，无音信将近十年。于去年国庆前夕，方无事释出还家。一脚已毁，失去行动能力。曾为邀相熟医生林葆骆同去看过数次，得知好转已不容易。但身体还是上好。不意数面之后，即成古人。彼因长时期潜伏于国民党内部，也频丁玲二人先后被捕后，多方营救，左在暗中出力特别多。良友丧亡诚可伤也。

我这一年来身体似乎大有好转。去年因凑巧得二青年友人相助，绘图，半年中即完成八个以图为主的文物研究小专题。（只是迷到工作里，把写信能力几几乎全失去了。一年中所有亲友的信都未作复，写来也无头绪！）本意可将业已将说明改好之《中国服装资料》第一试点本，连同八个专题送交总理，即可确定下一步四年内工作行动。因为照个人估计，至多还可争时间工作四五年，到八十岁再作别计，只要有适当得力助手三几人，则预定之《服装资料》十本中至少可望完成一半。至于近于附产物之文物专题，在国内还始终属于研究中"空白点"的，约四十个，我接触事物多，综力①能力又较强，若照去年工作进展情况，至少可望完成三十个左右。能这么办，也可说不虚生此解放后三十年！不意支持工作之总理，与审定工作之康老，先后故去，我的工作便失去了"支柱"，也失去了意义。虽仍然将尽个人能力所及，一一作下去，到死为止。但有无出版希望，已成问题。好在这份工作在少数熟人同行中，都明白材料新，问题新，方法新，因之所得认识结论也较新。所有专题全是以图为主，可应用方面也较多。所以在完稿以前，即无所谓保密，多为别的研究单位照了相去供参考。若静电复印机在上海方面比较方便，而费钱也较北京省，北京七八分一张，可能将把其中一部分带到上海，自己出钱分别复印各廿卅份。国内文物研究机构和其他生产教学，大都还得用。

至于《服装说明》部分，改正稿，约廿四万字，则系于四号排印本上增改好的，已留有一份显微照片贮存。此书本已在六四年即经上下各级通过，二百图版也早已制好。文化革命风雨过后，七一年②我回北京时，又得到文物局告知，"书再经审核，还是可以付印。"只因事过十年，新材料出土日多，得另加附图三百于说明中。当时无得用助手，所以耽搁至今。经过批邓，加上地震之突然而来，此书一时恐亦不易提出。也将尽个人能力所及，拟用静电复印法印出廿卅份样本。如上海熟人中有懂这一行或主持这种复印刷机的，望便中为问问费用（大致是以每张计），十分感谢。

问候你家中人好。

从文

①综力，以前后文意应为"综合"的误写。
②七一年，实为1972年。

19760909

苏　州

致张之佩、沈虎雏

九月九日。昨天是中秋节

之佩、小弟：

　　妈妈寄来份有关这边震情的估计，看来江南目下大致是不像会出大震的。北京则一面在大修房子，一面还是在预防可能会有较新较大的震动，所以过去的棚帐已撤除，而新的略带永久性的大型的棚帐据说还在加固中。小震在唐滦一带还继续出现，是在调整中暂趋稳定，还是在为更大震的准备，谁也难作明确判断。在这里住下暂时不动，从安全言是比较妥当的。但从生活具体说来，可不是办法。因为本地副食供应紧张，每天不亮即得五舅妈去排队买菜，有时早到二点多即出门，至迟也得在四点去，再后，即只有些小菜可得。住房只两间，我们北来四人占了最大最好（新娘子的）的那一间，二小将走后还如此。其余一间则小五舅家大小七人同挤，还得兼作饭厅用，不是持久之计可知。虽可能因二姨家三人不来苏，七四年所借住王家还有个小楼上一小间可供二人住，可是依然得在五舅舅家吃饭，还依然增加他们不少麻烦。另外即我似乎不大容易适应南方的饮食和气候，所以这次南来帆帆和妈妈只病水泻，一二天即好。我可先后出毛病延长了半月，前一阵子发烧到卅九度多，幸医治及时，近已好转。可是还是像不大能适应。特别是在北京日夜搞我的本业，由早五点到十二点去羊宜宾吃饭时，一大碗下肚后即刻可呼呼睡去，至多到一点又可回去工作，一会会即可到晚十二点（极少有晚十点即睡的）。到这里终日闲着，无书可看，精力消耗不了，吃的方式一变，消化力也随之掉下。晚上至多九点大家已睡，翻来覆去才睡到十二点，只有在床上看书，挨到二三点再睡，习惯程序一乱，白天反而无精打采，持久下去，不会因而得到休息，反而会失去原有的健康。所以我意思总还是只要东堂子或小羊宜宾已可以住，熟人中又有人已回去住，我还是尽早回北京继续工作合理。即或在大变动中，工作已失去固有意义，在比较下已近于可有可无，从我个人言，总还是坚持下去为合理而得体，也可以免得另一时受人指谪。

　　有关红红，是和我们回，还是让她留在姥姥处，妈妈拿不定主意。因此想和你与之佩商量商量。从地震说，江南可能比较安全，不必如北方紧张。从读书计，则大致在北京借读毕业为得计。因为到时如升中学，北京不方便，由京转回自贡，来往同事熟人多，还是比较省事。万不得已，你和之佩中之一人，到时请个半月假，来看看我们，亲自带她回自贡，也所费不多。甚至于我或妈妈亲自送她回自贡，就便看看四川，也不困难。照估计，自贡大致是不会出大震的，因为盐井已有二千年纪录，井口那么小，若有震动，各井必早已移位报废。自贡在历史纪录上也不在震动地带。

你们可以研究一下，因为妈妈对于红红的安排，要听听你和之佩意见。

这里已入秋，可穿毛衣，大暑似已成过去。论天时，是南方最好的季节。大小园林都十分清爽，住处附近公园每早上必有大几百本地上年纪的男女在草地空旷处练太极拳，十分从容。茶座间有各种早点，也有上百客人唧唧呱呱的谈笑吃喝。可惜我们都若隔着，全不感兴趣。像是和我们生活完全陌生的一个社会中的现实。我们年龄虽也到了，可极不容易和这个社会习惯相适应。二姨百科闻将拟住半年，他们极显然是比较能适应这一切的。目下还住在上海，过十月才会来苏州。我曾想回北京以前，去上海住三四天，看看巴老伯等几个熟人，还不一定能成行。

妈妈这一阵子身体似乎已大有好转，比上个月好得多。地方清静，不和人往来，也不必花钱，院子中似乎还保留了一些四十多年前的景况。有两口井，水极清冽，洗什么都方便，每天为提不少井水。一切比小羊宜宾住处还易适应。如另有个房子住，再过几年来住，一定比她在北京住身体容易保持健康。对我说，恐怕即过了八十，还是耐不住这份静寂和清闲。因为体力能维持健康，正像是有不断的工作待进行，从试探中取得新的进展，生命充分使用，又不断从易消化食物中取得补充，长远近于在业务中取攻势，才越用越灵活，精神也越年青。一休息，就垮了。问好。

从文

19760917
苏　州

复巴金

芾甘兄：

　　得信谢谢你的好意。这里已为订了廿号下午401次二点半车来上海，将仍住流金兄处。大致将于廿一即可来武康路看看你和家中人。惟时间恐掌不住是上下午，因为还得就方便，由流金兄带带路。你不必等待我。如有别的事，还是照常进行。我一共将留下四五天的。《武林旧事》极有用，若不是什么特别本子，即借我看看也极好。若得辛笛兄引路，陪我看看四马路新旧书店，十分难得。得不到什么也无关系，最好不要占他工作时间，才合理。万一还可找到几本旧译名小说，当然很得用。全得不到，也不碍事。主要是只在看看几个少数多年不见的熟人，就很好了。再作南行计，恐又得在三年后了。

　　或把辛笛住处和在家时间，写个明片寄桂林路音乐新村师院宿舍程应镠转给我。我在某一晚上去看看他省事。程的住处在郊外，离公共汽车电车都极远，找人最不方便，万万不好意思让朋友来找我。

　　　　　　　　　　　　　　　　　　弟　从文　候
　　　　　　　　　　　　　　　　　　　　十七日

上海

致陈从周

从周兄：

  我廿即到了上海。来时匆促，把你住处地址忘记带来，想来拜访，人说路远难找。我大约在此还有三四天留下，亟想来你处拜访，并看看你藏的一小部分明代以来园林建筑中的家具布置，可能有极重要新材料，可长知识。盼这个明信片能在明天转得到你手中，得你回信，告告我从徐家汇（我住处必在此转车）起点乘某路车换某某车到你处比较方便。或许还来得及在未回苏前到尊寓看看。王西野同志如常见，也望一致意。你给他的那本志摩年谱，我读来觉得十分得益。若在申还有机会谈谈天，或许还可提点点在北方我知道的情形，足供参考。不一定宜于作年谱，但涉及传记不可少材料，你一定还感兴趣的。

弟　从文
廿四日

19760928
上　海

复陈从周

从周兄：

　　得廿七晨赐教，是廿八正午，因昨已将廿九上七时半去苏车定妥，且去电苏告知亲戚到时来接。恐来不及拜访矣，实大憾事。

　　志摩先生年谱，读后印象极好。特别是前期生活，从尊著中得益极多。至于后一部分几位作家纪念文章，似乎多属个人印象观感、反映，由于作者本人对死者接触不深，分量不免较轻，不易满足年谱要求。因随手就兄赠西野先生本附书点滴作为补充。另邮寄上供参考。所提多琐碎小事，入年谱中亦未必恰当，或但足博一笑也。希望吾兄手中尚有余书另赠西野先生一本，此注本则存兄处，留一纪念。回京后，当试查查，记得尚有一影印《爱眉小札》上面曾作有部分附注，有的不懂处系当年胡博士为口释，有的系弟亲得之于徐先生。如还未失去，必为寄来。

　　　　　　　　　　　　　　　　　　　　弟　从文
　　　　　　　　　　　　　　　　　　　　廿八午

19761002
苏　州

致沈龙朱

……下去，见什么都能画，将来在某一时，稍一指点，就可以迅速得到进展。还说要鼓励她在写生时加入点幻想，会更好些。所以回到北京，也许商王亚蓉，每星期抽两次时间，教教她作贴绢娃娃，及中国线描，从焕章处学学捏塑，将来用处多。有机会考艺校附中，也不妨试试看。听这里和上海熟人都说及大学师院新设文艺系，新的办法是吹、打、弹、唱都得学，绘画写美术字体也受重视。重在将来作"工农文艺干部"。所以即或入中学，是学"中技"，有了这份一切能动手的本领，将来在本职上既用得上，有机会在二级工位置上升学，也必然能得心应手。学得多，懂得多，将来转业改图机会也多。比亲友中老办法，只想尽子女学点钢琴、提琴，点缀家庭生活的枯燥，更有现实意义。

我这次从上海得了一大批新旧书，多是在北京已不易买到的，不久将分别从苏、申分包邮寄北京，到时，暂不必拆开，（搁到一定地方）便于我回来后一一登记，分别写出个目录，向送书的和寄书的朋友分别致谢。因为如像有些世界名著，在国内大致是已经不容易得到，（而且多还极新，可能还未为人看过，是巴老伯特别为挑选出的。）在上海的书店，也还看好了旧的工具书，都对我的工作有帮助，待回京了解了解客观工作环境和需要。若由今年几件大事已明确我这廿五六年的工作，在新的社会进展中，已无多意义，成为可有可无的，点缀性也并不强的事物，或许争这可能用的四五年时间继续旧业已无多意义，（事实上，也即最上面三个长所支持鼓励的工作，由于人已故去，支柱无人，）我也许当真还得放弃在文物研究上已得的一切成就，再改一次业，亦说不定。或把所学来的种种，放弃了从研究上取得更新进展的妄想，把重点限于协助生产改进的"古为今用"一方面，更具体些来把所学"为人民服务"，倒也还省事。这种种，大致都将在回京以后，和"局"里"馆"里的"长"商讨研究之后，再和王㐨研究商量一番，不多久即可以得到结果的。从目下体力看来，照七二以后回京的工作方法，维持四五年是不困难的，客观生活条件若变动不大，本身大致会维持得住，不至于出意外事故。如机会好，又还能如七五年情形，有一二比较得力合手的助手，再继续把心中有数的较小专题，完成廿来个，似乎并不怎么困难。但是，如果社会总的趋势，我搞的问题已〔不〕大可能还为新的首长感到兴趣，即点缀意义也不怎么大时，唯一可取便是重作决定，不再继续，或许还可望重新考虑再找一个起点，作最后三五年的努力。近廿五年学的比较杂，过手实物又格外多，所以即或到半世纪来，在学校，在科学院文史所，所有老同行、旧同事，已感到束手无能为力时，看来我却还可以自由另选几种崭新的工作再试试看。并且还可望取得或多或少进展。

妈妈体力有显著好转，是一家重要事，因为照情形看来，红红和帆帆跟奶奶有机会较久一些在一处，将来性格上的发展，肯定必有好影响。希望你和小弟也必需对体力健康注意意,不宜疏忽。工作持久性若必需以十年计,以若干十年计,就非有个坚强经久耐用的体力和脑子不可。这一点由我亲身经验,是体会得比一般由学校出身的朋友深刻得多的。所以妈妈和我每次谈到你和小弟时,所盼望要求的,就是能维持体力上的健康,此外是完全放心的。我的记忆力和理解力维持到目前,还和不少五十多岁的熟人差距不大,就全亏基本体力还好,也可说有个物质基础。加之保管得比较紧严,因此,许多方面,还不大像进入七十五岁的年龄。这几年工作特别吃重,不仅顶得住,甚至于反而健康也因之显明增加。若进入六十以后,就照老一代人的生活态度,失去了对社会变化的敏感和适应性能,照前人习惯,一切作退一步想,凡事消极,作个"逍遥公",经过几次人事风雨,也许早垮了。正因为有理由如本院之"X主任",力求自保,也有常识如前院之"X馆长",哼哼哈哈,把日子"混"下去,却一切相反的,把精力分散尽机会许可的"学"下去,二三年内并不什么有异于人处,坚持到十年八年,情形便大不相同了。真够得上叫做结构简单,经久耐用,耗油极少,效率特高的机器。所学不少虽始终只近于"常识",可是常识的多样化,综合运用,十分显明,干什么都方便而又容易取得较新进展。人年龄越大,生命却永远燃着青春火焰,不会感到消沉。所以初步设想,如果回京后明白这廿七年所学种种已近于全部报废时,剩余生命无望配合任何新的要求能起丝毫积极作用时,依然还可回过头来重理旧业,用"契诃夫式"短篇故事体裁,来写十来个"旧形式新内容"的短篇小说集,取得应有的效果!且可说,这是下笔之前就"心中有数"的。

这对某一方面说，当然可"惋惜"，但对另一方面说，也近于补补五三年第二文代会时，主席和总理在怀仁堂左厢房接见我，问及身体好否以后，劝我再写几年小说的好意。这点鼓励当时虽若无动于衷，事实上即支持了我近廿年的工作，成为把工作结合到"为人民服务"的方向上去，始终维持下来。以后所取得的进展，都可说是从这两句话得到的鼓舞和力量。克服了一切内外的障碍，而得来的。社会在进展中，也在不断变化中，若在文物研究中已失去意义，把八十岁以前可用的有限生命，照廿四年前主席和总理的期望，来用到写作上，成就即或有限，总还是合理的设想！事实上我还充满信心，干这个实驾轻就熟，远比搞文物研究中的"空白点"为容易见功见好！

　　庆庆在苏州玩了几天，因小平来信要她在二号返上海，便于四号左右和一个谢老师同返北京。本拟坚决不照办，必二姨有信才回去。还哭哭啼啼的说坚持抵抗，大有将在外，君命有所不受意思。经过五舅妈反复动员，由小五舅和小妹陪同去无锡玩半天（由妈妈请客），五舅妈又预约毕业后分配工作以前，允接来苏州住住，才高高兴兴的上了车。也许你在送小平上路时，能看见她，必可把我们在这里的情形谈及二三。

　　并问大家好。

从文
十月二日午

本信前两页已缺失，据现存原稿编入。

19761007
苏　州

复陈从周

从周吾兄：

　　得示，深谢厚意。此次来申，因时间促匆，原预计必有机会拜访尊寓，谋作一次畅谈，就弟所未知而深感兴趣之"古代室内陈设布置"，向专家请教，并就弟所拟作《家具应用进展史》于传世画图、墓中壁画、砖石刻图像、实物中所积累点滴零星资料，就兄商讨，未能如愿，诚憾事也。

　　因借寓友人住处在桂林路尽头，音乐新村师院宿舍中，离车站终点还相当远，又值隔日一雨，附近小土路常是泥泞载途，朋友每天既得去校中商讨工作，主妇则为每天饮食，天不大亮，就得去菜市排队，为准备每天副食品而奋斗。闻去四平路同济新村，先后得换车三次。弟因离申过久，不仅方向不易判别，即在闹市中过马路规矩，与北京如何不同，亦少应有知识。出门无人作伴，居停主人总放心不下，怕出事故。曾先后四五次去市中心淮海路附近一带看看亲友，办点零星杂物，总得主人作伴，才不至于迷途，而每行必占主人半天时间。深深觉得不好意思。即或事先约好，由亲友来接送，出门时，女主人还必不忘一再嘱咐，得在上灯以前返回，不要在外边馆子吃饭。凡此种种，正反映在客观上弟之衰老已到一定程度，友好出于关心，行动不能不略加限制，为意中事也。因此预定所看亲友，大半都因时间来不及而作罢。至尊寓拜访请教事，亦只能期另一时南行矣。

　　从西野先生处得读尊著志摩先生年谱，前一部分材料，为过去未不及知，得益极多。至于涉及在北方种种，似因受材料限制，略感薄弱，有待补充处甚多。主要原因，大致是相熟友好，居多年事较长，社会地位不同于上海一般青年作家，彼此间忌讳又较多，追悼文章见于报刊的即较少。特别是关键性人物，关键性事件，对志摩先生之死，即有深刻悲痛，亦绝不会在一般性追悼文章有所表示。甚至于在客厅或聚会中，也竭力避开此问题不谈。但事实上则在志摩先生死后，收集整理遗文、遗信、日记等等事情时，在较熟习的廿来当事人中所引起的种种感情，比南方友好追悼文所表示的内容丰富得多，也切实具体而重要得多。就尊著看来，这部分问题，接触到的似不多，因此在年谱中这方面分量似乎也略感薄弱。弟因此在反复阅读时，随个人见闻记忆所及，略作补充引申。内中大部分属于徐直接材料或过于细碎，间接材料则多属于志摩先生友好间的琐琐小事，或只近于某人性格印象，与志摩先生无直接关系，亦与年谱要求不合。但吾兄为有计划研究志摩先生生命发展过程及文学社会活动种种唯一亲友，因此随笔记下的琐碎零星事件，在某一时，或尚有"牛溲马勃"用处。当可稍赎未经西野先生同意，即在尊著上胡乱涂涂抹抹过失也。有些事情尚来不及在尊著上作较详说明处，本意可于来申时谈谈，既未能如愿，只能期诸明后年，盼兄因公北来时，能约定一个日子，谋作一次长谈。并特别陪兄去金岳霖先生及张奚若夫人处作一次拜访。如二人健康还好，必可得到不少十分有用材料。即谈得零零碎碎，依然极有价值。因两人不仅在英时与志摩先生已极相熟，回国后在北京好几年，也过从极密，对于志摩先生情绪生活所知实远比弟所领会为深刻具体。不仅仅可纠正弟于尊著中附注之谬误，还可望于记载中并不谬误部分，加上种种更详尽补充，亦意中事也。拉杂写来，重看一过时，言不尽意处甚多，能恕其老悖糊涂，幸甚幸甚。

即此并候府中长幼健好。

弟　沈从文
十月七日

19761012
苏　州

致张宗和

宗和大弟：

　　七四年你和文思大嫂到苏州住了很久，闻三姊说，还和你们玩了不少地方。你的身体心情显然都有好转。不巧我赶到苏州时，你已回去，来不及谈谈天。我们随后即上黄山，亲友大小三代十六人，上下住了七天，觉得十分有趣，也是卅年难得好机会，只可惜你们来不及参加。二姐心脏病本来比较严重，上山时由于从容不迫，因此还是在不甚疲乏情形下，一道来去。我曾想到，这次你若同行，肯定也会玩得很好。这次因北京受唐山地震影响较大，朋友劝我们"不如暂时南行住住"，因此一家大小四人，在匆促中成行，在小五哥处作不速之客，一住即不觉二月，不免把小五哥一家，闹得个人仰马翻，特别是孝华五嫂，每天不亮即得上菜市，为购副食品而战斗，（排队挤扯剧烈程度，真如"战斗"。我和三姊还只去看过一次，也弄得个头昏眼花！）继续下去，恐终有一天为此而把身体弄垮，因此每天上饭桌时，心中总不免感到异常不安！近日正在重换全部牙齿，估计到月底前后，或可完成。完成后大致还是将即早返回北京，和七百万市民共命运，接受今冬明春可能会出现大震动的考验，为心安理得！

半月前，你们学校谢同志来苏工作，有机会听他谈起些你的身体情况，和家中大小情况。据我个人意见，觉得年纪既已不小，体力精神又不甚好，在某种可能情形下，放弃了教学理想，或暂时探亲，或决心退休，和家中大小一道转移苏州再试住一年半载，换换地方，换换空气，也许对你今后各方面都有好处。因为从趋势看，苏州究竟还是个可望比较持久稳定的地区。而且气候也较好。加之生于斯长于斯，人事气候方面又容易适应。目下只供应上较紧张，但是却远比南方各省，近比附近各县市（如南京、镇江等等），都还是有伸缩余地。至少你年龄中所需要的牛奶、鸡蛋，和四时不断的菜蔬，供应上是"不虞匮乏"的。特别重要，或许还是亲戚多，彼此相距又不远，有时想去南京上海住住玩玩，不过一二小时就可到达。乐意读点杂书，这地方图书馆总还可得到方便。至于多年来搞的历史教学，照我所知说来，不妨放弃了曾经有过的不切实际假想，并不什么可惜。因为社会变动剧烈，不少历史问题，常随同新的要求而今夕不同，地处偏远，恐不易即时把握得住。目下即以科学院之史学所而言，搞这一行的熟人，也难掌握倾向。比如联大一相熟廿年学生王忠，随同范老手边编改通史，入党也已多年，又如过去在中国公学学生罗尔纲，主持南京太平天国革命纪念馆，并研究太平天国革命也搞了廿多年，近年来都近于闲散，无事可作。而在拟议中的通史编写，却闻曾有由原北大国文系未毕业，任记者多年，后转北京出版社工作一同乡，准备去南口机车厂和工人同编的计划。又闻王力[①]等教的那一门课，也是得把讲义编好，由工农兵学生为改正后，才再拿去工厂教授的。北大《中国小说史》教材，过去曾经由六二三年一年级同学编写，作为四年级教材用。如此如彼都不易从常识得到理解。我这廿多年，对于学校中的文史教育改革情形，已完全无知。就所听到的点点滴滴说来，不免深幸解放初即<u>决心改业</u>转入博物馆作"说明员"为得计。（不折不扣作了十年说明员，任何人也受不了，我却无所谓。）一方面把学习方法、对象作彻底改变，另一方面又把"为人民服务"从工作上作实践，改业早，机会条件又较好，因此失于彼却得于此，得失相较，便显明看得出"改弦易辙"是对了的。至少这二十多年，在倏忽而来的风风雨雨中，一家大小生活都比较稳定，特别是我个人，不仅没有受老同行、旧同事等在学校或作家名分下所受的种种意外折腾，相反，还把新的工作，能更合理的配合到新社会的需要上去，既得到党中最高级首长领导的鼓励和支持，同时把"古为今用"四个字落实到协助生产教学上时，也得到新的同行和有关生产单位的广大工人所认可。所以在同年龄友好中，一个个因种种不同原因相继凋谢，或在风风雨雨中不是显得十分衰老，便是无事可作的情形下，我却体力精神都还<u>相当健康</u>，而工作也始终照常继续进行。即或所进行待进行的种种，在明日某一变动复来时，难免会完全失去意义，可是能够凡事自主的继续学习和工作，在新的工作又还配合得上新社会一时需要，由于方法较新而近于唯物，还可望把试探性工作，取得崭新的突破，出乎一般熟人意外，而给文物工作开辟了一条研究新路，则总的看来，比过去搞<u>写作</u>就已有意义多多了。就我个人这廿七年工作经验说说，更重要心得，或许还是<u>保持体力、情绪长远健康</u>的实践，十分有效果。我多年以来就有心脏供血不良毛病，经常心中隐痛。因之血压也不稳定，高压曾上升到二百五十，而低压也同时到过一百五十。在一般情形下,也比熟人高得多。我对待他就是一个不在乎,只是高度集中精神,去搞我研究的"劳动文化史",一个个的分门别类,把问题搞个明白清楚。且打破学校中治文史或金石学(甚至于考古学)的陈旧框框,直接用实物作主要依据,重新为排个队,再结合文献来印证,加上各种图像中所见作比较参考,因此脑子里总经常为以若干万计的花花朵朵,坛坛罐罐,绫罗绸缎,桌子板凳,金银铜铁,刀枪剑戟,事事物物所占据。最初阶段,不免会感到千头万绪,过不多久,即条理井然,再不三几年,便逐渐从一些较小专题中作些试点探讨,取得了些经验,更进一步便终于从若干老问题中得到新的启发,而近于豁然贯通,不仅可以"分门别类"的对许多在国内文物研究中还完全近于"空白点"的新问题,稍作深入具体了解时,能明确这一部的发展过程和不同阶段成就,还可以明白这一部门于另一部门的彼此联系,形成"进展"与"制约"的情形。终归是对于许许多多"空白点",都有了初步理出了点新头绪,或多或少的发言权或建议权。照俗话说就是搞通了。从表面上看,过去搞了近卅年的写作,已完全失去意义,精力近于白费,至今还为不少友好感到惋惜(或不平),事实上,新的研究所取得的进展和突破,所需的是精力集中和耐烦认真处,就完全用的是过去搞创作的坚持作战习惯而得来的。既无任何内部的特别过人禀赋,也无任何外来的神秘启示,所用的还是老一套本事,所稍稍不同处,只是搞创作,基本动力在把客观存在用主观综合能力来重新拼合。搞文物研究,则重在把客观的一切,先作纵的排列,再作横的会通,再引申文献互证,用辩证唯物论的基本观点,来作纵的发展,和横的联系,加以判断说明而已!正当大多数人都把学习两论当成一种心得,来大写文章或在什么会上大发高论时,我却从不写什么心得,也不发言,只是把两论中提示的精神,转用到研究工作实践上去,而同时用"学习完全彻底为人民服务"及"古为今用"作为生命中的燃料,因此凡事总只先考虑国家,再考虑个人,先考虑别人,再考虑自己,一成习惯,不仅仅是在所搞的问题取得了显著进展,即个人情绪和体力健康,也见出了"惊人奇迹"。好多年来都是吸收多,消耗大,新陈代谢增强,人却像是越老越天真。把一般所谓个人成败得失完全置诸度外,永远在为事、为人设想,搞工作,主要目的是"共同提高",而从不意味到"成名成家"。因之不少人还从一点一滴见闻中沾沾自喜情况下过日子,我却从不把个人所懂的加以保密,总是"有求必应",只要对于某一机构有用,任他们拿去照相或摹绘,作为资料。搞的工作居多是一大堆图像,要人重绘出来才抵用,乐意作助手的必事先与之说定,进行工作时,必需由我安排,照我的需要来进行,但是工作完成时,一切有形权利和象征性的荣誉,却全归助手,(我无丝毫权利,只有为负责作说明的义务。)除非不得已,到报刊发表或印成单本小册子时,我的姓名也不让出现。文化大革命以前十多年,受各校委托,并得文化部鼓励,先后为六七个大专院校文物教学室收集文物,花了近十万人民币,不仅从不稍存私心,把什么好而贱的自己留下,从中取巧,占点小便宜。甚至于总是做"赔本生意",有些买不到的,便把个人所有的捐去。有关这一点,他人都觉得不可解,我却早成习惯。

据我个人的"学习"和"保健"经验,凡事都有个"惰性""习惯"在支配,"积极"和"消沉"也脱不出这个规律。我曾在较长时间中,把自己作为试验,结果证明是对的。其所以到七十五岁，还经常每天由早五点起身，作到晚十二点才休息，除了吃饭，及饭后停一会会，总是书不离手，图不离手，习惯一成，即欲罢不能。同院住的几个老同事，都以为持久到一定时候必垮。有个老大娘，一家和我们极好，甚至于经常在<u>半夜</u>或<u>早上</u>必扣扣我的窗户，探看探看我是不是已倒下。其中一个同事还是个快有四十年党龄的老干部，因为一度轻微中风，保护自己身体十分谨严慎重，什么药都吃过了，总还是不见好转。原本我们少过从，不甚相熟。到近来，彼此都不上班，才发现我活的方式完全是另一套，在持久工作中，不但没有垮，却精神饱满而遇事乐观，到难于设想程度。对我了解也因而有所增加。可是始终难于理解事，即我是用充分<u>使用生命</u>，来<u>维持健康</u>，促进生命的火焰燃烧得更旺、更持久。我学会了用"为人"而"忘我"，他却放不下个"我"字，反而把自己束缚住，弄得个十分消沉。用个领导常态，对待自己，似乎没有了"权"，也就失去一切。我则永远只用个普通公民看待自己，不管什么有权无权，却总永远认为活一天就有责任待尽，也能想方法去尽这种责任。比如说，这廿六七年新改的一行，在新社会的变动中，若又完全失去了意义时，就还充满了第三第四回改业再试试看的勇气和热忱，以至于能适应、配合得<u>新要求更好</u>的信心！总之，凡事能想到活下来，即有努力工作的义务，和把工作搞好的责任，而这么想，这么作，同时也是<u>个人活下来的一种权利</u>，那么，任何客观的变动，都不会更改主观的努力，以至于对国家的热忱。（你能这么对待国家和个人，什么病会都好了。什么病也压不住你一直向前，什么大小委屈也无所谓，什么人事也不会感觉可怕了！）这将是使自己越老越精神的主要原因！

我已快卅年没有为什么人写过一张字，一是"作家"所有的好处还主动放弃了，那会再来从这方来插一手，博个什么"书法家"空名。直到今年春季，流亡到美国的梁实秋，为台湾造谣帮腔，作文以外还讲演，说我和冰心都在文化革命中被折磨死去。还说"像沈某某这种人，那有不死道理！"事实上呢，我在这廿多年中，活得比许多旧同行老同事都有劲头，都活得还健康，甚至于还可说更有自由。深一层理会到，为配合新社会的新要求，主动作自我改造，不从空话作起，却用实践去努力。要求于自己格外严，要求于人却级轻。在博物馆搞研究，就老老实实从明代以来的午门上五凤楼文物库房清点凌迟大臣的几十把鬼头刀作起学起，只求能作到"合格说明员"为止。同时十二个教授级的同事，都把我的学习方式当成笑谈，我却一直在入冬零下廿八度②不许升火的陈列室里转。即有的是机会受主席和总理亲口鼓励，让我回到原来一行写几年小说，以至于中宣文化二部正式推我作<u>北京市作协主席</u>，也<u>一例不干</u>，还是守在"说明员"位置上不动。(这些事即家中人也不告知！)不写字冒充"假风雅"，还有个原因，即觉得这一行死去的既有鲁迅，活着的又有郭沫若，"天下定于一"，生死作家都有了一个人，就够了。我再来附庸风雅，似不必要。可是香港方面熟人办了个谈书法的《书谱》，为抵消梁实秋的无聊谎话，把我偶然写下的一个条幅和文化部长茅盾所写的字并列，还有意抑彼扬此，附加了个短跋，说我是作家中唯一懂书法的人。说的当然近于半开玩笑的好意。(其实写字在历史上从来多是在当时，谁官最大谁就写得最好，我学这个，先一时主要也只是抄书快，解放后则作纪录赶得及，一切重在实用。)因此一来，虽近于不得不破戒，不到一年，就又为熟人友好涂抹了上百计的大大小小字条，还只是玩玩性质，有意打破风雅人习惯，始终只用七分钱笔，三五分钱高丽纸，涂涂抹抹。并且还大中兼小，不让纸有空白，以填满空处为度。不管对方是谁，还故意在末后附加些按语注解，标明价值，总不过一毛钱以上。使人不好意思付之装裱，也不便公开悬挂，自己倒还是在涂涂抹抹中自得其乐。因此我想到你十多年前，似曾说过想写写字的旧事。过去曾不甚赞同，以为费力难见好，不如从"实用主义"出发，考虑搞点别的什么。现在看来，倒觉得如能始终用个"玩票态度"，写写草字或隶书，或许还是一种有保健作用的方式，一成习惯到"欲罢不能"时，大致就在精神上会起真正休息作用，体力转好亦意中事！

我和三姊避震来苏州已过二月，本意至迟到十月末必可回去，因为估计到可用生命至多不过五几年，却还有一系列事情待做（待完成或待进行），必需争时间赶赶，才可望有个交待。社会即或在剧烈变动中，有可能到某一时，会使得所有努力完全失去应有意义。而且北京附近地下，说不定在今冬明春行将有大震动出现，我觉得还是能即早回去，和六百万市民共命运，同受些天摇地动考验为合理。如真的大震动骤然一来，在小小工作室中和所有一点工具书一同完事，也心安理得，对得起国家和个人生命。只要三姊能放心，她却不妨留在苏州，因为她已退休。我是终生不用退休，行动又可自由，但为作公民责任计，还是以即早能回去好些。这也可说恰是一种惰性习惯在鼓励我。本来曾想到趁此不如在南方各省绕个大圈，由四川再返北京。因为上路似乎有"行不得也"现实，只好把这种希望待诸来年了。小龙还在北京当家，虎虎和张之佩还在自贡，女孩小红则上次由我们带来疏散到姥姥处。小帆则疏散到清江她妈妈处。三姊和我及小五哥一家大小身体情况,必可从谢先生口中得到一点印象。三姊事实上比四年前还好一些,小五哥家小致元已能到处跑动,说得一口清楚干脆有腔有调的北京普通话。二姐和耀平还在上海,我去上海时见过一次,住的也还好,只是过冬或不甚相宜,近来正在研究是来苏住,还是……耀平兄因工作束缚,有返京可能,亦尚未定。若二姨同去,担心的只有在震动警报确定而并未出现时作露宿集中,怕心脏出毛病,否则将不必多考虑还是回京较好!我可说"驿马星"早动,至迟到十一月初,终还得回去争争工作。

并候大小佳好。

从文
十月十二

今天得小龙来信,北京又正传达:"立足于大震",因为四郊数十里都有<u>异常现象发生</u>,街道上且宣称一闻警就得去日坛集中,我是否能回去,还是个问题!二姨大致是回苏为合理了。

本文收入初版《沈从文全集》第24卷时,被删去约1900字。现据原信完整文本编入《沈从文全集·补遗卷》。

张宗和,贵阳师范学院历史系教授,张兆和的大弟。

①王力,字了一。语言学家、教育家、翻译家。时为北京大学教授,中国科学院学部委员。

②"零下廿八度",此处记忆有误。北京市1915年以来最低气温纪录,1951年1月23日是零下22.4度。

19761117
苏　州

致巴金

巴金：

　　这次到上海深深谢谢你的好意，给了我许多好书，旧的书对我十分得用，新的三姐也极感兴趣，并十分关心你新的生活，因为老朋友大多数都已成古人，我们也都过了七十。她今年亦到六十七，幸好身体都还健康，情绪也还如十多年前，所以希望在明年春四五月或秋八月间，若社会秩序较回复，能再来南方邀几个朋友玩玩浙江雁荡，（还希望到时你也能够参加！）照七四年爬黄山情形看来，爬爬山，我和兆和还有资格的。

　　南方天气过湿，对我似不易适应。回苏不久，就又发了一回卅九度多高烧，近已好转。估计至迟到月底当可以回北京。三姐要我问候你和家中长幼的好。均因张香还同志回上海，特别托他来看看你。他是在上海中医学院教文学，同济毕业的。这里情形他还知道些，写不到处托他转致意。

　　并候府中佳好。

弟　从文
十一月十七

1976 11 中旬
苏　州

致张磊

张磊同志：

　　我到上海住了十天，来看过您，才知道已去吉林。盛隆同志和千一同志住处我因路生不知换车站路，所以来不及找找他们谈谈天，就回苏州了。大致在月底以前得回北京，南来是八月中，因地震经朋友劝促成行的。一切都好，请放心。很念及你们的工作，经过这次清理四人帮的运动，今后大家工作必可得到更多的便利，是意中事。问候大家好。

　　你到东北一定对马蹄壶和辽三彩瓷的问题都得到不少新的认识。深深祝愿工作得到进展！盛隆千一均望问好。

沈从文　候

　　这个便笺特托住上海的张香还同志捎来。苏州情形他或可谈一二。

19761126
苏　州

致陈从周

从周吾兄：

返申以后，必又在公事匆忙中团团转，"能者多劳"，亦常理也。

这次来苏州，有机会一再聆教，得益不少。极可惜，时间过于匆促，原拟定需请教若干事，尚无从一一求教于吾兄，只能俟诸另一时矣。更觉得可惜，即当面错过作学生机会，和同济同学一道，听听关于苏州各个不同园林的先后历史，及宋、明、清园林与住宅家具布置同异情形。

弟南来时，曾携有一小孙女寄住昆山所属陈墓^{近改"茂"字}镇上其姥姥处。久传闻此小镇住户布置于真正河网区中，风格别致，原须由甪直换船，往返不大方便。近已有直达小轮船，因于上星期去看看，住了四天，几几乎每一小地区都已走到，才知道此小小水乡，一切景色人事，都极有意思。凡事在进展中，小镇上处处见新面貌，如一医院新病房就可及一二百号。但"新"中还仍保留不少旧式房子，我们叫"一颗印封火统子"，充满了古典素朴宁静美。时近深冬，景物清肃，镇上小河流四通八达，亲戚家适当一旧式月拱形石砌"观音桥"传说是镇上最老的桥附近，河道三支分流处，每天从早到夜，经常有大几百方头小木船连翩来去。小船既来至四近三里五里更小生产队，船上几几乎可说应有尽有。又早晚均有上百中小学生成群成组或三三两两过桥，附近街上尚还有三五年老妇女摇动有齿轮简单制绳机，搓带外皮的麻绳，供船上使用。基本方法还和我六十年前在湖南各小县城什么庙里所见到的情形相差不多。可是街前不多远处，却有个由小而大全县区生产量最好，利润也极高的塑料厂发动机在突突作响。镇上不少处，旧式月拱桥已改变为水泥平板桥，两岸人家的交通，被几十个新式平板桥贯串得关系更新了许多，可是过桥人却有不少还像是前一世纪的人。特别其中一些祖母辈家庭妇女，以及更多来自四近乡村中的农妇，改变得似并不多。纵横各条水道，两旁石砌的河岸，都十分整齐，并且三几户人家门前，就有个同样砌得十分整齐的水码头，可以上下百凡物资，和船中人上下。可是永远是动中有静，住处附近那个观音庵，已改成了粮食供应处。装有粮食的船只停靠处，必可以发现有三五只鸡群，从从容容在船舱板上啄食谷子，等于在白尽义务帮船上人的忙，省去打扫麻烦。这些鸡群却照例是不久之前，由对河人家飞过来到船上的，同时也练习了直飞过河技术。大清早上，小镇上的茶馆油条烧饼铺，更是古意盎然。小菜市在主要一条街上，百货公司和医药公司都有应市花花绿绿新纺织品，和新的中西膏丹丸散、白木耳、鹿茸精出售。另一处也还有专卖老式五毒八宝膏药，在小小玻窗上贴了不少膏药样品的。最有意思还是随处都可以发现旧式穿着，缩肩袖手来自四近的老中青农家妇女，肘上挂个小小竹篾篮子，放了十个八个鸡蛋，或来回走动，或怯怯的蹲在商店窗子下

207

边，等待主顾。为争每枚多一分钱而坚持许久才会成交。出脱后，便照各自所需去铺子里换点日用品回船。有的携带了三五岁小妞儿来的，（小孩子照例手脸冻得通红，）必赶去为孩子买点哄口的甜的咸的咬嚼一番。孩子们照例都眼睛亮光光的，一句话也不说，十分可爱。在这些年岁较大的农家妇女脸上皱纹中，和粗粗手指节，一般总是充满了劳动的痕迹和厚实善良的感情，混和在一起给我印象极其深刻也格外熟悉。因为事实上，是和过去六十年中，在沅水分支五谿流域沿河各村、各镇转徙所见到的还相差不多。这种祖父母辈形象，是永远值得为之唱赞歌，而在大中小城市久已成为稀有少见事物的。特别是知识分子妇女中少见！可惜我年岁已过，再也无从用笔来组织小小篇章，对于这一类型的农家妇女加以赞美歌颂了。

弟本意在本月底前或即可北返，不料十五号晚上宁河一震，又到了六点九级。传说唐山区复有十万以上伤亡。廿日，京中防震机构，且陆续有震情通知，震点且有移向京郊趋势，（还说可能会出现八级震，）因之北旋期不能不重新考虑。

九如巷三号住处，因弟一家长幼四人突然袭击，最近复加上其二姐夫妇由申转苏，不免造成"反客为主"极不自然情况，使得作主人的一家三代计八人，挤于另一小小寝室中，等待转机。上次托兄代为向市中主管房产修造、分配负责同志，为提提旁屋住客迁房子事，多承费心，十分感谢。昨弟由陈茂回苏时，闻内弟张寰和谈及，曾于前天在街上遇到李润生同志，谈了谈这里住处紧张困难情形。李同志曾与之约定，拟于下周亲到九如巷三号看看并商谈办法。若得兄于百忙中，抽点点时间，即早再为李写一信，从旁为说说寰和诸姐，或已退休，或将退休，及一在贵阳师院教历史的长兄,也将退休,多希望还有机会能于幼小时长大的地方,或重新落户,或能于每年春秋二季返苏住几个月。如能有个可以暂时可落脚处,将方便不少。因请弟再次拜托兄,大力为协助一下,如促成期望中应有的良好结果,即此住处问题得到解决,实感到身受。即以弟之近事而言,即可望把待结束的部分工作,在此继续收尾,再把在进行、待完成的工作,继续作去,不必急于北旋,在经常有六级预震通告警惕中,来进行工作矣。即此并候

  教安。

弟 沈从文
十一月廿六

  天气转冷,久住北方,乍来过冬不易适应,日来手足均呈麻木状,写此信时,不仅字难归行,句子也近于在寒气中冻结得十分可笑。望能见原,幸甚。

一九七七年

19770216
北　京

致杨伯达

伯达老兄：

　　上次在剧场一晤，倏忽二月，承示弟在故宫原丝绣组工作室所存之零碎织绣参考资料，于文化大革命中误收入库房的，已得院领导同意照政策加以清理，全部发还本人。俟春节中下放同志返京后即可办理，费神之处，感谢之至。弟近月来体力日感衰退，部分工作有待抓紧进行，深盼老兄一加协助，早日将弟此一部分资料尽可能即早赐还，感谢万千！

　　并候节中诸相熟同志佳好。

弟　沈从文
二月十六日

　　又还有些旧书，部分是五八年院中给我的"车马费"购买的，照我原来意思，还是留供丝绣组用为合理。此外，还有些是我至青岛时，自己花钱买回的影印线装旧书，和研究绸缎无关，又比较专门，一般搞文史的也用不上，搁在组中近于摆样子。组中诸同志始终用不上，而对我却大有用处的。似乎也值得组中同志，研究一下，平情酌理，分别对待对待，归还本人那一部分，也是值得感谢的。因为我所有图书，在文化大革命中，在"破四旧"名分下，全散失罄尽，目下在进行的工作缺少工具书情形下，实无从取得应有进展。我意见也还是还给我合式一些。

杨伯达，博物馆学家，美术史学家，故宫博物院副院长。通信时任故宫博物院陈列部主任。

19770307
北　京

复施蛰存

蛰存兄：

　　得信，深谢厚意。弟系于春节前一日回转北京的。也正是南方传说"春节间必有大震"而赶回的。因为估计到可用生命恐已不多，待收尾工作还不少，待进行完成工作亦相当多，明知个人精力有限，而且即能逐一完工，亦未必能眼见到付印。但既已改业，卅年来新的工作又得到党和各方面信任、鼓励和支持，所以守在小小工作室，尽力所能及作去，将所学分门别类来一一求解决，也有可能争三五年时间，部分工作还能作为后来人起点"垫脚石"作用，也可能在不久将来，即由于地下大动，一切完事。或本身内部崩溃，即在工作室中虚脱完事。同样都近于"心安理得"。

　　回来以后，才知道南行半年，北方气候已难适应，感冒后，即连续出鼻血八九天，今已廿来次。稍有好转后，右手又复出现毛病，转动失灵，日昨右腰又复在小小周折中扭伤。回到原住廿多年之工作室，才明白留京家中人因为防震计，把床铺加固计，图书位置多已重新安排。虽得考古所朋友十分热心来为清理，至少恐得在十天半月后方可望回到桌边。加之手腕问题，不像是十天半月即可望恢复。稍有恶化，即搁在手边之百十信件，恐亦不易作复矣。因此试捡出年前习字数纸寄奉，用酬雅嘱，书不成书，见意而已。所书另寄，或一时不能付邮。因忽得通知，明天即将上香山开《陶瓷史》会议，月底才能返京。

兄来信中，转述淑华母女拟回国事，非新闻，似"旧事重提"。记得五几年中，淑华回国时，竺可桢、丁西林、张奚若还未故去。因小滢精通数种语言，且婚姻不理想，能适应"意译风"要求，西林与金岳霖等老友，曾商量过，劝其带小滢回国，小滢既可用其所长，在工作中得到合理发展，婚姻上或亦可为金甫先生之幼子杨起撮合。杨起时主持地质研究工作，尚未婚。淑华工作，则更易安排：乐意务虚，则对外文委由西林、奚若主持，当然容易处理。乐意务实，西谛时任文化部长，则在故宫等文化文物机构，作一艺术顾问，有何困难？丁、张、金等事多，无从与之细谈，因嘱我陪之各处游逛，并劝其下决心归来。淑华则以"怕学习洗脑筋"为言，拿不定主意。结果记得除陪同去隆福寺购得乾隆御制墨一批，足供其终生使用外，另外即为购去当时作"处理品"之不值钱鼻烟壶过百种，至多只一元一件。可能返英后，一转手间，即可得到若干千镑。闻英爱好者有值百镑一件的。其收获若在此而不在彼，弟只好将情形转告丁、金完事。以后又返回两次，我除陪其去故宫参观一回，彼之兴趣主要似在如何设法收回东城史家胡同四十九号甲之住宅产权而各处奔走，我于此等事既不在行，亦无从预闻。另一次，则因某种方式得到总理夫人协助，帮忙事，不知是否与冰心相关？有机会去过一次敦煌，结果不久即回。

住华侨大厦时，记得原在清华习英文之蒋恩钿女士，陈衡哲之极小弟弟的爱人，亦相熟，亦正去看彼，三人同照一相，彼则回英。不久蒋返天津半月即以癌症故去。此次或前一次，淑华兴趣所在，记得是一再陪彼上王府井外销皮货店，反复看一黑羊皮紫羔大衣，价约五百美元，事实上在另外一种铺子，可能只用百十元人民币即可得到。我不明行情，七十多岁老人，不知为什么偏要购此外衣。后来别人才相告，这名"波斯羊"，在外极值钱，有的值一千美金。或因国内有钱花不去，买此可以在英转让于人？则不得而知矣。

新的"十大关系"正式发表以后，说明对回国华侨必更受欢迎、受优待，特别是从英美回来的。惟奚若、西林二老友已成古人，通伯先生之妹夫竺可桢亦已故去，金岳霖先生则因视觉失灵，且年逾八十，对外联系亦不多。弟则廿年来纯粹近于一"在野"人物，搞的业务，虽在一定范围内，还有点滴发言权、建议权。但涉及淑华母女回来工作、生活如何安排位置，恐无能为力向有关方面联系，得到较好解决。以弟个人私计，对此问题，可帮忙的，或可供作咨询顾问的，计有如下数人：一为其老同学冰心，二为另一同学关瑞梧女士，三为武汉大学出身，在英留过学，曾任台湾蒋政权之驻某国大使，返回北京后在外交学院任职之李铁铮先生，近闻已出国，四为也是武大出身在英留学，主持英文《中国文学》之叶君健，五为通伯先生之妹竺可桢夫人，……其中任何一人，都比弟为懂事而有力。弟唯一所知，即淑华回国以后，万一分配工作到"故宫绘画馆作顾问"，或拟编对外《中国绘画史》时，或拟研究绘画中某一专题时，为介绍介绍相关材料，或国内研究成果、水平等等，尚有些琐琐常识可供咨询而已。从各种表面反映看来，对英外交联系还在加强，淑华在英久，文化方面所熟人又多，回国在这些方面，可做的工作，也必然还多。但出国过久，理解国内事，求适应客观要求，能作到如冰心情形，恐亦不甚容易。因为在场面上能维持，必需另有一种特别应有天赋才能（或即所谓政治世故？）才可望左右逢源。五四以来，作家万千，在近半世纪人事风雨中，几几扫荡罄尽，"女作家"中在作品以外，始终能用"作家名分"而站得住，近于"福将"或"不倒妪"，周旋于宋美龄与……都若少不得人物，仔细数来，似只冰心一人，不叫作"天赋奇才"，实不公平。（同属"福将"，男作家则有茅盾、圣陶，然彼此长处，亦各不相同也。）淑华若以冰心为目标而回国，恐易失望。两人都是在新娘子时代我即相识，但是长处不同，弱点亦不同，在我印象中十分显明。有关她回国事，淑华北京方面熟人门道多，或已作多方面进行，且早已得结果，亦未可知。她已多年不给我信，所以也不便直接去信相告一切。只因兄来信道及此事，故略述前事补兄所未知。并候府中长幼佳好。

           弟 从文
           三月七日
           三月十五寄

  本信手稿曾在网上公开拍卖。现据拍卖时展示的手稿画面，整理编入《沈从文全集·补遗卷》。

19770402
北　京

致杨伯达

伯达同志：

　　多久不相见，想体力还好，工作顺利。有个亲戚的至友辅仁毕业，现年只过五十多些，体力健康，性情也极好，任职北京，家学渊源，父亲是个翰林，民国以后即在北京卖字！写字有兴趣也有根柢，极乐意尽义务能到故宫服服务，写写字，也有机会向院中各位多学学。特为介绍一下，并将其随手所书附寄左右，望能斟酌一下。若能有此机会，盼能便中一示，或由弟转告，嘱彼某时亲自来院进见吾兄一谈。感同身受。

　　另外有些小事，昨曾与士元①同志谈及，托他向你约个日子，见面谈谈。因为近年除专搞服装资料外，还就平时常识所及，拟搞四十个专题，大小不一，居多还是国内文物研究中空白点。主要以新出土及传世实物为主，作作排队工作，再结合文献，及相关图像，作综合分析。就去年下半年所着手，已大体完成八个专题而言，如《扇子进展》《玻璃进展》《马的装具与应用进展》《球类竞技进展》《百戏进展》《狮子在中国种种》《有关导引术的熊经鸟伸原始资料》《绕衿谓之裙》，用图像释马王堆出土之十七件曲裾衣制的应用，在战国两汉具普遍性，直到西晋。东晋始提"结缨"。证马王堆出土之衣，并无特殊性，实具普遍性。把近年全国出土排排队一比，就明白了。凡看过的，都觉得材料多而方法新，不失为以唯物论观点搞问题一种有意义试探。这些工作还仅仅只就手边便利资料而言，有待各方面协助的还多。本拟争三四年时间，共完成四十个，如能如计划进行，大致总的看来，即已可把一部新的中国劳动文化史基础，初步打好。如体力许可，又能得各方面加以协助，看来是可以完成，或大部分能完成的。虽仅仅是些文物常识排排队的工作，对今后搞文物研究少壮同志，显明有一定帮助的。对新的《劳动文化史》的编写，《物质文化史》以及《工艺美术史》的编写，都有帮助。所以也希望和您来商量一下。因为我今年已七十进五岁，虽精神情绪，有些离奇，大致是各方面服务习惯，得到各方面信托和鼓舞，越活似乎越天真幼稚，花花朵朵坛坛罐罐尝以万计的分门别类好好保留在记忆中，还能运用自如。只是肉体受自然律限制，终究还是会在迟早间短短时间内即报废。我学习主要一个目的，就是为了"共同提高"，无所谓"知识私有"或"保密"，工作在进行中，如乐舞种种、百戏种种，还未发表，文艺研究院方面需要，即无条件任之照相，作为他们的资料。比如搞狮子舞，他们那会明〔白〕绸缎上、瓷器上，此外许许多多工艺品或图像上无所不有？这些大小不一的专题，对故宫工作同志，为业务共同"提高"与"深入"，大致都还相当得用。所以拟将已集中资料，尽你看看，只要觉得还有用，即可照需要照一份小样。

我的目的只有两个：一、一切努力，可以为年青接手人服务，得到工作便利，不至于老走弯路，或资料尽多，到真的研究时，可不知从何着手。特别成问题处，是涉及引用文献时，缺少基本目录学知识，不明各书时代与可靠性，谈研究就不能较好用书！我来作个打前站的小卒。其次，即觉得主席所提的"古为今用"意义重大而深远，求落实应用到生产上去，什么叫"优秀传统"，什么是糟粕，总得先学懂，懂得且十分具体，才能介绍给新的生产部门，发生良好效果。我在政协前后共提了廿个案，大都和"如何古为今用"相关。由第三届提到现在也未取消，已廿三年！诸案经审定，一律通过，转交中央政府转交有关各部执行。因之为此事服务，求其一一实现，也成了我终生无可推卸的责任，至死也不能说"退休不干"。记得六三年，最后一个建议，因系补充提案较晚上交，总理有机会见到，还亲自批定转六个部执行，过去十几个提案多只三或四个部办理。末后还加上一句话"这是内行的建议"，是事后参加提案审查委员告我的。提案中有涉及故宫的，由文化部转故宫、历博、申博、沈博、南博等，措辞为"有条件各大文物博物馆，应当分别□出人力，为协助改进生产而服务，当成馆中任务而给以应有注意和关心。"这个提案曾由文化部转发给上述各单位，给我的一个通知即正式提到。其中虽因文化大革命而一切停顿，但有较长远性、继续性，则极显明。因为这廿多年来，我的工作一部分，即放在协助生产代为帮忙解决问题，或出出点子上。所以也经常有机会和陶瓷、丝绸，及特种手工艺各生产部门，国内生产方面许多问题，待解决、待帮助，大都略知一二。即以经济意义较大，又必需得改进，得协助，才能达到"古为今用"目的，既打经济仗又兼打好文化仗目的，曾听一个主持外贸地毯贾同志说到：伊朗年产七百万米，我国则只七十万米，整整十分之一。又听天津厂中人说，今年天津方面，稍稍改用一新样，即订货达三百多万美元。故宫若乐意为此服务，据我所知，其实用不着搬取一件大中地毯出库，只让我来为就放"椅垫"那个殿中，因为我明白他们要什么，可以从这些小件中即能解决问题。代为选炕垫一百件，椅垫二百种，宝座垫子一百种，搁在丝绣组一个房间里，即可为全国地毯生产得到显明十分难得的改进便利。真正是近于孟子说的为"长者折枝"，十分简单易作，毫不费事，或许就可望增加生产到千万美元的现实效果！这不仅是可改进地毯生产，还可为新近已提出的改进新建筑内外应用花砖的图样，取法参考。外贸上也大有前途。

此外还有一系列工作，都可以作，有的并且还只有故宫有条件能作，实在不宜再采用个老传统，用个消极办法，来对待这种种。只是若本单位研究工作依旧停顿到老方式上，关着门搞，方法也缺少新的综合方式，永远各自一摊，单打一的搞下去，内部也彼此若不相干，方法实在说，也太旧了，比如说绸缎也好，字画也好，搞不出什么名堂的！

我今年已七十进五，可工作日子已有限，新社会有千百种事待作实在已来不及了。但看看个人近五十岁才改业，近廿多年凡事一切近于从头学起，充满热情作了十多年说明员，得来的经验，（把学习放在工农兵需要上取得的经验，以及服务热情永远不知疲倦。）一切都只为了"共同提高"的信心，我们应好好来谈谈的事太多了，我已尽力所能及走完了一段路。您还正年富力强，又主持故宫全部业务，责任实在太重要了。让我们约个时间，好好的来谈几次罢。我除了搞研究，得明白研究中的"空白点"是什么，搞生产协作，又明白需要怎么去协作。还同时历博研究员因规章上有应为"教学服务"，全国工艺院校有关教材的编写，情况与水平，都有一知半解，一部《工艺美术史》曾为改订四次，名分上是委员搞，事实上是我提材料，我为修订。有许多专题多是为提材料写大纲而由教师编写，末后还得由我改定的。这些工作都还有待继续进行，也得告告你某一专题教材的长处和弱点，以及某教师的长处和弱点，将来肯定还是有待您来帮助完成的！有些老教师业务水平都太差了，教了卅四十年某专题，事实上基本知识也多不足，又不学，实在误人子弟。故宫研究能重新安排安排，将来作用太大！

弟　沈从文　候
四月二日

此信已入信封并贴好邮票，却忘记付邮。据原稿编入。
①士元，指单士元，古建筑专家，时任故宫博物院副院长。

19770516
北 京

复姚雪垠

雪垠兄：

　　月前惠书，不曾作复，歉仄之至。因弟手中所有（明清二代）零星丝绣，均分散于熟人处，无从集中。又先后编选几本丝绸图录，也通通为人借去，尚未归还，所以不便作复。材料近日已送还弟处，兄若还要看看，盼来示告一时间，弟即可在指定时间内去东堂子胡同工作室相候。信寄东城小羊宜宾胡同五号，我在赶改服装说明。尊著听不少熟人均谈及内容丰富，足称解放以来鸿章巨制。可贺可贺。

　　出版社上次退还的《满洲实录》一函，内中缺少一册，盼能为问问下落。此书并不是什么值钱的复印本，但对弟搞的一行，却相当有用。并且还得供别的熟人大家使用。能"原璧归赵"，十分感谢。或有必要，即由弟出一点钱，给出版社保管这份材料的人，作为找回报酬，也不妨事。（错处或责任不在他们，或许是另有"爱好"者借去。责任或应在弟，同类事是经常发生，用如上方法找回，主要还是便于以后别的朋友借用。因为弟所有图书，多从大家便利着想，从来不看成个人私有物。每书前必附写上"此书可借，惟使用后盼能见还，望莫冻结在私人手中，便于供大家使用。"此书恰恰忘记在书头写上。所以缺本能设法补足，即花点钱也十分平常，甚至于可说是应该的。）

麻烦出版社同志，一并致谢！

并候佳好。

弟　沈从文
五月十六

本篇2010年8月22日曾发表于《新文学史料》2010年第3期。现据手稿整理编入。

19770815
北　京

致杨伯达

伯达老兄：

　　我在丝绣组协助工作时，办公室中还有些绸缎材料，闻在文化大革命已一例归入库中，这些零星资料实属我私人所有，供参考用的，并不怎么贵重，糊糊涂涂收入库中，无从登记，反而会成为累赘，不易处理。但对我却还有用，七二年，我由湖北回来后，即有信给吴院长，无结果。现在盼您能了解一下情况，或为向吴、彭二院长①一陈原因，在较近时间内，得到合理解决，十分感谢。并致

　　敬礼。

弟　沈从文
八月十五
东城小羊宜宾胡同五号转

材料有些背面注有名称时代价钱及归于某某。还有四扇粗线彩绣花鸟炕屏风,不是什么"文物",是我为供生产参考而收的。

---

①吴、彭二院长,指故宫博物院的吴仲超院长和彭炎副院长。

19770816
北　京

复徐维

徐维同志：

　　年前南行，住下半年才回来，回来后，长在小病中，手和眼都不大得用，各方面友好来信多不作复，十分抱歉！闻河北积雨，天津海口水排不去，市区部分已感水灾严重，你们情形不知如何，殊念念也。政局一新，有关生产，必可在较扎实情况中取得进展，研究所情形实在念中。以弟外行私见，势必认真作点基本功，打个较好底子，今后生产必可得到较多方便。如能有三五人，较广泛抓抓资料，才可望落实主席"古为今用"的含意深远的伟大指示。必需对于"优秀传统"心中有数，才不至于临时乱抓，凑和应付。为美工同志"共同提高"设想，就弟所知，大致从三方面着手，或较容易见功。

　　一、有二三专职美工，抓一千种元、明、清瓷器花纹，及有关花纹，解决新的地毯三蓝①新的图案参考，肯定会得到成功。这工作如能有故宫博物院陶瓷组及历史博物馆，及北京市文物组协助，至多一年工夫，即可望得到初步解决的。若根据所得，作为三五十种生产设计，经外贸认可，再加一把力，就传世和近廿年出土的耀州窑青釉印花、瓷州黑花、鹤壁镇黑花、当阳峪剔花，有选择收集五百种有代表性图样，就可望进一步丰富纹样内容。如善于运用，可望使三蓝图样面目一新。

二、有二美工同志，试从漆器下手，据战国及汉代摹取二百种重要图案花纹，从金银错方面有计划摹取一百种有代表性图案花纹，从战国汉代玉器摹二百种重要花纹，试转用到地毯新设计上，如配色得法，肯定也会有新的成果，给人印象深刻的。

三、即从故宫织绣组商量，就故宫一专藏炕毯椅垫文物库中，挑选一百种大小炕垫，各种椅垫、各种靠垫各一百件，各色具备，且有织、绣、戳纱、刻丝不同加工，用彩色幻灯片照下，再考虑如何放大，视需要逐渐摹下，分两道工序处理。照彩色幻灯片，有一个得力照相同志，如没有人也可商文物局或考古所借调一得力同志工作，配上故宫织绣组同志，至多两三天即可完成。放映到墙上后，第二步挑选可试用于生产的卅种，绘出，或另加些花边重新配色。估计有二得力美工，不用半年时间，大致也就可以掌住了这份新材料，并加以运用，完成设计任务。

四、即将近廿五年出版过的古代丝织，选取一百种，加以扩展，绘成线图，作为主题部分图案。按时代分别各选十到廿种，重新配色，作试生产。成功的关键在配色，有的在图案突破成规的布置，总的需要从试验中得经验。如图样可付广展，或有关专业交易会上给外人看，且不妨注明仿自某时代某种织物，或许还比自创引人兴趣。如作二尺大的小样，也不妨用绒绣法或戳纱法试加工，必较彩绘图样效果好些。

估计到照这么搞材料，作新的设计，用八到十个美工同志，也许有四五个即够，来京搞一年，即可收集重要而有用资料约一

229

千种。也许不到一年就可完成。你们自己选材料,可能会遇到一定困难,我抽出些时间,为协助一下,实不怎么费事。主要问题是首先得生产领导同意,理解支持,其次是能得到故宫、北京市文物处及历博方面同意调材料。你们有人,问题就解决了。这些材料分别编印四本参考图案,对全国也有用。望能和领导商量研究一下,是否可以这么进行。用比较有系统资料工作。一切努力,重在配合新的生产要求,丰富并提高新的生产设计内容为主。至于《地毯应用史》或《地毯史话》的研究,据弟意,或许不是急要的工作,也不像是生产单位能吃得下的。即有预算,也不易见功。条件不好,作来恐费力不易见好。因为图像资料掌握不住,实物接触也不可能全面,还有个结合文献问题,并不怎么好办。比如说,图像部分,敦煌壁画中有千百种地毯、舞茵、拜垫反映,一一画下来,恐就得用三几年工夫。还要特别得力的高手亲去敦煌。此外还有万千种写真画上的反映,多收藏于故宫历博,调材料照相就十分费事。至于实物,则仅以故宫而言,即有一大殿,大件得用数十人卷抬,故宫那能为一生产单位集中如此多人力来协助工作?若工作只是就西北点滴出土材料,和日本正仓院收藏唐代材料而言,未免太少,以一例万,谈不透问题的。衡量轻重得失,把研究重点放在能和生产改进密切相关,似乎合理一些,也容易见实效。

又前信问及日本藏毛编地毯,记得在《东瀛珠光》一书中影印过。是否全部,不得而知。就弟记忆,这份材料花纹比较细碎,并不怎么好。对新的生产无什么可学处。新疆出土物,报告中前后名目不一,可去信问新疆博物馆武敏同志,或易解决。我手边没有那册大图录,因此也难作判断。

又兄前在东堂子如借去的一些图像材料，盼能查查赐还，十分感谢。尊处所印新样本，也盼见赐一二本。并复候近好。

弟　沈从文
八月十六日

徐维，通信时在天津地毯研究所从事地毯研究与设计工作。
①三蓝地毯，是内蒙古包头一带的传统名产，用本地出产的土蓝靛将纯羊毛线染成深蓝、浅蓝、旅蓝三种颜色，织成的三蓝地毯柔软轻巧，年代愈久颜色愈艳。

19770917
北　京

复马国权

国权兄：

　　奉书欣悉台驾已返回广州。此行见闻，所得必多出意想也。能在京小留，累接教言，实动荡十年中极快乐事，惜各以事役，未及于草书诸问题，多聆高见，未得所启发，亦一憾事！近翻旧书，见清初杂剧三种若干子目均作章草体，虽出清初人手笔，尚不俗气，又从史兄①处得见一清中叶时人书札一册，不少亦作章草体。笔柔弱无力，用白纸，色笺甚少，疑出近卅年厂商据旧稿伪作，试一询史兄，必可得详悉出处！又有一影印百砚室珍藏明人章草书轴，内有宋克章草书"处世若大梦"李白诗及金孝章、王伯榖、张瑞图、邢侗等墨迹，泥沙杂下，不知手边有此本子没有？又郑西谛编《伟大艺术传统》②中，故宫藏元人四卷子中有方方壶洪武初题画字二行，诗一首，尚萧散自然，又有胡俨题玉绂画二行，亦不俗，在画右上角。容璞同志尚未晤及，承远惠佳药，殊深感谢。近因气候转凉弟血压似亦略有下降，足释远注。此间书店内部供应种类已日益增多，内部中尚有内部新旧书均不少，价亦不甚高，如有特别需要能将书名见示，或可于便中一询究竟也。

并复颂佳善,熟人处统望致意。

弟　沈从文　顿
九月十七

马国权,书法家,古文字学家。中山大学教授。
①史兄,指文物专家,作者的同事史树青。
②此书指郑振铎编《伟大的艺书传统图录》。

19771124
北　京

复陈增弼

增弼兄：

　　来信谢谢厚意。镜台与火炉台事当另时奉告，因近日体力衰退，心脏供血不良，近于警钟频敲，迟早间报废，亦意中事也。

　　上次有一敦煌文物研究所段文杰捎来一敦煌衣服资料，照片薄薄横册本，内中有一《得医图》，正房一榻上有病妇女为常见。左旁一小房亦有一平榻，似专搁客人来去换衣裳用的。依稀记得曾给兄看过，又内中有个于阗公主骑马图，马的装备作唐式五鞘孔闹装鞍制，特别华美重要，因此后即止宋人作《百马图》有一马作此装备，明初商喜作明某皇帝琴会图中有一老太监骑乘相近，此外即无闻。

　　弟因头脑已不大得用，凡事一过即忘。此一作横式照相册子已记不清转借何处，若在兄处，望能于较近日子内便中捎回，十分感谢。因近几月熟人来往只三五人，若不在兄处，即可能在考古所王序同志处也。王序近正在西双版纳摄原始村落制陶电影，一时恐回不来，敦煌研究所因拟将原画册付印，弟不免为此着急不安。

上次借的杂志看来大有启发性，下次①来时还盼便中再借些来看看。费神谢谢。

沈从文
廿四日礼拜六

陈增弼，通信时任建筑科学研究院建筑师，从事中国家具史研究工作。
① "下次"原信误写为"下上"。

19771210
北　京

致徐维

徐维同志，并转
天津地毯厂美工组同志：

　　地震前，有些生产单位，曾先后从弟处借了些丝绸、漆工艺、金银错资料。近因弟拟编改这些教材付印，盼得各方面同志加以协助，清理一下，归还给弟，十分感谢！

　　敬此并候工作顺利。

弟　沈从文
十二月十日
北京小羊宜宾胡同五号

1977冬
北　京

复李昌鄂

昌鄂我兄：

　　得信，极愉快。春天在香山，见及高玉喜同志时，问到你情况，知已退休，仍住博物馆宿舍中。得近信，始知体力欠佳，望善自保摄，必可早告勿药也。"四人帮"问题揭开后，政治局面一新，亿万人民在万分欢快情绪中，进行新中国建设，"一年小治，三年大治"，目标实现或有迟早，总之能够实现，是意中事！
　　国家有万千种事"百端待理"，凡是对国家有意义工作，迟早总会提上日程。不过大致是抓大处达到"三年大治"后，或许才会逐渐考虑其他！民族民间手工艺对外展出，得到极好评价，求于对外贸易产生经济上影响，恐不会怎么大，除极少数一些人外，似乎还不会有什么领导生产的局长，领导教学的院长，真正理会到这里有十分丰富的优秀艺术传统，善于"古为今用"，不仅可望使区域性的挑花、织锦，在世界上重新得到应有的文化尊重，即以经济而言，也将远比湘绣为有前途！但想要使得主持本省特艺生产的首长理会这个问题，恐不怎么容易。以湖南而言，谈刺绣，看来还自以为"湘绣"取得的成就应占第一位，感到相当自豪，绝不可能明白还有千百种民间手工艺织绣，若善于利用，还将得到加十倍的成功！领导生产的见识束缚于极狭小点子上，既不易改变，则兄卅年努力，不易得到应收佳果，情形显。

华君武新任艺术局长，主要大致重在联系国内知名画家，充分给以工作上的便利，来形成个画中的百花齐放。（此外文学方面，情形就不大相同，看看《人民日报》文艺座谈会的几篇文章，即可知"四人帮"虽已打垮，有些人虽也说"百花齐放"，事实上却很满意过去成就，谈五四则有一鲁迅，此外即解放区的，或解放后十多年的，已够"大丰收"。还从无人作作客观比较，五四到三十年代，还有不少人，在十分困难情形下，不费国家一文钱，努力成果，量与质在国际上都还比鲁迅作品有影响大而久！"只此一家"的一言堂，未必符合事实。好在说话的重点在批"四人帮"，所以也决不会使人怀疑为妄诞也。）

关于工艺上的"古为今用"，弟为落实主席这个含意深远的伟大指示到生产上，虽尽力学习、尽力呼吁，弄得自己筋疲力尽，还是作用不大。先后还在全国政协提案廿件，多和"如何古为今用"密切相关，且具体提出一些办法。提案虽得通过，且交由国务〔院〕批转外贸、文化、教育、轻工业、纺织工业各部执行。还记得六四年一个提案，还是总理亲自批示同意指定五六个部执行。不多久，文化革命一来，当然即一切落空，完事。在这十多年过程中，虽侥幸并未受什么大冲击，但所有图书资料，早已全部散失。"四人帮"当权得势，工作当然难望继续有个条件能进行，地震一来，一点残余资料，和新补图书，又复打乱了。"四人帮"罪恶种种揭露后，从表面上说，我一些工作，当可望在不久将来仍将恢复。可是个人在这十多年折腾下，体力衰退已十分明显，虽仍然每天守在书桌边，效率之低，已难设想。每由家中人住〔处〕回到我原来东堂子住处，整理那一堆旧稿时，只一会会就感觉到头脑沉重。社会一切热闹活动都已无分参加，近于完全隔绝无知。因此看来，本身即或尚未报废，实质上已近于报废。听说人代、政协，将于明年春节开会，我的特邀委员名分大致已告结束，既已无望在大会上正式提案发言，所有工〔作〕①也失去意义，想的建议无从提起，一切只有让别人研究商讨去了。

今年比较相熟的人先后已故去七名，我今年已七十过五，报废可能将是迟早间事情。惟活着一天，国家总还是要充满热情去爱，即无任何公职，做一个正当公民，还是有义务责任待尽的！至于效果如何，则惟有天知道！因为就近三十年工作经验而言，十分认真热情从事的努力，结果可并不怎么好。而别的熟人轻飘飘的，在适当时候毫不费力的近于表态般行为，却常常得到欣赏，真所谓时代不同，善于弄巧者总照例凡事占上风也。社会风气处处在鼓励人说谎、务虚，凡精通"世故哲学"，随风转帆即活得从容潇洒，我则在过去在旧社会吃不开，新社会仍吃不开，十分自然。主要毛病或和"地方性"有些关系。因为混入大都市虽已过半世纪，本质上却依旧是个不折不扣湘西苗区山砦里的乡下佬，在近五十年社会变革人事风雨倏忽中，能不至在激流中冲垮，已算得十分幸运。但始终难适应终于倒下亦有其必然。四十年〔前〕在一个选集序言中曾提到这一点，可从不引起人注意，在另一个中篇《长河》序言上又预测个人所有作品，另一时恐不免付之一炬的命运，后来亦一一成为事实。真所谓近于夙命性悲剧也。一切向上爬机会都在眼前听之过去，终于僵仆堕地，……

――――――――――

李昌鄂,湖南民间工艺美术专家。

本篇编入初版《沈从文全集》时,因缺失原信第一页,曾以《致某民间工艺美术专家》为题。现将后发现的第一页文字补齐,据未完成废邮残稿编入。

① 〔作〕此处原稿为"意义"。

一九七八年

19780207
北　京

复张寰和、周孝华

便中请为寄四瓶安宁片来,
这里一次只能得十四片。

小五哥、孝华……

　　得信知道小妹喜事,可惜我们不能有参加致贺机会,希望过一二年还能来南方看看大家,到时你们住处也得到了合理解决,甚至于那个鸡棚也发展成为半自动化养鸡场,有了上百只新种"澳洲黑",或"新来亨",每天至少有六十个蛋供应市场,那就真不虚去年搬砖瓦时孝华的经月辛苦劳动!我不久前平平静静过了七十六岁,是害了经月病毒性感冒好转后,由二姊记起才和耀平同来过这个生日的。我们可从不想起这件事!我总像永远带着抱歉情绪回忆到去年冒失南来麻烦你们一家的种种!人真老了,在病中时表面上看来,可并不什么严重,也还照常吃得,事实上可头脑木木的经过了一个月,直到大前天才像完全无事。其中三姊也有三两天躺下,彼此一句话不说,而每天三顿吃喝,还是得她上街。幸亏她还像铁打的，不三几天饮食也逐渐上升回复了原来情况。

　　家中也多了小红，又从四川回到北京上学。忙得经常晚十点才上床，早六点多些又起身。语文数学还好，外语就拖了几课，地理临时学、赶，或许还可望及格。帆帆和马永昕也在九号就到了北京，现和小龙住东堂子另起炉灶。只间或过小羊宜宾看看。帆帆野得可观，户口虽有了，我们意思最好是找托儿所全托，但估计永昕到时还是将以带走主张占上风。最近已决定留在小龙工厂里托儿所，因为在西郊算办得较好的。论野劲，肯定会比小元元超越，论常识，可必然差一大节，因为工地上的托儿所保育员，除了把犯规学生罚站，代表权威，别的教育恐说不上。照工程需要，那边工作还有十年八年才会完结。共可装约一百万千瓦，缺水，还得另外花大笔钱引水。虽在设法调动永昕工作，希望似不大。二姊有一阵子心脏不大好，近来闻两位都可经常各处走动了。我们小羊宜宾住处，改动希望似不怎么大。因为这种事，主要是当朝有人，得力人一说即成。若照规矩排队，看来三五年内是派不到头上的。并且也可说永远派不上。因为凡事并无一定法规，居多要从"人情"上求解决的情形下，看来是不大可能按工作处理住房问题的。四人帮已垮下了，万千种大事待安排，还不易作较合理安排，住房还是操纵在管事中层以至于下层干部权力中，我们那里会和这些人打交道？

　　帆帆已长大了不少，机伶大大超过了小红和小尖鼻刘兰。红红身长早已超过奶奶，小尖鼻也快超过，总之无疑都是大块头，不会比庆庆低。虎虎来过一次，和张之佩都升了级，马永昕也升了级，小龙则因比同学早升级，轮不上。过年静得很，帆帆经常来，还以为是我换了房子，随时说"不换"就留下了。和红红一样只欢喜吃点咸菜，不吃糖，倒省事。问一家好！

            春节早上

复杨琪

——暨答杨琪草稿

杨琪兄：

　　谢谢来信，我先是为香港《大公报》赶写关于《扇子应用进展》小文，有上百个大小图取舍费力，排比材料，不免忙乱些，一时回答不了你的询问。只就信中提到的，就记忆所及，在原信中草草写下了些印象，写得字也乱乱的，拟待过几天再抄在信件上回复。昨天才知廿四政协开会，还有我的名字，大致将得十来天才完事。所以只好把原信旁草草记下的先寄还，不恭处想能原谅。十分盼望在会后，你还不即返回邢台，我们可去公园好好谈一回当时所谓卅年代文坛情形，因为那上下两册《记丁玲》，受种种影响，还没有写到的不少，虽在胜利后出过版，下半部是被扣了二年多，且删去了好些的。目前来谈，似不必有什么忌讳了，并候府中长幼春天健好。

沈从文
二月廿二

答杨琪草稿

杨琪兄：

　　得信，半月来我病似乎有了些转机，比上月强多了。这一星期正赶写个小文，主要还是得考古所两位王同志帮助，过三五天或可完成。你问的一事，试就记忆先在信后记下点滴印象，因为时间已快过五十年。有机会我当好好和你谈一二天。这大致只能在明年春三四月去了。

　　柔石、冯铿、胡也频等六人，是一道在三〇年冬在远东饭店开会被捕，当时被推将参加瑞金第二届X中全会代表。并部分其他党员，似廿六—廿八人，在龙华警备司令部一道被害的。内中似还有些军官，我通通不见过。我和他不熟，也没有看过他的《二月》。只是最后一次去龙华探监送衣物时，在隔两重栅栏门约一丈五六距离间，曾和丁玲见到五六人（大致是过堂完结，或去过堂时），从里边见到六七人陆续从第二道栅栏门边走过，手脚均上了镣铐。我们大叫了"也频"一声，几人都对我们举起手来，打了个招呼。显明是看到了我们。（看样子不像是受刑后。）只此一面，把所带东西托管狱的转交后，不能不还家。时已下午五点多，雪后阴沉沉的。回去时，记得还得沿沟走了一大段泥泞地，滑溜溜的。过不多久，就听到一个熟人说，曾亲眼看过一份被枪毙的作家照相，内中似有也频等六人。一共是廿多人。此外即毫无所知了。

　　关于柔石作品，正如也频作品情形相似，势不宜于和当时其他作品作一般性比较。重在本人实为革命而牺牲，因为纪念死者印行的。鲁迅的序文依稀记得也重在这一点上。(其实丁玲作品也如此。)如《在黑暗中》一书之流行,并不是书的内容真正如何精彩过人,正如我们当前对一些革命元勋的旧诗,只宜从本人对革命有贡献应受尊重,不宜从诗文本身或和同时诗人作品比较成就上作过实赞颂。也如同写字,重在"人",并不真正在"字"的好坏,这点懂得多一些,就会明白我的改业原因了。同时也会懂得当前要全国学生学鲁迅小说,不久,还将所有书信三千多封全部影印出版的原因用意。主要是主席说他是五四以来唯一的硬骨头作家。不应怀疑,也不容许异议。就这样,让全国学生由小学中学到大学的语文教材中,都选鲁迅先生作品作学习主要对象。也很好嘛。可不必认真去追究得失。更不必问全国当真都去学鲁迅的影响如何。一切照指示办事,则对于本人至少可以"少犯错误"。也不宜将作品和另外任何人作品作什么比较,评得失。若这么"书生气"十足的来搞现代文学研究,肯定也十分容易"犯错误"的。

你的小弟①考学校事,不知是否可取中?如落选,还是要鼓励他好好读下去。他们所处的时代,比我那时好多了,甚至于也公平合理多了。我也只是因缘时会,在军阀混战那廿年后一段短短时间中,有机会充分使用一支笔学习涂涂抹抹了十年左右。因为人不中用,所以在武汉时代,即或有机会去那边也不去。只是顽固的在一种无望无助情形中"守老营",是胆小怕事而且"落后""保守"的具体反映。在革命反复中,几几乎所有当时在北京有头脑的朋友,全在这种反复中死去了,我还只是照老五四的想法,搞单干户学习用笔。国民党得势那一二十年中,一些老朋友中作了官极得意时,我也不羡慕,依然"单干户"。有一阵子在两不讨好情形下成为挨骂的对象,谣言百出,却从不上当还嘴,所以有"多产作家"贬多于褒的嘲弄名分,依然无动于中,但是在学校教这一行廿来年,却大大得到地下党员的支持,因为他们的上级明白我一切,不会是什么坏人,决不加入左联,可做的事或许比那些十分活动的作家还可靠些些。到某种情形下,活动十分的如胡风辈的野心,我根本没有,正相反,要我帮点小忙,却从不推辞。只是为人笨拙,要我赶风头随风转,实在无本领,且十分明白老舍、臧克家诸大作家的长处,我极端缺少。所以即正式受推举去接老舍的手,也因自知无能,当面辞谢。(目前还能活下来,作点滴工作,也未尝不是得力于这点自知无能的好处。)但新的社会,我还是未必吃得开,因为社会即再新,或许还会保留些二千年封建余习,有形无形在发生作用,适当的"巧佞",还是有一定市场,远比正常的素朴努力得用。这一方面我必然居于劣势,也可说是近于夙命的弱点或缺点,再学习下去,也不会有什么长进的。

作者写完复杨琪信后,与来信同装入信封贴好邮票,但忘记付邮。在来信上插写的答复草稿,现以《答杨琪草稿》为题编入。后附杨琪致沈从文信。

①你的小弟指杨璐。

【附录】
19780218
北 京

杨琪致沈从文

敬爱的沈老：春节好！

　　有一件事，请沈老帮忙打听一下，现在文艺界的权威们，对柔石写的《二月》是什么态度？肯定还是否定？最近一期《人民文学》似有翻案之意，不知我领会得是否准确。鲁迅先生曾给《二月》写过序，最近在图书馆借来看看，总是不明白，非常希望沈老能讲一讲。过几天，我去看沈老和伯母，希望能给予帮助。

　　　　　　　　　　　　　　　　　　　　杨琪　敬上
　　　　　　　　　　　　　　　　　　　　二月十八日

19780303
友谊宾馆

致张兆和

兆和：

东西收，软鞋茶叶极得用。买了些特别书，大致多值得一读，属内部的外面不易得。明后日似有一或半天假，如能回或先送东西回来。回不来就不来了，左右三八节将完事，希望早一天还可为帆帆、红红带点潮柑香蕉来。主要会已告结束，一天在会后还有节目，有的我已无力参加。人似乎相当累惟□好，右脚又肿了一天，吃了消炎痛加了三次膏药，也就好了。不少熟人都衰老到吓人程度，比起来我还只像名分上"老"，事实上不算老的。巴金始终见不到，因为住城中。这里同一楼熟人也不多见，因为楼多不易记住。一般或感到热一些，我住处三床相连，一面窗，因此每天必大敞开，使温度总在廿四度左右，不能穿棉衣。出门看戏都只穿毛衣、单衣，外加大衣，恰到好处。

这次过多麻烦王序等，真是应当十分感谢事。眼镜款问明白付他好。亚蓉廿元仍给她好些。

我希望星期下午星期一上午是休息，我希望能抽空回来一次，只不知是否有便车可乘。如可能也许即坐公共车挤挤也不妨事。并问大家好。

从文
三月三号星期五下午五时半

19780325
北　京

复杨琪

杨琪兄：

　　得信，有关参观券事，我本已无从为力。凑巧昨天美工组一同事来相看，特别托他，即慨然允为设法安排。办法是你即早带一个东城区小学支部正式信件，由北门进，去馆中找美工组陈大章或李之檀同志，即可和你去发券部门挂号，排定一个日期，按时即可入门。若人不易集中，也可约分班前去，但必需事先商定，免误事。我听说工作已改调社会科学院，只是听人说的，对我本人至今还无什么正式通知。或许过几天才明白情形。

　　并候府上长幼均好。

沈从文

一九七八年三月廿五

19780510
北 京

复陈增弼

增弼兄：

得信，知外出三月已工毕回京。各处走动，路上必然相当辛苦，但眼目所及，接触问题亦必十分新鲜，真是值得欣羡！我工作名分上已调到社会科学院历史所，暂时安排在"图谱组"中。因为那边已停止了工作十多年，凡事还像无什么头绪。居多是历史学专家，工作方法不一样，目的也不相同，因此我依旧还住在原住处小房里工作。学部方面虽允为增一二人作助手，恐怕也不是一二月内可得到解决。至于住处，也允为设法，尽先安排。事实上却闻待安排的将近达七百人（或户），时间必更遥遥无期。这问题解决迟早，像是从人出发，不是从事出发。有人说话，即简单之至，无人出力，即得"善于等待"。我一生最大弱点，是不会在人事上和强有力的打交道，甚至于达到十分低能程度，所以即能活到八十岁，是否就可望有个稍好住处，十二月半夜里不必出大门上茅房，平时又有个稍稍宽绰工作室，摊得开材料，足供自己工作寻检便利，也可供友好参考便利，那就真是一生幸运！日来工作还一切照常，终日不离桌边。但工作效率实极低。

近半月为改《扇子应用进展》说明及附录中一图表题记，抄来改去，总不易作得简明扼要。体力衰退在内部十分显明。一遇小故障，报废将是迟早间事也。

惟童心幻念，似尚未完全丧失。盼能于较近时间内，能看到你得到的新材料。也希望能为再借些较新的<u>国外家具</u>或<u>室内外布置图书</u>，开开眼界，同时也还可稍稍转换工作沉闷处。即此复候府上长幼佳好。

沈从文
五月十日

19780806
北　京

复陈漱渝

漱渝同志：

承问事，回答不出，近于新式"高考"，"不及格"是意中事。一个快到八十岁的人，头脑若还比较正常，除了对国家当前和明天深怀杞忧，是绝不会还能注意半世纪前这些琐琐小事的！不久前，另一单位充满同样好意，要我写个作品简目，还只能交白卷！

想能见原。

沈从文
八月六日

陈漱渝，现代文学研究者。通信时正参与编辑《鲁迅年谱》工作。

这封信曾于2007年第3期《新文学史料》发表的陈漱渝《沈从文给我的两封信》中引用。

现据原信文本编入。

19781214
北　京

复陈漱渝

漱渝先生：

　　得赐信，谢谢厚意。我和丁玲多年来并没有直接通过信。她现在山西，是一个原在西南联大同学，新从山西师范学院来京，见面时谈及的。附信中所询事情，由我转询，似乎不大合式。因为有关"左联"事情，我毫无所知。除较早一时，《北斗》创办，要我为找点"知名作家"的稿件，近于为打点掩护外，此后，即只她被捕后，曾为向南方熟人探听探听下落。后来知道软禁在南京中山门外狮子桥附近，曾特别和家中人去看望过她一次。抗战前数月，她到北京时，或系去延安以前，曾住在我家中一阵。此事我已早忘记，还是一个朋友相告的。照习惯，我从来不询及她左联有关事情的。我以为你们想明确的事情，最好直接把信寄给她，或许反而容易得到结果。否则信由她的女儿蒋祖贻转，也方便些。似在北京芭黎①歌舞剧院作导演？又尊信中提及丁玲和刘白羽同志，就"两个口号"有论争的问题，曾向主席请示，主席或有过什么指示。这类事，更不是我宜询问的问题。如真有其事，刘白羽同志现住北京，你们直接去看看他，或写个信，也可得到解决。我近卅年来，主要生命都消耗在博物馆陈列室里，长年累月和花花朵朵坛坛罐罐打交道。博物馆在午门楼上时，我实不折不扣在午门楼上作了整十年说明员。搞研究，不仅要明白花花朵朵坛坛罐罐中所谓"优秀传统"，如何可以"古为今用"；同时还和以万千计的产业工人、美术教师接触，要明白他们在生产教学上，碰到什么问题，我必需如何努力，来为想办法解决。完全用的是一个"后勤服务员"态度协助工作。至于文学方面，早已无任何"发言权"了。因此，凡涉及口号论争问题，我事实上是不大可能懂的。千请原谅！

并候著安。

沈从文
十二月十四日

此信曾于2007年第3期《新文学史料》发表的陈漱渝《沈从文给我的两封信》中引用。

现据原信文本编入。

①芭黎，系芭蕾之误笔。原信写在"歌舞"两字旁，表示存疑。

一九七九年

19790207
友谊宾馆

复于善浦

善浦兄：

　　信得到，谢谢。故宫方面我已离开廿年，内部在大动荡中变化极大，人事上的安排，极端无知，因之也无什么建议权。据我个人私见，既已回来，趁工作未固定时，紧紧抓住时间，每天到开放的陈列部门去学习，机会十分难得，万万不要错过这种好机会，甚至于在美术研究所也不会有此学习机会；我所学，就是从陈列室中作说明员得来的！同事人中也可以去看看单士元先生，他主持院中研究工作。陶瓷组可能有许多待临摹材料，你不妨去看看冯先铭、叶哲明先生。如有要摹的，你就主动要求参加，一定很快即可得到进展的。织绣组更有必要向陈娟娟同志商量，要摹绘材料，即请她给你点工作试试看。若一切都得上面指派，可能反而会搁下来，因为谁也不知道你长处，所以不应忙着指派工作，最合理上算，即你自己主动主动，到工艺馆、陶瓷馆、绘画馆，每天至少用个半天摹绘些成绩出来，到时送各方面看看，会从你长处得到更合意的安置。北京目下还有若干万人等待分配，到处又要人，苦无适当人选。（我即或可以用些人，也还是得从许多人中挑最得用的。）而且总得摸索一二年，才掌握得住材料，因为要求较高。你若有什么绘画，也可以送给他们看看。最好是新摹绘的，因为要求不同。故宫至少是三方面都待增加得力好手，一瓷器花纹摹绘，二织绣摹绘，三古代有名绘画摹绘。既分配回故宫，故宫一时不派定工作，这对你是件好事，先各方面了解了解问题，再你所长安排，是正常规矩。明白这一点你就会理解我说的抓紧时间，一分一秒莫放松，充分利用目下机会，十分认真的来试试在陶瓷、织绣或别的什么，如近日平山中山国展出文物摹下些图案，对你有极深远意义了。你请陈娟娟给一点材料摹绘，将来用处也大。因为万一要分配到别的工作单位时，人家首先即要看成绩。听说陶瓷馆正将编瓷器图案，你何妨即先去展览室就宋明清一些花纹特别精美的瓷器摹下几件请叶哲明先生看看？

复候佳好。

沈从文
二月七日

于善浦，原故宫博物院织绣研究组实习研究员，沈从文1956年兼任故宫织绣组顾问时曾与他共事。通信时刚从北大荒落实政策回到故宫，尚未安排工作。

19790227
友谊宾馆

复于善浦

善浦同志：

　　得你来信，知已回到故宫工作，高兴万分。许多年来，总是打听你的消息，去年李浴到京我还问到他！只约略明白点滴，人还在东北而已。今既返回，不知将回归某一部门？若仍在织绣组工作，似得凡事向娟娟同志请教，因近廿年来，娟娟过手经眼材料多，又特别努力，已成为这一方面真正有发言权的同志。有许多方面，我也还得向她请教的。据我所知，有万千种零星材料，待作整理复原工作。我个人意见，你的工作最宜于从这方面着手，盼望能和娟娟同志密切合作，有她提选材料，你为一一照需要绘出，低头来个十年努力，对国家肯定是会作出有意义的贡献的。织绣组方面这件工作实在太重了，（如有可能，我还拟向孙院长建议，增加三五个摹绘织绣图案美工人员，才能起应有作用！）而且从图案艺术成就搞问题，另一时求落实"古为今用"到新的万千种不同需要方面时，是有十分现实意义的。国内最缺少的，也是这门知识。盼望你能从长远处着想，来个十年工作计划，好好的工作下去。即仅仅以故宫收藏那份纳丝戳纱荷包而言，就值得好好的挑选二三百种摹绘，展开成连续可供转用到其他生产的图案，扩大到新的毛毯上应用，缩小到领带生产上，拉长成带子式，则瓷砖上应用也会同样取得广泛的成功。这类图案本来是从古代锦类而来，配色最有现代性，有的且和西南民族小机编织图案密切相关。掌握了上千种后，印成一本书，将影响各个生产方面，所有效果将会远远超过当前锦绣图案。

我目下工作还未完成，大约在三月以后，做最后校订后，才可望回转北京。这里也不便接待客人，三月以后回到北京时，我一定约个日子好好谈谈。

并祝春节快乐。

弟　从文
二月廿七

19790522
北　京

复宋道隆

道隆先生：

　　得信，谢谢好意。我在故宫工作时间极短，且只是丝绸组兼职顾问。主要工作在人大会堂对面"历史博物馆"，前后已卅年。去年七月，才转调社会科学院历史所。事实上史部学底子极薄，近于滥竽充数。三十年来所学，居多属于文物中的坛坛罐罐花花朵朵，始终不离常识性的知识。主要只能说是求落实"古为今用"，为各方面打打杂，服服务而已。过去搞的一行，早已放弃。即作为一个普通读者，也不大够格了。

　　尊信中提及宋末文天祥墨迹，如是真迹，当然十分重要。但是照此间习惯，据弟所知，公家多乐意人捐而不买，捐后或用犒赏方式，付一点点钱，作为奖励，钱也不多。历史博物馆情形相同。以弟私见，最好由收藏者照份相片（最好全照），如花费过大，不妨将最前和末尾部分，各照一页，并录下全文寄来，当为代转有关方面。照相如放到如本便笺大小，即易明白些好。或转上海朵云轩专收古书画熟人，也许可望得到较公家合理估价。

　　三十年来社会变化剧烈，倏然而来人事风风雨雨，不少旧同行、老同事，均在此社会过渡期中成为古人。弟大致因为处于庄子"材与不材之间"，在此变动无时反复中，能幸免于意外灾殃，至今年近八十，还能照常工作。今年一月，得到新工作单位支持，把一份关于《古代服装图录》在各方面帮助下，幸告完成，规模也较大，其他还编了些丝绸、镜子，及杂文物问题，总不外常识性资料工作，不足言著述也！

并复候安好。

弟　沈从文
五月廿二

闻廿七号全国博物馆会议将在合肥举行，内行必多，似可不必照相，不妨就近打听一下，找故宫或历博、申厂、南博方面研究字画的专家看看，如的系真迹，必可得到合理解决。

宋道隆，合肥居民，1950年代曾任张澜的秘书，与作者相识。

19790602
北　京

致王亚蓉

亚蓉：

　　这里一切照旧，只是就极小范围而言。别的大事我们实毫无所知。小院子今年花特别茂盛，真可说是"花团锦簇"，或许有一二百来朵同时齐开！一家人都咳嗽，数我最久，近方有些些好转，似乎是从南方而起的。（已小流鼻血，经预防不至于大出。）人并不怎么难受，唯独自出门坐车资格，已被取消。张先生且因牙痛，一度面目全肿，幸已好转，一大清早起，还照旧在花朵间剪枝。来看花的不少。陈娟娟且以为比故宫御花园的还好，因为那边是盆栽，开后即完事。这里下地深，土气足，今年雨水又好，所以特别旺盛。大的如牡丹，比牡丹好看。今已六月，据别的熟人说，以百计年高、位尊的首长，都在等待中。到分配新房子前，或许还会有统战部一长来协商名单，重新安排。所以要我趁早最好还给乔木写一信去。（这类信，大致还得张先生为起草！）小虎夫妇调京事，也在进行中，这里"轻工业学院"已允调二人，且有正式信去，户口也不成问题。四川那边上级，又都是熟人，却不放，还得这里再去信促促。已用我名义，向那边首长写了二信，还是照张先生稿重抄。（这似乎比写篇小说难得多！）

又闻九号前后，将开政协会，十来天。大致在京的多住家中。（因为会多、人多、无个住处。）大约会后你们也快回来了，不知诸事进行得如何。南大历史系必去找找张彬，原名张文彬，记住：她的爱人蒋瓒初，和宋不大相谐，学校方面南朝俑也许还多，有照片得记上出土地和年代。她会尽力帮忙的。她爱人南大教南北朝考古，材料多。漆合上执扇子女图，原物在武进，不是常州。故宫这里也得到特别允许，不久即可为调集所要看的。关于扇子材料，因为他们允为先在院刊上发表，所以望商赵坚同志一下，请把材料寄我，我便于整理一番，有所取舍。因为院刊上有关汉代部分，也许用不上那么多。文献记载也要引一些，也得待你回来帮忙。在外边工作，一定要牢牢记住分寸，谦虚谨慎，十分重要。特别是对人，要有分寸，稍过即易令人轻视。不懂的问题，千万莫乱说。一切永远抱住个谦虚学习态度，十分必要。更要留心，不宜把我的工作说得过分，因为外面有真才学问的人多。我所知本来有限，加上近十多年的折腾，手边已一无所有，新材料见得也极少，一切近于一个"假里手"，除了常识稍多，拿不出什么真有分量成就的。

最近文学所似乎在云南召开了个百多人教《现代文学史》的研究会，载于《文学评论》中，从发言记事末尾部分得知，开始有人把陈独秀、胡适、沈某某，以及丁玲、田汉、瞿秋白等名重新提出，作为值得研究对象。乍一看来，像是公正合理，民主原则在这部门正重新抬头。事实上我所有书早已全部烧尽，文化革命中且把一些已发表未集印的及尚未发表的一下子用"代为清毒"名义,全部毁去,要个"空头作家"虚名有什么用。至多是对外起些点缀民主作用而已。所以什么《作家辞典》不见我的姓名,倒可以少感痛苦。因为对我事实上已无多意义。并且在同一辞典中,已出现不少现代中山狼似的作家自传,作风和你所眼见的某"名画家"近似,只重在为其个人脸上贴金,只顾自己站地步的胡吹胡诌,以张先生为人厚道性情看来也觉得生气。所以在南方,若有什么人问你要我照相,或问及过去作品、当前工作,都以用个"不知"回答,为得体。我也许会抽便用个半年时间,写一本自传第二卷、三卷,或回忆录,单独出版,可绝不希望把什么自传和一些"现代中山狼"的作家,混在一书内骗人。新近又回国的那个数学家钟先生,又到了北京,我们看过了他两次,还希望我专写"在云南那八年",写成后寄给他,他可为用大字精印千把本,以为至多费五六百美金,他为付这笔钱不妨事。因为那边有的是读者。也许搬了家,再完成二专题后,抽得出时间,或能独自换个清静些什么山中住处,二三个月即可令人满意的完成了它。也许这希望太不现实,因为近来头脑有时还得用,有时已不大得用,不甚稳定十分显明。所以迫切望小虎夫妇能回来,张先生的健康才可望真正得到恢复,以至于好转。若没有成功,生活整天在为三顿而用心,也抽不出空作较长时期的一同外出,那就什么也难言了。听熟人说,院中二把手向祖X什么,主管支配房子事。原本虽说"优先",事实上"夜长梦多",临时强有力老上司、老战友、老资格插入的大有其人。我既平时不相熟,当然不便因此去拜访他。张先生更不会办这种外交。最后一着,也许还是得照朋友出的主意,再给乔木一信,托熟人交由乔木之爱人转致,能得其批几个字,会有些效果。

王㐨身体支持得住没有，万千不要把身体搞垮。最近董锡玖又想邀我去甘肃敦煌看看，因为甘肃省委（或秘书长？）之爱人与之极熟，可得到甚大便利。我帮同去解决乐舞部分乐舞材料，我们则可望便中完成前期山水画中古部分材料。如果你们在廿左右可回来，这里在七月里又不会有校对稿要赶工，我体力又还可以过得去，我初步设想，我们能一道去一次敦煌，我至多只住一月，你却可以多住些日子完成任务。和董在一处，有不少方便。因为你也可以帮他们的忙，看定你应画的即留下来绘完它，也是一生难得的好机会。这当然也要看张先生乐意不乐意同行，又要看她离不离得开这个破家。因为若果是六月中还要搬家，那就机会再好，也得放过了。又若果会后有机会分组到外省去参观，大致也还是和张先生一道去，比较安全。过去本有这个制度，她却从不利用陪我一道出去。

总之，以目前说，如上种种，都还只是一种估计，一切总还得在大会后看情形而定。会期似乎在九号开始（则廿号结束），算来你们也差不多可以回来了。

南京冯同志已见到，近正在定陵工作，同来的四人均在定陵，其实真值得看看的还是故宫藏品，但没有得到便利。

并问诸位安好，工作顺利。在客中，要学习体谅主人，第二次来才方便。自己尽可能少拉亏空，不必要的东西尽可能不买。

从文
六月二日

兆和附问候两位

本篇曾于2002年11月商务印书馆（香港）版《从文自述——晚年的沈从文》一书发表。

因发表文本错误多，据原信重新整理编入。

19790624
北　京

复沈虎雏

小弟：

　　信已见到。我正在政协开会，大致月底才结束，这次因人多，凡家中机关有车辆的多住家中，我因工作单位只二车，不够调动，所以住西外国务院招待所，一切还方便，只是窗下有大几十辆大小车调动，十分热闹，不如家中清静而已。在廿三小组内，与丁玲江丰沙汀同组，其他跳舞的如白淑湘，唱歌的如张权，排篮球教练，体育教练，故宫博物院正副院长，历博副馆长等等，文化部副部长等等，共约五十人。常出席的总在卅人以上，也大有意思。

　　在另一组中，曾见到在某部工作之杨作材叔叔，为你们既曾托过什么直辖局长某，还曾和□之爱人提及你们需要帮忙处，并提及家中父母情形也十分需要你们种种。他们一切似都知道比杨还多，杨说，你们最好是自己反复催催，并由轻工学院再给一个调人的信，当易实现早些。如果有习世界语①必要，不妨弄明白一下程度。非如此不可时，最后极好是有一学费收据，将来还有大用。这么办，当然近于笑话，因为凡是搞这个的，均十分聪敏，不大会给人以把柄，多是转弯抹角缴学费也。（杨说的当然是一种正经的笑话。）

　　这里气候冷暖无常，日昨还穿毛衣、厚棉毛裤。前一天大下田拔麦子一天，昨天大雨整日，恐收下的堆垛，必在雨中全部损失。天时气候不正，也不免影响到人事气象，有难于捉摸感。不仅仅是去年、前年，提的基建数字过大，和事实不相称即缩小了步伐。关于国家经建②调整最先调子过高，步子过大，距离实现期过远，当时虽给了大部分不大使用头脑的人以振奋，但另外也即有人明白这实不可能。若继续下去，必不免有第二个"大跃进"的痛苦教训出现。所以今年的紧缩，倒是必然之事。再大手大脚作去，新的"大跃进"影响将更难补救。即此说来，新的数字还是有一部分恐不易落实。

　　主要毛病从一省一市的干部情况、工作能力与精神状态即易见出。很多人都明白，就个人工作机构看来，一是"既得利益"中层领导之无能，而以"弄虚作假"取悦上级为能事，且任何办法都动摇不了他们的既得权势。二是有权而无知无能之领导人物过多，任何方式都提高不了他们的责任感。不少人政治水平之低，也远远出人意外。三是方针政策，还在随时变化中，也大大影响到外来投资的信赖。给人总的印象即不安定感占首位。尽管极力给人以一种"民主"印象，事实上诸多首长还不易明白此二字具体含义。而最最在口头上善于适应的人物，倒恰好是一批无所不在的"既得利益"中层中的"官"，以种种努力满足私心的方便。作为工具而言，他们当前还是最得用的，而将来还有一大部分是"接班人"。可怕的也正在这一点上。从小地方契诃夫、郭哥里③小说戏剧中之中级"逢迎阿谀官僚群"，也反映到大一级的或更下一级的干材底子。老一代，即或由于身受其祸，已明白专制独裁，内部缺少民主之害事。到其当权时，却将难免依然向旧路往回走，或在一大群年在四十左右，在文化大革命运动受教育而长大的"既得利益"阶层所围困，并受其影响，支配到一切。使得官权高于一切，而对国家任何有较深透的体会的人，均陷于无可奈何。只能在反复消耗、无可奈何中终其一生。

新的关于文化艺术设想，据所知点滴，设想都无比庞大，而事实上一个小小刊物也都办不好。花钱再多，也只是在乱花，难望得到满意的成果。社会主义的优越性首先应表现在有计划目标，可是就提不出什么计划将无知无能的任何官僚机构，能真正压缩到适合体现社会主义的方向上去的办法。所以特别加重提"团结安定"四个字，也反映到四人帮的清算应当告一结束，而"帮四人"的腐烂到社会主义，影响社会主义现实的问题，则只能慢慢想办法逐一处理。事实上是牵涉范围过大，只能"相应不理"！

我身体表面还好，事实上住处不得到解决，什么事也作不了。一切还得待等下季度房子是否有分配可能为准。妈妈实在太累，精神还好。红红只有你们能回来，才会可望把学习方式改变过来。另无什么办法。作事远不如小刘兰敏捷利落，一天被功课缚住，什么都无动于衷。小黑妮居然能回国渡暑假，秋后即将和其哥哥出国，彼仍去美，黑蛮则"留学罗马"。据说表婶也将伴送到香港。总之，还是有"人"，才有办法。其新住处有一个房间，似已半"电气化"，到处是大小平或长方洋玩意，主要是各种不同发声的录音显影外来玩意。我估计到，到一定时候，大致全家人都还将变成什么美式或别的什么籍华人，势无可疑。

从文

六月廿四日

---

① "世界语"指有权者可能的索贿。
② "经建"是作者的简化用语，指经济建设。
③ 郭哥里，今译为果戈里，俄罗斯19世纪作家。

19790712
北　京

复陈增弼

增弼兄：

　　赐信收到，谢谢厚意。多久未见，闻曾到南方收集了不少桌椅材料，什么时候方便，盼能把照片捎来看看，必可增长不少见识。弟等去年夏天，曾到避暑山庄考古所工作组住了十多天，又过石家庄看过中山王墓中文物，后即调住友谊宾馆和外边暂时隔绝，约三个月里，得到王序、王亚蓉诸同志帮助，初步把那分关于服装试点本，添了四五百新图，年终在十分匆促下交了卷。满以为即将付印，文图校对至早亦必在两个月之后，因抽空同去南方走了四十天，看了些可以补充材料。四月底，才回到北京。王序兄等重复去南京照相，不久才回来。因和书店商洽添换新得的晋六朝宋元明新材料，才知道前交图稿，至今犹搁在出版部门。因此看来，今年付印，大致十分渺茫。即在八九月内可交付印刷部门，校稿至早也得在十月后去了。因此也有可能，趁八月中王亚蓉去洛阳摹绘北齐墓出土俑便利，估计恐得有一月时间，我或尚可到太原看看右玉那二百轴水陆道场画，并转洛阳看看其他材料。如条件便利，或将把北齐和元代材料各汇集三百种。这不过只是目下一种主观想法，未必能成为现实，因为人究竟上了年岁，外出有一系列住、行、交通工具，待得事先商洽解决，否则下车站后，将陷于无所适从困境。这次南行经验，即足为鉴戒。

你信中询到的问题，因所有杂书，还堆在一处，住处过窄，无从打开，只依稀记得《东京梦华录》有傅湘用红字校印本，如系误字，多可从此本上得到解决。如系汴梁社会风俗习语，则无从得知。述临安社会，也有不少同类当时社会习惯用语，不易明白。例如踢球的圆社组织中，不少宋、元人习用语，至今收了好些图像，但在记载中及诗曲中咏及此事用辞，即不易明确。有关这类事，大致吴晓铃先生知道的必比我多百十倍，请问问他，或易明白些问题。

并候近安。

弟　沈从文
七月十二

闻傅熹年、杨乃济诸兄均回建筑研究院，晤及时，盼为致意。

19790821
北　京

复陈晶

陈晶先生：

　　赐信及附寄花式漆奁盖照片均收到，十分感谢厚意。这种化妆具大致成于唐代，因唐代才有花式镜子。因弟试作一《扇子应用进展》，以图像为主，约附图像一百种，经过按时代排个秩序后，才明白两汉主要是半规形便面，即马王堆㈠式。曹植《九华扇赋》咏的也应是这个式样。团扇则在大量石刻上，只一二见，均出于东汉后期，似可作班婕妤纨扇五言诗即《怨歌行》成于建安时拟作一个有力旁证。因前人从诗体言，早疑为东京体制也。两晋则均有禁用纨扇令，但既有禁令，可知必仍有制作，但不会多。占主要用场是清谈之士的"麈尾"，麈尾从图像取证，则可分两期，前期系直用原鹿尾（领队鹿尾），不多久即改❀第一式、❀第二式，用长形板夹鹿尾毛而成（至于诸葛亮指麾军事用的羽扇，则应为半鹤翅，宋人才提及如何作法）。唐代作七贤图尚沿用不废，日本正仓院有相同实物残件，文字记载尚称"麈尾"。至于《洛神赋图》中洛神手执物，作❀状，或应称"麈尾扇"，出于梁简文帝，曾有文赋称为"既可清暑、兼可拂尘"，敦煌壁画作北朝贵族进香人还使用（或即《拾遗录》中说的"五明扇"），随即成为北朝画刻上飞天手中物，象征翅膀。《洛神图》实成于陈、隋间，衣冠非东晋时，所以手中亦执此扇。南朝纨扇，邓县画像砖上有反映，形较大，柄亦较长。唐初团扇仍作⚲形，永泰公主墓到敦煌《乐廷瑰夫人行香图》开天时①，近于麈尾的简化。至于天仙龙女，仍手执大同小异的"麈尾扇"，由贞观直到开天时，正圆团扇才出现。诗中说的"轻罗小扇扑流萤"，图像中反映，有小如巴掌大的。一般似多作遮面避人用，唱歌遮羞用。招风取凉作用不大。北宋以来已有纸作摺子扇，扇骨数不过十。（日本摺扇史，平城宫唐代遗物作♠状，和檀香扇相似，另有上书《法华经》卷X的，才和后来摺子扇相近。）苏东坡、黄山谷、林逋、李商之②均有诗文道及，但北宋无实物，南宋实物只一件，近于明代人剪册页而成，作马远体"骑驴过小桥"画意（至于黄昇、周瑀墓中椭圆扇子，似应名为"竹丝扇"，与苏东坡说的松木扇或有关）。图像则有《秋庭戏婴图》作条桌上搁有一柄。另旧《故宫周刊》合订本传北宋何充画仕女似为女道姑手中亦执一摺子扇，且有扇坠，《画史》称苏州人。日人印于《世界美术全集》有同一形象，上部加绘小圆光，光圈中作观音像，题赞则为"马郎妇观音"，笔细致近元人钱舜举。最早亦只到南宋。南宋显明已大量生产，因《都城纪胜》等已有"摺叠扇铺"记载（又百工条有修扇艺人），出售有铺子，修理有专工，可知生产量之大。但北宋《清明上河图》中人物用扇以百计，却均为团扇，未发现摺子扇。文献中则分二说，一为元代流行于北方，南方惟歌女使用，似见《贤奕编》，不足信。永乐宫壁画"小景故事"不下百种，只一个小市民执摺子扇。但故宫藏品中乾隆时记成扇目录中，却有三柄带扇骨的，为王渊等画。五Ｘ年我亲眼见过的计四柄，为盛懋、朱德润等山水画。扇面作金地，细扇骨用棕竹，我疑心为明代川扇。次一说，摺扇盛行于明代永乐时，名"洒扇"。起自宫中，由四川进贡年以万计，另外生产亦不少。载《野获编》，似比较可信。但"洒扇"之名难得其解。直到近年明初诸藩王墓葬中及王锡爵墓中出土实物，扇面均洒金，不加字画，显明是御赐品，才明白洒扇得名一般指"洒金"（多大片金，有不规则的，有拼成一定图案状的）。至于记载中作九龙纹的，则始终未见。又近年湖南出二摺扇，金地用针刺孔成画面作山水人物，有扇坠，为万历十Ｘ年时物，则如日本式。或仿倭扇或来自日本。传世明代金地摺扇所见以千计，照记载先为川中特产，不久即为苏浙大量生产，已无从明确产地。只能就《嘉定竹人传》中得知明代扇骨加工，已出过不少名家高手。就故宫藏品言，则除竹骨外，还有象牙、檀香、玳瑁、螺钿、犀毗漆、斑犀、绮纹刷丝漆等等不同加工技术。清代用芝麻雕翎作扇，牙翠作柄，有价值数百两银子的，品种之多，书不胜书矣。

所惠照片虽非实物，却可多一物证，说明<u>南宋摺子扇流行于南方为事实</u>。此小专题发表时，必当注明来源系得自常州博物馆，用表谢意。

并颂著安。

弟　沈从文
八月廿一

关于宋墓衣料问题略附数行。宋人在全国织罗作官服用,诸路均有"织罗务"。(如以江浙生产特别品种多,禁令中常提及的鹿胎透背均可于遗物中发现。即片段也值得注意。)春夏秋似均使用。扇上妇女衣着似应名"旋袄",两条直下衣领称"领抹",《东京梦华录》中称大相国寺内两廊均为师姑_{道姑}所作,专卖妇女用冠梳绣作领抹等等。得知是中上层妇女重点装饰之一。鞋多尖嘴而上翘作∽状,若照北宋末曾三异《独醒杂志》③(知不足斋本)所述,则以为金灭辽后暂时与宋和好,汴梁市上大量流行"番"货物,曲子,饮食……此外一切也必附一"番"字。药品中有"瘦金莲方",则显明和裹脚相关。可为裹足来自契丹一个物证。又若衣旋袄不裙而穿裤,则称"钓墪服",也来自契丹,宋代一再有禁令,只踏软索的伎艺人使用。所以只杂剧人穿它,着长网袜则称"袜裤"。"钓墪服"即后来解马装。

建议你们写简报时,最好将丝织残片花纹作黑白图,尽可能摹绘出较多,比照片重要,因为可供比较,也可就所见相告问题。特别是印染在南宋已公开,材料重要。

关于纽扣若仅据记载,宋代为"对襟衣"(有一排,约六粒。)系御监圉人专用,宋绘《狩猎图》骑士发现过,元骑卒俑近年有出土物,也有穿它的。又一打马球图,也穿同式衣,近后来马褂。明代则武士罩甲有用纽扣的,妇女似只在盛唐一见,系在半臂下部一扣,一青年妇女把披帛一端用扣固定，其余向肩甩去，一分潇洒，但只一见。明代妇女高领用金银揿扣，定陵和七妃子墓均有实物出土，《天水冰山录》有"金银扣"记载。直到雍正十二妃子画像还在领子上有反映，但清初流行柳叶式云肩，已常有丝条子编纽扣出现，衣上也有的，早期短不到一寸长，乾嘉后才加长。

陈晶，女，考古学家，通信时任常州博物馆馆长。
此信曾于《文汇报》2003年12月7日陈晶《弥足珍贵的遗稿——沈从文先生书信遗补》一文中发表。现据手稿整理编入。
①开天时指唐开元天宝年间。
②李商之，作者在《扇子应用进展》文中名为"李建中"。
③《独醒杂志》为南宋人曾敏行所著，曾三异是其子。

19790911
北　京

复师陀

师陀老兄：

　　前得从健吾转致你的新书一本，真有如睹故人感，因故迟复，想能见谅。昨从敦煌归来，得见赐信，欣知工作业已完全恢复，盼能不断有新作问世。以弟经验而言，七〇年被放逐于湖北双溪一山村孤独高岗空空小学中经年，血压高达二百五十时，低压也到一百五十，依然满不在乎的干我经常的一切，凡事一个不在乎的接受下来，终于还是奇迹般度了过来。最有意思是因住处较公路底些，大雨季房中积水成河，亏得住于附近七里的矿上熟人得知，多是故宫博物馆熟人，同来抢救，直到挑去积水四十二石，并把十来石干土堵住了水口，且把两三担干草从茅屋上部入水处完全封闭后，我才免成了"陆地鱼鳖"。即使大灾大难已成过去，全房还是在泥淖中，无从行动，还亏得熟人又为取来百多块大红砖，连接铺在地面成个十字架式样，我才可由床上直达窗口，或向左去取小橱柜中的破书食物，向右走则直到末端那个有塑料布蒙住唯一写字桌，写点什么时，总还是得点上煤油灯，打了把伞，才能进行，因为上面还居多有蒙蒙细雨从瓦隙间飘下，而下面则小蛙跳跃，十分活泼，我却依然用"和平共处"老办法，写了百十首《双溪诗草》。现在看来，也不免像是一种如梦奇迹！世人都说"负了十字架前进"，我却踏着十字架式砖路，相当从容平静，过了大几个月日子，现在温习一下，倒真像是一种一生难遇是"奇境"！也可以说"命大"，因此还有机会眼看到林彪"四人帮"的坍台，彼此还能从通信中叙叙旧事。记得七二年冬返回北京路过北海后门时，曾作一小诗志感，写来聊供一笑：

依依宫墙柳，默默识废兴，
不语明得失，摇落感秋深。
日月转双丸，倏忽万千巡，
盈亏寻常事，惊飙徒自惊！

七四、七六、七九均因事至上海，记得第二次曾从巴金处得指示尊寓，本冀可一相晤，只因住桂林新村流金兄处，恐天晚迷路，只能匆匆而过，诚憾事也。近三十年来，人事上风风雨雨，倏忽来去，大半熟友，多成古人。弟则因所有旧日习作，多早已在五三年即得书店正式通知，"所有拟印、已印各书稿，及存书纸型，因已过时，代为全部焚毁。"香港方面则转传台湾一正式法令，"沈某某作品，无论已印、未印、存书纸型，全部焚毁，永远不许重印。"也可谓历史奇闻，大致在国内为"过时"，宜憬"知足不辱"之戒，避贤让路，为势所当然。在台则因尚未过时，仍能引起不良影响。且似乎八百万大军一败涂地，不是国民党腐败的应得结果，反倒应由我负责。北京据闻有鲁迅研究组织约廿个，恐无任何一个专家学阿Q，能如台湾方面主持宣传工作的，理解阿Q精神深刻如此到家！

世事既然如此，弟因此一入历史博物馆即卅年不移窝。名分上为研究文物，事实上学习作一合格公民，避灾免祸而已。卅年来，同事中多数人即已不知我过去干过什么，社会上其他可知。"时变启深思，经冬复历夏"，卅年中什么专家文豪，骂得我一钱不值的，多已成《录鬼簿》中人物，弟则独复顽健如故，看来还可望再熬三五年，把一些常识性研究工作在进行、待收尾的逐一完成，才可望向上级首长有个交待，证明这三十年并不是个吃白饭的公民，也才对得起国内外友好！一切望放心！

熟人统望致意。

弟　从文
九月十一

师陀，现代作家，原名王继曾，又名王长剑、王长简，笔名芦焚，1946年改用师陀。

19790914
北　京

复赵家璧

家璧老兄：

　　七四年以来曾三次到上海，为怕惊扰熟人，道路又不熟习，所以前后只过巴金处看看，并有机会得便见见辛笛和蛰存，此外即住在桂林新村程流金兄家，不敢随便走动。一出门，必得由流金夫妇保护，才不至于迷途！

　　您前后二信均收到。志摩先生诗选，据我个人意见，由卞诗人来选，似不甚相宜。理由无他，您只看看《新文学史料》中他的自叙前一部分，即可明白。他除谈他自己的诗，津津有味，对徐先生的为人厚实处，可谓毫无理解。即或为提供有关陆小曼的材料，也无消化能力。依我意见，这工作由陈从周先生来作，有意义得多。陈若工作忙，你来作，也肯定会比卞工作扎实得多。特别是选择上公平得多，叙述分析客观得多。从最近一期《诗刊》中，卞对徐先生的评价，也可知实不宜于作徐诗的编选人。这只是我个人的私见，如见从周先生，似可共同商量斟酌一下。过去我们发表他的诗，实充满了好意，他却以为不得到他本人的同意，反像是一切我们不是。陈先生当然也可以不同意他选徐诗。而且事实上理解徐也深刻得多。卞对徐，可以说缺少基本上应有理解，只在那里做自己文章。不知老兄以为如何。

解放后，我即改到博物馆工作，五三年前后，承印我选集卅种的开明老板，即正式通知我："所有承印各书，业已过时，并存书纸型，代为全部销毁。"我当然只能承认现实，接受现实。前后相近，又见到香港《文汇报》转载台湾一正式法令，"凡沈某某所有作品，一律焚毁，永远不许重印。此后亦永远不许登载任何作品。"倒是历史上少有奇闻。大致在国内，则为过时，代为销毁，可以免去意外灾难。（我还得向书店致谢，才合道理！）在台湾，则又因并未完全过时，存在会引起不良影响。正像是八百万美式装备被打得一败涂地，责任并非政治上的极端腐败，倒应当由我负责！文化大革命时，这里却有人说我"是国民党中央委员"，原因为冯友兰、朱光潜都是，我怎么不是？这些逻辑都可说非聪敏绝顶的人办不到。世事既如此，所以我"心安理得"在博物馆磨了整整卅年。直到最近一年，才转调历史所。事实上也做不出什么出色成绩，我懂的只是一些文物历史，史部学极低。因为所学坛坛罐罐，花花朵朵，由于过手经眼较多，学习方法不同，提出的见解，即未必能得正统派史学专家所认可也。今年已七十七岁，能争三几年时间，把在进行、待收尾，十来个文物研究中至今还像"空白点"的工作，逐一完成，大致就差不多应当真正休息了。至于写作，已无任何发言权，至多只感觉到一点遗憾，所有习作似乎烧得太早一点，因为今年四月去申、杭、苏、宁，转了约两个月，眼见《啼笑姻缘》和《三侠五义》等电影，大都场场满座，闻小县分且更多低级戏上座，且灵隐等庙宇中，又逐渐恢复了烧香拜佛旧观。外销瓷则以"福禄寿三星"，

"关云长",还有个周仓拿大刀一旁侍立,"大肚罗汉""观世音菩萨""财神爷"最能引起华侨兴趣。文学出版社让我自己再选编两册短篇小说和散文,手边仅有几本旧书已散失罄尽,国内公共图书馆所存也不多,却还得从香港方面想办法。因此始终无从着手。住处若能如一些旧同事、老同行的茅房宽绰,大致还可望把工作所需要材料摊开,一点灾余材料!凑和中进行些工作。事实上这点希望,也拖了十多年,可不容易实现。北京新房子空着的尽多,熟人党员中似乎也学懂了"世袭制",有了新住处,不少还为儿孙计,保留旧住处。一切都像十分自然,我当然就只能长远住在一个丈多大房间,等待命运去了。为各方面尽义务打杂机会倒不少,似乎却始终没有一个熟人,能想到我是在什么情况下,怎么学会这一手杂活的。对此一切倒并不令人悲观,或灰心丧气,却对于存在感到十分可笑。笑自己对写作还像是对起得这支笔,此外事即十分低能无用。因为自己也不怎么明白,居然能平平静静的活下来,血压高到二百五十还不倒下,而且还能继续守住做一个新社会的新公民应尽义务!但可用生命已有限,报废恐仍是迟早间事。记得庄子《秋水篇》[①]上说过,"大块赋我以形,劳我以生,佚我以老,息我以死",第二句我得到似乎比不少老同行格外多,所以来不及享受第三句,就得接受第四句了。

  北京是个古怪地方,近年来,研究空气像是特别浓厚,闻熟人说,鲁迅研究单位约廿来个,《红楼梦》研究单位也差不多。居多在字词上下功夫,称"新红学"。另外一方面,却有许多值得研究的问题,感到缺人。以故宫而言,即有过百万种文物冻结在库房中,无人过问,有职员过千人,真正能工作的恐不会过一百人。有一大堆首长,可从不希望为新陈代谢计,用考试制度招百把研究生。外〔国〕人据陈列品可以随意照相，不受限制，少数专家最感兴趣的，是接待外宾和首长，对于别的研究单位、生产单位的协助工作，却感到负担沉重。要材料时，必须付出极大的价钱。主持其事的，多忙于应付人事，而不甚关心其他研究工作的落后和停滞。为了发展旅游事业赚钱，甚至于外面竟有无知妄人，想入非非，正式建议，将故宫某些房间开放，让有钱而好奇的洋人作为高级招待所而进去住住，不妨高高收费，尽他们过一过皇帝瘾的。（可没有人想到赚的钱再多，也养活不了那么多闲人！）这那像是一个国家博物馆应作的事？若干省文物单位，似均有"见贤思齐"趋势，不免令人杞忧！极希望这只是些小道消息就好。拉杂说来，足供一笑！

并候所有熟人佳好。

弟　从文
十月十四②

---

①《秋水篇》原信误写，此处应为《大宗师》。
②十月十四，十月份为作者笔误。据收信人附注"79.9.14"。

【附录】
19791009
上　海

赵家璧复沈从文
暨沈从文批语

从文兄：

　　接连收到你厚厚的两封信，对我这个久久渴望知道老友近况的人，真如来了一场倾盆大雨，反复读了三四遍，感慨何止万千？七六年秋，老同学周有光和允和来沪，他就住在我隔壁他两个姊姊家里。当时"四人帮"还在台上，我曾去和他们二人促膝夜谈，允和告诉了我一点有关你的情况。这次为小曼遗作事，我才写了三封信给你，原来你出门去了。三十年代的文友还是那样热情地对待我，这对我这个早已退休的老编辑来说，是一个极大的安慰。本来传说文代会将于十五日开，我准备到北京后造府面谈。昨天听说会期改到月底，那么我也应当先给你写封复信，对你表示感谢。同时拉杂地谈一些有关你的事。

　　国庆节各报发表了叶帅讲话后，十月四日《文汇报·笔会》刊登了荒芜诗《赠沈从文同志》，上海文教界朋友受到极大的震动，特别是几条注文中揭露的事，简直使人不可想象。我在市政协参加社会科学·新闻出版小组经常学习。五日那天，我去了。大家对叶帅讲话发表感想，有人就谈到改正右派分子的积极作用，把去美国的萧乾作例，说他是《大公报·文艺》版的主编，现在又出国去做宣传工作了。因为李子宽老先生也在座，所以大家又谈到《大公报》。你寄我的信，我先已送陈从周同志过目了（他要我代他向你问好，他明年为移植园林事还要去纽约），这天我带在身边准备会后送给王辛笛同志看看。我在小组会上就提到了你。有的同志问"这位作家还活着吗？"有的看到了《文汇报》上的诗，<u>为你大抱不平</u>。有的说"他比萧乾更不走运，一解放就不看见他的文章了。"

这么说可是十分危险的事。必需牢牢记住廿年前的教训，任何不平感都不宜存在才对！

我就说："<u>沈从文一解放就大吃批评</u>，至今仅仅在考古方面做出了许多工作，我至今不懂那是为了什么？"最近得到改正当时任《文汇报》总编辑的徐铸成就说："这件事我知道。当时上级布置<u>上海各报要批判两位作家</u>，"

所谓<u>上级</u>应是中宣部和文化部各长。

<u>一位是你</u>。另一位我听到真吃了一惊，是我们的共同朋友，文化大革命中受到最残酷迫害，终于勇敢地顶了过来，现在是国际闻名的最值得尊敬的伟大作家。"后来<u>周总理知道，下令不准</u>，才平息了。"

亏得周下令不准，才作罢。

旁坐的一位当时《新民晚报》的负责编辑，接着说："<u>是这样的，是这样的，我们也得到通知</u>，<u>后来不搞了</u>。"天啊！真有此事吗？我至今不敢相信。也许你早知此事，但在华国锋同志为首的党中央领导下，有些当时做错的事，不但可以谈，而且逐渐地得到了纠正，《文汇报》上发表有关你的诗，我看这就是一个信号！希望你快快把《选集》编出来。我自己藏有良友版《从文小说习作选》和初版删节本的《记丁玲》。你如需要，我可以借你用。上海图书馆藏有良友版《记丁玲》前后两册的平装本，必要时，我也可以替你设法。你年事已高，这本选集应当放在考古著作之前搞！

他想不到［那人］为此认为高举不够，来在《诗刊》三期上泼妇骂街。

另外告诉你一件事，说明有些人认识问题要有一个过程，对我们这些旧知识分子是这样，<u>对革命老干部也何尝不是如此</u>。大约<u>一个多月前</u>，<u>上海市文联开过一连串座谈会</u>（我未参加），最后由<u>新任上海市委书记</u>、宣传部长陈沂同志在文化广场开<u>全体会员大会时作总结报告</u>。我去听了。讲的都是新精神，都好。但在讲到今天的作家仍然需要深入生活时，批评了<u>现在有些人认为深入生活已过时的错误想法</u>。这一点也批得对。但接下去，<u>他引了你作例子</u>，真理照例总是在有权的手中,不会错的。随便说说,可以不负任何责任。四十岁以内的人,当然信以为真。

说:"三十年代,有一次,英国作家曼斯菲尔①(此人究竟是谁也搞不清楚)来华,梁实秋、徐志摩把沈从文介绍给这位外国作家,说:'他是我们的小说家,只有三十多岁,已写了二百万字。'这位外国作家大为惊奇,认为这是不大可能的。"(大意如此)。

这是个女人,从来不到过中国,徐作文纪念,她时已死去,也居然拉到我头上来。而且我卅年在武汉大学,年终回上海,不到一星期,胡也频即在东方旅馆被捕,为营救他各处奔走了半年。后又送小孩返常德。卅一年即去青岛。

梁实秋当时也在青岛,和我无来往,怎么又会到上海和徐一处?

我听完报告去辛笛家,我对他说,陈沂同志今天的报告很好,但把从文作为深入生活的反面例子,很不妥。辛笛和我同感。那天学习会上,我也提了这件事。我说:"希望把我的这点意见,转呈陈沂同志作参考。"周煦良同志插话,"说沈从文没有生活那是没有根据的,读读《从文自传》就清楚了。"

要人说话,那需什么根据?

杨宽同志接着谈了五七年鸣放期间你来上海同他一起去参加一次座谈会的往事。你们二人都未发言，后来发言的人极大部分成了右派。学习会上，我把开明和台湾对你著作的两种似同似不同的处理方法的那一段念给大家听了。出席的赵超构李子宽等人都为你感到<u>不平</u>。

  其实这反而对我和友人都大不利。

有的同志还在休息时间借阅你的信，其中有的是你的老朋友，有的是老读者。我把这些事告诉你，说明<u>形势越来越好</u>。

  ？对我说来，或许事实上恐怕只是越来越危险，特别是受美法日的赞许。

群众的<u>眼睛是雪亮的</u>，

  四十岁以下教散文的已不知我是什么人，眼能雪亮？

而且现在大家也敢于讲话了。希望你不要仅以"做一个新社会的新公民"为满足。<u>你也是国际闻名的伟大作家</u>，

  ？

你快快把选集搞出来，再写几个新的短篇来迎接这个新时期的到来吧！

文代会改期月底开,我到北京后一定会看到你,一切容后面谈吧!祝你和你的一家人

健康

赵家璧
十月九日

本篇据原信将沈从文批语插入整理。原信中下划线为沈从文所加。

①曼斯菲尔,即凯瑟琳·曼斯菲尔德(Katherine Manthfield),又译曼殊斐儿,20世纪杰出的短篇小说女作家。从未来过中国。1922年7月徐志摩在伦敦曾拜访过她,曼斯菲尔德1923年1月病逝后,徐志摩写了悼念她的散文《曼殊斐儿》,发表在5月的《小说月报》,此时沈从文还在湘西土著部队当兵。

19791010
北　京

复荒芜

荒芜兄：

　　赐信收到，谢谢。此间似尚有些宋明人杂著，惟堆积床前桌下，无从翻动。有关冯道事，平时注意不多。惟对于现代冯道为"帝王师"种种，曾作过小诗一首，充分肯定其为"深明儒术之大哲学家"。照个人估计，重复"出山"，只是迟早间事。"不倒翁"与"不倒婆"均透熟新社会官场市场，在一定时候，一定机会下，只需略施巧佞，无疑即将依然以"帝王师"资格，成为什么"中美友好协会"或相近什么会里主席团中之一员，或代表新中国代表团作首席代表，意中事也。并祝佳好。

弟　从文
十月十日

　　本篇系录自原信照片，因清晰度差，部分旁注文字未能纳入。

19791014
北　京

复张香还

香还吾兄：

　　今年四月里，我曾和家中人到上海短期工作，因路不熟习，单独出门易迷途，未及一晤，十分可惜。荒芜赠诗附注，似因编者改动，有小误处。关于《服装资料》，只是年初交卷，至于出版，原说今年十月，现一搁置，恐明年亦未有希望！至于其他长处，未免过誉，事实上我什么都说不上的。八月中曾和家中人去兰州过敦煌看看，一了卅年愿心。惟颠簸半月，似乎还未过累，可证体力尚顶得住。但若没有省中的特别招待，可以寸步难行的。血压经常在二百上下，已成习惯，大致因体力尚能适应，必过医务处诊断时，才知工作已过了头，得稍稍休息，否则总还凡事照常也。事实上即或终日间在书桌边不动，工作效率已极低。因年龄已快及七十八岁，报废终是迟早间事，实无从抗拒此自然规律。目下唯一可作之事，只是争争时间，把近年所拟搞的杂文物一些小问题，待收尾的，正进行的，能争三几年时间，逐一完成，或可望在凡事重现实之新社会，能够算得卅年不是"吃白饭"度过，即大好矣。至于写作，大致已无多希望，因照习惯作家多已排定秩序，且照新要求，多以能"当场出彩""即席挥毫"为能手，此中自有许多大手笔。命世奇才，且多随同新要求，应运而生。我基本上无此等天赋，即再学习十年八年，也学不会作应制体诗文，勉强执笔，不过增人笑料而已。似宜稍有自知之明，或可减少一点不必要过失麻烦。至于年来在东南亚，似乎还有小小市场，均早为眼尖手快香港盗印书商掌握，对于我说不上任何利益，亦从不寄托任何不切现实妄念幻想。日、法、英、美亦复各有少数读者，多出少数爱好者的译文贡献，一切光荣，实应属于译者，弟毫无贡献足言。日本松枝茂夫教授一译本选集，闻文笔极佳，且深有见解。七六年给我一信，拟译全集，至今犹未敢作复。去年来中国，只留在南方，闻曾请求来北京看看我，谈谈天，虽得许可，还是来不及而回国。法国则闻巴黎大学习中文的约千七百人，拟考终生"中学中文教员"的，一年只选四五人，必读四本中文书，内中有《水浒》《儒林外史》及ＸＸ，和弟之《春灯集》。此极小事，实在算不得什么大不了处，在国内即始终保密不让我知道。英国则解放前即出了个选集，名《中国土地》，译者为当时北大白英教授及一同学金隄共同着手。我仅有一本，被馆中同事搜去即失踪，无可追询。在京之外国专家，每一见面，必谈及此书，但却从来不闻外文出版社拟译印此书。美国大致因为熟人甚多，早闻有用我作品开专题讲座的。近年似数哈佛金介甫先生作的博士论文，用功最大，复印本约厚五百五十页，引了大量我早已忘记的作品，一一列出名目，并提出许多问题要我回答。我那能告他说作品早已全部烧尽？当然无可回答，只有回信感谢他对我的隆情厚意，并告他，我已早是过时人物，旧作多四十年前练笔习作，不足费神探讨分析。新中国已有

万千大作家，能紧密配合政治需要，写出了千万种伟大作品，值
得注意！……我除了在自己心中深处，觉得我的书似乎烧得太早
一点，别无可言。也不敢乱说，更不至因这些小事即头脑发昏抱
任何不切实妄想。但是四月里在苏、杭、申、宁，总看到《狸猫
换太子》《三侠五义》《啼笑因缘》《四郎探母》等广告罗列，场
场满座，深一层明白个人"旧作已过时"，付之一炬，便得承认
这也大有道理。因封建意识的广泛抬头，不仅在这类电影出现有
充分反映，在灵隐，则华侨之烧香叩头，络绎不绝，反映更明确
具体。因此也更容易明白旧作之宜付一炬，为理所当然也。因为
这些旧东西出笼，已不会有什么大影响。至于卅年代近于"异
端"的种种，使之流行，总是一个问题！种种现实虽令人痛苦，
却必需承认，才可望另外一时能免遭意外麻烦。若在外还流行，
在国内将更易犯时忌！凡事望放心，因牢牢记住孔子说的"血气
既衰，戒之在得"，可谓至理名言。我所得早已超过个人应得到
的！老子说的"为而不有"，亦可使人心安理得。我看来若不出意
外事故，总还可好好工作三几年也。写字事，目下住处实在无条
件，请俟诸另一时，想能原谅。传说我会写字，也不足信。目下
有的是知名世界货真价实大书家，我那宜冒充内行，再插一脚。

从文
十月十四日

  本信曾编入初版《沈从文全集》第25卷。当时得到的复印原稿有许多字迹无法识别。现据张香还先生提供的完整文本编入《沈从文全集·补遗卷》。

19791114
北　京

复吴重阳

重阳同志：

　　奉示，谢谢厚意。我大致不是土家族。老家在黔边猴子坪附近，至今还有个沈家村，我哥哥生前曾到过。应分是宋代以前因犯罪充军，才会阖族贬谪到这个出硃砂的矿区住下的。祖母是由叔祖（家住黄罗砦，名沈洪芳）娶一苗族妇女，生了二男孩后，把第二的过房到城中，给早死的祖父沈洪富（他混名"沈毛狗"）承宗的，所以名沈宗嗣。照旧社会习惯，苗族所生无社会地位，也不能参加文武科举，为免得麻烦，所以真正那个祖母，生了两个孩子后，即被远远嫁去，黄罗砦家中附近，却埋了个假坟。我记得四五岁到乡下时，还去坟前磕了三个头。廿多年后，母亲才告知这坟是假的。我记得家乡人骂人最毒的一句话是"苗杂种"。我听过了许多年，却从不为这句话感到任何羞惭。正相反，却在作品中为苗人唱了无数赞歌。且为他们长久以来所受的不公平待遇深深不平。我觉得家乡能多出几个"苗杂种"，倒也不坏。解放后，我哥哥因自治州的成立时，凡住了三代以上的，可自选族别，他因此作为土家族州政协委员。事实上也说得过去，因为我母亲姓黄，是黄永玉的姑婆，黄和杨光惠家同是土家族。

至于你们拟把我收入《民族作家传记》中，似不大妥。因为近卅年来，我所有作品，早已全部毁尽，已成一个不折不扣的"空头作家"。四十岁左右在国内大学教现代文学的教师，即居多已不知道我是个什么人。近卅年我所有工作，多只是在博物馆为各方面打点杂，帮点小忙。新社会凡事重"实事求是"，说真话，我实在已不配列入作家传记中。即这样也心安理得。过去四十年，因学习练笔，虽因缘附会，写了些不三不四作品，思想性既不高，文字也还未达成熟阶段。由于社会进展快、变化大，作品因过时而失去存在意义，统统被一把火烧去，情形十分自然，我亦无什么不平感。只觉得国家大，凡事千头万绪，待人扎扎实实去做的事还多，这里走不通，趁年岁还来得及，何妨即早让开，另走一条路，免得成为年青作家"绊脚石"。于是沉默，在博物馆坛坛罐罐花花朵朵间，转了卅年。或多或少也算得到了一点"苗里苗气"的性格上顽固好处，坚持了卅年，从不灰心丧气！只觉得国家给我的种种特别优待，早已超过了我这么一个既庸俗又不中用的人所应得的甚多。目下已快八十岁，如能使得工作条件稍好一些，争几年时间，能把这卅年所掌握的本业，尽力所及来继续完成，不至于像个新式官僚"吃白饭"的人物，就很是幸运了。至于别的不切现实的什么，势不宜还抱幻念童心。年来港中和国内报刊传达一些关于我的消息，即可信亦不宜全信。因相去万里，毁誉可能全由于无知。目前国家每年花费钱亿万，有计划作对外宣传，高薪聘请精通各国文字第一流专家，用各种文字翻译有代表性新作品以亿万册计，向外推销，照"量变到质变"的真理定律而言，当前即尚未引起应有良好效果，再不多久，肯定对世界会起伟大教育作用，引起世界重视，且必将不断有"诺贝尔文学奖金"由中国作家获得，亦意中事。由此说来，目下即或有极少数无知而好奇的人对弟"过时作品"略感兴趣，只不过一刹那间事，殊不足道。过不多久，即成过去。正如古人所说："白日既出，爝火自熄"，必然之理也。

并复颂笔健。

沈从文
十一月十四日

吴重阳，中央民族大学教授。通信时参与编写《中国少数民族现代作家传略》一书，曾与作者联系，希望把他的传略收入该书。

在初版《沈从文全集》第25卷中所收的《19791114复重阳》，是较简单的初稿，并未付邮。本篇1998年曾附于河北教育出版社吴重阳著《风雨楼文存》一书中。

19791116
北　京

致张寰和、周孝华等

苏州情况长在念中，小致元一定更聪明漂亮也长高了不少。这里小帆帆已由小胖子改成紫甘蔗段，瘦多了。红红则已和之佩同高。

小五哥、孝华、诸弟妹：

我们八月里去兰州敦煌走了半个月，受尽特别招待。回来是坐飞机，只费二小时，就平平安安到达北京的。只去时火车过乌梢岭时，三千多米高，似秦岭最高处，头有点发昏，口说不出话，耳暂时失灵，别的没有什么难受。三姊似乎毫无特别感觉。也算是我们第一次有意思的旅行。特别是有机〔会〕看到鸣沙山，在雨后一道长岭全部的闪闪金光，真真如黄光一般，另一端且出现一道弯弯彩虹！是很多人住上二三月还不易有机会见到的。回来时，也未感到什么累。和做梦差不多，因为第一次看到通青藏公路在沙碛中的情形，每天有几百辆大十轮车来去！也对于敦煌种种，留下个十分离奇深刻印象，一切完全和南方情形不同。我们却觉得七四年上黄山和七六年上天平山，和大家一道看大枫树林，印象完全不同。总的说来，最有意思还是黄山留下印象最好！听熟人说，黄山正在后山开公路，过一年也许就可坐车到达电视台，比北海宾馆还高些那所房子，那就省力多了。只是游人之多，已和苏州玄妙观同样热闹，所以上下都将是些有钱而无知的外国游人占有，原有清静的好处，再不会出现了。

开了十多天文代会，昨天才完毕，见了不少熟人，前天还受首长接待，事实上是近三千人分三大组成个梯级半圆形，站在那里约等待了一小时，十来位"首长"，才从从容容，缓步一入场坐定照常规照了么一张相。前后约费时一点半钟。报上说是亲切接待，事实上可说是不少年近八十岁的"作家"，除了少数常务理事有坐位，又受过一次锻炼！若说这是"民主的象征"，据我经验，倒是免去了这一形式，才真是接近了民主一次行动！

虎虎等虽有了部中调令，到北京轻工业学院教书，政治局和公安部合组而□，可卡在"户口工作组"方面，必需这方面有人才办得通。所以大致还得等下去，今年不成，到明年，也许还得另想办法。办法倒有，只不是教书，以仍搞设计什么铣床厂工作可能性较多。实在到时还回不来，也得承认现实。

我们今年也许在月底或十二月初要一个家了。据说在新侨饭店隔壁，五层楼上，有三间，另加厨房、浴室，事实上还是不够住，只好让小龙仍住小羊宜宾，因为月季蔷薇特别好，已种了五年，"伊丽莎白"月大如汤碗，比牡丹还好看。东堂子即放弃了。

已经月未见小平一家，大致都相当好，一家所期待的可能是小庆庆何时出国。最近贵州蹇先艾及宗和大哥一学生来开会，带了封小苗人①信来，写得很好，且听说十分用功读书，值得去信鼓励鼓励！

　　这里事表面一切都好，内部必不免矛盾重重，即从参考上也可明白点滴。家当太大，而首长年纪大都已近八十，中层中恐仍不免"有权即有一切"的现实人，用个大少爷方式看待国家当前明天的，加之世界亦是种种不安定因子，所以对"民主"如抱不切现实幻想，可能到另一时还会出现新的破灭。特权阶层是主要问题。照目前说来，恐不是一二十年能扭转这种由封建意识发展而成的种种令人杞忧问题的。

　　但愿大小健康。

从文
十一月十六日

　　小苗人，作者对宗和大弟女儿张以䇇的昵称。

19791216
北　京

复王根林

王根林先生：

　　谢谢赐信，报上消息，不宜全信。六四年搞的服饰资料，去年得历史所全力支持，始得完成。只不过是一种常识性试探工作的初步结集，说不上什么专，至于出版，还不知何年何月。我的史部学底子极差，只是在博物馆打杂卅年，对于绸缎衣着进展，有一点儿常识罢了。不过从图像出发，提法或稍有新意而已。

　　你拟进行的工作，涉及范围过大，我不大可能一一作复，估计对您工作帮助不大。只能就一时想到的提提。一、吴人作《曹瞒传》，叙曹操年青时，和袁家弟兄一些故事，及权术虚伪处；曹丕《典论·自叙》及《与吴质书》；《陈思王集》，明人辑《汉魏百三家集》①中关于建安七子诸文及吴质作品，这是曹丕谋士，也是挑拨两兄弟不和最起作用的两面派；鱼豢作《魏略》《蔡中郎集》《东汉会要》《三国会要》《后汉纪》《世说新语》《初学》②一部分记载，如提刘桢因平视过甄后表示不敬，被送下狱磨石头数年，曹操去和他那一段对白，十分精彩。图像中近年出土物有关生活方式种种，或可参沂南汉墓诸石刻，在百戏宴乐生活可以多明白些曹植《公讌诗》《箜篌引》《美女篇》《七启》《洛神赋》等内容。山东鱼台出土曹植墓文物报告种种，如成组列玉佩是用西汉以来青玉璧打碎临时凑和而成。陶案上植耳杯（小羽觞）约廿，一切如真。文物中当有一组列玉佩，中有一小杯式玛瑙器物，即曹植集中所提的《车渠椀赋》中所咏物。建安七子多有和的，《洛神赋》也相同。长沙出一西晋时青釉鼓吹骑俑一组，还着汉式梁冠，均载于《长沙出土文物》一书中，查查必可得一印象。又东北吉林棒台子墓出土壁画，河南密县打虎亭出土大场面会宴，中作百戏情况，也可以得到一点印象。又《女史箴图》，虽题名为东晋之顾恺之作，图像实后汉末（也有西汉）装束。

又大同出北魏司马金龙墓中漆屏风，绘的是汉《列女传》故事，其实也近三国时衣着。三国时人在战乱中影响衣着极显著处为"以幅巾为雅"，即在军中也不例外。一般只知诸葛孔明羽扇纶巾，事实上袁绍、崔钧均用巾子。巾子式样，似可参《列女仁智图》，《七十二贤图》（《七十二贤图》从比较上也知道比宋代早，可到两晋），及近年出《竹林七贤图》，以及《列帝图》中几个帝王用巾子形象。如作建安七子生活，也不妨参考传世《北齐校书图》中人生活方式。壁坞制度则似可参用近年甘肃出土一些壁坞陶明器，十分具体……话不易说完，我体力既有限，杂事又多，所提只是点点滴滴，材料集中在一处，还相当花时费事。因此据个人愚见，似不妨据《陈思王集》及这些材料试写写曹植一生悲剧。（记着内中还得看《邯郸淳传》《杨修传》《王陵传》《崔琰传》，崔是曹植岳丈，后也被曹杀害，几人都和曹植较好，先后被杀）。至少也可测验测验，吃不吃得透，以十万字为目标看看，分量也就够重了。若吃得透材料，写出来实比郭著之《蔡文姬》动人得多！重要在先能贯穿史实，而以曹植为中心，费力少不容易好！即仅以《赠白马王彪》诗为中心，就够费心力！外行之言，想能见谅。

沈从文
十二月十六日

尊函因积压在一堆文代会发言稿中，至今才清理出，迟迟作复，十分抱歉。

王根林，通信时在上海大型钢厂当工人，爱好中国古代文史，准备创作一部反映三国时期政治斗争的文艺作品，曾写信向作者求教。据原信整理编入。

① 《汉魏百三家集》，指《汉魏六朝百三名家集》。
② 《初学》，疑指《初学记》。

19791221
北　京

致荒芜

荒芜兄：

　　昨闻一朋友传说，老兄又在为我"放炮"。实在说来，不免使我深深感到忧心忡忡。且闻内中尚有触犯及"两面大人"处，望能把尊作借我看看，也知有所准备。常言道："虚名过实，易致奇灾异祸。"半世纪来，我得于国家及友好的已够多，又过应得处远甚。旧卅年，所有旧作，既早付之一炬，即可见此事绝非偶然之事，必有一种原因非此不可。且在稍后一时，二次文代会上，又承召见于怀仁堂，主席、总理两人均当面询及"近日体力如何？若较好，还是写几年小说好。"似全不知有焚书事，或其中有些事另有主持人出于保护自己，且来一个"先斩后奏"？欲解此谜，唯有天知。但从另外一些新闻所不载情形中，已可略明点滴。或亦可能有"新式中山狼"，为自保计，遇有机会，相放不过，亦意中事也。其实卅年不再做"空头作家"，老老实实在博物馆把所学为各方面打打杂，尽尽义务，且从不与人争是非得失，更不欲插手文坛争论，总牢牢记住"为人民服务"和老子"为而不有"教训，才幸而免于在倏忽来去人为政治风风雨雨中，不至卷入大漩涡中，得比较平安度过。以个人"平庸才具""落后思想"情况说来，所得于党〔和〕国〔家〕"优厚待遇"已多过所应得远甚。而从实用主义观点加以检查，我的工作则可谓毫无成就，更毫无贡献足道，因此工作即再烦琐，生活即更寂寞，亦从不"灰心丧气"，总是"心安理得"的工作下去，不图有功，先求无过，能活到如今，即正得力于从不为个人得失发牢骚，事实上凡一切事都在近于隔绝情况中，亦正是合情合理难得之莫大幸运也。老兄忘了廿年中教训，又复为弟找理由"打抱不平"，用心虽好，事实结果，恐将恰恰相反！为我放炮而得罪大人，即或因事情极小而不至于骤兴大狱，其实即滴滴小狱，弟亦招架不住，人老心定，微风动摇，那受得住？不久即将进七十八岁，报废只是迟早间事，以住处言，今年既无可望，明年难成现实，也无所谓。因即或头脑尚能思考问题，一时□木不倒，仍不免多思多虑。所思所虑，其实只是明日国家如何可望不受封建意识泛滥所毁灭，个人老到这一地步，那还会作任何不切现实之童心幻念，致重新招来意外灾星？即以年来得诸港澳图书消息，亦决不搞起任何不现实希望。国外好事者对弟作品所怀好感，亦只是一时间事，过不到一二年，必将成为"过去"。因此事若只从表面看，以为对弟有利，事实上稍从深处分析，即只增加麻烦。我绝不会如某些旧同行老同事，以为政策开放之中国，理合"皆大欢喜"。其实双百方针到真正触犯某种忌讳时，原则一提，矛盾明确，在新的变化中，白面书生恐更吃不消，事将更难解脱，所以万望老兄以廿年教训为常识，切莫再存书生气，只图一时"放炮"为乐，不顾后果作傻事，使得我这不中用乡下人难以自处！辞拙意诚，不达意处想亦能得到理解！一定应当记住国家在矛盾发展中,外松内紧为必然,少生事即〔免〕出事!

　　　　　　　　　　　　　　　弟　从文
　　　　　　　　　　　　　十二月廿一

一九八〇年

19800117
北　京

复远蒹

远蒹同志：

赐信已收到，谢谢你的厚意。我在七四年、七八年，都到过洞庭东山。七四年还参观工艺美术工厂，印象中觉得工作环境极好，值得发展。有关扇子应用发展小问题，只是我们这里工作中一个附产品，主要工作是《服装历史发展》和《丝绸问题》。《服装》第一册，早于六四年即已完成，因受文化革命影响，搁下了十五年，直到去年冬天，工作调过社会科学院历史所后，得到院部的支持，才经过三个多月的增改整理，初步完成上交所中。至于何时可以印好，尚难预料，因分量较重，正图二百幅外，文字说明约廿万，内中且附有插图一百五十多幅，工作是否宜于继续，还得待第一本付印出版后，国内外反映而定。因为原计划是共编十本。如今完成的还只是十分之一。闻出版方面说，因为图版多，初步定价约五十五元。《扇子》今年大致可以完成。此外还有前期山水画，或许也可定稿，是由西汉到隋代。这类小专题，初步设想是用一百图示例的。

你信中提到罗汉材料，这方面我知识不多，只能就记忆所及随手写些来供你参考。一、贯休绘《十六应真》，原画似已出国有旧印本，或可从日本新印的流传世界的中国名画三巨册中五代编中发现，此作以奇怪见称于世。除原作影印本外，浙江博物馆乾隆行宫有一经幢，曾摹刻过，不妨写个信问问，若还保存，或商量弄一份照相，或托之为搞一份拓片，十分得用。又记得江西南昌万寿宫有旧摹画十六轴，也可写个信给江西文化局问问，此画是否在文化大革命时已毁去，若尚保存，也值得商请他们为照一份底片，供参考用。

至于摩崖反映较好的，似应属江西赣州郊外廿五里的通天崖雕的罗汉图，只不知在文化大革命中是否还保存下来。又有故宫收藏清代人摹贯休绘，曾载于《故宫周刊》合订本中，用笔过细，不如贯休原画有生气。

又申博曾于解放印有《渡水罗汉图》，也还好。又故宫曾于抗战前印有《西清砚谱》，内中有一宋砚边沿浅刻罗汉图，是刻在洮河绿石砚边沿，笔迹近明人丁云鹏，恐非宋代，但布局还好，如改成浅浮雕展开成一长板，效果还是相当好。此外晚明程君房、方于鲁刻的《墨苑》《墨谱》，内中似乎也有罗汉图，画手似均出于丁云鹏。

又郑振铎在《伟大的艺术传统图录》中，唐代部分曾有一幅《萧翼赚兰亭图》，题为阎立本，似不足信，因为烹茶部分有个小小茶叶罐，作成荷叶式盖子，这种银或瓷小罐，只在宋元瓷器上才出现。但是如果把那个山东落第秀才萧翼，和九十岁老和尚辩才形象作为线刻浮雕，或转成立雕，艺术效果还是相当好。

又《故宫周刊》还有个晚明文震孟绘的《礼佛图》，也还好。至于传世的李公麟《番王礼佛图》，及《维摩演教图》，行笔极细，相当精美，原物或已去台湾，在台湾印的《故宫名画三百种》中是否刊载过，难记忆清楚。日本《东洋文库》某一期中，曾用专文介绍过河北易县罗汉堂几尊唐三彩罗汉，把流传到美国的几尊三彩罗加以介绍。《东洋文库》分量过多，一时不易查找，不妨就日本印的《世界美术全集》中唐代编查查，记得内中有个彩印图，有典型性，值得试仿成尺来高的立雕。从造型分析，实唐代人所作，宋人作不出。

又昆山甪直相传为唐代杨惠之塑罗汉图，经过复原时人多以唐代就相关材料比较，或北宋初年作品，比紫金庵的塑像早一些。但紫金庵既在洞庭，以本地风光而言，能仿作缩小到五六寸高，不着色，效果一定还好。

又云南筇竹寺罗汉，也有性格，有影印本可据，或花点钱请云南博物馆代购一份。

又广东有份南宋木雕罗汉图，似已分散，我曾在广东美术学院看一部分，是木刻立体，约二市尺高，印象中比紫金庵的好得多，也可去信给广东美协助照一份正反侧照片，即可以仿造。

此外北京碧云寺罗汉堂之五百罗汉和苏州西园罗汉堂，多明清人作，相当俗气。

敦煌方面彩塑，人美有印本可供参考。唐代佛像雕塑水平最好，特出成就应数山西天龙山的石刻，已全部被盗到美国，日本人编印一本《天龙山之研究》很值得看看，或把它翻照下来作资料。这本书上海方面大图书馆可能有，如能商托赵坚同志，请他为摄照，必不太费事。

如需要的佛像以明清的出脱，且易见好，似以明永乐时的小铜佛为精美，其次则雍正时也有极好的。明代石刻的，则数北京体育〔馆〕后五塔寺的有代表性,清代的数碧云寺大塔四周石刻相当好。元代有代表性的高浮雕,则数居庸关过街门的极精,相传出于刘元所作。

又《文物》七九年十月号有一宋人绘罗汉图,也相当好。

据个人私见,这些材料如能陆续掌握到手中,成为基本资料,对你今后工作的便利,是十分显明的。此外敦煌壁画、永乐宫壁画、法海寺壁画、麦积山石窟画塑、炳灵寺报告,如一一能作为参考资料,把这些材料作作比较分析综合工作,你的工作还必然可望取得新的突破。日人印行的则《敦煌之研究》《龙门之研究》《天龙山研究》《云冈》水野清一编,共卅二巨册,比其他三种都有分量。这些出版物,除日人编的要外汇,其他大致都可以托人从上海买到,赵坚同志在上海久,且主持美术出版工作,公家如能投点资,这些图录用不到一千人民币,即可得到的。

至于边沿装饰图案,除了《敦煌藻井图案》一书,集中了部分材料,此外还只罗朩子收集过部分云冈龙门材料,不够具体。特别是漆器和金银错陶瓷花纹图案,如有人肯出点力,大致编个三五本大型图录专材,还是容易得到的。难的是有了人,还得故宫、历博、申博、沈博、南博、长沙博等等机关乐于协助就相当方便。现在各个机关都一心在复制文物,主要兴趣在发财,对外协作已毫不感兴趣。我在上年政协大会中,曾作了四个提案,都和大博物馆如何帮同各生产工艺品单位提高有关,盼望主持博物馆的领导,如何分门别类来为全国摄几卷电影供生产单位参考。案虽通过交由文物局研究办理。文物局可能正在换局长,更换人事,有一阵忙于整顿内部,今年看来这些建议一时恐不会引起注意。至于我个人身边材料,则全部封存到小小住处,根本不能挪动，必待为更换一住处才有机会清理，除扇子外大致还有些不同专题对你们生产都可供参考。若今年搬不成家，恐无多希望清理这些积压材料。去年整年不能进行工作，即因住处过小，摊材料无办法。今年若仍住原处不动，大致只有把一堆待收尾、待进行的工作让后来人来作了。因为我今年已七十八岁，空嚷了三十年"古为今用"，办工艺美院的领导，即都不知道自己的责任何在。因此学校办了卅年，虽各有系主任，却还从不想到这即早把各系教材编出来，让学生明白传统有些什么足称优秀，才便于借鉴。为这事我还出了不少力，捐了许多清初瓷器和明代锦缎，作为教师的就还始终不会运用这些材料到教学上去！事实上，不少教师都那么混了卅年！居然也混得很好，且心安理得。对于生产上的改进提高似乎都毫无什么责任可言。

沈从文　敬复
一月十七日

东山竹子多而且好，似乎还可充分利用编织些筐篮应用品。样子应当参考旧式极精美的。

远兼，通信时任苏州东山镇文化站站长。

19800226
北　京

复施蛰存

蛰存兄：

　　叶同志来，赐信得到，谢谢厚意。兄意以为即《湘西》，叶同志以为即《月下小景》。据弟所知，属于写家乡部分，湖南人民出版社充满盛意热情，正拟集印一组。似还包括些未发表未集印旧作。又京中人民文学出版社选集中，亦已列有此旧作。又另一部门，也拟纳入集印计划。湘西种种，已是半世纪前老故事，内容虽较容易引起读者兴趣，《月下小景》文字似稍深，一般国文系大学生或尚不易理解。但读者少也有少的好处，弟意叶同志意见似可采取。其实此书中大部分文章，多系卅年代在老兄编《现代》督促下产生。也早已成"真正古董"，即遭内外焚毁，台湾也烧禁，也已卅年。在国内恐读者已不多，（甚至于教这一行人之师也看不懂。）国外虽尚有人当成现代之《天方夜谭》，对少数人感兴趣。在国内，则风向略变，将不免又会成为"再生毒草"，（由老兄编印，正可作为四十年相互友好一点纪念而已。）能不印即不印，免得编者再受冲击，亦不失为省事免过一种办法！上次文代会外来代表，多分别居住各自不同招待所中，或有成百老同行、旧友好，不少已疏隔廿年以上，极思一晤，亦因地方生疏，出门不便，仅在住处晤及三五人，彼此均年近八十，无缘一晤，亦大憾事也。闻会中小组坐谈，曾发生不少争持，且十分剧烈。弟因事回家约十天。从简报中只能得知一二，内中含意，仍不易理解。（争位置或占去时间不少。）在港粤刊物中，常读老兄新作，可知兴致甚好。弟则年近八十，头脑已不大抵事，对外传之"沈某某热"，亦不能起正常影响，还是木头木脑，与本人似不相关。即由外而内，此"热"似具传染性。仍不免为邵叶二同学工作担一分心，深感忧惧。工作一认真，另一时风向略有改变，即难免受无妄之灾，倒常以为如照卅年老例，遵守"当代权威批评家卓识伟论"，编写《现代文学史》时，牢牢记住：五四以来，唯一小说作家只鲁迅一人。其次，则照久成习惯，将对革命"大有贡献之作家"，不问有无像样作品，照官职等第秩序一、二、三、四排下去。凡事"依样葫芦"，（即非事实，亦不会错。）或可不至于在另一时受累也。因为"双百方针"，随时会附以不同解释，值得人长远记住，不宜"书生气"过重，恐倏忽来去之人为的风风雨雨，年轻小朋友将不易招架也。闻家璧言，去年在申，尚有人在什么报告总结中，点名示例，以弟为反对体验生活之人，"有待改造"。虽近奇闻，亦值得深深警惕！（因为肯定此公也并未看过我一本以上作品。）近读<u>代表国家九大院校合编，在江苏^{（?）}省出版社印行之《现代中国文学史》</u>，共约廿位教师，承一北大教师坦白相告，其中即无一人研究过我作品，实无人敢读过，也无从得到。或许因上有指示，应当提提，不能不在书中捎带一笔，因此，"临时由其中指定某人看看我一二作品"写出判决书式结论，胡乱把我安置在萧军、萧红二人间，略骂几

321

句，真是一件十分有趣且值得同情事情。因为事实上我所有作品，既早在五三年即全部烧尽，证明某些人已取得全面胜利。九大院校教这一行的人，大部分即我姓名亦十分生疏，不得已要在此书中说几句话，如此交差，当然极容〔易〕得到主持高教这一问题"专家"认可，亦合情合理之事。其实此廿几位教师，索性对我一字不提，倒更加见得聪明懂事，或且会在另外方式下得奖也。老兄似值得为代表全国教这一行人之师设想，考虑考虑，拟编作品集，暂时不将我作品列入，也未必不是好事！

并候佳好。

弟　从文
二月廿六

本信手稿曾在互联网上公开拍卖。现据拍卖时展示的手稿画面，整理编入《沈从文全集·补遗卷》。

19800305
北　京

致黄永玉

永玉：

　　字写成，不够洒，还看得过去而已，望为一致歉意。较前一次在北京饭店吃饭时，有一《大公报》记者，广东人，小个子，记不清他姓名，说我曾为他写了个题你《白玉兰图卷》长诗条幅，还保存，我请他为复印一份底子来，允许过我。目下正需要这个诗稿，请为去个信，盼能得他为设法给我份复印稿（分段复印好，可不必缩小，并不甚费事。）我因正拟集中一下旧诗，请四姨为写个手抄本，可自费印个五百本。总的算来，似已过六十首，有部分较长的五七言，似乎还有内容，如《读秦本纪》《红卫星上天》《井冈山清晨》《下井冈》《商楚文化》《战国时代》《文字发展》《白玉兰图卷》，都还有点意思。较长的大部分是叙史，惟《题白玉兰图卷》近于抒情，抒情中有所隐喻，如"不因偏院雨露少，只缘入土植根深，时有顽劣好戏弄，屡欲攀折趁私心……遥问匡庐花万种，未闻一炬付樵薪。"时正"猫头鹰狱"时期，多少有点史诗味道，熟人读来，必有会心也。

妮妮去港前，盼来吃顿便饭，先告告，婆婆可为作一椒麻鸡或咖喱鸭，仅此一味，不会多。

从文
三月五日

19800313(1)
北 京

致徐维

徐维同志：

　　经年不晤，工作定必大有进展，如有新样本深盼能有机会早日得到学习机会增长不少见识也。过去兄处如尚存有弟藏书，近因拟重印需加整理，你多年来凡是借用材料，均能加以协助，暂时还我用，使工作像样一些，因有些材料也有可能得在港中或国外印行。或在研究所另外同志手中的，也盼得你代为询问一声，麻烦费神处，感谢万千。

　　并候佳好。

弟　沈从文
三月十三

19800313(2)
北　京

复施蛰存

蛰存老兄：

　　来教三复细读，因年来脑力衰退随事易忘，已无从回想日前给兄前信所言为何事。但老兄身心显然健康灵敏多多，使弟觉得金玉良言，出自肺腑。因兄身住上海，深深明白海上人事，风云变化无端，不甚能理解友道为何事。小不谨慎，即易吃大亏。从兄示中深感四十年友情之可珍，所嘱实不仅为弟个人免出意外灾星计，亦包括为子孙安全计也。兄所说之后患，弟亦尚能领会一二。所以目下先就所能记住事情而言，为数年前给许杰①兄处一长信（涉及弟作品背景），和去年给家璧兄一信（涉及一些至友家事），望兄和流金兄认真一商，为设法商量取回，把二信取回，由二兄焚毁。或直接当面说明，"弟年来心力衰退，情绪不佳，望将旧信毁去，免狂病复发。"照我习惯，我得别人来信，即与兆和无关，她即不看。相反亦然。记得给家璧信，家璧却随意送不少〔人〕看，弟即觉得不妥之至！最好能约二人一晤，将信带至兄处，并说明弟之希望，得其谅解，能将信当二兄面毁去，免预留复本。信中所谈，与政治无关，只是私人关系。弟深信两位不至于不得许可即公开，但二人一故去，却易成好事者一种播弄工具，趁彼此还活着时，当面说明弟之愿望，彼等当不至于不给以应有体谅也。此等事其实老伴即一再说不要写信，以为易出毛病。经兄一示，当深深以此为戒。老毛病不去，必然还将累及孩子们。拜托拜托，并盼善为其辞。

弟　从文
三月十三

本信手稿曾在网上公开拍卖，现根据拍卖时展示的手稿画面，整理编入《沈从文全集·补遗卷》。

①许杰，原名许世杰，字士仁，现代作家、文学评论家，华东师范大学教授。

19800430
北　京

复王帆影

飘影先生：

　　惠书敬悉，深谢厚意盛情。我在历史博物馆工作已卅年，前十年长年在陈列室坛坛罐罐花花朵朵间转动，近廿年则随同社会人为风风雨雨所形成大漩涡中流宕，不遑宁处。所有过去作品，早已付之一炬。将近卅年，在国内各大专院校教"现代中国文学"教师，即多不知沈某某为如何人，那还宜冒充什么"作家"骗人？至于近年报刊传述种种，多出于学生友好好意，其实多近过誉处，不足尽信。半世纪以来，工作十分平凡，所得好评，早已超过所当得的甚多。虚名过实，必易致奇灾异祸，实难招架，因此不免转增忧惧。倒是一切照常沉默，用已成习惯方式，为各方面打打杂、服服务，争取尽一个普通公民职责，为"心安理得"也。嘱写点字，此道本非当行，北京有千百知名中外大书法家，弟则涂涂抹抹，始终难脱"文书体"，势不宜在"空头作家"亦不敢冒充之后，还于此新风雅队伍中再妄想又插一脚，徒增艺坛笑料！目前正为居处逼窄，一份工作无从如期交卷，致寝食难安。居处情绪环境，均不大像是宜于奋笔挥毫情况，千万原谅原谅。俟种种杂务清理稍有头绪后，再谋试用此秃笔，蘸残墨作一小条幅，用酬尊嘱！

文学方面，弟已隔行过久，无任何发言权，"假里手"亦不敢冒充也。

敬此复颂工作顺利。

弟　沈从文
四月卅日

王帆影，通信时任职于北京市邮政局《邮政指南报》。这封复信误写为"飘影"。

19800603
北　京

复潘耀明

耀明先生：

　　来函并稿费通知单收到，现将收据寄回。稿费请暂存你处，我已另外写信给黄黑蛮，让他来取。他是永玉的儿子，现在在《美术家》编辑部工作，你们应当认识的。

　　《海洋文艺》按期收到，非常感谢。刊物编得活泼，令人爱读。

　　我已搬了家，新址是"北京前门东大街三号507室"并闻，即询

　　近佳。

沈从文
六月三日

　　潘耀明，笔名彦火。香港著名作家、编辑家、出版家。通信时主编《海洋文艺》杂志。

　　本信由张兆和代笔。

19800824
北　京

复施蛰存

蛰存兄：

　　得信，知种种。邵华强来，得知曾陪金介甫先生访问过你和流金兄，谈得相当好。关于录音事，当转告，如将来拟发表时，必先将文字记录打印出来得你同意后才发表，不会如某些"海"式美籍华人冒失的。他在这里曾访过朱孟实、李健吾。对他印象多相当好。美国方面搞问题似乎也有两式，一即"海"式，如韩素英、聂华苓、赵浩生……可以代表，活动能力强，笔下快。但在正式大学中影响不怎么大。金的工作似属于"京"式，搞问题较认真，（甚至于可说特别认真，知道的问题深刻而具体，不轻易用笔，笔下也有分寸。也可用"学院派"称呼。搞我的作品，抄辑目次卡片到一千种，为复印了份，有三分之一我早已忘得干干净净，他却条理分明谈得出内中得失，有的甚至于明白我在两夹攻中为什么挨骂原因！在国内几个研究我的年轻人，看来知识是还不如他渊博深至的。主要即客观而认真，且材料易得，因为全国各大学的收藏及国会图书馆收藏，均有联合书目，要复印也十分省事便利。所以这次来京得到特许，还去我老家住一礼拜，这几天，或许正在凤凰县受我家乡县中领导充满友好热情的欢迎，为邀约了州上几县文工团苗族女歌手，在小型欢迎会上大唱苗歌！）

关于出集子事，我意思我仍不出为合理。我决不会和那位天下闻名、第一流女作家争是非。一切让她。不拘什么丛刊，有她在，我即退出，表示"这市侩已被她一下即骂倒"，是十分合情合理的事。我还想在此后印行选集时，尽可能把凡是涉及她的作品全部删去，免得损害她的完整处。深深盼能得到老兄原谅。

抗战初，有关老舍邀我们组云南作协事，我记得有两回信要我负责，我回了个信问他：是有了作品，才宜加入，还是不拘何人，一加入即成作家协会成员？他无从回答这个问题。即意味着只求"人多势壮"，不在是否作品有无。因此我回信请他"另约高明"，后来才由广田挂名，另一中学教员刘某作副主席。广田故去后，现由彝族作家李乔任主席。

并复候健好。

弟　从文
八月廿四

本信手稿曾在网上公开拍卖。现据拍卖时展示的手稿画面，整理编入《沈从文全集·补遗卷》。

1980
北 京

复苏晨

苏晨兄：

来信得到，谢谢厚意。易征兄文①，的确有小误。老伴为张兆和，不是章。拙诗如兄所指，实七〇年在双溪时所作，后曾附一短短题记，系《双溪诗草》之一。记得把此诗并其他拙作寄家乡时，家兄作古入土正"满七"，家中大嫂子正上坟，因作为悼诗焚之于坟前也。又后四行"俗谓喜离群"一行"岁暮客心生"。二字误排。末后一行前另一稿，本来还有十字，"亲故远分离，天涯共此星"十字。

谈画事，实系说的是《夜宴图》中等级无事作闲人，多作"抠手示敬"状。和尚也如此。应属宋代制度，非南唐时笔。其实照淳化二年诏令，有"南唐降官一例服绿"，谈此画中人即一例服绿，更可知必宋初入降后人所作也。

并复颂笔健。

弟　沈从文

苏晨,时任花城出版社社长。

① 易征,诗人、散文家,时任花城出版社编辑。信中所谈之"文",指易征发表在香港《海洋文艺》的散文《踏雪初访沈从文》。

一九八一年

19810305
北　京

复田鹤丹

鹤丹兄：

得惠书，我因去美，上星期方回京，迟复为歉。星六先生[①]遗著，应当想法印出，惟弟脱离旧业已卅年，对出版方面并无什么熟人。因习惯，过去熟人一作官后即少来往，即欲请托帮忙，也无从启身。不知是否可商量湖南统战文史资料帮想想办法，即此也得转问另一同乡，才会明白情况。

敬复候安好。

沈从文
三月五日

家乡熟人均盼致意问候。

田鹤丹，作者的凤凰同乡。

本篇曾于2002年12月收入《永远的从文——沈从文百年诞辰国际学术论坛文集》一书印行。现据原信编入《沈从文全集·补遗卷》。

[①]星六先生，即凤凰人田星六，号晚秋居士。南社诗人、教育家，曾主办数种报刊，宣传革命，并投身辛亥革命和护法战争。

19810803
北　京

致黄永玉

永玉：

　　近得村生①一个姓陈义女来信，说八月中旬将到北京看看亲友。她曾见过黑蛮，到京时，想来看看你们。大致住在唐家，崇外菜市后那所讲究大楼里。五月里有个黄先生由港来京，可能和村生同过事，和唐生明的最小媳妇来看我。是个华侨，在附近一个中学教书，教体育（可能教羽毛球！）人还好。极活泼，少港气。告我说，村生有一笔不大不小遗产，义女已在什么公司作秘书，决定一文不要，拟全部捐作奖学金。（这事是否和黄湘龙商量过，实不得而知。在美时，我们曾和湘龙在一处吃过一顿饭，人极斯文，瘦得比小舅舅稍好一些。已任一个州立大学校长，北京话说得极好。听说不久将去港，整理村生遗物，算时间，必早已到过香港。）

　　这一月，天气闷热，为近几十年所仅见，我们终日如坐蒸笼中，和当年猪悟能被洗刷干净上蒸笼情形相差不多。他唯一指望是师兄即时来救援出险，后来终于实现。我们却毫无希望奇迹出现。终日只昏昏沉沉的度过。妮妮蛮蛮何时去港，想还有十天半月可住。

候一家好。

从文

八月三日

---

①村生,作者表弟黄村生,黄永玉的叔父。通信时已故于香港。下文中黄湘龙,系黄村生之子。

北　京

致马幼垣

幼垣兄：

　　偶然将前复印件①请历史博物馆史树青先生鉴定，彼恰好熟习注者笔迹，即相告，照笔迹宜为晚清蒋式芬前辈手笔。闻蒋氏藏书现系藏于北京图书馆，馆中并为印有博野蒋式芬存书目，容当去面询，如可购得当为设法购取一部奉赠也。敬复颂著安。

　　嫂夫人均候。

沈从文

八月廿一日

兆和附笔

　　马幼垣，美国夏威夷大学教授，《水浒传》研究知名学者。1981年2月作者夫妇访问夏威夷时，受到马幼垣热情接待，并与作者在研究中涉及服饰、器物的时代性问题，有过多次交流。

　　据手稿编入。

　　①复印件，指夏威夷大学藏莫友芝《邵亭知见传本书目》中的手批文字。这些眉批书法苍劲，加注内容之精彩令人惊异，批注者分明是一代高人，为弄清是谁，请教过几位专家，不得要领。沈从文在夏威夷时，马幼垣曾与他做过反复讨论。

19810823
北　京

致沙汀

沙汀同志：

多久不见，晤伯箫①兄时，始得知又因病返回成都。近况常在念中。巴金亦经年不通消息，只从电视中见其谈话情形，精神似较衰退，且闻熟人说，写字手亦常发抖，不大得力，八月中曾去莫干山休息，最近或已返申矣。我一切照旧，惟今年北京奇热，住处适在崇文门大街，终日有上万大小汽车从窗下通过，长在闹哄哄中，约有一月终日如坐蒸笼中之猪悟能，只等待师兄悟空援救出险，昏昏忽忽度过。人亦转成半低能状态中，幸二三日来始稍见好转！

兹介绍尚之年先生拜访。之年先生毕业于新疆大学，专攻俄文，现在成都农机专校任讲师，教英语及俄语，喜文学、戏剧，许多特长均无发挥机会。六三年在学校时，即开始按照曹靖华②先生的推荐，试译《战争的秘密》，此书是苏联出版描写二次大战长篇历史小说名著之一。（作者曾在纽伦堡国际法庭任职，已故。据闻本书价值实不下于《战争风云》。）尚一面读书，一面译成一部分，文革中初稿散失，只幸存原书，从七六年起重译，已完成六卷中的前三卷，约八十万字。尚先生勤奋认真，除译文外，还找寻了不少有关史料，校核本书的叙述，在川中未能解决廿余处疑难词句，这次来京，从靖华、师哲③二人得到指教，已顺利解决，师哲先生且为阅过第一卷部分译稿。兄若能为介绍于主持四川文化出版之李先生，得到付印机会，对尚先生必能起极大鼓舞作用，对广大读者亦必可望得到有益启发。余由尚先生面罄。

并候体力康复，府上长幼佳吉。

弟　沈从文

一九八一年八月廿三日

沙汀，原名杨朝熙，四川籍现代作家。通信时任中国社会科学院文学研究所所长，中国作家协会副主席等职。

①伯箫，即吴伯箫，原名吴熙成，现代散文家、教育家。

②曹靖华，原名曹联亚，文学翻译家、散文家。

③师哲，俄语翻译家，时任中国社会科学院苏联东欧研究所顾问。

19811004
北　京

致巫宁坤

宁坤兄：

　　上月半，钟开莱①兄来京，只停两天，幸晤面。曾为将兄奉托事转告。他可能在十月半以后返美，你可以告告孩子，或在十月廿左右，先写个信给钟，约定了时间，得到钟回信后，由他约定时间后，再兄妹二人同去拜访他。有无希望，一切将看见面后所得印象。也许得多见几次后，他才会有信来告。照我估想，若所学符合要求，将会得到助力也。见面以后，钟或将有信告我一切。若此后无可希望，或尚可去信商另外熟人，总之，人既到了美国，那边尚有些熟人可以商量，或许学校不如此校著名而已。

　　并候双好。到处在学习"指示"，一时或不易见有人作"急先锋"也。

弟　从文
十月四日

　　巫宁坤，北京国际关系学院教授。作者任教于西南联大时的青年文学朋友之一。

　　①钟开莱，知名概率学家，斯坦福大学教授，数学系主任。

19811019
北　京

复李凯玲

凯玲先生：

　　得信谢谢。论鲁迅先生翻译文学，我和兆和同志都已看过，觉得笔下极有分寸，有见解，也写得很好。这一个月还只过一半，许多"秀才"都不免感到一点头脑昏乱，不知做什么好，因为"对外"和"对内"我们都近于无知，但对外还可联系本业，谈谈个人接触到的问题，以为或可就英美各大学的台籍中文教授，做点统战工作，鼓励他们回国来看看，最好是请他们回来，教一年书，并让他们得到方便，并得到国内各大图书室查材料便利。（他们多半是研究中国文学某一段落得到学位的，尽他们得到继续提高的便利，他们一定乐意的。）最重要是不要把他们当成有钱的美籍华人，只想从他们身上搞钱，留下个坏印象就好办。照我理解，这些人多半是热爱祖国的，即或因为在台湾受的大学教育，不可免有一定程度的成见，但在美国大学东方语文教师中，却占有极〔有〕力的势力。到美国一久，也并不怎么对台湾社会满意，能想办法请回来教教书，比请些纯粹美国教师有用得多。但到目前为止，国内对于这些美籍台湾华人似乎还不大觉得重要。在美的大使馆方面，和他们的关系也有待改善。或许事情太多，一时还来不及注意到这些教师的争取工作，也相当重要！甚至于可说十分重要，因为他们不仅影响到美国习中文的学生，也对于台湾能起一定影响。

《长河》改正稿已寄武汉张简同志处，我写了个〔信〕告张简，若已照改正稿校过，请他们把校样给你，给他信看看后，望便中付邮。据这里熟人传说，姚雪垠要回武汉整顿湖北作协，系针对徐迟而发，是否将影响到出版，不得而知。希望只是不足信传说。候好

沈从文
十月十九

本信手稿曾在互联网上公开拍卖。现据拍卖时展示的手稿画面，整理编入《沈从文全集·补遗卷》。

19811027
北　京

复苏赓哲

赓哲先生：

　　来信并汇款收到，迟迟不作复，极歉。因为写字只是玩玩，一生还不曾使之发生"经济"意义。（最好只此一回，下不为例。）记得约在四十多年前，西南联大为救济穷学生，卖过廿条字，此外就全是自己涂涂抹抹散心，解决工作疲劳。即偶尔分送友好，还总是希望不要费钱装裱为合理。因永远只会用值一毛六分糊窗纸裁成四条，用值一毛七分小学生习字笔信手涂抹而成，有时稍稍看得过去，多半却难称"及格"，付邮时，总不免深感歉意！近于勉强交卷，亦无可奈何之事！惟数年前见到王伯翔先生大公子捎来一小小金笺字幅，书崔瑗论《草书势》短文，正系在昆明时为其小姐在"救济联大学生书展"时购得者，用明式磁青纸表成狭狭一条，似乎还像样。字幅后曾悬挂于伯翔先生小书房中廿余年，伯翔先生去世后，复转成其公子湜华家中小书房点缀品，又已近十年。四十年来，社会风风雨雨，变化之大，为历史所少有，此小小字幅，竟能保留下来，一切如新，真不免令人感慨万端！此小卷子正是弟卅多岁时习字，纸墨亦较佳，捎来后即为用乾隆蜡笺重临廿遍，分赠友好。可能还有三几条尚保存于旧居廿余年一堆废字中，另一时能发现时，必捡出二纸分赠先生及炎生先生，留一纪念。

　　此间日子过得极简单，人居闹市，如住村中，住处附近即崇文门大菜市，供应上也应有尽有，盼友好放心。科学院方面托熟人探听，香港不知否可得影印《道藏》，台湾或日本影印，得多少钱，如尊处有熟习旧书行情的，为便中一询价钱，或可从港中拨一笔存钱购买。如无熟人可询，不必回信。琐琐烦渎，预申谢意，并此复颂著安。

沈从文
十月廿七日

　　苏赓哲，通信时为香港新亚书店经理，旧书业资深经营者。

19811031
北　京

复彭秀枢

秀枢先生：

　　感谢你的厚意，来信并另抄一份旧文稿，都已见到。有关家乡事情，我知道的并不怎么多，因为年岁极小就离了家，在沅水流域"打烂仗"飘荡了五六年。生活接触面虽较广泛，由于认识上的限制，懂得下层人民生活比中上层似稍具体些，却依然只是点滴小处，可并不全面。只因为到北京住了几年，因缘时会，有机会写了些不三不四小说，前后约有二十年，在几个大学教教"现代中国文学"，所以从常识出发，也写了些概括性介绍五四以来文学各方面成就的文章，供同学同事参考。其实见闻有限，还是挂一漏万。不仅难以把握主流大处，甚至于不免极多错误。

　　寄来《谈湖南对于新文学的贡献》[①]，这个四十年前旧稿，是我随同北方三大学，因抗日战争爆发后迁过云南，在昆明乡下已住了六七年，承湘中友好邀约，而匆促完成的。在写法上包含有对家乡中人打气团结意义。此外似尚有四五篇，则为〔民〕二十七年初到长沙时，受当时任长沙某报编辑王鲁彦先生之约而写的。时何健刚为龙云飞赶下台。省中争夺激烈，我由于不懂情况,说了些对蒋不大好的话,王受新崛起之蓝衣派压迫,离职往桂林,后来即病死于桂林。随后不久,又另写了篇鼓励家乡子弟抗战文章②,却被重印十万份,散发于湘西各县,同乡田星六老先生,竟过誉以为不下于扬雄《谕巴蜀檄》,其实我始终不懂湖南何健去职后,内部权力重新分配矛盾何在也。这几篇文章,如湖南出面托人找找,或可望得到。后来到了昆明,写一《湘西》小书,倒是见到徐特立先生时,听他说:"战事恐得延长,不是三几年可以完结,在后方文化人得搞点团结工作,对抗战大有好处。"因此,写成这个介绍湘西的小书。你寄的这份旧稿,我已重看几次,原文不多更动,只怕重新发表时,有些字不大清楚,易致错误处,略加改正,中间和末后稍稍增减了些字句,即付邮寄还。至于适宜发表与否,望你能斟酌斟酌,我无什么意见。如拟发表,势必需重新抄一次,还得你费神校过,才可望尽可能少些错字。最好复印份抄本给我。

这里正有朋友为我编印文集十五册,内中有一册专载我对于新文学提出的意见,约分成三个部分:一、分别谈三十年代一些知名作家诗文成就;二、北方诗文对于朗诵诗的种种;三、个人对于文学,特别是小说散文的认识,包括了专论,各书序题,及有关通讯。原只这么三大类,有了你寄来的一份旧稿加入,则可成四类。因为文章虽只具轮廓,近于概括性叙述,经过半世纪的社会变动,谈及的种种,知道的人也不多了。似乎还可供教书的参考。至于我这个信,最好不要发表。由于"虚名过实",不是什么好事。我在新旧社会,都像是个不大吃得〔开〕的人,搞点工作似乎还踏实。适应不同人事变动,可极不中用。且外出已六十年,总还是戆头戆脑,以说话而言,便脱离不了家乡气。又不善于见风转舵,看水行船。总之,"拿不上台盘"却是无可奈何的事实。学什么都只是停顿到"常识"范围中,永远达不到专精程度。这三十年脱离了学校也脱离了文学,在博物馆名分上是个研究员,事实上却只希望达到个"合格说明员"就不错了。事实上学了三十年,常识倒还过得去,用处就只是帮文化各部门打打杂、服服务,外面说的如何如何专精,都近于过誉,不宜尽信以为真。

近年来国外对我那些旧作引起较大兴趣,事情也极〔平〕常自然,去年去美国过了四个月,受到些大学师生欢迎,我以为并不是对我个人真有什么特别成就,其实只是对中国的好意和关心!其实对国家我这三十〔年〕事极少,对家乡贡献更说不上。学习上只有一点可说处,即牢牢记住"为人民服务"几个字,照部中规定,一个文物工作者必须把学懂的一切,为"科研生产和教学"服务打杂,凡事照老子早说到的"为而不有"。在这几十年社会剧烈变动中,居然还能活下来,不出大错,就可谓太幸运了。

蒙慕秋教师想常见面,唔及时望转告一声,我因杂事多,她给我的信,至今还不曾作复,十分过意不去。我在香港印的那本大书已出版,至今北京还只收到个样本,原书分量过重,到九磅半,定价普通精装本约五百港币,特别签字本却得八百港币。书印得还好,不久还将在英美译印出版。但在国内重印却遥遥无期,事实上这书对国〔内〕外各方面倒还得用!我说的吃不开,这也就是个现实特例。说明有二十五万字,待我删改成十三万字,相当困难,恐交不了卷!另外在国内各省也印了三十本旧作,到出书时,必寄一份来给校中图书馆,作个纪念。各书多是四五十年的过时旧作，外国人要研究，我不便说什么，至于国内，我却以为有一二人在作整理分析，也就够了，不值得谁多来进行这种无多意义，白费心力工作。我的工作还未到满师程度，就停顿下来了。那值得家乡这分看重？其实是虚名过实，不足道的！

并复候教安。

校中老师通通致意。

沈从文

十月三十一日

彭秀枢，通信时任吉首大学中文系教授。

本篇2002年12月曾载于《永远的从文——沈从文百年诞辰国际学术论坛文集》一书。现据发表文本整理编入。

①《谈湖南对于新文学的贡献》，指《湘人对于新文学运动的贡献》一文。1946年7月30日发表于上海《大公报·文艺》第43期。已编入《沈从文全集》第17卷。

②文章，即《莫错过这千载难逢的报国机会》。已编入《沈从文全集·补遗卷》中第一册"怎样从抗战中训练自己"集。

19811125
北　京

复彭秀枢

秀枢先生：

寄来复印旧稿收到，谢谢。稿已看过，邮还。如发表，似得注明年月。最近得长沙《解放日报·文艺》①伍先生来信，并寄来份照片，得知正是我谈到抗战那年回长沙时，由王鲁彦先生约写的文章之一，原报名《抗战日报》，也即是同乡田星六先生提起过的那个小文。其他四五篇，可能当时在同一报纸上发表，时间或稍前一些。这个小文和其他诸文，你不妨去个信，商请长沙《解放日报》伍先生为查查民二十七年《抗战日报》，就能发现的，用复印机翻造下来，不必去长沙就可解决。

我是个早已过时的人，不值得任何夸奖，免得对青年造成一种错误印象。所有习作既已毁去，也无所谓，且还觉得"心安理得"。写《现代中国文学史》的人，没有提到我，还应当感谢他们！并不曾使我失去做一个中国人的信心。国家总还是要人爱，也许可人爱的。我总以为工作做不好，那就让"有思想，有能力"的人去做，我不妨换个工作方法来学习"为人民服务"。这三十年就这么"与人无争"的，守住本职，把学懂的文物常识，为各方面打杂服务，不知不觉过了三十年！最近出版一本较大型的关于"服装研究资料"性图书，用五百多幅图像，二十五万字说明，是得到总理生前同意进行的，原本六四年就可付印，因"文化大革命"，曾被当成"歌颂帝王将相才子佳人"的毒草，几几乎也毁去。幸而并没毁去，七八年得到社会科学院人力物力支持，有个修改增补机会，搁了十七八年，今年十月里，居然在香港商务印书分馆印出来。印出来后看看，倒还像一本有内容有分量的书，其五百多页重量就达九磅，只是太贵，普通本定价五百港币，签名本到八百港币一本。听人说，初印三千本，出版一月来已将近卖完。明年或将有英文版付印，可惜书太贵，我送不起人，只好等待将来在国内重印时，再看情况去了。至于外面说的，这书十分了不起，也不宜信以为真。事实上只是一种常识性的图书，当作试点本而进行的。若不耽搁，到现在可能出到第四五本了。照原计划拟出十本。一压将近二十年，我年龄已经快到八十岁，可用生命即已不多，即或在这边历史所，成立了个"古代服装研究工作组"由我主持，有一笔预算，还有几个工作人员，照估计至多再能付印一本，另外完成五六个较小专题性图录，我可得把工作交给副手了。

你说的文学界对我不公平，事实不是什么不公平，应当说够公平了的。我虽在大都市混了近六十年，本质上可还是个不折不扣的乡下人，照一般说来，既庸俗委琐无大志的人，不管什么不利环境，不拘学什么具体工作，若让我用我自己的方法摸去，看来都可望慢慢地学好，只是社会变动太大、太快了！随同社会发展，要求日新月异，如果一个知识分子首先必须懂得"应世哲学"，讲得好听些，也可叫马列主义。装作一切"紧跟"的样子，随时随事都不忘举手呼"万岁",向首长表示忠诚、敬佩,换言之,便是"巧",才吃得开。我一生取予之间既十分固持,从不会"逢场作戏",那就难免永远一个"吃不开"。工作即再认真,生活依旧吃不开,这才真是悲剧,但无可奈何。或叫做宿命,事实上是乡下人的戆头戆脑。解放以来,几几乎所有老同行、旧同事都飞黄腾达,经常还代表中国,全世界飞来飞去。有时天不亮,那些飞机在上空隆隆作响时,我正巧手上捧个烤白薯取暖,等待天安门开门,倒真应了俗话所说"一个在天上,一个在地下!"我却只能在博物馆陈列室做个说明员,转了十多年的原因。情况尽难于设想,可从不觉得如何难堪,人不中用怪谁!写小说的人照例是懂得这种"向上爬"技术的。我懂倒懂,可绝不使用。所以就吃不开。但想想这三十年却不止百万人,都在人为的风风雨雨中牺牲了,许多还是身边的"老战友,小伙计",以善于"紧跟"如×××××大作家、大文豪,也都到时难免糊糊涂涂死去,我这么一个极端平凡的乡下人,倒至今还活得上好,始终还像个新社会公民,实在应当说十分幸运,不应当还感到任何委屈!个人实在太小了,现在已快到八十岁,如何用有限余年,继续守住本职,为科研生产和教学依旧照各方面需要打杂服务下去,才可望真正像个合格公民。忧心忡忡的不是自己什么,也只是这个国家的当前和明天,那么多"勤勤恳恳",又"忙忙碌碌",既"极端聪敏",也"无所不为"的大小官僚,如何才能使得国家能真正好转,个人得失实在不值得考虑!

我其所以这三十年从来不丧气灰心,就因为写作也不是为自己。写作原以为必学个五十年,才可望毕业及格,若有所谓"野心",也应当是把作品送到世界上和世界第一流作家去争短长,不是在国内和三五同行打笔仗，争群众，搞自我宣传。所以别的什么好处都不在意，只希望有点自由用笔的便利，生活即再困难，依然能不以为意而坚持下去。可只社会变化如此剧烈，对文学要求既有了一个新的提法，争自由本来是五四以来基本要求，忽然间即成为罪过。"天下定于一"，一切作家必需照指示作去，尽管早晚随时会有不同，什么作品得罪了人，我既和社会隔绝，我的改业实在说十分自然。且新的一代即以湖南同乡而言，就已经有了百十位文笔极好，思想也高的作家，值得注意，应当特别推荐他们作品给年轻同学。家乡人对我充满了好感，极可感谢，但过高估计我的成就，就不现实，也相当危险，并颂教安。

沈从文
十一月廿五日

本篇2002年12月曾载于《永远的从文——沈从文百年诞辰国际学术论坛文集》一书。现据此发表文本整理编入。

①作者将上海《解放日报》误认为是长沙的报纸。

一九八二年

19820103
北　京

复黎泽重

泽重先生：

　　奉书深谢好意，我转业到博物馆作一普通职员已卅多年，过去四十年前未成熟习作，因过时被毁，亦已卅年。新陈代谢，我觉得十分合理。在新中国文学方面我实在毫无什么贡献，年来报刊上经常提及贱名，居多出于过誉，不宜信以为真。特别是家乡友好，出于家乡感情，有时期许过甚，不免转增愧惧。事实上解放以来，湘中千百青壮作家，新的优秀成就，都远远超过五四以来作家所有成就，我即或乐意仍作个"打前站"的探路哨兵，也只像个极不中用的逃兵！在邮票上签名，这些新玩意，似乎以廿来岁什么"电影歌舞明星"来作，比较合式。要一个八十岁老年参预，无什么意思。且恐此例一开，使人有"招架不着"趋势，私意还是让老年人做点比较有用的事，合理一些。想能见谅。

　　复颂著安。

沈从文
一月三日

本篇2002年12月曾编入《永远的从文——沈从文百年诞辰国际学术论坛文集》一书。现据手稿校正编入。

19820129
北　京

复王㐨、王亚蓉

王㐨、亚蓉：

  得信，十分令人兴奋，日来工作必特别紧张，真是不虚此行。预料也必异常辛苦，务望保重。希望再过半月，即可见到你们，带回更多更好的新资料。新便面出现，实在意中，因以马王堆二扇而言，即明白是成熟品，而非原始型。我们这里过了个简单而热闹的春节，因为小龙小虎每家三人，和朝慧母女，均集中在一处，刘焕章还在非洲。还是近卅年中第一次！张先生已将花城文集稿交出第九卷。长沙已出散文小说各一本，"小说选"厚达四五百页，似乎过厚了些。错字不少，无可奈何。湖北重印《长河》，于《长江文艺丛书》载出，也有不少错字。这一星期每天上下午均为客人消耗了，欲逃脱，无处可去。十分着急。只抽空为花城写完文集签名本签条，写了三百纸，还盖了个章，近于无聊可笑。李宏处重印书事，得待你们回来商讨进行办法，待抽换补充诸图约百种，心中已有数，但诸图集中，还得商文物局任齐二首长，取得各方面协助才有可能。外文出版社杨先生试译稿，尚无消息，又不便催问，也略感焦急。日昨得香港来信，相告，台湾方面已正式登出广告，我编的《服饰研究》出版。若真的对和平能起些微作用，倒真值得欢庆！令人奇怪，翻印本怎么出得那么快？小虎正在计算香港正式出版的时间，除非香港方面印刷厂将原底版用某种方式，通过某种离奇手续转运台湾，不大可能如此迅速在台湾重印。十一月廿出售广告已见于《中央日报》！估计其中必有些离奇情况发生，不仅是书店方面出了某些交易上的有利图谋，在相互默契中才可能迅速印出。或超过经济利益打算？但是若就书中文字提法看来，有不少处提法，在台湾当前是犯忌讳，不会得到许可公开的。若非得到那边上面同意认可，一般商人，不大可能有此大胆，冒险来出这本书。总之，这可以说是一个好信号，一时不易索解的"谜"，是个相当离奇突出的事情。也可以说，我是得到认可，"是个真正超过党派的纠纷独立爱国的中国人！"即使这样，也不容易在那边得到这种便利！总之有点不平常。即使出于政治和解的征象，我也不会如某老太婆新近骂我骄傲的理由。如果照最近文学出版社一编辑告我，骂我原因是她所谓"沈某某出了一次美国，就骄傲起来了，别人不敢触他，我偏要碰碰看"，的确用这种话回答向她询问，如真有其事，极明显，也极简单，却是因为她上次请客我不参加，"恼羞成怒"的托辞，并不是我真正骄傲的结果。因出国一千次，也不会什么骄傲！那么这本书即或出于政治上原因，对国家还是显明有好处。老太婆大有可能还会更加引起她的妒嫉，再出别的花样来个更凶狠的恶骂，亦意中事。因为这书能在台湾出版，绝不会只是商人为赚点钱而出现的。你们试想想看，也许还会有别的我估计不到原因？因为我所有作品，在台湾受明令焚毁禁止，也有了三十年，在国内同样烧去三十年，今年才出印两本。书被焚被禁，我不仅从不感到丧气灰心，只是"心安理得"的从做一个公民出发，不声不响的学下去，学了那么一摊子杂常识，在熟人难于设想困难中，始终克服到个人得失计较的情绪，坚持到八十岁，直到如今还不丧失能把所学为人民服务，对工作上的童心，这只有你们知道，我那会如某老太婆说的"到一次美国"便产生"骄傲"的人？台湾出书事，目下在鄂不必向任何人提及，我估计不会太久，就还可从香港或美国方面，把在台湾印行这本书的内幕情形，多知道一些些问题。也应分估计到，事有可能，这个出版公司是个和日本或美国有经济背景联系的出版机构，名称像是日本书店常见的……不受台湾限制，主要是可以不受香港约束，根据那个翻印本，可在日本再进行翻译时，即不必向香港商务打交道，甚至于利用我名字向东南亚推销那个复印本，也还有点捞头。我觉得即或只是赚钱，这倒无碍于事，因为这里还有的是新图可增加更换。为了竞争，我们尽可能把所需要增添更换的彩色图照，即早设法凑齐，（必需能得到文物局的帮助，说不定还要夏所长帮助。）重新编好图版秩序，并加一重订本二三千字的说明，新订重印本或许在香港半年内即可出现！到真的出现"新双包案"时，北京方面可能也会如何即早来考虑到让中国读者看看这本书了。（但也可能更不容许印这本书，因为有老太婆一类人在，我是出不了头，也不想出头的。）那么，老太婆即或再出什么新点子骂骂，我以为还是让她骂到疲倦或病倒，以至于断绝呼吸为止。让她自己也感觉到没有意思，到那时我做公民资格也就算是及格了。即或真有这一天，我们自己却是得十分谨慎，戒骄戒躁，特别认真来继续进行工作，才可望在作公民目标上，除了自己认可外，还能得到全国人民认可通过，得到世界认可通过！若说人生是一种沉默的斗争，或一个沉默的战场，我们还得好好努力做个十年八年，才会真正做出点点应有的贡献！只为这一点，我才觉得还应当多活几年！不要在偶然小小事故中报废才好。尽管让老太婆下次骂我说是有"极大不可告人的野心"也无妨，绝不回骂，因为我们当真就是有做一个新中国公民野心，一切别的好名分都不顾而工作下去的。

最近小虎在学校有了房子，两大间加上个宽阔可搁饭桌的通道，灯节后或即将迁去。他在这里处理家中琐事十分得力，且任何麻烦，一会会即可得到解决。此后大致隔一二天还是回来住一夜。小红为一大堆复习课压得头昏昏的。之佩来此一年多，即两次得充先进工作者，和学生关系特别好。也使我们放心。裱的字不知已付裱没有，如尚存你家中，或来一信给家中，让小袁拿去裱裱，因为下月熟人将去美。节日在人大会堂喝茶，听戈宝权说，传加州任中文系主任的许芥昱全家长幼，因泥石流而毁去，无可追寻，感到生命渺茫，令人悲伤。只能希望传说不尽真实就好，这个朋友虽年六十多，精神真够得生龙活虎形容，我们在加州一切全是他安排的，对我们热情到无以复加，竟忽然全家消灭！闻家临海边，住处环境极好，家中还有个人游泳池，孩子也极可爱。不幸事竟发生于一场暴雨中！一想起去年经过，即感觉难受。这难受处将不是三几年能忘掉的。

这里一切照常，也许正在决定不少副总理退职而有所争持，我们和一切隔绝，毫无所知！近闻有五六位"大作家"都迁入新落成的某部长级公寓，等于木樨地房子宽阔，我们却只希望多有间房子搁搁书，也无从为力。即使这样可并不歆羡别的人，因为我的希望主要是工作。这里小虎搬走后或许可望稍稍松动一些。

家里新来个帮忙的，和小红样子差不多，等于多了个孙女，其实这里事情不多，若肯读书，有的是好机会，有书可读！张先生还好，前后校了旧作选十二本，估计若无其他什么新变故，或于今年可印出十本左右。希望四川那四—五本能印得好一些。广州签名本可能也会好些。北京即复印五七年旧作，也遥遥无期！若总共廿五本出齐后，有再印机会，我希望最好是印成熊猫丛书小而狭本子，分别印，或可出四十集。也许还有希望，也许什么变故一来，我将有重新摔倒完事可能。中国事一切难以从"常理推测"即在此。以不抱任何不切现实幻想为合理。有些"掌文艺舵把子的人"，争的多是极小极小的位置问题，待遇问题，似乎还始终不明白责任何在，以及如何尽责。会开得再多，可并不解决问题。因此稍懂"世故哲学"的人，都容易成为"身边体己亲信"，阿谀奉迎巧佞永远在官场中有市场，在文艺部门且更需要，用途广泛，而极易见功。我在旧社会吃不开，新社会也吃不开，且可说是永远吃不开的，也从不因此放弃工作责任和做人责任感。国家在好转中生产也在好转中，转得虽够慢，但好转却是事实。每和中层负责实际工作责任的五六十岁亲友谈及他本业问题时，却总是感到当前困难重重，任何上面好想头，都在"官僚主义"中感到束手，感到无可奈何的痛苦。……这些全是废话，不说为好。还是尽可能在工作范围内好好工作罢，国家多的还是这种人，也要这种人！

从文
一月廿九

　　本篇曾于2002年11月商务印书馆（香港）版《从文自述——晚年的沈从文》一书发表。该文本错误多，现据原信整理编入。

19820201
北　京

复吕宕

　　……在电视中我和家中人曾一再看过《林则徐》,印象极好。我因生于清末,记得总督镇台衙门前,东西两面多有辕门牌楼,照壁必彩绘麒麟,照壁两侧且必竖有两支长及三四丈高桅,还各有作覆斗状棋枓在桅梢,衙署大门还必需绘秦琼尉迟恭二武将门神,若场子较大,辕门内衙门前还应有两个奏乐楼亭子,早晚必循例奏乐,总督出门也奏乐。仪仗则鸣锣开道,显得威风。戏剧中或因限于地位局促,来不及安排,也不妨事。至于作战烧烟土,历博似乎还有些图照可以参考,此后若涉及有关材料,不妨问问历史博物馆史树青李之檀二先生,他们掌握不少图像,或可得到协助。

　　我的那本中国服饰资料……广告说是《中国服装史》,近于过誉,不宜相信,其实只是一个试点本图录,因为时间延长到三千年,三五百图那说得清楚?只是就廿年前手边所□资料,选定二百多图,百多附图逐一绘出,加以说明,说明由我在一年内完成的,内中图像还新,方法和前人也不大相同,主要是以图为重，排比材料，再引申文献，分析问题，判断时代时，结论因之也较多新意，且多为前人以文献为主研究工作注意不到处，以至于错误处。其中得失参半，事实上还是从常识出发一种"带试探性参考资料"，在中国算得是第一本同□类出版物，内中不少提法，一时还恐不易得到国内绘画鉴定方面"专家权威"认可，因为和他们矛盾大，也不易和考古方面"专家权威"意见相合也。他们是挖什么说什么，传世的不算。因此出版后，外面反映还好……

这个图录说明部分最有用处，大致是"中国艺术史"研究者可据之对若干名画时代从制度方面提出了些新意见证供参考。由此出发，也可得到不少启发。对于服装研究工作者，也可以从新的分期意见得到些新启发、新知识。特别是治《丝绸美术史》方面的同志，也许用处更多，因为这方面我的知识更扎实些，有机会见过十万计实物，有更多发言权。至于历史剧，可能用处不如世人推荐之多，原因是历史剧的衣着不成问题，容易解决，难的是场面起居服用种种配合，才能形成历史空气，这本笨书可无从一一注意到。

我希望你拟编剧本所需场面设计绘成图样时，复印一份给我，我或能为设法介绍些此书中所没有的其他资料奉告。因为我们还搞了些大小不同专题，多有了个底子，一二年内恐不易出版，但编剧有需要时，应当尽可能协助，使它像样一点！

事实上这方面用心集中出几万资料，主要便是协助搞新的古典歌舞剧,或话剧,或电视剧,能突破久成习惯的"京剧""越剧"的影响,更多些接近历史气氛,这工作由于习惯,戏剧学院,艺术院校,很少设有专课求进展,也无从学起的!

　　吕宕,现代剧作家,笔名羊公鹤。著名电影文学剧本《林则徐》第一作者,因被打成"右派分子",影片取得巨大成功后,曾多年被剥夺编剧署名权。1981年吕宕酝酿写一部以唐代生活为背景的历史剧,需要有关资料,因买不到香港出版的《中国古代服饰研究》,曾于1982年1月21日写信向作者询问。

　　沈从文当年的回信全文近2000字。本篇仅据吕宕《沈从文先生给我的一封长信》所摘录文字编入。

19820210
北　京

致严文井

文井：

　　节中想一切都好。宪益①兄不知近日体力如何。担心他事忙情绪又欠佳，不好意思问他上次说的试译我那服饰资料《引言》和《唐代》两章，看过后，是否觉得值得译？或已经译了引言？我回来一看那书，唐代占六十页，篇幅未免太重，就担心怕不值得译，也来不及译，你们通电话容易，或在商洽别的事时，能为随便问一声，极其感谢。

　　上次贤伉俪惠临，谈及丁玲骂我事，其实极简单，我一生从不和友好翻过脸，至多不来往就完了。我这人头脑用到工作上，还像得用，至于应付人事上，实在极端无能。她在《诗刊》上借我低估了胡也频，骂了我一顿，骂得极精巧。我觉得一个快八十岁了的人，用心到这上面，未免可惜。但也没什么大不了处。（因为还是在五七年，出也频选集作序时，就骂过了。我并不存芥蒂。）从好处说，这和她近廿多年受的委屈，使得健康受损害有关，充满了一肚子冤气，却不敢骂她应骂的人，来找老朋友出出气，也没多大关系。我本来就是个多年来早被骂倒，毫无能力和人争辩的庸人。旧社会并不吃得开,新社会更显得落后无能。所以即冒充"空头作家"也办不到。在任何人面前就从不冒充"作家"。自从五三年所有过时旧作完全烧尽后,反而"心安理得",在博物馆不声不响作了十多年"说明员",一心只想能学个十年八年,达到一个"及格说明员",就不错了,且因工作关系,深一层体会到"为人民服务",大有道理,也易从实证中提高学习能力,因此不知不觉过了三十年。尽管学习上、工作上,困难重重,还是以能把学懂的一切,为各方面打打杂,服服务,觉得快乐,生活即再寂寞些也支持得下去,这三十年不算吃白饭过日子,还对得起国家,还像个公民,就够好了。过去什么批评权威,骂得我一文不值的,也能相谅于无形。可料想不到过了三十年与世无争的日子,还来受一个老朋友的责难。前年丁玲在诗刊上骂我时,中山大学教书的一位学生,感到离奇而不平,特意访问她,问她原因,她举出理由计两事:一为卅三年冬,我返湘西,不去看她的母亲,母亲十分生气,因此她也生我的气;二是卅四五年被捕,左联派冯雪峰要我出面营救,我不答应。因此——你想想看,天下有这种事吗?言不由衷,竟到这种程度。那朋友人极诚实,是在中山大学中文系作主任的。其实问题十分简单,我"抬举她不够高"而已。她被捕后,我是唯一在北方写了两篇文章为她说话的。有个张铁笙,说她和特务同在莫干山,我为分辩,张骂得我狗血喷头。我照习惯,她是全国作协副主席,举世无双的女作家,我却是个平平常常的文物工作者,她最得意时,我就从不作"攀龙附凤"想,她困难时,我却充满了同情。她现在又是当权有势的人了,骂骂我那值得生什么气?甚至于可说那敢生她的气!天下那么大,国家那么需要人做事,既以为我是"市侩",彼此不往来,也就够了。过不久,南斯拉夫文化代表团来,作协在新侨请吃茶,我去参加了,她见我来就走开了,记得到后有人邀她过来,我即想让开,免得见面不知说什么好。后来她作主人送客时,和我拉拉手,问我"听说你要去美国!"我无话好说,害羞走了。再不久,凌叔华来京,作协请客,一个秘书长?临时来我处要我去,我问有什么人?那位陌生朋友,说了一些熟人后,最后说还有丁玲,我说"有她我不去好,不用见面为好。"这事本十分平常,自然。你既然以为我是个不折不扣的市侩,我见面时,是争辩好,还是向你请罪赔礼好?说直实点,"由于怕你而避开,岂不省事合理。"料想不到又因此得罪了她。不久又复在文汇增刊上再骂一番,且到国外也还得骂骂。一美国友人好意问她,她借此又骂骂。使人感觉到十分离奇。不久前,有人相告,其所以骂,是我"到美一次,就骄傲起来了,别人不敢触犯他,我偏要碰一碰"。这倒太离奇得有意思了。我这么一个倒霉平庸人,五三年所有书都烧尽了,台湾也无例外,在博物馆三十年,始终是个职别极低的研究员,至今八十岁了,由于级别低,上医院还得排队。在美三四月,从不曾谈文学创作,不冒充"空头作家",搞新的专业,也只承认是改业早,机会好,有点常识积累而已,从不冒充什么专家。国内凡是想用我作研究对象的,总劝人照社会习惯安排,宜为"出路"计,以去研究党国和人民尊重认可的大作家、大文豪,此后才有出路可望。我是个"真正过时"的人,八十岁了,报废是迟早间事,那里会骄傲起来?近年即有机会重印些旧作,还多亏香港方面帮忙,才能着手。也绝不抱任何不切现实的妄想,总以为三几年人一死,就会成为陈迹。一生从不学会和人争是非得失,可争的只是具体工作，目下则是些待收尾近完成的工作，如何得点工作便利机会，把它逐一完成，对得起国家给我的任务，便于后来接手人得到点方便，省点事，罢了。为丁玲设想，一个全国作协副主席，必比平常人更明白党一再强调"团结"两个字的意义，如何努力才可望把人的长处全用出来，是个大问题！也一定会感到责任重大艰巨。且应当明白过去廿年的委屈，自有远近不同的原因，可不应派到我的头上。她在作家中已肯定是"举世无双坐第一把交椅"的大人物，我却并"空头作家"也不敢在人前冒充，且至今还是一个级别极低的普通文物工作者，无权无势的普通公民。即或出十回国，也不会感到什么"骄傲"。她每一次巧骂，都找得出个不同理由出来，实质上第一次却只是由于举得她不够高，再一次则我本于不好意思应邀作陪客，使得她"恼羞成怒"罢了。照趋势看，说不定还将这么骂下去，得到的是什么？《记丁玲》那本书已烧去三十年，国内即或有机会再重印，我也决不会重印。香港或国外，我也可以照她所说声明，"这是一本极坏的小说"，凡是想研究当代最伟大女作家某某的，绝不宜用这本写得极坏的小说作参考，只应当用某作家本人作品作依据，或照她自述，或与某某革命伟人的往来作基本资料，才不至于损害其伟大完整形象！只要办得到，我就应当这么告人，丝毫不感到什么勉强处。但是人家离开我作品，是否还感到研究她的趣味？我可无从明白。据我所知，美国有几个单位，保留了许多我们过去还从未知道的材料，也保留了些卅年代上海小报文坛消息材料，佛□图书馆更多文化革命材料，真正对她不利，可不是我那个《记丁玲》，会起坏作用！正相反，得到的好印象，恰恰多是看了那本"极坏小说"的结果！作点调查研究就会明白的。

上次你来时谈的似不尽意，事实上也像还不甚明白这事一切经过，旧话说"事不过三"，如今只能希望她尊重自己当前作协副主席地位，和当前在这个位置上，还有许多责任待尽。若仅能找出种种不是理由的理由来生气，再用心思来骂一个业已倒下卅年，（并教现代中国文学的教师，都已经不知道沈某某是活人还是古人。）完全彻底搞垮了的像我这么一个典型"市侩"，真应了过去人说的"何苦来"？应当为国珍重，才能和目下责任相称！既然以为我是个"市侩"，沈某某从不分辩，也并无任何人敢来争辩，已可说明她业已全面胜利。真正是做到了"威风凛凛，所向无敌"！所以你不必为我"感觉难受"而担心，或许倒应当在适当时候，从一个党员立场而言，劝劝她，在她的那个位置上，不适宜随便生气骂人。有权善不善用其权，或权力滥用，对国家、对本人，都只会招致损失，易得相反效果的！

香港印行那本笨而且重的图书，北京虽有外贸部门出版处考虑重印个重订本，我们这里本拟为添换一百新图设想，不意昨得香港转来一则去年十一月廿台湾中央日报的广告，却说"沈某某服饰研究，已经重印出版。可向台湾某某公司接洽。"详细情形尚不明白，我的所有作品，台湾本有明令禁止，且附有永远不许发表任何作品记载。禁令至今并未闻解除，这么一册大书，怎么会居然在出版一个月多点就翻印出来？说是和解象征，未免还早了点。说是有利可图，估计也许还近人情。其实真正读者，我认为应在国内。虽算不得什么完美无缺的著作，重要处实在内中方法较新，因之提出了不少问题，并综合分析，作出许多新的判断，对于治美术史、工艺史、乐舞史，以及服装史的历史戏剧工作者，都还有点参考价值，以图像为主，再结合文献互证，比过去单纯以史证史的研究方法，也算得是较新方法，较唯物方法。目前考古权威和史学专家，一时还不易认可，由于方法上和传统不同，但今后却肯定会要认可的！内中有许多新材料，也是前人少见的。只可惜，出版部门做生意赚钱兴趣过于浓厚，长于算近账，起宣传效果，不明白另外算远账，对国家总的利益，因此这本资料性试点本图书，也许直到英译本出版后，才会考虑成熟。终于不印亦意中事。日本人或许稍稍加些图像，由于他们书店分布面广，印刷精而快，尚可在国外赚一笔钱，我们说不定因为出于我作的，在我死后还不易出版。

我这里还有好几个待收尾的较小专题图录，送出国外，大都会得到认可的，因为问题新，材料新，始终还无人能着手！但是想从几个大博物馆添补几十个图照，就希望不多，麻烦之至。有限生命在等待中全浪费了。

从文　候双福
八二年二月十日

严文井，现代作家，曾任《人民文学》主编、人民文学出版社社长兼总编辑等职。

①宪益，指杨宪益，文学翻译家。

北　京

复王紫平

王紫平先生：

　　惠示收到，极感谢。承询《日出》文艺月刊编辑人，此事相隔已半世纪，已难于记忆。唯一可能去函英国伦敦中国大使馆请转凌叔华先生，我只依稀记得凌编过《武汉日报》副刊，叔华先生还健在，或许能够记住。此外，即去信广州中山大学杨盈昂教授，他当时在武大外文系读书，或可知情形。至于内中丁、胡、沉樱诸人文章，或许是我为邀约的。如有方便，望将各文题目抄来，甚感。

　　敬复颂著安。

沈从文
八二年三月

王紫平，通信时任职于湖北省地方志编纂委员会。

北　京

致董锡玖

锡玖同志：

　　我因事过忙，长影同志好意相询，实感谢。明代小说故事，版画随处可得，如《金瓶梅图》《燕寝怡情图》均可参用，似不必过于拘泥，反易感到束缚。记得旧木刻《今古奇观》，亦即有图可用！望为婉言辞谢，不必找我，感谢之至。

沈从文
三月十四

董锡玖，女，乐舞史研究专家。中国艺术研究院舞蹈研究所研究员。

1982 04 中旬
北　京

致王亚蓉

亚蓉：

　　如下数事相告：一、星期天下三时李祖泽先生来找我谈事，将和此书国内出版有关。二、上交字幅若未交去装裱，即送还。这里赵先生不日将出国，必需托他带去，不裱也可以。三、扇子照相望即赶出，或将那个发展表复印一份也可以。四、若重印书进行，得赶时间，得王㐨来安排照相，以一月为期，望一告荆州博物馆长，此事为今年我们工作重点，能回来完成后再回荆州好些。荆州若拟印图录，可能将由夏出面，我们院中若感兴趣，也由所中或张政烺出面好，我们至多只能协助整理锦绣部分材料，大致还是得把重订服饰完成落稿后才抽得出时间参加。

从文

　　本篇曾于 2003 年 10 月陕西师范大学出版社版《沈从文晚年口述》一书发表。因发表文本错误多，现据原信重新整理编入。

19820610
北　京

致荒芜

荒芜兄：

　　□□□□①两位同学来谈天，印象很好，且看过他们写的文章，提法甚新，笔下也极有分寸，不一般化。只是对于我那些早已过时报废文章，过目或许还不够多，设想将用我作品作毕业论文，我担心费力不能见好，既不容易得到教师认可，完成后也不易通过，以至于将来出路也大成问题。不如"实事求是"一些，用一年时间，去把最近得奖小说作一番分析比较，或许还容易见功，且不失"向前看"意味。因为据我所知，北京方面教现代文学教师，多还属于"正统派"，以"吃鲁迅"为主要思想。"中国只有一个鲁迅"的指示，在他们心中尚具有绝对威权，其他即近于异端也。若不作论文，只当成业余欣赏，不妨和北大国文系研究生凌宇通通信，或可从凌宇处有希望得一份较详目录，由一九二八到一九四八部分，足供参考。凌宇同学是目前对我作品理解得比较全面的一位，且生长于湘西，我拟编选的集子，即委托他主持的。又近见《广东文艺》似第三期有一人对我作的《桃源与沅州》一文，也作过点相当中肯的分析，发前人所未发，两位小友如能参考那个小文，选我集子中之六七八篇，用不同方法作的试探性习作，写写所得印象，并本文一同，另一时发表于湘、鄂、广、申诸刊物上，大致都会得编者欣赏。复信望便中一转，感甚，因二人就读处似在阜外某处，不是海甸区。

天气异常，由湘回京后，至今犹未敢单独出门。看来已失去单独上街资格。只闻宪益夫妇和永玉一家，加上韩丁小姐均在凤凰，永玉家热闹可知。

祝府中诸好。

              弟 从文
              六月十日
              兆和附笔

  文学所是否有一陈纪熊先生，金介甫寄来两本英文《现代中国文学》，不知应送何处。

---

① 原信复制件此处四字残缺，无法识别。

致向晓晖

晓晖同乡：

前日因从日本回京，长途飞行，体力不免感到相当困顿。相过失迎，十分歉疚。承兄示尊文，盛意深情极感谢。内中旧事小有误记处，试就弟记忆所及，为小作更正，想不以为意也。弟因为人顽固，在新旧社会都近于"吃不开"人物。实学不足，徒有虚名。新社会凡事重"实事求是"，在近半世纪风风雨雨中，居然尚能健在，只宜说是十分幸运，实万万不宜相信近年来报刊消息，即以为真有如何成就。其实虚名过实，不免转增忧惧不安也。敬复并颂安好。

沈从文
八二年十月十二日

19821018
北　京

致杨仁恺

仁恺吾兄：

　　多年无缘晤面，想诸事遂心，体力亦尚健好。王序同志来沈阳工作，短时期可在沈阳停留，希望能得大力协助，看看您馆藏品中对弟所编织锦资料①补订本宜增加织绣材料。因此书在港付印后，不过月余，台湾方面即出有盗印本三种。近正拟增加彩图百种作重订本，同时在港、京付印。还初步商定将说明简化，在英、美出英译本，且有机会出德、法文译本。重订本希望较看得过去，一切全盼各兄弟单位给予大力支持。说不尽意处，王序同志必能当面请教。

　　并此顺候
全福！

沈从文
八二年十月十八日

杨仁恺，博物馆学家，书画鉴定家。时任辽宁省博物馆副馆长。
① 指初版的《中国古代服饰研究》。

19821022
北　京

复龙文玉

文玉同志：

得信谢谢。我是个在新旧社会都不大吃得开的人，前一段为虚名过实而担忧，在写作上虽还认真努力，但局限性极大，或被称为"多产作家"或被认为"文字魔术师"，都喻褒于贬，为此道内行权威看成外道旁门。到后来革命作家一抬头，官高位显，成为"真理"的象征，我便进一步由"无思想作家"，进而为"无灵魂作家"。终于所有作品因为"过时"而一把火烧尽。我明白路走不通，所以即时改业，在默默无闻历史博物馆中过了卅年，名分上是"研究员"，事实上却只希望十年二十年后，达到一个"合格说明员"就够了。到文化大革命一来，看来这也不成，才又把目标降低，以为能达到一个"合格公民"就不错！因为作公民虽无什么特权，却永远有公民责任待尽应尽，在任何困难情况下不得消极，事实上，我能作的也不过是就卅年所学所懂的点点文物常识，为各方面打打杂，服服务而已。任什么成就是毫无可值得称道的。家乡人近年来从一般报刊上，间或有个沈××点滴记载，即以为国外的"沈××热"为真有其事，其实一切依旧，一个吃不开！我究竟是过时了的人，沈XX热即或真有其事，过二三年也将依然会成为"陈迹"的。家乡人对我期许过多，是会失望的。我在吉大说是个"打烂仗的人回到家乡！"实近于事实。不料居然有人争以为我是"土家族"，大做文章，你却以为必需辨明是非，应是"苗族"，我认为这事太小，实在不宜因此而减少团结力，我一心只想在世界上得到认可我是个真正中国人，能为中国增点光彩，才像我所说的"合格公民"，生活得即或再孤独，再糟糕也够好了。盼望你们不要把我期许过高，我以为能承认我工作还像个"中国公民"为最高兴。因为要达到为世界认可"一个中国公民"，实在还得大大努力才有希望！目下虽到八十岁了，总还得尽可能多为国家做些事才合理，若纠缠到什么族籍中，所争未免太小了。并复颂安好。

沈从文
十月廿二

龙文玉，教育工作者，苗族文化学者。曾任湘西土家族苗族自治州民族中学校长、州教育委员会主任、湘西土家族苗族自治州副州长。退休后在凤凰创建了苗族博物馆。

19821028
北　京

复巴金

巴金：

　　得信并附寄旧稿，谢谢。前些日子，从北汜或黎丁得知你体力不大好，且动了手术，我和兆和都为担心。上次你从国外回来，作笔会报告时，就觉得你体力显得衰退，面容憔悴，还以为是海外工作过于紧张疲劳，能真正休息一阵，将会好转。我觉得人上了年纪，杂事能摆脱些，就尽可能不管。我自从搬到新侨饭店隔壁那个大楼后，能和兆和住在一处，饮食起居已方便得多。表面上看来，还过得去。事实上新住处正当大街，每天由早五点到夜十二点，大小汽车几万辆奔驰而过，总无从得到安静，噪声可能早已超过若干分贝，工作效率已极低。人似乎越来越显得低能，有时写个信也不大知道如何开始又如何结束。正在把香港印的那本有关衣服图录编个"重订本"，台湾方面闻已有三个盗印本，主要是可赚钱！加一百个彩图，各图收集必得四五个大博物馆加以协助支持，才有办法。我既已不大宜于出门，全靠两个助手去交涉，事虽容易办，却总不容易得到应有便利，所以预定交稿时间原拟十二月底，不能不向后延伸。四月里去荆州，住了半月，五月中又和兆和及黄永玉一家同回到我家乡一次，共住了廿天。兆和是结婚五十年头一次去湘西的，体力尚好，还和永玉等爬上新开辟的游览区一千三百多公尺黄师砦一次。火车已通到县城廿五里远近，所以来去实方便，只是人已换了三代，亲友故旧生存的已不多。地方生活显明已起了极大变化，只是人的性情脾气好处优点依旧，变化似不多。因一出黄家大门，得上上下下走百十级石头路，不宜单独出门，一个小山城只走了两三次，到过苗乡一次。家乡人对我们充满了好意，是意想得到的。可是我却无实力为他们帮任何小忙。所以希望明年还能再去一次，各县都去看看。九月里我又随同中日友好代表团去日本，热闹了十天，回来似乎还不觉得太累，可是人究竟老了，平时已极少出门，担心挤车摔倒。近半年在京熟人忽然间即成古人已到四位，年纪都比我小些，我估计，或许还可支持一段时期，可惜的只是近卅年在极端沉闷近于与世隔绝生活中，学来的一些文物常识，分别整理出来，看来对今后社会人民多还有用。若工作条件稍好一些，一些小专题性问题，或尚可望于报废前逐一加以完成。但真正令人忧心的，还是几几乎所有熟人提到任何机构总是官多而能对事业有热情和信心的却不够，或因官僚主义的泛滥，任何办法都不易使得想做点事的人可以争时间把工作进行下去。外人说这是中国的杆菌，三年五载恐不易消灭，明明白白使得国家万千种事业都处于有形无形束缚中，无从取得应有的进展，无知总占上风。也可说是历史的沉重负担，当权的面对现实，表面上什么都觉得一切顺利，事实上却在无可奈何中。试下到省或州一级去看看多有些人事上的了解，就会明白官僚之多而工作效率之低，内部各种派系之复杂，均为历史所仅见。最可怕处即政治水平之低，不免令人触目惊心！我们这一代，生命所剩时间已有限，大致不至再在什么倏然而来人为风风雨雨冲垮了。下一代孩子们，也快到五十岁了，可能还会遇到不少新难关。

           弟 从文
           十月廿八
           兆和附候

19821229
北　京

复于善浦

善浦同志：

　　得信并刊物，谢谢。春天来时，我希望能有机会来西陵看看，只是闻路上尘土太大，或将在春雨后才招架得住。我平时已极少出门，如进城有空，望便中来谈谈天。住处和新侨饭店紧隔壁，一切公共交通工具，均应在"崇文门站"下车，去住处均极近。住处计十六层楼，我住五层七号，有时有电梯，有时没有。读关于谈香妃文章，印象很好。故宫旧人年长的多已成古人。近廿年新人认识的已不多。

　　并候节中佳好。

沈从文
十二月廿九

　　于善浦，清史专家。1950年代作者在故宫博物院织绣研究室兼职时，于善浦为该室实习研究员。通信时任职于清东陵文物管理处。

一九八三年

19830112

北　京

致童超

童超同志：

昨所谈陈抟对联应作

开张天岸马
奇逸人中龙

我误记为"海为龙世界，天是鹤家乡"，十分抱歉。若引用时应当加以更改作"开张天岸马，奇逸人中龙"才不至于笑话。

沈从文

童超，人民艺术剧院话剧演员。

1983年1月11日，童超来访时询问对联起源问题，作者次日写此信更正。

19830210
北　京

复欧志安

志安同乡：

你去年寄的稿件①，我昨天才见到。我离开历博已四年，工作单位系社会科学院历史所，住的又另是一个地方。北京地方大，机关多，凡误寄一般信件，还易转到，分量稍大的稿件，原机关就不便转，必得有机会才会收到。尊信是由家中人因事去馆才取回的。

文章我已看过，觉得你对于苗族医药学研究，很用心，文章也写得很好。研究既得到县中奖励，找出路大致还是得从省中想办法，才有办法。我对于医学毫无知识，凡事一隔行，即无发言权。自无从向任何方面推荐尊作。且照外面工作习惯，绝不会把贱名附于尊作，冒充此道内行的。我年纪已过八十岁，平时已不出门，和社会各方面都近隔绝状态，也不便将尊作向人推荐，怕遗失无从追究，因此将尊著由邮局挂号寄还，想能原谅。

我是个早已过时的旧人，解放前虽在各大学里混了廿多年，其实一切还算不得一个真正"知识分子"，深感虚名过实，易招灾星，一解放，就离开了学校，转入历史博物馆工作，不知不觉便过了三十年，学的依旧只是本职上些些常识，重在为人打打杂、服服务，再说不上什么成就贡献。

你有兴趣研究"导引"术的问题，和中国古医学药物名称和苗族病名药名相互关系，文物出版社印了个全图，并另有释文，三几元即可得到，值得你下点功夫，一一作个对照比较。又有关导引行气先见于《庄子》的"熊经鸟申为寿而已矣"，次见于《汉书·艺文志》，医药、神仙、房中、导引，分成四大类，导引本只出于防卫性质，有普及性，但有关汉代其他文献，即已提及导引计已分为十三家，曹植文中，则已论及和"房中"有关，《华佗传》才正式提出"五禽之戏"，可以治病。《华佗传》有许多近于神话难征信，只有关导引却说得十分具体踏实。

我们从西汉的图像中，还可以提出许多形象资料，比《导引图》还重要一些。已作了个小专题，举一百图例为证。《道藏》中似有许多道经和导引有关。到宋初，张君房人在四川时编成的《云笈七签》，内中有一部分专叙导引，且引了不少关于导引的经名、方法，且因之明白原本重在"疏导血气，便利筋骨"，在《云笈七签》引用文字中，却已见出"憋气"为重点，受佛教中的息气法影响，和《胎息经》发生关系，以为行之既久，可以断绝呼吸，断绝饮食，不仅却病延年，终于结胎生子。说得荒唐太过。初步推测其说或成于南朝，但汉代既已分十三家，则一部分记载，上推到东汉末三国时即已成熟，大有可能。你试从《道藏辑要》和《云笈七签》内去下点功夫，把那些名字和苗话加以对比，知识会深一些。可能会得到些崭新知识。

至于医药方面，则景宋本的《圣济方》，和影金刻翻宋的《政和证类本草》，也值得作些比较工作。谈脉经，谈病理，对你最有帮助的，大致还是《图书集成》的《医药典》，中华书局抗战前影印过，并不贵，只一二十元约廿本，过百万字。有许多材料和名称，也可能用来和苗语一一比较，提得出不少新理解，具说服力。还有《尔雅疏证》《方言疏证》《释名疏证》，对你工作大都还有用。若你只能用近人著作，恐怕离"研究"始终还隔一层。我说的只是从常识出发，提的建议不一定对。

近年来，报刊上间或刊载了些有关我的消息，说专精什么，万万不宜即信以为真。其实我还算不得一个"真正知识分子"，书读得很少，永远不会成为什么"专家"的。作品在陆续付印，也多是四五十年前旧作，早过了时。印出来即点缀作用也不会很久，至多三几年就会成陈迹的。我人老了写信不知如何起头，更不易煞尾，在外面打了六十年烂仗，真可说毫无什么真正成就可言的。

你既懂苗语，就利用长处，把可用精力，充分用到中国医药名词比较上去，踏踏实实加以对照比证，过十年八年，这种"实事求是"的工作方法态度，自会得到这方面专家认可，而见出真正成就的。涉及不知道问题的，或并不明确含义的政治术语，越少用越好。

我的杂事还多，你作品的特点和显著弱点，都缺少一一指出，谈的多只是两回读后的印象，很对不起。也不用再回我的信，因为我正在赶时间校改一本分量较大的书籍，生命又实在已有限，似不宜在本职以外再好事过问别的事。望你不要总还觉得被什么人有意压制，致得不到应有重视。新社会凡事对人民有益，总可望有许多露面机会的。任何习惯势力都不可能抹杀你真正成就的。正和国家一样，应充满信心去进行认真学，克服面前的困难，才像个好公民！

并复候春节安好。

沈从文

二月十日

欧志安，湖南凤凰县苗族医师，苗医药史研究学者，完成于1989年的专著《湘西苗药汇编》由岳麓书社出版。

① "稿件"指《苗医史考》论文稿。经欧志安前后四年努力，1984年在《中南民族学院学报》全文发表。

1983春节前夕
北　京

复炳文

炳文先生：

　　承厚意索书，如嘱寄上。

　　我不会写字，也绝不冒充此道当行，参预此新风雅也。外面传说万万不宜信以为真。一生亦不会写中堂，望能相谅，并候

　　春节工作顺利。

沈从文
八三年春节前夕

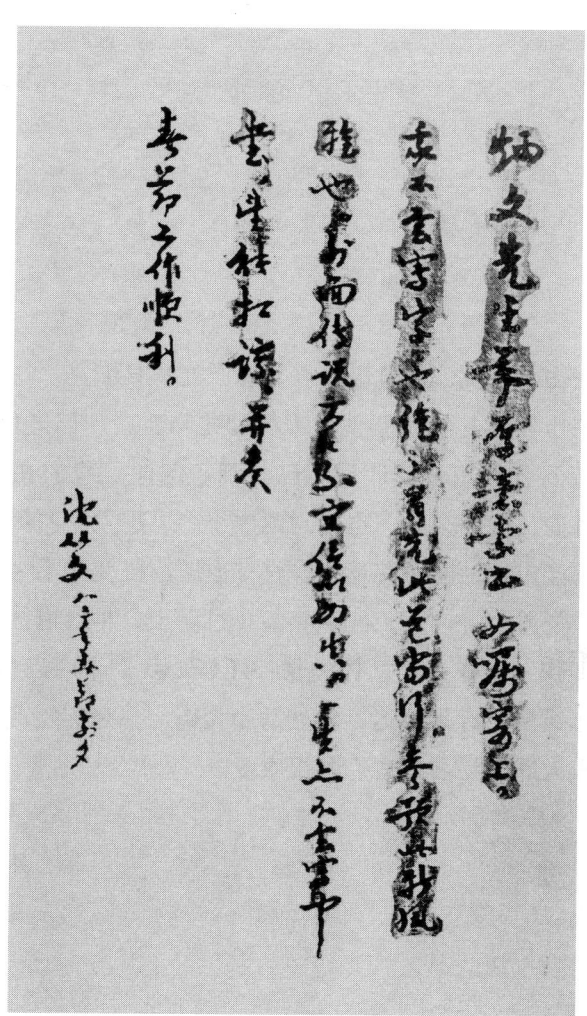

19830408
北　京

致巴金

巴金：

　　闻因伤病住院，近日已转好，但愿能早日恢复。这次小虎因带学生来申实习，特别要他代表我和兆和看看"巴老伯"！另捎来文集五卷，四川你新印选集已收到，谢谢。我们在京凡事如常。一月前，似因久坐，也出现两次小中风现象，左侧手脚均失灵，口不能出声，经医院反复检查，血压心脏变化不大，只是年岁已到，一敲警钟而已。兆和年龄早过七十，早已退休，年来为我重印旧作，工作杂忙，体力精神还好。我们平时已很少出门，北京今年久旱，春来极迟，住处适当大街，总是雾气沉沉，初初由南方来人殊不易习惯也。并祝康复。

　　　　　　　　　　　　　　　　　　　从文　兆和
　　　　　　　　　　　　　　　　　　　四月八日

19830410
北　京

复蒋寄梦

寄梦先生：

　　得示，厚意甚感。《劫余残稿》①系一未完成故事，绝大部分是真实眼见身经事件。以后事情发展，则为我哥哥相告。老太太在一年后小病故去，满姓友人生了个孩子，二三年后卧病在床，于某一天家中帮工下田时，家中来了四个面生人（内中有早先从老虎洞岩缝间逃去田家老七或老五），把病人杀死，砍成八块，取去挂于家中大院里那株大胡桃树枝桠间，家中钱物丝毫不动。照本地规矩，则明白为报仇而来，官方无从真正深究，只备案了事。家中新妇不敢再在乡下居住，当即带了不到三岁大的孩子和细软，迁回城中岳家住下。大队长残碎肢体，则经乡下长工收拾备棺葬于凤凰县西门外离城四五里之雷草坡。到孩子八岁大时，其母亲于清明节，带了唯一孩子坐了个鸭棚轿去扫墓。当天极晴朗，扫墓人极多，均在附近不远。不料母子刚一下轿，忽来两个陌生汉子，将孩子杀死，扬长而去。附近人不明白情形，不敢追捕。寡妇却明白是"报仇"，哭得个死去活来。我还记得这人岳父是本城正街上开面馆的。《巧秀和冬生》，则无下文。因高岘②离县里四十五里，我虽有个堂姑母出嫁给另外一个满姓作媳妇，早已死去，一切后来事便无明知了。你拟改编成电影，想巧秀和冬生成婚，末后却又让她照母亲方式沉潭，以为可相互映照，更易得到悲剧效果。这事照我们乡下习惯，恐说不过去。巧秀母亲之所以"沉潭"，实由于既是新寡，却和另一打虎匠私通，且直到打虎匠双腿被捶断以后，还希望跟人向外乡跑，才遭致读过"子曰"的族长愤怒，以为丢了本族面子，还借故报点私人仇恨，才会出此蠢行。又有点遗产，才会耸动族中破落子弟同起应和，促成其事。至于巧秀跟人私逃，在当地当时，却算不得什么丢人事情，也对于本族人关系不大，至多回来以后，不大为乡下人看得起而已。说是和冬生成婚，已不可能。说是重遭厄运，复被"沉潭"，势更不可能。照当地社会习惯，不会产生你所设想的悲剧。至于熟习我作品的同乡自治州上习文学教师，和研究我作品的凌宇同志看来，也不会认可，不大可能同意这么办的。我觉得你一番好意，值得感谢，但是你试再仔细看看这个作品的具体内容和处理过程，或会感觉到照你设想，恐不易把握原作似浪漫实现实内涵。照你设想，以为原作不交代后事。其实比勉强凑成的悲剧反而合理一些。正如我写冬生母亲在场上被人开玩笑时，杨大妈回答别人针锋相对的话，证明"沉潭"在当时已成"老话"。时间虽只隔十多年，社会究竟已变了。但仇杀事却依旧保留，而且这也是故事的本意。若觉得照本文改编不易取得较理想效果，我以为不如放弃这个打算。试看看《贵生》《丈夫》，我个人私见，若编导能打破成见，这二小文改电影也许都容易得到成功。

敬复候著安。

沈从文
四月十日

蒋寄梦，当代影视剧作家。

① 《劫余残稿》，是1982年10月人民文学出版社初版《沈从文小说选》第二册使用的一个新编集名，包括内容相关的《雪晴》《巧秀和冬生》《传奇不奇》三个短篇。此后广州花城出版社的《沈从文文集》第七卷，四川人民出版社的《沈从文选集》第四卷，北岳文艺出版社的《沈从文全集》第十卷，均改用《雪晴》为集名，在上述三个短篇作品前，又补充了《赤魇》。

② 高岘，系高筧之笔误。古时当地缺水，村人架了一条很长的竹筧从高山上引水进村，故名高筧。

19831024
北 京

复施蛰存

蛰存兄：

　　来信拜读。我们江西鄂都没有侄子，倒是赣州矿业学院工作的有个表侄，姓戴，名国强，又名思文，不知道是否此人。

　　从文健康近日大体上不错，虽难免有时要出点小毛病，已摸到他的规律，知道如何应付。现在正当暖气未来寒冬即将降临时节，所以要特别小心，免得再出大毛病。您手术后虽然恢复得很好，但也要注意身子，劳逸结合，切切。

　　即颂

俪福

从文、兆和
十月二十四

　　此次信封上标"上海200050施缄"，"200050"想是地址代号？直接写代号行吗？

　　本篇由张兆和代笔，据原信编入。

一九八四年

北京

复巴金

巴金：

  得信，知病有好转，极欣喜。我因去年四月得脑血栓病左半身瘫痪，住院二月，即返回住处。近似大有好转，一星期按摩三次，吃广东人参再造丸，及南京出大活络丹，已能下床由小龙小虎扶着在住处屋中走到吃饭处。单独走动，看来还需过一二月。兆和身体还好，小龙小虎和他们爱人都在北京工业机构工作。小虎一女儿已考入北大社会系，读书。我左手失灵右手还得用，十个月来却是第一次写这个信，潦草处见意而已，想能原谅。北京今年久旱，因已快一年未下楼，感觉不到室外在零下十二度是何情形。身体真正转机，恐一切得看三月春来以后。希望彼此保重，并祝府中长幼安好。

从文
二月九日

巴金兄：

谢谢你在你病中寄来的信和剪报，令我们深深感动，从文看后哭了。我们万分珍重你的友情，希望你保重，今年能够见面。

兆和

北　京

致施蛰存

蛰存兄：

　　四川人民出版社回信来了，他们很愿意出版你的短篇选集。他们提出选集由我编选并写序言，这事如在我健康情况良好的时候，自是义不容辞，但目前我有困难，主要是精力不集中，脑不得用。已复信请他们直接同你联系，并建议由作者自己编选，自己写序言，因最熟悉作品的莫若作者自己。这对你说来应当是最方便不过的事。望能在不妨害你休养情况下，抓紧时间，早日编好交付他们，不知兄意如何？此信仍由兆和代复。我们都希望你保重，早日恢复健康，早日读到你的小说集。

从文
三月十三日

本篇由张兆和代笔。

北　京

复李定周、陈天笑

定周、天笑两同志：

　　接读手书，知贵社能为施蛰存先生出一短篇选集，欣甚慰甚。至于选集你们建议由我来编选并写序言，目前我实有困难。主要是病中精神不集中，脑不及用。望你们能和施先生直接联系。选集由作者自己编选，自己写序言，应当是最方便最合式不过的事，我想这事由他本人来做比我来做更好。

　　施先生现住"上海延安西路华东医院南楼314室"（寄挂号信为妥）。他自去年直肠癌手术后，伤口未愈合，住院经年。但编选自己的集子当不困难，望能抓紧时间进行。不余一一，未复。

　　即颂撰安。

沈从文
一九八四年三月十三日

李定周、陈天笑，通信时为四川人民出版社编辑。

　　在初版《沈从文全集》第26卷中，所收《19840312复李定周、陈天笑》系本信的未完废邮存底。次日寄出的原信，后来收入《沈从文、沙汀、艾芜、冯至致李定周》一文，刊载于《新文学史料》2011年第二期。废邮和原信均为张兆和代笔。

　　现据《新文学史料》发表的原信编入《沈从文全集·补遗卷》。

19840813
北　京

致金介甫、康楚楚

介甫、楚楚二位：

多时没给你们写信，希望一切都好。

我们近况也还好。如果没有从文的病，那应当更好一些。从文的健康情况，总的看来，恢复得比去年好。但入夏以来（今夏北京奇热），有些反复，不如六月以前，那时他还能够自己拄杖在室内慢慢行走。现在不行，不想走动，勉强走几步，须要人搀扶。有什么办法！人过了八十，应当承认现实，能在曲折中前进总比不前进叫人高兴。我们把希望寄托在秋凉以后。据按摩大夫说，瘫痪病人在酷热的暑中总是不大好的，但愿果真如此。

介甫先生嘱托充和问的两个问题，其中黄村生爸爸的名字从文也记不起了，辗转问了些有关的人，因此延误了时日，未能及时复信，请原谅。现就我们问到的答复如下：

一、从文的大舅（永玉的祖父）名字叫黄镜铭，是从文的亲舅舅。他确实在凤凰办过许多事：凤凰的第一个邮局代办处（不是正式邮局）是他办的，曾开过照相馆。据永玉记忆，还和人办过蚕桑学校。更以前，当过常德警察局长，曾一个人去抓几十桌赌档的集团,给人在肚子上砍一刀扔下河泅水过对岸的。从文二十岁上北京时,那时他正在香山慈幼院做总务工作。

二、黄村生原是三舅黄巨川的儿子,过继给五舅黄信余。黄信余就是在芷江当警察所长的那一位。他们都不是从文亲舅父,是黄镜铭的叔伯弟兄。

不知道说清楚没有,还需要知道什么望写信来。

尽管不通音讯,经常怀念你们。去年秋天充和汉思曾回北京,给我们很大快乐。希望你们一二年内能再来。

四川出版社的五卷本选集,曾要他们直接寄上,是否收到?

此祝

双佳。

从文　兆和
八月十三日

本篇由张兆和代笔。

19841110
北　京

致陈占元

占元兄：

听说孟实①先生前不久得脑血管症，不知情况如何，从文同我都非常系念。朱太太前些时动手术，身体也不大好，不好写信去麻烦她。想请您代从文同我去探望一次，能把病状告诉我们，非常感谢。

秋天西郊美丽得很，可惜我们已无福享受。祝您健康如旧，精神愉快。

从文、兆和　上
十一月十日

我们现在门牌已改为"崇文门西大街三号507"，但写"前门东大街三号"目前尚可收到。

又及

陈占元，文学翻译家，北京大学教授。
本篇由张兆和代笔。
①孟实，指朱光潜，字孟实。美学家。时任北京大学教授。

一九八六年

19860425
北　京

复孙琴安

琴安同志：

　　很对不起，三月上旬收到你来信时，正值我们搬迁，忙乱中竟将你的信搁置多日，致你久候，非常抱歉。

　　现在将你所提问题逐一答复如下：

　　1. 我第一次和志摩先生见面是在1924年①，在北京椿树胡同他家中。那是一个秋天上午，院墙上的爬墙虎全黄了，不时有黄叶落地。我同志摩坐在院中石条凳上，听志摩读他自己的诗，读了许多。我们还谈彼此的生活情形。那天同在他家的，我记得还有王赓②。

　　2. 志摩先住石虎胡同，后住椿树胡同。1932年我从上海回来，听胡适太太说，志摩曾在她家楼上住过。胡适当时在后门里某某胡同，院中有大胡桃树一株。

　　3. 我在《晨报副刊》③《新月》投稿，都因志摩关系。

　　4. 志摩为人洒脱，对朋友极好。当时同他往来较多的有梁启超、林宰平、张奚若、张歆海、张慰慈、金岳霖、陈通伯夫妇，梁思成夫妇，学生中有陈梦家、方玮德。

他的诗同散文我都欢喜。

沈从文
四月二十五日

本篇系作者口授，张兆和代笔。

据《文汇读书周报》2003年8月22日刊载的孙琴安《沈从文给我的一封信》中所引用文本编入。

①1924年，作者与徐志摩第一次见面实为1925年秋。

②王赓，军人。曾获普林斯顿大学文学学士，1918年又以优异成绩毕业于西点军校。本信所述那次会面后，年底王赓与陆小曼离婚。

③作者1924年起，连续数年多次向《晨报副刊》投稿，只有1925年10月起徐志摩主编此副刊的时期，投稿才和徐志摩有关。

一九八七年

19870417

北　京

复中国近代纺织史编委会办公室

　　顷由历史博物馆转来尊处聘请书一件。荷蒙邀约我为《中国近代纺织史》编委会顾问，盛情至感。只是我自八三年患脑病中风，卧病已四年，工作全部停止，长期在诊治修养中，是以未能应命承担顾问，伏乞原宥。

　　此致

　　中国近代纺织史编委会办公室

沈从文

一九八七年四月十七

　　此信由张兆和代笔。

19870527
北　京

就法门寺地宫重大考古发现致陕西省政府

这是近半世纪以来唐代考古的最重大发现，法门寺地宫出土众多的唐代丝织物，特别是加金织物意义重大，这是唐代工艺的集中体现，比日本正仓院所藏唐代丝织品等级还要高。这些丝织品提供了研究唐代文化史、服饰史的重要依据。

本篇为作者口授的贺电，由王亚蓉记录并发出。因其记录稿未留存，现仅据《瞭望》1987年25期所载《法门寺国宝出土记》的电文编入。